교부 문헌 총서

< 15 >

AURELIUS **Augustinus**

DE CIVITATE DEI

CONTRA PAGANOS
LIBRI VIGINTI DUO
I-X

Translated with introduction and notes by
Youm S\ **EONG**

© Benedict Press, Waegwan, Korea 2004

이 고전 원문대역본의 번역과 주해는 한국학술진흥재단의 연구비 지원을 받았음
(KRF-1999-035-B2 0108)

교부 문헌 총서 〈15〉
2004년 2월 초판 | 2021년 6월 4쇄
역주자: 성염 | 펴낸이 · 박현동
펴낸곳 · 성 베네딕도회 왜관수도원 ⓒ 분도출판사
찍은곳 · 분도인쇄소
등록 · 1962년 5월 7일 라15호
04606 서울 중구 장충단로 188(분도출판사 편집부)
39889 경북 칠곡군 왜관읍 관문로 61(분도인쇄소)
분도출판사 · 전화 02-2266-3605 · 팩스 02-2271-3605
분도인쇄소 · 전화 054-970-2400 · 팩스 054-971-0179
www.bundobook.co.kr

ISBN 978-89-419-0401-4 94230
ISBN 978-89-419-9755-9 (세트)

교부 문헌 총서 15

아우구스티누스

신 국 론
제1-10권

성 염
역주

분 도 출 판 사

차 례

해 제

원문과 역주

〈부 록〉

〈색 인〉

해 제

1. 아우구스티누스의 생애와 진리에 대한 열애

독일 철학자 칼 야스퍼스는 인류의 위대한 사상가들이 무수히 많으나 "근원에서 사유하는 철학자" 셋을 굳이 꼽는다면 플라톤과 아우구스티누스와 칸트라고 했다. 문화사로도 아우구스티누스는 고대 그리스-로마 세계의 철학과 문학에서 최후의 대가다. 그리스의 가장 위대한 사상가가 플라톤이라면, 아우구스티누스가 가장 위대한 라틴 사상가라는 데에 아무도 이의를 제기하지 않는다.

그는 354년 11월 3일 당시 로마의 북아프리카 식민지 누미디아(지금의 리비아) 타가스테에서 태어나서, 로마제국 말기, 문화사적으로는 그리스와 로마의 고대문화, 즉 이교도 문화가 해체되는 과정을 지켜보면서 한 시대를 살았고, 430년 8월 28일 반달족이 그가 주교로 있던 히포를 포위한 상태에서, 다시 말해 세계사의 기적이라는 로마제국의 붕괴와 몰락을 목격하면서 숨을 거두었다.

아우구스티누스는 당대 제국에 풍미하는 온갖 사상계를 두루 섭렵한 끝에, 386년 밀라노에서 "집어라, 읽어라!"TOLLE, LEGE!라는 전설적 동요를 들으면서 그리스도교로 입문했다. 이후 그가 철학자요 신학자로서, 성직자와 신비가로서 전개한 사상적 활동은 그리스도교 신앙을 철학적 사유의 틀 속에서 정립하는 작업이었고, 그리하여 그리스도교 역사에 사도 바울로에 다음가는 큰 준봉을 이루었으며 그리스도교 초기학자들을 일컫는 "교부"敎父들 중의 최고 인물로 여겨진다. 그가 등장하기까지는 그리스 교부들이 그리스도교 철학과 신학을 주도해 왔으나 아우구스티누스의 등장으로 뒤로 물러난다. 그래서 그리스도교는 과거는 물론이려니와 지금도 "참으로 모든 교부들에게 공통되는 자질을 갖춘 빛나는 모범이고 더 나아가 과거의 모든 사상적 조류들을 그의 작품에서 만나게 되며, 또한 다음 세대의 모든 교의적 전통을 이루는 원천이 되어 왔다"고 그를 평가하며(교황 바오로 6세), "그는 또한 신앙과의 조화 때문에 참으로 그리스도교적이라 불릴 수 있는 철학을 정립한 천재였다"고 선언한다(교황 요한 바오로 2세).

사람들이 이 교부 철학자에게 크게 매료되는 까닭은 그의 지칠 줄 모르는 탐구 속에 숨겨진 진리에 대한 사랑이리라. 그의 생애를 한마디로 간추린다면 "진리를 향한 구원久遠의 불꽃" 또는 진리에 대한 열애熱愛라고 정의할 수 있다. 그는 본질적으로 인간이 "진리를 찾아내려는 사랑에 사로잡혀 있다"[1]고 규정하고, "아, 진리, 진리! 당신을 그들이 하고한 책들에 한목소리로 자주, 또 가지가지로 내게 속삭여 줄 때, 내 영혼의 골수가 얼마나 사무치게 당신을 그려 애타하더이까?"[2]라고 외친다. 그에게 진리는 학습하는 무엇이 아니라 날마다 먹는 음식이었으며, 그는 온 생애로 철학을 살았고, 삶 전부를 바쳐 진리를 사랑했! 진리의 관상가가 아니라 진리의 연인戀人이었!

그 진리를 일컬어 "임"이라 부르고 아우구스티누스는 "임 위해 우리를 내시었기 임 안에 쉬기까지는 우리 마음이 참참하지 않나이다"라면서 저 유명한 「고백록」을 시작한다.[3] 사상적 방랑을 하면서도 그는 이 진리가 (무엇인지가 아니라) 누구인지를 예감했다. "오, 영원한 진리여, 참스런 사랑이여, 사랑스런 영원이여o aeterna veritas et vera caritas et cara aeternitas! 그대 내 하느님이시니 그대를 향해 밤낮으로 한숨짓노라".[4] 그리고 마침내 예수 그리스도의 아버지 하느님에게서 그 진리를 발견했을 때 그는 "이제 당신만을 사랑하니 … 저는 당신만을 섬길 각오가 되어 있나이다"[5]라고 헌신을 선언했고 그리고 수도자로서, 성직자로서 여생을 살았던 것이다.

"진리에 대한 사랑은 경건한 여가를 찾는 것"[6]이기에 그는 종교의 본질인 사랑을 정의하여 "우리가 진리를 고수하고 올바르게 살도록 하는 참사랑"[7]이라고 한다. "사랑이 진리를 깨닫는다"caritas novit veritatem는 유명한 명제가 여기서 유래한다.[8] 진리에 대한 아우구스티누스의 열정을 보여주는 구절로는, 평생을 두고 끊임없이 되뇌던 저 탄식, 그의 철학적 유언에 해당하는 고백이 있다: 오, 진리여, "늦게야 임을 사랑했습니다sero te amavi. 이렇듯 오랜, 이렇듯 새로운 아름다움이시여, 늦게야 당신을 사랑했습니다!"[9]

---

[1] *De Trinitate* 1.5.8.　　　　　[2] *Confessiones* 3.6.10.

[3] *Confessiones* 1.1.1: "quia fecisti nos ad te et inquietum est cor nostrum, donec requiescat in te."

[4] *Confessiones* 7.10.16.　　　　　[5] *Soliloquia* 1.1.5.

[6] 본서 19.19. [이하 해제와 모든 각주에서 본서의 직·간접 인용은 권.장(.절) 숫자만 표기한다. 다른 책과 혼동할 염려가 없으면 "본서"라는 명기도 생략한다.]

[7] *De Trinitate* 8.7.10.　　　　　[8] *Confessiones* 7.10.16.　　　　　[9] *Confessiones* 10.27.38.

어쩌면 아우구스티누스는 새 천년을 맞아 인류와 민족의 미래를 담보하는 사상적 대안을 모색하는 우리와 매우 흡사한 시대를 살았다. 로마제국의 붕괴와 몰락은 지금 서구 문명의 몰락을 느끼는 현대인들의 위기감, 더 인간다운 사회와 국가 건설에 투신하다가 미국의 제국주의적 행태에 놀라 처절한 방향상실을 겪는 우리네 의인들의 허탈감과 비슷한 감정을 그에게 주었다. 한 문화와 이데올로기가 시들어 가는 백합에서 나는 구역질나는 냄새를 그도 맡았다. 그러나 아우구스티누스는 붕괴되어 가는 한 제국과 문화의 폐허에서, 나자렛 사람의 영감으로부터 퍼져가는 새로운 문명, "사랑의 문명"civilitas amoris의 도래를 내다보고 있었으며, "하느님과 인간 외에는 전혀 안중에 없노라!"고 선언한 그의 철학적 입장은 진리를 그토록 사랑한 이 사상가가 "진정한 철학자는 하느님을 사랑하는 사람이다"verus philosophus est amator Dei (8.1)라고 한 신비로운 경구에서 절정에 달한다. 인간과 그 존엄성이 제도와 종교와 정치를 평가하는 궁극 척도로 부상하는 21세기의 우리 사회에도 그는 여전히 강렬한 사상적 메시지를 던지고 있다.

서구사의 커다란 강, 헬레니즘과 헤브라이즘이 합류하는 지극히 풍부하고 영향력이 깊은 사상가, 16세기라는 기나긴 세월이 흘러도 진리에 대한 그의 뜨거운 사랑과 더불어 그 저작들의 명철한 사상과 유려하고 재치있는 라틴어 문장과 수사학적 필치, 그리고 그 속에 담긴 인간적 재치로 사람들을 매혹하는 아우구스티누스가 인류사에 남긴 가장 위대한 명작이 「신국론」이다.

2. 「신국론」의 집필과 주제[10]

(1) 작품의 집필 계기

아우구스티누스는 말년에 자기의 전 작품을 논평한 「재론고」에서 「신국론」을 집필한 계기를 다음과 같이 설명한다:[11] 410년 "알라릭 왕의 휘하에 군사軍事를 벌인 고트족의 침

---

[10] 이하의 해제는 현재 간행되고 있는 가장 완벽한 아우구스티누스 전집 *Nuova Biblioteca Agostiniana*에 V권으로 실린 「신국론」(*La Città di Dio*)의 전체 해제[Introduzione generale: (V/1 i - clxxxiii)]를 간추리면서 역주자의 연구를 덧붙였다. 해제를 쓴 학자들(Agostino Trapè, Sergio Cotta, Robert Russell)은 이 전집의 편집위원들로서 권위있는 아우구스티누스 연구가들이다.

[11] Cf. *Retractationes* 2.43(본서에 부록으로 실려 있다: 2735면 이하) .

략과 공격으로 로마가 파괴되었다. 엄청난 재앙이었다. 그러자 다수의 거짓 신들을 섬겨오던 숭배자들, 그러니까 우리가 으레 외교인外敎人이라고 일컫는 사람들이 봉기하여 그 재앙의 탓을 그리스도교에 씌우려 하면서 그 어느 때도 볼 수 없었을 만큼 혹독하고 신랄하게 참 하느님을 모독하기 시작했다. 그리하여 하느님의 집에 대한 열성에 불타 나는 그자들의 모독과 오류에 맞서 「신국론」을 집필하기로 작정했다".

영원한 도성 로마Roma aeterna에 알라릭의 군대가 입성한 다음 거국적으로 정신적·이념적 충격과 혼란이 발생했다. 당시 북아프리카 히포의 주교로 봉직하고 있던 아우구스티누스는 그 사건을 사변적으로 해명하면서 혼겁한 사람들을 격려하며 피해자들을 위로하는 데 온갖 노력을 기울였다.[12] 외교인들이 퍼부어대는 비난과 유언비어에 나름대로 응수하면서 인간사res humanae에 대한 그리스도교 관점을 집대성하고 이론화했다.[13]

로마 침탈이라는 엄청난 정치적·군사적 비극에 당면하여 외교인 친우 볼루시아누스 Volusianus와 독실한 그리스도인 행정관료 마르켈리누스Marcellinus로부터 이 역사적 위기를 정신적으로 감당하도록 당대의 지성인들을 설득할 만한 대작을 집필해 달라는 부탁을 교부는 받는다. 마르켈리누스의 부탁은 아우구스티누스의 뇌리에 거창한 구상을 일으켰으며 드디어 때가 오자 저작에 착수한 것으로 되어 있다.

이처럼 「신국론」은 우발적으로 착수한 작품 같지만 실제로는 오랜 세월에 걸쳐 계획하고 구상해 온 작품이기도 하다. 그가 이 책보다 10여 년 전에 집필에 착수한 「창세기 축자해석」에는 「신국론」을 집필하겠다는 의도가 언급되어 있다: "이 두 도성에 관해서는 주님이 원하신다면, 다른 곳에서 폭넓게 다루기로 한다".[14] 그러므로 아우구스티누스는 고

---

[12] 당시 여러 편의 서간과 설교(Epistulae 135, 136, 137, 138; Sermones 81, 105, 296, 특히 「로마의 파괴에 관한 설교」(De Urbis excidio))에 그 증거가 남아있다.

[13] 아우구스티누스의 「설교집」을 보면 로마의 영속성에 대한 신뢰와 희망이 나타나고(Sermo 81), 이 비극을 언급하지 말자는 반대를 무릅쓰고 이 주제를 다루면서(Sermo 105) 이 파국의 원인이 그리스도라는 중상모략에 결연히 맞선다. 순교자들이 로마에서 피를 흘렸고 그곳에 사도들의 무덤이 있지만 그들은 로마를 지켜주려고 순교한 것은 아니라고 단언한다(Sermo 296). 이 사건으로 아우구스티누스 자신이 얼마나 큰 충격을 받았는지 피력하면서도 고통과 재앙에 대한 그리스도교적 해법을 소개한다 (De Urbis excidio).

[14] De Genesi ad litteram 11.15.20. 이 창세기 주석에 착수한 것은 401년경이요 집필을 끝낸 것은 415년 조금 전이다. 창세기 주석 제9권을 마친 것은 400년이나 401년에 쓴 「결혼의 유익함」(De bono coniugali)보다 그다지 늦지 않아 보이며, 창세기 주석 제11권과 제12권 사이에 긴 세월이 흐른 것으로 본인이 언명하므로(Retractationes 2.24) 제11권은 410년 이전에 완성된 것으로 보인다.

트족의 로마 약탈이 발생하기 전에「신국론」같은 대작의 구도를 머릿속에 그리고 있었고, 로마 침탈에 따른 호교론적·논쟁적 상황과는 무관하게 자기 사상의 근간이라고 할, 신과 인간 두 의지意志에 의해 전개되는 구원의 역사와, 두 도성을 가름하는 두 가지 사랑에 대한 종합적 저술을 구상하고 있었다. 따라서 아우구스티누스는 일찍부터「신국론」을 구상하고 있다가 알라릭 휘하의 고트족에게 로마가 함락된 사건 및 마르켈리누스의 청탁을 계기로 집필에 착수했던 것이다.

(2) 집필 목적

인류사의 최초의 역사철학서이자 역사신학서로 보이는 이 대저는 300년 박해에도 소멸하지 않고 새로이 유럽 문화의 축으로 등장한 그리스도교에 여전히 적대감을 품고 있던 외교인들과 이미 그리스도교 문화를 수용한 그리스도인들을 상대로 쓴 책으로 이중 목적을 띤다. 외교인들을 대상으로 해서는 제국의 쇠퇴와 로마의 굴욕을 그리스도교의 잘못으로 뒤집어씌우는 고발이 근거없고 부당함을 반증한다. 무너져 가는 이교 세계의 마지막 저항 속에서 교부는 논적들에게 제국의 이 엄청난 비극이 그리스도교의 전파에 이유가 있지 않으며 그리스도교 예배가 성행하기 훨씬 전부터 로마에는 끊임없이 재앙과 비극이 있었고 이교 숭배가 그 재난을 막아주지 못했음을 사가들의 문전에서 입증해낸다. 그리고 그리스도교야말로 외교 문화가 해결하지 못하거나 잘못 해결해 온 사회문제와 종교문제, 현세적 복지와 영원한 행복을 해결할 수 있음을 입증하려고 한다.

그리스도인들을 대상으로 해서는 외교인들이 자행하는 부당한 공격과 이론에 응수하는 이론적 무기들을 제공함과 동시에 구원의 역사라는 고고한 시선으로 인간 역사 전체를 바라보는 안목을 제시하고자 한다.

(3) 작품의 구도

「신국론」은 인류의 위대한 지성이 구상할 수 있는 거창하고도 체계적인 구조를 갖추고 있다. 집필중에도 본인이 이 사실을 언명하고 있다.[15]

---

[15] Cf. *Epistula*, 212/A; *Retractationes* 2.43.

그는 로마 침탈을 계기로 인류 역사 전체를 자신의 철학·종교·문화·역사 지식을 총동원하여 단일한 역사철학 내지 역사신학으로 해석하고 정리하기로 작정했다. 「신국론」에 구현된 아우구스티누스의 역사관은 과거와 현재와 미래를 망라하는 삼차원적 사관이다. 그는 역사의 시원을 과거로 거슬러올라가 인류의 기원을 창조설創造說로 해결하고, 선한 하느님의 선의에서 온 창조에 따라 만물이 선하다는 성선설性善說과 아울러, 당초부터 인류에게 정의로운 대신對神, ·대인對人·대자연對自然의 덕목이 주어져 있었고 인간에게는 불사불멸이라는 은총의 선물이 주어져 있었다는 그리스도교 계시에 공감한다. 그것이 원초부터 인류에게 평화와 자유 그리고 지복至福을 담보하고 있었다는 낙관론에 이른다.

그러나 현금의 인류 역사 현장은 수고롭고 고통스럽기 이를 데 없고 인간과 인간의 투쟁, 민족과 민족의 전쟁들로 점철되어 있는 고해苦海다. 일면으로 덕성을 연마하지만 일면으로는 개인과 집단이 악과 죽음으로 파괴되고 있다. 그러나 미래는 초역사超歷史, 즉 마지막novissima 혹은 종말終末이라는, 직선적 시간의 종점을 향해 나아간다. 존재하고esse 인식하고gnoscere 사랑하는amare 인간실존이 그때는 충만한 결정적 완성을 볼 것이며 "우리의 존재는 죽음이 없을 것이고 우리의 인식은 오류가 없을 것이며 우리의 사랑은 좌절이 없을"(11.28) 그런 존재상태를 향유하게 되리라는 희망이 있다. 인류에게도 분열과 증오와 악을 극복하는 "최후의 승리와 완전한 평화"(1.서언)가 약속되어 있다.

그리하여 이 교부가 바라보는 인류사는 창조·타락·약속·구원·종장으로 엮어진 5막의 대서사시에 해당한다. 그리고 각각의 막幕은 인류의 역사와 지성을 부단히 번뇌케 한 철학적 주제를 안고 있는데, 시원始原의 문제, 암울하고 고민스러운 악惡의 문제, 극적이고도 유혈이 낭자한 선과 악의 투쟁의 문제, 그리고 역사의 도정에서 온갖 염세론과 숙명론을 이기게 격려하는, 악에 대한 선의 승리와 그토록 아름답고도 그토록 두려운 역사의 종말 문제가 그것이다. 인류의 인생철학과 역사철학을 주도해 온 사상가들이 사색을 기울여 온 이 난제들에 대해 아우구스티누스는 "근원에서 사유하는 철학자"답게 이성理性과 신앙信仰이라는 두 길로 해답을 시도한다.

그의 답변에 의하면, 우주와 인류의 시원에는 창조주 하느님이 계시며 그분은 인류가 인생과 역사를 무난하게 이끌어갈 만큼의 은총을 베풀고 있다. 인류를 개인적·집단적으로 괴롭히는 악의 기원에는 피조물(반역한 천사와 범죄한 인간)의 자유의지의 남용이 자리잡고 있다. 개인과 인류의 역사를 주도하는 두 주역, 곧 신의 의지와 인간의 의지가 구체적으로는 인간에게서 두 가지 사랑, 이기적 자기 사랑과 이타적 하느님 사랑으로 실현된다. 선악의 투쟁에서는 신의 은총이 인간의 의지를 붙들어 주면서 구원의 섭리가 역사를 이끌어가는데 인류는 신 앞에 그리스도라는 중개자를 두고 있으며 그의 중개로 역사와 인생이 조명을 받는다. 시간의 종점에서 이루어질 종말은 선인과 악인, 혹은 하느님 도성과 지상 도성의 최종적이고 외적인 분리를 초래할 것이며, 선인들에게 충만하고 상실할 수 없는 영원한 행복이 도래하고 악인들에게는 영원한 비참이 도래하게 만든다.

역사의 종말에 완결된 하느님 도성은 "진리를 군주로, 사랑을 법도로, 영원을 척도로 두는 완전 사회다"cuius rex veritas, cuius lex caritas, cuius modus aeternitas.[16] "거기서는 진리가 승리요, 거기서는 거룩함이 품위이며, 거기서는 평화가 행복이요, 거기서는 삶이 영원이다"ubi victoria veritas, ubi dignitas sanctitas, ubi pax felicitas, ubi vita aeternitas(2.29.2). 이상 사회의 이 목표를 향해 하느님 도성은 지상의 순례를 하고 있고 아우구스티누스는 본서에서 바로 그 도성을 묘사하고자 한다.

(4) 집필 연대

그가 집필에 착수한 것이 고트족의 로마 침탈(410년) 직후, 마르켈리누스의 청탁을 받고서였다면, 마르켈리누스가 북아프리카에 부임한 410년 8월부터 그가 대역죄 누명을 쓰고 사형당한 413년 9월 사이에 착수했을 것이다. 마르켈리누스는 411년에 카르타고에서 가톨릭과 도나투스 파 사이의 공개토론을 주관했고 아우구스티누스는 이 토론의 주역을 맡았다. 412년에 그에게 보낸 서간에서 "내가 서간 등에서 제시한 논리에 반박하는 요지들을 적어 보내 주시오. 그러면 서간으로든 책자로든 다시 한번 반박할 수 있을 것이오"라고 한다.[17] 그러니까 「신국론」 집필에 아직 착수하지 않았다는 뜻이다. 그래서 학자들은 「신국론」 집필에 착수한 시기가 413년 초라고 추정한다.

「신국론」 스물두 권 전체를 연이어서 기술한 것도 아니고 책의 간행 역시 다 완성되어 한꺼번에 이루어진 것이 아니다. 이 책의 낱권들이 언제 완결된 것인지는 추정하기 어렵

---

[16] *Epistula* 3.17 ad Marcellinum. [17] *Epistula* 138.4.20.

지만 여러 서간이나 다른 저서에서 추정하면 다음과 같이 어림잡을 수 있다. 아우구스티누스는 413년에 「신국론」 처음 세 권을 집필했다. 415년에는 제4권과 5권이 완료되었다.[18] 417년에는 제1부 10권이 끝나고 제11권에 착수하던 참이었다.[19] 처음 세 권은 시급한 논쟁적 필요 때문에 탈고되는 대로 당장 간행되었고(5.26), 다음 판에는 처음 다섯 권이 한데 간행되었으며(서간 169.1), 그다음 「신국론」 전반부에 해당하는 처음 열 권이 간행되었다. 418년경에는 제2부 세 권(11 - 13권)을 끝냈고 넷째 권이 수중에 있었다.[20] 넷째 권이 완료되는 대로 열네 권이 한데 간행되었다.[21] 남은 여덟 권(15 - 22권)은 여러 해 후에야 끝마친 것은 분명한데 낱권으로 간행되었는지 전권이 한꺼번에 나왔는지 알려주는 문헌이 없다. 작중에 나오는 어떤 사건[22]으로 미루어 마지막 권이 426년 말이나 직후에 끝났으리라고 단언할 수 있다. 그러니까 413년부터 427년까지의 15년 세월 동안 부분부분을 탈고하여 간행하거나 선물로 보내노라는 아우구스티누스의 기록들이 있다.

작품 전체의 완료 시기는 다음과 같이 추정한다. 그가 「재론고」를 쓴 것은 426~427년이다. 이 책에서 「신국론」이 완결된 것으로 소개하면서 책을 수정하고 있다. 다시 말해서 그 이전에 집필이 끝나 있었다. 아우구스티누스는 이 작품 전체를 다시 읽고서 22권으로 된 이 저서를 카르타고의 피르무스에게 보내어 출판하도록 의뢰하고 있다.[23]

3. 「신국론」의 호교론적 주제[24]

「신국론」의 신학 사상을 논하자면 전반부(1 - 10권)의 호교론과 후반부(11 - 22권)의 두 도성론으로 나누어 보아야 한다. 먼저 「신국론」은 처음부터 호교護敎의 목적으로 집필되었을 뿐 아니라 그리스도교 호교문학 중 가장 비중이 큰 작품이다. 본서의 전반부는 정확한

---

[18] *Epistula* 169.1에서 에보디우스에게 사실을 언급한다.

[19] Cf. Orosius, *Historiae adversus paganos* 7. praefatio.

[20] Cf. *Epistula* 184/A.3.   [21] Cf. *Epistula* 184/A.5.

[22] 호민관 Eleusinus 아들의 죽음과 소생 기적: 22.8.20.

[23] Cf. *Epistula* 212/A (본서에 부록으로 실려 있다: 2739면 이하).

[24] Cf. A. Trapè, "I. Apologetica, I. La Città di Dio e le accuse dei pagani" in *Introduzione generale* xxxi-xli.

의미의 호교서로서 이교도들이 제기하는 날카로운 비판들에 대한 치밀한 논리적·철학적 답변을 제시할뿐더러, 상대방의 입장을 전복시키는 날카롭고도 풍자에 찬 논변과 그리스도교 신앙의 주제를 비신앙인 지성들에게 설득하는 신빙성있는 논증으로 차 있다.

(1) 호교론의 전통과 아우구스티누스의 작업

호교론은 그리스도교 초창기부터 발달해 온 문학형태이며, 처음에는 구약만을 고수하고 예수의 신원을 인정하지 않던 유다교를 상대로, 그다음에는 그리스 철학과 로마 법제法制를 무기로 신구약을 배척하는 이교신앙을 상대로 발전해 왔다. 아우구스티누스는 2세기 이래의 호교론자들과 맥을 같이하면서, 지상에 존재하는 모든 진리는 비록 이교도 철학자들이 발견하여 제시한 진리라고 하더라도 그리스도에게 속한다는 견해를 품고 있었다. 아울러 이교도들의 중상모략에 찬 비방에 대항하여 강력하게 반박했고, 이교 세계의 박해나 순교자들의 죽음은 그리스도교를 도리어 강화한다는 신념을 품고 있었다.[25]

아우구스티누스는 이 사람들의 저서를 읽고 소장하고 있었으며, 그들에 못지않은 열렬한 신앙, 막강한 변증술, 자신있는 문장을 갖추고 있었을뿐더러, 누구도 추종 못할 종합 능력과 총체적 안목을 지니고 있었다. 그의 호교론적 논전들을 보면 다신교 신앙을 다룰 때처럼, 문제 전반을 보는 종합적 안목이 탁월하게 나타나며, 포르피리우스를 상대할 때처럼, 상대방이 지성인이요 철학자인 경우에는 상대방에 대한 존경을 부단히 표명하면서 토론에 임한다(19. 12: "doctissimus philosophorum, quamvis Christianorum acerrimus inimicus").

「신국론」집필을 시작한 413년 이전에 그는 마니교도들을 주 대상으로 논전을 폈다. 그들은 그리스도인을 자처했지만 형이상학적 이원론二元論과 자력구원自力救援 사상으로 인해 사상 전반이 그리스도교와는 거리가 멀었는데 아우구스티누스가 이들을 상대로 할 때

---

[25] 철학자들을 상대로 하는 본격적 호교론은 오리게네스(Origenes)로부터 시작한다. 그는 플라톤 학파 켈수스가 그리스도인들을 공격하는 저서(*Sermo verax*)를 반박하여 「켈수스 반박」(*Contra Celsum*)을 쓰면서부터 여러 학자들(Methodius, Eusebius Caesarianus, Appollinarius, Cyrillus Alexandrinus, Athanasius, Theodoretus Cyrenus)이 논적들(Porphyrius, Iulianus 등)의 그리스도교 비판을 반박하거나 그리스 지성계 전반을 상대로 호교론을 쓰기도 했다. 그리스 문화를 배경으로 하는 이 동방교회의 호교론자들 말고 서방교회에서도 호교론자들이 출현하여 그리스도교 신앙과 사상을 논리적으로 옹호한다: Minucius Felix, *Octavius*; Tertullianus, *Ad nationes*; *Apologeticum*; *Ad Scapulam*; Cyprianus, *Ad Demetrianum*; Arnobius, *Adversus nationes*; Lactantius, *Divinae institutiones*.

는 유신론 문제보다 정통 그리스도교 사상을 주로 다루게 되었다. 그들을 떠나서 일반 이교도들을 대상으로 하는 몇 가지 주요 작품을 소개하면 다음과 같다.

① 「복음사가들의 일치」*De consensu Evangelistarum*: 400년경의 작품으로서 "그리스도를 위대한 현자로는 받들겠노라고 하면서도 복음서는 그리스도가 쓰지 않고 제자들이 썼다는 이유로 복음서를 믿지 않는 사람들을 위해 집필한 책이다. 그리스도를 하느님으로 믿게 만들려고 제자들이 거짓으로 그리스도에게 신성을 부여했다는 주장이다".[26] 그리스도를 칭송하면서 그리스도인들은 비난하는 사람들(포르피리우스의 입장)이다. 아우구스티누스는 그들의 그런 입장이 불합리함을 논증한다. 그리고 히브리인들의 하느님을 유일신으로 도저히 받아들일 수 없다는 다신교도들에게 응수하고, 그리스도인들의 등장이 제국의 현세 복지를 위축시켰다는 비난에도 답변한다.

② 「서간」*Epistula* 102: 409년경의 작품으로 이교도들이 제기하는 여섯 가지 질문(포르피리우스의 「그리스도인 반박」*Contra Christianos*의 내용이기도 하다)을 다룬다. 그 질문이란 그리스도의 부활과 육신의 부활이 인간 이성으로 받아들이기 너무도 어렵다, 그리스도 이전에 산 사람들의 구원은 어찌 되는가, 신구약의 희생제사가 왜 그렇게나 다르며 그 효험은 무엇인가, 잠시적 현세의 행실 때문에 영원한 벌을 받는다니 정의로운 일인가, 솔로몬은 신에게는 아들이 없다고 했다는데 그리스도가 하느님의 아들이라니 말이 되는가, 요나 이야기의 황당함 등이다.

③ 볼루시아누스와 마르켈리누스에게 보낸 편지*Epistulae* 135-138: 아우구스티누스가 「신국론」을 집필하게 된 직접적 계기는 두 사람의 제의와 질의였다. 서간에서 대략적 답변을 시도한다. 이교도이면서도 그리스도교에 호의를 품고 있던 볼루시아누스Volusianus와 그의 지식인 측근들이 그리스도교에 대해 품고 있는 의문에 간략한 답변을 보낸다. "신의 육화라는 모순덩어리"에 교부는 육화와 동정수태에 대한 그리스도교 교리를 오해 없게 해설하고 하느님의 전능에 입각하여 설명한다. "구약에서 신약으로 넘어가다니, 하느님이 구원 계획을 바꾸셨나?"라는 희롱에는 구약과 신약은 연속성을 가지며 단일한 구원경륜에 들어 있는 안배라고 답변한다. "그리스도교 고유의 덕성(겸손, 용서)은 인간 품

---

[26] *Retractationes* 2.16.

위나 국가 기강에 해를 끼친다"는 트집에는 그리스도교의 계명, 특히 사랑의 이중 계명은 국가 기강을 확립한다고 응수한다. "그리스도교 황제들이 등장하면서부터 로마 역사에 갖가지 재앙과 파탄이 발생했다"는 비난에「신국론」과 비슷한 요지의 대답을 보낸다.

(2) 당대의 이교도들이 그리스도교에 제기하던 주요 비난

거의 모든 저서에서 아우구스티누스는 당대의 이교도들이 그리스도교에 관해 통속적으로나 철학적으로 제기하는 이의와 반론들을 의식하고 있었고, 단편적으로나마 기회있을 때마다 답변한다. 그의 당대에 제기되고 응수되던 주제는 네 가지였다.

첫째, 후세 생명에 관한 그리스도교 신앙을 두고 에피쿠루스 학파는 영혼 불멸이라는 것을 수긍하지 못했고 신플라톤 학파는 육신 부활이 우스꽝스런 이야기라고 반박해 왔다.

둘째, 그리스도교의 사회적 기여를 시비하는 논변으로, 한편에서는 그리스도교가 (다른 신들이나 종교의식을 받아들이지 않아) 배타적이고 엄격하다고, 다른 편에서는 죄의 사함이 있어 도덕을 해이하게 하며 인간을 부패시킨다고 공격했다. 이교도들의 고결한 덕목과 그리스도인들의 악덕을 대조시켜 이 종교가 국가사회에 무용하고 해로움을 강조하는 사람들도 있었다. 제국의 쇠퇴는 그리스도교 유입으로 시작되었다는 주장이다.

셋째, 그리스도교 교의(삼위일체, 육화, 그리스도의 신성)를 의문시하는데 삼위일체는 모순이요 육화는 철학에 상치되며 그리스도의 신성은 제자들의 조작이라고 단정했다.

마지막으로, 그리스도교의 신빙성을 문제삼아, 그리스도교를 믿는 사람들은 일반적으로 어리석고 무식하고 정신력이 약한 하층민이다, 요나서나 예언자들의 언행은 그리스도인들이 꾸며낸 동화들이다, 신약은 제자들이 스승을 높이려고 꾸민 글이다, 그리스도의 기적은 일종의 마술이다, 예수 그리스도는 유다인에다 죄짓고 십자가형을 받아 사형당한 죄수요 사회정치적으로 아무 비중을 못 갖는 인간이다, 그리스도교는 머잖아 사라질 종교다 — 라고 써내려 갔다.

(3)「신국론」에서의 호교론적 논변

아우구스티누스는「신국론」에서 이상의 모든 비방과 공격에 논리적으로 또 상세하게 응수하는 기회를 마련하고 있다. 두 도성의 이론에 입각하고 인간의 두 가지 실존적 자세(두 가지 사랑)에 입각하여 문제를 넓은 안목에서 설명한다. 저들이 내세우는 이교 신앙이 역사와 사회 문제를 설명하고 해결하는 데 무력한 종교임을 부각시키면서, 그리스도교야말로 이에 대한 대응책과 처방을 지니고 있다는 주장이다. 그런 호교론적 논변을 전개하는 가운데 그는 그리스도교 사상의 골자를 이론화하는 작업을 겸한다.

예를 들어 사회문제를 해소하는 데 있어 이교 신앙의 맹랑함을 지적하면서 그리스도교 역사철학의 근간이 되는 섭리攝理 사상을 확립한다. 또 신플라톤 학파가 영육 두 세계 사이의 중개자로서 다이몬(본서에서는 "정령"精靈으로 번역한다)을 내세우는 데 대해 그는 그리스도의 중개 역할과 희생제사에 관한 그리스도교 교리를 정리한다. 두 도성의 궁극적 결말을 다룬 부분에서는 육신 부활과 영원한 상벌을 의심하는 철학적 논변들을 상세하게 반박한다.

① **그리스도교의 사회적 의의**: 「신국론」에서 무엇보다 화급한 과제는 그리스도교의 사회적 의미를 시비하는 당대의 여론에 적절히 답변하는 일이었다. 아우구스티누스의 논점은 제국을 강타하는 정치·군사적 재앙들이 그리스도교 때문에 초래되는 것이 아니라는 것, 이교도의 종교와 경신례가 제국의 안녕을 담보해 오지 못했다는 것, 그리스도교 윤리도덕을 사회가 용납하고 실천한다면 제국의 안녕이 정말로 보장되리라는 것이다. 로마의 번영과 확장은 잡신들 숭배에서 온 것이 아니라 유일신 하느님의 섭리에서 온 것이고, 하느님은 선대 로마인들의 덕성에 보상으로 초기의 번영을 주신 것이라는 말도 덧붙인다.

첫째 주장을 해설하는 뜻에서 아우구스티누스는 역사를 거슬러올라간다. 악과 악인은 동서고금 언제나 존재했음을 열거하면서 그리스도교 시대부터 세상에 악과 고통이 존재하기 시작한 것처럼 말하는 편견을 불식시킨다. 그리스도 내림 전에도 인류는 지금처럼 무수한 재난과 고통을 겪었고 허다한 악을 범했다(3.18.1).[27] 아우구스티누스는 자기의 논변에 필요한 몇 가지 역사적 사례를 꼽는 것으로 그친다. 로마의 함락과 약탈도 이번이 처음이 아닐뿐더러,[28] 최근의 재난에서도 적군이 성당으로 피해간 사람들을 살려준 이상,

---

[27] 그렇다고 아우구스티누스가 이 점을 방증하여 역사서를 쓴 것은 아니고 본격적인 역사적 기술은 그의 제자(Paulus Orosius)가 쓴 「이교도 반박 역사」(Histriae contra paganos)에 나온다.

[28] Cf. Sermo 296.7: "그리스도인들의 희생제사가 올려지는 동안에 로마가 한 번 불탔지만, 이교도들의 희생제사가 올려지는 동안에는 로마가 이미 두 번이나 불에 탔다."

"하고많은 선익을 입고서도 우리 그리스도에게 감사할 줄 몰랐던 사람들이라면 수많은 저 해악을 두고서 자기네 신들에게 탓을 묻도록 하시라!"(3.31). 더구나 그리스도는 자기를 믿는 신앙인들에게 현세적 행복을 언약한 것이 아니고 영원한 행복을 약속했다. 우리는 미래에 대한 희망 때문에 그리스도인이다(6.9.5). 현세적 선악이야 선인과 악인에게 여일하다. 다만 그것을 당하는 이유와 자세에 따라서 전혀 다른 결과를 낼 것이다(1.8.2).

둘째 주장에서 그는 다신교의 이론적 허점을 지적하되 누구보다도 이교도 지성인들의 저서를 전거로 든다.[29] 신들의 제전에 등장하는 추잡하고 외설스런 의식과 장면들로 보아 그것이 국가의 안녕을 도모할 수는 없다(2권 전체의 내용). 국가의 기강이 국민의 사치스런 향락, 온갖 도덕적 이완, 추태를 거리끼지 않는 종교적 타락에다 토대를 둘 수 없는 까닭이다(2.20). 그래서 아우구스디누스는 로마의 권위있는 학자들의 말을 빌려 선조들의 탁월했던 덕성과 법률적 예지를 예찬한다.[30]

셋째 논점에서 그리스도교의 윤리적 덕목이 탁월함을 논증한다. 그런 덕성을 진작시킨다면 특히 하느님 사랑과 이웃 사랑을 실천한다면 국가의 안녕과 발전과 평화가 확보될 것이라고 주장한다. 그에 따른다면 인간사회는 현세에서는 복지와 안녕을 누리고 또한 영원한 생명에 이르러 완전한 행복을 누리는 경지에 들 것이다. 하느님의 도성은 탁월한 의미에서 종말론적 목적을 띠지만 현세적 복지에 결정적으로 기여하는 도덕과 진리를 담고 있다. 그리스도교는 후세를 바라보는 종교임에 틀림없지만(2.19) 현세에 끼치는 공헌도 놀라울 정도다. 여기서 이상적 황제상도 언급된다(5.24).

끝으로, 로마제국이 이교 국가였을 때에는 위대하고 풍요한 나라였는데 그리스도교 국가가 되면서부터 쇠약하고 몰락하기 시작했다는 비난에 대답한다. 아우구스티누스는 제국의 위용이 잡신 숭배나 운명의 배려에서 온 것이 아니고 참 하느님의 섭리였다고 단언한다.[31] 국가의 쇠퇴는 도덕적 습속의 타락에서 기인했고 이 점은 이교도 학자들도 거듭 경고하고 역설한 바이기도 하다.[32]

---

[29] Cf. Varro, *Antiquitates*; Apuleius, *De deo Socratis*; Porphyrius, *De regressu animae*.

[30] Cf. Sallustius 2.18, Cicero 2.21.

[31] 5.21: "하느님은 당신이 원할 적에 원한 만큼 로마인들에게 왕권을 준 것이다"(quando voluit et quantum voluit Romanis regnum dedit).

[32] 5.12, 15: Sallustius, Iuvenalis, Cicero.

② **그리스도교의 정신적 가치**: 아우구스티누스는 「신국론」에서 영혼 불멸, 창조주 하느님, 세상을 다스리는 섭리 등 중요한 정신 가치를 그리스도교와 공유하는 철학자들을 열거한다.[33] 그처럼 탁월한 지식에도 불구하고 철학자들의 행동은 애로가 컸다(1.36). 이론과 실천의 이같은 괴리, 그처럼 출중한 학식에 비해서 그들이 참석하던 터무니없는 종교행사와 주술행위 등을 꼽을 수 있다.

이교도 사상가들은 정화와 구원의 문제에서 적절한 중재仲裁 개념을 알지 못했다. 다시 말해서 인생의 목표는 깨달았는데[34] 거기 도달하는 길과 방도에 관해서는 몰랐다. 플로티누스가 도달했다는 탈혼exstasis의 경지를 아우구스티누스는 시도해 보았으나 도달하지 못했다. 목표는 알지만 방도를 알지 못할 때 중재자 그리스도의 존재 의미가 부각된다. 정령들의 활약에 기대하는 이교도들의 희망은 헛것이다.

이교도들도 이 방도를 추구하여 이른바 삼중의 종교 또는 신학을 만들어냈다(6.5). 시인들이 노래하는 신화신학theologia mystica, 철학자들이 궁구하는 자연신학theologia naturalis, 그리고 국가가 제관들을 세워 주관하는 정치신학 혹은 민간신학theologia civilis이 있다(6 - 7권). 이들 가운데서도 특히 철학자들의 자연종교를 보면 플라톤 사상과 그리스도교 사상 사이에 극명하게 다른 점이 드러난다(8권). 그리스도교는 하느님의 초월성, 존재의 원인이요 인식의 빛이며 사랑의 원천으로서의 하느님을 플라톤보다 선명하고 초연하게 제시한다.

하느님의 초월성으로 인해 자연스럽게 중개자仲介者 개념이 생겨난다. 이교도들에게는 제신과 인간과 그 사이의 다이몬 곧 정령精靈이 등장하는데 정령론은 온갖 자가당착과 모순을 담고 있으니 그것들은 구원의 매개자가 되지 못할뿐더러 인간의 공경과 예배 대상이 되어서는 안 된다. 정령과 마술 이야기는 이교도 철학의 서글픈 한계를 보여준다(9 - 10권). 마술이 인간을 참 하느님에게 접근케 하지 못하며 신인 그리스도의 중개와 희생제사만이 구원의 길을 제공한다(10.10).

---

[33] 신플라톤 학파: Plotinus, *Enneades*; Apuleius, *De deo Socratis*; Porphyrius, *De regressu animae*.

[34] "사랑하는 조국으로 피해 가야 한다. 그곳에 아버지가 계시며 그곳에 모든 것이 있다"(9.17)고 (플로티누스는) 가르쳤다.

[35] Cf. A.Trapè, "Parte seconda: Contenuto, II. Dommatica, C.III Lotta tra il bene e il male o le due città", in *Introduzione generale*, lxiv- lxxxiii.

4. 두 도성의 신학[35]

「신국론」의 신학 사상을 개괄하면 대자연의 창조주이자 은총으로 섭리하는 신관神觀, 우주의 기원과 악의 발생, 그리고 개인의 삶과 인류의 역사를 물들이는 선과 악의 싸움이 후반부의 핵심 주제임을 알게 된다. 우선 아우구스티누스에게 두 도성의 개념이 어떻게 착상되었으며, 두 도성의 토대 및 발로와 인간 역사가 어떻게 결부되는지 살펴보기로 한다.

(1) 두 도성에 대한 착상

언제, 무엇을 바탕으로 두 도성의 착상이 그에게 떠올랐을까? 두 도성duae civitates이라는 개념이 아우구스티누스의 머리에 떠오른 것은 벽 일찍이었다. 그가 평신도 신분으로 (390년경) 집필한 마지막 저서「참된 종교」에도 그 착안이 나타난다: "이 두 종류의 인간에 있어서, 하나 곧 묵고 지상적인 인간 … 새롭고 천상적인 인간 … 이와 비슷하게 인류도 아담에서부터 이 세상 끝날 때까지 … 그것이 나타나는 모양은 마치 두 부류의 인류로 나뉘어 있는 것처럼 보인다. 그중의 한 부류에는 불경한 자들의 무리가 세상 처음부터 마지막까지 지상적 인간의 모상을 구현하고 있음terreni hominis imaginem gerentium에 비해, 다른 부류에서는 하나이신 하느님을 섬기는 백성populi uni deo dediti이 계승되어 왔다."[36]

그뒤 10년 후는 윤곽이 더 뚜렷해진다: "두 도성, 하나는 불경한 자들의 도성이요 하나는 의인들의 도성이 있어 인류의 시초부터 세상 종말까지 여정을 계속한다. 현세에서는 몸으로는 섞여 있고 영으로는 구분되어 있으나, 장래에, 그러니까 심판의 날에는 몸으로도 분리될 것이다."[37]「창세기 축자해석」에서는 두 도성의 개념과 기초를 언명하고 아울러「신국론」을 집필하겠다는 약속을 한다.[38]「시편 상해」에 두 도성의 이야기는 빈번하게 등장한다.[39] 두 도성의 기초(두 사랑), 역사, 발로(사랑의 행적과 이기심의 행적), 최종 결과(행복과 비참)도「시편 상해」에 드러난다.

---

[36] *De vera religione* (성염 역주『참된 종교』분도출판사 1989) 27.50.

[37] *De catechizandis rudibus* 20.31.　　　　　　[38] Cf. *De Genesi ad litteram* 11.15.20.

[39] *Enarrationes in Psalmos*, 특히 61; 64; 86; 136; 138; 142.

교부가 두 도성에 착안한 근거는 성서다. 라틴어 불가타본 시편에 "하느님의 도성"civitas Dei이라는 용어가 나온다.[40] 그 영적·신비적 의미에 유의하여 그는 우리가 그 시민이 되고자 열망하는 하느님의 도성이 있다고 단언한다(11.1). 하지만 그의 논제는 하느님의 도성만이 아니라 두 도성이다. "온 세상에 무수한 백성이 있어 다양한 종교와 습속에 따라 살아가고 있는데, … 그렇더라도 세상에는 두 가지 인간 사회밖에 존재하지 않는다고 단언할 수 있으니, 우리 성서에 의하면[41] 이를 두 도성이라고 부를 수 있다"(14.1).

성서는 두 도성의 생활양식을 대조시킴은 물론이고(선한 천사와 악한 천사, 의인의 길과 죄인의 길, 영을 따르는 삶과 육을 따르는 삶, 빛과 어둠, 그리스도와 이 세상의 임자), 둘을 예루살렘과 바빌론으로 직접 지칭하기까지 한다.[42] 영적 차원에서 역사를 지배하는 이 상징적 두 도성의 이름을 아우구스티누스는 "평화의 관조"와 "혼란"으로 풀이한다.

"그리스도교 신앙 전체가 두 인간의 역사에 기인하고 있으니 한 사람은 자기를 창조하신 분의 뜻을 행하지 않고 자기 뜻을 행함으로써 자기 안에서 우리를 멸망시켰고, 다른 사람은 자기 뜻이 아니고 당신을 보내신 분의 뜻을 행함으로써 당신 안에서 우리를 구원했다."[43] 그리하여 죄로 인해 부패한 자연본성이 지상 도성의 시민들을 낳고 자연본성을 죄에서 해방하는 은총이 천상 도성의 시민들을 낳는다(15.2).

(2) 두 도성의 토대

두 도성의 토대 혹은 동력은 무엇인가? 사랑이다. 아우구스티누스에 의하면 인류의 전체 역사는 두 도성으로 환원되고 두 도성은 두 인간 부류로 환원되며 두 인간은 두 사랑

---

[40] 시편 45[46],5: "강이 있어 그 줄기들이 하느님의 도성을, 지존의 거룩한 거처를 즐겁게 하네." 47[48],2: "주님께서는 위대하시고 드높이 찬양받으실 분이시로다. 우리 하느님의 도성, 당신의 거룩한 산에서." 47[48],9: "우리가 들은 대로 우리가 보았도다. 만군의 주님의 도성에서, 우리 하느님의 도성에서." 86[87],3: "하느님의 도성아, 너를 두고 영광스러운 일들이 일컬어지는도다."
〔본서에서 구약성서 인용 장절은 교부가 사용한 불가타본 방식대로 표기하고 히브리본의 그것을 [ ] 안에 병기하되, 번역문은 되도록 임승필의 "새번역"(한국천주교중앙협의회 2002)을 인용하거나 대조한다. 신약성서 번역도 교부의 문맥을 따르되 "200주년 신약성서"(분도출판사 1998)를 되도록 살린다.〕

[41] 마태 6,19-24; 12,25-45; 요한 1,10-13; 3,17-21; 15,16-18; 1요한 2,13-23; 5,17-20 참조.

[42] 시편에서 "거룩한 도성"으로 불리지만 히브리서(12,22)와 묵시록(3.12; 21.2)에서는 "천상 도성"으로 불린다. 묵시 18,10: "불행하도다, 너 큰 도성아! 강한 도성 바빌론아."

[43] *De gratia Christi et de peccato originali* 2.24.28.

으로 환원된다. 그리고 두 사랑은 현실 세계에 대한 두 가지 자세로 드러나는 것이다.

① **이기적 사랑과 이타적 사랑 혹은 자기애와 하느님 사랑**: "두 사랑이 두 도성을 이루었다. 하느님을 멸시하면서까지 이르는 자기 사랑이 지상 도성을 만들었고, 자기를 멸시하면서까지 이르는 하느님 사랑이 천상 도성을 만들었다"(14.28). 자기애는 결국 하느님까지 멸시하기에 이른다. 그리고 이타심 혹은 하느님 사랑의 본질은 자기를 비움이다. 사실 아우구스티누스는 모든 욕정을 사랑으로 환원시키기도 한다. 그가 보기에 사랑은 인간 실존의 중심重心이며amor meus pondus meum[44] 모든 정열과 정욕은 두 사랑에 의해 결정된다(11.28). 사랑이 선한가, 사랑이 악한가에 따라 결정된다(14.7).

그리고 사랑의 성격은 사물의 질서 혹은 사랑의 질서ordo amoris에 의해 정해진다(15.22). 하느님의 영원한 법, 사물의 질서를 당신에게로 잡아두신 법도에 순응함이다. 사물의 질서가 바로잡혀 있으면 그것은 "질서의 평온"tranquilitas ordinis(19.13.1)이다. 인간에게 있어 덕德이란 "사랑의 질서" 외에 다른 것이 아니다(15.22). 그리하여 자기 사랑과 하느님 사랑이 도저히 돌이킬 수 없게 상충하고 이기적 사랑에서 온갖 악이 발원하고 후자에서는 오로지 선만이 발원한다는 아우구스티누스의 기본 도식을 이해할 수 있다.

진정한 자기 사랑이 곧 하느님 사랑이 아니던가? 이에 대한 교부의 답변은, 양자의 상합을 이야기하면서 "자기를 사랑하지 않음이 곧 자기를 사랑함이요 자기를 사랑함이 곧 자기를 사랑하지 않음"[45]이라는 수수께끼 같은 말로 끝맺는다. 양자가 대립되는 것처럼 느끼는 까닭은 자기애를 이기적 사랑으로 보는 데 있다.

② **사사로운 사랑과 사회적 사랑**: 그러면 이 두 사랑이 역사적 차원에서는 어떻게 구현되는가? 아우구스티누스는 다른 문헌에서 두 도성의 기반은 "사사로운 사랑"amor privatus과 "사회적 사랑"amor socialis에 토대를 두고 있다고 단언한다. "두 사랑이 있으니 하나는 사사로운 사랑이요 또 하나는 사회적 사랑이다. 이 두 사랑이 인류를 두 도성으로 나누어 세웠으니 의인들의 도성과 악인들의 도성이 그것이다."[46]

사사로운 사랑이란 일부만을 사랑하는 사랑, 하느님과의 친교, 타인들과의 친교를 염두에 두지 않는 사랑, 타인을 염두에 두지 않고 하느님과 자신 사이의 일대일 관계에만

---

[44] *Confessiones* 13.9.10.

[45] *De morbius ecclesiae catholicae* 1.26.48.

[46] *De Genesi ad litteram* 11.15.20.

집착하는 사랑이리라. 사회의 분열, 온갖 차별과 편중, 오만과 탐욕과 인색을 키운다. 그 대신 사회적 사랑은 공동선의 사랑, 화해와 통일과 공평을 도모하는(평화는 정의의 딴 이름) 사랑이다(12.2.1).

그리고 인류의 첫째가는 공동선은 다름아닌 하느님이다. 자기를 사랑해도 하느님과 결부시켜서, 타인을 사랑해도 하느님과 결부시켜서, 그리고 하느님 때문에 타인들을 자기처럼 사랑하는 그런 사랑이다. 이런 공동선을 등지고 자기의 사사로운 선을 찾음이 파국의 원흉이다.[47] 지상 여정이 끝나고 하느님 도성에서는 사사로운 사랑은 존재하지 아니하고 사회적 사랑만 존재하리라.[48]

(3) 두 도성의 발로發露

아우구스티누스의 거의 모든 저작에 이 두 사랑이 구체적으로 어떻게 드러나는지 다채롭게 묘사되고 있다. 그는 자기 사랑과 하느님 사랑을 대립시키면서 지상 도성과 천상 도성을 묘사한다. 두 도성 중에 "전자는 스스로 자랑하고 후자는 주님 안에서 자랑한다". 전자는 지배욕에 지배당하고 후자는 섬기는 임무에 종사한다. 전자는 세도가들을 내세워서 권력을 좋아하지만 후자는 그 힘을 주님 안에 둔다. 전자는 스스로 지혜롭다고 믿어 어리석게도 하느님을 사랑하지 않으나 후자는 참다운 지혜를 갖추고 있어서 참되신 하느님께 마땅한 예배를 드린다(14.28).

방금 인용한 「창세기 축자해석」의 글도 비슷한 내용으로 이어진다: "두 사랑이 있으니 하나는 순수하고 하나는 불순하다. 하나는 사회적 사랑이요 하나는 사사로운 사랑이다. 하나는 상위의 도성을 생각하여 공동의 유익에 봉사하는 데 전념하고, 하나는 오만불손한 지배욕에 사로잡혀 공동선마저 자기 권력하에 귀속시키려는 용의가 있다. 하나는 하느님께 복속하고 하나는 하느님께 반역한다. 하나는 평온하고 하나는 소란스럽다. 하나는 평화스럽고 하나는 모반을 일으킨다. 하나는 그릇된 인간들의 칭송보다는 진리를 앞세우지만 하나는 무슨 수로든지 찬사를 얻으려고 탐한다. 하나는 우의적이고 하나는 질시한다. 하나는 자기에게 바라는 대로 남에게도 바라지만 하나는 남을 자기에게 복종시

---

[47] Cf. *De libero arbitrio* 2.19.53.　　　　[48] Cf. *De sermone Domini in monte* 1.15.41.

키기 바란다. 하나는 이웃을 다스려도 이웃의 이익을 생각하여 다스리지만 하나는 자기 이익을 위해 다스린다. 천사들로부터 시작해서 한 사랑은 선한 자들에게 깃들고 한 사랑은 악한 자들에게 깃들어 두 도성을 가른다."[49]

그의 모든 저서에 나타나는 이 대립관계를 윤리도덕과 종교적 영성에 입각하여 정리한다면, 하느님 도성에 깃드는 사랑과 지상에 깃드는 사랑을 겸손과 오만, 사랑과 탐욕, 지혜와 어리석음, 영에 따른 삶과 육에 따른 삶이라고 대조할 수 있다. 오만과 겸손이라는 반명제는 그의 책 처음부터 나오며(1.서언) 오만한 인간들에게 겸손이라는 덕성이 얼마나 납득하기 어려운지도 인정하고 있다(14.13.1). 영에 따라 사는 삶과 육에 따라 사는 삶의 반명제도 하느님에 따라 사는 삶과 인간에 따라 사는 삶을 의미한다(14.4). 인간도 천사도 피조물인 이상 자신에 띠라서 살 수는 없고 존재를 부여한 하느님에 따라 살아야 한다. 삶은 존재에서 우러나는 것이기 때문에 피조물에게 정말 자기 것이라고는 허무, 헛됨, 허영과 허위와 죄밖에 없으므로[50] 자기에 따라 산다는 것은 결국 이 허무와 허위와 죄에 따라 사는 삶이라 갈수록 그 존재를 상실하게 마련이다. 하느님에 따라 사는 인간만이 그 존재를 완성한다.

(4) 두 도성의 역사

두 도성의 역사는 천사들의 창조와 그들의 선택결단에서 비롯한다. 그리고 인간 세계에 나타나면서 이 역사는 여섯 단계를 거친다. 인생 여정을 여섯으로 나누는 관습에 따라(22.15) 인류 역사도 여섯 단계로 나누어지고 이 여섯은 창조의 엿새에 상합한다. 그리고 우리가 지금 사는 시대는 여섯째 단계다. 일곱째 시대는 영원한 시대이며 하느님이 쉬신 안식일에 해당하고 하느님 도성도 하느님 안에서 길이 안식을 누리게 된다(22.30.5).

「신국론」 후반부의 구성에 따라 그 시대는 크게 셋으로 나누어지는데, 첫째는 아담으로부터 시작하여 아브라함에게 이르는 시대다. 아담 안에서 하느님의 예지에 따라 두 도성이 갈라졌는데(12.27.1) 정확하게는 카인과 아벨로부터다. 둘째는 아브라함부터 그리스도까지 이어지는 시대로서 이스라엘 백성으로 표상되는, 하느님 도성의 역사다. 그는 아

---

[49] *De Genesi ad litteram* 11.15.20.   [50] Cf. *Tractatus in Ioannis Evangelium* 5.1.

브라함으로부터 이야기를 시작해서 세상 도성의 역사를 일별한다.

① 카인과 아벨로부터 아브라함까지: 두 도성은 아담의 두 아들 카인과 아벨에게서 역사가 시작한다. 두 인물은 두 도성의 원형이라고 하겠으니 하나는 형제를 살해한 자로서 지상 도성의 원조이고 하나는 그 희생자로서 천상 도성의 원조가 된다. "카인에 대한 기록을 보면 그가 도성을 세웠다고 했다. 아벨은 나그네로서 도성을 세우지 않았다" (15.1.2). 지상 도성은 영속하지 못할 것으로 이곳에 그 선익이 있어서 그 시민들은 지상 사물들이 제공할 수 있는 기쁨을 누리며 산다(15.4). 그 대신 천상 도성은 영원한 생명에 그 선익이 있고 지금은 희망으로만 그 삶을 간직하나(in spe vivit; 15.18) 사실은 그 삶을 누리고 있다.

두 도성은 카인과 셋의 후손들에 의해서 계승이 되느니 아벨이 죽은 다음에 태어난 셋은 그 이름이 "주 하느님의 이름을 부르려는 희망을 품었던 인간"이라는 신비로운 의미를 간직하고 있다(15.18). 이렇게 대홍수까지 이어가다 노아 홍수 이후로는 노아의 아들들 함과 셈의 후손으로 승계되어 아브라함에게 도달한다(16.1-11).

② 아브라함부터 그리스도까지: 아브라함의 등장으로 하느님 도성은 더 분명한 모습을 드러냈고 장차 그 도성에서 이루어질 하느님의 언약도 더욱 선명하게 선포된다(16.12). 그리고 이 언약을 승계하고 전파할 백성 이스라엘이 탄생한다. 아우구스티누스는 성서로부터 역사적 전거를 대고 예언을 자구적으로 해석하여 직접 증거로 제시하면서 다윗에 이르기까지와 그리스도에 이르기까지, 그리고 교회의 시대에 이르기까지를 서술한다.

이 도성에 있어 사회정치적 집단 이스라엘은 "예언적 표상"의 역할을 한다. 지상 도성의 일부분이 천상 도성의 표상이 되었다. 표상은 자체를 가리키지 않고 다른 사물을 가리킨다. 그렇다면 지상 도성에서도 두 부분이 들어 있으니 하나는 지상 도성 자체의 현존을 드러내고, 하나는 자체의 현존으로서 천상 도성을 상징하는 역할을 한다(15.2). 아우구스티누스가 보기에는 이스라엘에도 천상 도성에 속하지 않은 육적 이스라엘이 있는데 (17.4.6), 한 백성이나 국가로서는 이스라엘 전체가 천상 도성의 표상 노릇을 한다. 이스라엘의 역사는 표상으로서의 사명에 준하여 해석되고 그 통일성을 획득한다.

③ 아브라함부터 그리스도까지의 지상 도성의 역사: 아우구스티누스는 일반 사가들의 문전[51]을 인용해 가면서 앞서 기술한 천상 도성의 역사와 병행하여 지상 도성의 역

사를 술회한다. 특히 아시리아와 로마의 역사에 많은 분량을 할당하고 신화와 전설의 인물들도 그대로 역사적 인물로 등장시킨다. 그런데 속세의 역사에서도 구세사의 의미가 깃들어 있으며 그리스도에 관한 모호하지만 상당한 예감이 드러나는 것으로 판단한다(예: 시빌라의 신탁 18.23). 「신국론」 전체 구도상으로 좀 미비한 부분으로 지적된다.

셋째로, 그리스도의 육화로 하느님의 도성은 역사 내에 현존하게 된다. 그리하여 두 도성을 정치적으로 명료하게 구분하는 길이 훨씬 애매해졌으며, 하느님 도성을 표상하고 육화하는 선민은 따로 존재하지 않게 되었다. 이제 하느님 도성은 만민을 대상으로 하고 만민에게 속하며, 그리스도의 중개가 보편적이듯이 이 도성도 보편적이다.

지상 도성은 천상 도성과 똑같은 외연을 갖게 되고 전처럼 영토에 의한 구분을 하지 못하게 되었다. 하느님 도성은 돕는 방향으로 움직일 수도 있고(자기네 고유한 선 곧 지상적 선익 특히 평화를 확보해 줄 때가 그렇다: 19.26) 훼방하는 방향으로 움직일 수도 있다(박해와 이단 및 도덕적 부패를 만연시킬 경우). 그러나 후자의 경우에도 영웅적 순교자의 배출, 성자들의 덕성, 학자들의 학식을 유발시킨다는 점에서는 의도하지 않게 하느님 도성을 돕는 셈이다(18.51.1). 천상 도성은 아벨로부터 세상 끝날까지 세상의 박해와 하느님의 위로 사이에서 순례의 길을 걷고 있다(18.51.2).

(5) 섭리 속에 전개되는 인류의 역사[52]

아우구스티누스 필생의 과제인 악의 문제, 달리 말해서 선과 악의 투쟁이 「신국론」에서는 두 사랑의 갈등, 두 도성의 대결로 구상화하는데 최후에 가서 어느 편이 이기느냐는 의문이 남는다. 창조주 하느님 신앙에 입각하여 역사적 낙관주의를 품고 있는 아우구스티누스는 악에 대한 선의 궁극적 승리를 주창하지 않을 수 없었으며, 여기에는 신의 섭리, 그리스도의 개입, 은총의 보우 등이 논거로 제시된다.

섭리攝理는 그의 사유와 이성에 있어 극히 투명한 광명이 되어 준다. 「고백록」이 아우구스티누스 개인의 삶을 이끌어 온 신의 자비와 정의를 노래한 대작이라면 「신국론」은

---

[51] 주로 Livius, *Historiae ab Urbe condita*.

[52] Cf. A.Trapè, "C. IV Vittoria del bene sul male o mediazione di Cristo. 1. La storia sotto il segno della Provvidenza", in *Introduzione generale*, lxxi - lxxiii.

인류 역사를 이끌어 온 신의 자비와 정의를 펼치고 있다. 아우구스티누스는 운명fatum이 역사를 주관한다는 이론을 절대 거부하고, 인간의 자유를 살리려고 역사의 전체 지평을 내다보는 신의 예지를 부인하는 양자택일의 태도를 취할 필요가 없음을 역설한다. 끝으로 운명이나 우연이 인간사를 관장하고 있지 않고, 각자의 인생이든 민족들의 성쇠든 신의 섭리가 주재함을 강조한다.

숙명론宿命論을 비판하는 많은 논거(5.1-8)에는 자서전적 계기가 숨어 있고 논쟁적 측면도 들어 있다. 특히 스토아 철학의 영향으로 숙명론은 당대 지성인 사회에 널리 만연되어 있었다.[53] 자유의지의 영역이 없다면 인간의 능력에 맡겨지는 범위는 없는 것이나 마찬가지지만, 이론상 인간의 자유의지를 살리려고 신의 예지를 부정하는 우를 범해서는 안 된다. 양자의 공존을 보는 것이 그리스도인 신앙이다. 예지豫知는 사건이 어떻게 일어나리라는 것, 행동자의 본성에 따라 필연적으로 혹은 자유에 따라서 발생하리라는 것을 미리 앎이며, 예지에는 자유로운 결단이 포함되고 또 자유의지의 행사를 담보한다(5.9-10).

이어서 아우구스티누스 역사철학의 핵심인 신의 섭리가 제기되며, 창조 사상과 구원의 역사라는 두 개념이 논거가 된다. 만유를 창조하고 만유에 삼위일체의 신비를 흔적으로 남기신 하느님은 우주의 광활한 운행이며 제국의 흥망성쇠며 인간 개개인의 운명이며 미미한 자연현상에 이르기까지 당신 섭리의 법칙 바깥에 무슨 영역을 남겨두지 않으셨으리라는 것이다(5.11). 신들도 아니고 운명도 아닌 하느님, 삼위일체 하느님이 왕국과 제국들을 인간들에게 주셨다. 로마제국이 강대해진 원인은 우연적이거나 숙명적인 무엇이 아니니 인간 제국들은 직접 신의 섭리에 의해 세워졌다(5.1). 같은 섭리가 인간들에게 끝없는 왕국을 베풀어 주시리니 그것이 하느님의 도성이다(2.29.1).

(6) 두 도성의 역사는 곧 구원의 역사[54]

「신국론」에서 아우구스티누스는 의외로 많은 지면을 할애하여 그리스도의 중개성과 희생의 가치를 강조한다. 무릇 중개라는 것은 존재론적으로 양자의 본성을 갖춘 존재자가

---

[53] Cicero, *De divinatione, De fato*는 이에 대한 반발이었다.

[54] Cf. A.Trapè, "C. IV Vittoria del bene sul male o mediazione di Cristo. 2. Cristo unico mediatore di salvezza", in *Introduzione generale*, lxxi - lxxiii.

할 일이므로 신인神人 그리스도[55]만이 신과 인간 사이의 참다운 중개자가 된다. 신은 정의와 불멸과 행복을 갖추고 있는 데 비해 인간은 죄와 죽음과 비참함을 지니고 있을 따름이다. "그는 인간 중개자는 신성 없이는 중개자가 아니요 신 중개자는 인간성 없이는 중개자가 아니다. 오로지 신성만 있고 오로지 인간성만 있을 때에 그리스도의 인간적 신성혹은 신적 인성이 중개자가 된다."[56]

죄와 죽음으로부터의 구원을 동경함은 인간의 보편적 현상이지만 구원에 이르는 보편적인 길이 과연 존재하는가가 철학자들의 의문이었다. 아우구스티누스가 보기에 이 길은 존재하며 또한 만인에게 알려져 있다. 하느님 도성의 건국자요 임금 그리스도다. "인류에게 이 길이 전무하던 적은 결코 없다. 따라서 이 길을 벗어나서는 아무도 해방되지 못했고 지금도 해방되지 못하며 앞으로도 해방되지 못할 것이다"(10.32.2). 아우구스티누스에게는 그리스도가 언제나 또 만인에게 열려 있었고 지금도 열려있는 길, 유일한 구원의 길이다. 그리스도 이전에, 또 그리스도를 알지 못하는 모든 인간들에게도 "합당한 인간인 한에는 누구에게도 구원이 없지 않다".[57] 하느님의 도성에는 그리스도가 군림하고 그 도성과 더불어 한 몸을 이룬다(17.4.9).

(7) 두 도성의 종말[58]

신에게로 정향된 존재로서의 인간관, 신에게서만 고유한 행복을 얻을 수 있는 인간 조건에 입각하여 종말론을 개진한다. 그의 종말론은 직선적 시간관에 입각하여 우주의 역사를 종결짓는 대단원으로 설명된다.

① **천상 행복**: 영육의 합일체로서의 인간에게 해당하는 행복인데 그 행복은 인간의 존재론적 안식과 신에 대한 직관, 궁극선에 대한 사랑과 찬미vacatio, visio, amor et laus로 엮어진다. "그때 우리는 쉬면서 보리라. 보면서 사랑하리라. 사랑하면서 찬미하리라. 끝없는 끝에 이루어질 것이 바로 이렇다"(22.30.5). 인간의 존재론적 안식은 궁극선인 신 안

---

[55] Cf. *Sermo* 193.7: "그리스도는 온전한 하느님이요 온전한 인간(totus Deus et totus homo)이시다."

[56] *Sermo* 47.12, 20.　　　　　　　　　　[57] "salus nulli umquam defuit": *Epistula* 102.15.

[58] Cf. A.Trapè, "C. V I debiti fines delle due città o escatologia. 5. Il fine proprio della città di Dio o citta dei giusti", in *Introduzione generale*, xc-xciii.

에 안주하는 바로 그것이다. 악이 전무하고 모든 수고가 끝나고 인간의 모든 소망이 성취되는 데서 오는 안식이다. 저녁 없는 평화가 이루어진다.

그다음은 신을 직관하는 경지다. 부활한 인간이 과연 육안으로 하느님을 뵙느냐는 물음에, 신의 영성을 살리려고 부정적 답변을 내놓던 사람들에게 신은 당신의 피조물 전부에 현존하신다는 논리로 답변한다. 생명의 현상은 육체의 움직임을 통해서만 보듯이, 또 생명의 존재와 작용을 육안으로 확실하게 감지하듯이, 거기서는 어디로 눈을 돌리든 육안으로도 만유를 다스리시는 하느님, 육체 없는 하느님을 뵙게 될 것이다(22.29.6).

보게 되면 사랑하게 된다. 행복의 결과로 사랑하게 되는 것이 아니라 사랑 자체가 그곳 행복의 본질이다.[59] "갖고 있어도 사랑하지 못하면, 그것이 비록 더없이 좋은 것이라고 할지라도, 행복하지 못하다."[60] 사랑하는 바를 향유하지 못하면 그것도 행복하지 못하다. 궁극의 행복은 지적인 것만도 의지적인 것만도 아니고 진리로 말미암은 기쁨gaudium de veritate, 지복직관visio beatifica으로 통합된다.

천상 도성의 시민들은 온 존재가 적극적으로 향유하는 안식[61]을 누리리라. 그 행복은 누려도 지겹지 않은, 채워지지 않는 만족이요 그리스도의 은총으로 인한 즐거움이리라.

② **사회적 행복**: 사회적 사랑이 하느님 도성을 구성하는 본질이라면 공동 행복 혹은 복지야말로 그 나라의 완결과 종국을 나타낸다(19.5). 성도들만의 사회야말로 더없이 완전하고 사랑에 찬 이상사회이리라.[62] 아우구스티누스는 완결된 하느님 도성의 이념을 마르켈리누스에게 보낸 서간에서 진리·거룩함·평화·생명 넷으로 꼽기도 하고 진리·사랑·영원 셋으로 꼽기도 한다. 이러한 근본적이고 사회적인 덕성을 갖춘 사회만이 이상사회이고 하느님의 도성에서만 그것이 충만하게 갖추어질 수 있다. 인간 이상사회의 이 목표를 향해 하느님 도성은 지상의 순례를 하고 있다(2.29.2).[63]

평화야말로 두 도성에서는 물론이려니와 하느님 도성의 이상이다. 19권에서 각종 평화를 논구한 다음 "하느님을 향유하고 하느님 안에서 서로 향유하는, 더없이 질서있고 더없

---

[59] Cf. *Confessiones* 10.23.33.   [60] *De morbius ecclesiae catholicae* 1.3.4.

[61] Cf. Enarrationes in Psalmos 147.3; 110.1: 그 안식은 "여유로운 사업이요 여유로운 사람들의 사업 (negotium otiosum, otiosorum negotium)이리라".

[62] Cf. *In Ioannis Evangelium* 67.2.   [63] 앞의 각주 16 참조.

이 화합하는 사회적 결속"(19.13.1)을 제시한다. 질서가 없으면 그 화친은 집단이기주의의 "강도떼"(4.4)요, 화친이 없으면 질서도 감옥일 따름이다. 질서와 화합이야말로 인간들 사이에 평화를 이루고 집을 이루며 도성을 이룬다(pax hominum ordinata concordia: 19.13.1).

아우구스티누스 윤리의 토대인 사용과 향유uti et frui, 하느님은 향유하고 인간들은 하느님 안에서 서로 향유한다는 원리가 「신국론」에서는 하느님 도성의 사회적·공동체적 차원을 현저하게 부각시킨다. 이것은 다양성 안에 단일성을 창출할 줄 아는 사랑을 통해서 구현된다. "하느님이 사랑이시므로 그 사랑으로 말미암아, 각자가 갖고 있는 것들이 만인에게 공통된(공유하는) 무엇이 된다. 사람은 자기가 지니지 못했을지라도 남에게서 그것을 사랑한다면 자기가 지닌 셈이다. 입은 영광이 다양하다고 해서 아무런 질시도 없을 것이니 만인 안에서 통치를 이룩하는 것이 다름아닌 사랑의 단일성이기 때문이다."[64] 그때는 또 그때만 사랑이 완전무결한 사회적 사랑이 될 것이요, 참 영광, 참 영예, 참 평화, 참 자유가 모두에게와 각자에게 주어질 것이다. 모든 것 안에 모든 것이 되시는 하느님의 영원과 진리와 사랑을 모두 참여하고 향유하는 까닭이다(22.30.1-3).

5. 「신국론」의 방법론과 아우구스티누스의 문화 사상

아우구스티누스가 「신국론」을 집필하는 데 사용한 방법론은 이 작품을 이해하며 가치판단을 내리는 데 매우 중요하다. 주석가들의 일치된 의견에 의하면 이 저서에는 세 가지 모티프가 꼽히고 있다. 교부는 본서에서 그리스도교 철학을 공개적이고 결연하게 주장하며, 그리스도교 철학이야말로 "참다운 종교"라고 일컫는다.[65] 그러나 자기의 사상적 밑거름이 된, 그리스도교 이전의 그리스-로마 사상, 특히 플라톤 학파에 대한 긍정적 검토를 주도면밀하게 행하고 있다. 끝으로, 당대의 지성인들을 향해서, 그리스도교 사상이 고대 철학을 배척하지 않고 오히려 완성시킨다는 점을 역설하면서, 자기의 역사철학 혹은 그리스도교 역사관 안에 이 신념을 흡수하고 있다. 그리스도교 역사관은 고대 철학자들이 제기하고서도 해명을 하지 못한 중대한 문제들에 해답을 제공한다는 입장을 아우구스티

---

[64] In Ioannis Evangelium 67.2.　　　[65] 그의 De vera religione의 기본 취지도 같다.

누스는 시종일관 고수한다. 그리스도교에 의해서 인생과 역사에 관한 새로운 해석, 새로운 지혜, 새로운 문화가 대두되었으며 이것이 고대의 사상을 보완하고 완성시킨다는 긍지다. 교부의 문화철학을 엿볼 수 있다.

(1) 그리스도교 사상의 새로움

아우구스티누스는 특히 그리스도교 역사관의 참신성을 극력 주장한다. 이교도 혹은 외교인("그들" 혹은 "당신들")들과 그리스도인들("우리")을 대당시키면서 논변을 전개한다: "최고의 참 하느님이 피조물들의 조성자요 사물들이 인식되는 빛이며 일체의 행위가 이루어지는 선이라고, 우리는 그분에게서 자연본성의 원리와 배움의 진리와 삶의 행복을 얻는다고 주장한 철학자들이 있다. … 이들이 우리 그리스도인들에게 더 가까이 근접했다고 공언하는 바이다"(8.9). 그리스도교 사상을 기준삼아 외교인 철학을 수용 또는 비판하는 입장이다. "이성을 면밀하게 구사함으로써 플라톤 학파에서 건전한 그리스도교 사상과 상충되지 않은 바를 찾아낼 수 있다고 믿는다."[66] 이런 입장은 그가 철학하는 전거로 삼는 세 기반 곧 성서의 권위, 확고한 신앙, 이성에 대한 신뢰를 전제한다. 그리스도교 사상이 참으로 참신한 것은, 신국의 사상이 하느님으로부터 유래하고, 신앙으로 받아들이는 대상이기 때문이기도 하지만 인간 지성으로 통찰할 수 있기 때문이기도 하다. 이성과 신앙은 오류를 척결하는 두 수단이며, 외교인들이 갖추고 있는 진리, 그리스도라는 참 진리에 속하는 진리들을 복원시키고 그들이 빠질 수 있는 오류를 수정하게 해 준다.

성서의 권위: 밀라노의 회심(387년) 이후 아우구스티누스는 여태까지 알지 못하던 성서를 깊이 연구했으며, 그의 저서들에서는 성서의 신적 기원, 무류성無謬性, 심원하고 풍요한 사상을 천명하고 있다. 하느님의 도성은 성서로부터 신앙을 이끌어내며, 인간 지성으로만 알 수 없거나 알아서 누구나 유익한 것을 신앙으로 일단 받아들이고서 그다음에 이성적 고찰에 착수할 것으로 여긴다. 성서의 모호함도 인간 사색을 통해 성서 저자의 사상에 접근하는 노력을 자극한다.[67] 성서에 대한 점진적 이해가 그의 생애에서는 물론 작

---

[66] *Contra Academicos* 3.20.43.

[67] *De doctrina Christiana*에 나타나는 그의 해석학적 시도 참조.

품들 속에서도 현저하게 드러난다. 이단異端과의 논전에서 성서는 특히 많이 활용된다.

확고한 신앙: 지상에서 순례하는 하느님의 도성은 신앙에 닻을 내리고 있으며 특히 외교인 지성들의 도전에 교부는 일단 신앙으로 응수한다. 플라톤 철학처럼 탁월한 사상도 시간 속에서의 창조, "말씀"의 육화, 육신의 부활을 수긍하기 어려워한다. 시간 속의 창조에 관한 한 철학자들의 논변이 그리스도인들의 믿음을 말소시키지는 못한다. "이 논리들을 설령 이성이 반박하지는 못하더라도 적어도 신앙은 이를 비웃고 넘어가야 한다"(12.18.2)는 입장을 아우구스티누스는 견지한다. 당대의 최고 지성들을 상대로 글을 쓰면서도 이런 견해를 유지할 수 있었던 것은, 신앙이야말로 궁극 사물을 달관하게 해 준다는 신념이었으니 여기서 그리스도교 철학의 방법론의 초석인 "알기 위해 믿으라!"crede ut intellegas[68]는 이 아우구스티누스의 명언이 유래한다. 인식에 있어서, 무지와 편견에 사로잡힌 지성이 정화되기 위해서도 신앙이 시간적으로나 규범상으로 우선한다는 이론이다. 인간 지성이 궁극적 신비를 감당하지 못할 경우에 소박한 사람들의 단순한 신앙이 지성인들의 냉소적 회의보다 낫다고 하겠다.[69]

이성에 대한 신뢰: 그는 인간 지성의 사변 능력에 대단한 신뢰를 품고 있었으며 그의 모든 철학서는 이 신뢰에서 나온 작품들이다. 그의 주저 「삼위일체론」De Trinitate이 이성을 과신하는 지성인들에게 겸허한 신앙을 일깨우고 이성적 애로를 극복하여 인간과 신에 관한 심원하고 탁월한 신학적 이해의 경지로 인도하는 저서라면, 「신국론」은 이교도들의 인간적 지혜가 갖는 한계와 그리스도교 사상에 대한 근거없는 증오를 해소시키는 데 목적이 있었다. 그러나 지성에는 지성으로 응답하는 기본 골격은 유지하고 있다. 예컨대, 시간 속의 창조와 신의 영원성을 조화시킬 수 없다는 논지에 대해 아우구스티누스는 합리적 논증으로 양자의 공존 가능성을 입증한다. 신은 안식하며 활동하고 활동하며 안식할 수 있는 존재이므로, 스스로 변하지 않고서도 시간 속의 창조를 이룩해낼 수 있으니, 새로운 활동을 통해 새롭다기보다는 영원한 계획을 구사하는 분이기 때문이다(12.17.2).

---

[68] *Sermo* 43.9: "그러므로 믿기 위해 이해하고, 이해하기 위해 믿으라" (ergo intellege ut credas, crede ut intellegas).

[69] Cf. *Sermo* 27.4: "외람된 지식보다는 믿음 있는 무지가 낫다" (melior est fidelis ignoratia quam temeraria scientia).

(2) 고대철학의 복원

「신국론」은 그리스도교 사상을 제시하고 옹호하는 데 그치지 않고, 교부가 체득했고 교양을 함양한 이교 세계의 고유하고 본연적인 가치들을 복원해내려는 진지하고 거창한 작업이기도 하다. 이 작업에서 아우구스티누스는 자신이 성서 연구에 채택한 방법론, 다시 말해 언어 · 역사 · 변증 · 철학 · 인문학을 공부하면서 습득한 개념들을 구사한다. 실상 아우구스티누스는 고대문화의 마지막 대가였고 또 그 문화를 예찬하고 연구하는 학자였다. 그 연구는 플라톤 철학에서 시작하여 언어학, 역사학, 사회 및 도덕까지 확대된다.

혹자는 펠라기우스 논쟁에서 아우구스티누스가 간혹 고대문화에 내린 부정적 견해를 강조하기도 한다.[70] 그러나 다신교 신앙을 제외하면 이교도들의 삶이 찬사를 받을 만하고 지상국가를 세우고 성장시키고 보전할 만한 덕성을 갖추고 있다는 아우구스티누스의 견해도 잊어서는 안 된다.[71] 「신국론」에서도 그는 로마의 위인들(Regulus, Scaevola, Scipio Nasica, Camillus, Scipio Africanus)에 대한 존경을 표하고 있으며 그들의 덕스러운 삶에 대한 보답으로 하느님이 로마인들에게 지중해 연안에 대한 제권을 주셨다는 해석마저 내놓고 있다(5.13). 지상국의 영광보다도 신국의 영광을 도모하는 그리스도인들도 그들에게서 자극을 받아야 한다고까지 말한다(5.17.1).

아우구스티누스는 언어나 문화로서만 아니고 감정과 심경에서도 철저히 로마인이었으므로 로마 문화, 제국의 법률, 속국들에게 끼친 영향을 크게 평가하고 있었다. 로마는 어느 면에서 신국의 상징이 될 수도 있었다. "하느님은 참다운 종교가 없이도 사회적 덕성이 얼마나 큰 위력을 발휘할 수 있는지 저 부요하고 명성 큰 로마제국을 통해서 보여주셨습니다. 이것은 거기에 참다운 종교마저 있다면 그곳 사람들이 또한 천상 도성의 시민도 될 수 있음을 깨우쳐 주시기 위함이었습니다. 거기서는 진리가 다스리고 사랑이 다스리고 영원이 군림합니다."[72]

그의 이런 판단은 신국이 받아들이는 백성들의 법률과 관습과 제도 그리고 문화를, 유일하신 참 하느님 숭배를 훼방하는 요소를 빼놓고는, 모두 포용한다는 견해를 원리로 삼고 있어 매우 현대적인 사고방식이다. 천상 도성은 "지상에서 나그넷길을 가는 동안 모

---

[70] Cf. *Contra Iulianum* 4.31.21 이하; 본서 5.12.4; 19.25.

[71] Cf. *Epistulae* 138.3.17; 164.2.4.   [72] *Epistula* ad Marcellinum 138.3.17.

든 민족에서 시민들을 불러모아 모든 언어를 사용하는 순례자 집단을 이룬다. 풍속이나 법률이나 제도들에 의해 지상의 평화가 달성되고 보존되는 한, 그것들이 어떻게 다른지는 상관하지 않는다. 물론 나라가 다르면 여러 가지가 다를 수밖에 없지만 그럼에도 한결같이 지상의 평화라는 단일한 목적을 지향한다. 한 분이요 지존하고 참된 하느님이 숭배받아야 한다고 가르치는 종교를 방해하지 않는 한, 천상 도성은 이런 풍속이나 법률이나 제도 가운데 그 어떤 것도 폐기하거나 파괴하지 않으며 도리어 보존하고 따른다"(19. 17). 아우구스티누스가 타문화, 구체적으로는 그리스-로마 문화를 평가하는 자세는 그의 사상체계 전체에서 이성과 신앙, 자연과 은총, 인간의 자유와 하느님의 섭리, 이교 문화와 그리스도교, 한마디로 헬레니즘과 헤브라이즘을 종합하는 그의 고유한 방법론이 된다.

(3) 새로운 종합

아우구스티누스 사상의 가장 현저한 면모는 종합綜合이며 그에게서 헬레니즘과 헤브라이즘이 유럽 사상으로 합류한다는 사실은 사상사가들이 대체로 인정하는 바다. 「신국론」은 바로 이 종합을 담은 가장 대표적인 작품이다. "그대의 천성 속에 어떤 뛰어난 덕성이 있다면, 그것은 참다운 경건으로는 정화되고 완성되는 것이며, 불경에 의해서는 훼손되고 징벌될 따름이다"(2. 29. 1). 지상 도성의 적극적 가치들(자유, 승리, 영예, 평화 그리고 삶)은 천상 도성에서 완성을 본다는 지론이다. 예를 들어 자유라는 개념이 충만한 자유, 오류와 악덕으로부터의 자유, 진정한 사랑에서 오는 자유로 완성되어야 한다는 것이다. "이제는 그대도 천상 국가를 손에 넣으라! 그 일은 그대가 조금도 수고하지 않아도 되며, 거기서 그대는 진정으로 또 영원히 다스리게 되리라. 거기서는 베스타의 화로나 카피톨리움의 돌이 아니라 한 분이신 참 하느님이 그대에게 '사물의 경계와 시간을 따로 설정하지 않으며 끝없는 제권帝權을 수여하리라.'[73] 거짓되고 기만하는 신들에게로 돌아가지 말라! 도리어 그들을 배척하고 멸시하며, 참다운 자유를 찾아 솟아오르라!"(2. 29. 1-2).

그리스도교는 이교 문화를 완결시키고 질적 도약을 제공한다는 신념을 아우구스티누스는 인식과 덕성과 평화라는 세 관점에서 특히 부각시킨다. 먼저 지식은 사물의 시원에

---

[73] Vergilius, *Aeneis* 1.278-9: nec metas rerum nec tempora pono.

관해서부터 시작하여 역사의 종말에 이르기까지 사상사의 가장 요긴한 주제가 된다. 그 사유는 존재의 문제(창조), 인식의 문제(조명), 사랑의 문제(참된 행복), 그리고 무엇보다도 악의 문제를 다루는 방향으로 전개된다. 특히 악은 인류를 부단히 괴롭히는 문제이며 악의 기원과 위력에 대한 마땅한 해명을 요구한다. 「신국론」의 철학적·정치적·교의적 내용에서 아우구스티누스는 이 문제를 다루고 있다.

둘째로, 덕성德性의 문제는 완전한 덕성이 무엇인지, 인간 덕성을 온전하게 만드는 신의 은총과 어떻게 연관되는지를 풀어본다. 로마인들의 덕성은 참다운 덕성이로되 악덕에 감염된 것이었다는 전제에서 출발한다. 인간의 덕성은 지상 도성을 건설하는 데 목적과 대상이 있다는 점에서 참다운 덕성이지만, 영광을 탐하는cupido gloriae 동기로 출발했고 하느님과 연관을 갖지 않고 천상 도성을 희구하지 않았다는 점에서 악덕에 감염되어 있다고 하겠다(5.12.1). 진정한 덕성은 하느님이라는 숭고한 척도에 맞추어야 하고 하느님 홀로 인간을 행복하게 만들어 주며 덕성 자체가 인생의 목적일 수는 없다. "덕목이 다른 이유로 추구되지 않고 오직 덕목 자체로만 연관된다면 진실하고 고상한 덕목이라고 여길 사람들이 있을지 몰라도, 그런 경우는 스스로 으스대는 오만한 덕목일 터이고 따라서 덕이 아니며 오히려 악덕이라고 단정지어야 한다. 육을 살게 만드는 것이 육에서 오지 않고 육 위에 있듯이, 인간을 행복하게 살게 만드는 것은 인간에게서 오지 않고 인간 위에 있다"(19.25). 아울러 그는 국민populus과 정의iustitia에 대한 키케로의 정의에도 새로운 요소를 첨가한다. 정의는 하느님 사랑으로 보완되지 않으면 진정한 정의에 이르지 못한다는 것이다(2.21.4; 19.21-24). 아우구스티누스로서는 자연의 차원과 은총의 차원이 단순히 병존하는 것이 아니고 심원하게 삼투하며 그렇다고 혼동되지도 않는다. 그의 사상적 전망은 (성서에서 영감을 받은 것이겠지만) 항상 역사적 시각, 역사의 현장에서 실제로 어떻게 구현되고 있는가를 고찰하는 시각을 가진다.

셋째 소재인 평화平和가 「신국론」에서 갖는 위치도 중요하다(19권 전체의 주제다). 지상국도 평화를 추구하며 평화가 달성되면 천상국의 시민들도 지상의 평화를 향유할 권리가 있다. 그러나 신국의 완전한 평화야말로 참 평화이며, 은총이 복원하고 구현하는 본연의 지성, 내면적 질서에서 오는 평화다. 이 평화는 불멸을 보장하는 궁극의 승리요, 영원한 참 행복이다. 아우구스티누스가 설파하는 참 평화는 폭력과 불의 그리고 전쟁을 험오하는 인간적 평화를 바탕으로 하고, 그 평화에 새로운 가치와 활력을 부여하여 신국의 평화로 승화된다. 참으로 아우구스티누스는 이교 문화의 가치들 가운데 자율적이고 자기만족적인 가치들은 해소시키고 다른 가치들은 인간의 자연스런 염원의 반영으로 채택하고 신앙과 은총으로 승화시킨다.

(4) 「신국론」 이해의 열쇠

아우구스티누스가 이 대저를 집필한 사상적 배경에 관해서는 많은 연구가 나와 있다. 15년의 시간 간격을 두고 신학과 철학, 문학과 역사, 성서와 고전들이 혼재하는 작품을 써놓은 만큼 독자로서는, 그리스도교 신앙과 철학적 소양을 전제할 적에, 교부의 본의를 파악해 두는 것이 유익할 것이다.

먼저, 「신국론」은 마니교 이원론 사상을 담은 저서가 아니다. 지상국과 신국이라는 두 도성의 이념은 마니교 이원론에 배경을 갖는 것이 아니고 성서적 전통을 갖는 것이다. 성서에는 신국론의 이원론이 있지만 신국론에는 마니교의 이원론이 없다. 성서가 제시하는 이원론은 선과 악을 구분하는 도덕적 이원론, 육의 욕망과 영의 욕망이 충돌한다는 심리적 이원론, 역사의 종국에 가서 의인과 악인의 영원한 분리라는 종말론적 이원론이다. 따라서 두 도성은 두 인간 유형으로 구분된다. 그 대신 마니교의 이원론은 물질과 정신이 악과 선이라는 원리로서 대립하여 존재한다는 형이상학적 이원론이다. 교부는 노골적으로 그들을 지명하기도 하면서[74] 창조설, 악의 개념, 사물의 선성, 자유의 옹호에서 그들의 노선과 정면으로 충돌하여 논증하고 있다.[75]

그렇다고 플라톤 사상을 골간으로 삼은 종합서도 아니다. 본서의 여러 군데서 플라톤 학파에게 가장 적극적인 친근과 호의를 보이지만 본서의 근간인 주제를 두고 그의 평생 역작 중에서 플라톤 학파와 가장 노골적으로 대결하는 입장을 취한 작품이기도 하다. 우주사의 시원을 다루는 창조설, 상계와 인간계 사이에 중개역할이 그리스도에게 배타적으로 독점되는 사실, 죽음과 육체의 부활, 영원한 행복 등에 있어 교부는 어느 면에서, 어떤 논거에서 플라톤 학파와 거리를 두는지 확연히 밝히고 상대방의 이론을 반박한다.

---

[74] 11.22 참조: "마니교도들이 … 저렇게 허튼 수작, 말하자면 저런 미친 소리를 하지 않았을 것이다."

[75] 창조설(11.22-24), 악의 개념(11.9; 12.7), 사물의 선성(12.8; 22.24.1-5), 자유의 옹호(5.9.1-4) 참조.

그렇다면 하느님의 도성을 다루는 이 책은 아무래도 성서적 견지를 골간으로 삼는다. 그가 「신국론」을 집필한 시기는 마니교 논쟁(이원론)을 끝낸 시점이자 도나투스 논쟁(교회론적이고 성사론적 토론)도 마쳐가고 있었고 펠라기우스 논쟁(원죄, 은총, 예정)을 막 시작한 참이었다. 그는 "구세사적 관점"에서 역사에 관한 우주론적 세계관, 통시적通時的이면서도 공시적共時的인 시간관, 종말론적 관점을 총망라하고 있다. 그가 구원救援에 관한 우주적 관점을 담았다고 말하는 까닭은 두 도성에 인간과 더불어 천사들도 등장하고[76] 천사들의 타락과 인간의 구원이 연루되는 까닭이다. 구원받은 자들은 천상에서 선한 천사들과 더불어 하느님을 향유하고 있고, 지상에서는 인간들이 천사들의 수호하에 순례하고 있다.[77] 본서 11권과 12권에서 장황하게 천사론을 개진하는 이유는 하느님 도성의 역사를 초역사적 시원으로부터 전개하려는 우주론적 의도 때문이다.

하느님 도성은 천지 창조부터 우주 종말까지 시간의 궤적 전체를 망라한다. 하느님 도성은 신의 예지로 인해 첫 인간에게도 현전했고(12.27.2), 우주 종말에 완성되어 영속한다. 따라서 하느님 도성은 사도들의 복음설교의 시간대를 넘으며 교회와 외연을 같이할 수가 없다. 순례하는 하느님 도성은 영원한 생명(6.9: propter quam unam proprie nos christiani sumus)에 대한 희망과 섭리에 대한 신뢰를 품고서 종말론적 긴장 속에 걸어가는 중이다. 그 나라의 충만과 완성과 완결은 지상에 있지 않고 피안에 있으므로 교부의 역사철학은 천년왕국설, 총괄갱신 사상, 영원회귀를 용납할 수 없었다. 하느님 도성의 현재의 잠정적 단계와 미래의 결정적 단계 설정은 아우구스티누스의 은총론과 예정론을 이해하는 열쇠가 된다. 끝으로, 하느님의 도성은 정치제도적 체계가 아니고 신비적 차원을 띤 영적인 무엇이다(15.1.1: mystice appellamus civitates duas. duas societates hominum). 인류 전체를 두 부류로 나누어 보는 시각은 그들이 선의 능력과 악의 능력을 역사상으로 대표하는 까닭이며(14.1), 제도로서의 교회론도 정치적 국가론도 본서에 본격적으로 다루어지지 않는다.

끝으로, 그리스도인 독자의 눈에는 확연하게 드러나겠지만, 본서를 해독하는 열쇠는 역시 그리스도다. 위대한 교부의 삼부작에서 그리스도론적 성격이 극명하게 부각된다. 즉, 「고백록」은 자기 개인 삶의 중심이요 명분인 그리스도께 바치는 신앙과 사랑의 고백

---

[76] 10.7 참조: "천사들과 더불어 우리는 한 도성을 이룬다."   [77] 7.30; 9.23; 19.23.4 참조.

이요, 「삼위일체론」은 성부의 사랑을 인류 역사에 계시하고 유일하고 삼위인 하느님의 모상을 역사상으로 회복한 그리스도께 바치는 송가이며, 「신국론」은 그리스도를 역사의 종국점으로 설정한 역사신학서다. 그래서 신학적 그리스도론이 다루어지는 것이 아니지만 그리스도는 본서 전체의 통합점으로 등장하고 있다. 신인(totus homo, totus Deus) 그리스도야말로 이교도들에게 교리와 은총으로 현세적 복지를 분배하고 촉진하는 분(1 - 5권)이요, 그리스도는 외교인들의 자연신학과 민간신학을 폐기하고 인류 전체에게 중개자요 구원의 보편적인 길(11.2: quo itur Deus, qua itur homo)로 등장하며(6 - 10권), 하느님 도성의 창건자(11 - 14권)이자 구약 예언의 주제이자 그 완성자이고(15 - 18권), 역사를 완성하고서 구원받은 간선자들의 부활이요 판관이요 행복의 원천이 된다(19 - 22권).

6. 「신국론」의 철학 사상[78]

아우구스티누스는 일찍이 자기 철학의 대상을 신과 인간으로 규정한 바 있다. 초기 저작 「독백」에서 그는 다음과 같은 독백을 나눈다: "그대는 무엇을 알고 싶은가?" "하느님과 영혼을 알고 싶소." "그밖에 더 없는가?" "없소."[79] 그리하여 그의 필생의 대작 「신국론」에서도 그는 인간과 세계를 신과 연관시켜서, 그 연관하에서만 철학적 고찰을 하고 있다: "그분 없이는 어떤 자연사물도 존립하지 못하고 어떤 이론도 교화하지 못하며 어떤 관습도 이익이 되지 못한다. 그분을 탐구할 것이니 그분으로 인해 우리에게 모든 것이 근거를 갖기 때문이요, 그분을 인지할 것이니 그분으로 인해 우리에게 모든 것이 확실해지는 까닭이요, 그분을 사랑할 것이니 그분으로 인해 우리에게 모든 것이 바르게 되기 때문이다"(8.4). 철학적 사변에서도 이 교부의 사상이 가장 원숙하게 개화된 이 저작에 철학사의 비중있는 주제들이 거의 모두 다루어지지만 이 해제에서는 아우구스티누스의 관점에 따라 신을 우주의 "존재론적 근거", 인간의 "인식론적 근거", 그리고 인생의 "행복의 근거"로 궁구하면서 본서에서 다루는 철학적 주제들을 언급하기로 한다.

---

[78] Cf. Robert Russell, "La filosofia di Sant'Agostino nella *Città di Dio*", *Introduzione generale*, xcix - cxxx in *La Città di Dio* in Nuova Biblioteca Agostiniana V/1.

[79] *Soliloquia* 1.2.7.

(1) 신은 우주의 존재론적 근거causa constituendae universitatis

일직선상의 세계사를 구원의 역사로 보고 고찰하려는 아우구스티누스는 세계와 역사의 시원始源에 관해 논하지 않을 수 없었다. 그는 신플라톤 학파와의 교류를 통해 세계의 기원을 유출론流出論으로 설명하는 도식과 접한 적이 있었지만 그리스도교에서 발견한[80] 창조론創造論에 입각한 해설이 더 합리적이라는 결론에 이른다.[81] 그리하여 마니교의 논쟁에서 "시간과 더불어 이루어진 창조"creatio cum tempore를,[82] 신플라톤 학파와의 논쟁에서 "무無로부터의 창조"creatio ex nihilo를 사변적으로 정립한다(12. 17. 1-2).

아우구스티누스의 철학은 신과 피조물 사이의 엄정한 구분에 토대를 두고 있다. 그리고 그가 철학적 사변을 통해서 도달한, 무로부터의 창조는 플라톤 사상에 힘입은 바 컸다. 신을 영적靈的 존재로 보고 만유의 창조자로 인정하며 아울러 신과 피조물을 존재론적으로 명확하게 구분한다는 점에서 플라톤 철학이 진리에 가장 근접했다고 평가하여(8. 5) 이 철학을 우선시하면서도, 어떤 이론, 예를 들면 육체의 부활에 관한 교리에 비추어 본다면 플라톤 철학도 심각한 오류에 빠졌음을 지적하고 부활에 관한 그리스도교 사상을 논변한다.[83]

아우구스티누스가 명시적으로 언급하듯이, 플라톤 철학은 신이 모세에게 계시하신 극히 숭고한 진리들에까지 어느 정도 접근한 것처럼 보인다. 모세에게 내려진 신의 이름, "존재 자체"Ego sum qui sum와 흡사한 개념을 플라톤에게서 발견한다는 것이다(8. 11).

신의 속성을 논하면서 그는 신이야말로 불변不變하기 때문에 참으로 존재하는 분vere esse quia immutabilis est이요, 그 대신 피조물들은 부단히 변하기 때문에 신에 비한다면 참으로 존재하지 못하는 셈이라고 본 플라톤의 사유가 매우 높은 경지였다고 칭송한다. 마찬가지로 선善 자체만이 단순하고, 단순하기 때문에 불변한 데 비해 창조받은 선들은 그런 단순성을 갖추지 못했으므로 가변적이게 마련이다. 그리고 신이 그 본성상 절대로 단순하다는 면에서 무한한 완전성을 지니며, 각 피조물이 완전성을 가진다면 자기 본성과의 동일성이 어느 정도냐에 달려 있다(11. 10). 불변성과 단순성이라는 이 두 완전성에 입각하

---

[80] Cf. *De Genesi ad litteram* 1.14.28: "가톨릭 신앙이 규정하고 아주 확실한 이성이 가르친다"(Catholica fides praescribit et certissima ratio docet).

[81] Cf. *Soliloquia* 1.1.2.　　[82] Cf. *De actis cum Felice Manichaeo*.　　[83] Cf. *Retractationes* 1.1.4.

여 플라톤 철학자들은 신이 만물을 창조했고 그 대신 신이 다른 사물로부터 유래할 수 없다는 결론에 이르렀으리라는 것이 아우구스티누스의 추정이다.

「신국론」에는 신과 창조에 관한 중요한 텍스트가 있다(12.2). 그가 성서에서 가장 형이상학적이라고 언명하는 구절(Ego sum qui sum)을 주석하면서, 신은 최고 존재자summa essentia, 최고로 존재하는 자summe esse로서 당신이 무로부터 창조한 모든 존재자들에게 존재를 부여한다고 천명함으로써, 이 창조의 본질이 "존재의 부여"임을 선언한다.[84]

그런데 교부는 신의 불변성을 곧 신의 존재로부터 연역하는summe sit, et ideo immutabilis 데서 그치지 않고, 최고 존재summe esse의 대당개념으로 비존재non esse를 설정하고 있다.[85] 또 신을 최고 존재summe esse로 정의하는 아우구스티누스의 입장이, 악을 일종의 실체substantia로 보는 마니교 사상에 정면으로 맞서는 사고의 여장선에서 보더라도, 그리고 그의 초기 저작에서 최고선은 곧 최고 존재요, 신과 상반되는 것은 비존재뿐이라고 주장하는 사실로 미루어보더라도[86] 아우구스티누스가 사용하는 철학 용어 essentia는 "실존하는 존재" 혹은 "존재자"라고 번역해도 무방하리라고 본다.[87] 그는 일찍이 "모든 존재자는 그것이 존재한다는 사실이 아닌 다른 이유에서 존재자가 아니다"non ob aliud essentia est, nisi quia est[88]라는 명제를 개진한 바 있기도 하다. 그러므로 아우구스티누스가 신의 첫째가는 속성을 표현하고자 그리스 용어 ousia로부터 essentia라는 용어를 채택하기는 했지만, 그 용어를 사실상 Ego sum qui sum이라는 신의 이름을 해명하는 데 구사한 것으로 보아 그를 존재론자로 보아야 한다.[89]

---

[84] 아우구스티누스에게 essentia (ousia)라는 용어는 상당히 중요하다. 플라톤 철학에서 ousia가 본질 또는 가지적 형상의 고정성(固定性)을 표시하므로, 참으로 존재한다는 것은 자기 동일성을 한사코 완전하게 보전한다는 뜻으로 이해하면 아우구스티누스는 본질주의자로 보이고, 신의 첫째가는 특성 불변성과 대조되는 피조물의 가변성에만 집중하는 것처럼 잘못 해석된다.

[85] 플라톤 철학에서는 ousia 혹은 불변적 존재의 반대개념이 "비존재"가 아니라 "가변적 존재"다.

[86] Cf. De morbius ecclesiae catholicae 2.1.2.

[87] Cf. Robert Russell, Introduzione generale. II. Filosofia, cxvi: "solo se l'essentia agostiniana significhi l'essere esistente (id quod est)".

[88] De immortalitate animae 12.19.

[89] Enarrationes in Psalmos 134.4: "그분은 당신을 존재라 부르라고 대답하셨다. 마치 (존재가) 당신의 이름인 양 이렇게 말씀하신다. '존재하는 이가 나를 보내셨다'라고 그들에게 말하여라"(ipsum ese se vocari respondit; et tamquam hoc esset ei nomen: hoc dices eis, inquit, Qui est, misit me).

47

아우구스티누스가 창조 사상에 플라톤의 "참여"methexis, participatio 개념을 사용함에서 도 그의 특유한 의미변형을 첨가하고 있다. 신은 "최고 존재"summe sit라고 선언한 다음 그는 신이 무로부터 사물들을 생성했으며 그것들에게 존재esse를 상통하되 신에게 고유한 존재를 상통한 것은 아니라는 말을 한다. 그에 의하면, 창조의 첫째 효과는 실존적으로 말하는 존재esse[90]이며, 이 존재의 부여가 없이는 피조물은 그러저러한 존재 유형이 아닐 뿐더러 단순히 존재하지 않게 된다는 표현을 하고 있다.

창조가 이루어지는 방식은 창조주만큼이나 불가해함을 아우구스티누스도 인정한다 (10.12). 그가 플라톤 개념을 이용하여 신을 만유 생성의 원인으로 정의하기는 하지만(8.10) 신이 이데아 세계를 보고 우주를 만들었다는 "데미우르고스" 개념은 거부한다.[91]

실상 플로티누스 사상이 그리스도교 창조 교리와 가장 가까운 철학적 논변을 제공한다. 그는 정신세계nous와 질료hyle를 포함하여 만유가 일자로부터 유래한다는 교설을 내놓는 다. 그러나 그마저 "필연적 창조"와 "세계의 영원한 존재"를 내세운다. 이에 대해 아우구 스티누스는 "세계의 시간적 기원"과 신의 "자유로운 창조"를 주창하여 문제를 푼다(12.17).

창조에 있어 아우구스티누스는 누가, 무엇으로, 왜 만들었는가 세 가지를 묻고는 "누 가 만들었느냐고 우리가 묻는다면 '하느님께서 만들었다'고 답한다. 무엇으로 만들었느 냐고 묻는다면 '빛이 생겨라! 하시자 빛이 생겨났다'고 답한다. 왜 만들었느냐고 묻는다 면 '하느님 보시기에 좋았다'고 답한다"(11.21). 그는 계시의 비추임을 받아 사색함으로써 그리스와 마니교의 이원론을 벗어났을뿐더러, 선은 필연적으로 자기 확산적bonum est dif-fusivum sui이라는 명제를 신플라톤 학파의 유출설로 귀결시키는 오류를 피할 수 있었다.

(2) 신은 인간의 인식론적 근거lux percipiendae veritatis

인식 주체의 본성에 관해 고찰하려면 인간 인식의 기원을 논하기 전에 인간에 대한 아 우구스티누스의 철학을 종합 소개해야 한다. 정신적 원리인 영혼만으로 인간을 규정하던

---

[90] 플라톤 학파에서 말하는 ousia 또는 quidditas가 아니다.

[91] Cf. *De diversis quaestionibus 83*, 46. 비록 플라톤이 사물이 그 존재에 있어 신에게 연결되어 있음 을 언명한 바가 있기는 하지만(*Respublica* 509b: 선(의 이데아)는 인식된 사물의 조물주에 그치지 않 고 그 사물의 존재와 본질의 조물주다), 플라톤의 여타 저술은 모든 사물이 그 시원에 있어서 신에게 전적으로 의존하고 있다는 가르침을 내리지는 않는다.

당대 지성인들을 상대로 「신국론」에서 그는 "신의 육화"와 "육신의 부활"이라는 성서적 교리를 사변적으로 옹호하고 있으므로, 인간 본성에 관한 그의 기본 입장이 밝혀져야 한다.

핵심문제는 영혼과 육신의 합일이 어떤 성격이냐는 물음인데 플라톤 계열은 영혼만이 진정한 인간이므로 양자의 결합이 우유적偶有的인 것이고 육신은 영혼의 지적·상승적 활동에 방해가 될 따름이며 영혼이 육신의 활동을 규제하고 통솔하는 한, 영혼의 도구에 그친다. 아우구스티누스도 한때는 영혼은 육체를 통솔하려고 존재한다거나(13.22), 사멸하고 지상적인 육신을 영혼이 사용한다는 표현이나, 영육의 관계를 말과 그 기수騎手의 관계처럼 설명하기도 했다.[92] 그러나 한번도 인간의 전일성은 간과한 바 없다.[93] 아우구스티누스에게는 영육의 합일 그 자체가 인간이다(21.10.1).

신외 육화와 육체의 부활이라는 그리스도교 교리를 옹호하는 가운데 그는 인간에 관한 총체적 안목에 이른다(10.29). 혹자(Apuleius)는 "신은 인간과 상종하지 않는다"nullus deus miscetur homini는 명제로, 혹자(Porphyrius)는 "물체(육체)는 일절 피해야 한다"omne corpus esse fugiendum라는 명제로 그리스도교 인간학을 배척했다. 그러나 아우구스티누스는, 신의 육화라는 교리에 나타나는 그리스도의 존재 의미가 오직 인간의 실추된 바를 구원하기 위함이었으므로[94] 로고스가 인간 본성을 온전히 취했어야 한다는 결론에 이른다. "그리스도가 취하지 않은 바는 구제되지 않는다"는 명제가 교부들의 인간학적 공리였다.

육신 부활 교리는, 아우구스티누스의 관점에서는, 인간 본성에 새로운 품위를 부여한다. 영과 육의 불가분한 관계가 궁극적으로 불변하고 영구적인 관계로 확정되면 육도 부패함을 온전히 벗어나 불멸을 입게 되는 까닭이다. 원초의 인간은 아마 죽지 않을 수도 있었을지 모르나(posse non mori) 궁극의 인간은 죽을 수 없는 경지에 이른다(non posse mori)는 결론에 도달한다.[95] 다만 지금은 안 죽을 수 없는 처지다(non posse non mori). 하여튼 그

---

[92] Cf. *De morbius ecclesiae catholicae* 1.27.52: "인간이란 사멸하고 지상적 육체를 구사하는 이성적 영혼이다" (homo igitur anima rationalis est mortali atque terreno utens corpore).

[93] Cf. *De ordine* 2.11.31: "육체 없이도 인간일 수 없고 영혼 없이도 인간일 수 없다" (neque sine corpore, neque sine anima esse posse hominem); *De beata vita* 2.7: "인간은 사멸할 이성적 동물이다" (homo est animal rationale mortale).

[94] *Sermo* 171.1: "죄인들을 구원하기 위함이 아니면 주 그리스도께서 오실 이유가 전혀 없다."

[95] 22.30 참조.

리스도교에서는 아우구스티누스에 의해 인간 본성의 단일성이 사변적으로 확립된다. 영도 인간이 아니고 육도 인간이 아니고 영육의 결합체가 곧 인간이다.[96] 다만 질료형상론이나 여타의 철학적 개념이 없어서 어떻게 육과 영이 결합되어 있는지 설명하지는 못하고 신비스런 무엇으로 남겨두고 있을 따름이다(21.10.1).

스토아와 에피쿠루스처럼 감각적 지각의 소여에다 진리의 준거iudicium veritatis를 둘 수 없다는 아우구스티누스는 인간이 지성으로 인식하는 실재와 감관으로 지각하는 실재를 구분한다고 주장한다. 보편적 회의론을 극복하는 저 유명한 명제, "내가 속는다면 나는 존재한다"si fallor, sum라든가(11.26) 자아의 "존재함과 지각함과 인식함"esse, scire, cognoscere은 다름아닌 직관直觀의 대상이라는 그의 주장은 인식론상으로도 중시되는 이론이다.

그러고서는 가지적 사물들에 관한 인식을 획득하게 지성을 비추고 진선미의 판단을 내리게 규범을 주는 빛이, 만유를 창조한 신이라고 추정한다(8.7). 그리고 이 점에서는 플라톤의 입장을 따르겠다고 한다. 과연 그의 인식론에서 "내 지성 위에 빛나는 불변의 광명을 나는 보았다"supra mentem meam lucem incommutabilem[97]는 명제는 진선미와 판단에 있어서 가변적 지성으로는 설명이 되지 않는다면서, 초자연적 광명을 상정하는 아우구스티누스의 조명설照明說을 기초한다. 플라톤의 참여參與 이론에 따라서, 신의 존재와 피조물들의 존재가 다르고(rebus esse dedit, sed non summe esse: 10.2) 피조물은 어디까지나 신의 존재에 참여하고 있듯이, 인간 지성은 빛 자체가 되지 못하며 참다운 빛에 참여함으로써만 빛을 발하게luminis participatione lucere 된다(10.2).

"지성적 영혼의 본성은 창조주에 의해서 설정된 자연적 질서에 따라서, 가지적 사물과 결합하고, 특유한 비물체적 빛 속에서 가지적 사물들을 파악하게 되어 있다. 그것은 육안이 물체적 빛 속에서, 주변의 사물들을 감지하는 바와 마찬가지이며, 육안이 이 빛을 받을 수 있게 창조되었고 이 빛에로 정향되어 있는 것과 비슷하다."[98] 여기서 조명설에 입각한 아우구스티누스 인식론의 다음과 같은 요지를 보게 된다. 즉, 지성은 가지적 세

---

[96] *In Ioannis Evangelium* 19.1.15: "인간이란 무엇인가? 영혼과 육체다. 육체를 가진 영혼이지만 (육체와 영혼이) 두 인격을 만드는 것이 아니라 한 인간을 만들 따름이다"(quid est homo? tamquam anima corpus. sicut anima habens corpus, non facit duas personas, sed unum hominem).

[97] *Confessiones* 7.10.16.　　　　　　　[98] *De Trinitate* 12.15.24.

계의 진리들을 (상기하는 것이 아니라) 발견한다. 지성은 가지적 사물들과 실제적으로 구분되지만 (창조주의 계획에 따라) 지성의 본성적 구조로 인해 이 가지적 사물들과 결합하도록 되어 있다. 지성적 영혼과 가지적 세계 사이의 친화성은 인간의 자연본성에 속한다. 영혼이 가지적 사물에 대한 "확실한" 인식을 얻으려면 특유한 비물체적 빛의 조명을 받아야 한다!

아우구스티누스에게 영혼의 지적 생명의 원천은 영혼의 창조주인 최고 존재다(플로티누스에게 영혼의 조명이 이루어지는 원천은 일자—者가 아니고 그보다 하위의 "신적 정신"이다). 그리고 아우구스티누스의 이 조명설에 상호보완하며 바탕이 되기로는 이데아의 범형론과 내적 스승Magister interior 이론이 있다.[99]

나아가, 신의 창조행위와 지성은 한데 작용하므로,[100] 또 신에게는 지혜가 단일하지 다양하지 않으므로 모든 사물들, 가견적이고 가변적인 사물까지도 그 불가견적이고 불변하는 이념들rationes이 신 안에 간직되어 있다. 그리고 신은 당신이 하는 바를 알고 있으므로 그분은 당신이 아는 바를 만들었다는 명제도 가능하고, 심지어 신이 알지 않으면 창조되지 않았다("Deo autem nisi notus esset, esse non posset": 11.10)는 언표도 가능하다.

아우구스티누스의 조명설의 기조 개념은 또한 "인간 내면의 스승"이라는 유비다. 신이 존재와 인식과 행복의 원천임을 논하면서, 인간 본성이 존재하는 데는 신을 창조주로 하고 있듯이, 인간 지성이 진리를 인식함에 있어서는 신을 교사로 모시고 있어야 한다고 연역한다.[101]

그러므로 「신국론」에도 아우구스티누스 인식론의 골자가 빠지지 않았음을 알게 된다. 첫째, 인간 인식(특히 사물에 관한 "진선미"의 판단, 사물 인식의 "확실성"에 관한 판단)

---

[99] Cf. *De diversis quaestionibus 83*, q.46, *De Magistro*. 「신국론」에서 별도로 다루지 않으나 천사들의 인식을 논하면서 그는 범형론을 제기한다. 그는 "빛이 생겨라 하시자 빛이 생겼다"(창세 1,2)는 구절의 해설에서 "이 천사들이야말로 영원한 빛에 참여하는 존재로 생겨난 것이다. 이 영원한 빛은 하느님의 불변하는 지혜"(11.9)라고 풀이한다. 이어서, 천사들이 창조계에 관해 얻은 인식(diurna cognitio)과 인간이 창조계에 관해 얻은 인식(tamquam in vespertina)을 비교하면서 천사들이 피조물들에 대해서 얻는 인식도 "하느님의 말씀 안에는 사물들의 원인과 이념이 불변하게 항존하고 있고 사물들은 이런 원인과 이념들에 따라서 만들어진"(11.29) 인식이라고 설명한다.

[100] 11.10: "quoniam Deus non aliquid nesciens fecit".

[101] 11.25 참조. Cf. *Retractationes* 1.12: "인간에게 지식을 가르치는 스승은 하느님 아니면 없다"(magistrum non esse ... nisi Deum).

의 궁극 원천은 하느님의 영원하고 불변하는 지혜다. 만유가 이 지혜에 의거하여 창조되었으므로 인식 주체와 대상 사이의 인식론적 교감이 가능하다. 둘째, 인간 지성 자체가 지혜의 빛은 아니다. 인간 지성은, 영원한 지혜에 참여함으로써, 진리를 발견할 따름이다. 셋째, 인간 지성을 조명하는 원천이 하느님의 육화한 지혜요 인간 내면homo interior에 거처하는 지혜인 이상, 인간의 유일한 스승은 그리스도(Magister interior)다.[102]

(3) 신은 인생 행복의 근거fons bibendae felicitatis

철학적 탐구의 절정은 윤리학이며 행복과 윤리는 인간 추구의 동일한 대상이다. 고전적 도식에 따라서 신은 행복을 수여할 뿐 아니라beatitudinis largitor 또한 삶의 질서ordo vivendi 자체이기도 하다(8.4). 두 도성과 그 토대가 되는 사랑의 성격에 비추어 신은 행복의 원천으로서 인간에 의해 추구된다. 신이 부여하는 진정한 행복이 신 자신을 향유함(frui Deo)임을 아우구스티누스는 철학적 논변으로 입증하고자 한다(19.1).

행복幸福이 인간 행위와 탐구의 목적finis임은 어느 사상가도 부인하지 않는다. 다만 무엇이 그 행복이냐에 따라서 학파의 견해가 달라진다(바로Varro에 의하면 288가지). 철학이나 세속 종교의 노력은 참 행복 곧 영속하는 행복felicitas duratura을 인간에게 담보하지 못함을 먼저 입증한다. 현세에 참 행복이 가능한 것처럼 말하거나, 인간의 자연적 노력과 자원만으로 그 행복을 얻으리라는 기대도 무산된다. 예를 들어 스토아적 덕목德目은 악과의 부단한 투쟁을 요하고, 에피쿠루스의 달관達觀은 현재의 인간조건에서는 도달 불가능한 요망으로 그친다.[103] 플라톤 학파는 현세 저편에 궁극적 행복이 있음을 발견했다. 인간이 추구하는 최고선最高善을 곧 신으로 설정한 것도 그들이요, 덕스런 삶은 신을 인식하고 모방하는 사람에게만 가능하다는 깨달음도 그들이 제시했다. 신이 영혼의 행복의

---

[102] 「교사론」에서의 인식론 요지는 다음과 같다: 한 사람의 언어가 타인의 지성에 진리를 발생시킬 수는 없다. 언어는 다른 사람의 지성으로 하여금 자체 안에서 진리를 찾는 방향으로 나아가도록 권유할 따름이다(admonere). 그러므로 우리 지성에서 우리가 직접 보는 가지적 사물들은 진리의 빛 속에 현전하고 있는 셈이다(quae praesentia contuemur in illa interiore luce Veritatis: 12.40). 따라서 인간이 무엇을 배우는 것은 언어를 통해서가 아니라, 내면에서 제공되는 하느님의 조명 활동에 힘입어, 그 사물 자체를 통해서 배운다(sed ipsis rebus Deo intus pandente manifestis: 같은 곳). 그런데 인간 내면에 거하는 분은 하느님의 영원하고 불변하는 지혜 그리스도다.

[103] 19.4; 19.25 참조.

대상이요 원인이라고 하면서도 영원회귀永遠回歸의 이론과 환생還生 이론을 용인함으로써[104] 그들은 사실상 참 행복의 근간을 흔들어 놓았다는 것이 아우구스티누스의 평가다. 영속하는 행복finis sine fine만이 참 행복이기 때문이다. 참다운 행복은 최고선이자 영원한 생명일 뿐 아니라, 아마도 천상 도성의 시민들에게 허용되는 완전한 평화이기도 하다. 「신국론」에서는 영원한 생명이 "질서의 평온"tranquillitas ordinis의 개념으로 대체된다(19.13.1). 두 도성 다 평화를 추구하지만 참 평화는 신국에서만 가능하다.

평화의 개념으로부터 윤리학을 정초시키는 아우구스티누스의 입장이 나타난다. 행복과 도덕은 단일한 인간 운명의 두 측면이며, 신은 단지 인간 행복의 원천에서 그치지 않고 인간 행위를 결정하는 궁극 원인이기도 하다. 다시 말해서 신은 인간 실존의 목적일 뿐 아니라 인간이 신에게 이르는 길이기도 하다.

그의 도덕 기초 개념인 사랑·법·덕 등이 질서라는 핵심 개념에서 출발하고 거기로 귀결된다. "질서란 동등한 것들과 동등하지 않은 것들의 고유한 자리를 각각에게 부여하는 배치다"(19.13.1). 질서는 위계적으로 구성된 우주를 전제하고 창조계에서 사물들이 갖는 존재론적 서열을 염두에 두면서도 인간은 우주 전체의 완성을 수렴하는 존재다. 인간은 존재계 전체, 광물·식물·동물·천사의 본성에 골고루 참여하는 본성을 부여받았기 때문이다. 이런 인간 개념이 그의 도덕 사상과 가치관의 토대를 이룬다. 윤리생활이 질서 바른 삶을 의미한다면, 인간의 도덕적 완성은 우주의 선익을 올바로 평가하고 선택함에 있다. 만유가 완전하게 질서잡히는 것이 지고한 법이요 이 법은 인간에게 새겨져 있다.[105] 인간은 사물이 육체에, 육체가 영혼에, 영혼이 신에게 복속하도록 행동해야 한다.[106]

선한 사람은 선을 아는 지식만 아니고 선을 사랑하는 사랑에 의해서 정해진다(11.28). 사랑의 비중amor meus pondus meum이라는 법칙으로 인간은 만유 속에서 자기와 행위의 본자리를 찾게 된다(11.28). 육체도 영혼도 사랑하지 않고는 견딜 수 없는만큼 사랑의 올바른 대상만이 영혼에 응분의 행복과 만족을 제공한다. 인간은 사랑하느냐, 사랑하지 않느

---

[104] Cf. *Phaedrus* 249; *Phaedo* 81e.

[105] Cf. *De libero arbitrio* 1.6.15: "우리에게 각인되어 있는(impressa nobis est) … 영원법이란 그것에 의해서 모든 사물들이 질서정연해지는 것이 마땅한 그런 법이다."

[106] Cf. *Contra Faustum Manichaeum* 22.27: "영원법이란 신적 이성 혹은 하느님의 의지다(lex vero aeterna est ratio divina vel voluntas Dei), 그 의지가 자연질서가 보존되도록 명하고 흔들림을 금한다."

냐를 선택할 자유는 없고, 오로지 과연 무엇을 사랑하느냐만 인간 의지와 자유에 맡겨져 있다. 사물 자체는 선할 수밖에 없지만 선한 사물에 대한 이 사랑만은 선할 수도 있고 악할 수도 있다. 따라서 올바른 의지야말로 올바른 사랑이고 전도된 의지는 사악한 사랑이다(14.7). 정확하게 말하자면 사랑의 성격이 인간의 도덕성을 결정한다. 마찬가지로 구성원들이 지니고 있는 집단적 사랑의 성격이 그 사회를 신국이냐 지상국이냐로 결정한다. 선한 사랑 혹은 "사회적 사랑"과 악한 사랑 혹은 "사사로운 사랑"이 신국과 지상국을 출현시킨다고 하겠다.

인간의 지성이 궁극적 가치(진선미)에 대한 판단에 있어서 신적 조명을 받는 것처럼, 도덕적 조명이 있어서 신법의 계명을 직간접으로 깨닫게 하고 덕성에 대한 광명quaedam lumina virtutum도 되어 준다. 아울러 사람은 남의 가르침이나 모범만으로 덕을 닦지는 못하고 스스로 행동의 영원한 척도에, 덕성의 광채에 자신을 해당시켜야 그 경지에 도달한다(2.10). 사랑할 바를 올바로 사랑함으로써 인간은 덕에 이른다. 덕은 사랑의 질서virtus est ordo amoris 외에 다른 것이 아니다(15.22).

「신국론」에서의 특징은 사랑과 덕을 동일시하는 점이다. 고전적 사추덕四樞德은 사랑의 네 가지 측면 외에 다른 것이 아니다. "사랑을 선택함이 현덕賢德이요, 어떤 시련에서도 사랑으로부터 떨어지지 않음이 용덕勇德이며, 그 어떤 환상과 유혹에도 굴하지 않음이 절덕節德이요, 어떤 오만의 정에도 치우치지 않음이 의덕義德이다."[107]

아우구스티누스는 먼저 그리스도인들의 덕성이 일반인들의 것보다 탁월함을 고수하려고 한다. "인간의 선善이 있는 곳, 그보다 더 좋은 선이 없는 그 목적을 지향하는 것이 아니라면 참된 덕성이 아니다"(5.12.4). 따라서 신과 연관되지 않는 덕이란 기실 악덕이 되기 쉽다(19.25). 로마인들의 덕성은 개인의 영예와 지상국가의 번영을 위하는 데 그쳤으니, 최고선과의 연결을 보이지 못했기 때문이다. 둘째, 오만하게도 덕을 과시하여 그리스도의 중개성을 배격하면서도 실제로는 정령精靈 신앙이나 강신술에 기울어지는 지성인들을 논박한다. 철인들은 속된 영예는 추구하지 않는 것처럼 보이지만 은근히 자기만족을 도모하고 있다(5.20). 그리고 철학자들이 학원에서 강의하는 유일신 사상과 본인들이

---

[107] *Epistula* 155.4.13.

시중에서 행하는 다신교 숭배가 다르다는 점은 그들의 허구를 보여준다.[108] 셋째, 자연주의 혹은 펠라기우스 이단에 대항하여, 참다운 덕성에는 은총이 필요불가결함을 강조하는 것도 아우구스티누스의 입장이다. 참다운 덕은 하느님 사랑이라는 견지에서 하느님 사랑만이 악덕 위에 참다운 덕성이 자리잡게 만들어 준다고 강조한다. 이 사랑은 하느님께로부터 받는 선물이자 유일한 중개자 그리스도를 통해서 받는 선물이다(21.16).[109]

7. 「신국론」의 정치 사상[110]

아우구스티누스는 정치 예찬자도 정치 이론가도 아니었다. 그리고 「신국론」의 두 도성 대조가 교회와 국가 간의 대립을 보여준다는 듯이 정치적 안목으로 해석될 저작은 아님을 학계는 두루 인정한다. 그렇다고 이 책에서 이상적 정치구조나 체제에 대한 언급도 기대할 수 없으므로 이데올로기 차원에서 이 책자를 전용할 여지도 없는 셈이다. 그렇지만 철학과 신앙에 입각하여 인간사를 관조하는 아우구스티누스의 기본 시각에 입각한다면 이 저서도 정치의 본질과 그 조망을 보여준다고 하겠다. 정치의 구조적 측면은 아니지만 그 규범적 착안은 발견할 수 있다는 말이다. 「신국론」에서는 인간의 사회적 조건, 국민 개념, 그리고 평화 사상 등이 돋보이는 논제가 된다.

「신국론」에 간헐적으로 나타나는 아우구스티누스의 정치 사상을 간추린다면 "은총에 의한 정치생활의 구원"을 그가 일관되게 암시하고 있음을 간파할 수 있다. 인간은 정치적 동물이므로 정치라는 것을 떠나서 지상의 순례길을 통과할 수는 없다. 그러나 인간의 초역사적 여정을 안전에 두고 있는 그에게 정치가 안고 있는 근본적 결핍과 그에 대한

---

[108] Cf. *De vera religione* 1.1: "학파는 다르면서 공통된 신전을 두고 있었다"(scholas habebant dissentientes, et templa communia).

[109] 스토아 정의에 따르면, 덕이란 "영혼에 내재하는 무엇이요 덕이란 이성과 전적으로 조화되는 삶의 균형"(aequalitas quaedam esse ... vitae rationi undique consentientis: *De quantitate animae* 16.27) 혹은 "인간의 완전무결한 이성"(perfecta igitur hominis ratio: *De diversis quaestionibus 83*, 30)이다. 이에 비해 아우구스티누스의 고유한 정의에 의하면 "덕이란 하느님에 대한 완전한 사랑"(summus amor Dei: *De moribus ecclesiae catholicae* 1.15.25) 또는 "사랑의 질서 혹은 질서의 사랑"(virtus est ordo amoris, amor ordinis: *De doctrina Christiana* 1.27-28) 외에 다른 것이 아니다.

[110] Cf. Sergio Cotta, "III. Politica, spec. I temi politici del *De civitate Dei*", in *Introduzione generale* cxxxi-clii.

대안을 추구해야 했다. 지상적 공동선에 대한 사랑, 그 성원들 간의 합의되고 질서잡힌 평화, 대신對神 관계와 대인對人 관계에서의 정의, 제도적 통일이 정치를 이루고 정치가 존재하는 조건을 이룬다. 하지만 바로 그것이 정치를 상대적이고 부분적인 무엇으로 만들며 공동선이라는 것이 결코 인간들을 한데 만족시켜 주지 못하고 다른 것으로 전향할 여지를 만들어낸다.

아울러 정치 그 자체가 인류의 단절된 부분이요 분열시키는 요소임을 깨닫게 한다. 다시 말해서 정치는 그것을 존재케 하는 조건 자체가 불화와 투쟁을 내포하고 있으며, 그 자체만으로는 또 자율적으로는 개인과 인류의 궁극적 최고선을 실현하는 환경을 조성하는 데 불가능하고 무력함을 드러낸다. 이렇게 아우구스티누스는 인간 지성을 비추는 구원의 빛 속에서 상당한 거리를 두고[111] 정치를 관찰하면서 하느님 도성을 바라보도록 인류의 시선을 돌려 준다.

(1) 인간은 사회적 존재

고대 사상에서 정치를 정당화하는 이론적 토대가 되는 것은 "인간의 사회적 본성"animal politicum이었으며 아우구스티누스도 그리스-로마 전통에 입각하여 이 개념을 적극 수용한다. 인간의 사회적 차원은 단지 지성인들의 관심사가 아니라 인간 모두에게 해당하는 원리다(19.5). 사회성은 인간의 본성이고 만민에게 공통된다. "인류만큼 악덕으로는 그토록 불화하고 본성으로는 그토록 사회적인 종류가 없을 것이다"(12.28.1). 인간은 천성적으로 사회적 존재요 관계적 존재요 동료 인간들과 결합하려는 자연적 성향이 있다. "인간이야말로 어느 모로 자기 본성의 법칙에 따라서 사람들과 더불어, 가능하다면 모든 사람과 더불어 사회관계를 맺고 평화를 달성하려고 힘쓰지 않는가?"(19.12.2).

그러므로 사회성은 인간을 구성하는 존재론적 원리이며, 이 원리가 작용하여 인간으로 하여금 갖가지 형태의 사회들을 결성하고 모색하게 만들고, 온갖 갈등과 전쟁 속에서도 사람들과의 유대와 평화를 추구하게 만든다. 아우구스티누스에게는 인간에게 있어 사회와 평화는 한 동전의 양면에 해당하며 어떤 형태로든 평화가 없이는 인간 사회가 아예

---

[111] Cf. *De vera religione* 39.72: "이성의 (원초적) 광명이 밝혀져 있는(ipsum lumen rationis accenditur) 그곳"; *Confessiones* 3.6.11: "나의 내면보다 더 그윽한 분"(intimior intimo meo).

불가능하다. "사물들의 어떤 부분에서, 또 어떤 부분으로 인해서, 또 어떤 부분과 더불어 평화가 유지되려면, … 그 질서가 없다면 아예 아무것도 존재하지 않을 것이다"(19.12.3). 이같은 두 본성이 곡해되어 표출되는 것이 인간 역사이기는 하지만 그렇다고 제거되지는 않았다. "어떤 평화든 평화를 사랑하지 않고는 배기지 못한다. 따라서 어느 인간의 악덕도 평화를 사랑하는 자연본성의 궁극적 자취마저 말살할 만큼 자연본성과 상치되지는 못한다"(19.12.2). 원죄原罪가 인간 본성에 끼친 해악을 누구보다 통감하는 아우구스티누스의 글에서는 예외적 표현이다.

인간의 이 자연본성적 사회성은 원죄로도 말소되지 않았음은 물론이려니와 가정do-mus, 도시국가civitas vel urbs, 그리고 세계orbis terrae라는 세 차원에서 엄연하게 실존하는 현상이다(19.7). 그러니까 사회성은 정치의 토대gradus … societatis humanae이며, 도성이라는 정치 조직 역시 사회성의 존재론적 차원에서 설명을 얻는다.

아우구스티누스에게 인간의 사회성은 인간학적 접근에서도 확인되는 성격이다. 도성의 기원은 가족이다.[112] 「신국론」에서도 가족을 사회 기반(quoddam seminarium civitatis)으로 논하고 있으며(15.16), 가정이란 도성의 시초 또는 부분(initium sive particula civitatis)이라고 정의한다(19.16). 그렇다면 정치란 가족 사회의 자연적 발전에 해당한다.

그러나 그에게 인간 사회의 심원한 의의를 제시한 것은 역시 성서였다. 성서에 의하면 인류가 한 조상에서 유래한다는데 아우구스티누스에게는 이것이 신이 인류가 "자연본성의 유사성뿐 아니라 혈연의 애정으로"(12.22) 하나되기 바랐음을 의미한다. 그리고 이 혈연의 애정이 "조화로운 일치로 평화의 사슬을"in unitatem concordem pacis vinculo 이룬다는 것이다(14.1). 계시는 인간의 이 존재론적 본성을 더욱 투명하게 만들어 주고 거기에 (자연론에서 그치지 않는) 형이상학적 의미를 부여했으며 하느님의 부성父性을 토대로 인간의 유대, 사해동포 사상을 대중적으로 보급했다.

이처럼 긍정적이고 자연스런 인간의 사회성을 전제하면서도 「신국론」에서 두 도성의 기원을 논할 적에는 상당히 부정적이고 비관적임을 알 수 있다. 최초의 지상 도성은 형제살해자 카인에 의해서였고 아벨은 "나그네로서 도성을 세우지 않았다"tamquam peregri-

---

[112] Cf. *De bono coniugali*, 1: "인간 사회의 첫째가는 결연은 남편과 아내다"(prima naturalis humanae societatis copula vir et uxor est).

nus non condidit urbem. 아벨은 "세상에서 순례자이면서 하느님 도성에 속하는"peregrinus in saeculo et pertinens ad civitatem Dei 사람인 데 비해 카인은 "인간의 도성에 속하는"pertinens ad hominum civitatem 사람으로, 암울한 정치의 시원이 카인에게 거슬러올라가는 것으로 설정된다(15.1.2). 아우구스티누스에게 있어서 하느님의 도성은 지상 정치조직과는 근본적으로 다르고 지상 도성으로 측정하거나 추정할 수 있는 무엇이 아니었다. 지상의 어떠한 조직이나 제도를 통해서도 이 "성도들의 천상 도성"superna sanctorum civitas과 유사한 조직을 이루어낼 수는 없다. 그렇다면 정치란 오로지 (결국 단죄받은 자들로 이루어지는) 지상 도성에 국한되어야 하는가? 지상 도성의 최초의 설립자가 형제살해자요 로마의 창건자 로물루스가 형제살해자라면, 카인이라는 이름이 "소유"요 그가 세운 도성이 맏아들의 이름을 따라 지어진 에녹(그가 속하는 세상에 "봉헌"dedicatio)이라면(15.17) 결국 정치라는 것은 형제살해와 지상 것에 대한 탐욕과 몰두에서 기원한다는 말이 되지 않는가?

아우구스티누스는 정치와 지상 도성civitas terrena vel diaboli("혼란"으로 표상되는 바빌론으로 상징되는 도성)을 구분하기도 한다. 카인은 지상 도성의 창건자이기는 하지만 악마의 도성의 창건자는 아니다. 그가 악마의 도성에 태어난 것은 아벨과 마찬가지로 단죄받은 인간 아담에게서 태어난 사실에서 기인한다(15.1). 다만 카인은 아우를 살해할 정도로 지상 것에 대한 탐욕에 기울어 악마적 지상 도성에 속한 자임을 확인했다.

카인은 또한 정치적 도성을 창건했음을 그 가족이 한 백성을 이룰 만큼 되었다는 표현으로 알 수 있다(15.8). 다시 말해 카인의 도성은 가족으로부터 출발한 자연스런 조직이므로 그 자체를 사탄의 도성과 동일시함은 가당하지 않다. 아우구스티누스는 「신국론」에서도 가족의 번성은 혼인의 명예(ad gloriam connubii)이지 죄벌(ad poenam peccati)은 아니라고 보았으며(14.21), 혼인의 선물은 사람이 범죄하기 전에 신이 내린 것(14.22)임을 확인한다.

사회성의 자연스런 성격과 가족의 축복으로 보아 정치는 정당한 생활 상태status vitae이면서도 죄의 홍계가 미치는 영역임은 부인할 길 없다. 원조의 타락은 자연스런 인간 본성과 제도에도 그리스도 안에서 이루어질 재생再生을 요청하게 되었기 때문이다(15.1). "인류만큼 악덕으로는 그토록 불화하고 본성으로는 그토록 사회적인 종류가 없을 것이다"(12.28.1). 그렇다면 긍정적 의미의 정치는 사회적 차원에서 인간이 보이는 이 악덕과 본성의 이율배반을 극복하는 과제를 안게 된다.

얼핏 본다면 아우구스티누스는 정치를 정욕과 지상 것에 대한 탐욕(지배, 부강, 영예, 영광 등)이 노골적으로 드러나는 대표적 영역인 것처럼 묘사하고 있다. 「신국론」에는 그런 구절들이 무수할뿐더러 아예 서언에 이 점이 명기되고 있다. 여러 민족의 지배자이면서도 바로 그 자신이 지배욕dominandi libido에 의해 지배당하는 세상 도성에 관해서도 말하겠다는 입장으로 책을 시작하고 있기 때문이다.

그러니까 존재론이나 인간학 차원에서는 자연스럽고 정당하지만 「신국론」에서는 인간의 사회성이면서도 역사와 실존 차원에서 단죄받은 것처럼 나타나는 것이 이 정치다.

(2) 아우구스티누스의 국민 개념

「신국론」에서 국민國民 개념이 논의되는 것은 제2권(2.21)에서 그리스도교가 이교도의 덕성을 붕괴시킨 결과로 로마제국을 쇠망케 한다는 공격을 반박하면서와, 제19권(19.21-24)에서 하느님 도성과 공화국res publica의 관계를 논하면서다. 제2권과 19권은 연도상 거리가 있고 용어상으로도 호교적이며 사변적이라는 차이가 있지만 여기 나오는 국민 개념은 정치가 악덕과 천성의 이율배반을 극복해야 한다는 명분에 대해 시사하는 바가 많다.

아우구스티누스에게 정치적 악을 해소하는 처방은 정의iustitia다. 최고의 정의正義 없이는 공화국이 통치될 수 없다(2.21). 그는 키케로의 정의에 따라서 공화국("공공의 사물"res publica)은 "국민의 사물"res populi이라고 단언하며, 키케로에게 있어서 정의는 단순히 정치생활의 규범에서 그치지 않고 국민이라는 것의 구성적 요소다. 국민이라는 것은 키케로에 의해서 "온갖 종류의 모임이나 군중이 아니라, 법(정의)에 관한 공통된 인식과 공동의 이해관계에 의해 연합된 결사체"coetus iuris consensu et utilitatis communione sociatus라고 정의된다.[113] 음악의 조화처럼 정의는 사회·정치생활에서 그 구성원들 사이의 일치와 합심을 도모하며 공화국을 이룬다. 정의의 약화는 그런 일치단결이 사라지게 하고 그런 국가는 공화국이라 부를 가치도 없다(2.21).

그 논거는 직선적이다. 정치는 정의正義에 본질이 있다. "정의가 없는 왕국이란 거대한 강도떼가 아니고 무엇인가?"(4.4). 하지만 정의를 결하면 어째서 국가가 강도떼에 불과한

---

[113] Cf. Cicero, *De republica* 1.25.39.

것인가? 강도떼도 나름대로 규약과 공생을 찾는 작은 왕국이기 때문이다. "강도떼도 사람들로 구성되어 있다. 그 집단도 두목 한 사람의 지배를 받고, 공동체의 규약에 의해 조직되며, 약탈물은 일정한 원칙에 따라 분배한다"(4.4). 키케로의 정의에 들어가는 국민 개념, 곧 법정의에 관한 공통된 인식iuris consensus과 공동의 이해관계utilitatis communio가 강도집단에도 해당한다는 말이다. 그리고 강도집단도 일정한 대내적 정의에 입각해서만 존속할 수 있다. 그렇다면 이런 집단에 탐욕이 없는 것이 아니라 나름대로의 세력 때문에 그 탐욕이 징벌당하지 않기 때문에 이 집단이 존속하면서 정정당당한 집단처럼 행세하는 것이다(4.4; 19.12). 온 세계를 정복하고 지배한 로마제국도 이와 다를 바 없다.

그리하여 참다운 정의를 찾을 수 있는 곳이라고는 결국 하느님 도성뿐이리라는 암시가 나온다. "그리스도가 창건자이며 통치자인 그런 공화국에서가 아니면 참된 정의는 존재하지 않는다"(2.21.4). 고전적 개념대로 각자에게 자기 몫을 돌려줌suum cuique tribuere이 정의라면 인간의 창조주 신에게 맞갖은 몫을 돌려드려야 하지 않겠는가? 인간 세계에서 신에게 순종하고 신을 사랑하는 기본 정의가 수립되어 있지 않다면 정의로운 공화국도 정의로운 국민도 존속하지 못하리라. 따라서 정의는 "하느님 사랑"에서 절정에 이른다.[114] 각자에게 자기 몫을 돌림이 정의라면 "하느님 사랑"에 사랑으로 응답함이 충만한 정의라고 하겠다. 이처럼 아우구스티누스의 시선은 사랑에서 정의의 절정을 보며 이것이 그의 탁월한 혜안으로 꼽힌다. 그는 일찍이 정의를 일컬어 "하느님만을 섬기는 사랑amor Deo tantum serviens, 그리하여 인간에게 복속되는 다른 모든 것을 잘 통치하는 일"bene imperans ceteris quae homini subiecta[115]이라고 했다. 그리고 "위대한 사랑이야말로 위대한 정의요 완전한 사랑이야말로 완전한 정의다"caritas perfecta, perfecta iustitia[116]라고 선언했다.

정의를 이처럼 엄정하게 정의한다면 진정한 정의가 구현되는 참다운 공화국은 하느님의 도성뿐이라는 결론에 도달한다. 그 도성은 이 세상 것이 아니므로 현세 국가들은 진정한 공화국이라고도 하지 못한다. 정치는 그 본연의 사명을 결코 구현하지 못하리라는 예감이 든다. 그래서 아우구스티누스가 새로 보완한 정의에 의하면 국민이란 "사랑하는

---

[114] 로마 13.10 참조: "사랑은 율법의 완성입니다"(plenitudo ergo legis est dilectio).

[115] Cf. *De moribus ecclesiae catholicae* 1.15.

[116] Cf. *De natura et gratia* 70: "caritas magna, magna iustitia est; caritas perfecta, perfecta iustitia est".

사물들에 대한 공통된 합의에 의해 결속된 이성적 대중의 집합"coetus ... rerum quas diligit concordi communione sociatus이다(19.24). 법정의에 대한 공통 인식iuris consensus 대신 사랑할 대상에 대한 합의concors dilectio가 국기國基를 이룬다. 곧, 정의 대신 사랑이 국민을 구성하는 근본이다. "두 사랑이 두 도성을 이루었다"(fecerunt civitates duas amores duo: 14.28).

사랑은 삶을 응집하는 막강한 힘이다. 합심과 단결의 원천이다. 따라서 일치된 사회 조직으로서의 국민은 당연히 사랑에 그 구성 원리를 둘 수밖에 없다. 제도와 법률, 도덕 관습과 풍속이 그들의 공통되고 합의된 사랑에 토대와 원리를 둔다는 것은 지극히 당연하다. 사랑의 원리가 없으면 정치는 성립되지 않으며, 사랑이 약화하면 정치가 부패되고 와해되고 존속하지 못한다. 아우구스티누스의 논리에 의하면, 한 국민이 정치적으로 올바로 수립되고 존속하려면 마땅히 그리스도를 건국자요 통치자로 받들어야 하겠지만 현실적으로는 합의된 사랑을 갖춤으로 충분하리라. 그러나 참으로 정의로운 국민으로 성립하려면 "하느님 사랑"에로 합의를 이루어야 할 터요 그 사랑은 정의에 입각한 진리(iustitiae veritas: 19.24), 혹은 진정한 정의라야 한다. 아시리아도 헬라도 로마도 정치적 의미로 국가res publica를 구성하기는 했으나 하느님을 인정하지 않음으로써 진정한 정의를 구현하지 못했다.

어느 면에서 하느님 도성은 정치조직이 아니요 고유한 의미의 공화국이 아니다. 정치의 고유한 구조와 원리는 구성원들의 합의된 사랑이며 "지상의 공동선에 대한 사랑"이라고 말할 수 있다. 그렇다면 정치는 인간의 존재론적 구조에 의존하지만 종교적 신앙에는 종속하지 않는 것으로 보인다. "융성하고 위대한 로마제국을 통해 하느님은 인간이 참다운 종교가 없이도 얼마나 탁월한 덕성을 갖출 수 있는지 보여주셨다. 이것은 여기에 덧붙여 인간이 또한 다른 도성의 시민도 될 수 있음을 깨닫게 하시기 위함이었다. 그 도성의 왕은 진리요 그 도성의 법은 사랑이요 그 도성의 한계는 영원이 되는 그런 도성의 시민 말이다."[117] 그러나 제국의 이 위대함도 인간 평가에 의한 위대함이요(5.12) 덕이라기보다는 차라리 악덕 혹은 좋게 말해서 덜 치사한 악덕이라고 하겠다(5.13). 로마인들은 그 보답을 받았는데(5.15) 영원한 생명은 얻지 못하고 정치적 성공을 거두는 데서 그쳤다. 영

---

[117] Cf. *Epistula* 138.3.17. 앞의 각주 16 참조.

혼이 신체에 명령을 내리고 이성이 악덕에 명령을 내림은 칭송할 만하지만 그 모두가 하느님께 복속하지 않는다면 덕성도 차라리 악덕에 그치고 만다(19.25).

그리스도교 주교인 그의 시각에서 볼 때, 인간은 "정치적 동물" 자체만으로는 인간성의 충만에 이르지 못하고 약육강식의 불행한 현세 인간조건을 드러낼 따름이다. 인간은 공공 사물에 대한 헌신과 지상 조국에 대한 사랑을 통해 개인적·집단적 이기심과 사사로운 탐욕을 극복하는 노력을 경주해 왔으나, 그것으로 얻은 것이라고는 죄악으로 점철된 현세적 영광과 권력뿐이었다. 아우구스티누스 정치철학의 기조인 두 사랑의 이율배반에 입각해서 본다면 국가라는 최상의 정치조직은 양단간의 결단에 처하게 된다. 현세적 공동선에 집착하여 비록 정치적 성공을 거둘지라도 인간조건의 현세적 차원을 극복하지 못하는 데서 그치거나, 하느님에 대한 사랑amor Dei으로 전향함으로써 지상의 단결을 하느님 도성의 신비적 단결에 합치시킴으로써 정치의 차원을 초월하고 지상적 성공을 상대화하는 경지에 이르거나 둘 중의 하나다. 다시 말해 정치는 그 자체로는 구원되지 못하고 정치를 초월하는 다른 무엇에 의해 구원된다. 따라서 신앙인은 정치가들과 그 지도자들을 위해 기도하고 바빌론의 지상 평화라도 보전되도록 힘써야 한다(19.26).

(3) 아우구스티누스의 평화 사상

그의 평화 사상은 정치라는 배경을 초월하는 주제이며 평화가 전적으로 이루어지는 곳은 어디까지나 하느님 도성에서다. 그곳에서야말로 완전한 질서와 조화를 유지하면서 하느님을 향유하며 하느님 안에서 서로 향유하는(societas fruendi Deo et invicem in Deo: 19.17) 경지가 이루어질 것이기 때문이다. 부족과 모순이 전혀 없는 이 완전한 평화, 이것이야말로 정치적 의미의 평화를 위시해서 지상에서 가능한 모든 평화를 평가하는 기준이다. 아우구스티누스의 중요한 논제 가운데 하나인 평화가「신국론」에서는 제19권 거의 전권에 걸쳐 논의되고 있다.

그가 바라보는 인간 실존은 우애와 가정, 사회생활과 국제관계를 막론하고 부단히 불안정과 대결, 충돌과 갈등에 휩싸이고 있다(19.5-9). 그런데 이 절박한 인간조건이 일깨우는 근본 이념이 하나 있으니 그 모든 갈등이 실상은 평화를 열망하고 있다는 점이다. 감미로운 평화는 모든 사람이 소중히 여기는 바다(dulcedo pacis ... omnibus cara est: 19.11). 가장 치열한 갈등 속에서도 인간이 은밀히 동경하는 바는 다름아닌 평화다. "평화라는 선이란 참으로 좋은 것이어서, 지상의 사멸할 사물들 가운데 이보다 더 듣기에 고마운 말마디가 없고 이보다 더 욕심내기에 소망스런 것이 없으며 이보다 더 찾아얻기에 훌륭한 것이 없다"(19.11). "즐거움을 누리기 싫어하는 사람이 아무도 없듯이 평화를 간직하기 싫어하는 사람은 아무도 없다"(19.12.1). 전쟁도 평화를 얻으려는 목적으로 수행되고 강도들도 남들의 평화를 깨뜨리기는 하지만 자기들끼리는 평화를 도모한다. 생명이 있는 것치고 어떻게든 평화를 사랑하지 않고는 배기지 못한다.

만민이 평화를 최고의 선으로 추구하는 것 말고도 존재론적 토대에서 평화를 논구하는 것이 아우구스티누스의 입장이다. 평화가 없이는 존재가 부여되지 않는다. "인간들은 어떤 평화든지 평화에 힘입어 존립하지 않는 한 아예 존재하지 못할 것이다"(19.13.1). 모든 존재자는 그 존재론적 구조 속에 새겨진 평화를 지니고 있다. "사물들의 어떤 부분에서, 또 어떤 부분으로 인해서, 또 어떤 부분과 더불어 평화가 유지되려면 … 그 질서가 없다면 아예 아무것도 존재하지 않을 것이다"(19.12.3). 아우구스티누스에게 평화는 존재의 구성요소요 생명의 필수적 조건이다(19.13-14).

영과 육, 인간, 가족, 사회와 국가가 그것을 이루는 부분들 사이의 평화와 조화에 의해서 존재하고 그 자체를 유지한다. "만유의 평화는 평온한 질서다"pax omnium rerum est tranquilitas ordinis(19.13.1). 각 사물이 그 구조 면에서 평온한 질서가 이루어질 때, 구성된 부분들의 조화가 이루어질 때 거기 평화가 있다. "그리고 질서란 동등한 것들과 동등하지 않은 것들의 고유한 자리를 각각에게 부여하는 배치다"(19.13.1). 따라서 생명이 있는 곳에는, 그리고 생명이 있는 한에는 평화가 있다. 평화는 존재의 구성요소로서, 실존의 존재론적 조건으로서 삶의 모든 측면에 엄존한다.

각 존재에 평화가 임재하고 일체의 상황이 평화와 연관되는데도 개인마다 상황마다 평화를 달리 파악하는 일은 가능하다. 오만한 악인은 "하느님의 정의로운 평화를 싫어하고 자신의 불의한 평화를 좋아한다"(19.12.2). 그리고 지상의 모든 사물은 유한자이기 때문에 생명 그 자체는 부단히 성장하면서 곧 죽음을 향해 나아가고 있다.[118] 이런 현세적 사물에

---

[118] Cf. *Confessiones* 4.10.15: "생겨나서 존재를 향하지만 모든 것이 사멸한다. 존재하려고 빨리 성장할수록 더욱 비존재로 서둘러 간다"(quo magis celeriter crescunt ut sint, eo magis festinant ut non sint).

게는 평화가 온전히 채워지지 못하고 오히려 부단히 갈등과 무질서를 초래할 따름이다. 죽음이 현존하는 세계를 미루어보아 하느님 도성의 평화pax sine vespera는 죽음이 삶을 위협하지 못하는 곳에서만 가능하리라(ubi non erit vita mortalis, sed plane certeque vitalis: 19.17). 영원에로 태어나서 우주가 온전하게 구속되고 회복된 처지에서만 만유의 온전한 조화가 이루어져 참 평화가 지배하게 될 것이다. "저 평화 속에서는 우리의 자연본성이 죽지 않고 썩지 않아 온전해질 것이다. … 이성이 악덕에 명령을 내릴 필요도 없어질 것이다. 오히려 하느님이 인간에게 명령하고 정신이 육체에 명령할 것이며, … 그리하여 이 지복의 평화, 또는 평화의 지복이 최고선이 될 것이다"(19.27).

국민과 평화의 개념을 종합한다면, 공동선에 관한 합심된 사랑이 부분적이고 상대적이나마 지상에 내부적 평화를 생성하고 그것 없이는 정치가 생겨나지도 지속하지도 못한다는 것이다. 하지만 그 평화는 결코 총체적인 평화가 아니다. 그 이유는 그 평화가 시간적(잠시적)일뿐너러 합의하는 공동선이 지상적인 선에 불과하기 때문이다. 시민들의 합심concordia civium이 사멸하는 생명에 속하는 사물ad mortalem vitam pertinentes을 지향하고 있기 때문이다(19.17). 여기서 나오는 결론은 여하한 정치 공동체도 참다운 평화를 구현할 수는 없으며 인간의 더할 나위 없이 심원한 존재론적 갈망을 온전히 채워 줄 수는 없다는 것이다. 정치적으로 인간을 단결시키는 바로 그 대상이 자체의 본질로 말미암아 인간을 내외적으로 분열시키게 마련이다. 정치는 인간 본성에서 기인하고 인간의 사회생활을 보장하는 활동인데도, 정치 체제는 그 구성 원리에서부터 이미 분해와 쇠망의 요소를 담고 있다.

아우구스티누스는 「신국론」에서 정치를 명령과 복종이라는 도식으로 단순화하는 언급을 자주 한다(19.13, 16, 17). 한 도성의 평화는 "명령하는 자와 복종하는 자들 사이의 잘 정돈된 조화"ordinata imperandi ac oboediendi concordia civium라는 정의에서처럼 지상의 평화 그 자체가 명령과 복종 사이의 권력의 등급을 전제하고 있으므로(19.13) 항상 권력의 쟁탈을 배경으로 평화가 이루어지고 있다는 사실을 알 수 있다. 로물루스의 형제살해는 대표적 예다. 로물루스는 지배를 하면서 뽐내고 싶어했다. 그런데 형제가 살아서 그의 권세가 감소된다면 그의 지배도 그만큼 줄어들 것이다(15.5). 권력은 그 속성상 분배될 수 없다. 따라서 경쟁과 갈등을 본질로 한다!

국제관계에서도 마찬가지다. 국가 공동선에 대한 합의된 사랑으로 한데 단결한 집단이라고 하더라도 그 사실로 인해 지구를 덮고 있는 인류 보편 사회societas mortalium로부터 스스로 분리되어 있는 형태를 띠지 않을 도리가 없다. 아우구스티누스는 인류를 하느님이 창조한 단일한 조상에서 유래하는 집단으로서 "단일한 자연본성의 유대로 한데 묶여있다"unius tamen eiusdemque naturae quadam communione devincta(18.2.1)고 보아 하느님의 부성으로부터 인류의 사해동포애를 이끌어낸다. 그런데 오히려 이런 보편성이 그만큼 많은 정치적 위험을 안고 있다. 세계는 넓으므로 그만큼 위험한 일도 많다. 마치 넓은 바다일수록 더 위험한 것과 같다(19.7). 세계가 넓은만큼 더욱더 분열되고 "더 강한 부분이 다른부분을 억압하곤 한다"(18.2.1). 전쟁이라는 것은 그만큼 통일되고 합심한 국민으로부터 시작되며 모든 인간들을 자기 것으로 삼아 한 국민에게 모든 국민들과 모든 사물이 종속되게 만들려는 욕심, 곧 제국주의에서 발생한다(19.12.1). 영토의 통일된 지배를 염원하는, 인간들의 타고난 열망에 곧 분열의 원천이 자리잡고 있다. 그러므로 아우구스티누스에게 인류를 분산시킨 바벨탑의 언어의 혼돈은 감히 하느님과 맞서고 싶어할 정도로 지배욕dominatio imperantis에 찬 인간 오만에 내린 벌로 해석하기에 족했다(16.4). 따라서 정치적으로는 통일을 기하려는 막대한 노력이 집중되면 될수록 그만큼 분열이 초래되는 역설적현상을 빚는다. 분열과 전쟁, 이 둘이야말로 현세에서 인간이 누릴 평화의 불가피한 요소다. 전쟁치고 당사자들의 단결을 초래하지 않는 전쟁, 평화를 명분으로 삼거나 희구하지 않는 전쟁이 없듯이, 지상의 평화치고 전쟁의 씨앗을 배태하고 있지 않은 평화는 존재하지 않는다.

타자의 불의 때문에 발생하는 의로운 전쟁이 없지 않고(19.7), 그런 경우 불의한 자들이 의로운 자들을 지배함이 더 나쁘기 때문에 선인들에게 전쟁을 함이 필요불가결한 것처럼 보일 때도 있다(4.15). 그런데 그것이 필연적인 것처럼 보이더라도 현자에게는 도무지 상찬할 만한 것이 못 되니, 마땅히 인간으로서 숙고한다면 그 정당하다는 전쟁에서도 자랑하기보다는 괴로워할 만한 것이 훨씬 많음을 알 것이기 때문이다. 그 모든 전쟁은 인간의 근본악이 없었더라면 발생하지 않았을 것이다. 신앙의 지혜를 가진 인간이라면 의로운 전쟁과 불의한 전쟁을 논구할 것이 아니라 지상적인 것에 대한 사랑을 마음에서 제거하기에 앞장서야 할 것이다. 불의와 충돌을 자아내는 것은 바로 이 사랑인 연고다.

「신국론」에 개진된 아우구스티누스의 관점에서는 정치가 그 자체만으로는 본래 지향하는 "평화로운 일치"를 도모하는 데 성공하지 못한다. 그것은 정치인의 도덕적 성향에 관한 역사적 경험에서 오는 결론이라기보다는 정치의 본질 자체에서 나온다. 정치가 지상적 공동선에 대한 합의된 사랑에 토대를 두고 있는만큼, 그리고 그것을 획득하는 권력에 의거하는만큼, 그리고 인류 보편 사회의 제도적·문화적 분열을 전제로 하는만큼, 정치라는 것은 도덕적 판단에서 볼 때도 악덕과 갈등의 기회가 될뿐더러, 존재론상으로도 정치는 타락한 인간 조건을 표명하고 있는 것이! 정치적 결사체에 "바빌론의 혼돈"이 내재하고 있다는 말이다.

결국 아우구스티누스에게 정치는 단죄받은 자들의 신비로운 도성을 특징짓는 무엇이자 경험상으로도 죄악의 신비mysterium iniquitais를 확인시키는 무엇처럼 등장한다. 바빌론도 로마도 그의 눈에는 죄악의 신비의 표상으로 나타나는 것이 이상할 바 없고 지상 도성에 관한 고찰이 사뭇만 정치 국가에 대한 언급으로 옮겨가는 것도 생소한 바가 아니다.

그래도 원칙에서는 분명하다. 첫째, 아우구스티누스에게 국가가 곧 악마의 도성civitas diaboli은 아니다. 국가는 인간의 자연본성인 사회성의 발로이고 가족 사회의 자연스런 발전 결과이기 때문이다. 도회에 시민들의 여러 집안들이 있듯이, 온 세계에 국민들의 여러 왕국들이 존재함은 지극히 자연스런 현상이다(4.15). 둘째, 현세에도 하느님의 배려로 나름대로의 선익이 존재하므로(19.13) 인간의 자연생활을 보장하는 그나마의 상대적 평화라도 보장하는 국가는 결코 없어서는 안 되고 선인에게도 악인에게도 국가는 공통된 사회조직bonis malisque communis이다(19.26). 따라서 신앙인은 정치와 그 평화를 멸시하지 말고, 본인은 비록 천상 도성을 지향하며 이 세상에 나그네 또는 순례자로서 길을 가고 있기는 하지만 지상의 평화를 향유해야 마땅하다. "천상 도성도 이 순례의 길에서는 지상 평화를 이용하고 … 지상 평화를 천상 평화에로 귀결시킨다"(19.17). 두 도성이 뒤섞여 있는 이상 우리도 바빌론의 평화를 이용하자utimur et nos pace Babylonis는 것이다(19.17,26).

아우구스티누스는 비록 그리스도교 국가에서라도 정치가 완전한 국가의 건설을 이룩하리라는 희망을 갖지 않는다. 그렇다고 정치를 사탄의 통치로 보는 비관론도 배척한다. 정치는 인간 본성에서 유래하므로 제거될 수는 없으나 현재의 인간 조건에서 정치의 고유한 수단 방법만을 갖고서는 완전한 치유책 또한 없다. 정치 공동체를 구성원들의 부단한 정화와 회심에 의해서만 정치에 내재하는 모순과 갈등들이 해결의 전망을 보여줄 수 있다는 것이 그의 견해다. 그 구성원들의 인간적 회심은 우리의 모든 정의가 향하여 유지되는 목표(19.27)를 염두에 두고 행동하게 만들며, 그렇게 되면 이미 지상에서부터 하느님 사랑으로 변모되는 전환을 거쳐서, 천상 도성에서나 만끽할 수 있는 평화로운 행복pax beatitudinis, beatitudo pacis을 희구하기에 이른다. 그리스도인 시민이든 그리스도인 황제든 하느님 도성을 향하는 순례중에 이처럼 온전한 정의를 추구하고 있다면 그것 자체가 이미 내심의 변화가 이루어지고 있다는 증거요 은총이 역사에 미치고 있다는 표시다.

8. 아우구스티누스의 역사관

(1) 역사 개념의 전환[119]

인류는 수천 년을 살아오면서 시간 중에 전개되는 자신의 삶에 어떤 일관된 의미를 부여하려는 노력을 해 왔다. 그런데 역사에 관한 일관된 의식을 가지려면 인간 자신에 대한 인식(아우구스티누스의 경우는 "피조물"로서의 인간)을 확립해야 했고 그런 인식은 인류 전체가 오랜 성찰을 통해서 쌓아가는 유산이다. 실제로 사람들은 역사라는 실재를 부정하지 않는다. 단선적單線的이든 순환적循環的이든 연결성을 전제하는 역사가 존재하지 않는다면 인간도 인생도 불가해한 것이 되어버릴 것이 역사적 경험만이 인간과 인생을 일정한 축에 세워서 인식시켜 주는 까닭이다. 그리고 인류의 주도적 지성들은 역사라는 과거의 그림자를 지배하는 것이 비이성적인 어떤 세력(우연, 운명, 신들의 희롱, 맹목적인 권력에의 의지)이어서 거기서 합리적合理的이고 더구나 섭리적攝理的인 무엇을 상정한다는 것 자체가 무의미하다는 절망적 사고로 기울지는 않았다. 그보다는 역사적 실재가 논리적 구조와 존재론적 일관성을 가진다고, 역사가 인간 운명과 그 존엄한 품위와 무관하지 않다고 여겨 왔으며, 그래서 역사는 인생과 인류의 스승으로 정의된다.[120]

---

[119] Cf. N. Petruzzellis, "Storia e storiografia", in *Enciclopedia Filosofica* (Venezia / Roma 1957), speciatim cf. "Agostino: 7. Concetto di storia" I 98-102.

[120] Cf. Cicero, *De oratore* 2.9.36: "무릇 역사는 시대의 증언이고 진리의 빛이며 기억의 삶이고 인생의 스승이며 고대의 전언이다(historia vero testis temporum, lux veritatis, vita memoriae, magistra vitae, nuntia vetustatis). 역사가의 음성이 아니고 그 모두가 어떻게 불멸하게 전수될 것인가?"

그리스 사상의 본류가 비록 파르메니데스에 기반하고 있지만, 그곳에는 헤라클리투스의 사상도 흐르고 있어서 존재에는 부단한 생성生成이 있다는 의식이 전수되었고 이 생성이야말로 역사를 의식하는 근간이 된다. 소피스트들은 선善이라는 것이 복합적이고 다양하다는 데 착안하여 인간과 삶에서 시간kairos을 중시했다. "진리는 시대의 산물"veritas filia temporis이었다. 그리스의 신화나 종교 및 철학에서 인류의 원초상태를 논하는 언급은 역사의식歷史意識의 발단으로 여겨지고, 플라톤이나 아리스토텔레스 이래로 인간 세계의 생성을 놓고서 순환循環이니 영원회귀永遠回歸니 하는 신화적이면서도 사변적인 해설을 제시하려는 노력도 끊이지 않았다.

역사 탐구나 역사 서술에 있어서도 투키디데스는 역사를 "진실의 탐구"로 정의하고서 역사적 사실을 수식 없이 또 엄정하게 복원하고자 노력했고, 폴리비우스는 역사의 "유기적 성격"을 강조한 인물이다. 디오도루스 시쿨루스Diodorus Siculus는 인류를 한데 묶어주는 보편성을 강조하여 스토아 사상을 반영했다.

헤브라이즘과 헬레니즘을 내부에 통합한 그리스도교는 스스로 새로운 역사를 시작했을 뿐더러 인류에게 새로운 역사의식을 창조했다. 고대세계에서는 고위 지식층만이 인류의 보편적 본성을 간파하여 민족과 국가의 장벽을 초월하는 세계시민世界市民 사상 내지 보편사普遍史 관념에 접근할 수 있었으나, 그리스도교는 유일신에 의한 세계의 창조, 인류가 세계에 공통으로 파견받은 사명을 근거로 인류의 단일성에 관한 신념을 대중적으로 보급했다. 그리고 역사에 단일한 원리를 부여하고, 역사적 생성에 단일한 축을 부여한 것도 그리스도교 사상이다. 역사 내에서, 그리고 역사를 초월하는 인류의 운명을 고찰하고 그것이 모든 인간에게 갖는 의의를 설정했다. 아울러 그리스도교는 역사의 연속성에 대한 감각을 일깨워 주었다. 유일한 하느님에게서 기원하여 그리스도 안에서 결말을 맺을 단선적이고 보편적인 인류사人類史를 제시한 것이다. 구약인들에게 율법律法이 역사의 길잡이 노릇을 해 주었다면 이방인들에게는 자연법自然法 혹은 양심良心이 그 역할을 해 왔고 이제는 그리스도 안에서 양자가 하나로 통합된다는 의식이 그것이다.

그리고 인간의 자유와 책임을 부각시킴으로써 인간은 역사의 전개에 있어 하느님과 더불어 자기 운명을 건설하는 주역으로 등장한다. 역사는 숙명적 필연必然이나 불가해한 우연偶然으로 엮어지는 무엇이 아니었다! 역사라는 문제를 해결하는 데 그리스도교가 끼친 공헌이 여기 있다. 아우구스티누스 이전에도 교부들에 의해서 그리스-로마 세계의 숙명론을 극복하고 영원회귀 사상을 극복하는 기초작업이 이루어졌으며, 역사를 (신의 은총과 더불어 건설하는) 인간 자유의 산물로 의식하기 시작했고, 그러면서도 역사의 유한성과 퇴락성도 강조하게 되었다.

(2) 그리스도교 사관의 설정

410년에 있었던 고트족 알라릭의 로마 점령과 약탈은 로마제국의 모든 시민들에게 커다란 충격을 주었고, 기원전 390년 갈리아족의 로마 일시 점령 외에는 난공불락의 영원한 도시였던 로마의 이 참변은 역사적이고도 형이상학적 스캔들로 비쳐 이에 대한 철학적이고 신학적인 해명이 필요했다. 그래서 당대 그리스도교 최고 지성이던 아우구스티누스는 「신국론」을 써서, 이번의 재앙과 파국은 그리스도인들이 조상전래의 신들을 저버린 천벌이라고 우기는 이교도들의 공격을 논박하는 가운데, 이탈리아 반도에서 벌어진 사건을 인류사人類史라는 거대한 전망에서 바라보도록 지성인들을 초대한다. 인류의 보편사, 종말終末을 향해 나아가는 구세사救世史의 한 일화로 로마 함락을 보도록 촉구하는 가운데, 그의 철학적 예지는 인류사를 조망하고 해석하는 안목들을 총정리한다.

아우구스티누스의 관점에서 세계는 영원한 무엇이 아니고 하느님의 의지 행위로 이루어진 결과물이었으며, 세계와 인간을 창조한 하느님이지만 언젠가는 이것을 허무로 돌아가게 하리라는 것이다. 따라서 역사는 창조의 운동이요 변화로 여겨졌고, 부족한 데서 완성을 향해 나아가는 운동이라는 아리스토텔레스의 개념에 새로운 의미가 추가되었다. 즉, 역사는 하느님이 인간들에게 부여하는 사명使命이 되었다. 하느님이 인간들에게 던지는 도전장이었다. 그런 면에서 아우구스티누스는 스토아 사상가들의 순환적 역사관에는 격렬하게 반발한다. 그가 보기에 하느님을 축으로 삼지 않는 역사관은 순환의 쳇바퀴를 돌 따름이요, 역사에 있어 목표가 없는 원운동은 (운동의 목적론적 원리상) 자가당착이며, 신이 인간들에게 준 의미와 방향감각(앞으로 나아가는 방향)을 박탈하는 사고방식이다. 인생에게 고해의 순환이 영겁으로 반복된다면 현세의 행복이나 스토아적 달관이 무슨 의미가 있는가? 그래서 윤회설輪廻說이나 일부 그리스도인들의 천년왕국설도 타파하고 있다.

아우구스티누스는 그리스도교 역사철학을 확립했을뿐더러 유기적이고 풍부하게, 역사에 관한 철학적 계기들을 종합하는 논리적 작업을 했다. 이 책에서 그가 역사를 여섯 시대로 구분하는 일은 흥미있지만, 인류사를 두 개의 도성 혹은 도시국가가 이루는 역사로 구분한 일은 역사철학에서 풍부한 의미를 간직하고 있다. 역사를 평가하는 척도로서 윤리도덕(개인적·집단적 이기심과 개인적·집단적 이타심이라는 "두 가지 사랑", 그리고 "사사로운 사랑"과 "사회적 사랑")을 제시했고 윤리와 역사를 상호연관시킨 것은 후대의 역사철학자들에게 깊은 영감을 주었다.

사실 인류사의 목표가 선악을 기준으로 이질적 가능성을 띤다는 관념은 아우구스티누스에게서 발원하며, 하느님은 악한 의지들도 정당하게 조정하는 존재로서, 악인들이 선한 사물을 악용하듯이, 하느님은 악한 의지들을 선용한다(11.17). 다시 말해 하느님은 보편적이고 단선적인 인류사를 당신 은총으로 완전히 장악하고 있다. 아우구스티누스가 보는 역사는 우주에 미학적 조화를 갖추면서 또한 궁극을 예시하는 도덕적 추동력을 갖추고 있다. 그러므로 "하느님의 도성"은 아우구스티누스가 제시하는 역사의 이상적 목표다!

그런데 인류사가 "하느님의 도성"과 "지상의 도성"으로 평행을 긋더라도 시원으로부터 종말을 향해 나아가는 일직선의 역사라면 당연히 역사에 합리적 목적과 의미가 설정되어 있으리라고 전제된다. 그 답변은 거의 신학적이다. 인류사 전체는 결국 신의 영광, 궁극에는 신의 정의正義가 입증되는 과정이다. 역사는 신과 인간의 두 의지가 만들어내는 합작품이지만 주역은 창조주요 구원자인 하느님이므로 한마디로 역사는 "신의 예술"ars Dei[121]이다. 부단한 창조와 재창조라는 심미적 과정으로서의 역사는 궁극에 신의 영광으로 드러날 것이다. 만약 인류사가 신에 의해서 설정된 목적을 가지고 있다면 어째서 그 역사는 일직선으로 종말에 이르지 않고 두 도성이 공존하면서 갈등하는 파행의 여정을 걷느냐는 물음에 대한 교부의 답변이 이것이다. 다른 대답은 인류의 교육eruditio humani generis으로서의 역사다(10.14; 22.22). 역사는 인류에 대한 구세사이기에 신의 예정과 은총을 통해 인간의 개선과 구원을 이끌어내는 교육과정이며, 역사의 온 과정에 걸쳐 보이지 않

---

[121] Cf. *Contra Faustum Manichaeum* 21.5: 역사는 "천상적·지상적 작업들이 이루어지는 신적 예술(ars enim diuina)이다"; *De musica* 4.6: "진리는 최고신의 예술(ueritas ars dei supremi)이라 일컬어진다. 진리에 의거해서 모든 것이 이루어졌고 모든 것이 질서지어졌다(ueritate facta cuncta sunt, et ordinata cuncta)."

는 신의 손길, 하느님 섭리의 손길이 그가운데서 "하느님의 도성"을 건설하고 말 것이다. 아우구스티누스가 본서의 스물두 권이라는 방대한 저작을 통해 인류에게 보여주는 바는 다름아닌 신의 이 교육학이다.

(3) 인류 보편사와 "하늘의 시민들"

아우구스티누스에게 인류의 단일한 역사를 상정하는 토대로 인간 사회의 보편적 차원을 제시한 것은 스토아 철학보다도 성서였다. 성서에 의하면 인류가 한 창조주에게서 기원한 한 조상에서 유래한다는데 아우구스티누스에게는 이것이 신이 인류가 "자연본성의 유사성뿐 아니라 혈연의 애정으로"(12.22) 하나되기 바랐음을 의미한다. 그리고 이 혈연의 애정이 "조화로운 일치로 평화의 사슬"in unitatem concordem pacis vinculo(14 1)을 이루도록 모든 인간들을 이끈다는 것이다. 계시는 아우구스티누스에게 인간의 이 존재론적 본성을 더욱 투명하게 만들어 주고 거기에 본성론에서 그치지 않는 형이상학적 의미를 부여했으며 하느님의 부성父性을 토대로 인간의 유대, 사해동포 사상을 대중적으로 보급했던 것이다. 스토아 철학 이래로 서구 사상이 추구해 오던 인류의 단일성과 세계화 의식이 아우구스티누스에게서 뚜렷한 이론적 토대를 구축한 셈이다.

아우구스티누스는 인류를 하느님이 창조한 단일한 조상에서 유래하는 집단으로서 "단일한 자연본성의 유대로 한데 묶여 있다"(18.2.1)고 보아 하느님의 부성으로부터 인류의 사해동포애를 이끌어낸다. 인간들 사이에 아무런 차별도 용인하지 않는 그리스도교 교리는 대중들을 설득할 만한 평화의 진정한 토대가 된다. 신의 통치영역이 "모든 종족과 언어와 백성과 민족들에게" 미친다는 의식으로 성서 전거와 스토아 전통에 의거하여 만인이 신의 자녀요 평화를 누릴 만한 형제들임이 분명해진다.

우선 인간의 천성적 사회성은 가정domus, 도시국가civitas vel urbs, 그리고 세계orbis terrae라는 세 차원에서 엄연하게 실존하는 현상이다. 이렇게 해서 아우구스티누스는 인간 사회의 세계적 차원을 명시하고 그들이 전개하는 세계사世界史 개념을 확립할 수 있었다. 사실 아우구스티누스는 "종種으로서의 인류genus humanum라는 시각에서 문제를 논하므로 모든 전쟁을 단죄하게 되는 듯하다. 그리고 "도시 또는 국가 다음에 오는 것이 인간 사회의 셋째 범위인 세계다"라는 문장은 그 나름의 세계시민 사상을 피력한 것으로, 지상 사회의 목표는 평화라는 것이 이 교부의 지론이므로 평화의 국제적 차원을 고려한다면 세계사에 입각한 국가개념을 염두에 두었을 만하다. 죽을 운명인 인간들은 세계 각지에 흩어져서 사회를 이루었다. 그들은 사회마다 지리적 환경이 많이 다르며, 각각 독자적인 장점과 성공을 추구했지만, 근본이 같으므로 상호간에 일종의 동지적 유대가 있었다(18.2).

스토아 사상가들처럼 아우구스티누스 역시 인류를 하나의 전체로 본다. 그가 보기에 신앙인과 비신앙인의 차이에 비한다면 각자의 국적과 신원은 차이라고 할 것도 없다. 제논도 비슷한 말을 하기는 했지만 그리스도교 보편주의와 스토아 보편주의는 근본적 차이가 있다. 아우구스티누스는 "그들 모두가 하늘의 시민들cives caelorum이다"고 하는 데 비해 스토아 사상가들은 "그들 모두가 세계국가cosmopolis의 시민들이다"라고 말했다. 스토아는 인류가 지상 공동체의 시민이라는 관점에서 시작했다. 아우구스티누스에게는 그리스도교 자체가 세계국가로서, 보편성을 살려나가는 공동체로서, 다만 신비적 믿음에 의해 결속된 공동체로서 행세한다. 스토아 보편주의는 사람들로 하여금 인종·국적·문화 같은 차이에 연연하지 말고 마음을 합하라고 호소한다. 전체 인류 공동체의 일원으로 생각하라고, 그러나 자기 국가에 대한 본분에 소홀하지는 말라고 가르친다. 아우구스티누스는 스토아 학자가 되어 그 원칙대로 살아본 경험이 있다. 그 역시 국가 질서의 중요성을 알았고 신도들에게 애국심을 고취시켰다.

하지만 다양한 정치 공동체들에 대한 현세적 의무를 상기시키는 것은 실천 의지의 영역에서뿐이었다. 인류는 하느님 도성의 품안에 있다는 사실을 깨달으면 인류의 합일과 평화는 자연히 이루어지게 마련이었다. 신국과 지상국을 하느님 사랑과 자기 사랑으로, 사회적 사랑과 사사로운 사랑으로, 국경 없는 사해동포 사상과 집단적 이기심으로 대당시키지만, 그래도 역사의 도정에서 두 나라는 한데 섞여 있어서 동일한 인류가 지상의 나라에서 하느님의 나라로 (아마도 역사의 도정 전체를 거쳐서만) 서서히 옮겨가는 것이다.

(4) 영원과 시간

아우구스티누스는 하느님의 계시에 소급하지 않고서는 역사의 문제를 전체적으로 파악하고 해결하는 방도가 없다고 생각했다(그래서 일부 학자들은 그의 사상이 역사철학이라기보다는 역사신학에 해당한다는 비판을 가한다). 하지만 그는 역사에 철학적이고 합리적인 비중을 두었고 역사 자체의 논리적이고 형이상학적 구조를 파악할 수 있다는 신념을 품고 있었으며 따라서 엄연한 역사철학자다.

아우구스티누스가 개진하는 역사철학은 두 가지 형이상학적 원리를 바탕으로 한다. 역사의 형이상학에서 제일 근거가 되는 것은, 창조설創造說에 바탕한, 세계의 우유성偶有性이다(신은 세계를 창조하지 않을 수도 있었다. 신은 세계를 필연적으로 창조해야 했던 것은 아니다). 시간時間 역시 신에게서 창조받았고(다시 말해 창조와 더불어 시간이 비롯되었다) 따라서 시간 역시 우유적인 것이요 결코 신과 더불어 영원한 무엇이 아니다. 우유성의 원리와 더불어 역사의 형이상학을 이루는 토대는 참여參與의 원리다. 영원한 창조자와 우유적 피조물 사이에 성립하는 관계가 참여다. 최초의 역사적 사건 곧 창조는 창조주와 피조물 사이에 존재론적 유대를 발생시킨다. 세계와 그 안에 있는 모든 존재자들은 존재하지 않을 수도 있었으며, 그래도 일단 존재하는 이상 창조주에 의해서, 창조주를 향해 존재한다. 여기서 발생하는 창조의 유대는 영원자에게서부터 시간적 존재에게로, 시간적 존재로부터 영원자에게로 가는 변증 운동을 초래한다. 이것은 결코 왕복 운동이 아니다. 창조주에게서 피조물에게로 가는 운동에는 피조물로부터 창조주에게로 가는 운동이 내포되어 있다. 피조물이 피조물이라는 사실로 인해서 피조물의 본성 혹은 본질에서 하느님을 지향하여 나아간다. 때로는 피조물이 신 아닌 다른 존재를 지향할 수는 있지만 그것은 배향背向(aversio)이며, 그렇다고 할지라도 사물의 본연적 성향 곧 신에게로 전향轉向(conversio)하는 본성이 파괴되지는 않는다.

신의 연륜年輪은 항상 영원한 오늘hodiernus dies이며 그 위로 인간들의 모든 연륜이 흘러가고transierunt 신의 오늘로부터 척도와 존재를 부여받는다.[122] 신의 연륜은 우리의 연륜(역사)이 아니지만 인간의 모든 연륜은 창조주의 영원한 오늘, 창조하는 오늘로부터 유래한다. 지성 있는 모든 피조물들은 이 영원한 오늘로 돌아가려는 성향이 있다. 어느 면에서 시간temporale 또는 역사historia는 영원 한가운데, 혹은 영원에 에워싸여 있다고 하겠으니 시간의 시원이 영원이고 시간의 종국이 영원이기 때문이다. 따라서 역사는 초역사적 종말을 지니고 있을뿐더러 시원 또한 지니고 있다. 역사의 원천源泉은 또한 역사의 하

---

[122] *Confessiones* 1.6.10: "per hodiernum tuum ... ex illo acceperunt modos et utcumque exstiterunt."

구河口이기도 하다. 영원永遠이 역사의 원천이자 하구라는 뜻이다.

시간이 없다면 역사는 존재하지 않으나 역사가 없는 시간은 있을 수 있는 것이, 물체들의 시간, 외적 시간은 역사를 갖지 못하는 까닭이다. "빛이 생겨라!" 하는 한마디에 출현한 사물들로부터 역사가 시작한 것이 아니라 역사는 인간으로부터(본서에서는 천사들의 등장으로부터), 지구상에 존재한 최초의 인간(아담)으로부터 출발한다. 다시 말해서 자연만으로는 역사가 존재하지 않으며 시간이 곧 역사는 아니니, 의식이 없는 사물들의 시간은 역사적 시간이 아니기 때문이다. 시간의 의식성意識性 내지 의식의 시간 또는 연속의 시간을 착안한 것은 아우구스티누스다. 역사를 구성하는 형이상학적 원리를 꼽는다면 연속성succesio과 우유성contingens이라고 하겠다.

우유적인 것은 시간적이요 역사적이다. 하지만 그것을 역사적이라 부를 수 있는 것은 시간의 흐름에 어떤 질서, 역사의 질서가 있기 때문이다. 우유성의 존재양식은 무엇보다도 그 시간성이라고 하겠는데, 바로 이 우유성 속에 역사적 흐름의 산물도 아니고 그렇다고 이 흐름으로 환원될 수 없는 어떤 가치들이 드러나고 생동한다. 역사성이 무엇이냐고 묻는다면, 무엇이 시간을 타고 지나갈 때 그것을 가리켜 역사적이라고 하지만, 과거로서 소멸하지 않고 현재에 생동하고 있을 경우에 한해서 진정한 의미로 "역사적"이라고 일컫는다. 곧 역사는 기억의 형태로 살아있는 가치다. 선대 인간들의 행위와 업적으로 표현된 가치의 기억(기념)이다. 말을 바꾸자면, 역사적 행위와 사건은 기정의 사실 또는 정말로 "이루어진 일"factum이기도 하면서, 동시에 과거의 사실이 현재에 생동하고 미래를 촉진하고 예기豫期한다는 면에서는, (과거의 사실이) 지금 작용하는 행위actus 또는 "이루어짐"fieri이라고 하겠다. 그러나 엄밀하게 말해서 역사는 단순히 이루어짐이라기보다는 현재 행위하고 있는 현실태다. 과거의 망각으로 추락하지 않고 현재 기억됨으로써, 또 미래에 대한 예기로서 등장함으로써 과거의 사실이 현실태로서 작용하고 있는 셈이다.

인간의 의식의 지평에 떠오름으로써 과거와 미래가 인간에게 건네주는 말이 있다. 다시 말해 과거와 미래가 말을 한다. 역사의 물결은 "인간 사멸의 흐름"profluxio mortalitatis humanae이라고 하겠으니,[123] 사람들이 태어나고 살고 죽으며 또 다른 사람들이 태어나고

---

[123] *Enarrationes in Psalmos* 109.20: "quis est torrens (historia)? profluxio mortalitatis humanae."

살고 죽을 것이다. 사건들이 닥치고 발생하고 소멸한다. 모두가 한결같이 죽음의 심연으로 흘러들어간다. 현재는 과거라는 침묵, 미래라는 침묵, 두 침묵 사이에 걸려 있다. 현재의 소리는 과거 속으로 소멸하고 미래의 소리는 아직 울리지 않는다. 하지만 바로 이 중간 시점medium에 의식이 떠오르면 현재의 순간은 과거와 미래를 한데 수렴하고 시간 또는 정신의 실존tempus, existentia animi을 수렴한다.[124] 인류의 지나간 소리와 인류의 장래의 소리가 허무의 심연으로 가라앉지 않는다. 의식이 떠오르면서 두 침묵은 과거의 언어가 되고 미래의 언어로 바뀐다.

과거의 기억과 미래의 예기가 인간의 의식에 떠오르는 이 순간, 혹은 순간들의 지속이야말로 인간 각자와 인류 전체의 역사라고 하겠다. 그러므로 역사란 과거의 (흘러간) 침묵과 미래의 (소리가 아직 도래하지 않는) 침묵 사이에 폐쇄되어 있는 무엇이 아니다. 역사는 과거의 현재성에로, 미래의 예기성에로 열려 있는 무엇이다(과거의 현재성과 미래의 예기성은 곧 현재의 언어이기도 하다). 그러므로 어느 개인이 자기 과거의 현존과 자기 미래에 대한 예기 속에서 인간 각자가 현재를 인식하는 순간 한 인간의 개인사個人史가 대두되는데 아우구스티누스는 「고백록」에 이를 술회하고 있다. 인류가 자기 과거의 현존과 자기 미래에 대한 예기 속에서 전체 인류의 현재를 인식하는 순간 인류사人類史가 대두되는데 아우구스티누스는 이것을 「신국론」에 담았다.

그런데 아우구스티누스의 경우, 두 역사 다 그 시원과 종말이 하느님의 손안에 있다. 창조와 시간의 종말, 인류사의 월요일과 안식일은 우리 인간들에 의해 정해지는 것이 아니다. 인간들이 이 시원과 종말을 통과하여 영원한 주일dominica에 다다르게 만들어졌다. 과거가 현재 속에서 작용하고 미래가 현재 속에서 인간을 촉진하고 있으므로, 궁극적 시원, 초역사적 시원이 인간을 일깨우고 궁극적 종말, 탈역사적 종말이 인간을 부르고 있으므로 그 양자 사이에서 개인의 삶과 인류의 역사가 전개된다. 시원에 창조가 있었으므로, 과거에 대한 인간의 의식은 언제까지나 시간적이지만 인간의 종말은 시간을 초월하므로 역사가 가능하다. 또 인간 혹은 인류의 종말이 시간을 초월하는 것은 인간의 가변적 의식 속에서도 모든 것이 가변적은 아니기 때문이다. 바로 여기에 역사성이 성립한다.

---

[124] Cf. *Confessiones* 11.26.33: "무릇 시간이란 정신의 무엇 외에 다른 것이 아니다"(tempus … si non ipsius animi).

(5) 역사의 두 주역

학문이라는 관점에서 역사는 인간과 세계를 바라보고 해석하는 지혜sapientia를 염두에 둔다. 아우구스티누스에게는 역사철학과 역사신학이 따로 있지 않으며, 인간적이고 합리적인 인식으로서는 철학이 등장하더라도 그 궁극적 가지성可知性은 다름아닌 지혜로부터 이끌어낸다. 아우구스티누스의 입장은 개인이나 집단으로서 인간의 삶을 인식하는 길(철학)이 있음을 인정함과 동시에, 신적 지혜의 조명을 받아 그 삶을 이해하는 차원이 있다. 이 두 차원의 해후, 곧 신적인 것과 시간적인 것의 해후가 이루어진 지점이 창조이고, 두 도성의 인간들이 세상에서 공존하고 공생한다는 사실에서 그 증거를 볼 수 있다는 견해다. 그리하여 인간적이면서 또한 신적인 이 역사에 두 주역이 등장한다. 역사는 인간들의 의지에 의해서, 다만 하느님의 은총과 섭리의 조우concursus를 받아서 이루어진다.

하느님은 아담에게 계명을 내리셨고 아담은 그것을 위반했다. 자유의지가 참다운 지혜를 인정하거나 사랑하기를 거부하고 지혜에 반기를 들었다. 오만에 사로잡힌 이 의지가 하느님에게서 멀어지면서 스스로 파멸한다. 인간을 잡아당기는 중력이 하느님 사랑amor Dei과 자기 사랑amor sui으로 갈라지는데 이것이야말로 인간의 가장 심원한 신비이고 인간 각자가 삶의 매순간, 최후까지 이 신비에 걸려서 살아간다. 두 사랑 사이에, 다시 말해 사랑과 오만 사이에 벌어지는 이 싸움에는 인간과 자연을 초월하는 무엇이 흐르고 있다. 인간 내면에서 일어나는 투쟁, 지식과 지혜scientia et sapientia, 죄와 구속, 범죄할 능력을 갖춘 의지와 은총 사이의 드라마가 여기 있다. 이 드라마를 해소하는 길은 인간 본성이 악이나 되는 것처럼 본성을 말소시켜서 되지도 않고 그렇다고 하느님 사랑을 포기함으로 되는 것도 아니다. 악을 제거함으로써, 인간 의지가 죄에서 해방됨으로써, 자유로이 지혜에 복속함으로써 해소된다. 하지만 의지의 이 해방은 또한 은총의 작업, 해방자 그리스도의 은총의 업적이기도 하다. 인간의 단일한 영혼 속에 두 사랑이 자리잡고 쟁투한다. 그 쟁투는 내면적이며, 탐욕의 중력pondus cupiditatis을 따르느냐 사랑의 중력pondus caritatis을 따르느냐에 따라 결과는 구원이거나 멸망이다. 우리는 둘 중의 한 사랑에 끌려가는 것처럼 보이지만 또한 그 사랑을 따라가기도 하는 까닭이다.[125]

---

[125] Cf. *Confessiones* 13.7.8: "탐욕의 중력에 바닥 없는 심연으로 가라앉고 당신 영에 힘입어 사랑의 승화로"(de pondere cupiditatis in abruptam abyssum et de sublevatione caritatis per spiritum tuum)."

진리는 인간 내면에 거하며veritas in interiore homine 이 투쟁의 한가운데에 진리가 자리 잡고 있다. 우리에게 진리를 알게 해 주는 것도 이 진리이다. 다만 현재의 인간조건으로서는 계시를 통해, 원죄의 설화, 육화와 구속의 사실을 통해 이 진리를 깨닫기에 이른다. 하느님은 인간에게 자유를 주셨지만 이 자유야말로 인간에게는 가장 혹독한 시험이기도 하다. 두 사랑 사이에 끼어서 하느님에게 반역하여 자아의 노예가 될 것인가(하느님을 사랑하지 않은 채로 자기를 사랑하는 자는 실상 자기를 미워하는 것이다), 사랑을 따라 자기를 해방시킬 것인가(자기가 아니라 하느님을 사랑하는 사람이야말로 자신을 사랑하는 사람이다) 결단해야 하기 때문이다. 두 가지 사랑, 두 가지 선택 사이에서 자유의지는 변증적 작용을 한다. 각 인간의 내면에는 두 사랑, 두 시대, 죄의 시간과 기쁨의 시간, 시간의 변증법과 자유의지의 변증법이 작동하고 있다. 다시 말해서 시간의 문제와 자유의 문제는 역사의 불가분한 두 요인이다. 무릇 시간은 역사의 토대이고, 역사의 문제는 또한 자유의 문제다. 그야말로 각자의 "자유의 역사" 문제라고 하겠으니 각자 내면에서 두 사랑, 두 선택, 두 시간이 작용하고 인류 전체의 두 사랑, 두 선택, 두 시간이 작용하고 있는 까닭이다. 두 사랑의 갈등 속에 하늘과 땅, 하느님과 인간 그리고 우주의 대드라마가 전개되고 있는 것이다.

이 드라마에서 하느님의 역사적 섭리와 인간의 자유로운 역사 창조는 아우구스티누스가 말하는 역사의 두 주역을 갈등관계로 볼 것이냐 협력으로 볼 것이냐는 난해한 논제를 발생시킨다. 그런데 아우구스티누스는 본서 제5권(9-10장)에서 신의 예지豫知와 인간의 자유自由라는 두 요소의 양립성 여부를 두고 키케로를 반박하면서 양자의 공존을 철학적으로 입증한다. 실상 역사의 현장을 목격하는 인간들의 눈에 신의 섭리와 인간의 자유의지가 대립한다고 볼 수밖에 없는 현상들이 무수히 목격된다. 키케로는 신의 예지와 모든 예언을 거부함으로써 스토아적 숙명론을 배척하고 인간의 자유의지를 보존할 수 있다고 생각했다(5.9-10). 아우구스티누스는 이런 양자택일은 모든 존재의 근거요 창조주인 하느님의 경지와 하느님에게서 존재를 부여받아 시공간에 살아가는 인간의 경지를 동일한 평면에 놓고 보는 사고방식으로 오류라고 지적한다. 아우구스티누스의 관점으로는 오히려 하느님의 예지와 섭리로 인간의 자유의지가 더욱 살아나고 인간의 자유가 더 많이 보장된다. 인간의 자유를 위해 하느님의 예지를 부정하는 일은 불가능하며, 하느님의 은총과 예지에 의해서 오히려 인간은 자유롭고 또 자유로워질 것이다. 즉, 인간의 자유의지의 근거는 바로 하느님의 섭리다.

키케로[126]의 논지는 신과 인간에게 미래에 대한 지식(예지)이 있다면 인간의 자유의지가 훼손된다는 전제를 달고서 신도 인간도 미래사를 예지하지 못한다는 명제를 내세웠다. 점占이나 미신을 청산하고 스토아 철학이 내세우는 운명의 존재를 인정하지 않음으로써 자유의지를 보존하고, 숙명론이 인간생활에 끼치는 파괴적 논리를 피하려는 의도에서 나온 이론이지만, 아우구스티누스에게는 그 이론이 인류사와 각자의 인생에서 하느님의 역할은 전적으로 배제되는 결과를 낳고 인류 혼자 역사를 끌어간다는 결론을 낳는 것으로 보인다. 교부의 입장은 분명하다: "우리는 지존하고 참된 하느님을 고백하고, 하느님의 의지와 지고한 능력과 예지를 고백하는 바이다. 또 우리가 행하리라는 것을 하느님이 미리 알았고 그의 예지가 그르칠 수 없다고 해서, 그런 이유로 정작 우리가 의지로 행하는 바가 의지로 행하지 않는 결과가 오지나 않을까 두려워하지도 않는다"(5.9.1).

키케로는 지극히 선한 동기에서 "둘 가운데서 의지의 자유로운 선택을 골랐다. 그 점을 주장하기 위해 미래사에 대한 지식(신의 예지라는 필연)을 부정했고, 인간을 자유롭게 만들어 주려다가 하느님의 전지를 부정하는 설독자가 되고 말았던 것이다. … (키케로의 해법에 따르면) 만일 의지의 자유가 있다면 만사가 운명에 의해 발생하는 것은 아니다. 만사가 다 운명에 의해 발생하지 않는다면 모든 원인들의 순서가 확실한 것이 아니다. 만일 원인들의 순서가 확실하지 않으면, 예지하는 하느님에게마저 사물들의 발생 순서가 확실한 것은 아니다. … 만일 예지하는 하느님에게마저 사물들의 순서가 확실하지 않다면, 만사가 그렇게 발생하리라고 예지된 대로 발생하는 것은 아니다. 그러므로 만일 만사가 그렇게 발생하리라고 하느님에 의해 예지된 대로 발생하는 것이 아니라면, 하느님에게 모든 미래사에 대한 예지가 있는 것이 아니라고 그는 말한다"(5.9.2).

아우구스티누스가 보기에 모든 인과관계는 사실상 의지적 원인으로 귀결된다. 키케로도 작용인causa efficiens이 선행하지 않고서는 아무것도 발생하지 않는다고 했는데 비록 아무것도 원인 없이는 발생하지 않지만, 우연적 원인causae fortuitae이 있고 또한 자연적 원

---

[126] Cf. Cicero, *De divinatione*.

인causae naturales도 있고 의지적 원인causae vountariae도 있다. 여기서 얻어지는 결론은 발생하는 모든 일들의 작용인들치고 의지적 원인들로 귀결되지 않는 원인들이 없다는 것이다. 모든 작용인들은 생명의 영인 저 자연본성의 자유의지에서 유래하는 원인들이다 (5.10.1). 신의 예지는 자유의지를 갖춘 인간이 자유로이 자기 의지를 구사하는 차원에서 이루어진다는 것이 그의 답변이다.

9. 현대인에게 주는 아우구스티누스의 교훈

하느님은 인류를 마치 한 사람처럼 세웠다.[127] 그래서 앞에 언급한 대로 인류의 역사에서도 두 사랑, 두 시간이 작용한다. 죄로 인해 하느님을 경멸할 정도로 자기를 사랑하는 자들이 있는데 그들은 진정으로 사랑할 줄을 모르는 것이다. 그런가 하면 자기를 멸시할 정도로 하느님을 사랑하는 이들이 있다. 그리하여 세상에는 두 도성이 존립하는 것이다. 각 사람의 삶을 지배하는 변증법이 인류 사회의 역사도 지배한다. 결국 인류는 집단적 이기심과 이타심으로 해서 둘로 갈라진다. 인간의 신비는 결국 인류 전체의 신비이니 이를 해결하는 방도 역시 똑같다.

아담이냐 그리스도냐, 죄냐 은총이냐, 죽음의 시대냐 삶의 시대냐에 따라 두 도성이 정해진다. 지금은 두 도성이 혼재하고 인간적이자 신적인 역사, 역사적이자 초역사적인 드라마가 동시에 펼쳐지고 있다. 하느님을 향해 가거나 자기 목적을 망각하고서 자기 자신을 향해 치닫거나 한다. 결국 세상의 역사는 두 사랑의 갈등의 역사다(14.28). 두 도성의 원조는 카인과 아벨이다. 지상국은 천상국을 원수처럼 여겨 죽이기까지 한다. 두 사랑의 갈등에서 파생하는 형제살육은 세기를 두고 거듭 반복된다. 하느님을 등짐aversio과 하느님께 돌아섬conversio, 이 두 운동이 속된 역사든 성스런 역사든 역사를 가름하는 두 움직임이다. 아시리아와 로마제국(바빌론과 로마)은 지상국의 가장 큰 표지가 되고 예루살렘은 신국의 위대한 표지가 된다. 지상국의 증오를 받으면서 신국은 무너지지 않는 세계로 건너간다. 두 나라가 결정적으로 갈라설 때 영원한 단죄나 영원한 행복을 수여받는다.

---

[127] Cf. *De diversis quaestionibus 83*, 58: "하느님은 온 인류를 마치 한 사람처럼(tamquam unum hominem) 세우셨다."

이런 지혜문학적 역사관이 도대체 철학인가, 신학인가? 철학도 되고 신학도 된다. 어떻든 정당하고 합리적인 인간 지식이다. 다만 그 깊은 의미를 파악하기는 참으로 어렵다. 역사의 궁극적 이해는 신의 계시 없이 인간의 지혜만으로는 바닥을 들여다볼 수 없다. 인간 면은 어디까지나 인간의 내면이고 그가 성취하는 지식도 인간적 지식이다. 바로 그 지식이 인간을 초월과 계시로 이끌어 준다.

4세기에 로마제국이 동서로 분할되면서, 동방제국에서는 그리스-로마의 현세주의에서 그리스도교 초월론으로 건너가는 사상 변화가 일직선상으로 개진된다. 동로마제국에서는 동방의 절대군주제와 그리스도교 유일신론이 기묘하게 결합하여 바로 황제가 제국의 새로운 질서를 담보하는 역할을 맡아 하느님의 이름으로 각 개인과 부족과 국민들이 세계와 사회구조에서 차지하는 역할을 지정해 주었고 그들의 권리와 의무를 규정하는 것도 황제였다. 인간은 군주의 신민臣民으로서, 교회의 자녀로서 자기를 의식하면서 각자가 자신의 인격적 주인이 된다거나 책임을 감당한다거나 세계에서 자신의 위치를 선택하거나 다양한 종교신앙 가운데 마음에 드는 하나를 고르는 일은 불가능해졌다. 그런 사회여건에 지배당하면 인간은 자신의 운명과 사회에 대해 주체적 책임을 기피하는 태도를 취하기 쉽다.

그 대신 서방에서는 사회관념에 있어서 거의 정반대의 길을 밟게 된다. 교황권과 황제권의 독립, 민족 국가들의 독립으로 학문·정치·사상에서 다양한 방향과 다채로운 선택이 가능했다. 5세기부터(밀라노에서는 암브로시우스와 황실의 노골적 대립이 있었다) 비롯된 황제권과 교황권의 알력은 갈수록 심해지면서 속권이든 영권이든 어느 하나를 절대시하는 관념이 일찌감치 무너지는 결과를 초래하고, 이것이 우리가 논구하는 세계시민 사상의 대중적 확산에 일조하는 성과를 내며 그런 사상적 계기와 역사관을 중세 그리스도인들에게 확립해 준 인물이 아우구스티누스였다.

근대 유럽 열강이 신세계나 아프리카 국가들을 점령하고 식민지를 개척하면서 중세에 거론되었던 보편적 전권론全權論을 주장하여 제국주의를 은폐하거나 호도하려는 이론적 명분을 찾게 되고 그러면서 보편사관 내지 세계시민 사상을 표방하게 되었다는 사실과, 근대 국가들의 세력이 확대될수록 자기 민족이나 국가나 정권에 대해서 형이상학적 사명과 명분을 부여한 희극적 사실이라든가, 지난 세기에 두 차례의 세계대전을 치른 다음 인류가 모든 민족과 국가를 초월하고 어느 한 국가도 패권을 행사하지 않는 세계정부의 개념을 실현해 나가고 있는데 여기에도 사변적 철학자들과 신학자들 특히 아우구스티누스 사상의 영향을 볼 수 있다.

476년 서로마제국의 마지막 황제(Romulus Augustulus)는 오도아크로스에게 폐위당하는데 새로 들어온 민족들은 제국 전체를 장악하거나 통치할 능력이 없었으므로, 과거 로마제국 속주들의 경제는 급속히 기울고 대도시들은 빈곤해지며 신민들의 충성은 사정없이 무너진다. 정치사회적 불안과 불만 그리고 미래에 대한 공포가 사회 전반을 지배한다. 그리하여 인간들의 마음에는 종교적 위안과 후세적 구원에 대한 희망과 갈구가 만연하고, 동방에서 수입한 종교 신앙들에 의탁하는 풍조로 인해 미트라스 밀교, 마니교가 퍼뜨리는 대로 세상은 눈물의 골짜기요 선악이 공존한다는 숙명론이 제국 내에 널리 퍼진다.

그러나 이런 풍조나 시도에 맞서서 그리스도교는 결정적으로 승리할 요소가 갖추어져 있었으니, 영생의 약속, 사랑의 설교, 평화의 복음이 제시하는 보편주의, 초월에 대한 교리가 그것이었다. 이런 교리 앞에서는 국경선이라든가 인간적 파당주의는 적어도 이론상으로는 성립할 수 없었다. 그리스도 신자들이 "하느님 도성"의 시민으로 자기를 의식한다면(당대의 유럽은 사회와 문화와 종교 등 사회 근간에서 철저하게 "그리스도교 사회" Christentum였다!) 스토아 철학에서 주장해 온 세계시민 사상, 현세적 차이와 차별은 신 앞에서의 평등이라는 그리스도교 교리에 직면하여 인종과 국경은 무력해지며 따라서 분파주의에 힘입은 불화와 전쟁을 이론상으로는 끝내는 것이었다. 이리하여 그리스도교 교리는 전수해 온 스토아 보편주의 원리와 평화주의에 새로운 활력을 불어넣었다.

그래서 아우구스티누스의 사상과 「신국론」의 역사철학은 중세 전체를 풍미했으니, 신성 로마제국의 샤를르 마뉴도 오토 대제도 아우구스티누스의 이 대저를 애독했으며, 교황권과 황제권이 전권론plenitudo potestatis을 내세워 패권다툼을 할 때도 제각기 아우구스티누스에게서 논거를 끄집어냈고 중세 말 위클리프, 후스, 루터, 칼뱅이 한결같이 아우구스티누스의 주관적 신체험을 내세우고 있으며, 파스칼과 얀센 계열의 근대 사상가들도 언제나 이 교부를 전거로 삼는다는 사실에서 그의 사상사적 위력을 엿볼 수 있다.

근대의 비코와 헤겔에 이르기까지 아우구스티누스의 역사철학이 영향을 끼치고 있다면, 그가 인간 실존의 역사적 차원을 부각시킨 점을 그 첫째로 꼽을 수 있겠다. 그가 보기에, 인간 자체가 각자에게는 하나의 신비가 아닐 수 없다 mihi quaestio factus sum![128]. 인간이 하느님의 모상이면서도 자신의 오만에 끌려가는 처절한 어떤 중력重力이 있다. 결코 반복되지 않는 인간, 결코 두 번 나타나지 않는 인생의 유일회성, 즉 역사적 현상으로서의 실존적 차원에서 본다면, 각각의 순간, 각각의 행위, 각각의 오류는 한 인간의 역사에는 물론이려니와 서로 유대하고 있는 인류 전체의 역사에 결정적이다! 모든 결단은, 그리고 그것이 오류일 때는, 신의 은총에 의해 용서받지 않는 한, 영원히 돌이킬 수 없는 것으로 남는다.

서구 고대의 세계관에서 지상에서 신들과 인간들이 맡은 역할은 불평등하고 고정된 것이었으므로 이에 대해서 이의를 제기하는 것은 불손하고 위험한 일이었다. 사물의 생성 소멸, 덧없고 쇠약해 가는 현상들을 다루면서, 파르메니데스는 이 모든 것이 불변하는 존재의 표면에서 발생하는 현상이라고 풀이하여 이념적으로는 극복하는 듯했다. 플라톤은 존재의 영역에 거대한 이념들의 제국을 창안해내어 변화와 생성소멸이 없는 세계를 상정했다. 그 대신 헤라클리투스는 존재의 범주에 의거해서가 아니라 생성의 범주에 의거해서 세계를 해석하는 새로운 사고를 등장시키지만, 그것이 만물의 영원한 회귀, 동일한 것의 영원한 회귀, 즉 고정적 운동이라고 설명함으로써 역사철학의 단초를 놓쳐버렸다. "이 세상은 있었고 있으며 있을 것이다. 불의 불꽃들은 영원히 다시 재생하면서 그 분수에 맞게 꺼져 가느니라"(frag. B 103). 불에 비견하는 세계관, 세계의 윤회적 진전, 영원히 재생하는 불꽃, 때맞추어 꺼지지만 다시 재생하는 불꽃, 이것은 삶의 안식과 조화를 상징한다. 아리스토텔레스는 운동을 자기 철학의 중심으로 삼았고 운동의 실재성을 인식했는데 운동에서 어떤 결핍을 보았고, 채워져야 할 미완성을 보았다. 그리하여 모든 미완성을 충만시켜 줄 신이 모든 운동의 발원지가 되어 세계를 운동하게 하고 완전을 지향하는 사랑으로 자기에게로 끌어당긴다는 사상을 확립한다.

아우구스티누스는 유다 사상 노선에 들어가서 전통적 그리스-로마 세계관에 역동성과 역사성을 부여한다. 고대세계는 우주의 확고하고 불변하는 질서에 시선을 맞추어 자연과 인간 현상들의 전개를 목적론적이고 조화로운 것으로 보았고, 그런 면에서 우주나 자연

---

[128] *Confessiones* 10.33.50: "내가 나에게 의문거리가 되었나이다. 나 자신이 나의 번뇌로소이다" (mihi quaestio factus sum, et ipse est languor meus).

은 그 자체로 찬탄할 만하고 신성한 것으로 여겼다. 그런데 아우구스티누스가 보기에 인류니 그의 자연본성이니 하는 것은 그 엄청난 도덕적 행악과 탈선으로 미루어보건대 구원의 드라마에 비추어서가 아니면 인간의 개인적·집단적 역사는 도저히 이해할 수 없는 무엇이었다. 그리고 이 역사는 시작과 끝이 분명한, 창조와 진화, 시험과 구원으로 이루어지는 역사였다. 이런 착안은 고대의 고정적 우주관을 완전히 뒤엎는 것이었다.

인류가 추구해 온 이상향 혹은 이상적인 역사 현실은 어디까지나 하나의 꿈이었기 때문에 현실 정치가들보다는 이념의 세계를 직관할 특전이 주어진 철학자들의 입에서 마치 신탁처럼 울려나오게 마련이고, 그것은 "요순시대", "황금시대", "낙원", "하느님의 도성", "유토피아" 심지어 "프롤레타리아의 정부 없는 국가"로 영상화한다. 현대의 제일세계가 적극적으로 추진하던 제삼세계기 떠밀려 들어가던 세계화라는 경제적·정치적 체제 속으로 편입하면서, 인류는 여전히 저런 꿈 중의 하나를 머릿속에 그리고 있을 것이다.

토인비의 말대로 "처음 지구상에 출현했을 적에 그리스도교는 그리스-로마 문명이라는 보편주의 국가의 거대한 제도의 혜택을 입었다. 로마제국, 온 유럽에 뻗친 도로망, 항로를 이용하여 그리스도교는 급속하게 지중해 연안 전체로 퍼져 나갔다. 현대 서구의 세속화한 문명은 그리스도교로 하여금 로마제국이 온 세계를 장악하여 기여하던 그 시대상을 다시 한번 재현할 수 있을 것 같다"[129]는 희망이 현실적 근거가 있다면, 그 중심에는 아우구스티누스와 그의 역사철학이 자리잡고 있다.

10. 「신국론」 각권 개요[130]

「신국론」은 크게 두 부분, 다섯 단원, 전체 22권으로 나누어진다. 전반부는 호교론적 논쟁 부분으로 외교인들에게 그들의 종교가 불완전함을 드러내 보이는 내용이다(1 - 10권). 후반부는 서술 부분으로 역사를 구원의 역사로 관조하는 그리스도교 사상을 제시하고 옹호한다(11 - 22권). 전반부는 두 단원으로 나누어지는데 첫째 단원(1 - 5권)에서는 다신교 신

---

[129] A.Toynbee, *Civilization on Trial*, New York 1948, 239.

[130] 참조; J.-C. Guy, *Unité et structure logique de la cité de Dieu de saint Augustin*; 정의채 「아우구스티누스」『정의채 수상집. 사상과 시대의 증언』(성바오로출판사 1990) II 54-133.

앙이 사회문제를 해결하는 데 부적절함을 논하고, 둘째 단원(6 - 10권)에서는 다신교 신앙이 정신적 차원에서 사회 질서를 바로잡는 데도 실패했고 사후의 영생과 행복도 담보해주지 못함을 논증한다. 후반부는 세 단원으로 나누어져 하느님 도성의 역사적 기원(11 - 14권), 역사적 전개(15 - 18권), 종말론적 목표(19 - 22권)를 논한다.

첫째 단원의 다섯 권(1 - 5권)은 다음과 같은 사실을 다루고 있다: 우선 야만족에 의한 로마의 침탈을 그리스도인들의 탓으로 돌리는 외교인들의 분노가 부당하고 오히려 배은망덕한 소치다. 한 나라의 국민 복지는 사회정의와 정치적 평화에 기반한다. 다신교를 받드는 사람들의 정치적 부패와 도덕적 타락은 제국의 기반을 이미 붕괴시켰을뿐더러 로마제국의 역사에는 줄곧 내란과 재앙이 있었다! 과거의 그 비극들마저 그리스도교의 탓으로 돌릴 수는 없지 않은가? 그리고 로마제국의 정치사적 위용과 번영은 유일하신 참하느님의 섭리적 배려의 결과이지 제신諸神의 보우나 운명의 선물이 아니었다.

둘째 단원(6 - 10권)은 로마인들이 신봉해 온 신화신학·민간신학·자연신학을 근거로 하여 다신교 사상을 반박하는 신학적 토론이다. 이교도의 신화신학은 합리적 근거와 설명을 제시하지 못하며, 국가종교를 유지해 온 민간신학이 선정한 신들dii selecti도 결국은 참하느님의 피조물들을 신격화한 것일 따름이라는 결론에 도달한다. 자연신학이 내세우는 중개자로서의 제신이나 정령들은 영원한 행복을 담보하는 능력이 없음을 논하고서, 인류와 유일신 사이의 유일한 중재자는 신인神人 그리스도 예수뿐이고 인간이 신에게 바칠 만한 유일한 참 제사는 그리스도교의 삶의 제사뿐임을 역설한다.

셋째 단원(11 - 14권)은 인류 역사의 시원을 그리스도교 성서에 입각하여 해설하면서 철학적·신학적 주제들을 다룬다. 우주의 창조와 천사의 기원, 천사들의 범죄와 타락, 인간의 창조와 인류의 단일성, 죽음이 죄벌罪罰로 의식되는 근거, 인간의 의지를 퇴락시키고 인류의 분쟁을 조장하는 정욕(특히 성욕)이 인간 안에서 야기하는 심리적 갈등을 날카롭게 묘사한다.

넷째 단원의 네 권(15 - 18권)은 하느님 도성의 역사적 전개 과정을 서술한다. 성서와 그리스-로마 역사가들의 문전을 동일하게 사실史實이 담긴 문헌으로 보는 아우구스티누스는 헤브라이즘에 입각하여 인류사를 인간 아벨부터 노아 홍수까지, 대홍수부터 아브라함 혹은 왕정시대까지, 열왕기 이후로 예언자 시대, 그리고 지상 도성의 그리스도 시대로 구분한다.

다섯째 단원(19 - 22권)은 인류 역사의 시간적 종말과 관련된 주제들을 다룬다. 인류가 추구하고 기피하는 최고선의 문제, 평화의 개념, 최후심판을 다루며, 그리스도교의 직선적 시간관과 인간의 개인적·집단적 의지행사를 상대화시켜 버리는 천년왕국설, 악인들의 운명도 결정적이 아니라는 총괄갱신總括更新 사상, 영원회귀설을 철학적 논변으로 반박한다. 그리고 플라톤 철학이 가장 난감해하던 육신의 부활, 영원한 지복을 이론적으로 정립한다.

제1권. 시대의 재앙과 하느님의 섭리

로마 침탈이라는 역사적 재앙을 두고 아우구스티누스는 조심스럽고도 비통에 잠긴 성찰을 하면시도 사대가 몰고온 논쟁의 요점을 의식하고 있다. 서언과 3부로 나누어진다.

서언: 이 저술의 동기를 밝히면서 처음부터 두 도성을 대조한다. 하나는 인간적이고 쇠진하는 것이고 하나는 신적이고 지상으로부터 영원으로 해방되어 가는 도성이다.

제1부(1-7): 저자는 논전의 어조로 로마를 침탈한 적군이 야만인들이면서도 그리스도께 경의를 표하여 사도들의 대성전으로 피신한 사람들을 손대지 않았던 전대미문의 사건을 지적한다. 가혹하고 잔학한 전쟁의 법도상 있을 수 없는 일로, 그곳에 피신한 패자들의 생명과 자유 그리고 재산을 손대지 않고 보존해 주었던 것이다. 역사적으로 로마인 승자들이 자기네가 믿는 신이든 패자들이 받드는 신이든 패자들이 신전으로 피신했을 적에 그 신을 경외하는 뜻으로 패자들에게 이런 관용을 베푼 예가 없었다. 로마인들의 잔인한 행적으로 트로야의 점령과 파괴, 내란시의 대학살, 시라쿠사의 함락, 타렌툼의 함락 등 네 가지 사건을 열거한다. 시라쿠사와 타렌툼 사건을 두고서 로마인들의 관용을 자랑해 왔는데 하찮은 예외를 빼면 전쟁의 잔혹한 법도 그대로 학살과 약탈과 파괴가 이루어졌을 뿐이다.

제2부(8-28): 야만족이 로마를 점령한 재앙을 검토하면서, 재앙과 불행을 선인이든 악인이든 여일하게 당하는 인류사의 애환과 성쇠를 초역사적으로 해석하는 실마리를 이끌어낸다. 그런 시각에서 로마 침탈이라는 역사적 환난, 개인들이 당한 재산의 상실, 고문과 살상, 야만인들의 잔학상, 죽음, 무덤에 묻히지도 못한 불운, 노예로 끌려간 사람들, 몸값을 받아내려는 납치, 여염집 부녀자들과 심지어 거룩한 동정녀들이 당한 능욕을 새

로운 초역사적 시각에서 검토해 보려고 시도하면서 피해자들을 위로한다. 그러다 보니 자살의 도덕적·사회적 부당성이 길게 토론된다. 로마의 전설적 인물인 정숙한 여인 루크레티아와 지사志士 우티카의 카토의 일화를 예거하면서, 여자들이 정조를 잃으니 자살해야 옳다는 남성위주의 도덕을 질타한다.

제3부(29-36): 로마의 비극을 목전에 두고서 교부는 로마인들의 지나친 사치와 향락, 정권욕과 제국주의적 패권욕을 규탄하면서 그것이야말로 이 비극의 원천이 아니겠느냐고 반문한다.

제2권. 그릇된 도덕을 낳은 다신숭배

다신교 사상에 강력한 논리적 비판이 가해진다. 다신교는 역사적으로 로마인들의 사생활에는 극단적인 향락주의를 조장하고 공공생활에는 엄청난 폭력을 야기시킨 데 불과했으며, 방대한 제국을 건설하고도 이를 도덕적으로도 통제할 수단을 제공하지는 못했다는 것이다.

제1부(1-20): 제1권의 내용과 결부시키는 간단한 머리말이 나오고 이어서 이교도 경신례의 문헌들이 인간 품위를 지켜줄 만큼 삶의 규범을 제시하고 있지 못함을 입증해 보인다. 비밀리에 거행되는 비교秘敎의 의식이든 공권력이 공식으로 제신에게 거행하는 극장의 제의祭儀든 도덕적 해이를 조장하고 절망적 향락주의로 백성을 유도하고 있으며, 이것은 그리스도교의 근엄한 도덕적 규율과 크게 대조된다.

제2부(21-29): 살루스티우스와 키케로의 문헌을 들어 가면서 교부는 로마 사회가 정의롭지 못했다는 사실, 고래로 받들어 온 다신교 신앙이 점술과 조점鳥占과 갖가지 신탁神託에도 불구하고 사회에 방종한 폭력과 잔학상을 초래했고 그 폐습이 로마사에 점철되어 있음을 논증해낸다. 특히 내란(시민전쟁)에서 마리우스 파와 술라 파의 잔인한 학살과 전횡을 예거하여 다신교가 사회에 도덕적 제동을 걸지 못했음을 입증한다. 이와는 달리 적어도 당시까지 보여온 그리스도교의 박애 정신과 양선한 태도와 사회 공동체에 대한 존중으로 미루어 로마의 재앙이 그리스도교를 신봉했기 때문이라는 비난은 근거없다는 것이다. 오히려 검소하고 강직한 "로마 정신"virtus Romana이야말로 다신교를 포기하고 그리스도교를 신봉한다면 훨씬 고상하고 강력한 제국을 형성하고 유지하리라 예상된다.

제3권. 로마사의 비판적 회고

다신교 비판서라고 부를 수 있다. 로마사의 결정적 사건들에 다신교와 신들의 역할이 무의미하고 사태를 악화시켰던 까닭이다. 이미 다루어진 주제들이기는 하지만 논적들의 반격이 만만치 않았음을 암시한다.

제1부(1-12): 역사를 해석하는 두 요소. 인간적 사건들에는 초월적 실재와 더불어 폭력과 전쟁을 통해 역사에 발휘되는 인간의 권력의지 두 요소가 작용하고 있음을 제시하여 역사철학의 기초를 놓는다. 역사는 운명이나 맹목이 지배하지 않고 신의 의지와 인간의 의지가 발휘되는 이중주다.

제2부(13-20): 살루스티우스는 그래도 포에니 전쟁이 종결될 시점까지는 로마 정신이 국가 기강을 유지해 왔다고 평가한다. 그 반론으로 아우구스티누스는 로마 고대사의 전설과 사화들을 이야기한다. 즉, 사비나 여인들의 납치, 로물루스의 형제살해, 에트루스키 출신 국왕들의 전횡, 초대 집정관들의 운명, 피루스 전쟁까지의 군사적 승패, 포에니 전쟁 등을 검토하면서, 제신숭배나 새로운 제의祭儀의 도입이 로마를 재난에서 구출한 일이란 없다고 반증한다.

제3부(21-31): 로마 백성에게 공포의 대상이었던 카르타고가 몰락한 다음, 로마의 역사는 끊임없는 시민전쟁과 동맹전쟁과 노예전쟁으로 점철된다. 아우구스투스에 의해 공화국의 자유가 완전히 말살되기까지 갈수록 개인의 자유가 축소되고 유린되는 수치스런 과정 외에 다른 것이 아니었다.

제4권. 제국 성장에 아무것도 못해 준 많은 신들

제1부(1-7): 3권까지의 내용을 간추리면서 로마사의 특징이 지배의 정치학이었음을 지적한다. 그리고 자기가 알던 역사가들(Trogus, Iustinus)의 관점에서 아시리아의 니누스에게서 비롯된 제국주의에 관해서 치밀한 검증을 한다. 불의한 제국주의 전쟁은 폭동을 일으킨 검투사들이나 용병들의 난동과 도덕적으로 전혀 다를 바 없다고 비판한다.

제2부(8-13): 시문학과 민속의 신화를 주의깊게 관찰하면서 아우구스티누스는 신화신학이나 민간신학이나 그래도 철학적 색채를 띠는 자연신학을 하나씩 검토하고, 유일신 사상이 범신론이나 내재주의보다도 훌륭한 대안임을 제시한다.

제3부(14-34) : 로마의 위대함을 수호해 왔다는 신들, 그중에서도 빅토리아(승리), 포르투나(행운), 펠리키타스(여신)를 살펴보면 그것들이 신성神性이 아니고 유일신 하느님의 선물임을 알리라고 설명한다. 그런 신들이 제국의 세력과 위대함을 창조하거나 방어하거나 보장해 준 것이 아니다. 로마의 손꼽히는 학자들(Scaevola, Cicero, Varro)의 발언에 의거하더라도, 우상숭배는 풍습의 이완과 도덕적 타락과 정치적 쇠약을 초래했을 따름이다.

제5권. 운세의 이치가 있는가 없는가

제5권은 세계에서 발생하는 인간사를 운명이나 절대적 필연에 혹은 우연이나 절대적 우유성에 돌리는 비합리적 해석과 그리스도교를 대표로 하는, 합리적 해석을 대조시킨다. 아우구스티누스 역사 해석의 기조를 이루는 장이 9장과 10장에 나온다. 역사의 법칙과 목적이 신의 섭리에 맡겨져 있으며, 그러면서도 섭리는 인간의 자유를 담보한다. 본인의 말로도(12.1) 이 책은 두 부분으로 나누어진다.

서언: 제4권까지의 로마사 해설을 결론지으면서 역사는 하느님이 주관한다는 방향을 잡는다.

제1부(1-11) : 역사에 관한 비합리적 해석, 특히 점성술을 지적하면서 그런 설명으로는 인간의 삶과 역사와 자유를 이해할 수 없다고 한다. 신적 예지와 인간 자유의 공존을 부정한 키케로의 이론을 반박하는 기회에 그리스도교의 합리주의 사관을 상세하게 검토한다. 교부의 지론에 의하면, 필연과 자유, 신의 예견과 인간의 책임이 공존가능하다.

제2부(12-26) : 두 도성의 주제를 도입하면서 로마제국을 하느님 백성의 도성과 대조해 본다. 교부는 로마인들의 덕성(용맹)의 발휘, 영광과 출세에 대한 염원, 이를 얻기 위한 고귀한 행적, 절제와 희생의 정신, 자기가 사는 도성의 승리를 얻기 위한 시민들의 희생과 자세를 상찬한다. 그리고 이상적 군주상(특히 콘스탄티누스)을 부각시키기도 하고 그리스도교 덕목과 사회정치적 덕목을 겸비했던 테오도시우스 황제도 언급한다.

제6권. 참 행복에 아무 도움도 못 되는 신들

여기서부터는, 신국론의 둘째 단원(6 - 10권)에 해당한다. 다신교pax deum와 구원의 문제에 논의가 집중된다. 역사가 신과 인간의 합작이라면 신과 인간의 관계pax Dei가 올바로 정립되어야 역사의 궤도가 순조롭다는 전제하에서다.

제1부(서언-1): 무식한 대중을 오도한 문학가들을 질책하고 나서 교부는 로마인들과 이교도들이 숭배해 온 제신諸神이 구원의 질서와 역사에서 아무런 능력을 지니지 못한다고 선언한다. 다신교가 종교의 구속적救贖的 차원을 시사하지만 그것을 성취하지는 못하고 오히려 기만할 따름이다.

제2부(2-9): 바로Marcus Varro의 백과사전「고사」*Antiquitates rerum divinarum et humanarum* 전16권을 면밀하게 분석 검토한다. 거기서 로마의 다신교 종교를 해설하는 데 동원되는 설화신학, 자연신학, 그리고 민간신학을 구분하고, 라틴 세계의 가장 박식한 이 신학자가 결국에는 극장에서 상연되는, 시인들의 설화신학을 수용하지 않고 배척한다는 사실을 지적하고, 신전에서 제의를 거행하거나 특히 비의를 거행하면서 사용되는 제관들의 정치신학, 도성신학도 결국은 거부한다는 사실을 지적한다. 아우구스티누스의 견지에서 바로가 인정하는 것은 자연신학뿐이었다.

제3부(10-12): 정치신학을 가차없이 비판하는 세네카의 이론을 소개한다. 세네카는 그것을 미신으로 보고 그러면서도 관습에 따른 무엇으로는 인정한다. 그는 유다교의 경신례가 다른 어느 종교보다 고상함을 인정하면서도 유다교 자체에는 멸시를 보냈다.

제7권. 신들에 관한 자연주의 해석과 참 행복

이 책은 구원의 문제를 로마의 정치신학이 따로 선정하여 숭배하는 20명의 "선별된 신들"과 관련시켜서 다룬다. 바로가 그것을 자기 책에서 상세하게 해설하고 있으므로 아우구스티누스는 그의 장절을 따라가면서 그 신들을 선별하는 기준으로 보나, 숭배하는 양상으로 보나 모순과 불합리에 가득 찬 습속임을 지적한다. 그에 비해서 그리스도교의 구원신학이 얼마나 논리적이고 상식에 맞는지 설명한다.

제1부(서언-4): 로마인들이 실제로 적용해 온 신들의 선별 기준을 회화조로 소개하고 비난한다.

제2부(5-26): 바로가 이런 신들을 두고 내린 상징적·자연주의적 해석을 통박한다. 소크라테스 이전의 철학자들이나 스토아 학자들에게서 도입한 해석방법이지만, 특히 야누스, 유피테르, 사투르누스, 메르쿠리우스, 마르스, 케레스, 프로세르피나, 텔루스 등을

보면 상식에 어긋난 모순이 무수하게 발견된다. 그러는 가운데 신화를 철학적으로, 자연 주의적으로 풀수록 종교의 유일신적 성격이 부각됨을 은근히 암시한다.

제3부(27-35): 대모신과 동일하게 취급되는 텔루스 여신에게 바치는 외설스럽고 잔인한 예배의식을 예로 들어 로마 다신교의 모순점이나 누마 폼필리우스의 정치신학의 허점을 지적하고 그리스도교가 설교하는 구원관을 대비시킨다.

제8권. 철학자들의 지혜에 비추어 견준 그리스도교와 로마인 종교

이 책은 플라톤 학파와 그리스도교 사상의 대조에 해당한다. 저자의 의도는 고전시대의 지혜를 대표하는 플라톤 사상의 본연적 가닥을 살리고, 동시에 그것을 해석해 오는 사조들이 플라톤 사상을 재고하거나 어느 부분은 유보하면서, 심지어 다신교와 우상숭배에 영합하면서 그 사상을 퇴락시킨 점을 구분하려는 데 있다. 고대세계의 지혜를 제패하는 사상이 그리스도교를 팔레스티나에서 유래한 일개 이색 종교로 보려는 로마 지성계에 교부는 그리스도교야말로 참다운 지혜임을 표명코자 한다.

제1부(1-12): 아우구스티누스는 서구 철학사를 개괄하면서 이오니아 학파, 이탈리아 학파, 소크라테스를 언급하고 나서 플라톤의 사상을 다룬다. 철학을 자연학, 논리학, 윤리학으로 삼분한 점, 그의 형이상학에는 유일신 사상이 있고, 자연학에는 신이 초월자로서 나타나고, 논리학에서는 빛과 진리로 표상되며, 윤리학에서는 인간의 최고선이요 최종목적으로 드러난다는 점을 높이 산다. 고전 철학에 순수한 유신론이 가능하다는 바울로의 말을 인용함으로써 그리스도교와 플라톤 학파의 상합점을 부각시킨다.

제2부(13-22): 교부의 정령론精靈論(daemonologia)에 해당한다. 아풀레이우스의 지론에서 꼽히는 정령의 다섯 가지 특성(생명, 정염, 지성, 영계신체, 불사불멸하는 존재)을 나열하고서 그들이 과연 인간과 신들 사이의 중개자 역할을 할 수 있는지 따진다. 그들에게 바치는 다신론적 예배, 그들에게서 유래한 외설스럽고 모순에 찬 의식들을 보자면 그들이 그런 역할을 할 수 없다고 한다. 그의 논리적 분석이 크게 돋보인다.

제3부(23-27): 다신교 예배에 관한 헤르메스 문전과 이집트 우상숭배에 관한 문전을 다루면서 우상숭배의 마술적 성격을 밝히고, 결국 다신교와 정령숭배는 죽은 인간을 신격화한 것임을 규명하고 그리스도교의 순교자 경배는 그것과 사뭇 다르다고 설명한다.

제9권. 그리스도와 철학자들의 가르침에 나타난 중개자의 역할

전권前卷의 논지를 계속하여 천사론天使論으로 전환한다. 고전세계의 정령론을 비판하면서 그리스도교 신앙과 다신교를 대비시킨다. 다신교를 포기할지라도 인간과 신 사이의 중개자로서 정령을 인정하고 숭배해야 한다는 민간신학을 무산시키기 위함이다.

서론(1-2): 철학자들의 정령 사상을 간추린다.

제1부(3-11): 정령들이 정염에 사로잡혀 인간처럼 지상 요소에 매여 있음을 지적한다. 그들의 불사성으로 미루어 정염에 흔들리고 그 일로 불행해질 경우에 그들의 처지가 인간만도 못하다는 점에 유의한다.

제2부(12-23): 따라서 정령들은 인간과 신들 사이의 중개자일 수도 없고 중간존재일 수도 없다. 적어도 아풀레이우스가 정립한 본질적 특성에 의하면, 도저히 중간 위치에 설 자격이 없다. 유일신 하느님과 인간들 사이의 유일한 중개자는 그리스도이다. 그는 신이자 사람이기 때문이다. 성서에서도 신들이라고 일컫는 천사들의 본질과 기능은 하느님의 배려하에 어느 정도 중간역할을 할 수 있다.

제10권. 영원한 생명의 종교

이 책은 후대 호교론의 전형이 되는 신학서다. 전반부는 그리스도교 주요 개념들을 제시하고 후반부는 논쟁과 훈유를 통해서 입증하고 변호하는 형태를 보인다.

제1부(1-11): 종교, 신심, 예배와 희생제사, 하느님과 인간의 중개 및 참여, 구원, 참종교의 공동체 정신과 보편정신, 기적, 천사 등의 개념들이 규명된다. 천사들은 유일신 하느님께만 제사와 흠숭을 바쳐야 한다고 가르치며, 따라서 불멸과 행복을 공히 함유한다. 플라톤 학파 포르피리우스가 설명하듯이 천사들의 행태는 정령들이 마술이나 강신술을 써서 자기들의 위치를 신들의 차원으로 숭배받으려는 작태와는 사뭇 다르다.

제2부(12-32): 섭리 사상의 토대와 그 논증이 나온다. 역사신학이 한편으로는 신의 불변성을, 다른 한편으로는 세계 및 구원의 역사에 대한 신의 개입을 공존시켜야 하는 문제를 푼다. 신플라톤 학파나 포르피리우스 등이 다신론을 변호하는 근거가 세계에 신의 현존을 풍부하고 다양하게 하려면 많은 신들의 개입과 마술과 강신술 등의 다양한 경로가 필요하다는 이론이다. 교부는 기적, 예언, 그리스도인들의 순교, 구원의 보편성 등을

방증으로 구사하여 그리스도가 보편적 구원을 베푼 이상 그 모든 중간역할들이 불필요함을 역설한다. 신플라톤 학파 특히 포르피리우스가 주장한 일자—者로서의 신, 누스, 세계혼 같은 세 가지 존재에 관한 형이상학, 천사론, 재생과 윤회 사상, 영혼의 선재 등을 분석하여 취사선택하고 허점은 반박한다. 신의 육화化와 육체의 부활을 수긍하지 못하는 철학적 오만과 편견도 공박한다. 악과 죽음으로부터 보편적 구원을 설파하는 참 진리를 경청하라고 철학자들에게 호소하는 말로 맺는다.

제11권. 하느님이 시간 속에 창조한 세계와 천사

드디어 「신국론」의 신학적 주제인 하느님 도성의 역사를 다루기 시작하며 이 도성의 시원을 다룬다. 철학적 논변과 성서적 논변을 동원하여 아우구스티누스의 창조 사상이 개진된다. 세계는 선한 하느님에 의해서 만들어진 선한 사물이므로 악의 여지가 없고, 지성있는 피조물들의 자유의지만이 악이 발생하는 원천이다. 시간은 세계와 더불어 창조되었으며 오로지 선하기 때문에 하느님은 세계를 창조했다. 인간 지성의 존재, 인식, 사랑에서 삼위일체의 모상을 발견하는 「삼위일체론」의 주제도 다루어진다. 네 부분으로 세분할 수 있다.

제1부(1-3): 제2부에서 논술할 내용을 예고하면서 천상 도성과 지상 도성의 기원과 발전과 종말을 다루겠다고 선언한다. 하느님 도성을 논하면서 사변적 논거만이 아니라 성서를 전거로 삼는 근거를 정당화한다.

제2부(4-8): 아우구스티누스의 창조론이다. 하느님의 창조행위는 시간 속에 이루어진 것도 아니고 하느님의 의지에 변경이 생긴 것도 아니다. 시간과 영원은 가변성 여부로 구분하는 개념이며, 시간은 창조와 더불어, 피조물의 운동 변화와 더불어 존재하기 시작했다. 엿새 창조설을 유비적으로 해설한다.

제3부(9-21): 천사들의 창조와 그들의 분열에 의한, 하느님 나라의 초역사의 개시를 설명한다. 악마라는 것은 창조되지 않았으며, 선한 피조물인 천사가 정신적으로 타락한 존재일 따름이다. 광명체가 광원으로부터 멀어지면서 불순해지고 암흑이 되듯이 악이란 선의 결핍 외에 다른 것이 아니다. 그러나 전능한 하느님은 피조계에서 발생하는 악도 선용한다. 창조의 목적에 관한 시비에 "선하니까"quia bona est라는 명답을 내놓는다.

제4부(22-34) : 논쟁적 부분으로서 삼위일체와 하느님의 창조행위에 대해 철학자와 일부 그리스도교 학자들이 제기하는 잘못된 해석과 그리스도교 정통 해석을 수립한다. 창조에 나타나는 삼위일체의 역할과 그 신비를 궁구한다. 삼위는 각 위격의 고유함 때문에 삼위성三位性이고 불가분한 신성으로 인해 유일성唯一性이다. 피조계로 말하자면 천사들의 거룩한 도성의 기원과 조명과 지복에도, 철학의 삼분법에도, 인간의 본질과 지식과 사랑에도 삼위일체의 모상이 역력하다.

제12권. 천사와 인간 창조

악의 문제가 주제이므로 매우 사변적이고 논쟁적인 책이다. 두 도성의 최초 발원을 설명하는데, 천사들과 인간들의 공동체에서 유래하는 과정을 소개한다. 역사를 굴절시키는 악, 인간의 개인적·집단적 악을 천사들의 세계에서부터 논하며 피조물의 의지에서 발원시킨다. 논적이 되는 집단은 둘인데 마니교는 이원론의 입장에서 우주를 관장하는 선한 원리와 악한 원리를 주장했고, 스토아는 엠페도클레스 이래로 우주의 순환원리를 주장해 왔던 것이다. 세계는 오로지 선하고, 악은 선한 것으로 창조된 피조물에서 기원하며 두 도성의 발생도 여기서 유래한다.

제1부(1-9) : 세계의 모든 존재는 선하다. 선한 창조주로부터 선한 창조행위를 통해서 존재하게 되었기 때문이다. 하느님은 최고 존재summe esse이고 피조물은 무에서ex nihilo 창조된 사실이 피조물(의 의지)로부터 악이 발생할 형이상학적 가능성을 함의한다. 선한 천사와 악한 천사의 구분은 선한 하느님께 합일하느냐 분리되느냐에 따라서 정해졌고, 그것이 인간계로 옮겨진다.

제2부(10-14) : 핵심적 부분으로서 선한 도성과 악한 도성의 기원이 어디서 한계지어지는지 논한다. 순환 이론을 면밀히 검토하면서 시간과 영원의 개념과 양자의 관련성을 규명하여 세계는 시간과 더불어 창조되었고 세계와 역사는 시작과 끝이 있는 직선적인 것임을 천명한다. 세계사의 여러 시대 구분과 연대 계산도 다룬다.

제3부(15-28) : 윤회 혹은 영원회귀의 이론이 갖는 허구성을 논박한다. 그 논리적 귀결이 하느님의 속성, 그분의 주권에 대해서 침범하는 독성적 성격을 드러내 보인다. 인간은 천사나 데미우르고스를 통해서가 아니고 하느님이 직접 창조했다. 인간은 하나요 개

별적으로 창조되었으나 사회적 존재임을 강조하고, 인류단원설을 내세워 그것이 인간간의 화합과 공동운명을 설명하는 차선책임을 주장한다. 세계가 부단히 다시 회귀한다면 영원한 행복을 갈구하는 인간의 기본 욕구가 무너진다.

제13권. 영원한 생명의 복원인 인간의 구속

삶과 죄, 생명과 죽음 사이에 처한 인간의 처지를 놓고 죽음의 본질을 연구한다. 인간은 창조주 하느님의 입김에서 유래한 영혼이라는 점에서, 그리고 땅의 진흙에서 유래한 육신이라는 점에서 시간 속에서 육신의 죽음에 처하고, 구속을 받지 못한다면 영혼의 죽음, 영원한 죽음에 처하게 된다. 그 대신 구원의 은총을 입으면 육과 영이 함께 시간을 초월하는 불멸의 생명을 향유할 수 있다. 영육 이원론에 맞서서 살아있는 육체로서의 인간관을 고수하는, 치밀하고도 풍부한 교부의 지식과 심원한 철학적 통찰과 예리한 논변을 엿볼 수 있다.

제1부(1-11) : 죄와 죽음의 연관성 및 그 정확하고 다양한 의미를 규명한다. 육체의 죽음, 죄로 인해서 선 자체인 하느님을 등지면서 발생하는 영혼의 죽음을 다룬다. 첫 사람의 처지에 대한 여러 쟁의점이 거론된다.

제2부(12-18) : 영혼의 둘째 죽음이라는 영원한 파멸의 개념, 육체의 둘째 생명이라는 부활의 개념을 갖고서 플라톤과 신플라톤 학파와 정면으로 대결한다. 육체에 대한 긍정적 시각에서 육체를 죄벌이라고 보는 플라톤 철학에 대립하고, 죽음이 자연스런 현상이지 죄벌이 아니라는 펠라기우스 주장에 대립한다.

제3부(19-24) : 바울로에 근거를 두고 신플라톤 학파와는 맞서는 입장에서 부활하여 영광을 입은 육신 혹은 영적인 몸으로 변화한 육신의 가능성과 그 상태를 상론한다. 자살이나 안사술에 대한 반론도 나온다.

제14권. 범죄 후 인간의 행태에서 나온 두 도성

인생과 역사에서 보이는 충동과 자극, 전진과 후퇴를 풍부하게 묘사하면서 두 도성의 상반된 성격을 규명한다. 타락 이전과 이후의 인간 조건에 대한 성찰이 깊다. 인류는 본성으로 유사할 뿐 아니라 단일 조상의 혈연으로 평화와 일치를 도모할 명분이 더욱 크다. 두 도성의 기원과 특성을 나타내는 두 모티프는 본 책을 두 부분으로 나눌 만하다.

제1부(1-9): 두 도성의 개인적 실존양식으로, 영에 따른 삶과 육에 따른 삶이 주제다. 성서 특히 바울로와 스토아·에피쿠루스·플라톤 학파를 전거로 하여 그 분석을 심화한다. 인간의 기능과 활동, 인간의 의지와 사랑, 인간의 네 가지 정염(추동적 열망과 희락, 기피적 두려움과 슬픔)에 대한 심리적 통찰도 날카로우며 상반된 정염들과 욕구들이 인간 각자와 집단들에서 두 도성을 구분하는 특성을 만들어내는 것으로 결론한다.

제2부(10-28): 전반부에서 분석한 정염과 성향을 타락 후의 인간 조건에 적용한다. 특히 성욕에 주안점을 두고 그것이 섭리와 갖는 연관도 언급한다(이 부분의 정염론은 루터 이후로 인간관과 의화 사상에 깊은 영향을 끼친다). 마지막 장의 하느님 도성과 지상 도성을 기르는 두 개의 사랑duo amores은 「신국론」 전체이 기조 사상으로 꼽을 만하다.

제15권. 두 도성의 전개: 카인과 아벨부터 대홍수까지

아우구스티누스의 말대로도 이 부분은 두 도성의 발달과 전개를 역사적·상징적·우의적 차원에서 검토한다. 성서를 신빙성있는 역사서로 보아 인류의 역사가 셋과 카인에게서 비롯하고 두 도성이 이 두 인물에게서 유래하여 대홍수에 이르는 것처럼 묘사한다. 등장인물들의 이름과 그 상징적 의미, 제도, 행태, 숫자, 척도 등도 고찰의 대상이 된다.

제1부(1-8): 교부의 평화 사상에 입각해서 두 도성의 특성을 비교한다. 에녹의 아들의 이름으로 최초의 지상 도성을 세운 카인과 셋을 인물론으로 대홍수에 이르기까지 대조한다. 그 이후로는 사라와 하가르 사이에, 이사악과 이스마엘 사이에 대조가 이루어진다. 두 도성 다 평화를 사랑하고 평화를 최고의 이상으로 보는데 천상 도성은 영원하고 결정적인 평화를 참다운 평화로 보는 데 비해, 지상 도성은 전쟁과 승리로 정복하여 참 평화를 확보하는 것으로 착각한다는 점에서 다르다.

제2부(9-21): 두 후손의 이야기, 성조들의 장수長壽에 호기심을 기울이고 있으며, 혈연의 확대도 흥미있게 다룬다. 카인의 계보가 라멕에서 끝나는 일화도 다루는데 당대 교회 내에서 호기심을 끌던 소재들이었던 것 같다.

제3부(22-27): "하느님의 아들들과 사람의 딸들의 혼인"이라는 신화, 하느님의 진노와 대홍수, 노아의 방주 등을 줄곧 상징象徵과 우의寓意를 구사하여 논의를 개진한다.

제16권. 하느님 도성의 초기사: 노아부터 다윗까지

노아의 자손들과 다윗에게서 표상되는 하느님의 도성을 취급한다. 그리고 이 도성의 역사를 소년기, 청년기로 나누어 본다. 셋과 카인부터 대홍수까지는 소년기로 본다. 아브라함 이래의 성조聖祖들의 역사는 청년기로 묘사된다. 성서에 의존해서 사건과 사물들을 대조하고 이에 관련된 상징주의를 다루고, 등장인물들의 개성과 우의적 의미를 서로 대조한다.

제1부(1-11): 하느님 도성의 역사의 소년기. 역사가 전개되면서 족보의 변천, 언어의 분화, 영토의 분할, 종족의 분산이 이루어진다. 언어의 장벽과 분할이 이루어진 바벨탑 사건, 셈의 늦둥이 후손 에벨(그에게서 히브리족의 민족과 언어가 나온 것으로 본다)에게 각별한 논의를 한다. 아우구스티누스는 대홍수 이전에 지상에는 이 민족 하나만 있었던 것으로 가정한다.

제2부(12-36): 하느님 도성의 청년기로 생명의 전달을 강조한다. 아브라함의 생애와 일곱 가지 행적(부르심, 고향을 떠남, 해당 연대, 네 번에 걸친 야훼의 발현, 언약, 마지막 계약과 할례, 이사악의 제헌에 이르는 그의 충성심)에서 하느님 나라가 역사상 새로운 차원을 띠는 것으로 본다. 한결같이 우의와 상징을 동원하여 사건들을 해석한다.

제3부(37-43): 이사악, 야곱, 유다, 약속의 땅의 점령(모세와 여호수아), 다윗에 의한 유다 왕국의 건국, 청년기 하느님 도성의 적들이 하느님 도성의 성장과정처럼 묘사되고 있다.

제17권. 예언자 시대의 하느님 도성

예언豫言 개념의 분석과 연구가 이루어진다. 신적 섭리의 안배와 계획을 다루는데 앞의 책들과는 상당히 다른 접근방법을 채택한다. 천사들을 통한 하느님의 현존과 말씀이 소개되고, 사무엘 이후는 인간이 하느님의 이름으로 발설하는 현상에서 교부는 인류의 여정에 초역사적 차원과 역사적 차원이 소통하고 교류하는 계기를 보고자 한다. 예언이 시편의 작문作文으로도 이루어진다. 정확한 의미의 예언자도 등장한다. 예언서들은 다음 책에서 취급된다. 일어나는 사건들과 그것이 예형하는 현실이 대조되고 인물들과 그 인물이 상징하는 인물상이 대조된다. 부분으로 나누기 어려울 만큼 일화적 성격이 강하다.

제1부(1-3): 예언자 시대와 예언이 지시하는 하느님 도성의 세 표상, 곧 지상의 예루살렘, 하늘의 예루살렘 및 그 혼합형태를 이야기한다.

제2부(4-7): 두세 가지 사건들을 다루고(사무엘의 모친 한나의 노래, 엘리와 사울의 사건) 예언운동이 정식으로 시작하는 과정을 소개한다.

제3부(8-19): 그의 「시편 상해」*Super Psalmos*에 가깝게 몇 편의 시편(88; 44; 109; 21; 3; 40; 15; 67; 68)을 예언적 시각에서 주석한다. 신약의 그리스도와 교회를 예고하는 것으로 해독하는 법을 훈련시킨다.

제4부(20-24): 지혜서와 집회서 같은 솔로몬의 저서들을 간략하게 언급하고, 유다 왕국과 이스라엘 왕국의 분열, 그들의 역사적 운명도 다루고 넘어간다. 그리스도가 그의 죽음과 부활에 의해서 신약의 왕이요 제관으로 부각된다.

제18권. 역사 진행 속의 두 도성 비교

16권과 17권에서 청년기의 하느님 도성만을 언명했기 때문에, 다시 거슬러올라가 아브라함부터 그리스도교 시대가 도래하기까지 정치적·종교적 차원에서 이루어진 두 도성의 역사적 발전을 해설한다. 세속사를 하느님 도성이 계시되는 역사와 연관시키려는 의도에서다. 그 병존은, 공시적共時的 시각에서 역사적·종교적 차원으로 대비되고, 문화의 차원에서도 비교가 행해지면서 세말까지 이어진다고 본다.

제1부(1-26): 하느님 도성의 첫 단계는 아브라함부터 히즈키야 왕까지다. 세상 도성의 첫 단계는 아시리아 제국을 중심으로 하고 시키온, 아르고스, 아테네 국가가 첨부된다. 구분은 패권이 동방으로부터 서방으로(이탈리아와 로마로) 옮겨지는 시점을 기준으로 삼고 있다. 바빌론을 제1 로마, 로마를 제2 바빌론이라고 호칭하는 암시적 어법도 구사한다. 문화적으로는, 이집트와 그리스, 이탈리아와 로마에 퍼져 있던 신화, 경신례, 이교에서 거행되던 제의가 자주 언급된다.

제2부(27-44): 대소 예언자 16명의 예언서들이 중점이다. 시대순으로 다루면서 예언 속에 함유된, 그리스도의 내림에 초점을 맞춘다. 예언자들의 사상과 가르침이 모든 철학보다도 탁월하고 일관성있다는 논지이지만, 하느님 도성의 역사를 로마제국의 역사와 병행시킴으로써, 하느님의 계획이 인간의 역사 속에 성취되고 있음을 시사한다.

제3부(45-54): 알렉산데르 대제하에 문명세계가 통일된 사건을 다룬다. 그 영향으로 그리스도교의 전파가 신속해졌음을 논하려는 것이다. 그리스도교는 예수의 탄생으로 시작하고 성령강림으로 공식 개시된다. 이 종교는 사도들의 설교를 통해서, 순교자들의 신앙으로, 오류의 극복을 통해서 세계 정복에 나서는 하나의 영성적 제국 같다. 그러나 내부의 분열과 외부의 증오와 적대감 속에서도 그 성장은 이루어진다. 여기서부터 지상 도성과 하느님 도성이 상호 대립하는 양상으로 부각된다.

제19권. 선의 목적은 하느님 안의 평화

두 도성의 종국을 다루기 시작하면서 교부의 정치철학을 잘 밝힌다. 두 도성의 목적이 제도적인 형태로는 평화에 있으므로 본서는 사실 아우구스티누스의 평화철학 내지 도덕철학에 해당하며 사변적인 비중이 크다. 질서의 평정으로서의 평화는 선의 목적을 지향하고 이행하고 달성하는 가운데 얻어진다. 아울러 개인과 집단이 추구하는 행복, 그중에서도 참된 행복이야말로 두 도성의 변증법적 교류 속에 인간이 하느님 도성을 희구하는 동기다.

제1부(1-9): 바로Varro의 제안, 그리고 후기 아카데미아 학파, 견유학파의 지론에 따라서, 최고선이라는 목적을 달성하는 도구로서의 사추덕四樞德에 비추어 인간의 타고난 충동과 재능을 고찰한다. 관상생활, 활동생활 그리고 양자의 혼합이라는 생활양식도 소개된다. 다수의 철학들이 최고선이 과연 무엇인지 진지하게 규명하지 못했던 것이다(바로가 꼽았던 것이 288가지였다고 한다). 물론 이것은 개인의 차원에서는 물론 타인과의 관계에서도 갈등과 대립 그리고 위기를 자초하는 과정이기도 하다. 그러므로 개인의 삶으로 미루어 선의 목적은 악의 발생과 평행을 이루는 무엇이며, 따라서 사람들은 하느님의 은총 혹은 하느님 도성의 내림을 절원하기에 이른다.

제2부(10-20): 본격적 평화의 철학이다. 질서 및 목적의 관점에서 본 평화, 시간과 영원에 비추어 본 평화를 거론하고, 평화와는 상치되어 보이는 행동과 여건과 주체들에게서도 평화의 개념이 불가피하게 추구되는 사실을 지적한다. 두 도성의 불화와 평화, 두 도성의 차이, 평화를 요구하는 진리에 대한 사랑도 훌륭하게 언급된다. 물론 참된 평화는 하느님 도성에서만, 하느님 안에서만 가능하다.

제3부(21-28) : 건실한 지상 도성의 조건인 국민, 국가, 법과 정의의 개념이 확립된다. 정의 없는 국가는 공화국res publica이라는 이름도 자격이 없으며 참다운 정의는 하느님으로부터만 담보된다. 포르피리우스의 견해에 맞서고 그리스도인들의 관점을 옹호하는 입장에서, 그리고 로마와 여타 국가들이 엄연한 국가들임을 인정하면서도, 나름대로 평화를 추구하고 향유했음을 수긍하면서도, 참된 평화는 천상 도성에서 하느님께 복속하는 가운데서만 달성되는 것임을 강조한다.

제20권. 최후심판에서 닥칠 일들

인류 역사, 두 도성의 역사의 종점을 구성하는 초역사적 사건들이 본격적으로 다루어진다. 최후심판과 그 다양한 측면을 상론하면서 부단히 성서를 전거로 삼는다.

제1부(1-4) : 인류와 하느님의 두 자유가 전개해온 역사는 최후심판이라는 대단원으로 종결짓는다. 인간사 전체 속에 창조주요 섭리자의 심판이 깃들어 있지만 공식적 결심結審이 있으리라고 신구약의 계시가 확언하고 있다.

제2부(5-20) : 마태오, 요한, 묵시록을 인용하면서 심판을 논하고 베드로와 바울로의 서간도 인용한다. 직선적 시간관과 피조물의 자유에 대한 하느님의 존중은 그 심판과 새 하늘 및 새 땅을 결정적이고 돌이킬 수 없는 것으로 확정한다. 따라서 천년왕국설이니 총괄갱신이니 하는 그리스도교 내부의 가설들은 학리적 근거가 빈약함을 논박한다.

제3부(21-30) : 구약성서 특히 이사야, 다니엘, 시편 101편과 49편, 말라기와 즈가리야를 연구하면서 최후심판에 관한 논의를 마친다. 교부는 저 심판에서 티스베의 엘리야의 내림, 유다인들의 그리스도 신앙, 안티그리스도의 박해, 그리스도의 심판, 죽은 이들의 부활, 선인과 악인들의 분리, 세계의 종말과 그 재생이 이루어지리라고 예측했다.

제21권. 종말의 징벌

역사의 종국에 초역사적으로 닥쳐올 징벌, 실패한 역사의 응보가 주제가 된다. 반역한 천사들에게 가해지는 단죄와 저주받은 인간들에게 내리는 단죄에 주안점을 둔다. 저승에서 신체적 벌이 영원하리라는 그리스도교 이론에 반대하는 신플라톤 학파와 맞서서 논쟁을 벌인다. 오리게네스 파의 총괄갱신 사상에 대해서는 심하게 공박하지 않는다. 하느님의 말씀에 대해서 그 자비를 강조하고 있는 이상, 반론이 반드시 옳은 것도 아니라는 생각에서다. 책은 두 부분으로 나누어진다. 신플라톤 학파와 이교도들에 대한 반박으로 저승에서 신체적 형벌이 가능하다는 논지가 있고(1-16), 오리게네스 파와의 논쟁에서는 악인들과 배반한 천사들의 단죄는 영원함을 논한다(17-27). 그러나 논지에 따라서 다음과 같이 다섯 부분으로 나눌 수도 있다.

제1부(1-8) : 기이하고 기적적인 현상들로서 우리 경험의 범주에 들어오지 않고 하느님의 전능으로만 해석이 가능한 현상들을 다룬다. 이것은 우리의 판단을 넘는 사건이 가능함을 방증한다. 그러므로 인간의 육체가 영원히 불타는 일도 가능하다.

제2부(9-12) : 천사들과 악인들이 꺼지지 않는 불 속에서 영원히 벌받는 일이 가능하다. 성서가 말하는 대로, 비물체적 악마들도 불의 형벌을 받는 일이 가능하리라.

제3부(13-16) : 신플라톤 학파를 언명해 가면서 현세에서 이루어지는 정화의 벌, 사후에도 최후심판 이전에 있을 정화의 벌을 이야기한다.

제4부(17-22) : 영원한 벌을 반대하는 오리게네스 파의 가설, 영원한 벌이 면해지는 대상이 있다고 설명하는 이론이 있음을 소개하고 한다. 처음에는 모든 천사와 인간들에게, 모든 인간들에게만, 모든 세례자들에게, 배교자를 포함하여 가톨릭에 속했던 사람들에게만, 고의로 죄를 짓더라도 가톨릭에 머물러 있는 모든 사람들에게만, 선행을 하는 모든 가톨릭 신도들에게만 … 이런 식으로 축소하면서도 총괄갱신을 주장한다는 것이다.

제5부(23-27) : 이런 견해들을 하나씩 반박하며 언제나 성서를 전거로 사용한다.

제22권. 육신의 부활과 영원한 생명

사도신경의 마지막 두 구절("육신의 부활을 믿으며 영원한 삶을 믿나이다")을 이론적으로 옹호하는 데 할당되며 철학적 논변이 강하다. 헬레니즘 후기에 성행한 철학설들을 염두에 두고 있다. 육신의 부활을 비웃던, 신플라톤 학파의 지나친 영성주의, 영원한 생명을 부인하면서 영원회귀를 주장하던 스토아 자연주의를 염두에 두고서 이론을 전개하고 있다.

제1부(1-10) : 인간이 궁극에는 하느님께 돌아오리라는 주장을 견지하는 뜻에서 신학 진리와 호교론적 기준을 설정한다. 하느님의 예지와 섭리 그리고 인간의 자유의지가 신학

진리에 해당하며, 호교론적 기준은 성서의 권위와 예언의 성취 그리고 신도들의 공감con-sensus fidelium과 기적 등이다. 교부는 자기 지역에서 목격하거나 전해들은 기적 23건을 인용하여 방증자료로 제출한다.

제2부(11-21): 육신 부활이라는 힘겨운 논제를 집중적으로 다룬다. 신플라톤 학파(특히 포르피리우스)의 갖가지 반론에 응답해서 이 이론을 견지하고 제시해야 하기 때문에 힘겨운 작업이 된다. 지상 육체의 갖가지 결점이 어떻게 해서 성서가 담보하는, 영적 육신으로 변환되는지 설명해야 하는 것이다.

제3부(22-30): 영원한 생명에서 누리는 궁극의 선을 묘사한다. 인간이 교육과 교양을 통해서 지향하는 선으로부터 시작하여 하느님의 섭리가 피조계 특히 인간에게 미만케 한 선으로 건너가고, 거기서 도약하여 사유외 승화로 하느님 지관으로 비야하고 익지를 승화하여 무한한 평온으로 비야하는 과정을 차례로 서술한다. 역사의 종점에 구현될 하느님의 평화, 저물지 않는 안식일의 평온을 묘사하면서 이 대작은 대미를 이룬다.

11. 필사본과 참고 문헌

(1) 「신국론」의 필사본

아우구스티누스의 저서 가운데 「신국론」만큼 많은 필사본이 남아있는 작품이 없다. 아마도 성서 다음으로 가장 많은 필사본을 남긴 저서다. 현재까지 400여 수사본이 발견되었다.[131] 그중에서도 사본 V(codex Veronensis)는 가장 오래된 것으로 교부의 시대인 5세기의 것이며, 사본 C(codex Corbeiensis 혹은 Parisiensis)는 6세기 말의 것이다. 원문 복원에 사용되는 주요한 필사본들은 다음과 같다.

- *L* cod. Lugdunensis 607, saec. VI (lib.I-V)
- *l* cod. Lugdunensis 606, saec. IX (lib.VI-XIV)
- *V* cod. Veronensis XXVIII(26), saec. V in. (lib. XI-XVI)
- *C* cod. Corbeiensis, Paris, Bibl.Nat.Lat.12.214 + Petropolitanus
     Q.v.I, No.4 saec. VI (lib.I-X)
- *R* cod. Monacensis Lat.6259 (Frising.), saec. X (lib.XV-XXII)

---

[131] 1500년 이전의 것만 해도 12세기의 80편, 13세기의 40편, 14세기의 56편, 15세기의 99편이 있어 원문비평에 사용되고 있다.

A cod. Monacensis Lat.3831 (August.), saec. X (lib.I-XXII)

F cod. Monacensis Lat.6267 (Frising.), saec. IX (lib.I-XVIII)

K cod. Coloniensis 75 (Darmstadt. 2077), saec. VIII (lib.I-X)

G cod. Sangallensis 178, saec. IX (lib.XI-XXII)

r cod. Monacensis Lat.13.024 (Ratisb.), saec. X (lib.I-XXII)

B cod. Bernensis 12-13, saec. XI (lib.I-XXII)

D cod. Bernensis 352, saec. XI (lib.XIX-XXII)

H cod. Monacensis Lat.28.185 (August.), saec. XIII (lib.I-XXII)

p cod. Patavinus 1469, saec. XIV (lib.I-XXII)

(2) 초기 간행본

「신국론」은 1467년에 최초의 간행본이 나온 이래로 에라스무스의 아우구스티누스 전집(1522)을 거쳐 교부총서Patrologiae cursus completus: Patrologia Latina[PL] (1841~)에 들어간 1685년의 editio Maurinorum 비판본이 나오기까지 근세에도 꾸준한 출판을 보았다. 현대에 와서는 Hoffmann의 비판본(CESL)이 나오고, Dombart의 비판본과 Kalb의 보완으로 CCSL판(Corpus Christianorum Series Latina XLVII: Turnhout (Turnholti) 2vols.)이 1955년에 간행된다. 본서는 Dombart-Kalb의 비판본을 번역한 것이다.[132]

editio princeps anno 1467 Sublaquei excusa
editio Argentoratensis typis Iohannis Mentelini anno 1468 (?) expressa
editio Vindelini anno 1470 Venetae excusa
editio Schoefferi anno 1473 Moguntiae excusa
editio Amerbachi anno 1489 Basileae excusa
editio Ludovici Vivis anno 1522 Basileae excusa
editio theologorum Lovaniensium Antuerpiae anno 1576 impressa
editio Benedictinorum ex Congregatione S. Mauri, excusa Parisiis anno 1685
PL ed.J.P. Migne, Patrologia Latina, t.41, Parisiis, 1841
Hoffmann ed. E. Hoffmanni, Vindob. 1899~1900 (CSEL XL)
Dombart edd. Dombarti 1863, 1877, 1905~1908, 1928~1929 (A.Kalb)

---

[132] Sancti Aurelii Augustini, *DE CIVITATE DEI libri I-XXII* [Bernardus Dombart-Alphonsus Kalb ed.], Turnholti, Brepols 1955.

(3) 현대어 번역본

서구어의 현대 번역본들은 해가 갈수록 거듭 다시 나오는 중이다. 주요 번역본들을 소개하면 다음과 같다. 역주자는 본서를 번역 주해하면서 이들 번역본들을 많이 참조했으며, 그리스도교 세계와 고대 말기 그리스-로마 세계에 익숙하지 못한 독자들을 염두에 두고 번역본들이 수록한 주해들을 간추려 각주에 수록했다.[133]

La Città di Dio, tr. Domenico Gentili, (NBA: Nuova Biblioteca Agostiniana V/1,2,3) Roma 1978, Città Nuova, 3 vols.*

La Città di Dio, tr. Luigi Alici, Milano 1984 Rusconi 1 vol. (1997)*
   기타 이탈리아어본: C. Giorgi, C. Borgogno, C.A. Costa

La Cité de Dieu, tr. G. Bardy - G. Combès (Bibliothèque augustinienne 33-37), 5 vols., Paris - Bruges 1959~1960, DDB*

La Cité de Dieu, tr. P.de Labriolle - J. Perret (I-X), Paris 1941~1946, 2 vols., Frères Garnier

The City of God against the Pagans, tr. R.W. Dyson, Cambridge, Camb. Univ. Press 1998*

The City of God against the Pagans, tr. AAVV. (The Loeb Classical Library 411-417), 7 vols., London - Cambridge (Mass.) 1957~1972, Harvard / W. Heinemann

The City of God, tr. Marcus Dodds (intr. Thomas Merton), New York, The Modern Library 1950

The City of God, tr. Zema - Walsh - Monaham - Honan, intr. E. Gilson, 3 vols., New York 1950~1954, (Fathers of the Church 8, 14, 24)
   기타 영어본: E. Barker, M. Dods, J. Healey, J. Healey - E. Barker

Vom Gottesstaat, tr. W. Thimme, 2 vols., (DTV-Bibliothek 1977) Deutscher Taschenbuch Verlag.*
   기타 독일어본: C.J. Perl, A. Schröder (1911~1916)

La Ciudad de Dios, tr. J. Moran, (BAC: Biblioteca de Autores cristianos), Madrid 1958
   기타 스페인어본: J.C. Diaz de Bayral, L. Riber - J. Bastardas, G. Riesco

---

[133] 그러나 각주의 원출처는 일일이 밝히지 않았다. * 부호를 단 것은 역주자가 본서의 번역과 주해에 주로 참조한 번역본들이다.

(4) 연구 문헌

가. 아우구스티누스 연구 전문 학술지들에 정기적으로 실리는 참고 문헌 참조

Revue pour l'Étude de Saint Augustin (1951~ Louvain, Institut Historique
　　Augustinien)

Revue des Études Augustiniennes (1955~ Paris, Institut d'Études
　　Augustiniennes)

Recherches Augustiniennes (1958~ Suppléments de Revue d'Études
　　Augustiniennes)

Augustinus (1956~ Madrid, Ordres Agustinos Recoletos)

Revista Agustiniana (1959~ Madrid)

Augustinum (1961~ Roma, Institutum Patristicum Augustinianum)

Estudio Agustiniano (1968~ Valladolid, Estudio Teologico Agustiniano
　　de Valladolid)

Augustinian Studies (1970~ Villanova, Augustinian Institute in Villanova
　　University)

Augustinian. Bibliographie Historique de l'Ordre de Saint-Augustin
　　(1978~ Heverlée [Belgium], Institut Historique Augustinien)

〔기타〕

*Année Philologique: Bibliographie critique et analytique de l'antiquité
　　greco-latine* (1928~ Paris, Les Belles Lettres [검색어: Augustinus])

Bibliographia Patristica: Internationale patristische Bibliographie
　　(1956~ Berlin, Walter de Gruyter [검색어: Augustinus])

Fichier Augustinien (Augustine Bibliography), 1972, Paris - Boston,
　　Institut d'Études Augustiniennes)

나. 아우구스티누스 연구 문헌집으로 간행된 자료들

E. Nebreda, *Bibliographia Augustiniana seu operum collectio*, Roma
　　1928

T.J. van Bavel - F. van der Zandee, *Répertoire Bibliographique de St.
　　Augustin 1950~1960*, Steenbrugge 1963

M. Oberleitner, *Die handschriftliche Überlieferung der Werke des hl.
　　Augustinus*, Wien 1969~1970

F. Römer, *Die handschriftliche Überlieferung der Werke des hl. Augus-
　　tinus*, Wien 1972

C. Andresen, *Bibliographia Augustiniana,* Darmstadt 1973

A. von Roey - C. Dreesen, *Bibliographia Patristica,* Leuven 1974 [검색어: Augustinus]

다. 아우구스티누스 연구 문헌들을 검색하는 인터넷 사이트 및 씨디롬(CAG)

www.augustinus.it: bibliografia agostiniana

www.augustinus.de: Literaturdatenbank

http://ccat.sas.upenn.edu/jod James O' Donnell: On-line Bibliographical Index of the Würzburg Augustinians

CAG(Cornelius Mayer, Corpus Augustinianum Gissense): REFerenzen: De civitate Dei

라. 「신국론」 주해서들에 나오는 연구 문헌 목록

G. Bardy, "Bibliographie générale" : *La Cité de Dieu* (BA 33 Paris 1959) 145-163

J.M. del Estal, "Historiographia de la Ciudad de Dios: de 1928 a 1954" : *Ciudad de Dios* 167/2 (1955) 647-774

J. Moran, "Bibliografia en la Ciudad de Dios" : *Ciudad de Dios* (BAC, Madrid 1958)

V. Venanzi, "Bibliografia" : *La Città di Dio* (NBA, V/1, Roma 1978) cliii-clxxxiii

AUGUSTINUS

DE CIVITATE DEI
LIBER I
AN TEMPORUM CALAMITATES DEI PROVIDENTIA REGANTUR

아우구스티누스

신국론
제1권
시대의 재앙과 하느님의 섭리

[**Praefatio**] Glorissimam civitatem Dei siue in hoc temporum cursu, cum inter impios peregrinatur ex fide uiuens, sive in illa stabilitate sedis aeternae, quam nunc expectat per patientiam, *quoadusque iustitia conuertatur in iudicium*, deinceps adeptura per excellentiam uictoria ultima et pace perfecta, hoc opere instituto et mea ad te promissione debito defendere aduersus eos, qui conditori eius deos suos praeferunt, fili carissime Marcelline, suscepi, magnum opus et arduum, sed Deus adiutor noster est. Nam scio quibus uiribus opus sit, ut persuadeatur superbis quanta sit uirtus humilitatis, qua fit ut omnia terrena cacumina temporali mobilitate nutantia non humano usurpata fastu, sed diuina gratia domata celsitudo transcendat. Rex enim et conditor ciuitatis huius, de qua loqui instituimus, in scriptura populi sui sententiam diuinae legis aperuit, qua dictum est: *Deus superbis resistit, humilibus autem dat gratiam*. Hoc uero, quod Dei est, superbae quoque animae spiritus inflatus adfectat amatque sibi in laudibus dici:

Parcere subiectis et debellare superbos.

Vnde etiam de terrena ciuitate, quae cum dominari adpetit, etsi populi seruiant, ipsa ei dominandi libido dominatur, non est praetereundum silentio quidquid dicere suscepti huius opris ratio postulat si facultas datur.

---

[1] 짧은 서언으로 「신국론」의 주제를 간추린다. 하느님 나라의 개념, 저서의 목적과 계획과 방법과 전거, 그 나라가 현세적이면서도 영원한 차원을 띠고 있음, 지상 도성이 "전도된 의지"와 "지배욕"에 토대한다는 사실, 로마 침탈을 계기로 일어난 이교도들의 무모한 공격에 대한 호교론적 입장 등.

[2] Marcellinus: 로마 황실 고위관리로 아프리카에 파견되어 교부와 절친했으며 411년 호노리우스 황제의 특사 자격으로 카르타고에서 열린 가톨릭과 도나투스 파 간 회합을 주관했다. 그의 요청이 「신국론」의 직접적 집필 동기가 되고 본서는 그에게 헌정된다(cf. *Epistula* 138.20). 413년 모함으로 대역죄를 뒤집어쓰고 사형당한다. 본서 2.1에서는 그를 "나의 아들"(mi fili Marcelline)이라 칭한다.

[3] ex fide vivens: 로마 1,17("믿음으로 의로운 이라야 살 것입니다") 참조(하바 2,4 참조).

[4] 시편 93,15. 〔새번역 94,15: "정녕, 재판이 정의로 돌아오리니."〕

[5] exspectat per patientiam: 로마 8,25("우리는 참을성있게 기다립시다") 참조.

[6] 시편 61[62],9 참조.

[7] 야고 4,6(= 1베드 5,5 = 잠언 3,34).

〔서언〕
본서의 집필 계획과 주제[1]

하느님의 지극히 영화로운 도성을 옹호하는 것이, 사랑하는 아들 마르켈리누스여,[2] 내가 이 저서에 착수하면서 채택한 주제다. 이 저작은 내가 그대와 한 약속 때문에 그대에게 빚진 것이기도 하다. 하느님의 나라는 시간의 흐름 속에서 신앙으로 살아가면서,[3] 불경스런 자들 틈에서 나그넷길을 가는 나라이기도 하고, 저 영원한 처소의 확고함도 아울러 갖춘 나라이기도 하다. 지금은 "정의가 심판으로 전환될 때까지"[4] 참을성있게 기다리지만,[5] 그때가 되면 최후의 승리와 완전한 평화 속에서 하느님의 나라가 훌륭하게 성취될 터이다. 내가 하느님의 나라를 옹호하려는 까닭은 그 나라를 창건한 분보다 자기네 신들을 앞세우는 사람들에 대항하기 위함인데, 이는 실로 거창하고도 험난한 과제이긴 하지만 하느님이 우리의 도움이 되실 것이다.[6] 오만한 인간들에게 겸손의 덕이 얼마나 큰가를 설득하기란 무척 힘들다는 사실을 나는 알고 있다. 이 지고한 덕목은 인간적 허세로 획득된다기보다는 신의 은총으로 선사되며, 지상의 거창한 모든 위업, 곧 가변적 시간 속에서 부침하는 모든 위업을 까마득히 초월한다. 우리가 거론하기로 작정한 이 나라의 임금이요 창건자는 당신 백성의 성서를 통해 신법神法에 대한 지식을 열어보여주었는데, 그것은 "하느님은 교만한 자들을 물리치고 겸손한 자들에게 은총을 베푸신다"는 말씀이다.[7] 그런데 사실 오만한 영혼의 기고만장한 정신마저 하느님의 이 도리를 존중한다고 할 수 있으니, 로마 백성이 다음 시구를 자신에 대한 찬사로 읊으면서 좋아하는 까닭이다:

굴복하는 자들은 용서하고 오만한 자들은 징벌한다.[8]

그러므로 지상국에 백성들이 예속되어 있는데도 지배욕 자체가 지상국을 지배하므로, 지상국이 지배하기를 탐하는 이상, 이 저작의 명분이 요구하는 경우, 또 그럴 능력만 있다면 지상국에 관해서도 침묵하고 넘어가서는 안 될 것이다.

---

[8] Vergilius, *Aeneis* 6.853.

1. Ex hac namque existunt inimici, aduersus quos defendenda est Dei ciuitas, quorum tamen multi correcto impietatis errore ciues in ea fiunt satis idonei; multi uero in eam tantis exardescunt ignibus odiorum tamque manifestis beneficiis redemptoris eius ingrati sunt, ut hodie contra eam linguas non mouerent, nisi ferrum hostile fugientes in sacratis eius locis uitam, de qua superbiunt, inuenirent. An non etiam illi Romani Christi nomini infesti sunt, quibus propter Christum barbari pepercerunt? Testantur hoc martyrum loca et basilicae apostolorum, quae in illa uastatione Vrbis ad se confugientes suos alienosque receperunt. Huc usque cruentus saeuiebat inimicus, ibi accipiebat limitem trucidatoris furor, illo ducebantur a miserantibus hostibus, quibus etiam extra ipsa loca pepercerant, ne in eos incurrerent, qui similem misericordiam non habebant. Qui tamen etiam ipsi alibi truces atque hostili more saeuientes posteaquam ad loca illa ueniebant, ubi fuerat interdictum quod alibi belli iure licuisset, et tota feriendi refrenabatur inmanitas et captiuandi cupiditas frangebatur. Sic euaserunt multi, qui nunc Christianis temporibus detrahunt et mala, quae illa ciuitas pertulit, Christo inputant; bona uero, quae in eos ut uiuerent propter Christi honorem facta sunt, non inputant Christo nostro, sed fato

---

[9] ius belli: 패자(敗者)는 법률주체로서의 능력이 정지되고 생명, 자유, 재산의 권리를 상실했다. "Vae vobis, vae victis!"(너희 패배자들에게 저주 있으라!): Livius, *Historiae ab Urbe condita*, 5.48.9.

[10] Cf. Paulus Orosius (415~417년 무렵), *Historiae adversus paganos* 7.39-40; Hieronymus, *Epistula* 127: 알라릭은 그리스도교 성전들과 그 속에 피신한 사람들은 범하지 말고 살려두라는 명을 내렸다.

제1부 (1-7)
그리스도 경배로 중단된 전쟁

1. 야만인들이 로마 도성을 침탈할 때 그리스도의 적대자들을 살려준 까닭은 바로 그리스도의 이름 때문이었다

하느님의 나라를 옹호하기 위해 우리가 대항해야 할 적들이 비록 이 지상국으로부터 생겨나기는 하지만 그런 적들 중 많은 수가 불경不敬을 범하는 오류만 바로잡는다면, 하느님 나라에 아주 적합한 시민이 될 수 있다. 그러나 또 다른 많은 수는 하느님의 나라를 지독하게 증오하는 불길에 타오르고 있으며, 하느님의 나라의 구속주救贖主의 극히 뚜렷한 온덕에도 턱없이 배은망덕하고 있다. 왜냐하면, 그들이 적군의 칼날을 피해 하느님의 나라에 속하는 성소聖所로 도망하여 목숨을 건지지 못했더라면, 오늘날 자기 목숨을 갖고서 기고만장하면서 하느님의 나라에 반대해서 혀를 놀릴 수는 없었을 것이기 때문이다. 또 그리스도의 이름을 그토록 적대시하는 저 로마인들이야말로 야만인들이 그리스도를 보아서 목숨을 살려주었던 바로 그 사람들이 아닌가? 이 사실은 순교자들의 성지들과 사도들의 대성당들이 증언하고 있는데, 로마 도성이 파괴당할 때 이런 장소들은 그리로 피신하는 사람들이 신도이건 그렇지 않건 다 받아들였다. 피에 주린 적병들이 날뛰던 상황에서도 그곳은 학살자의 광기가 미치지 못하는 경계선이 되었으며, 심지어 동정심 많은 적병들은 그곳 밖에서도 목숨을 살려주면서 자기와는 달리 동정심 없는 군사들과 만나지 않도록 시민들을 그곳으로 데려다주기까지 했다. 그리고 다른 장소에서는 살상과 적개심으로 날뛰던 자들도 일단 그곳에 이르면, 다른 데서는 통하는 전쟁의 법도[9]가 금지된 곳인지라, 마구 살상하던 잔학행위를 스스로 삼가고 아무나 사로잡아 포로로 삼던 탐욕에 스스로 재갈을 물리곤 했다.[10] 그렇게 해서 많은 사람이 사경을 벗어났으면서도, 바로 그 자들이 지금 와서는 그리스도교 시대를 비난하고 저 도시 로마가 당한 재난을 그리스도의 탓으로 돌리고 있다. 그 대신 침략자들이 그리스도를 공경했기 때문에 자신들의 목숨을 부지할 수 있었던 그 선익은 우리 그리스도의 은덕으로 돌리지 않고 자기 운수에 돌리고

suo, cum potius deberent, si quid recti saperent, illa, quae ab hostibus aspera et dura perpessi sunt, illi prouidentiae diuinae tribuere, quae solet corruptos hominum mores bellis emendare atque conterere itemque uitam mortalium iustam atque laudabilem talibus adflictionibus exercere probatamque uel in meliora transferre uel in his adhuc terris propter usus alios detinere; illud uero, quod eis uel ubicumque propter Christi nomen uel in locis Christi nomini dicatissimis et amplissimis ac pro largiore misericordia ad capacitatem multitudinis electis praeter bellorum morem truculenti barbari pepercerunt, hoc tribuere temporibus Christianis, hinc Deo agere gratias, hinc ad eius nomen ueraciter currere, ut effugiant poenas ignis aeterni, quod nomen multi eorum mendaciter usurparunt, ut effugerent poenas praesentis exitii. Nam quos uides petulanter et procaciter insultare seruis Christi, sunt in eis plurimi, qui illum interitum clademque non euasissent, nisi seruos Christi se esse finxissent. Et nunc ingrata superbia atque impiissima insania eius nomini resistunt corde peruerso, ut sempiternis tenebris puniantur, ad quod nomen ore uel subdolo confugerunt, ut temporali luce fruerentur.

2. Tot bella gesta conscripta sunt uel ante conditam Romam uel ab eius exortu et imperio: legant et proferant sic aut ab alienigenis aliquam captam esse ciuitatem, ut hostes, qui ceperant, parcerent eis, quos ad deorum suorum templa confugisse compererant, aut aliquem ducem barbarorum praecepisse, ut inrupto oppido nullus feriretur, qui in illo uel illo templo

---

[11] 알렉산데르 대왕이 헤르쿨레스 신전에 피신한 티루스 주민을 살려두었다거나(Arrianus, *De expeditione Alexandri* [= *Alexandri anabasis*] 2.24) 스파르타 임금 아게실라스가 코로네 전투 후 아테나 신전에 피신한 주민을 살려주었다는(Plutarchus, *Vitae parallelae. Agesilaus* 19) 기록이 없지는 않다.

있다. 하지만 그들이 올바른 무엇인가를 조금이라도 지각할 수 있다면, 적병들에게 당한 모질고 잔학한 일까지도 하느님의 섭리로 돌려야 마땅하다. 섭리는 인간들의 타락한 습속을 전쟁으로 교정矯正하고 척결하며, 심지어 사멸할 인간들의 의롭고 상찬할 인생마저 그같은 시련으로 단련시키고, 그렇게 단련된 인생을 더 나은 곳으로 옮겨주거나 다른 용도로 이 지상에 아직 붙잡아 두거나 한다. 그러니까 저 포악한 야만인들이 전쟁의 일반 관습과는 다르게 패자들의 목숨을 살려주었다는 사실, 곧 그리스도의 이름 때문에 장소와 상관없이 목숨을 살려주었고 특히 그리스도의 이름에 봉헌된 장소(그러니까 더 많은 자비가 베풀어지게 더 많은 대중을 수용할 수 있게 선정된 드넓은 공간)에서 목숨을 살려준 사실을 그리스도교 시대에 돌려야 마땅할 것이다. 따라서 하느님께 감사를 드려야 마땅하고 진정으로 그분의 이름에 귀의해야 마땅할 것이다. 당시에는 당장 눈앞에 닥친 파멸을 피하기 위해 거짓말로 그리스도의 이름을 이용했겠지만, 이번에는 영원한 불의 징벌을 면하기 위해 그렇게 해야 마땅하리라. 왜냐하면 뻔뻔스럽게도 함부로 그리스도의 종들을 중상모략하는 사람들 가운데 많은 수가 당시에 그리스도의 종이라고 꾸며대지 않았더라면 저 파멸과 재앙을 면하지 못했을 사람들이기 때문이다. 그러고서도 지금 와서 그들은 배은망덕한 오만과 지극히 불경스런 광기에 사로잡혀 비뚤어진 마음으로 그리스도의 이름에 반항하고 있으니, 그러다가는 전에는 입으로만 혹은 꾀를 써서 그 이름에 의탁하여 잠시의 빛이나마 누렸겠지만 장차는 영원한 어둠으로 벌받을 것이다.

2. 승자들이 패자들을 그들이 섬기는 신들 때문에 살려준 전쟁은 일찍이 없다

로마의 건국 이전 혹은 그 초창기와 제국하에 일어났던 무수한 전쟁이 기록으로 전해온다. 그렇다면 이런 사례가 있는지 읽어 보고, 만일 있다면 찾아내어 제시해 보라. 어떤 도시가 이방인들에게 점령당했을 때, 그 도시를 함락시킨 적군이 신전으로 피신한 사람들을 발견하고 목숨을 살려준 일이 있는가, 도성에 쇄도해 들어온 야만인 장군 중 그 누가 여기저기의 신전에서 발견되는 사람이면 아무도 살상하지 말라고 명령한 적이 있는가를 읽고 나서 우리에게 제시해 보라.[11] 아

fuisset inuentus. Nonne uidit Aeneas Priamum per aras

Sanguine foedantem quos ipse sacrauerat ignes?

Nonne Diomedes et Vlixes

caesis summae custodibus arcis

Corripuere sacram effigiem manibusque cruentis

Virgineas ausi diuae contingere uittas?

Nec tamen quod sequitur uerum est:

Ex illo fluere ac retro sublapsa referri

Spes Danaum.

Postea quippe uicerunt, postea Troiam ferro ignibusque delerunt, postea confugientem ad aras Priamum obtruncauerunt. Nec ideo Troia periit, quia Mineruam perdidit. Quid enim prius ipsa Minerua perdiderat, ut periret? An forte custodes suos? Hoc sane uerum est; illis quippe interemptis potuit auferri. Neque enim homines a simulacro, sed simulacrum ab hominibus seruabatur. Quo modo ergo colebatur, ut patriam custodiret et ciues, quae suos non ualuit custodire custodes?

3. Ecce qualibus diis Vrbem Romani seruandam se commisisse gaudebant! O nimium miserabilem errorem! Et nobis suscensent, cum de diis eorum talia dicimus; nec suscensent auctoribus suis, quos ut ediscerent mercedem dederunt doctoresque ipsos insuper et salario publico et honoribus dignissimos habuerunt. Nempe apud Vergilium, quem propterea paruuli legunt, ut uidelicet poeta magnus omniumque praeclarissimus

---

[12] Vergilius, *Aeneis* 2.501-502.

[13] Vergilius, *Aeneis* 2.166-168.

[14] Vergilius, *Aeneis* 2.169-170.

[15] Livius, *Historiae ab Urbe condita* (이하 *Ab Urbe condita*로 표기) 8.9.6: 팔라스 아테나의 목조신상 (Palladium)은 유피테르가 일리움(트로야)을 수호해 준다는 상징물로 여겨 왔다. 그러나 신상은 도둑 맞았고 일리움은 함락되고 시민들은 몰살당한 전설적 사건을 아우구스티누스는 다신교 우상숭배의 허구성을 입증하는 논거로 삼는다.

이네아스마저 트로야의 임금 프리아무스가

　　　자기 손으로 축성한 성화聖火를 제단에서 자기 피로 더럽히며[12]

죽어가는 모습을 목격하지 않았던가? 디오메데스와 울릭세스도

　　　　　신전의 경비병들을 죽이고서

　　　미네르바의 성스런 화상畵像을 피묻은 손으로

　　　더럽혔으며 처녀신의 머리띠를 감히 만졌다[13]

고 하지 않던가? 그러나 그 뒤에 나오는 다음과 같은 구절은 사실이 아닌 듯하다:

　　　이로 인해 그리스인들의 희망은 물거품이 되었고

　　　돌이켜 미끄러져 뒷전으로 가고 말았다.[14]

왜냐하면 처녀신 미네르바를 모독하고도 그리스인들은 결국 승리했고, 그후 트
로야를 창검과 방화로 파멸시켰고, 제단으로 피신한 프리아무스를 살육할 수 있
었기 때문이다. 그러므로 트로야가 멸망한 것은 미네르바 신상을 빼앗긴 탓이
아니다. 미네르바가 탈취되는 과정에서 먼저 어떤 손실이 있었던가? 아마 그 경
비병들을 잃었을까? 이는 꽤 설득력있는 지적이다. 그들을 죽이고 나서야 미네
르바를 훔칠 수 있었을 테니까. 이 사실은 결국 신상이 사람들을 지킨 것이 아
니라 사람들이 신상을 지켰음을 의미한다. 그렇다면 자기 경비병들마저 지켜주
지 못한 여신이 무슨 수로 한 나라와 시민들을 지켜준답시고 숭배를 받았을까?[15]

3. 트로야를 지켜주지 못했던 가신家神들을 자신들에게 도움이 되리라고 믿은 로마인들은 얼마나 어리석은가

자, 이제 로마인들이 로마를 보전하기 위해 어떤 신들한테 의지하면서 좋아
했던가를 보라! 오, 참으로 가련한 착각이여! 그러나 우리가 그들이 섬기는 신
들에 관해 이런 얘기를 하면 그들은 오히려 우리에게 노발대발한다. 그들은 이
런 얘기들을 기록하여 우리에게 전해준 자기네 문인들한테는 전혀 화를 내지
않는다. 오히려 그런 문인들의 글을 배운다면서 요금을 지불했고, 나아가 그들
을 교사처럼 여기고, 공공의 급료와 영예를 받기에 지당한 인물로 여겼다. 베
르길리우스를 예로 들자. 아이들에게 그의 작품을 읽히는 이유는 모든 시인 가

atque optimus teneris ebibitus animis non facile obliuione possit aboleri, secundum illud Horatii:

> Quo semel est inbuta recens seruabit odorem
> Testa diu —

apud hunc ergo Vergilium nempe Iuno inducitur infesta Troianis Aeolo uentorum regi aduersus eos inritando dicere:

> Gens inimica mihi Tyrrhenum nauigat aequor
> Ilium in Italiam portans uictosque penates.

Itane istis penatibus uictis Romam, ne uinceretur, prudenter commendare debuerunt? Sed haec Iuno dicebat uelut irata mulier, quid loqueretur ignorans. Quid Aeneas ipse, pius totiens appellatus, nonne ita narrat:

> Panthus Othryades, arcis Phoebique sacerdos,
> Sacra manu uictosque deos paruumque nepotem
> Ipse trahit cursuque amens ad limina tendit?

Nonne deos ipsos, quos uictos non dubitat dicere, sibi potius quam se illis perhibet commendatos, cum ei dicitur:

> Sacra suosque tibi commendat Troia penates?

Si igitur Vergilius tales deos et uictos dicit et, ut uel uicti quoquo modo euaderent, homini commendatos: quae dementia est existimare his tutoribus Romam sapienter fuisse commissam et nisi eos amisisset non potuisse uastari? Immo uero uictos deos tamquam praesides ac defensores colere, quid est aliud quam tenere non numina bona, sed nomina mala? Quanto

---

[16] poeta magnus omniumque praeclarissimus atque optimus: 본서에서 무려 90회 가량 직간접으로 인용할 만큼 교부는 베르길리우스에게 심취했다.

[17] Horatius, *Epistula* 1.2.69-70.

[18] Vergilius, *Aeneis* 1.71-72.

[19] 아우구스티누스는 수사학적으로 "예변법"(豫辨法, occupatio)이라고 부르는 기법을 본서에서 부단히 구사하여 상대방의 반론을 미연에 차단한다.

[20] pius Aeneas: 서사시 *Aeneis*에 무려 20회나 나오는 영웅의 별칭(epithetum)으로 〔운명(Fato profugus) 혹은 유피테르의 뜻에 복종하는〕 그의 종교심을 부각시키고 있다.

[21] Vergilius, *Aeneis* 2.319-321.

[22] Nonne de*os* ips*os*, qu*os* vict*os* ... sibi ... commendat*os*: 경멸조의 운각(-os: de*os* vict*os*)으로 꾸며진 문장으로 청각적 효과를 도모했다.

[23] Vergilius, *Aeneis* 2.293.

[24] "좋은 신령보다는 못된 채무자를"(non *numina* bona, sed *nomina* mala). 명사 numen("신령")과 nomen(특수한 의미로는 "장부에 올려놓은 채무자 이름"을 가리킨다)을 압운으로 이용한 기교다.

운데 가장 유명하고 가장 훌륭한 이 대시인의 글을 어린 두뇌로 흡수하여 쉽사리 잊지 않게 하기 위함이라 한다.[16] 호라티우스의 저 유명한 말처럼,

> 갓 빚은 옹기에 향유가 한번 담겨지면
> 오래도록 그 향기를 간직하는 까닭이다.[17]

그런데 바로 이 베르길리우스의 글에서 보더라도, 유노는 트로야인들에게 적개심을 품은 자로 등장하고, 바람의 임금 아이올루스에게 트로야인들을 거슬러 바람을 날려달라고 부추기면서 다음과 같이 발언하는 것으로 되어 있다:

> 내게 원수진 족속이 티르레누스 바다를 지쳐가고 있느니
> 일리움이며 패잔한 가신들을 이탈리아로 실어가는 중이로다.[18]

그렇다면 이미 한번 패힌 적 있는 트로아이 가신들에게 로마가 패배하지 않게 해 달라고 의탁했던 것이 과연 현명한 짓이었을까? 물론 유노가 하는 발언은 마치 화난 여자가 자기가 하는 말이 무슨 소리인지도 모르면서 지껄인 말일 수도 있다.[19] 그렇지만 그에 관한 애기가 나올 적마다 "경건한"[20] 인물이라고 치켜세워지는 저 아이네아스도 다음과 같이 말하지 않던가:

> 오트리스의 아들 판투스, 포이부스 신전의 제관이
> 경건한 손으로 패잔한 신들을 안고 어린 손주를
> 끌고서 미친 듯이 경계로 달려나갔다.[21]

아이네아스도 그 신들을 가리켜 패잔한 신들이라고 부르기를 주저하지 않았으며, 다음과 같은 말을 듣고서는 자기를 가신들에게 의탁하기보다는 가신들이 자기한테 의지하고 있음을 깨닫지 않았던가:[22]

> 트로야는 그대에게 성물과 자기 신주神主들을 맡기는 바이오.[23]

만일 베르길리우스가 그자들을 신이라고 하면서도 패자敗者라고 일컫는다면, 그리고 어떻게든 도망치기 위해 인간에게 맡겨지는 존재라고 말한다면, 이런 신들에게 로마의 수호를 맡겨 왔다는 생각이 얼마나 미친 짓인가! 그런 신들을 잃었다는 이유만으로 로마가 침략당한 것이라는 생각 또한 얼마나 미친 짓인가! 그뿐 아니라 패망한 신들을 로마의 주재자요 수호자로 섬기다니 이것은 선한 신령님들보다는 못된 채무자님들을 모시고 있다는 것 말고 무엇이겠는가?[24]

enim sapientius creditur, non Romam ad istam cladem non fuisse uenturam, nisi prius illi perissent, sed illos potius olim fuisse perituros, nisi eos quantum potuisset Roma seruasset! Nam quis non, cum aduerterit, uideat quanta sit uanitate praesumptum non posse uinci sub defensoribus uictis et ideo perisse, quia custodes perdidit deos, cum uel sola esse potuerit causa pereundi custodes habere uoluisse perituros? Non itaque, cum de diis uictis illa conscriberentur atque canerentur, poetas libebat mentiri, sed cordatos homines cogebat ueritas confiteri. Verum ista oportunius alio loco diligenter copioseque tractanda sunt: nunc, quod institueram de ingratis hominibus dicere, parumper expediam ut possum, qui ea mala, quae pro suorum morum peruersitate merito patiuntur, blasphemantes Christo inputant; quod autem illis etiam talibus propter Christum parcitur, nec dignantur adtendere et eas linguas aduersus eius nomen dementia sacrilegae peruersitatis exercent, quibus linguis usurpauerunt mendaciter ipsum nomen, ut uiuerent, uel quas linguas in locis ei sacratis metuendo presserunt, ut illic tuti atque muniti, ubi propter eum inlaesi ab hostibus fuerant, inde in eum maledictis hostilibus prosilirent.

4. Ipsa, ut dixi, Troia, mater populi Romani, sacratis locis deorum suorum munire non potuit ciues suos ab ignibus ferroque Graecorum, eosdem ipsos deos colentium; quin etiam

---

[25] 본서 3권과 4권 전체의 주제가 된다.

[26] ubi *propter eum* illaesi *ab hostibus* ..., inde *in eum* maledictis *hostilibus*: 두 처지를 절묘한 운각으로 비교 대조한다.

그러므로 저런 신들이 먼저 없어지지 않았더라면 로마가 야만족의 침탈이라는 엄청난 재앙에 이르지 않았으리라고 믿을 것이 아니라, 오히려 로마가 오래도록 그 신들을 보전하지 못했더라면 그 신들은 일찌감치 없어지고 말았으리라고 믿는 편이 훨씬 현명하지 않겠는가? 조금만 지각이 있다면 패잔한 신들을 수호자로 섬기면서 그 보호 아래 로마가 패망을 면할 수 있다거나, 수호신들을 잃었다는 이유만으로 로마가 망했다고 하는 말이 얼마나 허황한 억지인지 누가 모르겠는가? 로마가 패망한 유일한 원인이 패망하고 말 신들을 수호자로 받든 탓일 수도 있는데 말이다. 그러므로 패잔한 신들에 관한 얘기들을 기록하고 시가로 노래할 때 시인들이 의도적으로 거짓말을 한 것은 아니다. 오히려 진리가 심지 깊은 사람들로 하여금 그런 사실을 고백하지 않을 수 없게 강요한 셈이다. 하지만 이 논제는 다른 데서 더 깊이 여유있게 다루는 편이 더 적절하리라고 본다.[25] 지금은 배은망덕한 사람들에 관해 말하려던 참이므로 할 수 있는 대로 그 점을 좀 간추려야겠다. 그들은 자기네 윤리도덕의 타락으로 으레 당하는 해악을 그리스도에게 돌리면서 모독하고 있다. 그들은 그리스도 때문에 목숨을 건진 사실을 명심하려 들지 않는다. 그들은 살고 싶어서 거짓으로 그 혀를 굴려 그리스도를 믿는다고 그의 이름을 발설했으면서도, 지금 와서는 그리스도의 이름에 대항하여 혀를 놀리고 있으니 이는 독성에 가까운 자가당착이며 정신나간 짓이다. 말을 달리 하자면, 그리스도에게 봉헌된 장소에서는 무서워서 혀를 삼가고 있었는데, 그곳에서 안전하게 보호받았고 그리스도 덕분에 적병들에게 상해입지 않고 살아남은 까닭이, 마치 그곳에서 나오기만 하면 그리스도에게 적의에 찬 악담을 마구 퍼붓겠다고 살아남은 셈이 되었다.[26]

4. 트로야의 유노 신전은 피신자 한 사람도 그리스인들에게서 살려내지 못했지만, 로마의 사도 대성당들은 피신자 전부를 야만인들로부터 구해주었다

내가 이미 말했거니와 로마 백성의 모국이라고 할 트로야가 자기네 신들의 거룩한 처소에서마저 그리스인들의 방화와 창검으로부터 시민들을 지켜주지 못했을뿐더러 그들이 섬기던 신들마저 지켜주지 못했다. 그리하여

Iunonis asylo
Custodes lecti, Phoenix et dirus Vlixes,
Praedam adseruabant; huc undique Troia gaza
Incensis erepta adytis mensaeque deorum
Crateresque auro solidi captiuaque uestis
Congeritur. Pueri et pauidae longo ordine matres
Stant circum.

Electus est uidelicet locus tantae deae sacratus, non unde captiuos non liceret educere, sed ubi captiuos liberet includere. Compara nunc asylum illud non cuiuslibet dei gregalis uel de turba plebis, sed Iouis ipsius sororis et coniugis et reginae omnium deorum cum memoriis nostrorum apostolorum. Illuc incensis templis et diis erepta spolia portabantur, non donanda uictis, sed diuidenda uictoribus; huc autem et quod alibi ad ea loca pertinere compertum est cum honore et obsequio religiosissimo reportatum est. Ibi amissa, hic seruata libertas; ibi clausa, hic interdicta captiuitas; ibi possidendi a dominantibus hostibus premebantur, huc liberandi a miserantibus ducebantur: postremo illud Iunonis templum sibi elegerat auaritia et superbia leuium Graeculorum, istas Christi basilicas misericordia et humilitas etiam inmanium barbarorum. Nisi forte Graeci quidem in illa sua uictoria templis deorum communium pepercerunt atque illo confugientes miseros uictosque Troianos ferire uel captiuare non ausi sunt, sed Vergilius poetarum more illa mentitus est. Immo uero morem hostium ciuitates euertentium ille descripsit.

---

[27] Vergilius, *Aeneis* 2.761-767.

[28] 아우구스티누스는 "하찮은 신 혹은 천한 무리가 받드는 아무래도 괜찮은 신" (cuiuslibet dei grega-lis vel de turba plebis)과 "유피테르의 누이요 배우자이며 모든 신 중에서도 여왕" (Iovis ipsius sororis et coniugis et reginae omnium deorum)을 견주는 대조법으로 무익한 다신교 신앙을 조소한다.

[29] Paulus Orosius, *Historiae adversus paganos* 7.39.7-10에도 언급된다. 대구법으로 양편을 선명하게 대조하고 있다: non *donanda victis*, sed *dividenda victoribus* ... . Ibi *amissa*, hic *servata* libertas; ibi *clausa*, hic *interdicta* captivitas; ibi *possidendi a dominantibus* ... huc *liberandi a miserantibus*.

> 유노의 성소聖所에는
>
> 포이닉스와 사나운 울릭세스가 보초로 뽑혀서
>
> 노획물을 지키고 있었는데 거기에는 트로야의 보물들,
>
> 불지른 집에서 앗아온 귀금속이며 신들의 제대祭臺며
>
> 단단한 황금 그릇이며 탈취한 의복이 쌓여 있었다. 그리고
>
> 어린아이들과 창백하게 떠는 귀부인들이 기나긴 대오를 이루어
>
> 둘러서 있었다.[27]

저 위대한 여신에게 바쳐진 장소가 따로 선정되긴 했지만, 포로들이 그리로 피신하여 끌려나오지 않기 위해서가 아니라, 포로들을 가두어 두기 위해 선정된 장소였다. 그리고 그 성소는 히찮은 신 혹은 천한 무리가 받드는 아무래도 괜찮은 신의 성소가 아니라, 다름아닌 유피테르의 누이요 배우자이며 모든 신 중에서도 여왕의 성소였다.[28] 그 성소를 이제 우리 사도들의 기념경당과 대조해 보시라. 유노의 신전으로 불타는 신전들과 가옥들에서 약탈해 온 노획물들이 운반되었는데, 그런 노획물들은 패자들에게 주려고 운반되는 것이 아니라 승자들에게 분배하기 위해 가져오는 것이었다. 이와는 반대로 사도들의 기념경당으로는 다른 곳에서 발견되었더라도 이곳에 속하는 물건으로 판명되면 적군들이 종교적 절차와 존경을 갖추어 되돌려주었다! 저기서는 자유가 상실되었지만, 여기서는 자유가 보전되었다. 또 저기서는 포로가 되어 감금되었지만, 여기서는 포로의 감금이 금지되었다. 저기로는 지배자가 된 적병들에게 소유물이 되자고 끌려오는 중이었고 여기로는 자비심있는 사람들에 의해 풀어주려고 데려오는 중이었다.[29] 끝으로 유노의 신전을 선택한 것은 교활한 그리스인들의 탐욕과 오만이었지만, 그리스도의 대성당들을 선택한 것은, 비록 잔혹한 야만인들이긴 하지만 그들의 자비심과 겸손함이었다. 만에 하나라도 그리스인들이 저 승리에서 그리스인들과 트로야인들이 공동으로 섬기는 신들의 신전을 남겨 놓았다거나 그리로 피신한 가련한 트로야인 패배자들을 살상하지 않고 포로로 붙잡지 않았다고 하자. 그렇다면 시인들이 항상 하듯이 베르길리우스가 거짓말을 한 셈이다. 그렇지만 그는 도성을 약탈하는 적병들의 관행을 그대로 묘사한 것이다.

5. Quem morem etiam Cato, sicut scribit Sallustius, nobilitatae ueritatis historicus, sententia sua, quam de coniuratis in senatu habuit, commemorare non praetermittit: «Rapi uirgines pueros, diuelli liberos a parentum complexu, matres familiarum pati quae uictoribus conlibuisset, fana atque domos spoliari, caedem incendia fieri: postremo armis cadaueribus cruore atque luctu omnia compleri.» Hic si fana tacuisset, deorum sedibus solere hostes parcere putaremus. Et haec non ab alienigenis hostibus, sed a Catilina et sociis eius, nobilissimis senatoribus et Romanis ciuibus, Romana templa metuebant. Sed hi uidelicet perditi et patriae parricidae.

6. Quid ergo per multas gentes, quae inter se bella gesserunt et nusquam uictis in deorum suorum sedibus pepercerunt, noster sermo discurrat? Romanos ipsos uideamus, ipsos, inquam, recolamus respiciamusque Romanos, de quorum praecipua laude dictum est:

> Parcere subiectis et debellare superbos,

et quod accepta iniuria ignoscere quam persequi malebant: quando tot tantasque urbes, ut late dominarentur, expugnatas captasque euerterunt, legatur nobis quae templa excipere solebant, ut ad ea quisquis confugisset liberaretur. An illi faciebant et scriptores earundem rerum gestarum ista reticebant? Ita uero, qui ea quae laudarent maxime requirebant, ista praeclarissima secundum ipsos pietatis indicia praeterirent? Egregius Romani

---

[30] 이하에 인용되는 구절(Sallustius, *De coniuratione Catilinae* 51.9)로 미루어 카토가 아니라 카이사르 같다. 카틸리나 일당을 몰살시켜야 한다는 카토의 연설은 살루스티우스의 저서 52장에 나온다.

[31] Sallustius, *De coniuratione Catilinae* 51.9: "항아리가 갓 나왔을 적에 처음 담긴 것의 향기를 오래 간직하느니" (quo simul est imbuta recens, servabit odorem/ testa diu).

[32] Vergilius, *Aeneis* 6.853.

5. 패배한 도성들을 적병들이 몰살하는 관습을 카토는 어떻게 생각했는가

엄격하게 진실 그대로 기술하는 역사가 살루스티우스가 음모자들에 관해 카토[30]가 원로원에서 행한 것으로 전하는 연설을 보면 똑같은 관행을 묵살 않고 언급하고 있다: "처녀들과 소년들은 사로잡히며, 자녀들을 부모의 품에서 떼어 내며, 주부들은 승리자들의 노리개가 되어 수모를 당하고, 사당(祠堂)과 가옥은 약탈당하고, 뒤이어 학살과 방화가 일어납니다. 마지막에는 창칼과 시체와 선혈과 애곡이 모든 것을 뒤덮습니다."[31] 여기서 사당이라는 말만 하지 않았더라도 적병들이 일반적으로 신들의 처소들만은 침범 않고 남겨둔다고 생각할 수도 있겠다. 그러나 로마 신전들을 두려워 떨게 만든 이런 사태는 외국인 적병들에 의해 자행된 것이 아니라, 카틸리나와 그의 동지들, 즉 고귀한 원로원들과 로마 시민들에 의해 자행되던 것이었다. 물론 그들은 더러운 인간들이요 조국에 반역한 자들이었다는 변명은 나올 법하다.

6. 로마인들도 어떤 도성들을 점령했을 때 자신들이 섬기는 신전으로 피신한 패자들을 살려준 적이 결코 없다

무엇 때문에 우리 얘기는 무수한 족속들을 들먹여 가면서 저들이 서로서로 전쟁을 치를 때 자기네 신들의 처소로 피신한 패자들을 결코 남겨두지 않은 사실들을 열거할까? 그냥 로마인들을 살펴보자. 로마인들을 상기하고 그들의 행실을 돌이켜보기로 하자. 왜냐하면 로마인들에 대한 첫째가는 칭송이

굴복하는 자들은 용서하고 오만한 자들은 징벌한다[32]

고 되어 있는 까닭이다. 로마인들은 불의를 당할지라도 복수하는 것보다 용서하기를 더 좋아했노라고 말하는 까닭이다. 그럼 바로 그들이 패권을 넓히기 위해 무수한 도시들을 공략하고 점령하여 약탈했을 때 과연 어느 신전을 예외로 두어 피신자들을 자유롭게 살려두었는지 만일 사례가 있다면 우리에게 읽어 달라! 혹시 그들은 실제로 그렇게 했지만 그 역사를 기술한 사가들이 묵살했던 것일까? 하지만 그들을 크게 칭송할 거리를 찾는 데 급급하던 사람들이 과연 자기들 생각에 종교심의 가장 특출한 발로라고 할 행적을 간과했을까? 로마사

nominis Marcus Marcellus, qui Syracusas urbem ornatissimam cepit, re-
fertur eam prius fleuisse ruituram et ante eius sanguinem suas illi lacrimas
effudisse. Gessit et curam pudicitiae etiam in hoste seruandae. Nam prius-
quam oppidum uictor iussisset inuadi, constituit edicto, ne quis corpus
liberum uiolaret. Euersa est tamen ciuitas more bellorum, nec uspiam
legitur ab imperatore tam casto atque clementi fuisse praeceptum, ut quis-
quis ad illud uel illud templum fugisset haberetur inlaesus. Quod utique
nullo modo praeteriretur, quando nec eius fletus nec quod edixerat pro
pudicitia minime uiolanda potuit taceri. Fabius, Tarentinae urbis euersor,
a simulacrorum depraedatione se abstinuisse laudatur. Nam cum ei scriba
suggessisset quid de signis deorum, quae multa capta fuerant, fieri iube-
ret, continentiam suam etiam iocando condiuit. Quaesiuit enim cuius
modi essent, et cum ei non solum multa grandia, uerum etiam renuntia-
rentur armata: «Relinquamus, inquit, Tarentinis deos iratos.» Cum igitur
nec illius fletum nec huius risum, nec illius castam misericordiam nec
huius facetam continentiam Romanarum rerum gestarum scriptores tacere
potuerint: quando praetermitteretur, si aliquibus hominibus in honorem
cuiuspiam deorum suorum sic pepercissent, ut in quoquam templo cae-
dem uel captiuitatem fieri prohiberent?

7. Quidquid ergo uastationis trucidationis depraedationis concrematio-
nis adflictionis in ista recentissima Romana clade commissum est, fecit
hoc consuetudo bellorum; quod autem nouo more factum est, quod inusi-

---

[33] Livius, *Ab Urbe condita* 25.24-25. Marcus C. Marcellus: 222년 갈리아족을 정벌하고 집정관으로서
211년 시라쿠사를 함락시켰다.

[34] Livius, *Ab Urbe condita* 27.16.8. Q. Fabius Maximus (Verrucosus Cunctator): BC 217년 Trasimene
호수의 대패 이후 독재자로 선출되어 한니발에게 맞섰다. 209년 한니발에게서 타렌툼을 점령하여 몰
살시켰다.

[35] 역사가들은 로마 장군들의 인간미를 부각시키는 서술을 꽤 많이 했다. 예: Polybius, *Historiae*
10.40; Valerius Maximus, *Facta et dicta memorabilia* 2.7.6.

의 걸출한 인물 마르쿠스 마르켈루스는 화려하기 이를 데 없는 시라쿠사를 점령한 사람이다. 전하는 바에 의하면 그는 장차 그 도시가 파괴될 일을 두고 울었고 시라쿠사가 흘릴 피를 두고서 눈물을 쏟았다고 한다. 그리고 적에 대해서도 수치심은 지켜주도록 마음을 썼다. 왜냐하면 승리자로서 도성에 진입하도록 명령하기 전에 자유민의 신체를 유린하지 말도록 군령을 내렸기 때문이다. 그러나 도시는 전쟁의 법도에 따라 약탈당했다.[33] 그리고 저토록 청렴하고 도량있는 사령관임에도 불구하고, 이러저런 신전으로 피신한 사람은 상해를 입지 않게 조처한 명령이 저 사령관에 의해 내려졌다는 기록은 어디서도 읽을 수 없다. 그가 적의 도성을 두고 표한 애도에 대해서도 입을 다물지 못하고 패자들의 수치심을 존중해 주라는 군령에 대해서도 기록이 남아있다면 그가 마일 신전에 피신한 사람을 살려두라는 조처를 내렸을 경우 절대로 간과되지 않았을 것이다. 타렌툼 도시를 파괴한 파비우스로 말할 것 같으면 신상들의 약탈을 삼갔다고 해서 칭송을 받고 있다. 무수히 모아들인 신들의 화상畵像들에 관해서는 어떤 처분을 명령하겠느냐고 서기가 그에게 물었을 적에 그는 농담섞인 자제심을 보여주었다. 그는 그 신상들이 어떻게 생겼느냐고 물었고 대단히 거대할 뿐 아니라 또한 무장을 하고 있다는 보고가 올라오자 그는 이렇게 말했다: "분기탱천한 신들일랑 타렌툼 사람들에게 맡겨두자!"[34] 전자의 애도와 후자의 웃음, 그리고 전자의 청렴한 자비심과 후자의 재치있는 절제심마저 로마사가들이 침묵하고 넘어가지 못했는데, 어떤 신들을 공경하여 사람들을 살려두었거나 어느 신전에서는 학살과 포로 노획을 행하지 말라고 금지하는 조처를 했다면 어떻게 이를 간과하고 넘어갈 수 있었겠는가?[35]

7. 로마 도성의 파괴중에 벌어진 잔혹행위는 전쟁의 관습대로 일어났지만, 아량이 베풀어진 것은 그리스도의 이름이 가진 위력에서 유래했으리라

최근의 로마 함락에서 일어난 침탈과 학살, 약탈과 방화와 학대가 어떠했든, 그것은 전쟁의 관습에서 비롯된 것이었다. 다만 새로운 양상으로 일어난 일 한 가지를 든다면 야만적 소행이 참으로 완화되어 표출되었다는 것이다. 사람들로

tata rerum facie inmanitas barbara tam mitis apparuit, ut amplissimae basilicae implendae populo cui parceretur eligerentur et decernerentur, ubi nemo feriretur, unde nemo raperetur, quo liberandi multi a miserantibus hostibus ducerentur, unde captiuandi ulli nec a crudelibus hostibus abducerentur: hoc Christi nomini, hoc Christiano tempori tribuendum quisquis non uidet, caecus, quisquis uidet nec laudat, ingratus, quisquis laudanti reluctatur, insanus est. Absit, ut prudens quisquam hoc feritati inputet barbarorum. Truculentissimas et saeuissimas mentes ille terruit, ille frenauit, ille mirabiliter temperauit, qui per prophetam tanto ante dixit: *Visitabo in uirga iniquitates eorum et in flagellis peccata eorum; misericordiam autem meam non dispergam ab eis.*

가득 차는 거대한 대성당들을 선정하여 표를 하고는 그곳만은 살상과 약탈을 않고 남겨두었다는 사실이다. 거기서는 아무도 죽음을 당하지 않았으며, 아무도 납치당하지 않았다. 오히려 동정심 많은 적병들이 많은 사람을 그리로 데려왔으며, 거기서는 아무도 포로로 붙잡혀 가거나 잔혹한 적병들에게 끌려나가지 않았다. 이 사건은 그리스도의 이름에 돌려야 마땅하고 그리스도교 시대에 돌려야 마땅한데 이를 깨닫지 못하는 사람은 그야말로 장님이 아닐 수 없다. 깨닫고도 그리스도의 이름을 찬송하지 않는 사람은 배은망덕한 사람이 아닐 수 없다. 또 그렇게 칭송하는 사람에게 욕하는 자는 미친 사람이 아닐 수 없다. 누구든 조금만 현명하다면 이런 아량을 포악한 야만인들에게 돌리는 짓은 하지 않을 것이다. 야만인들의 그 잔인무도하고 악독한 마음을 떨게 만든 이는 그분이며, 그분이 그들에게 재갈을 물렸고 그분이 기적적으로 그들을 제어한 것이다. 까마득한 옛날 예언자를 통해 "내가 그들의 악을 매로 다스리고, 그들의 죄악을 채찍으로 벌하리라. 그러나 내 자비만은 그들에게서 거두지 않으리라"[36]고 말씀한 바로 그분 말이다.

---

[36] 시편 88[89],33-34.

8. Dicet aliquis: «Cur ergo ista diuina misericordia etiam ad impios ingratosque peruenit?» Cur putamus, nisi quia eam ille praebuit, qui cotidie *facit oriri solem suum super bonos et malos et pluit super iustos et iniustos*? Quamuis enim quidam eorum ista cogitantes paenitendo ab impietate se corrigant, quidam uero, sicut apostolus dicit, *diuitias bonitatis et longanimitatis Dei* contemnentes *secundum duritiam cordis sui et cor inpaenitens* thesaurizent *sibi iram in die irae et reuelationis iusti iudicii Dei, qui reddet unicuique secundum opera eius*: tamen patientia Dei ad paenitentiam inuitat malos, sicut flagellum Dei ad patientiam erudit bonos; itemque misericordia Dei fouendos amplectitur bonos, sicut seueritas Dei puniendos corripit malos. Placuit quippe diuinae prouidentiae praeparare in posterum bona iustis, quibus non fruentur iniusti, et mala impiis, quibus non excruciabuntur boni; ista uero temporalia bona et mala utrisque uoluit esse communia, ut nec bona cupidius adpetantur, quae mali quoque habere cernuntur; nec mala turpiter euitentur, quibus et boni plerumque adficiuntur.

Interest autem plurimum, qualis sit usus uel earum rerum, quae prosperae, uel earum, quae dicuntur aduersae. Nam bonus temporalibus nec bonis extollitur nec malis frangitur; malus autem ideo huiusce modi infelici-

---

³⁷ 마태 5,45.

³⁸ 로마 2,4-6.

³⁹ 인생과 역사의 고통스런 불행을 해설하는 아우구스티누스의 시도다(4.33; 13.5; 19.13.1; 20.28 참조).

제2부 (8-28)
인생의 해악 혹은 시대의 해악

8. 유리한 일과 불리한 일이 선인과 악인에게 공통으로 일어나는 일이 흔하다

8. 1. 재앙으로 악인들은 교정을 받고 선인들은 교육을 받는다

혹자는 이렇게 말하리라: "어째서 신적 자비가 불경하고 배은망덕한 사람들에게 까지 미친다는 말인가?" 이는 무엇 때문인가? 우리로서야 "악한 사람에게나 선한 사람에게나 해를 떠오르게 하시고, 의로운 사람에게나 의롭지 못한 사람에게나 비를 내려 주시는"[37] 분이 그 자비를 베푼다는 이유 말고 무슨 이유를 생각할 수 있겠는가? 그 가운데 어떤 이들은 그 점을 헤아리고서 회심하여 자기를 바로 잡지만, 어떤 이들은 사도의 말대로 하느님의 "풍부한 호의와 인내와 관용을" 얕보면서 "그대는 완고하고 뉘우칠 줄 모르는 마음으로 진노의 날, 하느님의 의로운 심판이 나타날 그날, 그대에게 내릴 진노를 쌓고 있다. 하느님은 각자에게 행실대로 갚아 주실 것이다".[38] 여하튼 하느님의 채찍이 선인들에게 인내를 가르치듯이 하느님의 인내는 악인들을 회심回心에 불러들인다. 마찬가지로 하느님의 자비가 총애를 베풀면서 선인들을 감싸듯이 하느님의 지엄하심은 벌을 주면서 악인들을 바로잡는다. 따라서 신적 섭리는 장차 선인들에게 영원한 선을 마련함이 마음에 들었으니 불의한 사람들은 그 선을 향유하지 못할 것이며, 불경한 사람들에게는 영원한 악을 마련함이 마음에 들었으니 선인들은 그 악에 시달리지 않을 것이다. 그 대신 잠시적 선과 잠시적 악은 양자에게 공통으로 있기를 바랐으니 이것은 악인들도 누리고 있음을 보고서 선인들이 잠시적 선을 너무 욕심스럽게 탐하지 않기 위함이고, 또 선인들도 흔히 겪고 있는 것임을 보고서 그 잠시적 악을 비굴하게까지 피하지 않게 하려는 것이었다.[39]

8. 2. 하느님의 지극히 정의로운 경륜

그러므로 순경이라고 일컫는 사물들도 역경이라고 일컫는 사물들도 그 이용 여부가 대단히 중요하다. 선인은 현세적 선에도 우쭐대지 않고 악에도 좌절하지 않는 연고이다. 그 대신 악인은 현세적 행복으로 인해 도리어 타락하기 때문에 이런

tate punitur, quia felicitate corrumpitur. Ostendit tamen Deus saepe etiam in his distribuendis euidentius operationem suam. Nam si nunc omne peccatum manifesta plecteret poena, nihil ultimo iudicio seruari putaretur; rursus si nullum nunc peccatum puniret aperta diuinitas, nulla esse diuina prouidentia crederetur. Similiter in rebus secundis, si non eas Deus quibusdam petentibus euidentissima largitate concederet, non ad eum ista pertinere diceremus; itemque si omnibus eas petentibus daret, non nisi propter talia praemia seruiendum illi esse arbitraremur, nec pios nos faceret talis seruitus, sed potius cupidos et auaros. Haec cum ita sint, quicumque boni et mali pariter adflicti sunt, non ideo ipsi distincti non sunt, quia distinctum non est quod utrique perpessi sunt. Manet enim dissimilitudo passorum etiam in similitudine passionum, et licet sub eodem tormento non est idem uirtus et uitium. Nam sicut sub uno igne aurum rutilat palea fumat, et sub eadem tribula stipulae comminuuntur frumenta purgantur, nec ideo cum oleo amurca confunditur, quia eodem preli pondere exprimitur: ita una eademque uis inruens bonos probat purificat eliquat, malos damnat uastat exterminat. Vnde in eadem adflictione mali Deum detestantur atque blasphemant, boni autem precantur et laudant. Tantum interest, non qualia, sed qualis quisque patiatur. Nam pari motu exagitatum et exhalat horribiliter caenum et suauiter fragrat unguentum.

9. Quid igitur in illa rerum uastitate Christiani passi sunt, quod non eis magis fideliter ista considerantibus ad prouectum ualeret? Primum quod

---

[40] manet enim *dissimilitudo passorum* etiam in *similitudine passionum*: 아래 나오는 tantum interest, *non qualia, sed qualis* quisque patiatur 문장과 더불어 인생의 해악과 그 결과를 선명하게 구분짓는다.

[41] 아우구스티누스는 고통과 역사를 두고 사건 자체의 비중보다도 이를 당면하는 인간의 도덕적 자세에서 평가하는, 인격주의적 해설을 내놓고 있다.

불행으로 벌을 받는 셈이 되고 만다. 다만 하느님은 이런 행복과 불행을 배분함에 있어서도 당신의 역사함을 더욱 뚜렷하게 보여준다. 왜냐하면 만일 지금 모든 죄를 드러난 벌로 처벌한다면 최후심판에서는 아무것도 남아있지 않으리라는 생각이 나올 법하며, 또 만일 신성이 지금 아무 죄도 공공연히 징벌하지 않고 둔다면 신적 섭리라는 것이 도무지 없다고 믿을 만한 까닭이다. 순경을 두고도 마찬가지이다. 만약 하느님이 그것을 청하는 어떤 사람들에게는 도량껏 확연하게 허락해 주지 않는다면, 우리는 순경을 베풀어주는 일이 하느님 소관이 아니라고 말할 것이고, 만약 순경을 청하는 사람들 모두에게 소원대로 다 베풀어준다면 우리는 오로지 그런 상급을 받을 목적으로만 하느님을 섬겨야 한다고 여길 것이다. 그런 베풂이 우리를 경건한 사람으로 만들기는커녕 탐욕스럽고 인색한 인간으로 만들고 말 것이다. 사정이 그러하므로, 선인도 악인도 똑같이 환난을 당하고, 또 양편이 구분없이 똑같은 일을 당한다고 해서 양편이 구분마저 안 된다는 말은 아니다. 당하는 수난이 비슷하다지만 당하는 수난자의 차이는 여전히 남으니, 동일한 환난 밑에서도 덕성과 악덕은 동일하지 않은 까닭이다.[40] 똑같은 불에서 황금은 빛나고 검불은 연기를 내며, 똑같은 연자매 밑을 지나가더라도 쭉정이는 으스러지고 알곡은 말끔해지며, 똑같이 압착기의 무게로 눌리지만 기름과 깻묵은 혼동되지 않는 것과 흡사하다. 그와 마찬가지로 똑같은 힘이 덮쳐오는데 선인들은 시험하고 정화하고 걸러주는 데 비해 악인들은 단죄하고 파괴하고 말살시켜 버린다. 똑같은 환난중에서 악인들은 하느님을 저주하고 설독褻瀆하는데 선인들은 애원하고 찬미한다. 그러니까 무엇을 겪느냐가 중요하지 않고 누가 어떤 인간으로서 겪느냐가 무척 중요하다. 왜냐하면 똑같은 동작으로 흔들더라도 오물은 지독한 악취를 풍기고 향유는 달콤한 향기를 풍기는 연고다.[41]

9. 교정矯正을 위해 선인과 악인이 똑같이 환난을 당한다

9. 1. 그리스도인들도 적군의 파괴로 고난을 당했다

로마 침탈이라는 저 파괴적 사건에서 그리스도인들이 당한 것은 무엇이라고 하겠는가? 더 큰 신앙으로 그 사태를 성찰하여 소기의 이익을 얻어내는 일 말고

ipsa peccata, quibus Deus indignatus impleuit tantis calamitatibus mundum, humiliter cogitantes, quamuis longe absint a facinerosis flagitiosis atque impiis, tamen non usque adeo se a delictis deputant alienos, ut nec temporalia pro eis mala perpeti se iudicent dignos. Excepto enim quod unusquisque quamlibet laudabiliter uiuens cedit in quibusdam carnali concupiscentiae, etsi non ad facinorum inmanitatem et gurgitem flagitiorum atque impietatis abominationem, ad aliqua tamen peccata uel rara uel tanto crebriora, quanto minora — hoc ergo excepto quis tandem facile reperitur, qui eosdem ipsos, propter quorum horrendam superbiam luxuriamque et auaritiam atque execrabiles iniquitates et impietates Deus, sicut minando praedixit, conterit terras, sic habeat, ut habendi sunt? Sic cum eis uiuat, ut cum talibus est uiuendum? Plerumque enim ab eis docendis ac monendis, aliquando etiam obiurgandis et corripiendis male dissimulatur, uel cum laboris piget, uel cum os eorum uerecundamur offendere, uel cum inimicitias deuitamus, ne impediant et noceant in istis temporalibus rebus, siue quas adipisci adhuc adpetit nostra cupiditas, siue quas amittere formidat infirmitas, ita ut, quamuis bonis malorum uita displiceat et ideo cum eis non incidant in illam damnationem, quae post hanc uitam talibus praeparatur, tamen, quia propterea peccatis eorum damnabilibus parcunt, dum eos in suis licet leuibus et uenialibus metuunt, iure cum eis temporaliter flagellantur, quamuis in aeternum minime puniantur, iure istam uitam, quando diuinitus adfliguntur cum eis, amaram sentiunt, cuius amando dulcedinem peccantibus eis amari esse noluerunt.

---

[42] *vitam ... amaram* sentiunt, cuius *amando* dulcedinem peccantibus ... *amari* esse noluerunt: amara (쓰라린 삶), amando (사랑하면서), amari (쓰라린 인간들)라는 동음이어들을 구사하여 선악의 도덕적 연대성을 강조한다.

는 무엇이 있겠는가? 그리스도인들은 무엇보다 먼저 하느님이 분개하는 죄악들이 온갖 재앙으로 세상을 채웠다고 겸허하게 생각하면서, 스스로는 비록 그같이 사악하고 추잡하고 불경한 행실에서 멀리 떨어져 있다 하더라도, 자기들은 일체의 악행과 전혀 무관하다고 자처하는 일이 없어야 하고, 그런 악행에 쏟아지는 현세적 악을 당한다고 전적으로 부당하다고 여기지도 말아야 한다. 누가 간혹 육욕에 떨어지는 정도의 일을 제외하고는 칭송을 받을 만하게 산다고 치자. 비록 거창한 악행이나 파렴치한 난봉, 가공할 불경죄에 떨어지지는 않더라도 드물게라도 그만큼 자주 다른 어떤 죄악은 저지를 것이다. 하지만 이런 경우는 접어두더라도 다음과 같은 사실은 누구나 쉽사리 깨달을 것이다. 가공할 오만과 방당과 물욕과 가증스런 악행과 불경죄 때문에, 하느님이 미리 예언하여 경고하신 대로, 드디어 세계를 멸하시리라고 하자. 그럴 경우에 저 선량한 사람은 파멸하는 이 악인들을 바른 사람으로 만들기 위해 진지하게 노력하는가? 그들과 함께 살면서 과연 그들과 함께 살아야 하는 도리를 다하는가? 우리는 자주 그들을 가르치고 충고하고 때로는 그들을 꾸짖고 욕해야 할 터인데도 비겁하게도 이를 못 본 체한다. 귀찮아서거나 그들의 체면을 손상시킬까 두려워서거나 악연을 피하기 위해서이리라. 또한 그들이 현세 사물을 두고 우리를 방해하거나 해칠까 무서워서인데, 이것은 우리의 탐욕이 아직도 현세 사물을 손에 넣고 싶어 안달이기 때문이거나 우리의 나약한 마음에서 그것을 잃지나 않을까 두려워하기 때문이리라. 물론 선인들에게는 악인들의 삶이 마음에 들지 않을 테고, 따라서 현세 이후에 그 사람들에게 마련된 저 단죄를 악인들과 더불어 받지는 않을 것이다. 본인들이야 자신의 경미하고 용서받을 만한 죄마저 당연히 두려워하겠지만, 악인들의 단죄받을 죄악을 묵인하면서 넘어가기 때문에 악인들과 더불어 잠시나마 징벌을 당하는 것은 정당하다. 그 일로 영원히 벌받는 일은 결코 없겠지만 그들과 더불어 하느님으로부터 징계를 받을 적에 현세생활이 쓰라리게 느껴짐은 당연하다. 현세생활의 감미로움을 사랑하다가 범죄하는 사람들에게 선인들이 쓰라린 충고자가 되었어야 하는데도 쓰라린 인간이 되기를 싫어했던 탓이다.[42]

Nam si propterea quisque obiurgandis et corripiendis male agentibus parcit, quia opportunius tempus inquirit uel eisdem ipsis metuit, ne deteriores ex hoc efficiantur, uel ad bonam uitam et piam erudiendos impediant alios infirmos et premant atque auertant a fide: non uidetur esse cupiditatis occasio, sed consilium caritatis. Illud est culpabile, quod hi, qui dissimiliter uiuunt et a malorum factis abhorrent, parcunt tamen peccatis alienis, quae dedocere aut obiurgare deberent, dum eorum offensiones cauent, ne sibi noceant in his rebus, quibus licite boni atque innocenter utuntur, sed cupidius, quam oportebat eos, qui in hoc mundo peregrinantur et spem supernae patriae prae se gerunt. Non solum quippe infirmiores, uitam ducentes coniugalem, filios habentes uel habere quaerentes, domos ac familias possidentes, (quos apostolus in ecclesiis adloquitur docens et monens quem ad modum uiuere debeant et uxores cum maritis et mariti cum uxoribus, et filii cum parentibus et parentes cum filiis, et serui cum dominis et domini cum seruis) multa temporalia, multa terrena libenter adipiscuntur et moleste amittunt, propter quae non audent offendere homines, quorum sibi uita contaminatissima et consceleratissima displicet; uerum etiam hi, qui superiorem uitae gradum tenent nec coniugalibus uinculis inretiti sunt et uictu paruo ac tegimento utuntur, plerumque, suae famae ac saluti dum insidias atque impetus malorum timent, ab eorum reprehensione sese abstinent, et quamuis non in tantum eos metuant, ut ad similia perpetranda quibuslibet eorum terroribus atque inprobitatibus cedant, ea ipsa tamen, quae cum eis non perpetrant, nolunt plerumque corripere, cum fortasse possint aliquos corripiendo corrigere, ne, si non

---

[43] 골로 3,18-22 참조.

9.2. 그러나 하느님의 섭리를 벗어나지는 않는다

그런데 악하게 행동하는 사람들을 질책하고 꾸짖는 일을 삼가기는 하지만 그 동기가 사정상 더 적절한 시기를 요구하기 때문이거나 그 사람들이 그 일로 되레 더 나빠질까 두려워하기 때문이라고 하자. 다른 나약한 사람들에게 선하고 경건한 삶을 가르치는 데 장애가 되고 심지어 신앙으로부터 거리를 두거나 등지게 만들 우려가 있어서라고 한다면, 그처럼 조심스런 행동은 탐욕의 기회가 되었다기보다는 사랑에서 우러나는 현명함이라고 하겠다. 정말 탓할 만한 것은 이런 사람들이, 자신은 비록 악인들과는 다르게 살고 악인들의 행실을 혐오한다고 하더라도, 훈계하고 질책해야 할 남의 죄악을 묵과한 경우이다. 그런 처신은 상대방을 상심시킬까 조심스럽고, 선인들이 이용해도 합법적이요 무죄한 지상 사물을 두고 이 일로 그들한테서 해를 입을까 걱정스러워서겠지만, 이 세상에 나그네로 순례하고 있고 천상 조국에 대한 희망을 목전에 두고서 사는 사람치고는 정도 이상으로 지상 사물을 탐하는 셈이 된다. 물론 유약한 사람들이야 결혼생활을 영위하고 자식을 두거나 두고 싶어하며, 가옥이나 가솔家率을 소유하고 있다. (사도는 이런 사람들이 어떻게 살아야 할지 가르치고 훈계한다. 아내는 남편과 어떻게 하고 남편은 아내와 어떻게 해야 하는지, 자식들은 부모에게 어떻게 처신하고 부모는 자식들에게 어떻게 처신할 것인지, 종들은 주인들에게, 주인들은 종들에게 어떻게 할 것인지 가르치고 훈계한다.)[43] 그들은 많은 재산과 많은 땅을 획득하면 좋아하고 잃으면 고통스러워한다. 그래서 다른 사람들의 극히 죄스럽고 혐오스런 삶이 마음에 들지 않더라도 그 사람들과 감히 등지려고 하지 않는다. 더 높은 경지의 삶에 이른 사람들은 혼인의 사슬로 묶이지도 않고 소박한 식사와 검소한 의복을 사용하는 것으로 그친다. 그러면서도 자기 명성과 안녕에 대한 악인들의 흉계와 공격이 무서워서인지 악인들을 책망하는 일을 삼간다. 그렇다고 악인들로부터 오는 일체의 공포와 악의에 양보하여 그들과 비슷한 언행을 할 정도까지 무서워하지는 않는다. 하지만 비록 그들과 함께 저지르지는 않을지라도 그 짓을 꾸짖으려고 들지 않는다. 그 짓을 꾸짖음으로써 적어도 몇 사람은 바로잡을 수 있을 터인데도 그렇게 하지 않는

potuerint, sua salus ac fama in periculum exitiumque perueniat, nec ea consideratione, qua suam famam ac salutem uident esse necessariam utilitati erudiendorum hominum, sed ea potius infirmitate, qua delectat lingua blandiens et humanus dies[44] et reformidatur uulgi iudicium et carnis excruciatio uel peremptio, hoc est propter quaedam cupiditatis uincula, non propter officia caritatis.

Non mihi itaque uidetur haec parua esse causa, quare cum malis flagellentur et boni, quando Deo placet perditos mores etiam temporalium poenarum adflictione punire. Flagellantur enim simul, non quia simul agunt malam uitam, sed quia simul amant temporalem uitam, non quidem aequaliter, sed tamen simul,[45] quam boni contemnere deberent, ut illi correpti atque correcti consequerentur aeternam, ad quam consequendam si nollent esse socii, ferrentur et diligerentur inimici,[46] quia donec uiuunt semper incertum est utrum uoluntatem sint in melius mutaturi.[47] Qua in re non utique parem, sed longe grauiorem habent causam, quibus per prophetam dicitur: *Ille quidem in suo peccato morietur, sanguinem autem eius de manu speculatoris requiram.*[48] Ad hoc enim speculatores,[49] hoc est populorum praepositi, constituti sunt in ecclesiis, ut non parcant obiurgando peccata. Nec ideo tamen ab huius modi culpa penitus alienus est, qui, licet praepositus non sit, in eis tamen, quibus uitae huius necessitate coniungitur, multa monenda uel arguenda nouit et neglegit, deuitans eorum offensiones propter illa quibus in hac uita non indebitis utitur, sed plus quam debuit delectatur. Deinde habent aliam causam boni, quare temporalibus

---

[44] humanus dies: 1고린 4,3 "세상 법정"(공동번역), "사람들의 법정"(200주년)으로 번역된다. "주님의 날"에 떨어질 심판과는 다른, 인정에서 오는 세평을 가리킨다.

[45] non quia *simul agunt* malam vitam, sed quia *simul amant* temporalem vitam, *non* quidem *aequaliter, sed* tamen *simul*: 인생에 대한 염세적 태도를 가리키는 것으로 해석되기 쉬우나 "인간적 평판"에 지나친 무게를 두지 말라는 뜻으로 알아듣는다.

[46] ut illi *correpti atque correcti* ... si nollent *esse socii,* ferrentur et diligerentur *inimici*: 선인들의 형제애에 입각한 교정(矯正) 의무를 부각시킨다.

[47] donec vivunt semper incertum est utrum ... : 인간에게서 끝까지 개과천선과 구원의 가능성을 보려는 것이 교부의 그리스도교적 인간관이다.

[48] 에제 33,6.

[49] "보초"로 옮겨지는 이 단어(speculator: ἐπίσκοπος)는 아우구스티누스 시대에 이미 종교지도자, 곧 주교(populorum praepositi)를 가리켰다(19.19 참조).

것은, 만일 성사시키지 못했을 경우에 자기 안전과 명성이 위험에 처하고 심지어 죽음에 처할까 염려스럽기 때문이다. 그것도 자기가 감화시켜야 할 사람들의 이익에 자기 명성과 안전이 꼭 필요하다는 생각에서라기보다는 나약함 때문에, 곧 아첨하는 혀가 즐겁고 인간적 평판[44]이 즐겁고, 대중의 반감어린 판단과 육신의 고난과 살해가 무섭기 때문이다. 이 모든 짓은 애덕의 본분 때문이라기보다는 욕망의 사슬 때문에 오는 것들이다.

9.3. 선인들도 교정이 필요하다

그러므로 나는 이것이 선인들이 악인들과 더불어 채찍질받는 적잖은 이유라고 생각한다. 현세 징벌의 환난으로 타락한 도덕을 벌함이 하느님의 마음에 드는 까닭이다. 함께 매를 맞는데 둘다 악한 삶을 살기 때문이 아니고 둘다 현세 삶을 사랑하기 때문이다. 그것도 둘다 똑같이 사랑하기 때문이 아니고 선인들은 현세 삶을 경멸해야 할 터인데 사랑한 까닭이다.[45] 저 악인들이 질책당하고 교정받아서 영원한 삶을 얻도록 해주고, 만일 악인들이 영원한 생명을 얻는 동지가 되기를 싫어한다면 원수처럼이라도 견뎌주고 사랑할 대상이건만[46] 일신의 현세적 생명이 아까워서 그렇게 하지 않는 까닭이다. 무릇 사람이란 살아있는 동안은 그 의지를 과연 더 선한 쪽으로 옮길지 아닐지가 항시 불확실한 까닭이다.[47] 그러므로 선인들이 악행을 하지 않는 것과 악인들을 충고하는 일에 동등한 책임이 있는 것이 아니라 후자에 훨씬 중한 책임이 있다. 선인들에게는 예언자를 통해 다음과 같은 말씀이 내려져 있다: "보초가 비상나팔을 불지 않아서 목숨을 잃는 사람이 생긴다면 그 사람은 자기 죗값으로 목숨을 잃겠지만 그 사람이 죽은 책임을 나는 그 보초에게 물을 것이다."[48] 여기서 말하는 보초들은 백성들의 지도자들로서 교회에도 세워져 있는데 죄악을 질책하여 묵과하지 말라고 세워둔 사람들이다.[49] 지도자가 아니라고 해서 이런 탓을 전적으로 벗어날 수는 없다. 현세생활의 인연으로 결속된 사람들에 대해 많은 충고를 하고 질책을 해야 할 것을 알면서도 소홀히 한 사람은 탓을 벗을 수 없다. 현세에서 의당히 이용하는 사물이지만 정도 이상으로 즐기려다 보니까 사람들의 반감을 피하려고 그렇게 처신하기 때문이다. 그리고 왜 선인들이 악한 시련을 당하는가 하는 다른 명분이 있다. 바로 욥이 그

affligantur malis, qualem habuit Iob: ut sibi ipse humanus animus sit probatus et cognitus, quanta uirtute pietatis gratis Deum diligat.

10. Quibus recte consideratis atque perspectis adtende utrum aliquid mali acciderit fidelibus et piis, quod eis non in bonum uerteretur, nisi forte putandum est apostolicam illam uacare sententiam, ubi ait: *Scimus quia diligentibus Deum omnia cooperatur in bonum.* Amiserunt omnia quae habebant. Numquid fidem? Numquid pietatem? Numquid interioris hominis bona, qui est ante Deum diues? Hae sunt opes Christianorum, quibus opulentus dicebat apostolus: *Est autem quaestus magnus pietas cum sufficientia. Nihil enim intulimus in hunc mundum, sed nec auferre aliquid possumus. Habentes autem uictum et tegumentum his contenti sumus. Nam qui uolunt diuites fieri, incidunt in temptationem et laqueum et desideria multa stulta et noxia, quae mergunt homines in interitum et perditionem. Radix enim est omnium malorum auaritia, quam quidam adpetentes a fide pererrauerunt et inseruerunt se doloribus multis.*

Quibus ergo terrenae diuitiae in illa uastatione perierunt, si eas sic habebant, quem ad modum ab isto foris paupere, intus diuite audierant, id est, si mundo utebantur tamquam non utentes, potuerunt dicere, quod ille grauiter temptatus et minime superatus: *Nudus exiui de utero matris meae, nudus reuertar in terram. Dominus dedit, Dominus abstulit, sicut Domino placuit, ita factum est; sit nomen Domini benedictum*; ut bonus seruus magnas facultates haberet ipsam sui Domini uoluntatem, cui pedisequus mente ditesceret, nec contristaretur eis rebus uiuens relictus, quas cito

---

[50] 1.10.2 참조. 그밖에 18.47; 22.29.3-4도 참조.

[51] 로마 8,28.

[52] 1베드 3,4 참조.

[53] quibus opulentus: 교부는 인생의 고통과 역사의 재앙을 하느님의 섭리적 경륜에서 바라보도록 초대하며, 주변에서 일어나는 사건들에 함몰되지 않고 정신적으로 장악하는 인간의 우월성을 강조한다.

[54] 1디모 6,6-10.

[55] 1고린 7,31 참조: "세상을 이용하는 사람은 이용하지 않는 사람처럼 하시오. 무릇 이 세상의 모습은 사라집니다."

[56] 욥기 1,21.

명분을 보여주었다. 인간 정신이 시험을 받음으로써 자기가 얼마나 경건한 덕으로 또 사심 없이 하느님을 사랑하는지 스스로 깨달을 수 있는 법이다.[50]

10. 성도聖徒로서는 현세 사물을 상실해도 잃는 것이란 없다

10. 1. 신실하고 경건한 사람들에게는 재앙이 선으로 변한다

이 모든 사정을 제대로 고찰하고 숙고하고 나면, 신실하고 경건한 사람들에게 선으로 변하지 않는 무슨 악이 과연 발생하는지 보시라. 그렇지 않으면 사도의 다음 말씀, 곧 "우리는 알거니와, 하느님을 사랑하는 이들에게는 모든 일이 울력하여 좋은 일을 이룹니다"[51]라는 구절이 의미없는 말이 되어 버린다. 그들이 가진 것을 모조리 잃었다고 하지. 그러면 신앙信仰도 잃었는가? 신심信心도 잃었는가? 하느님 앞에 부자가 되는, 내적 인간의 선성도 잃었는가?[52] 바로 이것들이 그리스도인의 재산이요 사도는 그런 재산으로 풍요해졌기에[53] 다음과 같은 말을 했다: "사실 자족할 줄 아는 경건은 큰 이득입니다. 우리는 이 세상에 아무것도 가지고 오지 않았으며 또 아무것도 가지고 갈 수 없습니다. 먹을 것과 입을 것이 있으면 그것으로 만족합시다. 부자가 되고 싶은 자들은 사람들을 몰락과 파멸로 빠뜨리는 유혹과 올가미와 어리석고 해로운 여러 가지 욕심에 떨어집니다. 돈 욕심은 모든 악의 뿌리입니다. 그것을 좇다가 믿음에서 빗나가 많은 고통을 자초한 자들이 있습니다."[54]

10. 2. 재산을 잃어도

로마의 침탈중에 지상 재화를 잃은 사람들을 생각해 보자. 만일 재산을 지니고 있었더라도 겉으로는 비록 가난하지만 속으로는 부자로서 저 사도의 말씀을 들었다면, 다시 말해 세상을 이용하되 마치 이용하지 않는 것처럼 해왔다면,[55] 혹심한 유혹을 당하면서도 조금도 굴하지 않았던 저 욥의 말을 자기도 되뇔 수 있었을 것이다: "벌거벗고 세상에 태어난 몸, 알몸으로 돌아가리라. 주님께서 주셨던 것, 주님께서 도로 가져가시니 다만 주님의 이름을 찬양할지라."[56] 그는 착실한 종답게 자기 주님의 뜻에 커다란 권능을 부여하고 믿었으며 그 뜻을 발자국마다 따라가면서 정신적으로 부유해질 수 있었으므로, 머잖아 죽으면서 결

fuerat moriens relicturus. Illi autem infirmiores, qui terrenis his bonis, quamuis ea non praeponerent Christo, aliquantula tamen cupiditate cohaerebant, quantum haec amando peccauerint, perdendo senserunt. Tantum quippe doluerunt, quantum se doloribus inseruerant, sicut apostolum dixisse supra commemoraui. Oportebat enim ut eis adderetur etiam experimentorum disciplina, a quibus tam diu fuerat neglecta uerborum. Nam cum dixit apostolus: *Qui uolunt diuites fieri, incidunt in temptationem* et cetera, profecto in diuitiis cupiditatem reprehendit, non facultatem, quoniam praecepit alibi dicens: *Praecipe diuitibus huius mundi non superbe sapere neque sperare in incerto diuitiarum, sed in Deo uiuo, qui praestat nobis omnia abundanter ad fruendum: bene faciant, diuites sint in operibus bonis, facile tribuant, communicent, thesaurizent sibi fundamentum bonum in futurum, ut adprehendant ueram uitam.* Haec qui de suis diuitiis faciebant, magnis sunt lucris leuia damna solati plusque laetati ex his, quae facile tribuendo tutius seruauerunt, quam contristati ex his, quae timide retinendo facilius amiserunt. Hoc enim potuit in terra perire, quod piguit inde transferre. Nam qui receperunt consilium Domini sui dicentis: *Nolite uobis condere thesauros in terra, ubi tinea et rubigo exterminant et ubi fures effodiunt et furantur; sed thesaurizate uobis thesaurum in caelo, quo fur non accedit neque tinea corrumpit; ubi enim est thesaurus tuus, illic erit et cor tuum*, tribulationis tempore probauerunt quam recte sapuerint non contemnendo ueracissimum praeceptorem et thesauri sui fidelissimum inuictissimumque custodem. Nam si multi gauisi sunt ibi se habuisse diuitias suas, quo contigit ut hostis non accederet: quanto certius

---

[57] 1디모 6,17-19.

[58] in terra perire, quod piguit inde transferre: 수도자로서, 성직자로서 살아온 교부의 영성을 반영하는 문장이다.

[59] 마태 6,19-21.

국 남기고 갈 것을 살아 생전에 잃어버렸다고 해서 슬퍼하지 않았던 것이다. 그보다 심약한 사람들은, 지상 재화를 그리스도보다 앞세우지는 않았겠지만, 상당한 욕심으로 지상 재화에 애착하고 있었을 터이므로, 이번에 그것을 잃어 버림으로써, 지상 재화를 사랑하다 보면 얼마나 많은 죄를 지을 수 있었을는지 새삼 깨닫기에 이르렀다. 앞에 인용한 사도의 말처럼, 스스로 고통을 자초한 그만큼 괴롭기도 했을 것이다. 저 말씀의 의미를 오랫동안 소홀히 한 사람들에 게는 이번 경험의 가르침이 보탤 필요가 있었다고 하겠다. 사도가 "부자가 되 고 싶은 자들은 유혹에 떨어집니다"라고 말했을 적에는 재산에 대한 탐욕을 질 책한 것이며 소유 자체를 탓한 것은 아니니 다른 데서는 이렇게 명하고 있는 까닭이다: "현세에서 부자로 사는 이들에게 교만해지지 말라고 권고하시오. 불 안전한 부에 희망을 두지 말고 우리에게 모든 것을 풍성히 주어 즐기게 하시는 하느님께 희망을 두라고 하시오. 또 선을 행하고 선행으로 부요해지며 기꺼이 베풀고 나누어 주라고 하시오. 앞날을 위해 든든한 기초를 스스로 쌓아서 참된 생명을 얻으라고 하시오."[57] 자기 재산에 관해 이렇게 처신해온 사람들은 이번 에 경미한 손해로 크나큰 이익을 거둔 셈 치고 스스로 위안을 삼았을 테고, 소 심하게 지켜내다가 어처구니없게 잃어버린 것을 두고 슬퍼하느니보다는 여태까 지 남들에게 쾌히 내줌으로써 더욱 안전하게 간직하게 된 것을 두고 즐거워했 으리라. 지상에서 무엇을 잃을 수 있었다면 그것은 지상으로부터 딴 곳으로 옮 겨놓기를 주저했던 그만큼 잃어버린 것이다.[58] 다음과 같은 주님의 말씀이 있 다: "땅에 보물을 쌓지 마시오. 좀과 벌레가 갉아먹고 도둑이 뚫고들어와 훔쳐 갑니다. 하늘에 보물을 쌓으시오. 좀도 벌레도 갉아먹지 않고 도둑들이 뚫고들 어와 훔쳐가지도 않습니다. 보물이 있는 곳에 마음도 있는 법입니다."[59] 이 고 견을 받아들인 사람들은, 진실하기 이를 데 없는 스승의 말씀을 경멸하지 않고 자기 보물을 지극히 성실하고 지극히 안전하게 지켜주는 파수꾼의 말씀을 경멸 하지 않았음이 얼마나 현명한 일이었던가를 이번 환난의 시기에 새삼 확인한 셈이다. 우연히라도 적병의 손이 미치지 않는 곳에 자기 재산을 두었던 일로 많은 사람들이 기뻐했다면, 자기네 하느님의 충고에 따라 적병이 절대로 다가

et securius gaudere potuerunt, qui monitu Dei sui illuc migrauerunt, quo accedere omnino non posset! Vnde Paulinus noster, Nolensis episcopus, ex opulentissimo diuite uoluntate pauperrimus et copiosissime sanctus, quando et ipsam Nolam barbari uastauerunt, cum ab eis teneretur, sic in corde suo, ut ab eo postea cognouimus, precabatur: «Domine, non excrucier propter aurum et argentum; ubi enim sint omnia mea, tu scis.» Ibi enim habebat omnia sua, ubi eum condere et thesaurizare ille monstrauerat, qui haec mala mundo uentura praedixerat. Ac per hoc qui Domino suo monenti oboedierant, ubi et quo modo thesaurizare deberent, nec ipsas terrenas diuitias barbaris incursantibus amiserunt. Quos autem non oboedisse paenituit, quid de talibus rebus faciendum esset, si non praecedente sapientia, certe consequente experientia didicerunt.

At enim quidam boni etiam Christiani tormentis excruciati sunt, ut bona sua hostibus proderent. Illi uero nec prodere nec perdere potuerunt bonum, quo ipsi boni erant. Si autem torqueri quam mammona iniquitatis prodere maluerunt, boni non erant. Admonendi autem fuerant, qui tanta patiebantur pro auro, quanta essent sustinenda pro Christo, ut eum potius diligere discerent, qui pro se passos aeterna felicitate ditaret, non aurum et argentum, pro quo pati miserrimum fuit, seu mentiendo occultaretur, seu uerum dicendo proderetur. Namque inter tormenta nemo Christum con-

---

[60] Paulinus Nolensis (353/5~431): 381년 집정관과 캄파니아 총독을 지낸 인물로 389년에 모든 재산을 빈민들에게 희사하고 그리스도 신자가 되었다. 409년에 놀라의 주교가 되어 아우구스티누스와 나눈 오랜 우정은 그가 아우구스티누스에게 보낸 서간(Augustinus, *Epistulae* 24, 25, 30, 94, 121)과 아우구스티누스가 그에게 보낸 서간(*Epistulae* 27, 31, 42, 45, 80, 95, 149, 186)에 잘 나타나 있다. 「고백록」의 집필도 그의 요청에 따라 착수한 것으로 전해온다.

[61] bonum, quo ipsi boni "그들을 선한 사람으로 만드는 그 선"은 플라톤의 이데아 사상을 반영하며 (예: *Phaedo* 74c) 교부의 철학서에 자주 나오는 표현이다(예: *Soliloquia* 1.15.27; *De Trinitate* 8.3.4).

[62] mammona iniquitatis: 루가 16,9-13에 두 차례 나오는 표현이며, 부정적 의미로 재산 또는 물신 (物神)을 가리킨다.

[63] Cf. *De urbis excidio* 2.3; *Sermo* 296.8-9; *Epistula* 227.4.

갈 수 없는 곳으로 자기 재산을 옮겨놓았던 사람들은 얼마나 더 안심했겠고 얼마나 확실하게 기쁨을 누릴 수 있었겠는가! 그래서 우리의 파울리누스, 놀라의 주교[60]는 자발적으로 엄청난 부자에서 지극히 가난하고 더없이 거룩한 사람이 된 몸인데 야만족들이 놀라마저 약탈할 적에 그들에게 붙잡힌 처지가 되었다. 그때 그는 속마음으로 "주여, 금과 은 때문에 내가 고초를 당하지 않게 하소서. 내 모든 재산이 어디 있는지는 당신이 아시나이다"라는 기도를 올렸다고 하는데 후일에 그의 입에서 우리가 직접 들어서 알게 된 일이다. 그는 세상에 이런 해악이 닥쳐오리라고 예언한 일도 있었으며, 남들에게 어디다 재산을 간직하고 보물을 쌓을 것인지 가르쳐 주었고 자기도 바로 그곳에 자기의 모든 것을 이미 간직해 두고 있었던 것이다. 그러므로 어디에 어떻게 보물을 쌓아둘 것인지에 관해 자기 주님의 권고에 순종한 사람들은 파울리누스 주교의 충고대로 했으므로 야만인들의 침략하에서 지상 재화마저도 잃지 않았던 것이다. 그 대신 이런 가르침에 복종하지 않아서 후회한 사람들도, 지상 재화로 무엇을 해야 할지에 관해 앞을 내다보는 지혜로 미리 배우지는 못했지만 경험에 뒤따라서는 배운 바 있었을 것이다.

10.3. 고문을 당해도

그런데 선량한 그리스도인들도 고문을 당하고 하는 수 없이 자기 재산을 적병들에게 내주어야 했다. 하지만 그들을 선한 사람으로 만드는 그 선[61]은 내줄 수도 없었고 빼앗길 수도 없었다. 불의한 마몬[62]을 넘겨주느니 차라리 고문을 당하겠다면 선량한 사람이 아니었으리라. 황금을 위해 그토록 고난을 감수하던 사람들이었다면, 차라리 그리스도를 위해 그만큼 고난받도록 훈육받아야 했으리라. 황금보다는 그리스도를 더 사랑하는 법을 배웠어야 하리라. 그분은 자기를 위해 고난받은 사람들을 영원한 행복으로 부유하게 만들어 주는 분이기 때문이다. 그런데 금과 은은 그렇게 해주지 못한다.[63] 그러므로 거짓말을 하여 숨겨두든, 진실을 말하여 넘겨주든, 금과 은을 위해 고난을 받는 것은 비참하기 이를 데 없는 짓이었다. 왜냐하면 고문중에 그리스도에 대해서는 공공연하게 고백해서도 아무도 그리스도를 잃지 않았지만 금에 대해서는 없다고 부정함으

fitendo amisit, nemo aurum nisi negando seruauit. Quocirca utiliora erant fortasse tormenta, quae bonum incorruptibile amandum docebant, quam illa bona, quae sine ullo utili fructu dominos sui amore torquebant.

Sed quidam etiam non habentes quod proderent, dum non creduntur, torti sunt. Et hi forte habere cupiebant nec sancta uoluntate pauperes erant; quibus demonstrandum fuit non facultates, sed ipsas cupiditates talibus dignas esse cruciatibus. Si uero uitae melioris proposito reconditum aurum argentumque non habebant, nescio quidem utrum cuiquam talium acciderit, ut dum habere creditur torqueretur: uerum tamen etiamsi accidit, profecto, qui inter illa tormenta paupertatem sanctam confitebatur, Christum confitebatur. Quapropter etsi non meruit ab hostibus credi, non potuit tamen sanctae paupertatis confessor sine caelesti mercede torqueri.

Multos, inquiunt, etiam Christianos fames diuturna uastauit. Hoc quoque in usus suos boni fideles pie tolerando uerterunt. Quos enim fames necauit, malis uitae huius, sicut corporis morbus, eripuit: quos autem non necauit, docuit parcius uiuere, docuit productius ieiunare.

11. Sed enim multi etiam Christiani interfecti sunt, multi multarum mortium foeda uarietate consumpti. Hoc si aegre ferendum est, omnibus, qui in hanc uitam procreati sunt, utique commune est. Hoc scio, neminem fuisse mortuum, qui non fuerat aliquando moriturus. Finis autem uitae

---

[64] 편찬자에 따라서는 필사본에 근거해서 앞의 4절을 3절의 계속으로 보고 이 5절을 4절로 편집하거나 아예 11장 첫머리로 본다.

로써만 간수할 수 있었기 때문이다. 그러므로 불변하는 선을 사랑해야 한다는 법을 가르쳐 주었다는 점에서는 저 재산보다는 차라리 고문이 더 유용했다는 말까지 할 수 있다. 저 재산은 아무런 유익을 끼치지도 못하면서 재산에 대한 사랑 때문에 주인이 고문을 당하게 만든 까닭이다.

10.4. 형벌을 당해도

그런데 어떤 사람들은 넘겨줄 것이 없으면서도 믿기지 않기 때문에 고문을 당했다. 하지만 그들도 재산을 갖고 싶었던 사람들이고 따라서 거룩한 뜻으로 가난해진 것은 아니었다. 그런 사람들에게는 재산이 아니라 물욕 자체가 저런 형벌을 받을 만했다는 점을 보여주어야 했다. 만일 더 소중한 생명을 내놓을 만큼 숨겨놓은 금괴 은이 없었을 경우에도, 금은을 가졌으리라고 여겨졌기 때문에 그가운데 어떤 사람이 고문을 당했는지는 나도 모르겠다. 다만 그같은 고문 중에 거룩한 가난을 지키노라고 고백한 사람은 사실상 그리스도를 고백한 셈이다. 그것을 적병들이 믿어주지는 않았겠지만 거룩한 가난을 고백한 사람에게는 고문당한 일로 천상 상급이 없지 않을 것이다.

10.5. [64] 굶주림을 당해도

오랜 굶주림이 그리스도인들마저 무수히 죽게 만들었다는 이야기도 나온다. 그런데 선량한 신자들은 그 고생을 경건한 심경으로 견뎌냄으로써 그것마저 자기에게 유익이 되게 변모시켰다. 기아飢餓가 죽게 만든 사람들은, 육체의 질병이 그렇게 하듯이, 이 생애의 고초에서 기아가 그들을 앗아갔다. 기아가 죽게까지 만들지 않은 사람들이야 더 검소하게 살도록 가르치고 더 오래 금식하도록 가르친 셈이다.

11. 이르거나 늦거나 현세 생명은 끝난다

그런데 많은 그리스도인들이 살해당했고, 더구나 많은 이가 갖가지 치욕스런 형태로 죽음에 이르렀다. 감당하기 힘든 사건임에 틀림없지만 또한 이승에 태어난 모든 이에게는 범상한 일이기도 하다. 사람이 한번은 죽기로 되어 있지 않다면 아무도 죽지 않았으리라는 것을 나도 안다. 생명의 종말은 기나긴 삶이

tam longam quam breuem uitam hoc idem facit. Neque enim aliud melius et aliud deterius, aut aliud maius et aliud breuius est, quod iam pariter non est. Quid autem interest, quo mortis genere uita ista finiatur, quando ille, cui finitur, iterum mori non cogitur? Cum autem unicuique mortalium sub cotidianis uitae huius casibus innumerabiles mortes quodam modo comminentur, quamdiu incertum est quaenam earum uentura sit: quaero utrum satius sit unam perpeti moriendo an omnes timere uiuendo. Nec ignoro quam citius eligatur diu uiuere sub timore tot mortium quam semel moriendo nullam deinceps formidare. Sed aliud est quod carnis sensus infirmiter pauidus refugit, aliud quod mentis ratio diligenter enucleata conuincit. Mala mors putanda non est, quam bona uita praecesserit. Neque enim facit malam mortem, nisi quod sequitur mortem. Non itaque multum curandum est eis, qui necessario morituri sunt, quid accidat ut moriantur, sed moriendo quo ire cogantur. Cum igitur Christiani nouerint longe meliorem fuisse religiosi pauperis mortem inter lingentium canum linguas quam impii diuitis in purpura et bysso, horrenda illa genera mortium quid mortuis obfuerunt, qui bene uixerunt?

12. At enim in tanta strage cadauerum nec sepeliri potuerunt. Neque istuc pia fides nimium reformidat, tenens praedictum nec absumentes bestias resurrecturis corporibus obfuturas, quorum capillus capitis non

---

[65] *Mala mors* putanda non est, quam *bona vita* praecesserit: 교부는 생사라는 물리악 문제를 선악이라는 윤리악의 문제로 전환시킨다.

[66] 루가복음(16,19-31)에 나오는 부자와 거지 라자로의 비유를 가리킨다.

[67] 아우구스티누스는 이 사안을 두고 「죽은 이를 위한 배려」(*De cura pro mortuis gerenda*)라는 별도의 저작을 냈다.

든 짧은 삶이든 똑같이 끝난다. 이제 더는 똑같이 존재하지 않는 것을 놓고서 어느 것이 더 좋고 어느 것이 더 못하다는 법이 없고 어느 것이 더 크고 어느 것이 더 짧다는 법도 없다. 생명이 끝난 그 사람이 다시는 죽음에 끌려가지 않을 텐데, 저 생명이 끝나는 마당에 어떤 유형의 죽음으로 마쳤다는 사실이 왜 그다지도 중요한가? 사멸할 인간들의 개별적 삶에는 일상의 사건에서 무수한 죽음들이 갖가지 모양으로 위협을 가해 오는데 그가운데 어떤 죽음이 자기에게 닥칠지는 도대체 불확실하다. 죽음으로써 어느 한 가지 형태의 죽음을 당하는 편이 더 나은가, 아니면 살아있으면서 모든 형태의 죽음들을 두려워하는 편이 더 나은가 나는 묻고 싶다. 물론 한번 죽음으로써 아무 형태의 죽음도 더는 두려워하지 않아도 되는 처지보다는 모든 형태의 죽음을 두려워하면서라도 살아있는 편을 당장 선택하리라는 사실도 내가 모르지 않는다. 하지만 내가 말하려는 바는 육체의 감관이 나약하게 겁먹고 피하는 일 다르고, 정신의 이성이 주도면밀하게 사색하여 사심 없이 확신하는 바 다르다는 점이다. 선한 삶이 선행되었다면 그의 죽음을 악하다고 여겨서는 안 된다. 죽음을 악하게 만드는 것은 죽음 뒤에 따라오는 무엇이다.[65] 그러므로 필연적으로 죽어야 할 사람들에 관해서는 죽을 때 무슨 일이 닥칠지 걱정할 것이 아니라 죽어서 어디로 갈지에 마음을 써야 하리라. 그리스도인들은 다음 사실을 잘 알고 있다. 개들이 부스럼을 핥아주는, 경건한 가난뱅이의 죽음이 자색 옷과 아마포를 입은 불경스런 부자의 죽음보다 훨씬 낫다는 것을.[66] 그렇다면 착하게 살아온 사람들이 아무리 가증스런 형태의 죽음을 맞았다고 한들, 그것이 죽은 사람들에게는 무슨 해가되는가?

12. 시체 매장이 그리스도인들에게마저 불가능했지만 그래서 잃은 것은 없다
12. 1. 많은 사람이 무덤을 갖지 못했다
그리고 저 대대적 학살중에는 시체들이 묻히지도 못했다. 그러나 경건한 신앙은 이런 일로도 지나치게 두려워하지 않는다.[67] 시체를 뜯어먹는 짐승들이 육신이 부활하는 데 지장을 주지 않으리라는 것을 알며, 그들의 머리카락 하나라도 잃

peribit. Nullo modo diceret ueritas: *Nolite timere eos, qui corpus occidunt, animam autem non possunt occidere*, si quicquam obesset futurae uitae, quidquid inimici de corporibus occisorum facere uoluissent. Nisi forte quispiam sic absurdus est, ut contendat eos, qui corpus occidunt, non debere timeri ante mortem, ne corpus occidant, et timeri debere post mortem, ne corpus occisum sepeliri non sinant. Falsum est ergo quod ait Christus: *Qui corpus occidunt, et postea non habent quid faciant*, si habent tanta, quae de cadaueribus faciant. Absit, ut falsum sit quod ueritas dixit. Dictum est enim aliquid eos facere cum occidunt, quia in corpore sensus est occidendo; postea uero nihil habere quod faciant, quia nullus sensus est in corpore occiso. Multa itaque corpora Christianorum terra non texit, sed nullum eorum quisquam a caelo et terra separauit, quam totam implet praesentia sui, qui nouit unde resuscitet quod creauit. Dicitur quidem in Psalmo: *Posuerunt mortalia seruorum tuorum escam uolatilibus caeli, carnes sanctorum tuorum bestiis terrae; effuderunt sanguinem eorum sicut aquam in circuitu Hierusalem, et non erat qui sepeliret*, sed magis ad exaggerandam crudelitatem eorum, qui ista fecerunt, non ad eorum infelicitatem, qui ista perpessi sunt. Quamuis enim haec in conspectu hominum dura et dira uideantur, sed *pretiosa in conspectu Domini mors sanctorum eius*. Proinde ista omnia, id est curatio funeris, conditio sepulturae, pompa exequiarum, magis sunt uiuorum solacia quam subsidia mortuorum. Si aliquid prodest impio sepultura pretiosa, oberit pio uilis aut nulla. Praeclaras exequias in conspectu hominum exhibuit pur-

---

[68] 루가 21,18 참조: "머리카락 하나도 잃지 않을 것입니다." 본서 22.12-21에는 부활하는 사람들의 육체를 두고 장황한 토론이 나온다.

[69] 마태 10,28.

[70] 루가 12,4.

[71] 반어법을 이용하여 독자를 성토하며 몰아세우다가 이 글귀처럼 우주론적 지혜로 마음을 어루만져 주는 것이 수사학에 능통한 교부가 본서에서도 빈번하게 구사하는 기교다.

[72] 시편 78[79],2-3.

[73] 시편 115,6.

[74] pompa exsequiarum: 로마인들의 장례에서는 유족과 친지들의 행렬(exsequiae), 고인의 영정과 만장의 행렬(pompa)을 별개의 용어로 가리켰다.

[75] magis sunt *vivorum solacia* quam *subsidia mortuorum*: quam을 중심으로 한 대칭문장으로 장례의 허상을 지적한다.

지 않으리라는 것을 아는 까닭이다.[68] 원수들이 살해당한 사람들의 시체에 무슨 짓을 하고 싶었든, 그것이 죽은 이들의 장차 올 생명에 무슨 해코지를 할 수 있다면 진리 자체인 분이 "육신은 죽여도 영혼은 죽일 수 없는 자들을 겁내지 마시오"[69]라는 말씀을 하지 않았을 것이다. 누가 만일 육신을 죽이는 자들을 두려워하지 말라는 말을 육신을 죽이기 전에, 육신을 죽일까 두려워하지 말라는 뜻으로 알아듣지 않고 육신을 죽인 다음에, 살해한 육신을 묻도록 놓아두지 않을까 두려워하라는 뜻으로 알아듣는다면 얼마나 어처구니없는가! 그렇다면 그리스도가 "몸은 죽여도 목숨은 죽일 수 없는 자들을 두려워하지 마시오. 그다음에는 아무것도 할 것이 없습니다"[70]라는 요지의 말씀이 거짓이 되고 만다. 사람들은 시체를 두고도 갖가지 일을 저지를 수 있으니까. 진리 자체인 분이 한 말씀이 거짓말이 된다는 것은 있을 수 없다. 사람을 죽일 때에는 죽이는 육신에 감관이 있기 때문에 무엇인가 하는 것이고, 죽은 다음에는 아무것도 할 것이 없다는 것은 죽임받은 육신에는 아무 감관도 없기 때문이라는 말씀을 한 것이다. 그리스도인들의 허다한 시체를 흙이 덮어주지 못했다. 그렇지만 누구도 그 어느 하나를 하늘과 땅으로부터 떼어놓지는 못했다. 당신이 창조하신 바를 어디로부터 부활시켜야 할지 아시는 분이 당신의 현존으로 온 땅을 채우고 계시는 까닭이다.[71] 시편에도 이렇게 적혀 있다: "당신 종들의 주검을 하늘의 새들에게 먹이로 내주고 당신께 충실한 이들의 살을 들짐승들에게 주었나이다. 그들의 피를 물처럼 예루살렘 주변에 쏟아부었건만 묻어줄 사람 아무도 없나이다."[72] 하지만 이 구절은 저런 짓을 당한 사람들의 불행을 드러내는 것보다도 저런 짓을 저지른 사람들의 잔학상을 심히 과장하는 데 의도가 있었다. 이 모든 것이 인간들의 목전에는 가혹하고 불길해 보이겠지만 "그분의 성도들의 죽음은 주님의 눈에 귀중하다".[73] 결국 저 모든 것, 다시 말해 장례의 준비, 매장의 절차, 화려한 장의 행렬[74]은 한결같이 죽은 이들을 위한 도움이라기보다는 산 사람들을 위한 위안이다.[75] 만에 하나라도 불경스런 사람에게 성대한 매장이 무엇인가 도움이 된다면 경건한 사람에게 초라한 매장이나 아예 매장조차 없는 처지는 손해가 될 수도 있다. 그런데 성서에 나오는 비단옷을 입고 살던 저 부자에게 가솔들이 사람

purato illi diuiti turba famulorum, sed multo clariores in conspectu Domini ulceroso illi pauperi ministerium praebuit angelorum, qui eum non extulerunt in marmoreum tumulum, sed in Abrahae gremium sustulerunt.

Rident haec illi, contra quos defendendam suscepimus ciuitatem Dei. Verum tamen sepulturae curam etiam eorum philosophi contempserunt. Et saepe uniuersi exercitus, dum pro terrena patria morerentur, ubi postea iacerent uel quibus bestiis esca fierent, non curarunt, licuitque de hac re poetis plausibiliter dicere:

Caelo tegitur, qui non habet urnam.

Quanto minus debent de corporibus insepultis insultare Christianis, quibus et ipsius carnis membrorumque omnium reformatio non solum ex terra, uerum etiam ex aliorum elementorum secretissimo sinu, quo dilapsa cadauera recesserunt, in temporis puncto reddenda et redintegranda promittitur.

13. Nec ideo tamen contemnenda et abicienda sunt corpora defunctorum maximeque iustorum atque fidelium, quibus tamquam organis et uasis ad omnia bona opera sancte usus est Spiritus. Si enim paterna uestis et anulus, ac si quid huius modi, tanto carius est posteris, quanto erga parentes maior adfectus: nullo modo ipsa spernenda sunt corpora, quae utique multo familiarius atque coniunctius quam quaelibet indumenta gestamus. Haec enim non ad ornamentum uel adiutorium, quod adhibetur extrinsecus, sed ad ipsam naturam hominis pertinent. Vnde et antiquorum iustorum funera officiosa pietate curata sunt et exequiae celebratae et sepultura prouisa, ipsique cum uiuerent de sepeliendis uel etiam transferendis suis corporibus filiis mandauerunt, et Tobis sepeliendo mortuos Deum promeruisse teste angelo commendatur. Ipse quoque Dominus die

---

[76] 루가 16,22-31 (본서 1.11) 참조.

[77] 예: Plato, *Apologia* 40c-d; Cicero, *Tusculanae disputationes* 1.19.43.

[78] Lucanus, *Pharsalia* 7.819.

[79] 1고린 15,52 참조.

[80] corpus ad ipsam naturam hominis pertinent: "육체가 인간의 본성에 속한다"는 이 명제는 플라톤의 영향으로 육체를 경시한다고 오해받는 아우구스티누스의 관점을 바로잡는다. 그의 요점은 육체가 악한 것이 아니라는 것과 영과 육이 단일한 인간을 구성한다는 것이다.

[81] 토비 12.12 참조: "당신이 죽은 사람을 묻어 주었을 때에도 내가 그 사실을 하느님께 보고드렸습니다."

들 면전에서 거창한 장례식을 베풀어 주었지만, 주님의 면전에서는 종기투성이의 저 가난뱅이에게 천사들의 시중이 베풀어졌다. 천사들은 그를 대리석 무덤으로 메고 간 것이 아니라 아브라함의 품으로 데려갔던 것이다.[76]

12. 2. 일부 철학자들도 이 진리를 깨달았다

그리고 우리가 하느님의 나라를 옹호하면서 논적으로 삼는 사람들마저 이런 것을 비웃는다. 그들의 철학자들도 장례 절차를 경멸한 바 있다.[77] 때때로 전 군대가 조국 땅을 위해 죽어가면서도 그다음에 어디에 시체들이 쓰러져 있을 것이고 어느 짐승에게 먹이가 될지에 관해 전혀 마음을 쓰지 않았던 것이다. 이 일을 두고는 시인들이 멋지게 노래한 구절이 들어맞는다:

유골함이 없는 사람은 하늘을 덮느니라.[78]

그러니 묻히지 못한 육신들을 두고 그리스도인들을 욕하지 말아야 한다. 그들에게는 본인의 육체와 모든 지체들의 재형성이 이루어지는데, 정확한 때가 오면 단지 흙으로부터만 아니고 부패한 시체가 흩어져 돌아간, 다른 원소들의 비밀스런 처소로부터 육체가 복원되고 회복되리라는 언약이 있는 까닭이다.[79]

13. 성도의 시신을 매장하는 명분은 무엇인가

그렇다고 죽은 이들, 특히 의인들과 신도들의 몸을 경시하거나 유기해서는 안 된다. 성령이 이 몸을 마치 연장이나 그릇처럼 온갖 선업에 성스럽게 사용했기 때문이다. 부모에 대한 애정이 클수록 부친의 의복이나 반지 또는 이와 유사한 유품들이 후손들에게 그만큼 소중한 법이다. 그렇다면 그 어느 의복보다도 훨씬 친근하고 인연이 깊은 그 몸을 함부로 해서는 안 될 것이다. 이것은 그 몸이 외부로 사용되는 장식이나 도움이 되기 때문이 아니라 인간의 본성에 속하기 때문이다.[80] 그래서 상고시대 의인들의 장례도 효성스런 본분을 다해 준비되고 장례식이 거행되고 매장이 이루어졌던 것이다. 심지어 본인이 살았을 적에 자기 시신을 매장하거나 이장하는 일을 두고 자손들에게 명을 내려 놓기도 했다. 또 천사의 증언에 의하면 토비트는 죽은 이들을 매장해 줌으로써 하느님께 공덕을 쌓았다고 전한다.[81] 주님도 사흘 만에 부활할 터였지만 경건한 부인의 선행을 발표

tertio resurrecturus religiosae mulieris bonum opus praedicat praedican-
dumque commendat, quod unguentum pretiosum super membra eius
effuderit atque hoc ad eum sepeliendum fecerit. Et laudabiliter comme-
morantur in euangelio qui corpus eius de cruce acceptum diligenter atque
honorifice tegendum sepeliendumque curarunt. Verum istae auctoritates
non hoc admonent, quod insit ullus cadaueribus sensus, sed ad Dei pro-
uidentiam, cui placent etiam talia pietatis officia, corpora quoque mor-
tuorum pertinere significant propter fidem resurrectionis astruendam. Vbi
et illud salubriter discitur, quanta possit esse remuneratio pro elemosynis,
quas uiuentibus et sentientibus exhibemus, si neque hoc apud Deum perit,
quod exanimis hominum membris officii diligentiaeque persoluitur. Sunt
quidem et alia, quae sancti patriarchae de corporibus suis uel condendis
uel transferendis prophetico spiritu dicta intellegi uoluerunt; non autem
hic locus est, ut ea pertractemus, cum sufficiant ista, quae diximus. Sed si
ea, quae sustentandis uiuentibus sunt necessaria, sicut uictus et amictus,
quamuis cum graui adflictione desint, non frangunt in bonis perferendi
tolerandique uirtutem nec eradicant ex animo pietatem, sed exercitatam
faciunt fecundiorem: quanto magis, cum desunt ea, quae curandis funeri-
bus condendisque corporibus defunctorum adhiberi solent, non efficiunt
miseros in occultis piorum sedibus iam quietos! Ac per hoc quando ista
cadaueribus Christianorum in illa magnae urbis uel etiam aliorum oppido-
rum uastatione defuerunt, nec uiuorum culpa est, qui non potuerunt ista
praebere, nec poena mortuorum, qui non possunt ista sentire.

14. Sed multi, inquiunt, Christiani etiam captiui ducti sunt. Hoc sane
miserrimum est, si aliquo duci potuerunt, ubi Deum suum non inuenerunt.

---

[82] 마태 26,6-13 참조.

[83] 마태 27,57; 요한 19,39-42 참조.

[84] 창세 49,29-30(야곱의 유언); 50,24-25(요셉의 유언) 참조.

[85] 시신이 매장되지 못하면 명계(冥界)에 들지 못하고 혼백이 구천을 떠돈다는 민간신앙을 염두에
둔 말이다.

하고, 그 부인이 귀한 향유를 당신의 손발에 바른 그 일이 당신을 장사지내는 행위였음을 온 세상에 전하라고 당부한 바 있다.[82] 그리고 그분의 몸을 십자가에서 내려 정성껏 예를 다해 염한 다음 매장하도록 배려한 사람들의 이름이 복음서에는 칭송하는 어조로 기록되어 있다.[83] 물론 성서의 저 전거는 시체에 무슨 감관이 있다는 것을 가르치려는 의도가 아니었으며, 죽은 이를 장사지내는 효성스런 본분이 하느님 마음에 든다는 것과, 부활에 대한 신앙을 한층 강화하는 의미에서 죽은 이들의 몸도 하느님의 섭리에 속한다는 것을 의미한다. 저런 행위도 구원에 유익하다고 가르친다면, 만약 인간의 혼백 없는 지체에도 도리와 지성으로 시행한 바가 하느님 대전에서 상실되지 않는다면, 살아있고 지각하는 사람들에게 베풀어지는 희사에는 얼마나 훌륭한 보상이 올 수 있겠는가! 그런가 하면 경건한 성조聖祖들이 자기 몸을 안치하거나 옮겨가는 일에 관해 예언의 얼을 받아 언급한 말을 알아들어 보려는 노력도 있다.[84] 그러나 지금은 이 문제를 자세히 논할 자리가 아니고 여태까지 말한 것으로 충분할 듯하다. 중대한 환난이 닥치면 당장 살아있는 사람들을 보양하는 데 필요한 것, 곧 음식과 의복까지 부족해질 수 있다. 그렇더라도 그같은 곤경을 인내하고 감당하는 덕성이 선한 사람들에게서 고갈되어서는 안 되며, 마음에서 죽은 이들을 위하는 효성을 지워버리지 말고 오히려 더욱 열심히 발휘하여 풍성하게 만들어야 하리라. 그렇지만 죽은 이들의 장례를 치르는 데 일상 필요하고 시신을 안장하는 데 일상 필요한 것들이 부족할 경우라도, 그때문에 이미 안식을 누리는 사람들이 눈에 보이지 않는 경건한 자들의 처소에서 가련한 신세로 전락하지는 않는다![85] 그러므로 로마 같은 대도시에서나 다른 도성들에서 그리스도인들의 시체에 갖추어지지 못한 것이 너무 많았더라도, 그것을 갖추어 줄 능력이 없었던만큼 산 사람들의 탓도 아니고, 그것을 더는 느끼지 않을 터이니 죽은 사람들의 죗값도 아니다.

14. 성도에게는 포로 신세에서도 신적 위안이 없던 적이란 없다

그러나 많은 그리스도인들이 포로로 잡혀가지 않았느냐는 말들이 있다. 만약 자기네 하느님이 없는 곳으로 끌려갈 수 있다면 이것은 참으로 가련한 노

Sunt in scripturis sanctis huius etiam cladis magna solacia. Fuerunt in captiuitate tres pueri, fuit Daniel, fuerunt alii prophetae; nec Deus defuit consolator. Sic ergo non deseruit fideles suos sub dominatione gentis, licet barbarae, tamen humanae, qui prophetam non deseruit nec in uisceribus beluae. Haec quoque illi, cum quibus agimus, malunt inridere quam credere, qui tamen suis litteris credunt Arionem Methymnaeum, nobilissimum citharistam, cum esset deiectus e naui, exceptum delphini dorso et ad terras esse peruectum. Verum illud nostrum de Iona propheta incredibilius est. Plane incredibilius quia mirabilius, et mirabilius quia potentius.

15. Habent tamen isti de captiuitate religionis causa etiam sponte toleranda et in suis praeclaris uiris nobilissimum exemplum. Marcus Regulus, imperator populi Romani, captiuus apud Carthaginienses fuit. Qui cum sibi mallent a Romanis suos reddi quam eorum tenere captiuos, ad hoc impetrandum etiam istum praecipue Regulum cum legatis suis Romam miserunt, prius iuratione constrictum, si quod uolebant minime peregisset, rediturum esse Carthaginem. Perrexit ille atque in senatu contraria persuasit, quoniam non arbitrabatur utile esse Romanae rei publicae mutare captiuos. Nec post hanc persuasionem a suis ad hostes redire compulsus est, sed quia iurauerat, id sponte compleuit. At illi eum excogitatis atque hor-

---

[86] 다니 1,6; 에제 1,1; 에스 2,5 참조.

[87] 요나 2,1 참조.

[88] 고린토 시인이자 음악가 Ario Methymnaeus가 돌고래에게 구원받은 일화는 Herodotus, *Historiae* 1.23-24; Ovidius, *Fasti* 2.113 등에 나온다.

[89] Marcus Attilius Regulus: BC 267년, 256년에 집정관으로서 카르타고 해군을 격멸했으며, 250년 팔레르모 전투에서 패해 포로가 되었다. 교부는 본서 여러 곳(1.24; 2.23.1; 3.18.1; 3.20; 5.18.2)에서 그의 행적을 칭송한다.

릇이다. 성서를 보면 이런 비극 속에서도 큰 위로가 되는 말씀들이 있다. 다니엘서에 나오는 세 소년도 포로로 잡혀갔고 다니엘도 잡혀갔고 다른 예언자들도 잡혀갔다.[86] 그렇지만 그들에게는 위로자 하느님이 없지 않았다. 일찍이 큰 짐승의 배 속에서도 예언자를 저버리지 않으신 분이었으므로 하느님은 이 민족(비록 야만족이지만 인간적이었다)의 지배하에서도 당신 신도들을 저버리지 않으셨다.[87] 지금 우리가 논하는 이런 요나의 얘기를 저 사람들은 믿기보다는 웃어넘길 것이다. 그렇지만 저 사람들도 자기네 문학서에 나오는, 거문고를 타는 아리오 메팀나이우스 이야기는 믿고 있다. 그가 배에서 떨어졌을 적에 돌고래의 등에 업혀 육지까지 실려왔다는 얘기 말이다.[88] 그에 비하면 요니 예언지에 관한 우리네 이야기는 더욱 믿어지지 않을 것이다. 하도 신기하니까 분명 믿어지지 않고, 하도 엄청난 능력이 드는 이야기니까 신기하기만 할 것이다.

15. 레굴루스가 종교심 때문에 포로 신세를 자원해서 감수한 모범이 있지만, 그가 섬긴 신들은 그에게 아무 도움도 주지 못했다

15. 1. 레굴루스의 불굴의 용기

저 사람들도 종교적 이유에서 포로 처지를 자발적으로 감당해야 할 경우가 있었으며, 자기네 유명 인물 가운데 아주 훌륭한 귀감이 있다. 로마 백성의 사령관 마르쿠스 레굴루스[89]가 카르타고인들에게 포로가 되었다. 카르타고인들은 로마인들을 포로로 붙잡아 두니 차라리 자기네 동족들을 로마인들에게서 되돌려 받고 싶어했으므로 바로 이 목적을 달성하기 위해 자기네 사신들과 함께 레굴루스를 로마로 파견했다. 물론 소기의 목적을 전혀 달성하지 못할 경우에는 레굴루스가 카르타고로 돌아오겠다는 것을 맹세로 다짐했다. 그는 로마로 갔으며, 포로를 교환하는 것이 로마 공화국에 이로울 것 없다고 여겼으므로 원로원에서 카르타고인들이 주문한 것과는 정반대의 주장을 했다. 이렇게 원로원을 설득한 다음에도 그는 자기 시민들에게서 적군들에게로 돌아가라는 강요를 받지 않았지만 자기가 스스로 맹세한 바 있었으므로 자진해서 그 맹세를 지켰다.

rendis cruciatibus necauerunt. Inclusum quippe angusto ligno, ubi stare cogeretur, clauisque acutissimis undique confixo, ut se in nullam eius partem sine poenis atrocissimis inclinaret, etiam uigilando peremerunt. Merito certe laudant uirtutem tam magna infelicitate maiorem. Et per deos ille iurauerat, quorum cultu prohibito has generi humano clades isti opinantur infligi. Qui ergo propterea colebantur, ut istam uitam prosperam redderent, si uerum iuranti has inrogari poenas seu uoluerunt seu permiserunt, quid periuro grauius irati facere potuerunt? Sed cur non ratiocinationem meam potius ad utrumque concludam? Deos certe ille sic coluit, ut propter iuris iurandi fidem nec maneret in patria, nec inde quolibet ire, sed ad suos acerrimos inimicos redire minime dubitaret. Hoc si huic uitae utile existimabat, cuius tam horrendum exitum meruit, procul dubio fallebatur. Suo quippe docuit exemplo nihil deos ad istam temporalem felicitatem suis prodesse cultoribus, quando quidem ille eorum deditus cultui et uictus et captiuus abductus et, quia noluit aliter quam per eos iurauerat facere, nouo ac prius inaudito nimiumque horribili supplicii genere cruciatus extinctus est. Si autem deorum cultus post hanc uitam uelut mercedem reddit felicitatem, cur calumniantur temporibus Christianis, ideo dicentes Vrbi accidisse illam calamitatem, quia deos suos colere destitit, cum potuerit etiam illos diligentissime colens tam infelix fieri, quam ille Regulus fuit? Nisi forte contra clarissimam ueritatem tanta quisquam dementia mirae caecitatis obnititur, ut contendere audeat uniuersam ciuitatem deos colentem infelicem esse non posse, unum uero hominem

---

[90] Cf. Aulus Gellius, *Noctes Atticae* 6.4; Appianus, *De bellis Punicis* 4.

그러자 카르타고인들은 전대미문의 가증할 고문으로 그를 죽여 버렸다. 그들은 레굴루스를 좁다란 나무통 속에 가두어 넣고 그 속에 강제로 서 있게 만들었는데, 사방에 날카로운 못을 박아서 어느 편으로 몸을 숙이더라도 혹독한 고통이 따르게 했으며 그 속에서 잠을 못 이룬 채로 죽게 만들었다.[90] 당연히 사람들은 그의 큰 불행보다 더 큰 덕성을 칭송한다. 그는 신들을 두고 맹세했다. 우리를 비난하는 사람들은 그리스도교가 그 신들을 숭배하는 것을 금지한 까닭에 그 신들이 인류에게 이런 재앙들을 내린다는 견해를 내놓는다. 그런데 번창한 삶을 베풀어 달라고 숭배받는 신들이 레굴루스처럼 진실을 맹세하는 사람한테 이런 죽음의 형벌이 내리기를 원했거나 용납했다면, 맹세를 저버린 사람에게 도대체 어떻게 분노하고 과연 얼마나 심한 재앙을 내릴 수가 있었을까? 그렇다면 나의 논증이 양도논법으로 나오지 말라는 법이 있는가? 레굴루스는 신들을 철저히 섬겼으므로 맹세에 대한 신의信義 때문에 조국에 남지도 않았고 다른 곳으로 떠나지도 않았으며 조금도 주저하지 않고 잔인무도한 적들에게로 돌아가기까지 했다. 그가 이런 행동이 현세 생명에 유익하리라고 여겼다면, 너무도 가공할 종말을 보답으로 받았으니까, 의심없이 그는 속은 것이다. 따라서 그의 사례는 이 신들이 자기를 섬기는 자들에게 이 현세적 행복에 아무런 보탬이 되지 못한다는 것을 가르쳐준 셈이다. 그 신들을 섬기는 데 헌신했음에도 그는 패했고 포로로 끌려갔으며, 신들의 이름으로 맹세한 바와 달리 행동하려고 하지 않았다가 오히려 새롭고도 일찍이 들어본 적이 없는 참으로 잔혹한 고문을 당하고서 목숨을 잃었다. 그런데 만일 신들에 대한 숭배가 현세 이후에 행복을 상급으로 주는 것이라면, 무엇 때문에 그들은, 자기네 신들을 섬기는 것을 포기했기 때문에 로마에 저 재앙이 닥쳤다고들 하면서 그리스도교 시대를 두고 중상모략을 하는 것일까? 그 신들을 극진히 섬기고서도 레굴루스가 그랬던 것처럼 그토록 불행해졌는데 말이다. 놀라운 맹목과 정신이상 때문에 혹자는 이처럼 명확한 진리에까지 맞서가면서 이렇게 우길지 모른다: 한 사람이라면 신들을 정성껏 섬기고서도 불행해질 수 있겠지만 온 도시가 신들을 섬긴다면 불행을 당할 수는 없다. 이것은 자기네 신들의 권능이 개개인을 보전해 주는 데

posse, quod uidelicet potentia deorum suorum multos potius sit idonea conseruare quam singulos, cum multitudo constet ex singulis.

Si autem dicunt M. Regulum etiam in illa captiuitate illisque cruciatibus corporis animi uirtute beatum esse potuisse, uirtus potius uera quaeratur, qua beata esse possit et ciuitas. Neque enim aliunde beata ciuitas, aliunde homo, cum aliud ciuitas non sit quam concors hominum multitudo. Quam ob rem nondum interim disputo, qualis in Regulo uirtus fuerit; sufficit nunc, quod isto nobilissimo exemplo coguntur fateri non propter corporis bona uel earum rerum, quae extrinsecus homini accidunt, colendos deos, quando quidem ille carere his omnibus maluit quam deos per quos iurauit offendere. Sed quid faciamus hominibus, qui gloriantur se talem habuisse ciuem, qualem timent habere ciuitatem? Quod si non timent, tale ergo aliquid, quale accidit Regulo, etiam ciuitati tam diligenter quam ille deos colenti accidere potuisse fateantur et Christianis temporibus non calumnientur. Verum quia de illis Christianis orta quaestio est, qui etiam captiuati sunt, hoc intueantur et taceant, qui saluberrimae religioni hinc inpudenter atque inprudenter inludunt, quia, si diis eorum probro non fuit, quod adtentissimus cultor illorum, dum eis iuris iurandi fidem seruaret, patria caruit, cum aliam non haberet, captiuusque apud hostes per longam mortem supplicio nouae crudelitatis occisus est, multo minus nomen criminandum est Christianum in captiuitate sacratorum suorum, qui supernam patriam ueraci fide expectantes etiam in suis sedibus peregrinos se esse nouerunt.

---

[91] civitas ... concors hominum multitudo: 키케로에 의거한 아우구스티누스의 국가 개념이다. 공화국 (res publica) 및 국민(populus)에 대한 키케로의 정의는 19.21.1-2 참조.

[92] 로마 문인들은 맹세를 지키는 신의와 사나이다운 의리를 두고 레굴루스를 칭송하는 데 비해(예: Cicero, *De officiis* 3.26.99) 그리스 문인들은 그의 행동이 만용이라고 폄하한다(예: Diodorus Siculus, *Bibliotheca* 23.12.15; Polybius, *Historiae* 1.35).

[93] sancti: 사도 바울로의 용례에 따라서(예: 로마 15,16; 1고린 6,11; 1데살 5,23) 아우구스티누스도 그리스도에게 귀의한 신도들을 간단하게 "성도"(聖徒)라고 부른다.

[94] 1베드 2,11 참조.

적합하기보다는 다수를 보전해 주는 데 적합하다는 말과 같다. 다수 대중은 개개인으로 이루어져 있는데도 말이다.

15.2. 레굴루스는 진정한 자유가 무엇인지 일깨운다

레굴루스는 포로 처지에서도 또 육신의 고문하에서도 정신의 덕성으로 말미암아 행복했을 수 있었으리라고 말하는 사람이 혹시 있다면, 이번의 사태를 두고 그리스도인들에게 탓을 돌릴 것이 아니라 국가가 재앙을 당하고서도 행복해질 만한 그처럼 진정한 덕성을 추구하라! 국가는 이로 인해 행복해지고 인간 개인은 다른 것으로 인해 행복해진다는 법은 없다. 무릇 국가란 인간 개인들로 이루어진 합심하는 다수 대중[91] 외에 다른 것이 아니기 때문이다. 그러므로 레굴루스에게 이런 덕성이 있었는지는 당분간 논하지 않고, 우선 저 고귀한 귀간에서 다음과 같은 결론을 내리지 않을 수 없다는 말로 그치겠다. 그는 육신의 선익이나 외부에서 인간에게 오는 사물 때문에 신들을 섬긴 것이 아니다. 그는 자기가 맹세한 신들을 거스르기보다는 차라리 이 모든 선익을 잃는 편이 낫다고 여겼다.[92] 그런데 레굴루스처럼 재앙을 당하면서도 의연했던 시민을 둔 것을 자랑스러워하면서 자기네 국가가 그렇게 되는 것만은 두려워하는 사람들을 두고 우리는 어떻게 해야 할까? 그것이 두렵지 않다면 레굴루스처럼 열심히 신들을 섬기는 국가에도 레굴루스에게 일어난 일이 똑같이 일어날 수 있으리라고 인정해야 할 것이며, 부질없이 그리스도교 시대를 두고 중상모략을 하지 말 것이다. 포로가 된 그리스도인들에 관한 시비가 이런 토론의 실마리가 되었다. 구원이 풍부한 우리네 종교에 대해 뻔뻔스럽고 어리석게도 욕을 해대는 자들은 다음 사실을 숙고하고서 입을 다물었으면 한다. 그 신들을 가장 철저하게 섬기는 자가 그 신들에게 맹세를 지켰고, 그 일로 조국을 잃고 더는 다른 조국은 택하지 않고 적병들에게 포로가 되어 오래고 질긴 죽음을 겪는데 전대미문의 잔인무도한 형벌을 받고서 죽임을 당했다. 그럼에도 이 모든 것이 자기네 신들에게 치욕거리가 아니었다! 그렇다면 성도들[93]이 포로로 잡혀갔다고 해서 그리스도교 이름을 비난해서는 더욱 안 될 것이다. 그들은 진정한 믿음으로 상계의 나라를 기다리고 있으며 자기네 땅에서도 스스로를 나그네로 알고 있는 사람들이다.[94]

16. Magnum sane crimen se putant obicere Christianis, cum eorum exaggerantes captiuitatem addunt etiam stupra commissa, non solum in aliena matrimonia uirginesque nupturas, sed etiam in quasdam sanctimoniales. Hic uero non fides, non pietas, non ipsa uirtus, quae castitas dicitur, sed nostra potius disputatio inter pudorem atque rationem quibusdam coartatur angustiis. Nec tantum hic curamus alienis responsionem reddere, quantum ipsis nostris consolationem. Sit igitur in primis positum atque firmatum uirtutem, qua recte uiuitur, ab animi sede membris corporis imperare sanctumque corpus usu fieri sanctae uoluntatis, qua inconcussa ac stabili permanente, quidquid alius de corpore uel in corpore fecerit, quod sine peccato proprio non ualeat euitari, praeter culpam esse patientis. Sed quia non solum quod ad dolorem, uerum etiam quod ad libidinem pertinet, in corpore alieno perpetrari potest: quidquid tale factum fuerit, etsi retentam constantissimo animo pudicitiam non excutit, tamen pudorem incutit, ne credatur factum cum mentis etiam uoluntate, quod fieri fortasse sine carnis aliqua uoluptate non potuit.

17. Ac per hoc et quae se occiderunt, ne quicquam huius modi paterentur, quis humanus affectus eis nolit ignosci? Et quae se occidere noluerunt, ne suo facinore alienum flagitium deuitarent, quisquis eis hoc crimini dederit, ipse crimen insipientiae non cauebit. Nam utique si non licet priuata potestate hominem occidere uel nocentem, cuius occidendi licentiam lex nulla concedit, profecto etiam qui se ipsum occidit homicida est,

---

[95] 로마 약탈중에 일어난 여인들의 정조유린, 특히 종교에 정진하는 동정녀(童貞女)들의 정조유린과 피살은 호교론상으로 가장 난처한 문제였다. 교부는 이 문제에 관해 이 장부터 30장까지 장황하고 철저하게 논변한다.

[96] Nec ... alienis responsionem reddere, quantum ipsis nostris consolationem: 이 미묘한 문제를 길게 다루는 본의는 희생자들을 위로하려는 데 있다.

[97] virtus, qua recte vivitur, ab animi sede memebris corporis imperare ... usu sanctae voluntatis: 덕의 정신성은 정조유린이라는 난제를 풀어가는 출발점이 된다.

[98] ne cum mentis voluntate, quod sine carnis voluptate: 야만인들에게 정조를 유린당한 동정녀들에게 교부는 몇 해 전에 집필한 「결혼의 유익」(De bono coniugali) 21.25와 「거룩한 동정생활」(De sancta virginitate) 8.8에서 개진한 원칙을 제시한다. 수절이나 동정은 하느님에게 봉헌된 경우에만 참다운 덕성이고, 하느님에게 봉헌된 이상 육체적 차원의 것이 아니고 영성적 차원의 것이다. 그리고 순결의 덕은 의지의 자유로운 동의가 없는 한 결코 깨어지지 않는다!

16. 거룩한 동정녀들마저 포로 신세에서 추행을 당했는데, 그것이 의지의 동의 없이도 영혼의 덕성을 오염시킬 수 있는가

저들은 그리스도인들의 포로 처지를 과장하는 뜻에서 침략군이 범한 정조유린도 보태면서, 그것으로 그리스도인들에게 막중한 죄상을 씌울 수 있다고 생각한다.[95] 그것도 유부녀들과 혼기가 찬 처녀들만 아니라 성별聖別된 여자들에게까지 가해진 정조유린을 꼽는다. 여기서는 신앙이나 효성이나 정결이라는 덕성을 거론하자는 게 아니고, 정숙함과 사리분별을 잃지 않으면서도, 좁은 테두리에다 토론을 국한시키기로 한다. 그나마 다른 사람들에게 답변을 제시하려는 의도에서가 아니라 우리 편 사람들에게 위로를 제공하는 뜻에서 문제를 거론하기로 한다.[96] 무엇보디 먼저 올바로 살아가는 덕성이라는 것은 정신의 처소로부터 육신의 지체들에 명령을 내리는 무엇이라는, 또 육신은 성스러운 의지에 의해 사용됨으로써 성스러워진다는 입장을 확고히 해야겠다.[97] 그렇다면 본인의 의지가 확고하고 흔들림 없는 가운데, 타인이 육신을 갖고서 내 육신에 가한 짓은 그것이 무엇이든 본인이 자살 같은 죄를 범하지 않고서는 도저히 피할 수 없던 경우라면, 당하는 사람의 탓이 되지 않는다. 그렇지만 고통에만 해당하지 않고 성욕에도 해당하는 무엇이 타인의 육신에 가해질 수 있다. 그러므로 그런 짓이 어떻게 일어났든 본인이 확고한 마음으로 간직했다면 순결을 파괴하지는 않으나 본인의 수치심은 흔들어 놓았음에 틀림없다. 어느 정도 육체의 쾌락 없이는 일어날 수 없었던 일이더라도 지성의 의지로 이루어졌다고 믿을 것은 아니다.[98]

17. 처벌이나 치욕이 두려워 자결自決하는 죽음

이런 일을 당하지 않으려고 자살한 여자들을 두고는 어느 인정人情이 용서해 주기를 마다하겠는가? 또 타인이 가하는 추행을 피하려고 자살이라는 본인의 죄악을 짓기 싫어 자살을 꺼린 여자들에게 누가 만일 부정하다는 죄를 씌운다면 그런 사람이야말로 어리석음의 죄를 면할 수 없다. 누구든 사사로운 권리로 사람을 죽일 수 없으며, 비록 자기에게 해를 끼치는 사람이라도 살해할 권리는 어느 법률도 허용하지 않는다. 그렇다면 자신을 죽이는 사람도 살인자이고, 자

et tanto fit nocentior, cum se occiderit, quanto innocentior in ea causa fuit, qua se occidendum putauit. Nam si Iudae factum merito detestamur eumque ueritas iudicat, cum se laqueo suspendit, sceleratae illius traditionis auxisse potius quam expiasse commissum, quoniam Dei misericordiam desperando exitiabiliter paenitens nullum sibi salubris paenitentiae locum reliquit: quanto magis a sua nece se abstinere debet, qui tali supplicio quod in se puniat non habet! Iudas enim cum se occidit, sceleratum hominem occidit, et tamen non solum Christi, uerum etiam suae mortis reus finiuit hanc uitam, qua licet propter suum scelus alio suo scelere occisus est. Cur autem homo, qui mali nihil fecit, sibi malefaciat et se ipsum interficiendo hominem interficiat innocentem, ne alium patiatur nocentem, atque in se perpetret peccatum proprium, ne in eo perpetretur alienum?

18. At enim, ne uel aliena polluat libido, metuitur. Non polluet, si aliena erit; si autem polluet, aliena non erit. Sed cum pudicitia uirtus sit animi comitemque habeat fortitudinem, qua potius quaelibet mala tolerare quam malo consentire decernit, nullus autem magnanimus et pudicus in potestate habeat, quid de sua carne fiat, sed tantum quid adnuat mente uel renuat: quis eadem sana mente putauerit perdere se pudicitiam, si forte in adprehensa et oppressa carne sua exerceatur et expleatur libido non sua? Si enim hoc modo pudicitia perit, profecto pudicitia uirtus animi non erit, nec pertinebit ad ea bona, quibus bene uiuitur, sed in bonis corporis nu-

[99] 마태 27,3-5 참조.

[100] 여인들이 자살이라도 해서 정조를 지켰어야 하지 않으냐는 비난에 대해 아우구스티누스는 살인이라는 범죄를 철저하게 분석하여 그 궤변에 숨어 있는 모순들을 들춰낸다.

신을 죽여야겠다고 생각했던 사안에 있어 본인이 무죄할수록 자신을 죽인다면 더욱 유죄한 처지가 되고 만다. 예컨대 만일 우리가 유다스의 행실을 혐오하는 것이 온당하다면, 그가 밧줄에 목을 매닮으로써 스승을 배반한 저 죄를 속죄했다기보다는 그 죄를 증대시켰다고 판단되기 때문이다. 하느님의 자비에 대해 절망하고서, 또 자기 잘못을 후회하되 그 후회가 파멸적인 것이 되어 그는 구원을 얻을 참회의 여지를 전혀 남겨놓지 않았던 것이다. 유다스도 자신을 처형함으로써 더는 자기를 벌하지 못하게 되니까, 진정으로 속죄하고 싶다면 자결을 삼가야 옳았다. 유다스는 자신을 죽임으로써 죄 많은 인간을 죽인 것이요 그리스도의 죽음을 초래한 죄인만 아니고 자신의 죽음을 초래한 죄인으로서 이 승의 삶을 끝냈으니, 결국 스승을 배반한 죄아 때문에 자산이라는 또 다른 죄악으로 살해당한 셈이다.[99] 그렇다면 악한 짓은 아무것도 한 일이 없는 사람이 자신에게 자살이라는 악을 행해야 하고, 유죄한 인간에게 당하지 않으려고 자신을 죽임으로써 무죄한 자를 살인해야 한다는 말인가? 타인의 죄가 그 타인에게 돌아가는 것을 막으려고 자신에게 본인의 죄를 행한다는 말인가?[100]

18. 정신은 거부해도 타인이 구속된 육체에 가하는 폭행과 정욕

18. 1. 육신에 가해지는 강제 추행

그렇더라도 타인의 정욕이 나를 더럽힐까 두려워하기도 한다. 그 정욕이 정작 타인의 것이라면 나를 더럽히지 못하리라. 그리고 만에 하나라도 더럽힌다면 타인의 것이 아니리라. 정절이 영혼의 덕목인 이상 용기도 따르게 마련이며, 이 용기에 힘입어 어떤 악에도 동의하지 않고 어떤 악이든 인종하기로 결심하기에 이른다. 담대하고 정숙한 영혼이라도 자기 육체에 가해지는 바는 자기 능력으로 어찌하지 못하고, 지성으로 동의하거나 거부하는 그것만 자기 능력에 속한다. 만일 자기 육체가 붙들려 억눌린 채로 있고 자기 것이 아닌 정욕이 거기에 가하고 채우는 짓을 두고서, 정신이 온전한 사람치고, 누가 자기는 그 일로 정절을 잃었다고 생각하겠는가? 그런 식으로 정절이 상실된다면야 정절은 그야말로 영혼의 덕목이 아니고 인간이 올바로 살아가는 선善 가운데 들지도 못할 것이다.

merabitur, qualia sunt uires pulchritudo sana ualetudo, ac si quid huius modi est; quae bona, etiamsi minuantur, bonam iustamque uitam omnino non minuunt. Quod si tale aliquid est pudicitia, ut quid pro illa, ne amittatur, etiam cum periculo corporis laboratur? Si autem animi bonum est, etiam oppresso corpore non amittitur. Quin etiam sanctae continentiae bonum cum inmunditiae carnalium concupiscentiarum non cedit, et ipsum corpus sanctificatur, et ideo, cum eis non cedere inconcussa intentione persistit, nec de ipso corpore perit sanctitas, quia eo sancte utendi perseuerat uoluntas et, quantum est in ipso, etiam facultas.

Neque enim eo corpus sanctum est, quod eius membra sunt integra, aut eo, quod nullo contrectantur adtactu, cum possint diuersis casibus etiam uulnerata uim perpeti, et medici aliquando saluti opitulantes haec ibi faciant, quae horret aspectus. Obstetrix uirginis cuiusdam integritatem manu uelut explorans siue maleuolentia siue inscitia siue casu, dum inspicit, perdidit. Non opinor quemquam tam stulte sapere, ut huic perisse aliquid existimet etiam de ipsius corporis sanctitate, quamuis membri illius integritate iam perdita. Quocirca proposito animi permanente, per quod etiam corpus sanctificari meruit, nec ipsi corpori aufert sanctitatem uiolentia libidinis alienae, quam seruat perseuerantia continentiae suae. An uero si aliqua femina mente corrupta uiolatoque proposito, quod Deo uouerat, pergat uitianda ad deceptorem suum, ad hoc eam pergentem sanctam uel corpore dicimus, ea sanctitate animi, per quam corpus sanctificabatur, amissa atque destructa? Absit hic error et hinc potius admoneamur ita non amitti corporis sanctitatem manente animi sanctitate etiam corpore oppresso, sicut amittitur et corporis sanctitas uiolata animi sanctitate etiam

---

[101] "성덕" (sanctitas: 거룩함) : 아리스토텔레스 이래의 윤리덕을 교부는 "거룩한" (sancta) 절제, 육신이 "거룩해진다" (sanctificatur), 육신을 "거룩하게" (sancte) 사용한다는 표현을 써 가면서 종교적 차원에서의 대신덕 (對神德) 으로 현양시키고자 노력한다.

오히려 체력이나 미모나 튼튼한 건강이나 이와 유사한, 육신의 선 가운데 들 것이다. 이런 선들은 비록 훼손되더라도, 선하고 의로운 삶을 훼손시키지 않는다. 정절이 그런 것이라면 굳이 육신의 위험까지 무릅쓰면서 잃지 않겠다고 저항할이유가 무엇인가? 그 대신 그것이 영혼의 선이라면, 비록 육신이 당하더라도, 그때문에 정절이 상실되지는 않는다. 거룩한 절제의 선이 불결한 육체적 욕망에양보하지 않는 한, 자기 의도를 꺾지 않고 그 욕망에 지지 않고 저항하는 한, 오히려 그런 일을 겪으면서 육신 자체가 거룩해진다. 그리고 육신을 거룩하게사용하려는 의지가 본인에게 지속하는 한, 그럴 능력도 본인에게 있기 때문에무슨 일을 당하더라도 육신으로부터 그 성덕이 상실되지 않는다.[101]

18.2. 강제 추행이 영혼의 성덕을 손상시키지 않는다

육신이 거룩한 것은 그 지체들이 온전하기 때문이거나 아무런 접촉도 겪지 않았기 때문이 아니다. 여러 정황에서 육신의 지체는 폭행을 당해 손상될 수 있다. 의사들도 건강을 보살피면서 보기 민망한 지체에다 시술을 한다. 산파가처녀의 온전함을 손으로 짚어본다면서 살펴보다가 악의에서건 무의식중에든 혹은 우발적이든 처녀막을 손상시킬 수도 있다. 이렇게 하여 처녀가 그 지체의온전함을 이미 잃었다 해서 육신의 거룩함에서 무엇인가가 상실되었다고 생각할 어리석은 사람은 아무도 없으리라. 그러므로 정신의 각오가 존속하는 한, 또 바로 이 각오에 의해 육신이 거룩해질 자격이 있으므로, 타인의 정욕에서오는 폭행이 그의 육신에서도 거룩함을 앗아가지 못한다. 항구한 자기 절제가그 거룩함을 간직하고 있는 한. 그런데 만일 어떤 여자가 정신적으로 이미 타락했고 하느님께 서약한 각오를 무너뜨린 마당에 몸을 허락하려고 자기를 유혹하는 남자를 찾아가는 중이라고 하자. 그럼 찾아가는 도중에만은 그 여자가 아직 육신으로 거룩하다고 말하겠는가? 영혼의 거룩함으로 육신이 거룩해진다고했는데, 영혼의 거룩함이 이미 상실되고 무너진 지경인데도 말이다. 제발 이런그릇된 생각은 하지 말아야 한다. 영혼의 거룩함이 남아있는 한 비록 육신이추행을 당했더라도 육신의 거룩함이 상실되지 않았다고 말해주어야 하며, 반대로 육신이 온전하더라도 영혼의 거룩함이 유린된 이상 육신의 거룩함이 상실되

corpore intacto. Quam ob rem non habet quod in se morte spontanea puniat femina sine ulla sua consensione uiolenter oppressa et alieno conpressa peccato; quanto minus antequam hoc fiat! Ne admittatur homicidium certum, cum ipsum flagitium, quamuis alienum, adhuc pendet incertum.

19. An forte huic perspicuae rationi, qua dicimus corpore oppresso nequaquam proposito castitatis ulla in malum consensione mutato illius tantum esse flagitium, qui opprimens concubuerit, non illius, quae oppressa concumbenti nulla uoluntate consenserit, contradicere audebunt hi, contra quos feminarum Christianarum in captiuitate oppressarum non tantum mentes, uerum etiam corpora sancta defendimus? Lucretiam certe, matronam nobilem ueteremque Romanam, pudicitiae magnis efferunt laudibus. Huius corpore cum uiolenter oppresso Tarquinii regis filius libidinose potitus esset, illa scelus improbissimi iuuenis marito Collatino et propinquo Bruto, uiris clarissimis et fortissimis, indicauit eosque ad uindictam constrinxit. Deinde foedi in se commissi aegra atque inpatiens se peremit. Quid dicemus? Adultera haec an casta iudicanda est? Quis in hac controuersia laborandum putauerit? Egregie quidam ex hoc ueraciterque declamans ait: «Mirabile dictu, duo fuerunt et adulterium unus admisit.» Splendide atque uerissime. Intuens enim in duorum corporum commixtione unius inquinatissimam cupiditatem, alterius castissimam uoluntatem, et non quid coniunctione membrorum, sed quid animorum diuersitate age-

---

[102] *ea sanctitate animi,* per quam corpus sanctificabatur ... sicut amittitur et corporis sanctitas *violata animi sanctitate* etiam corpore intacto: 교부가 확립한 그리스도교 윤리의 내면성을 부각시킨다.

[103] *homicidium certum,* cum ipsum *flagitium ... adhuc* pendet *incertum*: 정조유린을 예방하여 자결해야 한다는 남성본위의 사회도덕에 대한 정확한 답변이다.

[104] Cf. Livius, *Ab Urbe condita* 1.58; Ovidius, *Fasti* 2.825-832; Cicero, *De republica* 2.25.47.

[105] duo fuerunt et adulterium *unus* admisit: 라틴어 문장은 "한 남자만"이라고 밝힌다. 현존하는 고전에서는 확인되지 않는 구절이다.

었다고 말해주어야 하리라.[102] 그러므로 여자가 폭력으로 유린당하고 타인의 죄악으로 더럽혀졌더라도 본인이 아무런 동의를 하지 않았다면, 자발적 죽음으로 자신에게 벌을 내려야 할 이유가 전혀 없다. 그러니 당하기도 전에 미리 죽음으로 자신을 벌할 이유는 더욱 없다! 타인이 가하려는 그 범죄마저 아직 확실하지 못한 터에 자신을 죽이는 확실한 살인이 허용되어서는 안 된다![103]

19. 자신에게 자행된 추행 때문에 자결한 루크레티아

19. 1. 억지로 추행당한 루크레티아의 경우

우리는 이처럼 확연한 논리를 갖고서 비록 육신이 유린당할지라도, 정결의 각오가 조금이라도 변하여 악에 동의한 일이 결코 없는 이상, 그것은 어디까지나 겁탈하여 성교를 행한 그 남자의 추행이지, 겁탈당하면서 성교를 한 그 여자의 추행이 결코 아니라고 말하는 바이다. 그 여자에게 의지의 동조가 전혀 없었기 때문이다. 그런데 포로로 잡혀가서 유린을 당한 그리스도인 여자들은 정신만 아니고 육신도 거룩하다고 옹호하는 우리의 말을 무슨 수로든 반박하려는 사람들에게까지 우리 논변이 통할까? 그들은 고대 로마 여인으로 귀부인이었던 루크레티아에게, 대단한 정절의 찬사를 바치고 있다. 타르퀴니우스 왕의 아들이 음탕한 생각으로 그 여자를 붙잡아서 몸을 유린했다. 그러자 그 여자는 악독한 젊은이의 죄상을 남편 콜라티누스와 친척인 브루투스에게 알렸고 고명하고 세도있던 두 남자를 떠밀어 복수를 하게 했다. 그런 다음 자기한테 행해진 추행을 두고 괴로워하다가 견디지 못하고 끝내 자결했다.[104] 이 일을 우리는 뭐라고 할 것인가? 이 여자를 간부라고 여길 것인가, 열녀라고 할 것인가? 누가 이런 시비에 끼어들어 고생하겠다고 나서겠는가? 이 일을 두고 누군가 다음과 같은 특이한 문장을 써서 사건의 진상을 드러내 주었다고 하겠다: "말하기에 이상하지만, 사람은 둘이었는데 간통을 저지른 것은 한 사람뿐이었다!" 놀랄 만큼 솔직한 글귀다.[105] 두 육체가 얽히었는데 하나의 육체에서는 추하기 이를 데 없는 욕정을 보고, 하나의 육체에서는 순결하기 이를 데 없는 정조를 꿰뚫어본 것이다. 그러니까 지체의 결합으로 무슨 일이 이루어졌느냐가 아니라 정신자세의

retur adtendens: «Duo, inquit, fuerunt, et adulterium unus admisit.»

Sed quid est hoc, quod in eam grauius uindicatur, quae adulterium non admisit? Nam ille patria cum patre pulsus est, haec summo est mactata supplicio. Si non est illa inpudicitia qua inuita opprimitur, non est haec iustitia qua casta punitur. Vos appello, leges iudicesque Romani. Nempe post perpetrata facinora nec quemquam scelestum indemnatum inpune uoluistis occidi. Si ergo ad uestrum iudicium quisquam deferret hoc crimen uobisque probaretur non solum indemnatam, uerum etiam castam et innocentem interfectam esse mulierem, nonne eum, qui id fecisset, seueritate congrua plecteretis? Hoc fecit illa Lucretia; illa, illa sic praedicata Lucretia innocentem, castam, uim perpessam Lucretiam insuper interemit. Proferte sententiam. Quod si propterea non potestis, quia non adstat quam punire possitis, cur interfectricem innocentis et castae tanta praedicatione laudatis? Quam certe apud infernos iudices etiam tales, quales poetarum uestrorum carminibus cantitantur, nulla ratione defenditis, constitutam scilicet inter illos,

> qui sibi letum
> Insontes peperere manu lucemque perosi
> Proiecere animas;

cui ad superna redire cupienti

> Fas obstat, tristisque palus inamabilis undae
> Adligat.

An forte ideo ibi non est, quia non insontem, sed male sibi consciam se

---

[106] non quid *coniunctione membrorum*, sed quid *animorum diversitate*: 앞의 각주 40과 98 참조.

[107] 3.15.2에서 이 일화를 다시 거론한다.

[108] Vergilius, *Aeneis* 6.434-439.

차이에서 무엇이 이루어졌느냐를 지켜보고서[106] "사람은 둘이었는데 간통을 저지른 것은 한 사람뿐이었다!"고 한 것이다.

19.2. 그러나 그 자결은 자해행위였다

그런데 간통을 저지르지도 않은 여자가, 자기 자신을 저토록 엄하게 징계한 이것은 뭐라고 설명할 것인가? 일을 저지른 남자는 자기 부친과 더불어 나라에서 추방당한 것이 고작이었는데 여자는 극형을 당한 셈이다.[107] 강제로 유린당한 것이 부정不貞이 아니라면 순결한 채로 벌을 받은 것도 정의가 아니다. 로마의 법률과 판관들이여, 여러분에게 이 사건을 상소해 보겠다. 여러분은 파렴치한 범죄가 이루어진 다음이라고 할지라도, 누군가가 범인으로 판결을 받지 않은 이상 무조건 치형당히게 버러두고 싶지 않았으리라. 그런데 누군가 이런 범죄를 여러분의 재판에 회부했는데 파렴치한 죄를 지은 범인으로 판결을 받지 않았을뿐더러 그야말로 정결하고 무죄한 여자가 피살당했음을 여러분이 입증해냈다고 하자. 그럴 경우에 여러분은 살인이라는 그 짓을 저지른 사람에게 엄정한 형벌을 내리지 않았겠는가? 그런데 바로 루크레티아가 그런 짓을 저질렀다! 저토록 칭송을 받고 있는 루크레티아가 무죄하고, 정결하고, 완력으로 유린당한 루크레티아를 죽여버린 것이다! 그러니 이제 판결을 내리시라! 여러분이 형벌을 내릴 수 있는 당사자가 출석하지 않았으므로 판결을 내리지 못하겠다면, 어째서 여러분은 무죄하고 정결한 여자를 죽인 저 살인자를 그토록 치켜세우며 칭송하는가? 여러분의 이러저런 시인들이 노래로 읊고 있지만, 적어도 지하의 판관들 앞에서는 여러분이 저 여자를 변호하지 못할 것이다. 저 여자가 가기로 정해진 곳은

　　　　　　　죄가 없으면서도
　　　　제 손으로 죽음을 자초했고 빛을 증오하여
　　　　명계로 혼백을 던진 사람들

틈새일 것이기 때문이다. 그들이 비록 지상으로 돌아오고 싶더라도

　　　　운명이 가로막느니 슬픔의 늪과 혐오스런 물살이
　　　　그들은 붙들어 놓느니라.[108]

하지만 그 여자는 무죄한데도 자결했다기보다 자기에게 탓이 있다고 생각하여 자

peremit? Quid si enim (quod ipsa tantummodo nosse poterat) quamuis iuueni uiolenter inruenti etiam sua libidine inlecta consensit idque in se puniens ita doluit, ut morte putaret expiandum? Quamquam ne sic quidem se occidere debuit, si fructuosam posset apud deos falsos agere paenitentiam. Verum tamen si forte ita est falsumque est illud, quod duo fuerunt et adulterium unus admisit, sed potius ambo adulterium commiserunt, unus manifesta inuasione, altera latente consensione: non se occidit insontem, et ideo potest a litteratis eius defensoribus dici non esse apud inferos inter illos, «qui sibi letum insontes peperere manu.» Sed ita haec causa ex utroque latere coartatur, ut, si extenuatur homicidium, adulterium confirmetur; si purgatur adulterium, homicidium cumuletur; nec omnino inuenitur exitus, ubi dicitur: «Si adulterata, cur laudata; si pudica, cur occisa?»

Nobis tamen in hoc tam nobili feminae huius exemplo ad istos refutandos, qui Christianis feminis in captiuitate compressis alieni ab omni cogitatione sanctitatis insultant, sufficit quod in praeclaris eius laudibus dictum est: «Duo fuerunt et adulterium unus admisit.» Talis enim ab eis Lucretia magis credita est, quae se nullo adulterino potuerit maculare consensu. Quod ergo se ipsam, quoniam adulterum pertulit, etiam non adultera occidit, non est pudicitiae caritas, sed pudoris infirmitas. Puduit enim eam turpitudinis alienae in se commissae, etiamsi non secum, et Romana mulier, laudis auida nimium, uerita est ne putaretur, quod uiolenter est passa cum uiueret, libenter passa si uiueret. Vnde ad oculos hominum testem mentis suae illam poenam adhibendam putauit, quibus conscientiam demonstrare non potuit. Sociam quippe facti se credi erubuit, si,

---

[109] 문장상으로는 간통과 살인이 동등하게 양도논법에 걸리는 듯하지만, 아우구스티누스가 구사하는 로마법 용어들은 간통에는 confirmatio(확정), purgatio(무혐의), 살인에는 extenuatio(경감), cumulatio(가중)가 적용되어 "살인죄가 경감되면 간통죄가 확정되고, 간통죄가 무혐의 처리되면 살인죄가 가중처벌된다"라고 번역해야 할 만큼 미묘한 뉘앙스를 남기고 있다.

결했기 때문에 저기에 가 있지 않을지도 모른다고? 만일 그렇다면, 그 여자가 비록 자기를 덮치는 젊은이에게 부정한 음욕을 품고서 동의했지만 (이것이야 그 여자 본인만 알 수 있으리라) 자신을 벌하며 그토록 괴로워했고 그래서 죽음으로 속죄한다고 생각했다는 말인가? 그러나 이런 경우라도 비록 거짓된 신들 앞에서나마 보람있는 참회를 하려면 자살만은 해서는 안 된다. 여하튼 사람은 둘이 있었건만 하나만 간통을 저질렀다는 저 구절은 틀렸고, 그래서 양편 다 간통을 저지른 셈이라면, 다시 말해 한 남자는 노골적 겁탈로, 한 여자는 은근한 동의로 범죄를 저지른 것이라면 그 여자의 사정을 옹호하는 시 구절처럼 저승에서도 "죄가 없으면서도 제 손으로 죽음을 자초한" 사람들 틈에는 가 있지 않을지도 모른다. 그러나 그렇게 말할지라도 이 시안은 양도논법에 걸리고 만다. 살인이 면해지면 간통이 확정되고, 간통이 벗겨지면 살인이 씌워진다.[109] 그리하여 "간부라면 칭송은 왜 받는가? 열녀라면 자살은 왜 했는가?"라는 논법에서 빠져나갈 출구가 없다.

19. 3. 아무리 정결했더라도

우리가 로마의 이 귀부인을 예거하여 논하는 까닭은, 포로로 잡혀 겁탈을 당한 그리스도교 여자들을 두고, 경건한 생각과는 전혀 동떨어진 핑계를 대면서 조롱하는 사람들을 반박하기 위함이다. 군이 그들에게 대꾸하자면 루크레티아라는 여자에게 탁월한 찬사를 바치면서 "사람은 둘이었는데 간통을 저지른 것은 한 사람뿐이었다!"는 글귀 하나로 충분하겠다. 그들은 루크레티아를 이런 여자라고, 즉 간통에 동의하여 일신을 더럽힐 여자가 절대 아니었다고 믿었다. 그 여자가 간부姦夫를 그냥 두지 않았다는 점에서 미루어보면, 자신은 간부姦婦가 아니면서도 스스로 목숨을 끊은 까닭은 정결한 사랑 때문이 아니라 허약한 수치심 때문이었다. 자기가 함께 범한 짓은 아니면서도 자기 몸에 저질러진 타인의 추행을 그 여자는 부끄러워했고, 명예를 지나치게 탐하는 로마 여성답게 그 여자는 자기가 목숨을 살리면서까지 폭력으로 당한 그 일이 자기가 살아남아 있으면 자발적으로 당한 것처럼 여겨질까 두려웠던 것이다. 그리하여 사람들에게 자기의 양심을 내보일 수가 없었던 까닭에 자결이라는 형벌을 내세워 자기 마음을 보여주는 증언으로 삼아야겠다고 생각했던 것이다. 자신이 저 사건의

quod alius in ea fecerat turpiter, ferret ipsa patienter. Non hoc fecerunt feminae Christianae, quae passae similia uiuunt tamen nec in se ultae sunt crimen alienum, ne aliorum sceleribus adderent sua, si, quoniam hostes in eis concupiscendo stupra commiserant, illae in se ipsis homicidia erube-scendo committerent. Habent quippe intus gloriam castitatis, testimonium conscientiae; habent autem coram oculis Dei sui nec requirunt amplius, ubi quid recte faciant non habent amplius, ne deuient ab auctoritate legis diuinae, cum male deuitant offensionem suspicionis humanae.

20. Neque enim frustra in sanctis canonicis libris nusquam nobis diuini-tus praeceptum permissumue reperiri potest, ut uel ipsius adipiscendae in-mortalitatis uel ullius cauendi carendiue mali causa nobismet ipsis necem inferamus. Nam et prohibitos nos esse intellegendum est, ubi lex ait: *Non occides*, praesertim quia non addidit: «proximum tuum», sicut falsum testimonium cum uetaret: *Falsum*, inquit, *testimonium non dices aduersus proximum tuum*. Nec ideo tamen si aduersus se ipsum quisquam falsum testimonium dixerit, ab hoc crimine se putauerit alienum, quoniam regu-lam diligendi proximum a semet ipso dilector accepit, quando quidem scriptum est: *Diliges proximum tuum tamquam te ipsum*. Porro si falsi testimonii non minus reus est qui de se ipso falsum fatetur, quam si aduer-sus proximum hoc faceret, cum in eo praecepto, quo falsum testimonium prohibetur, aduersus proximum prohibeatur possitque non recte intelle-gentibus uideri non esse prohibitum, ut aduersus se ipsum quisque falsus testis adsistat: quanto magis intellegendum est non licere homini se ipsum

---

[110] 아우구스티누스는 루크레티아의 정절을 높이 사는 로마 문인들의 견해에 동조하면서도 스스로 생명을 버려서는 안 된다는 그리스도교 윤리를 여러 각도로 논변한다.

[111] *ne devient* ab auctoritate legis divinae, *cum male devitant* offensionem suspicionis humanae: 그리스 도교 윤리는 인정법(人定法)과 자연법(自然法) 위에 신법(神法)을 둔다.

[112] 출애 20,13.

[113] 출애 20,16.

[114] 레위 19,18; 마태 22,39.

공모자로 여겨짐을 수치스러워했고, 다른 남자가 추잡하게 자기한테 행한 짓을 자기가 잠자코 용납한 것처럼 여겨짐을 부끄러워했던 것이다.[110] 그리스도교 여인들은 그렇게 행동하지 않았다. 똑같은 일을 당하고서도 그들은 살아남았으며 타인의 범죄를 두고서 자신에게 복수를 가하는 짓은 하지 않는다. 그러니까 다른 사람의 죄악에 자기의 죄악을 보태지도 않았으니, 적병들이 탐욕하여 그 여자들을 상대로 능욕을 범했다고 해서 그 여자들이 부끄러워하여 자기 자신을 상대로 살인을 범하지는 않았다는 말이다. 그러므로 그 여자들은 내심에 영광스런 정결을 간직하고 양심의 증언 또한 간직하고 있다. 그 여자들은 자기네 하느님의 눈앞에 그것을 간직하고 있으므로 더는 다른 것을 요하지 않는다. 더는 올비로 해야 할 무엇이 없다. 타인들로부터 간통한 여자로 낙인찍히는 인간적 혐의라는 모욕을 피하려고 자살이라는 잘못을 저지름으로써 신법의 권위를 벗어나는 짓을 저지르지 않는다.[111]

20. 어떤 이유로도 그리스도인들에게 자결할 권리가 주어져 있지는 않다

그리고 우리가 영생에 도달하기 위함이든, 어떤 악을 피하거나 벗어나기 위함이든, 성서 경전의 어디에도 우리에게 죽음을 자초하는 행위가 하느님으로부터 명령받거나 허용된 바 결코 없다. 율법서에 나오는 "죽이지 못한다"[112]는 말씀을, 자살이 우리에게 금지되어 있는 뜻으로 알아들어야 할 것이다. 거짓 증언을 금지하면서 "너의 이웃에게 불리한 거짓 증언을 못한다"[113]고 한 말씀과는 달리 이 말씀에는 "너의 이웃"이라는 구절이 첨가되어 있지 않다는 점에서 특히 그렇다. 그렇지만 만일 누가 자기 자신에게 불리한 거짓 증언을 한다면 그 죄로부터 무관하다고 생각할 수 없으니, 사랑하는 사람은 이웃을 사랑하라는 규범을 자기 자신으로부터 시작하여 받아들이는 까닭이다. 왜냐하면 "네 이웃을 너 자신처럼 사랑하라"는 말씀이 기록되어 있기 때문이다.[114] 자기 자신에 대해 거짓을 말하는 사람도 이웃을 거슬러 거짓 증언을 하는 짓에 비해 거짓 증언의 죄가 더 가볍지 않다. 그렇지만 거짓 증언을 금지하는 계명이 이웃을 상대로 행하지 못하게 금하고 있기 때문에 잘못 알아듣는 사람들에게는 자기

occidere, cum in eo, quod scriptum est: *Non occides*, nihilo deinde addito nullus, nec ipse utique, cui praecipitur, intellegatur exceptus! Vnde quidam hoc praeceptum etiam in bestias ac pecora conantur extendere, ut ex hoc nullum etiam illorum liceat occidere. Cur non ergo et herbas et quidquid humo radicitus alitur ac figitur? Nam et hoc genus rerum, quamuis non sentiat, dicitur uiuere ac per hoc potest et mori, proinde etiam, cum uis adhibetur, occidi. Vnde et apostolus, cum de huius modi seminibus loqueretur: *Tu*, inquit, *quod seminas non uiuificatur, nisi moriatur*; et in Psalmo scriptum est: *Occidit uites eorum in grandine*. Num igitur ob hoc, cum audimus: *Non occides*, uirgultum uellere nefas ducimus et Manichaeorum errori insanissime adquiescimus? His igitur deliramentis remotis cum legimus: *Non occides*, si propterea non accipimus hoc dictum de frutectis esse, quia nullus eis sensus est, nec de inrationalibus animantibus, uolatilibus natatilibus, ambulatilibus reptilibus, quia nulla nobis ratione sociantur, quam non eis datum est nobiscum habere communem (unde iustissima ordinatione creatoris et uita et mors eorum nostris usibus subditur): restat ut de homine intellegamus, quod dictum est: *Non occides*, nec alterum ergo nec te. Neque enim qui se occidit aliud quam hominem occidit.

21. Quasdam uero exceptiones eadem ipsa diuina fecit auctoritas ut non liceat hominem occidi. Sed his exceptis, quos Deus occidi iubet siue data

---

[115] 1고린 15,36.

[116] 시편 77,47.

[117] 아우구스티누스는 정령론에 입각하여 농사와 목축마저 범죄시하는 것을 여러 차례 반박한 바 있다: *De haeresibus* 46.4; *De moribus Manichaeorum* 54, 55, 62; *Contra Faustum* 6.4.

[118] Neque enim *qui se occidit* aliud quam *hominem occidit*: 교부 이후 자살에 대한 그리스도교 윤리의 기본명제로 확립된다.

[119] 그러면 성서에 나오는 사형과 살인은 어찌 되느냐는 반문에 예변법(豫辨法)을 구사한다. 앞의 1.3(각주 19) 참조.

자신을 상대로 거짓 증인으로 서는 것은 금지되지 않은 것처럼 보일 수도 있다. 그러므로 더더욱 "죽이지 못한다"는 말씀에서 우리는 사람이 자기 목숨을 끊는 일이 가당하지 않다는 의미로 알아들어야 한다. "죽이지 못한다"는 말씀에 아무것도 첨가되어 있지 않음으로써, 그 누구도, 따라서 계명을 받는 자기 자신도 예외로 간주될 수 없다. 그래서 혹자는 이 계명을 짐승이나 가축에까지 넓히려고 하면서 어느 짐승도 죽이면 안 된다고까지 확대한다. 그렇다면 풀이나 무엇이든 땅에 뿌리박고 자라는 것들은 왜 아니라는 말인가? 이런 사물들도 비록 감각은 못하지만 살아있다고 하며 따라서 죽을 수도 있고, 굳이 그대가 그런 표현을 원한다면, 죽임당할 수도 있는 연고이다. 그래서 사도는 이런 종류의 씨앗에 관해 이렇게 말한다: "그대가 뿌리는 씨는 죽지 않으면 살이지 않습니다."[115] 시편에도 "우박으로 저들의 포도나무를 죽이셨다"[116]고 기록되어 있다. 그렇다면 "죽이지 못한다"라는 말씀을 들으면서 설마 가지를 분지르는 일도 불가하다는 결론을 끄집어낼 생각이며 어리석기 짝이 없게 마니교도들의 오류에 매달릴 생각인가?[117] 그러므로 "죽이지 못한다"는 말씀을 읽을 적에 우리는 이따위 정신나간 얘기들은 멀리하자. 이 말씀이 유실수有實樹를 두고 하는 말씀이라고도 받아들이지 않는다. 나무에는 감관이 없으니까. 또 이성이 없는 동물들, 곧 날짐승이나 헤엄치는 것들이나 길짐승이나 파충류를 두고 하신 말씀으로 받아들이지도 않는다. 이것들은 우리와 더불어 이성을 갖추고 있지 못하니, 동물들에게는 우리와 공통으로 이성이 주어져 있지 않다(그러므로 창조주의 지극히 의로우신 배려로 그것들의 생사는 우리의 소용에 귀속되어 있다). 그렇다면 "죽이지 못한다"는 말씀은 사람에 대한 것으로 이해하는 일만 남는다. 타인도 죽이지 못하고 그대 자신도 죽이지 못한다. 자신을 죽이는 자는 사람을 죽이는 자 외에 다름아니다.[118]

21. 살인죄에 들지 않는 살인들

그렇지만 하느님의 권위는 사람을 죽이지 말라는 데 몇몇 예외를 두었다.[119] 단지 하느님이 누구를 죽이라고 명령하는 예외적 경우들은 일정한 법률로나 특

lege siue ad personam pro tempore expressa iussione, (non autem ipse occidit, qui ministerium debet iubenti, sicut adminiculum gladius utenti; et ideo nequaquam contra hoc praeceptum fecerunt, quo dictum est: *Non occides*, qui Deo auctore bella gesserunt aut personam gerentes publicae potestatis secundum eius leges, hoc est iustissimae rationis imperium, sceleratos morte punierunt; et Abraham non solum non est culpatus crudelitatis crimine, uerum etiam laudatus est nomine pietatis, quod uoluit filium nequaquam scelerate, sed oboedienter occidere; et merito quaeritur utrum pro iussu Dei sit habendum, quod Iephte filiam, quae patri occurrit, occidit, cum id se uouisset immolaturum Deo, quod ei redeunti de proelio uictori primitus occurrisset; nec Samson aliter excusatur, quod se ipsum cum hostibus ruina domus oppressit, nisi quia Spiritus latenter hoc iusserat, qui per illum miracula faciebat) — his igitur exceptis, quos uel lex iusta generaliter uel ipse fons iustitiae Deus specialiter occidi iubet, quisquis hominem uel se ipsum uel quemlibet occiderit, homicidii crimine innectitur.

22. Et quicumque hoc in se ipsis perpetrauerunt, animi magnitudine fortasse mirandi, non sapientiae sanitate laudandi sunt. Quamquam si rationem diligentius consulas, ne ipsa quidem animi magnitudo recte nominabitur, ubi quisque non ualendo tolerare uel quaeque aspera uel aliena peccata se ipse interemerit. Magis enim mens infirma deprehenditur, quae ferre non potest uel duram sui corporis seruitutem uel stultam uulgi opinionem, maiorque animus merito dicendus est, qui uitam aerumnosam

---

[120] 창세 22,1-9 참조.

[121] 판관 11,29-39 참조.

[122] 판관 16,25-30 참조.

정한 시기에 특정한 인간에게 명시적 명령으로 표현된다. (그러므로 명령하는 분에게 복종하여 시행해야 하는 사람은 칼이 칼을 부리는 사람에게 복종하는 것과 같으므로, 살인하는 것이 아니다. 그리고 하느님을 장본인으로 하여 전쟁을 수행하는 사람들이나, 하느님의 법에 따라서 공권력을 행사하는 사람들, 다시 말해서 지극히 정당한 통치권의 명분으로 범죄자들을 사형에 처할 적에는 "죽이지 못한다"고 말씀하신 계명을 거슬러 행동하는 것이 아니다. 그리고 아브라함은 아들이 범죄한 것도 아닌데 오로지 하느님의 명에 복종하는 마음으로 아들을 죽이려고 했는데, 그는 이 행동을 두고 잔인한 범죄였다고 질책받은 것이 아니라 오히려 종교심의 명분으로 찬사를 받았다.[120] 판관 입다가 자기를 마중나온 딸을 죽인 것이 과연 하느님의 명령대로 이루어진 것으로 보아야 하느냐는 외당 논쟁이 된다. 입다는 전쟁에서 승리하여 돌아올 적에 맨 먼저 만나는 생물을 하느님께 희생제물로 바치겠노라고 미리 서약한 바 있었다.[121] 삼손도 집을 무너뜨리면서 원수들과 더불어 자신을 압살시킨 셈인데, 이 일도 성령이 내밀하게 명령했고 그 사람을 통해 이적을 행했기 때문이 아니라면 변명이 되지 않는다.)[122] 이런 예외를 빼놓으면, 정의로운 법률이 일반적으로 죽이라고 명하거나 정의의 원천인 하느님 친히 죽이라는 특정한 명령을 내리는 경우를 제외하면, 누가 사람을 죽일 때는, 그것이 자기 자신이든 남이든 살인죄를 짓게 된다.

22. 자결하는 죽음이 위대한 정신력에 해당할 수 있는가

22. 1. 위대한 정신력을 내세워 자살을 변명하지 못한다

자살을 한 사람들의 경우 그들이 누구든 위대한 정신력을 두고 경탄할 수는 있겠지만 자살이 건실한 지혜에서 우러난 것으로 칭찬할 일은 못 된다. 그리고 주도면밀하게 사리를 따져 보아서, 누가 만일 어떤 역경을 견디지 못하거나 타인의 죄악을 견딜 능력이 없어서 자결하고 말았다면, 위대한 정신력이라는 이름도 걸맞지 않다. 자기 육신의 가혹한 예속이든 대중들의 어리석은 의견이든 이를 감당하지 못한다면 그런 지성은 유약한 지성이라고 힐난받으며, 위대한 정신이라고 할 수 있으려면 시련에 찬 삶을 피하거나 인간적 판단을 너무 크게

magis potest ferre quam fugere et humanum iudicium maximeque uul-
gare, quod plerumque caligine erroris inuoluitur, prae conscientiae luce ac
puritate contemnere. Quam ob rem si magno animo fieri putandum est,
cum sibi homo ingerit mortem, ille potius Theombrotus in hac animi
magnitudine reperitur, quem ferunt lecto Platonis libro, ubi de inmortali-
tate animae disputauit, se praecipitem dedisse de muro atque ita ex hac
uita emigrasse ad eam, quam credidit esse meliorem. Nihil enim urguebat
aut calamitatis aut criminis seu uerum seu falsum, quod non ualendo ferre
se auferret; sed ad capessendam mortem atque ad huius uitae suauia
uincla rumpenda sola adfuit animi magnitudo. Quod tamen magne potius
factum esse quam bene testis ei esse potuit Plato ipse, quem legerat, qui
profecto id praecipue potissimumque fecisset uel etiam praecepisset, nisi
ea mente, qua inmortalitatem animae uidit, nequaquam faciendum, quin
etiam prohibendum esse iudicasset.

At enim multi se interemerunt, ne in manus hostium peruenirent. Non
modo quaerimus utrum sit factum, sed utrum fuerit faciendum. Sana quip-
pe ratio etiam exemplis anteponenda est, cui quidem et exempla concor-
dant, sed illa, quae tanto digniora sunt imitatione, quanto excellentiora
pietate. Non fecerunt patriarchae, non prophetae, non apostoli, quia et
ipse Dominus Christus, quando eos, si persecutionem paterentur, fugere
admonuit de ciuitate in ciuitatem, potuit admonere ut sibi manus inferrent,
ne in manus persequentium peruenirent. Porro si hoc ille non iussit aut
monuit, ut eo modo sui ex hac uita emigrarent, quibus migrantibus man-

[123] Theombrotus 일화: cf. Cicero, *Tusculanae disputationes* 1.34.84.

[124] Cf. Plato, *Phaedo* 61d, 66b.

[125] 편찬자에 따라서는 여기서부터 23장이 시작한다.

[126] 마태 10,23 참조.

[127] 요한 14,2 참조.

치기보다는 견뎌낼 수 있어야 한다. 대중의 의견이라는 것은 우매한 오류에 젖어 있는 경우가 많으므로 양심의 빛과 순수함에 의거하여 무시해야 마땅할 터이다. 따라서 사람이 자기에게 죽음을 자초했을 경우에 만일 그것이 위대한 지성으로 이루어진다고 생각할라치면, 차라리 저 테옴브로투스라는 인물이 이처럼 위대한 지성으로 그렇게 했다고 볼 만하다. 전하는 말에 의하면 그는 영혼의 불멸을 토론한 플라톤의 책을 읽고서 성벽에서 뛰어내려 현세 생명으로부터 자기에게 더 낫다고 보인 그 생명으로 건너갔다고 한다.[123] 그의 경우에는 참이든 거짓이든 그 어떤 재앙이나 죄악이 그것을 감당 못해 스스로 목숨을 끊을 절박함이 전혀 없었다. 그러므로 죽음을 무릅쓰고 현생의 감미로운 사슬을 끊어버리기에는 위대한 지성민이 동기가 되었다. 하지만 그 사람이 책을 읽었다는 플라톤 같으면 그의 행위가 선에서 우러난 행위라기보다도 만용에서 우러난 행위임을 입증해 줄 수 있었으리라.[124] 플라톤같이 영혼의 불멸을 직관한 사람은 누구보다 앞장서서 자결의 행위를 최초로 감행했어야 하고 적어도 그렇게 하라고 가르쳤어야 하리라. 자살은 해서 안 될뿐더러 오히려 금지되어야 한다고 그 지성으로 판단하지 않았다면.

22.2.[125] 하물며 그리스도인에게는 더욱 안 된다

그런데 로마 침탈중에 적군들의 손에 닿지 않으려고 많은 사람들이 자결했다. 우리는 그런 일이 있었느냐를 따지는 것이 아니라 그렇게 했어야 하느냐를 따지고 있다. 설혹 그런 사례가 있었더라도 그런 사례보다 건실한 이성을 앞세워야 하고, 비록 어떤 사례들은 건실한 이성에 부합할 수도 있지만, 그럴 경우도 우리는 동정심이 가는 특이한 사례보다는 본받기에 합당한 사례를 앞세워야 한다. 성조聖祖들은 자살을 하지 않았고 예언자들도 하지 않았으며 사도들도 하지 않기 때문이다. 주 그리스도도, 만일 박해를 당하거든 이 도시에서 저 도시로 도망하라고 사도들에게 권유했는데,[126] 자살이 타당한 행위였다면 박해자들의 손에 닿지 않으려면 자기 손으로 자결하라고 권유할 수도 있었을 것이다. 그러니까 제자들이 옮겨오면 그들이 머물 영원한 처소를 당신이 마련하겠다고 언약했으면서도,[127] 자기 제자들이 자살을 하는 방식으로 현생에서 옮겨가라고

siones aeternas praeparaturum esse se promisit, quaelibet exempla propo-
nant gentes, quae ignorant Deum, manifestum est hoc non licere colenti-
bus unum uerum Deum.

23. Sed tamen etiam illi praeter Lucretiam, de qua supra satis quod
uidebatur diximus, non facile reperiunt de cuius auctoritate praescribant,
nisi illum Catonem, qui se Vticae occidit; non quia solus id fecit, sed quia
uir doctus et probus habebatur, ut merito putetur etiam recte fieri potuisse
uel posse quod fecit. De cuius facto quid potissimum dicam, nisi quod
amici eius etiam docti quidam uiri, qui hoc fieri prudentius dissuadebant,
inbecillioris quam fortioris animi facinus esse censuerunt, quo demonstra-
retur non honestas turpia praecauens, sed infirmitas aduersa non susti-
nens? Hoc et ipse Cato in suo carissimo filio iudicauit. Nam si turpe erat
sub uictoria Caesaris uiuere, cur auctor huius turpitudinis filio fuit, quem
de Caesaris benignitate omnia sperare praecepit? Cur non et illum secum
coegit ad mortem? Nam si eum filium, qui contra imperium in hostem
pugnauerat, etiam uictorem laudabiliter Torquatus occidit, cur uictus uicto
filio pepercit Cato, qui non pepercit sibi? An turpius erat contra imperium
esse uictorem, quam contra decus ferre uictorem? Nullo modo igitur Cato
turpe esse iudicauit sub uictore Caesare uiuere; alioquin ab hac turpitudi-
ne paterno ferro filium liberaret. Quid ergo, nisi quod filium quantum
amauit, cui parci a Caesare et sperauit et uoluit, tantum gloriae ipsius

[128] 자살에 관한 견해에 따라 의견이 갈라지기는 했지만 Cato Uticensis (Cato minor)의 자결행위를
용기와 자유애(自由愛)에서 우러난 것으로 절찬하는 저술가들이 많았다. 예: Seneca, *Epistulae
morales* 24.6-8; 95.72.

[129] Titus Manlius Torquatus: 에트루스키들과 라틴족들을 제압했다. 제3차 집정관 시절에 군령을 어
겼다고 아들을 처형하여 로마인다운 덕성의 모범으로 꼽혀 왔다: Livius, *Ab Urbe condita* 8.7.20-21.

[130] Cf. Plutarchus, *Vitae parallelae. Cato minor* 72.

명하거나 권하지는 않았다. 그렇다면, 하느님을 알지 못하는 이방인들이 보여주는 본보기가 무엇이든, 한 분이신 참 하느님을 섬기는 자들에게는 이 짓은 합당하지 않음이 분명하다.

23. 카이사르의 승리를 견딜 수 없어 자결한 카토의 모범은 무엇인가

루크레티아에 관해서는 위에서 충분히 언급했다고 보이는데, 그 여자 말고는 우티카에서 자결한 카토 외에는 권위있게 사료가 남아있는 사례를 찾기가 쉽지 않다. 그가 혼자서 자결을 했기 때문만이 아니라 원래 박식하고 정직한 인물이었으므로 자결을 한 것이 올바른 일일 수도 있었거나 지금도 그럴 수 있다고 여겨진다. 그의 행적을 두고 이야기한다면, 그에 못지않게 식견있는 그의 친구들이 그를 만류하여 자결하지 말도록 설득했다는 사실과, 친구들은 그 일을 강건한 정신의 행위라기보다는 유약한 정신의 범죄로 여겼다는 사실, 그 일로 드러나는 것은 치욕을 피하는 기품이라기보다는 역경을 못 견디는 나약함이라고 생각했다는 사실 말고 무엇을 내가 언급할 수 있겠는가?[128] 이 점은 카토 본인도 사랑하는 자기 아들을 두고 판단해 준 바였다. 카이사르의 승리에서 살아남는 일이 비루했다면, 카토는 왜 자기 아들더러는 카이사르의 호의에 모든 것을 걸라고 명함으로써, 그런 치욕의 주인공이 되게 했다는 말인가? 왜 아들더러 자기와 함께 죽자고 강요하지 않았던가? 일찍이 토르콰투스는 자기 아들이 승자가 되었음에도 불구하고, 군권軍權을 어기고 적군에게 싸움을 걸었다고 해서 자기 아들을 죽여 후세의 칭송을 받았는데,[129] 왜 카토는 패배자라고 해서 자기 자신을 용서하지 않으면서도 아들만은 패배자로 용서하여 살려 두었다는 말인가? 체면을 구기고 승자 밑에 들어가는 것보다 군권을 어기고 승자가 되는 편이 더 비루한 일이었다는 말인가? 결국 카토는 승리자 카이사르 밑에서 살아남는 것이 조금도 수치스럽다고 판단하지 않은 셈이다. 그렇지 않았더라면 부정父情의 검으로 아들을 죽여 그런 수치에서 구출해 주었을 것임에 틀림없다. 아들을 그토록이나 사랑했으므로 카이사르에게 용서받기 바라고 거기다 희망을 걸었으면서도, 정작 자신은 (이것은 카이사르가 한 말이라는데)[130] 카이사르에

Caesaris, ne ab illo etiam sibi parceretur, ut ipse Caesar dixisse fertur, inuidit, ut aliquid nos mitius dicamus, erubuit?

24. Nolunt autem isti, contra quos agimus, ut sanctum uirum Iob, qui tam horrenda mala in sua carne perpeti maluit quam inlata sibi morte omnibus carere cruciatibus, uel alios sanctos ex litteris nostris summa auctoritate celsissimis fideque dignissimis, qui captiuitatem dominationemque hostium ferre quam sibi necem inferre maluerunt, Catoni praeferamus; sed ex litteris eorum eundem illum Marco Catoni Marcum Regulum praeferam. Cato enim numquam Caesarem uicerat, cui uictus dedignatus est subici et, ne subiceretur, a se ipso elegit occidi: Regulus autem Poenos iam uicerat imperioque Romano Romanus imperator non ex ciuibus dolendam, sed ex hostibus laudandam uictoriam reportauerat; ab eis tamen postea uictus maluit eos ferre seruiendo quam eis se auferre moriendo. Proinde seruauit et sub Carthaginiensium dominatione patientiam et in Romanorum dilectione constantiam, nec uictum auferens corpus ab hostibus nec inuictum animum a ciuibus. Nec quod se occidere noluit, uitae huius amore fecit. Hoc probauit, cum causa promissi iurisque iurandi ad eosdem hostes, quos grauius in senatu uerbis quam in bello armis offenderat, sine ulla dubitatione remeauit. Tantus itaque uitae huius contemptor, cum saeuientibus hostibus per quaslibet poenas eam finire quam se ipse perimere maluit, magnum scelus esse, si se homo interimat,

---

[131] 아우구스티누스는 레굴루스(Marcus Attilius Regulus)를 본서에서도 Scipio Africanus, Gaius Laelius와 더불어 여러 번 로마 덕성의 귀감으로 언급한다(1.15; 3.18.1; 3.20 참조).

게서 용서받기를 꺼릴 만큼 카이사르의 영광을 너무도 질시했거나, 좀더 부드러운 표현을 쓴다면, 부끄러워했다는 말일까?

24. 덕성에서 레굴루스가 카토보다 월등했다면 그리스도인들은 훨씬 탁월해야 한다

거룩한 욥이 스스로 목숨을 끊어 그 모든 환난에서 벗어나기보다는 자기 육체에 닥쳐오는 소름끼치는 해악을 견뎌내려 했다거나, 최고의 권위를 띠고 더없이 추앙받으며 참으로 신빙성있는 우리의 기록, 곧 성서에 나타나듯이, 다른 성자들도 자기 일신에 살해를 자초하느니보다는 포로생활과 적군들의 지배를 참고 받아들였으며, 따라서 우리는 욥이나 그 성자들을 카토보다 훌륭하다고 여긴다. 그런데 우리가 논쟁 상대로 삼고 있는 사람들은 이런 사실을 못마땅하게 여긴다. 여하튼 그들의 기록을 따르더라도 나는 마르쿠스 카토보다는 마르쿠스 레굴루스를 훌륭하다고 여기겠다. 카토는 한번도 카이사르를 못 이겼고, 그에게 패하자 억울하여 굴종하지 않으려고 스스로 목숨을 끊는 편을 택했다. 그런데 레굴루스는 이미 카르타고인들을 무찌른 적도 있고 로마 군권을 쥔 로마 사령관으로서 승리를 가져온 바 있다. 그것도 카토처럼 내란에서 동포들을 무찌른 통탄할 승리가 아니라 외적을 무찔러 칭송받을 승리를 가져왔다. 그렇지만 후일에 카르타고인들에게 패했는데, 그때도 스스로 목숨을 끊어 그들의 손에서 벗어나려 하지 않고 차라리 사로잡혀 그들의 손에 최후를 맞는 편을 택했다. 그리하여 카르타고인들의 손아귀에서도 인내심을 보전했고 로마인들을 향하는 애정에서 지조를 지켰으며, 패배한 육신을 자결로 적군들에게서 빼내지도 않았고 로마 시민들을 향하는 불굴의 정신을 포기하지도 않았다. 그가 자살하려 하지 않은 것도 현생에 대한 사랑 때문은 아니었다.[131] 이 점은, 전장에서 무기로 적들을 타도한 일 못지않게 원로원에서도 언변으로 적들에게 타격을 가한 다음에는 언약한 맹세를 이유로 털끝만큼도 주저 않고 곧장 그 적군들에게로 돌아간 데서 사실로 드러났다. 자기 목숨을 스스로 끊느니보다는 잔인한 적들에게서 온갖 형벌을 당하면서 목숨이 다하기로 선택한 것으로 미루어, 그는 현세 생명을 철저히 멸시

procul dubio iudicauit. Inter omnes suos laudabiles et uirtutis insignibus inlustres uiros non proferunt Romani meliorem, quem neque felicitas corruperit, nam in tanta uictoria mansit pauperrimus; nec infelicitas fregerit, nam ad tanta exitia reuertit intrepidus. Porro si fortissimi et praeclarissimi uiri terrenae patriae defensores deorumque licet falsorum, non tamen fallaces cultores, sed ueracissimi etiam iuratores, qui hostes uictos more ac iure belli ferire potuerunt, hi ab hostibus uicti se ipsos ferire noluerunt et, cum mortem minime formidarent, uictores tamen dominos ferre quam eam sibi inferre maluerunt: quanto magis Christiani, uerum Deum colentes et supernae patriae suspirantes, ab hoc facinore temperabunt, si eos diuina dispositio uel probandos uel emendandos ad tempus hostibus subiugauerit, quos in illa humilitate non deserit, qui propter eos tam humiliter altissimus uenit, praesertim quos nullius militaris potestatis uel talis militiae iura constringunt ipsum hostem ferire superatum. Quis ergo tam malus error obrepit, ut homo se occidat, uel quia in eum peccauit, uel ne in eum peccet inimicus, cum uel peccatorem uel peccaturum ipsum occidere non audeat inimicum?

25. At enim timendum est et cauendum, ne libidini subditum corpus inlecebrosissima uoluptate animum adliciat consentire peccato. Proinde, inquiunt, non iam propter alienum, sed propter suum peccatum, antequam hoc quisque committat, se debet occidere. Nullo modo quidem hoc faciet animus, ut consentiat libidini carnis suae aliena libidine concitatae, qui

---

[132] 레굴루스의 청렴도 크게 칭송을 받았다: Livius, *Periochae* 18.

[133] deorumque licet falsorum, non tamen fallaces cultores: 본서에서 잡신들을 dei falsi fallacesque("가짜이면서 (인간을) 기만하는 신들")라고 형용하는 아우구스티누스는 로마 선조들을 non fallaces cultores라고 존칭한다.

한 사람이었으며, 사람이 스스로 목숨을 끊는다면 커다란 죄악이라고 판단했음에 틀림없다. 칭송받는 그 많은 위인들이며 무용이 탁월한 그 명사들 가운데서 로마인들이 그 사람보다 훌륭한 인물을 꼽고 있지 않다. 행운도 그를 타락시킨 바 없어 저토록 위대한 승리를 거두고서도 극히 가난하게 살았고,[132] 불행도 그를 꺾지 못해 본인은 저 참혹한 종말을 향해 의연하게 발길을 돌렸던 것이다. 저토록 용감하고 훌륭한 위인들은 비록 지상국의 수호자에 불과했고 비록 거짓 신들을 섬기는 사람들이었지만(그러나 거짓으로 섬기지는 않고 맹세는 신실하게 지켰다)[133] 전쟁의 관습과 법도에 따라 패배한 적병들을 살상할 수는 있었지만 본인들이 적들에게 패배했을 경우 자신을 살상하기는 삼가야 했다. 조금도 죽음을 두려워하지 않으면서도, 자신에게 죽음을 가하기보다는 승리한 지배자들에게 인종하는 편을 택했다. 그렇다면야 참된 하느님을 섬기고 하느님의 나라를 염원하는 그리스도인들이야 자살이라는 이 범행을 더욱 자제하지 않겠는가? 더구나 만일 하느님의 섭리가 자기들을 시험하고 바로잡으려는 뜻에서 일시적으로 원수들에게 종속시켰다면, 또 저런 비하卑下 속에서도 자기들을 저버리지 않는다면, 지존하신 분이 다름아닌 자기들을 위해 그토록 비천한 모습으로 왔다면 그리스도인들은 자살을 더욱 삼갈 것이다. 더욱이 그리스도인들에게는 패배한 적을 살상하라고 강요하는 그 누구의 강요도 없고, 그 어떤 전쟁의 법도도 없다. 따라서 정작 본인은 죄인이나 죄지을 적까지도 감히 죽이려고 하지 않는 터에, 누군가 자기에게 죄를 지었다고 해서, 또는 원수가 자기에게 죄를 짓지 않게 하려고, 사람이 자살해야 한다고 강박하는 것처럼 사악한 오류가 어디 있겠는가?

25. 죄짓지 않기 위해 죄에 떨어지는 일이 있어서는 안 된다

그러나 적병의 욕정에 짓눌린 육체가 부도덕한 쾌락으로 정신을 혼미케 하여 결국 죄에 동의하게까지 만들지 않을까 두려워하고 조심하는 일은 타당하다. 그래서 타인의 죄 때문이 아니라 욕정에 동조할지 모르는 본인의 죄 때문에 누군가가 자기 몸에 이런 죄를 짓기 전에 자살해야 한다고 우기는 사람들도 있다. 그러나 육체와 그 쾌락보다는 하느님과 그분의 지혜에 복종한다면, 그 어느 지

Deo potius eiusque sapientiae quam corpori eiusque concupiscentiae subiectus est. Verum tamen si detestabile facinus et damnabile scelus est etiam se ipsum hominem occidere, sicut ueritas manifesta proclamat, quis ita desipiat, ut dicat: «Iam nunc peccemus, ne postea forte peccemus; iam nunc perpetremus homicidium, ne postea forte incidamus in adulterium»? Nonne si tantum dominatur iniquitas, ut non innocentia, sed peccata potius eligantur, satius est incertum de futuro adulterium quam certum de praesenti homicidium? Nonne satius est flagitium committere, quod paenitendo sanetur, quam tale facinus, ubi locus salubris paenitentiae non relinquitur? Haec dixi propter eos uel eas, quae non alieni, sed proprii peccati deuitandi causa, ne sub alterius libidine etiam excitatae suae forte consentiant, uim sibi, qua moriantur, inferendam putant. Ceterum absit a mente Christiana, quae Deo suo fidit in eoque spe posita eius adiutorio nititur, absit, inquam, ut mens talis quibuslibet carnis uoluptatibus ad consensum turpitudinis cedat. Quod si illa concupiscentialis inoboedientia, quae adhuc in membris moribundis habitat, praeter nostrae uoluntatis legem quasi lege sua mouetur, quanto magis absque culpa est in corpore non consentientis, si absque culpa est in corpore dormientis!

26. Sed quaedam, inquiunt, sanctae feminae tempore persecutionis, ut insectatores suae pudicitiae deuitarent, in rapturum atque necaturum se fluuium proiecerunt eoque modo defunctae sunt earumque martyria in catholica ecclesia ueneratione celeberrima frequentantur. De his nihil temere audeo iudicare. Vtrum enim ecclesiae aliquibus fide dignis testifi-

---

[134] 자살에 관한 지지이론을 확장하여 "장차 저지를지도 모르는 죄"까지 자살 이유로 드는 궤변을 반박한다.

[135] ubi locus salubris paenitentiae non relinquitur: 그리스도교가 자살을 절대 금하는 마지막 명분은 자살자가 "뉘우쳐서 구원받을 여지가 없다"는 데 있다.

[136] martyria는 "순교", "순교지", "순교자 기념경당" 등으로 번역되므로 "가톨릭 교회에서는 그들의 순교(殉敎)를 성대하게 공경하며 찾아다닌다"라고 번역할 수도 있다.

성도 타인의 욕정에 자극되어 자기 육체의 욕정에 동의하는 일 따위는 결코 하지 않을 것이다.[134] 여하튼 사람이 자신을 죽이는 일은 혐오스런 죄악이요 천벌받을 범죄라는 것은 진리가 분명히 밝혀준다. 그렇다면, "장차 죄를 짓지 않기 위해 지금 죄를 짓자! 장차 간음에 떨어질지 모르니 지금 미리 자살이라는 살인을 저지르자!"고 지껄일 정신나간 사람이 누구겠는가? 무죄함이 아니라 차라리 죄악을 선택할 정도로 사악함이 철저히 인간을 지배하고 있다고 하자. 그렇더라도 현재 확실한 살인보다도 장래 있을지 모르는 불확실한 간음을 택하는 편이 차라리 낫지 않을까? 구원을 얻는 참회의 여지가 전혀 없을 자살의 죄를 범하느니보다는 참회하여 용서받을 수 있는 파렴치를 범하는 게 더 흡족하지 않을까?[135] 내가 이런 말까지 하는 것은 타인의 죄가 아니라 본인의 죄를 피하기 위하여, 곧 남의 욕정에 자극받아 자기 욕정에 동의하게 될까 두려워 죽음을 자초하는 폭력을 가해야 한다고 생각할지도 모를 남녀 인간들 때문이다. 자기 하느님께 믿음을 두는 그리스도인의 지성에는 제발 이따위 생각이란 없어야 한다. 하느님께 희망을 두고서 도움을 얻고자 하는 그리스도인의 지성에는 제발 이따위 생각이란 없어야 한다. 내 말하거니와 그리스도인의 지성이 육체의 어떤 쾌락에도 추하게 동의하는 일은 일어나지 말아야 한다. 그런데 욕정에 찬 이 불복종은 사멸하는 인간 지체에 여전히 깃들어 있고 우리 의지의 법을 벗어나서 제멋대로의 법에 따라 움직인다! 만일 잠자는 육체에 일어나는 바가 본인의 탓이 아니라면 동의 않는 육체에 일어나는 일은 더욱 탓이 없을 것이 아닌가!

26. 행해서는 안 될 일을 성인들이 행했다고 알려지는 경우, 어떤 명분에서 행한 것으로 믿어야 하는가

그러나 저 사람들은 반박을 계속한다. 박해시대에 거룩한 여인들은 자기네 정절을 노리면서 겁탈하여 죽이려고 추격하는 사람들을 피하려고 강물에 몸을 던졌고 그렇게 해서 죽었는데도, 가톨릭 교회 안에 있는 그런 여자들의 기념경당을 사람들이 대단한 공경심을 갖고 찾아다니지 않느냐는 것이다.[136] 이런 여인들에 관해 나는 아무것도 함부로 판단하고 싶지 않다. 과연 교회에 믿을 만

cationibus, ut earum memoriam sic honoret, diuina persuaserit auctoritas, nescio; et fieri potest ut ita sit. Quid si enim hoc fecerunt, non humanitus deceptae, sed diuinitus iussae, nec errantes, sed oboedientes? Sicut de Samsone aliud nobis fas non est credere. Cum autem Deus iubet seque iubere sine ullis ambagibus intimat, quis oboedientiam in crimen uocet? Quis obsequium pietatis accuset? Sed non ideo sine scelere facit, quisquis Deo filium immolare decreuerit, quia hoc Abraham etiam laudabiliter fecit. Nam et miles cum oboediens potestati, sub qualibet legitime constitutus est, hominem occidit, nulla ciuitatis suae lege reus est homicidii, immo, nisi fecerit, reus est imperii deserti atque contempti; quod si sua sponte atque auctoritate fecisset, crimen effusi humani sanguinis incidisset. Itaque unde punitur si fecit iniussus, inde punietur nisi fecerit iussus. Quod si ita est iubente imperatore, quanto magis iubente creatore! Qui ergo audit non licere se occidere, faciat, si iussit cuius non licet iussa contemnere; tantummodo uideat utrum diuina iussio nullo nutet incerto. Nos per aurem conscientiam conuenimus, occultorum nobis iudicium non usurpamus. *Nemo scit quid agatur in homine nisi spiritus hominis, qui in ipso est.* Hoc dicimus, hoc asserimus, hoc modis omnibus adprobamus, neminem spontaneam mortem sibi inferre debere uelut fugiendo molestias temporales, ne incidat in perpetuas; neminem propter aliena peccata, ne hoc ipso incipiat habere grauissimum proprium, quem non polluebat alie-

---

[137] memoria: 이 단어도 순교자의 "유해"(遺骸), 유해가 보관된 "기념경당"이나 순교가 이루어진 "성지", 심지어 "순교기념일"까지 함께 의미했다. 당대의 순교자 공경 풍속은 22.8-10 참조.

[138] Cf. Eusebius, *Historia ecclesiastica* 8.12.

[139] 1고린 2,11.

한 증거를 보임으로써 신성한 권위가 교회를 이끌어 그런 여자들의 기념경당¹³⁷을 그런 식으로 공경하게 만들었는지는 나도 모르겠다.¹³⁸ 또 그런 일은 일어날 수도 있을 법하다. 그 여자들이 인간적으로 속아서가 아니라 신적 명령을 받고서, 그러니까 잘못 그르쳐서가 아니라 하느님 명령에 순종하여 그렇게 투신했다면 어떻게 하겠는가? 신전을 무너뜨리고 함께 죽은 삼손의 경우처럼 우리는 달리 믿을 도리가 없다. 하느님이 명하실 때에, 그리고 당신이 명령한다는 사실을 조금도 애매한 구석이 없이 통지해 주실 적에, 누가 그런 순종을 죄악이라고 부르겠는가? 신심信心의 실천을 두고 감히 누가 시비할 것인가? 그렇다고 해서 누가 아들을 죽여서 하느님께 바치기로 작정한다면, 더구나 아브라함도 그렇게 해서 칭송을 받았으니까, 자기도 그렇게 하겠다면 이는 죄 없는 행동이 아닐 것이다. 그러나 군인이 권력에 복종하여, 어떤 권력으로부터 합법적으로 명령을 받고서 사람을 죽이는 경우에는 어느 국가의 법률로도 살인죄를 범한 범인이 되지 않으며, 오히려 죽이지 않았을 경우에 명령을 위반하고 묵살한 범인이 된다. 하지만 자기 자의恣意로, 자발적으로 그 짓을 행했다면 사람의 피를 흘린 범죄가 된다. 명령받지 않고서 행한 것이면 벌을 받는 그만큼, 명령받고서 행하지 않으면 또한 벌을 받을 것이다. 사령관이 명령할 적에도 그렇다면 창조주가 명령할 적에는 더욱 어떻겠는가! 그러므로 자살하는 것이 합당하지 않다고 들었던 사람도 그 명령을 무시할 수 없는 분이 자결하라는 명령을 내리는 경우에는 의당히 그렇게 행동할 것이다! 그렇지만 그 신적 명령이 과연 애매한 구석이 전혀 없는 것인지 살펴보도록 할 것이다! 우리는 양심에 귀를 기울여야 하느님의 내밀한 비밀을 판단할 수 있다고 자처해서는 안 된다: "사람 속에 있는 사람의 영이 아니고서야 사람 속에 무슨 일이 일어나는지 아무도 알지 못한다."¹³⁹ 우리는 다음과 같이 말하고 다음과 같이 주장하고 온갖 방도로 다음과 같이 설득하는 바이다: 아무도 자기에게 자발적 죽음을 자초해서는 안 된다. 아무도 잠시 환난을 피하려다가 영원한 환난을 당해서는 안 된다. 아무도 타인의 죄 때문에 그것을 기화로 본인의 중죄를 범해서는 안 된다. 타인의 죄가 본인을 오염시키지 못한 이상. 또 아무도 본인의 지나간 죄 때문에 죽

num; neminem propter sua peccata praeterita, propter quae magis hac uita opus est, ut possint paenitendo sanari; neminem uelut desiderio uitae melioris, quae post mortem speratur, quia reos suae mortis melior post mortem uita non suscipit.

27. Restat una causa, de qua dicere coeperam, qua utile putatur, ut se quisque interficiat, scilicet ne in peccatum inruat uel blandiente uoluptate uel dolore saeuiente. Quam causam si uoluerimus admittere, eo usque progressa perueniet, ut hortandi sint homines tunc se potius interimere, cum lauacro sanctae regenerationis abluti uniuersorum remissionem acceperint peccatorum. Tunc enim tempus est cauendi omnia futura peccata, cum sunt omnia deleta praeterita. Quod si morte spontanea recte fit, cur non tunc potissimum fit? Cur baptizatus sibi quisque parcit? Cur liberatum caput tot rursus uitae huius periculis inserit, cum sit facillimae potestatis inlata sibi nece omnia deuitare scriptumque sit: *Qui amat periculum, incidet in illud?* Cur ergo amantur tot et tanta pericula uel certe, etiamsi non amantur, suscipiuntur, cum manet in hac uita, cui abscedere licitum est? An uero tam insulsa peruersitas cor euertit et a consideratione ueritatis auertit, ut, si se quisque interimere debet, ne unius captiuantis dominatu conruat in peccatum, uiuendum sibi existimet, ut ipsum perferat mundum per omnes horas temptationibus plenum, et talibus, qualis sub uno domino formidatur, et innumerabilibus ceteris, sine quibus haec uita non ducitur? Quid igitur causae est, cur in eis exhortationibus tempora consumamus, quibus baptizatos adloquendo studemus accendere siue ad

---

[140] 로마의 스토아 철학 특히 세네카(*Epistulae morales; De tranquilitate animi*)의 죽음 미화(美化)에 대해 그리스도인들의 희망은 (영원한) 생명임을 강조한다.

[141] 콘스탄티누스 대제와 아들 콘스탄티우스의 경우처럼 죽는 순간까지 세례를 미루는 습속이 있었고 아우구스티누스 본인도 어렸을 적 병상에서 세례를 미룬 적이 있었는데 세례의 무구함을 보전하고 싶다는 소원 때문이었다고 풀이된다. Cf. Tertullinaus, *De baptismo* 12.

[142] 집회 3,27.

음을 자초해서는 안 된다. 참회함으로써 회복할 수도 있을 테고 바로 그 죄를 참회하기 위해서라도 이 생명이 필요할 것이므로. 아무도 사후에다 거는, 더 나은 생명을 희구한다면서 죽음을 자초해서는 안 된다. 자기 죽음을 초래한 죄인들은 사후에 더 나은 생명이 거두어주지 않기 때문이다.[140]

27. 죄에 떨어지는 경향 때문에 자발적 죽음을 바라야 할 것인가

아직 한 가지 명분이 남아있는데 그것에 관해 이야기를 시작해야겠다. 그 명분에 의하면 쾌락이 눈멀게 하거나 고통이 혹심하여 죄에 떨어지지 않으려면 자살을 하는 것이 유익하다는 것이다. 그 명분을 만일 우리가 수긍하기로 한다면 그 범위가 확대되어, 사람들이 거룩한 재생의 욕조에서 모든 죄악 용서를 받자마자 자살하라고 권유해야 하리라는 데까지 도달하리라. 그 순간이야말로 지나간 모든 죄가 제거된 상태인만큼 장차 올 모든 죄를 조심할 때인 것이다. 자발적 죽음으로 제대로 그렇게만 된다면 바로 그 순간에 자살을 해서는 왜 안 되는가? 그런데도 어째서 세례자들은 자기 목숨을 살려두는가? 무엇 때문에 머리끝까지 죄에서 해방된 몸을 이승의 위험으로 다시 끌고들어온다는 말인가? 자신에게 죽음을 부과함으로써 모든 위험들을 일거에 회피하는 극히 손쉬운 노릇인데 말이다.[141] 성서에도 "위험을 좋아하는 사람은 위험에 빠질 것이다"[142]라고 씌어 있지 않은가? 떠나버리는 것이 온당하다면 무엇 때문에 이승에 남아서 그 많고 그 큰 위험들을 좋아하며, 비록 좋아하지는 않더라도 인종하고 있단 말인가? 그렇지 않으면 어쩌다 그토록 전도된 어리석음이 인간의 마음을 산란케 하고 진리를 고찰하지 못하게 분산시키고 있다는 말인가? 그래서 자기를 사로잡은 사람의 횡포로 말미암아 죄로 타락할까 겁내어 자신을 죽여야 할 것이며, 만에 하나라도 살아남아야 한다고 여긴다면 이승에서 시시각각 유혹에 가득 찬 세상을 살아야 하리라고, 그것도 한 주인 밑에서 공포를 안고서 살아가거나 무수한 주인들 밑에서 공포에 떨면서 살아야 하리라고, 그런 주인들이 없다면 현생을 살아갈 수는 없으리라고 생각하게 되었을까? 저들의 말이 옳다면 무슨 까닭으로, 어째서 세례받은 사람들에게 힘들여 권유하면서, 그러니까 처녀들에게는 몸을 온전

uirginalem integritatem siue ad continentiam uidualem siue ad ipsam tori coniugalis fidem, cum habeamus meliora et ab omnibus peccandi periculis remota compendia, ut, quibuscumque post remissionem recentissimam peccatorum adripiendam mortem sibique ingerendam persuadere potuerimus, eos ad Dominum saniores purioresque mittamus? Porro si, quisquis hoc adgrediendum et suadendum putat, non dico desipit, sed insanit: qua tandem fronte homini dicit: «Interfice te, ne paruis tuis peccatis adicias grauius, dum uiuis sub domino barbaris moribus inpudico,» qui non potest nisi sceleratissime dicere: «Interfice te peccatis tuis omnibus absolutis, ne rursus talia uel etiam peiora committas, dum uiuis in mundo tot inpuris uoluptatibus inlecebroso, tot nefandis crudelitatibus furioso, tot erroribus et terroribus inimico»? Hoc quia nefas est dicere, nefas est profecto se occidere. Nam si hoc sponte faciendi ulla causa iusta esse posset, procul dubio iustior quam ista non esset. Quia uero nec ista est, ergo nulla est.

28. Non itaque uobis, o fideles Christi, sit taedio uita uestra, si ludibrio fuit hostibus castitas uestra. Habetis magnam ueramque consolationem, si fidam conscientiam retinetis non uos consensisse peccatis eorum, qui in

히 간수하도록 타이르고, 과부들에게는 수절을 지키도록 타이르고, 혼인한 사람들에게는 신의를 지키도록 타이르면서 시간을 낭비해야 한다는 말인가? 우리에게 훨씬 좋은 수단이 있는데, 즉 죄짓는 모든 위험들을 일거에 멀리하는 방편이 있는데 무엇 때문에 사람들을 권유하면서 고생한다는 말인가? 여태까지 지은 죄들을 최근에 용서받자마자 당장 목숨을 끊으라고 사람들을 설득시킬 수 있을 테고, 그렇게 해서 사람들을 훨씬 온전하고 훨씬 순결하게 주님께 데려갈 수 있을 터인데 말이다. 만일 누가 이런 시도를 하고 이렇게 사람을 설득하려고 나선다면 나는 그런 사람을 정신나갔다고 말하지 않고 미쳤다고 하겠다. 그런 사람의 면전에 이렇게 말하겠다: "당신이 자살하시오. 미쳐 실성거리는 당신의 작은 죄에다, 야만적 습속에서 파렴치한 주인 밑에서 살면서 남에게 자살을 종용하고 다니는 더 중한 죄를 보태기 전에 자결하시오." 왜냐하면 남들에게 "그대의 모든 죄가 용서받자마자 자결하라! 그렇지 않으면 그보다 중한 죄를 범할지도 모른다. 온갖 부정한 쾌락들로 넘쳐나는 세상에서 살아가자면, 입에 올릴 수조차 없는 온갖 잔학이 난무하는 세상에서 살아가자면, 온갖 오류와 공포로 적대적 세상에서 살아가자면, 훨씬 중한 죄를 범할지도 모른다"고 말한다는 것은 지극히 죄스러운 짓이기 때문이다. 이런 말을 한다는 것 자체가 흉악한 짓이니 그 말대로 자살한다는 것은 더욱 흉악한 짓이다. 자발적으로 자살을 할 만한 정당한 명분이 만일 있을 수 있다면, 의심의 여지가 없이 지금 말한 이 명분보다 정당한 명분이 없다. 그런데 지금 말한 것도 자살할 만한 정당한 명분이 못 되므로 결국 자살할 만한 정당한 명분은 존재하지 않는다.

28. 하느님은 무슨 판단으로 금욕자들의 육체에 적병의 욕정이 미치도록 허락했을까

28. 1. 억지로 당한 일은 겸손을 가르치는 훈계일 수도 있다

그러므로 오, 그리스도의 신도들이여, 비록 여러분의 정절이 적병들의 노리개가 되었더라도 그 일로 여러분의 삶이 여러분 자신에게 혐오를 주어서는 안 된다. 여러분의 몸에 죄악을 저지르도록 허락된 적병들의 죄악에 동의하지 않았다는

uos peccare permissi sunt. Quod si forte, cur permissi sint, quaeritis, alta quidem est prouidentia creatoris mundi atque rectoris, *et inscrutabilia sunt iudicia eius et inuestigabiles uiae eius;* uerum tamen interrogate fideliter animas uestras, ne forte de isto integritatis et continentiae uel pudicitiae bono uos inflatius extulistis et humanis laudibus delectatae in hoc etiam aliquibus inuidistis. Non accuso quod nescio, nec audio quod uobis interrogata uestra corda respondent. Tamen si ita esse responderint, nolite admirari hoc uos amisisse, unde hominibus placere gestistis, illud uobis remansisse, quod ostendi hominibus non potest. Si peccantibus non consensistis, diuinae gratiae, ne amitteretur, diuinum accessit auxilium; humanae gloriae, ne amaretur, humanum successit opprobrium. In utro-que consolamini, pusillanimes, illinc probatae hinc castigatae, illinc iusti-ficatae hinc emendatae. Quarum uero corda interrogata respondent num-quam se de bono uirginitatis uel uiduitatis uel coniugalis pudicitiae super-bisse, sed humilibus consentiendo de dono Dei cum tremore exultasse, nec inuidisse cuiquam paris excellentiam sanctitatis et castitatis, sed hu-mana laude postposita, quae tanto maior deferri solet, quanto est bonum rarius, quod exigit laudem, optasse potius ut amplior earum numerus

---

[143] 로마 11,33.

[144] 로마 12,16 참조: "서로 사이좋게 살고 오만한 생각을 품지 말며 비천한 이들과 어울리시오. 스스로 현명하다고 뽐내지 마시오". 교부는 말년에 이 주제로 「과부 신분의 유익」(*De bono viduitatis*)이라는 책을 썼다.

[145] 시편 2,11 참조.

든든한 양심만 간직하고 있다면, 여러분은 크고도 참된 위안을 지니게 될 것이다. 왜 그자들이 그런 짓을 하도록 허락되었느냐고 여러분이 힐문한다면, 세상의 창조주이시고 주재자이신 분의 섭리는 지고한 것이라고, "그분 판단은 얼마나 헤아릴 길 없으며 그분 길들은 얼마나 찾아가기 어려운가!"[143]라는 대답밖에 없다. 그리고 여러분의 양심에 성실하게 질문을 던져 보라, 여러분이 혹시라도 처녀로서의 순결이나 유부녀로서의 절제나 과부로서의 정절이라는 선을 두고 지나치게 자만하고 있지나 않았는지, 인간적 찬사를 즐기면서 다른 여자들도 그런 덕성을 지니고 있으면 은근히 시샘하지나 않았는지 스스로 질문해 보라. 나는 알지도 못하는 바를 두고 누구를 힐난하고 있는 것이 아니며, 여러분의 마음이 이런 질문을 받고서 여러분에게 뭐라고 대답하는지 내 귀로 들을 수 있는 것도 아니다. 다만 그랬다는 답이 만일에라도 나올라치면, 여러분이 사람들 눈에 들려고 행동했던 바로 그것을 상실했다고 생각할 것이며, 사람들에게 과시할 수 없는 무엇은 여러분의 내심에 여전히 남은 셈이니 이를 이상하게 여기지 말 것이다. 여러분이 여러분 몸에 죄짓는 사람들에게 동의하지만 않았다면, 여러분이 이미 받은 하느님 은총에 하느님의 보우保佑가 첨가되어 그 은총이 상실되지 않도록 조처된 셈이다. 그리고 인간적 영예, 그 영광에 애착하지 못하게 인간적 치욕이 뒤따른 것이다. 소심한 영혼들이여, 그 둘다를 두고 위안을 삼을 것이니, 은총에 힘입어 여러분이 시련을 통과한 것이고 영예를 두고는 여러분이 벌을 받은 셈이며, 전자로 인해 여러분은 의롭게 되었고 후자로 인해 여러분은 교정을 받았기 때문이다. 여러분 가운데 어떤 여자들은 이런 질문을 받고서도 다음과 같은 대답을 할지 모르겠다. 자기는 처녀로서든 과부로서든 유부녀로서든 마음속으로 그 정조라는 선을 두고 자만한 적이 결코 없다고 대답할 것이다.[144] 자기들보다 비천한 사람들을 두고는 경외심을 갖고서 마음을 합해 하느님의 선물을 두고 높이 칭송했고,[145] 신분이 동등한 여자의 성덕이나 정결이 탁월함을 두고는 시기한 적이 없었노라고 대답할 것이다. 자기들은 인간적 찬사는 대수롭지 않게 여겼으며, 인간의 찬사는 찬사를 요하는 선이 희귀할수록 그만큼 커다란 찬사가 바쳐지게 마련이지만, 자기들은 정조의 덕목이 되도록 많은 수의 여

esset, quam ut ipsae in paucitate amplius eminerent: nec istae, quae tales sunt, si earum quoque aliquas barbarica libido compressit, permissum hoc esse causentur, nec ideo Deum credant ista neglegere, quia permittit quod nemo inpune committit. Quaedam enim ueluti pondera malarum cupiditatum et per occultum praesens diuinum iudicium relaxantur et manifesto ultimo reseruantur. Fortassis autem istae, quae bene sibi sunt consciae non se ex isto castitatis bono cor inflatum extulisse, et tamen uim hostilem in carne perpessae sunt, habebant aliquid latentis infirmitatis, quae posset in superbiae fastum, si hanc humilitatem in uastatione illa euasissent, extolli. Sicut ergo quidam morte rapti sunt, ne malitia mutaret intellectum eorum, ita quiddam ab istis ui raptum est, ne prosperitas mutaret modestiam earum. Vtrisque igitur, quae de carne sua, quod turpem nullius esset perpessa contactum, uel iam superbiebant uel superbire, si nec hostium uiolentia contrectata esset, forsitan poterant, non ablata est castitas, sed humilitas persuasa; illarum tumori succursum est inmanenti, istarum occursum est inminenti.

Quamquam et illud non sit tacendum, quod quibusdam, quae ista perpessae sunt, potuit uideri continentiae bonum in bonis corporalibus deputandum et tunc manere, si nullius libidine corpus adtrectaretur; non autem esse positum in solo adiuto diuinitus robore uoluntatis, ut sit sanctum et

---

[146] quia permittit quod nemo impune committit: 이 명제는 하느님이 허락하셨으므로 자기에게 죄책 (罪責)이 없다는 핑계를 무너뜨린다.

[147] 지혜 4,11 참조: "하느님께서는 그가 악에 물들어서 바른 이성을 잃지 않도록 … 데려가신 것이다."

[148] ne prosperitas mutaret modestiam earum: 교부는 열 처녀 비유(마태 25,1-13)를 해설하면서 동정 녀들이 육체의 순결에 긍지를 갖기보다 애덕을 중시하도록 거듭 훈계했다. Cf. *De diversis quaestionibus 83*, 59.

[149] non *ablata* est castitas, sed *humilitas persuasa*: humilitas라는 단어가 "겸손"(謙遜)이라는 덕목과 여자가 능욕당하는 "비하"(卑下)라는 양의성을 띠기 때문에 이런 문장이 가능하다.

[150] illarum tumori *succursum est immanenti*, istarum *occursum est imminenti*: 교부가 말하는 은총은 죄를 용서하는 치유(succursum)와 타락을 피하게 하는 예방(occursum) 양면을 띤다.

자들에게서 넓게 퍼지기를 원했지, 자기들만 소수라는 점에서 그런 덕성으로 남보다 빼어나기를 바란 적이 없다고 대답할 것이다. 이런 여자들이 그만한 심성을 갖추었음에도, 야만인들의 욕정이 이런 여자들마저 유린한 경우에, 그 일을 하느님이 허락하셨다는 데다 핑계를 대지 말 것이며, 그렇다고 여자들이 유린당하는 일 따위는 하느님이 대수롭지 않게 보신다고 믿지도 말아야 할 것이다. 하느님이 허락하신다고 해서 아무도 자기가 저지른 일에 벌을 면하지 못하는 연고이다.[146] 그런 악행 가운데 어떤 것은 악한 욕망이라는 묵직한 짐처럼 묵인되고 있는데 그것은 하느님의 숨겨진 현재의 판단에 의해서이며, 최후의 명명백백한 심판까지는 유보되어 있기도 하다. 다만 자기들이 정절의 선으로 건방지게 뽐내고 있지 않았음을 스스로 잘 인시하고 있고, 그런데도 적병들의 폭력을 육체에 당했다면, 이런 여자들은 자기 나름의 어떤 숨은 약점을 안고 있었으며, 적군들의 침탈중에 이같은 굴욕을 피했더라면, 혹시라도 그 약점이 방약무인한 오만으로 뻗어나갔을지도 모른다고 생각해 봄직하다. 그래서 어떤 사람들은 악덕이 인간의 지성을 변질시키지 못하도록 일찍 생명을 빼앗겼듯이,[147] 이런 여자들에게서는 소중한 무엇이 강제로 빼앗김으로써 순탄한 인생이 그들의 절도를 변질시키지 못하게 했다.[148] 그러니까 자기 육체는 그 어느 남자의 추잡한 접촉도 닿지 않았다면서 자기 육체를 두고 오만했던 여자든, 적병들의 폭행을 당하지 않았더라면 그 일을 두고 오만해질 수도 있었던 여자든, 양편 다 그 폭행으로 정절이 앗겼다기보다는 차라리 겸손이 확인된 셈이다.[149] 앞의 여자들의 경우 엄존하는 자만심에 대한 처치가 이루어진 것이고 뒤의 여자들의 경우 임박하는 자만심에 대한 예방이 이루어진 셈이다.[150]

28.2. 아울러 어떤 양심으로 하느님을 섬길지 암시한다

끝으로 다음 사실도 묵과되어서는 안 될 것이다. 유린당한 여자들 가운데서는 절제라는 선을 육체적 선들 가운데 끼는 것으로 여겨야 한다고 보았고, 따라서 육체가 어느 남자의 욕정에도 닿지 않아야 절제의 선이 지속한다고 생각했을 수도 있다. 그 여자들은 육과 영이 거룩하려면 그것이 하느님의 보우를 받는 의지의 힘에만 달려 있지 않다고 생각했을 수도 있다. 또 억지로가 아니면 이런 선

corpus et spiritus; nec tale bonum esse, quod inuito animo non possit auferri; qui error eis fortasse sublatus est. Cum enim cogitant, qua conscientia Deo seruierint, et fide inconcussa non de illo sentiunt, quod ita sibi seruientes eumque inuocantes deserere ullo modo potuerit, quantumque illi castitas placeat dubitare non possunt, uident esse consequens nequaquam illum fuisse permissurum, ut haec acciderent sanctis suis, si eo modo perire posset sanctitas, quam contulit eis et diligit in eis.

은 앗아갈 수 없는 것이려니 하는 생각을 안 했을지도 모른다. 여태까지 길게 논한 바 있으므로 그런 잘못된 생각은 아마 그 여자들한테서 지워졌을 것이다. 그 여자들은 자기가 바른 양심을 갖고서 하느님을 섬겼으리라고 생각하도록 할 것이다. 또 하느님에 관해 흔들리지 않는 신앙을 갖고서, 하느님이 당신을 그렇게 섬기고 당신 이름을 부르는 사람들을 혹시라도 저버리시는 일이 있으리라는 생각을 절대 해서는 안 된다. 그리고 정결이 하느님 마음에 드는 덕목임을 의심치 않아야 한다. 그러면 다음과 같은 결론에 이를 것이다. 곧, 당신이 성도들에게 베풀어 주셨고 성도들 안에서 당신이 사랑하시는 그 성덕이 육체의 순결을 잃음으로써 동시에 사라지는 그런 식으로 상실될 수 있는 것이라면, 당신 성도들에게 정결이 유린되는 일이 일어나도록 허락하셨을 리 만무하다는 것이다.

29. Habet itaque omnis familia summi et ueri Dei consolationem suam, non fallacem nec in spe rerum nutantium uel labentium constitutam, uitamque etiam ipsam temporalem minime paenitendam, in qua eruditur ad aeternam, bonisque terrenis tamquam peregrina utitur nec capitur, malis autem aut probatur aut emendatur. Illi uero, qui probitati eius insultant eique dicunt, cum forte in aliqua temporalia mala deuenerit: *Vbi est Deus tuus?* ipsi dicant, ubi sint dii eorum, cum talia patiuntur, pro quibus euitandis eos uel colunt uel colendos esse contendunt. Nam ista respondet: Deus meus ubique praesens, ubique totus, nusquam inclusus, qui possit adesse secretus, abesse non motus; ille cum me aduersis rebus exagitat, aut merita examinat aut peccata castigat mercedemque mihi aeternam pro toleratis pie malis temporalibus seruat; uos autem qui estis, cum quibus loqui dignum sit saltem de diis uestris, quanto minus de Deo meo, qui *terribilis est super omnes deos, quoniam omnes dii gentium daemonia, Dominus autem caelos fecit.*

30. Si Nasica ille Scipio uester quondam pontifex uiueret, quem sub terrore belli Punici in suscipiendis Phrygiis sacris, cum uir optimus quae-

---

[151] in qua *eruditur ad aeternam*, bonisque terrenis *tamquam peregrina utitur nec capitur*: 현세의 것을 사용(uti)하고 영원한 하느님을 향유(frui)한다는 교부의 행복의 철학에 입각한 표현이다.

[152] 시편 41[42],4.

[153] 로마 함락 이후 이교도 원로원들이 조상전래의 신들에게 제사를 올리자는 정식 제안을 발의했다 는 기록도 있다. Cf. Zosimus, *Historia nova* 5.41.

[154] ubique praesens, ubique totus, nusquam inclusus, adesse secretus, abesse non motus: 하느님의 무소 부재(無所不在)를 간결하게 표명한 글귀로 꼽힌다.

[155] 시편 95,4-5. 〔새번역 96,4-5: "주님께서는 모든 신들 위에 경외로우신 분이시니. 민족들의 신들 은 헛것이어도, 주님께서는 하늘을 만드셨도다."〕

[156] Scipio Nasica, vir optimus: BC 204년 대제관으로서 "최선의 인간"(vir optimus)이라는 원로원의 칭호를 갖추고 키벨레 여신의 신상을 영접해 오는 사명을 부여받았다. Cf. Livius, *Ab Urbe condita* 29.14.8; 본서 1.30-31; 2.5.

제3부 (29-36)
도덕적 타락으로 인한 로마의 몰락

29. 그리스도가 자기 가족을 적군의 광기에서 구해주지 않았다고 힐난하는 불신자들에게 무엇이라고 대답해야 하는가

그러므로 지존하고 참된 하느님의 온 가족은 로마의 침탈에도 불구하고 자신의 위로를 가지고 있으니, 그것은 헛된 위로도 아니고, 불확실하고 덧없는 사물들에 희망을 거는 위로도 아니다. 또 현세의 삶을 조금도 후회하지 말 것이니 거기서 영원한 삶을 배우기 때문이다. 지상의 선한 사물은 나그네처럼 사용하되 그것에 사로잡히지 않으며, 지상의 악에 대해서는 스스로 시험받거나 교정받을 따름이다.[151] 그럼에도 저들은 하느님 가족의 정직함을 헐뜯고, 현세적 해악이 닥치면 "너의 하느님이 어디 계시냐?"[152]고 이 가족에게 힐문한다. 그럼 자기들이 섬기는 신들은 어디 있냐고 그들에게 물어보라. 온갖 재앙을 피하려고 그 신들을 섬긴다고 주장하고 또 마땅히 섬겨야 한다고 주장하는 그 신들이, 그들이 재앙을 당할 적에는 과연 어디 있었냐고 물어보라.[153] 저들의 힐문에 하느님의 가족은 이렇게 답한다: 나의 하느님은 어디나 현존하며, 어디나 전체로 계시고, 어디에도 내포되지 않으며, 은밀히 현재現在할 수 있고 움직이지 않은 채 부재不在할 수 있다.[154] 그분이 역경으로 나를 흔들 적에는 나의 공덕을 재 보거나 죄를 벌하거나 현세의 해악을 경건하게 견딤으로써 영원한 상을 보전하게 하기 위함이다. 그 대신 그대들은 누구인가? 적어도 그대들의 신들에 관해 더불어 이야기함이 옳다면, 저들은 나의 하느님보다 얼마나 못한가! 나의 하느님은 "모든 신들 위에 계시다. 이방인의 신들은 모두 마귀지만 주님은 하늘을 만드셨다".[155]

30. 그리스도교 시대를 원망하는 사람들은 얼마나 방탕한 번영을 누리려 했던가

그대들의 스키피오 나시카, 한때 그대들의 대제관이던 그 인물이 살아있다면, 여러분은 감히 그의 낯을 쳐다볼 엄두도 나지 않을 것이다. 그는 카르타고 전쟁의 공포 아래 프리기아의 신물神物들을 영접할 만한 최고의 선량[156]이 요구되었을

reretur, uniuersus senatus elegit, cuius os fortasse non auderetis aspicere, ipse uos ab hac inpudentia cohiberet. Cur enim adflicti rebus aduersis de temporibus querimini Christianis, nisi quia uestram luxuriam cupitis habere securam et perditissimis moribus remota omni molestiarum asperitate diffluere? Neque enim propterea cupitis habere pacem et omni genere copiarum abundare, ut his bonis honeste utamini, hoc est modeste sobrie, temperanter pie, sed ut infinita uarietas uoluptatum insanis effusionibus exquiratur, secundisque rebus ea mala oriantur in moribus, quae saeuientibus peiora sunt hostibus. At ille Scipio pontifex maximus uester, ille iudicio totius senatus uir optimus, istam uobis metuens calamitatem nolebat aemulam tunc imperii Romani Carthaginem dirui et decernenti ut dirueretur contradicebat Catoni, timens infirmis animis hostem securitatem et tamquam pupillis ciuibus idoneum tutorem necessarium uidens esse terrorem. Nec eum sententia fefellit: re ipsa probatum est quam uerum diceret. Deleta quippe Carthagine magno scilicet terrore Romanae rei publicae depulso et extincto tanta de rebus prosperis orta mala continuo subsecuta sunt, ut corrupta diruptaque concordia prius saeuis cruentisque seditionibus, deinde mox malarum conexione causarum bellis etiam ciuilibus tantae strages ederentur, tantus sanguis effunderetur, tanta cupiditate proscriptionum ac rapinarum ferueret inmanitas, ut Romani illi, qui uita integriore mala metuebant ab hostibus, perdita integritate uitae crudeliora paterentur a ciuibus; eaque ipsa libido dominandi, quae inter alia uitia generis humani meracior inerat uniuerso populo Romano, postea quam in paucis potentioribus uicit, obtritos fatigatosque ceteros etiam iugo seruitutis oppressit.

31. Nam quando illa quiesceret in superbissimis mentibus, donec continuatis honoribus ad potestatem regiam perueniret? Honorum porro con-

---

[157] 카토의 정책(Delenda Carthago)에 반대한 인물은 사실 대제관의 증손자로 BC 152년 집정관을 지낸 Scipio Nasica Corculum이었다. Cf. Livius, *Periochae* 49.

[158] 실제로 카르타고 멸망 이후 내란이 대대적으로 발생했고 옥타비아누스의 제권(imperium)의 수립으로 그 살육은 막을 내렸다.

적에 원로원이 그를 만장일치로 선출했다. 그 사람이라면 그대들에게 이처럼 뻔뻔스런 언행을 삼가게 만들었을 것이다. 왜 그대들은 역경에 시달리고서는 그리스도교 시대를 두고 시비하는가? 그대들은 다만 향락을 안전하게 누리고 온갖 귀찮은 곤란에서 벗어나 망측한 풍습에 탐닉하려 하지 않는가? 그대들은 평화와 온갖 재물을 풍요하게 갖겠다고 탐하는데, 그 선익을 정직하게, 다시 말해 절도있고 검소하고 절제하며 경건하게 사용하려는 것이 아니라 쾌락을 무한히 다양하게 누리고 온갖 불건전한 방종을 일삼으려는 것이다. 공화국의 순경順境 중에 저런 악들이 습속에 생겨났으며 저것들은 실상 잔인무도한 적병들보다 더 큰 해악이다. 그런데 그대들의 대제관 스키피오는 원로원 전체의 판단에 따른 최고의 선량으로시, 바로 그대들의 지금 제앙을 두려워하여, 로마 제권과 경쟁하는 카르타고가 차라리 망하지 않기 바랐고, 카르타고는 멸망해야 한다고 주장하는 카토에게 맞섰다. 그는 유약한 시민 정신에게 안심이야말로 적이라고 여겨 염려했고, 미숙한 시민들에게 공포야말로 없어서는 안 될 교사라고 보았다.[157] 과연 그의 생각은 틀리지 않았다. 그가 얼마나 참말을 했는지는 역사적 사실이 보여주었다. 카르타고가 망하여 로마 공화국에 큰 공포가 축출되고 소멸되자 그 순경에서 즉시 엄청난 해악이 발생하고 뒤따랐다. 먼저 잔혹하고 유혈적인 소요로 인해 국민의 화합이 부패하고 붕괴되었고, 다음에는 사악한 인자들이 얽히고설키어 시민전쟁들이 발생하여 무수한 학살이 일어나고 엄청난 피가 흐르고 엄청난 탐욕으로 재산몰수와 약탈의 만행이 횡행했다. 도덕적 삶을 살면서 적들로부터 오는 행악을 두려워하던 저 로마인들이 건전한 삶을 잃자 남 아닌 시민들로부터 훨씬 잔학한 일을 당했다. 인류의 악덕들 가운데서도 바로 저 지배욕, 로마 백성 전체에게 유난히 노골적이던 이 탐욕이 소수의 세도가들을 사로잡아 승리하자 세도가들을 빼놓고는 제압당하고 쇠약해진 다른 모든 사람을 예속의 멍에로까지 탄압했다.[158]

31. 악덕이 어느 지경이기에 로마인들에게 지배욕이 그토록 증대했을까

지극히 오만한 지성들 사이에서라면, 잇달아 관직들을 거쳐 그야말로 왕권에 이르기까지 저 지배욕이 어디서 안정되겠는가? 그러나 야심이 뛰어나지 않다면

tinuandorum facultas non esset, nisi ambitio praeualeret. Minime autem praeualeret ambitio, nisi in populo auaritia luxuriaque corrupto. Auarus uero luxuriosusque populus secundis rebus effectus est, quas Nasica ille prouidentissime cauendas esse censebat, quando ciuitatem hostium maximam fortissimam opulentissimam nolebat auferri, ut timore libido premeretur, libido pressa non luxuriaretur luxuriaque cohibita nec auaritia grassaretur; quibus uitiis obseratis ciuitati utilis uirtus floreret et cresceret eique uirtuti libertas congrua permaneret. Hinc etiam erat et ex hac prouidentissima patriae caritate ueniebat, quod idem ipse uester pontifex maximus, a senatu illius temporis (quod saepe dicendum est) electus sine ulla sententiarum discrepantia uir optimus, caueam theatri senatum construere molientem ab hac dispositione et cupiditate compescuit persuasitque oratione grauissima, ne Graecam luxuriam uirilibus patriae moribus paterentur obrepere et ad uirtutem labefactandam eneruandamque Romanam peregrinae consentire nequitiae, tantumque auctoritate ualuit, ut uerbis eius commota senatoria prouidentia etiam subsellia, quibus ad horam congestis in ludorum spectaculo iam uti ciuitas coeperat, deinceps prohiberet adponi. Quanto studio iste ab urbe Roma ludos ipsos scaenicos abstulisset, si auctoritati eorum, quos deos putabat, resistere auderet, quos esse noxios daemones non intellegebat aut, si intellegebat, placandos etiam ipse potius quam contemnendos existimabat! Nondum enim fuerat declarata gentibus superna doctrina, quae fide cor mundans ad caelestia uel supercaelestia capessenda humili pietate humanum mutaret affectum et a dominatu superborum daemonum liberaret.

32. Verum tamen scitote, qui ista nescitis et qui uos scire dissimulatis, aduertite, qui aduersus liberatorem a talibus dominis murmuratis: ludi

---

[159] 로마 극장은 scaena(무대), orchestra(무대 앞 공간), cavea theatri(객석), vomitorium(출입구)으로 구성되었다. 로마에 화려한 고정 극장을 건축한 것은 BC 55년 폼페이우스였다.

[160] 로마에 극장이 선 것은 BC 179년(감찰관 Aemilius Lepidus)이었고 155년 감찰관 Cassius가 대형 극장을 건축하려 Scipio Corculum(교부가 생각한 Nasica가 아니다)의 반대로 원로원이 건축을 중단시켰다. 객석(cavea theatri)의 의자도 치워졌다.

[161] ludi scaenici: 일정한 명절과 특정한 신에게 봉헌되는 축제(sollemnitas)에 그 신의 위업이나 행적을 연극으로 공연하던 행사를 가리키며, 교부는 본서에서 공연축제의 외설스러움을 시종일관 비난한다.

[162] daemon: 그리스-로마 종교문명을 배경으로 "정령"(精靈)이라고 번역하겠으며, 본서의 말미에 나오는 종말론(終末論)에서만 "귀신"(신약성서에는 "마귀"로 옮겨진다)이라는 용어를 쓰겠다.

잇달아 관직을 얻을 능력이 없을 것이다. 그리고 물욕과 사치로 타락한 백성에게서가 아니면 야심이 뛰어나게 발휘될 수 없을 것이다. 로마인들은 순경順境중에서 탐욕스럽고 사치스런 백성이 되었다. 이 두 악덕은 저 위대한 나시카가 예언적 안목으로 장차 마땅히 경계해야 하리라고 생각했던 악덕이다. 그래서 그는 거대하고 막강하고 부유한 적성 국가를 없애려 하지 않았다. 두려움 때문에 억눌린 욕정은 방탕해지지 않고 제어된 사치는 물욕으로 탐욕스러워지지 않겠기 때문이다. 이 두 악덕이 차단되면 국가에 유익한 덕성이 피어나고 성장하며, 그런 덕목에 상응한 자유가 지속될 것이다. 바로 그대들의 저 위대한 대제관이, 그야말로 당시의 원로원으로부터 이의 없이 (종종 언명해야 할 말이지만) 최고 선량으로 선정된 사람으로서, 극장外 개서[159]을 건축하려는 의견을 내놓은 원로원으로 하여금 그런 조치와 의사를 유보케 만든 것도 바로 여기서 유래했고 조국에 대한 깊은 배려가 담긴 사랑에서 왔다. 그는 장중한 연설로 조국의 남자다운 도덕에 그리스풍 사치가 도입되지 않도록, 외국의 악덕이 로마의 덕성을 부패시키고 유약하게 만들지 못하도록 원로원을 설득했다. 그 당시 로마 시가 연극이 공연되는 시각부터 간이걸상을 사용하기 시작하던 참이었는데 그의 권위가 하도 막강했기에 그의 발언에 감동한 원로원의 조처로 간이걸상을 내놓는 것마저 금지되었다.[160] 그리고 만일 그가 신들이라고 믿던 존재들의 권위에까지 감히 대항하려고 나섰더라면 제신을 받들어 거행되는 공연축제[161]를 도성에서 추방하려고 크게 힘썼을 것이다! 그리까지 하지 않은 것은 그들을 해로운 정령[162]이라고 여기지 않았거나, 그랬더라도 그 신들을 경멸할 것이 아니라 본인부터 그들을 달래야 할 존재로 여겼기 때문이리라. 신앙으로 마음을 정화하여 천상 사물과 천상을 초월한 사물을 향하도록 만들고, 겸손한 신앙심으로 인간 감정을 변화시켜 오만한 정령들의 지배에서 해방시키는 고상한 교리가 이민족들에게 아직 계시되지 않았던 까닭이다.

32. 공연축제公演祝祭의 제정

그런데 여러분이 모르는 사실을 하나 알아두라. 여러분이 모르는 척하는 바를 알아두라. 정령이라는 저따위 주인들에게서 여러분을 해방하신 분을 거슬러

scaenici, spectacula turpitudinum et licentia uanitatum, non hominum uitiis, sed deorum uestrorum iussis Romae instituti sunt. Tolerabilius diuinos honores deferretis illi Scipioni quam deos huius modi coleretis. Neque enim erant illi dii suo pontifice meliores. Ecce adtendite, si mens tam diu potatis erroribus ebria uos aliquid sanum cogitare permittit! Dii propter sedandam corporum pestilentiam ludos sibi scaenicos exhiberi iubebant; pontifex autem propter animorum cauendam pestilentiam ipsam scaenam constitui prohibebat. Si aliqua luce mentis animum corpori prae-ponitis, eligite quem colatis! Neque enim et illa corporum pestilentia ideo conquieuit, quia populo bellicoso et solis antea ludis circensibus adsueto ludorum scaenicorum delicata subintrauit insania; sed astutia spirituum nefandorum praeuidens illam pestilentiam iam fine debito cessaturam aliam longe grauiorem, qua plurimum gaudet, ex hac occasione non corporibus, sed moribus curauit inmittere, quae animos miserorum tantis obcaecauit tenebris, tanta deformitate foedauit, ut etiam modo (quod in-credibile forsitan erit, si a nostris posteris audietur) Romana urbe uastata, quos pestilentia ista possedit atque inde fugientes Carthaginem peruenire potuerunt, in theatris cotidie certatim pro histrionibus insanirent.

33. O mentes amentes! Quis est hic tantus non error, sed furor, ut exi-tium uestrum, sicut audiuimus, plangentibus Orientalibus populis et maxi-mis ciuitatibus in remotissimis terris publicum luctum maeroremque du-centibus uos theatra quaereretis intraretis impleretis et multo insaniora

---

163 로마 연극에 대한 혹독한 비판은 교부의 개인적 체험("내 비참의 영상과 내 불더미의 섶을 함빡 담은 연극들": *Confessiones* 3.2.2)과 무관하지 않다. 본서 6.7.1 ("공연축제의 추잡함") 참조.

164 Nec dii suo pontifice meliores: 이교 신들의 도덕적 해이를 겨냥한 교부들의 어법이었다. Cf. Ter-tullianus, *Apologeticum* 11.15.

165 Cf. Livius, *Ab Urbe condita* 7.2.1-3. 공연축제(ludi scaenici)의 시작은 BC 364년으로 거슬러올라 간다.

166 일반오락의 ludi circenses(원형경기장의 경기)와 종교축제의 ludi scaenici(공연축제)를 구분하고 있다.

167 아우구스티누스가 히에로니무스와 교환한 서간에 이런 정서가 잘 나타난다(*Epistulae* 136.2, 127.12).

불평하는 여러분이 이 한 가지 사실을 유념하라: 공연축제며 추행들을 상연하는 연극이며 자유분방한 허식들이 인간들의 악습에 의해 생겨난 것이 아니라 여러분의 신들의 명령에 의해 로마에 제정되었다는 사실을![163] 여러분이 이따위 신들에게 예배를 바치느니 차라리 저 위대한 스키피오에게 신적 영예를 바치는 편이 더 보아줄 만하다. 저 신들이 자기네 대제관보다 나을 게 없는 까닭이다.[164] 그 오랫동안 오류를 마시고 마셔 취기에 빠진 여러분의 지성이 혹시라도 건전한 무엇을 생각할 기운이 있거든 이 말을 주의해 들으라! 육신의 역병을 진정시키기 위해 공연축제를 개최하라고 명령한 자가 다름아닌 신들이었다는 사실이다.[165] 그런데 대제관은 오히려 정신의 역병을 막을 생각에서 저런 공연장을 건설하지 못하게 금했다. 여러분이 지성의 빛이 있어 육신보다 정신을 우선시한다면, 신들과 대제관 스키피오 중 누구를 떠받들어야 할지 선택하시라! 그리고 사실상 육신의 역병마저 수그러들지 않았다! 호전적 국민, 또 오로지 이전에 원형경기장의 경기에만 길들여진 국민에게 공연축제의 향락적 광란이 스며들었기 때문이다.[166] 입에도 올리기 부정한 신령들의 간교함은, 육신의 저 역병이 때가 되면 어차피 수그러들 것을 예견하고서는, 그보다 훨씬 중한 역병, 사람들이 걸리고서도 오히려 좋아하는 역병, 이번 기회에는 육신에가 아니라 습속에다 역병을 들여놓기로 획책했던 것이다. 이 역병은 가련한 인생들의 정신을 엄청난 어둠으로 눈멀게 했고, 엄청난 망신으로 부패시켰다. 그 결과 (우리 후손들이 듣는다면 믿으려 하지 않겠지만) 로마 도성이 침탈당하고 나자 저 역병에 걸린 자들이 그곳을 도망하여 카르타고까지 당도할 수 있었는데 그곳에 도착하자 날마다 극장으로 몰려들어 배우들을 앞다투어 응원하는 데만 열광하고 있었다.

33. 조국의 멸망도 로마인들의 악덕을 제거하지 못했다

오, 얼빠진 지성들이여! 이것은 어처구니없는 오류라기보다 광기가 아닌가? 우리가 들어서 아는 대로, 동방의 뭇 백성과 아주 먼 땅의 대도시들이 여러분이 당한 재앙을 듣고 공식 애도를 표하며 통탄한 터에,[167] 정작 여러분은 극장을 찾고 입장하여 가득 메우니, 이것은 전에 해오던 짓보다 훨씬 미친 짓이 아니고 무엇

quam fuerant antea faceretis? Hanc animorum labem ac pestem, hanc probitatis et honestatis euersionem uobis Scipio ille metuebat, quando construi theatra prohibebat, quando rebus prosperis uos facile corrumpi atque euerti posse cernebat, quando uos securos esse ab hostili terrore nolebat. Neque enim censebat ille felicem esse rem publicam stantibus moenibus, ruentibus moribus. Sed in uobis plus ualuit quod daemones impii seduxerunt, quam quod homines prouidi praecauerunt. Hinc est quod mala, quae facitis, uobis inputari non uultis, mala uero, quae pati- mini, Christianis temporibus inputatis. Neque enim in uestra securitate pacatam rem publicam, sed luxuriam quaeritis inpunitam, qui deprauati rebus prosperis nec corrigi potuistis aduersis. Volebat uos ille Scipio terreri ab hoste, ne in luxuriam flueretis: nec contriti ab hoste luxuriam repressistis, perdidistis utilitatem calamitatis, et miserrimi facti estis et pessimi permansistis.

34. Et tamen quod uiuitis Dei est, qui uobis parcendo admonet, ut cor- rigamini paenitendo; qui uobis etiam ingratis praestitit, ut uel sub nomine seruorum eius uel in locis martyrum eius hostiles manus euaderetis. Ro- mulus et Remus asylum constituisse perhibentur, quo quisquis confugeret ab omni noxa liber esset, augere quaerentes creandae multitudinem ciui- tatis. Mirandum in honorem Christi processit exemplum. Hoc constitue- runt euersores urbis, quod constituerant antea conditores. Quid autem magnum, si hoc fecerunt illi, ut ciuium suorum numerus suppleretur, quod fecerunt isti, ut suorum hostium numerositas seruaretur?

---

[168] quod *daemones impii seduxerunt*, quam quod *homines providi praecaverunt*: 로마인들이 숭배하는 정령들이 안목있는 인간들만도 못한 존재임을 밝힌다.

[169] mala quae facitis ..., mala vero quae patimini: 아우구스티누스는 항상 악을 윤리악(peccatum)과 물리악(poena peccati)으로 대별한다.

[170] 역사를 통해 인류를 교육하는 신적 섭리를 논하는 교부는 로마인들처럼 행동하면 역사의 합리성 은 무너진다고 성토(invectiva)했다.

[171] Cf. Livius, *Ab Urbe condita* 1.8.

인가? 저 위대한 스키피오가 여러분에 대해 우려하던 바가 정신의 이 부패와 역병이요, 고결한 미풍양속의 이 붕괴였다! 그가 일찍이 극장 건축을 금했을 적에, 여러분이 순경중에 쉽사리 부패하고 몰락할지 모른다고 여겼을 적에, 그래서 차라리 여러분이 적대 세력에 대한 공포에서 벗어나 안도하기를 바라지 않았을 적에 그가 우려하던 바가 이것이었다. 그는 비록 성벽이 견고하게 서 있어도 도덕이 붕괴한 이상 공화국이 성세를 누린다고 생각지 않았다. 그럼에도 여러분에게 먹혀들어간 것은 안목있는 사람들이 주의시킨 말보다도 불경스런 귀신들이 꾀는 말이었다![168] 바로 그래서 여러분은 자신들이 저지르는 행악을 여러분에게 돌리려 하지 않으며, 자신들이 당하는 해악을 그리스도교 시대로 돌리려 하는 것이다.[169] 일신이 안전해지지 여러분은 공화국의 안보를 도모하지 않고 벌받지 않은 채로 쾌락을 누리는 데만 급급했다. 순경중에 타락한 인간들인지라 역경에서도 바로잡히지 못했다! 저 스키피오는 여러분이 일락에 파묻히지 않게 하려고 차라리 여러분이 적에게서라도 공포를 느꼈으면 했다. 그런데도 여러분은 적군에게 짓밟혀서도 일락을 삼가지 않았고, 재앙이 초래하는 유익한 기회를 잃고 말았으며, 극히 가련해졌으면서도 극히 악한 인간으로서 고집을 부리고 있다.[170]

34. 로마 도성의 파멸을 그래도 그 정도로 그치게 한 하느님의 자비

그렇지만 여러분이 아직 살아있음은 하느님의 은덕이다. 그분은 여러분을 살려 둠으로써, 참회하여 바로잡으라고 훈유하신다. 배은망덕하는데도 여러분이 당신 종들의 이름을 표방하면서 당신 순교자들의 처소로 피신하여 적병의 손길을 피하도록 보살펴셨다. 전설에 의하면 로물루스와 레무스는 피신처를 설정하여 거기로 피난하는 사람은 누구나 모든 해를 입지 않게 했다 한다. 그럼으로써 도시의 주민을 늘리려 한 것이다.[171] 앞질러 그리스도를 받드는 훌륭한 본보기를 마련한 셈이다. 과거에 로마 도성의 건설자들이 계획한 것과 똑같은 일을 도성의 함락자들도 계획했다. 다만 로물루스와 레무스는 그냥 자기네 시민의 숫자를 늘리려고 이것을 시행했는데 로마를 함락한 야만인들은 다수의 적들을 보전해 살려 주려고 피신처를 지정했다면 로물루스와 레무스가 한 것이 뭐가 대수로운가?

35. Haec et alia, si qua uberius et commodius potuerit, respondeat inimicis suis redempta familia domini Christi et peregrina ciuitas regis Christi. Meminerit sane in ipsis inimicis latere ciues futuros, ne infructuosum uel apud ipsos putet, quod, donec perueniat ad confessos, portat infensos; sicut ex illorum numero etiam Dei ciuitas habet secum, quamdiu peregrinatur in mundo, conexos communione sacramentorum, nec secum futuros in aeterna sorte sanctorum, qui partim in occulto, partim in aperto sunt, qui etiam cum ipsis inimicis aduersus Deum, cuius sacramentum gerunt, murmurare non dubitant, modo cum illis theatra, modo ecclesias nobiscum replentes. De correctione autem quorundam etiam talium multo minus est desperandum, si apud apertissimos aduersarios praedestinati amici latitant, adhuc ignoti etiam sibi. Perplexae quippe sunt istae duae ciuitates in hoc saeculo inuicemque permixtae, donec ultimo iudicio dirimantur; de quarum exortu et procursu et debitis finibus quod dicendum arbitror, quantum diuinitus adiuuabor, expediam propter gloriam ciuitatis Dei, quae alienis a contrario comparatis clarius eminebit.

36. Sed adhuc mihi quaedam dicenda sunt aduersus eos, qui Romanae rei publicae clades in religionem nostram referunt, qua diis suis sacrificare prohibentur. Commemoranda sunt enim quae et quanta occurrere

---

[172] peregrina civitas regis Christi: civitas Dei는 문맥에 따라서 "하느님의 나라(도시국가)"라고도 "하느님의 도성(都城)"이라고도 번역하겠다.

[173] donec perveniat ad confessos, portat infensos: 호교론자의 전투적 태도를 잠시 누그러뜨려 교회를 공격하는 사람들(infensi)도 언젠가 신앙고백을 하는 신앙인(confessi)으로 맞이할지도 모른다는 희망을 피력한다.

[174] communione sacramentorum: sacramenta는 우선 입교자들이 참여하는 모든 비의(秘義)를 가리키지만 세례로 표해지는 인호(印號)를 가리키기도 한다(15.26.1). 세례와 성찬(21.25.2)이라는 좁은 의미도 있다.

[175] 하느님의 도성에 관한 몇 가지 기조사상이 드러나는 부분이다: 지상에 순례하는 하느님 도성과 천상의 영화로운 도성의 구분, 하느님의 도성 안에서 성사의 친교와 성인(聖人)들의 친교의 구분, 선인과 악인의 공존, 안팎의 구분이 유동적이라는 사실 등이다.

[176] 화급한 호교론적 주제들을 일단 접고서 두 도성의 목적과 역사에 관한 기본주제로 돌아온다. 그러나 제국의 정치적 해악이 그리스도교 탓이 아니라는 변호와 제국의 번영도 신들의 가호가 아니라 하느님의 섭리였다는 주장, 그리고 하느님과 인간 사이의 중개로 제신이나 정령의 존재가 불필요하다는 논의에 10권까지 전부를 할애하게 된다.

35. 불경자들 가운데도 교회의 자녀들이 숨어 있고, 교회 안에도 거짓 그리스도인들이 숨어 있다

그리스도의 구속救贖받은 가족, 그리고 그리스도 왕王의 순례하는 도성[172]은 지금까지 내가 개진한 이 모든 지론을 이용해서 자기 적들에게 응수해야 할 것이다. 그리고 할 수만 있다면 이보다 훨씬 내용 풍부하고 편리하게 다른 논거들을 동원해야 할 것이다. 다만 그 적들 가운데 미래의 우리 시민들이 숨어 있다는 점을 기억해 둘 것이다. 그러므로 그들을 상대할 적에 하느님의 도성을 공격하는 반대자라도 참고 견딤으로써 그들을 결국 명시적으로 신앙을 고백하는 사람으로 맞이하는 것도 무익한 일로 여기지 말 것이다.[173] 그와는 반대로 하느님의 도성이 세상에 순례하고 있는 한, 하느님의 도성은 성사聖事의 유대로[174] 자기에게 결합되어 있지만 성도들의 영원한 운명을 함께하지 못할 사람들도 거느리고 있음을 기억해둘 것이다. 이런 사람들은 일부는 숨겨져 있고 일부는 드러나기도 하는데, 하느님의 성사를 받으면서도 자기네 원수들과 한패가 되어 하느님을 거슬러 불만을 토하고, 때로는 그들과 더불어 극장에 가 있는가 하면 때로는 우리와 더불어 성당에 와 있기도 하다. 그런데 극히 노골적인 적들 가운데서도, 본인도 아직 알지 못한 채로, 우리의 친구가 되기로 예정된 사람들이 숨어 있다면, 이런 사람들을 바로잡는 일이야 훨씬 덜 절망적이라고 하겠다.[175] 그러므로 저 두 도성은 이 세상에서는 경계가 애매하며, 최후심판으로 양편이 갈라지기까지는 서로 뒤섞여 있다. 이제 나는 두 도성의 시원과 발전 그리고 상응한 종말에 관해 말해야 할 것으로 여기는데, 하느님의 보우를 입어 또 하느님 도성의 영광을 위해 이 일을 감행해 보고자 한다. 하느님의 도성은 다른 도성과 비교해 볼 적에 그 대조점으로 인해 더 분명하게 빛을 발할 것이다.[176]

36. 후속 토론에서 다루어질 사안

그러나 먼저 로마 공화국의 쇠퇴를 우리 종교의 탓으로 돌리는 사람들에게 할 말이 있다. 로마의 쇠퇴는 우리 종교가 그들이 섬기는 신들에게 제사 지내는 일을 금지한 탓이라고 그들은 주장한다. 그 제사들이 금지되기 이전에 무슨

poterunt uel satis esse uidebuntur mala, quae illa ciuitas pertulit uel ad eius imperium prouinciae pertinentes, antequam eorum sacrificia prohibita fuissent; quae omnia procul dubio nobis tribuerent, si iam uel illis clareret nostra religio, uel ita eos a sacris sacrilegis prohiberet. Deinde monstrandum est, quos eorum mores et quam ob causam Deus uerus ad augendum imperium adiuuare dignatus est, in cuius potestate sunt regna omnia, quamque nihil eos adiuuerint hi, quos deos putant, et potius quantum decipiendo et fallendo nocuerint. Postremo aduersus eos dicetur, qui manifestissimis documentis confutati atque conuicti conantur asserere non propter uitae praesentis utilitatem, sed propter eam, quae post mortem futura est, colendos deos. Quae, nisi fallor, quaestio multo erit operosior et subtiliore disputatione dignior, ut et contra philosophos in ea disseratur, non quoslibet, sed qui apud illos excellentissima gloria clari sunt et nobiscum multa sentiunt, et de animae inmortalitate et quod Deus uerus mundum condiderit et de prouidentia eius, qua uniuersum quod condidit regit. Sed quoniam et ipsi in illis, quae contra nos sentiunt, refellendi sunt, deesse huic officio non debemus, ut refutatis impiis contradictionibus pro uiribus, quas Deus inpertiet, asseramus ciuitatem Dei ueramque pietatem et Dei cultum, in quo uno ueraciter sempiterna beatitudo promittitur. Hic itaque modus sit huius uoluminis, ut deinceps disposita ab alio sumamus exordio.

해악이 얼마나 심했고, 그에 비해 로마 도성과 그 영향권에 속하는 속주들이 실제로 무슨 해악을 얼마나 심하게 겪었는지 충분할 만큼 상기해 보아야 한다. 그래서 만약 그 당시에도 그들에게 우리 종교가 분명하게 알려져 있었고, 당시에도 우리 종교가 신을 모독하는 제사를 바치지 못하게 금지시켰더라면, 의심 없이 저 모든 해악이 우리에게 돌아올 것이다. 그다음으로는 그들의 습속이 어떠했는지, 또 무슨 이유로 참된 하느님이 로마제국의 영향력이 확산되게 도우셔서 그 통치권 아래 모든 왕국들이 놓이게 되었는지를 입증해 볼 것이다. 그리고 그들이 신이라고 여기는 것들은 그들에게 아무런 도움도 베풀지 못했고 오히려 그들을 오도하고 기만하여 해를 입혔을 뿐임을 증명해 보이겠다. 마지막으로는 아주 명백한 전기에 의혜 논박을 당하고 잘못을 인정하고 난 뒤에도, 현생의 이익 때문이 아니라 사후에 올 생명 때문에 그런 신들을 섬겨야 한다고 주장하는 사람들을 상대로 말을 하고 싶다. 내 생각이 틀리지 않는다면 이 문제는 훨씬 어려울 뿐 아니라, 더 치밀한 토론을 거쳐야 한다. 이 문제를 두고는 철학자들과도 논쟁을 벌여야 하는데 그것도 아무 철학자하고나 논쟁하는 것이 아니고, 탁월한 업적으로 말미암아 그들에게 유명한 철학자들, 그리고 많은 사안에 있어서, 즉 영혼 불멸에 관해 혹은 참된 하느님이 세상을 창조했다는 사상에 관해 당신이 창조한 세계를 통치하는 섭리에 관해 우리와 견해가 같은 사람들을 상대로 논쟁을 벌여야 할 것이다. 그렇지만 이 철학자들도, 우리와 견해가 다른 사람들을 논박하는 가운데 간접적으로 논박을 당해야 할 것이며, 이 임무도 우리는 소홀해서는 안 될 것이다. 하느님이 이끌고 도와주시는 대로 힘껏 불경스런 모순들을 반박하는 가운데 우리는 하느님의 나라와 참다운 종교심과 하느님 예배를 주장하는 셈이니, 하느님 한 분에게서만 영원한 행복이 언약되어 있는 까닭이다.[177] 이상이 이 첫권의 말미이며, 방금 제시된 논제들은 다음 권 첫머리부터 재론하기로 하자.

---

[177] 제1부의 나머지 아홉 권, 즉 2 - 5권(로마사를 회고하여 제신의 가호가 전무했음을 미루어보아 민간신학의 허구성이 밝혀진다)과 6 - 10권(후세 행복을 위해 제신과 정령들의 숭배가 요긴하다는 자연신학의 허구성이 밝혀진다)의 구도가 드러난다.

AUGUSTINUS
DE CIVITATE DEI
LIBER II
PLURIUM DEORUM CULTUS MORES PRAVOS EFFICIT

아우구스티누스
신국론
제2권
그릇된 도덕을 낳은 다신숭배

1. Si rationi perspicuae ueritatis infirmus humanae consuetudinis sensus non auderet obsistere, sed doctrinae salubri languorem suum tamquam medicinae subderet, donec diuino adiutorio fide pietatis inpetrante sanaretur, non multo sermone opus esset ad conuincendum quemlibet uanae opinationis errorem his, qui recte sentiunt et sensa uerbis sufficientibus explicant. Nunc uero quoniam ille est maior et taetrior insipientium morbus animorum, quo inrationabiles motus suos, etiam post rationem plene redditam, quanta homini ab homine debetur, siue nimia caecitate, qua nec aperta cernuntur, siue obstinatissima peruicacia, qua et ea quae cernuntur non feruntur, tamquam ipsam rationem ueritatemque defendunt, fit necessitas copiosius dicendi plerumque res claras, uelut eas non spectantibus intuendas, sed quodam modo tangendas palpantibus et coniuentibus offeramus. Et tamen quis disceptandi finis erit et loquendi modus, si respondendum esse respondentibus semper existimemus? Nam qui uel non possunt intellegere quod dicitur, uel tam duri sunt aduersitate mentis, ut, etiamsi intellexerint, non oboediant, respondent, ut scriptum est, et loquuntur iniquitatem atque infatigabiliter uani sunt. Quorum dicta contraria si totiens uelimus refellere, quotiens obnixa fronte statuerint non cogitare quid dicant, dum quocumque modo nostris disputationibus contradicant, quam sit infinitum et aerumnosum et infructuosum uides.

---

¹ divino adiutorio fide pietatis impetrante: 본서 전반부 집필시에는 은총과 신앙의 선후관계가 교부에게 아직 심각히 고찰되지 않을 시기였음에도 이 구절은 신앙 자체가 하느님의 은총에 의한 것임을 전제하고 있다.

² 시편 93[94].4 참조: "나쁜 짓 하는 자들 모두가 지껄여대고, 뻔뻔스레 말하며 뽐내나이다."

³ 교부는 "따지기 좋아하는 수다꾼들"(De Trinitate 1.2.4)이나 "끈덕진 시비"(pervicacia contendendi: De Genesi ad litteram 10.23.39)에 역정을 내며(본서 5.26.2 참조), "경건한 탐구"(pietas quaerendi)보다 "예리한 토론"(acumen discutendi)을 과시하지 말라고 충고한다(sermo 51.5-6).

제1부 (1-20)
삶의 규범을 제시하지 못한 다신숭배

1. 토론의 범위에 설정되어야 할 한계

인간 경험의 허약한 감각을 갖고서 진리의 명확한 이치에 대해 감히 저항하지 않고, 자신의 병을 의약에 맡기는 것처럼 구원을 주는 교리에 자신을 맡김으로써, 신의 도우심에 힘입어 경건한 신앙을 통해 치유받기로 마음을 허락한다고 하자.[1] 그럴 경우 사물을 올바로 지각할 수 있고 지각한 바를 충분한 언어로 설명할 수 있는 사람들에게라면, 그들이 품고 있는 허황한 사상의 오류가 어떤 것이든 그것이 잘못임을 깨우쳐 주는 데 많은 말이 필요치 않을 것이다. 그런데 어리석은 영혼들이 앓고 있는 질병은 너무나 깊고 암담해서, 한 사람이 다른 사람에게 충분히 설명할 만큼 설명해서 확연히 이치가 드러난 다음에도, 지나친 맹목으로 인해서인지 눈앞에 드러난 것마저 깨닫지 못하고, 지독히 끈질긴 완고함 때문인지 옳다고 깨달은 것마저 받아들이지 못한다. 그래서 자기네의 비합리적 지각이 이치 그 자체이거나 진리 그 자체라고 옹호하기에 이른다. 그때문에 거의 명료한 사물들을 두고도 너무나 많은 말이 필요하고, 쳐다보려고도 하지 않는 사람들에게 무엇을 들여다보라고 눈앞에 들이밀어야 하며, 아예 눈을 감고서 더듬거리는 사람들에게 손으로 만져보라고 대 주어야 하는 처지다. 그렇지만 우리에게 대꾸하는 사람들을 향해 반드시 응답을 해주어야 한다고 여긴다면, 어디서 토론이 끝날 것이며 어디서 논의가 종장終章에 도달할 수 있을 것인가? 우리가 한 말을 이해하지 못했거나 혹은 이해하긴 했지만 너무나 완고한 마음으로 저항하면서 승복하지 않는 사람들은 여전히 대꾸를 하고, 성서에 적혀 있는 대로, 악한 것을 말하며[2] 지칠 줄 모르고 허황한 짓을 한다. 뻔뻔한 얼굴을 하고서 자기가 무슨 소리를 하는지 생각도 하지 않기로 아예 마음을 먹고 있는 마당에 그때마다 그들의 모순에 찬 말들을 모조리 반박하기로 한다면, 더구나 우리 논지에는 무슨 수로든 반대말을 해올 테니까 그것이 얼마나 끝없고 지겹고 무익한 일인지 그대는 알 것이다.[3] 나의 아들 마르켈리누

Quam ob rem nec te ipsum, mi fili Marcelline, nec alios, quibus hic labor noster in Christi caritate utiliter ac liberaliter seruit, tales meorum scriptorum uelim iudices, qui responsionem semper desiderent, cum his quae leguntur audierint aliquid contradici, ne fiant similes earum muliercularum, quas commemorat apostolus *semper discentes et numquam ad ueritatis scientiam peruenientes.*

2. Superiore itaque libro, cum de ciuitate Dei dicere instituissem, unde hoc uniuersum opus illo adiuuante in manus sumptum est, occurrit mihi resistendum esse primitus eis, qui haec bella, quibus mundus iste conteritur, maximeque Romanae urbis recentem a barbaris uastationem Christianae religioni tribuunt, qua prohibentur nefandis sacrificiis seruire daemonibus, cum potius hoc deberent tribuere Christo, quod propter eius nomen contra institutum moremque bellorum eis, quo confugerent, religiosa et amplissima loca barbari libera praebuerunt, atque in multis famulatum deditum Christo non solum uerum, sed etiam timore confictum sic honorauerunt, ut, quod in eos belli iure fieri licuisset, inlicitum sibi esse iudicarent. Inde incidit quaestio, cur haec diuina beneficia et ad impios ingratosque peruenerint, et cur illa itidem dura, quae hostiliter facta sunt, pios cum impiis pariter adflixerint? Quam quaestionem per multa diffusam (in omnibus enim cotidianis uel Dei muneribus uel hominum cladibus, quorum utraque bene ac male uiuentibus permixte atque indiscrete saepe accidunt, solet multos mouere) ut pro suscepti operis necessitate dissoluerem, aliquantum inmoratus sum maxime ad consolandas sanctas

---

[4] 1권 서언(각주 2)에 나온 대로, 본서를 헌정한 인물이다.

[5] 2디모 3,7.

[6] superiore libro: 본서 1권.

[7] "정당한 전쟁"(iustum bellum)이라는 개념과는 달리 ius belli는 "승자가 패자의 모든 것을 차지하는 권리"로 통용되었다.

[8] 1.16 이하에서 정조유린과 자살 문제를 너무 길게 다룬 사실을 가리킨다.

스여,[4] 우리의 이 작업이 그리스도의 사랑 안에서 그대에게도, 다른 사람들에게도 유익하고 적절한 무엇이 되기 바라는 뜻에서 이 저서를 집필하고 있다. 그런데 그대나 다른 사람들이 내 저술을 변호하는 재판관을 자처하고서, 남들이 나의 이 저작을 읽고서 무엇인가 트집잡는 말을 들을 적마다, 당장 답변을 내놓으려는 열성일랑 제발 보이지 말기 바란다. 사도가 "항상 배우고는 있지만 진리를 깨달을 가능성조차 없습니다"[5]라고 언급한 그런 아낙들과 흡사한 사람이 되지 말라는 것이다.

2. 제1권에서 논한 내용

앞 권[6]에서 하느님의 도성에 관해 말하기로 자정했는데 하느님이 은총으로 이 작품 전체에 손을 대기 시작하자마자 나는 무엇보다 먼저 요즘 세상을 파괴하는 이 전쟁들이나 특히 로마 도성이 최근에 야만인들에게 침탈당한 일을 그리스도교에 돌리는 사람들을 논박해야 했다. 정령들에게 끔찍스런 제사를 바치는 것이 그리스도교에 의해 금지되었기 때문이라는 것이다. 오히려 그리스도께 돌려야 할 것은 다음과 같은 사실이다. 전쟁의 법도와 관습에 어긋나면서까지, 그 야만인들이 그리스도의 이름 때문에 넓은 종교 장소를 자유 공간으로 지정하고는 사람들이 그리로 피신하게 해주었고, 많은 경우에 그리스도께 헌신하는 종들, 심지어 죽음이 두려워 그런 종으로 시늉하는 사람들까지도 존중해 주었다. 그런 사람들을 상대로 전쟁의 법도[7]를 행사해도 당연하겠지만 자기들로서는 부당하다고 판단했던 것이다. 여기서 의문이 발생한다. 왜 하느님의 이런 혜택이 불경하고 배은망덕한 사람들에게까지 미쳤느냐는 의문과, 왜 적군들이 자행한 가혹한 짓들이 불경한 사람들과 더불어 경건한 사람들에게도 똑같이 일어났느냐는 의문이다. (하느님의 모든 일상 응보에서도 인간들의 재앙에서도 선하게 사는 사람들에게도 악하게 사는 사람들에게도 구분없이 무차별하게 닥치는 일들이 종종 있어 많은 사람의 마음을 동요케 한다.) 이 의문은 여러 면에 두루 미치는 것이어서 현안의 필요 때문에라도 이 의문을 풀려다 보니 원래 기획한 작품에 비해 이야기가 길어졌다.[8] 특별히 나는 거룩한 여성들과 종교적

feminas et pie castas, in quibus ab hoste aliquid perpetratum est, quod
intulit uerecundiae dolorem, etsi non abstulit pudicitiae firmitatem, ne
paeniteat eas uitae, quas non est unde possit paenitere nequitiae. Deinde
pauca dixi in eos, qui Christianos aduersis illis rebus adfectos et praecipue
pudorem humiliatarum feminarum quamuis castarum atque sanctarum
proteruitate inpudentissima exagitant, cum sint nequissimi et inreueren-
tissimi, longe ab eis ipsis Romanis degeneres, quorum praeclara multa
laudantur et litterarum memoria celebrantur, immo illorum gloriae uehe-
menter aduersi. Romam quippe partam ueterum auctamque laboribus
foediorem stantem fecerant quam ruentem, quando quidem in ruina eius
lapides et ligna, in istorum autem uita omnia non murorum, sed morum
munimenta atque ornamenta ceciderunt, cum funestioribus eorum corda
cupiditatibus quam ignibus tecta illius urbis arderent. Quibus dictis pri-
mum terminaui librum. Deinceps itaque dicere institui, quae mala ciuitas
illa perpessa sit ab origine sua siue apud se ipsam siue in prouinciis sibi
iam subditis, quae omnia Christianae religioni tribuerent, si iam tunc
euangelica doctrina aduersus falsos et fallaces deos eorum testificatione
liberrima personaret.

3. Memento autem me ista commemorantem adhuc contra inperitos
agere, ex quorum inperitia illud quoque ortum est uulgare prouerbium:
Pluuia defit, causa Christiani sunt. Nam qui eorum studiis liberalibus

---

[9] sanctae feminae et castae: 종교적 동기로 수절하는 과부들과 서약한 동정녀들을 지칭하는 표현.

[10] in ruina eius lapides et ligna: Plotinus(*Enneades* 1.4.7.24)의 표현이다. "패전과 학살을 가리켜 '돌
과 목재가 무너졌다'고 왜 상심하는가? 사멸할 인생들이 죽었는데(moriuntur mortales) 왜 애도하는
가?"(Possidius, *Vita Augustini* 28).

[11] adversus falsos et fallaces deos: falsus(거짓의, 허위의)와 달리 fallax(속이는, 기만하는)는 의도성
을 띤 단어였다. 본서에서 로마인들이 섬겨온 잡신에 이 두 단어를 누차 병용한다.

[12] Cf. Tertullianus, *Apologeticum* 40.2-12: "티베르가 넘치고 나일 강이 범람하지 않아도, 하늘이 바뀌
지 않고 땅이 지진으로 요동쳐도, 배가 고프고 목이 말라도 '그리스도인들을 사자에게로!'(Christianos
ad leones)라고 외쳐댄다"; Cyprianus, *Ad Demetrianum* 3; Arnobius, *Adversus nationes* 1.13.

으로 순결한 여성들[9]을 위로하려는 의도였다. 그들을 대상으로 적병들이 모종의 만행을 저지름으로써 본인들이 비록 고통스런 수치를 당하기는 했지만 강직한 정절은 앗아가지 못했기 때문이다. 그 여자들이 후회해야 할 악이 없는 터에 자기네 평생을 두고 괜히 후회하는 일이 없게 하려는 뜻에서였다. 이어서 참으로 창피하고 파렴치하게도 저 역경으로 인해 재앙을 겪은 그리스도인들을 두고, 누구보다도 농락을 당한 여자들의 정조, 순결하고 거룩하면서도 그런 농락을 당한 여자들의 정조를 두고 마구 흔들어대는 작자들을 공격하는 뜻에서 몇 마디 지적했다. 이따위 작자들이야말로 사악하기 이를 데 없고 무례하기 짝이 없는 자들로서, 수많은 위업으로 칭송이 자자하고 기념비적 문학을 통해 찬미받는 저 로마인들로부터 너무도 멀리 낙오된 종자들이며, 그야말로 로마인들의 영광에 정면으로 상치되는 자들이라 하겠다. 옛사람들의 수고로 창건되고 성장한 로마를 정작 수치스럽게 만든 것은 이따위 인간들이었으니, 그것도 함락하는 로마보다 건재하는 로마에 치욕을 끼쳤다 하겠다. 왜냐하면 로마의 함락에서는 무너진 것이 돌과 목재였지만[10] 이런 작자들의 삶에서는 성벽이 아니라 도덕의 방벽과 긍지가 무너졌기 때문이다. 이 작자들의 심보가 화염보다 불길한 색욕으로 저 도성의 가옥들을 불사르고 있었던 까닭이다. 이런 얘기를 하면서 나는 첫 권을 마쳤다. 그다음에는 로마라는 저 도성이 초창기부터 도성 자체에나 그 속주屬州들에 무슨 해악을 겪어 왔는지를 밝히기로 작정했다. 설마 그때도 그들의 거짓되고 기만적인 신들에 맞서[11] 복음의 교리가 참으로 고귀한 증언을 통해 울려퍼지고 있었더라면, 저들은 그 모든 해악마저 그리스도교 탓으로 돌리고도 남았을 것이다.

3. 그리스도교가 성장하기 전에 로마인들이 여러 신을 섬기면서도 어떤 해악을 입었는지 보여주기 위해 채택해야 할 역사

내가 이런 사안들을 언급함에 있어 아직도 무식한 사람들을 상대로 하고 있다는 사실을 기억하라. 그런 사람들의 무지막지한 소행 때문에 심지어 이런 속담까지 나왔다: "비가 안 온다. 그리스도인들 탓이다!"[12] 자유학예自由學藝를 공부하여

instituti amant historiam, facillime ista nouerunt; sed ut nobis ineruditorum turbas infestissimas reddant, se nosse dissimulant atque hoc apud uulgus confirmare nituntur, clades, quibus per certa interualla locorum et temporum genus humanum oportet adfligi, causa accidere nominis Christiani, quod contra deos suos ingenti fama et praeclarissima celebritate per cuncta diffunditur. Recolant ergo nobiscum, antequam Christus uenisset in carne, antequam eius nomen ea, cui frustra inuident, gloria populis innotesceret, quibus calamitatibus res Romanae multipliciter uarieque contritae sint, et in his defendant, si possunt, deos suos, si propterea coluntur, ne ista mala patiantur cultores eorum; quorum si quid nunc passi fuerint, nobis inputanda esse contendunt. Cur enim ea, quae dicturus sum, permiserunt accidere cultoribus suis, antequam eos declaratum Christi nomen offenderet eorumque sacrificia prohiberet?

4. Primo ipsos mores ne pessimos haberent, quare dii eorum curare noluerunt? Deus enim uerus eos, a quibus non colebatur, merito neglexit; dii autem illi, a quorum cultu se prohiberi homines ingratissimi conqueruntur, cultores suos ad bene uiuendum quare nullis legibus adiuuerunt? Vtique dignum erat, ut, quo modo isti illorum sacra, ita illi istorum facta curarent. Sed respondetur, quod uoluntate propria quisque malus est. Quis hoc negauerit? Verum tamen pertinebat ad consultores deos uitae bonae praecepta non occultare populis cultoribus suis, sed clara praedicatione

---

[13] Cf. Polybius, *Historiae* 1.14.

[14] 아우구스티누스는 제1권의 수세적 입장에서, 역사적 사실을 들어 반격하는 논조로 전환한다.

[15] Tertullianus가 온 세계를 상대로 같은 논변을 전개했다(*Apologeticum* 40.3-12).

[16] Cf. Tertullianus, *Apologeticum* 41.1.

[17] 인간들은 자기들이 섬기던 신들을 못 섬기게 했다고 분노할 만큼 선한데, 왜 신들은 인간들이 선하게 살도록 보살피지 못할 만큼 선하지 못하냐는 힐문이다.

[18] *voluntate propria* quisque malus est: 플라톤의 명제(nemo peccat volens: *Protagoras* 345d-e; nemo malus est volens: *Timaeus* 86d)와 대조적이다.

역사를 사랑하는 사람들이라면 이게 무슨 얘긴지 아주 쉽게 알 것이다.[13] 그러면서도 무지몽매한 대중들의 적개심을 우리에게 돌리려는 저의에서 모르는 체하고 있다. 심지어는 대중을 상대로 하여, 시공간의 일정한 간격을 두고 인류가 겪지 않을 수 없는 재앙인데도 그것이 그리스도의 이름 때문에 생긴다고 입증하려고 온갖 노력을 다한다. 그리스도교가 거대한 명성과 신속한 속도로 사방에 퍼져가는 것이 그들이 섬기는 신들의 비위를 거스른다는 것이다.[14] 그러므로 저들은 우리와 함께 다음 사실을 깨달아야 할 것이다. 그리스도가 육신으로 오기 전에, 그러니까 저들이 괜히 시기하는 그리스도의 이름이 영광을 띠고 백성들에게 알려지기 훨씬 전에, 로마 공화국이 얼마나 많은 환난에 갖가지로 부딪쳐 왔는지 돌이켜보아야 할 것이다.[15] 그리고 그들에게 숭배받던 신들이 숭배자들이 환난중에 그런 해악을 당하지 않게 과연 지켜줄 수 있었는지 돌이켜보아야 할 것이다. 그 가운데 어떤 환난을 아마도 지금 당했더라면 으레 우리의 탓이라고 주장할 만하다. 그렇다면 (내가 앞으로 할 말이 이것이다) 그리스도의 이름이 선포되어 자기들이 알기도 전에, 또 그 신들에게 바치는 희생제사가 금지되기도 전에, 그 신들은 자기 숭배자들에게 저 모든 재앙이 닥치도록 왜 허용했다는 말인가?

4. 여러 신을 섬기는 사람들은 그 신들에게서 덕성의 계율을 받은 바 없고 그 신들을 위한 제의祭儀에서는 갖가지 외설스런 일이 거행되었다

무엇보다 먼저, 왜 그들의 신들은 로마인들이 극악한 습속을 갖지 못하게 보살피지 않았을까? 참된 하느님이 당신을 섬기지 않는 사람들을 타락하게 그냥 놓아두는데 이는 당연하다.[16] 그렇지만 저런 신들을 못 섬기게 금지했다 해서 인간들이 비위가 몹시 상해 화를 내고 있는데도, 왜 저 신들은 자기를 섬기는 저들이 선하게 살도록 돕는 뜻에서 아무 율법도 마련하지 않았을까?[17] 인간들이 신들의 희생제사에 마음을 쓰는 그만큼 신들도 인간들의 행실에 마음을 써야 온당했다. 저들은 이렇게 대답하리라: 각자는 자기 의지로 말미암아 악한 인간이 된다.[18] 이것을 부정할 사람이 누구겠는가? 하지만 인생을 조언하는 신들이라면, 자기를 섬기는 백성들에게 선하게 살아가는 계명을 숨기지 말고 분명한 설교를 통해 내려

praebere, per uates etiam conuenire atque arguere peccantes, palam minari poenas male agentibus, praemia recte uiuentibus polliceri. Quid umquam tale in deorum illorum templis prompta et eminenti uoce concrepuit? Veniebamus etiam nos aliquando adulescentes ad spectacula ludibriaque sacrilegiorum, spectabamus arrepticios, audiebamus symphoniacos, ludis turpissimis, qui diis deabusque exhibebantur, oblectabamur, Caelesti uirgini et Berecynthiae matri omnium, ante cuius lecticam die sollemni lauationis eius talia per publicum cantitabantur a nequissimis scaenicis, qualia, non dico matrem deorum, sed matrem qualiumcumque senatorum uel quorumlibet honestorum uirorum, immo uero qualia nec matrem ipsorum scaenicorum deceret audire. Habet enim quiddam erga parentes humana uerecundia, quod nec ipsa nequitia possit auferre. Illam proinde turpitudinem obscenorum dictorum atque factorum scaenicos ipsos domi suae proludendi causa coram matribus suis agere puderet, quam per publicum agebant coram deum matre spectante atque audiente utriusque sexus frequentissima multitudine. Quae si inlecta curiositate adesse potuit circumfusa, saltem offensa castitate debuit abire confusa. Quae sunt sacrilegia, si illa sunt sacra? Aut quae inquinatio, si illa lauatio? Et haec fercula appellabantur, quasi celebraretur conuiuium, quo uelut suis epulis inmunda daemonia pascerentur. Quis enim non sentiat cuius modi spiritus talibus obscenitatibus delectentur, nisi uel nesciens, utrum omnino sint ulli inmundi spiritus deorum nomine decipientes, uel talem agens uitam, in qua istos potius quam Deum uerum et optet propitios et formidet iratos?

5. Nequaquam istos, qui flagitiosissimae consuetudinis uitiis oblectari magis quam obluctari student, sed illum ipsum Nasicam Scipionem, qui

---

[19] virgo Caelestis: 교부가 자주 언급하는 이 여신은 페니키아 유래의 Ashtart로 추정된다. 프리기아 베레킨투스 유래의 대모신(大母神: Magna Mater) 키벨레와 동일한 여신으로(ante *cuius* lecticam) 숭배받았다(2.26; 3.26 참조).

[20] sacrilegia ↔ sacra, inquinatio ↔ lavatio로 대구를 이루었다.

[21] fercula: 신상을 모시는 수레나 가마 혹은 축전 음료를 진설하는 좌판이나 큰쟁반(plena pulmentariorum in canistris: Cicero, *De officiis* 1.131; Horatius, *Satirae* 2.6.104).

[22] vel *nesciens* ... vel talem *agens* vitam: 교부는 사람이 우상숭배에 빠지는 이유를 무지하거나 타락한 삶 중의 하나라고 본다.

주어야 하며, 신탁을 받는 자들을 시켜 죄짓는 사람들을 심판하고 질책하고, 못되게 행동하는 사람들에게는 공공연히 징벌로 위협하고, 올바로 사는 사람들에게는 축복을 약속하는 것이 도리가 아닐까? 우리도 젊었을 적에 신성을 모독하는 외설적 연극에 갔고 배우들이 신들린 것처럼 날뛰는 모습을 구경했고 합창대의 노래를 들었다.[19] 남신들과 여신들에게, 특히 처녀신 카일레스티스와 여러 신들의 모친 베레킨티아를 위한답시고 공연되는 추잡하기 이를 데 없는 축제를 보고 좋아했다.[19] 신상을 씻겨 정화하는 장엄한 축일에 그 신상을 모시는 연좌蓮座 앞에서 아주 못된 배우들이 공공연히 노래를 흥얼거리는데, 여러 신들의 모친이 아니라 어느 원로원 의원의 모친이나 어느 유명인사의 모친이라도, 심지어 그 배우 자신의 모친이라도 차마 듣기 거북한 노래들을 불러대는 것이었다. 누구든 부모에게는 인간다운 예의를 간직하게 마련이며, 아무리 사악한 자도 그 예의만은 무시 못할 것이다. 그 배우들조차 비록 연극이긴 하지만 저렇게 음란한 대사나 동작을 자기 집, 자기 모친 앞에서는 차마 부끄러워 못할 노릇인데 그 짓을 공공연히, 여러 신들의 모친 앞에서, 그것도 수많은 남녀 대중이 듣고 있는 데서 해대는 것이었다. 그 대중도 비록 온당치 못한 호기심에서 모여들 수는 있었을지언정 정숙함이 손상당한다면 어쩔 줄 몰라하며 마땅히 그 자리를 떠야 했다. 그런 짓들이 신성하다면 도대체 무엇이 신성모독인가? 저런 짓을 정화라 한다면 도대체 무엇이 오염인가?[20] 또 이런 의식을 "페르쿨라"[21]라 불렀는데, 부정한 정령들이 거기 진설한 음식으로 먹이를 취하는 잔치처럼 거행되곤 했다. 저따위 정령들이나 그런 외설을 좋아하리라는 것을 누가 모르겠는가? 만일 모른다면 신들의 이름을 내세워 인간들을 기만하는 부정한 귀신들이 존재한다는 사실조차 몰라서이거나, 본인도 그런 삶을 살다 보니 참 하느님보다는 저따위 정령들을 달래서 복을 받으려 하거나 성을 낼까 무서워하기 때문이거나, 둘 중의 하나이리라.[22]

5. 여러 신의 어머니를 그 숭배자들이 받들던 외설스런 의식

나는 저 망신스럽기 짝이 없는 습속의 악덕을 탄식하기는커녕 오히려 탐닉하려고 애쓰는 작자들을 내세워서 이런 사안에 대한 판관으로 삼고 싶지는 않으

uir optimus a senatu electus est, cuius manibus eiusdem daemonis si-
mulacrum susceptum est in Vrbemque peruectum, habere de hac re iudi-
cem uellem. Diceret nobis, utrum matrem suam tam optime de re publica
uellet mereri, ut ei diuini honores decernerentur; sicut et Graecos et Ro-
manos aliasque gentes constat quibusdam decreuisse mortalibus, quorum
erga se beneficia magnipenderant, eosque inmortales factos atque in deo-
rum numerum receptos esse crediderant. Profecto ille tantam felicitatem
suae matri, si fieri posset, optaret. Porro si ab illo deinde quaereremus,
utrum inter eius diuinos honores uellet illa turpia celebrari: nonne se
malle clamaret, ut sua mater sine ullo sensu mortua iaceret, quam ad hoc
dea uiueret, ut illa libenter audiret? Absit, ut senator populi Romani ea
mente praeditus, qua theatrum aedificari in urbe fortium uirorum prohi-
buit, sic uellet coli matrem suam, ut talibus dea sacris propitiaretur, quali-
bus matrona uerbis offenderetur. Nec ullo modo crederet uerecundiam
laudabilis feminae ita in contrarium diuinitate mutari, ut honoribus eam
talibus aduocarent cultores sui, qualibus conuiciis in quempiam iaculatis,
cum inter homines uiueret, nisi aures clauderet seseque subtraheret, eru-
bescerent pro illa et propinqui et maritus et liberi. Proinde talis mater
deum, qualem habere matrem puderet quemlibet etiam pessimum uirum,
Romanas occupatura mentes quaesiuit optimum uirum, non quem monen-
do et adiuuando faceret, sed quem fallendo deciperet, ei similis de qua
scriptum est: *Mulier autem uirorum pretiosas animas captat*, ut ille
magnae indolis animus hoc uelut diuino testimonio sublimatus et uere se

[23] Scipio Publius Cornelius Nasica: BC 204년 원로원으로부터 vir optimus로 선발되어 키벨레 여신
상을 모시러 오스티아로 가서 신상을 받아 마중나온 귀부인들의 손에 넘겨주었다(Livius, *Ab Urbe
condita* 29.14.5-14). 제1권 각주 156 참조.

[24] Euhemerus (BC 340~260년경)가 신화를 풀이하는 해설(euhemerismus)로서 아우구스티누스가 본
서에서 자주 인용한다(4.27; 6.7.1; 7.27.1 참조). Cf. Lactantius, *Divinae institutiones* 1.11-14.

[25] *mortua* iaceret, quam ad hoc *dea viveret*: "죽은 여자"가 차라리 "산 여신"보다 낫겠다는 독설이다.

[26] 잠언 6.26. 〔새번역: "창녀는 빵 한 덩어리면 되지만 남의 아내는 귀중한 생명을 노리기 때문이다."〕

며, 원로원에 의해 최선의 인물로 뽑혔고 자기 손으로 키벨레 정령의 우상을 받아들어 로마 도성에 당도케 한 장본인인 저 위대한 스키피오 나시카를 세워서 판단을 받고 싶다.[23] 그 사람이라면 자기 모친이 공화국에 지고한 공헌을 하여 모친에게 신적 영예가 바쳐지기 바란다는 말을 우리에게 할지 모르겠다. 실상 그리스인들과 로마인들과 여타 민족들은, 자기들에게 커다란 은덕을 끼친 사람들이면, 사멸하는 인간들에게도 신적 영예를 바치기로 결정했고, 그런 사람들이 불사의 존재가 되어 신들의 반열에 받아들여진 것으로 믿었다.[24] 바로 스키피오라면, 할 수만 있다면 자기 모친에게 그런 행운이 오기를 소망했을 것이다. 그렇다면 우리는, 자기 모친에게 바쳐질 신적 영예 가운데 저런 추행도 거행되었으면 하느냐고 그에게 물어보자. 아마도 그는 자기 모친이 여신으로 살아남아서 저런 외설스런 행사를 참고서 들을 바에야 차라리 그냥 죽은 여자가 되어 아무 감각 없이 잠들어 있기를[25] 더 바란다고 단언하리라. 로마 백성의 원로원 의원으로서 강직한 사나이들의 도성인 로마에 극장이 세워지지 못하게 금지하던 그런 지성을 가진 사람이, 여느 귀부인도 들어서 상심할 언사를 써가면서 여신에게 저런 제사를 바쳐서 달래는 것을 본다면야 자기 모친이 그런 식으로 숭배받게 그냥 두었을 리 만무하기 때문이다. 칭송받을 여자의 정숙함에 신성이 부여됨으로써 그 정숙함이 정반대의 무엇으로 바뀐다고는 절대로 믿지 않으리라. 그 숭배자들이 아무렇게나 내뱉는 욕설, 인간들 틈에서 살 적에도 귀를 막고서 몸을 돌이키지 않았다가는 친지나 남편이나 자녀들이 그 여자를 두고 낯을 들지 못할 그런 말로 여신을 부르면서 여신에게 영예를 바친다고 하니까. 그러니까 아주 못된 인간마저 그런 모친을 둔 것을 부끄러워할 그런 존재가 소위 여러 신들의 모친으로 행세하고 로마인들의 정신을 사로잡겠다는 생각에서 최고의 선량善良을 자기에게 보내라고 물색한 셈이다. 그것도 그 인물을 덕으로 가르치고 돕는 일로가 아니라 속이고 기만함으로써 그 짓을 해낸 셈이다. 그래서 키벨레는 "여자가 사나이들의 소중한 목숨을 사냥한다"[26]는 글과 비슷한 노릇을 그에게 한 셈이다. 나시카처럼 크나큰 자질을 갖춘 지성, 더구나 신들의 증언으로 높이 받들어진 지성, 참으로 최고의 선량을 자부하는 지성이 진실한 신앙심과 종교를 탐

optimum existimans ueram pietatem religionemque non quaereret, sine
qua omne quamuis laudabile ingenium superbia uanescit et decidit. Quo
modo igitur nisi insidiose quaereret dea illa optimum uirum, cum talia
quaerat in suis sacris, qualia uiri optimi abhorrent suis adhibere conuiuiis?

   6. Hinc est quod de uita et moribus ciuitatum atque populorum a quibus
colebantur illa numina non curarunt, ut tam horrendis eos et detestabilibus
malis non in agro et uitibus, non in domo atque pecunia, non denique in
ipso corpore, quod menti subditur, sed in ipsa mente, in ipso rectore car-
nis animo, eos impleri ac pessimos fieri sine ulla sua terribili prohibitione
permitterent. Aut si prohibebant, hoc ostendatur potius, hoc probetur. Nec
nobis nescio quos susurros paucissimorum auribus anhelatos et arcana
uelut religione traditos iactent, quibus uitae probitas castitasque discatur;
sed demonstrentur uel commemorentur loca talibus aliquando conuenticu-
lis consecrata, non ubi ludi agerentur obscenis uocibus et motibus histrio-
num, nec ubi Fugalia celebrarentur effusa omni licentia turpitudinum (et
uere Fugalia, sed pudoris et honestatis); sed ubi populi audirent quid dii
praeciperent de cohibenda auaritia, ambitione frangenda, luxuria refrenan-
da, ubi discerent miseri, quod discendum Persius increpat dicens:

> Discite, o miseri, et causas cognoscite rerum,
> Quid sumus et quidnam uicturi gignimur, ordo
> Quis datus aut metae qua mollis flexus et unde,
> Quis modus argenti, quid fas optare, quid asper

---

[27] 아우구스티누스는 스키피오 나시카를 나시카 코르쿨룸(Nasica Corculum)과 혼동하여 로마 도덕
의 귀감으로 내세운 바 있는데(1.30-33) 여기서는 그를 로마 종교심의 귀감으로 소개한다.

[28] talia in *suis sacris*, qualia abhorrent *suis conviviis*: 여기서도 인간이 차라리 신보다 도덕적으로 처
신하는 것처럼 그려진다(앞의 각주 25 참조).

[29] 아우구스티누스에게서 anima는 동식물과 공통된 혼백(魂魄), animus는 이성혼(理性魂), mens는
지성(知性)을 의미하고, 지성 안에 추론적 이성(ratio)과 신적 조명이 내리는 직관적 오성(intellegentia
혹은 intellectus)이 있다.

[30] 히포의 주교는 비사(秘事)와 제전(祭典)으로 국한되는 당대의 종교들에 윤리도덕을 내세워 공략
하는 논법을 구사하고 있다.

[31] arcana velut religio: 당대 로마 세계에 여전히 성행하던 그리스, 프리기아, 트라키아, 이집트, 페르
시아 연원의 밀교(密敎)들을 알면서도 교부는 그 사회적 영향력을 대수롭지 않게 본다(2.26 참조).

[32] Fugalia: 국왕 타르퀴니우스를 로마에서 추방한 사건(Regifugium)을 기념하던 축전(2월 24일).
축전이 끝나고 제사장(rex sacrorum)의 추방의례(Poplifugia)가 거행되면서 추태가 벌어졌다(Ovidius,
Fasti 2.68-118).

구하지 못했다면 그 이유는 이런 식으로 기만당했기 때문이리라.[27] 진실한 종교심이 없다면 제아무리 칭송받는 재능이라도 오만으로 허황해지고 타락하는 법이다. 여신이 자기에게 바치는 제사에서 최고의 선량들이 자기네 술자리에서도 내뱉기를 꺼리는 그런 언사를 요구한다면, 저 여신이 굳이 최고의 선량을 물색한 것은 순전히 간계 때문이 아닐까?[28]

6. 이교도의 신들은 선하게 사는 도리를 제정한 적이 없다

그러니까 저 신령들은 자기들이 숭배받는 도시(국가)나 백성들의 삶과 도덕에 관해 관심이 없었다. 그리고 저들은 다름아닌 지성이 저처럼 가공스럽고 혐오스런 악으로 가득 차게 버려둔 깃이다. 전답이니 포도나무도 아니고 가우이나 금전도 아니고, 지성에 복종하는 육체도 아니고, 다름아닌 지성, 육신의 지배자인 정신에 그 악이 가득 차서 아주 사악한 존재들이 되게 잠자코 놓아두었다.[29] 두려운 금기를 전혀 내리지 않고 그냥 버려두었다. 만에 하나라도 신들이 금한 적이 있었거든 이를 입증할 것이요 증거를 댈 것이다.[30] 물론 아주 소수 인간들의 귀에 가느다랗게 속삭여준 일이야 없지 않고 그것이 종교처럼 비의秘儀로[31] 전수되어 왔다는 것과 거기서 인생의 정직과 결백에 대한 가르침을 받는다는 사실도 내가 모르는 바 아니다. 하지만 어느 때고 그런 가르침이 내리는 집회가 있고 그 집회에 봉헌되어 있는 그런 장소가 있거든 나에게 보여주고 상기시켜 보라. 배우들의 외설적 목청이나 몸짓으로 공연이 이루어지는 곳 말고, 추방제追放祭[32]를 거행한다면서 온갖 방종으로 추행을 늘어놓는 (그야말로 수치심과 도덕을 추방하는) 곳 말고, 탐욕을 절제하고 야심을 억누르며 사치를 피하라는 신들의 명령에 백성들이 경청하는 집회가 이루어지는 곳 말이다. 페르시우스가 크게 꾸짖는 대로 자비를 베푸는 법을 배우는 모임 말이다:

> 오, 가련한 자들이여, 부디 배워서 사물의 이치를 깨달으라!
> 우리가 무엇이며, 어떤 삶을 살자고 태어났는지를
> 어떠한 질서가 부여되었으며 어떤 목적지가 주어졌는지를
> 어디에 완만한 굽이가 있고 또 어디로부터 그것이 오는가를

Vtile nummus habet, patriae carisque propinquis
Quantum largiri deceat, quem te Deus esse
Iussit et humana qua parte locatus es in re.

Dicatur in quibus locis haec docentium deorum solebant praecepta recitari et a cultoribus eorum populis frequenter audiri, sicut nos ostendimus ad hoc ecclesias institutas, quaqua uersum religio Christiana diffunditur.

7. An forte nobis philosophorum scholas disputationesque memorabunt? Primo haec non Romana, sed Graeca sunt; aut si propterea iam Romana, quia et Graecia facta est Romana prouincia, non deorum praecepta sunt, sed hominum inuenta, qui utcumque conati sunt ingeniis acutissimis praediti ratiocinando uestigare, quid in rerum natura latitaret, quid in moribus adpetendum esset atque fugiendum, quid in ipsis ratiocinandi regulis certa conexione traheretur, aut quid non esset consequens uel etiam repugnaret. Et quidam eorum quaedam magna, quantum diuinitus adiuti sunt, inuenerunt; quantum autem humanitus impediti sunt, errauerunt, maxime cum eorum superbiae iuste prouidentia diuina resisteret, ut uiam pietatis ab humilitate in superna surgentem etiam istorum comparatione monstraret; unde postea nobis erit in Dei ueri Domini uoluntate disquirendi ac disserendi locus. Verum tamen si philosophi aliquid inuenerunt, quod agendae bonae uitae beataeque adipiscendae satis esse possit: quanto iustius talibus diuini honores decernerentur! Quanto melius et honestius in Platonis templo libri eius legerentur, quam in templis daemonum Galli absciderentur, molles consecrarentur, insani

---

[33] Persius, *Satirae* 3.66-72.

[34] BC 168년 피드나의 전투로 마케도니아 왕국이 멸망하고 146년 고린토의 함락 이후 그리스 전토가 완전히 로마 속주(Acaia)로 편입된다.

[35] 당대에도 철학은 자연학(rerum natura), 윤리학(mores), 논리학(ratiocinandi regulae)으로 삼분되었다(8.6에 상론).

[36] 16.4 참조.

[37] Galli: 키벨레 여신의 전속 제관으로 아티스를 본떠 광란적 의식 도중에 스스로 거세(去勢)했으며 그런 엽기적 행위가 아우구스티누스에게 비난받는다(1.30에 그들의 거세행위가 상세히 묘사됨). Galli에 관한 본서의 언급은 6.7.3; 7.24.2 참조.

은전의 한도가 어디며, 무엇이 바랄 만한지, 힘들여 번 돈은 무슨 소용인가,

조국이며 사랑스러운 이웃들에게는 얼마만큼이나 아량을 베풀어야 하는지를

신은 그대가 누가 되라고 명했으며, 그대는 인간사 어디에 자리해 있는가를![33]

도대체 이런 것을 가르치는 신들의 계명이 낭송되는 장소가 어딘지 말해보라. 그 신들을 섬기는 백성들에게 그 계명이 자주 들려오는가 말해보라. 그리스도교가 어디로 퍼지든 우리는 이 목적으로 설립된 교회들을 어디서나 보여줄 수 있다.

7. 철학적 이론은 신의 권위를 갖지 못해 소용이 없었고, 악덕에 기울어진 인간은 사람들이 논하는 도리보다 신들이 어떻게 행동했는가에 따라 움직인다

혹시 신들에게서 오는 도덕적 계율이라면서 철학자들의 학파와 논쟁들을 우리에게 상기시킬 생각인가? 그러나 우선 이것들은 로마 것이 아니고 그리스 것이다. 그리스도 로마 속주가 되었으니까[34] 이미 로마 것이 되었다고 한다면, 그것은 어디까지나 신들의 계명이 아니라 인간들의 발명인 셈이다. 철학자들은 지극히 명민한 재능을 갖고서 추론하며 탐구했다. 사물의 본성에 무엇이 깃들어 있는지, 윤리도덕에서 무엇을 원하고 무엇을 피해야 하는지, 추론하는 규칙을 갖고서 확실한 논법에 따라서 무엇을 이끌어낼 수 있는지, 무엇이 논리적 결론이 아니며 무엇이 모순인지를 탐구했다.[35] 그들 가운데 어떤 사람들은 신에게 은총을 입은 만큼 위대한 사실도 발견했지만, 또 다른 사람들은 인간적 한계에 부딪쳐 잘못되기도 했다. 특히 그들의 오만을 옳게도 신의 섭리가 가로막은 경우도 있었으니, 이것은 그 사람들의 경우에 비해 겸손에 비추어 높은 것에로 오르는 경건함의 길을 보여주려는 뜻에서였다. 이 문제는 참되신 주 하느님의 뜻이 있으면, 차후에 연구하고 토론할 기회가 우리에게 올 것이다.[36] 여하튼 철학자들이 선하게 삶을 살고 행복한 삶을 추구하는 데 넉넉할 만큼 무엇인가를 발견했다면, 저런 사람들한테야말로 신적 영예를 돌려야 마땅하지 않겠는가! 갈루스들[37]이 정령들의 신전에서 자해행위를 하는 짓보다 플라톤의 신전에서 그의 저서들을 낭송하는 일이 훨씬 훌륭하고 고상하지 않겠는가! 정령들의 신전에서는 갈루스들이 몸을 자해하고 거세되어 여자같이 생긴 자들이 제관으

secarentur, et quidquid aliud uel crudele uel turpe, uel turpiter crudele uel crudeliter turpe in sacris talium deorum celebrari solet! Quanto satius erat ad erudiendam iustitia iuuentutem publice recitari leges deorum quam laudari inaniter leges atque instituta maiorum! Omnes enim cultores talium deorum, mox ut eos libido perpulerit feruenti, ut ait Persius, tincta ueneno, magis intuentur quid Iuppiter fecerit, quam quid docuerit Plato uel censuerit Cato. Hinc apud Terentium flagitiosus adulescens spectat tabulam quandam pictam in pariete,

> ubi inerat pictura haec, Iouem
Quo pacto Danaae misisse aiunt quondam in gremium
> imbrem aureum,

atque ab hac tanta auctoritate adhibet patrocinium turpitudini suae, cum in ea se iactat imitari deum.

> At quem deum!

inquit;

> qui templa caeli summo sonitu concutit.
Ego homuncio id non facerem? Ego uero illud feci ac libens.

8. At enim non traduntur ista sacris deorum, sed fabulis poetarum. Nolo dicere illa mystica quam ista theatrica esse turpiora; hoc dico, quod negantes conuincit historia, eosdem illos ludos, in quibus regnant figmenta poetarum, non per inperitum obsequium sacris deorum suorum intulisse Romanos, sed ipsos deos, ut sibi sollemniter ederentur et honori suo consecrarentur, acerbe imperando et quodam modo extorquendo fecisse;

---

[38] 풍요와 다산을 희구하는 밀교의식들은 호교론자들의 좋은 과녁이 되었다. 예: Iustinus, *Apologia* 1.27; Minucius Felix, *Octavius* 24.4; Lactantius, *Divinae institutiones* 1.21.16.

[39] libido ferventi tincta veneno: Persius, *Satirae* 3.37.

[40] Terentius, *Eunuchus* 584 - 586: 다나아이는 아르고스 왕 아크리시우스의 딸이며 유피테르에게서 페르세우스를 낳는다.

[41] Terentius, *Eunuchus* 590 - 591 (본서 2.12 참조).

로 선택되고 정신나간 자들이 몸을 상해한다. 저토록 잔인하거나 추한 짓, 추하게 잔인하거나 잔인하게 추한 짓이 저 신들의 제사에서는 흔히 거행되고 있다! 젊은이들에게 정의를 배우게 하려면 공공연하게 신들의 율법을 낭송하는 편이 헛되이 조상들의 법률과 제도를 자랑하는 일보다 낫지 않았을까![38] 저런 신들을 섬기는 모든 숭배자들은, 페르시우스의 말대로 "들끓는 독액으로 물들여진" 욕정[39]이 자극할 때마다, 플라톤이 무엇을 가르쳤고 카토가 무엇을 금지했다는 생각을 하기보다는 유피테르가 무슨 추잡한 짓을 했는지를 더 열심히 쳐다보게 될 것이다. 바로 그래서 테렌티우스의 극에 난봉꾼 젊은이가 벽화를 쳐다보면서 하는 말이 나온다:

> 이디에 그저저 있었더라, 유피테르가
> 다나아이의 품으로 무슨 수작을 부려선가 황금
> 소나기를 부어 넣는 장면이?[40]

그러고서는 신의 저 행실을 핑계로 자기의 추행에도 수호자가 있다면서 자기는 신을 본떠 그 짓을 한다고 자랑하는 것이다.

> 그런데 어느 신을 본뜬다는 말인가?

하는 물음에 그는 이렇게 대꾸한다:

> 거창한 천둥으로 천계의 신전들을 흔들어놓는 신 말이외다.
> 소인이 어찌 그 짓을 마다하겠소? 그 짓을 했을뿐더러 몹시 흡족하오.[41]

8. 신들이 자신들의 추행 공연에 분노하기는커녕 오히려 무마되는 공연축제

유피테르의 저런 소행은 신들의 제의祭儀에서 전수되었다기보다는 시인들의 설화로 전수된 것이라고 저들은 반격한다. 나는 저 비의秘儀가 저따위 극장 공연보다 더 추잡하다는 말을 하고 싶지는 않다. 내가 하는 말은, 로마인들이 시인들의 가상假想이 주름잡는 저 공연축제를 그들이 섬기는 신들에게 바치는 제의에 도입하게 된 까닭이 무엇이냐는 것이다. 인간들의 무분별한 아부 때문이 아니라, 다름아닌 그 신들이 까다롭게 명령하고 어느 모로 강요해서 신들에게 성대한 축제를 공연케 했고 자기들에게 바치는 영예로 봉헌하게 했다는 점이다. 이

quod in primo libro breui commemoratione perstrinxi. Nam ingrauescente pestilentia ludi scaenici auctoritate pontificum Romae primitus instituti sunt. Quis igitur in agenda uita non ea sibi potius sectanda arbitretur, quae actitantur ludis auctoritate diuina institutis, quam ea, quae scriptitantur legibus humano consilio promulgatis? Adulterum Iouem si poetae fallaciter prodiderunt, dii utique casti, quia tantum nefas per humanos ludos confictum est, non quia neglectum, irasci ac uindicare debuerunt. Et haec sunt scaenicorum tolerabiliora ludorum, comoediae scilicet et tragoediae, hoc est fabulae poetarum agendae in spectaculis multa rerum turpitudine, sed nulla saltem, sicut alia multa, uerborum obscenitate compositae; quas etiam inter studia, quae honesta ac liberalia uocantur, pueri legere et discere coguntur a senibus.

9. Quid autem hinc senserint Romani ueteres, Cicero testatur in libris, quos de re publica scripsit, ubi Scipio disputans ait: «Numquam comoediae, nisi consuetudo uitae pateretur, probare sua theatris flagitia potuissent.» Et Graeci quidem antiquiores uitiosae suae opinionis quandam conuenientiam seruarunt, apud quos fuit etiam lege concessum, ut quod uellet comoedia, de quo uellet, nominatim diceret. Itaque, sicut in eisdem libris loquitur Africanus, «quem illa non adtigit, uel potius quem non uexauit, cui pepercit? Esto, populares homines inprobos, in re publica seditiosos, Cleonem, Cleophontem, Hyperbolum laesit. Patiamur, inquit, etsi eius

---

[42] 예: Varro, *Antiquitates* [Semi ed.] fr.168.

[43] 1.32 참조.

[44] Cf. Livius, *Ab Urbe condita* 7.2.1-3.

[45] 신들의 외설이 공공의 제의라기보다 시인들의 창작이라고 변명한다면, 신들에게 바치는 공연축제(ludi scaenici)에 공연하는 외설행위와 대사가 시인들이 창작하여 연극무대에 올리는(in spectaculis agendae) 신들의 애정행각보다 더 심한 점은 무엇으로 변명하겠느냐는 반박이다.

[46] studia, quae *honesta ac liberalia* vocantur: cf. Cicero, *De oratore* 3.32.127: "인문학(studia liberalia)이라면 지리 · 음악 · 문법 · 시가 등을 포함한다."

[47] 평소(*Confessiones* 1.13.22 참조)와는 달리 연극에 대해 비교적 호의적 관점을 피력하고 있다.

[48] 초등교육에 대해서는 교부의 씁쓸한 추억이 있다(*Confessiones* 1.13.22; 3.6.11).

[49] Cicero, *De republica* 4.10.11(이 저서의 제4권은 인용된 단편으로만 전수되며 아우구스티누스의 인용문이 중요 원천이 된다). 주요 화자(話者)는 BC 146년 카르타고를 멸망시킨 Cornelius Scipio Aemilianus.

런 사실을 부정하려는 사람들에게는 역사가 확실하게 다짐해 줄 것이다.[42] 나는 이 문제를 첫 권에서 짤막하게 간추려서 언급한 바 있다.[43] 실상 역병이 맹위를 떨치자 신들을 무마하는 뜻에서 로마에 공연축제가 제정된 것은 대제관들의 권위에 의해서였다.[44] 축제가 인간적 숙의를 거쳐서 공포된 법률로 기록된 것보다도 신적 권위로 제정되었다면서 삶을 살아가며 그 축제중에 공연되는 바를 마땅히 추종해야 한다는 생각을 하지 않을 사람이 누구겠는가? 그런데 만약 시인들이 유피테르가 간통을 저지르고 다니는 것처럼 거짓으로 폭로했다면, 그런 내용을 인간 축제로 공연하는 것이 참으로 불손한 짓이므로, 신들은 응당 정숙한 존재들일 테니까 나서서 이에 분개하고 보복해야 했다. 그런 축제를 공연하지 않고 소홀했다고 신들이 화를 낼 것이 아니었다. 그런데 공연축제보다 그래도 봐줄 만한 것이 희극과 비극인데 무대에 올리려고 시인들이 창작한 작품들이다. 이것들은 추한 사건들은 많이 다루어지지만 적어도 다른 작품들처럼 외설적 언사들로 각본되어 있지는 않다.[45] 그리고 이런 작품들은 교양 인문[46]이라고 일컫는 공부 속에 집어넣고서[47] 늙은이들이 아이들더러 읽고 배우라고 강요한다.[48]

9. 그리스인들은 신들의 판단에 따라 시인들의 방종을 자유로 보았지만, 고대 로마인들은 시인들의 방종을 제지해야 한다고 생각했다

고대 로마인들이 이것에 관해 어떻게 생각했는지는 키케로가 「국가론」이라는 책에서 증언하고 있는데, 거기서 스키피오가 토론중에 이런 발언을 하는 것으로 나와 있다: "생활 풍속이 용납하지 않는 한 희극의 외설은 극장에서 공연될 수 없었으리라."[49] 그런데 고대 그리스인들은 비록 덕스럽지 못한 자기네 사상에 있어서도 일종의 일관성을 유지했다. 그래서 희극이 표현코자 하는 내용이나 등장시키고자 하는 인물이면 이름까지도 거명하여 표현하는 일이 법률상으로도 허용되어 있었다. 그래서 그들의 책을 두고 스키피오 아프리카누스는 이렇게 말한다: "그리스 희극이 다루지 않은 인물이 누구며, 괴롭히지 않는 사람이 누구며, 보아준 인물이 누군가? 악질적 평민파 인물들, 공화국에 소요를 일으킨 자들, 그러니까 희극이 클레온, 클레오폰, 히페르볼루스 같은 자들을 비방한 것은 잘

modi ciues a censore melius est quam a poeta notari. Sed Periclen, cum iam suae ciuitati maxima auctoritate plurimos annos domi et belli prae- fuisset, uiolari uersibus et eos agi in scaena non plus decuit, quam si Plau- tus, inquit, noster uoluisset aut Naeuius Publio et Gn. Scipioni aut Caeci- lius Marco Catoni maledicere.» Dein paulo post: «Nostrae, inquit, contra duodecim tabulae cum perpaucas res capite sanxissent, in his hanc quoque sanciendam putauerunt, si quis occentauisset siue carmen condidisset, quod infamiam faceret flagitiumue alteri. Praeclare. Iudiciis enim magis- tratuum, disceptationibus legitimis propositam uitam, non poetarum in- geniis habere debemus, nec probrum audire nisi ea lege, ut respondere liceat et iudicio defendere.» Haec ex Ciceronis quarto de re publica libro ad uerbum excerpenda arbitratus sum, nonnullis propter faciliorem intel- lectum uel praetermissis uel paululum commutatis. Multum enim ad rem pertinet, quam molior explicare, si potero. Dicit deinde alia et sic con- cludit hunc locum, ut ostendat ueteribus displicuisse Romanis uel laudari quemquam in scaena uiuum hominem uel uituperari. Sed, ut dixi, hoc Graeci quamquam inuerecundius, tamen conuenientius licere uoluerunt, cum uiderent diis suis accepta et grata esse opprobria non tantum homi- num, uerum et ipsorum deorum in scaenicis fabulis, siue a poetis essent illa conficta, siue flagitia eorum uera commemorarentur et agerentur in theatris atque ab eorum cultoribus utinam solo risu, ac non etiam imita- tione digna uiderentur. Nimis enim superbum fuit famae parcere prin- cipum ciuitatis et ciuium, ubi suae famae parci numina noluerunt.

---

[50] Aristophanes가 희극에 올린 그리스 정치인들이다. Cleon은 스파르타에 전쟁을 걸었다가 스파르 타인의 손에 죽고, Cleophon은 아테네 웅변가였고, Hyperbolus는 클레온을 계승했으나 유배되어 생 을 마감한다.

[51] censor: 시민들의 호구조사와 징세(census), 공공건축, 미풍양속을 감독하는 직위.

[52] cives *a censore melius est quam a poeta notari*: censoria nota에 관해서는 아래 2.13 각주 78 참조.

[53] Plautus: 라틴어 희극의 대표적 인물(BC 184)로 Scipio 집안을 풍자한 바 있다. Naevius (BC 275~200): 서사시인이요 풍자시인으로 Metellus 집안을 조롱했다 보복으로 투옥당하고 유배가서 죽었 다. Caecilius Status: 갈리아 노예 출신의 극작가(BC 186).

[54] 십이동판법의 carmen famosum은 "불명예를 끼치거나 치욕을 주는 노래"가 아니라 본래 남을 해 코지하는 "주문"(呪文)을 가리켰다.

[55] Cicero, *De republica* 4.10.11-12. "메텔루스 가문이 집정관들이 된 것은 악운이라"(Naevius: *Fato Metelli Romae fiunt consoles*)는 풍자와 "메텔루스 집안이 시인 나이비우스에게 앙갚음하리라"(Metellus: *Dabunt malum Metelli Naevio poetae*)는 대꾸와 시인의 투옥 및 유배는 로마사에서 늘 회자되었다.

[56] Cf. Aristoteles, *Poetica* 4. Aristophanes가 그리스의 대표적 풍자시인이었다.

했다!⁵⁰ 저런 부류의 시민들은 어느 시인에 의해 징계당하느니 감찰관⁵¹에 의해
징계당하는 편이 낫지만⁵² 그래도 그냥 참기로 하자. 그런데 페리클레스가, 자기
국가에 막강한 권위를 쥐고 있고 전쟁과 평화시에 참으로 여러 해를 지배해온
인물이 희극작가들의 시 구절로 우롱당하고 그런 인물들이 무대에 올려진다는
것은 온당치 못했다. 우리네 시인 플라우투스나 혹은 나이비우스가 푸블리우스
와 그나이우스 스키피오를 욕한다거나 카이킬리우스가 카토를 욕한다는 일이
있을 수 없듯이 말이다."⁵³ 조금 뒤에 그는 이런 말을 한다: "반대로 우리네 십
이동판법은 극소수의 사안들만 사형에 처하는데, 그 가운데 누가 만일 타인에
게 불명예를 끼치거나 치욕을 주는 노래를 부르거나 그런 노래를 만들었을 경
우, 이 중형에 처해야 할 것으로 여겼다.⁵⁴ 썩 잘된 일이다. 우리의 삶은 당국자
들의 판단이나 합법적 논의에 맡겨야지 시인들의 재능에 맡겨서는 안 되며, 지
탄을 들을 적에도 법률에 의해 제기되고 대응의 여지가 있고 재판에 의해 변호
의 여지가 있어야 마땅하다."⁵⁵ 나는 키케로의「국가론」제4권에서 이 글을 자구
대로 옮겨와야 한다고 여겼는데, 이해를 쉽게 하려는 뜻에서 몇몇 구절이 다듬
어지거나 손질되기도 했다. 이 구절은 우리가 논하는 사안에 퍽 잘 들어맞는 것
이며, 나는 할 수 있는 데까지 이 사안을 무난히 개진해 볼까 한다. 스키피오는
이어서 여러 가지를 언급하고서 결론을 내리는데 그의 말은 고대 로마인들에게
는 살아있는 사람을 연극에 올려 칭송하거나 비난하는 일이 마음에 들지 않았음
을 보여준다. 하지만 내가 말한 대로, 그리스인들은 약간 뻔뻔스럽기는 하지만
더 일관성있는 자세로 이런 것이 허용되기를 바랐다.⁵⁶ 그러므로 인간들의 불명
예스런 행적뿐 아니라 다름아닌 신들의 그런 행적도 허구적 연극에 올리는 일이
자기네 신들에게 용납될뿐더러 심지어 신들이 흡족하게 여긴다고 보았던 것이
다. 그것이 시인들에 의해 그렇게 꾸며진 것이든, 신들의 실제로 있었던 추문을
상기시키고 무대에 올리는 것이든 상관없었으며, 신들을 섬기는 숭배자들이 본
뜰 만하다고 여기지 않고 단지 웃어넘기기만 하면 되었다. 그리스인들로서는 자
기네 신령들의 체면도 존중해 주지 않는 터에 국가나 시민들의 지도자들 체면을
존중해 준다는 것은 너무도 오만해 보였던 것이다.

10. Nam quod adfertur pro defensione, non illa uera in deos dici, sed falsa atque conficta, id ipsum est scelestius, si pietatem consulas religionis; si autem malitiam daemonum cogites, quid astutius ad decipiendum atque callidius? Cum enim probrum iacitur in principem patriae bonum atque utilem, nonne tanto est indignius, quanto a ueritate remotius et a uita illius alienius? Quae igitur supplicia sufficiunt, cum deo fit ista tam nefaria, tam insignis iniuria? Sed maligni spiritus, quos isti deos putant, etiam flagitia, quae non admiserunt, de se dici uolunt, dum tamen humanas mentes his opinionibus uelut retibus induant et ad praedestinatum supplicium secum trahant, siue homines ista commiserint, quos deos haberi gaudent, qui humanis erroribus gaudent, pro quibus se etiam colendos mille nocendi fallendique artibus interponunt; siue etiam non ullorum hominum illa crimina uera sint, quae tamen de numinibus fingi libenter accipiunt fallacissimi spiritus, ut ad scelesta ac turpia perpetranda uelut ab ipso caelo traduci in terras satis idonea uideatur auctoritas. Cum igitur Graeci talium numinum seruos se esse sentirent, inter tot et tanta eorum theatrica opprobria parcendum sibi a poetis nullo modo putauerunt, uel diis suis etiam sic consimilari adpetentes, uel metuentes, ne honestiorem famam ipsi requirendo et eis se hoc modo praeferendo illos ad iracundiam prouocarent.

---

[57] maligni spiritus: 이하 "악령"으로 번역함. immundi spiritus(더러운 영)라는 표현도 자주 쓰인다.

[58] mille nocendi artes: cf. Vergilius, *Aeneis* 7.338.

[59] quos ..., qui ..., pro quibus ...로 관계대명사를 연달아 구사하여 시인들의 허구까지도 정령숭배에 악용될 수 있음을 암시한다.

[60] ab ipso caelo traduci in terras auctoritas: 추행을 정당화해 주는 역할이 악령들의 천계에서 지상의 인간들(시인들)에게로 이동한다.

[61] ira deum, invidia deum이라는 이교세계의 종교개념을 교부는 우스개로 만들어 버린다.

10. 정령들은 인간을 해치려는 술수로, 자신들에 관해 가짜든 진짜든 범행이 사람들의 입에 오르내리기를 바란다

그런데 이를 변호하는 입장에서 신들을 두고 하는 이야기가 진실이 아니라 거짓이요 꾸며낸 것이라는 말이 나오는데, 그대가 종교의 신심을 염두에 둔다면, 이런 변명보다 죄스러운 짓이 없겠다. 더구나 그대가 정령들의 악의를 생각한다면, 인간을 기만하는 데 이보다 간교하고 이보다 교활한 것이 또 있을까? 선량하고 유익한 국가 원수元帥를 두고 추문을 퍼뜨릴 경우, 그것이 진실과 멀수록, 그리고 본인의 생활과 동떨어질수록 그만큼 야비한 짓이 아니겠는가? 하물며 신에게 그토록 끔찍하고 뚜렷한 불의를 저질렀을 경우에 도대체 어떤 벌을 받아야 온당하다고 할 수 있을까? 그런데도 저들이 신이라고 여기는 저 사악한 영들[57]은 그런 생각들을 마치 그물처럼 사용하여 인간 지성을 옭아넣고, 그것을 통해 예정된 형벌로 자기들과 함께 끌어갈 수만 있다면, 자신들이 저지르지도 않은 추악한 행위마저 사람들의 입에 오르내리기를 바라고 있다. 그런 짓들은 인간들이 저질렀을 수도 있고, 어느 인간의 죄악도 아닐 수 있다. 그런 짓들을 인간들이 저질렀다면 악령들이 인간들이 저지르는 오류를 즐기면서, 그런 짓을 저지른 인간들이 신처럼 여겨지는 사실을 또한 즐기고, 인간을 기만하고 해치는 천 가지 술수를 써서[58] 자기들도 신처럼 섬기게 슬쩍 끼워넣는 까닭이리라.[59] 정말 어떤 사람들의 죄악도 아닐 경우도 인간을 철두철미하게 기만하는 영들은 혼령들에 관해 시인들이 멋대로 창작하게 쾌히 용인한다. 이것은 죄스럽고 추한 짓을 범하도록 허락하는 권위가 천계에서 지상으로 옮겨지는 것이 매우 적절하다고 보는 연고이다.[60] 그러므로 그리스인들이 이런 신령들의 종이라고 스스로 자부했다면, 신령들에 관해서도 그 많고 혹심한 힐난을 퍼붓는 터에 인간들이 시인들에게서 힐난을 면하리라는 생각은 도무지 하지 않았다. 그 까닭은 자기들도 그런 짓을 저지름으로써 자기네 신들과 비슷해지기를 소망했거나, 인간들이 저 신령들보다 고결하게 행동하여 감히 신령들보다 더 훌륭한 명망을 추구하거나 이런 식으로 자기를 신들보다 낮게 여김으로써 신들의 분노를 야기할까 두려웠거나 둘 중의 하나이리라.[61]

11. Ad hanc conuenientiam pertinet, quod etiam scaenicos actores earundem fabularum non paruo ciuitatis honore dignos existimarunt, si quidem, quod in eo quoque de re publica libro commemoratur, et Aeschines Atheniensis, uir eloquentissimus, cum adulescens tragoedias actitauisset, rem publicam capessiuit et Aristodemum, tragicum item actorem, maximus de rebus pacis ac belli legatum ad Philippum Athenienses saepe miserunt. Non enim consentaneum putabatur, cum easdem artes eosdemque scaenicos ludos etiam diis suis acceptos uiderent, illos, per quos agerentur, infamium loco ac numero deputare. Haec Graeci turpiter quidem, sed sane diis suis omnino congruenter, qui nec uitam ciuium lacerandam linguis poetarum et histrionum subtrahere ausi sunt, a quibus cernebant deorum uitam eisdem ipsis diis uolentibus et libentibus carpi, et ipsos homines, per quos ista in theatris agebantur, quae numinibus quibus subditi erant grata esse cognouerant, non solum minime spernendos in ciuitate, uerum etiam maxime honorandos putarunt. Quid enim causae reperire possent, cur sacerdotes honorarent, quia per eos uictimas diis acceptabiles offerebant, et scaenicos probrosos haberent, per quos illam uoluptatem siue honorem diis exhiberi petentibus et, nisi fieret, irascentibus eorum admonitione didicerant? Cum praesertim Labeo, quem huiusce modi rerum peritissimum praedicant, numina bona a numinibus malis ista etiam cultus diuersitate distinguat, ut malos deos propitiari caedibus et tristibus supplicationibus asserat, bonos autem obsequiis laetis atque iucundis, qualia sunt, ut ipse ait, ludi conuiuia lectisternia. Quod totum

---

[62] Cf. Cicero, *De republica* 4.11.13.

[63] Aeschines (Demosthenes, *De corona* 139, 180, 209, 262, 267; *De falsa legatione* 200, 246, 337), Aristodemus (Demosthenes, *De corona* 21; *De falsa legatione* 12, 18, 94, 246, 315).

[64] artes (theatricae), 곧 극장 공연과 scaenici ludi(종교적인) 공연축제를 구분한다.

[65] infamium loco ac numero deputare: 앞의 각주 53-55와 이하 내용 참조.

[66] Cornelius Labeo로 추정된다. *De oraculo Apollinis Clarii, De diis animalibus*라는 종교학 서적을 남긴 것으로 전해온다(Macrobius, *Saturnalia* 1.12.15와 곳곳). 선신과 악신(dii boni, dii mali: 본서에서는 numina bona, numina mala)을 구분한 것은 그였다고 한다.

[67] tristes supplicationes와 obsequia laeta atque iucunda를 대조하는 것은 그리스도교 시대에 supplicatio(애원)와 obsequium(신들의 뜻에 순종함)의 의미가 보완되어 있었기 때문이리라.

[68] lectisternium: 신상 앞에 진설한 음식상으로 여러 날 음식을 번갈아 바꾸어 봉헌했다. Cf. Livius, *Ab Urbe condita* 5.13.5.

11. 그리스인들은 신들을 모시는 사람들이 다른 사람들에게 무시당하지 않게 하기 위해 공화국의 행정에 배우들을 기용했다

그리스인들이 그런 설화를 연기하는 연극배우들을 국가에서 작지 않은 영예를 누리기에 합당하다고 여긴 것도 이런 맥락과 상통한다. 키케로의 「국가론」에 언급되어 있듯이[62] 아테네인 아이스키네스는 언변이 탁월한 인물로서, 젊었을 적에 비극을 연기했는데 공화국의 정치가로 활약했으며, 아리스토데무스 역시 비극 배우였는데 아테네인들은 전쟁과 평화라는 중대사에 직면하여 그를 사절로 삼아 필리푸스에게 여러 번 파견했다.[63] 희극이나 비극 같은 예술과 그것을 상연하는 공연축제가[64] 자기네 신들에게도 용납된다고 여겨졌으므로 그것을 연기하는 배우들을 불명예스런 인간들의 위치나 무리에 넣어 평가한다는 것은[65] 적절하지 않다고 생각했다. 이 점에서는 그리스인들이 비록 객관적으로 부적합하기는 하지만, 자기네 신들에게는 전적으로 적합하게 행동했다고 하겠다. 그들은 시민들의 생활이 시인들과 배우들의 독설로 난도질당한다고 해서 그 독설로부터 격리시키려는 생각을 감히 하지 않았다. 신들의 생활마저 시인들과 배우들에 의해 신랄하게 다루어지고 그것을 바로 그 신들이 좋아하고 용납하는 이상, 그런 내용을 극장에서 연기하는 사람들이야말로, 국가에서 조금도 경멸해서는 안 될 뿐 아니라 도리어 높게 평가해야 한다고 생각했다. 그 연기가 자기들이 숭배하는 신령들에게 총애를 받고 있다고 알고 있는 까닭이다. 그러므로 제관들은 공손하게 대하면서 배우들은 천대할 이유가 어디에 있겠는가? 제관들을 공손하게 대하는 까닭은 그들을 통해 희생물이 신들에게 봉헌되기 때문일 것이다. 그런데 배우들을 통해 신들이 요구하는 열락悅樂과 영예가 신들에게 바쳐지고, 그것이 바쳐지지 않으면 신들이 분노한다는 사실을 신들의 경고에서 배운 터에 배우들을 경멸할 이유가 어디 있겠는가? 특히 라베오[66]처럼 이 문제에 관해 극히 정통한 인물이라고 내세우는 사람이 바쳐지는 예배의 차이에서 선한 혼령들을 악한 혼령으로부터 구분한다면서, 악한 혼령들은 희생제물의 살육과 음울한 의식을 바쳐야 무마되고, 선한 혼령들은 즐겁고 유쾌한 행사를 바쳐야 무마된다고 주장했다.[67] 그러면서 그는 공연, 향연, 신들에게 바쳐진 제상[68]이 유쾌한 행사라

quale sit, postea, si Deus iuuerit, diligentius disseremus. Nunc ad rem praesentem quod adtinet, siue omnibus omnia tamquam bonis permixte tribuantur (neque enim esse decet deos malos, cum potius isti, quia inmundi sunt spiritus, omnes sint mali), siue certa discretione, sicut Labeoni uisum est, illis illa, istis ista distribuantur obsequia, competentissime Graeci utrosque honori ducunt, et sacerdotes, per quos uictimae ministrantur, et scaenicos, per quos ludi exhibentur, ne uel omnibus diis suis, si et ludi omnibus grati sunt, uel, quod est indignius, his, quos bonos putant, si ludi ab eis solis amantur, facere conuincantur iniuriam.

12. At Romani, sicut in illa de re publica disputatione Scipio gloriatur, probris et iniuriis poetarum subiectam uitam famamque habere noluerunt, capite etiam sancientes, tale carmen condere si quis auderet. Quod erga se quidem satis honeste constituerunt, sed erga deos suos superbe et inreligiose; quos cum scirent non solum patienter, uerum etiam libenter poetarum probris maledictisque lacerari, se potius quam illos huiusce modi iniuriis indignos esse duxerunt seque ab eis etiam lege munierunt, illorum autem ista etiam sacris sollemnitatibus miscuerunt. Itane tandem, Scipio, laudas hanc poetis Romanis negatam esse licentiam, ut cuiquam opprobrium infligerent Romanorum, cum uideas eos nulli deorum pepercisse

---

[69] Cf. Macrobius, *Saturnalia* 1.12.15; Servius, *Commentarius in Vergilii Aeneidem* 1.378; 3.168.

[70] 2.29; 3.17 참조.

[71] dei mali, immundi spiritus, mala numina 등으로 용어가 구분되고 있다.

[72] 2.9 참조.

고 했다.[69] 이 모두가 어떻게 된 것인지 뒤에 가서, 만일 하느님이 도우신다면, 더 상세하게 논하기로 한다.[70] 당장은 현안 문제에 해당하는 것만 다룰 것인데 모든 신을 선한 신처럼 여기고서 모든 것을 구분하지 않고 바치거나(악한 신들이 존재한다는 말은 가당하지 않다. 오히려 저런 존재들이 부정한 영들인 까닭에 모두 악한 귀신들이겠다)[71] 아니면 라베오가 했듯이 선한 신과 악한 신을 확실히 구분해서 선한 신들에게는 유쾌한 행사를 바치고 악한 신들에게는 음울한 의식을 바치거나 할 것이다. 그런데 그리스인들은 매우 일관성 있게도, 희생제물을 주관하는 제관이든 공연을 하는 배우든 양자에게 다 영예를 바쳤다. 그 이유는 연극이 모든 신들의 마음에 드는 경우에 배우들을 홀대하다가 자신들이 섬기는 신 모두에게 잘못을 저지르지 않을까 두려웠고, 자기들이 선신이라고 여기는 신들만 연극을 좋아하는 경우에는 그런 신들에게만 잘못을 저지르는 셈인데 이것 또한 더욱 온당치 못한 짓이었기 때문이다.

12. 로마인들은 시인들에게 인간을 대상으로 해서는 멋대로 발언할 수 없도록 자유를 박탈했지만 신들에 대해서는 멋대로 발언하는 자유를 부여했으니 결국 신보다도 자신들을 더 중시한 셈이다

그러나 「국가론」에서 스키피오가 자랑하듯이,[72] 로마인들은 인간들의 생활과 체면이 시인들의 힐난과 농간의 대상이 되는 것을 바라지 않았으며, 누가 감히 그런 시가를 짓는다면 사형으로까지 다스렸다. 그런데 로마인들은 인간 자신들에 대해서는 이처럼 도덕적이라고 할 만큼 규정을 내렸으면서도 자기네 신들에 대해서는 오만하고 불경스럽게 처신했다. 신들 자신부터 시인들의 힐난과 욕설로 희롱당하는 일을 스스로 묵인할 뿐 아니라 오히려 즐긴다는 사실을 알고서 로마인들은 그같은 불의를 당하고서 분개할 것은 신들보다는 자기들이라고 여겼으며, 자기들에 대해서는 법률로 방어장치를 만들어 놓고서도 신들에 대해서는 도리어 성대한 축제일에다 이런 의식을 집어넣기까지 했던 것이다. 그러니, 스키피오여, 로마인들이 시인들에게 그런 방종을 허락하지 않음으로써 로마인 가운데 아무에게도 모욕을 끼치지 않게 조처했다는 사실을 그대는 격찬한다는

uestrorum? Itane pluris tibi habenda uisa est existimatio curiae uestrae quam Capitolii, immo Romae unius quam caeli totius, ut linguam maledicam in ciues tuos exercere poetae etiam lege prohiberentur, et in deos tuos securi tanta conuicia nullo senatore nullo censore, nullo principe nullo pontifice prohibente iacularentur? Indignum uidelicet fuit, ut Plautus aut Naeuius Publio et Gn. Scipioni aut Caecilius M. Catoni malediceret, et dignum fuit, ut Terentius uester flagitio Iouis optimi maximi adulescentium nequitiam concitaret?

13. Sed responderet mihi fortasse, si uiueret: Quo modo nos ista inpunita esse nollemus, quae ipsi dii sacra esse uoluerunt, cum ludos scaenicos, ubi talia celebrantur dictitantur actitantur, et Romanis moribus inuexerunt et suis honoribus dicari exhiberique iusserunt? Cur non ergo hinc magis ipsi intellecti sunt non esse dii ueri nec omnino digni, quibus diuinos honores deferret illa res publica? Quos enim coli minime deceret minimeque oporteret, si ludos expeterent agendos conuiciis Romanorum, quo modo quaeso colendi putati sunt, quo modo non detestandi spiritus intellecti, qui cupiditate fallendi inter suos honores sua celebrari crimina poposcerunt? Itemque Romani, quamuis iam superstitione noxia preme-

---

[73] Capitolium에 유피테르의 신전이 있어 정치와 종교가 구분되는 종교적 성역을 상징했다.

[74] Cf. Terentius, *Eunuchus* 584 이하(앞의 2.7 참조).

[75] celebrari, dictitari, actitari, honoribus dicari: 당대의 연극 및 축제 용어들이다.

[76] 신은 영적 존재임을 전제로 호교론자들이 연극의 외설을 들어 이교를 비판하는 일은 흔한 주제였다. 예: Arnobius, *Adversus nationes* 7.33; Tertullianus, *De spectaculis* 4.3.

말인가? 그 시인들이 그대들의 신들 가운데 아무도 보아주지 않았음을 그대가 알고 있으면서도. 그렇다면 그대에게는 그대들의 체면이 카피톨리움의 체면보다 중시되어야 한다고 보였다는 말인가?[73] 천계 전체보다도 로마 하나의 체면이 더 중했다는 말인가? 그대의 시민들을 상대로 해서는 욕하는 언사를 쓰는 일이 법률로 금지되는 터에 그대의 신들을 상대로 해서는 마음놓고 조롱을 쏟아내는 데도 어느 원로원도, 어느 감찰관도, 어느 군주도, 제관 중 누구 하나도 이것을 금하지 않았다는 말인가? 플라우투스나 나이비우스가 푸블리우스에게 욕하고 카이킬리우스가 마르쿠스 카토에게 욕하는 것은 부당한데, 여러분의 테렌티우스가 위대한 신 유피테르의 난잡한 방탕을 얘기하여 젊은이들의 악행을 충동질하는데도 그게 온당하다는 말인가?[74]

13. 외설스런 공연을 통해 숭배받기 바라는 신들이라면 신으로서 영예를 받기에 부당한 존재임을 로마인들은 깨달아야 했다

만일 스키피오가 살아있다면 나에게 이렇게 대답할 수도 있겠다: 외설스런 공연축제가 거룩한 의식으로 거행되기를 신들이 바라는 터에 우리로서야 징계 않고 넘어가는 것 외에 무슨 수가 있다는 말인가? 이러저런 장면을 상연하고 낭송하고 연기하는 극장에서의 공연은 바로 신들에 의해 로마의 풍속에 유입되었고, 더구나 그 신들은 그런 대사를 낭송하고 상연하는 것을 자신들에게 영예를 바치는 일로 여기라고 명령까지 했는데 말이다.[75] 그런 지시를 내리는 자들이라면 참된 신들이 아니며, 위대한 공화국이 신적 공경을 바치기에 합당한 대상들이 아님을 왜 깨닫지 못했을까? 로마인들이 불쾌하게 여기는데도 저따위 경기를 공연하도록 요구하는 신들이라면, 그런 자들을 숭배함은 전혀 합당하지 않을 뿐 아니라 이치에도 맞지 않는다. 그런 신들이라면 자신들을 공경하는 행사로 인간들을 타락시키려는 욕심에서 자기들의 죄상을 공공연하게 드러낼 속셈이었다. 그렇다면 나는 다음과 같이 묻고 싶다: 도대체 어쩌다가 저런 자들을 신으로 숭배해야 한다고 여기게 되었으며, 어떻게 해서 그들이 혐오스런 영들임을 깨닫지 못했다는 말인가?[76] 물론 로마인들은, 비록 해로운 미신에 짓눌

rentur, ut illos deos colerent, quos uidebant sibi uoluisse scaenicas turpitudines consecrari, suae tamen dignitatis memores ac pudoris actores talium fabularum nequaquam honorauerunt more Graecorum, sed, sicut apud Ciceronem idem Scipio loquitur, «cum artem ludicram scaenamque totam in probro ducerent, genus id hominum non modo honore ciuium reliquorum carere, sed etiam tribu moueri notatione censoria uoluerunt.» Praeclara sane et Romanis laudibus adnumeranda prudentia; sed uellem se ipsa sequeretur, se imitaretur. Ecce enim recte, quisquis ciuium Romanorum esse scaenicus elegisset, non solum ei nullus ad honorem dabatur locus, uerum etiam censoris nota tribum tenere propriam minime sinebatur. O animum ciuitatis laudis auidum germaneque Romanum! Sed respondeatur mihi: qua consentanea ratione homines scaenici ab omni honore repelluntur, et ludi scaenici deorum honoribus admiscentur? Illas theatricas artes diu uirtus Romana non nouerat, quae si ad oblectamentum uoluptatis humanae quaererentur, uitio morum inreperent humanorum. Dii eas sibi exhiberi petierunt: quo modo ergo abicitur scaenicus, per quem colitur Deus? Et theatricae illius turpitudinis qua fronte notatur actor, si adoratur exactor? In hac controuersia Graeci Romanique concertent. Graeci putant recte se honorare homines scaenicos, quia colunt ludorum scaenicorum flagitatores deos; Romani uero hominibus scaenicis nec plebeiam tribum, quanto minus senatoriam curiam dehonestari sinunt. In hac disceptatione huiusce modi ratiocinatio summam quaestionis absoluit. Proponunt Graeci: si dii tales colendi sunt, profecto etiam tales homines

---

[77] Cicero, *De republica* 4.10.10.

[78] notatio censoria로 배우는 천인(personae turpes)으로서 불명예 제대자(ignominiosa missio)와 동등한 불명예(infamia: deminutio capitis(자유, 시민권, 가정의 상실))가 부과되어 세습권, 후견권, 공직권 심지어 고소권까지 박탈되었고(cf. Tertullianus, *De spectaculis* 22), 부족으로부터 (tribum tenere propriam) 파문되었다. 제정시대는 정치적 용도(panes et circenses) 때문에 그러한 천대가 그런대로 개선되었다(cf. Tacitus, *Annales* 3.77).

[79] *homines scaenici* ab omni *honore* reppelluntur, et *ludi scaenici deorum honoribus* admiscentur?: honor가 개인에게는 "명예로운 공직"이고 종교적으로는 "신에게 바치는 예배"(ad honorem Iovis)를 의미했다.

[80] virtus는 "사나이다움"이라는 원어가 "기백, 용기, 덕성"으로 의미가 다양하게 발전했다.

[81] 인간들과 신들이 actor(배우)와 exactor(연출가)로서 대구를 이룬다.

[82] plebeia tribus: 집안에서 배우가 나오면 부족으로부터 파문당하는 불명예 때문이었다.

려 있던 터라서 자기들에게 추잡한 연극을 공연해 바치라고 요구하는 자들을 신으로 숭배하기는 했지만, 자신들의 품위와 염치를 상기했기에 신화를 연기하는 배우들을 그리스인들이 하듯이 떠받들지는 않았다. 오히려 키케로의 글에서처럼 스키피오는 이런 발언을 한다: "선조들은 그 축제와 연극이라는 연예가 전적으로 파렴치하다고 여겼으므로 그런 일에 종사하는 사람들에게서 여타 시민들의 통상적 영예를 박탈함은 물론 감찰관의 공지를 붙여서 그들의 출신 부족으로부터 격리시키고자 했다."[77] 이것 역시 로마인들에게 돌아가는 칭송들 가운데 하나로 꼽아야 할 신중함임에 틀림없다. 그렇지만 나로서는 그런 신중함에 행동이 뒤따랐더라면 좋았겠고 행동으로 본받았더라면 좋았겠다. 로마 시민들 가운데 연극배우를 하겠다고 선택한 자에게는 명예로운 공직이 일체 주어지지 않았으며, 감찰관의 공지가 내려짐과 더불어 자기 부족을 유지하는 일이 일체 허용되지 않았는데,[78] 이는 잘한 일이다. 국가의 명예를 갈구하는 정신이여! 참으로 로마인다운 정신이여! 하지만 내게 답변해 보시라: 연극인들은 일체의 공직에서 추방했으면서도 공연축제 자체는 신들에게 영예로 바치는 행사 가운데 여전히 들어가 있었던 것은 도대체 무슨 이유인가?[79] 로마인다운 덕성[80]은 오랫동안 그런 극장 예술을 알지 못했다. 그런 예술이 만약 인간적 쾌락의 탐닉을 추구하는 것이었다면, 인간 도덕의 타락을 통해 슬그머니 스며들었을 것이다. 그러나 정작 그들에게 연극을 상연하라고 요구한 것은 다름아닌 신들이었다. 그렇다면 신을 숭배하게 해주는 연극배우를 어떻게 천대한다는 말인가? 상연되는 저 추잡한 행위의 연출가인 신은 숭상하면서 그 행위를 몸으로 연기하는 배우는 무슨 명목으로 천대한다는 말인가?[81] 그리스인들과 로마인들이 이 문제를 두고 토론에 휘말려 있다. 그리스인들은 자기들이 공연축제를 장려하는 신들을 숭배하는 이상, 연극인들을 우대하는 것은 당연하다고 생각한다. 이와 달리 로마인들은 원로원은 물론 평민 부족마저[82] 연극인들에게 희롱당하기를 묵인하지 않는다. 이 토론에서는 다음과 같은 삼단논법이 문제의 핵심을 보여준다. 먼저 그리스인들은 이렇게 주장한다: 신들이 이러저런 성품으로 인해 숭배를 받는다면, 인간들도 그와 유사한 성품을 갖추고 있을 경우에 공경을 받아야

honorandi. Adsumunt Romani: Sed nullo modo tales homines honorandi sunt. Concludunt Christiani: Nullo modo igitur dii tales colendi sunt.

14. Deinde quaerimus, ipsi poetae talium fabularum compositores, qui duodecim tabularum lege prohibentur famam laedere ciuium, tam probrosa in deos conuicia iaculantes cur non ut scaenici habeantur inhonesti. Qua ratione rectum est, ut poeticorum figmentorum et ignominiosorum deorum infamentur actores, honorentur auctores? An forte Graeco Platoni potius palma danda est, qui cum ratione formaret, qualis esse ciuitas debeat, tamquam aduersarios ueritatis poetas censuit urbe pellendos? Iste uero et deorum iniurias indigne tulit et fucari corrumpique figmentis animos ciuium noluit. Confer nunc Platonis humanitatem a ciuibus decipiendis poetas urbe pellentem cum deorum diuinitate honori suo ludos scaenicos expetente. Ille, ne talia uel scriberentur, etsi non persuasit disputando, tamen suasit leuitati lasciuiaeque Graecorum; isti, ut talia etiam agerentur, iubendo extorserunt grauitati et modestiae Romanorum. Nec tantum haec agi uoluerunt, sed sibi dicari, sibi sacrari, sibi sollemniter exhiberi. Cui tandem honestius diuinos honores decerneret ciuitas? Vtrum Platoni haec turpia et nefanda prohibenti, an daemonibus hac hominum deceptione gaudentibus, quibus ille uera persuadere non potuit?

---

[83] 교부는 대전제(proponere: a이면 b다), 소전제(adsumere: 그런데 b가 아니다), 결론(따라서 a가 아니다)으로 이루어진 가언삼단논법을 구사했다.

[84] 앞의 각주 81에서처럼, 같은 인간으로서 actores(배우)와 auctores(각본자)가 대구를 이룬다.

[85] Cf. Plato, *Respublica* 377 - 383; 398a: 늘 예술을 상찬하던 플라톤이지만(*Phaedrus* 250d: poeta vates divini; *Symposium* 206e: de pulchro; *Sophista* 266e: ars divina; *Leges* 659e - 660a: educatio), 이 책에서만은 예술이 표상에만 머물러 인간들이 감성 세계로부터 이념 세계로 승화하는 데 지장이 된다는 이론을 제시한다. 아리스토텔레스(*Poetica* 7 - 15)는 상반된 입장을 보였다. Cf. Cicero, *Tusculanae disputationes* 2.11.27.

[86] Confer ... Platonis *humanitatem* ... cum deorum *divinitate*: 여기서도 이교도들의 다신(多神)은 인간만도 못한 존재로 드러난다. 또 humanitas가 키케로의 "인문"(人文)에서 "인간성"(人間性)으로 전환한다.

[87] non *persuasit* ... tamen *suasit*: 플라톤의 한계와 공적을 부각시키는 문장이다.

[88] (Plato) *suasit* levitati lasciviaeque Graecorum ... (dii) *extorserunt* gravitati et modestiae Romanorum: 인간과 잡신의 우열을 암시하는 앞의 각주 76과 81 참조.

한다. 그러나 로마인들은 이렇게 주장한다: 그런 성품을 갖춘 인간이 공경을 받아서는 절대로 안 된다. 그러므로 그리스도인들은 이렇게 결론을 맺는다: 따라서 그런 성품을 갖춘 신들이 절대로 숭배를 받아서는 안 된다.[83]

14. 플라톤은 도덕성이 강조되는 나라에서 시인들에게 자리를 주지 않았다는 점에서 공연축제를 통해 숭배받고 싶어하던 신들보다 훌륭했다

14. 1. 플라톤은 시인들의 극작품을 배척했다

그렇다면 우리는 묻는다: 그런 신화를 엮어내는 시인들이, 시민들의 명예를 훼손하지 못하게 십이동판법으로 금지되어 있으면서도, 신들을 상대로 그처럼 치욕스런 험담을 토해내는데도 어째서 배우들처럼 부도덕한 사람들로 여겨지지 않는가? 이런 시적 허구나 경멸받아 마땅한 신들을 연기하는 배우는 오명을 뒤집어쓰고 있는데도, 정작 창작자인 시인은 그런 허구로 영예를 얻는 이유는 무엇인가?[84] 그리스인 플라톤은 이성에 입각하여 국가가 어떠해야 하는가를 언급하면서, 시인들은 진리에 상반되는 자들이므로 국가에서 추방할 사람으로 여겼는데 이야말로 박수받을 만한 일이 아닌가? 플라톤이야말로 신들에 대한 불의를 견디지 못했을 뿐 아니라 시민들의 정신이 허구적 창작물로 인해 거짓되고 타락하는 일을 바라지 않았다![85] 그러면 시인들이 시민들을 기만하므로 국가로부터 추방해야 한다는 플라톤의 인간성을, 공연축제를 자기들한테 바치는 예배로 요구하는 신들의 신성과 비교해 보라![86] 저 인간은 토론을 해서는 시인들이 그런 작품을 쓰지 못하게 설득하지는 못했지만, 그리스인들의 경박함과 자유분방함에 나름대로 충고를 내렸다.[87] 그런데 이 신들은 그래도 그런 작품들을 공연하도록 명령함으로써 로마인들의 신중함과 절제심을 왜곡시킨 것이다.[88] 그냥 그런 작품이 공연되기를 바라는 데서 그치지 않고 다름아닌 자기들에게 바쳐지고 자기들에게 봉헌되고 자기들에게 장엄하게 거행되기 바랐던 것이다! 그러니 국가는 누구에게 신적 공경을 바치는 것이 더 옳은가? 이런 것을 추하고 요사스런 일이라고 하여 금지한 플라톤인가, 아니면 이런 것으로 인간들을 기만하면서 즐거워하는 대신 참된 것으로 인간들을 설득하는 능력은 없는 정령들인가?

Hunc Platonem Labeo inter semideos commemorandum putauit, sicut Herculem, sicut Romulum. Semideos autem heroibus anteponit; sed utrosque inter numina conlocat. Verum tamen istum, quem appellat semideum, non heroibus tantum, sed etiam diis ipsis praeferendum esse non dubito. Propinquant autem Romanorum leges disputationibus Platonis, quando ille cuncta poetica figmenta condemnat, isti autem poetis adimunt saltem in homines maledicendi licentiam; ille poetas ab urbis ipsius habitatione, isti saltem actores poeticarum fabularum remouent a societate ciuitatis; et si contra deos ludorum scaenicorum expetitores aliquid auderent, forte undique remouerent. Nequaquam igitur leges ad instituendos bonos aut corrigendos malos mores a diis suis possent accipere seu sperare Romani, quos legibus suis uincunt atque conuincunt. Illi enim honori suo deposcunt ludos scaenicos, isti ab honoribus omnibus repellunt homines scaenicos; illi celebrari sibi iubent figmentis poeticis opprobria deorum, isti ab opprobriis hominum deterrent inpudentiam poetarum. Semideus autem ille Plato et talium deorum libidini restitit, et ab indole Romanorum quid perficiendum esset ostendit, qui poetas ipsos uel pro arbitrio mentientes uel hominibus miseris quasi deorum facta pessima imitanda proponentes omnino in ciuitate bene instituta uiuere noluit. Nos quidem Platonem nec deum nec semideum perhibemus, nec ulli sancto angelo summi Dei nec ueridico prophetae nec apostolo alicui nec cuilibet Christi martyri nec cuiquam Christiano homini comparamus; cuius nostrae sententiae ratio Deo prosperante suo loco explicabitur. Sed eum tamen, quan-

---

[89] 아우구스티누스는 heros(영웅: 태생에서 부모 한편이 신 혹은 신령인 인간), semideus(반신: 사후에 신으로 추서된 영웅이나 인간), daemon(정령: 생명체 안에 깃든 영적 요소 혹은 하급의 신령), numen(혼령: 하급의 신적 존재), deus(신) 등을 반드시 등급대로 다루지 않는다.

[90] 8.4 참조.

14. 2. 플라톤의 조처가 차라리 로마인들의 법률에 근사하다

바로 이 플라톤을 라베오는 헤르쿨레스나 로물루스처럼 반신半神의 반열에 올려 기념해야 한다고 생각했다. 그는 반신을 영웅보다 위에 놓지만 양편 다 혼령 가운데 포함시키고 있다.[89] 하지만 나는 플라톤의 경우로 보건대 반신이라고 부르는 존재들을 영웅보다 위에 놓아야 할 뿐 아니라 신보다도 위에 놓아야 한다고 확신한다. 플라톤은 일체의 시 창작을 단죄하고 있고, 로마인들은 적어도 인간들에 대해 악담하는 자유분방함을 용납하지 않는다는 점에서, 로마인들의 법률과 플라톤의 이론은 서로 유사하다. 플라톤은 시인들을 자기가 사는 국가로부터 격리시키고, 로마인들은 적어도 시적 설화를 공연하는 배우들을 국가의 유대로부터 격리시킨다. 만일 로마인들이 극장 공연을 요구하는 신들에게도 감히 맞설 수 있었더라면, 배우들을 모든 곳에서 격리시켰을지도 모른다. 그렇지만 로마인들은 선한 관습을 제정하거나 악한 관습을 교정하는 데 있어 자기네 신들한테서 법률을 받거나 기대할 수 없었고, 오히려 자기네 법률에 입각해서 본다면 로마인들이 신들을 능가하고 신들이 잘못했음을 입증했다. 신들은 자기들에게 영예를 바치는 뜻에서 공연축제를 요구하는 데 비해 로마인들은 연극인들에게 주어지는 모든 영예를 거부하고 있다. 신들은 시적 창작이라도 좋으니 신들의 치욕을 자기들한테 공연해서 보여달라고 명령하는 데 비해, 로마인들은 시인들의 무례함이 인간들의 수치마저 희롱거리로 삼는 일을 가증스러워한다. 그렇다면 반신으로서 저 플라톤은 그런 신들의 욕정에 항거한 셈이고, 동시에 로마인들의 성품에 무엇이 보완되면 좋을 것인지 보여준 셈이다. 그는 시인들이든, 고의로 거짓말을 하는 사람들이든, 가련한 인간들에게 극히 사악한 짓을 마치 신들에 의해 행해진 것처럼 제시하여 그것을 본받아야 한다는 식으로 설명하는 자들이든 질서잡힌 국가에서 살게 놓아두지 않으려고 했다. 우리로 말할 것 같으면 플라톤을 신으로도 반신으로도 여기지 않으며, 그를 지존하신 하느님의 거룩한 천사나 진실을 말하는 예언자나 어떤 사도나 그리스도의 어떤 순교자나 여느 그리스도교 인물에도 비하지 않는다. 우리의 이런 관점에 대해서는, 하느님의 도우심이 있으면, 적당한 기회에 이유를 설명하겠다.[90] 그러나

do quidem ipsi uolunt fuisse semideum, praeferendum esse censemus, si non Romulo et Herculi (quamuis istum nec fratrem occidisse, nec aliquod perpetrasse flagitium quisquam historicorum uel poetarum dixit aut finxit), certe uel Priapo uel alicui Cynocephalo, postremo uel Febri, quae Romani numina partim peregrina receperunt, partim sua propria sacrauerunt. Quo modo igitur tanta animi et morum mala bonis praeceptis et legibus uel inminentia prohiberent, uel insita extirpanda curarent dii tales, qui etiam seminanda et augenda flagitia curauerunt, talia uel sua uel quasi sua facta per theatricas celebritates populis innotescere cupientes, ut tamquam auctoritate diuina sua sponte nequissima libido accenderetur humana, frustra hoc exclamante Cicerone, qui cum de poetis ageret: «Ad quos cum accessit, inquit, clamor et adprobatio populi quasi cuiusdam magni et sapientis magistri, quas illi obducunt tenebras, quos inuehunt metus, quas inflammant cupiditates!»

15. Quae autem illic eligendorum deorum etiam ipsorum falsorum ratio ac non potius adulatio est? Quando istum Platonem, quem semideum uolunt, tantis disputationibus laborantem, ne animi malis, quae praecipue cauenda sunt, mores corrumperentur humani, nulla sacra aedicula dignum putarunt, et Romulum suum diis multis praetulerunt, quamuis et ipsum semideum potius quam deum uelut secretior eorum doctrina commendet.

---

[91] Priapus: 디오니수스와 아프로디테 사이에 태어난 신. 남근(男根)을 신물로 삼고 있어 풍요의 신으로 널리 숭배받고 그 상징물이 널리 사용되었다(4.11 및 *De consensu Evangelistarum* 1.25.38 참조).

[92] Cynocephalus: "개대가리". 이집트의 저승신 Anubis. BC 58년 로마에서의 숭배가 금지되었으나 성밖(pomoerium)에서는 공공연히 숭배를 받았다(16.8.1 참조).

[93] Febris: 열병(熱病)의 역신(疫神)으로 3.12; 4.15; 4.23.2 등에 나온다(*Contra Faustum Manichaeum* 20.9). 로마 팔라티누스 언덕에 신전이 있었다.

[94] Cicero, *De republica* 4.9.9.

[95] *ratio* potius adu*latio*라는 각운(脚韻)으로 다신숭배를 조롱한다.

만일 군이 사람들이 그를 반신이라고 믿고 싶다면, 우리는 그를 헤르쿨레스나 로물루스보다는 윗자리에 두어야 한다고 생각하겠다(플라톤은 로물루스처럼 형제를 살해하지는 않았으며, 헤르쿨레스처럼 어떤 배우나 시인이 이야기하고 창작해낸 방탕한 짓을 저지르지는 않았기 때문이다). 그렇지 않으면 적어도 프리아푸스[91]나 키노케팔루스[92]보다는 낫게 여겨야 하고, 아무리 못해도 페브리스[93]보다는 앞세워야 할 것이니, 이런 존재들은 로마인들이 부분적으로는 외국 혼령들을 받아들인 것이고 부분적으로는 자기네 혼령들을 신성시한 것이다. 그러니 그런 신들이 무슨 수로 선량한 계율과 법률을 갖고서 인간들의 정신과 행동거지의 수많은 행악을 방지하겠는가! 그 행악이 임박했을 때도 막을 길이 없고, 그것이 뿌리박힌 다음에도 뿌리뽑을 길이 없다. 저따위 신들이라면 오히려 방탕한 짓을 퍼뜨리고 늘어놓는 데 마음을 썼으며, 그런 짓들을 자기 것으로, 적어도 자기 것처럼 해서 연극 공연을 통해 백성들에게 알리려고 법석이다. 이것은 자신들의 신적 권위를 이용해서 지극히 사악한 인간적 욕정이 저절로 불붙게 하려는 짓이다. 그러니 키케로가 시인들을 두고서 다음과 같이 성토한 말은 쓸모없는 얘기가 되고 만다: "백성의 환호와 찬사가 생기자마자, 마치 대단하고 현명한 교사에게서 받는 찬사인 양, 그자들이 얼마나 짙은 어둠을 끌어오고 얼마나 심한 두려움을 몰고 오며 얼마나 심한 탐욕을 불붙이는지 알 수 없을 정도다!"[94]

15. 로마인들의 어떤 신들은 이치보다 아첨이라는 관점에서 세운 신들이다

로마인들이 신들을 선정選定할 적에, 더구나 거짓 신들을 선정하면서 거기에 과연 무슨 이치가 있기는 있었을까? 이치보다는 차라리 아첨이 아니었을까?[95] 저 플라톤을 반신半神으로 모시려는 생각까지 했으면서도, 그가 그토록 많은 철학적 토론을 폈고 무엇보다도 스스로 삼가야 할 정신의 악으로 인해 인간 습속이 부패하지 않도록 노력했건만, 로마인들은 그가 사당祠堂 하나 헌납받기에 합당한 인물로도 여기지 않았던 셈이다. 그리고 자기네 로물루스로 말할 것 같으면, 그들의 비밀스런 교리는 그를 신이 아니라 반신으로 가르치

Nam etiam flaminem illi instituerunt, quod sacerdotii genus adeo in Romanis sacris testante apice excelluit, ut tres solos flamines haberent tribus numinibus institutos, Dialem Ioui, Martialem Marti, Quirinalem Romulo. Nam beneuolentia ciuium uelut receptus in caelum Quirinus est postea nominatus. Ac per hoc et Neptuno et Plutoni, fratribus Iouis, et ipsi Saturno, patri eorum, isto Romulus honore praelatus est, ut pro magno sacerdotium, quod Ioui tribuerant, hoc etiam huic tribuerent, et Marti tamquam patri eius forsitan propter ipsum.

16. Si autem a diis suis Romani uiuendi leges accipere potuissent, non aliquot annos post Romam conditam ab Atheniensibus mutuarentur leges Solonis, quas tamen non ut acceperunt tenuerunt, sed meliores et emendatiores facere conati sunt, quamuis Lycurgus Lacedaemoniis leges ex Apollinis auctoritate se instituisse confinxerit, quod prudenter Romani credere noluerunt, propterea non inde acceperunt. Numa Pompilius, qui Romulo successit in regnum, quasdam leges, quae quidem regendae ciuitati nequaquam sufficerent, condidisse fertur, qui eis multa etiam sacra constituit; non tamen perhibetur easdem leges a numinibus accepisse. Mala igitur animi, mala uitae, mala morum, quae ita magna sunt, ut his doctissimi eorum uiri etiam stantibus urbibus res publicas perire confir-

[96] secretior doctrina: Ennius, *Annales* fr.59; Cicero, *De republica* 2.10.20; Plinius, *Historia naturalis* 28.4.

[97] Flamen: 로마의 주신들(Iupiter, Mars, Quirinus)을 섬기는 전속 제관(flamines maiores). 후대에는 하급의 토속신들에게도 할당되었다(flamines minores). 어원은 flamen(제관의 "양털" 머리띠), flare("입으로 불어" 성화를 지피던 의식)에 두기도 한다.

[98] Quirinus: 원래 사비나인들의 군신(軍神)으로(Ovidius, *Fasti* 2.475-477) 유피테르와 마르스와 더불어 로마의 삼신(Trias)을 이룬다(Livius, *Ab Urbe condita* 8.9.6.). 후에 로물루스와 동일시되었고 (Varro, *De lingua Latina* 5.8.51; Cicero, *De natura deorum* 2.24.62; *De legibus* 1.1.3) 그리하여 로마인들은 "퀴리누스의 후예"(Quirites)로 호칭된다.

[99] BC 454년 로마는 아테네로 사절단을 보내 솔론의 법을 연구해 오게 했다는 전설이 있다(Livius, *Ab Urbe condita* 3.31.8).

[100] Lycurgus: 스파르타의 국왕으로 법률을 제정한 것으로 전해온다(Cicero, *De divinatione* 1.43.96). 본서 10.13 참조.

[101] Cf. Cicero, *De legibus* 2.8-10.

[102] 아우구스티누스는 본서에서 자기 논술의 역사적 전거로 자주 인용하는 「로마사」(*Historiae*)의 저자 Sallustius와 Cicero (*De republica*)를 염두에 두고 있다.

고 있음에도 불구하고,[96] 로물루스를 신들보다 훨씬 위에 두었다. 심지어 그에게는 플라멘[97]을 세우기까지 했다. 로마 전례典禮에서 이 종류의 제관은, 그 뾰족모자가 보여주듯이, 탁월한 위치를 점했고, 그들은 세 신령들에게 세워진 세 부류의 플라멘들만 두고 있었다. 즉, 유피테르에게 플라멘 디알리스, 마르스에게 플라멘 마르티알리스, 로물루스에게 플라멘 퀴리날리스를 두고 있었다. 로물루스는 시민들의 환심을 사서 천계에 받아들여진 것처럼 되었고 후대에는 퀴리누스[98]라고 불렸다. 그것 때문에 이 로물루스는 예배에 있어서 유피테르와 형제간인 넵투누스와 플루토보다 존중받았고 심지어 이 신들의 부친인 사투르누스보다도 존중받았다. 그뿐 아니라 제관직으로 말할 것 같으면, 유피테르에게 바치던 것이면 바로 이 로물루스에게도 바쳤고, 마르스에게 바치던 것도 로물루스에게도 바쳤을 것이다. 마르스가 로물루스의 부친으로 여겨진 탓이다.

16. 신들이 조금이라도 정의에 관심이 있었다면, 로마인들은 다른 종족에게서 법률을 빌려올 것이 아니라 신들에게서 생활의 계율을 받아야 했다

만일 로마인들이 삶의 율법을 자기네 신들한테서 받을 수 있었더라면 로마 창건 몇 해 후에 아테네인들로부터 솔론의 법을 빌리지도 않았을 것이다.[99] 물론 그들은 도입한 바를 그대로 보존하려고만 하지 않고 더 개선되고 더 개정된 법률로 만들려고 노력했다. 리쿠르구스[100]는 자기가 아폴로의 권위로 스파르타인들에게 법률을 제정해 주었노라고 꾸며댔지만, 로마인들은 스파르타에서 법률을 받아들인 것이 아니었으므로, 현명하게도 그렇게 믿으려고 하지 않았다. 로물루스의 왕위를 계승한 누마 폼필리우스는 몇몇 법률을 제정했다고 전해오는데 그것은 국가를 통치하기에 결코 충분하지 못했다.[101] 그는 법률 말고 수많은 제례도 제정했지만 그런 법제를 신령들에게서 받았노라고 내세우지는 않았다. 그러니까 정신의 악, 생활의 악, 습속의 악, 로마인들 가운데 가장 박식한 인물들이 주장하듯이[102] 도성들은 서 있으면서도 공화국들을 멸망시키는 이 거창한 악을 두고 그들의 신들은 조금도 관심이 없었다. 자기 숭배자들에게 그런

ment, dii eorum, ne suis cultoribus acciderent, minime curarunt; immo
uero ut augerentur, sicut supra disputatum est, omni modo curarunt.

17. An forte populo Romano propterea leges non sunt a numinibus con-
stitutae, quia, sicut Sallustius ait, «ius bonumque apud eos non legibus
magis quam natura ualebat»? Ex hoc iure ac bono credo raptas Sabinas.
Quid enim iustius et melius quam filias alienas fraude spectaculi inductas
non a parentibus accipi, sed ui, ut quisque poterat, auferri? Nam si inique
facerent Sabini negare postulatas, quanto fuit iniquius rapere non datas!
Iustius autem bellum cum ea gente geri potuit, quae filias suas ad matri-
monium conregionalibus et confinalibus suis negasset petitas, quam cum
ea, quae repetebat ablatas. Illud ergo potius fieret; ibi Mars filium suum
pugnantem iuuaret, ut coniugiorum negatorum armis ulcisceretur iniu-
riam, et eo modo ad feminas, quas uoluerat, perueniret. Aliquo enim for-
tasse iure belli iniuste negatas iuste uictor auferret; nullo autem iure pacis
non datas rapuit et iniustum bellum cum earum parentibus iuste suscen-
sentibus gessit. Hoc sane utilius feliciusque successit, quod, etsi ad me-
moriam fraudis illius circensium spectaculum mansit, facinoris tamen in
illa ciuitate et imperio non placuit exemplum, faciliusque Romani in hoc

---

[103] Sallustius, *De coniuratione Catilinae* 9.1. 로마인들에게 "법도"(ius ac bonum 혹은 aequum ac bo-
num)는 법정의(法正義)를 가리킨다(각주 113 참조).

[104] Cf. Livius, *Ab Urbe condita* 1.9.

[105] quid ... iustius et melius ... : 교부의 반어법(反語法)이다.

[106] ius belli - ius pacis: "전쟁의 법도"는 앞의 각주 7 참조.

[107] iniustum bellum ↔ iustum bellum: 불의한 전쟁은 "적에게 만족할 만한 손해배상을 청구하기 위
해 수행되는 것이 아니거나, 사전 경고나 공식적인 선전포고도 없이 수행되는 경우": Cicero, *De
officiis* 1.11.36.

해악이 닥치지 않게 하는 데 조금도 관심이 없었던 것이다. 오히려 위에서 토론한 바와 같이 그런 악을 증대시키려고 온갖 수작을 다했다.

17. 사비나 여자들의 납치, 그리고 도덕적으로 칭송받던 시대에도 로마 도성에서 저질러진 다른 악행들

로마 백성에게 법률이 신령들한테서 제정되지 않은 것은, 혹시 살루스티우스가 하는 말처럼 "그들에게 있어서 법도는 법률에서 기인한다기보다는 천성에서 기인하여 효력을 발했기" 때문일까?[103] 그럼 사비나 여자들의 납치[104]는 바로 이 법도에 기인한 것이었으리라고 나는 믿는다. 외국인 딸들을 공연의 미끼로 끌어들인 다음에, 부모에게서 인계받는 것이 아니라, 각자가 할 수 있는 대로 완력으로 빼앗아내는 일보다 더 정의롭고 더 훌륭한 것이 무엇이겠는가?[105] 하지만 만일 못된 사비나 사람들이 청혼받은 여자들을 내주기를 거부한 일이 의롭지 못한 일이었다면, 내주지 않은 여자들을 납치하는 것은 훨씬 더 의롭지 못한 일이 아닌가! 자신들과 같은 지방에 살면서 경계를 맞대고 있는 사람들에게 자기네 딸들을, 청혼을 받고서도 내주지 않았다는 이유로 그 부족과 전쟁을 벌이는 편이, 빼앗아간 여자들을 돌려달라고 요구하는 부족에게 못 돌려주겠다고 전쟁을 벌이는 편보다 더 정의로웠으리라! 만일 그런 전쟁이 일어났더라면 차라리 나았으리라. 그렇게 했더라면 마르스는 싸움질하는 자기 아들 로물루스를 도와서, 혼사를 거절한 자들이 로마인들의 명예를 훼손했다는 핑계로 복수를 하게 만들었을 테니까. 그리고 그렇게 해서 자기 아들은 탐나는 여자들을 손아귀에 넣을 수 있었으리라. 그렇게 했더라면 거절당한 여자들을 전쟁의 법도에 따라서 승리자로서 정정당당하게 빼앗아갈 수 있었으리라. 그러나 평화의 법도로는[106] 아내로 내주지 않는다고 해서 여자들을 납치한다는 것은 결코 정당하지 못하며, 따라서 정당하게 분개하는 그 여자들의 부모를 상대로 로물루스는 의롭지 못한 전쟁을 치른 셈이다.[107] 물론 이 사건이 일어난 것은 더없이 유익하고 다행한 일이었으니, 그 속임수를 기념하여 원형경기장의 행사까지 제정되어 존속했지만, 그 범행의 사례가 저 도시에서나 제국에 유쾌하지 못했을 것이기 때문이다. 그런데

errauerunt, ut post illam iniquitatem deum sibi Romulum consecrarent, quam ut in feminis rapiendis factum eius imitandum lege ulla uel more permitterent. Ex hoc iure ac bono post expulsum cum liberis suis regem Tarquinium, cuius filius Lucretiam stupro uiolenter oppresserat, Iunius Brutus consul Lucium Tarquinium Collatinum, maritum eiusdem Lucretiae, collegam suum, bonum atque innocentem uirum, propter nomen et propinquitatem Tarquiniorum coegit magistratu se abdicare nec uiuere in ciuitate permisit. Quod scelus fauente uel patiente populo fecit, a quo populo consulatum idem Collatinus sicut etiam ipse Brutus acceperat. Ex hoc iure ac bono Marcus Camillus, illius temporis uir egregius, qui Veientes, grauissimos hostes populi Romani, post decennale bellum, quo Romanus exercitus totiens male pugnando grauiter adflictus est, iam ipsa Roma de salute dubitante atque trepidante facillime superauit eorumque urbem opulentissimam cepit, inuidia obtrectatorum uirtutis suae et insolentia tribunorum plebis reus factus est tamque ingratam sensit quam liberauerat ciuitatem, ut de sua damnatione certissimus in exilium sponte discederet et decem milia aeris absens etiam damnaretur, mox iterum a Gallis uindex patriae futurus ingratae. Multa commemorare iam piget foeda et iniusta, quibus agitabatur illa ciuitas, cum potentes plebem sibi subdere conarentur plebsque illis subdi recusaret, et utriusque partis defensores magis studiis agerent amore uincendi, quam aequum et bonum quicquam cogitarent.

---

[108] 사비나 여자들의 납치가 합법화되지 않았는데도 그런 범행을 저지른 로물루스를 오히려 신격화하지 않았느냐는 풍자다.

[109] 로마의 법도(ius ac bonum)라는 것이 겨우 이것이냐는 투의 반어법이다. Iunius Brutus, Tarquinius Collatinus는 1.19.1; 3.16; 5.18.1에도 언명된다.

[110] Cf. Livius, *Ab Urbe condita* 1.58; 2.2. 본서 3.16에 다시 거론된다.

[111] Marcus Camillus, Scipio Nasica, Attilius Regulus는 로마의 고전에서도, 아우구스티누스의 저작에서도 로마의 덕성(virtus Romana)을 체현한 위인들로 꼽힌다(1.15.1; 3.20; 5.18.2 참조).

[112] Cf. Livius, *Ab Urbe condita* 5.21, 32, 46, 49. Camillus는 본서 3.17.2; 4.7; 5.18.2에도 등장한다.

[113] aequum et bonum: 앞의 각주 103 참조.

[114] 3.17.2; 5.18.2 참조.

로마인들은 오히려 터무니없이 더욱 그릇된 일을 저지르고 말았다. 그런 악행이 저질러진 다음 로물루스를 오히려 자기네 신으로 신격화했던 것이다! 그를 신격화하려면 무슨 법률이나 관습으로든 로물루스를 본받아 여자들을 납치하도록 허용하는 절차가 있어야 했는데 그런 절차가 일체 없었음에도 말이다.[108] 로마인들이 자랑하는 소위 이 법도에 입각해서, 국왕 타르퀴니우스의 아들이 루크레티아를 폭력으로 겁탈한 사건으로 타르퀴니우스가 자기 자식들과 더불어 추방당하고서, 집정관 유니우스 브루투스가 루크레티아의 남편 루키우스 타르퀴니우스 콜라티누스를, 그러니까 동료 집정관이자 선량하고 무죄한 사람을 타르퀴니우스라는 이름과 타르퀴니우스 가문의 친척이었다는 이유로 관직에서 사임하게 강요했고 로마 도성에서 살지도 못하게 만들었다![109] 그러니 브루투스는 얼마나 못된 죄악을 자행한 것이며, 국민이 묵인하고 동조하는 가운데 그 짓을 한 셈인가! 브루투스 본인처럼 다름아닌 콜라티누스도 바로 그 국민한테서 집정관직을 임명받았으니까 하는 말이다![110] 베이요 사람들은 로마 국민의 막강한 적으로서 그들을 상대로 벌인 십 년간의 전쟁에서 로마군은 그때마다 싸움을 잘못하여 갖가지 시련을 혹독하게 겪었다. 그리하여 로마가 자기 안위마저 의심하게 되었고 무서워 떨게 된 지경에서 마르쿠스 카밀루스는 아주 용이하게 베이요 사람들을 쳐이기고 지극히 부유한 그 도시를 점령했다. 그런데 로마인들이 자랑하는 소위 이런 법도에 입각해서, 당대의 고명한 인물 마르쿠스 카밀루스[111]는 그의 무훈을 깎아내리려는 자들의 시기와 호민관들의 오만불손함으로 인해 죄인으로 고발당하자 자기가 구출한 도성이 얼마나 배은망덕한지를 절감했다! 그리하여 유죄판결을 받으리라는 것이 확실시되자 그는 자진해서 유형을 떠났고 더구나 부재중에 일만 동화銅貨의 벌금형까지 선고받았다. 그러고서도 카밀루스는 오래지 않아 이 배은망덕한 조국을 갈리아인들에게서 구원해 주었다.[112] 나아가 세도가들이 평민을 자기들에게 굴복시키려고 시도할 때, 평민이 그들에게 굴복하기를 거부할 때, 그리고 양편의 수호자들이 모종의 공정公正[113]을 생각하기보다는 승패에 집착해서 행동할 때, 온 도성을 뒤흔들었던 치사하고 불의한 무수한 사건들을 상기하는 일은 벌써 짜증이 난다.[114]

18. Itaque habebo modum et ipsum Sallustium testem potius adhibebo, qui cum in laude Romanorum dixisset, unde nobis iste sermo ortus est: «Ius bonumque apud eos non legibus magis quam natura ualebat,» prae- dicans illud tempus, quo expulsis regibus incredibiliter ciuitas breui aetatis spatio plurimum creuit, idem tamen in primo historiae suae libro atque ipso eius exordio fatetur etiam tunc, cum ad consules a regibus esset translata res publica, post paruum interuallum iniurias ualidiorum et ob eas discessionem plebis a patribus aliasque in Vrbe dissensiones fuisse. Nam cum optimis moribus et maxima concordia populum Romanum inter secundum et postremum bellum Carthaginiense commemorasset egisse causamque huius boni non amorem iustitiae, sed stante Carthagine metum pacis infidae fuisse dixisset (unde et Nasica ille ad reprimendam nequi- tiam seruandosque istos mores optimos, ut metu uitia cohiberentur, Car- thaginem nolebat euerti): continuo subiecit idem Sallustius et ait: «At discordia et auaritia atque ambitio et cetera secundis rebus oriri sueta mala post Carthaginis excidium maxime aucta sunt,» ut intellegeremus etiam antea et oriri solere et augeri. Vnde subnectens cur hoc dixerit: «Nam iniuriae, inquit, ualidiorum et ob eas discessio plebis a patribus aliaeque dissensiones domi fuere iam inde a principio, neque amplius quam regibus exactis, dum metus a Tarquinio et bellum graue cum Etruria positum est, aequo et modesto iure agitatum.» Vides quem ad modum etiam illo tempore breui, ut regibus exactis, id est eiectis, aliquantum

---

[115] Sallustius, *De coniuratione Catilinae* 9.1.

[116] Cf. Sallustius, *Historiae* 1. fr.13.

[117] Scipio Nasica: 1.30 참조.

[118] Sallustius, *Historiae* 1. fr.11.

[119] Sallustius, *Historiae* 1. fr.11.

18. 살루스티우스의 역사는 로마인들의 습속을 두고, 외적에 대한 공포로 기강이 잡힌 반면에 안보가 확립되면 기강이 해이해졌다고 평한다

18. 1. 살루스티우스는 카르타고 멸망 이후의 역사에 대한 증인이다

그래서 나는 한계를 설정하겠고 살루스티우스를 증인으로 삼겠다. 그가 로마인들을 칭송하는 말에서 "그들에게 있어서 법도는 법률에서 기인한다기보다는 천성에서 기인하여 효력을 발했다"[115]는 저 말이 나왔다. 그는 국왕들이 추방당한 뒤에 도성이 짧은 기간에 믿어지지 않을 만큼 융성하던 시대를 예찬한다. 그런데 그는 자기 역사서의 첫 권에서, 즉 서문에 해당하는 대목에서 다음과 같이 공언하고 있다.[116] 국왕들로부터 집정관들에게 공화국이 넘어가자마자, 짧은 시간 간격을 두고 곧장 도성에서는 세도가들이 부정과 불의가 판치고 그런 불의 때문에 평민이 귀족들에게서 분열되고 다른 충돌들이 있었다는 것이다. 그리고 제이차 카르타고 전쟁과 마지막 카르타고 전쟁 사이에 로마 국민이 최선의 풍속과 최대의 화합을 이루어 살았다는 사실을 상기시키면서, 그런 선善의 원인은 정의에 대한 사랑이 아니라 카르타고가 존속하는 한 평화가 안전하지 못하다는 두려움이었다고 단언했다(바로 그래서 저 나시카[117]는 악을 억제하고 저런 최선의 풍속을 보전하기 위해서라면, 두려움으로 악덕을 제어해야 한다는 뜻에서, 카르타고가 멸망하기를 바라지 않았던 것이다). 바로 뒤이어 살루스티우스는 이런 말도 한다: "그렇지만 카르타고의 패망 이후에 불화와 탐욕과 야심, 그리고 순경順境중에 발생하기 십상인 해악들이 엄청나게 증대되었다".[118] 그러니까 저런 해악들이 이전에도 예사로 발생하고 확대되었음을 이해하고 남겠다. 또 자기가 왜 그런 생각을 하게 되었는지를 이렇게 말한다: "왜냐하면 내부에서 세도가들의 부정과 불의, 그런 불의 때문에 평민이 귀족들에게서 분열되고 다른 충돌들이 판치던 일은 초창기부터 있었다. 다만 단지 국왕들이 제거되고 난 뒤, 그리고 타르퀴니우스로부터 오는 위협과 에트루리아와의 힘겨운 전쟁이 지속하는 동안에만 공정하고 온건한 법도에 의거하여 움직였던 것이다."[119] 이 말로 미루어 어떻게 하다 국왕들이 제거되고 나서, 다시 말해 국왕들이 추방된 이후의 그 짧은 시기에만 로마인들이 어느 정도 공정하고 온건한 법도에 따라

aequo et modesto iure ageretur, metum dixit fuisse causam, quoniam
metuebatur bellum, quod rex Tarquinius regno atque Vrbe pulsus Etruscis
sociatus contra Romanos gerebat. Adtende itaque quid deinde contexat:
«Dein, inquit, seruili imperio patres plebem exercere, de uita atque tergo
regio more consulere, agro pellere et ceteris expertibus soli in imperio
agere. Quibus saeuitiis et maxime faenore oppressa plebes cum assiduis
bellis tributum et militiam simul toleraret, armata montem sacrum atque
Auentinum insedit, tumque tribunos plebis et alia iura sibi parauit. Dis-
cordiarum et certaminis utrimque finis fuit secundum bellum Punicum.»
Cernis ex quo tempore, id est paruo interuallo post reges exactos, quales
Romani fuerint, de quibus ait: «Ius bonumque apud eos non legibus magis
quam natura ualebat.»

Porro si illa tempora talia reperiuntur, quibus pulcherrima atque optima
fuisse praedicatur Romana res publica, quid iam de consequenti aetate
dicendum aut cogitandum arbitramur, cum «paulatim mutata, ut eiusdem
historici uerbis utar, ex pulcherrima atque optima pessima ac flagitiosissi-
ma facta est,» post Carthaginis uidelicet, ut commemorauit, excidium?
Quae tempora ipse Sallustius quem ad modum breuiter recolat et descri-
bat, in eius historia legi potest; quantis malis morum, quae secundis rebus
exorta sunt, usque ad bella ciuilia demonstret esse peruentum. «Ex quo
tempore, ut ait, maiorum mores non paulatim ut antea, sed torrentis modo
praecipitati, adeo iuuentus luxu atque auaritia corrupta, ut merito dicatur
genitos esse, qui neque ipsi habere possent res familiares neque alios
pati.» Dicit deinde plura Sallustius de Sullae uitiis ceteraque foeditate rei

---

[120] 3.16 참조.

[121] mons Sacer atque Aventinus: "성산(聖山)과 아벤티누스 언덕"이라고 번역할 수도 있다. 이 지역
은 지금도 Monte Sacro라고 불린다.

[122] Sallustius, *Historiae* 1. fr.11.

[123] Sallustius, *De coniuratione Catilinae* 5.9.

[124] Sallustius, *Historiae* 1. fr.16.

서 움직였음을 알 수 있다. 그는 두려움이 그 원인이었다고 한다. 왕권과 도성을 빼앗기고 추방당한 타르퀴니우스 왕이 에트루스키인들과 동맹하여 로마인들을 상대로 벌인 전쟁을 두려워했기 때문이라는 말이다.[120] 그가 뭐라고 덧붙여 말하는지 유념하시라! "그런 뒤에 귀족들은 평민에게 노예를 대하듯 통치권을 휘둘렀고 그야말로 왕정과 똑같은 방식으로 평민의 생명과 노동을 수탈하고 전답을 빼앗아가며, 모든 사람들을 배제한 채 자신들만 통치권을 행사했다. 평민은 가혹한 탄압과 막중한 과세에 억눌렸고, 끊임없는 전쟁에 부역하고 군복무를 감당해야 했다. 이에 견디다 못해 평민은 무장을 하고서 성산聖山과 아벤티누스 산[121]에서 버텼고 그제야 호민관과 다른 권리들을 확보했다. 평민과 귀족 간의 불화와 씨움은 이차 포에니 전쟁에서야 끝을 보았다".[122] 그러니 그대는 알 것이다, 어느 때부터, 그러니까 국왕들이 제거되고 나서 약간의 간격이 있은 다음부터 로마인들이 도대체 어떤 인간이었던가! "그들에게 있어서 법도는 법률에서 기인한다기보다는 천성에서 기인하여 효력을 발했다"는 말을 듣는 로마인들이 도대체 어떤 인간들이었는지 알 것이다!

18.2. 풍속이 타락해 있었다

로마 공화국이 도덕적으로 가장 아름답고 가장 훌륭했다고 칭송받는 바로 그 시대로 거슬러올라간다면 그 이후의 시대에 관해 도대체 우리가 무슨 말을 하고 무슨 생각을 하게 될까? 같은 역사가의 말을 빌리자면, 그가 환기시키는 바와 같이 카르타고의 멸망 이후에 "공화국은 지극히 아름답고 지극히 훌륭한 국가에서 점차 변하더니 지극히 사악하고 지극히 추한 국가가 되었다".[123] 그 시대를 살루스티우스 본인이 어떻게 간추리고 묘사하는지 그의 「역사」에서 읽어볼 수 있다. 그는 평화 시절에 발생한 나쁜 풍속이 얼마나 심하게 번졌으며 그것이 시민전쟁까지 도달했음을 입증해 보이고 있다. 그가 하는 말대로 "그때부터 조상들의 습속은 전처럼 서서히 타락한 것이 아니라 여울처럼 급속하게 추락했다. 청년들이 향락과 물욕으로 하도 부패하여 스스로 재산을 소유할 능력도 없고 남들이 소유하는 것도 견디지 못하는 자들이 태어났다는 말이 나올 정도였다".[124] 이어서 살루스티우스는 술라의 악덕과 공화국의 여타 추태를 두고

publicae, et alii scriptores in haec consentiunt, quamuis eloquio multum impari.

Cernis tamen, ut opinor, et quisquis aduerterit, facillime perspicit, conluuie morum pessimorum quo illa ciuitas prolapsa fuerit ante nostri superni regis aduentum. Haec enim gesta sunt non solum antequam Christus in carne praesens docere coepisset, uerum etiam antequam de uirgine natus esset. Cum igitur tot et tanta mala temporum illorum uel tolerabiliora superius, uel post euersam Carthaginem intoleranda et horrenda diis suis inputare non audeant, opiniones humanis mentibus, unde talia uitia siluescerent, astutia maligna inserentibus: cur mala praesentia Christo inputant, qui doctrina saluberrima et falsos ac fallaces deos coli uetat et istas hominum noxias flagitiosasque cupiditates diuina auctoritate detestans atque condemnans his malis tabescenti ac labenti mundo ubique familiam suam sensim subtrahit, qua condat aeternam et non plausu uanitatis, sed iudicio ueritatis gloriosissimam ciuitatem?

19. Ecce Romana res publica (quod non ego primus dico, sed auctores eorum, unde haec mercede didicimus, tanto ante dixerunt ante Christi aduentum) «paulatim mutata ex pulcherrima atque optima pessima ac flagitiosissima facta est.» Ecce ante Christi aduentum, post deletam Carthagi-

---

[125] 세력팽창의 절정에 달한 전형적 정치판도는 한 세력이 권력과 재력을 독점하고 나머지는 모두 소외되는 불공정을 초래하여 내란을 일으킨다.

[126] 번역본에 따라 3절이 세분되지 않는 경우도 있다(Alici, Combès).

[127] 본서에서 "거짓" 신들을 지칭할 때 falsi ac fallaces를 중복으로 구사한다(앞의 각주 11 참조).

[128] non *plausu vanitatis,* sed *iudicio veritatis:* 각운법을 구사하여 두 도성을 정의하고 있다. "지극히 영화로운 도성"(gloriosissima civitas)은 1.서언과 20.9.3에도 나온다.

[129] unde haec mercede didicimus: 공부만 하고 월사금을 떼먹던 도회지 악동들(iuventus luxu atque avaritia corrupta)의 이야기를 연상시킨다(*Confessiones* 5.12.22 참조).

많은 이야기를 하며, 다른 저술가들도 언변은 훨씬 못 미치지만 같은 내용에 대해 똑같은 느낌을 보여주고 있다.[125]

18.3.[126] 삶을 영위하는 대의명분이 없었다

내 생각에, 지극히 사악한 풍속의 오물로 인해 저 도시가 타락한 것은 우리네 천상 임금이 내림하기 이전이었음을 그대는 당장 감지할 것이고, 누구든지 조금만 유의한다면 아주 쉽게 이 사실을 간파할 것이다. 그러니까 이런 일들이 저질러진 것은 그리스도가 육신으로 현존하면서 가르침을 내리기 시작하기 전이었을 뿐 아니라, 동정녀에게서 탄생하기도 전이었다. 저 시대에 닥친 그 많고 그 혹심한 해악들을 이전에는 사람들이 견딜 만했는데, 카르타고가 함락한 이후에는 도지히 건디기 어렵고 가공할 만하다고 여겼는지는 모르겠지만, 이전에는 사람들이 그런 해악들을 감히 자기네 신들의 탓으로 돌리려고 하지 않았다. 그때는 그 신들이 악의적 술책으로 인간 정신에 온갖 삿된 사상을 주입시키던 때였고, 바로 거기에서 갖가지 악덕들이 난무했건만 그들은 그것을 신들의 탓으로 돌리지 않았다. 그런데 어째서 현재에 겪는 해악만은 굳이 그리스도의 탓으로 돌리는가? 그는 구원에 참으로 유익한 가르침을 내려서, 거짓되고 기만하는[127] 신들을 섬기지 말라고 금하며, 신적 권위를 띠고서 해롭고도 추잡한 인간 욕망들을 멀리하게 해 주며, 이런 악 때문에 쇠약하고 부패해 가는 세계를 단죄하는 분이다. 그는 당신의 가족을 이 세계로부터 점차적으로 분리해 내고, 그 가족으로 영원한 도성을 건설하는데, 허영의 갈채가 아니라 진리의 판단에 입각하여 지극히 영화로운 도성을 건설한다.[128]

19. 그리스도가 제신숭배를 폐지하기 전 로마 공화국의 부패

보라, 이렇게 해서 로마 공화국이 "지극히 아름답고 지극히 훌륭한 국가에서 점차 변하더니 지극히 사악하고 지극히 추한 국가가 되었다!"(이것은 내가 처음으로 하는 말이 아니고 로마인들의 저술가들이 한 말이고 그것도 그리스도의 내림來臨보다 훨씬 이전에 한 말이다. 우리는 학비를 내고서[129] 이 모든 것을 배웠다.) 보라, 그리스도의 강림 이전에, 그리고 카르타고의 멸망 이후에 "조상

nem «maiorum mores non paulatim, ut antea, sed torrentis modo praecipi-
tati, adeo iuuentus luxu atque auaritia corrupta est.» Legant nobis contra
luxum et auaritiam praecepta deorum suorum populo Romano data; cui
utinam tantum casta et modesta reticerent, ac non etiam ab illo probrosa et
ignominiosa deposcerent, quibus per falsam diuinitatem perniciosam con-
ciliarent auctoritatem. Legant nostra et per prophetas et per sanctum euan-
gelium, et per apostolicos actus et per epistulas tam multa contra auari-
tiam atque luxuriam ubique populis ad hoc congregatis quam excellenter,
quam diuine non tamquam ex philosophorum concertationibus strepere,
sed tamquam ex oraculis et Dei nubibus intonare. Et tamen luxu atque
auaritia saeuisque ac turpibus moribus ante aduentum Christi rem publi-
cam pessimam ac flagitiosissimam factam non inputant diis suis; adflic-
tionem uero eius, quamcumque isto tempore superbia deliciaeque eorum
perpessae fuerint, religioni increpitant Christianae. Cuius praecepta de
iustis probisque moribus si simul audirent atque curarent reges terrae et
omnes populi, principes et omnes iudices terrae, iuuenes et uirgines,
seniores cum iunioribus, aetas omnis capax et uterque sexus, et quos
baptista Iohannes adloquitur, exactores ipsi atque milites: et terras uitae
praesentis ornaret sua felicitate res publica, et uitae aeternae culmen bea-
tissime regnatura conscenderet. Sed quia iste audit, ille contemnit, plures-
que uitiis male blandientibus quam utili uirtutum asperitati sunt amicio-
res: tolerare Christi famuli iubentur, siue sint reges siue principes siue
iudices, siue milites siue prouinciales, siue diuites siue pauperes, siue
liberi siue serui, utriuslibet sexus, etiam pessimam, si ita necesse est, fla-

---

[130] Sallustius, *Historiae* 1. fr.16.

[131] Prophetae et sanctum Evangelium, apostolici Actus et Epistulae: 당대 신구약 성서를 통칭하던 용어다.

[132] ex Dei nubibus: 구름을 신의 현존과 결부시키는 것은 신구약 성서에 익숙한 상징이다.

[133] 시편 148,11-13 참조: "세상 임금들과 모든 민족들, 고관들과 세상의 모든 판관들아, 총각들과 처녀들도, 노인들과 아이들도 함께 주님의 이름을 찬양하라."

[134] 루가 3,12-14 참조.

[135] terras vitae praesentis ornaret sua felicitate res publica: 그리스도교의 윤리도덕이 비현실적이어서 국가의 복지와 안녕에 방해되는 공적(公敵: publicus inimicus)이라는 당대인들의 공격에 대한 답변이기도 하다. Cf. *Epistulae* 138.2.15; 138.5.17.

들의 습속은 전처럼 서서히 타락한 것이 아니라 여울처럼 급속하게 추락했다. 청년들이 쾌락과 물욕으로 부패했다".[130] 젊은이들의 향락과 물욕에 관해 과연 그들의 신들이 로마 백성에게 무슨 계율이라도 내렸다면 우리에게 그런 글을 읽어 달라! 그 신들이 로마 백성에게 순결하고 절조있는 행실에 관해 아무 말도 안 했다는 사실로만 그쳤어도 차라리 나았을 것이다. 추잡하고 혐오스런 짓들을 요구하기까지 하거나, 거짓된 신성을 내세워서 그런 짓에다 해로운 권위까지 보태주지 않았더라면 좋았을 것이다. 그러고서 우리네 계율, 예언자들을 통해서와 거룩한 복음을 통해서, 사도행전을 통해서와 그 많은 서간들을 통해서[131] 내린 계율, 어디서든지 이 목적으로 모인 사람들에게 내린 쾌락과 물욕에 관한 계율들을 읽어보리! 얼마나 탁월하고 얼마나 신성한지, 철학자들의 시시비비처럼 소란스럽지 않고 오히려 신탁처럼 하느님의 구름에서 울려오는 것임을 알게 되리라.[132] 여하튼 그리스도의 내림 이전에 있었던 향락과 물욕, 잔혹하고 추한 습속에 의해 지극히 사악하고 추루하기 이를 데 없는 공화국이 되어버린 일을 두고 로마인들은 자기네 신들을 탓하지 않는다. 그러나 유독 지금의 시대에 이르러서만, 자기네 오만과 타락 때문에 당할 만한 환난이었음에도 그것을 두고는 그리스도교를 비난하고 있는 것이다. 지상의 국왕들과 모든 백성들, 지상의 군주들과 모든 판관들, 청년들과 처녀들, 늙은이들과 젊은이들, 이성을 쓸 줄 아는 모든 연령과 남녀 양성兩性,[133] 심지어 세례자 요한이 말을 건넨 적 있는 세리들과 군인들까지도[134] 그리스도교의 정의롭고 건실한 습속에 관해 일단 듣고 따른다고 하자. 그렇게만 된다면 공화국은 현생의 땅을 나름의 행복으로 꾸며갈 것이고, 영생의 절정을 향해 오르면서 극진한 행복이 가득한 통치가 이루어질 것이다.[135] 하지만 이 사람은 귀담아듣고 저 사람은 비웃어 넘긴다. 많은 사람이 못되게 아부하는 악덕과는 친구가 되려는 데 반해, 덕성은 쓰라리지만 유익한데도 친해지기 싫어한다. 그리스도의 종들은 공화국이 도덕적으로 아무리 사악하고 추하더라도 필요하다면, 그 공화국에 인종하라는 명령을 받고 있다. 국왕이든 제후든 판관이든, 군사든 속주민이든, 부자든 가난한 사람이든, 자유민이든 노예든, 남자든 여자든 그처럼 의무를 다함으로써, 천사들

gitiosissimamque rem publicam et in illa angelorum quadam sanctissima atque augustissima curia caelestique re publica, ubi Dei uoluntas lex est, clarissimum sibi locum etiam ista tolerantia comparare.

20. Verum tales cultores et dilectores deorum istorum, quorum etiam imitatores in sceleribus et flagitiis se esse laetantur, nullo modo curant pessimam ac flagitiosissimam non esse rem publicam. «Tantum stet, inquiunt, tantum floreat copiis referta, uictoriis gloriosa, uel, quod est felicius, pace secura sit. Et quid ad nos? Immo id ad nos magis pertinet, si diuitias quisque augeat semper, quae cotidianis effusionibus suppetant, per quas sibi etiam infirmiores subdat quisque potentior. Obsequantur diuitibus pauperes causa saturitatis atque ut eorum patrociniis quieta inertia perfruantur, diuites pauperibus ad clientelas et ad ministerium sui fastus abutantur. Populi plaudant non consultoribus utilitatum suarum, sed largitoribus uoluptatum. Non dura iubeantur, non prohibeantur inpura. Reges non curent quam bonis, sed quam subditis regnent. Prouinciae regibus non tamquam rectoribus morum, sed tamquam rerum dominatoribus et deliciarum suarum prouisoribus seruiant, eosque non sinceriter honorent, sed nequiter ac seruiliter timeant. Quid alienae uineae potius quam quid suae uitae quisque noceat, legibus aduertatur. Nullus ducatur ad iudicem, nisi qui alienae rei domui saluti uel cuiquam inuito fuerit inportunus aut noxius; ceterum de suis uel cum suis uel cum quibusque

---

[136] *tolerare* ... etiam pessimam flagitiosissimam rem publicam et in illa ... clarissimum sibi locum ... *comparare*: 그리스도인이 국민된 의무를 다함은 천상 조국에 들어가는 조건이라는 것이 호교론자들의 명분이다.

[137] 교부는 날카로운 풍자로 직접화법을 써서 로마제국 말기(civitas terrena), 향락과 소비로 얼룩진 유물론적 사회상을 묘사하고 있다. 5.24와 대조해 볼 만하다.

로 이루어진 참으로 거룩하고 지극히 존귀한 사회에서, 천상 공화국에서 각자에게 드높은 자리를 마련하라는 명령을 받고 있다.[136] 거기서는 하느님의 뜻이 곧 법으로 통한다.

20. 그리스도교 시대를 비난하는 사람들은 과연 어떤 행복을 누리고 싶어하고 어떤 습속으로 살고 싶어하는 것일까

저런 신들을 숭배하고 애호하는 사람들, 죄악과 추행을 저지르면서도 그것으로 신들을 본받는다며 좋아하는 사람들은 공화국이 지극히 사악하고 추악하게 되더라도 전혀 개의치 않는다. 그들의 말투는 이렇다:[137] "국가가 존립하기만 한다면, 부富를 세공하면서 융성하기만 한다면, 승리를 거두어 영광을 떨치고, 더욱더 다행스럽게도 평화롭게 영화를 누릴 수 있다면 그것으로 족하다. 또 국가가 도덕적으로 타락하더라도 우리에게 무슨 상관이란 말인가? 각자가 늘상 재산을 늘려가는 일, 날마다 아무리 낭비하더라도 꼬박 다시 채워지는 재산, 그 재산으로 누구나 강자라면 약자들을 자기한테 굴복시킬 수 있으면 그것이 우리한테는 훨씬 더 중요하다. 가난뱅이들은 허기를 메우려면 부자들에게 머리를 조아리도록 하라. 아무것도 말고 편하게 부자들의 보호를 누리도록 하라. 부자들은 가난뱅이들을 이용해서 식솔食率들을 거느리고 자기를 떠받들게 하고서 의기양양하라. 백성은 자기들의 이익을 보살펴주는 사람들을 칭송할 것이 아니라 쾌락을 베풀어주는 사람들을 칭송하라." "힘든 일은 명령하지 말고, 불순하다고 금지하지 말라. 국왕들은 자신이 얼마나 선량한 사람들을 보살피는지 마음쓰지 말고 얼마나 왕좌에 잘 복종하는 사람들을 통치하고 있는가에만 마음을 쓰도록 하라. 속주들은 군주들을 섬기되 풍습을 바로잡는 사람으로 여기지 말고 행정을 주관하고 자기네 쾌락을 마련해주는 사람으로 여기라. 속주민들이 당당하게 통치자들을 공경하게 할 것이 아니라 불쌍하게 노예처럼 두려워하게 하라. 본인의 의사에 반해 타인의 재물과 가옥과 신체를 해치거나 불편하게 만든 사람이 아니면 아무도 법정으로 끌고 오지 말라. 그밖에 자기 소유에 관해서는, 친족들과 더불어, 혹은 뜻이 같은 타인들과 더불어 합법적 범위 내에서

uolentibus faciat quisque quod libet. Abundent publica scorta uel propter omnes, quibus frui placuerit, uel propter eos maxime, qui habere priuata non possunt. Exstruantur amplissimae atque ornatissimae domus, opipara conuiuia frequententur, ubi cuique libuerit et potuerit, diu noctuque ludatur bibatur, uomatur diffluatur. Saltationes undique concrepent, theatra inhonestae laetitiae uocibus atque omni genere siue crudelissimae siue turpissimae uoluptatis exaestuent. Ille sit publicus inimicus, cui haec felicitas displicet; quisquis eam mutare uel auferre temptauerit, eum libera multitudo auertat ab auribus, euertat a sedibus, auferat a uiuentibus. Illi habeantur dii ueri, qui hanc adipiscendam populis procurauerint adeptamque seruauerint. Colantur ut uoluerint, ludos exposcant quales uoluerint, quos cum suis uel de suis possint habere cultoribus: tantum efficiant, ut tali felicitati nihil ab hoste, nihil a peste, nihil ab ulla clade timeatur.» Quis hanc rem publicam sanus, non dicam Romano imperio, sed domui Sardanapali comparauerit? Qui quondam rex ita fuit uoluptatibus deditus, ut in sepulcro suo scribi fecerit ea sola se habere mortuum, quae libido eius, etiam cum uiueret, hauriendo consumpserat. Quem regem si isti haberent sibi in talibus indulgentem nec in eis cuiquam ulla seueritate aduersantem, huic libentius quam Romani ueteres Romulo templum et flaminem consecrarent.

각자가 제멋대로 하게 하라. 공창公娼은 충분히 확보하라, 창녀들과 즐기고 싶은 모든 사람을 위하여, 특히 자기 여자를 따로 둘 능력이 없는 사람들을 위하여!" "광대하고 화려하게 치장된 저택들을 건설하여 빈번하게 성대한 잔치를 베풀 것이며, 거기서는 자격있고 능력있는 사람이면 누구나 밤낮으로 놀고 마시고 토하고 흐느적거리게 하라. 어디서나 춤추는 소리가 들리게 하고, 극장들이 열리어 음탕한 희열에 잠긴 음성과 온갖 종류의 잔학무도한 쾌락과 추잡한 쾌락들이 난무하게 하라. 이런 행복을 마음에 들어 하지 않는 사람은 공적公敵으로 삼으라. 누구든지 이런 행복을 바꾸거나 없애려고 시도한다면, 자유를 사랑하는 대중은 그런 자의 말에 귀를 막을 것이고 자리에서 끌어내리고 산 사람들로부터 제기해 버릴 것이다. 백성들로 하여금 이런 행복이 이루어질 수 있도록 보살펴줄 사람들과 그렇게 이룬 행복을 보전해줄 사람들은 진짜 신으로 여겨지리라. 그런 신들은 원대로 숭배를 받아야 한다. 내키는 대로 축제를 요구할 것이다. 그들은 자기 숭배자들과 더불어 혹은 자기 숭배자들의 경비로 그 축제를 손에 넣을 수 있어야 한다. 다만 그런 행복에 있어 신들이 적군을 전혀 두려워할 필요가 없고, 역병을 전혀 두려워할 필요가 없으며, 재앙도 전혀 두려워할 필요가 없도록 해주어야 한다." 건전한 인간치고 누가 이런 공화국을 (차마 로마제국이라고는 않겠다) 사르다나팔루스[138]의 집안에 견주지 않겠는가? 그 임금은 한때 오죽이나 향락에 탐닉했으면 자기 무덤에는 "죽은 자가 소유한 것이라곤 그의 정념이 살아 생전에 실컷 누린 것뿐이었노라"[139]라는 말만을 새기게 했다. 만일 그를 임금으로 모셨더라면, 자기들에게 일체의 향락을 허용하고 누구도 그런 향락을 못 누리게 간섭하지 않을 그를 임금으로 모셨더라면, 사람들은 고대 로마인들이 로물루스에게 신전과 플라멘을 봉헌한 일보다 훨씬 흔쾌하게 그에게 신전과 플라멘을 봉헌하고 남았으리라.

---

[138] Sardanapalus: BC 7세기 아시리아 최후의 임금으로 그의 전설적 치부와 향락은 대대로 입에 올랐다. Cf. Cicero, *Tusculanae disputationes* 5.35.101: *De finibus bonorum et malorum* 2.32.106.

[139] *Anthologia Palatina* (7.325)에 실려 있고 키케로(*Tusculanae disputationes* 5.35.101)가 번역해서 전수해주는 묘비명이다.

21. Sed si contemnitur qui Romanam rem publicam pessimam ac flagitio-
sissimam dixit, nec curant isti quanta morum pessimorum ac flagitiosorum
labe ac dedecore impleatur, sed tantummodo ut consistat et maneat: audiant
eam non, ut Sallustius narrat, pessimam ac flagitiosissimam factam, sed,
sicut Cicero disputat, iam tunc prorsus perisse et nullam omnino remansisse
rem publicam. Inducit enim Scipionem, eum ipsum qui Carthaginem ex-
tinxerat, de re publica disputantem, quando praesentiebatur ea corruptione,
quam describit Sallustius, iam iamque peritura. Eo quippe tempore disputa-
tur, quo iam unus Gracchorum occisus fuit, a quo scribit seditiones graues
coepisse Sallustius. Nam mortis eius fit in eisdem libris commemoratio.
Cum autem Scipio in secundi libri fine dixisset, «ut in fidibus aut tibiis
atque cantu ipso ac uocibus concentus est quidam tenendus ex distinctis
sonis, quem inmutatum aut discrepantem aures eruditae ferre non possunt,
isque concentus ex dissimillimarum uocum moderatione concors tamen
efficitur et congruens: sic ex summis et infimis et mediis interiectis ordini-
bus, ut sonis, moderata ratione ciuitatem consensu dissimillimorum conci-
nere, et quae harmonia a musicis dicitur in cantu, eam esse in ciuitate con-
cordiam, artissimum atque optimum omni in re publica uinculum incolumi-
tatis, eamque sine iustitia nullo pacto esse posse,» ac deinde cum aliquanto
latius et uberius disseruisset, quantum prodesset iustitia ciuitati quantumque
obesset, si afuisset, suscepit deinde Philus, unus eorum qui disputationi ade-
rant, et poposcit, ut haec ipsa quaestio diligentius tractaretur ac de iustitia

---

[140] 농지법을 개혁하려다가 BC 133년에 스키피오 나시카와 원로원들에게 피살당한 Tiberius Grac-
chus.

[141] Cf. Sallustius, *Historiae* 1. fr.16.

[142] Cicero, *De republica* 2.42.69.

[143] 2.9 참조. 아우구스티누스의 인용으로만 전수되는 부분이어서 이 대목은 현존하는 텍스트에는
찾아볼 수 없다.

[144] Philus L. Furius: BC 136년 집정관.

제2부 (21-29)
공화국의 정의에 이바지한 바 없는 다신숭배

21. 로마 공화국에 관한 키케로의 견해는 어떠했는가

21.1. 키케로의 증언에도 로마 공화국은 정의사회가 아니었다

로마 공화국이 극히 사악하고 추한 국가였다고 일컫는 사람을 누가 만일 업신여기다면, 그런 사람들은 공화국이 얼마나 사악하고 추한 습속의 부패와 수치로 가득한가에는 관심이 없고 그저 존립하고 존속하는 데만 관심을 갖는 것이다. 그런 사람들은 살루스티우스가 서술하는 것처럼 극히 사악하고 극히 추해졌다고 할 것이 아니라, 키케로기 지탄하듯이 그렇게 된 공화국이라면 그때 이미 망한 것이며 아예 존재하지도 않았다는 말을 들어야 할 것이다. 키케로는 카르타고를 멸망시킨 스키피오를 등장시켜 공화국에 관해 바로 그가 발언하게 만드는데, 그는 살루스티우스가 묘사하는 그런 부패로 공화국이 언젠가는 기어이 멸망하리라고 예감하고 있었다. 스키피오의 이 발언은 그라쿠스 형제 중의 하나[140]가 살해당한 시점에 나온 발언이며, 살루스티우스는 그 시점부터 심각한 폭동이 시작되었다고 기록하고 있다.[141] 그의 죽음이 키케로의 책에 기억되고 있다. 제2권 말미에서 스키피오는 이렇게 발언한다: "현악기든 관악기든 노래나 성악이든 서로 다른 소리들 사이에는 모종의 화음이 유지되어야 한다. 그 화음이 변화를 보이지 않거나 깨지게 되면 음악에 식견있는 귀가 견디지 못한다. 그런데 이 화음은 서로 같지 않은 음색들의 조율로 화합하고 합치한다. 소리와 마찬가지로 사회의 상부, 하부 및 중간에 놓인 계층들이 의견 조율의 과정을 거치면서 서로 극히 다른 사람들의 합의로 국가는 통합된다. 음악가들이 노래에서 화음이라고 하는 것이 국가에서는 화합이다. 이것이 모든 공화국에서 안녕의 가장 건실하고 가장 훌륭한 연결 고리이며, 또한 이것은 정의 없이는 절대로 존재할 수 없다".[142] 그리고 이어서 그는 정의가 국가에 얼마나 요긴하며, 정의가 없을 적에 얼마나 해로운지를 폭넓게 풍부히 논한다.[143] 그다음에는 토론에 참가한 사람들 가운데 하나인 필루스[144]가 발언하여 바로 이 문제를 더 철저히 다루자고, 또 대

plura dicerentur, propter illud, quod iam uulgo ferebatur rem publicam regi sine iniuria non posse. Hanc proinde quaestionem discutiendam et enodandam esse adsensus est Scipio responditque nihil esse, quod adhuc de re publica dictum putaret, quo possent longius progredi, nisi esset confirmatum non modo falsum esse illud, sine iniuria non posse, sed hoc uerissimum esse, sine summa iustitia rem publicam regi non posse. Cuius quaestionis explicatio cum in diem consequentem dilata esset, in tertio libro magna conflictione res acta est. Suscepit enim Philus ipse disputationem eorum, qui sentirent sine iniustitia geri non posse rem publicam, purgans praecipue, ne hoc ipse sentire crederetur, egitque sedulo pro iniustitia contra iustitiam, ut hanc esse utilem rei publicae, illam uero inutilem, ueri similibus rationibus et exemplis uelut conaretur ostendere. Tum Laelius rogantibus omnibus iustitiam defendere adgressus est adseruitque, quantum potuit, nihil tam inimicum quam iniustitiam ciuitati nec omnino nisi magna iustitia geri aut stare posse rem publicam.

Qua quaestione, quantum satis uisum est, pertractata Scipio ad intermissa reuertitur recolitque suam atque commendat breuem rei publicae definitionem, qua dixerat eam esse rem populi. Populum autem non omnem coetum multitudinis, sed coetum iuris consensu et utilitatis communione sociatum esse determinat. Docet deinde quanta sit in disputando definitionis utilitas, atque ex illis suis definitionibus colligit tunc esse rem publicam, id est rem populi, cum bene ac iuste geritur siue ab uno rege siue a paucis optimatibus siue ab uniuerso populo. Cum uero iniustus est

---

[145] Cicero, *De republica* 2.43.70 - 44.71.

[146] 키케로의 언질 (*De republica* 3.5.8-9)에 의하면 카르네아데스의 입장으로 알려졌다.

[147] Gaius Laelius (BC 140년 집정관) : Scipio Aemilianus Africanus minor와의 우정으로 유명하다 (Cicero, *De amicitia* 4.14).

[148] 철학자들 (Plato, *Respublica*; Clitophon, *Leges*; Aristoteles, *Ethica Nichomachea* V)과 문인들 (Aeschylus, *Prometheus vinctus* 936; Euripides, *Medea* 150 이하; *Heraclidae* 941; Catullus, *Carmen* 64.395, 66.71)의 지대한 관심사로 본서에서 자주 다룬다 (5.14, 24; 19.21, 27). 키케로 (*De republica* 2.44.70)는 정치적 정의가 국가의 기강과 문명의 확립에는 물론 시민의 도덕에도 결정적이라는 결론을 내린다.

[149] res publica est res populi. Cicero, *De republica* 1.25.39. 우리가 "왕정" 혹은 "왕권" (regnum)과 대조하는 "공화국" (res publica)은 로마인들에게 "사유물" (res privata)과 대조되는 공유물을 의미했다. 영어본 (Dyson)은 res publica를 commonwealth, res populi는 property of a people이라고 번역했다.

[150] populus est coetus iuris consensu et utilitatis communione sociatus: *De republica* 1.25.39.

[151] res publica는 어원상으로도 populus → poplicus → publicus로 유래했다.

[152] tyrannus: 로마인들은 국가 비상시 집정관 한 사람에게 전권을 주는 dictator (독재자)와 구분했다.

중은 불의 없이는 공화국이 통치될 수 없다고 하므로 정의에 관해 더 많은 이야 기를 하자고 제안한다. 그리하여 이 문제를 토론하고 분석하는 데 전적으로 동 의하면서 스키피오는 이렇게 대답한다: "여태까지 공화국에 관해 토의했던 것이 무엇이든, 공화국이 불의 없이 존속할 수 없다는 명제가 허위임이 확정되어야 할 뿐 아니라, 공화국이 최고의 정의 없이는 통치될 수 없다는 명제가 진리임이 확립되지 않고서는 어떤 토의도 진전시킬 수 없다".[145] 그 문제에 관한 설명은 이튿날로 미루어졌고, 제3권에서는 대대적 논쟁 속에 토론이 전개된다. 필루스 가 공화국은 불의 없이는 통솔될 수 없다고 생각하는 사람들의 입장을 취했 다.[146] 물론 자기가 그렇게 생각하는 것은 아님을 거듭 밝히면서도, 그는 정의에 맞시시 불의를 옹호하여 철저히 논리를 개진했다. 불의는 공화국에 이익을 끼치 는 반면에 정의는 공화국에 무익하다는 사실을 그럴듯한 명분과 실례를 들어서 입증하려고 애쓴다. 그러자 라일리우스[147]가 좌중의 부탁을 받고서 나서서 정의 를 옹호하며, 불의만큼 국가에 상치되는 것이 없으며 공화국은 지대한 정의로만 운용되고 존립할 수 있음을, 할 수 있는 데까지 역설했다.[148]

21.2. 공공 사물과 국민의 사물

이 문제가 충분하다고 보일 만큼 다루어지고 나자 스키피오가 중단되었던 논제 로 돌아가서 공화국에 대해 자기가 내렸던 간략한 정의를 상기시켜 제시한다. 그 정의에 의하면 공공 사물은 국민의 사물이다.[149] 그리고 국민이란 대중의 아 무 연합이나 일컫는 것이 아니고 법정의法正義에 대한 동의와 이익의 공유에 의 해 결속된 연합이라고 규정한다.[150] 이어서 그는 토론에서 이런 정의定義의 유용 성이 얼마나 큰지를 가르친다. 그러고는 그런 정의들로부터, 국왕 한 사람에 의해서든 귀족들에 의해서든 국민 전체에 의해서든 법이 선하고 정의롭게 운용 될 적에만, 공화국 곧 국민의 사물이 존립한다는 결론을 끌어낸다.[151] 왜냐하면 국왕이 의롭지 못할 적에 그리스식으로 폭군이라고 불렸으며,[152] 귀족들이 의롭 지 못하면 파당이라고 불렸고, 국민 자체가 의롭지 못하면 거기에 적용할 용어 는 발견 못했지만 그것도 폭군이라고 부를 만하다는 것이었다. 그 전날 토론하 던 대로 공화국이 단순히 흠이 있는 무엇이 아니고, 공공 사물, 곧 공화국이

rex, quem tyrannum more Graeco appellauit, aut iniusti optimates, quorum consensum dixit esse factionem, aut iniustus ipse populus, cui nomen
usitatum non repperit, nisi ut etiam ipsum tyrannum uocaret: non iam
uitiosam, sicut pridie fuerat disputatum, sed, sicut ratio ex illis definitionibus conexa docuisset, omnino nullam esse rem publicam, quoniam non
esset res populi, cum tyrannus eam factioue capesseret, nec ipse populus
iam populus esset, si esset iniustus, quoniam non esset multitudo iuris
consensu et utilitatis communione sociata, sicut populus fuerat definitus.

Quando ergo res publica Romana talis erat, qualem illam describit
Sallustius, non iam pessima ac flagitiosissima, sicut ipse ait, sed omnino
nulla erat secundum istam rationem, quam disputatio de re publica inter
magnos eius tum principes habita patefecit. Sicut etiam ipse Tullius non
Scipionis nec cuiusquam alterius, sed suo sermone loquens in principio
quinti libri commemorato prius Enni poetae uersu, quo dixerat:

Moribus antiquis res stat Romana uirisque.

«Quem quidem ille uersum, inquit, uel breuitate uel ueritate tamquam ex
oraculo quodam mihi esse effatus uidetur. Nam neque uiri, nisi ita morata
ciuitas fuisset, neque mores, nisi hi uiri praefuissent, aut fundare aut tam
diu tenere potuissent tantam et tam uaste lateque imperantem rem publicam. Itaque ante nostram memoriam et mos ipse patrius praestantes uiros
adhibebat, et ueterem morem ac maiorum instituta retinebant excellentes
uiri. Nostra uero aetas cum rem publicam sicut picturam accepisset egregiam, sed euanescentem uetustate, non modo eam coloribus isdem quibus
fuerat renouare neglexit, sed ne id quidem curauit, ut formam saltem eius
et extrema tamquam liniamenta seruaret. Quid enim manet ex antiquis
moribus, quibus ille dixit rem stare Romanam, quos ita obliuione obsoletos uidemus, ut non modo non colantur, sed iam ignorentur? Nam de uiris

---

[153] Cf. Cicero, *De republica* 3.37.50. 키케로가 스키피오의 입을 빌려 발표하는 내용은 플라톤(*Respublica* 544b - 545c; *Politicus* 291d - 292a; *Leges* 680 - 683)과 아리스토텔레스(*Politica* 1279a-b)에게서 확립된 것이다.

[154] Ennius, *Annales* fr.284.

아예 존재하지 않는다는 것이다. 저런 정의들과 결부되어 나오는 이치가 그렇다고 가르친다. 폭군이 그것을 장악하거나 파당이 그것을 장악했다면 국민의 사물이 아닌 이상, 공공 사물은 존재하지 않는다. 국민도 만약 의롭지 못하다면 이미 국민이 아니니, 앞에서 국민을 정의했듯이, 더는 법정의에 대한 동의와 이익의 공유에 의해 결속된 연합이 아닌 까닭이다. [153]

21.3. 조상들의 풍속

그러므로 로마 공화국이 살루스티우스가 묘사하는 그런 국가였을 적에는 그가 말하는 대로 이미 극히 사악하고 극히 추한 국가라기보다는, 아예 공화국이 아니었다. 당대의 위대한 명사들 사이에서 공화국에 관해 이루어진 토론에서 분명하게 밝혀졌듯이, 서런 명분에서 본다면 로마는 아예 공화국이 아니었다. 이것은 툴리우스 본인이, 이번에는 스키피오나 어떤 타인의 발언을 빌려 하는 말이 아니고 제5권 서두에서 자기 발언으로 하는 말 그대로다. 그는 먼저 시인 엔니우스의 다음과 같은 글귀로 이야기를 시작한다:

상고上古의 습속과 인물들에 힘입어 로마 국가는 서 있느니 ⋯. [154]

"이 구절의 간결함과 진리에 비추어볼 적에 내게는 저 시인이 이 구절을 발설한 것은 마치 신탁처럼 보인다. 왜냐하면 만일 기강이 바로잡힌 국가가 아니었더라면 이런 인물들도, 또 이런 인물들이 영도하지 않았더라면 습속도, 저처럼 훌륭하게 저처럼 방대하게 영향력을 행사하는 공화국을 세우거나 존속시키지 못했으리라. 그러니까 우리가 역사적으로 기억하기 이전에, 선조들의 습속이 탁월한 인물들을 장악하고 있었고, 또한 상고의 습속과 조상들의 제도를 훌륭한 인물들이 보존했던 것이다. 그런데 우리 시대는 공화국을 마치 걸작의 그림처럼 물려받았지만 이미 오래되어 퇴색하는 그림이었는데, 그런데도 본래 있었던 색깔로 복원하려는 노력도 등한했을 뿐 아니라, 적어도 본래의 형체나 마지막 윤곽이나마 보존하려는 관심조차 없었던 것이다." "저 엔니우스가 로마 공화국에 힘입어 존립한다고 말하던 상고의 습속 가운데 과연 무엇이 남아있는가? 우리가 보기에 저 습속들이 망각 속으로 빠져들어가 버려 더는 숭상받지 못할뿐더러 숫제 무시당하고 있다. 그렇다면 인물들에 관해서는 무엇이라고 할

quid dicam? Mores enim ipsi interierunt uirorum penuria, cuius tanti mali non modo reddenda ratio nobis, sed etiam tamquam reis capitis quodam modo dicenda causa est. Nostris enim uitiis, non casu aliquo, rem publicam uerbo retinemus, re ipsa uero iam pridem amisimus.»

Haec Cicero fatebatur, longe quidem post mortem Africani, quem in suis libris fecit de re publica disputare, adhuc tamen ante aduentum Christi; quae si diffamata et praeualescente religione Christiana sentirentur atque dicerentur, quis non istorum ea Christianis inputanda esse censeret? Quam ob rem cur non curarunt dii eorum, ne tunc periret atque amitteretur illa res publica, quam Cicero longe, antequam Christus in carne uenisset, tam lugubriter deplorat amissam? Viderint laudatores eius etiam illis antiquis uiris et moribus qualis fuerit, utrum in ea uiguerit uera iustitia an forte nec tunc fuerit uiua moribus, sed picta coloribus; quod et ipse Cicero nesciens, cum eam praeferret, expressit. Sed alias, si Deus uoluerit, hoc uidebimus. Enitar enim suo loco, ut ostendam secundum definitiones ipsius Ciceronis, quibus quid sit res publica et quid sit populus loquente Scipione breuiter posuit (adtestantibus etiam multis siue ipsius siue eorum quos loqui fecit in eadem disputatione sententiis), numquam illam fuisse rem publicam, quia numquam in ea fuerit uera iustitia. Secundum probabiliores autem definitiones pro suo modo quodam res publica

---

[155] Cicero, *De republica* 5.1.1-2.

[156] Scipio Aemilianus가 죽은 것은 BC 129년이고, 키케로가 이 책을 집필한 것은 BC 54~52년경이었다.

[157] 19.21, 24 참조.

[158] *numquam* illam fuisse *rem publicam*, quia *numquam* in ea fuerit *uera iustitia*: "정의 없는 국가는 대규모 강도떼" (remota iustitia quid sunt regna nisi magna latrocinia? 4.4) 라는 원칙에 입각한, 로마 역사에 대한 교부의 판단이다.

까? 습속은 기실 인물들의 빈곤으로 말미암아 사라졌다. 인물난의 이 엄청난 해악과 그 사정을 우리는 단지 염두에 두는 데서 그칠 것이 아니라 어느 모로 극형에 해당하는 범죄처럼 심각하게 대처해야 할 것이다. 우리 악덕들로 인해, 우리가 말로는 공화국을 보존하고 있지만 실제로는 이미 오래 전에 공화국을 영영 상실하고 말았으며 그것도 우연히 그렇게 된 것이 아니다."[155]

21.4. 그 탓이 그리스도의 이름에 돌아가서는 안 된다

키케로는 스키피오 아프리카누스를 자기 책에 등장시켜서 공화국에 관해 논의하게 만들었는데, 방금 한 말은 아프리카누스의 사후 오랜 세월이 지나서 키케로가 한 말이고[156] 그리스도의 내림 훨씬 이전에 한 말이다. 만에 하나라도 그리스도교기 널리 퍼지고 융성하던 무렵에 이런 말들이 들렸고 발설되었다면, 저 사람들 가운데서 그 탓을 그리스도인들에게 돌려야 한다고 생각지 않을 사람이 누구였겠는가? 무엇 때문에 저들의 신들은 저 공화국이 그때 망하고 소멸하지 않도록 보살피지 않았단 말인가? 그리스도가 육신으로 오기 훨씬 전에 키케로는 그 공화국이 벌써 멸망해 버렸노라고 애통해 마지않고 탄식했는데 말이다. 그 공화국을 칭송하는 자들은 저 상고의 인물들에게서나 상고의 습속에서 그 공화국이 과연 얼마나 건재했는지 살펴보아야 할 것이다. 그 공화국에서 참다운 정의가 구속력을 갖고 있었는지, 그렇지 않으면 정의가 습속에 살아있던 것이 아니고 어디까지나 채색으로 그려진 그림에 불과했는지 살펴보아야 할 것이다. 이 점은 본인도 모른 사이에 키케로가 공화국을 격찬하는 말 속에 언명한 바이기도 하다. 하느님이 원하신다면, 이 점은 우리가 다른 데서 살펴보기로 한다.[157] 그 자리에서 나는 키케로 본인이 내린 정의에 입각해서 참된 공화국이 과연 존재한 적이 있는지 보여주도록 노력하겠다. 키케로가 스키피오의 발언을 통해 공화국이 무엇이며 국민이 무엇인지 간략하게 제시한 바에 의하면 (바로 그 토론에서 키케로 본인의 생각이나 그가 등장시켜 발언을 하게 만든 여러 인물들의 생각을 통해 증언하거니와), 그런 공화국은 일찍이 한번도 존재한 적이 없다. 그곳에 한번도 참다운 정의正義가 존재한 적이 없기 때문이다.[158] 물론 그 나름대로의 개연적 정의定義에 입각해서 본다면 공화국은 존재했고, 그

fuit, et melius ab antiquioribus Romanis quam a posterioribus administrata est; uera autem iustitia non est nisi in ea re publica, cuius conditor rectorque Christus est, si et ipsam rem publicam placet dicere, quoniam eam rem populi esse negare non possumus. Si autem hoc nomen, quod alibi aliterque uulgatum est, ab usu nostrae locutionis est forte remotius, in ea certe ciuitate est uera iustitia, de qua scriptura sancta dicit: *Gloriosa dicta sunt de te, ciuitas Dei.*

22. Sed quod pertinet ad praesentem quaestionem, quamlibet laudabilem dicant istam fuisse uel esse rem publicam, secundum eorum auctores doctissimos iam longe ante Christi aduentum pessima ac flagitiosissima facta erat; immo uero nulla erat atque omnino perierat perditissimis moribus. Vt ergo non periret, dii custodes eius populo cultori suo dare praecipue uitae ac morum praecepta debuerunt, a quo tot templis, tot sacerdotibus et sacrificiorum generibus, tam multiplicibus uariisque sacris, tot festis sollemnitatibus, tot tantorumque ludorum celebritatibus colebantur; ubi nihil daemones nisi negotium suum egerunt, non curantes quem ad modum illi uiuerent, immo curantes ut etiam perdite uiuerent, dum tamen honori suo illa omnia metu subditi ministrarent. Aut si dederunt, proferatur ostendatur legatur, quas deorum leges illi ciuitati datas contempserint Gracchi, ut seditionibus cuncta turbarent, quas Marius et Cinna et Carbo,

---

[159] *vera iustitia* non est nisi in ea re publica, cuius *conditor rectorque Christus* est: 그가 지상국의 역사적 지평을 넘어 신국을 내다보는 명분이 여기 있다.

[160] 신앙인들의 의식 속에서 "하느님의 나라"(regnum Dei)는 라틴어 그대로 "왕국"(王國)이다.

[161] 라틴어 populus는 일정 지역의 "백성"(populus, gens, natio, tribus), 스키피오가 정의하는 "국민", 지배층이 못 되는 "서민"(plebs) 등 의미가 다양했다.

[162] 시편 86[87],3.

[163] 아우구스티누스는 그라쿠스 형제를 비롯한 평민파(populares)의 개혁운동을 귀족파(optimates) 사가(예: Livius, *Periochae* 58.60)들의 입장에서 보고 있다(본서 3.24-25 참조).

공화국은 후대인들보다 선대의 로마인들에 의해 더 잘 통솔되었다. 그렇지만 그리스도가 창건자이며 통치자인 그런 공화국에서가 아니면 참된 정의는 존재하지 않는다.[159] 이것은 그리스도가 지배하는 그 정체政體를 공화국이라고 말하는 것이 타당할 경우에 하는 말인데,[160] 거기서도 공공의 사물이 국민의 사물임을 부정할 수는 없는 까닭이다. 국민이라는 이 용어가 각기 다른 장소에서 각기 달리 널리 쓰인 것이라서[161] 우리의 용례에는 상당히 거리가 있을지 모르지만 성서에서 "너를 두고 영광스러운 일들이 일컬어지는도다, 하느님의 도성아!"[162]라고 하는 저 도시국가에는 분명히 참된 정의가 존재한다.

22. 로마 신들은 공화국이 익습으로 피멸하지 않게 만드는 데 관심도 없었다

22.1. 도덕의 타락에 관한 신들의 무관심

그러나 현안 문제를 두고 말하거니와 저 공화국이 얼마나 칭송할 만한 국가였는지 모르고 지금도 그런 국가인지는 모르지만, 지극히 박식한 로마인 학자들의 말에 따르면 저 공화국은 그리스도의 내림 훨씬 전에 극히 사악하고 극히 추한 공화국이 되어 있었다. 아니 불성실한 습속으로 말미암아 아예 공화국도 아니었고 따라서 이미 멸망하고 없었다. 그러니 공화국이 멸망하지 않도록 공화국의 신들은 자기네를 숭배하는 백성에게 무엇보다도 생활과 습속에 관한 계율을 내렸어야 했다. 그 많은 신전들에서, 그 많은 제관들로부터, 그 숱한 종류의 희생제사들을 통해서, 그토록 다채롭고도 다양한 의례로, 그 많은 장엄 축제로, 그 수많은 경기 거행으로 숭배를 받던 만큼 그런 계율을 내렸어야 마땅했다. 그런데도 정령들은 자기 일 말고는 아무것도 하지 않았고, 숭배자들이 어떻게 살아야 하는지는 관심이 없었다. 오히려 사람들이 살다가 망하게 하는 데에만, 즉 자기들한테 공경을 바치면서 두려움에 쫓겨 자신들을 숭배하고 저 모든 행사를 치르게 하는 데만 관심이 있었던 것이다. 만약에 그들이 계율을 내린 바 있다면 우리에게 알리고 제시하고 읽어 달라. 그런데도 그라쿠스 형제가 국가에 부여되었다는 신들의 그 율법을 묵살하고서 소요를 일으켜 모든 것을 혼란에 빠뜨렸다는 말을 하는가?[163] 마리우스와 킨나와 카르보가 그 율법을

ut in bella etiam progrederentur ciuilia causis iniquissimis suscepta et
crudeliter gesta crudeliusque finita, quas denique Sulla ipse, cuius uitam
mores facta describente Sallustio aliisque scriptoribus historiae quis non
exhorreat? Quis illam rem publicam non tunc perisse fateatur?

An forte propter huiusce modi ciuium mores Vergilianam illam senten-
tiam, sicut solent, pro defensione deorum suorum opponere audebunt:

> Discessere omnes adytis arisque relictis
> Di, quibus imperium hoc steterat?

Primum si ita est, non habent cur querantur de religione Christiana, quod
hac offensi eos dii sui deseruerint, quoniam quidem maiores eorum iam
pridem moribus suis ab Vrbis altaribus tam multos ac minutos deos tam-
quam muscas abegerunt. Sed tamen haec numinum turba ubi erat, cum
longe antequam mores corrumperentur antiqui a Gallis Roma capta et in-
censa est? An praesentes forte dormiebant? Tunc enim tota Vrbe in hos-
tium potestatem redacta solus collis Capitolinus remanserat, qui etiam
ipse caperetur, nisi saltem anseres diis dormientibus uigilarent. Vnde
paene in superstitionem Aegyptiorum bestias auesque colentium Roma
deciderat, cum anseri sollemnia celebrabant. Verum de his aduenticiis et
corporis potius quam animi malis, quae uel ab hostibus uel alia clade
accidunt, nondum interim disputo: nunc ago de labe morum, quibus pri-

---

[164] 내란중 평민파 거두들로서 Gaius Marius (BC 157~86)는 외적들을 물리치고 8차에 걸쳐 집정관을
지냈다. Lucius Cornelius Cinna는 마리우스를 계승하여 (85~84년 집정관) 원로원의 세력을 축소시키
다 자기 군인들의 손에 죽는다 (84년). Gnaeus Papirius Carbo는 85~82년 집정관으로서 술라에게 패배
하고 아프리카에서 폼페이우스의 손에 죽는다.

[165] Lucius Sulla (BC 138~78): 로마 귀족당을 편들어 내란중에 폼페이우스와 손잡고 평민파들을 유
례없이 학살했으며, 입법과 정체에 관한 전권독재자 (dictator legibus scribendis et republicae consti-
tuendae) 가 되어 오로지 귀족당만을 위하는 국가체제를 확립했다.

[166] 예: Cicero, De finibus bonorum et malorum 3.22.75: "술라는 세 가지 악덕의 주인이었으니 야망
과 탐욕과 잔인이 그것이었다."

[167] Vergilius, Aeneis 2.351-352.

[168] maiores ... ac minutos deos tamquam muscas abegerunt: 다신교에 한껏 조롱을 보내는 문구다.

[169] numinum turba: 본서에서 turba deorum, turba daemonum과 함께 경멸조로 자주 사용하는 언표
다: 1.4; 4.8, 11, 16, 20, 21, 23, 34; 6.1; 7.3, 4, 24 (Iuvenalis, Satirae 13.46에서 비롯하는 표현이다).

[170] Cf. Livius, Ab Urbe condita 5.41, 47. 플루타르쿠스 시대에도 거위는 근사한 연좌에 모셔가고, 국
가적 위기에 짖지도 못했다고 해서 개 한 마리를 십자가에 못박아 끌고가는 행렬이 있었다고 전한다
(Plutarchus, De fortuna Romana 12).

[171] 이집트의 영향으로 로마에서도 짐승의 형상을 한 신들이 숭배받았다. Cf. Iuvenalis, Satirae 15;
Cicero, Tusculanae disputationes 5.9.27.

묵살하여 몹시 악랄한 이유로 시민전쟁을 발발시키고 잔인하게 수행하고 더욱 잔학하게 종식시켰다는 말인가?[164] 마지막으로는 술라가 그 율법을 묵살했기에,[165] 살루스티우스와 다른 역사가들이 기술하듯이, 그자의 생애와 행동과 행적을 혐오하지 않는 자가 아무도 없었다는 말인가?[166] 그렇다면 저 공화국이 그 때에 이미 망했다고 말하지 않을 사람이 누구겠는가?

22.2. 신들은 로마를 보살피지 않았다

하지만 사람들은 늘 하듯이 자기네 신들을 옹호한답시고 베르길리우스의 다음 구절을 꼽아가면서 신들이 공화국을 버린 것은 시민들의 다음과 같은 습속 때문이었다고 감히 말하려는 것은 아닐까:

> 사당과 제단을 버리고서 모든 신들이
>
> 떠나버렸도다, 덕택에 이 제국이 서 있었거늘.[167]

우선, 만일 사실이 저렇다면 그들은 그리스도교에 시비를 걸 명목이 없다. 왜냐하면 그들의 조상들이 자기들의 타락한 습속으로 그 많고도 올망졸망한 신들을 로마 도성의 제단으로부터 파리떼 쫓듯 쫓아버렸기 때문에,[168] 그 일로 자기네 신들이 그들을 버리고 떠난 까닭이다. 하지만 이 신령들의 패거리[169]는 상고 시대의 습속이 타락해 가기 훨씬 전 로마가 갈리아인들에게 점령당하고 불탈 적에 도대체 어디 있었는가? 거기 있으면서도 잠자고 있었다는 말인가? 그 당시 도성 전체가 적군들의 세력하에 놓였고 카피톨리움 언덕만이 남았는데 신들은 잠들어 있었으니까 거위들마저 깨어있지 않았더라면 그곳까지 점령당할 뻔했다. 그래서 거위들에게 성대한 의식을 치러 주었다니까[170] 로마가 짐승과 날짐승들을 숭배하는 이집트인들의 미신에 떨어진 꼴이었다.[171] 그렇지만 당분간 나는 적군들이나 다른 재앙으로부터 닥쳐오는 이 해악, 이 우발적 해악, 정신의 악이라기보다는 육신의 악이라고 할 이 해악들을 거론할 생각이 없다. 나는 지금 습속의 부패에 관해 논하는 중이다. 그 습속이 당초에는 서서히 퇴색하더니 나중에는 여울처럼 추락하여, 성벽과 지붕만 앙상하게 남은 채, 공화국의 그 처절한 파멸이 되고 말았다. 그들의 위대한 학자들마저 공화국은 이미 그때에 멸망했다고 단언하기를 주저하지 않는다. 만약 국가가 선한 삶과 정의를 가

mum paulatim decoloratis, deinde torrentis modo praecipitatis tanta quamuis integris tectis moenibusque facta est ruina rei publicae, ut magni auctores eorum eam tunc amissam non dubitent dicere. Recte autem abscesserant, ut amitteretur, omnes adytis arisque relictis di, si eorum de bona uita atque iustitia ciuitas praecepta contempserat. Nunc uero quales, quaeso, dii fuerunt, si noluerunt cum populo cultore suo uiuere, quem male uiuentem non docuerant bene uiuere?

23. Quid quod etiam uidentur eorum adfuisse cupiditatibus implendis, et ostenduntur non praefuisse refrenandis, qui enim Marium nouum hominem et ignobilem, cruentissimum auctorem bellorum ciuilium atque gestorem, ut septiens consul fieret adiuuerunt atque ut in septimo suo consulatu moreretur, senex ne in manus Sullae futuri mox uictoris inrueret. Si enim ad haec eum dii eorum non iuuerunt, non parum est quod fatentur etiam non propitiis diis suis posse accidere homini istam temporalem, quam nimis diligunt, tantam felicitatem et posse homines, sicut fuit Marius, salute uiribus, opibus honoribus, dignitate longaeuitate cumulari et perfrui diis iratis; posse etiam homines, sicut fuit Regulus, captiuitate seruitute inopia, uigiliis doloribus excruciari et emori diis amicis. Quod si ita esse concedunt, compendio nihil eos prodesse et coli superfluo confitentur. Nam si uirtutibus animi et probitati uitae, cuius praemia post mortem speranda sunt, magis contraria ut populus disceret institerunt; si nihil etiam in his transeuntibus et temporalibus bonis uel eis quos oderunt nocent, uel eis quos diligunt prosunt, ut quid coluntur, ut quid tanto studio

---

[172] novus homo: 귀족 계급(nobilitas)에 처음 도달하여 원로원 의원(senatores minores)이나 집정관에 오른 인물. 후손은 그 이상의 관직에 오를 수 있었다.

[173] Cf, Livius, *Periochae* 2.67-68.

[174] et perfrui diis iratis: cf. Iuvenalis, *Satirae* 1.49-50. 그러나 유베날리스는 이 시구로 Marius Priscus (AD 98년 무렵)의 행적을 비난한 것이지 Marius Caius를 욕한 것은 아니었다.

[175] 평민파를 두둔하는 사가들은 아우구스티누스가 한 것보다도 마리우스에게 관대한 평가를 내리고 제3의 건국자로까지 칭송한다. Cf. Appianus, *De bello civili* 1.71-74; Plutarchus, *Vitae parallelae. Marius* 42 - 43.

[176] Marcus Attilius Regulus의 행적은 1.15.1; 3.20; 5.18.2에서도 칭송받는다.

르친 신들의 계율을 경멸했다면야 "사당과 제단을 버리고서 모든 신들이" 떠나버린 것은 옳았으리라. 하지만 내 묻거니와, 악하게 사는 백성을 선하게 살라고 가르치지도 않았으면서도, 자기네를 섬기는 백성과 더불어 살기가 싫다고 떠나버린 신들이 도대체 무슨 신이란 말인가?

23. 현세사의 변전은 정령들의 호의나 징벌이 아니라 참된 하느님의 판단에 달려 있다

23. 1. 인간 행위에 관한 신들의 무능력

결국 신들이 자기네 욕망을 채우는 자리에는 임석했던 것으로 보이고 욕정을 제이히는 데는 앞장서지 않았던 것으로 보이는데 이는 어떻게 할 것인가? 예를 들어 신들이 신인新人[172]으로서 미천한 가문 출신 마리우스, 피에 주린, 내란의 발발자요 수행자인 그가 무려 일곱 차례나 집정관이 되게 도와주었고 일곱 번째 집정관직에서 죽게 만듦으로써 늙어서 미구에 승자로 등장할 술라의 손에 떨어지지 않게 도운 것은 어떻게 할 것인가?[173] 만일 신들이 이런 일에 그를 도운 것이 아니었다고 한다면, 자기네 신들의 총애가 없이도 인간이 간절하게 소망하는 현세적 성공과 크나큰 행복이 인간에게 닥칠 수 있다고 말하는 셈인데 이것은 작은 문제가 아니다. 신들이 진노하는데도[174] 마리우스처럼 건강, 근력, 재산, 영예, 관직, 장수長壽를 쌓고 누릴 수 있다고 말하는 셈이다.[175] 그 대신 신들이 호의를 보이는데도 레굴루스처럼 포로 신세, 노예 처지, 궁핍, 철야, 고통으로 시달리고 죽어갈 수 있다고 말하는 셈이다. 그들이 만약 이 점을 수긍하게 된다면, 그들은 신들을 섬기고도 아무런 보상을 받아내지 못하면서 부질없이 신들을 숭배하노라고 자백하는 셈이다.[176] 정신의 덕성과 정직한 삶에 대한 보상은 사후에 희망을 두어야겠지만, 만일 신들이 이런 것에 정반대되는 것을 백성이 배우도록 가르쳤다고 하자. 덧없는 현세적 선익을 두고도 신들이 자기네가 증오하는 자들에게 아무런 해를 끼치지 못하고 자기네가 사랑하는 자들에게 아무런 혜택도 주지 못한다고 하자. 그렇다면, 도대체 무엇 때문에 신들을 섬기며, 정성껏 섬기려는 노력이 무엇 때문에 필요하다는 말인가? 무엇

colendi requiruntur? Cur laboriosis tristibusque temporibus, tamquam offensi abscesserint, murmuratur et propter eos Christiana religio conuiciis indignissimis laeditur? Si autem habent in his rebus uel beneficii uel maleficii potestatem, cur in eis adfuerunt pessimo uiro Mario, et optimo Regulo defuerunt? An ex hoc ipsi intelleguntur iniustissimi et pessimi? Quod si propterea magis timendi et colendi putantur: neque hoc putentur; neque enim minus eos inuenitur Regulus coluisse quam Marius. Nec ideo uita pessima eligenda uideatur, quia magis Mario quam Regulo dii fauisse existimantur. Metellus enim Romanorum laudatissimus, qui habuit quinque filios consulares, etiam rerum temporalium felix fuit, et Catilina pessimus oppressus inopia et in bello sui sceleris prostratus infelix, et uerissima atque certissima felicitate praepollent boni Deum colentes, a quo solo conferri potest.

Illa igitur res publica malis moribus cum periret, nihil dii eorum pro dirigendis uel pro corrigendis egerunt moribus, ne periret; immo deprauandis et corrumpendis addiderunt moribus, ut periret. Nec se bonos fingant, quod uelut offensi ciuium iniquitate discesserint. Prorsus ibi erant; produntur, conuincuntur; nec subuenire praecipiendo nec latere tacendo potuerunt. Omitto quod Marius a miserantibus Minturnensibus Maricae deae in luco eius commendatus est, ut ei omnia prosperaret, et ex summa desperatione reuersus incolumis in Vrbem duxit crudelem crudelis exercitum; ubi quam cruenta, quam inciuilis hostilique inmanior eius

---

[177] Metellus Macedonicus(BC 143년 집정관). 처음에는 그라쿠스 농지개혁에 동조했다. 실제로는 네 아들을 남겼다.

[178] Lucius Sergius Catilina: 술라의 휘하에서 집정관직을 얻으려다 실패하여 쿠데타를 도모했으나 키케로에게 발각되어 일당과 함께 몰살당함. Cf. Cicero, *Orationes in Catilinam;* Sallustius, *De coniuratione Catilinae.*

[179] Cf. Livius, *Ab Urbe condita* 17.27.2. Marica는 이탈리아 토속신으로 파우누스의 아내요 라티누스의 모친에 해당한다. 민투르누스에는 여신의 성림(聖林)이 있었으며 마리우스는 술라의 쿠데타로 한 때 이곳에 피신했다.

때문에 힘겹고 참담한 시대를 당하면 마치 신들이 상심하여 떠나가 버린 것처럼 투덜거리며, 무엇 때문에 신들을 핑계로 그리스도교가 참으로 부당한 비방을 받으면서 시달려야 하는가? 이런 사정을 두고 만일 신들이 호의를 베푸는 능력이나 손해를 끼치는 능력을 지녔더라면, 현세적 사정을 두고 어째서 아주 못된 인물 마리우스에게는 가호를 베풀었고 아주 선한 인물 레굴루스는 저버렸는가? 혹시 이런 사실로 미루어보더라도 그 신들이 지극히 불의하고 지극히 악한 존재라고 인식되지 않는가? 아마도 지극히 불의하고 악한 존재라는 그 점 때문에 더욱 두려워하고 숭배해야 할 것으로 여겨지는 듯하다. 왜 그런가 하면 레굴루스도 마리우스 못지않게 신들을 섬긴 것으로 나타나기 때문이다. 그렇다고 신들이 레굴루스보다 마리우스에게 더 호의를 베푼 것처럼 여겨진다고 해서 아주 사악한 삶을 택해야 하는 것으로 보아서는 안 된다. 왜냐하면 메텔루스는 로마인들 가운데 극진한 칭송을 받는 인물로서 집정관에 오른 아들을 다섯이나 두었고 현세 재화에 있어서도 행복한 사람이었음에 비해서,[177] 극악한 카틸리나는 빈곤에 시달렸고 자기 죄상으로 발발한 전쟁에서 불행하게 쓰러졌기 때문이다.[178] 하느님을 섬기는 선인들은 지극히 참답고 지극히 확고한 행복을 누리며 빼어나게 드러날 것이지만 이런 행복은 저 하느님만 베풀 수 있다.

23.2. 현세 영달도 정령들이 아니라 하느님께 달려 있다

그러므로 저 공화국이 악한 습속으로 망해 갈 적에 그들의 신들은 공화국이 망하지 않도록 습속을 지도하는 일이나 습속을 바로잡는 일에 아무 손을 쓰지 않았다. 그렇다고 자기들이 선한 존재인 양 가장하고서 시민들의 악행에 상심해서 도성을 떠나버리는 시늉도 하지도 않았다. 그 자리에 마냥 버티고 있었다. 그들의 정체가 고스란히 드러나고 폭로된다. 급히 달려와 돕는 능력도 없고 입다물고 숨을 능력도 없었다. 민투르누스인들은 마리우스를 동정하여 숲터에 있는 마리카 여신에게 마리우스를 의탁하여 모든 행운을 받게 했는데,[179] 극도로 절망적인 처지에서 아무 해도 입지 않고 돌아오자마자 잔학한 인물답게 잔학한 군대를 로마 도성으로 몰고간 일은 언급하지 않겠다. 그곳에서 그가 거둔 승리가 얼마나 많은 유혈을 자아냈고 얼마나 야만적이었으며 외적들의 것보다 훨씬 잔학했

uictoria fuerit, eos qui scripserunt legant qui uolunt. Sed hoc, ut dixi, omitto, nec Maricae nescio cui tribuo Marii sanguineam felicitatem, sed occultae potius prouidentiae Dei ad istorum ora claudenda eosque ab errore liberandos, qui non studiis agunt, sed haec prudenter aduertunt, quia, etsi aliquid in his rebus daemones possunt, tantum possunt, quantum secreto omnipotentis arbitrio permittuntur, ne magnipendamus terrenam felicitatem, quae sicut Mario malis etiam plerumque conceditur, nec eam rursus quasi malam arbitremur, cum ea multos etiam pios ac bonos unius ueri Dei cultores inuitis daemonibus praepolluisse uideamus, nec eosdem inmundissimos spiritus uel propter haec ipsa bona malaue terrena propitiandos aut timendos existimemus, quia, sicut ipsi mali homines in terra, sic etiam illi non omnia quae uolunt facere possunt, nisi quantum illius ordinatione sinitur, cuius plene iudicia nemo conprehendit, iuste nemo reprehendit.

24. Sulla certe ipse, cuius tempora talia fuerunt, ut superiora, quorum uindex esse uidebatur, illorum comparatione quaererentur, cum primum ad Vrbem contra Marium castra mouisset, adeo laeta exta immolanti fuisse scribit Liuius, ut custodiri se Postumius haruspex uoluerit capitis supplicium subiturus, nisi ea, quae in animo Sulla haberet, diis iuuantibus impleuisset. Ecce non discesserant adytis atque aris relictis di, quando de

---

[180] *quantum* secreto omnipotentis arbitrio *permittuntur*: 그리스도교는 악령들(그들도 하느님의 피조물이다)의 활동과 그 능력을 이렇게 규정한다.

[181] 앞의 *quantum* secreto omnipotenetis arbitrio *permittuntur*라는 구절과 이 *nisi* quantum illius ordinatione *sinitur*라는 구절은 악령들이 하느님의 권하에서 하느님이 허용하는 한도 내에서만 활약할 수 있다는 그리스도교의 신학을 담고 있다.

[182] Sulla vindex: 그에 대한 별명이었다. Cf. Livius, *Ab Urbe condita* 42.50.8: armatus vindex fortunae dignitatisque suae("술라는 자기 재산과 직위에 대해 무력으로 복수하겠다고 나섰다").

[183] Cf. Livius, *Periochae* 1.77-78.

[184] haruspex: 제물로 잡은 짐승의 장기(臟器)를 보고서 그 신선함에 따라 신의(神意)를 점치던 제관. Cf. Cicero, *De divinatione* 1.85.

음을, 원하는 사람들은 당시 상황을 기록한 사람들의 글에서 읽어보도록 하라. 방금 말한 대로 나는 이 사건을 길게 언급하지 않겠다. 마리카가 누구든, 선혈이 가득한 마리우스의 행복을 도대체 어느 신의 공덕으로 돌려야 할지 모르겠으며, 오히려 나는 우리를 비방하는 자들의 입을 틀어막기 위한 하느님의 숨은 섭리에 돌리고 싶다. 이 섭리는 무턱대고 흥분해서 움직이지 않고 현명하게 이 문제를 숙고하는 사람들을 오류에서 구출하는 데 도움이 된다. 이런 일에서 정령들이 뭣인가 할 수 있다면, 그들은 전능한 분의 신묘한 재량에 따라 허용받은 한도에서만 할 수 있다.[180] 이것은 우리가 지상 행복에 지나치게 집착하지 않기 위함이니 지상 행복은 마리우스 같은 악인들에게도 흔히 허락되는 까닭이다. 그렇다고 우리가 지상 행복을 무슨 악처럼 여기지도 않기 위함이니, 정령들이 미워함에도 불구하고, 경건하고 선량한 사람들, 한 분인 참 하느님을 섬기는 사람들에게서도 탁월하게 지상 행복이 베풀어짐을 우리가 볼 것이기 때문이다. 또 지상의 선익 때문에 이 지극히 더러운 영들을 받아들이거나 지상의 해악 때문에 두려워할 것으로 여겨서도 안 될 것이니, 지상의 악한 인간들이 그러하듯이 그들도 자기들이 원하는 대로 모두 해낼 수 있는 것이 아니고 그분의 안배로 묵인되는 것만을 해내는 까닭이다.[181] 그분의 판단은 아무도 완전히 파악하지 못하고, 따라서 그분의 판단을 옳게 비판할 자는 아무도 없다.

24. 정령들이 자기를 도왔노라고 뽐내던 술라의 행위

24. 1. 술라의 경우

술라는 지나간 시대에 복수를 행하는 인물처럼 등장했는데,[182] 실상 술라의 시대를 말하자면, 지나간 시대에 비해 오히려 지나간 시대가 그리워질 정도였다. 먼저 마리우스를 치려고 로마 도성으로 진군할 적에, 리비우스가 기록하는 바에 의하면,[183] 제물을 바치는 그에게 짐승의 내장이 상서로운 모양으로 나왔다고 한다. 장복점관﹝臟卜官﹞[184] 포스투미우스는 술라가 마음에 품고 있는 바가 신들의 보우로 이루어지지 않을 경우에 스스로 사형을 당하겠다면서 자기가 볼모로 붙잡혀 있겠다고 했다. 보라, 사건의 결말을 예언했다는 점에서도, 술라의 포악한

rerum euentu praedicebant nihilque de ipsius Sullae correctione curabant. Promittebant praesagando felicitatem magnam nec malam cupiditatem minando frangebant. Deinde cum esset in Asia bellum Mithridaticum gerens, per Lucium Titium ei mandatum est a Ioue, quod esset Mithridatem superaturus, et factum est. Ac postea molienti redire in Vrbem et suas amicorumque iniurias ciuili sanguine ulcisci, iterum mandatum est ab eodem Ioue per militem quendam legionis sextae, prius se de Mithridate praenuntiasse uictoriam, et tunc promittere daturum se potestatem, qua recuperaret ab inimicis rem publicam non sine multo sanguine. Tum percontatus Sulla, quae forma militi uisa fuerit, cum ille indicasset, eam recordatus est, quam prius ab illo audierat, qui de Mithridatica uictoria ab eodem mandata pertulerat. Quid hic responderi potest, quare dii curauerint uelut felicia ista nuntiare, et nullus eorum curauerit Sullam monendo corrigere mala tanta facturum scelestis armis ciuilibus, qualia non foedarent, sed auferrent omnino rem publicam? Nempe intelleguntur daemones, sicut saepe dixi notumque nobis est in litteris sacris resque ipsae satis indicant, negotium suum agere, ut pro diis habeantur et colantur, ut ea illis exhibeantur, quibus hi qui exhibent sociati unam pessimam causam cum eis habeant in iudicio Dei.

Deinde cum uenisset Tarentum Sulla atque ibi sacrificasset, uidit in capite uitulini iecoris similitudinem coronae aureae. Tunc Postumius haruspex ille respondit praeclaram significare uictoriam iussitque ut extis illis

---

[185] 폰투스 국왕 Mithridates 6세 (BC 120~63) 가 소아시아와 그리스를 점령하자 로마가 위협을 느끼고 세 차례 전쟁을 걸었으며 폼페이우스가 패망시켰다.

[186] arma civilia ... qualia *non foedarent, sed auferrent* omnino rem publicam: 내란(arma civilia) 에 대한 교부의 평가는 로마 역사가들의 것과 동일하다. 술라의 잔학행위는 3.27-30에 자세히 묘사된다.

인물됨을 바로잡는 데 아무 손도 쓰지 않았다는 점에서도, 신들이 사당과 제단을 버리고 떠나버린 것은 아니다! 길조를 보여줌으로써 신들은 술라에게 굉장한 행운을 약속했지만, 어떤 위협을 가하여 술라의 사악한 탐욕을 저지하려고 손을 쓰지는 않았다. 술라가 미트리다테스 전쟁[185]을 수행하면서 아시아에 있을 적에 루키우스 티티우스라는 자를 통해 미트리다테스를 쳐이기리라는 신탁이 유피테르로부터 그에게 전달되었고 그대로 이루어졌다. 그리고 로마 도성으로 귀환할 차비를 하고, 자기와 자기 친지들이 당한 불의를 복수하여 시민들의 피를 흘릴 준비를 하고 있던 참에도 같은 유피테르에게서 제육군단의 한 병사를 통해 그에게 신탁이 전달되었다. 먼저는 미트리다테스에 대한 승리를 예고했는데 이번에는 그에게 권력을 수여하겠다고 약속하는 신탁이었다(그 권력으로 그는 엄청난 피를 흘려 반대자들에게서 공화국을 되찾았다). 술라는 병사에게 어떤 형상形像을 보았는지 물었고, 그 병사가 그 형상을 가리켜 보이자 술라는 동일한 유피테르에게서 미트리다테스에 대한 승리를 전해온 사람에게서 똑같은 형상을 전해 들었다는 사실을 기억해냈다. 이런 얘기에는 뭐라고 대답할 수 있을까? 무엇 때문에 신들은 저런 것을 행운이랍시고 알려주는 데는 마음을 쓰면서, 술라에게 경고를 내려 그가 사악한 시민전쟁을 일으켜 저지르려는 엄청난 행악을 바로잡는 데는 그 신들 가운데 누구 하나도 마음을 쓰지 않았을까? 시민전쟁이라는 것은 공화국을 단지 해치는 데서 그치지 않고 아예 파괴해 버리는데 말이다.[186] 내가 여러 차례 말했고, 성서를 통해 우리에게 알려져 있으며, 사실 자체가 적시하고 있듯이, 정령들이 이런 수작을 하는 까닭은 그런 조짐들을 보여줌으로써 자기들이 신으로 여김받고 숭배받기 위함으로 여겨진다. 그런데 결과는 조짐을 보여주는 자들도 조짐을 보여주는 대상들과 한데 얽어져서 하느님의 심판에서 똑같은 최악의 죄목으로 고발을 당하리라는 것이다.

24. 2. 정령들은 추잡한 짓을 선동한다

얼마 뒤 술라가 타렌툼에 와서 그곳에서 희생제사를 바칠 때였다. 그는 송아지의 간 꼭지에서 황금관과 비슷한 형상을 보았다. 그러자 저 장복점관 포스투미우스는 훌륭한 승리를 상징하는 것이라고 그에게 해답해 주었고, 그 내장을 술

solus uesceretur. Postea paruo interuallo seruus cuiusdam Luci Pontii ua-
ticinando clamauit: «A Bellona nuntius uenio, uictoria tua est, Sulla.»
Deinde adiecit arsurum esse Capitolium. Hoc cum dixisset, continuo eg-
ressus e castris postero die concitatior reuersus est et Capitolium arsisse
clamauit. Arserat autem re uera Capitolium. Quod quidem daemoni et
praeuidere facile fuit et celerrime nuntiare. Illud sane intende, quod ad
causam maxime pertinet, sub qualibus diis esse cupiant, qui blasphemant
Saluatorem uoluntates fidelium a dominatu daemonum liberantem. Cla-
mauit homo uaticinando: «Victoria tua est, Sulla,» atque ut id diuino
spiritu clamare crederetur, nuntiauit etiam aliquid et prope futurum et
mox factum, unde longe aberat per quem ille spiritus loquebatur; non
tamen clamauit: «Ab sceleribus parce, Sulla», quae illic uictor tam hor-
renda commisit, cui corona aurea ipsius uictoriae inlustrissimum signum
in uitulino iecore apparuit, qualia signa si dii iusti dare solerent ac non
daemones impii, profecto illis extis nefaria potius atque ipsi Sullae gra-
uiter noxia mala futura monstrarent. Neque enim eius dignitati tantum
profuit illa uictoria, quantum nocuit cupiditati; qua factum est, ut inmode-
ratis inhians et secundis rebus elatus ac praecipitatus magis ipse periret in
moribus, quam inimicos in corporibus perderet. Haec illi dii uere tristia
uereque lugenda non extis, non auguriis, non cuiusquam somnio uel uati-
cinio praenuntiabant. Magis enim timebant ne corrigeretur quam ne uin-
ceretur. Immo satis agebant, ut uictor ciuium gloriosus uictus atque capti-

---

[187] Bellona: 로마의 전쟁의 여신. 여신의 신전 앞에 기둥을 세워두고 창을 던져 전쟁을 선포하는 의
식으로 삼았다.

[188] 그토록 잔학한 술라에게 신들의 가호가 끊이지 않았다는 사실은 당대인들에게도 불가해했다.
예: Seneca, *Epistula ad Marciam de consolatione* 12.6: "deorum, quorum crimen erat Sulla tam
Felix"(신들의 죄가 있다면 술라가 너무 행운아라는 점이었다).

[189] *magis ipse periret* in moribus, *quam inimicos* in corporibus *perderet*: "죄악은 당한 자보다 행한 자
를 파괴한다"(magis facienti quam patienti obest omne peccatum: *Enchiridion* 2.17)는 것이 아우구스티
누스의 윤리관이다.

라 혼자서 음복하라고 명했다. 조금 뒤에 루키우스 폰티우스라는 사람의 노예가 신들려서 소리를 질렀다: "나는 벨로나[187]한테서 전령으로 왔노라. 술라여, 승리는 그대의 것이다!" 그러고서는 카피톨리움이 불타버릴 것이라고 덧붙였다. 그자는 그런 말을 하고 나서 황급히 진영을 빠져나갔는데 이튿날 더 흥분하여 돌아오더니 카피톨리움은 이미 불타버렸다고 외쳤다. 정말로 카피톨리움이 타버렸던 것이다. 정령에게는 예견을 하는 것이 쉬웠고 이미 일어난 일을 매우 신속하게 알리는 것도 아주 쉬웠다.[188] 다만 이 점을 유의하시라! 구세주를 모독하고, 정령들의 지배에서 신도들의 의지를 해방하는 분을 모독하는 자들이 과연 어떤 신들에게 복속하고 싶어하느냐는 아주 중요한 문제라는 점이다. 저 사람은 신들려서 이렇게 외쳤다: "술라여, 승리는 그대의 것이다." 그러고서는 신성한 영에 힘입어 그 말을 외쳤다는 사실을 믿게 하려고 다른 일을 알렸다. 미구에 일어날 일이자 방금 일어난 무엇을 알렸다. 저 영이 말을 시킨 사람은 불난 카피톨리움에서 멀리 떨어져 있었다. 그자는 "술라여, 범죄를 삼가라!"고 외치지 않았다. 그가 거기 가서 승리자로 군림하며 저지를 가공할 짓들을 삼가라고 말하지 않았다. 승리가 그에게 명명백백하다는 표징으로 송아지의 간肝에 황금관이 나타났는데, 그게 만일 불손한 정령들이 아니고 정의로운 신들이 늘 내리던 표징이었다고 한다면, 신들은 저 내장을 갖고서 차라리 불길한 일을 보여준 셈이었다. 술라 본인에게 장차 중대하고 해로운 악이 닥치리라는 것을 보여준 셈이었다. 왜냐하면 저 승리는 그의 탐욕에 그만큼 해로웠고, 그의 품위에 그다지 이익이 되지도 않았기 때문이다. 신들이 예언한 그 승리로 인해 술라는 분에 넘치는 야욕으로 날뛰었고, 순조로운 성공으로 턱없이 부풀어 올랐다가 추락함으로써 그는 원수들을 육신적으로 파괴한 것보다도 훨씬 더 심하게 자기 자신이 도덕적으로 파멸하는 결과를 빚었던 것이다.[189] 참으로 서글프고 참으로 통탄할 술라의 이런 행악들을 두고 저 신들은 짐승의 내장으로도, 날짐승으로 치는 점으로도, 누구의 꿈이나 신탁으로도 경고를 내리지 않았다. 그 신들은 술라가 패배할까 두려워하기보다도 혹시 행실을 바로잡지나 않을까 더 두려워했던 것이다. 그자들은 시민들을 무찌른 영광스런 승자가 스스

uus nefandis uitiis et per haec ipsis etiam daemonibus multo obstrictius subderetur.

25. Illinc uero quis non intellegat, quis non uideat, nisi qui tales deos imitari magis elegit quam diuina gratia ab eorum societate separari, quantum moliantur maligni isti spiritus exemplo suo uelut diuinam auctoritatem praebere sceleribus? Quod etiam in quadam Campaniae lata planitie, ubi non multo post ciuiles acies nefario proelio conflixerunt, ipsi inter se prius pugnare uisi sunt. Namque ibi auditi sunt primum ingentes fragores, moxque multi se uidisse nuntiarunt per aliquot dies duas acies proeliari. Quae pugna ubi destitit, uestigia quoque uelut hominum et equorum, quanta de illa conflictatione exprimi poterant, inuenerunt. Si ergo ueraciter inter se numina pugnauerunt, iam bella ciuilia excusantur humana; consideretur tamen quae sit talium deorum uel malitia uel miseria: si autem se pugnasse finxerunt, quid aliud egerunt, nisi ut sibi Romani bellando ciuiliter tamquam deorum exemplo nullum nefas admittere uiderentur? Iam enim coeperant bella ciuilia, et aliquot nefandorum proeliorum strages execranda praecesserat. Iam multos mouerat, quod miles quidam, dum occiso spolia detraheret, fratrem nudato cadauere agnouit ac detestatus bella ciuilia se ipsum ibi perimens fraterno corpori adiunxit. Vt ergo huius tanti mali minime taederet, sed armorum scelestorum magis magisque ardor incresceret, noxii daemones, quos illi deos putantes colendos et uenerandos arbitrabantur, inter se pugnantes hominibus apparere uoluerunt, ne imitari tales pugnas ciuica trepidaret affectio, sed potius huma-

---

[190] 길조(omina)와 달리 이런 조짐(ostenta, portenta, monstra, signa)들은 로마의 평화가 무너지는 흉조라고 여겨 리비우스는 로마사에 널리 언급한다. 그런 사건만 수집한 「기문진담」(奇聞珍談)들도 나왔다. 예: Iulius Obsequens(4세기), *De prodigiis.*

[191] Cf. Livius, *Periochae* 1.79.

로는 끔찍한 악덕에 패배하여 사로잡히게 수작을 부렸고, 그런 행실을 통해 술라가 자기들에게 훨씬 철저히 예속하게 만들었던 것이다.

25. 악령들이 죄악을 범하면서 자신의 행동사례를 마치 신의 권위인 양 제시함으로써 인간들을 얼마나 심하게 악행으로 충동하는가

25. 1. 거짓 신들의 악한 표양

그러나 신적 은총에 힘입어서 저런 신들과 야합하는 데서 거리를 두기로 선택하기보다는 차라리 저런 신들을 본뜨기로 결단한 자들이 아니고서야 다음과 같은 사실을 누가 깨닫지 못하고 누가 간파하지 못하겠는가? 저 악령들은 스스로 악힌 본보기를 보임으로써 오히려 저런 죄악에다 신성한 권위를 부여하려고 아주 치밀하게 계교를 쓰고 있다는 사실 말이다. 캄파니아의 널따란 어느 평원에서는 이 영들이 자기네끼리 싸우는 모습이 보였다고도 한다. 그곳은 머잖아 내란을 일으킨 양대 진영이 끔찍한 전투를 치렀던 곳이기도 하다. 거기서는 처음에 거대한 함성이 들렸고 머잖아 양편 진영이 며칠간을 두고 전투하는 모습을 많은 사람들이 목격했다고 알렸다. 그 전쟁이 멈추고 난 다음에는, 그 전투가 얼마나 치열했는지를 알려줄 만한 인간들의 자취나 기마들의 자취 같은 자국도 발견했다.[190] 신령들이 자기네끼리도 정말 싸움을 한다면 인간의 시민전쟁들은 충분히 핑계를 대고도 남는다. 다만 저런 신들의 악의나 비참이 도대체 어떤 것일까 하는 점은 고찰해 봄직하다. 만일 신령들이 서로 싸우는 시늉만 했다면, 이것은 시민들끼리 전쟁을 함으로써 로마인들이 오로지 신들의 본을 따르는 짓을 한 것으로 보이게 만들고, 그래서 법도에 어긋난 점이 전혀 없었음을 인정해 주는 것처럼 보이려는 수작이 아니고 무엇이었겠는가? 그러니 시민전쟁은 이미 시작한 셈이고 여러 차례의 처참한 전투와 가공할 살육이 선행된 셈이다. 어느 병사가 피살자에게서 전리품을 탈취하다가 벌거벗긴 시체에서 자기 아우를 알아보고서는 시민전쟁을 저주하면서 그 자리에서 자결하여 아우의 시체 위에 쓰러졌다는 이야기는 이미 많은 사람들을 감동시킨 바 있다.[191] 그러니까 로마인들이 이처럼 참담한 시민전쟁 죄악을 전혀 혐오하지 않게 만들려고, 극악무도한 무기를 휘두

num scelus diuino excusaretur exemplo. Hac astutia maligni spiritus etiam ludos, unde multa iam dixi, scaenicos sibi dicari sacrarique iusserunt, ubi tanta deorum flagitia theatricis canticis atque fabularum actionibus celebrata et quisquis eos fecisse crederet et quisquis non crederet, sed tamen illos libentissime sibi talia exhiberi cerneret, securus imitaretur. Ne quis itaque existimaret in deos conuicia potius quam eis dignum aliquid scriptitasse, ubicumque illos inter se pugnasse poetae commemorarunt, ipsi ad decipiendos homines poetarum carmina firmauerunt, pugnas uidelicet suas non solum per scaenicos in theatro, uerum etiam per se ipsos in campo humanis oculis exhibentes.

Haec dicere compulsi sumus, quoniam pessimis moribus ciuium Romanam rem publicam iam antea perditam fuisse nullamque remansisse ante aduentum Christi Iesu domini nostri auctores eorum dicere et scribere minime dubitarunt. Quam perditionem diis suis non inputant, qui mala transitoria, quibus boni, seu uiuant seu moriantur, perire non possunt, Christo nostro inputant: cum Christus noster tanta frequentet pro moribus optimis praecepta contra perditos mores; dii uero ipsorum nullis talibus praeceptis egerint aliquid cum suo cultore populo pro illa re publica, ne periret; immo eosdem mores uelut suis exemplis auctoritate noxia cor-

---

[192] humanum scelus *divino* excusaretur *exemplo*: 신들의 조짐에 관한 더할 나위 없이 신랄한 풍자다.

[193] "공연축제의 처음 시작은 (신들에 대한) 종교행사로 개최되었다" (ludorum primum initium procurandis religionibus datum) : Livius, *Ab Urbe condita* 7.3.

[194] 2.4-15 참조.

르는 열기가 날이 갈수록 광폭해지게 만들려고, 오로지 악행을 일삼는 저 정령들은 자기들끼리도 서로 싸우는 것처럼 인간들에게 시늉하고 싶어했다! 저런 자들을 인간들은 신이라고 여겨서 숭배하고 공경해야 하는 것으로 알고 있다. 이것은 시민간의 동포애로 인해 저런 싸움을 혐오하기에 이르는 일이 없도록 하기 위해서, 도리어 인간적 죄상을 신적 모범으로 변명해주기 위해서였다.[192] 저 악령들이 또 자기들에게 공연축제를 개최하고 봉헌하라고 명령까지 한 것도 똑같이 교활한 짓이었다.[193] (공연축제에 관해서는 내가 이미 많은 말을 했다.)[194] 거기서는 신들의 그 많은 추태가 극중 가요와 연기를 통해 거침없이 공연된다. 혹자는 신들이 실제로 그런 짓을 했다고 믿을 테고 혹자는 믿지 않을지 모르지만, 신들이 그런 짓을 거침없이 드러내보인다고 여기면서 사람들은 안심하고 그 짓을 모방하게 된다. 그러다 보니까 마치 신들이 서로 싸우는 것처럼 시인들이 글을 쓸라치면 이것을 신들에 대한 조롱이라고 여기는 사람이 아무도 없고 오히려 신들의 품위에 맞는 기록을 한 것처럼 여기기까지 한다. 또 신들은 인간을 기만할 생각에서 시인들의 시가의 내용을 확인까지 해준다. 다시 말해 자기들이 벌이는 싸움을 단지 극장에서 배우들을 통해 연기하는 데서 그치지 않고 들판에서 사람들 눈에 보이게 스스로 행동해 보이는 것이다.

25.2. 그리스도는 최선의 윤리를 가르친다

우리가 군이 이런 얘기를 하지 않을 수 없었던 이유는, 우리 주 예수 그리스도의 내림 이전에 시민들의 극히 사악한 습속으로 인해 로마 공화국은 이미 망했고 아무 공화국도 존재하지 않았다는 말을 다른 사람 아닌 로마 저술가들이 서슴없이 발설하고 또 글로 써놓은 까닭이다. 그러고서도 그같은 멸망은 자기네 신들의 탓으로 돌리지 않았으면서도, 잠시 지나가는 이번의 그 재앙만은 우리 그리스도의 탓으로 돌리고 있는 것이다. 선인들이라면 살아있든 죽든 그런 재앙으로 멸망하지는 않는다. 그리스도는 최선의 습속을 이루려고 타락한 습속에 대항하여 끊임없이 계율을 내리고 있는 데 비해, 저들의 신들은 자기를 섬기는 백성과 더불어 공화국이 멸망하는데도 불구하고, 저런 계율을 내려서 공화국을 위해 손을 쓴 바가 아무것도 없었다. 오히려 자기네 본보기를 보여 그런 습속

rumpendo egerunt potius, ut periret. Quam non ideo tunc perisse quisquam, ut arbitror, iam dicere audebit, quia «discessere omnes adytis arisque relictis di», uelut amici uirtutibus, cum uitiis hominum offenderentur; quia tot signis extorum auguriorum uaticiniorum, quibus se tamquam praescios futurorum adiutoresque proeliorum iactare et commendare gestiebant, conuincuntur fuisse praesentes; qui si uere abscessissent, mitius Romani in bella ciuilia suis cupiditatibus quam illorum instigationibus exarsissent.

26. Quae cum ita sint, cum palam aperteque turpitudines crudelitatibus mixtae, opprobria numinum et crimina, siue prodita siue conficta, ipsis exposcentibus et nisi fieret irascentibus etiam certis et statutis sollemnitatibus consecrata illis et dicata claruerint atque ad omnium oculos, ut imitanda proponerentur, spectanda processerint: quid est, quod idem ipsi daemones, qui se huiusce modi uoluptatibus inmundos esse spiritus confitentur, qui suis flagitiis et facinoribus, siue indicatis siue simulatis, eorumque sibi celebratione petita ab inpudentibus, extorta a pudentibus auctores se uitae scelestae inmundaeque testantur, perhibentur tamen in adytis suis

---

[195] Vergilius, *Aeneis* 2.351-352. 앞의 2.22.2와 뒤의 3.7; 3.14.3에도 인용.

을 부패시킴으로써 권위를 해롭게 행사하여 차라리 공화국이 망하게 만든 셈이다. 그러니까 로마 공화국이 저때 멸망했더라도 그것이 "사당과 제단을 버리고서 모든 신들이 떠나버린"[195] 사유 때문이라고 감히 말할 사람은 아무도 없으리라고 나는 생각한다. 이런 말이 나오는 것은 신들을 마치 덕성에 호의적인 존재처럼 여기고, 그래서 마치 인간들의 악덕을 보면 상심하는 것처럼 생각하는 데서 나온다. 그런데도 저들이 수많은 짐승의 내장과 새들의 비적飛跡과 점술을 통해 자기네가 미래사를 아는 것처럼 행세하고, 전투를 도와주는 존재처럼 뽐내고 과시하며 행동함으로써, 자기들이 떠나가지 않고 그 자리에 현존하고 있었던 것처럼 증명해 보이고 있다. 차라리 저 신들이 정말 떠나버렸더라면, 로마인들은 비록 제 욕망에 불타 시민전쟁에 휩싸였더라도 신들의 충동질을 받아 움직일 적보다 훨씬 양순하게 행동했을 것이 틀림없다.

26. 제사의식에서는 정령들의 온갖 악행을 공공연하게 배우지만, 선량한 습속에 해당하는 충고는 정령들이 숨어서만 권한다

26. 1. 당국의 모순된 행위

사실이 그러다 보니 (실제로 저질렀든 가설적이든) 만행이 뒤섞인 정령들의 추태, 그들의 파렴치와 범죄행위들이 마치 신들에게 귀속되는 것으로 여겨지고, 장엄한 행사와 고정되고 의례화된 행사들(이것은 신들이 스스로 요구할뿐더러 거행하지 않으면 신들이 노한다)을 통해 그런 추태와 범행이 공공연하고 노골적으로 신들에게 봉헌되기까지 한다. 그럼으로써 모두의 눈에 저런 행위들이 본받을 짓으로 나타나고 구경할 만한 짓으로 소개됨이 분명해진다. 다름아닌 저 정령들 스스로 이런 욕정으로 더럽혀진 영들임을 자백하고 있다. 또 저런 짓을 저들이 실제로 저질러 손가락질받든 저런 짓이란 시인들이 꾸며낸 얘기든 상관없이, 정령들 스스로 자기들의 추행과 죄상을 두고 그것을 경축하는 의식을 만들어 자기들한테 거행해 바치도록 강요하고 있다. 염치없는 사람들에게는 자발적으로 바치게 하고 염치있는 사람들에게는 억지로 강요하여 받아내고 있다. 그런 만큼 정령들 자신이 추악하고 부정한 삶을 영위하는 주인공들임을 자처하는 것이다. 그러면서

secretisque penetralibus dare quaedam bona praecepta de moribus quibus-
dam uelut electis sacratis suis? Quod si ita est, hoc ipso callidior aduerten-
da est et conuincenda malitia spirituum noxiorum. Tanta enim uis est pro-
bitatis et castitatis, ut omnis uel paene omnis eius laude moueatur humana
natura, nec usque adeo sit turpitudine uitiosa, ut totum sensum honestatis
amiserit. Proinde malignitas daemonum, nisi alicubi *se*, quem ad modum
scriptum in nostris litteris nouimus, *transfiguret in angelos lucis*, non
implet negotium deceptionis. Foris itaque populis celeberrimo strepitu
impietas impura circumsonat, et intus paucis castitas simulata uix sonat;
praebentur propatula pudendis et secreta laudandis; decus latet et dedecus
patet; quod malum geritur omnes conuocat spectatores, quod bonum dici-
tur uix aliquos inuenit auditores, tamquam honesta erubescenda sint et in-
honesta glorianda. Sed ubi hoc nisi in daemonum templis? Vbi nisi in
fallaciae diuersoriis? Illud enim fit, ut honestiores, qui pauci sunt, capian-
tur; hoc autem, ne plures, qui sunt turpissimi, corrigantur.

Vbi et quando sacrati Caelestis audiebant castitatis praecepta, nescimus;
ante ipsum tamen delubrum, ubi simulacrum illud locatum conspicieba-
mus, uniuersi undique confluentes et ubi quisque poterat stantes ludos qui
agebantur intentissime spectabamus, intuentes alternante conspectu hinc
meretriciam pompam, illinc uirginem deam; illam suppliciter adorari, ante
illam turpia celebrari; non ibi pudibundos mimos, nullam uerecundiorem

---

[196] 배교자 율리아누스가 그리스도교에 무신론과 불경과 인간혐오라는 혐의를 씌우면서 이교도들은
소수나마 제신을 숭상하고 경건한 박애주의자라고 옹호한 문서(cf. Firmius Maternus, *De errore profa-
narum religionum* 19 - 23)를 교부가 역이용하고 있다(cf. *Epistulae* 84, 89, 89a).

[197] 2고린 11,14.

[198] impietas impura ... castitas simulata ..., decus latet et dedecus patet ... : 이교세계의 타락한 도덕을
꼬집는 대구법 문장들이 이어진다.

[199] nisi in daemonum templis? Ubi nisi in fallaciae diversoriis?: 잡신들의 신전을 "기만의 소굴"로 단
정했다.

[200] 2.4(각주 19) 참조.

[201] hinc *meretriciam pompam*, illinc *virginem deam*: 교부는 고의로 상극된 단어를 병치했다.

도 사당과 비밀스런 은신처에서 어떤 사람들에게만, 그것도 마치 별도로 성별된 자기네 선별자들에게만 하듯이, 행실과 습속에 관해 무슨 선한 계명을 내리는 척 하는 것은 또 무엇 때문인가?[196] 사실이 이러하므로, 해로운 영들의 이 악의는 더욱 철저히 지적되고 지탄받아야 한다. 정직과 순결의 힘은 참으로 큰 것이어서 모든 인간 본성, 아니면 적어도 거의 모든 인간 본성이 이 덕에 대한 칭송에 감화되는 법이며, 부도덕에 아무리 찌들어도 사람이 도의에 대한 감각을 모조리 상실하지는 않는다. 그러므로 우리네 서간 성서에 기록되어 있는 것처럼, 어디선가 악한 정령들이 "광명의 천사로 위장한"[197] 경우가 아니면, 기만의 술책을 모조리 이루지는 못한다. 그러니까 저 신령들이 하는 짓을 본다면 불순한 불경죄가 외부로 지독한 소란을 피우면서 백성들을 사로잡고 있는 터에 순결이 시늉만 하면서 안에서만 또 겨우 소수에게만 들릴락말락 소리를 내고 있다. 공공연한 무대는 부끄러워해야 마땅할 짓거리에 제공되는 대신에, 칭송받아야 마땅할 언행에 돌아가는 장소는 은밀한 공간뿐이다. 염치는 숨어버리고 파렴치가 활보한다.[198] 악을 저지르는 짓은 온갖 관객을 다 끌어모으는 데 비해 선을 말하는 일은 겨우 소수 청중만을 만난다. 마치 도덕적인 것은 부끄러워해야 하고 비도덕적인 것은 자랑해야 하는 듯하다. 어디서 이런 장면이 벌어지는가? 정령들의 신전이 아니고 어딘가? 기만의 소굴이 아니고 어딘가?[199] 그러니까 정령들의 저 온갖 소동은 소수지만 그래도 도덕적인 인간들마저 사로잡기 위함이고, 지극히 추잡한 다수 인간들이 혹시라도 행실을 바로잡는 일이 없게 하기 위함이다.

26.2. 카일레스티스 여신의 사당에서 일어나는 일

카일레스티스[200] 여신에게 헌신하는 사람들이 언제, 어디서 정결의 계율을 들은 바 있는지 우린 모르겠다. 여신의 사당 앞에 신상이 놓여 있는 곳을 우리는 자세히 지켜보았다. 모두 사방으로 밀려 들어가서 각자 재주껏 버티고 서서 거기서 공연되는 축제를 우리는 자세히 구경했다. 우리는 번갈아가며 한쪽으로는 창녀들의 성장한 대열을 구경했고 다른 쪽으로는 처녀 여신을 구경했다.[201] 정성껏 여신을 숭배하는데, 바로 그 앞에서 추루한 짓거리가 베풀어지고 있었다. 거기서 우리는 점잖은 무언극이란 보지를 못했고 조금이라도 정숙한 여배우를 하나도 못

scaenicam uidimus; cuncta obscenitatis implebantur officia. Sciebatur uirginali numini quid placeret, et exhibebatur quod de templo domum matrona doctior reportaret. Nonnullae pudentiores auertebant faciem ab impuris motibus scaenicorum et artem flagitii furtiua intentione discebant. Hominibus namque uerecundabantur, ne auderent impudicos gestus ore libero cernere; sed multo minus audebant sacra eius, quam uenerabantur, casto corde damnare. Hoc tamen palam discendum praebebatur in templo, ad quod perpetrandum saltem secretum quaerebatur in domo, mirante nimium, si ullus ibi erat, pudore mortalium, quod humana flagitia non libere homines committerent, quae apud deos etiam religiose discerent iratos habituri, nisi etiam exhibere curarent. Quis enim alius spiritus occulto instinctu nequissimas agitans mentes et instat faciendis adulteriis et pascitur factis, nisi qui etiam sacris talibus oblectatur, constituens in templis simulacra daemonum, amans in ludis simulacra uitiorum, susurrans in occulto uerba iustitiae ad decipiendos etiam paucos bonos, frequentans in aperto inuitamenta nequitiae ad possidendos innumerabiles malos?

27. Vir grauis et philosophaster Tullius aedilis futurus clamat in auribus ciuitatis, inter cetera sui magistratus officia sibi Floram matrem ludorum celebritate placandam; qui ludi tanto deuotius, quanto turpius celebrari solent. Dicit alio loco iam consul in extremis periculis ciuitatis, et ludos

---

[202] in templis *simulacra daemonum* ... in ludis *simulacra vitiorum*: 정령(마귀)과 악덕이 등치되어 있다.

[203] in occulto *verba iustitiae* ... in aperto *invitamenta nequitiae*: 밀교(密教)의 정진자(精進者)들에게는 그래도 제신이 도덕적 교시를 내린다는 변명에 대한 교부의 지탄이다.

[204] gravis et philosophaster Tullius: 키케로를 "공화국의 통치에 관한 출중한 이론가"(3.30)로 보면서도 철학적 비중을 폄하한 것은 철학적 상식을 갖추었으면서도 대중적 미신행사를 앞장서서 주관한 행적 때문인 듯하다. "진중하다"(gravis) 함은 그의 문장을 평하지만 philosophaster 때문에 풍자가 되어 버린다.

[205] Cf. Cicero, *Orationes in Verrem* 2.5.14.

[206] Flora는 토속신으로 신전과 제관을 두었다. 꽃따는 젊은 여성으로 표상하는 축제(ludi florales)에서 외설스런 연극과 검투경기가 거행되었다. Cf. Ovidius, *Fasti* 5.328-334.

보았다. 모든 행사가 외설로 가득 차 있었다. 처녀 신령이 무엇을 좋아하는지를 잘 알고 있는 듯했다. 부인들이 신전에서 집으로 돌아갈 때쯤이면 방사房事에 관해 더 유식해져서 돌아가게끔 공연이 이루어지고 있었다. 그래도 염치있는 몇몇 여인들은 배우들의 추잡한 동작에 얼굴을 돌리기는 했지만 은근한 마음으로 그 난잡한 기교를 배우는 중이었다. 몇몇 여인들은 남자들이 부끄러워선지 그 점잖지 못한 언행들을 당당한 얼굴로 지켜보려고는 하지 않았다. 그렇지만 정숙한 마음에서 우러나 자기들이 공경하는 여신에게 그따위 예식을 거행하느냐고 지탄하려는 여자들은 훨씬 적었다. 그런 짓을 신전에서 드러내놓고, 마치 배워야 할 짓처럼 공연을 하고 있었는데, 정작 집에서 해보려고 하더라도 은밀한 장소를 물색해야 할 그런 짓들이었다. 참으로 놀라운 일은 사멸할 인간들의 수치심(만일 그런 것이 있다면 하는 말이지만)으로 인해 인간들도 마음껏 난잡하게 행동하지 못하는 터에, 그런 짓을 신들의 면전에서 경건하게 배워 익혀야 하느냐는 점이다. 그런 짓을 정성껏 공연하지 않으면 되레 신들이 노한다는 사실이다. 그러니 저따위 의식들을 좋아하는 영이라면 은밀한 충동으로 지극히 사악한 정신들을 뒤흔들어 간통을 저지르게 자극하고, 이미 저질러 놓은 일을 즐기는 영이 아니면 다른 무슨 영이겠는가? 그런 신령이 신전에는 정령들의 우상을 만들어 세우게 하고, 축제에서는 악덕을 과시하는 신상들을 좋아라하며,[202] 그러면서도 남몰래는 정의의 언사를 수군거림으로써 소수의 선한 사람들마저 기만하고, 공개적으로는 불의의 행태를 충동질함으로써 수없이 많은 악인들을 손아귀에 넣으려고 한다.[203]

27. 로마인들이 신들을 달래려고 봉헌한 외설스런 공연으로 인해 공화국의 기강이 얼마나 무너졌던가

진중하고 철학자연하는 인물 툴리우스[204]는 토목 감독관이 되려는 기간에 도성의 시민들 귀에다 대고서, 자기 관직의 여타 임무 가운데는 축제를 치러서 모신母神 플로라를 섬기는 임무도 있다고 선언했다.[205] 그런 경기는 난잡하게 치르는 만큼 성대하게 치러지는 것이 통례였다.[206] 또 다른 저서를 보면 집정관으로서 국가가 극도의 위험에 처해 있을 적에 열흘 동안 축제를 치렀으며 신들을 즐겁

per decem dies factos, neque rem ullam quae ad placandos deos pertineret praetermissam; quasi non satius erat tales deos inritare temperantia quam placare luxuria, et eos honestate etiam ad inimicitias prouocare quam tanta deformitate lenire. Neque enim grauius fuerant quamlibet crudelissima inmanitate nocituri homines, propter quos placabantur, quam nocebant ipsi, cum uitiositate foedissima placarentur. Quando quidem ut auerteretur quod metuebatur ab hoste in corporibus, eo modo dii conciliabantur, quo uirtus debellaretur in mentibus, qui non opponerentur defensores oppugnatoribus moenium, nisi prius fierent expugnatores morum bonorum. Hanc talium numinum placationem petulantissimam inpurissimam inpudentissimam nequissimam inmundissimam, cuius actores laudanda Romanae uirtutis indoles honore priuauit tribu mouit, agnouit turpes fecit infames, hanc, inquam, pudendam ueraeque religioni auersandam et detestandam talium numinum placationem, fabulas in deos inlecebrosas atque criminosas, haec ignominiosa deorum uel scelerate turpiterque facta uel sceleratius turpiusque conficta oculis et auribus publicis ciuitas tota discebat, haec commissa numinibus placere cernebat, et ideo non solum illis exhibenda, sed sibi quoque imitanda credebat, non illud nescio quid uelut bonum et honestum, quod tam paucis et tam occulte dicebatur (si tamen dicebatur), ut magis ne innotesceret, quam ne non fieret, timeretur.

---

[207] Cf. Cicero, *Orationes in Catilinam* 3.8.20.

[208] qui non opponerentur *defensores oppugnatoribus* moenium, nisi prius fierent *expugnatores* morum bonorum: 잡신들은 로마의 성벽을 지켜준다면서 로마의 도덕을 함락시키지 않았느냐는 힐난이다.

[209] 2.6과 2.26.1 참조.

게 하는 데 해당하는 일은 하나도 빠뜨리지 않았노라는 말을 하고 있다.[207] 저런 신들을 상대로 해서는 향락으로 즐겁게 해주는 편이 절제로 신들을 화나게 하는 편보다 더 낫다는 투였다. 흉측한 짓으로는 신들을 달래는데 도덕으로는 신들과 적대관계를 맺게 되며 그럴 바에는 전자가 더 낫다는 투였다. 그러니까 비록 적군이 침략하여 잔혹한 야만행위로 인간들을 해치는 피해를 입지 않으려고 축제를 벌여 신들을 즐겁게 해준다고는 하지만, 적군이 아무리 잔혹한 야만행위로 인간들을 신체적으로 해친다고 한들, 저토록 외설적인 악습으로 신들을 섬기는 가운데 인간들을 도덕적으로 타락시키는 일보다는 해롭지는 않을 것이다. 사실 적군으로부터 신체에 오는 해악을 두려워하여 신들을 무마시키려고, 지성에 있는 덕성을 희생시킨 것이다. 이것은 신들이 먼저 로마인들의 선한 습속을 향락시키지 않고서는, 로마의 성벽을 공략하는 자들에게 맞서서 로마인들을 방어해주지 않았다는 뜻이다.[208] 저따위 정령들을 섬기는 극히 경박하고 극히 불순하고 극히 뻔뻔스럽고 극히 사악하고 극히 부정한 이따위 행사를 참다운 종교는 극력 반대하고 혐오해야 마땅했다. 로마인다운 덕성의 성향은 그런 제의에서 저따위 동작을 공연하는 연기자들에게서 명예를 박탈했고 부족으로부터 추방했으며 추잡한 인간으로 여기고 불명예스런 자로 만들었다. 다시 말하거니와, 참된 종교라면 저따위 정령들을 무마시키는 파렴치한 행위를 극력 반대하고 혐오해야 마땅했다. 신들을 다루는 흥미진진하면서도 죄스런 설화들, 신들의 이 창피스런 행적들을(그것이 죄스럽고 추하게 범한 행적이든 꾸며낸 행적이어서 더욱 죄스럽고 더욱 추하다고 하든 상관없이), 도시 전체가 공공연하게 눈과 귀로 듣고 배워왔다. 또 그렇게 저지른 행적들이 정령들의 마음에 든다고 여겨왔으며, 그래서 그 정령들에게 공연하여 바쳐야 할뿐더러 자기들도 본받아야 한다고 믿어왔다. 그러다 보니 정령들이 그토록 소수에게만, 그토록 비밀리에 선하고 올바른 것을 말해준다는데(설혹 말해준다 할지라도), 정령들이 정작 염려하는 바는 그 가르침이 준수되지 않을까 하는 걱정보다는, 과연 얼마나 선하고 올바른 가르침인지 나도 모르겠지만, 혹시라도 다른 사람들이 그 가르침을 알아 실천하지나 않을까 걱정하는 것처럼 보이기까지 한다.[209]

28. Ab istarum inmundissimarum potestatum tartareo iugo et societate poenali erui per Christi nomen homines et in lucem saluberrimae pietatis ab illa perniciosissimae impietatis nocte transferri queruntur et murmurant iniqui et ingrati et illo nefario spiritu altius obstrictiusque possessi, quia populi confluunt ad ecclesiam casta celebritate, honesta utriusque sexus discretione, ubi audiant quam bene hic ad tempus uiuere debeant, ut post hanc uitam beate semperque uiuere mereantur, ubi sancta scriptura iusti-tiaeque doctrina de superiore loco in conspectu omnium personante et qui faciunt audiant ad praemium, et qui non faciunt audiant ad iudicium. Quo etsi ueniunt quidam talium praeceptorum inrisores, omnis eorum petulantia aut repentina mutatione deponitur, aut timore uel pudore comprimitur. Nihil enim eis turpe ac flagitiosum spectandum imitandumque proponitur, ubi ueri Dei aut praecepta insinuantur aut miracula narrantur, aut dona laudantur aut beneficia postulantur.

29. Haec potius concupisce, o indoles Romana laudabilis, o progenies Regulorum Scaeuolarum, Scipionum Fabriciorum; haec potius concupisce, haec ab illa turpissima uanitate et fallacissima daemonum malignitate discerne. Si quid in te laudabile naturaliter eminet, non nisi uera pietate purgatur atque perficitur, impietate autem disperditur et punitur. Nunc

[210] 그리스도교 경신례의 성스러움은 박해에 당면하여 호교론자들이 거듭 강조한 바이기도 하다. 예: Tertullianus, *Apologeticum* 39.2-3; Arnobius, *Adversus nationes* 4.36.

[211] 불의와 살육으로 점철된 로마 역사와 그 다신숭배의 배경을 비판하고 있지만 북아프리카 출신으로 황실 교수까지 지낸 아우구스티누스에게는 로마제국에 대한 깊은 애정과 긍지가 있음을 이 마지막 장에서 웅변적으로 토로한다.

[212] 교부는 소위 "로마 정신"(indoles Romana laudabilis)에 호소하며, 선대로부터 계승된 경건한 종교심(pietas)을 발휘하여 미신적 다신숭배를 청산하면 키케로가 로마 사회의 이상으로 삼은 정의(iustitia)가 실현 가능하리라는 희망을 진작시킨다.

28. 그리스도교의 건전함

악하고 배은망덕한 자들은 인간들이 저 불결하기 짝이 없는 세력들의 지옥 같은 멍에와 형극에 얽매여 있다가 그리스도의 이름에 힘입어 거기서 벗어난다는 사실을 두고 시비를 건다. 저 해롭기 이를 데 없는 불경不敬의 밤으로부터 지극히 유익한 경건의 빛 속으로 옮겨진 일을 두고 불평을 한다. 그리고 그런 흉악한 영에게 얼마나 깊이, 얼마나 속속들이 사로잡혀 있으면 저들은, 백성들이 교회로 몰려와서 정결한 의식을 통하고, 도리에 맞게 남녀 양성이 분리되어 앉은 가운데, 이승에서 시간 있는 데까지 얼마나 선하게 살아야 하는지를 경청하고 있는 모습을 보고서 도리어 불평을 한다. 그런 말씀을 듣는 것은 현세 이후에 행복하게 영원히 사는 공덕을 얻기 위함이다. 교회에서는 모든 사람 면전에서, 약간 높은 강단으로부터 거룩한 성서와 정의의 가르침이 울려오는데, 그 것을 실행하는 사람들은 상을 받기 위해 듣고 실행하지 않는 사람들은 벌받기 위해 듣는 셈이다. 그곳에는 그런 계명을 비웃는 사람들도 온다. 그런 사람들의 온갖 불손한 태도가 갑작스런 변화를 통해 청산되기도 하고, 두려움이나 수줍음 때문에 그 태도가 자제되기도 한다. 교회에서는 그 사람들에게 추하고 난잡한 짓을 구경하라거나 본받으라고 요구하는 일이 일체 없고, 참된 하느님의 계명을 선포하거나 기적을 이야기하거나 하느님께 받은 은혜를 찬송하거나 하느님의 은덕을 구하거나 한다.[210]

29. 로마인들에게 다신숭배를 포기하라고 충고함

29. 1. 로마 정신에 대한 호소[211]

오, 드높이 떠받들 로마의 위인들이여, 바로 이런 것들을 추구하라! 오 레굴루스, 스카이볼라, 스키피오, 파브리키우스의 후손들이여, 바로 이것들을 추구하라! 저 추잡하기 이를 데 없는 허구와 거짓되기 짝이 없는 정령들의 악의로부터 이것들을 구분하라! 그대의 천성 속에 어떤 뛰어난 덕성[212]이 있다면, 그것은 참다운 경건으로는 정화되고 완성되는 것이며, 불경에 의해서는 훼손되고 징벌될 따름이다. 그대가 무엇을 뒤따라야 할지 이제는 선택하라! 아무 오류도

iam elige quid sequaris, ut non in te, sed in Deo uero sine ullo errore lauderis. Tunc enim tibi gloria popularis adfuit, sed occulto iudicio diuinae prouidentiae uera religio quam eligeres defuit. Expergiscere, dies est, sicut experrecta es in quibusdam, de quorum uirtute perfecta et pro fide uera etiam passionibus gloriamur, qui usquequaque aduersus potestates inimicissimas confligentes easque fortiter moriendo uincentes «sanguine nobis hanc patriam peperere suo.» Ad quam patriam te inuitamus et exhortamur, ut eius adiciaris numero ciuium, cuius quodam modo asylum est uera remissio peccatorum. Non audias degeneres tuos Christo Christianisue detrahentes et accusantes uelut tempora mala, cum quaerant tempora, quibus non sit quieta uita, sed potius secura nequitia. Haec tibi numquam nec pro terrena patria placuerunt. Nunc iam caelestem arripe, pro qua minimum laborabis, et in ea ueraciter semperque regnabis. Illic enim tibi non Vestalis focus, non lapis Capitolinus, sed Deus unus et uerus

nec metas rerum nec tempora ponit,

Imperium sine fine dabit.

Noli deos falsos fallacesque requirere; abice potius atque contemne in ueram emicans libertatem. Non sunt dii, maligni sunt spiritus, quibus aeterna tua felicitas poena est. Non tam Iuno Troianis, a quibus carnalem originem ducis, arces uidetur inuidisse Romanas, quam isti daemones, quos adhuc deos putas, omni generi hominum sedes inuident sempiternas. Et tu ipsa non parua ex parte de talibus spiritibus iudicasti, quando ludis eos

---

[213] tibi gloria popularis *adfuit* ... vera religio ... *defuit*: 로마사의 영광을 인정하면서 "그리스도교 로마"라면 완벽하리라는 마지막 기대를 피력한다.

[214] Vergilius, *Aeneis* 11.24.

[215] 로물루스가 망명처(asylum)를 정하여 이웃 부족들로부터 인구를 유입시켰다는 전설을 교부는 본 서에서 여러 번 언급한다(1.34; 4.5; 5.7).

[216] 로마인들은 베스타 신전(atrium Vestae)의 거룩한 불과 카피톨리움 언덕의 신성한 돌(Iupiter lapis)이 제국의 안녕을 지켜준다는 믿음을 품어 왔다. Cf. Cicero, *Epistulae ad familiares* 7.12; A. Gellius, *Noctes Atticae* 1.21.

[217] Vergilius, *Aeneis* 1.278-279.

[218] Iuno ... arces videtur invidisse Romanas: 베르길리우스의 서사시에서 유노 여신은 멸망한 트로야의 후예 아이네아스가 로마를 창건함을 극구 훼방하고 저지한다(Vergilius, *Aeneis* 4.234).

없이 칭송받을 만한 것을 선택하되 그대 안에서가 아니라 참된 하느님 안에서 선택하라! 과거에는 그대에게 뭇 백성의 영광이 갖추어져 있었지만, 신적 섭리의 오묘한 판단에 의거해 본다면, 그대가 선택해야 할 참된 종교가 없었다.[213] 날이 밝아왔으니 깨어나라! 모모한 위인들 덕택에 그대가 정신을 바짝 차릴 수 있었던 것처럼. 그 위인들의 완벽한 덕성에 관해서는, 참된 믿음을 향하던 그들의 정열을 두고서는 우리도 자랑스럽게 생각하는 바이다. 그들은 적대적 세력들과 투쟁하다가 용감하게 죽음으로써 그 세력들을 무찔렀으니 그들이야말로 "자기네 피로 이 나라를 일으켜 주었다".[214] 우리는 그대를 바로 그런 나라로 초대하며 그 시민들의 대열에 그대가 합류하기를 권유하는 바이다. 어느 면에서 그 나라에 있는 망명처는 죄외 진정한 용서라고 하겠다.[215] 본래의 훌륭한 천성을 잃어버린 그대의 동포들이 그리스도나 그리스도인들을 험담하고 험한 세태를 그리스도인들의 탓으로 고발하는 말은 귀담아듣지 말라. 그들이 기대하는 좋은 세상이란 평온한 삶이 아니라 오히려 안심하고 죄악을 저지르면서 누리는 삶일 테니까. 이런 것이 그대의 마음에 들었던 적은 없으며 지상 국가를 위해서도 결코 그대가 바라던 바가 아니었다. 이제는 그대도 천상 국가를 손에 넣으라! 그 일은 그대가 조금도 수고하지 않아도 되며, 거기서 그대는 진정으로 또 영원히 다스리게 되리라. 거기서는 베스타의 화로나 카피톨리움의 돌이 아니라[216] 한 분이신 참 하느님이 그대에게

사물의 경계와 시간을 따로 설정하지 않으며

끝없는 제권帝權을 수여하리라.[217]

29. 2. 거짓 신들을 배척하라

거짓되고 기만하는 신들에게로 돌아가지 말라! 도리어 그들을 배척하고 멸시하며, 참다운 자유를 찾아 솟아오르라! 그들은 신들이 아니고 악령들이며 그대의 영원한 행복이 그들에게는 곧 형벌이 된다. 유노 여신은 그대가 혈육을 받은 트로야인들이 로마의 요새를 차지하게 됨을 시기했던 것으로 보이는데,[218] 그대가 여태껏 신이라고 믿는 저 정령들은, 온 인류에게 구원의 처소가 돌아갈까 시기하고 있다. 그리고 그대가 축제로 정령들을 즐겁게 했을 때 그런 영들에

placasti, et per quos homines eosdem ludos fecisti, infames esse uoluisti. Patere asseri libertatem tuam aduersus inmundos spiritus, qui tuis ceruicibus inposuerant sacrandam sibi et celebrandam ignominiam suam. Actores criminum diuinorum remouisti ab honoribus tuis: supplica Deo uero, ut a te remoueat illos deos, qui delectantur criminibus suis, seu ueris, quod ignominiosissimum est, seu falsis, quod malitiosissimum est. Bene, quod tua sponte histrionibus et scaenicis societatem ciuitatis patere noluisti; euigila plenius! Nullo modo his artibus placatur diuina maiestas, quibus humana dignitas inquinatur. Quo igitur pacto deos, qui talibus delectantur obsequiis, haberi putas in numero sanctarum caelestium potestatum, cum homines, per quos eadem aguntur obsequia, non putasti habendos in numero qualiumcumque ciuium Romanorum? Incomparabiliter superna est ciuitas clarior, ubi uictoria ueritas, ubi dignitas sanctitas, ubi pax felicitas, ubi uita aeternitas. Multo minus habet in sua societate tales deos, si tu in tua tales homines habere erubuisti. Proinde si ad beatam peruenire desideras ciuitatem, deuita daemonum societatem. Indigne ab honestis coluntur, qui per turpes placantur. Sic isti a tua pietate remoueantur purgatione Christiana, quo modo illi a tua dignitate remoti sunt notatione censoria. De bonis autem carnalibus, quibus solis mali perfrui uolunt, et de malis carnalibus, quae sola perpeti nolunt, quod neque in his habeant quam putantur habere isti daemones potestatem (quamquam si haberent,

---

[219] ubi victoria veritas, dignitas sanctitas, pax felicitas, vita aeternitas: 하느님의 도성의 탁월한 도덕적 특성을 열거한 명구로 꼽힌다.

관해 적지 않게 평가했으면서도, 정작 그대가 시켜서 그런 축제를 공연한 배우들을 그대들은 불명예스런 자로 만들려고 했다. 오히려 그대의 어깨에 치욕스런 짓을 자기들에게 봉헌하고 거행하는 짐을 지운 저 불결한 영들에 맞서서 그대의 자유를 주장하라! 그대는 신들의 죄악상을 연기하는 배우들을 그대들의 공직에서 추방했음에도 불구하고, 저 신들은 치욕스런 짓을 자기들에게 봉헌하고 거행하는 짐을 그대의 어깨에 지웠다! 그대는 신들의 죄악을 연기하는 배우들을 공직에서 추방했다. 그러니 그대는 자기네 범죄를 즐기는 저 신들을 그대한테서 추방해 달라고 참 하느님께 빌라! 그들의 범죄가 진짜든(그렇다면 더없이 창피스런 짓이리라) 아니면 가짜든(그렇다면 참으로 악질적인 짓이리라) 상관없이. 그대는 지발적으로 배우들과 연극인들을 국가(사회)의 유대에 받아주기 싫어했다. 이것은 잘한 일이나 경계를 더욱 철저히 하라! 인간 품위가 손상되는 그런 예술에 의해 신적 권위라는 것이 무마되는 일이 결코 없다. 저런 아부 행사를 공연하는 사람들이 누구든 로마 시민들의 반열에 들어야 한다고 그대는 전혀 생각하지 않았으면서, 도대체 어찌하다가, 그대는 그따위 아첨을 즐기는 신들이 거룩한 천상 세력들의 반열에 들리라는 생각을 하는가? 천상 국가는 비교도 할 수 없이 찬란하여, 거기서는 진리가 승리요, 거기서는 거룩함이 품위이며, 거기서는 평화가 행복이요, 거기서는 삶이 영원이다.[219] 그대가 이곳에서 연극을 하는 저런 인간들과 친교를 나누기를 부끄러워했다면, 더구나 저곳에서 저따위 신들을 그 사회에 받아줄 리 만무하다. 그러므로 그대가 만일 행복한 국가에 도달하고 싶다면 정령들과의 친교를 피하라! 수치스런 인간들의 손으로 무마되는 자들이 덕성스런 인간들에게서 숭배받는 것은 부당하다. 그러므로 감찰관의 공지(소지)에 의해 저 수치스런 인간들이 그대의 품계에서 제외당했듯이, 그리스도교의 정화에 의해 저 수치를 즐기는 신들이 그대의 신심에서 제외되도록 하라! 육신의 선익에 관해서라면 악인들은 이 선익만 누리려고 한다. 육신의 해악에 관해서라면 악인들은 이 해악만 당하기 싫어한다. 저 정령들이 무슨 권한을 가진 것처럼 보이지만 실상 아무 권한이 없다. (설령 저들이 무슨 권한을 가졌다고 할지라도 육신의 선익 때문에 그들을 숭배하기보다도 차라리 우리

deberemus potius etiam ista contemnere, quam propter ista illos colere et
eos colendo ad illa, quae nobis inuident, peruenire non posse), — tamen
nec in istis eos hoc ualere, quod hi putant, qui propter haec eos coli opor-
tere contendunt, deinceps uidebimus, ut hic sit huius uoluminis modus.

는 육신의 선익을 멸시해야 마땅할 것이다. 또 우리에게 닥치는 영원한 선익을 그자들이 시샘하는 마당에 어차피 저들을 숭배한다 하더라도 저들 덕택에 우리가 거기에 도달할 수는 없을 것이다.) 육신의 선익과 해악 때문에 그자들을 숭배해야 한다고 억지를 쓰는 사람들이 생각하는 바와는 달리 그자들이 아무런 힘이 없다는 이야기는 다음 권에서 살펴보기로 하고, 이 권은 여기서 끝난다.

AUGUSTINUS

DE CIVITATE DEI
LIBER III

ROMANORUM RES GESTAE IUDICIO
PERCURRUNTUR

아우구스티누스

신 국 론
제 3 권

로마사의 비판적 회고

1. Iam satis dictum arbitror de morum malis et animorum, quae prae-
cipue cauenda sunt, nihil deos falsos populo cultori suo, quo minus eorum
malorum aggere premeretur, subuenire curasse, sed potius, ut maxime
premeretur, egisse. Nunc de illis malis uideo dicendum, quae sola isti
perpeti nolunt, qualia sunt fames morbus, bellum exspoliatio, captiuitas
trucidatio, et si qua similia iam in primo libro commemorauimus. Haec
enim sola mali deputant mala, quae non faciunt malos; nec erubescunt
inter bona, quae laudant, ipsi mali esse qui laudant, magisque stoma-
chantur, si uillam malam habeant, quam si uitam, quasi hoc sit hominis
maximum bonum, habere bona omnia praeter se ipsum. Sed neque talia
mala, quae isti sola formidant, dii eorum, quando ab eis libere colebantur,
ne illis acciderent obstiterunt. Cum enim uariis per diuersa temporibus
ante aduentum Redemptoris nostri innumerabilibus nonnullisque etiam
incredibilibus cladibus genus contereretur humanum, quos alios quam
istos deos mundus colebat, excepto uno populo Hebraeo et quibusdam
extra ipsum populum, ubicumque gratia diuina digni occultissimo atque
iustissimo Dei iudicio fuerunt? Verum ne nimis longum faciam, tacebo
aliarum usquequaque gentium mala grauissima: quod ad Romam pertinet
Romanumque imperium tantum loquar, id est ad ipsam proprie ciuitatem

---

[1] mala, quae non faciunt malos: 악을 윤리악(peccatum)과 물리악(poena peccati)으로 대별하는 교부는
인간을 악하게 만드는 것은 온갖 불행이라는 물리악이 아니고 죄라는 윤리악임을 처음부터 강조한다.

[2] si *villam malam* ... si *vitam (malam)*: malus라는 형용사가 물리적으로 "나쁜 것"과 윤리적으로 "악
한 것"을 동시에 의미한다.

[3] 로마사를 비판적으로 회고하기에 앞서 저자는 역사 자체에 관한 그리스도교 철학의 개념을 확립
하고자 한다. 지상에서는 인간이야말로 다른 모든 사물이 선성을 띠는 기준이 되며 역사라는 것도 사
건과 업적에 비추어 평가될 것이 아니라 인간에 입각하여 평가되어야 한다는 것이다.

[4] istos deos: 라틴어에서 지시대명사 ille는 "저 유명한, 저 위대한" 등의 경의를 담고 iste는 "저따
위, 저 작자" 등의 경멸을 담는다.

[5] 그리스도의 내림 이전에도 히브리 민족에만 은총이 국한되지 않았으며 구원의 보편성이 존재했
다: "이 종교의 구원은 합당한 인간이면 누구에게도 없는 바 없었다(salus religionis huius ... nulli un-
quam defuit qui dignus fuit: *Epistula* 102.12). "단지 누가 합당하냐고 묻는다면, 사람들은 인간의지를
거론하지만 우리는 은총과 신적 예정을 말한다"(*De praedestinatione sanctorum* 19). 본서 18.47 참조.

제1부 (1-12)
역사를 비판하는 명분

1. 악인들은 잠시적 재앙만을 두려워하지만, 이런 재앙은 신들을 섬기는 동안에도 늘 겪어온 것들이다

나는 각별히 조심할 도덕적이고 정신적인 악에 관해, 그리고 거짓 신들이 자신들을 섬기는 백성이 그런 악의 무게에 덜 시달리게 돕는 데 조금도 마음을 쓰지 않았다는 점에 대해 충분히 논했다고 생각한다. 거짓 신들은 오히려 백성들이 그런 악에 몹시 시달리도록 행동했다는 것도 충분히 입증했다. 이제는 우리와 언쟁하는 저 사람들이 유일하게 겪기 싫어하는 종류의 악에 관해 논해야 할 터인데, 그것은 기근, 질병, 전쟁, 약탈, 포로, 학살 등으로 첫 권에서도 이미 언급한 일들이다. 악인들은 이런 일들만을 악이라고 여기지만, 사실 이런 일들이 사람을 악인으로 만들지는 않는다.[1] 또 악인들은 선을 칭송하면서도, 정작 칭송하는 자신들이 악한 인간으로 남아있다는 사실에 대해서는 부끄러워하지 않는다. 그들은 나쁜 집을 지니는 것을 나쁜 삶을 살아가기보다 더 불쾌하게 여긴다.[2] 마치 자기 일신만 제외하고는 모든 선을 소유하는 일이 인간 최고의 선인 양 생각하는 듯하다.[3] 그러나 저 사람들이 유일하게 두려워하는 그런 일들은 실상 악이 아니며, 저 사람들이 섬기는 여러 신들은 기꺼이 숭배받으면서도 이런 악들이 그들에게 닥치지 않도록 막아 주지 않았다. 우리 구속주救贖主의 내림 전에도 여러 시대에 여러 장소에서 무수한 재앙, 심지어 믿어지지 않는 재앙들에 인류가 시달려 왔을 때, 과연 저따위 신들 말고[4] 도대체 어떤 신들이 숭배받아 왔던가? 히브리 백성 그리고 히브리 백성 외에 어디서든 하느님의 지극히 내밀하고 지극히 정의로운 판단에 따라 신적 은총을 받기에 합당했던 소수의 인간들을 제외한다면, 도대체 숭배받아 온 것들이 어떤 신들이던가?[5] 하지만 너무 광범한 얘기는 피하는 뜻에서 다른 민족들이 당한 막중한 해악들에 관해서는 입을 다물겠다. 단지 로마에 관련되고 로마제국에 관련된 것만 말할 생각이다. 다시 말해 로마 도성과 지상에서 우호동맹으로 로마에 연합되었거나

et quaecumque illi terrarum uel societate coniunctae uel condicione subiectae sunt, quae sint perpessae ante aduentum Christi, cum iam ad eius
quasi corpus rei publicae pertinerent.

2. Primum ipsa Troia uel Ilium, unde origo est populi Romani, (neque
enim praetereundum aut dissimulandum est, quod et in primo libro adtigi)
eosdem habens deos et colens cur a Graecis uictum, captum atque deletum est? «Priamo, inquiunt, sunt reddita Laomedontea paterna periuria.»
Ergo uerum est, quod Apollo atque Neptunus eidem Laomedonti mercennariis operibus seruierunt? Illis quippe promisisse mercedem falsumque
iurasse perhibetur. Miror Apollinem nominatum diuinatorem in tanto opificio laborasse nescientem quod Laomedon fuerat promissa negaturus.
Quamquam nec ipsum Neptunum, patruum eius, fratrem Iouis, regem maris, decuit ignarum esse futurorum. Nam hunc Homerus de stirpe Aeneae,
a cuius posteris Roma est, cum ante illam urbem conditam idem poeta
fuisse dicatur, inducit magnum aliquid diuinantem, quem etiam nube rapuit, ut dicit, ne ab Achille occideretur,

> cuperet cum uertere ab imo,

quod apud Vergilium confitetur,

> Structa suis manibus periurae moenia Troiae.

Nescientes igitur tanti dii, Neptunus et Apollo, Laomedontem sibi negaturum esse mercedem structores moenium Troianorum gratis et ingratis fuerunt. Videant ne grauius sit tales deos credere quam diis talibus peierare.
Hoc enim nec ipse Homerus facile credidit, qui Neptunum quidem contra

---

[6] 아우구스티누스는 본서 3권을 역사학적으로 보충하는 뜻에서 제자 Paulus Orosius를 시켜 *Historiae adversus paganos*를 집필하게 했다.

[7] 제3권에서는 다신교 신앙이 과연 로마인들에게 안녕과 번영만을 보장해 주었던가를 재론하는 데 논점을 국한시키고 있다.

[8] 1.3-4 참조.

[9] Vergilius, *Aeneis* 4.542.

[10] Laomedon: 트로야의 초대 왕들 가운데 한 사람으로 Ilus와 Eurydice의 아들이며 Priamus의 부친. 트로야 성을 쌓는 데 아폴로와 넵투누스의 도움을 받고서는 공사 후 약속한 대가를 치르지 않아 전쟁의 발발과 패배를 초래했다고 한다(Homerus, *Ilias* 21.441-457; Horatius, *Carmina* 3.3.21).

[11] Cf. Homerus, *Ilias* 20.302-352.

[12] Vergilius, *Aeneis* 5.810-811.

[13] "은혜롭게도 은혜를 저버리는 사람들을 위해서"(gratis et ingratis): 신들의 어리석음을 두운법(頭韻法)을 이용해서 조롱했다.

강화조약으로 로마에 예속된 지역에 닥친 일들만 다룰 생각이다.[6] 그 지역들이 이미 로마와 로마제국에 소속되어 있던 당시, 곧 그리스도의 내림 이전에 무슨 일을 겪었는가를 언급할 것이다.[7]

2. 로마인들과 그리스인들은 동일한 신들을 섬겼는데, 그 신들이 일리움의 패망을 허용할 명분이 있었는가

먼저 (내가 첫 권에서 다룬 바[8]를 간과하거나 무시해서는 안 되겠는데) 로마 백성의 기원인 트로야 혹은 일리움은 로마인들이 섬긴 바와 동일한 신들을 모시고 섬겼으면서 어째서 그리스인들에게 패배하여 함락되고 멸망했는가? 그들은 이렇게 답변한다: "조상 라오메돈의 거짓 맹세에 대해 (후손인) 프리아무스가 그 대가를 치른 것이다!"[9] 그렇다면 아폴로와 넵투누스가 바로 그 라오메돈을 위해 봉사했다는 말이 사실인가? 라오메돈은 그 신들에게 봉사의 대가를 치르기로 맹세한 후에, 그 맹세를 어겼다고 전해온다.[10] 소위 신탁자라는 아폴로가 라오메돈이 약속을 지키지 않으리라는 것도 모르고 그토록 힘들여 수고했다는 사실부터가 내게는 이상하다. 더구나 아폴로의 삼촌이요 유피테르의 아우이며 바다의 임금인 넵투누스가 이후의 사태를 짐작조차 못했다는 것은 어울리지 않는다. 로마가 창건되기 전에 살았던 시인 호메루스의 시에서는 넵투누스가 아이네아스의 혈통에 대해 (아이네아스의 후손에서 로마가 나온다는) 모종의 거창한 신탁을 내리며, 아이네아스가 아킬레스에게 피살당하지 않게 구름으로 에워싼 일까지 있다.[11] 베르길리우스의 글에서 넵투누스가 고백하는 말에 의하면

> 자기 손으로 쌓아올린 트로야의 성벽을
> 그 헛맹세로 인해 바탕까지 뒤엎으려는 심산[12]

이었더라도. 그렇다면 그처럼 위대한 신 넵투누스와 아폴로는 라오메돈이 자신들에게 대가를 지불하기로 한 맹세를 저버리리라는 사실도 모르면서 은혜롭게도 은혜를 저버리는 사람들을 위해서 트로야 성벽을 쌓는 석공 노릇을 해 준 셈이다.[13] 이따위 신들을 믿는 일이 이 신들에게 한 맹세를 저버리는 일보다 훨씬 심각한 실수가 아니었나 살펴볼 일이다. 왜냐하면 신화에 의하면 두 신이

Troianos, Apollinem autem pro Troianis pugnantem facit, cum illo periurio ambos fabula narret offensos. Si igitur fabulis credunt, erubescant talia colere numina; si fabulis non credunt, non obtendant Troiana periuria, aut mirentur deos periuria punisse Troiana, amasse Romana. Vnde enim coniuratio Catilinae in tanta tamque corrupta ciuitate habuit etiam eorum grandem copiam, quos manus atque lingua periurio aut sanguine ciuili alebat? Quid enim aliud totiens senatores corrupti in iudiciis, totiens populus in suffragiis uel in quibusque causis, quae apud eum contionibus agebantur, nisi etiam peierando peccabant? Namque corruptissimis moribus ad hoc mos iurandi seruabatur antiquus, non ut ab sceleribus metu religionis prohiberentur, sed ut periuria quoque sceleribus ceteris adderentur.

3. Nulla itaque causa est, quare dii, quibus, ut dicunt, steterat illud imperium, cum a Graecis praeualentibus probentur uicti, Troianis peierantibus fingantur irati. Nec adulterio Paridis, ut rursus a quibusdam defenduntur, ut Troiam desererent, suscensuerunt. Auctores enim doctoresque peccatorum esse adsolent, non ultores. «Vrbem Romam, inquit Sallustius, sicuti ego accepi, condidere atque habuere initio Troiani, qui Aenea duce profugi sedibus incertis uagabantur.» Si ergo adulterium Paridis uindican-

---

[14] in tanta tamque corrupta civitate: "거짓 맹세"(periuria)와 "음모"(coniuratio)는 동일한 어원(per- / con-ius)에서 유래한다. Sallustius도 로마 사회의 불신풍조와 끊임없는 정치적 음모를 지탄한 바 있다 (*De coniuratione Catilinae* 14.1-3).

[15] Vergilius, *Aeneis* 2.351-352 ("사당과 제단을 버리고서 모든 신들이 떠나버렸도다. / 덕택에 이 제국이 서 있었거늘") 참조. 본서 2.22.2; 2.25.2; 3.7; 3.14.3; 3.15.2에 거듭 인용된다.

[16] *auctores* enim *doctores*que peccatorum ... *non ultores*: 트로야 신화에 얽힌 신들의 태도를 단 세 단어로 조롱해 버린다.

[17] Sallustius, *De coniuratione Catilinae* 6.1. Cf. Livius, *Ab Urbe condita* 1.praefatio: "로마 건국 이전의 사건들은 시적 설화로 내려오는 전승들이어서 나는 그것이 사실이라고 보장할 의향도 없고 거짓이라고 부정할 생각도 없다."

다 함께 라오메돈의 거짓 맹세로 마음을 상했음에도 불구하고, 호메루스조차도 이 일은 선뜻 믿어지지 않아선지 넵투누스는 트로야인들을 적대하여 싸우고 아폴로는 트로야인들을 편들어 싸우게 만들었기 때문이다. 로마인들이 이런 신화를 만약 믿는다면, 저런 신령들을 숭배함을 부끄러워해야 마땅하리라. 그리고 그 신화를 만약 믿지 않는다면, 트로야의 거짓 맹세를 지탄하지도 말아야 하며, 신들이 트로야의 거짓 맹세를 징벌했으면서도 로마의 거짓 맹세는 총애했다고 해서 이상하게 여기지도 말아야 한다. 혜로는 거짓 맹세를 하고, 손은 동포의 피로 물들인 무수한 인간들을 길러내고 있는 로마라는 거대하고 혹심하게 타락한 도성에서라면 카틸리나의 음모라고 해서 뭐가 대수로운가?[14] 원로원은 재판에서 엄청난 부패를 저지르고, 국민은 선거나 국민의 공청公廳에 회부된 모든 사안에서 엄청난 부패를 저지르면서도, 그때마다 거짓 맹세를 한다는 것은 범죄가 아니고 무엇인가? 풍습이 극도로 타락한 때에도 맹세라는 오랜 관습은 유지되었지만, 그 결과는 종교적 경외심으로 이런 죄악을 삼가게 만든 것이 아니라 여타의 죄악에 거짓 맹세라는 (죄악을) 더할 뿐이었다.

3. 신들은 파리스의 간통 때문에 분개할 자격이 없었으니, 그들 자신이 예사로 간통을 저질렀다고 전해지기 때문이다

그러므로 신들 덕택에 일리움 제국이 존속하고 있었는데, 트로야인들의 거짓 맹세로 인해 신들이 분노하게 된 것처럼 꾸미는 일은 전혀 이치에 맞지 않다.[15] 세력이 막강한 그리스인들에게 정작 패배한 것은 신들이기 때문이다. 또 신들을 변호하는 사람들이 거듭 우기듯이, 파리스의 간통 때문에 신들이 분기탱천하여 트로야를 저버렸다는 말도 사리에 맞지 않는다. 왜냐하면 그 신들 스스로가 상습적으로 간통 같은 죄악을 저지르는 장본인이요 죄악을 가르치는 교사 노릇을 해 왔을 뿐 죄악을 보복하는 응징자 역할은 하지 않기 때문이다.[16] 살루스티우스의 말대로 하면, "내가 전해 듣기로는, 트로야인들이 난민이 되어 아이네아스의 영도하에 정처없이 방랑하다가 로마 시를 건설하고 그곳에 처음으로 정착했다".[17] 그러므로 만일 신령들이 파리스의 간통을 징계해야 한다고

dum numina censuerunt, aut magis in Romanis aut certe etiam in Romanis puniendum fuit, quia Aeneae mater hoc fecit. Sed quo modo in illo illud flagitium oderant qui in sua socia Venere non oderant (ut alia omittam) quod cum Anchise commiserat, ex quo Aenean pepererat? An quia illud factum est indignante Menelao, illud autem concedente Vulcano? Dii enim, credo, non zelant coniuges suas, usque adeo ut eas etiam cum hominibus dignentur habere communes. Inridere fabulas fortassis existimor nec grauiter agere tanti ponderis causam. Non ergo credamus, si placet, Aenean esse Veneris filium: ecce concedo, si nec Romulum Martis. Si autem illud, cur non et illud? An deos fas est hominibus feminis, mares autem homines deabus misceri nefas? Dura uel potius non credenda condicio, quod ex iure Veneris in concubitu Marti licuit, hoc in iure suo ipsi Veneri non licere. At utrumque firmatum est auctoritate Romana. Neque enim minus credidit recentior Caesar auiam Venerem quam patrem antiquior Romulus Martem.

4. Dixerit aliquis: itane tu ista credis? Ego uero ista non credo. Nam et uir doctissimus eorum Varro falsa haec esse, quamuis non audacter neque fidenter, paene tamen fatetur. Sed utile esse ciuitatibus dicit, ut se uiri fortes, etiamsi falsum sit, diis genitos esse credant, ut eo modo animus

---

[18] 로마의 전설적 창건자 Aeneas는 트로야 임금 Priamus의 사위인 Anchises와 여신 베누스 사이에서 출생한 것으로 꾸며져 있다: Vergilius, *Aeneis* 1.372-401.

[19] 신화가 인생과 민족사에 대한 상징적 해석이라는 계몽된 사고에 앞서 신화의 내용을 역사적 사실로 진지하게 믿어오던 당대인들에게 아우구스티누스는 진지한 토론을 제안한다.

[20] Iulius Caesar는 아이네아스가 베누스의 아들이라는 전설을 정치적으로 활용하여 자기가 그 후예임을 자처했다. Cf. Suetonius, *Divus Iulius* 6.

[21] Marcus Terentius Varro (BC 116~27): 시인(*De re rustica; Saturae Menippeae*)이요 언어학자(*De lingua Latina*)이며 박물학자(*Antiquitates rerum humanarum et divinarum*)로서 아우구스티누스가 본서에서 로마 종교에 관한 언급에 가장 많이 인용하는 학자이며 그의 박식함에 대단한 존경을 표한다.

생각했다면, 로마인들에게는 더욱 엄하게, 아니면 적어도 로마인들에게도 트로아인들과 똑같이 징벌을 내렸어야 할 것이니, 아이네아스의 모친도 간통을 했기 때문이다. (딴 얘기는 차치하고라도) 안키세스와 간통하여 그 결과 아이네아스를 낳은 동료 여신 베누스를 두고는 간통이라는 파렴치를 징벌하지 않았으면서도 왜 파리스에 대해서만 간통을 징벌했다는 말인가?[18] 혹시 파리스의 행동은 메넬라오스가 불쾌하게 여겼기 때문이고, 베누스의 행동은 불카누스가 용인했기 때문인가? 내가 믿기로는, 신들은 자기네 배우자를 인간 사내들과 공유하는 일도 온당하다고 여길 정도로 자기네 배우자에 대해 시샘 따위를 품지 않았던 것 같다. 내가 신화들을 비웃는 것처럼 보이고 이토록 중대한 문제를 대수롭지 않게 취급하는 것처럼 보인지도 모르겠다.[19] 그렇다면, 아이네아스를 베누스의 아들이 아니라고 생각해 보자. 그 점은 내가 인정하겠지만, 그러나 로물루스 역시 마르스의 아들이 아닐 경우에만 수긍할 수 있다. 하나가 그렇다면, 다른 하나 역시 그렇지 않다는 법은 없지 않은가? 남신男神들이 인간 여자들과 어울리는 것은 가당하지만, 인간 남자들이 여신들과 어울리는 일은 부당하다는 말인가? 사랑의 여신 베누스의 법도에 비추어 마르스가 베스타 제관인 여인과 동침한 일은 합당하다고 말하면서, 똑같은 이치로 베누스가 남자 인간과 동침하는 경우에는 합당하지 않다고 한다면, 이런 조건은 너무 심하고 도저히 신빙성이 없다. 양쪽 다 합당하다는 것은 로마의 권위있는 문학가들에 의해 확인된 바다. 상고시대의 로물루스가 마르스를 아버지라고 믿었던 것과 마찬가지로, 최근의 카이사르도 베누스를 할머니라고 믿었다.[20]

4. 비록 거짓말이더라도 인간이 신들에게서 태어났다고 생각하는 편이 유익하다는 바로의 견해

혹자는 말할지도 모르겠다: 당신은 이 모든 것을 그대로 믿는가? 물론 나는 그대로 믿지 않는다. 왜냐하면 박식하기 이를 데 없는 바로[21]마저 비록 대담하고 자신있게 단언하지는 않았지만 이 이야기가 거짓말이라고 했기 때문이다. 그럼에도 이런 거짓말이 국가에는 유익하다고 말했다. 용감한 남자들은 비록

humanus uelut diuinae stirpis fiduciam gerens res magnas adgrediendas praesumat audacius, agat uehementius et ob hoc impleat ipsa securitate felicius. Quae Varronis sententia expressa, ut potui, meis uerbis cernis quam latum locum aperiat falsitati, ut ibi intellegamus plura iam sacra et quasi religiosa potuisse confingi, ubi putata sunt ciuibus etiam de ipsis diis prodesse mendacia.

5. Sed utrum potuerit Venus ex concubitu Anchisae Aenean parere uel Mars ex concubitu filiae Numitoris Romulum gignere, in medio relinquamus. Nam paene talis quaestio etiam de scripturis nostris oboritur, qua quaeritur, utrum praeuaricatores angeli cum filiabus hominum concubuerint, unde natis gigantibus, hoc est nimium grandibus ac fortibus uiris, tunc terra completa est. Proinde ad utrumque interim modo nostra disputatio referatur. Si enim uera sunt, quae apud illos de matre Aeneae et de patre Romuli lectitantur, quo modo possunt diis adulteria displicere hominum, quae in se ipsis concorditer ferunt? Si autem falsa sunt, ne sic quidem possunt irasci ueris adulteriis humanis, qui etiam falsis delectantur suis. Huc accedit, quoniam, si illud de Marte non creditur, ut hoc quoque de Venere non credatur, nullo diuini concubitus obtentu matris Romuli causa defenditur. Fuit autem sacerdos illa Vestalis, et ideo dii magis in Romanos sacrilegum illud flagitium quam in Troianos Paridis adulterium uindicare debuerunt. Nam et ipsi Romani antiqui in stupro detectas Vestae

---

²² 단편(fragmenta: *Appendix operum historicorum*)으로 아우구스티누스가 인용하고 있는 이 구절은 전해오지 않는다.

²³ iam *sacra et quasi religiosa* potuisse confingi ... *mendacia*: 신화가 역사의 구체적 사실이기보다는 민족의 자존심, 전통과 문화의 긍지, 사회적 유대를 조성한다는 상징적 해석은 그리스도교 학자들도 거의 수긍한 바 있다. Cf. Lactantius, *Divinae institutiones* 1.11.33; Minucius Felix, *Octavius* 20.5-6.

²⁴ 이름이 Rea Silvia로 전해 온다.

²⁵ 창세기(6,4)에 나오는 거인족(巨人族)은 너무도 신화적이어서 교부들에게 난감한 문제였다. 본서 15.23에 나오는 아우구스티누스의 해설 참조.

거짓말일지라도 자신들이 신들에게서 태어났다고 믿는다면, 인간 정신이 신의 혈통이라는 자신감을 낳아 더 과감하게 위대한 업적을 성취하려 하며, 더 저돌적으로 행동하고, 안도감을 갖고서 더 행복하게 위업을 완수할 것이기 때문이라고 바로는 주장했다.[22] 나는 바로의 견해를 표현하는 데 성의껏 (이러한) 용어를 구사했거니와, 바로의 이런 견해를 보더라도 그대는 허위가 얼마나 광범하게 존재할 수 있는지 감지하리라고 본다. 신들에 관한 한, 비록 거짓말이더라도 시민들에게 유익이 된다고 여겨질 때, 많은 거짓이 이미 성스러운 무엇, 심지어 종교적인 무엇이라고까지 포장될 수 있다는 사실을 깨닫게 된다.[23]

5. 신들이 로물루스 모친의 간통은 징벌하지 않으면서 파리스의 간통은 징벌했다면, 이는 불공정한 일이다

베누스가 안키세스와 동침하여 아이네아스를 낳을 수 있었는가, 그렇지 않으면 마르스가 누미토르의 딸[24]과 동침하여 로물루스를 낳을 수 있었는가의 문제는 뒤로 미루기로 하자. 그 이유는 이와 비슷한 의문이 우리네 성서에 관해서도 제기되는 것으로서, 반역하는 천사들이 과연 사람의 딸들과 동침하여 거기서 거인들이 태어나서 그야말로 이 거대하고 용맹한 사람들로 당시의 땅이 가득 찼느냐는 시비가 나오는 까닭이다.[25] 지금으로서는 다음 두 문제에 국한하여 하나씩 따로 언급해 보자. 아이네아스의 모친과 로물루스의 부친에 관해 로마인들에게서 전해오는 바가 과연 사실이라면, 신들 사이에서는 간통을 대수롭지 않게 받아들이는 것인데 그러면서 어째서 인간들의 간통은 신들의 마음에 들지 않을 수 있느냐는 점이다. 만일 그것이 거짓말이라면, 자신들의 허구적 간통 행위를 두고 즐거워하는 신들이 인간들의 간통 행위를 두고 분노한다는 것은 있을 수 없는 일이다. 만일 마르스의 간통을 믿지 않는다면, 베누스의 간통 역시 믿지 말아야 하며, 따라서 신과의 동침이었다는 핑계로 로물루스 모친의 간통이 옹호되어서는 안 된다. 그녀는 베스탈리스 제관이었으므로, 신들은 파리스의 간통을 두고 트로야인들에게 보복하기보다 베스탈리스가 저지른 신성모독을 두고 로마인들에게 보복했어야 한다. 왜냐하면 고대 로마인들마저 음행으로 정조를 잃은 베스타의

sacerdotes uiuas etiam defodiebant, adulteras autem feminas, quamuis aliqua damnatione, nulla tamen morte plectebant: usque adeo grauius quae putabant adyta diuina quam humana cubilia uindicabant.

6. Aliud adicio, quia, si peccata hominum illis numinibus displicerent, ut offensi Paridis facto desertam Troiam ferro ignibusque donarent, magis eos contra Romanos moueret Romuli frater occisus quam contra Troianos Graecus maritus inlusus; magis inritaret parricidium nascentis quam regnantis adulterium ciuitatis. Nec ad causam, quam nunc agimus, interest, utrum hoc fieri Romulus iusserit aut Romulus fecerit, quod multi inpudentia negant, multi pudore dubitant, multi dolore dissimulant. Nec nos itaque in ea re diligentius requirenda per multorum scriptorum perpensa testimonia demoremur: Romuli fratrem palam constat occisum, non ab hostibus, non ab alienis. Si aut perpetrauit aut imperauit hoc Romulus, magis ipse fuit Romanorum quam Paris Troianorum caput; cur igitur Troianis iram deorum prouocauit ille alienae coniugis raptor, et eorundem deorum tutelam Romanis inuitauit iste sui fratris extinctor? Si autem illud scelus a facto imperioque Romuli alienum est: quoniam debuit utique uindicari, tota hoc illa ciuitas fecit, quod tota contempsit, et non iam fratrem, sed patrem, quod est peius, occidit. Vterque enim fuit conditor, ubi alter scelere ablatus non permissus est esse regnator. Non est, ut arbitror, quod dicatur quid mali Troia meruerit, ut eam dii desererent, quo posset

---

[26] Cf. Livius, *Ab Urbe condita* 26.27.14: 베스타 신전의 지성소에는 "로마제국의 운명을 좌우하는 담보물이 안치되어 있었다"(conditum fatale pignus imperii Romani).

[27] 로마 건국신화의 형제살해(兄弟殺害)는 로마 지성계의 곤혹스런 주제였으나 비난하는 입장은 소수였다. Cf. Cicero, *De officiis* 3.10.41; Horatius, *Epodi* 7.17-20.

[28] 로물루스의 형제살해를 옹호하는 입장은 다음 자료를 참조할 것: Plutarchus, *Vitae parallelae. Romulus* 3.1.5; Livius, *Ab Urbe condita* 1.7.2.

제관들을 산 채로 매장했기 때문이다. 그러나 간통한 보통 여자들은 일정한 형벌을 받기는 했지만 사형으로 징계된 적은 없다. 이것으로 보아 그때까지는 인간들의 침상보다 신들의 전당을 수호하는 일을 더 중시했음을 알 수 있다.[26]

6. 로물루스는 친족살해를 하고도 신들에게 징벌받지 않았다

나는 또 다른 문제 하나를 제기하고자 한다. 만일 신들이 파리스의 행실에 분노하여 인간들의 죄악에 대해 칼과 불로써 트로야를 폐허로 만들어 버린 것이었다면, 그리스인 남편이 당한 기만 때문에 트로야인들을 징벌했던 것 이상으로 로물루스 아우의 피살을 두고 로마인들을 징벌했어야 마땅하다. 우리가 논하고 있는 사안에서는 로물쿠스가 레무스를 주이라고 명령을 내렸느냐, 아니면 자기 손으로 레무스를 죽이는 행동을 했느냐는 상관없다. 로물루스가 레무스를 직접 죽였다는 문제는 많은 사람들이 강력하게 부인하고 많은 사람들은 체면상 이를 의심스러워하고 또 많은 사람들은 심사가 괴로워 이를 모르는 체한다.[27] 그러니 우리도 이 문제에 관해 많은 저술가들의 광범한 증언을 놓고 철저히 따질 생각은 없다. 한 가지 분명한 것은 로물루스의 아우가 적병에게 피살된 것도 아니고 외부인에게 피살된 것도 아니라는 사실이다. 로물루스가 손수 자행했든 그렇게 하라고 명령을 내렸든, 파리스가 트로야인들의 우두머리였다는 점보다 더 깊은 의미에서 로물루스는 로마인들의 우두머리였다. 그러면 로물루스는 자기 아우를 살해하고서도 신들의 가호가 로마인들에게 내리게 했는데, 왜 파리스는 남의 아내를 납치했다고 하여 트로야인들에게 같은 신들로부터 분노를 야기했다는 말인가? 만일 그 범죄가 로물루스의 행동이나 통치권과 무관했다면, 도시 전체가 어떻게든 그런 짓을 응징했어야 하는데도 이를 묵과한 것이므로 도시 전체가 그런 짓을 자행한 셈이다. 로마는 단지 형제를 죽인 것에 그치지 않고 도시 국가의 어버이를 죽인 셈이며, 따라서 훨씬 악한 짓이었다. 왜냐하면 로물루스와 레무스 두 사람 모두 로마의 창건자인데 그가운데 하나가 범죄로 제거되어 통치자가 되지 못한 까닭이다.[28] 내가 보기에는, 트로야가 어떤 악을 저질렀기에 신들이 그곳을 저버렸고, 그래서 그토록 철저하

extingui, et quid boni Roma, ut eam dii inhabitarent, quo posset augeri; nisi quod uicti inde fugerunt et se ad istos, quos pariter deciperent, contulerunt; immo uero et illic manserunt ad eos more suo decipiendos, qui rursus easdem terras habitarent, et hic easdem artes fallaciae suae magis etiam exercendo maioribus honoribus gloriati sunt.

7. Certe enim ciuilibus iam bellis scatentibus quid miserum commiserat Ilium, ut a Fimbria, Marianarum partium homine pessimo, euerteretur, multo ferocius atque crudelius quam olim a Graecis? Nam tunc et multi inde fugerunt et multi captiuati saltem in seruitute uixerunt; porro autem Fimbria prius edictum proposuit, ne cui parceretur, atque urbem totam cunctosque in ea homines incendio concremauit. Hoc meruit Ilium non a Graecis quos sua inritauerat iniquitate, sed a Romanis quos sua calamitate propagauerat, diis illis communibus ad haec repellenda nihil iuuantibus seu, quod uerum est, nihil ualentibus. Numquid et tunc

     Abscessere omnes adytis arisque relictis

     Di,

quibus illud oppidum steterat post antiquos Graecorum ignes ruinasque reparatum? Si autem abscesserant, causam requiro, et oppidanorum quidem quanto inuenio meliorem, tanto deteriorem deorum. Illi enim contra

---

[29] illic ... *ad eos more suo decipiendos* ... et hic easdem *artes fallaciae* suae *exercendo*: 교부가 본서에서 (호교론적 입장으로) 로마의 다신숭배를 공격하는 요지가 "풍속의 타락"과 "정신적 기만"이다.

[30] Flavius Fimbria는 마리우스 편이었으며 Valerius Flaccus의 부관으로서 BC 86년 Mithridates를 공격하면서 Pergamus와 Ilium을 파괴했다. 키케로는 이 인물에게 호감을 보이는데 (*De officiis* 3.19.77), 다른 사람들은 악평을 한다 (Plutarchus, *Vitae parallelae. Sulla* 25; Appianus, *De bello Mithridatico* 53.59).

[31] Vergilius, *Aeneis* 2.351-352. 다신교 신앙의 허구성을 방증하는 자료로 본서에서만도 아우구스티누스는 수차 이 구절을 인용한다 (앞의 각주 15 참조).

게 파멸할 수 있었는지, 그리고 로마가 무슨 선을 행했기에 신들이 그곳에 머물 만했고, 그래서 그토록 흥성할 수 있었는가 물을 처지가 아니다. 그런 질문을 할라치면 신들이 패배하여 트로야에서 도망나와서는 이번에는 로마인들에게 들어가서 그들을 똑같이 기만해 왔다는 말이 되고 만다. 그러니까 트로야에 머물렀던 까닭은 자기들의 행습行習을 갖고서 트로야인들을 기만하기 위함이었고, 그자들이 같은 로마 땅에 거처하게 된 것은 이곳에서도 자기네 속임수를 동일하게 발휘함으로써 더 큰 자랑을 떨치기 위함이었다는 말이 된다.[29]

7. 마리우스의 부장副將 핌브리아가 저지른 트로야 파괴

시민전쟁이 발발했을 때 일리움은 무슨 잘못을 범했기에 마리우스 파당의 가장 사악한 인간 핌브리아에 의해 파괴당했으며, 예전에 그리스인들에게 당한 것보다 훨씬 혹독하고 잔학하게 당하고 말았을까? 그리스인들에게 당했을 때는 상당수가 트로야로부터 탈출하기도 했고, 많은 사람이 비록 포로가 되었지만 노예 신분으로나마 살아남기는 했다. 그런데 핌브리아는 먼저 칙령을 내려 그 누구도 살려두지 말라고 했고, 결국 도시 전체와 그 안의 모든 인간들을 화재로 태워 죽여버렸다.[30] 일리움이 치른 이 대가는 자신들의 악행으로 분개시킨 그리스인들에게 당한 것이 아니라, 오히려 자신들이 (예전에) 트로야 전쟁의 패배라는 재앙을 당함으로써 민족적 시원을 마련해준 바로 그 로마인들에게 당한 것이다. 로마와 일리움은 동일한 신들을 섬겼음에도 불구하고, 그런 신들은 이런 재앙들을 피하게 하는 데 아무런 도움도 베풀지 않았던 것이다. 사실대로 말하자면, 아무 힘도 없었던 것이다. 그리스인들의 옛 방화로 폐허가 되었다가 부흥한 저 도성이 신들의 가호로 존립하다가 다시

> 사당과 제단을 버리고서 모든 신들이
> 떠나버렸도다[31]

는 말인가? 신들이 만일 또다시 일리움을 저버렸다면 나는 그 이유를 묻고 싶다. 나는 도성 주민들의 행위가 더 선량하고 신들의 행위가 그만큼 비열하다고 본다. 시민들은 핌브리아에게 맞서서 성문을 닫는데 이것은 술라에게 충성을

Fimbriam portas clauserant, ut Sullae seruarent integram ciuitatem; hinc eos iratus incendit uel potius penitus extinxit. Adhuc autem meliorum partium ciuilium Sulla dux fuit, adhuc armis rem publicam recuperare moliebatur; horum bonorum initiorum nondum malos euentus habuit. Quid ergo melius ciues urbis illius facere potuerunt, quid honestius, quid fidelius, quid Romana parentela dignius quam meliori causae Romanorum ciuitatem seruare et contra parricidam Romanae rei publicae portas claudere? At hoc eis in quantum exitium uerterit, adtendant defensores deorum. Deseruerint dii adulteros Iliumque flammis Graecorum reliquerint, ut ex eius cineribus Roma castior nasceretur: cur et postea deseruerunt eandem ciuitatem Romanis cognatam, non rebellantem aduersus Romam nobilem filiam, sed iustioribus eius partibus fidem constantissimam piissimamque seruantem, eamque delendam reliquerunt non Graecorum uiris fortibus, sed uiro spurcissimo Romanorum? Aut si displicebat diis causa partium Sullanarum, cui seruantes urbem miseri portas clauserant: cur eidem Sullae tanta bona promittebant et praenuntiabant? An et hic agnoscuntur adulatores felicium potius quam infelicium defensores? Non ergo Ilium etiam tunc, ab eis cum desereretur, euersum est. Nam daemones ad decipiendum semper uigilantissimi, quod potuerunt, fecerunt. Euersis quippe et incensis omnibus cum oppido simulacris solum Mineruae sub tanta ruina templi illius, ut scribit Liuius, integrum stetisse perhibetur, non ut diceretur:

---

[32] 3.20; 22.6.2에는 Saguntum의 운명을 두고 같은 논지를 편다.

[33] 첫머리에 a Fimbria Marianarum partium *homine pessimo*라고 욕하고 여기서도 *viro spurcissimo* Romanorum이라고 욕하여 내란과 그 잔인성에 대한 교부의 감정을 드러낸다.

[34] 술라에 대한 정령들의 가호는 2.24 참조.

[35] Titus Livius, *Ab Urbe condita* 20; *Periochae* 83; Iulius Obsequens, *De prodigiis* 56.

바치기 위함이었다. 그러자 핌브리아는 격분하여 도성을 방화하고 철저히 파괴해 버렸다. 당시만 해도 로마 시민의 귀족당파의 우두머리는 술라였는데, 그는 무력으로 공화국을 회복하려고 노력하던 참이어서, 그런 본래의 선의가 아직 평민파에 대한 대학살이라는 악독한 결과를 내기 전이었다. 그렇다면 그 도성의 시민들은 그 이상의 어떤 행위를 할 수 있었겠는가? 로마인들의 더 선한 명분에 동조하여 도성을 보존하고, 로마 공화국에 대해 동족살해자의 입장이 된 사람에게 성문을 닫아거는 것 말고 고국 로마에 대해 그보다 도덕적이고 그보다 신의있고 그보다 더 고귀한 행위가 있을 수 있겠는가? 자기네 신들을 변호하는 사람들은 바로 이 신의가 그들을 파멸로 이끌었다는 사실을 염두에 두어야 할 것이다.[32] 신들이 산동을 저지른 자들을 저버렸고 일리움을 그리스인들의 방화에 넘겨버린 것은 그 잿더미 속에서 더 순수한 로마가 탄생하기 위함이었을지도 모른다. 그렇다면 왜 후대에 신들은 로마인들에게 친척이 되는 도성을 저버렸을까? 이번에는 트로야의 고귀한 딸이라고 할 로마에 반역하지도 않았고 로마의 더 정의로운 파당에 대해 지조를 지키고 지극히 성실한 신의를 간직한 이 도성을 신들은 왜 저버렸을까? 그리고 그리스인들 가운데서도 용맹한 사나이들이 아니라 하필이면 로마인 중에서도 가장 치욕적인 사나이에게[33] 신들이 그 도성을 넘겨주어 멸망시켰을까? 트로야인들이 술라에게 도성을 지켜주려고 가련하게도 성문을 닫아걸었는데 술라의 파당 명분이 혹시 신들의 마음에 들지 않았다고 한다면, 도대체 어째서 바로 그 술라에게는 신들이 엄청난 선익을 언약하고 예고해 주었을까?[34] 만약 그렇다면 신들이란 결국 불행한 자들에 대한 보호자라기보다는 행운을 얻은 자들에 대한 아첨꾼이라고 해야 하지 않을까? 그렇다면 상고시대에 일리움이 파멸한 것도 신들에게 버림받았기 때문은 아니었다. 정령들은 인간들을 기만하기 위해 바짝 정신을 차리고 있었을 테니까, 이번에도 그자들은 자기네가 부릴 수 있는 수작을 부렸을 뿐이다. 그리하여 리비우스가 묘사하듯이[35] 트로야 도성과 더불어 모든 신상들이 파괴되고 불타버린 다음 오로지 미네르바의 신상만 그 신전의 참담한 폐허 속에서 온전하게 서 있었다고 한다. 그러니까 그런 신들을 칭송하여

Di patrii, quorum semper sub numine Troia est,

ad eorum laudem, sed ne diceretur:

Excessere omnes adytis arisque relictis

Di,

ad eorum defensionem. Illud enim posse permissi sunt, non unde proba-
rentur potentes, sed unde praesentes conuincerentur.

8. Diis itaque Iliacis post Troiae ipsius documentum qua tandem pru-
dentia Roma custodienda commissa est? Dixerit quispiam iam eos Romae
habitare solitos, quando expugnante Fimbria cecidit Ilium. Vnde ergo
stetit Mineruae simulacrum? Deinde, si apud Romam erant, quando Fim-
bria deleuit Ilium, fortasse apud Ilium erant, quando a Gallis ipsa Roma
capta et incensa est; sed ut sunt auditu acutissimi motuque celerrimi, ad
uocem anseris cito redierunt, ut saltem Capitolinum collem, qui remanse-
rat, tuerentur; ceterum ad alia defendenda serius sunt redire commoniti.

9. Hi etiam Numam Pompilium successorem Romuli adiuuisse credun-
tur, ut toto regni sui tempore pacem haberet et Iani portas, quae bellis
patere adsolent, clauderet, eo merito scilicet, quia Romanis multa sacra
constituit. Illi uero homini pro tanto otio gratulandum fuit, si modo id
rebus salubribus scisset impendere et perniciosissima curiositate neglecta
Deum uerum uera pietate perquirere. Nunc autem non ei dii contulerunt

---

[36] Vergilius, *Aeneis* 9.247.

[37] Cf. Livius, *Ab Urbe condita* 1.20; Cicero, *De republica* 2.14.26: 로마 제2대 국왕 Numa Pompilius
(BC 715~671)는 로마의 종교제도를 확립한 인물로 제관계층에 의해 줄곧 이상화되었다.

[38] 야누스(Ianus)는 로마의 태곳적 임금으로 사후에 신으로 추대되었다고 전한다. 사비나 전쟁 때
기적적으로 로마를 구출해 주어서 이후로는 전쟁 때 신전 문을 열어 두어 야누스 신이 전황을 보고
즉각적 보우를 로마군에 내리게 했다고 한다. Cf. Macrobius, *Saturnalia* 1.9; 본서 7.9.

조상신들이여, 당신들의 뜻으로 트로야는 길이 존속하느니[36]

라고 말할 수는 없었고 오히려 신들을 변호하는 뜻으로

사당과 제단을 버리고서 모든 신들이

떠나버렸도다

라고 할 수밖에 없었을 것이다. 미네르바 신상 하나라도 보존할 수 있게 신들에게 허용되었다면, 그것은 신들이 한 도성이 멸망하지 않게 할 능력이 있었음을 과시하는 결과가 아니고 한 도성이 멸망할 적에 신들이 그 자리에 임석하고서도 손을 쓰지 않았음을 드러내는 결과밖에 안 된다!

8. 로마가 군이 일리움의 신들에게 헌신했어야 하는가

트로야의 저 교훈이 있은 후에도 일리움의 신들에게 로마를 지켜 달라고 의탁한 것은 과연 얼마나 현명한 짓이었을까? 혹자는 핌브리아가 공략하여 일리움을 전멸시켰을 임시에는 그 신들은 이미 일리움을 버리고 로마에 상주하고 있었다고 할지도 모르겠다. 그렇다면 미네르바의 신상은 어떻게 그 자리에 서 있었다는 말인가? 신들이 핌브리아가 일리움을 전멸시킬 때 로마에 있었다면, 로마가 갈리아인들에게 점령당하고 화재를 당하던 때는 일리움에 가 있었다는 말인가? 신들은 청각이 지극히 예민하고 동작이 지극히 신속하여 거위의 소리만 듣고도 일리움에서 재빨리 돌아와 아직 남아있던 카피톨리움 언덕이나마 지켜주었을지는 모르지만, 도시의 나머지를 지키러 와 달라는 부탁을 너무 늦게 받았던가 보다.

9. 누마 왕정하에서의 평화를 신들이 부여한 것이라고 믿어야 하는가

이 신들이 로물루스의 후계자 누마 폼필리우스도 보살펴 주었다고 흔히들 믿고 있다.[37] 그리하여 그는 자기 치세 전체에 걸쳐서 평화를 확보했고 전쟁 때에 열려 있게 마련인 야누스 신전의 문을 (계속해서) 닫아둘 수 있었다.[38] 이런 업적은 그가 로마인들에게 많은 경신례 의식을 제정한 공적 때문이라고 한다. 만약 누마가 그런 사태로부터 유익한 일을 이끌어낼 줄 알았다면, 또 지극히 해로운 호기심일랑 뒷전에 두고서 참된 종교심으로 참 하느님을 찾았더라면, 저렇게

illud otium, sed eum minus fortasse decepissent, si otiosum minime repperissent. Quanto enim minus eum occupatum inuenerunt, tanto magis ipsi occupauerunt. Nam quid ille molitus sit et quibus artibus deos tales sibi uel illi ciuitati consociare potuerit, Varro prodit, quod, si Domino placuerit, suo diligentius disseretur loco. Modo autem quia de beneficiis eorum quaestio est: magnum beneficium est pax, sed Dei ueri beneficium est, plerumque etiam sicut sol, sicut pluuia uitaeque alia subsidia super ingratos et nequam. Sed si hoc tam magnum bonum dii illi Romae uel Pompilio contulerunt, cur imperio Romano per ipsa tempora laudabilia id numquam postea praestiterunt? An utiliora erant sacra, cum instituerentur, quam cum instituta celebrarentur? Atqui tunc nondum erant, sed ut essent addebantur; postea uero iam erant, quae ut prodessent custodiebantur. Quid ergo est, quod illi quadraginta tres uel, ut alii uolunt, triginta et nouem anni in tam longa pace transacti sunt regnante Numa, et postea sacris institutis diisque ipsis, qui eisdem sacris fuerant inuitati, iam praesidibus atque tutoribus uix post tam multos annos ab Vrbe condita usque ad Augustum pro magno miraculo unus commemoratur annus post primum bellum Punicum, quo belli portas Romani claudere potuerunt?

10. An respondent, quod nisi assiduis sibique continuo succedentibus bellis Romanum imperium tam longe lateque non posset augeri et tam

---

[39] 7.34 이하 참조. 누마에 대한 바로의 언급은 아우구스티누스(Varro, *Antiquitates* fr.178)의 글에서 밖에 발견되지 않는다.

[40] magnum beneficium est pax, sed Dei veri beneficium est: 평화에 관한 교부의 사상은 19권에 개진된다.

[41] *ut essent* addebantur ... *ut prodessent* custodiebantur: 이 각운(脚韻)처럼 산문에서도 압운(押韻)을 빈번하게 구사함으로써 아우구스티누스는 자기 생각을 뚜렷이 부각시킨다.

[42] 로마는 호전적 국가(Roma bellatrix: Florus, *Epitome* 1.1.1.7)로서 창건자가 군신 마르스의 아들로 등장하며, 베스타 여신은 로마제국이 붙잡아둔 "볼모"(fatale pignus)로 여겨졌다.

전쟁 없는 태평한 여유를 두고 그에게 찬사의 말을 돌릴 만했을 것이다. 그렇지만 그에게 그런 여유를 부여할 신들이 아니었다. 오히려 그에게 한가한 틈이 조금도 없었더라면 차라리 신들이 그를 덜 기만했을지 모른다. 그가 조금이라도 덜 바쁜 모습을 발견할 적마다 신들은 그만큼 바빠지는 것이었다. 바로가 전하는 바에 의하면, 누마가 온갖 신들을 끌어다 자기 일신과 자기 도성에 결부시키는 데 얼마나 전력했으며 어떤 수작을 부렸는지 알 만하다. 만약 주님의 뜻에 합치한다면 이 문제는 적절한 곳에서 상세히 논하기로 한다.[39] 지금은 그런 신들의 은택恩澤에 관해서만 다룬다. 평화는 크나큰 은택이지만 오로지 참 하느님의 은택이며,[40] 태양이나 비나 인생에 필요한 다른 도움들처럼 대개는 배은망덕한 사람들과 악인들에게도 똑같이 내린다. 그런데 이처럼 위대한 선익을 저 신들이 로마 혹은 폼필리우스에게 베풀었다면, 그 이후로 신들은 왜 우리가 칭송해 마지않는 전 시대에 걸쳐 로마제국에 그런 선익을 결코 베풀지 않았다는 말인가? 누마 폼필리우스가 제정한 제의祭儀는 제정되어 거행될 때보다 제정될 바로 그 당시에 효과가 더 좋았다는 말인가? 그러나 누마의 시대에는 제의가 아직 존재하지 않고, 그가 그 의식들을 제정한 후에야 그런 제의가 생겨난 것이다.[41] 그런데 후대에는 제의가 이미 있었고, 그래서 그것이 소용이 있도록 간직된 것이다. 그런데 누마가 통치하는 저 43년(혹은 딴 사람들이 주장하는 대로 39년)은 오랜 기간 평화를 누렸으면서도, 그 이후로 제의가 제정되고 그런 제의들을 통해 모셔진 신들이 스스로 주재하고 보호함에도 불구하고, 로마 창건 이후부터 아우구스투스에 이르는 그 많은 햇수 가운데 오직 한 해, 정말 대단한 기적으로 기억되는, 일차 포에니 전쟁이 끝난 직후의 단 한 해만 로마인들이 전쟁 신전의 문을 닫을 수 있었다. 도대체 어떻게 이런 일이 생길 수 있다는 말인가?[42]

10. 누마 치하에 시행된 노력으로 평온과 안정이 가능했다면, 로마제국은 굳이 그 혹심한 전쟁의 광기狂氣를 통해 흥성하기를 바랄 만했는가

내가 이렇게 말할라치면 끊임없는 전쟁들, 그 내부에도 발생한 전쟁들이 없었다면 로마제국이 그토록 멀리까지 확장되고, 그토록 위대한 영광으로 명성을

grandi gloria diffamari? Idonea uero causa! Vt magnum esset imperium, cur esse deberet inquietum? Nonne in corporibus hominum satius est modicam staturam cum sanitate habere quam ad molem aliquam giganteam perpetuis adflictionibus peruenire, nec cum perueneris requiescere, sed quanto grandioribus membris, tanto maioribus agitari malis? Quid autem mali esset, ac non potius plurimum boni, si ea tempora perdurarent, quae perstrinxit Sallustius, ubi ait: «Igitur initio reges (nam in terris nomen imperii id primum fuit) diuersi pars ingenium, alii corpus exercebant; etiamtum uita hominum sine cupiditate agitabatur, sua cuique satis placebant.» An ut tam multum augeretur imperium, debuit fieri quod Vergilius detestatur, dicens:

> Deterior donec paulatim ac decolor aetas
> Et belli rabies et amor successit habendi?

Sed plane pro tantis bellis susceptis et gestis iusta defensio Romanorum est, quod inruentibus sibi inportune inimicis resistere cogebat non auiditas adipiscendae laudis humanae, sed necessitas tuendae salutis et libertatis. Ita sit plane. Nam «postquam res eorum, sicut scribit ipse Sallustius, legibus moribus agris aucta satis prospera satisque pollens uidebatur, sicut pleraque mortalium habentur, inuidia ex opulentia orta est. Igitur reges populique finitimi bello temptare; pauci ex amicis auxilio esse, nam ceteri metu perculsi a periculis aberant. At Romani domi militiaeque intenti festinare parare, alius alium hortari, hostibus obuiam ire, libertatem patriam parentesque armis tegere. Post ubi pericula uirtute propulerant, sociis atque amicis auxilia portabant magisque dandis quam accipiendis beneficiis amicitias parabant.» Decenter his artibus Roma creuit. Sed regnante Numa, ut tam longa pax esset, utrum inruebant inprobi belloque temptabant, an nihil eorum fiebat, ut posset pax illa persistere? Si enim

---

[43] Sallustius, *De coniuratione Catilinae* 2.1.

[44] Vergilius, *Aeneis* 8.326-327.

[45] Sallustius, *De coniuratione Catilinae* 6.3-5.

떨치는 일은 불가능했으리라고 대답하지 않을까? 참으로 그럴듯한 핑계다! 제국이 커지려면 어째서 전쟁이라는 소란이 있어야 한다는 말인가? 인간들의 신체로 말하자면, 끝없는 고생을 겪으면서 거대한 체구에 이르기보다는 차라리 보통 키에 건강을 갖추는 편이 더 낫지 않던가? 그런 거구에 도달하더라도 안식을 누리지 못할뿐더러 몸이 클수록 더 큰 해악에 시달리지 않던가? 평화의 시대가 영속한다면 무엇이 나쁘단 말인가? 차라리 훨씬 좋지 않던가? 살루스티우스는 그 시대를 간추려 다음과 같이 말했다: "초창기에 왕(당시에는 그것이 세상에서 통치권을 가리키는 첫 이름이었다)들이 혹자들은 지성을 구사하고 혹자들은 신체를 구사했다. 그때는 인간들의 삶도 탐욕이 없이 영위되었다. 각자가 자기 것으로 만족했다".[43] 그리고 제국이 확장되면 될수록 베르길리우스가 다음과 같이 개탄하는 사태가 초래될 수밖에 없지 않았을까:

> 세태는 갈수록 점차 더 나빠지고 더 퇴색했으며
> 전쟁의 광기와 소유하려는 욕망이 잇따랐다.[44]

그러나 무수한 전쟁을 겪고 감행함으로써 로마인들의 정당방위가 이루어졌고, 부당하게 자기들을 침범하는 원수들에게 하는 수 없이 저항했으며, 그것마저 인간적 칭송을 획득하려는 탐욕이 아니고 안녕과 자유를 지킬 필요 때문이었다는 반박이 나올 법하다. 제발 그랬더라면 좋았겠다. 그러나 살루스티우스 본인도 다음과 같이 쓰고 있다: "법률과 관습과 토지로 그들의 소유가 증가하여 충분할 만큼 번성하고 넉넉할 만큼 융성하자, 인간사 대부분이 늘 그렇듯이 풍요에서 시기가 생겨났다. 그러자 왕들과 인근 백성들은 전쟁을 걸어 공격했다. 소수만이 친우로서 도움이 되고, 나머지는 두려워 위험스럽게 여기고 멀리했다. 그렇지만 로마인들은 전시에나 평화시에나 늘 경계하여 신속하게 준비하고 서로 격려했으며, 적군을 맞아 싸우고, 무기로 자유와 조국과 친지를 지켰다. 그러다 용맹으로 위험을 물리친 다음에는 동맹들과 우방들에게 원조를 제공했으며 혜택을 받기보다는 혜택을 더 줌으로써 우의를 다졌다."[45] 로마가 당당하게 이런 재능을 발휘하여 성장했다고 하자. 하지만 누마가 통치할 적에도 악당들이 침범하고 전쟁을 걸어 공격했던가? 그렇지 않으면 그런 일이 전혀 일어나

bellis etiam tum Roma lacessebatur nec armis arma obuia ferebantur: qui-
bus modis agebatur, ut nulla pugna superati, nullo Martio impetu territi
sedarentur inimici, his modis semper ageretur et semper Roma clausis
Iani portis pacata regnaret. Quod si in potestate non fuit, non ergo Roma
pacem habuit, quamdiu dii eorum, sed quamdiu homines finitimi circum-
quaque uoluerunt, qui eam nullo bello prouocauerunt; nisi forte dii tales
etiam id homini uendere audebunt, quod alius homo uoluit siue noluit.
Interest quidem, iam uitio proprio, malas mentes quatenus sinantur isti
daemones uel terrere uel excitare; sed si semper hoc possent nec aliud
secretiore ac superiore potestate contra eorum conatum saepe aliter agere-
tur, semper in potestate haberent paces bellicasque uictorias, quae semper
fere per humanorum animorum motus accidunt; quas tamen plerumque
contra eorum fieri uoluntatem non solae fabulae multa mentientes et uix
ueri aliquid uel indicantes uel significantes, sed etiam ipsa Romana con-
fitetur historia.

11. Neque enim aliunde Apollo ille Cumanus, cum aduersus Achiuos
regemque Aristonicum bellaretur, quadriduo fleuisse nuntiatus est; quo
prodigio haruspices territi cum id simulacrum in mare putauissent esse
proiciendum, Cumani senes intercesserunt atque rettulerunt tale prodi-
gium et Antiochi et Persis bello in eodem apparuisse figmento, et quia
Romanis feliciter prouenisset, ex senatus consulto eidem Apollini suo
dona missa esse testati sunt. Tunc uelut peritiores acciti haruspices res-
ponderunt simulacri Apollinis fletum ideo prosperum esse Romanis, quo-
niam Cumana colonia Graeca esset, suisque terris, unde accitus esset, id

---

[46] 아우구스티누스는 로마 문학의 최후 대가로 꼽히지만 평화에 관한 그의 동경과 예찬은 호전적 로
마 문학에서 볼 수 없었던 것이다(19.11-13 참조). 키케로의 입장은 "정의로운 전쟁"(iustum bellum)
혹은 Si vis pacem, para bellum! ("평화를 원하거든 전쟁을 준비하라!")이라는 현실론이었다(Orationes
Philippicae 2.44.113; 13.1).

[47] secretiore ac superiore potestate contra eorum conatum: 정령, 신령, 제신을 막론하고 만약 그것들
이 존재한다면 유일신 하느님의 통제(potestas)와 허락(nutus) 하에서만 활동할 수 있다는 것이 그리스
도교 신앙이다. nisi sinitur: 2.23 참조.

[48] 역사의 추동력이 인간의 의지(humanorum animorum motus)인가 초인적 숙명(contra eorum vo-
luntatem)인가라는 의문(cf. Plato, Respublica 620d - 621d; Cicero, De divinatione 1.55.125; Polybius,
Historiae 3.31.1-9)에 대해 교부는 본서에서 신과 인간의 두 의지(duae voluntates)라는 답을 찾아낼
것이다. 역사가 신과 인간 둘의 의지에 의해 개진된다는 사상은 본서 5.9-10 참조. 그밖에도
Confessiones 1.1 duae voluntates (인간 안의 두 의지) ; Enarrationes in Psalmos 1.1 (신과 인간 의지의
갈등) 참조.

[49] Cf. Cicero, De divinatione 1.43.98; Livius, Periochae 43; Iulius Obsequens, De prodigiis 87.

지 않아서 저 평화가 지속할 수 있었던가? 만약 그때도 로마가 전쟁으로 도발을 받고서도 무력에 무력으로 대응하지 않았다고 한다면, 적들은 전투로 정복되지 않고 마르스의 폭력으로 위협을 당하지 않고서도 진압되었을 것이며, 로마는 야누스 신전의 문들을 닫아건 채로도 평온하게 통치할 수 있었으리라.[46] 만약 그렇게 할 힘이 없었다면, 로마는 자기네 신들이 원해서 평화를 누렸다기보다는, 그들을 에워싼 인근 주민들이 평화를 원하여 로마에 전쟁을 걸지 않는 한에서만 평화를 누린 셈이다. 중요한 것은, 저런 정령들이 물론 자기네 악덕에서 우러나서겠지만, 인간들의 사악한 정신들로 하여금 전쟁에 대한 공포에 떨게 하거나 전쟁을 하도록 충동질을 할 수 있는 것이 어디까지 허용되느냐는 짐이다. 만약 저런 정령들이 항상 그런 짓을 할 수 있다면, 그리고 더 신비스럽고 더 상위의 어떤 능력이 그들의 시도에 반대하여 달리 행동할 수 있는 것이 아니라면,[47] 평화와 전쟁의 승리를 항상 그들이 수중에 장악하고 있을 것이다. 그런데 평화라는 것은 거의 언제나 인간 정신의 움직임을 통해 발생한다. 하지만 평화가 흔히는 인간들의 의지와는 상반되게 이루어진다는 사실은, 신화들이 비록 거짓말이 많고 진실은 조금밖에 담고 있지 않으나, 신화가 가리키거나 암시할뿐더러 로마 역사 자체가 고백하는 바이기도 하다.[48]

11. 그리스인들이 패배할 때 도움받지 못해 통곡했다던 쿠마의 아폴로 신상

쿠마의 아폴로는 로마가 아카이아인들과 아리스토니쿠스 왕을 상대로 전쟁을 벌였을 적에 나흘간 통곡했다고 전해오는데 이 얘기도 딴 데서 오는 것이 아니다.[49] 이적에 놀란 장복점관들이 신상을 바다에 던져야 한다고 생각할 즈음 쿠마의 원로들이 중재에 나서서, 로마가 안티오쿠스 왕과 페르시아인들을 상대로 전쟁을 벌였을 때도 같은 석상에 같은 이적이 나타났었다고 보고해 주었다. 그리고 로마인들에게 행운이 돌아오게 하려고 원로원 긴급명령으로 바로 그 아폴로에게 예물을 보냈다는 증언도 했다. 그러자 소집된 장복점관들은 전문가인 척하면서 아폴로 신상의 통곡은 로마인들에게 상서로운 것이라고 답변해 주었다. 왜 그런가 하면 쿠마 식민지는 원래 그리스의 것이므로 아폴로의 통곡은

est ipsi Graeciae, luctum et cladem Apollinem significasse plorantem. Deinde mox regem Aristonicum uictum et captum esse nuntiatum est, quem uinci utique Apollo nolebat et dolebat et hoc sui lapidis etiam lacrimis indicabat. Vnde non usquequaque incongrue quamuis fabulosis, tamen ueritati similibus mores daemonum describuntur carminibus poetarum. Nam Camillam Diana doluit apud Vergilium et Pallantem moriturum Hercules fleuit. Hinc fortassis et Numa Pompilius pace abundans, sed quo donante nesciens nec requirens, cum cogitaret otiosus, quibusnam diis tuendam Romanam salutem regnumque committeret, nec uerum illum atque omnipotentem summum deum curare opinaretur ista terrena, atque recoleret Troianos deos, quos Aeneas aduexerat, neque Troianum neque Lauiniense ab ipso Aenea conditum regnum diu conseruare potuisse: alios prouidendos existimauit, quos illis prioribus, qui siue cum Romulo iam Romam transierant, siue quandoque Alba euersa fuerant transituri, uel tamquam fugitiuis custodes adhiberet uel tamquam inualidis adiutores.

12. Nec his sacris tamen Roma dignata est esse contenta, quae tam multa illic Pompilius constituerat. Nam ipsius summum templum nondum habebat Iouis; rex quippe Tarquinius ibi Capitolium fabricauit; Aesculapius autem ab Epidauro ambiuit ad Romam, ut peritissimus medicus in urbe nobilissima artem gloriosius exerceret; mater etiam deum nescio unde a Pessinunte; indignum enim erat, ut, cum eius filius iam colli Capitolino

---

⁵⁰ 그리스 아카이아 동맹과 벌인 전쟁은 BC 146년에 종결되고, 페르가뭄의 국왕 아리스토니쿠스와의 전쟁은 129년에 종결되었다.

⁵¹ 아폴로는 그리스 신으로 BC 431년에 로마에 초치되어 신전을 갖게 되었다고 전한다(cf. Livius, *Ab Urbe condita* 5.13.6). 그러나 쿠마의 아폴로 신탁은 그리스 문학과 로마 문학 양편에 빈번하게 등장한다(예: Cicero, *De republica* 2.24.44).

⁵² Cf. Vergilius, *Aeneis* 11.836-849; 10.464-465.

⁵³ 누마는 왕국이 신들의 가호를 입게 하려고 요정(妖精) Egeria와 몰래 혼인을 맺었다는 전설도 그리스도교 호교론자들에게 시빗거리가 된다(Lactantius, *Divinae institutiones* 1.22.1; Arnobius, *Adversus nationes* 5.1).

⁵⁴ Cf. Livius, *Ab Urbe condita* 1.55.1.

⁵⁵ Aesculapius(그리스 의술의 신 Asclepius)는 BC 293년경 로마 티베리아 섬에 초치되었으며 제신 가운데 소중한 위치를 점유하게 된다. Cf. Ovidius, *Metamorphoses* 15.622-744.

⁵⁶ Pessinus: 1.30에 의하면 프리기아의 한 도시다.

⁵⁷ Mater deum: Cybele 여신은 프리기아에서 숭배받던 신으로 BC 204년 Scipio Nasica가 로마로 모셔왔다(cf. Livius, *Ab Urbe condita* 29.10.5 - 11.7; 본서 2.5; 10.16.2). 아우구스티누스는 이 여신을 대지(Terra: 6.8 혹은 Tellus: 7.24)와 동일시한다.

자기가 유래한 땅, 곧 그리스 본토에 닥칠 불행과 재앙을 상징하는 조짐이라는 설명이었다. 그리고 머잖아 아리스토니쿠스 왕이 패배하여 사로잡혔다는 소식이 왔다.[50] 그러니까 아폴로는 패하기를 바라지 않았고 마음 아파했으며 그러면서도 손을 쓰지 못한 채 돌로 만든 자신의 신상에서 흐르는 눈물로 이를 토로했던 셈이다.[51] 여기서 정령들의 행동방식이 시인들의 시가를 통해, 비록 설화적이지만 전적으로 허황되지는 않고 상당히 진실에 가깝게 묘사되고 있다. 베르길리우스의 글을 보더라도 디아나 여신은 카밀라가 죽으리라는 사실 때문에 애도하고 헤르쿨레스도 팔라스가 죽으리라고 눈물을 흘렸다.[52] 아마도 이것이 누마 폼필리우스가 평화에 흡족했으면서도 누가 그 평화를 베풀었는지 몰랐고 알려고도 하지 않은 이유일 것이다. 그리고 로마의 안녕을 지켜주고 왕국을 지켜주십사고 어느 신들에게 의탁해야 할까를 생각했을 때도, 저 참되고 전능하신 한 분 하느님이 이 땅을 보살펴주신다는 생각을 하지 않았다. 그리고 아이네아스가 실어온 트로야 신들이 트로야도 보전해 주지 못했고 다름아닌 아이네아스가 창건한 라비니움 왕국도 보전해 주지 못했음을 헤아리고는 그밖의 다른 신들도 모셔와야겠다고 여겼던 것이다. 선대의 신들(로물루스와 더불어 로마로 옮겨온 신들이나 알바가 함락되고서 옮겨올 신들) 말고도 도망자들에게 보호자들을 붙여주고 미약한 사람들에게 조력자를 붙여주듯이 다른 신들을 이용하기로 한 것이다.[53]

12. 로마인들은 누마가 제정한 것 외에도 수많은 신을 추가했지만, 그 많은 신이 로마인들에게 아무 도움도 되지 못했다

그렇지만 로마는 폼필리우스가 제정한 그 수많은 제의로도 감히 흡족해하지 않았다. 다름아닌 유피테르의 대신전이 아직 없었는데, 타르퀴니우스 왕은 (유피테르를 위해) 카피톨리움을 건축했다.[54] 아이스쿨라피우스도, 더욱이 능통한 의사로서 지극히 존귀한 이 도성에서 더 영광스럽게 의술을 행사할 생각에서였는지, 에피다우루스에서 로마로 자리를 옮겼다.[55] 페씨누스가 어딘지는 모르지만[56] 거기서 신들의 모친도 옮겨왔다.[57] 자기 아들은 카피톨리움 언덕을 장악하

praesideret, adhuc ipsa in loco ignobili latitaret. Quae tamen si omnium deorum mater est, non solum secuta est Romam quosdam filios suos, uerum et alios praecessit etiam secuturos. Miror sane, si ipsa peperit Cynocephalum, qui longe postea uenit ex Aegypto. Vtrum etiam dea Febris ex illa nata sit, uiderit Aesculapius pronepos eius; sed undecumque nata sit, non, opinor, audebunt eam dicere ignobilem dii peregrini deam ciuem Romanam. Sub hoc tot deorum praesidio (quos numerare quis potest, indigenas et alienigenas, caelites terrestres, infernos marinos, fontanos fluuiales, et, ut Varro dicit, certos atque incertos, in omnibusque generibus deorum, sicut in animalibus, mares et feminas?) — sub hoc ergo tot deorum praesidio constituta Roma non tam magnis et horrendis cladibus, quales ex multis paucas commemorabo, agitari adfligique debuit. Nimis enim multos deos grandi fumo suo tamquam signo dato ad tuitionem congregauerat, quibus templa altaria, sacrificia sacerdotes instituendo atque praebendo summum uerum Deum, cui uni haec rite gesta debentur, offenderet. Et felicior quidem cum paucioribus uixit, sed quanto maior facta est, sicut nauis nautas, tanto plures adhibendos putauit; credo, desperans pauciores illos, sub quibus in comparatione peioris uitae melius uixerat, non sufficere ad opitulandum granditati suae. Primo enim sub ipsis regibus, excepto Numa Pompilio, de quo iam supra locutus sum, quantum malum discordiosi certaminis fuit, quod fratrem Romuli coegit occidi!

---

[58] Cynocephalus: 말 그대로 "개대가리"인데 2.14.2에서 플라톤과 비견되고 16.8.1에서도 거론된다.

[59] Febris(학질: 2.14.2; 4.23.2 참조)를 의술의 신 아이스쿨라피우스가 낫게 한다면(쫓아낸다면) 여신의 정체가 드러나리라는 조롱이다. 아이스쿨라피우스는 유피테르의 아들 아폴로 신의 아들이니까 "신들의 모친"에게는 증손자뻘이다.

고 있는데 여신은 알려지지 않은 비천한 장소에 숨어 있음이 부당하다는 취지였다. 그 여신은 모든 신들의 모친임에도 자기 아들 몇몇을 뒤따라 로마에 왔을뿐더러 또한 자기를 뒤따라올 다른 신들에 앞서 당도한 것이다. 내가 이상하게 여기는 바는 그 여신이 과연 키노케팔루스를 낳았느냐는 것인데 이 신도 먼 훗날 이집트에서 로마로 왔다.[58] 여신 페브리스도 그 여신에게서 났느냐는 여신의 증손자 아이스쿨라피우스가 정할 일이겠다.[59] 페브리스 여신이 어디서 태어났건 외국 신들이라면 로마 시민권을 가진 이 여신을 감히 비천하다고 말하지 못하리라. (토착신에 외래신, 천상신에 지상신에 지하신, 바다신에 샘물신에 강물신, 정체가 분명한 신과 불분명한 신, 그리고 바로가 말하듯이 동물처럼 수컷과 암컷으로 나뉘는 그 많은 종류의 신들을 누가 헤아릴 수 있겠는가?)[60] 이토록 허다한 신들의 가호 아래서라면 로마는 그 많고도(그 많은 것 가운데 나는 적은 수만 언급했지만) 가공할 재앙으로 시달리고 흔들리지 않았어야 한다. 로마는 희생제사를 올리며 거창한 연기를 뿜어올리고 그것을 신호로 엄청나게 많은 신들을 불러모아 로마를 지켜달라고 끌어들인 것 같다. 그러고는 그들에게 신전과 제단, 제사와 제관들을 제정하고 제공함으로써 지존하고 참된 하느님(그 한 분에게만 이 모든 의식을 바쳤어야 올바로 바친 것이다)을 상심시켜 드렸던 것이다. 로마는 더 적은 숫자의 신들과 살 때 사실 더 행복하게 살았다. 그런데 로마가 커지자, 배가 클수록 사공들을 늘리듯이, 그만큼 더 많은 신들을 거느려야 한다고 생각했다. 로마는 적은 숫자의 신들 밑에서 더 잘 살았다고 나는 믿는다. 그렇지만 정작 그들은 적은 숫자의 신들에게 낙담했고, 갈수록 나빠지는 자기네 삶에 비할 때 적은 숫자의 신들의 보우로는 로마의 거대한 몸체를 구제하기에 넉넉하지 않다고 여겼나 보다. 또 위에서 내가 방금 언명한 누마 폼필리우스를 제외한다면, 먼저 국왕들 치하에서도 얼마나 많은 분쟁의 행악이 있었는지 모르며, 그 행악은 로물루스의 아우가 피살당하는 것으로 시작되었다.

---

[60] Cf. Varro, *Antiquitates* fr.185; 194; Tertullianus, *Ad nationes* 2.9.3; Arnobius, *Adversus nationes* 7.19-20.

13. Quo modo nec Iuno, quae cum Ioue suo iam
  fouebat Romanos rerum dominos gentemque togatam,
nec Venus ipsa Aeneidas suos potuit adiuuare, ut bono et aequo more
coniugia mererentur, cladesque tanta inruit huius inopiae, ut ea dolo rape-
rent moxque compellerentur pugnare cum soceris, ut miserae feminae
nondum ex iniuria maritis conciliatae iam parentum sanguine dotarentur?
At enim uicerunt in hac conflictione Romani uicinos suos. Quantis et
quam multis utrimque uulneribus et funeribus tam propinquorum et con-
finium istae uictoriae constiterunt! Propter unum Caesarem socerum et
unum generum eius Pompeium iam mortua Caesaris filia, uxore Pompei,
quanto et quam iusto doloris instinctu Lucanus exclamat:
  Bella per Emathios plus quam ciuilia campos
  Iusque datum sceleri canimus.
Vicerunt ergo Romani, ut strage socerorum manibus cruentis ab eorum
filiabus amplexus miserabiles extorquerent, nec illae auderent flere patres
occisos, ne offenderent uictores maritos, quae adhuc illis pugnantibus pro
quibus facerent uota nesciebant. Talibus nuptiis populum Romanum non
Venus, sed Bellona donauit; aut fortassis Allecto illa inferna furia iam eis
fauente Iunone plus in illos habuit licentiae, quam cum eius precibus con-

---

[61] Vergilius, *Aeneis* 1.282-283.

[62] Iuno는 원래 이탈리아 토속신으로 혼인과 출산을 주관하고 보호하는 여신이다.

[63] 사비나 여인들의 납치와 사비나 전쟁(cf. Livius, *Ab Urbe condita* 1.8-9; Vergilius, *Aeneis* 7.317-318)은 본서 2.17에서도 시비된다.

[64] 율리우스 카이사르의 딸 Julia는 BC 59년 삼두정치 시기에 정략결혼으로 폼페이우스에게 시집갔으나 남편을 충실하게 경모했고 BC 54년 해산중에 죽었다.

[65] Lucanus, *Pharsalia* 1.1-2. BC 48년 9월 28일에 Pharsalus 근처에서 카이사르가 폼페이우스를 결정적으로 패퇴시킨 전쟁을 가리킨다.

제2부 (13-20)
사비나 여인들의 납치부터 포에니 전쟁까지

13. 로마인들은 최초의 혼인들을 어떤 법도와 어떤 계약으로 맺었던가

일찍이 유노는 자기 남편 유피테르와 더불어

　　　역사의 지배자 로마인들과 토가를 입은 족속을 총애했다[61]

고 하는데 왜 그 유노 심지어 베누스마저 아이네아스 후예들이 정당한 법도로
혼인을 맺게 돕지 않았을까?[62] 로마인들이 여자들을 납치하고 곧이어 장인丈人들
과 전투를 벌이지 않으면 안 되는 지경에 이르기까지 왜 신들은 로마인들을 전
혀 도와주지 않았을까? 그래서 가련한 여자들은 자신들이 납치당한 그런 불의
로 말미암아 남편들과 채 화해도 하기 전에 부모의 피를 지참금으로 내야 했단
말인가?[63] 하지만 이 분쟁을 통해 로마인들은 자기 이웃들을 쳐이겼다고 혹자가
대꾸할지도 모르겠다. 내가 대답하거니와 그 승리라는 것이 이웃들과 타지방인
들 양편에 얼마나 많은 상처와 죽음을 대가로 치르는 승리이던가? 카이사르와
폼페이우스라는 장인과 사위 사이에서 카이사르의 딸인 폼페이우스의 아내가
죽고 나자[64] 루카누스는 이렇게 부르짖었는데 거기에는 그만큼 크고도 그만큼
이유 있는 고통의 충격이 서려 있다:

　　　에마티아 평원에서 벌어진 전쟁을 노래하노니 그것은 차마

　　　내란보다 더한 짓이요 죄악을 합법화한 것이었느니라.[65]

과연 로마인들은 승리를 거두었고, 장인들을 학살하여 피묻은 손으로 그 장인
들의 딸들을 강제로 포옹하는 참혹한 일이 생겼으니, 저 여자들은 승리한 남편
들의 마음을 상할세라, 살해당한 아버지들의 죽음을 애곡할 엄두도 내지 못했
고, 저들이 서로 싸울 적에는 누구를 위해 신들에게 서원을 바쳐야 할지도 미
처 몰랐다. 그러므로 이런 혼인은 베누스가 아니라 벨로나가 로마 백성에게
하사한 것이리라. 그렇지 않다면 저 지옥의 광분狂奔 알렉토가, 일찍이 유노 여
신의 부탁을 받고서 아이네아스를 거슬러 광분을 쏟았던 것보다 더 혹심하게,
이번에는 유노가 로마인들을 총애하는 마당이라서, 사비나인들에게 광분을 쏟

tra Aenean fuerat excitata. Andromacha felicius captiuata est, quam illa coniugia Romana nupserunt. Licet seruiles, tamen post eius amplexus nullum Troianorum Pyrrhus occidit; Romani autem soceros interficiebant in proeliis, quorum iam filias amplexabantur in thalamis. Illa uictori subdita dolere tantum suorum mortem potuit, non timere; illae sociatae bellantibus parentum suorum mortes procedentibus uiris timebant, redeuntibus dolebant, nec timorem habentes liberum nec dolorem. Nam propter interitum ciuium propinquorum, fratrum parentum aut pie cruciabantur, aut crudeliter laetabantur uictoriis maritorum. Huc accedebat, quod, ut sunt alterna bellorum, aliquae parentum ferro amiserunt uiros, aliquae utrorumque ferro et parentes et uiros. Neque enim et apud Romanos parua fuerunt illa discrimina, si quidem ad obsidionem quoque peruentum est ciuitatis clausisque portis se tuebantur; quibus dolo apertis admissisque hostibus intra moenia in ipso foro scelerata et nimis atrox inter generos socerosque pugna commissa est, et raptores illi etiam superabantur et crebro fugientes inter domos suas grauius foedabant pristinas, quamuis et ipsas pudendas lugendasque uictorias. Hic tamen Romulus de suorum iam uirtute desperans Iouem orauit ut starent, atque ille hac occasione nomen Statoris inuenit; nec finis esset tanti mali, nisi raptae illae laceratis crinibus emicarent et prouolutae parentibus iram eorum iustissimam non armis uictricibus, sed supplici pietate sedarent. Deinde Titum Tatium regem Sabinorum socium regni Romulus ferre compulsus est, germani consortis inpatiens: sed quando et istum diu toleraret, qui fratrem geminumque non

---

[66] Bellona(전쟁의 여신)와 Allecto(복수의 여신(Furiae: Allecto, Megoera, Tisiphone) 가운데 하나). 유노는 트로야인들을 증오하여 알렉토를 부추겨서 아이네아스 일행과 라티누스의 백성 사이에 전쟁을 일으킨다. Cf. Vergilius, *Aeneis* 7.325 이하.

[67] coniugia Romana: 사비나 여자들의 납치와 장인들의 학살로 이루어진 혼인이라는 비아냥이다.

[68] 트로야 명장 Hecor의 아내 Andromacha는 트로야 패망 후 아킬레스의 아들 피루스(Pyrrhus 혹은 Neoptolemus)의 차지가 되었다. Cf. Vergilius, *Aeneis* 3.294-305.

[69] Cf. Vergilius, *Aeneis* 3.303-313.

[70] interitum parentum aut *pie cruciaban*tur, aut *crudeliter laetabantur* victoriis maritorum: 사비나 여인들의 납치에 관해서는 많은 문학작품과 그림이 나왔지만 아우구스티누스는 여인들의 심리적 갈등을 문학적으로 기술하고 있다.

[71] 이 승리를 기념하여 로물루스는 팔라티눔 언덕에 Iupiter Stator이라는 신전을 헌당했다(Livius, *Ab Urbe condita* 1.12.6).

은 것이리라.[66] 저렇게 로마식 혼인[67]을 맺은 여인들에 비하면 안드로마카의 포
로생활이 차라리 더 행복했으리라! 비록 트로야 여자들을 노예로 삼기는 했으
나, 피루스는 안드로마카를 안고 나서는 트로야인을 죽이지는 않았던 까닭이
다.[68] 그런데 로마인들은 전장에서 장인들을 죽이고 침소에서는 벌써 그들의 딸
들을 안고 뒹굴었던 것이다! 저 안드로마카는 승리자에게 노예로 속했지만 자
기 가족들의 죽음을 애도하는 데 두려워하지 않았다.[69] 그런데 이 여자들은 전
쟁하는 사내들에게 매인 몸이라서 사내들이 전장에 나갈 적에는 부모의 죽음을
두려워해야 했고 사내들이 전장에서 돌아올 적에는 부모의 죽음에 애통해야 했
으며 자유롭게 두려워하지도 못했고 그 애통마저 자유롭지도 못했다. 그 여자
들은 이웃 시민들과 오라비들과 부모의 죽음을 두고 효성으로 괴로워하거나 그
렇지 않으면 모질게도 남편들의 승리를 반가워하거나 둘 중의 하나를 택해야
했다.[70] 전쟁에서의 운이란 변덕스런 법인 데다 한 가지가 더 붙어 어떤 여자들
은 부모의 창검에 남편을 잃은 반면에 어떤 여자들은 양쪽의 창검에 부모와 남
편을 다 잃었던 것이다. 그리고 로마인들에게도 위험한 고비가 적지 않았다.
만약 성의 포위공략이 일어날 경우면 성문을 닫아걸고 방어하게 마련이었다.
그렇게 닫힌 성문을 속임수로 열고는 성벽 안으로 짓쳐들어가 바로 그 광장에
서 장인들과 사위들이 너무도 죄스럽고 너무도 잔학한 전투를 벌였던 것이다.
또 이번에는 납치자들이 기선에 눌려 자기네 집으로 거듭해서 도주함으로써 첫
승리를 부끄럽게 만들었다(물론 첫 승리도 수치스러워해야 하고 통탄해 마지않
을 승리였지만). 그러자 로물루스는 자기 병사들의 힘에 절망하고서 그들이 버
티고 서 있게 해달라고 유피테르에게 기도했다. 그 기회에 유피테르는 서 있는
자라는 이름을 얻었다.[71] 그때 납치당한 여자들이 머리를 풀고 뛰쳐나와서 부모
들 앞에 엎드려서 지극히 온당한 부모의 분노를 무기로 쳐이겨 누그러뜨린 것
이 아니라 애걸하는 효성으로 누그러뜨리지 않았더라면 재앙이 거기서 끝나지
않았으리라. 그리하여 로물루스는 쌍둥이 아우의 정권 참여도 용납하지 못했으
면서도 사비나인들의 왕 티투스 타티우스를 왕국의 공동 통치자로 받아들여야
할 처지가 되었다. 쌍둥이 아우를 견디지 못한 사람이 언제 또 얼마나 오랫동

pertulit? Vnde et ipso interfecto, ut maior deus esset, regnum solus obtinuit. Quae sunt ista iura nuptiarum, quae inritamenta bellorum, quae foedera germanitatis adfinitatis, societatis diuinitatis? Quae postremo sub tot diis tutoribus uita ciuitatis? Vides quanta hinc dici et quam multa possent, nisi quae supersunt nostra curaret intentio et sermo in alia festinaret.

14. Quid deinde post Numam sub aliis regibus? Quanto malo non solum suo, sed etiam Romanorum in bellum Albani prouocati sunt, quia uidelicet pax Numae tam longa uiluerat! Quam crebrae strages Romani Albanique exercitus fuerunt et utriusque comminutio ciuitatis! Alba namque illa, quam filius Aeneae creauit Ascanius, Romae mater propior ipsa quam Troia, a Tullo Hostilio rege prouocata conflixit, confligens autem et adflicta est et adflixit, donec multorum taederet pari defectione certaminum. Tunc euentum belli de tergeminis hinc atque inde fratribus placuit experiri: a Romanis tres Horatii, ab Albanis autem tres Curiatii processerunt; a Curiatiis tribus Horatii duo, ab uno autem Horatio tres Curiatii superati et extincti sunt. Ita Roma extitit uictrix ea clade etiam in certamine extremo, ut de sex unus rediret domum. Cui damnum in utrisque, cui luctus, nisi Aeneae stirpi nisi Ascanii posteris, nisi proli Veneris nisi nepotibus Iouis? Nam et hoc plus quam ciuile bellum fuit, quando filia ciuitas cum ciuitate

---

[72] Cf. Plutarchus, *Vitae parallelae. Numa* 5.4; Livius, *Ab Urbe condita* 1.14. 로마 역사가들은 Titus Tatius를 죽일 만한 인물로 묘사하고 그리스도교 역사가들은 로물루스의 악행을 비난하는 관점에서 글을 썼다. 더구나 로물루스는 그런 짓을 하고서도 로마에서 대신(maior deus: 더 위대한 신)으로 숭배받았다!

[73] Tullus Hostilius: 로마의 제3대 국왕(673~642)으로서 아이네아스의 친아들 Ascanius가 세운 Alba Longa (Vergilius, *Aeneis* 8.624-629)를 공략하여 파괴했다(Livius, *Ab Urbe condita* 1.23-26).

안 저 사람을 견뎌냈는가? 그리하여 그 사람마저 살해하고서는 단독으로 왕권을 장악하여 더 위대한 신이 되었다.[72] 그러니 도대체 이것이 무슨 혼인의 법도이며, 전쟁 도발이며, 형제 간, 인척 간, 동맹 간, 신성 간의 조약이라는 말인가? 마지막으로, 그 많은 신들의 가호를 받고 있으면서도 도대체 왜 도성의 생활이 이따위였을까? 우리의 의도가 딴 문제들을 향하고 우리의 논제가 다른 문제들로 건너가는 길목이 아니었다면 이 문제만 두고서도 훨씬 더 많은 얘기를 할 수 있을 것이다.

14. 로마인들이 알바인들에게 건 전쟁의 흉악함과 지배욕으로 점철된 승리

14. 1. 알바인들에게 긴 전쟁에는 재앙이 만연했다

그러면 누마 이후 다른 국왕들 밑에서는 어떠했는가? 알바인들이 로마인들에게서 전쟁의 도발을 받음으로써 자기네만 아니라 로마인들에게도 얼마나 엄청난 해악을 끼쳤던가! 누마의 그토록 오랜 평화가 무색해지고 말았다. 로마 군대와 알바 군대 양편에 얼마나 빈번한 학살이 있었고, 양편 도시의 손실이 얼마나 컸던가! 알바는 다름아니라 아이네아스의 아들 아스카니우스가 창건한 곳이요 로마의 모체, 트로야보다 더 가까운 모체인데도 로마의 툴루스 호스틸리우스 왕[73]의 도발로 충돌했으며, 충돌하는 가운데 스스로 전화에 시달렸고 상대방을 전화에 시달리게 하다 보니 수많은 전투에서 오는 너나없는 손실에 싫증을 느끼게 되었다. 그리하여 이쪽에서는 세 쌍둥이, 저쪽에서는 세 형제를 내세워 전쟁의 결말을 보기로 합의했다. 로마인들 편에서는 세 명의 호라티우스, 알바인들 편에서는 세 명의 쿠리아티우스가 나섰다. 세 명의 쿠리아티우스에 의해 두 명의 호라티우스가, 그리고 한 명의 호라티우스에 의해 세 명의 쿠리아티우스가 패해 죽음을 당했다. 그리하여 로마는 그 전란에서 승자가 되었고 마지막 전투에서는 여섯 가운데 한 명만 집으로 돌아왔다. 그러니 양편에 그토록 심한 손실, 그토록 많은 죽음이 왔을 텐데 다름아닌 아이네아스의 혈통에도 아스카니우스의 혈통에도, 베누스의 자손들한테도 유피테르의 후손들한테도 똑같이 닥친 재앙이 아니던가? 이것은 시민들 간의 전쟁보다 더 나빴으니 그 이유는

matre pugnauit. Accessit aliud huic tergeminorum pugnae ultimae atrox atque horrendum malum. Nam ut erant ambo populi prius amici (uicini quippe atque cognati), uni Curiatiorum desponsata fuerat Horatiorum soror; haec postea quam sponsi spolia in uictore fratre conspexit, ab eodem fratre, quoniam fleuit, occisa est. Humanior huius unius feminae quam uniuersi populi Romani mihi fuisse uidetur affectus. Illa quem uirum iam fide media retinebat, aut forte etiam ipsum fratrem dolens, qui eum occiderat cui sororem promiserat, puto quod non culpabiliter fleuerit. Vnde enim apud Vergilium pius Aeneas laudabiliter dolet hostem etiam sua peremptum manu? Vnde Marcellus Syracusanam ciuitatem recolens eius paulo ante culmen et gloriam sub manus suas subito concidisse communem cogitans condicionem flendo miseratus est? Quaeso ab humano impetremus affectu, ut femina sponsum suum a fratre suo peremptum sine crimine fleuerit, si uiri hostes a se uictos etiam cum laude fleuerunt. Ergo sponso a fratre inlatam mortem quando femina illa flebat, tunc se contra matrem ciuitatem tanta strage bellasse et tanta hinc et inde cognati cruoris effusione uicisse Roma gaudebat.

Quid mihi obtenditur nomen laudis nomenque uictoriae? Remotis obstaculis insanae opinionis facinora nuda cernantur, nuda pensentur, nuda iudicentur. Causa dicatur Albae, sicut Troiae adulterium dicebatur. Nulla talis, nulla similis inuenitur; tantum ut resides moueret

>Tullus in arma uiros et iam desueta triumphis
>Agmina.

---

[74] Horatii-Curatii의 결투도 Livius, *Ab Urbe condita* 1.23-26 등에 빈번히 나온다.

[75] Vergilius, *Aeneis* 10.821-826: 아이네아스가 자기 손에 죽은 적장 Mezentius의 아들 Lausus의 죽음을 애도한다.

[76] Cf. Livius, *Ab Urbe condita* 25.24.11.

[77] laus et victoria: 로마인들에게 가장 매력적인 단어였다.

[78] Vergilius, *Aeneis* 6.814-815.

딸 같은 도시가 어머니뻘 되는 도시와 싸웠기 때문이다. 이 세 쌍둥이의 최후 결투에서는 참으로 가혹하고 가공할 악이 또 하나 보태졌다. 양편 백성이 처음에는 우방(이웃이고 또한 인척이었다)이었기 때문에 호라티우스들의 누이 하나가 쿠리아티우스들 가운데 하나와 정혼해 있었다. 그 여자는 승리자 오라비에게서 전사한 신랑의 노획물을 보고서는 통곡했고 그 까닭에 오라비의 손에 죽임을 당했다. 내가 볼 때는 이 한 여인의 감정이 로마 백성 전부의 감정보다 더 인간적이었다. 이 여자는 이미 절반의 신의로 그를 남편으로 삼고 있었고, 누이를 상대방에게 혼약시켰으면서도 그를 죽인 오라비를 두고 원망했을 수도 있었겠지만, 이 여자가 통곡한 것은 잘못이 아니라고 나는 생각한다.[74] 만약 잘못이라면 베르길리우스의 글에서 아이네아스가 자기 손에 도륙당한 적을 두고 애통해한 것을 어떻게 칭찬했겠는가?[75] 마르켈루스도 방금 자기 손에 떨어진 시라쿠사가 조금 전까지 구가하던 영광과 전성기를 생각하면서, 동일한 인간조건을 연상하여 시라쿠사 도시를 측은하게 여기면서 눈물을 흘렸다는데 이게 어찌 가당하겠는가?[76] 사나이들이 자기한테 패한 사람들을 두고 눈물을 흘리는 것이 칭송받을 만하다면, 인지상정으로 여자가 자기 오라비에게 피살당한 자기 신랑을 두고 애도한 것은 죄가 아니니 애도하도록 놓아두었어야 할 것이다. 그러니까 일개 아녀자가 오라비에게 당한 신랑의 죽음을 애도하는 동안, 로마는 어머니 격인 도시를 상대로 엄청난 학살을 저지르며 전쟁을 치렀음을 자랑하고 매부의 피를 흘려 승리했음을 기뻐하고 있었던 것이다.

14. 2. 전쟁은 지배욕에서 일어난다

무엇 때문에 저들은 나에게 칭송과 승리라는 단어를 내세우는가?[77] 불건전한 견해는 장애물인만큼, 그런 장애를 치우고서 로마인들의 죄상을 적나라하게 직시하고 적나라하게 생각하며 적나라하게 판단하도록 하자. 트로야의 간통을 시비한 것처럼 알바가 침공당할 빌미가 있는지 말해 보라. 그런 빌미는 없고 흡사한 빌미도 없다. 단지 나태에 빠진 사람들을 움직이게 하려고 전쟁을 시작한 것이다:

> 툴루스는 무력한 사나이들에게 무장을 시키고
> 승리에는 이미 낯설어진 진영을 기동시키고자[78]

Illo itaque uitio tantum scelus perpetratum est socialis belli atque cognati, quod uitium Sallustius magnum transeunter adtingit. Cum enim laudans breuiter antiquiora commemorasset tempora, quando uita hominum sine cupiditate agitabatur et sua cuique satis placebant: «Postea uero, inquit, quam in Asia Cyrus, in Graecia Lacedaemonii et Athenienses coepere urbes atque nationes subigere, libidinem dominandi causam belli habere, maximam gloriam in maximo imperio putare», et cetera quae ipse instituerat dicere. Mihi huc usque satis sit eius uerba posuisse. Libido ista dominandi magnis malis agitat et conterit humanum genus. Hac libidine Roma tunc uicta Albam se uicisse triumphabat et sui sceleris laudem gloriam nominabat, *quoniam laudatur,* inquit scriptura nostra, *peccator in desideriis animae suae et qui iniqua gerit benedicitur.* Fallacia igitur tegmina et deceptoriae dealbationes auferantur a rebus, ut sincero inspiciantur examine. Nemo mihi dicat: Magnus ille atque ille, quia cum illo et illo pugnauit et uicit. Pugnant etiam gladiatores, uincunt et ipsi, habet praemia laudis et illa crudelitas; sed puto esse satius cuiuslibet inertiae poenas luere quam illorum armorum quaerere gloriam. Et tamen si in harenam procederent pugnaturi inter se gladiatores, quorum alter filius, alter esset pater, tale spectaculum quis ferret? Quis non auferret? Quo modo ergo gloriosum alterius matris, alterius filiae ciuitatis inter se armorum potuit esse certamen? An ideo diuersum fuit, quod harena illa non fuit, et latiores campi non duorum gladiatorum, sed in duobus populis multorum funeribus implebantur, nec amphitheatro cingebantur illa certamina, sed uniuerso orbi, et tunc uiuis et posteris, quo usque ista fama porrigitur, impium spectaculum praebebatur?

---

[79] tantum scelus socialis belli / *vitium magnum*: 로마인들이 우방국들을 상대로 벌인 "동맹 전쟁" (bellum sociale)을 평하는 교부의 입장이다.

[80] Sallustius, *De coniuratione Catilinae* 2.2.

[81] 로마 작가이면서도 살루스티우스는 전쟁의 핵심을 한마디로 "지배욕" (libido dominandi)으로 규정하고 책 전체에서 역사의 몰지각하고 모순적인 사건이라고 규탄한다. 그에게 전쟁은 "종국적인 악"이자 "사물의 충돌과 갈등"이다(19.27).

[82] 시편 9,24. 〔새번역 10,3: "악인은 제 탐욕을 뽐내고 강도는 악담하며 주님을 업신여기나이다."〕

[83] fallacia tegmina et deceptoriae dealbationes: 역사에 대한 객관적 관찰을 호소하는 문장이 폴리비우스를 연상시킨다(Polybius, *Historiae* 1.14.5-6).

우방 및 인척과의 전쟁이라는 엄청난 죄악이 자행된 것은 바로 이런 잘못된 의도 때문이다. 살루스티우스는 이 크나큰 악덕을 슬쩍 언급한 바 있다.[79] 인간 생활이 탐욕 없이 이루어지고 각자가 자기 것으로 흡족해하던 상고시대를 간략하게 회고하고 칭송하면서 이렇게 덧붙인다: "그다음부터 아시아에서는 고레스가, 그리스에서는 스파르타인들과 아테네인들이 도시들과 국가들을 예속시키기 시작했고, 지배욕이 전쟁의 명분이 되기 시작했으며 최대의 영광은 최대의 제권에 있다고 생각하기 시작했다".[80] 이어서 그가 논하기로 작정한 여타의 역사적 사건들이 따라나온다. 나에게는 그 사람이 여기까지 한 말로 충분하겠다. 저 지배욕이 허다한 악을 초래하고 인류를 떨게 만든다.[81] 바로 이 탐욕에 져서 로마는 알바를 쳐이기고 승리했으며, 자기가 저지른 죄악을 칭송하여 영광이라고 이름 붙였던 것이다. 우리 성서에서는 "죄인이 자기 영혼의 욕망을 두고 칭송받으며, 사악한 짓을 행하면서 축복받는다"라고 한다.[82] 그러니 사실에서 거짓 위장일랑 치워 없애고 사람을 기만하는 도색일랑 벗겨내고서 솔직한 반성으로 사태를 들여다보도록 할 것이다.[83] 아무도 나한테 "누구누구가 훌륭하다. 누구누구하고 싸워서 이겼으니까"라는 말을 하지 말라. 싸움은 검투사들도 하며, 이긴다는 점에서는 그들도 마찬가지다. 검투라는 저 잔혹행위마저 칭송이라는 상급을 받는다. 나는 저런 무기로 영광을 추구하기보다는 나태하다 하여 벌을 받는 편이 낫다고 여긴다. 검투사들이 서로 싸우려고 경기장으로 들어서는데 하나는 아버지고 하나는 아들이라면 누가 그런 경기를 차마 눈뜨고 보겠는가? 누가 그 경기를 폐지해 버리지 않겠는가? 그렇다면 하나는 어머니 격인 도시이고 하나는 딸 같은 도시인데 서로 무기를 들고 결투하는 일이 어떻게 영광스러울 수 있는가? 경기장의 모래밭이 아니고 넓은 들판이라고 해서, 그 전장이 검투사들의 죽음이 아니고 두 백성 가운데서 무수한 인간들의 죽음으로 채워진다고 해서, 둘 사이에 무엇이 다르다는 말인가? 그 다툼이 원형경기장으로 둘러싸이지 않고 전세계를 경계로 한다고 해서, 당대에 살아있는 사람들과 그 소문을 듣게 될 후손들에게 그토록 불측한 연극을 상연한다는 말인가?

Vim tamen patiebantur studii sui dii illi praesides imperii Romani et talium certaminum tamquam theatrici spectatores, donec Horatiorum soror propter Curiatios tres peremptos etiam ipsa tertia ex altera parte fraterno ferro duobus fratribus adderetur, ne minus haberet mortium etiam Roma quae uicerat. Deinde ad fructum uictoriae Alba subuersa est, ubi post Ilium, quod Graeci euerterunt, et post Lauinium, ubi Aeneas regnum peregrinum atque fugitiuum constituerat, tertio loco habitauerant numina illa Troiana. Sed more suo etiam inde iam fortasse migrauerant, ideo deleta est. Discesserant uidelicet omnes adytis arisque relictis di, quibus imperium illud steterat. Discesserant sane ecce iam tertio, ut eis quarta Roma prouidentissime crederetur. Displicuerat enim et Alba, ubi Amulius expulso fratre, et Roma placuerat, ubi Romulus occiso fratre regnauerat. Sed antequam Alba dirueretur, transfusus est, inquiunt, populus eius in Romam, ut ex utraque una ciuitas fieret. Esto, ita factum sit; urbs tamen illa, Ascanii regnum et tertium domicilium Troianorum deorum, ab urbe filia mater euersa est; ut autem belli reliquiae ex duobus populis unum facerent, miserabile coagulum multus ante fusus utriusque sanguis fuit. Quid iam singillatim dicam sub ceteris regibus totiens eadem bella reno- uata, quae uictoriis finita uidebantur, et tantis stragibus iterum iterumque confecta, iterum iterumque post foedus et pacem inter soceros et generos

---

[84] 앞 절에서 전쟁을 "불측한 연극"(impium spectaculum)이라 부르고 비극의 인류사를 신들이 "극장 관객"(tamquam theatrici spectatores)처럼 구경한다는 문구는 전쟁에 대한 교부의 혐오감을 잘 드러낸다.

[85] 국왕이 동생을 죽이지 않고 추방으로 그친 알바는 멸망했고 동생을 추방한 것이 아니라 죽여버린 로마가 홍성한 데서 신들의 정의가 의심스럽다는 말이다.

[86] Cf. Plutarchus, *Vitae parallelae. Romulus* 20.1-3.

14.3. 전쟁은 형제살해다

그럼에도 로마제국을 주재하는 저 신들은 이런 투쟁들을 마치 극장 관객처럼 구경하고만 있었다.[84] 살육당한 쿠리아티우스 세 사람 때문에 호라티우스들의 누이가 그 가운데 한 명의 죽음을 애도했다는 이유로, 반대편에 섰던 오라비의 칼에 찔려 죽었다. 그녀는 두 형제들의 죽음에 제삼의 희생자가 되어 함께 쓰러졌건만, 신들은 아무런 힘을 쓰지 않고 보고만 있었다. 로마는 비록 승리했지만 패배자에 못지않은 전사자를 내었다. 또한 이 승리의 결과로 알바가 전멸했다. 그리스인들이 전멸시킨 일리움에 뒤이어, 또 아이네아스가 여로에 피난처로 왕국을 건설한 라비니움에 뒤이어, 트로야 신령들이 거처하던 제삼의 장소가 멸망한 것이다. 하지만 그 신들의 괴거 행적으로 볼 때 이번에도 신들은 벌써 그곳으로부터 이사를 가버린지도 모르며 그래서 알바가 파괴되었을 것이다. "사당과 제단을 버리고서 모든 신들이 떠나버렸도다. 덕택에 이 제국이 서 있었거늘." 정말 세 번째 처소에서도 신들이 떠나버렸음에 틀림없으며, 이는 섭리에 의해 로마가 신들에게 네 번째 처소임을 믿게 하려는 것이었으리라. 그렇다면 알바의 왕 아물리우스가 동생을 추방하고서 왕 노릇을 했기 때문에 신들에게는 알바가 마음에 들지 않았지만, 로물루스가 아우를 죽이고서 왕 노릇하고 있었던 로마는 신들의 마음에 들었던 때문인가 보다.[85] 하지만 사람들 말로는, 알바가 파괴되기 전에 백성이 로마로 쏟아져 들어갔으며 두 도성에서 한 도성이 되었다고 한다.[86] 제발 그랬더라면 좋았겠다. 그렇지만 저 도성, 트로야 신들의 세 번째 거처였던 아스카니우스의 왕국이 딸 같은 도성 로마에 의해 멸망한 것만은 사실이다. 그리고 전쟁에서 살아남은 자들로 두 백성에서 한 백성이 이루어졌다면, 이 가련한 결합에 앞서서 너무나 많은 피가 흘렀음이 분명하다. 다른 국왕들 치하에서도 일어난 똑같은 전쟁들을 내가 무슨 수로 상세하게 이야기할 수 있겠는가? 다른 국왕들 치하에서도 똑같은 전쟁들이 다시 일어났고, 그때마다 전쟁이 승리로 종식된 것처럼 보였는데도 전쟁은 그때마다 다시 발발했으며, 그리고 그 엄청난 학살을 치르며 거듭거듭 전쟁을 행하고, 그 많은 조약과 강화를 맺은 다음에도, 장인들과 사위들 사이에, 그들의 혈통과 후

et eorum stirpem posterosque repetita? Non paruum indicium calamitatis huius fuit, quod portas belli nullus clausit illorum. Nullus ergo illorum sub tot diis praesidibus in pace regnauit.

15. Ipsorum autem regum qui exitus fuerunt? De Romulo uiderit adulatio fabulosa, qua perhibetur receptus in caelum; uiderint quidam scriptores eorum, qui eum propter ferocitatem a senatu discerptum esse dixerunt subornatumque nescio quem Iulium Proculum, qui eum sibi apparuisse diceret eumque per se populo mandasse Romano, ut inter numina coleretur, eoque modo populum, qui contra senatum intumescere coeperat, repressum atque sedatum. Acciderat enim et solis defectio, quam certa ratione sui cursus effectam imperita nesciens multitudo meritis Romuli tribuebat. Quasi uero si luctus ille solis fuisset, non magis ideo credi deberet occisus ipsumque scelus auersione etiam diurni luminis indicatum; sicut re uera factum est, cum Dominus crucifixus est crudelitate atque impietate Iudaeorum. Quam solis obscurationem non ex canonico siderum cursu accidisse satis ostendit, quod tunc erat pascha Iudaeorum; nam plena luna sollemniter agitur, regularis autem solis defectio non nisi lunae fine contingit. Satis et Cicero illam inter deos Romuli receptionem putatam magis significat esse quam factam, quando et laudans eum in libris de re publica Scipionisque sermone: «Tantum est, inquit, consecutus, ut, cum subito sole obscurato non comparuisset, deorum in numero conlocatus putaretur,

---

[87] Cf. Livius, *Ab Urbe condita* 1.16.5-7; Cicero, *De republica* 2.10.20; *De legibus* 1.1.3.

[88] 마태 27,45 참조: "정오부터 어둠이 땅을 온통 덮더니 오후 세시까지 계속되었다".

[89] 문법과 수사학에 기초한 문학이 아우구스티누스의 전문분야였으므로, 일식이 합삭(合朔)에 일어난다는 과학적 설명은 플리니우스에게서 취한 지식 같다(Plinius, *Historia naturalis* 2.7.47-48).

손들 사이에 거듭거듭 전쟁이 반복되었다. 그들 가운데 그 어느 왕도 전쟁 신전의 문을 닫아건 적이 없었다는 사실은 전쟁이라는 이 재앙의 조짐이 적잖은 것임을 보여준다. 그러므로 국왕들 가운데 어느 누구도, 그 많은 신들의 주재를 받으면서도, 평화로이 통치를 한 바 없었다.

15. 로마 국왕들의 삶과 죽음은 어떠했는가

15. 1. 역사도 신화도 로물루스를 터무니없이 미화했다

저 국왕들의 종말은 어떠했는가? 로물루스에 대해서는 다분히 아첨조의 설화가 있어서 그가 하늘에 올림을 받았다고 전한다. 그러나 로마의 다른 저술가들은 그의 포학함 때문에 원로원의 손에 능지치참을 당했다고도 한다. 그런데 율리우스 프로쿨루스라는 자가 원로원의 사주使嗾를 받고서 하는 말이, 로물루스가 자기에게 나타났는데 자기를 로마 백성에게 보내면서 로물루스를 신령들 가운데 하나로 숭배하라고 하더라는 것이었다. 로물루스의 처리 문제로 백성이 원로원에 대항하여 동요하기 시작하던 참이었는데, 이렇게 꾸며대어 백성을 제압하고 진정시켰던 것이다. 때마침 일식이 일어났는데, 그것이 태양 운행의 일정한 이치에 따라서 일어난 사건임을 알지 못하는 식견 없는 군중은 그 일을 로물루스의 위력에 돌렸다.[87] 만일 평소에 일식이라는 것이 태양이 애도를 표하는 현상이었다면, 이번에는 로물루스가 피살당했음을 나타내고 한낮의 빛이 스러짐으로써 그의 죄상을 가리켜 보인 것 외에 다른 일이 아니었다고 믿어야 한다. 이것은 유다인들의 잔인하고 불경스런 행실로 주님이 십자가에 달렸을 때에 실제로 일어난 일이었다.[88] 태양의 그 어둠이 성좌의 정규 운행에서 기인하지 않았음이 분명한 것은 그때가 유다인들의 파스카였다는 사실에서 알 수 있다. 그 축제는 만월에 성대하게 거행되었고, 태양의 정기적 일식은 대개 그믐에 일어나는 까닭이다.[89] 키케로도 로물루스가 신들 사이에 받아들여졌다는 것은 사실이기보다도 그렇게 상상할 뿐임을 암시하며, 「국가론」에서 스키피오의 입을 빌려 로물루스를 찬양하면서 이렇게 말한다: "로물루스는 하필 태양이 어두워진 가운데 갑자기 모습을 안 나타냄으로써 마치 신들의 반열에 올려진 것

quam opinionem nemo umquam mortalis assequi potuit sine eximia uirtu-
tis gloria.» (Quod autem dicit eum subito non comparuisse, profecto ibi
intellegitur aut uiolentia tempestatis aut caedis facinorisque secretum;
nam et alii scriptores eorum defectioni solis addunt etiam subitam tem-
pestatem, quae profecto aut occasionem sceleri praebuit aut Romulum
ipsa consumpsit.) De Tullo quippe etiam Hostilio, qui tertius a Romulo
rex fuit, qui et ipse fulmine absumptus est, dicit in eisdem libris idem
Cicero, propterea et istum non creditum in deos receptum tali morte, quia
fortasse quod erat in Romulo probatum, id est persuasum, Romani uul-
gare noluerunt, id est uile facere, si hoc et alteri facile tribueretur. Dicit
etiam aperte in inuectiuis: «Illum, qui hanc urbem condidit, Romulum ad
deos immortales beniuolentia famaque sustulimus», ut non uere factum,
sed propter merita uirtutis eius beniuole iactatum diffamatumque mons-
traret. In Hortensio uero dialogo cum de solis canonicis defectionibus lo-
queretur: «Vt easdem, inquit, tenebras efficiat, quas effecit in interitu Ro-
muli, qui obscuratione solis est factus.» Certe hic minime timuit hominis
interitum dicere, quia disputator magis quam laudator fuit.

Ceteri autem reges populi Romani, excepto Numa Pompilio et Anco
Marcio, qui morbo interierunt, quam horrendos exitus habuerunt! Tullus,
ut dixi, Hostilius, uictor et euersor Albae, cum tota domo sua fulmine
concrematus est. Priscus Tarquinius per sui decessoris filios interemptus

---

[90] Cicero, *De republica* 2.10.20.

[91] Cf. Livius, *Ab Urbe condita* 1.16.1.

[92] Cf. *De republica* 2.17.32.

[93] 고대 로마의 왕정법(Leges regiae)에는 "벼락을 맞아 죽는 자는 장례를 치러주지 말라"(Homo si fulmine occisus est, ei iusta nulla fieri oportet: Festus, *De verborum significatione* [Muller ed.] fr.178)는 법규가 있다. 따라서 유피테르에게 천벌을 받아서 벼락맞아 죽은 사람이 신격화될 리 없었다.

[94] Cicero, *Oratio in Catilinam* 3.1.2.

[95] Cicero, *Hortensius* fr.66: 아주 젊었을 적에 아우구스티누스가 혼자서 공부한 책으로(cf. *Confessiones* 3.4.7; 8.7.17) 유실되고 없으며 단편들도 주로 아우구스티누스가 인용하여 전해주고 있다.

으로 여겨졌으니 그 정도로 그는 위대한 무엇을 달성했다. 탁월한 용맹의 영광을 지니지 않고서는 사멸할 인간 누구도 그런 소문은 얻어내지 못하는 법이다".[90] (여기서 "갑자기 모습을 안 나타냄으로써"라는 문구는 곧바로 격렬한 폭풍을 의미하거나 그를 제거한 살인 또는 내밀한 범죄행위를 상징한다. 왜 그런가 하면 로마의 다른 저술가들은 일식 사건에다 폭풍이 닥쳤다는 말을 덧붙이고 있는데, 폭풍이 그를 처치하는 범죄에 기회를 제공했거나 그 폭풍이 로물루스를 없애버렸거나 둘 중의 하나이리라.)[91] 툴루스 호스틸리우스는 로물루스 다음의 세 번째 국왕이었는데 그도 벼락에 맞아 죽었다고 한다. 이것은 키케로가 같은 그 책에서 이야기하는 바이다.[92] 하지만 그런 죽음 때문에 그 사람마저 신들의 반열에 받아들여졌다고는 믿지 않았다.[93] 로마인들은 로물루스를 두고 믿는 바, 곧 그렇다고 확신하는 바를 함부로 퍼뜨리기를 싫어했다. 다시 말해서, 이것을 딴 사람에게도 쉽사리 부여한다면 그것이 범속해지지나 않을까 하여 그것이 싫었던 것이다. 키케로는 카틸리나를 공박하는 성토문에서 이 문제를 더욱 노골적으로 언급한다: "호의 반 소문 반으로, 이 도시를 창건한 저 위대한 로물루스를 우리가 불사의 신들 가운데로 받들어올렸던 것이다."[94] 이 말은 정말로 그렇게 되었다는 것이 아니라, 그의 용맹에서 오는 공덕 때문에 사람들의 호의로 신처럼 받들어졌고 그렇게 소문났음을 입증한다. 또 「호르텐시우스」라는 대화집에서 키케로는 태양의 정기적 일식을 논하면서 "로물루스의 죽음은 태양이 어두워지는 일식 동안에 일어났는데, 그때 만들어진 것과 똑같은 어둠을 만들어내려면 …"[95]이라는 말을 한다. 여기서는 대화중의 발언자가 로물루스를 예찬하는 인물이라기보다는 토론자로 등장하기 때문에 한 인간의 죽음을 있는 그대로 얘기하면서도 조금도 두려워하지 않고 있다.

15. 2. 다른 국왕들의 악행과 재난

질병으로 죽은 누마 폼필리우스와 안쿠스 마르키우스를 빼놓으면, 로마 백성의 다른 국왕들은 얼마나 무서운 최후를 맞았는가! 내가 말한 바 있는 툴루스 호스틸리우스는 알바를 무찌르고 멸망시킨 인물로서 자기 집안 전체와 더불어 벼락으로 불타 죽었다. 프리스쿠스 타르퀴니우스는 선임자의 아들들에게 피살당

est. Seruius Tullius generi sui Tarquinii Superbi, qui ei successit in regnum, nefario scelere occisus est. Nec «discessere adytis arisque relictis di» tanto in optimum illius populi regem parricidio perpetrato, quos dicunt, ut hoc miserae Troiae facerent eamque Graecis diruendam exurendamque relinquerent, adulterio Paridis fuisse commotos; sed insuper interfecto a se socero Tarquinius ipse successit. Hunc illi dii nefarium parricidam soceri interfectione regnantem, insuper multis bellis uictoriisque gloriantem et de manubiis Capitolium fabricantem non abscedentes, sed praesentes manentesque uiderunt et regem suum Iouem in illo altissimo templo, hoc est in opere parricidae, sibi praesidere atque regnare perpessi sunt. Neque enim adhuc innocens Capitolium struxit et postea malis meritis Vrbe pulsus est, sed ad ipsum regnum, in quo Capitolium fabricaret, inmanissimi sceleris perpetratione peruenit. Quod uero eum regno Romani postea depulerunt ac secluserunt moenibus ciuitatis, non ipsius de Lucretiae stupro, sed filii peccatum fuit illo non solum nesciente, sed etiam absente commissum. Ardeam ciuitatem tunc oppugnabat, pro populo Romano bellum gerebat; nescimus quid faceret, si ad eius notitiam flagitium filii deferretur; et tamen inexplorato iudicio eius et inexperto ei populus ademit imperium et recepto exercitu, a quo deseri iussus est, clausis deinde portis non siuit intrare redeuntem. At ille post bella grauissima, quibus eosdem Romanos concitatis finitimis adtriuit, postea quam desertus ab eis quorum fidebat auxilio regnum recipere non eualuit, in oppido Tusculo Romae uicino quattuordecim, ut fertur, annos priuatam uitam quietus habuit et cum uxore consenuit, optabiliore fortassis exitu quam socer eius,

---

[96] 로마 초창기 국왕 이름 Tullus Hostilius, Priscus Tarquinius, Servius Tullius, Tarquinius Superbus 에 관한 언급도 Livius (*Ab Urbe condita* 1.31.8, 40.7, 48.3-4)에 근거한다.

[97] Cf. Livius, *Ab Urbe condita* 1.40-41, 48, 55-58.

[98] 1.19.1-3; 2.17 참조.

[99] Cf. Livius, *Ab Urbe condita* 2.21.5; Eutropius, *Breviarium ab Urbe condita* 1.11.2.

했다. 세르비우스 툴리우스는 그의 왕위를 계승한 사위인 "오만한" 타르퀴니우스의 암계暗計에 걸려서 살해당했다.[96] "사당과 제단을 버리고서 모든 신들이 떠나버리지도" 않은 처지에서 저 로마 백성의 가장 훌륭한 왕을 상대로 동족살해의 범죄가 저질러졌던 것이다. 그런데도 신들이 가련한 트로야를 저버렸다고, 트로야를 그리스인들이 유린하고 멸망시키게 넘겨준 것은 파리스의 간통 때문에 신들이 흥분했기 때문이라는 말들을 버젓이 하고 있다! 그런데 거기에 덧붙여 타르퀴니우스는 자기 손으로 장인을 죽이고서 스스로 왕위를 계승했다! 신들은 흉측한 동족살해자가 장인을 죽이고 왕위에 오르는데도, 수많은 전쟁과 승리를 뻐기는데도, 전리품으로 카피톨리움을 건축하는데도 그를 멀리하기는커녕 거기에 임재하고 머물면서 수수방관했으며, 신들의 임금이라는 유피테르가 장인을 죽인 암살자가 지어준 드높은 신전에서 자신들을 다스리고 통치하게 감수하고 있었다. 그가 아직 죄를 짓기 전에 카피톨리움을 건축했고, 후일에 악한 짓을 하여 그 벌로 도성에서 추방되었다는 말은 하지 말라! 그는 지극히 악독한 범죄를 자행하여 왕위에 올랐고 그 재위 동안에 카피톨리움을 축조한 것이다.[97] 후일에 로마인들이 그를 왕위에서 축출하고 성벽 안으로 못 들어오게 따돌린 것은 루크레티아에 대한 추행 때문이었다. (더구나) 그 일은 그가 아니라 아들이 저지른 죄였으며, 더구나 그가 알 수도 없었던 그의 부재중에 저질러진 것이었다![98] 그때 타르퀴니우스는 도성 아르데아를 공략중이었고 로마 국민을 위해 전쟁을 수행하고 있었다! 아들의 추행이 그에게 알려졌더라면 그가 어떻게 했을지는 우리도 모르는 바이다. 그러나 로마인들은 그의 판단을 들어보려 하지도 않았으며, 그에게 사건을 알리지도 않은 채로, 그에게서 통수권을 박탈해 버렸고 군대에게 그를 유기하라고 명령한 다음에 군대가 성 안으로 들어서자마자 성문들을 닫아걸고 귀환하는 그를 들어오지도 못하게 한 것이다. 그러나 그는 인근 주민들을 동원하여 저 로마인들을 전율케 한 막중한 전쟁들을 치렀는데, 결국 원군을 기대했던 사람들에게서 버림받아 왕위를 되찾지는 못했다. 전하는 말에 의하면, 그러고 나서 로마에서 가까운 투스쿨룸에서 14년간 평온하게 사생활을 보냈으며 아내와 함께 해로했다.[99] 전해오는 바와 같이,

generi sui facinore nec ignorante filia, sicut perhibetur, extinctus. Nec tamen istum Tarquinium Romani crudelem aut sceleratum, sed superbum appellauerunt, fortasse regios eius fastus alia superbia non ferentes. Nam scelus occisi ab eo soceri optimi regis sui usque adeo contempserunt, ut eum regem suum fácerent; ubi miror, si non scelere grauiore mercedem tantam tanto sceleri reddiderunt. Nec «discessere adytis arisque relictis di.» Nisi forte quispiam sic defendat istos deos, ut dicat eos ideo mansisse Romae, quo possent magis Romanos punire suppliciis quam beneficiis adiuuare, seducentes eos uanis uictoriis et bellis grauissimis conterentes. Haec fuit Romanorum uita sub regibus laudabili tempore illius rei publicae usque ad expulsionem Tarquinii Superbi per ducentos ferme et quadraginta et tres annos, cum illae omnes uictoriae tam multo sanguine et tantis emptae calamitatibus uix illud imperium intra uiginti ab Vrbe milia dilatauerint; quantum spatium absit ut saltem alicuius Getulae ciuitatis nunc territorio comparetur.

16. Huic tempori adiciamus etiam tempus illud, quo usque dicit Sallustius aequo et modesto iure agitatum, dum metus a Tarquinio et bellum graue cum Etruria positum est. Quamdiu enim Etrusci Tarquinio in regnum redire conanti opitulati sunt, graui bello Roma concussa est. Ideo dicit aequo et modesto iure gestam rem publicam metu premente, non

---

[100] generi sui facinore nec ignorante filia: cf. Eutropius, *Breviarium ab Urbe condita* 1.6.

[101] Hadrianus 황제 시대의 역사가 Florus (*Epitome* 1.2.8)는 왕정 시대를 이상적으로 묘사하고 국왕마다 로마제국의 기틀을 마련한 위인으로 서술하는데 아우구스티누스는 정치도덕의 관점에서 당대를 매우 비관적으로 바라보고 있다.

[102] Cf. Eutropius, *Breviarium ab Urbe condita* 1.8. Livius는 왕정 기간을 245년으로 계산한다.

[103] Cf. Eutropius, *Breviarium ab Urbe condita* 1.8.3. Getula(혹은 Gaetulia)는 교부가 활약하던 북아프리카 Mauritania와 Numidia 사이의 지역을 가리켰다.

[104] Sallustius, *Historiae* 1. fr.10.

그는 딸이 모르지 않은 처지에서 사위의 흉계로 숨진 자기 장인보다 훨씬 나은 최후를 맞았다.[100] 그럼에도 로마인들은 타르퀴니우스를 "잔인한" 타르퀴니우스라거나 "흉악한" 타르퀴니우스라고 부르지 않고 그냥 "오만한" 타르퀴니우스라고 불렀을 따름이다. 이는 아마도 로마인들이 나름대로 오만에 젖어 있어서 자기네 임금의 오만한 태도를 못 견뎠던 것 같다. 로마 국민이 그를 자기네 왕으로 삼을 수 있었던 것으로 미루어 가장 훌륭한 국왕이자 타르퀴니우스에게는 장인이 되는 선왕을 시해한 범죄를 대수롭지 않게 여겼음에 틀림없다. 그래서 나는 로마인들이 그토록 엄청난 범죄에 왕위라는 훌륭한 포상을 수여한 행위부터가 타르퀴니우스가 저지른 죄보다 중한 범죄가 아니었을까 하고 생각한다. 신들은 분명히 "사당과 제단을 버리고서 떠나버리지" 않았던 것이다. 혹자는 그 신들이 로마에 계속해서 머문 것은 은덕으로 로마인들을 보우하기 위함이었다기보다는 형벌로 그들을 응징하기 위함이었다는 식으로 그 신들을 변호한다. 허황한 승리로 그들을 기만하고 막중한 전쟁으로 그들을 떨게 함으로써 그들을 응징한다는 말이라면 그럴듯하다.[101] 여하튼 공화국의 그래도 칭송할 만한 시대, 오만한 타르퀴니우스를 추방하기까지 근 243년 동안[102] 국왕들의 지배를 받을 적의 로마인들의 삶이 이러했다! 그 많은 피와 그 많은 재앙을 대가로 치르고 얻은 저 모든 승리라는 것들이 제권을 로마 도성으로부터 겨우 이천 마장 넓혔을 따름이다. 그 공간은 지금으로 말하자면 게툴라의 어느 도시의 면적과 비교하더라도 그에 못 미친다.[103]

16. 로마 초대 집정관들은 하나가 동료 집정관을 유배 보내고서 얼마 지나지 않아 잔혹하게 죽인 다음, 자신도 상처입힌 적에게서 상처입고 죽었다

이런 시대에 덧붙여 살루스티우스가 소위 "타르퀴니우스에 대한 공포와 에트루리아와의 치열한 전쟁이 있는 동안은 그래도 로마 사회가 공평한 법도에 따라 움직였다"[104]고 평하는 시대를 두고 이야기해 보자. 왕권을 회복하려고 힘쓰는 타르퀴니우스를 에트루스키들이 원조함으로써 로마는 치열한 전쟁에 휩싸였다. 그러니까 정의감에서 우러났다기보다는 공포에 짓눌려 어쩔 수 없이 "공평

persuadente iustitia. In quo breuissimo tempore quam funestus ille annus fuit, quo primi consules creati sunt expulsa regia potestate! Annum quippe suum non compleuerunt. Nam Iunius Brutus exhonoratum eiecit Vrbe collegam Lucium Tarquinium Collatinum; deinde mox ipse in bello cecidit mutuis cum hoste uulneribus, occisis a se ipso primitus filiis suis et uxoris suae fratribus, quod eos pro restituendo Tarquinio coniurasse cognouerat. Quod factum Vergilius postea quam laudabiliter commemorauit, continuo clementer exhorruit. Cum enim dixisset:

> Natosque pater noua bella mouentes
> Ad poenam pulchra pro libertate uocabit,

mox deinde exclamauit et ait:

> Infelix, utcumque ferent ea facta minores.

Quomodolibet, inquit, ea facta posteri ferant, id est praeferant et extollant, qui filios occidit, infelix est. Et tamquam ad consolandum infelicem subiunxit:

> Vincit amor patriae laudumque inmensa cupido.

Nonne in hoc Bruto, qui et filios occidit et a se percusso hosti filio Tarquinii mutuo percussus superuiuere non potuit eique potius ipse Tarquinius superuixit, Collatini collegae uidetur innocentia uindicata, qui bonus ciuis hoc Tarquinio pulso passus est, quod tyrannus ipse Tarquinius? Nam et idem Brutus consanguineus Tarquinii fuisse perhibetur; sed Collatinum uidelicet similitudo nominis pressit, quia etiam Tarquinius uocabatur. Mutare ergo nomen, non patriam cogeretur; postremo in eius nomine hoc uocabulum minus esset, L. Collatinus tantummodo uocaretur. Sed ideo

---

[105] 집정관제의 공화국은 BC 366년으로 거슬러올라간다. "집정관"(consul)이라는 관직명은 비교적 뒤에 생겼다.

[106] Vergilius, *Aeneis* 6.820-823. *amor patriae laudumque cupido*: 앞의 2.14.2 (laus et victoria 각주 77 참조)에서처럼 로마인들의 성정을 잘 지적한 문구다.

한 법도에 따라" 공화국을 운영했다는 것이 살루스티우스가 하는 말이다. 왕권이 축출당하고 초대 집정관[105]들이 선출되던 한 해 동안의 아주 짧은 시기마저 얼마나 파란에 찬 해였던가! 그런데 두 집정관도 자기네 임기를 다 채우지 못했다. 그 까닭은 유니우스 브루투스가 동료 집정관 루키우스 타르퀴니우스 콜라티누스에게 불명예를 씌워 도성에서 추방해 버렸기 때문이다. 그러고서 브루투스도 머잖아 전장에 나가서 적병과 서로 상처를 주고받아 쓰러졌는데, 먼저 타르퀴니우스를 복위시키려는 음모를 꾸몄음을 발견하고는 자기 아들들과 자기 처남들을 손수 죽여 없앤 다음이었다. 훗날 베르길리우스가 그 사건을 칭송하여 기념했지만 곧이어 탄식하고 전율했다. 그는 처음에 이렇게 노래했다:

이비로서 새삼 전쟁을 도모하는 아들들을
처형했으니 아리따운 자유를 위함이었어라.

그러고는 뒤이어 이처럼 한탄하여 말했다:

불행한지고, 후대인들이 그 일을 뭐라고 이야기하더라도 ….

그가 하는 말은, 후대인들이 그 일을 뭐라고 이야기하든, 즉 비록 자기가 한 일을 칭송하고 떠받들더라도 아들들을 손수 죽인 사람은 불행하다는 것이다. 그래서 그 불행한 사람을 위로하려는 듯 한 구절을 덧붙였다:

조국에 대한 사랑과 가없는 명예심이 이겨냈도다.[106]

브루투스는 아들들까지 죽였고, 자기에게 치명상을 입은 적병, 곧 타르퀴니우스의 아들에게서 마주 치명상을 입어 살아나지 못했다. 그뿐 아니라 타르퀴니우스가 그 사람보다 오래 살아남았다. 그 대신 콜라티누스는 선량한 시민이면서도 국왕 타르퀴니우스가 추방당한 다음에, 폭군인 타르퀴니우스가 당한 일을 똑같이 당했다. 따라서 결백한 동료 집정관 콜라티누스에게 한 일 때문에 결국 브루투스가 그 대가를 치른 것이 아닐까? 브루투스 본인도 타르퀴니우스의 혈족이었다고 전해온다. 그러면서도 브루투스는 콜라티누스가 타르퀴니우스라는 이름을 갖고 있다는 이유만으로 콜라티누스에게 압력을 가했다. 이름을 바꾸게 해야지 조국을 바꾸게 강요할 것은 아니었다. 적어도 이름에서 타르퀴니우스라는 단어를 빼고 루키우스 콜라티누스라고 부르기만 하면 되는 것이었다. 그럼

non amisit quod sine ullo detrimento posset amittere, ut et honore primus consul et ciuitate bonus ciuis carere iuberetur. Etiamne ista est gloria, Iunii Bruti detestanda iniquitas et nihilo utilis rei publicae? Etiamne ad hanc perpetrandam «uicit amor patriae laudumque inmensa cupido»? Iam expulso utique Tarquinio tyranno consul cum Bruto creatus est maritus Lucretiae L. Tarquinius Collatinus. Quam iuste populus mores in ciue, non nomen adtendit! Quam impie Brutus collegam primae ac nouae illius potestatis, quem posset, si hoc offendebatur, nomine tantum priuare, et patria priuauit et honore! Haec mala facta sunt, haec aduersa acciderunt, quando in illa re publica «aequo et modesto iure agitatum est.» Lucretius quoque, qui in locum Bruti fuerat subrogatus, morbo, antequam idem annus terminaretur, absumptus est. Ita P. Valerius, qui successerat Collatino, et M. Horatius, qui pro defuncto Lucretio suffectus fuerat, annum illum funereum atque Tartareum, qui consules quinque habuit, compleuerunt, quo anno consulatus ipsius nouum honorem ac potestatem auspicata est Romana res publica.

17. Tunc iam deminuto paululum metu, non quia bella conquieuerant, sed quia non tam graui pondere urgebant, finito scilicet tempore, quo aequo iure ac modesto agitatum est, secuta sunt quae idem Sallustius breuiter explicat: «Dein seruili imperio patres plebem exercere, de uita atque tergo regio more consulere, agro pellere et ceteris expertibus soli in imperio agere. Quibus saeuitiis et maxime faenore oppressa plebes, cum

---

107 아우구스티누스를 제외한 모든 로마 지성들이 브루투스를 공화국의 자유를 수호하고 확립한 인물로 칭송하던 대세였으므로(예: Livius, *Ab Urbe condita* 2.1.9; Cicero, *De finibus bonorum et malorum* 2.20.66; Ovidius, *Fasti* 2.837-852) 이 글귀는 상당히 과감한 역사 비판에 해당한다.

108 Iunius Brutus, Lucius Tarquinius Collatinus, Lucretius, Publius Valerius, Marcus Horatius 등의 이름과 행적도 Livius (*Ab Urbe condita* 1.56.7; 2.5-6; 2.8.4-5)가 기록하여 전한 것이다. 본서 2.17 참조.

에도 콜라티누스는 잃어도 될 이름은 잃지 않고(그것을 잃는다고 손해 볼 것도 없었다), 초대 집정관으로서 그 직위를 빼앗겼고 선량한 시민으로서 도시를 떠나라는 추방령을 받았다. 유니우스 브루투스의 수치스런 악행, 공화국에 전혀 이득될 것이 없는 그 짓마저 영광이라는 말인가?[107] 이런 짓을 했으면서도 "조국에 대한 사랑과 가없는 명예심이 이겨냈도다"라고 할 것인가? 폭군 타르퀴니우스가 추방되고 나서 루크레티아의 남편 루키우스 타르퀴니우스 콜라티누스가 브루투스와 함께 집정관에 선출되었다. 국민은 옳게도 이름이 아니라 품행을 보았던 것이다. 그러나 부당하게도 브루투스는 최초로 또 새로 제정된 권력을 분점하는 동료에게서, 이름이 귀에 거슬린다면 이름만 박탈하면 될 것을 조국을 박탈하고 관식마서 박딜헸다! 살루스티우스가 저 공화국에서만은 "공평한 법도에 따라 움직였다"고 하는 바로 그 시대에 이런 일들이 벌어졌고 이런 파행이 발생했다! 브루투스의 자리를 이은 루크레티우스도 병에 걸려 그해를 마치기 전에 죽었다. 그리고 콜라티누스를 승계한 푸블리우스 발레리우스와 루크레티우스도 사망했고, 그들을 보궐補闕한 마르쿠스 호라티우스에 이르러서야 파란만장하고 아비규환 같던 한 해, 집정관이 무려 다섯 명이나 나온 그해를 마감할 수 있었다. 바로 그해에 집정관직이라는 새로운 관제와 권력이 로마 공화국을 출범시킨 것이다.[108]

17. 초기 집정관 통치 이후 로마 공화국은 그 제도에서 비롯된 해악들에 시달렸는데, 공화국에서 숭배하는 신들은 이를 아랑곳하지 않았다

17.1. 포에니 전쟁 전에도 공화국에는 엄청난 행악이 있었다

시간이 흐르면서 차츰 두려움이 줄어들었지만, 그것은 전쟁이 평정되어서가 아니라 사태가 그다지 절박하지 않았기 때문이었다. "공평한 법도에 따라 움직이던" 시대가 끝났고, 살루스티우스는 그 이후의 시기를 다음과 같이 간략하게 묘사한다: "그런 뒤에 귀족들은 평민에게 노예를 대하듯 통치권을 휘둘렀고 그야말로 왕정과 똑같은 방식으로 평민의 생명과 노동을 수탈하고 전답을 빼앗아가며, 모든 사람들을 배제한 채 자신들만 통치권을 행사했다. 평민은 가혹한

assiduis bellis tributum et militiam simul toleraret, armata montem sacrum atque Auentinum insedit, tumque tribunos plebis et alia iura sibi parauit. Discordiarum et certaminis utrimque finis fuit secundum bellum Punicum.» Quid itaque ego tantas moras uel scribens patiar, uel lecturis adferam? Quam misera fuerit illa res publica, tam longa aetate per tot annos usque ad secundum bellum Punicum bellis forinsecus inquietare non desistentibus et intus discordiis seditionibusque ciuilibus, a Sallustio breuiter intimatum est. Proinde uictoriae illae non solida beatorum gaudia fuerunt, sed inania solacia miserorum et ad alia atque alia sterilia mala subeunda inlecebrosa incitamenta minime quietorum. Nec nobis, quia hoc dicimus, boni Romani prudentesque suscenseant: quamquam de hac re nec petendi sint nec monendi, quando eos minime suscensuros esse certissimum est. Neque enim grauius uel grauiora dicimus auctoribus eorum et stilo et otio multum impares; quibus tamen ediscendis et ipsi elaborauerunt et filios suos elaborare compellunt. Qui autem suscensent, quando me ferrent, si ego dicerem, quod Sallustius ait? «Plurimae turbae, seditiones et ad postremum bella ciuilia orta sunt, dum pauci potentes, quorum in gratiam plerique concesserant, sub honesto patrum aut plebis nomine dominationes adfectabant; bonique et mali ciues appellati, non ob merita in rem publicam, omnibus pariter corruptis, sed uti quisque locupletissimus et iniuria ualidior, quia praesentia defendebat, pro bono ducebatur.» Porro si illi scriptores historiae ad honestam libertatem per-

---

[109] Sallustius, *Historiae* 1. fr.11. 본서 2.18.1에도 이 문장 전부가 인용된다.

[110] victoria non solida *beatorum* gaudia ... sed inania solacia *miserorum* ... illecebrosa incitamenta *minime quietorum*: 전쟁에 대한 교부의 혐오를 적나라하게 표명한다.

[111] 아우구스티누스는 살루스티우스의 역사관에 입각하여, 원로원을 독점한 귀족들의 특권 독점과 향락, 평민의 예속적 굴종 등이 그라쿠스 형제의 개혁과 시민전쟁(bellum civile) 및 동맹전쟁(bellum sociale)을 초래했다고 판단한다.

[112] Sallustius, *Historiae* 1. fr.12. quia *praesentia defendebat*: 아우구스티누스는 그 모든 내란을 "기득권 보호"를 위한 권력투쟁으로 본다.

탄압과 막중한 과세에 억눌렸고, 끊임없는 전쟁에 부역하고 군복무를 감당해야 했다. 이에 견디다 못해 평민은 무장을 하고서 성산聖山과 아벤티누스 산에서 버텼고 그제서야 호민관과 다른 권리들을 확보했다. 평민과 귀족 간의 불화와 싸움은 이차 포에니 전쟁에서야 끝을 보았다."[109] 무엇 때문에 나는 이런 글을 쓰면서 그 많은 시간을 끌고 또 다른 사람들에게 읽히면서 시간을 낭비하게 할까? 저 공화국이 얼마나 비참했는가, 그러니까 이차 포에니 전쟁에 이르기까지 얼마나 많은 햇수를 밖으로는 끊이지 않는 전쟁으로 불안했고 안으로는 시민 간의 불화와 소요로 얼마나 오랜 세월 시달렸는가는 살루스티우스가 방금 간결하게 요약했다. 그렇다면 로마가 거두었다는 저 승리들도 행복한 사람들의 건실한 기쁨이 아니었고 가련한 인간들의 허망한 위로에 불과했으며 전쟁 없이는 조금도 가만히 있지 못하는 작자들에 대한 선동에 불과했다. 연이어 닥치는 또 다른 전쟁의 해악,[110] 아무런 소득이 없는 해악을 감수해야 한다고 유혹하는 선동 말이다.[111] 우리가 이런 말을 한다고 선량한 로마인들이 분개해서는 안 된다. 결코 분개하지 않을 사람들이기 때문에 우리가 굳이 분개하지 말라고 애걸하거나 충고할 필요도 없겠다. 그렇다고 우리가 로마의 저술가들보다 더 심한 말을 더 심하게 한 것도 아니다. 문체와 글솜씨에 있어 우리는 그들보다 훨씬 뒤진 사람들이며, 로마인들은 그 저술가들의 글을 익히려고 스스로 노력해 왔을 뿐 아니라 지금도 자기 자식들이 익히도록 강요하고 있다. 혹시 분개하는 사람들이 있을 경우, 만에 하나라도 살루스티우스가 하는 다음과 같은 말이 그가 아닌 내 입에서 나왔다면 그들은 도대체 나를 어떻게 했을까? "그리하여 무수한 소란과 분쟁이 있었고 마지막에 가서는 시민전쟁이 터졌다. 그동안 소수 권력자들의 특혜를 받으려고 많은 사람들이 몰려들었는데, 그 소수가 귀족당 밑에서나 평민당 밑에서나 지배권을 장악하려고 혈안이 되었다. 그리고 시민을 선량善良과 불선不善으로 나누어 불렀는데 공화국에 끼친 공적에 따라서 그렇게 부르는 것이 아니라 모두가 똑같이 부패해 있던 터라서, 누구든 언변이 출중하고 부정不正에 통달한 사람이면 기득권을 지켜주기 때문에 무조건 선량으로 간주되었다."[112] 여하튼 저 역사가들은 자기네 도성이 저지른 악행에 관해 침묵하

tinere arbitrati sunt mala ciuitatis propriae non tacere, quam multis locis magno praeconio laudare compulsi sunt, cum aliam ueriorem, quo ciues aeterni legendi sunt, non haberent: quid nos facere conuenit, quorum spes quanto in Deo melior et certior, tanto maior debet esse libertas, cum mala praesentia Christo nostro inputant, ut infirmiores imperitioresque mentes alienentur ab ea ciuitate, in qua sola iugiter feliciterque uiuendum est? Nec in deos eorum horribiliora nos dicimus, quam eorum identidem auctores, quos legunt et praedicant, quando quidem et ex ipsis quae diceremus accepimus, et nullo modo dicere uel talia uel cuncta sufficimus.

Vbi ergo erant illi dii, qui propter exiguam fallacemque mundi huius felicitatem colendi existimantur, cum Romani, quibus se colendos mendacissima astutia uenditabant, tantis calamitatibus uexarentur? Vbi erant, quando Valerius consul ab exulibus et seruis incensum Capitolium cum defensaret occisus est faciliusque ipse prodesse potuit aedi Iouis, quam illi turba tot numinum cum suo maximo atque optimo rege, cuius templum liberauerat, subuenire? Vbi erant, quando densissimis fatigata ciuitas seditionum malis, cum legatos Athenas missos ad leges mutuandas paululum quieta opperiretur, graui fame pestilentiaque uastata est? Vbi erant, quando rursus populus, cum fame laboraret, praefectum annonae primum crea-

[113] 로마의 건국이념과 제국주의 이상을 풍자적 어법을 써서 의문에 붙임으로써 아우구스티누스는 하느님의 나라 앞에서 지상국을 상대화(相對化)하고 있다.

[114] Publius Valerius Publicola: BC 503년 Herdonius라는 자가 선동한 소요를 진압했다. 교부는 5.18.2에서 그의 청빈을 칭송하면서 Lucius Valerius라고 잘못 부른다.

[115] Cf. Livius, *Ab Urbe condita* 3.18.8.

[116] Cf. Livius, *Ab Urbe condita* 3.32.

지 않는 편이 올바른 자유에 해당한다고 여겼다. 그러면서도 그 역사가들마저 참으로 여러 글에서 거창한 찬사를 바쳐 로마를 칭송하지 않을 수 없었는데 그 것은 ˙영원한 시민들이 간택될 더 참다운 도성을 알고 있지 못했기 때문이리라. 그러니 사람들이 현 시국의 악을 우리 그리스도의 탓으로 돌릴 적에 우리는 과 연 무엇을 할 수 있겠는가? 우리의 희망은 하느님 안에 있어서 더 훌륭하고 더 확실한 만큼 우리의 자유 또한 더 위대한 것임에 틀림없고, 사람들이 우리를 비난하면 할수록 자기네 취약하고 무분별한 지성을 저 영원한 도성으로부터 더 욱 소외시키는 것밖에 안 된다. 끝없이 행복하게 살 수 있는 것은 저 도성에서 뿐이기 때문이다. 그들의 신들을 두고도 우리는 자기네 저술가들(그들이 즐겨 읽고 떠받드는 인물들)이 한 말보다 더 가증스런 얘기를 하고 있는 것이 아니 다. 우리가 이야기한 것은 한결같이 그 인물들에게서 전해받은 것이며, 그나마 도 그들이 하듯이 심하게 또 모조리 쏟아 놓지도 않는다.[113]

17.2. 평화시와 전시의 사정

그러면 이 세상의 덧없고 기만적인 행복을 생각해서라도 기필코 숭배해야 한다 고 여겨온 그 신들은 도대체 어디 있었는가? 더없이 거짓된 간계를 써서 로마 인들이 자기들을 숭배하도록 허세를 부렸으면서도, 정작 로마인들이 무수한 재 앙으로 시달리는 동안 그 신들은 도대체 어디 있었는가? 집정관 발레리우스[114] 가 추방자들과 노예들의 손으로 방화된 카피톨리움을 방어하다가 피살당했을 적에 신들은 어디 있었는가? 발레리우스는 유피테르의 신전을 구원해 줌으로써 유피테르에게 많은 도움을 주었는데, 저 많은 신령들의 무리가 자기네들의 지 고지선한 임금 유피테르(그의 신전을 집정관이 구출해 주었다)와 힘을 합해도 그 사람 하나를 보살피지 못했다는 말인가?[115] 도성 로마가 걸핏하면 발생하는 소요의 악에 시달릴 대로 시달리다가 모처럼의 평온을 맞아 아테네의 법률을 차용하기 위해 아테네로 사절들을 파견한 적이 있다. 파견한 사절들이 돌아오 기를 기다리는 사이에, 도성이 혹심한 기근과 흑사병으로 황폐해졌을 때에 그 신들은 도대체 어디 있었는가?[116] 그런가 하면 국민이 기아로 고생하다가 양곡 장관을 최초로 신설한 일이 있었다. 그런데도 기근이 더욱 기승을 부리자 스푸

uit, atque illa fame inualescente Spurius Maelius, quia esurienti multitudi-
ni frumenta largitus est, regni adfectati crimen incurrit et eiusdem prae-
fecti instantia per dictatorem L. Quintium aetate decrepitum a Quinto Ser-
uilio magistro equitum cum maximo et periculosissimo tumultu ciuitatis
occisus est? Vbi erant, quando pestilentia maxima exorta diis inutilibus
populus diu multumque fatigatus noua lectisternia, quod numquam antea
fecerat, exhibenda arbitratus est? Lecti autem sternebantur in honorem
deorum, unde hoc sacrum uel potius sacrilegium nomen accepit. Vbi
erant, quando per decem continuos annos male pugnando crebras et
magnas clades apud Veios exercitus Romanus acceperat, nisi per Furium
Camillum tandem subueniretur, quem postea ciuitas ingrata damnauit?
Vbi erant, quando Galli Romam ceperunt spoliauerunt, incenderunt cae-
dibus impleuerunt? Vbi erant, cum illa insignis pestilentia tam ingentem
stragem dedit, qua et ille Furius Camillus extinctus est, qui rem publicam
ingratam et Veientibus ante defendit et de Gallis postea uindicauit? In hac
pestilentia scaenicos ludos aliam nouam pestem non corporibus Romano-
rum, sed, quod est multo perniciosius, moribus intulerunt. Vbi erant,
quando alia pestilentia grauis de uenenis matronarum exorta credita est,
quarum supra fidem multarum atque nobilium mores deprehensi sunt
omni pestilentia grauiores? Vel quando in Caudinas furculas a Samnitibus
obsessi ambo cum exercitu consules foedus cum eis foedum facere coacti

---

[117] Cf. Livius, *Ab Urbe condita* 4.14 (2.41에는 Spurius Cassius로 나온다).

[118] sacrum sacrilegium: 7.21(sacrilegia sacra); 18.3 참조. Cf. Livius, *Ab Urbe condita* 5.13.4-6. Lectis-
ternia(신들에게 음식을 차리는 대연)을 가리켜 sacrum(거룩한 "제사")이라고 일컫느니 차라리 sacrile-
gium(sacrum-lego: "성스러운 것을 훔치는 짓" 혹은 "신성모독")이라고 부름직하다는 교부의 조롱이
다. 이 의식에 관해서는 본서 2.11 참조.

[119] Marcus Furius Camillus: 로마의 숙적 베이이인들의 도시를 함락시켰고(BC 396년경), 갈리아인
들의 침략(BC 387~386)에서 로마를 구했다. 2.17 각주 112 참조.

[120] Cf. Livius, *Ab Urbe condita* 5.7-25; 5.37-38; 7.2.3. 교부는 로마인다운 덕성(virtus Romana)의 탁
월한 귀감으로 레굴루스의 신의와 충성, 스키피오 나시카의 종교심과 공공도덕, 또한 카밀루스의 조
국애를 꼽는다(Cicero, *Oratio de domo sua* 32.86; *Oratio pro Caelio* 17.39). 이런 덕성은 그리스도교
덕성(virtus Christiana)의 예형(豫型)으로 볼 만하다는 것이다.

[121] de venenis matronarum: 사회적 폐해를 지칭한다. Cf. Livius, *Ab Urbe condita* 39.8-20. 에트루리
아에서 유입된 바쿠스 축제가 여성들에 의해 야간의식으로 거행되어 오다가 BC 186년 집정관 Spurius
Postumius Albinus의 조사를 받았고 급기야는 원로원의 금지령(Senatus consultum de Bacchanalibus)
으로 폐지되었다.

[122] *foedus* cum eis *foedum* facere coacti sunt: "치욕적인(foedum) 강화조약(foedus)". 두 단어의 유사
성에서 오는 말장난이다.

리우스 마일리우스가 굶주린 군중들에게 자기의 양곡을 베풀어 주었다고 해서 왕정을 노린다는 죄명을 뒤집어씌웠다. 그러자 로마 도성에서 가장 대규모의 참으로 위태로운 봉기가 일어났고 그런 가운데, 스푸리우스는 다른 사람도 아닌 양곡장관의 상고上告에 의해 이미 노망한 독재자 루키우스 퀸티우스의 명령으로 기병대장 퀸투스 세르빌리우스의 손에 처형당하고 말았는데, 그때 신들은 어디 있었는가?[117] 대대적 역병이 발생하여 신들도 소용이 없자 로마 백성은 오래고도 엄청난 재앙에 허탈해져서, 그 이전에 한번도 시행한 적이 없는 새로운 대연大宴을 신들에게 진설하기로 결의한 적이 있는데, 그때도 신들은 어디 있었는가? 실제로 신들에게 영예를 바치는 뜻에서 제상이 차려졌으며 거기서 거룩한 제의(아니, 차라리 거룩한 것에 대한 모독이라고 했어야 한다)라는 이름이 나왔다. [118] 십 년을 두고 연속해서 베이이인들과 전쟁을 하면서 로마군이 싸움을 잘못하여 빈번하게 대규모 패배를 당했을 때 신들은 어디 있었는가? 최후에 가서 푸리우스 카밀루스[119]에게 도움을 받지 않았더라면 로마군은 파멸했을 것이고 그나마도 로마 도성은 배은망덕하게 훗날 그에게 유죄판결을 내리고 말았다. 갈리아인들이 로마를 점령하여 노략질하고 불지르고 시체로 가득 채울 적에 신들은 어디 있었는가? 그리고 저 역병이 창궐하여 엄청난 파멸을 끼쳤고 그 역병으로 저 유명한 푸리우스 카밀루스마저 사망했는데 그때 신들은 어디 있었는가? 이 사람으로 말하자면 배은망덕한 공화국을 먼저는 베이이인들에게서 지켜냈고 뒤에는 다시 갈리아인들에게서도 공화국을 지켜냈다. 다름아닌 이 역병 때 공연축제가 도입되었는데 그 축제야말로 로마인들의 육신이 아니라 그들의 습속에 훨씬 치명적인 해를 끼치는 또 다른 역병이 되었다. [120] 또 한번은 귀부인들의 독약으로 인해 혹독한 염병이 창궐했다고 믿은 적이 있었는데, 그 기회에 신앙을 빙자하여 밀교를 수행하는 수많은 귀부인들의 행실, 그 어느 염병보다 해로운 행실이 발각되었다. 그때 저 신들은 어디에 있었는가?[121] 그리고 카우디움 협곡에서 삼니움인들에게 포위당하여 두 집정관이 군대와 더불어 치욕적 강화조약을 그들과 체결해야 했고, [122] 육백 명의 기병을 볼모로 잡히고서도 나머지는 무기를 빼앗기고 모든 의복을 벗기운 다음에 단벌만으로 그들의

sunt, ita ut equitibus Romanis sescentis obsidibus datis ceteri amissis armis aliisque spoliati priuatique tegminibus sub iugum hostium in uestimentis singulis mitterentur? Vel quando graui pestilentia ceteris laborantibus multi etiam in exercitu icti fulmine perierunt? Vel quando item alia intolerabili pestilentia Aesculapium ab Epidauro quasi medicum deum Roma aduocare atque adhibere compulsa est, quoniam regem omnium Iouem, qui iam diu in Capitolio sedebat, multa stupra, quibus adulescens uacauerat, non permiserant fortasse discere medicinam? Vel cum conspirantibus uno tempore hostibus Lucanis, Bruttiis, Samnitibus, Etruscis et Senonibus Gallis primo ab eis legati perempti sunt, deinde cum praetore oppressus exercitus septem tribunis cum illo pereuntibus et militum tredecim milibus? Vel quando post longas et graues Romae seditiones, quibus ad ultimum plebs in Ianiculum hostili diremptione secesserat, huius mali tam dira calamitas erat, ut eius rei causa, quod in extremis periculis fieri solebat, dictator crearetur Hortensius, qui plebe reuocata in eodem magistratu exspirauit, quod nulli dictatori ante contigerat et quod illis diis iam praesente Aesculapio grauius crimen fuit?

Tum uero tam multa bella ubique crebruerunt, ut inopia militum proletarii illi, qui eo, quod proli gignendae uacabant, ob egestatem militare non ualentes hoc nomen acceperant, militiae conscriberentur. Accitus etiam a Tarentinis Pyrrhus, rex Graeciae, tunc ingenti gloria celebratus, Romanorum hostis effectus est. Cui sane de rerum futuro euentu consulenti satis urbane Apollo sic ambiguum oraculum edidit, ut, e duobus quidquid acci-

---

[123] Cf. Livius, *Ab Urbe condita* 5.2; 9.1-12; 10.31.8. 이 패전으로 로마군 전체가 무장해제당하고 "멍에 밑을 지나가야"(sub iugum mitti) 했던 사건(BC 320)은 로마사의 가장 큰 치욕으로 기록된다.

[124] Cf. Livius, *Ab Urbe condita* 10.47; 29.11; Plinius, *Historia naturalis* 29.8.2; 본서 3.12; 4.21-22; 10.16.2.

[125] Eturia 전쟁(BC 295)을 배경으로 한다. Cf. Livius, *Ab Urbe condita* 10.26-29; Florus, *Epitome de gestis Romanorum* 1.12.17.

[126] Cf. Livius, *Periochae* 11. 평민의 야니쿨룸 농성은 BC 286년의 사건이다.

[127] 독재자 Hortensius를 의술로 살려내지 못했다는 말이다.

[128] "무산자"(proletarii)의 어원을 조롱조로 풀어서 "자식"(proles)이나 생산하는 사람(semper sufficiendae prolis causa: Orosius, *Historiae adversus paganos* 4.1.3)으로 비웃던 풍습을 적고 있다. 그들도 BC 280년에는 무기를 들고 도성을 방어하는 데 징병된 바 있다.

멍에 밑을 지나가야 했는데, 그때 신들은 어디 있었는가?[123] 또 한번은 딴 사람들이 심한 역병에 많은 사람들이 고생하는데 군대에서마저 많은 수가 벼락에 맞아 죽어버렸는데 그때에도 신들은 어디 있었는가? 또 한번은 다른 염병이 창궐하여 도저히 견딜 수 없자 하는 수 없이 에피다우루스에서 의술신 아이스쿨라피우스를 로마에 모셔와야 할 정도였는데 그때 신들은 어디 있었는가? 모든 신들의 임금 유피테르는 이미 오래 전부터 카피톨리움에 자리잡고 있었지만 젊었을 적부터 워낙 많은 난봉을 부리는 데 세월을 보낸 터라서 미처 의술을 배우지 못했던가 보다.[124] 또는 루카니움인, 브루티움인, 삼니움인, 에트루스키인, 갈리아 세노네스인들이 한꺼번에 음모를 꾸미서 먼저 로마 사절들이 그들에게 살해당하고 그다음에는 군대가 패배하여 사령관과 그를 수행하던 일곱 명의 군사 호민관, 그리고 만 삼천 명의 병사가 전사할 적에 신들은 어디 있었는가?[125] 또 로마에서 오래고도 격심한 분란을 겪은 다음에 평민이 최후로 분개하여 도성을 버리고 야니쿨룸 언덕으로 가서 농성할 적에 신들은 어디 있었던가? 이런 불행한 사태에서 온 재앙은 참으로 막중한 것이어서 그 일을 기화로 호르텐시우스가 독재자로 선출되었다. 극단적 위험에 처할 때마다 해 오던 대로였다. 호르텐시우스는 평민이 자진해서 로마로 귀환하게는 만들었지만 일을 수습하지 못하고 재직중에 사망했다.[126] 독재자의 이 급서도 미증유의 사건이었고, 이미 아이스쿨라피우스가 로마에 와 있던 터라서 또한 제신에게도 이보다 더 큰 과오가 없었다.[127]

17. 3. 피루스 전쟁 이후의 대대적 역병

그 뒤로도 참으로 많은 전쟁이 사방에서 터졌고 병사들이 부족하여 무산자들까지도 병무에 소집했다. 그들은 빈곤해서 군수품을 마련하지 못해 병무에 종사할 수 없었으므로 자녀를 생산하는 일에나 전념하는 사람들이라고 해서 이런 이름을 지녔다.[128] 그러던 차에 당대 대단한 명성을 누리고 있던, 그리스의 국왕 피루스마저 타렌툼 사람들에게 초치받아 와서 로마인들의 적이 되었다. 그가 이 사건의 장래 결과에 관해 아폴로 신에게 예를 갖추어 문의하자 다음과 같이 모호한 신탁이 나왔는데 어느 편으로 결과가 나오든 아폴로는 신성으로

disset, ipse diuinus haberetur (ait enim: «Dico te, Pyrrhe, uincere posse
Romanos») atque ita, siue Pyrrhus a Romanis siue Romani a Pyrrho uin-
cerentur, securus fatidicus utrumlibet expectaret euentum. Quae tunc et
quam horrenda utriusque exercitus clades! In qua tamen superior Pyrrhus
extitit, ut iam posset Apollinem pro suo intellectu praedicare diuinum,
nisi proxime alio proelio Romani abscederent superiores. Atque in tanta
strage bellorum etiam pestilentia grauis exorta est mulierum. Nam pri-
usquam maturos partus ederent, grauidae moriebantur. Vbi se, credo,
Aesculapius excusabat, quod archiatrum, non obstetricem profitebatur.
Pecudes quoque similiter interibant, ita ut etiam defecturum genus ani-
malium crederetur. Quid? Hiems illa memorabilis tam incredibili inmani-
tate saeuiens, ut niuibus horrenda altitudine etiam in foro per dies quadra-
ginta manentibus Tiberis quoque glacie duraretur, si nostris temporibus
accidisset, quae isti et quanta dixissent! Quid? Illa itidem ingens pestilen-
tia, quamdiu saeuiit, quam multos peremit! Quae cum in annum alium
multo grauius tenderetur frustra praesente Aesculapio, aditum est ad
libros Sibyllinos. In quo genere oraculorum, sicut Cicero in libris de
diuinatione commemorat, magis interpretibus ut possunt seu uolunt dubia
coniectantibus credi solet. Tunc ergo dictum est eam esse causam pesti-
lentiae, quod plurimas aedes sacras multi occupatas priuatim tenerent: sic
interim a magno imperitiae uel desidiae crimine Aesculapius liberatus est.
Vnde autem a multis aedes illae fuerant occupatae nemine prohibente, nisi
quia tantae numinum turbae diu frustra fuerat supplicatum, atque ita
paulatim loca deserebantur a cultoribus, ut tamquam uacua sine ullius

---

[129] Dico *te*, Pyrrhe, *uincere posse Romanos*라는 라틴어 문장은 그 부정법문의 특징으로 인해 "피루스
여, 말하노니 그대가 로마인들을 이길 수 있다"라고도 해석되고 "피루스여, 말하노니 그대를 로마인
들이 이길 수 있다"라고도 해석된다.

[130] Cf. Livius, *Ab Urbe condita* 35.14.8; Orosius, *Historiae adversus paganos* 4.1.7. "타렌툼 전쟁"
(Bellum tarentinum: BC 280~275) 혹은 "피루스 전쟁" (Bellum pyrrhenum)은 로마가 이탈리아 반도
아닌 곳에서 벌인 큰 전쟁이었다.

[131] 호교론적 입장에서 로마사를 비판하는 도중에도 아우구스티누스는 간간히 유머로 그 긴장감을
완화시키는 수사학적 재치를 보인다. 3.18.1-2 참조.

[132] Libri Sibyllini: 그리스 알파벳을 두운(頭韻)으로 삼아 엮어진 육각운(六角韻) 시문으로 3권의 책
에 담겨져 쿠마의 시빌라의 신탁을 간직하고 있었다고 한다. 로마인들이 가장 귀중하게 여긴 전서로
서 카피톨리움에 보존되었으며 신탁의 해석을 맡은 제관(quindecimviri sacris faciundis)이 따로 있었
다. 18.23-24 참조.

[133] *De divinatione* 2.25.54.

받들어지게 되어 있었다. (그 신탁은 "피루스여, 그대에게 말하노니 로마인은 이길 수 있다"라는 말로 되어 있었다.)[129] 다시 말해 피루스가 로마인들을 이기든지 로마인들이 피루스를 이기든지 점쟁이는 양편 결과를 다 기대하는 셈이 된다. 그리하여 양편 군대에 얼마나 가공할 살상이 왔는지 모른다! 초기에는 피루스가 우세했으므로, 만약 곧이어 다른 전투에서 로마인들이 승기를 잡지 못했더라면, 아폴로가 자기에게 유리한 신탁을 내렸다고 생각할 수 있었을 것이다.[130] 전쟁에서 오는 엄청난 살육과 더불어 여인들의 혹심한 질병이 발생했다. 여인들이 만삭이 되어 출산을 하기 전에 임신한 채로 죽어갔던 것이다. 아마 내 생각에 아이스쿨라피우스는 이 지경을 두고 자기는 산파가 아니라 의원이라고 변명했을 법하다.[131] 가축 새끼들도 같은 질병으로 사망하여 짐승이 씨가 마르는 것이 아닌가 할 정도였다. 어찌 그뿐인가? 저 기억에도 생생한 겨울, 믿을 수 없을 만큼 추위가 심하여 눈이 엄청나게 높이 쌓였고 로마 광장에만도 눈이 사십여 일간 남아있었으며, 티베르 강의 얼음도 오래갔다. 이런 일이 우리 시대에 일어났더라면 저 사람들은 또 그리스도교에 시비를 걸어 얼마나 말이 많았을까? 또 어찌 그뿐인가? 또 저 엄청난 질병은 또 얼마나 오래갔고 얼마나 많은 사람을 죽였는가? 그 병은 이듬해에도 하도 기승을 부려 아이스쿨라피우스가 있어도 소용없었고 하다못해 사람들은 시빌라의 책에다 문의를 했던 것이다![132] 키케로가 「점술론」이라는 책에서 언급하듯이, 이런 종류의 신탁에서는 내용을 믿기보다도 의심스런 점을 놓고 해석자들이 할 수 있는 대로, 하고 싶은 대로 어림잡아 해석하고서는 그것을 믿게 마련이다.[133] 그때는 많은 사람들이 성스러운 전당들을 사사로이 점유한 데 역병의 원인이 있다는 해석이 나왔다. 그런 핑계 덕분에 아이스쿨라피우스가 의술의 신으로서 저 많은 염병을 막지 못했다는 무능과 직무유기의 혐의를 벗을 수 있었다. 어째서 신들의 전당이 많은 사람들에 의해 점유되어 있었고 그런데도 아무도 막지 않았던 것인가? 그 숱한 신령들의 패거리를 두고 오랫동안 애원한 것이 허사로 돌아갔고, 그래서 그런 장소들이 점차적으로 숭배자들에게서 버림받았고, 그래서 빈 집이 되다 보니 적어도 사람이라도 쓰자고 우겨도 기분 나빠할 사람이 아무도

offensione possent humanis saltem usibus uindicari? Namque tunc uelut ad sedandam pestilentiam diligenter repetita atque reparata nisi postea eodem modo neglecta atque usurpata latitarent, non utique magnae peritiae Varronis tribueretur, quod scribens de aedibus sacris tam multa ignorata commemorat. Sed tunc interim elegans non pestilentiae depulsio, sed deorum excusatio procurata est.

18. Iam uero Punicis bellis, cum inter utrumque imperium uictoria diu anceps atque incerta penderet populique duo praeualidi impetus in alterutrum fortissimos et opulentissimos agerent, quot minutiora regna contrita sunt! Quae urbes amplae nobilesque deletae, quot adflictae, quot perditae ciuitates! Quam longe lateque tot regiones terraeque uastatae sunt! Quotiens uicti hinc atque inde uictores! Quid hominum consumptum est uel pugnantium militum uel ab armis uacantium populorum! Quanta uis nauium marinis etiam proeliis oppressa et diuersarum tempestatum uarietate submersa est! Si enarrare uel commemorare conemur, nihil aliud quam scriptores etiam nos erimus historiae. Tunc magno metu perturbata Romana ciuitas ad remedia uana et ridenda currebat. Instaurati sunt ex auctoritate librorum Sibyllinorum ludi saeculares, quorum celebritas inter centum annos fuerat instituta felicioribusque temporibus memoria neglegente perierat. Renouarunt etiam pontifices ludos sacros inferis et ipsos abolitos annis retrorsum melioribus. Nimirum enim, quando renouati sunt, tanta copia morientium ditatos inferos etiam ludere delectabat, cum pro-

---

[134] Cf. Varro, *Antiquitates rerum humanarum et divinarum* [Semi ed.] fr.151(De sacris aedibus).

[135] Ludi saeculares: 한 세기(110년)가 끝날 무렵에 개최하던 에트루스키 유래의 제전. 티베르 강가에 제단을 진설하고 명계의 신(Dis Pater)과 프로세르피나를 숭배했다(BC 348, 249). BC 17년 아우구스투스가 축제를 복원하면서 유피테르와 유노의 제단을 첨가했다(Horatius, *Carmen saeculare*).

[136] ludi sacri: 그가운데 일부가 ludi scaenici로서 제2권에서 교부의 신랄한 비판을 당한다.

없었기 때문이 아니라면 무엇 때문이겠는가? 어떻든 그 당시 역병을 진정시키려는 뜻에서 여러 곳이 재건되고 수리되었다. 그것마저 얼마 지나서 똑같이 망각되고 사람들의 거처로 남용되지 않을 수 있었던 것은 바로의 대단한 전문 식견 덕분이었을 것이니, 로마의 성스러운 전당들에 관해 기록하면서 이미 잊혀져 버린 많은 사실을 그가 상기시켜 놓았기 때문이다.[134] 여하튼 그런 신탁이 그럴싸하기는 하지만 역병을 퇴치하지는 못했고 신들에게 변명거리를 마련해 준 것뿐이었다.

18. 포에니 전쟁중에 무수한 패전으로 로마인들이 쓰러질 때, 신들의 가호를 간청했지만 소용이 없었다

18. 1. 일차 포에니 전쟁의 불확실한 상황

그리고 포에니 전쟁이 발발하여 두 제국 사이에 승리가 모호하고 불확실할 적에 두 강대 민족은 서로 대대적이고 엄청난 공격을 가했는데, 그동안 얼마나 많은 군소 왕국들이 쓰러졌던가! 얼마나 웅대하고 존귀한 대도시들이 파괴되었던가! 얼마나 숱한 도성들이 환란을 당하고 멸망했던가! 얼마나 멀리까지, 얼마나 넓게까지 그 많은 지역과 땅이 폐허로 돌아가고 말았던가! 얼마나 많은 사람들이 한때 패자가 되었다가 다른 때는 승자가 되곤 했던가! 전투를 하는 병사들 가운데서도, 비무장 백성들 가운데서도 얼마나 많은 인간들이 희생되었던가! 얼마나 많은 함대들이 혹은 해전으로 파괴되고 혹은 갖가지 풍랑으로 침몰했던가! 이런 일들을 상세히 이야기하고 기록하기 위해 힘쓰다 보면 우리마저 역사가가 되고 말겠다. 그 당시 로마시는 크나큰 공포에 휩싸여서 참으로 황당하고 가소로운 대책을 서둘렀다. 시빌라 서책의 권위에 근거하여 세기 축전이 제정되었다.[135] 그 책에 의하면 그 축전은 백 년마다 거행되었어야 하는데 이 제도가 태평시대에 소홀히 기념되면서 사라지고 말았던 것이다. 제관들은 이 기회에 지하신들에게 바치는 제의적 축전[136]도 복원시켰는데 이것도 세월이 좋아지자 폐지된 것들이었다. 일단 복원되자 지하신들이 무수한 사망자들로 배불러 가는 모습을 공연하면서 재미있어했음이 분명하고, 그러는 동안 가련한

fecto miseri homines ipsa rabida bella et cruentas animositates funereas-
que hinc atque inde uictorias magnos agerent ludos daemonum et opimas
epulas inferorum. Nihil sane miserabilius primo Punico bello accidit,
quam quod ita Romani uicti sunt, ut etiam Regulus ille caperetur, cuius in
primo et in altero libro mentionem fecimus, uir plane magnus et uictor
antea domitorque Poenorum, qui etiam ipsum primum bellum Punicum
confecisset, nisi auiditate nimia laudis et gloriae duriores condiciones,
quam ferre possent, fessis Carthaginiensibus imperasset. Illius uiri et
captiuitas inopinatissima et seruitus indignissima, et iuratio fidelissima et
mors crudelissima si deos illos non cogit erubescere, uerum est quod aerii
sunt et non habent sanguinem.

Nec mala illo tempore grauissima intra moenia defuerunt. Nam exun-
dante nimis ultra morem fluuio Tiberino paene omnia urbis plana subuer-
sa sunt, aliis impetu quasi torrentis inpulsis, aliis uelut stagno diuturno
madefactis atque sublapsis. Istam deinde pestem ignis perniciosior sub-
secutus est, qui correptis circa forum quibusque celsioribus etiam templo
Vestae suo familiarissimo non pepercit, ubi ei ueluti uitam perpetuam
diligentissima substitutione lignorum non tam honoratae quam damnatae
uirgines donare consuerant. Tunc uero illic ignis non tantum uiuebat; sed
etiam saeuiebat. Cuius impetu exterritae uirgines sacra illa fatalia, quae
iam tres, in quibus fuerant, presserant ciuitates, cum ab illo incendio libe-
rare non possent, Metellus pontifex suae quodam modo salutis oblitus
inruens ea semiustus abripuit. Neque enim uel ipsum ignis agnouit, aut

---

[137] 1.15; 1.24; 2.23 참조.

[138] captivitas *inopinatissima* et servitus *indignissima* et iuratio *fidelissima* et mors *crudelissima*: 네 번
의 최상급은 신들의 무력함을 부각시키는 풍자의 효과를 낸다.

[139] 일차 포에니 전쟁(Primum bellum punicum: BC 264~238)은 이탈리아 반도 밖에서 벌어진 로마
의 전쟁으로 카르타고와 로마라는 두 문명권이 지중해 패권을 두고 겨룬 충돌로 평가되어 Polybius는
Historiae 1권 전부를, Livius는 *Ab Urbe condita* 16-20권을 이 전쟁에 할애할 정도였다.

[140] 2.29.1 참조.

[141] sacra illa fatalia: "팔라디움은 우리 안보와 제권의 담보물로서(Palladium quod quasi pignus nos-
trae salutis atque imperii) 베스타 (신전의) 보호에 맡겨져 있었다"(Cicero, *Oratio pro Scauro* 48).

[142] 아이네아스가 모셔왔다는 트로야의 신주(神主)들을 가리키며 신주가 모셔졌던 트로야, 라비니
움, 알바는 그때마다 그리스인들과 로마인들의 손에 멸망했다(3.14 참조).

[143] Cf. Cicero, *Oratio pro Scauro* fr.23, 46.

인생들은 소용돌이치는 전쟁과 적의에 찬 유혈사태와 엎치락뒤치락 비통한 승리라는 것들을 자행하여 악령들에게 대규모의 공연을 마련하고 지하신들에게 풍성한 잔칫상을 차린 셈이었다. 여하튼 일차 포에니 전쟁에서 더할 나위 없이 참혹한 일이 생겼다. 로마인들이 참담하게 패배하여 저 유명한 레굴루스마저 생포되었다. 이 인물은 우리가 제1권과 제2권에서 언명한 바 있는데,[137] 그는 참으로 위대한 인물로서 그 이전에 포에니인들과 싸워 승리했고 그들을 제압하기도 했던 사람이다. 그가 만일 명예와 영광을 지나치게 탐하여, 이미 탈진한 카르타고인들이 감당할 수 있는 것보다 훨씬 심한 강화조건을 제시하지만 않았더라면 일차 포에니 전쟁도 종식되었을지 모른다. 전혀 예상 못한 그의 생포와 지극히 굴욕적인 노예생활과 지극히 성실한 맹세와 지극히 잔인한 죽음을 보고서도 신들이 낯을 붉히지 않는다면,[138] 그런 신들이야말로 목석으로 이루어진 존재요 살과 피로 이루어진 존재들이 아님이 분명하다.[139]

18.2. 그 시기의 대재앙들

그 시기에 로마 성내에는 극심한 재앙이 없었느냐 하면 그렇지 않다. 티베르 강이 너무 심하게 범람하여 도성의 거의 모든 나무가 쓰러지고 말았다. 일부는 급류에 휩쓸려서 넘어졌고 일부는 물이 고인 상태가 오래가다 보니까 썩어 넘어졌던 것이다. 그런 재난에 뒤이어 더 무서운 화재가 따랐다. 불길은 신속하게 광장 일대를 삼키고는, 불이라면 더없이 친숙했을 베스타 신전마저 남겨놓지 않았다. 베스타 신전에서는 정성을 다해 나무를 번갈아 넣어 불을 지피는 일에 처녀들이 거의 종신토록 헌신하는 것이 상례였는데[140] 그 처녀들은 영예로운 몸이라기보다는 차라리 단죄받은 몸이었다. 그런데 이번에는 그곳에서 불이 살아있는 것으로 그치지 않고 불이 아예 그곳을 망쳐놓았다. 불길에 놀란 나머지 처녀들은 저 운명의 신물神物들[141]마저 화재에서 구해내지 못했다. 실상 그 신물들로 말하자면 그때까지 그 신물들이 보존되어 있던 세 곳 도시를 파멸시킨 물건들이기도 했다.[142] 제관 메텔루스가 어느 면에서 일신의 안전을 잊고서 뛰어들어가 반쯤 불에 탄 몸으로 그것들을 꺼냈다.[143] 불길도 그 사람을 알아보지 못한 것 같고, 그 속에 신령이 있었으면서도(만약 있었다

uero erat ibi numen, quod non etiam, si fuisset, fugisset. Homo igitur potius sacris Vestae quam illa homini prodesse potuerunt. Si autem a se ipsis ignem non repellebant, ciuitatem, cuius salutem tueri putabantur, quid contra illas aquas flammasque poterant adiuuare? Sicut etiam res ipsa nihil ea prorsus potuisse patefecit. Haec istis nequaquam obicerentur a nobis, si illa sacra dicerent non tuendis his bonis temporalibus instituta, sed significandis aeternis, et ideo, cum ea, quod corporalia uisibiliaque essent, perire contingeret, nihil his rebus minui, propter quas fuerant instituta, et posse ad eosdem usus denuo reparari. Nunc uero caecitate mirabili eis sacris, quae perire possent, fieri potuisse existimant, ut salus terrena et temporalis felicitas ciuitatis perire non posset. Proinde cum illis etiam manentibus sacris uel salutis contritio uel infelicitas inruisse monstratur, mutare sententiam, quam defendere nequeunt, erubescunt.

19. Secundo autem Punico bello nimis longum est commemorare clades duorum populorum tam longe secum lateque pugnantium, ita ut his quoque fatentibus, qui non tam narrare bella Romana quam Romanum imperium laudare instituerunt, similior uicto fuerit ille qui uicit. Hannibale quippe ab Hispania surgente et Pyrenaeis montibus superatis, Gallia transcursa Alpibusque disruptis, tam longo circuitu auctis uiribus cuncta uastando aut subigendo torrentis modo Italiae faucibus inruente quam cruenta proelia gesta sunt, quotiens Romani superati! Quam multa ad

144 제2부(6-10권)에서는 현세적 행복이 아니고 사후의 영원한 행복을 보장받으려고 여러 신을 섬기노라는 주장을 반박한다.

145 아우구스티누스는 Florus (*Epitome de gestis Romanorum*)나 자기 동시대인 Eutropius (AD 363~364년 무렵: *Breviarium ab Urbe condita*)의 견해를 지적하고 있다.

면 하는 말이지만) 혼자서는 도망을 하지 못했던가 보다. 그러니까 사람이 베스타의 신물들에 이로움을 끼쳐주는 것이지 그 신물들이 인간에게 이로움을 끼쳐줄 수 있는 것이 아니었다. 그 신물들이 자기한테 닥치는 불길도 쫓지 못하는 터에, 무슨 수로 한 도성의 안녕을 수호해 준답시고 큰물과 불길에 맞서서 그 도시를 도울 수 있었겠는가? 그런 일을 해낼 능력이 전혀 없음을 그 사건이 분명하게 밝혀준 셈이다. 만일 그런 제도들이 제정된 것은 현세적 재물을 보호해 달라고 제정된 것이 아니라 영원한 재물을 상징하기 위해 제정되었다고 누가 변명하여 말한다면, 우리는 이따위 반론을 펴지 않았으리라. 또 저런 신물들이 물질적이고 현세적인 것이어서 화재로 소멸되는 일이 있더라도, 그것이 상징한다는 영원한 사실에는 조금도 손상을 주지 않는다고, 똑같은 용도로 그런 물건을 다시 복원할 수 있다고 변명한다면 우리도 이런 반론을 펴지 않았으리라.[144] 그런데 그 신물들 자체가 불에 타서 소멸될 수 있는데도 저들은 이상한 맹목에 사로잡혀서, 그 신물들에 힘입어 도성의 지상적 구원과 현세적 행복이 소멸되지 않으리라고 믿고 있는 것이다. 그러고는 그런 신물들이 온존하고 있음에도 국가 안전이 무너지고 불행이 닥쳐오지 않았느냐고 반증해 보여도 여전히 그들은 변명할 길 없는 자기네 견해를 바꾸기를 꺼린다.

19. 양쪽 용사들이 무수히 쓰러진 이차 포에니 전쟁의 참화

이차 포에니 전쟁에 관해 그토록 오랫동안 또 그토록 광범위한 영토에서 두 국민이 싸움을 하면서 겪은 재난은 하도 많아서 열거하자면 너무 길다. 로마 전쟁사를 이야기하기보다는 로마제국을 칭송하기로 작정한 사람들마저 스스로 자백하는 말을 들어 보더라도[145] 승리한 자도 패자보다 나을 것이 없었다. 한니발이 히스파니아에서 군대를 일으켜 피레네 산맥을 넘고 갈리아를 통과하여 알프스 산맥을 돌파하고, 그 행로에서 갈수록 불어난 세력으로 여울처럼 이탈리아 협곡으로 들이닥치자 얼마나 유혈이 낭자하게 전투들이 벌어졌던가! 로마인들이 패주한 적이 몇 번이었던가! 얼마나 많은 도읍들이 적군에게 넘어갔으며,

hostem oppida defecerunt, quam multa capta et oppressa! Quam dirae pugnae et totiens Hannibali Romana clade gloriosae! De Cannensi autem mirabiliter horrendo malo quid dicam, ubi Hannibal, cum esset crudelissimus, tamen tanta inimicorum atrocissimorum caede satiatus parci iussisse perhibetur? Vnde tres modios anulorum aureorum Carthaginem misit, quo intellegerent tantam in illo proelio dignitatem cecidisse Romanam, ut facilius eam caperet mensura quam numerus, atque hinc strages turbae ceterae tanto utique numerosioris, quanto infimioris, quae sine anulis iacebat, conicienda potius quam nuntianda putaretur. Denique tanta militum inopia secuta est, ut Romani reos facinorum proposita inpunitate colligerent, seruitia libertate donarent atque illis pudendus non tam suppleretur quam institueretur exercitus. Seruis itaque, immo, ne faciamus iniuriam, iam libertis, pro Romana re publica pugnaturis arma defuerunt. Detracta sunt templis, tamquam Romani diis suis dicerent: Ponite quae tam diu inaniter habuistis, ne forte aliquid utile inde facere possint nostra mancipia, unde nostra numina facere non potuistis. Tunc etiam stipendiis sufficiendis cum defecisset aerarium, in usus publicos opes uenere priuatae, adeo unoquoque id quod habuit conferente, ut praeter singulos anulos singulasque bullas, miserabilia dignitatis insignia, nihil sibi auri senatus ipse, quanto magis ceteri ordines tribusque relinquerent. Quis ferret istos, si nostris temporibus ad hanc inopiam cogerentur, cum eos modo uix feramus, quando pro superflua uoluptate plura donantur histrionibus, quam tunc legionibus pro extrema salute conlata sunt?

---

[146] BC 216년의 전투.

[147] Cf. Eutropius, *Breviarium ab Urbe condita* 3.11.2; Livius, *Ab Urbe condita* 22.40.

[148] 아우구스티누스는 이차 포에니 전쟁(BC 221~202)이, 알렉산데르에 버금가는 용장 대스키피오와 한니발의 등장에도 불구하고, 로마인들에게 제국주의적 탐욕의 쓰라린 교훈을 준 것으로 평가한다. Cf. Livius, *Ab Urbe condita*, 21 - 27.; Polybius, *Historiae*, 3 - 4.

얼마나 많은 도읍들이 함락되어 몰살했던가! 전투는 얼마나 치열했으며 로마가 패배할 적마다 한니발에게는 영광스런 전투가 되지 않았던가! 칸나이의 저 놀랍도록 몸서리쳐지는 재난에 관해서는 무슨 말을 하겠는가?[146] 한니발은 극히 잔학한 인간이었음에도 가차없이 적군들을 살상한 데 흡족했는지 거기서는 적병들을 살려두라는 명령까지 내렸다고 전해오지 않는가? 거기서 그는 금반지를 세 말이나 거두어 카르타고로 보냈는데 그것으로도 그 전투에서 얼마나 많은 로마 상류층이 쓰러졌는지 알 만하다. 이것은 그곳에서 전사한 상류층의 숫자를 가리킨다기보다 전투가 치열했던 정도를 알기 쉽게 해준다.[147] 또 여기서 그 많은 무리의 학살, 그러니까 숫자가 훨씬 많지만 반지를 끼지 않은 채 쓰러진 하층민의 수는 확인할 수도 없고 추측해서 헤아려야 할 것으로 생각된다. 그래서 군사의 태부족이 뒤따라 로마인들은 죄수들도 형벌을 면하는 조건으로 군대에 소집하고 노예들에게는 자유를 부여하는 조건으로 소집했으며 그런 사람들로 군대를 보충하는 것이 아니라 아예 군대를 새로 창설해야 할 정도로 수치스런 상황이었다. 물론 이런 말을 해서 그들에게 불쾌감을 줄 생각은 아니지만, 이미 해방된 노예들이 공화국을 위해 싸우려고 나섰는데도 무기가 없었다! 그래서 신전들에서 무기를 탈취했다. 이 행동은 마치 로마인들이 자기네 신들에게 이런 말을 한 것과 마찬가지였다: "당신들이 그토록 오랫동안 쓸데없이 지니고 있던 무기를 내놓으시오. 우리 해방노예들이 그것으로 뭔가 쓸모있는 짓을 할 수 있을 것 같소. 우리 신령인 여러분은 못했던 일 말이오." 또 당시에는 충분한 급료를 댈 국고가 부족했으므로 사유 재산들이 공용으로 징발되었다. 각자가 가진 바를 내놓는 가운데 반지 한 개와 호신용 패물 한 개와, 품계를 나타내던 초라한 문장 말고는 금붙이를 일체 남겨놓지 않았는데, 먼저 원로원 자체가 그렇게 했고 다른 품계들과 부족들은 더욱 말할 것도 없이 그렇게 했다. 만일 우리 시대에 이런 곤궁을 당하게 된다면 과연 누가 이 사람들의 불평을 당해낼 것인가? 저 옛날 국가 최후의 안보를 시도하여 군대를 위해 모금하던 돈보다 더 많은 돈이 오늘날에는 극히 피상적인 쾌락을 위해 배우들에게 쓰이는 판인데 말이다.[148]

20. Sed in his omnibus belli Punici secundi malis nihil miserabilius ac miserabili querella dignius quam exitium Saguntinorum fuit. Haec quippe Hispaniae ciuitas amicissima populi Romani, dum eidem populo fidem seruat, euersa est. Hinc enim Hannibal fracto foedere Romanorum causas quaesiuit, quibus eos inritaret ad bellum. Saguntum ergo ferociter obsidebat; quod ubi Romae auditum est, missi legati ad Hannibalem, ut ab eius obsidione discederet. Contempti Carthaginem pergunt querimoniamque deponunt foederis rupti infectoque negotio Romam redeunt. Dum hae morae aguntur, misera illa ciuitas opulentissima, suae rei publicae Romanaeque carissima, octauo uel nono a Poenis mense deleta est. Cuius interitum legere, quanto magis scribere, horroris est. Breuiter tamen eum commemorabo; ad rem quippe quae agitur multum pertinet. Primo fame contabuit; nam etiam suorum cadaueribus a nonnullis pasta perhibetur. Deinde omnium fessa rerum, ne saltem captiua in manus Hannibalis perueniret, ingentem rogum publice struxit, in quem ardentem ferro etiam trucidatos omnes se suosque miserunt. Hic aliquid agerent dii helluones atque nebulones, sacrificiorum adipibus inhiantes et fallacium diuinationum caligine decipientes; hic aliquid agerent, ciuitati populi Romani amicissimae subuenirent, fidei conseruatione pereuntem perire non sinerent. Ipsi utique medii praefuerunt, cum Romanae rei publicae interiecto foedere copulata est. Custodiens itaque fideliter, quod ipsis praesidibus placito iunxerat, fide uinxerat, iuratione constrinxerat, a perfido obsessa oppressa consumpta est. Si ipsi dii tempestate atque fulminibus Hannibalem postea

---

[149] BC 219년에 있었던 이 도시의 비극은 22.6.2에서도 언급된다. Cf. Livius, *Ab Urbe condita* 21.7 이하; Polybius, *Historiae* 3.17.

[150] civitas *amicissima* populi Romani: 로마 사가들이 로마의 제국주의를 현양하는 데 인용하는 이 사건을 아우구스티누스는 로마인들의 무책임과 다신교의 무력함을 비난하는 논거로 인용한다.

[151] Cf. Livius, *Ab Urbe condita* 21.7-14.

[152] placito iun*x*erat, fide vin*x*erat, iuratione constrin*x*erat ↔ a perfido ob*s*e*ss*a, oppre*ss*a con*s*umpta *est*: 사군툼인들의 성실과 조약을 주관한 신들의 불성실이 비극의 음운(-x, ss, s-)으로 대조된다.

[153] Cf. Livius, *Ab Urbe condita* 26.11.

20. 로마인들에 대한 우호 때문에 전멸해 가는데도 로마 신들이 아무런 도움도 주지 않았던 사군툼 주민들의 종말

　그러나 이차 포에니 전쟁의 모든 해악 가운데 사군툼인들의 말로보다 더 가련한 사건, 또 가련한 시비를 몰고올 사건이 또 없다.[149] 히스파니아의 이 도시는 로마 국민에게 지극히 우호적이었고 로마에게 신의를 지키다가 파멸했다.[150] 한니발은 바로 이곳에서 로마인들과의 조약을 깨뜨리고서 로마인들에게 전쟁을 걸 구실을 찾았다. 그는 대담하게 사군툼을 포위했다. 그 소식이 로마에 들어가자 한니발에게 사절들이 파견되어 사군툼 포위를 풀도록 했다. 사절들은 한니발에게서 무시를 당하고서 카르타고로 향했고 조약을 파기한 데 대한 항의를 쏟아놓고서 아무 성과 없이 로마로 돌아왔다. 이렇게 지체하는 사이에 그토록 풍요한 도시, 자기 나라에도 로마 공화국에도 그토록 소중한 도시는 여덟·아홉 달 만에 포에니인들 손에 떨어졌다. 이 도시의 최후는 읽기에도 소름이 끼치며 글로 적기에는 더욱 그렇다. 그래도 간단하게 상기해 보겠다. 우리의 논지와 관련이 크기 때문이다. 먼저 기근으로 수가 줄었다. 적지 않은 사람들은 자기 식구들의 시체로 연명을 했다는 말도 들렸다. 그러고서는 모든 것이 소진하자 한니발의 손에 포로로 떨어지지 않기 위해 공동으로 거대한 화장장을 건설했다. 거기에 불을 붙이고서 칼로 찔러 죽이면서 자기 일신과 자기 가족들을 모조리 불구덩이에 던져 넣었다.[151] 이럴 경우에 신들은 뭔가 손을 쓸 법했다. 탐식가에다 허풍쟁이에다 희생제사의 제물에는 재빨리 덤비고 거짓말로 속이는 점술을 갖고서 사기를 치는 저 신들도 이번에는 뭔가를 했어야 한다. 로마 국민에게 극진히 우호적이던 이 도시를 돕기 위해 저 신들은 뭔가 했어야 하고, 신의를 지키다가 망하는 도성이 멸망하게 버려 두지 말았어야 한다. 사군툼이 로마 공화국과 조약을 체결할 적에 신들이 중재자로 나서서 친히 주관했던 까닭이다! 신들이 주관하는 가운데 합의하여 결속하고, 신의로 묶이고, 맹세까지 하여 짊어진 본분을 성실하게 이행하다가 사군툼 사람들은 불충한 인간에게 포위되어 함락당하고 전멸했다.[152] 훗날 한니발이 로마 성벽에 접근했을 적에 신들이 폭풍과 번개로 겁을 주어 멀리 보내버렸다고 한다.[153] 만일 그것이 참말이

Romanis proximum moenibus terruerunt longeque miserunt: tunc primum tale aliquid facerent. Audeo quippe dicere honestius illos pro amicis Romanorum ideo periclitantibus, ne Romanis frangerent fidem, et nullam opem tunc habentibus quam pro ipsis Romanis, qui pro se pugnabant atque aduersus Hannibalem opulenti erant, potuisse tempestate saeuire. Si ergo tutores essent Romanae felicitatis et gloriae, tam graue ab ea crimen Saguntinae calamitatis auerterent; nunc uero quam stulte creditur, diis illis defensoribus Romam uictore Hannibale non perisse, qui Saguntinae urbi non potuerunt, ne pro eius periret amicitia, subuenire! Si Saguntinorum Christianus populus esset et huius modi aliquid pro fide euangelica pateretur, quamquam se ipse nec ferro nec ignibus corrupisset, sed tamen si pro fide euangelica excidium pateretur: ea spe pateretur, qua in Christum crediderat, non mercede breuissimi temporis, sed aeternitatis interminae. Pro istis autem diis, qui propterea coli perhibentur, propterea colendi requiruntur, ut harum labentium atque transeuntium rerum felicitas tuta sit, quid nobis defensores et excusatores eorum de Saguntinis pereuntibus respondebunt, nisi quod de illo Regulo extincto? Hoc quippe interest, quod ille unus homo, haec tota ciuitas; utriusque tamen interitus causa conseruatio fidei fuit. Propter hanc enim ad hostes et redire ille uoluit, et noluit ista transire. Conseruata ergo prouocat deorum iram fides? An possunt et diis propitiis perire non solum quique homines, uerum etiam integrae ciuitates? Vtrum uolunt, eligant. Si enim fidei seruatae irascuntur

---

라면, 먼저 그때도 비슷한 무언가를 했어야 한다. 내가 감히 말하거니와 신들은 당시 로마인들에게 신의를 깨뜨리지 않기 위해 스스로 위험을 무릅쓴 사군툼, 로마인들의 우방을 위하여, 아무런 자원도 못 가진 자들을 편들어 폭풍을 보내서 자기네 분노를 발휘할 수 있었을 것이다. 로마인들은 자기 일신을 지키기 위해 싸웠고 한니발에 대항할 자원을 넉넉하게 갖추고 있었는데도 그런 로마인들을 군이 도왔다면, 그보다도 훨씬 불리한 저 사람들을 위해서는 뭔가 손을 쓸 수 있었을 것이다. 만약 신들이 로마의 행복과 영광을 지켜주는 수호자들이라면, 사군툼의 파멸이라는 중대한 죄과가 로마에 떨어지지 않게 했어야 한다. 로마와의 우호 때문에 멸망해 가는데도 신들은 사군툼 도시를 도와 멸망하지 않게 못 막았다. 그런 신들인에도 불구하고, 이제 와서 새삼스럽게 저 신들이 수호자로 버티고 있기 때문에 승리자 한니발의 손에 로마가 멸망하지 않았다고 믿는다니 이 얼마나 어리석은 짓인가! 만일 사군툼의 백성이 그리스도교 백성이었다면, 그리고 복음의 신앙 때문에 무슨 일을 당한다면, 창검이나 불꽃으로 죽음을 당하는 것은 아니더라도 오로지 복음의 신앙 때문에 죽음을 당한다면, 또 그리스도를 믿는 저 희망 때문에, 지극히 덧없는 시간의 상급이 아니라 끝없는 영원의 상급을 바라고 당한다면 이야기가 다르다. 그런데 저 신들, 스러져 가고 지나가는 이 현세에서 오는 행복을 안전하게 보전해 달라고 섬기고 있고 또 그래서 섬겨야 한다고 요구하면서 저 신들을 변호하고 변명해 주는 사람들은, 멸망해 가던 사군툼을 두고 이 신들에 관해 도대체 무슨 대답을 우리에게 내놓을지 궁금하다. 그렇게 하다 죽어버린 레굴루스를 두고 하던 대답 말고 무슨 대답을 내놓을지 궁금하다.[154] 레굴루스는 개인이었고, 사군툼은 도성이라는 점이 다르기는 하지만, 양쪽 다 군이 신의를 지키려던 것이 탈이었다. 그 신의 때문에 레굴루스는 적군들에게 돌아가기를 원했고, 그 신의 때문에 사군툼은 적군들한테 항복하기를 원치 않았다. 그럼 신의를 지킨 것이 신들의 분노를 자아냈다는 말인가? 아니면 신들의 가호를 받더라도 개인이든 도시 전체든 얼마든지 멸망할 수 있다는 말인가? 어느 답을 원하는지 선택하라![155] 신의를 지켰다고 신들이 분개한다면, 신들은 신의 없는 자들을 찾아 그

illi dii, quaerant perfidos, a quibus colantur; si autem etiam illis propitiis multis grauibusque cruciatibus adflicti interire homines ciuitatesque possunt, nullo fructu felicitatis huius coluntur. Desinant igitur suscensere, qui sacris deorum suorum perditis se infelices esse factos putant. Possent enim illis non solum manentibus, uerum etiam fauentibus non sicut modo de miseria murmurare, sed sicut tunc Regulus et Saguntini excruciati horribiliter etiam penitus interire.

자들한테 숭배받도록 하시라! 그렇지 않고 신들의 가호를 받더라도 많은 인간들이 혹심한 재난을 당하고서 멸망하고 도시들마저 그렇게 될 수 있다면, 신들을 숭배하더라도 현세의 행복에는 아무 결실을 얻지 못한다는 말이 된다. 그러니 자기네 신들을 숭배하는 제의를 저버렸기 때문에 불행해졌다고 여기는 사람들은 제발 그만 분개하시라! 그 신들이 머물러 있으면서 총애를 베풀더라도, 지금 여러분이 하듯이 여전히 비참을 당하면서 불평하는 처지가 될 수도 있겠고, 그렇지 않으면 저 옛날처럼 레굴루스나 사군툼 사람들이 당했듯이 소름끼치게 고통을 당하다가 완전히 망할 수도 있을 것이기 때문이다.

21. Porro inter secundum et postremum bellum Carthaginiense, quando Sallustius optimis moribus et maxima concordia dixit egisse Romanos (multa enim praetereo suscepti operis modum cogitans), eodem ipso ergo tempore morum optimorum maximaeque concordiae Scipio ille Romae Italiaeque liberator eiusdemque belli Punici secundi tam horrendi, tam exitiosi, tam periculosi praeclarus mirabilisque confector, uictor Hannibalis domitorque Carthaginis, cuius ab adulescentia uita describitur diis dedita templisque nutrita, inimicorum accusationibus cessit carensque patria, quam sua uirtute saluam et liberam reddidit, in oppido Linternensi egit reliquam compleuitque uitam, post insignem suum triumphum nullo illius urbis captus desiderio, ita ut iussisse perhibeatur, ne saltem mortuo in ingrata patria funus fieret. Deinde tunc primum per Gneum Manlium proconsulem de Gallograecis triumphantem Asiatica luxuria Romam omni hoste peior inrepsit. Tunc enim primum lecti aerati et pretiosa stragula uisa perhibentur; tunc inductae in conuiuia psaltriae et alia licentiosa nequitia. Sed nunc de his malis, quae intolerabiliter homines patiuntur, non de his, quae libenter faciunt, dicere institui. Vnde illud magis, quod de Scipione commemoraui, quod cedens inimicis extra patriam, quam liberauit, mortuus est, ad praesentem pertinet disputationem, quod ei Romana numina, a quorum templis auertit Hannibalem, non reddiderunt

---

[156] Cf. Sallustius, *Historiae* 1. fr.11.

[157] Scipio Publius Cornelius Africanus maior: BC 202년 Zama에서 한니발을 격파하여 이차 포에니 전쟁을 종식시킨다. 그리스계 역사가들도 그를 격찬한다. Cf. Polybius, *Historiae* 10.40; Diodorus Siculus, *Bibliotheca* 29.21; 본서 10.21.

[158] liberator, confector, victor, domitor: 아우구스티누스 역시 이 인물에게 장수(將帥)로서의 명예로운 칭호를 모두 부여하고 있다.

[159] Cf. Livius, *Ab Urbe condita* 38.53.8. 제국의 세력을 확립한 스키피오의 통수권(imperium)이 원로원에까지 미치자 보수파 카토(Marcus Porcius Cato)의 반격을 받고 스키피오는 캄파니아로 은퇴하여 BC 183년 그곳에서 죽었다.

[160] Cf. Livius, *Ab Urbe condita* 39.6.7-8. Gallograeci(Galatia에 살던 갈리아인들)를 무찌른 Gneus Manlius의 전쟁은 BC 187년에 있었다.

제3부 (21-31)
시민전쟁부터 아우구스투스까지

21. 로마 도성이 자기를 해방시킨 스키피오에게 얼마나 배은망덕했으며, 살루스티우스가 최선의 공화국이라고 묘사하던 당시는 도덕적으로 어떠했는가

살루스티우스에 따르면, 이차 카르타고 전쟁과 마지막 카르타고 전쟁 사이는 로마인들이 최상의 도덕으로 최대한의 화목을 누리며 살던 시대였다.[156] (내가 채택한 이 저서의 범위를 생각하여 많은 이야기는 그냥 넘어가기로 한다.) 최상의 도덕과 최대한의 화목으로 살았다는 바로 그 시대에 저 위대한 스키피오가 당한 일을 간추려 보자.[157] 스키피오는 로마와 이탈리아를 해방한 인물이자, 그토록 가공하고 처참하고 위태했던 이차 포에니 전쟁을 종식시킨 출중하고 경탄할 만한 인물이었다. 한니발을 물리친 자요, 카르타고를 제압한 인물이었다.[158] 그의 생애는 젊었을 적부터 신들에게 헌신하고 신전에서 양육되었다고 한다. 그런데 바로 그런 인물이 정적들의 고발을 당해, 자신의 용맹으로 구출하고 해방한 조국에서 추방되어 소도시 린테르눔에서 여생을 보내다가 거기서 생을 마쳤다. 그의 거창한 개선행진 이후로는 저 로마 도성을 보고 싶다는 소망에 사로잡힌 일이 결코 없었고, 전해오는 바에 의하면, 사후에마저 배은망덕한 고국에서 자기 장례식을 거행하는 일이 없도록 하라고 명했다고 한다.[159] 그 뒤 얼마 안 되어 갈로그라이키인들을 무찌르고 개선한 지방총독 그네우스 만리우스에 의해 아시아의 사치가 로마에 침투되었는데 이것은 그 어느 적보다 더 나쁜 것이었다. 그때부터 처음으로 구리로 테를 두른 침대와 값비싼 양탄자가 보이기 시작했다고 한다. 또 그때부터 잔칫상에 현악기를 연주하는 여자와 다른 방종한 사치가 도입되었다.[160] 그러나 나는 기꺼이 악을 저지르는 사람들보다는 마지못해 악을 당하는 사람들을 대상으로 얘기하기로 작정했다. 더구나 내가 스키피오를 두고 언급한 사안은 본론에 해당한다. 그가 정적들에게 져서 자기가 구출한 고국 밖으로 물러나 죽은 사건이 그것인데, 로마의 신령들은, 자기네 신전들을 파괴하지 못하게 한니발을 쫓아낸 스키피오에게 아무 보답도 내리지 않았다는 것

uicem, quae propter istam tantummodo coluntur felicitatem. Sed quia
Sallustius eo tempore ibi dixit mores optimos fuisse, propterea hoc de
Asiana luxuria commemorandum putaui, ut intellegatur etiam illud a
Sallustio in comparationem aliorum temporum dictum, quibus temporibus
peiores utique in grauissimis discordiis mores fuerunt. Nam tunc, id est
inter secundum et postremum bellum Carthaginiense, lata est etiam lex
illa Voconia, ne quis heredem feminam faceret, nec unicam filiam. Qua
lege quid iniquius dici aut cogitari possit, ignoro. Verum tamen toto illo
interuallo duorum bellorum Punicorum tolerabilior infelicitas fuit. Bellis
tantummodo foris conterebatur exercitus, sed uictoriis consolabatur; domi
autem nullae, sicut alias, discordiae saeuiebant. Sed ultimo bello Punico
uno impetu alterius Scipionis, qui ob hoc etiam ipse Africani cognomen
inuenit, aemula imperii Romani ab stirpe deleta est, ac deinde tantis malo-
rum aggeribus oppressa Romana res publica, ut prosperitate ac securitate
rerum, unde nimium corruptis moribus mala illa congesta sunt, plus no-
cuisse monstretur tam cito euersa, quam prius nocuerat tam diu aduersa
Carthago. Hoc toto tempore usque ad Caesarem Augustum, qui uidetur
non adhuc uel ipsorum opinione gloriosam, sed contentiosam et exitiosam
et plane iam eneruem ac languidam libertatem omni modo extorsisse
Romanis et ad regale arbitrium cuncta reuocasse et quasi morbida uetus-
tate conlapsam ueluti instaurasse ac renouasse rem publicam; toto ergo
isto tempore omitto ex aliis atque aliis causis etiam atque etiam bellicas
clades et Numantinum foedus horrenda ignominia maculosum; uolauerant
enim pulli de cauea et Mancino consuli, ut aiunt, augurium malum fece-

---

[161] Lex Voconia: BC 169년 호민관 Quintus Voconius Saxa가 발의하고 카토가 성원하여 통과시켰으며 여자는 유산상속자를 입양하거나 지명할 권한만 부여받았다(Cicero, *Orationes in Verrem* 2.1.41).

[162] Scipio Publius Cornelius Africanus (Africanus minor)가 카르타고를 멸망시킨 것은 BC 133년.

[163] *plus nocuisse* tam cito *euersa*, quam prius nocuerat tam diu *adversa* Carthago: 카르타고의 존재 의미에 대한 역설에 찬 결문이다.

[164] res publica: 왕정 또는 왕국(regnum)과 대조되는 "공화정", "공화국"으로 이해되지만 원래 "공공의 사물", "공유물"을 의미하므로(19.21.1 참조) "공유물을 공유물답게 회복했다"는 문장이 가능하다.

이다. 숭배한 만큼 되갚아 준다는 그 행복을 바라고서 숭배를 받는 신령들이 말이다. 그런데 살루스티우스가 바로 그런 시대를 두고 최상의 도덕이 통하던 시대라고 했기 때문에 나는 아시아풍의 사치에 관해서도 언급해야겠다고 생각한 것이다. 살루스티우스는 그것마저 다른 시대들과 비교해서, 즉 그런 시대보다 도덕적으로 더욱 타락하고 극심한 분란중에 살아가던 시대들과 비교해서 낫다고 말한 것으로 이해해야 할 것 같다. 바로 그 시대에, 다시 말해 이차 카르타고 전쟁과 마지막 카르타고 전쟁 사이에 저 유명한 보코니아 법이 공포되었다.[161] 여자는 아무도 재산 상속자가 될 수 없으며 심지어 무남독녀도 상속받지 못하게 한 법이었다. 어떤 법률이 이보다 불의한 것을 규정하거나 생각해낼 수 있는지 나는 알 수 없다. 어쨌든 두 번의 포에니 전쟁 사이에는 그나마 불행이 조금 덜했다. 군대는 국외의 전쟁에서만 인력을 소모하긴 했지만, 그런 가운데도 승리를 거두며 자위하던 중이었다. 국내에서는 다른 시대에 휘말렸던 내란과 소요의 분란들이 휩쓸지 않았다. 그렇지만 마지막 포에니 전쟁에서 다른 스키피오가 벌인 단 한 차례의 공격으로(그 전쟁으로 그 사람 역시 아프리카누스라는 별명을 얻었다)[162] 로마제국의 경쟁자를 뿌리째 멸망시키고 나자 로마 공화국은 엄청난 윤리악의 무게에 짓눌리게 되었다. 번영과 안전으로 말미암아, 도덕적으로 너무 타락하여 하도 많은 악이 자행되었기 때문에, 카르타고가 이전에 오랫동안 로마와 맞서면서 끼친 해악보다도 카르타고가 너무 빨리 멸망하여 끼친 해악이 더 컸음이 입증되었다.[163] 이 시대부터 카이사르 아우구스투스에 이르기까지를 살펴보자. 아우구스투스는 로마인들에게서 일체의 자유를 박탈해 버렸다. 하기야 이 자유는, 로마인들이 보기에도, 더는 영예로운 것이 되지 못했고 도리어 분쟁과 파멸을 초래했으며 너무도 무기력하고 빛바랜 것이 되어 있었다. 그는 모든 것을 군주의 자의恣意에 귀속시켰으며, 그렇게 함으로써 장기간의 쇠락으로 몰락한 공화국을 거의 재건하고 쇄신하다시피 한 것으로 보인다.[164] 그러는 동안에 이러저런 사유로 발생한 전쟁의 재앙이라든가 가공할 불명예로 얼룩진 누만티아 조약에 관해서는 이 자리에서 넘어가도록 하겠다. 어떤 닭장에서 수탉들이 날아오르자 집정관 만키누스에게는 그것이 흉조가 되었던 것이다. 그 숱한

rant; quasi per tot annos, quibus illa exigua ciuitas Romanum circumsessa exercitum adflixerat ipsique Romanae rei publicae terrori esse iam coeperat, alii contra eam alio augurio processerunt.

22. Sed haec, inquam, omitto, quamuis illud nequaquam tacuerim, quod Mithridates rex Asiae ubique in Asia peregrinantes ciues Romanos atque innumerabili copia suis negotiis intentos uno die occidi iussit; et factum est. Quam illa miserabilis rerum facies erat, subito quemque, ubicumque fuisset inuentus, in agro in uia in oppido, in domo in uico in foro, in templo in lecto in conuiuio inopinate atque impie fuisse trucidatum! Quis gemitus morientium, quae lacrimae spectantium, fortasse etiam ferientium fuerunt! Quam dura necessitas hospitum non solum uidendi nefarias illas caedes domi suae, uerum, etiam perpetrandi, ab illa blanda comitate humanitatis repente mutatis uultibus ad hostile negotium in pace peragendum, mutuis dicam omnino uulneribus, cum percussus in corpore et percussor in animo feriretur! Num et isti omnes auguria contempserant? Num deos et domesticos et publicos, cum de sedibus suis ad illam inremeabilem peregrinationem profecti sunt, quos consulerent, non habebant? Hoc si ita est, non habent cur isti in hac causa de nostris temporibus conquerantur; olim Romani haec uana contemnunt. Si autem consuluerunt, respondeatur, quid ista profuerunt, quando per humanas dumtaxat leges nemine prohibente licuerunt.

---

[165] Numantinum foedus: 히스파니아 누만티아의 봉기로 로마군이 무려 9년간(BC 143~134)이나 시달렸으며, 집정관 Gaius Hostilius Mancinus는 조짐을 보고서 불리한 평화조약을 맺었다가 로마군의 반발과 치욕을 샀다. 스키피오가 134년에 도시를 초토화하고 주민을 몰살했다(Livius, *Periochae* 55).

[166] Cf. Livius, *Periochae* 78; Appianus, *De bello Mithridatico* 22 - 23.

[167] *percussus in corpore* et *percussor in animo* feriretur: 아우구스티누스의 내면적 윤리학을 표방하는 글귀로 평가된다. 2.24 각주 189 참조.

[168] 법이 금하지 않으니 신탁을 내릴 만했고, 여행을 떠나지 말라는 신탁이 내렸음직한데도 떠났다가 미트리다테스에게 봉변을 당했으니 신탁이 무슨 소용이었느냐는 조롱이다.

해를 두고 저 보잘것없는 도시가 포위된 채로 로마군을 괴롭혔으며 로마 공화국 자체에까지 위협이 되기 시작하던 참이었다.[165] 훗날 다른 사람들이 다른 길조를 보고서 그 도시로 진격해 들어갔다.

22. 아시아에서 발견되는 로마 시민은 모조리 죽이라던 미트리다테스의 칙령

다시 말하거니와 소소한 일화들은 그냥 지나치겠지만, 아시아의 미트리다테스 왕만은 언급하고 넘어가야 할 것이다. 로마 시민들이 아시아의 이곳저곳에 거주하면서 참으로 많은 수가 사업에 종사하고 있었는데, 그 로마 시민들을 단 하루에 모조리 죽여버리라고 명령을 내렸다. 그리고 그대로 시행되었다.[166] 사건의 진상이 얼마나 처참했는지 모른다. 그가 누구든지, 어디서 발견되든지 불문하고, 전답에서든, 길에서든, 도회지에서든, 집에서든, 골목에서든, 광장에서든, 신전에서든, 침대에서든, 연회석상에서든 발견되는 즉시 가차없이 도륙당했다! 죽어가는 사람들의 신음이며 보는 사람들의 눈물, 그리고 상처 입은 사람들의 비명이 어떠했겠는가! 다름아닌 자기 집에서 저 불측한 살인을 목도해야 하는 집주인들의 절박한 심정은 어떠했겠으며, 더구나 평화시임에도, 정중하게 손님을 접대하다가 갑자기 낯을 바꾸어 적대관계로 돌변해서 살인을 저질러야 하는 처지는 어떠했겠는가! 나는 쌍방이 상처를 입었다고 하고 싶다. 피해자는 몸에 상처를 입고 가해자는 마음에 상처를 입는 것이다![167] 그렇다면 저 모든 로마인들이 신들의 조짐을 무시했다는 말인가? 돌아오지 못할 저 여행을 떠났던 사람들은 신탁을 물을 신들이 없었다는 말인가? 집안에서 모시는 신이건 공중이 모시는 신이건 아무도 없었다는 말인가? 사실이 그렇다면 우리를 적대하는 사람들은 우리 시대에 일어난 사건을 두고 굳이 시비를 걸 이유가 없는 것이다. 왜 그런가 하면 일찌감치 로마인들은 신탁이나 조짐 같은 이런 일을 허망하다고 무시했을 것이기 때문이다. 여행에 나서기 전에 그들이 신들에게 문의를 했다고 하더라도, 그게 그들한테 무슨 소용이 있었는지 대답해 보시라! 적어도 인간 법률은 신들이 조짐을 내려 인간들을 돕지 못하게 금하는 바가 전혀 없이 전적으로 허용하고 있는 마당에.[168]

23. Sed iam illa mala breuiter, quantum possumus, commemoremus, quae quanto interiora, tanto miseriora exstiterunt: discordiae ciuiles uel potius inciuiles, nec iam seditiones, sed etiam ipsa bella urbana, ubi tantus sanguis effusus est, ubi partium studia non contionum dissensionibus uariisque uocibus in alterutrum, sed plane iam ferro armisque saeuiebant; bella socialia, bella seruilia, bella ciuilia quantum Romanum cruorem fuderunt, quantam Italiae uastationem desertionemque fecerunt! Namque antequam se aduersus Romam sociale Latium commoueret, cuncta animalia humanis usibus subdita, canes equi, asini boues, et quaeque alia pecora sub hominum dominio fuerunt, subito efferata et domesticae lenitatis oblita relictis tectis libera uagabantur et omnem non solum aliorum, uerum etiam dominorum auersabantur accessum, non sine exitio uel periculo audentis, si quis de proximo urgeret. Quanti mali signum fuit, si hoc signum fuit, quod tantum malum fuit, si etiam signum non fuit! Hoc si nostris temporibus accidisset, rabidiores istos quam sua illi animalia pateremur.

24. Initium autem ciuilium malorum fuit seditiones Gracchorum agrariis legibus excitatae. Volebant enim agros populo diuidere, quos nobilitas perperam possidebat. Sed iam uetustam iniquitatem audere conuellere periculosissimum, immo uero, ut res ipsa docuit, perniciosissimum fuit. Quae funera facta sunt, cum prior Gracchus occisus est! Quae etiam, cum alius frater eius non longo interposito tempore! Neque enim legibus et ordine potestatum, sed turbis armorumque conflictibus nobiles ignobilesque necabantur. Post Gracchi alterius interfectionem Lucius Opimius con-

---

[169] discordiae *civiles* vel potius *inciviles*: civilis가 "시민의"(bellum civile: 시민전쟁, 내란)라는 뜻 외에 "문명화된"이라는 뜻도 담고 있으므로 "시민적(곧 문명적) 불화 아니 차라리 비문명적 불화"라고 번역하면 저자의 반어법 기교가 살아난다.

[170] Cf. Orosius, *Historiae adversus paganos* 5.18.9.

[171] Tiberius Sempronius Gracchus (BC 162~133): 정의와 평등 사상에 고위되어 호민관(BC 133년)으로서 귀족의 국유지(ager publicus) 점유를 제한하고 초과분을 국가에 환원하여 무산자에게 분배하는 고대 농지법을 회복시키자고 제안. 귀족들은 다른 호민관 Marcus Octavius를 내세워 거부권을 행사하고 소요를 일으켜 그와 그의 지지세력을 학살함.

[172] Gaius Sempronius Gracchus (BC 154~121): 호민관(BC 123, 122년)으로서 형의 개혁노선을 승계하여 원로원의 세력을 줄이고 곡물가격을 재조정코자 시도(lex frumentaria). 원로원은 Drusus를 내세워 대중봉기를 야기하고 그의 지지세력을 학살함.

23. 로마 공화국이 휩싸인 국내의 해악: 사람들을 섬기던 길짐승들이 광포하게 날뛰어 그 조짐을 보였다

그리고 국내 사건이면서도 상당히 불행했던 해악만은 간단히나마 하는 데까지 언급해 보려 한다. 시민 사이에서 일어났지만 전혀 시민답지 않았던 반목이 그것이다.[169] 그것도 단지 소요에 그치지 않고 시가전까지 갔으니, 거기서 허다한 피가 흘렀고, 거기서는 파당들이 단지 의견차이라든가 갖가지 욕설을 상대방에게 주고받는 데서 그치지 않고 노골적으로 아예 창검과 무기를 들고 상대방과 충돌했다. 동맹전쟁, 노예전쟁, 시민전쟁이 얼마나 많은 로마인의 피를 흘리게 했으며 이탈리아에 얼마나 많은 파괴와 황폐를 자행했던가! 로마에 대항해서 리티움 동맹이 봉기하기 전에 인간이 부리는 온갖 길짐승, 개, 말, 당나귀, 소, 그밖에 사람들의 지배를 받는 온갖 가축이 갑자기 사나워져 가축의 순한 성질을 잊어버린 듯 우리에서 뛰쳐나와 돌아다녔고, 낯선 사람들만 아니라 심지어 주인들이 접근해도 덤벼들었으며, 누구든 감히 가까이 쫓다가는 다치는 것만 아니라 죽기도 한 사건이 있었다.[170] 이것이 만일 어떤 징조였다면 얼마나 큰 재앙이 닥친다는 징조였겠으며, 만일 징조가 아니었더라도 그것만으로도 얼마나 큰 재앙이었겠는가! 만약 우리 시대에 이런 일이 발생한다면, 그 당시 집짐승들이 날뛰던 것보다 훨씬 심하게 저 인간들이 우리한테 날뛰리라.

24. 그라쿠스 형제의 소요로 촉발된 시민 불화

시민 간 재앙의 시초는 농지법으로 촉발된, 그라쿠스 형제의 소요였다. 그들은 귀족들이 불법으로 소유하고 있던 농지를 국민에게 분배하고자 했다. 하지만 해묵은 불의를 감히 제거하려는 일은 위험스럽기 짝이 없었을뿐더러, 커다란 파멸을 초래한다는 것이 그 사건이 보여준 교훈이다. 형인 그라쿠스가 피살당하고서 얼마나 많은 살육이 발생했는가![171] 그리고 그리 오래지 않아 아우 그라쿠스가 피살당하고서 또다시 얼마나 많은 살육이 발생했던가![172] 법률에 준해서도 아니고 당국의 명령에 따라서가 아니라 군중들과 무장세력의 충돌에 의해 귀족들이고 평민들이고 마구 살해당했다. 아우 그라쿠스의 피살 후에, 그를 상

sul, qui aduersus eum intra Vrbem arma commouerat eoque cum sociis
oppresso et extincto ingentem ciuium stragem fecerat, cum quaestionem
haberet iam iudiciaria inquisitione ceteros persequens, tria milia hominum
occidisse perhibetur. Ex quo intellegi potest, quantam multitudinem mor-
tium habere potuerit turbidus conflictus armorum, quando tantam habuit
iudiciorum uelut examinata cognitio. Percussor Gracchi ipsius caput,
quantum graue erat, tanto auri pondere consuli uendidit; haec enim pactio
caedem praecesserat. In qua etiam occisus est cum liberis Marcus Fuluius
consularis.

25. Eleganti sane senatus consulto eo ipso loco, ubi funereus tumultus
ille commissus est, ubi tot ciues ordinis cuiusque ceciderunt, aedes Con-
cordiae facta est, ut Gracchorum poenae testis contionantum oculos feriret
memoriamque compungeret. Sed hoc quid aliud fuit quam inrisio deorum,
illi deae templum construere, quae si esset in ciuitate, non tantis dissen-
sionibus dilacerata conrueret? Nisi forte sceleris huius rea Concordia, quia
deseruerat animos ciuium, meruit in illa aede tamquam in carcere includi.
Cur enim, si rebus gestis congruere uoluerunt, non ibi potius aedem Dis-
cordiae fabricarunt? An ulla ratio redditur, cur Concordia dea sit, et Dis-
cordia dea non sit, ut secundum Labeonis distinctionem bona sit ista, illa
uero mala? Nec ipse aliud secutus uidetur quam quod aduertit Romae
etiam Febri, sicut Saluti, templum constitutum. Eo modo igitur non solum
Concordiae, uerum etiam Discordiae constitui debuit. Periculose itaque

---

[173] Lucius Opimius: BC 121년 집정관으로서 비상계엄(Senatus consultum ultimum)과 예심권(quaes-
tio), 약식재판(iudiciaria inquisitio)을 이용하여 그라쿠스 개혁에 동조한 세력을 모조리 학살함. 120
년에 이 학살에 대한 혐의로 기소되었으나 방면됨(Cicero, *De oratore* 2.25.106). 유구르타에게 뇌물을
받은 죄로 유배당하여 죽음(Sallustius, *Bellum Iugurthinum* 16.2-5).

[174] Marcus Fulvius Flaccus: BC 125년 집정관. 그라쿠스 정책에 동조했다가 참살당함.

[175] Cf. Appianus, *De bello civili* 1.26; Sallustius, *Bellum Iugurthinum* 42.4: Tiberius와 Gaius Gracchus
형제의 토지개혁 시도와 피살 및 개혁파에 대한 대학살은 마리우스와 술라, 카이사르와 폼페이우스로
이어지는 한 세기에 걸친 내란을 촉발한다.

[176] 집정관 오피미우스가 그라쿠스 동조자들을 대대적으로 학살한 다음, Concordia(화해) 여신의 신
전을 재건했다(Plutarchus, *Vitae parallelae. G. Gracchus* 17.4; Livius, *Ab Urbe condita* 9.46.6; 22.33.7;
23.21.7).

[177] Concordia(화해), Discordia(불화): 로마인들은 추상적 덕목을 신격화하여 신전들을 세웠다.

[178] Cornelius Labeo의 신사(神事)에 관한 저작에 대해서는 2.11 각주 66 참조. 8.13; 9.19; 22.28에도
언급된다.

[179] Febris(학질: 2.14.2; 3.12 참조), Salus(건강).

대로 전 도성의 군대를 무장시켜 출동한 집정관 루키우스 오피미우스[173]는 그라쿠스와 그 동지들을 제압하여 참살한 뒤에 시민들에 대한 대규모 학살을 자행했다. 그는 예심권을 장악했고, 그밖의 약식 사법 재판을 통해 나머지 사람들을 추적하여 무려 삼천 명을 처형했다고 전해온다. 약식일망정 사법절차라는 심리를 거친 결정에 의해 그 많은 인간을 죽였다면, 소용돌이치는 무력의 충돌이 얼마나 많은 인간을 죽일 수 있었는지 이것만으로도 알 만하다. 그라쿠스를 죽인 사람은 그의 머리를 잘라 머리 무게만큼의 황금을 받고서 집정관에게 팔았다. 그라쿠스의 살해에 그런 약조가 미리 세워져 있었던 것이다. 집정관을 지낸 마르쿠스 풀비우스[174]도 그 와중에 자녀들과 함께 피살당했다.[175]

25. 원로원의 긴급명령으로 소요와 학살의 현장에 건립된 화해 여신의 전당

저 비참한 폭동이 발발한 장소, 각계각층의 시민들이 그토록 많이 쓰러진 지점에 원로원이 제법 고상한 긴급명령을 내려 콘코르디아 여신의 전당이 세워졌다.[176] 그 의도는 아마도 선동을 목적으로 대중 앞에서 연설을 하는 사람들에게 그라쿠스 형제가 받은 형벌을 증거로 세워 시선을 끌고 그 기억을 상기시키는 데 있었던 것 같다. 하지만 그 여신에게 신전을 세워준 것은 결국 신들에 대한 조소 외에 무엇이었겠는가? 만일 그 여신이 도성에 있었다면 저토록 혹심한 분란으로 국민의 화해가 갈기갈기 찢겨나가지는 않았을 테니까. 시민들의 마음을 방치하여 그런 죄악이 생겨나게 한 범인이 콘코르디아 여신이라면, 그 전당을 감옥으로 삼아 여신을 가두어둘 만했을지 모른다. 그러나 역사적 사실에 더 부합하자면, 왜 그 자리에 차라리 디스코르디아 여신의 전당을 만들지 않았을까?[177] 왜 콘코르디아 여신은 존재하는데 디스코르디아 여신은 존재하지 않을 이유라도 있단 말인가? 라베오의 구분대로 하나는 좋은 여신이고 다른 하나는 나쁜 여신이기 때문인가?[178] 그 사람마저 로마에 페브리스 여신에게도, 살루스 여신에게도 똑같이 신전이 건축되어 있음을 보고서 이런 구분을 한 것 같다.[179] 마찬가지로 그가 보기에는 콘코르디아 여신만을 위해서가 아니라 디스코르디아 여신을 위해서도 신전을 세웠어야 했다. 그런데 디스코르디아 여신에게 신전을

Romani tam mala dea irata uiuere uoluerunt nec Troianum excidium re-
coluerunt originem ab eius offensione sumpsisse. Ipsa quippe quia inter
deos non fuerat inuitata, trium dearum litem aurei mali suppositione com-
menta est; unde rixa numinum et Venus uictrix, et rapta Helena et Troia
deleta. Quapropter, si forte indignata, quod inter deos in Vrbe nullum
templum habere meruit, ideo iam turbabat tantis tumultibus ciuitatem,
quanto atrocius potuit inritari, cum in loco illius caedis, hoc est in loco sui
operis, aduersariae suae constitutam aedem uideret! Haec uana ridentibus
nobis illi docti sapientesque stomachantur, et tamen numinum bonorum
malorumque cultores de hac quaestione Concordiae Discordiaeque non
exeunt, siue praetermiserint harum dearum cultum eisque Febrem Bello-
namque praetulerint, quibus antiqua fana fecerunt, siue et istas coluerint,
cum sic eos discedente Concordia Discordia saeuiens usque ad ciuilia
bella perduxerit.

26. Praeclarum uero seditionis obstaculum aedem Concordiae, testem
caedis suppliciique Gracchorum, contionantibus opponendam putarunt.
Quantum ex hoc profecerint, indicant secuta peiora. Laborarunt enim
deinceps contionatores non exemplum deuitare Gracchorum, sed superare
propositum, Lucius Saturninus tribunus plebis et Gaius Seruilius praetor
et multo post Marcus Drusus, quorum omnium seditionibus caedes primo
iam tunc grauissimae, deinde socialia bella exarserunt, quibus Italia uehe-

---

[180] Discordia (Eris): Peleus와 Thetis의 혼인에 초대받지 못해 황금 사과로 여신들에게 경쟁을 붙였
다는 전설이 있다(Homerus, *Ilias* 24.28-30).

[181] rixa numinum, Venus victrix, et rapta Helena, Troia et deleta: 교부는 로마인들의 어법대로 자주
구상어를 사용한다.

[182] 그라쿠스 형제의 피살 뒤에도 BC 108년의 호민관 Gaius Glaucia, 103년의 호민관 Lucius Saturni-
us, 법무관 Gaius Servilius, 그리고 91년의 호민관 Marcus Drusus가 개혁을 시도하다 좌절되고 숙청당
했다(Appianus, *De bello civili* 1.31-39: Livius, *Periochae* 71 - 76).

[183] Lucius Apuleius Saturninus: BC 103년 호민관으로서 Marius의 제대군인들에게 토지를 분배하는
법안을 통과시킴. 99년에 Gaius Memmius 살해로 소요가 일어났고 Marius가 소요를 진압하는 중에
평민파들과 함께 살해당함(Appianus, *De bello civili* 1.31-38; Livius, *Periochae* 71).

[184] Gaius Servilius Glaucia: BC 100년에 법무관. 평민파로서 집정관 자리를 성급히 차지하려다 선거
소요중에 피살당함(Appianus, *De bello civili* 1.31-38; Livius, *Periochae* 71).

[185] Marcus Livius Drusus: BC 91년에 호민관. 이탈리아 동맹인들(socii Romae)에게 로마 시민권을
부여하는 입법을 시도하다 암살당함으로써 동맹전쟁(bellum sociale)이 발발한다(Appianus, *De bello
civili* 1.39; Livius, *Periochae* 72 - 76).

세워 바치지 않음으로써 로마인들은 패악한 이 여신을 화나게 충동질하면서 살기로 작정을 한 셈이니, 트로야인들의 패망이 그 여신을 상심시킨 데서 기인했다는 사실도 기억 못한 까닭이다.[180] 신들 가운데 초대받지 못하자 세 여신에게 황금 사과를 내놓아서 세 여신의 다툼을 일으킨 장본인이 바로 이 여신이었다. 그리하여 신령들의 경연, 베누스의 승리, 헬레나의 납치, 그리고 트로야의 멸망이 일어났던 것이다.[181] 그러니 혹시 로마 도성에서 신들 가운데 신전을 배당받을 공적이 없던 탓으로 디스코르디아 여신이 분개했다면, 그래서 무수한 폭동을 일으켜 도성을 뒤흔들었다면, 저처럼 엄청난 학살이 일어난 곳, 다름아닌 자기의 위대한 업적이 이루어진 곳에다 하필이면 자기의 적수 콘코르디아의 전당이 세워지는 것을 보고서는 얼마나 광분하고 악에 받쳤겠는가! 우리가 이처럼 허황한 얘기를 두고 비웃으면 학식있고 현명하다는 사람들은 입술을 깨문다. 그렇지만 선한 신령들과 악한 신령들을 함께 숭배하는 사람들은 콘코르디아와 디스코르디아의 문제에서 빠져나갈 길이 없다. 즉, 그들은 자기네가 이 두 여신에 대한 숭배를 등한시했다고, 이들보다는 페브리스 여신과 벨로나 여신을 우대하여 상고시대부터 신당을 만들어 바쳤다고 자백하거나, 아니면 이 두 여신들을 숭배하기는 했는데 콘코르디아가 떠나가 버린 동안 디스코르디아가 맹위를 떨치면서 시민전쟁을 일으킨 것이라고 해명하거나 택일해야 할 것이다.

26. 화해 여신의 전당이 건립된 이후에 발생한 갖가지 전쟁

저 사람들은 그라쿠스 형제와 그 동지들에 대한 학살과 처벌을 증언하는 뜻으로 그 자리에 콘코르디아의 전당을 세워서 선동적 연설을 하는 사람들로 하여금 소요를 일으키지 못하게 막는 방책으로 삼아야 한다고 생각했다. 그것이 과연 얼마나 효험이 있었는지는 더 악화된 상황들이 뒤따라 발생한 데서 알 수 있다. 그 뒤로 대중연설가들은 그라쿠스 형제의 선례를 피하려 한 것이 아니라 그 계획을 능가하려고 노력했다.[182] 호민관 루키우스 사투르니누스,[183] 법무관 가이우스 세르빌리우스,[184] 훨씬 뒤에 마르쿠스 드루수스[185] 같은 인물들이 대표적인데 그 모두의 소요를 계기로 먼저는 막대한 살육이 자행되었고 급기야는 동

menter adflicta et ad uastitatem mirabilem desertionemque perducta est. Bellum deinde seruile successit et bella ciuilia. Quae proelia commissa sunt, quid sanguinis fusum, ut omnes fere Italae gentes, quibus Romanum maxime praepollebat imperium, tamquam saeua barbaries domarentur! Iam ex paucissimis, hoc est minus quam septuaginta, gladiatoribus quem ad modum bellum seruile contractum sit, ad quantum numerum et quam acrem ferocemque peruenerit, quos ille numerus imperatores populi Romani superauerit, quas et quo modo ciuitates regionesque, uastauerit, uix qui historiam conscripserunt satis explicare potuerunt. Neque id solum fuit seruile bellum, sed et Macedoniam prouinciam prius seruitia depopulata sunt et deinde Siciliam oramque maritimam. Quanta etiam et quam horrenda commiserint primo latrocinia, deinde ualida bella piratarum, quis pro magnitudine rerum ualeat eloqui?

27. Cum uero Marius ciuili sanguine iam cruentus multis aduersarum sibi partium peremptis uictus Vrbe profugisset, uix paululum respirante ciuitate, ut uerbis Tullianis utar, «superauit postea Cinna cum Mario. Tum uero clarissimis uiris interfectis lumina ciuitatis extincta sunt. Vltus est huius uictoriae crudelitatem postea Sulla, ne dici quidem opus est quanta deminutione ciuium et quanta calamitate rei publicae.» De hac enim uindicta, quae perniciosior fuit, quam si scelera quae puniebantur inpunita relinquerentur, ait et Lucanus:

> Excessit medicina modum nimiumque secuta est,
> Qua morbi duxere manum. Periere nocentes;
> Sed cum iam soli possent superesse nocentes.

---

[186] Bellum sociale(동맹전쟁): 호민관 Marcus Drusus가 피살당하자 반도 내 동맹국들이 전쟁을 일으켰다. 봉기를 이해하는 입장(Appianus, *De bello civili* 1.39; Orosius, *Historiae adversus paganos* 5.18.8)과 반란으로 보는 입장(Livius, *Periochae* 72 - 76; Florus, *Epitome de gestis Romanorum* 2.6.5)이 있다.

[187] Bellum servile(노예전쟁): 마케도니아와 시칠리아에서 Eunus (BC 136~132), 킬리키아에서 Athenion (BC 104~99), 이탈리아에서 Spartacus (BC 73~71)가 일으켰다(Appianus, *De bello Mithridatico* 59; Florus, *Epitome de gestis Romanorum* 2.7; 3.19; Diodorus Siculus, *Bibliotheca* 34 - 36). 이 전쟁에서 교훈을 얻어 노예에 대한 유화정책을 권한 이는 키케로뿐이었다(*De officiis* 1.13.41; *Tusculanae disputationes* 2.17.41).

[188] Gaius Marius (BC 156~86): 이 내전(BC 87~82)과 관련된 마리우스의 행적에 관해서는 다음을 참조: Appianus, *De bello civili* 1.71-74; Diodorus Siculus, *Bibliotheca* 5.4; Florus, *Epitome de gestis Romanorum* 2.9; 3.21; Plutarchus, *Vitae parallelae. Marius* 42 - 43; 본서 2.23-24; 5.26.1.

[189] Cicero, *Orationes in Catilinam* 3.10.24.

[190] Lucanus, *Pharsalia* 2.142-144. 사본에 따라 "증오에 자유가 주어졌고, 법률의 재갈이 풀리면서 분노가 들이닥쳤다"라는 구절(145-146)이 더 인용되어 있다.

맹전쟁들이 발발하고 말았다. 이 전쟁으로 인해 이탈리아는 격동기에 시달렸고 경악할 파괴와 황폐로 휘말려 갔다. 이어 노예전쟁이 일어났고, 시민전쟁들이 뒤이어 발발했다. 그 전투들이 얼마나 처절했고, 얼마나 많은 피가 흘렀던가! 그리하여 이탈리아 민족들의 도움으로 로마가 패권을 차지했으면서도 거의 모든 이탈리아 민족들이 마치 야만인들처럼 로마에 예속되는 결과가 왔다![186] 그리고 아주 소수, 즉 일흔 명도 못 되는 검투사들로 시작된 소요가 어떤 이유로 노예전쟁으로까지 확대되었는지, 또 그들이 얼마나 많은 수가 되었고, 얼마나 격심하고 잔학한 군대에 이르렀으며, 그 숫자로 로마 국민의 얼마나 많은 사령관들을 쳐부수었으며, 수많은 도시와 지역들을 또 어떤 모양으로 파괴했는지는 역사를 기술하는 사람들도 제대로 설명을 못했다. 노예전쟁만이 아니었다. 노예들은 먼저 마케도니아 속주를 황폐하게 만들었고, 다음에는 시칠리아와 해안 지방을 휩쓸었다. 그들이 처음에는 소름끼치는 강도짓을 했고 다음에는 해적이 되어 용맹하게 전쟁을 치렀는데, 얼마나 많은 사건을 얼마나 가혹하게 저질렀는지 하도 엄청난 일이라서 과연 누가 이를 형언할 수 있겠는가?[187]

27. 마리우스와 술라의 내란

마리우스[188]가 이미 시민들의 피로 낭자한 채 반대당의 수많은 인사들을 도륙한 다음, 본인도 패배한 몸이 되어 로마에서 도망쳤을 적에 도성은 목숨이 겨우 붙어 있었다. 툴리우스의 말을 빌리자면: "그다음에는 킨나가 마리우스와 더불어 승자가 되었다. 그러나 유명 인사들이 살해되어 도성의 빛이 꺼지고 말았다. 이어 술라가 이 승리의 잔학상에 보복을 가했다. 술라의 등장을 위해 시민들이 얼마나 많이 죽어야 했으며, 공화국에 얼마나 큰 재앙이 필요했는지는 말할 필요조차 없다".[189] 이 보복에 관해, 그러니까 범죄를 벌하지 않은 채 방치하는 것보다 징벌 자체가 훨씬 해로웠던 이 보복에 관해 루카누스는 이렇게 말한다:

처방이 정도를 지나쳤으며 질병이 의원의 손을 끌어가는
지점보다 너무 멀리까지 나아갔다. 해로운 사람들이 죽었다.
하지만 급기야는 오로지 해로운 사람들만 살아남을 수 있었다.[190]

Illo bello Mariano atque Sullano exceptis his, qui foris in acie ceciderunt, in ipsa quoque Vrbe cadaueribus uici plateae fora theatra templa completa sunt, ut difficile iudicaretur, quando uictores plus funerum ediderint, utrum prius ut uincerent, an postea quia uicissent; cum primum uictoria Mariana, quando de exilio se ipse restituit, exceptis passim quaqua uersum caedibus factis caput Octauii consulis poneretur in rostris, Caesares a Fimbria domibus trucidarentur suis, duo Crassi pater et filius in conspectu mutuo mactarentur, Baebius et Numitorius unco tracti sparsis uisceribus interirent, Catulus hausto ueneno se manibus inimicorum subtraheret, Merula flamen Dialis praecisis uenis Ioui etiam suo sanguine litaret. In ipsius autem Marii oculis continuo feriebantur, quibus salutantibus dexteram porrigere noluisset.

28. Sullana uero uictoria secuta, huius uidelicet uindex crudelitatis, post tantum sanguinem ciuium, quo fuso fuerat comparata, finito iam bello inimicitiis uiuentibus crudelius in pace grassata est. Iam etiam post Marii maioris pristinas ac recentissimas caedes additae fuerant aliae grauiores a Mario iuuene atque Carbone earundem partium Marianarum, qui Sulla imminente non solum uictoriam, uerum etiam ipsam desperantes salutem cuncta suis aliis caedibus impleuerunt. Nam praeter stragem late per diuersa diffusam obsesso etiam senatu de ipsa curia, tamquam de carcere, producebantur ad gladium. Mucius Scaeuola pontifex, quoniam nihil apud Romanos templo Vestae sanctius habebatur, aram ipsam amplexus occisus est, ignemque illum, qui perpetua uirginum cura semper ardebat, suo paene sanguine extinxit. Vrbem deinde Sulla uictor intrauit, qui in uilla

---

[191] rostra: BC 338년의 해전 이래로 나포하거나 침몰시킨 적함의 충각(衝角), 즉 뱃부리를 떼어다가 진열해 둔 곳으로 대중집회의 연단으로 쓰였다.

[192] 사본에 따라서는 "카이사르 형제와 핌브리아는 집에서 도륙당했고"라고 읽힌다.

[193] 마리우스의 평민파 두둔과 잔인함은 상반된 평가를 받아왔다: Appianus, *De bello civili* 1.71-74; Plutarchus, *Vitae parallelae. Marius* 42-43.

[194] Lucius Cornelius Sulla (BC 138~78): 그의 전쟁과 학살에 관해서는 다음을 참조: Appianus, *De bello civili* 1.95-96; Diodorus Siculus, *Bibliotheca* 38.17-19; Plutarchus, *Vitae parallelae. Sulla* 30 - 33; 본서 2.23-25; 3.7.

[195] Marius iuvenis: 마리우스의 조카로 BC 82년에 후자와 함께 집정관. 술라에게 패하자 자결. Gnaeus Papirius Carbo: Marius, Cinna와 함께 평민파. 2.22 참조.

[196] Quintus Mucius Scaevola: 로마의 법률가, 웅변가로서 마리우스에게 맞서다 베스타 신전에서 Fimbria에게 찔렸지만(BC 86) 살아남았다가 술라에게 참수당했다(BC 82). *Responsa; Decreta pontificalia; Iura civilia* 등을 남긴 것으로 전해온다(Cicero, *De oratore* 3.3.10; *Oratio pro Sexto Roscio* 12.33). 본서 4.27 참조.

마리우스와 술라 사이의 전쟁에서는, 밖에 나가 전선에서 쓰러진 사람들은 제외하더라도, 로마 안에서도 골목이고 한길이고 광장이고 극장이고 신전이고 할 것 없이 시체로 가득했다. 그 기간에 승리자들은 수많은 살상을 했는데, 그 이유가 승리를 거두기 이전에 승리를 거두기 위해서였는지 아니면 승리를 거둔 이후에 복수로 그렇게 했는가를 판단하기 어려울 정도였다. 먼저 마리우스의 승리와 더불어, 그가 유배에서 돌아오면서부터 학살이 자행된다. 여기저기 사방에서 벌어진 살상은 빼놓고도, 집정관 옥타비우스의 머리가 로마 광장의 연단[191]에 걸렸고, 카이사르 형제는 자기네들 집에서 핌브리아한테 도륙당했고,[192] 크라쑤스 부자가 서로 눈앞에서 피살당했으며, 바이비우스와 누미토리우스는 쇠살고리에 끌려서 내장을 쏟으면서 죽었고, 카툴루스는 독을 마심으로써 원수들의 손길을 피했으며, 유피테르의 신관 메룰라는 동맥을 끊어 자기 피로 유피테르에게 희생을 바쳤다. 누구든지 그에게 인사하여 오른팔을 뻗지 않는 사람은 마리우스의 눈앞에서 즉시 처단되었다.[193]

28. 마리우스의 학정을 보복한 술라의 승리란 과연 어떠했는가

그 후 술라[194]가 승리하자, 곧바로 마리우스의 잔학상에 대한 보복이 뒤따랐다. 시민들의 엄청난 피가 흐른 다음, 그 피를 대가로 해서 얻어진 승리였다. 전쟁은 이미 끝났지만 원수관계는 살아남아 전시보다 평화시에 더 잔악하게 이루어졌다. 노#마리우스의 과거와 최근의 학살에 뒤이어서 마리우스 파의 소少마리우스와 카르보[195]에 의한 훨씬 심한 살육이 보태졌다. 그들은 술라가 진격해 오고 승리는 물론 일신의 안전까지도 절망하게 되자 또 다른 살육으로 전 도성을 채웠다. 여러 곳에서 광범위하게 저지른 학살 외에도 그들은 원로원 의사당을 포위하고서 마치 감옥에서 끌어내듯 사람들을 끌어내어 칼로 베었다. 대제관 무키우스 스카이볼라[196]는, 로마인들에게는 베스타의 신전보다 성스러운 것이 없다고 여겨지던 참이었으므로, 베스타의 제단을 끌어안은 채 피살당했다. 그리하여 처녀들의 종신 봉사로 항상 타오르던 저 불이 그의 피 때문에 꺼질 뻔했다. 그러고 나서 술라가 승자로 로마에 입성했다. 그는 마르스의 광장에 있는 공공

publica non iam bello, sed ipsa pace saeuiente septem milia deditorum (unde utique inermia) non pugnando, sed iubendo prostrauerat. In Vrbe autem tota quem uellet Sullanus quisque feriebat, unde tot funera numerari omnino non poterant, donec Sullae suggereretur sinendos esse aliquos uiuere, ut essent quibus possent imperare qui uicerant. Tunc iam cohibita quae hac atque illac passim furibunda ferebatur licentia iugulandi, tabula illa cum magna gratulatione proposita est, quae hominum ex utroque ordine splendido, equestri scilicet atque senatorio, occidendorum ac proscribendorum duo milia continebat. Contristabat numerus, sed consolabatur modus; nec quia tot cadebant tantum erat maeroris, quantum laetitiae quia ceteri non timebant. Sed in quibusdam eorum, qui mori iussi erant, etiam ipsa licet crudelis ceterorum securitas genera mortium exquisita congemuit. Quendam enim sine ferro laniantium manus diripuerunt, inmanius homines hominem uiuum, quam bestiae solent discerpere cadauer abiectum. Alius oculis effossis et particulatim membris amputatis in tantis cruciatibus diu uiuere uel potius diu mori coactus est. Subhastatac sunt etiam, tamquam uillae, quaedam nobiles ciuitates; una uero, uelut unus reus duci iuberetur, sic tota iussa est trucidari. Haec facta sunt in pace post bellum, non ut acceleraretur obtinenda uictoria, sed ne contemneretur obtenta. Pax cum bello de crudelitate certauit et uicit. Illud enim prostrauit armatos, ista nudatos. Bellum erat, ut qui feriebatur, si posset, feriret; pax autem, non ut qui euaserat uiueret, sed ut moriens non repugnaret.

---

[197] Cf. Florus, *Epitome de gestis Romanorum* 2.9; Livius, *Periochae* 88 (8,000명).

[198] tabula occidendorum et proscribendorum: 로마 시민의 권리와 인권이 전적으로 묵살된 조처로서 로마사의 암울한 기록이 된다: Appianus, *De bello civili* 1.95-96; Plutarchus, *Vitae parallelae. Sulla* 30 - 33; Cicero, *Epistulae ad Atticum* 9.10.3. 사가에 따라서 그 숫자를 9,000명(Orosius), 4,700명(Valerius Maximus)으로 꼽기도 한다.

[199] Sulmona(facinus indignum!: Florus, *Epitome de gestis Romanorum* 2.9.28)를 위시하여 다섯 도시 가 그런 처분을 당했다.

[200] pax autem, non ut qui evaserat *viveret*, sed ut moriens *non repugnaret*: 아우구스티누스는 도덕성과 휴머니즘의 시선에서, 전쟁과 평화의 경계선이 무너져버린 잔학한 동포살육을 규탄하고 있다. 차라리 노골적 전쟁이 무고한 시민들의 목숨은 보호해 주지 않더냐는 지적이다.

건물에서, 이미 전시도 아니고 평화시임에도 불구하고, 그것도 항복한 (따라서 무장을 해제한) 7,000명의 인간을 몰살해 버렸다. 싸워서가 아니라 명령 한마디로 쓰러뜨린 것이다.[197] 이어서 로마 전 도성에서 술라 일당은 누구든지 마음 내키는 대로 죽이고 다녔기 때문에 얼마나 많은 살상이 이루어졌는지 도무지 셀 수가 없었으며, 승리한 사람들이 누군가를 통치하자면 아무래도 누군가는 살려 두어야겠다는 생각이 술라에게 들 정도였다. 여기저기 사방에서 광포하게 사람들의 목을 베는 살인허가가 중단되자, 이번에는 두 명예로운 계급, 곧 기사 계급과 원로원 계급에서 사형에 처하고 재산을 몰수할 사람들 2,000명을 수록한 저 유명한 명단이 대단한 박수갈채 속에 공개되었다.[198] 숫자는 통탄할 만한 것이었지만 죽을 사람들의 범위가 정해진 데 대해 위로를 삼을 지경이었다. 명단에 든 사람들 모두가 죽는다는 것이 그만큼 슬픈 일이었지만, 나머지는 겁먹지 않아도 된다는 기쁨만은 못했다. 그렇지만 죽어야 한다고 명령받은 사람들에게 치밀하게 자행되는 죽음의 양상을 두고 나머지 사람들의 몰인정했던 안도감마저 신음 소리를 내야 했다. 어떤 사람은 창칼을 쓰지 않고 맨손으로 사지를 잡아 찢는 사람들의 손에 찢겨 죽었다. 맹수가 던져진 시체를 갈기갈기 찢어내는 것보다 더 잔인하게 사람들이 산 사람을 토막내 죽이는 것이었다. 어떤 사람은 눈알이 뽑히고 특정한 지체가 도려내진 채로 그 혹독한 괴로움 속에 오래 살도록, 아니 오래 걸려 죽도록 처분되었다. 몇몇 고귀한 도시들이 무슨 장원莊園이나 되는 것처럼 경매에 붙여지는가 하면, 범인 한 사람을 처형하듯이, 한 도시 주민 전부를 몰살하라는 명령이 내려지기도 했다.[199] 내가 묘사하는 이 사건들은 전쟁이 끝난 다음 평화시에 일어난 것들이다. 승리를 얻기 위해 서둘러 학살을 자행한 것이 아니라 확보한 승리를 무시하지 못하게 하려고 자행된 학살이었다. 평화가 전쟁과 시합을 벌여 어느 편이 더 잔인해질 수 있는가 겨룬 결과 평화가 이긴 셈이다. 무릇 전쟁은 무장한 사람들을 살육하지만 이 평화는 맨손의 인간들을 살육했다. 살상당하는 사람도 힘닿는 대로 살상을 저지를 수 있어서 전쟁이라는 것이 있다. 그런데 이 평화는 죽음을 모면한 사람을 살려준 것이 아니라, 아무 저항을 못하고 죽게 만드는 것이 평화였다.[200]

29. Quae rabies exterarum gentium, quae saeuitia barbarorum huic de ciuibus uictoriae ciuium comparari potest? Quid Roma funestius taetrius amariusque uidit, utrum olim Gallorum et paulo ante Gothorum inruptionem an Marii et Sullae aliorumque in eorum partibus uirorum clarissimorum tamquam suorum luminum in sua membra ferocitatem? Galli quidem trucidauerunt senatum, quidquid eius in Vrbe tota praeter arcem Capitolinam, quae sola utcumque defensa est, reperire potuerunt; sed in illo colle constitutis auro uitam saltem uendiderunt, quam etsi ferro rapere non possent, possent tamen obsidione consumere: Gothi uero tam multis senatoribus pepercerunt, ut magis mirum sit quod aliquos peremerunt. At uero Sulla uiuo adhuc Mario ipsum Capitolium, quod a Gallis tutum fuit, ad decernendas caedes uictor insedit, et cum fuga Marius lapsus esset ferocior cruentiorque rediturus, iste in Capitolio per senatus etiam consultum multos uita rebusque priuauit: Marianis autem partibus Sulla absente quid sanctum cui parcerent fuit, quando Mucio ciui senatori pontifici aram ipsam, ubi erant ut aiunt fata Romana, miseris ambienti amplexibus non pepercerunt? Sullana porro tabula illa postrema, ut omittamus alias innumerabiles mortes, plures iugulauit senatores, quam Gothi uel spoliare potuerunt.

30. Qua igitur fronte quo corde, qua inpudentia qua insipientia uel potius amentia illa diis suis non inputant, et haec nostro inputant Christo?

---

[201] virorum tamquam luminum in sua membra ferocitatem: 로마의 "빛이라고 부를 지도층이 자기 지체인 시민들에게 가한 잔학행위였다".

[202] Cf. Orosius, *Historiae adversus paganos* 5.22.

[203] Mucio civi, senatori, pontifici aram ipsam ... amplexibus: 신분과 장소를 가리지 않고 살인하는 광경을 잇달은 단어로 선명하게 묘사한다. Mucius Scaevola (BC 82년에 대제관)는 신들을 삼분(三分)하기도 했다 (4.27 참조).

29. 로마인들이 고트족의 침략과 갈리아인들에게 당한 재난을 로마인들이 내란의 주역들에게서 받은 재난과 비교함

외래 민족들의 어느 광기가, 야만족들의 어느 흉포함이 로마 시민들이 시민들을 상대로 자행한 이 승리에 비할 수 있을까? 먼 옛날 갈리아인들의 침략이나 그보다 조금 먼저 있었던 고트족의 침략과 그렇지 않으면 마리우스와 술라혹은 그들의 파당에 속하는 유명 인사들이 저지른 잔학상 중 어느 편이 더욱처참하고 더욱 괴기하고 더욱 고통을 안겨주었다고 생각하는가? 이것은 그야말로 로마의 광명이라고 할 만한 눈이 자기 지체에 쏟아붓는 잔학행위였다.[201] 갈리아인들은 카피톨리움 요새만 빼고 로마 전역에서 찾아낼 수만 있으면 원로원의원들을 모조리 도륙했다. 그래도 카피톨리움 요새는 아직 방어가 되고 있었다. 그리고 그 언덕을 무기로 빼앗지는 못했지만, 포위로 함락시킬 수 있는 터였으므로, 그곳에 피난한 사람들에게는 금으로 몸값을 받고 목숨을 살려 주었다.[202] 그렇지만 술라는 마리우스가 아직 살아있는 동안에, 갈리아인들 손에서마저 안전했던 카피톨리움에 승리자로서 상주하면서 살인을 결정했다. 그리고마리우스도 치사스럽게 도주했다가 표독하고 피에 굶주려 돌아오자, 더구나 원로원의 긴급명령을 거쳐서, 카피톨리움에서 많은 사람들에게서 생명과 재산을박탈했다. 술라가 없는 사이에 마리우스 파당이 살려두는 거룩한 곳이 과연 어디 있었던가? 시민이요 원로원 의원이요 대제관인 무키우스가 로마인들 말대로는 로마의 운명이 자리잡고 있다는 베스타 신전에서 가련하게도 그 제단을 끌어안고 있었는데도 살려두지 않았다.[203] 그리고 마지막으로 술라의 저 유명한명단은 여타의 무수한 죽음들을 언급하지 않더라도, 고트인들이 빼앗을 수 있었던 것보다 훨씬 많은 원로원 의원들을 목베어 죽였다.

30. 그리스도의 내림 전에 발생한 대대적이고도 허다한 전쟁들의 대강

그러니까 무슨 면목으로, 무슨 생각으로, 무슨 염치로, 도대체 얼마나 어리석거나 미친 생각에서 저 모든 사태는 자기네 신들의 탓으로 돌리지 않으면서로마 침탈이라는 이번의 사태만을 우리 그리스도의 탓으로 돌리는가? 저 잔학

Crudelia bella ciuilia, omnibus bellis hostilibus, auctoribus etiam eorum fatentibus, amariora, quibus illa res publica nec adflicta, sed omnino perdita iudicata est, longe ante aduentum Christi exorta sunt, et sceleratarum concatenatione causarum a bello Mariano atque Sullano ad bella Sertorii et Catilinae (quorum a Sulla fuerat ille proscriptus, ille nutritus), inde ad Lepidi et Catuli bellum (quorum alter gesta Sullana rescindere, alter defendere cupiebat), inde ad Pompei et Caesaris (quorum Pompeius sector Sullae fuerat eiusque potentiam uel aequauerat uel iam etiam superauerat; Caesar autem Pompei potentiam non ferebat, sed quia non habebat, quam tamen illo uicto interfectoque transcendit), hinc ad alium Caesarem, qui post Augustus appellatus est, peruenerunt, quo imperante natus est Christus. Nam et ipse Augustus cum multis gessit bella ciuilia, et in eis etiam multi clarissimi uiri perierunt, inter quos et Cicero, disertus ille artifex regendae rei publicae. Pompei quippe uictorem Gaium Caesarem, qui uictoriam ciuilem clementer exercuit suisque aduersariis uitam dignitatemque donauit, tamquam regni adpetitorem quorundam nobilium coniuratio senatorum uelut pro rei publicae libertate in ipsa curia trucidauit. Huius deinde potentiam multum moribus dispar uitiisque omnibus inquinatus atque corruptus adfectare uidebatur Antonius, cui uehementer pro eadem illa uelut patriae libertate Cicero resistebat. Tunc emerserat mirabilis indolis adulescens ille alius Caesar, illius Gai Caesaris filius adoptiuus, qui, ut dixi, postea est appellatus Augustus. Huic adulescenti Caesari, ut eius

204 Quintus Sertorius (BC 121~71): 술라의 승리 후 히스파니아 군대로 원로원 군대를 이겼으나(BC 72년) 부장(副將) Perpenna 손에 암살당했다. Lucius Sergius Catilina (BC 110~62): BC 63년에 집정관 자리를 키케로에게 놓치자 부채탕감과 토지개혁을 시도했다가 역모가 발각되어 패사한다(2.23.1; 3.2 참조).

205 Marcus Aemilius Lepidus: BC 78년 평민파 집정관으로서 술라 정권을 무너뜨리려고 로마 점령을 시도했으나 귀족파 집정관 Quintus Lutatius Catulus에게 Ianiculum 언덕에서 패망했다.

206 Gnaeus Pompeius magnus (BC 106~48): 본서에서는 카이사르의 사위로(3.13), 종교적 태도에 대해서(5.25), 유다 점령과 그의 최후(18.45.3)가 언급된다.

207 Gaius Iulius Caesar (BC 100~44): 본서에서는 베누스의 후손을 자처함(3.3), 그의 권력도 하느님에게서 받은 것임(5.12.2; 5.21), Cato Uticensis와의 비교(1.23-24; 5.12.5; 19.4.4), Cicero(9.5) 및 Varro(7.35)와의 관계가 언급된다.

208 Marcus Tullius Cicero (BC 106~43): Varro, Vergilius, Livius와 더불어 본서에서 가장 많이 인용되는 로마 문인으로서 본서에서 50회가 넘게 언급되고 직접 인용되는 것도 30회가 넘는다.

209 「국가론」(De republica)은 교부가 그의 대표작으로 꼽으며 본서에서 30여 회 직간접 인용된다.

210 카이사르가 BC 44년에 암살당한 의사당은 폼페이우스가 건립한 Curia Pompeiana였다(Suetonius, Divus Iulius 80).

211 키케로의 Orationes Philippicae는 그를 성토하는 내용이다.

한 시민전쟁, 자기네 저술가들이 하는 말에 따르더라도, 외적을 상대로 하는 모든 전쟁들보다 훨씬 처절했던 저 전쟁들은(그런 전쟁들로 인해 공화국은 단지 시달린 것에 그치지 않고 아예 멸망한 것으로 간주되었다) 그리스도의 내림 훨씬 이전에 발발했다. 그리고 죄악의 사연은 연결고리를 이루어 마리우스와 술라의 전쟁으로부터 시작하여 세르토리우스의 전쟁과 카틸리나의 전쟁에 이르기까지(전자는 술라에게 재산몰수를 당했고 후자는 술라에게서 비호를 받았다),[204] 그리고 레피두스와 카툴루스의 전쟁에 이르기까지(둘 중의 하나는 술라의 행적에서 거리를 두려고 했고 하나는 옹호하려고 했다),[205] 그다음에는 폼페이우스[206]와 카이사르[207]의 전쟁에 이르기까지(둘 중에 폼페이우스는 술라의 추종자였고 술라의 세력과 맞먹거나 이미 능가했다. 카이사르는 폼페이우스의 세도를 용인하지 않았는데 어디까지나 세력이 없었기 때문이었고, 폼페이우스가 패배하고 피살당하고 나자 그의 세도를 능가했다) 줄기차게 이어져 왔고, 여기서부터 후에 아우구스투스라고 불리는 다른 카이사르에게까지 이르렀는데, 그가 통치할 적에 그리스도가 태어났던 것이다. 아우구스투스 본인도 많은 인물들과 시민전쟁을 벌였으며 그 전쟁으로 유명 인사들이 많이 죽었는데 그가운데는 키케로가 있다.[208] 키케로는 공화국의 통치에 관한 출중한 이론가였다.[209] 폼페이우스를 이긴 가이우스 카이사르는 시민전쟁의 승리를 아량있게 행사하여 자기 적수들에게도 목숨과 품계를 살려주었다. 그런데 그가 왕권을 탐낸다고 하여 귀족 원로원들이 음모를 꾸며 공화국의 자유를 위한다는 명분으로 원로원 의사당에서 그를 살해하고 말았다.[210] 그러자 행실에 있어서 카이사르에게 크게 못 미치면서 온갖 악덕에 물들고 부패한 인물 안토니우스가 그의 세력을 장악하는 것처럼 보였다. 그러자 키케로는 조국의 자유를 위한다는 명분으로 그에게 격렬하게 저항했다.[211] 그때 놀라운 재능을 갖춘 청년으로 저 다른 카이사르, 곧 저 가이우스 카이사르의 양자(養子)가 등장했는데 후일에 아우구스투스라고 불리게 되었다는 말은 내가 이미 했다. 이 청년 카이사르의 세력이 안토니우스와 맞서 성장하도록 돕는 뜻에서 키케로는 그에게 호의를 보였다. 그가 안토니우스의 지배권을 제압하여 축출하고서 공화국의 자유를 회복해 주리라는

potentia contra Antonium nutriretur, Cicero fauebat, sperans eum depulsa et oppressa Antonii dominatione instauraturum rei publicae libertatem, usque adeo caecus atque inprouidus futurorum, ut ille ipse iuuenis, cuius dignitatem ac potestatem fouebat, et eundem Ciceronem occidendum Antonio quadam quasi concordiae pactione permitteret et ipsam libertatem rei publicae, pro qua multum ille clamauerat, dicioni propriae subiugaret.

31. Deos suos accusent de tantis malis, qui Christo nostro ingrati sunt de tantis bonis. Certe quando illa mala fiebant, calebant arae numinum Sabaeo thure sertisque recentibus halabant, clarebant sacerdotia, fana renidebant, sacrificabatur ludebatur furebatur in templis, quando passim tantus ciuium sanguis a ciuibus non modo in ceteris locis, uerum etiam inter ipsa deorum altaria fundebatur. Non elegit templum, quo confugeret Tullius, quia frustra elegerat Mucius. Hi uero qui multo indignius insultant temporibus Christianis, aut ad loca Christo dicatissima confugerunt, aut illuc eos ut uiuerent etiam ipsi barbari deduxerunt. Illud scio et hoc mecum, quisquis sine studio partium iudicat, facillime agnoscit (ut omittam cetera quae multa commemoraui et alia multo plura quae commemorare longum putaui): si humanum genus ante bella Punica Christianam reciperet disciplinam et consequeretur rerum tanta uastatio, quanta illis bellis Europam Africamque contriuit, nullus talium, quales nunc patimur,

---

[212] caecus atque improvidus: 아우구스티누스는 Asinius Pollio (*Bellum civile Caesaris et Pompeii* fr.5) 의 견해대로 키케로가 문인으로서 현실정치에 미숙한 이상주의자였다는 해석을 내리고 있다.

[213] BC 43년 11월, 옥타비아누스와 안토니우스의 밀약으로 자기의 처형이 확정되었음을 전해 듣고 키케로는 Tusculum을 떠나 Astura로 가서 배를 타고 브루투스한테로 가는 피신 길에 나섰는데, 웬일인지 Gaeta에 있는 별장으로 돌아왔다가 안토니우스가 보낸 군인들에게 잡혀 죽는다((12월 7일). Plutarchus, *Vitae parallelae. Cicero* 46 - 49.

희망을 품은 나머지 키케로는 맹목적이었고 자기 장래를 배려하지 못했다.[212] 그러다 보니 키케로가 품계와 권력을 옹호해 준 그 젊은이는 안토니우스와 화해의 조약을 맺다시피 하고는 키케로를 제거하는 데 안토니우스에게 동의하고 말았을뿐더러, 키케로가 그토록 주창하던 공화국의 자유를 일신의 권력에다 귀속시켜 버렸다.

31. 제신숭배 시대에 그토록 많은 재난이 있었음에도, 제신을 섬기게 용인받지 못했다고 현시점의 고난을 그리스도의 탓으로 돌리다니 얼마나 억지인가

하고많은 선익을 입고서도 우리 그리스도에게 감사할 줄 몰랐던 사람들이라면 수많은 저 해악을 두고서 자기네 신들에게 탓을 묻도록 하시라! 물론 저런 해악이 일어나는 동안에도 신령들의 제단은 여전히 사바의 향불로 타오르고 있었고, 싱싱한 화환에서 향기를 풍기고 있었으며, 제관직은 명성을 떨치고 있었고, 신당들은 눈부시게 번쩍거리고 있었으며, 신전에서는 희생제사가 바쳐지고 연극이 공연되고 광란이 벌어지고 있었다. 그런 와중에서 다름아닌 시민들의 손으로 곳곳에서 시민들의 엄청난 피가 흐르고, 다른 장소는 물론이려니와 바로 신들의 제단에서도 흘러내리고 있었던 것이다. 툴리우스 키케로는 피할 곳을 신전으로 택하지 않았다.[213] 무키우스 스카이볼라가 그곳을 택했지만 허사였기 때문이다. 그런데도 이 그리스도교 시대를 무턱대고 실컷 욕하는 사람들은 야만인들이 로마를 침탈했을 적에 그리스도에게 봉헌된 장소로 피신을 했거나, 그렇지 않으면 야만인들이 목숨을 살리라면서 아예 그곳으로 데려다 주기까지 한 그런 사람들이다. 나도 다음 한 가지는 알겠다. 그리고 파당에 쏠려서 판단하는 사람이 아니라면 이 점에 있어서는 누구나 쉽사리 나와 똑같은 생각을 품으리라고 본다(내가 이미 언급한 딴 얘기들은 빼놓겠다. 그리고 언급하기에 너무도 시간이 오래 걸릴 터이므로 다른 얘기들도 하지 않겠다). 만에 하나라도 인류가 포에니 전쟁 전에 그리스도교 교리를 받아들였다면, 그런 뒤에 저 숱한 전쟁들이 터져 유럽과 아프리카를 뒤흔든 엄청난 파괴가 뒤따랐다고 한다면, 지금 우리에게 시비를 거는 저런 사람들 중에는 저 모든 재앙을 그리스도교 말

nisi Christianae religioni mala illa tribuisset. Multo autem minus eorum uoces tolerarentur, quantum adtinet ad Romanos, si Christianae religionis receptionem et diffamationem uel inruptio illa Gallorum uel Tiberini fluminis igniumque illa depopulatio uel, quod cuncta mala praecedit, bella illa ciuilia sequerentur. Mala etiam alia, quae usque adeo incredibiliter acciderunt, ut inter prodigia numerarentur, si Christianis temporibus accidissent, quibus ea nisi Christianis hominibus tamquam crimina obicerent? Omitto quippe illa, quae magis fuerunt mira quam noxia, boues locutos, infantes nondum natos de uteris matrum quaedam uerba clamasse, uolasse serpentes, feminas et gallinas et homines in masculinum sexum fuisse conuersas et cetera huius modi, quae in eorum libris non fabulosis, sed historicis, seu uera seu falsa sint, non inferunt hominibus perniciem, sed stuporem. Sed cum pluit terra, cum pluit creta, cum pluit lapidibus (non ut grando appellari solet hoc nomine, sed omnino lapidibus), haec profecto etiam grauiter laedere potuerunt. Legimus apud eos Aetnaeis ignibus ab ipso montis uertice usque ad litus proximum decurrentibus ita mare ferbuisse, ut rupes urerentur, ut pices nauium soluerentur. Hoc utique non leuiter noxium fuit, quamuis incredibiliter mirum. Eodem rursus aestu ignium tanta ui fauillae scripserunt oppletam esse Siciliam, ut Catinensis urbis tecta obruta et pressa dirueret; qua calamitate permoti misericorditer eiusdem anni tributum ei relaxauere Romani. Lucustarum etiam in Africa multitudinem prodigii similem fuisse, cum iam esset populi Romani prouincia, litteris mandauerunt; consumptis enim fructibus foliisque lignorum ingenti atque inaestimabili nube in mare dicunt esse deiectam; qua mortua redditaque litoribus atque hinc aere corrupto tantam ortam pestilentiam, ut in solo regno Masinissae octingenta hominum milia perisse

---

[214] 10.16; 21.5-12; 22.10 등에 자세히 논의된다.

[215] Cf. Iulius Obsequens, *De prodigiis* 29, 32, 44, 51, 54.

고 딴 종교의 탓으로 돌릴 사람은 아무도 없을 것이다. 여전히 로마인들을 가리켜 하는 말이지만, 만일 그리스도교의 수용과 전파가 먼저 있었고, 갈리아인들의 저 침략이라든가 티베르 강의 범람과 화재, 그리고 대학살에 의한 인구의 감소, 그밖에 모든 재앙을 단연 앞지르는 저 모든 시민전쟁들이 뒤따라서 발생했다고 한다면, 저 사람들이 질러대는 목청을 우리는 감당하기 훨씬 힘들 것이다. 그리고 다른 해악, 믿기지는 않지만 분명히 일어났고 그래서 기적 가운데 꼽히는 이상한 일들이 만약 그리스도교 시대에 발생했더라면, 그리스도교 사람들 아니면 누구에게 죄라고 뒤집어씌우겠는가? 다만 여기서는 해롭다기보다는 차라리 이상한 일들, 다시 말해 소가 말을 했다거나, 갓난아기가 모태에서 아직 나오지도 않았는데 큰 소리로 몇 마디 말을 했다거나, 뱀이 날았다거나, 닭과 사람이 암컷에서 수컷으로 전환되었다거나 그밖에 이와 비슷한 얘기들은 제쳐두기로 한다. 참말인지 거짓인지 모르지만 이런 것들은 로마인들의 이야기 책에 나오는 것이 아니라 역사 책에 나오며, 그래도 사람들에게 해까지 끼치지는 않고 단지 놀라게 만들 따름이다.[214] 하지만 흙이 비처럼 내리고 모래가 비처럼 내리고 돌이 비처럼 내리면(그럴 때 흔히 이름붙이듯이 우박이 아니라 정말 돌이었다) 이런 것들은 혹심하게 해를 끼칠 수 있었다. 그들의 서적에서 읽은 바이지만,[215] 에트나 산 꼭대기에서 가까운 해안까지 흘러내린 불길로 바다가 끓어올랐고 암벽들이 불붙고 선박들의 역청이 녹아 내렸다. 이런 것은 믿어지지 않을 만큼 이상하지만 적지 않은 해를 끼쳤다. 바로 그 산의 폭발로 화산재가 엄청난 힘으로 시칠리아를 덮었고 카티나 시의 지붕들을 덮어 눌러 부숴뜨렸다고 기록했다. 로마인들은 그 재난에 동정심이 일어서 그해의 조세를 면제해 주었다. 또 이미 로마 국민의 속주가 된 다음의 일인데 아프리카에서는 무슨 이적처럼 메뚜기떼가 발생했다는 글이 전해왔다. 메뚜기떼는 초목의 열매와 이파리를 다 갉아먹은 다음 상상도 못할 거대한 구름을 이루어 바다로 뛰어들었다고 한다. 메뚜기떼가 죽어서 해변으로 밀려왔고 그것으로 공기가 오염되어 엄청난 괴질이 발병하더니 마시니싸 왕국에서만도 팔십만 명의 인간이 죽었고 인근 해안지역에서는 그보다 많은 수가 죽었다고 전해온다. 그 당시 우티카

referantur et multo amplius in terris litoribus proximis. Tunc Vticae ex
triginta milibus iuniorum, quae ibi erant, decem milia remansisse confir-
mant. Talis itaque uanitas, qualem ferimus eique respondere compellimur,
quid horum non Christianae religioni tribueret, si temporibus Christianis
uideret? Et tamen diis suis ista non tribuunt, quorum cultum ideo requi-
runt, ne ista uel minora patiantur, cum ea maiora pertulerint a quibus
antea colebantur.

에서도 삼만 명의 훈련병이 있었는데 그가운데 만 명만 살아남았음이 사실로 확인되고 있다.[216] 지금 와서 하도 황당한 일을 우리가 당하고 있으므로 우리로서도 다음과 같은 질문으로 응수하지 않을 수가 없다: 만일 그리스도교 시대에 이런 일들을 보았더라면 이 모든 재앙을 그리스도교에 돌리지 않을 까닭이 무엇이겠는가? 그러면서도 저 사람들은 이런 해악들을 자기네 신들의 탓으로 돌리지는 않는다. 오히려 저 신들을 숭배하게 해 달라고 요구한다. 그래야만 이런 해악도 더 미미한 해악도 당하지 않는다는 것이다. 선대에 사람들이 저런 신들을 숭배하고서도 더 심한 해악을 당했는데도.[217]

---

[216] Cf. Iulius Obsequens, *De prodigiis* 30.
[217] 각권마다 말미에는 다음 권으로 넘어가는 몇 줄의 발문(跋文)이 있는데 이 3권은 예외다.

AUGUSTINUS
DE CIVITATE DEI
LIBER IV
NIHIL MULTI DII POTUERUNT AD AUGENDUM
IMPERIUM

아우구스티누스
신국론
제 4 권
제국 성장에 아무것도 못해 준 많은 신들

1. De ciuitate Dei dicere exorsus prius respondendum putaui eius inimi-
cis, qui terrena gaudia consectantes rebusque fugacibus inhiantes, quid-
quid in eis triste misericordia potius admonentis Dei quam punientis
seueritate patiuntur, religioni increpitant Christianae, quae una est salubris
et uera religio. Et quoniam, cum sit in eis etiam uulgus indoctum, uelut
doctorum auctoritate in odium nostrum grauius inritantur, existimantibus
inperitis ea, quae suis temporibus insolite acciderint, per alia retro tempo-
ra accidere non solere, eorumque opinionem etiam his, qui eam falsam
esse nouerunt, ut aduersus nos iusta murmura habere uideantur, suae
scientiae dissimulatione firmantibus: de libris, quos auctores eorum ad
cognoscendam praeteritorum temporum historiam memoriae mandaue-
runt, longe aliter esse quam putant demonstrandum fuit et simul docen-
dum deos falsos, quos uel palam colebant uel occulte adhuc colunt, eos
esse inmundissimos spiritus et malignissimos ac fallacissimos daemones,
usque adeo, ut aut ueris aut fictis etiam, suis tamen criminibus delecten-
tur, quae sibi celebrari per sua festa uoluerunt, ut a perpetrandis damna-
bilibus factis humana reuocari non possit infirmitas, dum ad haec imi-
tanda uelut diuina praebetur auctoritas. Haec non ex nostra coniectura

---

¹ 1 - 3권을 집필하여 413년에 간행했는데 4권에 착수한 것은 이태 뒤인 415년이었으므로 저자는
독자들에게 새삼스럽게 앞의 내용을 간추려야 했다.

² *misericordia* potius *admonentis* quam *punientis severitate*: 대칭문구로 현세 재앙(poena peccati)의
구세적 의미를 밝힌다.

³ 그리스도인들이 무식한 무리라는 공격이 자주 있어서 호교론자들이 고심한 바 있었는데(예: Hie-
ronymus, *De viris illustribus*) 아우구스티누스는 상대방의 말을 그대로 받아서 공격해 본다.

⁴ vel palam vel occulte: 국교로 당당하게(palam) 군림하던 다신교가 지금은 금지된 채 몰래(occul-
te) 숭상되는 데 불과하지만(cultus prohibitus) 아우구스티누스가 다신교에 결정적 타격을 가하고자 하
는 이유는 잡신들의 인간기만과 인간비하 때문이다.

⁵ deos *falsos, immundissimos* spiritus, *fallacissimos* daemones: 앞의 세 권에서 상대방의 종교심을 비
하하지 않으려고 교부는 용어에 조심을 보였지만 제4권부터는 공격적 어휘도 불사한다. Daemon의
경우 교부가 부정적 의미로 구사하면 "귀신" 혹은 "마귀"로 옮겨본다.

제1부(1-7)
지배욕에 대한 역사적 비판

1. 제1권에서 토론된 내용[1]

하느님의 나라에 관해 논하면서 나는 먼저 이 나라를 적대시하는 사람들에게 답변해야 한다고 생각했다. 그들은 지상의 기쁨을 추구하고 덧없는 사물들을 탐내면서 그가운데 무엇이든 슬픈 일을 당하면 그리스도교를 탓한다. 그런 사태는 벌을 내리시는 하느님의 준엄하심에서 왔다기보다는 경고를 내리시는 하느님의 자비에서 유래하는 것임에도 유일하게 구원을 주는 참 종교를 탓한다.[2] 그들 가운데는 박식한 자들의 권위에 충동질받아 우리에 대한 증오에 심히 날뛰는 무식한 군중도 있다.[3] 그들은 경험이 없어서 자기 시대에 일어난 것은 이례적이어서 다른 시대에는 예사로이 일어나지 않은 것처럼 여긴다. 그리고 그런 견해가 틀리다는 것을 아는 사람들마저 우리를 상대로 쏟아지는 불평불만이 정당한 것처럼 보이게 하려는 저의에서, 자기 지식을 모르는 체 감추고서 그런 무식한 사람들의 생각을 부추기는 것이다. 바로 그런 사람들 때문에 나는 그들의 저술가들이 지나간 시대의 역사를 알려주려고 기록으로 남겨놓은 책들을 이용해서, 실제 사실은 그들이 생각하는 것과 너무도 다르다는 것을 입증해야 했다. 아울러 그들이 드러나게 숭배해 왔든 지금도 비밀리에 숭배하고 있든 상관없이[4] 그 신神들이 거짓 신들임을 가르치고자 했으며, 그들이 기실 지극히 불결한 영靈들이며, 지극히 사악하고, 지극히 인간을 기만하는 귀신들임을 가르치고자 했다.[5] 저 신령들은 정말로 저질러진 범죄든 시인들이 꾸며낸 가상적 범죄든 그것들을 즐기기까지 하고, 자기들에게 바쳐지는 축제를 통해 그 짓들이 공공연히 상연되기 바랐으며, 인간적 나약함에서 오는, 그같은 저주받을 행동을 저지르기를 인간들이 혹 그만둘까 염려하여 자기네 권위를 내세워 그런 행동이 본떠야 할 짓이요 신성한 짓처럼 과시하기까지 한다는 사실을 밝히고자 했다. 우리는 이런 것들을 증명하더라도 우리의 추정에 근거하지 않았다. 일부는 최근의 기억에서 이끌어냈는데 그런 신령들에게 바쳐지는 이러저런 예식을 직접

probauimus, sed partim ex recenti memoria, quia et ipsi uidimus talia ac talibus numinibus exhiberi, partim ex litteris eorum, qui non tamquam in contumeliam, sed tamquam in honorem deorum suorum ista conscripta posteris reliquerunt, ita ut uir doctissimus apud eos Varro et grauissimae auctoritatis, cum rerum humanarum atque diuinarum dispertitos faceret libros, alios humanis, alios diuinis pro sua cuiusque rei dignitate distri- buens non saltem in rebus humanis, sed in rebus diuinis ludos scaenicos poneret, cum utique, si tantummodo boni et honesti homines in ciuitate essent, nec in rebus humanis ludi scaenici esse debuissent. Quod profecto non auctoritate sua fecit, sed quoniam eos Romae natus et educatus in diuinis rebus inuenit. Et quoniam in fine primi libri, quae deinceps dicen- da essent, breuiter posuimus et ex his quaedam in duobus consequentibus diximus, expectationi legentium quae restant reddenda cognoscimus.

2. Promiseramus ergo quaedam nos esse dicturos aduersus eos, qui Romanae rei publicae clades in religionem nostram referunt, et com- memoraturos quaecumque et quantacumque occurrere potuissent uel satis esse uiderentur mala, quae illa ciuitas pertulit uel ad eius imperium pro- uinciae pertinentes, antequam eorum sacrificia prohibita fuissent; quae omnia procul dubio nobis tribuerent, si iam uel illis clareret nostra religio uel ita eos a sacris sacrilegis prohiberet. Haec in secundo et tertio libro satis, quantum existimo, absoluimus, in secundo agentes de malis morum, quae mala uel sola uel maxima deputanda sunt, in tertio autem de his malis, quae stulti sola perpeti exhorrent, corporis uidelicet externarumque

---

[6] Marcus Varro의 대표적 저서(유실되었음)가 원래 *Antiquitates, Antiquitates rerum divinarum; Antiquitates rerum humanarum*으로 구분되어 있었다. 후대에는 *Antiquitates rerum humanarum et divinarum*으로 통칭되었다.

[7] Varro의 *Antiquitates rerum humanarum et divinarum*의 XXXV권이 *De actionibus scaenitis*였고, 현존하지 않지만 그는 연극 공연에 관해 다수의 연구서를 집필했다(*De originibus scaenitis; De actionibus scaenitis; De personis; De descriptionibus*).

[8] 아우구스티누스가 인용하는 Varro의 주저(主著)가 *Antiquitates rerum humanarum et divinarum*(고대의 인간사와 신사)이듯이, 로마인들은 종교를 res divinae, 곧 "신사"(神事)라고 불렀다. *Antiquitates*의 X권에서 공연축제(ludi scaenici)를 신사의 일부로 상술한다(본서 6.3 참조).

[9] 1.36 참조.

목격한 바 있었기 때문이다. 그리고 일부는 전해오는 그들의 기록에서 이끌어 냈는데 그 저자들은 신들을 경멸하는 뜻에서 글을 쓴 것이 아니고 자기네 신들에게 영예를 드리는 뜻에서 그런 의식들을 기록하여 후세인들에게 남겨준 사람들이다. 예를 들어 그들에게 지극히 박식하고 막중한 권위를 갖는 바로 같은 사람은 인간사人間事와 신사神事를 따로 구분하여 책자들을 지으면서[6] 각 사안의 품계에 의거하여 어떤 것은 인간사로 돌리고 어떤 것은 신사로 돌렸는데, 공연축제는 인간사로 분류하지 않았을뿐더러 엄연히 신사로 분류했던 것이다.[7] 이것은 마치 어느 도시에 선량한 인간들만 있다면 공연축제는 인간사에 포함되지 말아야 한다는 말처럼 들린다. 그것도 자기 임의로 한 것이 아니라 로마에서 태어나고 교육받은 사람으로서 그 행사가 신사에 드는 것으로 보았기 때문이었다.[8] 첫째 권 말미에 장차 논할 바를 간략하게 제시한 적 있으며, 그가운데 일부는 그다음에 따라오는 제2권과 제3권에서 말한 바 있으므로, 독자들의 기대에 따라 이제는 나머지 주제를 논의해야 함을 우리는 알고 있다.

2. 제2권과 제3권에 담긴 내용

우리는 로마 공화국의 쇠퇴를 우리 종교의 탓으로 돌리는 사람들을 반박하여 이야기를 하겠다고 약속한 바 있고, 그들의 희생제사가 금지되기 이전에도 그 도성과 그 도성의 제권帝權에 소속하는 속주屬州들이 당한 고난을 내가 기억할 수 있는 한도 내에서 최대한으로 상기시켜 주겠다고 약속했다.[9] 어떤 해악이 또 얼마나 심하게 닥칠 수 있었고 적어도 충분하다고 여길 만큼은 닥쳤다는 사실을 일깨워 주겠다고 약속했다. 만약 그때에도 우리 종교가 그들에게 빛을 발하고 있었더라면, 그리고 신성을 모독하는 희생제사를 그때에도 그들에게 금지시켰더라면, 그들은 그 모든 고난을 우리의 탓으로 돌렸을 것임에 의심의 여지가 없다. 나는 이 문제를 충분히 해소시켰다고 여기는데, 제2권에서는 참으로 악이라고, 아니면 적어도 가장 심한 악이라고 볼 만한 습속의 악을 다루었고, 제3권에서는 어리석은 자들이 오로지 당하기를 겁내는 해악, 즉 신체의 해악과 외부 사물에 닥치는 해악, 선인들마저 흔히 당하는 해악을 다루었기 때문이다.

rerum, quae plerumque patiuntur et boni; illa uero mala non dico patienter, sed libenter habent, quibus ipsi fiunt mali. Et quam pauca dixi de sola ipsa ciuitate atque eius imperio! Nec inde omnia usque ad Caesarem Augustum. Quid, si commemorare uoluissem et exaggerare illa mala, quae non sibi inuicem homines faciunt, sicut sunt uastationes euersionesque bellantum, sed ex ipsius mundi elementis terrenis accidunt rebus (quae uno loco Apuleius breuiter stringit in eo libello quem de mundo scripsit, terrena omnia dicens mutationes, conuersiones et interitus habere; namque inmodicis tremoribus terrarum, ut uerbis eius utar, dissiluisse humum et interceptas urbes cum populis dicit; abruptis etiam imbribus prolutas totas esse regiones; illas etiam, quae prius fuerant continentes, hospitibus atque aduenis fluctibus insulatas aliasque desidia maris pedestri accessu peruias factas; uentis ac procellis euersas esse ciuitates; incendia de nubibus emicasse, quibus Orientis regiones conflagratae perierunt, et in Occidentis plagis scaturrigines quasdam ac proluuiones easdem strages dedisse; sic ex Aetnae uerticibus quondam effusis crateribus diuino incendio per decliuia torrentis uice flammarum flumina cucurrisse), — si haec atque huius modi, quae habet historia, unde possem, colligere uoluissem, quando finissem? Quae illis temporibus euenerunt, antequam Christi nomen ulla istorum uana et uerae saluti perniciosa conprimeret. Promiseram etiam me demonstraturum, quos eorum mores et quam ob causam Deus uerus ad augendum imperium adiuuare dignatus est, in cuius potestate sunt regna omnia, quamque nihil eos adiuuerint hi, quos deos putant, et potius quantum decipiendo et fal-

---

[10] *non patienter, sed libenter* habent, quibus ipsi *fiunt mali*: 교부는 외설스런 축제나 우상숭배라는 윤리악의 폐해 (fiunt mali)가 갖가지 재난이라는 물리악과 다르다고 강변한다.

[11] Lucius Apuleius Aufer (AD 123년경): 북아프리카 Madaura 출신으로 교부가 이 시인 학자의 *De mundo* (Pseudo-Aristoteles의 동명 저서를 번안)와 *De deo Socratis*를 본서 (특히 8권과 9권)에서 자주 언급하고 인용한다. 대표작은 *Asinus aureus* (일명 *Metamorphoses*).

[12] 고대인들도 중동지방의 유전과 석유의 존재를 알았다: "저수지가 온통 불타오르고" (Plinius), "불 붙이는 기름" (Vegetius)이 있으며, "땅에서 불길이 솟는다" (Ampelius). 당대는 이 액체를 naft 혹은 naphtha라고 불렀다 (Plinius, *Historia naturalis* 2.105.235.).

[13] Apuleius, *De mundo* 34.

[14] regnum (왕권 혹은 왕국)이나 imperium (제권 혹은 제국)이나 "정권"과 "국가"를 다 의미한다.

그런데 윤리적 악들은 저 사람들이 마지못해 당한다고는 못하겠고 오히려 기꺼이 받아들인다고 하겠는데 그런 악으로 인해 스스로 악인이 되어가고 있다.[10] 그러나 나는 그 도성 자체와 그 제국에서 일어났던 일들 중 너무나 적은 분량을 이야기한 것에 불과하다! 카이사르 아우구스투스의 시대에 대해서도 모든 얘기를 다 한 것은 아니다. 내가 만일 저 모든 해악들을 열거하고 과장하려고 했더라면, 그러니까 전쟁을 일으키는 사람들의 파괴와 전복처럼 인간들이 서로 저지른 악행들 말고도, 세계의 원소元素들로부터 비롯되어 지상 사물들에 발생하는 해악들을 모조리 열거하려고 했더라면 어떠했겠는가? (이 자연 재앙에 관해서는 아풀레이우스가 「우주론」이라는 소책자에서 간추려 기록한 바 있는데 밑인즉 지상 것은 모조리 변화와 변천과 쇠퇴를 겪느냐는 내용이다.[11] 그의 말을 빌려 얘기해 보겠다: "엄청난 지진으로 땅이 갈라지고 도시들이 그 주민들과 더불어 빨려 들어가 버렸다고 한다. 갑작스럽게 닥친 폭우로 여러 지방들이 모조리 씻겨가 버렸다. 먼저 대륙이던 땅이 종래 있던 물살과 새로 닥친 물살로 섬이 되어버렸고, 다른 섬들은 바다가 물러가면서 발로 걸어서 다가가는 곳이 되었다. 바람과 폭풍으로 도성들이 폐허가 되었다. 구름으로부터 불길이 번쩍 하자 그로 인해 동방의 여러 지역들이 불타 망해버렸고, 서방의 몇몇 지역에서는 어떤 이상한 물길이 솟고 범람하여 똑같은 화재를 몰고 왔다고 한다.[12] 마찬가지로 한번은 신이 화재를 일으켜 에트나 산 꼭대기에서 용암이 흘러내려 비탈을 따라 불의 강이 냇물처럼 흘렀다고 한다."[13]) 역사가 이런 식으로 열거하는 것들을 만약 내가 하는 데까지 모조리 수집하려고 했더라면, 이야기를 도대체 언제 끝마칠 수 있었겠는가? 그리스도의 이름이 저 사람들의 허황한 짓, 참된 구원에는 해롭기만 한 짓을 중단시키기 이전 시대에 일어났던 일들을 두고 하는 말이다. 또한 모든 왕국이 그분의 권능하에 있는 참된 하느님이 그 사람들의 어떤 풍속 때문에, 그리고 무슨 까닭으로 하느님이 그들의 제국이 확장하도록 돕기로 하셨는지 논증해 보이겠노라는 약속도 나는 했다.[14] 또 그들이 신이라고 여기는 존재들이 아무런 도움을 주지 못할뿐더러 어떻게 해서 속이고 기만하여 해를 끼치는지 논증해 보이겠노라고 약속했다. 드디어 이 문제를 말

lendo nocuerint: unde nunc mihi uideo esse dicendum, et magis de incrementis imperii Romani. Nam de noxia fallacia daemonum, quos uelut deos colebant, quantum malorum inuexerit moribus eorum, in secundo maxime libro non pauca iam dicta sunt. Per omnes autem absolutos tres libros, ubi oportunum uisum est, commendauimus, etiam in ipsis bellicis malis quantum solaciorum Deus per Christi nomen, cui tantum honoris barbari detulerunt praeter bellorum morem, bonis malisque contulerit, quo modo *qui facit solem suum oriri super bonos et malos et pluit super iustos et iniustos.*

3. Iam itaque uideamus, quale sit quod tantam latitudinem ac diuturnitatem imperii Romani illis diis audent tribuere, quos etiam per turpium ludorum obsequia et per turpium hominum ministeria se honeste coluisse contendunt. Quamquam uellem prius paululum inquirere, quae sit ratio, quae prudentia, cum hominum felicitatem non possis ostendere, semper in bellicis cladibus et in sanguine ciuili uel hostili, tamen humano cum tenebroso timore et cruenta cupiditate uersantium, ut uitrea laetitia comparetur fragiliter splendida, cui timeatur horribilius ne repente frangatur, de imperii latitudine ac magnitudine uelle gloriari. Hoc ut facilius diiudicetur, non uanescamus inani uentositate iactati atque obtundamus intentionis aciem altisonis uocabulis rerum, cum audimus populos regna prouincias; sed duos constituamus homines (nam singulus quisque homo, ut in sermone una littera, ita quasi elementum est ciuitatis et regni, quantalibet terrarum occupatione latissimi), quorum duorum hominum unum pauperem uel

---

[15] 마태 5,45.

[16] acies intentionis: 아우구스티누스의 인식론(특히 *De Trinitate*에서)에 자주 구사하는 용어로서 인식대상을 향하는 인식주체의 관심에 의지적 요소가 관여함을 의미한다.

할 차례라고 생각하며, 특히 로마제국의 성장에 관해 이야기할 차례라고 생각한다. 그 이유는 그들이 신처럼 숭배하는 신령들의 해로운 속임수가 그들의 습속에 얼마나 해악을 끼쳤는가는 특히 제2권에서 상당 부분 이미 언급했기 때문이다. 이미 개진한 세 권 모두에서 나는 저 전쟁의 해악 가운데서도 하느님은 그리스도의 이름으로 선인과 악인들에게 얼마나 큰 위안을 아울러 베푸셨는지를 상기시켰고 그렇게 하는 것이 적절하다고 보았다. 야만인들이 전쟁의 관습을 벗어나면서까지 그리스도의 이름에 영예를 드렸던 것이다: "그분은 악한 사람에게나 선한 사람에게나 해를 떠오르게 하시고, 의로운 사람에게나 의롭지 못한 사람에게나 비를 내려 주십니다".[15]

3. 오로지 전쟁으로 얻은 광활한 제국을 현자들과 행복한 사람들의 선으로 볼 만한가

그러면 저 사람들이 왜 로마제국의 광대함과 영속성을 그런 신들의 덕택이라고 감히 자부하면서, 그것은 자기들이 추잡한 축제의 거행과 추악한 인간들의 봉사를 바쳐 신들을 훌륭하게 숭배한 덕분이라고 하는지 그 명분을 살펴보기로 하자. 로마인들은 언제나 전쟁이라는 재앙으로 인해 시민들이건 적군들이건 피를 흘려 왔다. 그들의 행복이라고 해야 고작 암담한 두려움과 유혈의 탐욕에 사로잡힌 자들의 행복밖에 보여주지 못했다. 또 그들의 기쁨이래야 마치 반짝이는 유리와 같아서 갑자기 깨져 버릴까 전전긍긍할 만큼 취약한 것에 불과하다. 그렇다면 나는 먼저 그들이 자신들의 제국의 광대함과 위대함을 두고 뽐내려는 그 이유가 무엇인지, 그리고 그것이 과연 현명한 처사인지 잠시 묻고 싶다. 이런 사실을 좀더 잘 판단하려면 공허한 허풍에 휘말려 끌려다니거나, 우리가 국민이니 왕국이니 속주니 하는 말을 들을 때처럼 사물들을 지칭하는 거창한 단어들 때문에 지성의 정곡[16]이 무디어지는 일은 없어야 할 것이다. 그 대신에 두 인물을 놓고 고찰해 보기로 하자. (인간 각자는 마치 단어 속에 들어 있는 한 글자처럼, 그 점유하는 땅덩어리가 아무리 넓을지라도, 결국 한 도시 (국가)와 왕국에 속하는 요소인 까닭이다.) 그 두 사람 가운데 하나는 가난하거

potius mediocrem, alium praediuitem cogitemus; sed diuitem timoribus anxium, maeroribus tabescentem, cupiditate flagrantem, numquam securum, semper inquietum, perpetuis inimicitiarum contentionibus anhelantem, augentem sane his miseriis patrimonium suum in inmensum modum atque illis augmentis curas quoque amarissimas aggerantem; mediocrem uero illum re familiari parua atque succincta sibi sufficientem, carissimum suis, cum cognatis uicinis amicis dulcissima pace gaudentem, pietate religiosum, benignum mente, sanum corpore, uita parcum, moribus castum, conscientia securum. Nescio utrum quisquam ita desipiat, ut audeat dubitare quem praeferat. Vt ergo in his duobus hominibus, ita in duabus familiis, ita in duobus populis, ita in duobus regnis regula sequitur aequitatis, qua uigilanter adhibita si nostra intentio corrigatur, facillime uidebimus ubi habitet uanitas et ubi felicitas. Quapropter si uerus Deus colatur eique sacris ueracibus et bonis moribus seruiatur, utile est ut boni longe lateque diu regnent; neque hoc tam ipsis quam illis utile est, quibus regnant. Nam quantum ad ipsos pertinet, pietas et probitas eorum, quae magna Dei dona sunt, sufficit eis ad ueram felicitatem, quia et ista uita bene agatur et postea percipiatur aeterna. In hac ergo terra regnum bonorum non tam illis praestatur quam rebus humanis; malorum uero regnum magis regnantibus nocet, qui suos animos uastant scelerum maiore licentia; his autem, qui eis seruiendo subduntur, non nocet nisi propria iniquitas. Nam iustis quidquid malorum ab iniquis dominis inrogatur, non est poena criminis, sed uirtutis examen. Proinde bonus etiamsi seruiat, liber est; malus autem etiamsi regnet, seruus est, nec unius hominis, sed, quod est grauius, tot dominorum, quot uitiorum. De quibus uitiis cum ageret

---

[17] 교부는 개인의 인격주의에 입각하여 제국주의의 허상에 접근해 들어가는 방법을 사용한다.

[18] regnum bonorum praestatur rebus humanis ... *malorum regnum magis regnantibus nocet*: 여기서 regnum은 "왕국"보다는 "왕권"(통치권)으로 번역함이 무난하다.

[19] 왕권(regnum)이라는 권력은 본시 공동선을 위한 것이지만 왕권을 행사하는 당사자의 자세에 따라 도덕적 유익(providendi misericordia)이나 파멸(dominandi cupiditas)을 끼친다(19.14 참조).

나 중간 정도이고 하나는 거부라고 해 보자. 그런데 부자는 두려움으로 말미암아 불안하고 슬픔으로 인해 초췌하고 욕심으로 인해 속이 타서 결코 안정을 못얻고 늘 초조해하며 원수관계로 끝없는 분쟁에 허우적거린다고 하자. 이처럼 가련한 심경중에 자기 재산을 거창하게 불린다고 하더라도 막중한 걱정도 그만큼 심해질 것임에 틀림없다. 그 대신 평범한 사람은 적고 빠듯한 가산으로 스스로 만족해하고 자기 식구들에게 극진한 사랑을 받으며 친척과 이웃과 친구들과 달콤한 평화를 만끽하며, 신심이 종교적이고 지성이 아량있고 몸이 건강하고 삶이 검소하고 행동거지가 순결하고 양심이 평온하다고 하자. 이럴 경우에 둘 중 누가 더 나은지 의심스럽다는 말을 감히 할 정도로 정신나간 사람이 과연 있을지 모르겠다. 이 두 사람의 경우와 마찬가지로 두 가족에서도, 두 국민에게서도, 두 왕국에서도 동일한 척도가 적용될 수 있다.[17] 이 척도를 철저히 적용하여 우리 관심을 바로잡는다면, 어디에 허영이 있고 어디에 행복이 있는지 우리는 아주 쉽게 파악할 수 있다 그러므로 만일 참된 하느님이 숭배받고 신실한 제의祭儀와 선한 행실로 그분이 섬김을 받는다면, 선한 사람들이 멀리까지 넓은 지역에서 그리고 오랫동안 군림하는 편이 이로울 것이다. 그것도 본인들에게 이롭다기보다는 군림을 받는 사람들에게 이롭다는 말이다. 왜냐하면 정작 본인들로 말하자면 하느님의 크나큰 선물이라고 할 경건함과 정직함만으로 참된 행복을 누리기에 넉넉하고, 그런 행복으로 이승의 생활을 잘 보내고 다음에도 영원한 삶을 얻을 것이기 때문이다. 그러므로 이 땅에서는 선인들의 왕권은 본인들보다는 인간사를 위해 이로운 것이다. 그 대신 악인들의 왕권은 통치자 본인들에게 더 해악을 끼친다.[18] 그들은 더 큰 권력으로 더 큰 죄악을 저지르다가 자기 영혼을 파괴하는 까닭이다. 그러나 그런 통치자들을 섬기며 복종하는 사람들은 정작 자신이 저지르는 악이 아니고는 해를 끼치지 않는다. 왜냐하면 의인들로서는, 사악한 주인들에게서 어떤 악이 초래되든 그것이 죄의 벌이 아니고 덕성의 시험이 되는 까닭이다. 그러므로 선인은 노예살이를 해도 자유인이다. 또 악인은 군림을 하더라도 노예이다. 그것도 한 사람의 노예가 아니고 그보다 심각하게 악덕의 수만큼 많은 주인들의 노예다.[19] 그런 악덕에 관

scriptura diuina: *A quo enim quis,* inquit, *deuictus est, huic et seruus addictus est.*

4. Remota itaque iustitia quid sunt regna nisi magna latrocinia? Quia et latrocinia quid sunt nisi parua regna? Manus et ipsa hominum est, imperio principis regitur, pacto societatis astringitur, placiti lege praeda diuiditur. Hoc malum si in tantum perditorum hominum accessibus crescit, ut et loca teneat sedes constituat, ciuitates occupet populos subiuget, euidentius regni nomen adsumit, quod ei iam in manifesto confert non dempta cupiditas, sed addita inpunitas. Eleganter enim et ueraciter Alexandro illi Magno quidam comprehensus pirata respondit. Nam cum idem rex hominem interrogaret, quid ei uideretur, ut mare haberet infestum, ille libera contumacia: Quod tibi, inquit, ut orbem terrarum; sed quia id ego exiguo nauigio facio, latro uocor; quia tu magna classe, imperator.

5. Proinde omitto quaerere quales Romulus congregauerit, quoniam multum eis consultum est, ut ex illa uita dato sibi consortio ciuitatis poenas debitas cogitare desisterent, quarum metus eos in maiora facinora propellebat, ut deinceps pacatiores essent rebus humanis. Hoc dico, quod ipsum Romanum imperium iam magnum multis gentibus subiugatis ceterisque terribile acerbe sensit, grauiter timuit, non paruo negotio

---

[20] 2베드 2,19.

[21] Cf. Cicero, *De republica* 3.14.24; Seneca, *Quaestiones naturales* 3.praef.5.

[22] consortium civitatis: 교부가 사용하는 용어상으로는 "국가의 공동유대"로 알아듣는다.

해서는 하느님의 성서가 언급을 하고 있다: "누구에게 굴복하는 자는 그의 종이기 때문입니다".[20]

4. 정의 없는 왕국들은 강도떼와 얼마나 흡사한가

정의가 없는 왕국이란 거대한 강도떼가 아니고 무엇인가? 강도떼도 나름대로는 작은 왕국이 아닌가? 강도떼도 사람들로 구성되어 있다. 그 집단도 두목 한 사람의 지배를 받고, 공동체의 규약에 의해 조직되며, 약탈물은 일정한 원칙에 따라 분배한다. 만약 어느 악당이 무뢰한들을 거두어 모아 거대한 무리를 이루어서 일정한 지역을 확보하고 거주지를 정하거나, 도성을 장악하고 국민을 굴복시킬 지경이 된다면 아주 간편하게 왕국이라는 이름을 얻게 된다. 그런 집단은 야욕을 억제해서가 아니라 야욕을 부리고서도 아무런 징벌을 받지 않는다는 사실만으로도 당당하게 왕국이라는 명칭과 실체를 얻는 것이다. 사실 알렉산데르 대왕의 손에 사로잡힌 어느 해적이 대왕에게 한 답변에서 이런 현실이 적나라하게 드러났다. 그 해적에게 무슨 생각으로 바다에서 남을 괴롭히는 짓을 저지르고 다니냐고 문초하자, 해적은 알렉산데르 대왕에게 거침없이 이렇게 대꾸했다고 한다: "그것은 폐하께서 전세계를 괴롭히시는 생각과 똑같습니다. 단지 저는 작은 배 한 척으로 그 일을 하는 까닭에 해적이라 불리고, 폐하는 대함대를 거느리고 다니면서 그 일을 하는 까닭에 황제라고 불리는 점이 다를 뿐입니다!"[21]

5. 도주한 검투사들의 세력도 왕권과 흡사했다

나는 이 글에서 로물루스가 로마의 인구를 증가시키려고 도대체 어떤 종류의 인간들을 모아들였는가에 관해서는 논하지 않겠다. 그런 사람들에게 많은 혜택을 주면서 로마 도성의 공동유대[22]가 부여된 이상, 로마로부터 추방될 경우에 고국에서 받을 응분의 형벌을 생각하여 이전의 생활을 잊게 했다고 말하기 때문이다. 그 형벌에 대한 두려움이 그들로 하여금 더 큰 범행을 삼감으로써 인간사에 더 평화롭게 순응하게 만들었다. 내가 이 말을 하는 것은, 그때만 해도 이미 로마 패권이 막강해져서 수많은 민족들을 예속시키고 다른 민족들에게는

deuitandae ingentis cladis oppressit, quando paucissimi gladiatores in Campania de ludo fugientes magnum exercitum compararunt, tres duces habuerunt, Italiam latissime et crudelissime uastauerunt. Dicant, quis istos deus adiuuerit, ut ex paruo et contemptibili latrocinio peruenirent ad regnum tantis iam Romanis uiribus arcibusque metuendum. An quia non diu fuerunt, ideo diuinitus negabuntur adiuti? Quasi uero ipsa cuiuslibet hominis uita diuturna est. Isto ergo pacto neminem dii adiuuant ad regnandum, quoniam singuli quique cito moriuntur, nec beneficium deputandum est, quod exiguo tempore in unoquoque homine ac per hoc singillatim utique in omnibus uice uaporis euanescit. Quid enim interest eorum, qui sub Romulo deos coluerunt et olim sunt mortui, quod post eorum mortem Romanum tantum creuit imperium, cum illi apud inferos causas suas agant? Vtrum bonas an malas, ad rem praesentem non pertinet. Hoc autem de omnibus intellegendum est, qui per ipsum imperium (quamuis decedentibus succedentibusque mortalibus in longa spatia protendatur) paucis diebus uitae suae cursim raptimque transierunt, actuum suorum sarcinas baiulantes. Sin uero etiam ipsa breuissimi temporis beneficia deorum adiutorio tribuenda sunt, non parum adiuti sunt illi gladiatores: seruilis condicionis uincla ruperunt, fugerunt, euaserunt, exercitum magnum et fortissimum collegerunt, oboedientes regum suorum consiliis et iussis multum Romanae celsitudini metuendi et aliquot Romanis imperatoribus insuperabiles multa ceperunt, potiti sunt uictoriis plurimis, usi uoluptatibus quibus uoluerunt, quod suggessit libido fecerunt, postremo

---

[23] Bellum servile에 관해서는 3.26 참조. Florus, *Epitome de gestis Romanorum* 2.8; Sallustius, *Historiae* 3.fr.84.

[24] paucis diebus vitae suae *cursim raptimque* transierunt: 인생을 "죽음을 향한 경주"(vita hominis cursus ad mortem; 13.10)로 보는 교부의 정의가 문장에 암시되어 있다.

두려운 존재였을 무렵에, 캄파니아에서 극소수의 검투사들이 검투사 양성소에서 도주하여 세 명의 장수가 통솔하는 큰 군대가 되어, 이탈리아를 광범위하고 아주 잔인하게 노략한 사실이 있기 때문이다. 로마는 그런 쓰라린 경험을 하고서는 크게 겁을 먹었으며, 대대적 살육을 피하기 위해 적지 않은 노력 끝에야 반란을 진압했다는 사실 때문이다.[23] 말해 보라, 조그맣고 무시해 버릴 만한 강도떼가 로마의 무력과 요새를 갖추고서도 두려워 떨 왕국으로 발전한 것은 어느 신이 도와주었기 때문인가를! 그들이 오래 가지 못했다는 사실로 신들의 도움을 받지 못했다고 부인할 셈인가? 어떤 사람의 인생도 오래 가야 신의 가호를 받았다는 증거라고 할 것인가? 그런 조건에서 본다면 어느 인간도 신들의 보살핌을 통해 군림하는 자리에까지 이르는 것 같지는 않다. 모든 인간은 머잖아 죽게 마련이고, 각 사람에게서는 하찮은 세월로 그치게 마련이며, 만일 개개인에게서 그렇다면 결국 모든 인간들에게서도 인생이란 물거품처럼 스러지고 마는 것을 두고 굳이 은덕이라고 여길 것도 못 된다. 로물루스 치하에서 신들을 숭배했던 사람들은 오래 전에 죽고 없는데, 그들의 사후에 로마제국이 엄청나게 강성해졌다고 하더라도, 정작 본인들은 저승에서 자기 사정이나 따지고 있다면, 그들에게 무슨 이익이 있겠는가? 그들의 사정이 좋으냐 나쁘냐는 현재의 논제에 아무 상관이 없다. 여기서는 (비록 사멸하는 인간들이 퇴장하고 등장하는 가운데 이 제국은 기나긴 시간으로 이어진다고 하더라도) 바로 자기 생애의 몇 날 되지 않는 세월이나마 자기 행위의 업보를 진 채로 줄달음쳐 이 제국을 삽시간에 스쳐간 사람들을 두고[24] 하는 말로 알아들어야 한다. 여기서 만일 극히 짧은 시간의 은덕이나마 신들의 가호에 돌려야 한다고 말한다면, 저 검투사들이야말로 신들에게 적지 않은 은총을 받은 셈이다. 그들은 노예 처지의 사슬을 끊고 탈주했으며, 대규모의 막강한 군대를 모았기 때문이다. 그들은 자기네 우두머리들의 의견과 명령에 복종하면서 로마의 명성에 가공할 존재가 되었고 여러 명의 로마 사령관들에게 제압 못할 존재가 되어 노략품을 획득했다. 여러 차례 승리를 거두고, 자신들이 하고 싶은 대로 쾌락을 누렸으며, 욕망이 시키는 대로 행동했다. 마지막에 패할 때까지(그 패배도 정말 어렵사리

donec uincerentur, quod difficillime factum est, sublimes regnantesque uixerunt. Sed ad maiora ueniamus.

6. Iustinus, qui Graecam uel potius peregrinam Trogum Pompeium secutus non Latine tantum, sicut ille, uerum etiam breuiter scripsit historiam, opus librorum suorum sic incipit: «Principio rerum gentium nationumque imperium penes reges erat, quos ad fastigium huius maiestatis non ambitio popularis, sed spectata inter bonos moderatio prouehebat. Populi nullis legibus tenebantur, fines imperii tueri magis quam proferre mos erat, intra suam cuique patriam regna finiebantur. Primus omnium Ninus rex Assyriorum ueterem et quasi auitum gentibus morem noua imperii cupiditate mutauit. Hic primus intulit bella finitimis et rudes adhuc ad resistendum populos ad terminos usque Libyae perdomuit» Et paulo post: «Ninus, inquit, magnitudinem quaesitae dominationis continua possessione firmauit. Domitis igitur proximis cum accessione uirium fortior ad alios transiret et proxima quaeque uictoria instrumentum sequentis esset, totius Orientis populos subegit.» Qualibet autem fide rerum uel iste uel Trogus scripserit (nam quaedam illos fuisse mentitos aliae fideliores litterae ostendunt), constat tamen et inter alios scriptores regnum Assyriorum a Nino rege fuisse longe lateque porrectum. Tam diu autem perseuerauit, ut Romanum nondum sit eius aetatis. Nam sicut scribunt, qui chronicam historiam persecuti sunt, mille ducentos et quadraginta annos ab anno primo, quo Ninus regnare coepit, permansit hoc regnum, donec transferretur ad Medos. Inferre autem bella finitimis et in cetera inde procedere ac populos sibi non molestos sola regni cupiditate conterere et subdere, quid aliud quam grande latrocinium nominandum est?

---

[25] 제국의 위대함을 장구한 세월로 자랑하려는 상대방 논지에 대해 교부는 인생을 견주어 "짧으면서도 보람있는 삶"이 있다고 응수한다.

[26] 곧이어 제국의 광대한 영토를 내세우는 토론으로 들어간다.

[27] 갈리아 출신 Trogus Pompeius(BC 1세기)가 로마 이외의 민족들의 역사를 모아 *Historiae Philippicae*를 썼고 3세기에 Marcus Iustinianus Iustinus가 이를 간추려 동명의 책을 냈다.

[28] Iustinus, *Historiae Philippicae*, praef.4

[29] 아우구스티누스는 Eusebius의 *Chronica*를 번역 정리한 Hieronymus의 *Chronicon* [Helm ed.] 1.83의 연대 계산을 따르는 듯하다.

[30] 히티트 제국과 이집트 중기 왕조의 쇠퇴로 아시리아가 일어났고(BC 2000년: Diodorus, *Bibliotheca* 2.1) 아시리아가 메디인들에게 합병된 것은 BC 609년으로 기록된다.

[31] quid aliud quam grande latrocinium nominandum est: 4장의 해적 우화로 시작한 교부는 로마제국의 영화를 "대규모의 강도떼"라고 단정하기에 이른다, 그 역사에 정의가 없었으므로.

이루어졌다) 고귀하게 군림하면서 살다 죽었다.[25] 하지만 우리는 더 중요한 논제로 가보자.[26]

6. 넓은 지역을 지배하려고 최초로 이웃에게 전쟁을 일으킨 니누스 왕의 탐욕

유스티누스는 트로구스 폼페이우스를 추종하여 그리스 역사 혹은 외국 역사를 저술한 인물인데 라틴어로 집필했을 뿐 아니라 또한 간결하게 집필했다.[27] 그의 저서는 이렇게 시작한다: "태초에는 인류와 국가의 통수권이 국왕들에게 있었다. 그들을 이 지존한 자리에 오르게 만든 것은 대중적 야심이 아니라 선인들이 기대하던 중용이었다. 백성들은 아무런 법률의 제약도 받지 않았고, 제국의 경계는 확장하기보다는 수호하는 편이 관습이었다. 왕들의 권한은 고국 내에 국한되어 있었다. 아시리아인들의 왕 니누스가 최초로 패권에 대한 탐욕으로 인해 민족들에게 예로부터 내려오는 전통적 관습을 바꾸어 버렸다. 그가 처음으로 인근 민족들에게 전쟁을 걸었고 아직 방어하기에 서툰 백성들을 정복하여 리비아의 지경에까지 이르렀다." 조금 더 가면 이런 말이 나온다: "니누스는 자기가 노리던 거대한 지배권을 꾸준히 장악하고 공고히 했다. 인근 민족들을 정복하고서는 그 무력의 축적으로 더욱 강력해지자 다른 민족들에게로 옮겨갔고, 최근의 승리는 그다음의 승리를 위한 도구가 되었다. 이렇게 해서 동방 전역의 백성들을 굴복시켰다."[28] 저 유스티누스나 트로구스가 사실을 얼마나 신빙성있게 기록했는지 모르지만(더 충실한 다른 문헌들을 보면 그들이 기록한 어떤 얘기들은 허위였음이 드러나기 때문이다) 다른 역사가들의 글에서 보더라도 아시리아인들의 왕국이 니누스 왕에 의해 멀리 또 널리 확장되었다는 점은 분명하다. 그 왕국은 무척 오래갔고 그의 시대에는 로마제국은 아직 존재하지 않았다. 역사 연표를 추적한 사람들이 기록하듯이,[29] 아시리아 제국은 니누스가 군림하기 시작한 첫해부터 메디인들에게 넘어가기까지 1,240년간 존속했다.[30] 인접 민족들에게 전쟁을 거는 짓이나, 한 전쟁에서 다른 전쟁으로 옮겨가는 짓이나, 오로지 지배욕에 사로잡혀 자기들을 귀찮게 하지도 않는 백성들을 패망시키고 예속시키는 짓에 대규모의 강도라는 이름 말고 어떤 이름을 붙여야 할 것인가?[31]

7. Si nullo deorum adiutorio tam magnum hoc regnum et prolixum fuit, quare diis Romanis tribuitur Romanum regnum locis amplum temporibusque diuturnum? Quaecumque enim causa est illa, eadem est etiam ista. Si autem et illud deorum adiutorio tribuendum esse contendunt, quaero quorum. Non enim aliae gentes, quas Ninus domuit et subegit, alios tunc colebant deos. Aut si proprios habuerunt Assyrii, quasi peritiores fabros imperii construendi atque seruandi, numquidnam mortui sunt, quando et ipsi imperium perdiderunt, aut mercede non sibi reddita uel alia maiore promissa ad Medos transire maluerunt, atque inde rursus ad Persas Cyro inuitante et aliquid commodius pollicente? Quae gens non angustis Orientis finibus post Alexandri Macedonis regnum magnum locis, sed breuissimum tempore in suo regno adhuc usque perdurat. Hoc si ita est, aut infideles dii sunt, qui suos deserunt et ad hostes transeunt (quod nec homo fecit Camillus, quando uictor et expugnator aduersissimae ciuitatis Romam, cui uicerat, sensit ingratam, quam tamen postea oblitus iniuriae, memor patriae a Gallis iterum liberauit), aut non ita fortes sunt, ut deos esse fortes decet, qui possunt humanis uel consiliis uel uiribus uinci; aut si, cum inter se belligerant, non dii ab hominibus, sed dii ab aliis diis forte uincuntur, qui sunt quarumque proprii ciuitatum: habent ergo et ipsi inter se inimicitias, quas pro sua quisque parte suscipiunt. Non itaque deos suos debuit colere ciuitas magis quam alios, a quibus adiuuarentur sui. Postre-

---

[32] Romanum regnum, diis Romanis 등 흔하지 않은 용어를 구사하는 것은 의도적이다.

[33] 3.17.2 참조.

7. 지상 왕국들의 흥망성쇠를 신들의 도움이나 버림이라고 말할 수 있는가

이 아시리아 왕국이 신들의 보우가 전혀 없이도 그토록 크고 광대했다고 말할 생각이라면, 어째서 로마 왕국은 공간상으로 넓고 시간상으로 장구했던 사실을 로마 신들의 보우에 돌려야 하는가?[32] 전자의 이유가 무엇이든 그 이유를 후자에도 똑같이 적용해야 할 것이다. 만일 전자를 신들의 보우라고 주장한다면 나는 도대체 어느 신들의 보우였는가 묻고 싶다. 니누스가 정복하고 예속시킨 민족들이 숭배하던 신들도 그 당시 아시리아인들이 숭배하던 신들과 다르지 않았다. 그럼 아시리아인들이 제국을 건설하고 유지하는 데 더 능란한 일꾼들이라고 할 고유한 신들을 따로 모시고 있었다면, 아시리아인들이 제국을 잃었을 때는 그 신들이 죽어버렸다는 말인가? 그렇지 않으면 아시리아인들이 품삯을 주지 않아서 다른 더 좋은 품삯을 준다는 약속 때문에 그 신들이 메디인들에게로 넘어가 버렸다는 말인가? 그다음에는 고레스의 초빙으로 다른 더 좋은 제안을 받고서 페르시아인들에게로 옮겨가 버렸을까? 저 페르시아 민족은 마케도니아의 알렉산데르의 왕국, 지역으로는 광대하지만 시간적으로는 아주 짧은 왕국을 거친 다음에도, 동방의 궁색하지 않은 국경에서 지금까지도 독립된 왕국으로 존립하고 있다. 사정이 그렇다면 신들은 신의가 없거나 그다지 힘세지 못하거나 둘 중의 하나일 것이다. 신들이 신의가 없는 것은 자기 숭배자들을 저버리고 다른 사람들에게로 넘어가 버렸기 때문이다. (이런 짓은 인간 카밀루스도 하지 않았다. 그는 지독한 적수이던 도시를 공략하고 승리한 인물이었음에도 승리를 안겨준 로마가 배은망덕함을 경험했고, 그렇지만 후일에 자기가 받은 수모는 잊어버리고 조국을 위해 다시 갈리아인들 손에서 로마를 구했다.)[33] 신들이 그다지 힘세지 못하다는 말은 신이란 힘이 세야 마땅하지만 인간의 지략이나 인간의 힘에 굴복할 수 있다는 점에서다. 그렇지 않고 만약 신들이 자기네끼리 전쟁을 벌인다면, 신들이 인간들에게 굴복하는 것이 아니고 제각기 어떤 도시의 신이라고 할 다른 신들에게 굴복하는 셈이다. 그렇다면 신들은 자기네끼리 원수지고 있으며 각자가 자기 도시를 편들다가 원수관계를 맺은 셈이다. 그럼 도시는 자기네 신들을 숭배할 것이 아니라 자기네가 도움을

mo quoquo modo se habeat deorum iste uel transitus uel fuga, uel migra-
tio uel in pugna defectio, nondum illis temporibus atque in illis terrarum
partibus Christi nomen fuerat praedicatum, quando illa regna per ingentes
bellicas clades amissa atque translata sunt. Nam si post mille ducentos et
quod excurrit annos, quando regnum Assyriis ablatum est, — si iam ibi
Christiana religio aliud regnum praedicaret aeternum et deorum falsorum
cultus sacrilegos inhiberet: quid aliud illius gentis uani homines dicerent,
nisi regnum, quod tam diu conseruatum est, nulla alia causa nisi suis reli-
gionibus desertis et illa recepta perire potuisse? In qua uoce uanitatis,
quae poterat esse, isti adtendant speculum suum, et similia conqueri, si
ullus in eis pudor est, erubescant. Quamquam Romanum imperium adflic-
tum est potius quam mutatum, quod et aliis ante Christi nomen tempori-
bus ei contigit et ab illa est adflictione recreatum, quod nec istis tempori-
bus desperandum est. Quis enim de hac re nouit uoluntatem Dei?

받을 만한 딴 신들을 숭배해야 마땅할 것이다. 끝으로, 신들의 이적이든 도주든, 이주든 전장에서의 패배든 그것이 어떤 식으로 일어났든 상관없이, 대대적 전쟁의 살육을 통해 저 왕국들이 망하고 남의 손으로 넘어가고 하는 동안, 저 시대 또 지상의 저 지방에서는 그리스도의 이름이 아직 설교되지 않았다! 천이백 몇 년이 흐른 다음[34] 아시리아인들의 왕국이 소멸되었고, 만일 그때 벌써 그리스도교가 영원한 다른 왕국을 설교하고 거짓 신들에 대한 숭배가 신성을 모독하는 것이라고 금지했다고 치자. 그러면 저 왕국의 허황한 인간들은 무슨 말을 했겠는가? 그토록 오랫동안 존속해온 왕국이 멸망했다면 그것은 자기네 종교를 저버리고 그리스도교를 받아들인 것 말고는 다른 이유를 도저히 찾을 수 없다고 했으리라. 이것이 얼마나 어처구니없는 소리인지 안다면 지금 그리스도교를 규탄하는 사람들은 이 일을 거울삼아야 할 것이며,[35] 조금이라도 염치가 있다면 자기들이 이와 비슷한 시비를 걸어온 사실을 두고 부끄러워해야 마땅할 것이다. 로마제국은 다른 사람 손으로 넘어간 것이 아니고 고초를 당한 것뿐이다. 그리고 이 일은 그리스도의 이름이 도래하기 전 다른 시대에도 일어났고 그런 환난에서 제국은 다시 소생했다. 그러니 이 시대에도 절망해서는 안 된다. 이번 사태에 숨겨진 하느님의 뜻을 알 사람이 누구이겠는가?[36]

---

[34] 당대의 그리스도교 사가들은 아브라함의 탄생을 아담의 창조로부터 3,184년, 아시리아의 건국자 니누스 통치 제43년, 로마 창건 이전 1,300년, 그리스도 탄생 전 2,015년 등으로 계산해 두고 있다. Cf. Paulus Orosius, *Historiae adversus paganos* 1.1.5-6; 1.4.1.

[35] attendant speculum suum: speculum은 "거울"도 되고 거울에 비친 "모습"도 된다.

[36] 2.29에도 나오지만 아우구스티누스는 제국의 영속을 의심치 않았다. 다만 고대의 이교문화가 소멸하고 그리스도교 문화가 대두함을 본서 전권에서 역설하고 있다.

8. Deinde quaeramus, si placet, ex tanta deorum turba, quam Romani colebant, quem potissimum uel quos deos credant illud imperium dilatasse atque seruasse. Neque enim in hoc tam praeclaro opere et tantae plenissimo dignitatis audent aliquas partes deae Cluacinae tribuere aut Volupiae, quae a uoluptate appellata est, aut Lubentinae, cui nomen est a libidine, aut Vaticano, qui infantum uagitibus praesidet, aut Cuninae, quae cunas eorum administrat. Quando autem possunt uno loco libri huius commemorari omnia nomina deorum et dearum, quae illi grandibus uoluminibus uix comprehendere potuerunt singulis rebus propria dispertientes officia numinum? Nec agrorum munus uni alicui deo committendum arbitrati sunt, sed rura deae Rusinae, iuga montium deo Iugatino; collibus deam Collatinam, uallibus Valloniam praefecerunt. Nec saltem potuerunt unam Segetiam talem inuenire, cui semel segetes commendarent, sed sata frumenta, quamdiu sub terra essent, praepositam uoluerunt habere deam Seiam; cum uero iam essent super terram et segetem facerent, deam Segetiam; frumentis uero collectis atque reconditis, ut tuto seruarentur, deam Tutilinam praeposuerunt. Cui non sufficere uideretur illa Segetia, quamdiu seges ab initiis herbidis usque ad aristas aridas perueniret? Non tamen satis fuit hominibus deorum multitudinem amantibus, ut anima misera daemoniorum turbae prostitueretur, unius Dei ueri castum dedignata complexum. Praefecerunt ergo Proserpinam frumentis germinantibus, geniculis nodisque culmorum deum Nodutum, inuolumentis folliculorum deam Volutinam; cum folliculi patescunt, ut spica exeat,

---

[37] 아우구스티누스는 이하의 다신숭배 비판 외에도 6.8-10 그리고 7권 전체에서 다시 한번 이 잡신들의 이름을 거명하며 정령(精靈)숭배를 상세하게 분석하고 비판한다. 교부 이전에는 Arnobius (*Adversus nationes*)가 이 부문의 대표적 비판서였다.

[38] deorum turba: 경멸조로 여러 차례 구사한다. 2.22.2 각주 169 참조.

[39] 교부는 Arnobius의 어투(*Adversus nationes*)를 빌려 신명(神名)의 어원에 관한 민간 속설을 따르면서 조롱을 던지고 있다: Cloacina(베누스 여신의 별명) ← cloaca(하수구), Volupia ← voluptas(쾌락), Lubentina(베누스의 별명) ← libido(성욕)), Vaticanus ← vagitus(아기 울음), Cunina ← cunae(요람). Cf. Arnobius, *Adversus nationes* 4.7-10.

[40] 신명의 유래를 꼬집고 있다: Rusina ← rus(전답), Iugatinus ← iugum(능선), Collatina ← collis(언덕), Vallonia ← valles(골짜기). Cf. Arnobius, *Adversus nationes* 3 - 4 곳곳.

[41] 신명의 어원 참조: Segetia ← seges(곡식), Seia ← 같은 seges, Tutilina ← tutus(간수된). Cf. Arnobius, *Adversus nationes* 4.7-10.

[42] "정령의 패거리에 몸파는 일"(anima daemoniorum turbae prostitueretur)은 바로 앞 구절의 "허다한 신들을 사랑하는 사람들"(deorum multitudinem amantibus)을 되받는 구절로서 amans가 "사랑하는 사람" 못지않게 "애인"이나 "정부"(情婦)를 가리키는 어법을 전제한다.

제2부 (8-13)
다신론과 범신론[37]

8. 로마인들은 개별 신들에게 개별 사물의 수호를 맡겨야 한다고 믿으면서도 어떤 신들의 가호로 자기네 제국이 성장하고 보전되었다고 여기는가

상대방이 괜찮다면, 로마인들이 숭배하는 그 많은 신들의 패거리 가운데[38] 주로 어느 신 아니면 어떤 신들이 로마의 패권을 확장해주고 지탱해주었다고 믿는지 물어 보자. 그들도 이 훌륭하고도 참으로 기품이 넘치는 업적을 클루아키나 여신이나 쾌락에서 기인하여 명칭이 붙은 볼루피아 여신, 성욕에서 이름이 생겨난 루벤티나 여신, 아기들의 울음소리를 관장한다는 바티카누스 신, 아기들의 요람을 보살피는 쿠니나 여신 따위에게 맡기려고 하지는 않을 것이다.[39] 그들이 각각의 사물에 신령들의 고유한 업무를 배당하는 짓을 볼라치면 큼직한 두루마리로도 겨우 기록할까 말까 한 일인데 이 책의 한 대목에다 어떻게 그 모든 남신들이며 여신들의 이름을 모조리 올릴 수 있겠는가? 로마인들은 심지어 전답의 일거리도 어느 한 신에게만 맡길 수 없다고 생각했다. 그래서 농지는 루시나 여신에게, 산등성이는 유가티누스 신에게, 구릉은 콜라티나 여신에게, 계곡은 발로니아 여신에게 주관하게 했다.[40] 그들은 농작물을 놓고도 세게티아 여신 하나에게만 (모든) 작물을 맡길 수가 없었다. 밀을 심고서 아직 땅 속에 있을 동안에는 세이아 여신이, 땅 위로 솟아나서 낟알을 맺을 때에는 세게티아 여신이, 밀을 거두어서 곳간에 쌓은 다음에는 안전하게 간수하라는 뜻에서 투틸리나 여신이 주관하게 했다.[41] 낟알이 새순부터 시작하여 이삭으로 여물 때까지 저 세게티아 여신만으로도 넉넉하지 않겠는가? 그럼에도 유일하신 참 하느님의 순결한 품을 마다하고, 허다한 신들을 사랑하는 사람들은 가련한 영혼이 정령들의 패거리에게 몸을 파는 것으로도 족하지 않았다.[42] 하여튼 그들은 밀이 싹틀 적에는 프로세르피나를 세워 주관하게 했고, 밀대궁의 마디와 옹이에는 노두투스 신을, 밀대가 이파리를 젖히고 내밀 적에는 볼루티나 여신을, 밀대가 열려 이삭이 팰 적에는 파텔라나 여신을, 밀알이 새로 돋은 꺼끄러기와 키가 같아질 때는 옛사

deam Patelanam, cum segetes nouis aristis aequantur, quia ueteres aequare hostire dixerunt, deam Hostilinam; florentibus frumentis deam Floram, lactescentibus deum Lacturnum, maturescentibus deam Matutam; cum runcantur, id est a terra auferuntur, deam Runcinam. Nec omnia commemoro, quia me piget quod illos non pudet. Haec autem paucissima ideo dixi, ut intellegeretur nullo modo eos dicere audere ista numina imperium constituisse auxisse conseruasse Romanum, quae ita suis quaeque adhibebantur officiis, ut nihil uniuersum uni alicui crederetur. Quando ergo Segetia curaret imperium, cui curam gerere simul et segetibus et arboribus non licebat? Quando de armis Cunina cogitaret, cuius praepositura paruulorum cunas non permittebatur excedere? Quando Nodutus adiuuaret in bello, qui nec ad folliculum spicae, sed tantum ad nodum geniculi pertinebat? Vnum quisque domui suae ponit ostiarium, et quia homo est, omnino sufficit: tres deos isti posuerunt, Forculum foribus, Cardeam cardini, Limentinum limini. Ita non poterat Forculus simul et cardinem limenque seruare.

9. Omissa igitur ista turba minutorum deorum uel aliquantum intermissa officium maiorum deorum debemus inquirere, quo Roma tam magna facta est, ut tam diu tot gentibus imperaret. Nimirum ergo Iouis hoc opus est. Ipsum enim deorum omnium dearumque regem uolunt: hoc eius indicat sceptrum, hoc in alto colle Capitolium. De isto deo quamuis a poeta dictum conuenientissime praedicant:

---

[43] 신명의 유래를 비웃는다: Nodutus ← nodus(마디), Volutina ← volvo(휘돌다), Patelana ← pateo(펼치다), Hostilina ← hostio(같아지게 하다), Flora ← flos(꽃), Lacturnus ← lac(젖, 고물), Matuta ← maturo(익다), Runcina ← runco(김매다). 첫머리의 Proserpina 여신은 씨앗이 지하에서 밖으로 나오므로 명계의 여신의 인도를 받는다는 뜻에서 언명된다. Cf. Varro, *De lingua Latina* 5.34.163-164.

[44] 신명의 유래 참조: Forculus ← foras(밖), Cardea ← cardo(문지도리), Limentinus ← limen(문지방). Cf. Tertullianus, *Ad nationes* 2.15.5.

람들이 "같아지게 한다"라는 말을 쓰던 유래에서 호스틸리나 여신을, 밀이 팰적에는 플로라 여신을, 낟알에 고물이 들 때는 락투르누스 신을, 낟알이 익을 적에는 마투타 여신을, 김을 맬 때, 다시 말해 잡초를 땅에서 뽑을 적에는 룬키나 여신을 세워 주관하게 했다.[43] 이런 것은 일일이 다 열거할 수조차 없다. 그들이야 부끄러울 것도 없겠지만 나한테는 지겹기 때문이다. 나는 아주 조금밖에 입에 올리지 않은 것인데 저런 신령들이 로마제국을 세웠고 융성케 했고 유지했다는 말을 그들이 감히 하지 않는다는 사실을 주지시키기 위함이었다. 저런 신령들은 각자가 자기 소임에 하도 몰두해서 어느 하나에게 보편적 소임을 맡길 수 있다고는 절대로 안 믿는다. 그러니까 세게티아가 씨종자와 초목을 한꺼번에 돌보는 것도 허용되지 않은 터에 언제 제국을 돌보았겠는가? 아기들을 돌보는 소임에 붙들려 요람을 떠나는 것이 허용되지 않은 터에 쿠니나가 언제 무기에 관해 생각했겠는가? 이삭의 마디도 아니고 오직 밀대궁의 마디만 자기에게 속하는데 노두투스가 언제 전쟁터에서 도움을 베풀었겠는가? 누구나 자기 집에 문지기를 하나씩 둔다. 사람이면 그것으로 족하다. 그런데 저 로마인들은 신을 셋이나 두었으니 문밖에는 포르쿨루스 신을, 돌쩌귀에는 카르데아 여신을, 문지방에는 리멘티누스 신을 두었던 것이다. 그래서 포르쿨루스 신이 문밖과 문지방을 아울러 보살필 수는 없는 노릇이었다.[44]

9. 로마제국의 확장과 지속을 숭배자들이 최고신으로 받드는 유피테르의 은덕으로 돌려야 하는가

그러면 저 자질구레한 신들의 무리는 아예 빼버리거나 당분간 제쳐두고서 우리는 대신大神들의 소임을 따져봐야 하겠다. 그 소임 덕분에 로마가 그토록 커졌고 그토록 오랫동안 뭇 민족 위에 군림했을 터이기 때문이다. 이것은 응당 유피테르가 맡은 일이다. 사람들은 그를 모든 남신들과 여신들의 왕이라고 생각한다. 그의 왕홀이 이 사실을 드러내며, 드높은 언덕에 자리잡은 카피톨리움이 이를 가리켜 보인다. 비록 어느 시인이 한 말이기는 하지만 이 신에 관해서는 사람들이 아주 적절한 표현을 내놓고 있다:

Iouis omnia plena.

Hunc Varro credit etiam ab his coli, qui unum Deum solum sine simulacro colunt, sed alio nomine nuncupari. Quod si ita est, cur tam male tractatus est Romae, sicut quidem et in ceteris gentibus, ut ei fieret simulacrum? Quod ipsi etiam Varroni ita displicet, ut, cum tantae ciuitatis peruersa consuetudine premeretur, nequaquam tamen dicere et scribere dubitaret, quod hi, qui populis instituerunt simulacra, et metum dempserunt et errorem addiderunt.

10. Cur illi etiam Iuno uxor adiungitur, quae dicatur «soror et coniux»? Quia Iouem, inquiunt, in aethere accipimus, in aere Iunonem, et haec duo elementa coniuncta sunt, alterum superius, alterum inferius. Non est ergo ille, de quo dictum est «Iouis omnia plena», si aliquam partem implet et Iuno. An uterque utrumque implet, et ambo isti coniuges et in duobus istis elementis et in singulis simul sunt? Cur ergo aether datur Ioui, aer Iunoni? Postremo ipsi duo satis essent: quid est quod mare Neptuno tribuitur, terra Plutoni? Et ne ipsi quoque sine coniugibus remanerent, additur Neptuno Salacia, Plutoni Proserpina. Nam sicut inferiorem caeli partem, id est aerem, inquiunt, Iuno tenet, ita inferiorem maris Salacia et terrae inferiorem Proserpina. Quaerunt quem ad modum sarciant fabulas, nec inueniunt. Si enim haec ita essent, tria potius elementa mundi esse, non quattuor, eorum ueteres proderent, ut singula deorum coniugia diuiderentur

---

[45] Vergilius, *Eclogae* 3.60.   [46] Cf. Varro, *De lingua Latina* 5.10.66.

[47] Cf. Varro, *De vita populi Romani* [Semi ed.] fr.15; *Antiquitates* fr.117.

[48] Cf. Vergilius, *Aeneis* 1.47.

[49] Iuno: 본디 주부(主婦)의 수호신령(genius)으로 출생과 해산을 주관했다. 그리스 헤라와 동화되면서 기후와 비를 아울러 주관한다.

[50] aether: 대기권에 해당하는 공기(aer)와 대비하여 하늘 상층에 있다는 원소이므로 본서에서는 "영기"(靈氣)로 옮겨 본다.

[51] Cf. Cicero, *De natura deorum* 2.26.66.

[52] Neptunus: 샘물을 보호하고 가뭄을 막아주던 토속신. 그리스 포세이돈과 동화된다.

[53] Pluto: 식물에 깃든 생명력을 주관하던 토속신. 지하의 신으로 여겨졌다.

[54] Salacia: 원래 샘물(salio: "솟다")을 주관하는 토속신이었으나 어원이 "소금"(sal)으로 오해되면서 해신(海神)의 배우자로 변한다.

[55] Proserpina: 케레스 여신의 딸이며 열매와 새싹을 주관했는데 지하신의 배필로 변한다.

[56] Cf. Hesiodus, *Opera et dies* 667-668; *Theogonia* 969-973; Varro, *De lingua Latina* 5.10.67, 72.

[57] Cf. Empedocles in Aëthius, *Placita philosophorum* 1.3.20.

만유가 유피테르로 충만하도다.[45]

바로는 신상을 세우지 않은 채 유일한 신을 숭배하는 사람들도 비록 이름을 달리 붙이기는 했지만 실상은 다름아닌 이 유피테르를 섬기고 있다고 믿었다.[46] 만약 그렇다면, 왜 그에게 하필 신상을 세워줌으로써 다른 민족들에게서도 그랬지만 로마에서도 형편없는 대우를 받게 만들었을까? 이 점은 바로 본인에게도 몹시 마음에 들지 않았다. 그래서 이 위대한 도시의 잘못 뒤집힌 습속 때문에 압력을 받으면서도 그는 백성들에게 우상을 세워준 사람들은 경외심을 앗아가고 오류를 증대시켰다는 것을 말로 했고 글로도 썼다.[47]

10. 다양한 신이 세계의 다양한 부분을 주관하게 배정한 사람들은 어떤 의견을 따랐는가

그리고 유피테르의 "누이요 배필"[48]이라면서 그에게 유노[49]라는 아내가 묶여진 까닭은 무엇인가? 그러면 저 사람들은, 유피테르는 영기靈氣[50] 중에 모시고 유노는 공기空氣 중에 모신다고, 그런데 이 두 원소는 하나는 위에, 하나는 아래에 이어져 있다고 설명한다.[51] 만약 유노도 어떤 부분을 점유하고 있다면, 유피테르는 "만유가 유피테르로 충만하도다"라고 말한 그 존재가 아니게 된다. 혹시 양편이 양편을 서로 채운다는 말인가? 그래서 배우자인 이 둘은 영기와 공기라는 저 두 가지 원소들 속에 어우러져 존재하는 동시에 각각의 원소 속에 별도로 존재한다는 말인가? 그러면 왜 군이 영기는 유피테르에게 돌리고 공기는 유노에게 돌리는가? 궁극적으로는 이 둘로 충분해야 할 터인데도 바다는 넵투누스[52]에게 돌리고 땅은 플루토[53]에게 돌리는 까닭은 무엇인가? 그들마저 배우자 없이 남겨둘 수는 없었던지 넵투누스에게는 살라키아,[54] 플루토에게는 프로세르피나[55]가 짝지어진다. 그들의 말대로라면, 하늘의 낮은 부분 곧 공기를 유노가 차지하듯이, 살라키아는 바다의 아랫부분을 차지하고 프로세르피나는 땅의 아랫부분을 차지하는가 보다.[56] 그들은 어떻게 해서든지 설화들을 사리에 맞게 봉합하려고 했지만 성공하지 못했다. 만일 이것이 사실이라면 그들의 조상들은 세계의 원소는 넷이 아니고 셋이라고 주장했을 것이다.[57] 각각의 신들의 쌍이 각각의 원소로

singulis elementis. Nunc uero omni modo adfirmauerunt aliud esse aetherem, aliud aerem. Aqua uero siue superior siue inferior utique aqua est; puta quia dissimilis: numquid in tantum ut aqua non sit? Et inferior terra quid aliud potest esse quam terra quantalibet diuersitate distincta? Deinde ecce iam totus in his quattuor uel tribus elementis corporeus completus est mundus: Minerua ubi erit? Quid tenebit? Quid implebit? Simul enim cum his in Capitolio constituta est, cum ista filia non sit amborum. Aut si aetheris partem superiorem Mineruam tenere dicunt et hac occasione fingere poetas quod de Iouis capite nata sit: cur non ergo ipsa potius deorum regina deputatur, quod sit Ioue superior? An quia indignum erat praeponere patri filiam? Cur non de Ioue ipso erga Saturnum iustitia ista seruata est? An quia uictus est? Ergo pugnarunt? Absit, inquiunt; fabularum est ista garrulitas. Ecce fabulis non credatur et de diis meliora sentiantur: cur ergo non data est patri Iouis, etsi non sublimior, aequalis certe sedes honoris? Quia Saturnus, inquiunt, temporis longitudo est. Tempus ergo colunt, qui Saturnum colunt, et rex deorum Iuppiter insinuatur natus ex tempore. Quid enim indignum dicitur, cum Iuppiter et Iuno nati dicuntur ex tempore, si caelum est ille et illa terra, cum facta sint utique caelum et terra? Nam hoc quoque in libris suis habent eorum docti atque sapientes. Neque de figmentis poeticis, sed de philosophorum libris a Vergilio dictum est:

Tum pater omnipotens fecundis imbribus aether
Coniugis in gremium laetae descendit,
id est in gremium telluris aut terrae; quia et hic aliquas differentias uolunt

---

[58] Minerva: 에트루스키 토속신. 그리스 아테나와 동화되면서 지식과 기술을 주관한다. Tritonis 호수에서 출생했다 하여 Tritonia라는 호칭이 있다(Herodotus, *Historiae* 4.178).

[59] Cf. Hesiodus, *Theogonia* 923-925.

[60] Saturnus: 이탈리아 농사의 신. 그리스 크로노스와 동화되었으므로 이하에 제우스가 크로노스를 추방하고 대권을 잡은 신화와 결부된다.

[61] Vergilius, *Georgica* 2.325-326.

분할되는 셈이다. 그런데 고대인들은 영기가 다르고 공기가 다르다고 확실하게 주장했다. 그리고 물은 상계의 것이든 하계의 것이든 역시 물이다. 차이가 있다고 생각해도 좋다. 그렇지만 물을 물이 아니라고 할 만큼 다르다는 말인가? 아래의 땅이라고 해서, 위의 땅으로부터 아무리 큰 차이로 구분된다고 하더라도, 결국 땅이 아니라면 무엇인가? 그러니까 이 네 가지 혹은 세 가지 원소에 의해 물질 세계 전체가 구성되어 있다. 그럼 미네르바[58]는 어디에 있는가? 무엇을 차지할 것인가? 무엇을 채울 것인가? 미네르바는 유피테르와 유노 둘의 딸이 아니면서도 카피톨리움에서 그들과 함께 모셔져 있다. 그들의 말대로라면, 미네르바가 영기의 상위 부분을 점유하고 있으며, 바로 그런 까닭에 시인들은 그 여신이 유피테르의 머리에서 탄생한 것으로 상상한다는 것이다.[59] 그렇다면 유피테르보다 상위에 있다면 어째서 그 여신이 모든 신들의 여왕으로 여겨지지 않는가? 딸을 아버지보다 앞세우는 것이 부당하기 때문인가? 그렇다면 유피테르를 최고신으로 대하면서 유피테르의 부친인 사투르누스[60]에 대한 정의는 왜 존중되지 않았는가? 사투르누스가 유피테르에게 패배했기 때문이라고? 그래서 둘은 싸움을 했다고? 절대 아니라고 그들은 펄쩍 뛴다. 그런 험담은 꾸며낸 이야기라는 것이다. 보라, 설화는 믿을 것이 못 되고 신들에 관해서는 더 좋게 생각해야 한단다! 그럼 어째서 유피테르의 아버지에게 유피테르보다 더 높은 영예의 자리는 아닐망정 동등한 자리도 부여되지 않았는가? 사투르누스는 시간의 연장이기 때문이라고 그들은 말한다. 사투르누스를 숭배하는 사람은 시간을 숭배하는 것이란다. 하지만 그럴 경우 신들의 왕 유피테르는 시간에서 태어난 자로 암시된다. 하늘이 유피테르이고 땅이 유노이며 하늘과 땅이 창조된 마당에 유피테르와 유노가 시간에서 태어난 일이 왜 안 된다는 말인가? 이것도 저들의 박사와 현자들이 자기네 책에서 하는 말이다. 시인들의 허구에서 따온 말, 그것도 철학자들의 책에서 베르길리우스가 따온 말이 있다:

>   그때 전능한 아버지가 영기가 되어 수태시키는 비를 거느리고
>   반기는 아내의 품으로 내려오느니라.[61]

다시 말해 토양 혹은 땅의 품으로 내려온다는 것이다. 여기서도 저 사람들은

esse atque in ipsa terra aliud Terram, aliud Tellurem, aliud Tellumonem putant, et hos omnes deos habent suis nominibus appellatos, suis officiis distinctos, suis aris sacrisque ueneratos. Eandem terram etiam matrem deum uocant, ut iam poetae tolerabiliora confingant, si secundum istorum non poeticos, sed sacrorum libros non solum Iuno, «soror et coniux», sed etiam mater est Iouis. Eandem terram Cererem, eandem etiam Vestam uolunt, cum tamen saepius Vestam non nisi ignem esse perhibeant perti- nentem ad focos, sine quibus ciuitas esse non potest, et ideo illi uirgines solere seruire, quod sicut ex uirgine, ita nihil ex igne nascatur. Quam to- tam uanitatem aboleri et extingui utique ab illo oportuit, qui est natus ex uirgine. Quis enim ferat, quod, cum tantum honoris et quasi castitatis igni tribuerint, aliquando Vestam non erubescunt etiam Venerem dicere, ut uanescat in ancillis eius honorata uirginitas? Si enim Vesta Venus est, quo modo ei rite uirgines a Veneris operibus abstinendo seruierunt? An Vene- res duae sunt, una uirgo, altera mulier? An potius tres, una uirginum, quae etiam Vesta est, alia coniugatarum, alia meretricum? Cui etiam Phoenices donum dabant de prostitutione filiarum, antequam eas iungerent uiris. Quae illarum est matrona Vulcani? Non utique uirgo, quoniam habet maritum. Absit autem ut meretrix, ne filio Iunonis et cooperario Mineruae facere uideamur iniuriam. Ergo haec ad coniugatas intellegitur pertinere: sed eam nolumus imitentur in eo quod fecit illa cum Marte. Rursus, in-

---

[62] 동의어이지만 로마인들은 terra(대지, 땅, 지구), tellus(경작하는 땅), tellumo(토지)로 구분하여 알아들었다. Cf. Varro, *De lingua Latina* 5.3.16-17; 5.10.62, 67.

[63] Terra mater deum: cf. Lucretius, *De rerum natura* 2.599-658.

[64] Ceres: 채소의 성장(creo)을 주관하는 토속신으로 축제(Cerealia)가 있었다. 그리스 데메트라 여신과 동화되었다.

[65] Vesta: 화덕의 여신. 로마의 신전에는 성화(聖火)를 보존하는 여제관들(Vestales)이 있었다. Cf. Varro, *De re rustica* 3.1.5. Vesta, Ceres는 본서 2.29.1; 3.5; 3.18.2에도 언급된다.

[66] Venus: 정원(庭園)을 주관하던 토속신. 그리스 아프로디테와 동화한다. 어원을 vis라고도 한다. Cf. Varro, *De lingua Latina* 5.10.61-63.

[67] Vestalis가 훼절하면 지정된 곳(Campus sceleratus)에 생매장되었다(Plinius iunior, *Epistula* 4.11).

[68] 키케로는 넷까지 열거한 바 있다: *De natura deorum* 3.23.59.

[69] Cf. Arnobius, *Adversus nationes* 4.15; Firmius Maternus, *De errore profanarum religionum* 6.1.

[70] 불을 관장하는 에트루스키인들의 신. 그리스의 헤파이스투스와 동화한다. Cf. Cicero, *De natura deorum* 3.22.55.

[71] 불카누스의 아내인 베누스 여신이 군신 마르스와의 사이에서 에로스를 낳았다는 전설을 상기시킨다. 트로야인 안키세스와의 사이에서 로마인들의 조상 아이네아스를 낳았다는 전설은 고의로 묵과하고 있다. 2.15; 3.3 참조. Cf. Horatius, *Carmina* 1.4.7 이하.

뭔가 차이를 내고 싶어하여 땅을 가리키더라도 테르라, 텔루스, 텔루모 등이 각기 다르다고 본다.[62] 이 모두가 제각기 이름을 갖고서 신으로 불리며 제각기 임무가 구분되며 제각기 제단과 제의를 따로 두고서 경배받는다고 생각한다. 그들은 똑같은 땅을 두고 신들의 모친이라고 부르기도 한다.[63] 이것은 시인들이 공상해낸 것인데, 저 사람들의 시가가 아니라 제의에 쓰이는 서책에 나오는 바에 의하면, 유노는 단지 유피테르의 "누이요 배필"에서 그치지 않고 유피테르의 어머니이기도 하다. 시인들의 공상은 차라리 봐줄 만하다. 동일한 땅을 그들은 케레스[64]로 삼고 싶어하기도 하고 베스타[65]로 삼고 싶어하기도 한다. 하지만 그보다는 베스타를 또한 가정의 화덕에 들어있는 불이라고 여기기도 한다. 이 화덕 없이는 로마 도시는 존립하지 못한다. 그래서 처녀들이 이 불을 섬기는 것이 통례인데, 실상 처녀에게서 아무것도 태어나지 않듯이 불에서는 아무것도 생겨나지 않는다. 처녀에게서 나신 분은 이 황당한 얘기를 모조리 폐기하고 말소시켜야 했다. 그런데 불에다 그처럼 대단한 영예와 그야말로 순결의 영예를 바쳐오다가 어느 때는 베스타를 베누스[66]라고도 부르면서도 낯부끄러운 줄 모른다면, 베스타의 여종들에게서 영예로운 처녀성을 허망하게 만들어 버리는 셈인데 이 짓을 누가 용납하겠는가? 만일 베스타가 베누스라면, 베누스의 행실을 절제하는 처녀들이 무슨 수로 그 여신을 섬긴다는 말인가?[67] 베누스가 둘이고, 하나는 처녀고 하나는 유부녀라는 말인가? 아니면 셋이어서 하나는 처녀들의 신 곧 베스타이고, 다른 하나는 혼인한 여자들의 여신이고, 하나는 창녀들의 여신이라는 말인가?[68] 포에니키아인들은 딸들을 사내들에게 시집보내기 전에 딸들에게 매춘을 시켜 저 베누스에게 예물을 드린 적도 있다.[69] 그럼 셋 가운데 불카누스[70]의 마나님은 어떠한가? 처녀는 아니다, 남편을 두었으니까. 창녀라고 하면 절대로 안 되리라. 우리가 유노의 아들이요 미네르바의 동기 아폴로에게 모욕을 끼치는 것으로 보여서는 안 될 테니까. 그렇다면 이 여신은 혼인한 여자들 가운데 속한다고 해야겠는데 이 여신이 마르스와 한 짓을 보건대 우리도 본받고 싶지는 않다.[71] 이러면 그자들은 이렇게 반문한다: "당신은 또다시 설화 說話로 돌아가고 있다." 그럼 우리가 자기네 신들에 관해 이런 얘기를 하면 우

quiunt, ad fabulas redis. Quae ista iustitia est, nobis suscensere, quod talia dicimus de diis eorum, et sibi non suscensere, qui haec in theatris libentissime spectant crimina deorum suorum? Et (quod esset incredibile, nisi contestatissime probaretur) haec ipsa theatrica crimina deorum in honorem instituta sunt eorundem deorum.

11. Quodlibet igitur physicis rationibus et disputationibus adserant: modo sit Iuppiter corporei huius mundi animus, qui uniuersam istam molem ex quattuor uel quot eis placet elementis constructam atque compactam implet et mouet, modo inde suas partes sorori et fratribus cedat; modo sit aether, ut aerem Iunonem subterfusam desuper amplectatur, modo totum simul cum aere sit ipse caelum, terram uero tamquam coniugem eandemque matrem (quia hoc in diuinis turpe non est) fecundis imbribus et seminibus fetet; modo autem (ne sit necesse per cuncta discurrere) deus unus, de quo multi a poeta nobilissimo dictum putant:

> deum namque ire per omnes
> Terrasque tractusque maris caelumque profundum;

ipse in aethere sit Iuppiter, ipse in aere Iuno, ipse in mari Neptunus, in inferioribus etiam maris ipse Salacia, in terra Pluto, in terra inferiore Proserpina, in focis domesticis Vesta, in fabrorum fornace Vulcanus, in sideribus sol et luna et stellae, in diuinantibus Apollo, in merce Mercurius, in Iano initiator, in Termino terminator, Saturnus in tempore, Mars et Bellona in bellis, Liber in uineis, Ceres in frumentis, Diana in siluis, Minerua in ingeniis; ipse sit postremo etiam in illa turba quasi plebeiorum deorum; ipse praesit nomine Liberi uirorum seminibus et nomine Liberae femina-

---

[72] 스토아의 범신론은 Diogenes Laertius, *Vitae philosophorum* 7.148; Cicero, *De natura deorum* 1.15.39-41 참조.

[73] Vergilius, *Georgica* 4.221-222.

[74] 상업과 교통의 신. 그리스 헤르메스 신과 동화한다. Cf. Horatius, *Carmina* 1.10.1 이하.

[75] Ianus: 이탈리아의 가장 오랜 토속신으로 시작(始作)을 주관한다. Ianiculum 언덕에서 통치하던 군왕이라고도 한다.

[76] Terminus: 토지의 경계를 보호하는 신령. 경계석으로 상징하고 그 밑등에 제물의 피를 뿌렸음.

[77] Bellona: ← bellum(전쟁). 그리스 Enyo와 동화. 2.24.2(각주 187 참조); 3.25, 34; 5.12.2, 17.1; 6.10.3 등에 언급된다.

[78] Diana: 숲과 사냥의 여신으로 그리스 아르테미스와 동화한다. 3.11; 6.7.1; 7.2, 16에 언급된다.

[79] 모든 신들을 유피테르(Diespiter)의 호칭(epictheta)으로 보는 해석은 스토아의 풍조였고 호교론자들(Origenes, Arnobius)은 이 논리를 이용하여 다신교도들을 유일신사상으로 유도했다.

리한테 격분하면서 정작 자기들은 자기네 신들의 죄상을 극장에서 상연하여 유쾌하게 구경하면서도 스스로에게 분노할 줄 모르다니 이게 도대체 무슨 경우인가? 그리고 (수많은 증거로 밝혀지지 않았더라면 도무지 믿어지지 않을 일이지만) 극장에서 공연되는 신들의 저런 죄상이 다름아닌 바로 그 신들에게 영광을 바치는 뜻에서 상연토록 제정되었다는 것이다!

11. 유식한 외교인들은 여러 신이 결국 동일한 유피테르라고 옹호한다

자연(철학적) 논거와 이론에 입각해서 자기네가 하고 싶은 대로 주장을 하시라! 때로는 유피테르가 이 세계의 혼이라고 해도 좋다. 네 가지 원소 혹은 자기네 마음내로 정한 숫자의 원소들로 구성되고 응축된 저 우주 덩어리를 유피테르가 채우고 움직인다는 것이다.[72] 때로는 거기서 자기의 일부분을 누이나 형제들에게 내준다고 하자. 그래도 좋다. 때로는 그가 영기靈氣가 되어 아래에 깔려 있는 공기 유노를 위로부터 끌어안는다고 하자. 그래도 좋다. 때로는 공기를 포함하여 자기가 하늘 전체가 되어서는 땅을 아내처럼 또는 어머니처럼 끌어안고, 신들에게는 이것이 더러운 짓도 아니라니까, 수태시키는 비와 종자들로 땅을 회임懷妊시킨다고 해도 좋다. 때로는 지극히 존귀한 시인이 말한 대로, 유일한 신이 있어

> 그 신이 온 땅을,
> 광대무변한 바다를, 저 그윽한 하늘을 관통한다[73]

고 생각하는 사람들이 많다고 해도 좋다. 그리하여 바로 그 유일한 신이 영기에서는 유피테르, 공기에서는 유노, 바다에서는 넵투누스, 바다 밑바닥에서는 살라키아, 땅에서는 플루토, 땅 밑에서는 프로세르피나, 가정 화덕에서는 베스타, 장인들의 불가마에서는 불카누스, 성좌에서는 해와 달과 별들이요, 점치는 사람들에게는 아폴로, 장사에서는 메르쿠리우스,[74] 야누스[75]에게서는 시작하는 자, 테르미누스에게서는 끝막음하는 자,[76] 시간에서는 사투르누스, 전쟁에서는 마르스이자 벨로나,[77] 포도원에서는 리베르, 곡식에서는 케레스, 숲에서는 디아나,[78] 재주에서는 미네르바가 된다고 해도 좋다.[79] 마지막에 가서는 말하자면 저 서민층 신들의 무리에서도 그가 자리잡는다고 하자. 그래서 리베르의 이름으로

rum, ipse sit Diespater, qui partum perducat ad diem; ipse sit dea Mena,
quam praefecerunt menstruis feminarum, ipse Lucina, quae a parturienti-
bus inuocetur; ipse opem ferat nascentibus excipiendo eos sinu terrae et
uocetur Opis, ipse in uagitu os aperiat et uocetur deus Vaticanus; ipse
leuet de terra et uocetur dea Leuana, ipse cunas tueatur et uocetur dea
Cunina; non sit alius, sed ipse in illis deabus, quae fata nascentibus canunt
et uocantur Carmentes, praesit fortuitis uoceturque Fortuna; in diua Rumi-
na mammam paruulo inmulgeat, quia rumam dixerunt ueteres mammam,
in diua Potina potionem ministret, in diua Educa escam praebeat; de pau-
ore infantum Pauentia nuncupetur, de spe, quae uenit, Venilia, de uolup-
tate Volupia, de actu Agenoria; de stimulis, quibus ad nimium actum
homo inpellitur, dea Stimula nominetur; Strenia dea sit strenuum facien-
do, Numeria, quae numerare doceat, Camena, quae canere; ipse sit et deus
Consus praebendo consilia et dea Sentia sententias inspirando; ipse dea
Iuuentas, quae post praetextam excipiat iuuenalis aetatis exordia, ipse sit

---

[80] Liber(Bacchus로 동화), Libera(Proserpina로 동화): 풍요를 주관하는 이탈리아 토속신(3.1; 6.1.2;
6.9.1; 7.2; 7.3.1; 7.21; 7.24.1; 8.5; 18.12 참조). Cf. Cicero, *De natura deorum* 2.24.62.

[81] 유피테르의 존칭(Diespater ← Diespiter: "청명한 하늘의 어버이")을 "낮을 보게 해주는 어버이"로
풀이한다.

[82] 이하에 나오는 여신들의 어원은 다음과 같다: Mena ← men(그리스어 "달"), Lucina ← lux(빛),
Opis ← opem fero(손쓰다) 혹은 Ops ← ops(재산), Levana ← levo(일으켜세우다), Cunina ← cu-
nae(요람), Carmentes ← carmen(노래), Fortuna ← fors(우연), Rumina ← ruma(젖: 어린이 말),
Potina ← poto(마시다), Educa ← edo(먹다), Paventia ← paveo(무서워하다), Venilia ← venio(오
다), Volupia ← volupis(재미있는), Agenoria ← agens(활발한).

[83] Mena, Lucina는 원래 Luna 여신과 동일하다(Cicero, *De natura deorum* 2.27.68). 여기서는 여성
의 월경을 주관하는 로마 토속신들로 나온다(7.2-3 참조). Cf. Arnobius, *Adversus nationes* 3.10.

[84] Opis: 풍요와 부의 여신(cf. Arnobius, *Adversus nationes* 2.70). Opis는 Tellus, Cybele, Proserpina
와 동일시되기도 한다(본서 4.23; 7.24.1 참조).

[85] Vaticanus: 앞의 각주 39 참조. 원래는 바티칸 언덕을 관장하는 지방신(4.8; 4.21에도 언급). Cf.
Aulus Gellius, *Noctes Atticae* 16.17.

[86] Cunina: 3.34; 4.8; 4.21; 4.24; 앞의 각주 39 참조.

[87] Carmentes: Prorsa(머리 먼저), Postverta(다리 먼저)라고도 불렸으며 출산을 돕고 주부의 밤살이
를 돕는 토속신(Carmenta: Aulus Gellius, *Noctes Atticae* 16.16). 그리스 운명의 여신들(Parcae)과 동화
되어 복수화(Carmentes)했다.

[88] Fortuna: "기회"를 주관하여 그리스 튀케(Tyche)와 동화한다. Fortuna Barbata(6.1.4)는 교부의
희롱거리가 된다. 4.18; 6.11.4; 7.3.2 참조.

[89] Rumina: 4.21; 4.34; 6.10.3; 7.11 참조. 로마 Lupercalis에 신전이 있었고 그곳 무화과나무 아래서
늑대가 로물루스 형제를 "젖먹여" 키웠다고 전함.

수컷들의 씨앗을 주재하고, 리베라의 이름으로는 암컷들의 씨앗을 주재하며,[80] 그가 디에스파테르가 되어 태아가 빛을 보게 끄집어내고,[81] 저 사람들은[82] 그를 여자들의 달거리를 주관하게 맡긴 메나 여신이 된다고도 하며, 그가 루키나가 되어 몸푸는 여자들이 불러대게 했다고 하자.[83] 그가 태어나는 것들에게 손을 써서 그들을 대지의 품에 받아들이고 그래서 오피스라고 불린다고 하자.[84] 그가 갓난애들의 칭얼거리는 입을 열어주어 바티카누스[85]라고 불린다고 하자. 그가 갓난애들을 땅에서 일으켜 레바나 여신이라고 불리고 그가 요람을 지켜주어 쿠니나 여신이라고 불린다고 하자.[86] 그리고 갓난애들에게 신수身數를 짜주고 그래서 카르멘테스[87]라고 불리는 저 여신들 안에서도 다른 이 아닌 바로 그가 일을 하고 있으며, 그가 우연사들을 주관하여 포르투나[88]라고 명명된다. 여신 루미나 안에서는 아기에게 젖을 물려주는데, 옛사람들은 젖을 루마라고 했던 까닭이고,[89] 여신 포티나 안에서는 아기에게 마실 것을 갖다주고 여신 에두카 안에서는 먹을 것을 제공한다.[90] 어린이들의 놀람은 파벤티아, 장차 오는 바람에 관해서는 베닐리아, 재미에 관해서는 볼루피아, 행동은 아게노리아가 보살핀다. 인간이 과한 행동으로 충동받는 자극에 관해서는 스티물라[91] 여신이라는 이름이 붙어 있고, 아이를 부산스럽게 만들면 그는 여신 스트레니아가 되고, 셈을 가르치면 누메리아 여신이 되고, 노래를 가르치면 카메나[92]가 된다. 유피테르 본인이 아이에게 똑똑한 생각을 넣어주면 콘수스가 되고, 글월에 영감을 준다면 센티아가 된다. 바로 그가 여신 유벤타스[93]가 되어 아동복을 입던 시기가 지난 다음 청소년기의 시작을 이룩해주고, 그가 수염 달린 포르투나 여신이 되어 어

---

[90] Potina, Educa(앞의 각주 82 참조) : 4.34; 6.9.1 참조.

[91] 이어서 나오는 신들의 어원: Stimula ← stimulus(송곳), Strenia ← strenuus(부산한), Numeria ← numerus(수), Consus ← condo(세우다), Sentia ← sentio(느끼다), Iuventas ← iuvenis(솜털, 젊은이), Barbatus ← barba(수염), Iugatinus ← iugum(멍에, 인연), Virginensis ← virgo(처녀), Mutunus와 Tutunus라는 속어는 어원을 못 찾는다. 앞의 각주 82 참조.

[92] Camena: ← carmen(노래). 노래의 여신(Varro, *De lingua Latina* 7.3.27). Porta Capena 곁의 우물을 주관하는 님프이기도 하며, 베스타 제관들이 그곳에서 물을 길어 왔다.

[93] Iuventas: 4.23; 4.29; 6.1.4에서도 다루어진다.

et Fortuna barbata, quae adultos barba induat (quos honorare noluerunt, ut hoc qualecumque numen saltem masculum deum uel a barba Barbatum, sicut a nodis Nodutum, uel certe non Fortunam, sed quia barbas habet Fortunium nominarent); ipse in Iugatino deo coniuges iungat, et cum uirgini uxori zona soluitur, ipse inuocetur et dea Virginensis uocetur; ipse sit Mutunus uel Tutunus, qui est apud Graecos Priapus: si non pudet, haec omnia quae dixi et quaecumque non dixi (non enim omnia dicenda arbitratus sum), hi omnes dii deaeque sit unus Iuppiter, siue sint, ut quidam uolunt, omnia ista partes eius siue uirtutes eius, sicut eis uidetur, quibus eum placet esse mundi animum, quae sententia uelut magnorum multumque doctorum est. Haec si ita sunt (quod quale sit, nondum interim quaero), quid perderent, si unum Deum colerent prudentiore compendio? Quid enim eius contemneretur, cum ipse coleretur? Si autem metuendum fuit, ne praetermissae siue neglectae partes eius irascerentur: non ergo, ut uolunt, uelut unius animantis haec tota uita est, quae omnes continet deos, quasi suas uirtutes uel membra uel partes; sed suam quaeque pars habet uitam a ceteris separatam, si praeter alteram irasci altera potest, et alia placari, alia concitari. Si autem dicitur omnes simul, id est totum ipsum Iouem, potuisse offendi, si partes eius non etiam singillatim minutatimque colerentur, stulte dicitur. Nulla quippe illarum praetermitteretur, cum ipse unus, qui haberet omnia, coleretur. Nam ut alia omittam, quae sunt innumerabilia, cum dicunt omnia sidera partes Iouis esse et omnia uiuere

---

[94] Priapus: 과수원과 포도원을 주관하는 풍요의 신. 남근 형상을 신물로 하여 교부의 비난을 받는다 (2.14.2; 4.23.2; 4.34; 6.7.1; 6.9.3; 7.24.2 참조).

[95] Cf. Varro, *De lingua Latina* 5.10.57, 64, 72, 74.

[96] Cf. Diogenes Laertius, *Vitae philosophorum* 7.137-138; Aëthius, *Placita philosophorum* 1.7.17; Cicero, *Lucullus* 37.119; 41.126.

[97] 이 부분과 12장에서 다시 밝히지만, 교부는 정령론이나 자연주의적 견해와 더불어 세계에서 신 또는 일자(一者)의 현존을 본 견해도 문제삼는다(7.6 참조). Cf. Plato, *Cratylus* 396a-b; *Philebus* 30d; Cleanthes, *Hymnus ad Iovem*.

른에게 수염이 나게 한다. (로마인들은 수염이 나기 시작한 젊은이들에게 그다지 자부심을 두고 싶어하지 않았다. 이 일만은 어느 신령이든 적어도 남신이어야 했다. 마디에서 노두투스 신이 왔듯이 수염에서 바르바투스 신이 왔을 법했고, 적어도 포르투나 여신은 아니고 수염을 지녔다는 뜻에서 포르투니우스라는 이름을 붙였을 법한데 그렇게 하지 않은 것이다.) 그가 유가티누스 신 안에서 배우자들을 맺어주고, 아직 처녀인 신부에게서 허리띠를 풀어줄 적에는 그의 이름을 부르는 동시에 여신 비르기넨시스의 이름을 부르게 한다. 그리스인들이 프리아푸스[94]로 통하는 무투누스 혹은 투투누스도 실은 유피테르 자신이다. 저 사람들이 부끄러워하지 않는다면, 내가 말한 이 모든 속성과 내가 말하지 않은 모든 속성(내가 할 말을 다 했다고는 생각지 않는다)이라든가, 이 모든 남신들과 여신들이 결국 유일한 신 유피테르라고 하자.[95] 또 그렇게 생각하고 싶은 사람들이 있다면[96] 이 모두가 유피테르의 일부분 혹은 그의 권능의 일부라고 하자. 이것은 유피테르가 세계혼이라는 점이 마음에 드는 사람들이 생각하는 것이고, 위인들과 매우 박식한 사람들의 견해이기도 하다.[97] (이런 견해가 과연 옳은지는 나로서도 아직 문제삼지 않겠지만) 만일 사실이 그렇다면 더 현명한 지름길로 차라리 유일신 하느님을 섬겼더라면 무슨 손해가 있었을까? 하느님이 숭배받는다고 해서 유피테르의 어느 속성이 경멸당하겠는가? 유피테르의 어느 부분이 간과되거나 소홀해질까 두려워서 저들이 내 말에 분개한다면, 그들이 좋아하는 말대로, 세계라는 한 생명체의 생명 전체가 모든 신들을 자기 능력이나 지체나 부분처럼 포괄한다는 명제는 참이 아니라고 말하고 싶다. 만일 어느 한 부분이 다른 부분을 놓고 분개할 수 있다거나 한 부분은 무마되는데 다른 부분은 격분할 수 있다면, 오히려 각 부분이 다른 부분과 분리된 생명을 지니고 있다는 말이 된다. 유피테르의 부분이 제각각 아주 미소한 부분까지도 일일이 숭배받지 않으면 모든 부분들 곧 유피테르 전체가 마음을 상한다고 말한다면 어리석은 얘기가 아닐 수 없다. 모든 것을 장악한 유피테르 하나가 숭배를 받는다면 저 부분들 가운데 어느 하나도 무시당하는 것이 아니리라. 무수히 많은 다른 얘기들은 빼놓고 이것 하나만 지적하겠다. 저 사람들이 모든 성좌가

atque rationales animas habere, et ideo, sine controuersia deos esse, non uident quam multos non colant, quam multis aedes non construant, aras non statuant, quas tamen paucissimis siderum statuendas esse putauerunt et singillatim sacrificandum. Si igitur irascuntur, qui non singillatim coluntur, non metuunt paucis placatis toto caelo irato uiuere? Si autem stellas omnes ideo colunt, quia in Ioue sunt quem colunt, isto compendio possent in illo uno omnibus supplicare (sic enim nemo irasceretur, cum in illo uno nemo contemneretur) potius quam cultis quibusdam iusta irascendi causa illis, qui praetermissi essent, multo numerosioribus praeberetur, praesertim cum eis de superna sede fulgentibus turpi nuditate distentus praeponeretur Priapus.

12. Quid? Illud nonne debet mouere acutos homines uel qualescumque homines (non enim ad hoc ingenii opus est excellentia), ut deposito studio contentionis adtendant, si mundi animus Deus est eique animo mundus ut corpus est, ut sit unum animal constans ex animo et corpore, atque iste Deus est sinu quodam naturae in se ipso continens omnia, ut ex ipsius anima, qua uiuificatur tota ista moles, uitae atque animae cunctorum uiuentium pro cuiusque nascendi sorte sumantur, nihil omnino remanere, quod non sit pars Dei. Quod si ita est, quis non uideat quanta impietas et inreli-

[98] Cf. Varro, *De lingua Latina* 5.10.68, 74; Stoici in Lactantius, *Divinae institutiones* 2.5.11.

[99] 교부는 별을 부패하지 않는 신적 사물로 여기는 철학 사조(예: Plato, *Epinomis* 984d)와 인간의 운명과 농사의 풍년에 미치는 영향으로 성신숭배(星辰崇拜)가 성행하던 시대를 배경으로 발언한다.

[100] Cf. Cicero, *De natura deorum* 2.17.45 - 28.72.

유피테르의 부분이라 하고 모든 것이 살아있고 이성혼理性魂을 지니고 있다고 말할 경우,[98] 그래서 모든 것이 신이라는 데 이의가 없을 경우, 그들이 얼마나 많은 신들을 숭배하지 않고 있으며, 얼마나 많은 신들에게 전당을 짓지도 제단을 세우지도 않았고, 오직 성좌星座 가운데 극소한 숫자에만 제단을 세우고 개별적으로 희생제사를 바쳐야 한다고 생각해 왔음을 미처 깨닫지 못한다.[99] 성좌들이 개별적으로 숭배해 주지 않는다고 화를 낸다면 소수는 무마되겠지만 온 하늘이 노여워 요동치는 가운데 살아가야 하고 우리가 정작 두려워할 것은 그것이 아닐까? 모든 별들이 사람들이 숭배하는 유피테르 안에 있기 때문에, 차라리 간단하게 유피테르 하나 안에서 그 모든 별들에게 기도를 바치고 있노라고 말한다면(그럴 경우에는 아무도 화를 내지 않을 것이니, 유피테르를 숭배하는 이상 유피테르 안에서 아무도 소홀한 대접을 받지 않는 까닭이다), 일부에게만 숭배를 바침으로써 훨씬 많은 숫자의 별들이 소홀한 대접을 받는다고 화낼 지당한 사유를 찾아내는 것보다 그게 나을지 모른다. 더구나 자기들은 드높은 자리에서 찬란하게 빛을 발하고 있는데 수치스런 알몸을 드러내고 누워 있는 프리아푸스가 자기들보다 우대받는다면 얼마나 진노할까?

12. 신이 세계의 혼이고 세계는 신의 몸이라고 생각한 사람들의 견해

그렇다면? 저런 생각은 지성이 명민한 사람들과 그밖의 보통 사람들(저런 것을 파악하는 데는 탁월한 재능이 필요한 것도 아니다)을 움직여서, 이런 시비에 대한 호기심을 제쳐두고, 과연 신이 세계의 혼인지, 한 생명체가 영혼과 육체로 구성되어 있듯이 이 세계가 영혼인 신의 몸체인지 주의를 기울이게 해야 하지 않을까?[100] 그리고 그 신이 대자연을 품에 안듯이 만물을 자기 안에 내포하는지, 신의 영혼으로 세계라는 거대한 몸체가 살아있으므로 신의 영혼이 살아있는 모든 생물의 생명이자 영혼인지, 출생하는 모든 것이 그 종류대로 신의 영혼으로부터 유래하는지, 그래서 신의 부분이 아닌 것은 아무것도 남지 않는지 주의를 집중해야 하지 않을까? 만일 그렇다고 주장한다면, 여기서 따라나오는 불경과 불신이 얼마나 큰지를 누가 모르겠는가? 누구를 걷어차는 사람은 신

giositas consequatur, ut, quod calcauerit quisque, partem Dei calcet, et in omni animante occidendo pars Dei trucidetur? Nolo omnia dicere, quae possunt occurrere cogitantibus, dici autem sine uerecundia non possunt.

13. Si autem sola animalia rationalia, sicut sunt homines, partes Dei esse contendunt: non uideo quidem, si totus mundus est Deus, quo modo bestias ab eius partibus separent; sed obluctari quid opus est? De ipso rationali animante, id est homine, quid infelicius credi potest, quam Dei partem uapulare, cum puer uapulat? Iam uero partes Dei fieri lasciuas, iniquas, impias atque omnino damnabiles quis ferre possit, nisi qui prorsus insanit? Postremo quid irascitur eis, a quibus non colitur, cum a suis partibus non colatur? Restat ergo ut dicant omnes deos suas habere uitas, sibi quemque uiuere, nullum eorum esse partem cuiusquam, sed omnes colendos, qui cognosci et coli possunt, quia tam multi sunt, ut omnes non possint. Quorum Iuppiter quia rex praesidet, ipsum credo ab eis putari regnum constituisse uel auxisse Romanum. Nam si hoc ipse non fecit, quem alium deum opus tam magnum potuisse adgredi credant, cum omnes occupati sint officiis et operibus propriis, nec alter inruat in alterius? A rege igitur deorum regnum hominum potuit propagari et augeri.

의 일부를 걷어차는 것이고 피살당하는 모든 생명 안에서 신의 일부가 살해당한다.[101] 생각할 줄 아는 사람들의 머리에 떠오를 만한 것들을 내가 모조리 발설하고 싶지는 않다. 입밖에 내자면 부끄럽기 짝이 없기 때문이다.

13. 이성적 동물만 유일한 신의 지체라고 주장하는 사람들

그들이 인간처럼 이성적 동물들만 신의 부분이라고 주장한다고 하자. 온 세상이 신인데 어떻게 짐승들을 신의 부분에서 따로 떼어내는지 난 모르겠다. 하지만 무엇 때문에 이를 두고 시비를 가리겠는가? 이성적 동물, 즉 인간을 두고 보더라도 아이가 매를 맞으면 신의 일부가 매를 맞는다고 믿는 것보다 안쓰러운 일이 있을까? 미친 사람이 아니고서야 신의 일부가 외설적이고 사악하고 불경스럽고 비난받을 만한 사물이 되는 일을 누가 견뎌낼 수 있겠는가?[102] 끝으로 자신의 부분들에게서도 숭배를 받지 못하는 터에 자기를 숭배하지 않는다고 왜 남들에게 화를 낸다는 말인가? 저 사람들에게 남은 얘기는 이것이다: 모든 신들이 제각기 자기의 고유한 생명을 가진다. 각자가 자기 나름대로 살아있다. 어느 신도 다른 신의 일부가 아니다. 따라서 신들이 하도 많아서 신들을 모조리 숭배할 수는 없을 테니까 알려지고 숭배받을 만하면 모든 신들을 제각각 숭배해야 한다.[103] 그리고 내가 믿기로는 그들 가운데서 유피테르가 왕이므로 바로 그 신에 의해 로마 왕국이 건설되었고 확장되었다고 생각할 것이다. 왜냐하면, 만약 유피테르 본인이 이 일을 하지 않았다면, 모든 신들이 고유한 소임과 활동에 사로잡혀 있고 제각기 남의 일에 간섭할 수 없는 사정인데, 다른 어떤 신이 이처럼 위대한 사업을 담당했다고 믿어야겠는가? 따라서 신들의 왕에 의해 인간들의 왕국이 확장되고 융성했다고 말하는 것이다.

---

[101] in omni animante occidendo pars Dei trucidetur: 비록 만유신론(panentheismus)을 반박하는 대목이지만 교부도 이 고상한 표현을 알고 있었다.

[102] partes Dei lascivas: 앞에 나온(각주 94 참조) Priapus의 신물(남근)에 대한 숭배를 가리킨다.

[103] 이를 빙거로 교부들은 자연적 유일신론도 스토아 세계혼 이론도 똑같이 배격했다. Cf. Lactantius, *Divinae institutiones* 1.3; 1.12; Minucius Felix, *Octavius* 19; Tertullianus, *Ad nationes* 2.3.

14. Hic primum quaero, cur non etiam ipsum regnum aliquis deus est? Cur enim non ita sit, si Victoria dea est? Aut quid ipso Ioue in hac causa opus est, si Victoria faueat sitque propitia et semper eat ad illos, quos uult esse uictores? Hac dea fauente et propitia, etiam Ioue uacante uel aliud agente, quae gentes non subditae remanerent? Quae regna non cederent? An forte displicet bonis iniquissima inprobitate pugnare et finitimos quietos nullamque iniuriam facientes ad dilatandum regnum bello spontaneo prouocare? Plane si ita sentiunt approbo et laudo.

15. Videant ergo ne forte non pertineat ad uiros bonos gaudere de regni latitudine. Iniquitas enim eorum, cum quibus iusta bella gesta sunt, regnum adiuuit ut cresceret, quod utique paruum esset, si quies et iustitia finitimorum contra se bellum geri nulla prouocaret iniuria ac sic felicioribus rebus humanis omnia regna parua essent concordi uicinitate laetantia et ita essent in mundo regna plurima gentium, ut sunt in urbe domus plurimae ciuium. Proinde belligerare et perdomitis gentibus dilatare regnum malis uidetur felicitas, bonis necessitas. Sed quia peius esset, ut iniuriosi iustioribus dominarentur, ideo non incongrue dicitur etiam ista felicitas. Sed procul dubio felicitas maior est uicinum bonum habere concordem quam uicinum malum subiugare bellantem. Mala uota sunt

---

[104] Victoria: 이하 4권의 15, 17, 21, 24장과 5.17.1에 다시 언급된다.

[105] 로마인들이 추상적 사건이나 덕목을 신격화한 작업 중 승리의 여신 빅토리아(그리스 니케 여신)가 가장 오래 되었으며 BC 294년에 카피톨리움에 신전이 있었다(Livius, *Ab Urbe condita* 10.33.9). 날개가 있고 월계관을 쓰고 한 손에 종려가지를 든 형상이었다(Cicero, *De natura deorum* 2.23.61). 아우구스투스가 원로원에 안치한 여신상을 철거하라는 조처(BC 382년)는 심마쿠스 등 비그리스도인 지성인들의 최후 저항을 야기했다.

[106] 앞의 3장 제목(breviculus)으로 제기된 질문이지만 다른 각도에서 다시 다룬다.

제3부 (14-34)
로마제국의 수호신들

14. 로마인들이 원하는 대로 빅토리아 여신 혼자 왕국의 흥성을 주관하는 데 넉넉할 터이므로 왕국의 흥성을 유피테르에게 돌리는 것은 적절하지 않다

나는 여기서 먼저 묻고 싶다. 왕국 자체가 어째서 곧 신이 아닌가? 승리가 곧 빅토리아라는 여신이라면 왜 왕국은 곧 신이 아닌가? 빅토리아[104]가 승리자로 만들고 싶은 사람들을 총애하고 보살피고 언제나 찾아간다면 이 일에 유피테르가 무슨 소용인가?[105] 이 여신이 총애하고 보살피는 한, 유피테르가 비록 자리를 비우고 딴 일에 마음을 쓰더라도, 어느 민족이 굴종하지 않겠는가? 어느 왕국이 항복하지 않겠는가? 극히 사악한 불의로 싸움을 걸고 단지 왕국을 확장할 생각으로 평화롭고 아무 불의도 저지르지 않은 이웃들을 고의적 전쟁으로 도발하는 일이야 선량한 인간들의 마음에 들 리 없지 않을까? 만에 하나라도 사람들이 저런 짓이 옳지 않다고 느낀다면, 나도 적극 동의하고 칭송하는 바이다.

15. 통치 영역을 확장하고 싶어하는 일이 선인들에게 적절한가

왕국이 넓다고 좋아하는 짓이 과연 선인다운지 살펴보도록 하라.[106] 누군가와 의로운 전쟁을 벌였다면, 결국 상대방의 불의가 우리 왕국이 성장하도록 도운 셈이다. 인근 주민의 평화와 정의가 아무런 도전도 야기하지 않고 우리 왕국이 전쟁을 일으키지 않아도 되었다면, 우리 왕국은 계속 소국으로 남아있었을지 모른다. 그러니까 인간 역사가 태평했다면 왕국들은 조그만 채 남아있었을 것이고, 화목한 선린善隣 가운데 희희낙락했을 것이며, 도성에 시민들의 가택이 많고 많듯이 세상에도 민족들의 왕국이 많고도 많았을 것이다. 그렇다면 전쟁을 일으키고 민족들을 정복하면서 왕국을 팽창하는 일은 악인들에게는 번영이지만 선인들에게는 위급이리라. 그렇지만 불의한 자들이 의로운 자들을 지배하고 어처구니없게도 그것을 번영이라고 일컫는다면 이보다 더 고약한 일은 없다. 화목한 관계의 선한 이웃과 지내는 일이 싸움을 걸어오는 악한 이웃과 지내는 일보다

optare habere quem oderis uel quem timeas, ut possit esse quem uincas.
Si ergo iusta gerendo bella, non impia, non iniqua, Romani imperium tam
magnum adquirere potuerunt, numquid tamquam aliqua dea colenda est
eis etiam iniquitas aliena? Multum enim ad istam latitudinem imperii eam
cooperatam uidemus, quae faciebat iniuriosos, ut essent cum quibus iusta
bella gererentur et augeretur imperium. Cur autem et iniquitas dea non sit
uel externarum gentium, si Pauor et Pallor et Febris dii Romani esse
meruerunt? His igitur duabus, id est aliena iniquitate et dea Victoria, dum
bellorum causas iniquitas excitat, Victoria eadem bella feliciter terminat,
etiam feriato Ioue creuit imperium. Quas enim hic partes Iuppiter haberet,
cum ea, quae possent beneficia eius putari, dii habentur, dii uocantur, dii
coluntur, ipsi pro suis partibus inuocantur? Haberet hic autem etiam ille
aliquam partem, si Regnum etiam ipse appellaretur, sicut appellatur illa
Victoria. Aut si regnum munus est Iouis, cur non et uictoria munus eius
habeatur? Quod profecto haberetur, si non lapis in Capitolio, sed uerus
rex regum et dominus dominantium cognosceretur atque coleretur.

16. Miror autem plurimum, quod, cum deos singulos singulis rebus et
paene singulis motibus adtribuerent, uocauerunt deam Agenoriam, quae
ad agendum excitaret, deam Stimulam, quae ad agendum ultra modum
stimularet, deam Murciam, quae praeter modum non moueret ac faceret
hominem, ut ait Pomponius, murcidum, id est nimis desidiosum et inac-

---

[107] "의로운 전쟁"(iustum bellum) 이론을 앞세운 제국주의(Plato, *Leges* 625e - 626c(만인이 만인을 상대로 하는 전쟁만이 역사의 법칙이라는 주장이 소개된다))를 아우구스티누스는 이하에 논리적으로 반박한다.

[108] Pavor(공포), Pallor(경악: Livius, *Ab Urbe condita* 1.27.7), Febris(학질: 본서 2.14 참조)가 여신이라면 "악행"(iniquitas)이 신격화되어서는 왜 안 되는가?

[109] regnum: "왕권"도 되고 "왕국"도 된다(앞의 각주 14 참조).

[110] 카피톨리움 언덕에 벼락맞은 돌이 있어 유피테르의 상징적 현존을 나타냈다(Iupiter lapis(Iovis lapis가 아니고 동격어임): 2.29.2 각주 216 참조).

[111] 묵시 19,16 참조: "왕들의 왕, 군주들의 군주".

[112] Agenoria, Stimula, 이하의 Strenia는 앞의 4.11(각주 82와 91의 어원 참조)에 나왔다. Cf. Livius, *Ab Urbe condita* 12.3; Ovidius, *Fasti* 6.503.

[113] Cf. Lucius Pomponius, *Fabulae Atellanae* fr.145(Hieronymus, *Chronicon*에 제목들이 나온다).

더 큰 행복임은 의심의 여지가 없다. 그대가 미워할 사람이 있고 두려워할 사람이 있어 그를 쳐부술 수 있기 바란다면, 소망치고는 참으로 불행한 소망이다.[107] 로마인들이 의로운 전쟁, 불경스럽지도 않고 사악하지도 않은 전쟁들을 수행하여 저처럼 거대한 제국을 성취할 수 있었다면, 전쟁을 도발한 타자의 악행이야말로 어떤 여신으로 받들어야 마땅하지 않을까? 그런 악행이야말로 제국의 확장에 크게 이바지한 것이며, 그런 악행이 타민족들을 불의한 자들로 만들고 그들을 상대로 의로운 전쟁이 수행되어 그 결과 제국이 확장될 수 있었다. 만일 파보르와 팔로르와 페브리스가 로마의 신들이 될 만했다면 악행마저 적어도 외방 민족들에게 여신이 되어서는 왜 안 되는가?[108] 이 두 여신만으로, 그러니까 타자의 악행과 빅토리아 여신만으로, 악행으로 전쟁의 사유를 촉발하고 빅토리아가 그 전쟁을 종식시키는 한, 유피테르가 일을 쉬고 있어도 제국은 번성하고도 남을 것이다! 여기서 유피테르의 혜택이라고 여겨지는 것들이 곧바로 신으로 간주되고 신으로 호칭되고 신으로 숭배받는 터에, 그것들이 유피테르의 일부라고 여겨지는 것이 아니라 그것들이 곧 신으로 불리는 터에, 유피테르는 과연 어디에 쓸모가 있는 것일까? 승리가 빅토리아라고 불리듯이, 여기서 유피테르가 레그눔[109]이라는 호칭을 받는다면 그도 차지할 몫이 있기는 할 것이다. 왕권이 유피테르의 임무라면 승리는 왜 그의 임무로 여겨지지 않는가? 만일 그가 카피톨리움에 자리잡은 돌[110]이 아니고 정말 왕 중의 왕이요, 군주들의 군주로 인식되고 숭배를 받았다면[111] 물론 승리가 그의 임무로 여겨졌으리라.

16. 로마인들은 모든 사물과 모든 사건에 개별 신들을 배당했으면서도 무엇 때문에 성문 밖에 퀴에스 여신의 전당을 만들었는가

내가 참으로 이상하게 여기는 일이 하나 있다. 로마인들은 모든 사물과 모든 운동에 개별 신들을 배당했다. 행동하게 만드는 여신은 아게노리아라 불렸고, 정도 이상으로 행동하도록 자극을 하는 여신은 스티물라라 불렸으며,[112] 폼포니우스 말대로[113] 정도 이상으로 움직이지 않게 하는, 다시 말해 사람을 게으르고 너무나 무감각하고 무기력하게 만드는 여신은 무르키아라 불렸고, 사람을 부산

tuosum, deam Streniam, quae faceret strenuum, his omnibus diis et dea-
bus publica sacra facere susceperunt, Quietem uero appellantes, quae fa-
ceret quietum, cum aedem haberet extra portam Collinam, publice illam
suscipere noluerunt. Vtrum indicium fuit animi inquieti, an potius ita
significatum est, qui illam turbam colere perseueraret non plane deorum,
sed daemoniorum, eum quietem habere non posse? Ad quam uocat uerus
medicus dicens: *Discite a me, quoniam mitis sum et humilis corde, et
inuenietis requiem animabus uestris.*

17. An forte dicunt, quod deam Victoriam Iuppiter mittat atque illa tam-
quam regi deorum obtemperans ad quos iusserit ueniat et in eorum parte
considat? Hoc uere dicitur non de illo Ioue, quem deorum regem pro sua
opinione confingunt, sed de illo uero rege saeculorum, quod mittat non
Victoriam, quae nulla substantia est, sed angelum suum et faciat uincere
quem uoluerit; cuius consilium occultum esse potest, iniquum non potest.
Nam si uictoria dea est, cur non deus est et triumphus, et uictoriae iungi-
tur uel maritus uel frater uel filius? Talia quippe isti de diis opinati sunt,
qualia si poetae fingerent atque a nobis exagitarentur, responderent isti
ridenda esse figmenta poetarum, non ueris adtribuenda numinibus; et ta-
men se ipsi non ridebant, cum talia deliramenta non apud poetas legebant,
sed in templis colebant. Iouem igitur de omnibus rogarent, ei uni tantum-
modo supplicarent. Non enim, quo misisset Victoriam, si dea est et sub
illo rege est, posset ei audere resistere et suam potius facere uoluntatem.

---

[114] publica sacra: ludi scaenici는 이 제전의 일부 행사였다.

[115] Murcia ← murcus(무기력: Arnobius, *Adversus nationes* 4.9), Quies ← quies(안식, 수면): Livius (*Ab Urbe condita* 4.41.8)는 Via Lacticana에 Quies의 신전이 있었다고 전한다.

[116] indicium animi inquieti ... quietem habere non posse: 다신숭배 전체가 정신적 불안의 소치요 그것을 초래한다는 것이 교부의 신념이다.

[117] 마태 11,29. 아프리카에서는 그리스도를 의사(Christus medicus)로 숭배하는 풍조가 강했다.

[118] rex saeculorum: 그리스도를 지칭한다. saeculum은 원래 "소생"(所生 ← sero) 혹은 한 "세대"(世代)를 가리켰지만 "백년의 시간간격"(Varro, *De lingua Latina* 6.2.11)을 거쳐 주기적으로 생성소멸하는 우주의 한 주기를 가리키기에 이르렀다.

[119] "승리"(victoria, f.)가 여신이라면 "개선"(triumphus, m.)도 여신의 남편이나 오라비나 아들쯤은 되지 않겠느냐는 비아냥이다.

[120] 외교인 지성인들이 문학비판이나 철학으로 바른 신관에 도달하고서도 정작 다신들의 신당들을 찾아가 숭배하고 제사하는 행실을 교부는 지적한다.

스럽게 만드는 여신은 스트레니아라 불렸다. 그들은 이 모든 남신과 여신들에게 공공 제전[114]을 제정하기로 채택했다. 그리고 안식을 만들어주는 자를 퀴에스라 불렀는데 콜리나 성문 밖에 전당을 만들었으므로 공식적으로는 이 여신을 받아들이려 하지 않은 셈이다.[115] 이 여신을 거부한 것은 불안한 정신의 표현이었을까? 그렇지 않으면 분명히 신들의 패거리가 아니고 정령들의 패거리를 계속 숭배하다 보니 결코 안식을 얻지 못했음을 의미할까?[116] 안식을 호소하며 참된 의사醫師인 분은 이렇게 말했다: "나는 온유하고 마음이 겸손하니 내 멍에를 메고 나에게서 배우시오. 여러분의 영혼이 안식을 얻을 것입니다".[117]

17. 유피테르의 권능이 최고 권능이리면 빅토리아가 여신일 필요가 있는가

혹시 저 사람들은 유피테르가 빅토리아를 파견한다고, 그래서 여신은 신들의 왕에게 복종하는 가운데 유피테르가 가라고 명령한 상대방들을 찾아가 신들의 위치를 대신한다고 말하지는 않을까? 이런 말이 정말 해당하는 것은 사람들이 자기 멋대로 신들의 왕이라고 상상해낸 저 유피테르가 아니고 참으로 세기의 왕[118]인 분이다. 그분은 아무 실체도 없는 빅토리아를 파견하는 것이 아니고 당신의 천사를 보내며, 당신이 원하는 자가 이기게 한다. 그분의 의중은 감추어져 있을 수는 있지만 항상 의롭다. 사실 승리가 여신이라면, 개선은 왜 신이 아니며, 승리와 인연이 있는 남편이나 오라비나 아들은 왜 아니라는 말인가?[119] 이상의 얘기들이 저 사람들이 제신을 두고 품어온 생각이었다. 그런 것을 만약 시인들이 상상해냈고 그런 상상의 산물을 우리가 비아냥거렸더라면 저 사람들은, 시인들의 창작이야 웃어넘겨야 마땅하며 진짜 신령들에게 그런 속성을 돌려서는 안 된다고 대꾸했을 것이다. 하지만 저 사람들은 이렇게 우스꽝스런 일들을 시인들의 글에서 읽을 적에는 웃었는지 모르지만 신전에서 예배를 바칠 적에는 웃지 않았다.[120] 그러므로 모든 일을 두고 유피테르에게 간청을 드려야 했으며 그 하나에게만 드려야 했다. 만일 여신이 존재하고 저 왕 밑에 있다면, 유피테르가 어디로 여신을 보냈든 유피테르에게 반항할 수는 없을 것이요, 유피테르의 뜻을 무시하고 자기 뜻대로 처신할 리가 없을 것이기 때문이다.

18. Quid, quod et Felicitas dea est? Aedem accepit, aram meruit, sacra congrua persoluta sunt. Ipsa ergo sola coleretur. Vbi enim ipsa esset, quid boni non esset? Sed quid sibi uult, quod et Fortuna dea putatur et colitur? An aliud est felicitas, aliud fortuna? Quia fortuna potest esse et mala; felicitas autem si mala fuerit, felicitas non erit. Certe omnes deos utriusque sexus (si et sexum habent) non nisi bonos existimare debemus. Hoc Plato dicit, hoc alii philosophi, hoc excellentes rei publicae populorumque rectores. Quo modo ergo dea Fortuna aliquando bona est, aliquando mala? An forte quando mala est, dea non est, sed in malignum daemonem repente conuertitur? Quot sunt ergo deae istae? Profecto quotquot homines fortunati, hoc est bonae fortunae. Nam cum sint et alii plurimi simul, hoc est uno tempore, malae fortunae, numquid, si ipsa esset, simul et bona esset et mala; his aliud, illis aliud? An illa, quae dea est, semper est bona? Ipsa est ergo Felicitas: cur adhibentur diuersa nomina? Sed hoc ferendum est; solet enim et una res duobus nominibus appellari. Quid diuersae aedes, diuersae arae, diuersa sacra? Est causa, inquiunt, quia felicitas illa est, quam boni habent praecedentibus meritis; fortuna uero, quae dicitur bona, sine ullo examine meritorum fortuito accidit hominibus et bonis et malis, unde etiam Fortuna nominatur. Quo modo ergo bona est, quae sine ullo iudicio uenit et ad bonos et ad malos? Vt quid autem colitur, quae ita caeca est passim in quoslibet incurrens, ut suos cultores plerumque prae-

---

[121] Felicitas (행복): 에로스와 프시케의 딸로 로마에 신전을 둔 것은 비교적 후대인 BC 146년이었다 (Cicero, *Orationes in Verrem* 2.4.4). 본서 4.21; 4.23; 5.16; 7.3; 7.14 참조.

[122] Fortuna: 아우구스투스 치하부터 각별히 숭배를 받았다. 다양한 칭호로 불렸다: Fortuna populi Romani, publica, muliebris, equestris, Tulliana, victrix, regina, redux. Cf. Varro, *De lingua Latina* 5.10.74; Plinius, *Historia naturalis* 2.5.22; 본서 6.1.4; 7.3.2.

[123] 로마에서는 Fortuna mala (악운)도 숭배받은 적 있다: Cicero, *De natura deorum* 3.25.63.

[124] Cf. Plato, *Phaedrus* 246d; Plotinus, *Enneades* 3.2.4.

[125] 예: Seneca, *Epistula* 91.4-7; Plutarchus, *Quaestiones Romanae* 74.

[126] Felicitas (gr. Eutychia)와 Fortuna (gr. Tyche)에 차이가 있다면 전자는 그 선익이 인간의 노력에 달려 있고 후자는 순전히 우연 (fors → fortuna)으로 닥치는 점이겠다. Cf. Varro, *De lingua Latina* 6.3.17; Cicero, *De natura deorum* 3.25.63.

18. 펠리키타스와 포르투나를 여신으로 여기는 사람들은 그 둘을 무슨 명분으로 구분하는가

펠리키타스가 여신이라는 것은 어찌할 것인가? 이 여신은 전당을 받았고 제단을 차지했고 합당한 제전을 봉헌받았다.[121] 그렇다면 그 여신도 혼자서 숭배를 받았어야 옳다. 그 여신이 있는 곳이라면 없는 선이 무엇이겠는가? 그런데 포르투나도 여신으로 여겨지고 숭배받는 것은 도대체 무엇 때문인가?[122] 행복과 행운이 별개로 다르다는 말인가? 행운은 나쁜 운수일 수도 있지만, 나쁜 행복이면 행복이 아니지 않은가?[123] 우리는 양성兩性의 신들 모두를 (물론 신들이 성性을 지녔을 경우에 하는 말이지만) 선한 자들로 여겨야 마땅하다. 이것은 플라톤이 한 말이고,[124] 너타의 철학자들이 한 말이고, 공화국과 여러 민족의 위대한 지도자들이 한 말이다. 그렇다면 어떻게 해서 포르투나가 때로는 선하고 때로는 악할 수 있다는 말인가? 혹시 악한 경우에는 여신이 아니고 갑작스럽게 악한 정령으로 변해 버린다는 말인가? 그 여신이 행운을 일일이 따로 관장한다면 여신들은 숫자가 얼마나 되겠는가? 아마도 행운을 얻은 사람들 숫자만큼, 즉 좋은 행운을 받은 사람들 숫자만큼 많을 것이다. 나쁜 운수를 받은 사람들이 있을 경우, 더구나 동시에 무수히 많을 경우에, 그 여신이 있다면 동시에 선한 여신이자 동시에 악한 여신이라는 말인가? 그렇지 않으면 같은 여신이 이 사람들에게는 선한 여신이고 저 사람들에게는 악한 여신인가? 그렇지 않으면 여신이라는 점에서는 항상 선한 여신인가? 그렇다면 이 여신은 다름아닌 펠리키타스이다. 왜 구태여 다른 이름들을 쓰는가? 하기야 이런 정도는 봐줄 만하다. 한 가지 사물이 두 가지 이름으로 불리는 일은 예사니까. 여러 전당, 여러 제단, 여러 제의는 또 어떻게 설명할 것인가? 그들이 하는 말에 따르면[125] 행복이라는 것은 선한 사람들이 이전의 공덕으로 인해 누리는 것이고, 행운이라는 것은 공덕을 일체 고려에 넣지 않고서 선인이든 악인이든 사람들에게 우연히 닥치는 선익이며 그렇기에 포르투나(곧 행운)라고 부른다.[126] 그런데 아무런 분별없이 선인이고 악인이고 무작정 찾아오는 여신이 어떻게 선한 여신이라는 말인가? 눈먼 채로 여기저기 아무한테나 달려가다 보면 자기를 숭배하는 자들은 지나쳐 버리고 자기를 경멸하는

tereat et suis contemptoribus haereat? Aut si aliquid proficiunt cultores eius, ut ab illa uideantur et amentur, iam merita sequitur, non fortuito uenit. Vbi est definitio illa Fortunae? Vbi est quod a fortuitis etiam nomen accepit? Nihil enim prodest eam colere, si fortuna est. Si autem suos cultores discernit, ut prosit, fortuna non est. An et ipsam, quo uoluerit, Iuppiter mittit? Colatur ergo ipse solus; non enim potest ei iubenti et eam quo uoluerit mittenti Fortuna resistere. Aut certe istam mali colant, qui nolunt habere merita, quibus dea possit Felicitas inuitari.

19. Tantum sane huic uelut numini tribuunt, quam Fortunam uocant, ut simulacrum eius, quod a matronis dedicatum est et appellata est Fortuna muliebris, etiam locutum esse memoriae commendauerint atque dixisse non semel, sed iterum, quod eam rite matronae dedicauerint. Quod quidem si uerum sit, mirari nos non oportet. Non enim malignis daemonibus etiam sic difficile est fallere, quorum artes atque uersutias hinc potius isti aduertere debuerunt, quod illa dea locuta est, quae fortuito accidit, non quae meritis uenit. Fuit enim Fortuna loquax et muta Felicitas, ut quid aliud, nisi ut homines recte uiuere non curarent conciliata sibi Fortuna, quae illos sine ullis bonis meritis faceret fortunatos? Et certe si Fortuna loquitur, non saltem muliebris, sed uirilis potius loqueretur, ut non ipsae, quae simulacrum dedicauerunt, putarentur tantum miraculum muliebri loquacitate finxisse.

---

[127] Fortuna muliebris: 여자의 행운(Livius, *Ab Urbe condita* 2.40). Fortuna virginalis라고도 불렀다 (Arnobius, *Adversus nationes* 2.67).

[128] Cf. Livius, *Ab Urbe condita* 2.40.12; Valerius Maximus, *Facta et dicta memorabilia* 1.8.4.

[129] 같은 석상(石像)인데 Fortuna는 말을 했다 하고(앞의 각주 128 참조) Felicitas 석상은 말을 한 적이 없지 않으냐는 풍자다.

[130] Fortuna virilis도 따로 있었다. Cf. Ovidius, *Fasti* 4.145.

사람들에게 매달릴 텐데 그런 자를 어떻게 여신으로 숭배하는가? 그 여신을 섬기는 자들이 그 여신의 눈에 띄고 사랑을 받을 만큼 무슨 이득인가 얻는다면, 벌써 여신이 그 사람들의 공덕을 따르는 것이지 우연히 찾아오는 것이 아니다. 그럼 포르투나의 정의定義, 곧 우연에서 이름까지 딴 그 정의는 어디에 있는가? 만일 행운이라면 그것을 섬기는 것은 소용없는 일이다. 만에 하나 자기를 섬기는 사람들을 구별해내어 이익을 준다면 이는 이미 행운이라고 할 수 없다. 아마도 유피테르가 보내고 싶은 대로 그 여신을 보내는 것일까? 그렇다면 유피테르 하나만 섬겨야 한다. 명령을 내리는 자에게, 보내고 싶은 대로 자기를 보내는 자에게 포르투나가 반항할 수는 없는 까닭이다. 아니면 악인들만 그 여신을 섬겨야 하리라. 악인들이야 유피테르가 자기에 공덕을 보고서 펠리키타스를 보내게끔 공덕을 세울 마음이 전혀 없을 것이기 때문이다.

19. 포르투나 물리에브리스

포르투나라고 부르는 이 신령에게 바쳐지는 바가 참으로 막중하여 여신의 우상이 귀부인들에 의해 봉헌된 적이 있는데, 그 이름이 포르투나 물리에브리스였다.[127] 이 우상은 말까지 할 수 있었다고 한다.[128] 그것도 한 번이 아니고 두 번이나 했으며, 귀부인들이 자기를 봉헌한 일은 잘한 일이라고 말했다는 것이다. 그것이 참말이라 해도 우리는 이상하게 생각할 필요가 없다. 악한 정령들에게는 이런 수작으로 사람을 속이기가 그다지 힘들지 않기 때문이다. 다만 저들은 여기서 그 신들의 술수와 교활한 장난을 간파해야 했다. 왜냐하면 정작 그런 말을 한 것은 공덕功德을 보고서 찾아오지 않고 우연偶然으로 찾아오는 여신이었기 때문이다. 포르투나는 말이 많았고 펠리키타스는 벙어리였다.[129] 이는 포르투나가 아무런 선한 공덕이 없더라도 사람들을 행운아로 만들어주기 때문에, 사람들이 포르투나만 자기 편으로 삼으려 할 뿐 올바로 사는 데는 마음을 쓰지 않은 까닭이 아니고 무엇이겠는가? 또 만일 포르투나가 말을 한다면 여자 포르투나가 아니고 남자 포르투나가 말을 했어야 옳다.[130] 우상을 봉헌한 여자들이 여자다운 수다로 그런 기적을 꾸며낸 것처럼 오해받을 소지가 있기 때문이다.

20. Virtutem quoque deam fecerunt; quae quidem si dea esset, multis fuerat praeferenda. Et nunc quia dea non est, sed donum Dei est, ipsa ab illo impetretur, a quo solo dari potest, et omnis falsorum deorum turba uanescet. Sed cur et Fides dea credita est et accepit etiam ipsa templum et altare? Quam quisquis prudenter agnoscit, habitaculum illi se ipsum facit. Vnde autem sciunt illi quid sit fides, cuius primum et maximum officium est, ut in uerum credatur Deum? Sed cur non suffecerat Virtus? Nonne ibi est et Fides? Quando quidem uirtutem in quattuor species distribuendam esse uiderunt, prudentiam, iustitiam, fortitudinem, temperantiam; et quoniam et istae singulae species suas habent, in partibus iustitiae fides est maximumque locum apud nos habet, quicumque scimus quid sit, quod *iustus ex fide uiuit*. Sed illos miror adpetitores multitudinis deorum, si fides dea est, quare aliis tam multis deabus iniuriam fecerint praetermittendo eas, quibus similiter aedes et aras dedicare potuerunt? Cur temperantia dea esse non meruit, cum eius nomine nonnulli Romani principes non paruam gloriam compararint? Cur denique fortitudo dea non est, quae adfuit Mucio, cum dexteram porrexit in flammas; quae adfuit Curtio, cum se pro patria in abruptam terram praecipitem dedit; quae adfuit Decio patri et Decio filio, cum pro exercitu se uouerunt? Si tamen his omnibus uera inerat fortitudo, unde modo non agitur. Quare prudentia, quare sapientia nulla numinum loca meruerunt? An quia in nomine generali ipsius uirtutis omnes coluntur? Sic ergo posset et unus

---

[131] Virtus: "덕"으로 번역되지만 "남자다움" 또는 "용기"로 알아들었으며 BC 233년부터 Honor(영예)와 더불어 한 신전에서 숭배를 받았다. Cf. Cicero, *De officiis* 3.104; 본서 5.12.3; 7.3.

[132] Fides: 왕정시대부터 "믿음" 또는 "신의"는 여신으로 숭배받았다고 한다. Cf. Varro, *De lingua Latina* 5.10.74; Cicero, *De natura deorum* 2.9.23; Horatius, *Carmina* 1.35.21.

[133] 하바 2,4; 로마 1,17; 갈라 3,11; 히브 10,38.

[134] Gaius Mucius Scaevola의 행위는 5.18(그밖에 2.29.1; 5.14에 언급); Livius, *Ab Urbe condita* 2.12 참조.

[135] Marcus Curtius: 신탁에 복종하고 조국을 구하려고(BC 362) 스스로 땅 갈라진 틈새로 뛰어들었다는 청년(Livius, *Ab Urbe condita* 7.6). 본서 5.14; 5.18.2 참조.

[136] Publius Decius Mus 부친(BC 340), 아들(BC 295), 손자(BC 279) 삼대가 조국을 위해 희생된 영웅들로 칭송받는다(Livius, *Ab Urbe condita* 8.9; 10.28). 본서 5.14; 5.18.2 참조.

[137] 이에 관한 이의 제기는 다음을 참조: Lucius Ampelius, *Liber memorabilium* 20; Valerius Maximus, *Facta et dicta memorabilia* 3.3.1; 5.6.2-6.

20. 만일 덕목에 신성을 부여해야 한다면 다른 덕목들도 비슷하게 숭배했어야 하지만 외교인들은 비르투스와 피데스에게만 신전과 제의를 바쳤다

그들은 덕德도 여신으로 만들었다.[131] 그것이 여신이라면 당연히 많은 신들보다 앞세워야 하리라. 그런데 지금 볼 때에 그것은 여신이 아니라 하느님의 선물이므로 그것을 베풀 수 있는 유일한 분에게 달라고 청해야 하며 가짜 신들의 온갖 패거리는 사라져야 할 것이다. 그렇지만 왜 피데스마저 여신으로 신앙되었고 신전과 제단을 받고 있는가?[132] 누구든 이 덕성이 무엇인지 인식하는 사람은 자기 자신을 여신의 처소로 만든다. 그런데 믿음의 첫째가는 가장 큰 본분은 참된 하느님을 믿는 데 있거늘, 저들이 믿음이 무엇인지 어떻게 알 수 있을까? 어째서 비르투스로 충분하지 않았을까? 거기에 피데스도 포함되어 있지 않은가? 사람들은 일찍이 덕성을 현명, 정의, 용기, 절제 네 형태로 나누어야 한다고 생각했다. 그리고 각각의 형태는 또다시 제 나름대로 형태를 지니며, 정의의 부분들 가운데 믿음(신의)이 있고, 믿음은 적어도 우리 그리스도인들에게는 매우 커다란 위치를 차지하는데 그 이유는 "믿음으로 의로운 이라야 살 것입니다"[133]라는 말이 무엇을 뜻하는지 우리는 알고 있기 때문이다. 그러나 나도 이상하게 생각하는 바이지만, 신들이 많아야 좋다는 사람들이, 믿음이 만약 여신이라면, 어째서 이 여신에 못지않게 전당과 제단을 받을 만한 그 많은 딴 여신들을 저버림으로써, 다른 여신들에게 불의를 행했을까? 절제의 이름으로 몇몇 로마 군주들이 적지 않은 영광을 차지한 터에 절제는 왜 여신이 될 자격이 없었는가? 무키우스가 불꽃에다 서슴없이 오른손을 뻗쳤을 적에 무키우스를 보우했는데도 용기는 왜 여신이 아닌가?[134] 이 용기는 쿠르티우스도 보우하여, 그는 조국을 위해 갈라진 땅 속으로 몸을 던졌고,[135] 부친 데키우스와 아들 데키우스를 보우하여 그들은 군대를 위해 자기를 희생제물로 바치지 않았던가?[136] 이 모든 영웅적 인물들에게 과연 진정한 용기가 깃들어 있었는지 물을 수 있겠지만[137] 그것은 지금 따질 계제가 아니다. 왜 현명은, 왜 지혜는 신령의 위치를 못 차지했는가? 덕성이라는 일반적 이름으로 모두에게 숭배를 받기 때문인가? 그렇다면 저 사람들은 같은 명분에서 유일한 신을 숭배할 수 있겠고 다른 모든 신들은 그 신의 부분으로 여

Deus coli, cuius partes ceteri dii putantur. Sed in illa una uirtute et fides est et pudicitia, quae tamen extra in aedibus propriis altaria meruerunt.

21. Has deas non ueritas, sed uanitas facit; haec enim ueri Dei munera sunt, non ipsae sunt deae. Verum tamen ubi est uirtus et felicitas, quid aliud quaeritur? Quid ei sufficit, cui uirtus felicitasque non sufficit? Omnia quippe agenda complectitur uirtus, omnia optanda felicitas. Si Iuppiter, ut haec daret, ideo colebatur, quia, si bonum aliquid est latitudo regni atque diuturnitas, ad eandem pertinet felicitatem: cur non intellectum est dona Dei esse, non deas? Si autem putatae sunt deae, saltem alia tanta deorum turba non quaereretur. Consideratis enim officiis deorum dearumque omnium, quae sicut uoluerunt pro sua opinatione finxerunt, inueniant si possunt aliquid, quod praestari ab aliquo deo possit homini habenti uirtutem, habenti felicitatem. Quid doctrinae uel a Mercurio uel a Minerua petendum esset, cum uirtus omnia secum haberet? Ars quippe ipsa bene recteque uiuendi uirtus a ueteribus definita est. Vnde ab eo, quod Graece ἀρετή dicitur uirtus, nomen artis Latinos traduxisse putauerunt. Sed si uirtus non nisi ad ingeniosum posset uenire, quid opus erat deo Catio patre, qui catos, id est acutos faceret, cum hoc posset conferre felicitas? Ingeniosum quippe nasci felicitatis est, unde, etiamsi non potuit a nondum nato coli dea Felicitas, ut hoc ei conciliata donaret, conferret hoc parentibus eius cultoribus suis, ut eis ingeniosi filii nascerentur. Quid

---

[138] Fides 외에 Pudicitia(정숙)도 로마에 사당을 갖고 있었다(Lactantius, *Epitome* 21).

[139] 덕성(Virtus: 앞의 각주 131)과 행복(Felicitas: 앞의 각주 126)은 이미 신격화되어 있었다.

[140] Mercurius와 Minerva는 앞의 4.11과 3.7 참조(교부가 여러 저서에서 자주 언명한다).

[141] virtus est ars bene recteque vivendi: Stobaeus (*Eclogae* 2.66.19)가 전하는 스토아 철인들의 정의다. Cf. Cicero, *Tusculanae disputationes* 2.18.43: animi rectae affectiones(지성의 올바른 정서).

[142] ἀρετή(virtus: 덕성)에서 ars(예술, 기술)가 유래한 것으로 혼동했다는 설명이다. Terentius, *Andria* 1.1.32 (nil istac opus est arte ad hanc rem quam parvi).

[143] Catius pater ← catus(영리한): 아우구스티누스의 이 언급 외에는 문전이 없다.

겨질 만하다. 저 하나의 덕성 안에 믿음도 있고 정숙貞淑도 있는 터에 이들은 별도로 자기네 고유한 전당에서 제단을 차지하고 있었던 것이다. [138]

21. 유일신을 깨닫지 못했더라도 비르투스와 펠리키타스로 만족했어야 한다

이런 여신들을 만들어준 것은 실상 진리가 아니라 허위였다. 저 모든 덕성들은 참 하느님의 선물들이지 그 자체가 여신들은 아니다. 덕성과 행복이 있는 곳에 무엇을 따로 찾겠는가?[139] 그리고 덕성과 행복이 만족시켜 주지 못하는 것이라면 무엇이 만족시켜 주겠는가? 그러니까 행동할 모든 것을 포함하고 있는 것이 덕성이고 희구할 모든 것을 포함하고 있는 것이 행복이다. 이런 것들을 내려 달라고 유피테르를 숭배한다면, 그리고 왕국의 확장과 영속이 선한 무엇 곧 행복에 해당한다면, 이런 것들이 하느님의 선물일 뿐 결코 별도의 신이 아니라는 것을 왜 깨닫지 못했을까? 이런 것들을 설령 여신들이라고 생각했다손 치더라도 그밖의 신들의 거창한 패거리를 찾아다닐 필요는 없었다. 모든 남녀 신들의 직분을 고려할 때, 또 그런 직분을 저 사람들은 마음 내키는 대로 자기 상상에 따라서 꾸며냈는데, 과연 어느 신이 덕성을 지닌 인간에게, 행복을 지닌 인간에게 무엇을 더 베풀어줄 수 있는지는 (그럴 수 있다면 하는 말이지만) 찾아보아야 하리라. 덕성이 모든 것을 갖추고 있는 마당에 무엇 때문에 메르쿠리우스나 미네르바에게 학문을 달라고 청해야 한다는 말인가?[140] 선하고 바르게 사는 예술,[141] 이것이 옛사람들에 의해 정의된 덕성이다. 덕성이 그리스어로 아레테라고 하므로 라틴인들은 여기서 예술이라는 명사를 번역해낸 것으로 생각했다.[142] 만일 덕성이 재주있는 사람한테가 아니고는 내릴 수 없다면 카티우스라는 부신父神은 무슨 소용이 있는가?[143] 카티우스는 영리한 사람, 다시 말해 똑똑한 사람을 만들어내는데, 펠리키타스도 이것을 제공해줄 수 있다는 말이다. 재주있는 사람으로 태어나는 것은 펠리키타스의 몫이다. 아직 태어나지 않은 사람이 펠리키타스를 숭배하여 여신에게서 은덕을 입어 재주를 선사받기는 불가능하다. 그렇지만 자기를 숭배하는 아이의 부모에게 그 은덕을 베풀어 그들에게서 재주 많은 아들들이 태어나게 할 수는 있다. 그리고 해산하는 여자들에

opus erat parturientibus inuocare Lucinam, cum, si adesset Felicitas, non solum bene parerent, sed etiam bonos? Quid necesse erat Opi deae commendare nascentes, deo Vaticano uagientes, deae Cuninae iacentes, deae Ruminae sugentes, deo Statilino stantes, deae Adeonae adeuntes, Abeonae abeuntes; deae Menti, ut bonam haberent mentem, deo Volumno et deae Volumnae, ut bona uellent; diis nuptialibus, ut bene coniugarentur, diis agrestibus, ut fructus uberrimos caperent, et maxime ipsi diuae Fructeseae; Marti et Bellonae, ut bene belligerarent, deae Victoriae, ut uincerent; deo Honori, ut honorarentur, deae Pecuniae, ut pecuniosi essent, deo Aesculano et filio eius Argentino, ut haberent aeream argenteamque pecuniam? Nam ideo patrem Argentini Aesculanum posuerunt, quia prius aerea pecunia in usu coepit esse, post argentea. Miror autem, quod Argentinus non genuit Aurinum, quia et aurea subsecuta est. Quem deum isti si haberent, sicut Saturno Iouem, ita et patri Argentino et auo Aesculano Aurinum praeponerent. Quid ergo erat necesse propter haec bona uel animi uel corporis uel externa tantam deorum turbam colere et inuocare (quos neque omnes commemoraui, nec ipsi potuerunt omnibus bonis humanis minutatim singillatimque digestis deos minutos et singulos prouidere), cum posset magno facilique compendio una dea Felicitas cuncta conferre, nec solum ad bona capienda quisquam alius, sed neque ad depellenda mala quaereretur? Cur enim esset inuocanda propter fessos diua Fessona, propter hostes depellendos diua Pellonia, propter aegros

---

144 Statilinus ← sto(서다), Adeona ← adeo(들어오다), Abeona ← abeo(나가다). 다른 신명은 앞의 4.11(각주 82와 91) 참조.

145 Mens(지성): BC 217년에도 신전을 두고 있었다. Cf. Cicero, *De natura deorum* 2.9.23; Arnobius, *Adversus nationes* 3.37.

146 Volumnus, Volumna ← volo(원하다): 어린이 수호신 같은데 교부의 언급 외에는 문전이 없다.

147 Fructesea ← fructus(열매)와 Seia ← seges(곡식: 4.8 참조)의 합성어 같다.

148 2.15; 2.24; 4.11 참조.

149 Honos (Honor): "영예" 또는 "관직(cursus honorum: 경력). Virtus와 함께 숭배받았다(Livius, *Ab Urbe condita* 27.23; Cicero, *Orationes in Verrem* 2.54.123).

150 Cf. Iuvenalis, *Satirae* 1.113-115: Etsi funesta pecunia templo nondum habitat("불길한 페쿠니아가 아직도 신전에서 거하지 못하여").

151 어원: Pecunia ← pecunia(돈), Aesculanus ← aes(구리). Argentinus ← argentum(은).

152 가상적 이름이지만 Aurinus ← aurum(금).

게 펠리키타스만 곁에 있으면 순산할뿐더러 재주있는 착한 자식을 낳을 터인데 무엇 때문에 굳이 해산을 돕는 루키나를 부를 필요가 있었는가? 또 그렇다면 태어나는 동안에는 여신 오피스에게 맡기고, 칭얼거릴 적에는 남신 바티카누스에게 맡기고, 누워 있을 적에는 여신 쿠니나에게, 젖을 빨 때는 여신 루미나에게, 일어서면 남신 스타틸리누스에게, 집에 들어오면 여신 아데오나에게, 나가면 여신 아베오나에게 맡길 필요가 왜 있었는가?[144] 또 무엇 때문에 좋은 머리를 갖게 해 달라고 여신 멘스에게 빌고,[145] 좋은 것들을 욕심내게 해 달라고 남신 볼룸누스와 여신 볼룸나에게 빌고,[146] 시집장가 잘 가라고 혼인신들에게, 결실이 풍성하게 맺으라고 농경신들, 특히나 여신 프룩테세아에게 빌어야 할 필요기 왜 있었던가?[147] 전쟁을 잘하게 해 달라고 마르스와 벨로나에게 빌고,[148] 이기게 해 달라고 빅토리아 여신에게, 관직을 얻게 해 달라고 호노스[149] 신에게, 돈을 많이 벌게 해 달라고 페쿠니아 여신[150]에게, 동전과 은전을 갖게 해 달라고 아이스쿨라누스 신과 그의 아들 아르겐티누스에게 빌어야 할 필요가 왜 있었던가?[151] 아이스쿨라누스를 아르겐티누스의 아버지로 삼은 것은 아마도 먼저 구리를 돈으로 사용하기 시작했고 그다음에 은을 사용했기 때문이다. 그다음에는 금화가 따라나왔는데도 아르겐티누스가 아우리누스를 낳은 것으로 되어 있지 않았다는 것이 내게는 이상하다.[152] 그들이 만일 아우리누스를 신으로 삼았더라면, 사투르누스보다 유피테르를 앞세웠듯이 부친 아이스쿨라누스와 조부 아우리누스보다도 아우리누스를 낮게 쳤을 것임에 틀림없다. 그러니까 정신의 선이든 육체의 선이든 이런 외적 선들 때문에 저처럼 많은 신들의 패거리(그 많은 신들을 내가 다 열거한 것도 아니고, 저 사람들 역시 선익이 되는 모든 인간사들을 아무리 세세하게 또 하나씩 분류하더라도 그 모든 인간사에 작은 신들을 일일이 마련하지는 못했다)를 숭배하고 신들의 가호를 빌 필요가 무엇인가? 크게 또 쉽게 뭉뚱그려 펠리키타스 여신 혼자서 이 모든 것을 베풀어 줄 수 있는 지경에, 또 이런 선들을 획득하는 데는 물론이려니와 악들을 기피하는 데도 펠리키타스 외에 다른 어떤 신을 찾을 필요가 없는 지경에. 지친 사람들 때문에 페쏘나 여신을 부르고, 적군들을 쫓아버리자고 펠로니아 여신을 부르

medicus uel Apollo uel Aesculapius uel ambo simul, quando esset grande periculum? Nec deus Spiniensis, ut spinas ex agris eradicaret; nec dea Robigo, ut non accederet, rogaretur: una Felicitate praesente et tuente uel nulla mala exorerentur, uel facillime pellerentur. Postremo quoniam de duabus istis deabus Virtute et Felicitate tractamus: si felicitas uirtutis est praemium, non dea, sed Dei donum est; si autem dea est, cur non dicatur et uirtutem ipsa conferre, quando quidem etiam uirtutem consequi felicit- as magna est?

22. Quid est ergo, quod pro ingenti beneficio Varro iactat praestare se ciuibus suis, quia non solum commemorat deos, quos coli oporteat a Ro- manis, uerum etiam dicit quid ad quemque pertineat? Quoniam nihil pro- dest, inquit, hominis alicuius medici nomen formamque nosse, et quod sit medicus ignorare: ita dicit nihil prodesse scire deum esse Aesculapium, si nescias eum ualetudini opitulari atque ita ignores cur ei debeas supplicare. Hoc etiam alia similitudine adfirmat dicens, non modo bene uiuere, sed uiuere omnino neminem posse, si ignoret quisnam sit faber, quis pistor, quis tector, a quo quid utensile petere possit, quem adiutorem adsumere, quem ducem, quem doctorem; eo modo nulli dubium esse asserens ita esse utilem cognitionem deorum, si sciatur quam quisque deus uim et facultatem ac potestatem cuiusque rei habeat. «Ex eo enim poterimus, inquit, scire quem cuiusque causa deum aduocare atque inuocare debeamus, ne faciamus, ut

---

[153] Fessona ← fessus (지친), Pelonia ← pello (쫓다: Arnobius, *Adversus nationes* 4.4). Aesculapius는 3.11-12; 3.17; 8.5; 8.26.2; 10.16.2 참조.

[154] Spiniensis ← spina (가시), Robigo (깜부기): Robigo (사본에 따라서는 Robiga)는 4월 25일에 축제 (Robigalia)도 있었다 (Ovidius, *Fasti* 4.907 참조).

[155] *virtutem consequi felicitas* magna: 교부는 행복을 다행한 운수 (eutychia: fortuna) 라기보다 온전한 덕성과 윤리의 성과물로 강조한다. Cf. Seneca, *De vita beata* 4; Plotinus, *Enneades* 1.4.3.34.

[156] 앞의 3.4 (각주 21)와 뒤의 6.2-3에 나오는 아우구스티누스의 바로에 대한 인물평 참조.

고, 병자들을 위해서는 의사로 아폴로나 아이스쿨라피우스를 부르고[153] 위험이 커지면 양편을 다 부를 필요가 있는가? 전답에서 가시나무를 뽑아달라고 스피니엔시스 신에게 빌지 않아도, 깜부기가 생기지 말라고 로비고 여신에게 빌지 않아도 되었다.[154] 펠리키타스 하나만 와서 보호해 준다면 아무 해악도 닥치지 않았을 것이고 아주 쉽게 물리쳤을 것이다. 마지막으로, 우리는 비르투스와 펠리키타스 두 여신에 관해 논하고 있는 중이니까 하는 말인데, 만약 행복이 덕성에 대한 보상이라면 행복은 여신이 아니고 하느님의 선물이다. 그리고 만약 여신이라면, 또한 덕성을 따라올 적에 행복이 한결 커지는데 왜 펠리키타스가 덕성도 베풀어 준다고 말하지 않는가?[155]

22. 바로가 로마인들에게 집대성해 주었다고 자랑하는 제신숭배 학문

바로[156]가 자기 시민들에게 대단한 혜택을 제공했노라고 자부하는 일을 두고는 뭐라고 할 것인가? 그는 단지 로마인들이 섬겨야 마땅할 신들의 이름을 언급하는 데서 그치지 않고 어떤 일이 어느 신에게 소속하는지를 상세히 언명하고 있다. 그는 의사가 무엇하는 사람인지 알지 못하면 어느 의사의 이름과 생김새를 알더라도 자기한테 아무 소용이 없다고 말한다. 그와 마찬가지로 아이스쿨라피우스가 건강을 보살핀다는 것을 그대가 모른다거나 어째서 그에게 빌어야 하는지 모른다면, 아이스쿨라피우스가 신이라는 것을 알더라도 아무 쓸데가 없다고 한다. 그는 다른 비유를 들어서 이 말을 새삼 다짐하고 있다: 누가 목수이고 누가 빵을 굽는 사람이고 누가 미장이인 줄 모른다면, 누구한테 무슨 연장을 달라고 부탁할지 모른다면, 누구를 도와줄 사람으로 얻고 누구를 길잡이로 얻고 누구를 가르칠 사람으로 얻을지 모른다면, 사람이 잘살 수 없을 뿐 아니라 아예 살아갈 수조차 없다고 한다. 그와 마찬가지로 제신에 관한 지식은, 어느 신이 어떤 사물에 관해 어떤 힘과 어떤 기능과 어떤 세력을 갖고 있는지 알아야 쓸모 있으리라는 것은 의심의 여지가 없다고 주장한다. 그는 이렇게 말한다: "그러므로 이런 데서 기인하여 우리는 무슨 사유로 어느 신을 부르고 빌어야 하는지 알 수 있을 것이다. 그래서 우리는 무언극 배우가 하듯이

mimi solent, et optemus a Libero aquam, a Lymphis uinum.» Magna sane utilitas. Quis non huic gratias ageret, si uera monstraret, et si unum uerum Deum, a quo essent omnia bona, hominibus colendum doceret?

23. Sed (unde nunc agitur) si libri et sacra eorum uera sunt et Felicitas dea est, cur non ipsa una quae coleretur constituta est, quae posset uniuersa conferre et compendio facere felicem? Quis enim optat aliquid propter aliud quam ut felix fiat? Cur denique tam sero huic tantae deae post tot Romanos principes Lucullus aedem constituit? Cur ipse Romulus felicem cupiens condere ciuitatem non huic templum potissimum struxit nec propter aliquid diis ceteris supplicauit, quando nihil deesset, si haec adesset? Nam et ipse nec prius rex, nec ut putant postea deus fieret, si hanc deam propitiam non haberet. Vt quid ergo constituit Romanis deos Ianum, Iouem, Martem, Picum, Faunum, Tiberinum, Herculem et si quos alios? Vt quid Titus Tatius addidit Saturnum, Opem, Solem, Lunam, Vulcanum, Lucem et quoscumque alios addidit, inter quos etiam deam Cluacinam, Felicitate neglecta? Vt quid Numa tot deos et tot deas sine ista? An eam forte in tanta turba uidere non potuit? Hostilius certe rex deos et ipse

---

[157] Varro, *Antiquitates* fr.120: 아우구스티누스에게서만 인용되어 있다. Liber는 앞의 4.11 참조.

[158] 바로의 문전(*Antiquitates*)을 시종일관 인용하지만 교부도 그의 실용주의적 종교관에는 핀잔과 아쉬움을 표한다.

[159] 행복에 관한 교부의 부단한 관심은 다음 저서를 참조: *De beata vita; Contra Academicos*. Felicitas에 관해서는 앞의 4.18-19에서 한번 거론했다.

[160] L. Licinius Lucullus가 BC 74년에야 신전을 건축했다: Cicero, *Orationes in Verrem* 2.4.4.

[161] Picus: 라틴족의 토속신으로 파우누스의 부친(6.10.1; 8.5). 키르케의 애정을 거절했다고 딱따구리로 변신시켜 버렸다고 함: Ovidius, *Metamorphoses* 14.320; Arnobius, *Adversus nationes* 2.71.

[162] Faunus: 라티움의 임금(8.5; 18.15-16 참조). 농경신으로 그리스의 판(Pan)과 동화됨.

[163] Tiberinus: 알바의 국왕으로 티베르 강에서 익사한 다음 신으로 추앙됨(Varro, *De lingua Latina* 5.4.29-30). 본서 6.10.1 참조: Cicero, *De natura deorum* 3.20.52; Ovidius, *Fasti* 6.237.

[164] Hercules: 신격화된 이 영웅의 모습은 본서에서 여러 인물상으로 중복되어 등장한다(18.18-19; 19.12.2; 22.4-6 참조).

[165] Titus Tatius: 사비나 국왕으로 두 민족의 화친 후 로물루스와 공동으로 통치했다고 함(3.13 참조). 성신(星辰)들을 신으로 모심(Varro, *De lingua Latina* 5.10.74).

[166] Sol: 로마인들은 Sol Indiges(로마 수호신으로서의 태양신), Sol Invictus(동쪽에서 떠오르는 태양신)를 주로 섬겼음. Luna: 사비나 여신으로 Aventina와 Palatina 언덕에 신전이 있었음(Varro, *De lingua Latina* 5.10.74). Lux: 타티우스가 도입했다는 명단(Varro)에는 없음(Apollo를 섬겼음).

[167] Venus Cloacina ← cloaca(하수구): 앞의 4.8(각주 39) 참조.

[168] Numa Pompilius: 로마 제2대 국왕(BC 715~673)으로 여러 제의(祭儀)와 달력을 도입했음(Plutarchus, *Vitae parallelae. Numa* 22). 본서 3.9-10; 7.34 참조.

행동해서는 안 되고, 리베르에게 물을 바라거나 물의 요정 님프들에게 술을 바라지 말아야 한다."[157] 참 유용도 하겠다! 그가 하는 말이 참말임을 입증하기만 했다면, 그리고 선한 모든 것이 유래하는 유일하신 참 하느님을 숭배해야 한다고 사람들을 가르치기만 했더라면 누군들 그에게 고마워하지 않겠는가?[158]

23. 펠리키타스 혼자 모든 신을 대신할 수 있는 다수 신을 섬기는 로마인들마저 오랫동안 그에게 신적 영예를 바쳐 섬기지 않았다

23. 1. 펠리키타스는 최근에야 섬기기 시작했다

하지만 (우리가 다루는 주제로 돌아가서) 그들의 서책과 제전祭典이 진실하다면, 그리고 펠리키타스가 혼자서도 만사를 주관하여 사람을 행복하게 만들 수 있다면, 왜 이 여신 하나만 섬기라고 정하지 않았을까? 행복해지고 싶은 것 말고 다른 이유로 무엇을 바라는 사람이라도 있는가?[159] 이처럼 대단한 여신에게 어째서 그토록 뒤늦게, 그 많은 로마 지도자들을 거쳐 겨우 루쿨루스가 전당을 지어 바쳤을까?[160] 어째서 로물루스 본인부터 행복한 도성을 세우기 바랐으면서도 이 여신에게 각별히 신전을 세우지 않았으며, 이 여신만 있다면 부족함이 없을 터인데 그밖의 다른 신들한테 애원하곤 했을까? 만일 이 여신이 보살펴 주지 않았다면, 그들이 믿는 것처럼, 첫 임금이었던 로물루스나 그 뒤의 누구도 신이 되지 못했을 것이다. 무엇 때문에 로물루스는 로마인들에게 야누스, 유피테르, 마르스, 피쿠스,[161] 파우누스,[162] 티베리누스,[163] 헤르쿨레스[164]를 신으로 세워 주었을까? 그밖의 다른 신들도 무엇 때문에 세워 주었을까? 무엇 때문에 티투스 타티우스[165]가 사투르누스, 오피스, 솔, 루나, 불카누스, 룩스, 그밖의 갖가지 신들을 보냈으면서도[166] 심지어 클루아키나 여신[167]까지 그가운데 끼게 했으면서도, 펠리키타스는 홀대했을까? 무엇 때문에 누마[168]는 그 많은 남신과 그 많은 여신을 보냈으면서도 이 여신은 빼놓았을까? 혹시 그 허다한 무리 가운데 이 여신을 못 보았기 때문일까? 호스틸리우스 왕[169]이 만일 이 여신을

---

[169] Tullus Hostilius: 로마 제3대 국왕(BC 673~642). 3.14-15; 6.10.1 참조.

nouos Pauorem atque Pallorem propitiandos non introduceret, si deam istam nosset aut coleret. Praesente quippe Felicitate omnis pauor et pallor non propitiatus abscederet, sed pulsus aufugeret.

Deinde quid est hoc, quod iam Romanum imperium longe lateque crescebat, et adhuc nemo Felicitatem colebat? An ideo grandius imperium quam felicius fuit? Nam quo modo ibi esset uera felicitas, ubi uera non erat pietas? Pietas est enim uerax ueri Dei cultus, non cultus falsorum tot deorum, quot daemoniorum. Sed et postea iam in deorum numerum Felicitate suscepta magna bellorum ciuilium infelicitas subsecuta est. An forte iuste est indignata Felicitas, quod et tam sero et non ad honorem, sed ad contumeliam potius inuitata est, ut cum ea coleretur Priapus et Cluacina et Pauor et Pallor et Febris et cetera non numina colendorum, sed crimina colentium?

Ad extremum si cum turba indignissima tanta dea colenda uisa est, cur non uel inlustrius ceteris colebatur? Quis enim ferat, quod neque inter deos Consentes, quos dicunt in consilium Iouis adhiberi, nec inter deos, quos selectos uocant, Felicitas constituta est? Templum aliquod ei fieret, quod et loci sublimitate et operis dignitate praemineret. Cur enim non aliquid melius quam ipsi Ioui? Nam quae etiam Ioui regnum nisi Felicitas dedit? Si tamen cum regnaret felix fuit. Et potior est felicitas regno. Nemo enim dubitat facile inueniri hominem, qui se timeat fieri regem; nullus autem inuenitur, qui se nolit esse felicem. Ipsi ergo dii si per auguria uel

---

[170] Pavor(공포), Pallor(경악) : 원래는 적들을 쫓는 신들. 앞의 4.15(각주 108) 참조.

[171] ibi vera *felicitas*, ubi vera *pietas*: 현세적 행운보다 종교적 심성이 참 행복의 길이라는 것이 교부의 신념이다.

[172] non ad honorem, sed ad contumeliam ..., non *numina colendorum*, sed *crimina colentium*: 잡신숭배의 무분별함을 운각으로 처리했다.

[173] Di Consentes: 올림푸스의 회합에 참석하는 남녀 여섯씩의 열두 신(Iuppiter, Iuno, Vesta, Ceres, Diana, Minerva, Venus, Mars, Mercurius, Neptunus, Vulcanus, Apollo)을 일컫는다(Arnobius, *Adversus nationes* 3.40).

[174] Di Selecti: cf. Varro, *Antiquitates* fr.16(본서 6.3; 7.2 참조).

알거나 숭배했다면, 파보르와 팔로르를 무마시키려고 굳이 새 신으로 모시지 않아도 되었을 것이다.[170] 펠리키타스가 주재하는 한 공포도 경악도 달래서 물러가는 것이 아니라 쫓겨서 도망치고 말았을 것이다.

23.2. 펠리키타스는 공화국을 행복하게 해주지 못했다

그리고 펠리키타스를 숭배하는 사람이 아무도 없는 동안 로마제국이 오랫동안 그리고 널리 흥성한 것은 도대체 무슨 일인가? 제국이 더 행복해지기보다는 더 커지기만 했다는 말인가? 참된 신심信心이 존재하지 않는 곳에 어떻게 참된 행복이 존재했다는 말인가? 신심은 참된 하느님께 대한 예배일 때 참되며 그 많은 신령들이나 그 많은 거짓 신들에 대한 예배는 아니다.[171] 그리고 펠리키타스가 신들의 반열에 받아들여진 다음에도 시민전쟁이라는 엄청난 불행이 여러 번 뒤따랐다. 자기를 그토록 뒤늦게 불러주었고 자기에게 영예를 바치기 위함이 아니라 자기를 경멸하려고 불렀다고 해서 펠리키타스가 화를 냈기 때문일까? 사실 그 여신과 더불어 남근의 프리아푸스와 하수구의 클루아키나와 공포의 파보르와 경악의 팔로르와 열병의 페브리스, 그야말로 숭배를 받을 만한 신령이 예배받는 것이 아니고 숭상하는 자들의 죄상이 예배받는 판이었으니까.[172]

23.3. 그래도 펠리키타스는 유일한 신성으로 숭배를 받을 만했다

어쩔 수 없이 로마인들이 그 허다하고 지극히 온당치 못한 무리와 나란히 이 여신도 숭배를 받아야 한다고 여겼더라도, 왜 적어도 나머지 신들보다는 더 탁월하게 숭배하지 않았을까? 펠리키타스가 하다못해 유피테르에게 조언을 한다고 해서 조언자라고 일컫는 콘센테스 신들[173] 사이에 끼지도 못하고, 선별된 신들[174] 사이에도 끼지 못했으니 이를 누가 참고 보겠는가? 여신에게도 뭘가 신전이 만들어졌고 신전의 고상한 위치라든가 품위있는 활동으로 보아 나름대로 출중했다고 하자. 그렇다면 펠리키타스에게 유피테르보다 나은 지위는 왜 허락이 안 되는가? 유피테르에게 왕권을 준 것은 펠리키타스 아니면 누구이겠는가? 군림하는 동안은 행복한 까닭이다. 그리고 행복은 왕권보다 낫다. 자신이 왕이 되는 것이 두렵다는 사람을 만나보기 쉽다는 것은 아무도 의심하지 않는다. 그러나 자신이 행복해지고 싶지 않다는 사람은 한 명도 만날 수 없다. 그리고 저 사람

quolibet modo eos posse consuli putant, de hac re consulerentur, utrum uellent Felicitati loco cedere, si forte aliorum aedibus uel altaribus iam fuisset locus occupatus, ubi aedes maior atque sublimior Felicitati construeretur; etiam ipse Iuppiter cederet, ut ipsum uerticem collis Capitolini Felicitas potius obtineret. Non enim quispiam resisteret Felicitati, nisi, quod fieri non potest, qui esse uellet infelix. Nullo modo omnino, si consuleretur, faceret Iuppiter, quod ei fecerunt tres dii, Mars, Terminus et Iuuentas, qui maiori et regi suo nullo modo cedere loco uoluerunt. Nam sicut habent eorum litterae, cum rex Tarquinius Capitolium fabricari uellet eumque locum, qui ei dignior aptiorque uidebatur, ab diis aliis cerneret praeoccupatum, non audens aliquid contra eorum facere arbitrium et credens eos tanto numini suoque principi uoluntate cessuros, quia multi erant illic, ubi Capitolium constitutum est, per augurium quaesiuit, utrum concedere locum uellent Ioui; atque ipsi inde cedere omnes uoluerunt praeter illos quos commemoraui, Martem, Terminum, Iuuentatem; atque ideo Capitolium ita constructum est, ut etiam isti tres intus essent tam obscuris signis, ut hoc uix homines doctissimi scirent. Nullo modo igitur Felicitatem Iuppiter ipse contemneret, sicut a Termino, Marte, Iuuentate contemptus est. Sed ipsi etiam, qui non cesserant Ioui, profecto cederent Felicitati, quae illis regem fecerat Iouem. Aut si non cederent, non id contemptu eius facerent, sed quod in domo Felicitatis obscuri esse mallent quam sine illa in locis propriis eminere.

---

[175] Cf. Livius, *Ab Urbe condita* 1.55.3-4 (Terminus만 거부) ; Florus, *Epitome de gestis Romanorum* 1.1.7.7-9 (Iuventas도 거부한 것으로 추가). Mars 얘기는 문전에 안 나온다.

들 생각으로는, 신들조차도, 점술이나 그밖의 무슨 수를 써서 신들의 의중이 무엇인지 물을 수 있다고들 한다. 그러니 혹시 어떤 장소가 벌써 다른 신들의 전당이나 제단으로 점유되어 있다 하더라도, 그곳에 펠리키타스에게 더 크고 더 고상한 전당을 지을 테니 펠리키타스에게 자리를 양보할 생각이 있느냐고 물었다고 하자. 그랬더라면 유피테르도 카피톨리움 언덕 꼭대기를 차라리 펠리키타스가 차지하라고 자리를 양보했을 것이다. 불행하기를 바라는 자가 아니라면, 아무도 펠리키타스에게 대들지 않았을 것이기 때문이다. 또 불행해지기 바라는 일은 있을 수가 없다. 만일 의중을 묻는다면, 유피테르도 저 세 신 마르스와 테르미누스와 유벤타스가 자기에게 한 짓을 절대로 펠리키타스에게 저지르지 않았을 것이다. 이 셋은 자기보다 높은 자기네 왕인 유피테르에게 절대로 자리를 양보하려고 들지 않았던 까닭이다. 그들의 문전에 나오듯이, 타르퀴니우스 왕이 카피톨리움을 축조하고 싶었을 적에 자기 보기에는 자리가 더 고상하고 더 적합하기는 한데 다른 신들이 선점先占하고 있다고 여긴 나머지, 그런 신들의 비위를 거슬러 무엇을 행할 엄두는 나지 않았고 또 신들이 자기네 군주인 위대한 신령에게는 자발적으로 자리를 양보하려니 믿었다. 카피톨리움이 세워진 곳에는 원래 많은 신들이 모셔져 있었던 것이다. 그래서 유피테르에게 자리를 양보하기 바라는지 점술을 통해 신들에게 물었다. 그러자 내가 언급한 세 신, 곧 마르스와 테르미누스와 유벤타스를 빼고는 모든 신이 유피테르에게 자리를 양보하고 싶어했다.[175] 그리하여 카피톨리움을 개축하면서 저 세 신도 들어오게 했는데 세 신에게 붙은 푯말이 하도 희미해서 극히 해박한 사람들이라야 겨우 알아볼 정도였다. 그러니까 유피테르 같으면 자기가 테르미누스, 마르스, 유벤타스에게 무시당해 본 적이 있으므로 절대로 펠리키타스를 무시하지 않았을 것이다. 그리고 저 신들, 곧 유피테르에게 양보하지 않던 신들마저 유피테르를 자기네 임금으로 세워준 펠리키타스에게는 자리를 양보했을 것이다. 설혹 양보를 않더라도 그것은 그 여신을 경멸해서 그런 것이 아니라 자기에게 별도로 지정된 처소에서 펠리키타스 없이 당당하게 사느니보다는 비록 푯말이 희미하더라도 펠리키타스의 전당 안에 머물기를 더 좋아하기 때문에 그랬을 것이다.

Ita dea Felicitate in loco amplissimo et celsissimo constituta discerent ciues, unde omnis boni uoti petendum esset auxilium, ac sic ipsa suadente natura aliorum deorum superflua multitudine derelicta coleretur una Felicitas, uni supplicaretur, unius templum frequentaretur a ciuibus qui felices esse uellent, quorum esset nemo qui nollet, atque ita ipsa a se ipsa peteretur, quae ab omnibus petebatur. Quis enim aliquid ab aliquo deo nisi felicitatem uelit accipere uel quod ad felicitatem existimat pertinere? Proinde si felicitas habet in potestate cum quo homine sit (habet autem, si dea est): quae tandem stultitia est ab aliquo eam deo petere, quam possis a se ipsa impetrare? Hanc ergo deam super deos ceteros honorare etiam loci dignitate debuerunt. Sicut enim apud ipsos legitur, Romani ueteres nescio quem Summanum, cui nocturna fulmina tribuebant, coluerunt magis quam Iouem, ad quem diurna fulmina pertinerent. Sed postquam Ioui templum insigne ac sublime constructum est, propter aedis dignitatem sic ad eum multitudo confluxit, ut uix inueniatur qui Summani nomen, quod audire iam non potest, se saltem legisse meminerit. Si autem felicitas dea non est, quoniam, quod uerum est, munus est Dei: ille Deus quaeratur, qui eam dare possit, et falsorum deorum multitudo noxia relinquatur, quam stultorum hominum multitudo uana sectatur, Dei dona deos sibi faciens et ipsum, cuius ea dona sunt, obstinatione superbae uoluntatis offendens. Sic enim carere non potest infelicitate, qui tamquam deam felicitatem colit et Deum datorem felicitatis relinquit, sicut carere non potest fame, qui panem pictum lingit et ab homine, qui uerum habet, non petit.

---

[176] atque ita *ipsa a se ipsa* peteretur: 행복을 행복(행복의 여신 Felicitas)에게 청원하는 광경을 -ps- 음운으로 처리했다.

[177] Cf. Varro, *De lingua Latina* 5.10.74; Ovidius, *Fasti* 6.731-732; Plinius, *Historia naturalis* 2.52-53.

[178] Summanus: 에트루스키인들의 신. 플루토와 동화되기도 하고, 유피테르와 동화되어 Iupiter Summanus라는 칭호도 나왔다(Festus, *De verborum significatione* [Lindsay ed.] p.254 (itaque Iovi fulguri et Summano fit, quod diurna Iovis, nocturna Summani figura habentur).

[179] 고대에는 카피톨리움과 대경기장(Circus Maximus)에 신전이 있었다(Cicero, *De divinatione* 1.10.16).

23. 4. 그 여신에게 모두 도움을 청하리라

그렇게 해서 일단 펠리키타스 여신이 드넓고 드높은 장소에 모셔졌더라면 시민들은 온갖 선량한 서원誓願을 바쳐 어디다 보우保佑를 청해야 할 것인지 분별할 수 있었을 것이다. 따라서 자연본성의 가르침에 따라, 허황한 다른 신들의 패거리를 버리고 오직 펠리키타스 하나만 숭배하고 여신에게만 기도했을 것이며, 행복해지고 싶은 시민들이라면 펠리키타스 여신의 신전에만 드나들었을 것이다. 시민들 가운데 누구도 행복해지기를 싫어할 리 없고, 모든 신들에게 청원해 오던 행복을 행복 자체에게 청원하기에 이를 것이다.[176] 다른 신한테서도 사람은 행복 또는 적어도 행복에 해당한다고 여기는 것 아니면 무엇을 받고 싶어 하겠는가? 만약 행복이 어떤 사람과 함께 있을지 선택할 권능이 있다고 하자 (여신이라면 그런 권능이 있다). 그렇다면 그대가 그 여신에게서 얻어낼 수 있는 행복을 다른 신한테 청하는 짓은 얼마나 어리석은가? 그러므로 그들은 위계상의 품위로 보아서도 이 여신을 여타의 모든 신들 위에 떠받들어야 했다. 저 사람들의 글에서 읽는 바이지만,[177] 옛 로마인들은 숨마누스[178]인가 뭔가 하는 자를 유피테르보다 더 많이 섬겼다고 한다. 밤 벼락은 이 신에게 해당하고 유피테르에게는 낮 벼락이 해당했다. 그런데 유피테르에게 웅장하고 드높게 신전이 건축되자 전당의 품위를 보고서 대중이 유피테르에게로 몰려들었다. 숨마누스의 이름을 듣기는 아예 불가능했고 그 이름을 읽어서 기억하고 있는 사람도 찾아보기 힘들어졌던 것이다.[179] 행복이 여신이 아니라면(이것은 참말이다) 그 이유는 그것이 하느님의 선물이기 때문이다. 행복을 베풀어 줄 수 있는 분 하느님을 찾아야 할 것이다. 거짓 신들의 패거리는 해로운 것임을 깨달아야 한다. 그런 패거리는 어리석은 인간들의 무리나 허황하게 추종한다. 어리석은 무리는 하느님의 선물들을 자신들의 신으로 만들어 섬기면서도 정작 그 행복이라는 선물을 베푸시는 분께는 완고하고 오만한 의지로 상심을 끼친다. 그러니 행복을 여신으로 숭배하고 행복을 주는 하느님을 저버리는 사람에게는 불행이 없을 수 없다. 이것은 그림 속 빵을 핥으면서 정작 진짜 빵을 갖고 있는 사람에게는 달라고 청하지 않는 인간에게 배고픔이 없을 수 없는 것과 마찬가지다.

24. Libet autem eorum considerare rationes. Vsque adeone, inquiunt, maiores nostros insipientes fuisse credendum est, ut haec nescirent munera diuina esse, non deos? Sed quoniam sciebant nemini talia nisi aliquo deo largiente concedi, quorum deorum nomina non inueniebant, earum rerum nominibus appellabant deos, quas ab eis sentiebant dari, aliqua uocabula inde flectentes, sicut a bello Bellonam nuncupauerunt, non Bellum; sicut a cunis Cuninam, non Cunam; sicut a segetibus Segetiam, non Segetem, sicut a pomis Pomonam, non Pomum; sicut a bubus Bubonam, non Bouem: aut certe nulla uocabuli declinatione sicut res ipsae nominantur, ut Pecunia dicta est dea, quae dat pecuniam, non omnino pecunia dea ipsa putata est; ita Virtus, quae dat uirtutem, Honor, qui honorem, Concordia, quae concordiam, Victoria, quae dat uictoriam. Ita, inquiunt, cum Felicitas dea dicitur, non ipsa quae datur, sed numen illud adtenditur? Quo felicitas datur.

25. Ista nobis reddita ratione multo facilius eis, quorum cor non nimis obduruit, persuadebimus fortasse quod uolumus. Si enim iam humana infirmitas sensit non nisi ab aliquo deo dari posse felicitatem, et hoc senserunt homines, qui tam multos colebant deos, in quibus et ipsum eorum regem Iouem: quia nomen eius, a quo daretur felicitas, ignorabant, ideo ipsius rei nomine, quam credebant ab illo dari, eum appellare uol-

---

[180] Pomona: Pomo라는 남신도 있었고 축제와 신전과 성림(聖林: Via Ostiensis)이 있었다.

[181] Bellum(전쟁: 2.24 참조) → Bellona, seges(곡식: 4.8 참조) → Segetia, pomus(과일) → Pomona, bos(소) → Bubona.

[182] Pecunia(돈), Virtus(덕성), Honor(영예), Concordia(화해: 3.25-26 참조), Victoria(승리) 등은 앞의 4.14 이하 참조.

[183] 교부는 예컨대 Pomona를 두고 저들의 변명(Plinius (*Historia naturalis* 23.1-2)는 Pomona는 농사의 기술과 과학을 상징한다고 해설한다)에 대해서, 그러면서도 신관(예: flamen pomonalis)과 축제 (Pomonalia)와 신전을 제정하고 건설한 것은 어찌되느냐고 반문할 것이다.

24. 외교인들은 무슨 명분으로 신의 선물들을 신으로 숭배해야겠다는가

저 사람들의 논리를 검토해 볼 필요가 있다. 그런데 그들은 이렇게 반문한다: "우리 조상들이 이런 것들 자체가 신이 아니라 신의 선물임을 모를 만큼이나 어리석은 사람들이었다고 믿어야 하는가? 조상들은 어느 신이든 인간에게 베풀어주지 않는다면 아무한테도 이런 것들이 허용되지 않는다는 사실을 알고 있었다. 그런데 어떤 신들은 이름을 찾아내지 못했으므로 그 사물들의 이름으로 신들을 불렀던 것이다. 조상들은 그 사물들이 그 신들에 의해 주어진다고 생각했던 것이다. 그리고 어떤 단어는 약간 손질을 해서 신들에게 붙였다. 그래서 조상들은 전쟁이라는 말에서 벨룸이라고 이름붙이지 않고 벨로나라고 이름붙였다. 요림이라는 말에서 바로 쿠네라 하지 않고 쿠니나라고 이름붙였고, 농작물이라는 말에서 바로 세게스라 하지 않고 세게티아라고 이름붙였으며, 과일이라는 말에서 포무스라 하지 않고 포모나[180]라고 이름붙였고, 소라는 말에서 보스라 하지 않고 부보나라고 이름붙였던 것이다.[181] 물론 어떤 사물들은 단어의 변형을 하지 않고서 그대로 부르게 되는데 예를 들어 돈을 주는 여신을 페쿠니아라고 부르는 것일 뿐, 돈 그 자체를 여신으로 여긴 것은 결코 아니었다! 이와 마찬가지로 덕성을 베풀어주는 신을 비르투스라고, 관직을 주는 신을 호노르라고, 화해를 베풀어주는 신을 콘코르디아라고, 승리를 주는 신을 빅토리아라고 명명한 것이다".[182] 그들은 말을 잇는다: "그래서 펠리키타스 여신이라고 할 적에도 주어지는 그 사물을 가리키는 것이 아니라, 그 신령이 관심사다! 그 신령이 그 행복을 내려준다."[183]

25. 이름을 몰라도 행복을 베푸는 분으로 느끼는, 유일한 하느님을 섬겨야 한다

이런 명분이 우리에게 제시된 이상, 마음이 너무 완고해진 사람들이 아니라면, 우리가 바라는 대로 그들을 설득하기가 훨씬 쉬울지 모르겠다. 행복이 어떤 신한테서 주어진다는 것을 인간의 나약함이 일찌감치 감지했다면, 수많은 신을 숭배하면서 그들 가운데서 신들의 임금 유피테르도 그가운데 하나처럼 숭배하는 사람들도 이것을 감지하고 남았으리라. 행복을 베풀어주는 그 신의 이

uerunt, satis ergo indicarunt nec ab ipso Ioue dari posse felicitatem, quem iam colebant, sed utique ab illo, quem nomine ipsius felicitatis colendum esse censebant. Confirmo prorsus a quodam deo, quem nesciebant, eos credidisse dari felicitatem: ipse ergo quaeratur, ipse colatur, et sufficit. Repudietur strepitus innumerabilium daemoniorum; illi non sufficiat hic deus, cui non sufficit munus eius. Illi, inquam, non sufficiat ad colendum Deus dator felicitatis, cui non sufficit ad accipiendum ipsa felicitas. Cui autem sufficit (non enim habet homo quid amplius optare debeat), seruiat uni Deo datori felicitatis. Non est ipse, quem nominant Iouem. Nam si eum datorem felicitatis agnoscerent, non utique alium uel aliam, a qua daretur felicitas, nomine ipsius felicitatis inquirerent, neque ipsum Iouem cum tantis iniuriis colendum putarent. Iste alienarum dicitur adulter uxorum, iste pueri pulchri inpudicus amator et raptor.

26. Sed «fingebat haec Homerus, ait Tullius, et humana ad deos transferebat: diuina mallem ad nos.» Merito displicuit uiro graui diuinorum criminum poeta confictor. Cur ergo ludi scaenici, ubi haec dictitantur cantitantur actitantur, deorum honoribus exhibentur, inter res diuinas a doctissimis conscribuntur? Hic exclamet Cicero non contra figmenta

---

[184] a quodam deo quem nesciebant: 교부는 사도 17,23 ("내가 돌아다니며 여러분의 신전들을 살펴보니 '알려지지 않은 신에게'라는 말이 새겨진 제단도 있습니다")을 염두에 두고 있다.

[185] 수사학적 기교로 꾸며진 이 문장의 논지는 이렇다: 행복을 베푸는 하느님을 거부하는 인간은 행복을 찾지 않는 인간뿐이다. 그런데 모든 인간은 행복해지고 싶어한다. 따라서 모든 인간은 유일한 하느님을 찾고 있다.

[186] 그리스-로마 신화에서 유피테르는 인간 유부녀(Alcmene, Leda)와 처녀(Europa, Danae)들도 농락한 것으로 그려져 있다.

[187] Ganymedes (Homerus, *Ilias* 20.231-235): 트로야 미소년 왕자로 유피테르가 납치하여 올림푸스에서 술시중을 들게 했다고 전한다(7.26; 18.13에도 언급).

[188] Cicero, *Tusculanae disputationes* 1.26.65.

[189] 예: *De natura deorum* 2.25.64: "사투르누스의 이름은 여러 햇수로 포식하는(saturare) 신으로 전해온다. 그 신이 아이들을 삼키는 것으로 표상되는 이유는 무구한 세기가 흐르면서 무수한 햇수가 가차없이 삼켜지기 때문이다."

름을 비록 모르고, 그래서 그에게서 주어진다고 믿는 바로 그 사물의 이름으로 그 신을 부르고 싶어할 적에, 그들은 한 가지는 분명하게 가리켜 보였던 것이다. 행복은 자기들이 이미 숭배해 오던 유피테르한테서 주어질 수 없다는 것이요, 오히려 행복이라는 이름으로 따로 숭배해야 한다고 여긴 그 신에게서 주어진다는 생각 말이다. 그러니까 자기들이 모르고 있던 어떤 신한테서 행복이 주어진다는 믿음을 그들이 간직하고 있었다는 사실만은 나도 확인하는 바이다.[184] 따라서 그 신을 탐색하고 그 신을 숭배한다면 그것으로 충분하리라. 그러면 무수한 신령들의 소란 따위는 그만두게 될 것이다. 어느 신의 선물이 자기한테 만족스럽지 못하다면 그 사람에게는 그 신마저 흡족하지 못하리라. 내가 말하려는 바는, 행복을 베푸는 분 하느님을 자기가 섬기기에 흡족하지 않다고 하는 사람은, 행복 자체가 자기한테 만족스럽지 못하다는 사람뿐이리라는 사실이다. 그런데 베풀어주는 행복이 자신에게 흡족하다면(인간이 더 바랄 것이 없으므로) 행복을 베풀어주는 분 유일한 하느님을 마땅히 섬겨야 할 것이다.[185] 사람들이 유피테르라고 이름붙이는 자는 아니다. 왜냐하면 사람들이 만일 유피테르가 행복을 부여하는 자임을 인정했다면, 행복을 주리라고 기대하여 다른 남신이나 여신에게 펠리키타스의 이름으로 요청하지는 못했을 것이다. 그리고 그 숱한 불의를 저지르고 다니는 유피테르를 굳이 숭배해야 한다는 생각도 하지 않았으리라. 유피테르는 설화에서 남의 아내들을 간통하는 자로,[186] 파렴치하게도 미소년美少年까지 사랑하여 납치하는 자로 묘사되고 있다.[187]

26. 신들이 자신을 위해 거행하라고 숭배자들에게 요구한 공연축제

그렇지만 툴리우스 키케로는 이렇게 말한다: "이것은 호메루스가 꾸며낸 것이며, 인간사人間事를 신들에게 전가한 것이다. 나는 차라리 신사神事를 우리 인간들에게 전가하고 싶다".[188] 진중한 그는 신들의 죄상을 창작해내는 시인이 마음에 들지 않았던 것이다.[189] 그러면 이런 사건들이 낭송되고 노래불러지고 연기되는 공연축제들이 바로 그 신들에게 바쳐지는 영예처럼 개최되어야 하며, 더구나 극히 박식한 사람들마저 그것을 신사에 포함시켜야 하는가? 여기서 키

poetarum, sed contra instituta maiorum, an exclamarent et illi: Quid nos
fecimus! Ipsi dii ista suis honoribus exhibenda flagitauerunt, atrociter
imperarunt, cladem nisi fieret praenuntiarunt, quia neglectum est aliquid,
seuerissime uindicarunt, quia id quod neglectum fuerat factum est, placa-
tos se esse monstrarunt. Inter eorum commemoratur uirtutes et miranda
facta quod dicam. Tito Latinio rustico Romano patri familias dictum est
in somnis, in senatum nuntiaret, ut ludi Romani instaurarentur, quod
primo eorum die in quodam scelerato, qui populo spectante ad supplicium
duci iussus est, numinibus uidelicet ex ludis hilaritatem quaerentibus
triste displicuisset imperium. Cum ergo ille qui somnio commonitus erat
postero die iussa facere non ausus esset, secunda nocte hoc idem rursus
seuerius imperatum est: amisit filium, quia non fecit. Tertia nocte dictum
est homini, quod maior ei poena, si non faceret, inmineret. Cum etiam sic
non auderet, in morbum incidit acrem et horribilem. Tum uero ex amico-
rum sententia ad magistratus rem detulit atque in lectica allatus est in
senatum expositoque somnio recepta continuo ualetudine pedibus suis
sanus abscessit. Tanto stupefactus miraculo senatus quadruplicata pecunia
ludos censuit instaurari. Quis non uideat, qui sanum sapit, subditos homi-
nes malignis daemonibus, a quorum dominatione non liberat nisi gratia
Dei per Iesum Christum dominum nostrum, ui compulsos esse exhibere
talibus diis, quae recto consilio poterant turpia iudicari? In illis certe ludis
poetica numinum crimina frequentantur, qui ludi cogentibus numinibus
iussu senatus instaurabantur. In illis ludis corruptorem pudicitiae Iouem

---

[190] Cf. Livius, *Ab Urbe condita* 2.36.2 - 37.1; Lactantius, *Divinae institutiones* 2.7.20.

[191] subditos homines malignis daemonibus ... vi compulsos esse: 교부는 본서에서 공연축제를 빈번히
공격하는데 여기서 그 성격을 규정하고 있다.

케로는 시인들의 창작을 두고 언성을 높일 것이 아니라 조상들의 제도를 두고 언성을 높였어야 한다. 아니면 저 조상들이 스스로 외쳤어야 한다: "우리가 한 짓이 도대체 무슨 잘못인가! 신들이 나서서 자기들한테 영예를 바치는 뜻에서 이런 짓을 개최하라고 다그쳤고, 가차없이 명령했고, 하지 않으면 재앙을 예고했으며, 실제로 뭔가 소홀했다고 준엄하게 보복했고, 소홀하던 바를 채웠다고 만족하노라는 표를 보여주기도 했다!" 이런 식으로 과시한 신들의 위력과 기사奇事들 가운데 기억에 남을 만한 것들을 이야기해 보겠다. 티투스 라티니우스라는 로마 농사꾼 가장家長에게 꿈속에 말씀이 있었다. 원로원에 알려서 로마 축제를 신설하라는 것이었고, 그 첫날에는 백성이 구경하는 가운데 범죄자 하나에게 형을 집행하라는 명령이었다. 축제에서 흥겨운 오락을 찾는 신령들에게는 사람을 사형하라는 쑵쓸한 명령을 내리는 일이 마음에 들지 않았어야 옳았다. 여하튼 꿈에 전갈을 받은 그 사람은 이튿날 감히 명령을 시행할 엄두가 나지 않았다. 그러자 둘째 날 밤에는 같은 명령이 더 엄하게 내렸다. 그가 그것을 시행하지 않자 아들을 잃었다. 셋째 날 밤에는 시키는 대로 행하지 않으면 더 큰 벌이 그에게 닥쳐오리라는 말씀이 내렸다. 그것도 감히 수행하지 않자 혹독하고 가증스런 질병이 닥쳤다. 그때야 그는 친지들의 의견에 따라서 관가官家에 사실을 보고했고 들것에 누운 채로 원로원에 실려갔다. 꿈을 발설하고 나자 즉석에서 건강을 되찾았고, 건강해져서 자기 발로 떠나갔다. 그처럼 대단한 기적에 놀란 원로원은 원래보다 네 배나 경비를 들여서 축제를 개최하기로 의결했다.[190] 건전한 것을 맛들일 줄 아는 사람이라면, 바른 식견으로 보면 추악한 짓이라고 판단받을 수밖에 없는 짓들을 저따위 신들에게 거행하고 있으니, 필시 악령들에게 예속된 인간들이 억지로 떠밀려서 거행하고 있다는 생각을 누가 하지 않겠는가?[191] 그리고 우리 주 예수 그리스도를 통해 내리는 하느님의 은총이 아니면 그런 사람들을 악령들의 지배에서 해방하지 못한다. 저런 축제에서는 시인들이 지어낸 신령들의 죄상이 공연되게 마련인데, 그것도 신령들이 강요하여, 원로원의 명령으로 개최되었던 것이다! 저 경기에서는 배우들이 아주 추잡스럽게 유피테르가 여인들의 정조를 무너뜨리고 다니는 역을 하면서 노래를 부

turpissimi histriones cantabant agebant placebant. Si illud fingebatur, ille irasceretur; si autem suis criminibus etiam fictis delectabatur, quando coleretur, nisi diabolo seruiretur? Itane iste Romanum conderet dilataret conseruaret imperium, quouis Romano, cui talia displicebant, homine abiectior? Iste daret felicitatem, qui tam infeliciter colebatur, et nisi ita coleretur, infelicius irascebatur?

27. Relatum est in litteras doctissimum pontificem Scaeuolam dispu-tasse tria genera tradita deorum: unum a poetis, alterum a philosophis, tertium a principibus ciuitatis. Primum genus nugatorium dicit esse, quod multa de diis fingantur indigna; secundum non congruere ciuitatibus, quod habeat aliqua superuacua, aliqua etiam quae obsit populis nosse. De superuacuis non magna causa est; solet enim et a iuris peritis dici: super-flua non nocent. Quae sunt autem illa, quae prolata in multitudinem no-cent? «Haec, inquit, non esse deos Herculem, Aesculapium, Castorem, Pollucem; proditur enim ab doctis, quod homines fuerint et humana con-dicione defecerint.» Quid aliud? «Quod eorum qui sint dii non habeant ciuitates uera simulacra, quod uerus Deus nec sexum habeat nec aetatem nec definita corporis membra.» Haec pontifex nosse populos non uult; nam falsa esse non putat. Expedire igitur existimat falli in religione ciui-tates. Quod dicere etiam in libris rerum diuinarum Varro ipse non dubitat. Praeclara religio, quo confugiat liberandus infirmus, et cum ueritatem qua

---

[192] diabolus: 본서 후반부에 무수히 나오는 성서상의 용어이지만 여기 처음 등장한다. 전반부에서는 immundi spiritus (더러운 영), maligni spiritus (악령), 그리고 방금 나온 maligni daemones (악령)를 더 많이 사용한다.

[193] daret *felicitatem*, qui tam *infeliciter* colebatur … *infelicius* irascebatur: 추하고 음울한 축제로 미루어 인간에게 진정한 행복을 베풀 수 없는 존재임을 반어법으로 부각시켰다.

[194] Quintus Mucius Scaevola: 3.28 (각주 196) 참조. Cf. Tertullianus, *Ad nationes* 2.1.8-10.

[195] Varro의 신학 (종교) 분류 (theologia fabulosa, naturalis, civilis)에 상응한다: 6.5 참조.

[196] superflua non nocent: *Codex Iustinianus* 6.23.1.17.

[197] 이들은 원래 반신 (半神, semi-dei)이다. Castor-Pollux: 유피테르와 레다 사이에서 태어난 쌍둥이 영웅 (Dioscuri)으로 (Cicero, *De natura deorum* 2.24.62) 군대의 수호신이요 맹세의 주관자로 숭배받았다 (Cicero, *De legibus* 2.8.19; Horatius, *Carmina* 3.29.64). 본서 8.5; 18.14 참조.

[198] Q. Mucius Scaevola, *Iura civilia* [Badian ed.] fr.71.

르고 연기를 하여 사람들을 흥겹게 만들곤 했다. 그것이 꾸며낸 짓이었다면 유피테르가 분노했을 것이다. 비록 꾸며냈다 하더라도 자기의 죄상을 두고 유피테르가 좋아했다면, 그를 숭배하는 짓은 결국 악마[192]를 섬기는 것이 아니고 무엇이었겠는가? 하필이면 그따위 신이 로마제국을 창건하고 확장하고 유지하게 해주었다는 말인가? 평범한 로마인에게도 불유쾌했을 짓들을 저지른 자, 따라서 평범한 로마인보다도 더 천박한 자가 말인가? 그따위 신이 행복을 주었다는 말인가? 저토록 불행하게 숭배받던 신, 그러나 그렇게나마 숭배를 받지 못하면 더욱 불행해져서 화를 내던 자가 행복을 베풀었다는 말인가?[193]

27. 대제관 스카이볼라가 논한, 신들이 세 종류

전해오는 기록에 의하면 아주 박식한 대제관 스카이볼라는 신들의 종류가 셋으로 전래되어 왔다고 설명했다.[194] 하나는 시인들에 의해, 둘째는 철학자들에 의해, 셋째는 국가 지도자들에 의해 전래되었다는 것이다.[195] 스카이볼라는 첫째는 쓸모없는 부류라고 주장한다. 신들에 관해 꾸며낸 많은 것들이 부당하기 때문이라는 것이다. 둘째는 도시(국가)와 서로 어울리지 않는다고 한다. 어떤 것은 과잉되고 어떤 것은 백성들이 알아서 손해가 될 뿐이기 때문이라는 것이다. 과잉은 커다란 문제가 아니다. 법률가들도 "과잉된 것은 해가 되지 않는다"고 말하는 것이 예사이기 때문이다.[196] 그러나 대중에게 해롭다고 했던 말마디는 어떤가? 스카이볼라는 이렇게 말한다: "이 발언에 의하면 헤르쿨레스, 아이스쿨라피우스, 카스토르, 폴룩스가 신이 아니라고 한다.[197] 유식한 사람들은 대뜸 그들이 인간이었고 인간 처지에서 죽었다는 말까지 한다". 또 다른 얘기는 무엇인가? "도시(국가)는 신이라고 하는 자들의 진짜 신상을 지녀서는 안 된다, 참된 신은 성性을 지니지도 않고 연세도 지니지 않고 일정한 몸의 지체도 지니지 않는다는 말까지 한다."[198] 제관은 백성이 이런 내용을 아는 것을 바라지 않는다. 그러니까 국가가 종교 문제에 기만당할 필요가 있다고 생각하는 셈이다. 바로도 「신사」라는 책에서 서슴지 않고 다음과 같은 말을 한다: 사람이 질병에서 벗어나려고 달려간다면 그 종교는 훌륭한 종교다. 해방을 얻겠다고 진리를 찾는 경우라면

liberetur inquirat, credatur ei expedire quod fallitur. Poeticum sane deo-
rum genus cur Scaeuola respuat, eisdem litteris non tacetur: quia sic uide-
licet deos deformant, ut nec bonis hominibus comparentur, cum alium
faciant furari, alium adulterare, sic item aliquid aliter turpiter atque inepte
dicere ac facere; tres inter se deas certasse de praemio pulchritudinis,
uictas duas a Venere Troiam euertisse; Iouem ipsum conuerti in bouem
aut cygnum, ut cum aliqua concumbat; deam homini nubere, Saturnum
liberos deuorare: nihil denique posse confingi miraculorum atque uitio-
rum, quod non ibi reperiatur atque ab deorum natura longe absit. O Scae-
uola pontifex maxime, ludos tolle, si potes; praecipe populis, ne tales
honores diis inmortalibus deferant, ubi crimina deorum libeat mirari et
quae fieri possunt placeat imitari. Si autem tibi responderit populus: Vos
nobis importastis ista pontifices: deos ipsos roga, quibus instigantibus ista
iussistis, ne talia sibi iubeant exhiberi. Quae si mala sunt et propterea
nullo modo de deorum maiestate credenda, maior est deorum iniuria, de
quibus inpune finguntur. Sed non te audiunt, daemones sunt, praua do-
cent, turpibus gaudent: non solum non deputant iniuriam, si de illis ista
fingantur, sed eam potius iniuriam ferre non possunt, si per eorum sollem-
nia non agantur. Iam uero si aduersus eos Iouem interpelles, maxime ob
eam causam, quia eius plura crimina ludis scaenicis actitantur: nonne
etiamsi Deum Iouem nuncupatis, a quo regitur totus atque administratur

.

---

[199] *Antiquitates rerum humanarum et divinarum* fr.117.

[200] 그리스도교 호교론자들 가운데 특히 Arnobius (*Adversus nationes*)가 지적하는 허점이다.

[201] 교부는 외교인 지성인들을 상대로 토론하면서 신(dei)과 정령(daemones)을 구분하여 삿된 언행
들은 가급적 후자에게 돌려 다신숭배에서 유일신숭배로 전환할 여지를 얻고자 한다.

속는 것도 유익하다고 믿을 만하다![199] 시인들에게서 전래한 신들의 종류를 스카이볼라가 어째서 배척했는지에 관해서도 저 문전은 묵과하고 있지 않다: 그렇게 하다가는 신들의 품위를 손상시키고, 시인들이 어떤 신은 도둑질하게 만들고 어떤 신은 간통을 저지르게 만들며 이런 식으로 제각기 추하고 어리석은 짓을 하거나 어리석은 말을 하게 만들어 선한 인간에도 견줄 수 없게 한다는 것이다. 그런가 하면 시인들은 세 여신이 미美의 상급을 겨루다 베누스에게 패배하자 두 여신이 트로야를 몰락시키는 것으로 만들었다. 유피테르는 딴 여자와 정을 통하려고 소로 둔갑하는가 하면 백조로 둔갑하는 것으로 만들었다. 여신을 남자 인간과 혼인시키는가 하면 사투르누스는 자식을 삼키는 것으로 만들었다. 허구치고 기기에 나오지 않는 요상스럽고 악덕에 찬 행위가 아무것도 없을 정도이며, 한결같이 신들의 본성과는 거리가 멀다는 이유다.[200] 오, 대제관 스카이볼라여, 그럼 할 수만 있다면 축제를 없애버려라. 백성들이 불멸하는 신들에게 저따위를 영예랍시고 바치지 못하게 가르치라. 사람들이 신들의 죄상을 두고 감탄하고 가능하다면 모방하고 싶어하는 일이 있어서는 안 되는 까닭이다. 그러면 백성은 그대에게 이렇게 대답할지 모른다: "제관들이여, 우리에게 이런 것을 도입한 사람은 다름아닌 당신들이었다. 신들이 충동질하여 당신들이 이런 짓을 명령했으니 그 신들에게 빌어서 이런 짓을 자기들한테 개최하라는 명령을 내리지 못하게 하라. 이런 짓들이 악하다면, 따라서 신들의 존엄에 비추어 도저히 믿어서는 안 될 짓이라면, 시인들이 이런 짓을 꾸며냈는데도 신들이 벌을 내리지 않았다는 것은 신들의 더욱 큰 불의이다!" 하지만 신들은 그대의 말을 안 듣는다. 그들은 정령들이다.[201] 사악한 것을 가르치고 추잡한 짓을 즐긴다. 자기들에 관해 저런 짓들이 꾸며지면 그것을 자기들에 대한 불의라고 여기기는커녕, 저런 짓을 성대하게 공연하지 않을 경우에 오히려 그것을 자기들에 대한 불의로 여기고는 참지를 못한다. 그런 정령들을 상대로 유피테르에게 호소해도 소용없다. 무엇보다도 유피테르의 죄상이 공연축제에서 가장 많이 상연되는 바로 그 이유에서다! 그대들은 이 세상 전체를 통치하고 지배하는 존재를 유피테르 신이라고 부르면서도, 바로 그런 신을 저런 자들과 나란히 숭배해야 한다고 생각하는 까

hic mundus, eo illi fit a uobis maxima iniuria, quod eum cum istis colen-
dum putatis eorumque regem esse perhibetis?

28. Nullo igitur modo dii tales, qui talibus placantur uel potius accusan-
tur honoribus, ut maius sit crimen quod eis falsis oblectantur, quam si de
illis uera dicerentur, Romanum imperium augere et conseruare potuissent.
Hoc enim si possent, Graecis potius donum tam grande conferrent, qui
eos in huiusce modi rebus diuinis, hoc est ludis scaenicis, honorabilius
digniusque coluerunt, quando et a morsibus poetarum, quibus deos dila-
cerari uidebant, se non subtraxerunt, dando eis licentiam male tractandi
homines quos liberet, et ipsos scaenicos non turpes iudicauerunt, sed
dignos etiam praeclaris honoribus habuerunt. Sicut autem potuerunt
auream pecuniam habere Romani, quamuis deum Aurinum non colerent:
sic et argenteam habere potuerunt et aeream, si nec Argentinum nec eius
patrem colerent Aesculanum, et sic omnia quae retexere piget. Sic ergo et
regnum inuito quidem Deo uero nullo modo habere possent; diis uero istis
falsis et multis ignoratis siue contemptis atque illo uno cognito et fide
sincera ac moribus culto et melius hic regnum haberent, quantumcumque
haberent, et post haec acciperent sempiternum, siue hic haberent siue non
haberent.

29. Nam illud quale est quod pulcherrimum auspicium fuisse dixerunt,
quod paulo ante commemoraui, Martem et Terminum et Iuuentatem nec
Ioui regi deorum loco cedere uoluisse? Sic enim, inquiunt, significatum

---

[202] Cf. Cicero, *De republica* 4.10.10-13. 연극인에 대한 대우는 본서 2.9-11 참조.

[203] Aurinus, Argentinus, Aesculanus에 관해서는 4.21 참조.

[204] 4.23 참조.

[205] auspicium: portentum(이상한 징조), prodigium(흉조)과 달리 길조(吉兆)를 의미했다.

닭에, 또 바로 저런 자들의 왕이라고 내세우기 때문에 결국 그대들은 유피테르에게 최대의 모독을 끼치는 것이 아닐까?

28. 제신숭배가 로마인들에게 왕국을 획득하고 확장하는 데 도움이 되었는가

그러므로 저런 신들, 그런 추악한 영예를 받는다는 것은 차라리 고발을 당하는 셈인데도(진짜 범행에 관해 말이 퍼지는 것보다도 시인들이 꾸며낸 가짜 범행을 좋아하는 죄질이 더 나쁘다) 그것을 영예랍시고 흡족해하는 신들이라면 그들이 로마제국을 성장시키고 보존해준 것은 결코 아니다. 만일 그 신들이 그럴 능력이 있었더라면 이처럼 위대한 선물은 차라리 그리스인들에게 주었으리라. 그리스인들은 이런 신사, 즉 공연축제에서는 훨씬 영예롭게, 훨씬 품위있게 신들을 숭배했기 때문이다. 그리스인들은 신들을 희롱하는 시인들의 독설에 놀라 위축되지 않았을뿐더러 시인들이 사람들을 멋대로 함부로 다루는 것마저 공인해주었고, 그런 배우들을 추루한 인간처럼 판단하지 않고 고귀한 관직에 오르기에 합당한 인간으로 보았기 때문이다.[202] 그러므로 만일 로마인들이 아우리누스 신을 숭배하지 않고서도 금전을 지닐 수 있었다면, 아르겐티누스 신이나 그의 부친 아이스쿨라누스를 숭배하지 않고서도 은전이나 동전을 지닐 수 있었으리라.[203] 그리고 이런 식으로 낱낱이 죄다 꼽아나가는 것은 정말 지겨운 일이다. 마찬가지로 참된 하느님이 반대하는데도 누가 왕권을 쥔다는 것도 절대 가능하지 않다. 참다운 믿음과 선량한 습속으로 하느님을 예배했더라면, 거짓되고 수가 많은 신들을 무시하거나 멸시했더라도, 또 유일신을 인정하고서도, 쥘 수 있을 만큼 왕권을 쥐고 있었을 테고, 이승에서 왕권을 장악했든 그렇지 못했든 상관없이 후세에는 영구적인 왕권을 손에 쥘 수 있었을 것이다.

29. 로마 왕국의 세력과 공고함을 가리킨다고 여겨진 조점鳥占의 거짓됨

그러면 내가 조금 전에 언급했던 일,[204] 곧 마르스와 테르미누스와 유벤타스가 신들의 임금 유피테르에게도 자리를 양보하려고 하지 않았다는 사실이 지극히 상서로운 조짐[205]이었다는데, 과연 무슨 조짐이었다는 말일까? 그들은 이렇

est, Martiam gentem, id est Romanam, nemini locum quem teneret datu-
ram, Romanos quoque terminos propter deum Terminum neminem com-
moturum, iuuentutem etiam Romanam propter deam Iuuentatem nemini
esse cessuram. Videant ergo quo modo habeant istum regem deorum
suorum et datorem regni sui, ut eum auspicia ista pro aduersario ponerent,
cui non cedere pulchrum esset. Quamquam haec si uera sunt, non habent
omnino quid timeant. Non enim confessuri sunt, quod dii cesserint
Christo, qui Ioui cedere noluerunt; saluis quippe imperii finibus Christo
cedere potuerunt et de sedibus locorum et maxime de corde credentium.
Sed antequam Christus uenisset in carne, antequam denique ista scribe-
rentur, quae de libris eorum proferimus, sed tamen postea quam factum
est sub rege Tarquinio illud auspicium, aliquotiens Romanus exercitus
fusus est, hoc est uersus in fugam, falsumque ostendit auspicium, quo
Iuuentas illa non cesserat Ioui, et gens Martia superantibus atque inrum-
pentibus Gallis in ipsa Vrbe contrita est, et termini imperii deficientibus
multis ad Hannibalem ciuitatibus in angustum fuerant coartati. Ita eua-
cuata est pulchritudo auspiciorum, remansit contra Iouem contumacia,
non deorum, sed daemoniorum. Aliud est enim non cessisse, aliud unde
cesseras redisse. Quamquam et postea in Orientalibus partibus Hadriani
uoluntate mutati sunt termini imperii Romani. Ille namque tres prouincias
nobiles, Armeniam, Mesopotamiam, Assyriam, Persarum concessit im-
perio, ut deus ille Terminus, qui Romanos terminos secundum istos tue-
batur et per illud pulcherrimum auspicium loco non cesserat Ioui, plus
Hadrianum regem hominum quam regem deorum timuisse uideatur. Re-
ceptis quoque alio tempore prouinciis memoratis nostra paene memoria

---

[206] 교부는 이하의 예를 들어 그것이 근거없는 맹신이라고 논박한다.

[207] 적군에게 밀렸다가 결국은 수복(收復)하지 않았느냐는 로마인들의 대꾸에 대한 반박이요 아래에
다른 예가 제시된다.

[208] 117년 하드리아누스는 유프라테스 강 건너편 속주들을 포기하고 국방의 안전을 도모했다(Eutro-
pius, *Breviarium ab Urbe condita* 8.6.2).

게 답변한다: "그 의미로 말할 것 같으면, 마르스의 족속, 곧 로마 민족은 자기가 잡은 자리를 누구에게도 내주지 않을 것이며, 로마의 경계는 테르미누스 신 덕분에 누구도 범접하지 못할 것이며, 로마의 젊음은 유벤타스 여신 덕분에 누구에게도 물러서지 않으리라는 것이었다!" 그러니 신들의 임금이면서 로마 왕국을 하사한 신을 저 사람들이 어떻게 취급해야 한다고 생각했는지 알 만하다. 그들이 받았다는 조짐 때문에 유피테르를 적수敵手처럼 취급했고 그의 앞에서 물러서지 않는 것이 옳다고 생각했다. 만일 이 조짐들이 참이라면 저 사람들이 야말로 정말 두려워할 것이 없을 만하다.[206] 유피테르에게도 물러서기 싫어한 신들인만큼 자기네 신들이 그리스도 앞에서도 물러서리라고 자백할 리가 없다. 물론 신전들이 서 있는 강소상의 위치를 두고서라든가 특히 믿는 사람들의 마음을 두고 그리스도 앞에서 물러섰더라도 로마 제국의 경계는 고스란히 살려놓을 수 있었다! 그런데 그리스도가 육신으로 내림하기 이전, 곧 그들의 문서에서 우리가 인용해내는 저 사건들이 기록되기 이전에, 그리고 타르퀴니우스 왕 치하에서 저런 조짐이 내려진 이후에, 로마 군대가 여러 차례나 패배하여 등을 돌리고 도주했다! 이것으로 저 유벤타스 여신이 유피테르 앞에서도 물러서지 않겠다는 다짐이 거짓이었음이 드러났다. 또 갈리아인들이 로마군을 무찌르고서 몰려오자 딴 곳이 아닌 로마 도성에서 마르스의 족속이 궤멸을 당했고, 수많은 도성들이 한니발에게 패배함으로써 제국의 경계 역시 좁게 위축된 일이 있었다. 그리하여 저 멋진 조짐들이 허구에 지나지 않게 되었고, 유피테르에게 맞선 불손한 고집이 신들의 행동이 아니고 정령들의 행동임이 드러나고 말았다.[207] 물러서지 않았다는 것과 물러섰다가 되찾았다는 것은 엄연히 다른 법이다.[207] 후대에 가서 하드리아누스의 뜻에 따라서 동방에서는 로마제국의 경계가 변경된 바 있다. 그는 세 군데의 훌륭한 속주 곧 아르메니아, 메소포타미아, 아시리아를 페르시아인들의 손에 넘겼다.[208] 그렇다면 로마 경계를 수호해 왔고 저 멋진 조짐 때문에 유피테르에게도 자리를 양보하지 않았다는 저 테르미누스 신은 신들의 임금보다도 인간들의 임금 하드리아누스를 더 무서워했던 모양이다. 방금 우리가 언급한 속주들은 후대에 와서 수복되었지만 곧이어 테르미누

retrorsus Terminus cessit, quando Iulianus deorum illorum oraculis deditus inmoderato ausu naues iussit incendi, quibus alimonia portabatur; qua exercitus destitutus mox etiam ipso hostili uulnere extincto in tantam est redactus inopiam, ut inde nullus euaderet undique hostibus incursantibus militem imperatoris morte turbatum, nisi placito pacis illic imperii fines constituerentur, ubi hodieque persistunt, non quidem tanto detrimento, quantum concesserat Hadrianus, sed media tamen compositione defixi. Vano igitur augurio deus Terminus non cessit Ioui, qui cessit Hadriani uoluntati, cessit etiam Iuliani temeritati et Iouiani necessitati. Viderunt haec intellegentiores grauioresque Romani; sed contra consuetudinem ciuitatis, quae daemonicis ritibus fuerat obligata, parum ualebant, quia et ipsi, etiamsi illa uana esse sentiebant, naturae tamen rerum sub unius ueri Dei regimine atque imperio constitutae religiosum cultum, qui Deo debetur, exhibendum putabant, *seruientes*, ut ait apostolus, *creaturae potius quam creatori, qui est benedictus in saecula.* Huius Dei ueri erat auxilium necessarium, a quo mitterentur sancti uiri et ueraciter pii, qui pro uera religione morerentur, ut falsae a uiuentibus tollerentur.

30. Cicero augur inridet auguria et inridet homines corui et corniculae uocibus uitae consilia moderantes. Sed iste Academicus, qui omnia esse contendit incerta, indignus est qui habeat ullam in his rebus auctoritatem.

---

[209] Iulianus (Apostata): 363년에 페르시아를 정벌하여 하드리아누스가 양도한 영토를 수복하려고 시도했다. 작전상 티그리스 강을 건너지 못하는 군량미는 불살랐다. "저 신들의" (deorum illorum)라는 문구는 이 황제가 그리스도교를 배반하고 이교신앙으로 돌아갔음을 암시한다. 5.21 참조.

[210] Flavius Iovianus: 율리아누스 급사(363년) 후에 황제로 선발된 인물로 점령지 태반을 적군에게 양도하고서 강화조약을 맺었다. 두 황제의 행적: Eutropius, *Breviarium ab Urbe condita* 10.16.2; 10.17.1; Orosius, *Historiae adversus paganos* 7.30-31.

[211] daemonicis ritibus ... naturae rerum religiosum cultum exhibendum: 이상의 종교비판을 교부는 "자연숭배"에다 귀결짓는다.

[212] 로마 1,25.

[213] *pro vera* religione *morerentur, ut falsae a viventibus* tollerentur: 종교의 참과 거짓, 사도들의 삶과 죽음을 대칭시킨 문장이다.

[214] Cf. Cicero, *De divinatione* 2.14. 33 - 16.37.

스 신은 또다시 물러섰다. 율리아누스가 저 신들의 신탁에 따라 지나친 만용을 부려 식량을 운반하던 선박들을 불지르라고 명령한 일이 있었다.[209] 그 일로 머잖아 황제가 적군에게서 받은 상처로 전사했고, 군대가 버림을 받은 데다가 극도의 식량난으로 군대가 줄어 있던 중 황제의 죽음으로 혼잡해 있던 병사들을 사방에서 적병들이 급습했다. 만일 그때 바로 그 지점에다 제국의 경계를 한정하는 강화조약을 맺지 않았던들 아무도 죽음을 면하지 못했을 것이다. 그 경계는 오늘날까지 존속하고 있다. 그 경계는 하드리아누스의 의사대로 이양한 것에 비하면 덜 축소된 것이기는 하지만, 원래의 국경에 비하면 중간 위치에 획정된 것이었다. 그러니까 테르미누스 신이 유피테르에게 신전의 터를 양보하지 않았다는 것은 허황한 조짐 탓이었으니, 그 신은 하드리아누스의 의사에도 양보했고, 율리아누스의 만용에도 양보했고, 요비아누스의 급박한 사정에도 양보했기 때문이다.[210] 그래도 지각있고 신중한 로마인들은 이것을 눈으로 목격했다. 그렇지만 그들은 정령 의식精靈儀式에 매여 있던 도성의 관습에 대항해서 거의 힘을 쓰지 못했다. 이런 의식이 허황하다는 것을 알면서도, 그들마저 대자연에 종교 예배를 바쳐야 한다고 여겼기 때문이다. 유일하고 참된 하느님의 통치와 지배하에 있는 대자연에다 하느님께 바칠 예배를 바쳐야 하는 것으로 생각한 것이다.[211] 그래서 사도가 말하듯이, 그들은 "창조주 대신 피조물을 받들어 섬겼다. 하느님은 영원히 찬송받으시옵니다".[212] 이들에게는 참된 하느님의 도우심이 필요했으니, 그분은 거룩한 사람들과 참으로 경건한 사람들을 파견했고, 그 인물들은 살아있는 사람들에게서 거짓 종교들을 없애고 참된 종교를 전파하기 위해 죽음을 무릅썼던 것이다.[213]

30. 이방 민족들의 제신을 숭배하는 사람들도 그 신들에 관해 무슨 생각을 품고 있는지 자백한 바 있다

키케로는 조점관이면서도 조점을 비웃었고, 사람들이 까마귀와 갈가마귀의 소리를 듣고서 인생의 계획을 결정하는 것을 비웃었다.[214] 하지만 그는 모든 것이 불확실하다고 주장하는 아카데미아 학파였으므로 이런 사안에 대해 어떤 권

Disputat apud eum Quintus Lucilius Balbus in secundo de deorum natura libro, et cum ipse superstitiones ex natura rerum uelut physicas et philosophicas inserat, indignatur tamen institutioni simulacrorum et opinionibus fabulosis ita loquens: «Videtisne igitur, ut a physicis rebus bene atque utiliter inuentis ratio sit tracta ad commenticios et fictos deos? Quae res genuit falsas opiniones erroresque turbulentos et superstitiones paene aniles. Et formae enim nobis deorum et aetates et uestitus ornatusque noti sunt, genera praeterea, coniugia, cognationes, omniaque traducta ad similitudinem imbecillitatis humanae. Nam et perturbatis animis inducuntur; accepimus enim deorum cupiditates aegritudines iracundias. Nec uero, ut fabulae ferunt, dii bellis proeliisque caruerunt; nec solum, ut apud Homerum, cum duos exercitus contrarios alii dii ex alia parte defenderent, sed etiam (ut cum Titanis aut cum Gigantibus) sua propria bella gesserunt. Haec et dicuntur et creduntur stultissime et plena sunt uanitatis, summaeque leuitatis.» Ecce interim quae confitentur qui defendunt deos gentium. Deinde cum haec ad superstitionem pertinere dicat, ad religionem uero, quae ipse secundum Stoicos uidetur docere: «non enim philosophi solum, inquit, uerum etiam maiores nostri superstitionem a religione separauerunt; nam qui totos dies precabantur, inquit, et immolabant, ut sibi sui liberi superstites essent, superstitiosi sunt appellati.» Quis non intellegat eum conari, dum consuetudinem ciuitatis timet, religionem laudare maiorum eamque a superstitione uelle seiungere, sed quo modo id possit non inuenire? Si enim a maioribus illi sunt appellati superstitiosi, qui totos dies precabantur et immolabant, numquid et illi, qui instituerunt (quod iste reprehendit) deorum simulacra diuersa aetate et ueste distincta, deorum genera coniugia cognationes? Haec utique cum tamquam super-

---

[215] Q. Lucilius Balbus는 작중에서, Paenetius의 제자로서, 스토아 철학을 대변한다(5.9.1 참조).

[216] Cicero, *De natura deorum* 2.28.70.

[217] deos gentium: gentes는 제반 "민족들"을 가리키지만 "이방 민족"이라는 어휘로 옮겨본다.

[218] Cicero, *De natura deorum* 2.28.71-72. 키케로는 발부스의 입을 빌려, "미신"(superstitio)이라는 단어를 "살아남은 자들"(superstites)에서 어원을 끌어내면서 비꼬고 있다.

위를 지닐 자격이 없었다. 그의 책「신들의 본성」제2권에 퀸투스 루킬리우스 발부스라는 인물이 등장한다.[215] 그 인물은 대자연에서 기인하는 미신들이 자연학적이고 철학적인 성격을 띠는 것처럼 설명하면서도 신상의 제작과 신화적 사상은 싫어했다. 그는 이렇게 말한다: "비록 선하고 유익한 것이라고 해도, 자연 사물들이 발명되면서 거기서 상상적이고 허구적 신들에로 기울어질 명분이 생긴다고 여기지 않습니까? 그런 사물이 거짓된 사상과 혼잡한 오류와 노파들의 미신을 낳은 것입니다. 그리하여 우리에게 신들에 관해 용모나 나이, 의상과 장신구 등이 알려졌고, 그밖에도 신들의 족보, 혼인, 인척 등과 그 외의 수많은 인간적 취약함과 유사한 것들이 소개되었고, 신들은 동요하는 정신을 가지고 있다고 소개되었습니다. 그래서 우리는 신들에게 탐욕, 번민, 분노 등이 있다고 받아들였던 것입니다. 그리고 설화가 들려주듯이, 신들에게는 전쟁과 격투도 없지 않았습니다. 또 호메루스의 글에서처럼, 서로 적대하는 두 군대를 두 신이 제각기 하나씩 지원하기도 했을 뿐 아니라(티타누스들이나 거인들과 벌였던 것처럼), 신들끼리 전쟁도 했습니다. 극히 어리석게도 사람들이 이런 이야기를 믿는데 한결같이 허풍이 가득하고 지독하게 경박한 내용입니다".[216] 보라, 이방 민족들의 신들을[217] 옹호한다는 사람들이 실제로 고백하는 말이 무엇인지! 이런 것들은 미신에 해당한다고 말하고 그 대신 스토아 사상가들을 따르면서 종교에 해당하는 것이 무엇인지는 이렇게 가르친다: "철학자들만이 아니라 우리 조상들도 종교로부터 미신을 구분했습니다. 날마다 온종일 기도를 하고 희생제사를 바쳐서 자기 자손들이 자신보다 오래 살아남기 바라는 사람들을 미신가라고 불렀습니다".[218] 그가 로마 도성의 습속을 손상시키거나 않을까 우려하면서도 조상들의 종교를 칭송하고 그것을 이방 민족들의 미신으로부터 분리시키려고 시도한다는 점을 누가 깨닫지 못하겠는가? 그러나 어떻게 분리시킬지는 찾아내지 못하고 있지 않은가? 지나칠 정도로 날마다 온종일 기도를 하고 희생제사를 바치던 사람들이 조상들에게 미신가라고 불렀다면, 나이가 다르고 복색이 구분되게 제작한 신상이라든가, 신들의 족보와 혼인과 인척을 제정해낸 (키케로는 이것을 비난한다) 사람들은 뭐라고 불러야 할까? 이런 짓이 미

stitiosa culpantur, inplicat ista culpa maiores talium simulacrorum institu-
tores atque cultores; inplicat et ipsum, qui, quantolibet eloquio se in liber-
tatem nitatur euoluere, necesse habebat ista uenerari; nec quod in hac dis-
putatione disertus insonat, muttire auderet in populi contione. Agamus
itaque Christiani Domino Deo nostro gratias, non caelo et terrae sicut iste
disputat, sed ei qui fecit caelum et terram, qui has superstitiones, quas iste
Balbus uelut balbutiens uix reprehendit, per altissimam Christi humilita-
tem, per apostolorum praedicationem, per fidem martyrum pro ueritate
morientium et cum ueritate uiuentium non solum in cordibus religiosis,
uerum etiam in aedibus superstitiosis libera suorum seruitute subuertit.

31. Quid ipse Varro, quem dolemus in rebus diuinis ludos scaenicos,
quamuis non iudicio proprio, posuisse, cum ad deos colendos multis locis
uelut religiosus hortetur, nonne ita confitetur non se illa iudicio suo sequi,
quae ciuitatem Romanam instituisse commemorat, ut, si eam ciuitatem
nouam constitueret, ex naturae potius formula deos nominaque eorum se
fuisse dedicaturum non dubitet confiteri? Sed iam quoniam in uetere
populo esset, acceptam ab antiquis nominum et cognominum historiam
tenere, ut tradita est, debere si dicit, et ad eum finem illa scribere ac
perscrutari, ut potius eos magis colere quam despicere uulgus uelit. Qui-
bus uerbis homo acutissimus satis indicat non se aperire omnia, quae non

---

[219] iste *Balbus velut balbutiens* vix: balbus는 라틴어로 "말더듬이" (동사: blabutio)다.

[220] "자유로운 예속" (libera servitus)은 매우 역설적인 표현이 된다.

[221] 4.1 참조. 그의 종교사상은 6권과 7권에서 상론된다.

신적이라고 지탄받는다면, 그런 신상을 제정하고 숭배한 조상들이야말로 그 지탄을 무릅써야 한다. 그리고 굉장한 달변으로 자기는 자유를 획득하려고 노력하는 것처럼 행세하면서도 저런 것을 존중할 필요가 있다고 여겼던 장본인 키케로야말로 누구보다도 그 지탄을 받아야 한다. 키케로는 자기 논저에서는 유창하게 설파하던 바를 공공집회에서는 감히 입밖에 내려고도 하지 않았다. 그러므로 우리 그리스도인들은 우리 주 하느님께 감사드리자. 저 인물이 토로하듯이 하늘과 땅에 감사할 것이 아니라, 하늘과 땅을 만든 분에게 감사드리자. 저 발부스는 미신을 더듬더듬 겨우 지탄하고 그쳤다.[219] 하느님은 그리스도의 깊고깊은 겸손을 통해, 사도들의 설교를 통해, 진리를 위해 죽고 진리와 더불어 살아있는 순교자들의 신앙을 통해 저 미신을 송두리째 무너뜨렸다. 당신 신도들의 자유로운 예속[220]에 힘입어, 경건한 마음에서만 미신을 무너뜨린 것이 아니고 미신적 건물에서도 저 미신을 송두리째 무너뜨렸다.

31. 대중 신앙을 비난하면서 비록 참된 하느님에 대한 지식에 이르지는 못했지만 신은 하나만 숭배해야 한다고 여겼던 바로의 견해

31. 1. 바로에 따른 민간 종교의 기회

바로는 경건한 인물답게 여러 글에서 신들을 숭배하라고 사람들에게 권유하고 있는데, 비록 자기 판단에 따른 것은 아니었더라도, 공연축제를 신사에 포함시켰다는 사실은 유감스런 일이다.[221] 하지만 자기는 독자적 판단에 따라서 그것을 따르는 게 아니고 로마 도성이 제정한 바를 언급할 따름이라고 고백하지 않았던가? 그리고 자기가 만일 그 도성을 새로 창건했다면 자기는 자연의 형태에 준해 신들과 그 이름을 붙여주었으리라고 서슴없이 공언하지 않았던가? 하지만 그는 오래된 백성 가운데 살고 있었으므로 고대인들에게서 전수받은 신들의 이름과 성의 역사를 채택하고 있으며, 자기는 전수된 자료에 의존할 따름이라는 말도 한다. 또 자기는 대중이 신들을 경멸하지 않기 바랄 뿐 아니라 신들을 숭배하기 바라는 목적에서 그 책을 기술하고 연구한다고 말한다. 이런 말을 함으로써 바로는 지극히 명민한 인물답게, 몇몇 사안은 그냥 묵과하고 넘어가겠다

sibi tantum contemptui essent, sed etiam ipsi uulgo despicienda uiderentur, nisi tacerentur. Ego ista conicere putari debui, nisi euidenter alio loco ipse diceret de religionibus loquens multa esse uera, quae non modo uulgo scire non sit utile, sed etiam, tametsi falsa sunt, aliter existimare populum expediat, et ideo Graecos teletas ac mysteria taciturnitate parietibusque clausisse. Hic certe totum consilium prodidit uelut sapientium, per quos ciuitates et populi regerentur. Hac tamen fallacia miris modis maligni daemones delectantur, qui et deceptores et deceptos pariter possident, a quorum dominatione non liberat nisi gratia Dei per Iesum Christum dominum nostrum.

Dicit etiam idem auctor acutissimus atque doctissimus, quod hi soli ei uideantur animaduertisse quid esset Deus, qui crediderunt eum esse animam motu ac ratione mundum gubernantem, ac per hoc, etsi nondum tenebat quod ueritas habet (Deus enim uerus non anima, sed animae quoque est effector et conditor), tamen si contra praeiudicia consuetudinis liber esse posset, unum Deum colendum fateretur atque suaderet, motu ac ratione mundum gubernantem, ut ea cum illo de hac re quaestio remaneret, quod eum diceret esse animam, non potius et animae creatorem. Dicit etiam antiquos Romanos plus annos centum et septuaginta deos sine simulacro coluisse. «Quod si adhuc, inquit, mansisset, castius dii obseruarentur.» Cui sententiae suae testem adhibet inter cetera etiam gentem Iudaeam; nec dubitat eum locum ita concludere, ut dicat, qui primi

---

[222] teletas (입문) ac mysteria (비의) taciturnitate parietibusque clausisse: 비교(秘教)들의 폐쇄성을 지적하고 있다.

[223] *Deus... animam* motu ac ratione mundum *gubernantem*: 교부가 바로의 신개념으로 소개한다.

[224] Varro, *Antiquitates* fr.114.

는 입장을 시사한 셈이다. 침묵으로 넘어가지 않으면 자기로서도 그 사안에 상당한 경멸감을 품게 될뿐더러 대중도 무시할 것이므로 그렇게 보이는 사안은 일체 언명하지 않겠노라고 시사하는 셈이다. 그는 다른 문전에서 종교들에 관해 논하면서, 많은 것이 사실이지만 대중이 아는 것은 이롭지 않다고 말하는가 하면, 비록 거짓이더라도 백성은 달리 참말처럼 여기는 편이 차라리 낫다고 말한다. 바로 그래서 그리스인들도 비교秘教의 입문이나 비의秘儀를 묵비默秘와 담벼락 속에 숨겨둔 것이라는 말도 한다.[222] 바로가 그런 말을 하지 않았더라면, 나로서도 여태까지 로마 종교를 비판한 모든 얘기를 순전히 추측으로 짜내야 했을지 모른다. 이렇게 해서 바로는 도성과 국민을 통치하는 소위 현자들의 저의가 무엇인지 모조리 드러낸 셈이나. 어떻든 악령들은 기묘한 방식으로 바로 이런 기만을 즐기고 있으며, 기만하는 자들이나 기만당하는 자들이나 똑같이 손아귀에 장악하고 있다. 우리 주 예수 그리스도를 통한 하느님의 은총이 아니고서는 그들의 지배에서 구해내지 못한다.

31.2. 유일신 숭배에 대한 시사

지극히 명민하고 박식한 이 저자는, 자기가 볼 때, 신이란 운동과 이성으로 세계를 다스리는 어떤 영혼이라고 믿는 자들만이 신이 과연 어떤 존재인지 제대로 깨달은 사람들이라고 말한다.[223] 비록 그가 진리에 담긴 것(참 하느님은 세계의 영혼이 아니고 영혼의 조성자요 창조자이다)을 아직 인지하지는 못했지만, 만일 관습에서 오는 선입견으로부터 자유로울 수만 있었더라도 한 분 하느님을 운동과 이성으로 세계를 다스리는 분으로 숭배해야 한다고 공언했을 것이고 또 그렇게 사람들을 설득했으리라. 그리고 하느님에 관해 그에게 남은 유일한 문제는 하느님이 영혼의 창조자가 아니고 영혼 자체라고 주장하던 그 점뿐이었을지도 모른다. 바로는 상고의 로마인들은 170년 동안이나 신상 없이 신들을 섬겼다고 말한다. 그리고 "만일 그런 풍습이 지금까지 남아있었다면 신들이 더 순수하게 신봉되었으리라"는 말까지 한다.[224] 자기의 그런 생각을 입증하는 뜻에서 그는 여타 민족들 가운데서 유다 민족을 예로 든다. 그리고 이 대목을 서슴없이 다음과 같은 말로 결론 맺는다: 백성들에게 최초로 신들의 우상을 세

simulacra deorum populis posuerunt, eos ciuitatibus suis et metum dempsisse et errorem addidisse, prudenter existimans deos facile posse in simulacrorum stoliditate contemni. Quod uero non ait «errorem tradide-runt», sed «addiderunt»: iam utique fuisse etiam sine simulacris uult in-tellegi errorem. Quapropter cum solos dicit animaduertisse quid esset Deus, qui eum crederent animam mundum gubernantem, castiusque exis-timat sine simulacris obseruari religionem, quis non uideat quantum pro-pinquauerit ueritati? Si enim aliquid contra uetustatem tanti posset erroris, profecto et unum Deum, a quo mundum crederet gubernari, et sine simul-acro colendum esse censeret; atque in tam proximo inuentus facile for-tasse de animae mutabilitate commoneretur, ut naturam potius incommu-tabilem, quae ipsam quoque animam condidisset, Deum uerum esse sentiret. Haec cum ita sint, quaecumque tales uiri in suis litteris multorum deorum ludibria posuerunt, confiteri ea potius occulta Dei uoluntate com-pulsi sunt quam persuadere conati. Si qua igitur a nobis inde testimonia proferuntur, ad eos redarguendos proferuntur, qui nolunt aduertere de quanta et quam maligna daemonum potestate nos liberet singulare sacri-ficium tam sancti sanguinis fusi et donum spiritus impertiti.

32. Dicit etiam de generationibus deorum magis ad poetas quam ad physicos fuisse populos inclinatos, et ideo et sexum et generationes deo-

---

[225] *iam* utique *fuisse* etiam sine simulacris vult intelligi *errorem*: 우상숭배는 정신적 오류(타락)에 덧붙여질 따름이라는 것이 교부의 생각이다.

[226] *Deum*, a quo mundum gubernari ... *naturam incommutabilem*, quae ipsam anima condidisset: 교부가 바로의 것을 정정한 신개념이다. 세계를 다스리는 존재가 어떤 영혼이라고 하더라도, 그 영혼의 가변성을 유의한다면 가변적 영혼을 지어낸, 불변하는 창조주에게 도달했으리라는 논지는 아우구스티누스가 자주 구사한다.

[227] Cf. Varro, *De lingua Latina* 5.32.144.

운 사람들은 자기네 도성에서 신들에 대한 경외심을 오히려 감소시켰고 오류를
보태주었다. 현명하게도 그는 신들이 우상의 어리석은 모습을 띠게 되면 자칫
경멸받을 수 있다고 여겼던 것이다. 그는 "오류를 도입했다"라고 하지 않고
"오류를 보태주었다"라고 한다. 신상이 없었어도 이미 오류가 존재했음을 깨우
쳐주고 싶었던 것이다.[225] 신이란 운동과 이성으로 세계를 다스리는 어떤 영혼
이라고 믿는 사람들만이 신이 과연 어떤 존재인지 제대로 깨달았다고 하는 말
이나, 신상이 없었더라면 더 순수하게 종교가 신봉되었으리라고 하는 말로 보
더라도 그가 진리에 얼마나 가까이 접근했던가를 알 수 있으니 이런 사실을 못
알아볼 사람이 누구겠는가? 그가 그토록 오래 묵은 엄청난 오류를 거슬러 무엇
인가 할 수 있었더라면, 세계를 디스린다고 믿던 유일한 신을 숭배해야 한다고
생각하고, 또 우상 없이 숭배해야 한다는 생각도 했음직하다. 진리에 이 정도
로 가까이 와 있던 사람이었던 만큼, 그는 영혼의 가변성에 관해서도 쉽게 착
안했을 것이고, 바로 그 영혼을 창조한 불변하는 자연본성이 곧 참 하느님임을
감지했을 것이다.[226] 사실이 그렇다면, 많은 인사들이 후대에 전수되는 자신들
의 문전에 여러 신들의 웃음거리를 실어둔 까닭은 그것이 옳았다고 설득시키려
는 시도에서 한 것이라기보다는, 하느님의 숨은 뜻에 움직여, 그것이 잘못되었
음을 자백하는 뜻에서 한 것이었다. 따라서 우리가 그들의 문전에서 무엇인가
인용하여 우리 주장에 대한 논거로 삼았다면, 어디까지나 정령들의 악한 권세
가 얼마나 크고 강한지 알고 싶어하지 않는 사람들을 지탄하는 뜻에서 하는 것
이다. 우리가 지탄하는 대상은 참으로 거룩한 피를 흘려 바쳐진 단 한 번의 희
생제사요 우리에게 나누어준 성령의 선물이 우리를 바로 그 권세에서 해방시켰
는데도 그런 사실을 깨닫기 싫어하는 사람들이다.

**32. 어떤 종류의 유용성이 있었기에 이방 민족들의 군주들은 자신에게 복속한
백성들이 거짓 종교를 계속해서 신봉하도록 허용했는가**

바로는 백성들이 신들의 족보에 관해서도 자연학자보다도 시인들의 말에 귀
를 기울였다고 한다. 자기네 조상들,[227] 다시 말해 고대 로마인들이 신들의 성性

rum maiores suos, id est ueteres credidisse Romanos et eorum constituisse coniugia. Quod utique non aliam ob causam factum uidetur, nisi quia hominum uelut prudentium et sapientium negotium fuit populum in religionibus fallere et in eo ipso non solum colere, sed imitari etiam daemones, quibus maxima est fallendi cupiditas. Sicut enim daemones nisi eos, quos fallendo deceperint, possidere non possunt, sic et homines principes, non sane iusti, sed daemonum similes, ea, quae uana esse nouerant, religionis nomine populis tamquam uera suadebant, hoc modo eos ciuili societati uelut aptius alligantes, quo similiter subditos possiderent. Quis autem infirmus et indoctus euaderet simul fallaces et principes ciuitatis et daemones?

33. Deus igitur ille felicitatis auctor et dator, quia solus est uerus Deus, ipse dat regna terrena et bonis et malis, neque hoc temere et quasi fortuito, quia Deus est, non fortuna, sed pro rerum ordine ac temporum occulto nobis, notissimo sibi; cui tamen ordini temporum non subditus seruit, sed eum ipse tamquam dominus regit moderatorque disponit: felicitatem uero non dat nisi bonis. Hanc enim possunt et non habere et habere seruientes, possunt et non habere et habere regnantes; quae tamen plena in ea uita erit, ubi nemo iam seruiet. Et ideo regna terrena et bonis ab illo dantur et malis, ne eius cultores adhuc in prouectu animi paruuli haec ab eo munera quasi magnum aliquid concupiscant. Et hoc est sacramentum ueteris

---

[228] *nisi* eos, quos *fallendo deceperint*, possidere non possunt: 앞의 각주 225처럼 우상숭배는 정신적 타락의 후속 결과일 따름이다.

[229] simul fallaces et principes et daemones: 바로 앞의 구절(homines principes *non sane iusti, sed daemonum similes*)과 더불어, 참다운 신정국가(神政國家)가 아니면 종교가 국가권력의 기만적 도구로 전락함을 경고하는 글귀다.

[230] plena in ea vita, ubi nemo iam serviet: 4.18-24에 상론한 행복(Felicitas)과 행운(Fortuna)의 논제를 정리하는 답변이다.

[231] 인간사를 두고도 신성과 그 섭리에 올바른 관념을 품어야 한다는 플라톤의 교훈(cf. *Leges* 888a - 890a)을 교부는 알고 있었다.

과 탄생내력을 믿었고 그들의 혼인도 정한 것은 그런 까닭이었다고 한다. 이런 일이 생긴 것은 다른 이유가 아니라, 현명한 사람들 혹은 지혜로운 사람들의 임무라는 것이 기껏해야 종교에 있어서 백성을 기만하는 일이었고, 정령들이란 인간을 기만하려는 욕심이 지대한 존재인데도 현자라는 사람들이 백성으로 하여금 그런 신령들을 단지 숭배하는 데서 그치지 않고 모방토록 부추겼기 때문이다. 속여서 기만당한 사람들이 아니면 정령들이 손아귀에 넣지 못하듯이,[228] 인간 지도자로서 자기들은 허황한 줄 알면서도 종교의 이름으로 그것이 진실인 것처럼 백성을 회유해 온 사람들은 정의롭지 못할뿐더러 정령과 흡사하다. 그렇게 해서 백성을 시민사회에 적절히 결속시키고 마치 속민屬民처럼 장악해 왔던 것이다. 도시 지도사들도 정령들도 인간을 기만하기로 작심한 터에 나약하고 무지한 사람이야 누가 피해갈 수 있었겠는가?[229]

33. 참 하느님의 심판과 권능으로 모든 국왕과 왕국의 때가 결정되어 있다

행복을 만들고 부여하는 저 하느님은, 당신 홀로 참 하느님이므로 선인들에게도 악인들에게도 지상 왕권을 주고 또 당신이 준다. 그러나 자의적으로나 우발적으로 주지는 않는데 그것은 당신이 하느님이기 때문이다. 운運으로 주는 것이 아니고 사물의 질서와 시간의 질서에 따라서 주는데, 그 질서가 우리한테는 감추어져 있지만 당신에게는 아주 환하게 알려져 있다. 또 당신이 시간의 질서에 종속되어 섬기는 것이 아니고 주인으로서 시간의 질서를 통치하고 주재자로서 그 질서를 주관한다. 그 대신 행복은 선인들이 아니면 주지 않는다. 타인의 왕권에 예속된 사람들도 행복이라는 것을 지닐 수도 있고 못 지닐 수도 있다. 또 타인 위에 군림하는 자들도 행복을 지닐 수도 못 지닐 수도 있다. 다만 충만한 행복은 아무도 예속시키지 않는 그런 삶에서만 이루어질 것이다.[230] 여하튼 지상 왕권은 그분이 선인들에게 주는가 하면 또한 악인들에게도 주는데, 그 까닭은 당신을 숭배하는 사람들 가운데 영혼의 진보에 있어서 어린아이 같은 단계에 있는 자들이 행여 이 직책을 마치 대단한 것처럼 그분에게 청하며 탐하는 일이 없게 하려는 데 있다.[231] 이것은 또한 구약의 성사聖事이기도 하니 신

testamenti, ubi occultum erat nouum, quod illic promissa et dona terrena sunt, intellegentibus et tunc spiritalibus, quamuis nondum in manifestatione praedicantibus, et quae illis temporalibus rebus significaretur aeternitas, et in quibus Dei donis esset uera felicitas.

34. Itaque ut cognosceretur etiam illa terrena bona, quibus solis inhiant qui meliora cogitare non possunt, in ipsius unius Dei esse posita potestate, non in multorum falsorum, quos colendos Romani antea crediderunt, populum suum in Aegypto de paucissimis multiplicauit et inde signis mirabilibus liberauit. Nec Lucinam mulieres illae inuocauerunt, quando earum partus, ut miris modis multiplicarentur et gens illa incredibiliter cresceret, ab Aegyptiorum persequentium et infantes omnes necare uolentium manibus ipse seruauit. Sine dea Rumina suxerunt, sine Cunina in cunis fuerunt, sine Educa et Potina escam potumque sumpserunt, sine tot diis puerilibus educati sunt, sine diis coniugalibus coniugati, sine cultu Priapi coniugibus mixti; sine inuocatione Neptuni mare transeuntibus diuisum patuit et sequentes eorum inimicos fluctibus in se redeuntibus obruit. Nec consecrauerunt aliquam deam Manniam, quando de caelo manna sumpserunt; nec quando sitientibus aquam percussa petra profudit, Nymphas Lymphasque coluerunt. Sine insanis sacris Martis et Bellonae bella gesserunt, et sine uictoria quidem non uicerunt, non eam tamen deam, sed Dei sui munus habuerunt. Sine Segetia segetes sine Bubona

---

[232] 구약을 신약의 표징 또는 성사(sacramentum)로 봄은 사도들과 교부들에게 요체가 되는 사상이며, "표징"(signum), "성사"(sacramentum), "비의"(mysterium) 등의 용어를 사용한다.

[233] 앞의 4.8-11의 신명들(특히 각주 39, 82, 91 등 참조).

[234] Nymphas Lymphasque: 둘다 숲과 물의 요정을 가리키지만 후자는 특히 샘물(lympha)의 요정.

[235] 출애 14,15-31(홍해의 기적); 16,4-24(만나의 기적); 17,5-7(바위에서 물이 솟은 기적) 참조.

[236] Mellona (Mellonia: Arnobius, *Adversus nationes* 4.7) ← mel, (pl.) mella(꿀).

약은 구약 속에 감추어져 있었다.[232] 구약을 보면 지상적 약속과 지상적 선물들이 나오는데 그 당시에도 영성적 인물들은, 아직 명시적으로는 공언하지 않았지만, 현세 사물로 영원이 표상된다는 것을 깨달았고, 참된 행복이 하느님의 어떤 선물 속에 있는지도 깨달았던 것이다.

34. 유다인들의 왕국은 유일한 참 하느님에 의해 건립되고 참된 종교에 머무는 동안 보존되었다

그리고 지상의 선익(더 좋은 것을 생각하지 못하는 사람들은 그것에만 매달린다)이 유일한 하느님의 권능에 놓여 있기 전부터 로마인들이 섬겨야 한다고 믿었던 수많은 거짓 신들의 지배하에 놓인 것이 아님을 알게 하고자, 하느님은 당신의 백성이 이집트에서 아주 작은 숫자에서 많아지게 했고, 놀라운 징표들을 보여 그곳으로부터 당신 백성을 해방했다. 구약의 여자들은 루키나 여신을 부르지도 않았다. 기이하게도 그 여자들의 출산이 많아져서 그 족속이 믿어지지 않을 정도로 불어났는데 이집트인들이 박해를 하고 갓난아기들을 모조리 살해하려는 와중에서도 그들의 손에서 당신 친히 그 여자들의 해산을 보호해 주었던 것이다. 그 아기들은 루미나 여신 없이도 젖을 빨았고 쿠니나 없이도 요람에 있었으며 에두카와 포티나 없이도 먹을 것과 마실 것을 섭취했고 아동기의 그 많은 신들이 없이도 교육을 받았고 혼례의 신들이 없이도 시집장가를 갔고 프리아푸스를 숭배하지 않고서도 배필과 잘만 어울렸다.[233] 넵투누스를 부르지 않았는데도 바다는 갈라져서 지나가는 사람들에게 길을 열어주었다. 그리고 그들을 뒤따라오는 적병들을 제자리로 돌아오는 물결로 몰살시켜 버렸다. 그들은 하늘에서 만나를 받아 먹었지만 만니아 여신을 세우지도 않았고, 목마른 사람들에게 바위를 내려쳐서 바위가 물을 쏟아냈지만 님프나 림파들을[234] 숭배하지 않았다.[235] 그들은 마르스나 벨로나에게 정신나간 희생제를 바치지 않고서도 전쟁을 수행했고, 승리 없이는 승리하는 일이야 없었겠지만 그렇다고 그것을 여신으로는 삼지 않고 하느님의 선물이라고 여겼다. 세게티아 없이도 곡물을, 부보나 없이도 소를, 멜로나 없이도 꿀을,[236] 포모나 없이도 과실을 한 분인 참

boues, mella sine Mellona poma sine Pomona, et prorsus omnia, pro quibus tantae falsorum deorum turbae Romani supplicandum putarunt, ab uno uero Deo multo felicius acceperunt. Et si non in eum peccassent, impia curiositate tamquam magicis artibus seducti ad alienos deos et ad idola defluendo, et postremo Christum occidendo: in eodem regno etsi non spatiosiore, tamen feliciore mansissent. Et nunc quod per omnes fere terras, gentesque dispersi sunt, illius unius ueri Dei prouidentia est, ut, quod deorum falsorum usquequaque simulacra arae, luci templa euertuntur et sacrificia prohibentur, de codicibus eorum probetur, quem ad modum hoc fuerit tanto ante prophetatum; ne forte, cum legeretur in nostris, a nobis putaretur esse confictum. Iam quod sequitur in uolumine sequenti uidendum est, et hic dandus huius prolixitati modus.

하느님에게서 행복하게 받아 누렸던 것이다. 그러니까 로마인들은 그 하나하나를 두고 저토록 많은 거짓 신들의 패거리에게 빌어야 한다고 믿었지만 그들은 이 모든 일을 한 분인 참 하느님에게서 받아 훨씬 행복하게 누렸다. 불경스런 호기심으로 마술 같은 것에 혹하고 남들이 섬기는 신들이나 우상에 떨어지거나 마지막에 가서는 그리스도를 죽여 하느님께 죄를 짓지만 않았더라면,[237] 비록 넓지는 않지만 그런대로 자기네 왕국에서 행복하게 살아남았을 것이다. 지금은 그들이 온 땅과 모든 민족들 사이에 흩어져 있기는 하지만 그것도 저 유일한 참 하느님의 섭리다.[238] 어디서나 거짓 신들의 신상들과 제단들과 거룩한 숲들과 신전들이 무너지고 희생제사가 금지되는 세태는 그들의 경전에도 나와 있고 까마득한 옛날에 예언된 바 있다.[239] 그들의 경전에 나오는 까닭은 우리 경전에서 같은 내용이 읽혀지더라도,[240] 그것이 우리가 꾸며낸 이야기라고 여겨지지 않기 위함이다. 이 문제에 관해서는 뒤따르는 권에서 살펴보기로 하고, 여기서는 이 장황한 이야기도 끝을 맺어야겠다.

---

[237] 5.18.3; 17.18.1-2; 18.35.3 참조.

[238] 전세계에 흩어져 사는 디아스포라(diaspora) 생활이 갖는 구세사적 의의(18.46-47)와 최후의 회심(17.11)에 대한 언급이 뒤에 나온다.

[239] 우상숭배가 사라지리라는 것은 예언자들의 중요한 메시지였다. 예: 이사 17,7-8; 41,21-29; 에제 6,1-14; 11,18; 30,13; 미가 1,7; 스바 2,11; 즈가 13,2.

[240] 아우구스티누스는 구약을 "그들의 경전"(codices eorum), 신약을 "우리 경전"(nostri codices)이라고 구분하는 특이한 어법을 쓰고 있다.

AUGUSTINUS
DE CIVITATE DEI
LIBER V
UTRUM RERUM GESTARUM RATIO SIT AN NON

아우구스티누스
신국론
제5권
운세의 이치가 있는가 없는가

[**Praefatio**] Quoniam constat omnium rerum optandarum plenitudinem esse felicitatem, quae non est dea, sed donum Dei, et ideo nullum deum colendum esse ab hominibus, nisi qui potest eos facere felices (unde si illa dea esset, sola colenda merito diceretur): iam consequenter uideamus, qua causa Deus, qui potest et illa bona dare, quae habere possunt etiam non boni ac per hoc etiam non felices, Romanum imperium tam magnum tamque diuturnum esse uoluerit. Quia enim hoc deorum falsorum illa quam colebant multitudo non fecit, et multa iam diximus, et ubi uisum fuerit oportunum esse dicemus.

1. Causa ergo magnitudinis imperii Romani nec fortuita est nec fatalis secundum eorum sententiam siue opinionem, qui ea dicunt esse fortuita, quae uel nullas causas habent uel non ex aliquo rationabili ordine uenientes, et ea fatalia, quae praeter Dei et hominum uoluntatem cuiusdam ordinis necessitate contingunt. Prorsus diuina prouidentia regna constituuntur humana. Quae si propterea quisquam fato tribuit, quia ipsam Dei uoluntatem uel potestatem fati nomine appellat, sententiam teneat, linguam corrigat. Cur enim non hoc primum dicit, quod postea dicturus est, cum ab illo quisquam quaesierit quid dixerit fatum? Nam, id homines quando audiunt, usitata loquendi consuetudine non intellegunt nisi uim positionis siderum, qualis est quando quis nascitur siue concipitur; quod aliqui alienant a Dei uoluntate, aliqui ex illa etiam hoc pendere confirmant. Sed illi, qui sine

---

[1] nec fortuita nec fatalis: 이 두 개념을 신학적으로 정의하고 있다. Cf. Aëthius, *Placita philosophorum* 1.27-29; Manilius, *Astronomica* 3.43-101; Augustinus, *De diversis quaestionibus 83*, 24.

[2] 이 「신국론」만 아니고 아우구스티누스의 역사철학 전체의 기조 사상이다. 우연과 숙명으로 해설하는 역사관은 세계의 목적성과 섭리 및 인간의 자유를 제거해 버린다는 우려 때문이다.

[3] sententiam teneat, linguam corrigat: 후대의 rem tene, verba sequentur(Julius Victor, Ars rhetorical) 라는 명제와 대조된다.

[4] 피타고라스 학파(Diogenes Laertius, *Vitae philosophorum* 8.27), 헤라클리투스(Aëthius, *Placita philosophorum* 1.27.1); 자연학자(Cicero, *De fato* 17.40; Lucretius, *De rerum natura* 2.217-224; Seneca, *De providentia* 5.8), 마니교(Augustinus, *Enarrationes in Psalmos* 140.10)의 입장이다.

[5] Cf. Plato, *Timaeus* 41d-e; Aristoteles, *Physica* 195b; Crisippus in Aëthius, *Placita philosophorum* 1.28.3; Pseudo-Plutarchus, *De fato* 4 570b; Plotinus, *Enneades* 2.3.7-8; 3.1.1.

제1부(1-11)
인간사를 두고 생각하게 되는 운명과 이치

〔서언〕

소망하는 모든 일이 성취됨이 곧 행복이며, 행복은 여신의 선물이 아니라 하느님의 선물임이 분명하다. 따라서 인간들을 행복하게 해 줄 수 있는 존재가 아니라면, 사람들이 신으로 숭배해서는 안 된다는 것도 분명하다(물론 그런 존재가 여신이라면 이 여신만을 숭배해야 마땅할 것이다): 하느님은 선하지 않은 사람들도 소유할 수 있는 선익, 따라서 소유하고서도 행복하지는 못한 그런 선익도 베풀 수 있는 분이다. 그렇다면 계속해서 하느님이 왜 로마제국이 그처럼 위대하고 그처럼 오래 지속되길 바라셨던가를 살펴보기로 하자. 이 일은 그들이 섬겨오던 거짓 신들의 패거리가 이루어준 것이 아니라는 점은 이미 많이 언급했고 앞으로도 필요하다고 여겨지면 다시 언급할 것이다.

1. 로마제국과 모든 왕국의 상황은 우연이 아니고 성좌 때문도 아니다

로마제국이 위대했던 까닭은 저 사람들의 생각이나 사상대로 우연한 것도 아니고 숙명적인 것도 아니다. 저들은 아무런 원인도 없는 것, 혹은 어떤 합리적 질서에서 유래하지 않는 것을 우연적이라고 말하고, 하느님과 인간들의 의지 밖에서 어떤 필연적 질서에 따라 발생하는 것을 숙명적이라고 말한다.[1] 신의 섭리로 인간 왕국들이 건설된다.[2] 만약 누군가 하느님의 의지나 권능을 가리켜 운명이라는 이름으로 부르면서 왕국의 흥망을 운명에 돌린다면, 그런 사상은 수용하되, 운명이라는 언어는 수정해야 할 것이다.[3] 누군가 운명이라는 것이 무엇을 가리키느냐고 물을 때 설명할 말이 있다면 지금 앞당겨 말한다고 해서 왜 안 되는가? 그 단어를 사람들이 들을 때, 흔히 사용되는 용례에 따라 성좌星座들의 위치에서 오는 어떤 위력 말고는 다른 생각을 하지 않기 때문이다. 누가 태어나거나 잉태되는 때 별들의 위치가 어떠했느냐를 따지는 것이다. 이것을 혹자는 하느님의 뜻과는 별개라고 주장하고,[4] 혹자는 그 역시 하느님의 뜻에 달려 있다고 주장한다.[5] 그러나 우리가 무엇을 행해야 하며, 무슨 선익을 누릴 것이고, 무슨

Dei uoluntate decernere opinantur sidera quid agamus uel quid bonorum habeamus malorumue patiamur, ab auribus omnium repellendi sunt, non solum eorum qui ueram religionem tenent sed et qui deorum qualiumcumque, licet falsorum, uolunt esse cultores. Haec enim opinio quid agit aliud, nisi ut nullus omnino colatur aut rogetur Deus? Contra quos modo nobis disputatio non est instituta, sed contra hos qui pro defensione eorum, quos deos putant, Christianae religioni aduersantur. Illi uero, qui positionem stellarum quodam modo decernentium qualis quisque sit et quid ei proueniat boni quidue mali accidat ex Dei uoluntate suspendunt, si easdem stellas putant habere hanc potestatem traditam sibi a summa illius potestate, ut uolentes ista decernant: magnam caelo faciunt iniuriam, in cuius uelut clarissimo senatu ac splendidissima curia opinantur scelera facienda decerni, qualia si aliqua terrena ciuitas decreuisset, genere humano decernente fuerat euertenda. Quale deinde iudicium de hominum factis Deo relinquitur, quibus caelestis necessitas adhibetur, cum dominus ille sit et siderum et hominum? Aut si non dicunt stellas, accepta quidem potestate a summo Deo, arbitrio suo ista decernere, sed in talibus necessitatibus ingerendis illius omnino iussa complere: itane de ipso Deo sentiendum est, quod indignissimum uisum est de stellarum uoluntate sentire? Quod si dicuntur stellae significare potius ista quam facere, ut quasi locutio quaedam sit illa positio praedicens futura, non agens (non enim mediocriter doctorum hominum fuit ista sententia): non quidem ita solent loqui mathematici, ut uerbi gratia dicant: «Mars ita positus homicidam signifi-

---

[6] nullus omnino colatur aut rogetur Deus: 교부에게 숙명론은 무신론의 다른 이름이다.

[7] 칼대아 산술가들로부터 전수되었다고 전하는 점성술은 성좌와 지상의 교접(sympatheia)에 의해 수학처럼 숙명적 운명이 정해진다고 주장했으며(예: Cicero, *De divinatione* 2.21.42-47; *De fato* 2.7-9) 스토아는 그 운명에 대한 순응(amor fati)을 권유했다(예: Seneca, *De providentia* 5.8).

해악을 당할 것인가를 하느님의 뜻과 무관하게 성좌들의 위치가 결정한다고 생각하는 사람들의 말은 일체 귀담아들어서는 안 된다. 이는 참된 종교를 신봉하는 사람들뿐 아니라, 아무 신들이나 숭배코자 하는 사람들, 즉 거짓 신들을 숭배하고자 하는 사람들 역시 이 말을 귀담아들어서는 안 된다. 실상 이런 견해는 그 어느 신도 숭배하거나 기도드릴 필요가 없다는 말이 아니고 무엇이겠는가?[6] 하지만 지금 현재의 논의는 그런 사람들을 상대로 하는 것이 아니라, 자신들이 신으로 섬기는 대상은 옹호하면서 그리스도교는 반대하는 사람들을 상대로 하고 있다. 그 대신 성좌들의 위치가 누가 어떤 사람이 되고, 그가 어떤 선익을 받으며, 어떤 해악을 당할 것인가를 어느 정도 결정한다고 주장하면서, 그것을 하느님의 의지에 종속시키려는 사람들이 있다. 즉, 별들이 그런 권능을 지닌 것은 하느님의 지존한 권능으로부터 위임받은 까닭이며, 위임받은 이상 원하는 대로 권능을 행사한다는 것이다. 이렇게 말하는 사람들은 하늘에 대해 크게 불경한 짓을 저지르고 있다. 천계의 지극히 존귀한 원로원과 지극히 찬연한 의회에서 참담한 죄악을 시행하라는 결정이 내려진다는 말이나 매한가지인데, 똑같은 짓을 어느 지상 도시 국가가 결의한다면 온 인류가 그 도시 국가를 멸망시켜 버릴 그런 짓을 결정하는 셈이기 때문이다. 하느님이 비록 성좌들의 주님이며 인간들의 주님이라고 할지라도, 천계의 필연이 인간들의 행위에 영향을 미친다면, 인간들의 행실에 하느님의 심판이 내릴 여지가 어디 있는가? 그런가 하면 별들이 지존하신 하느님으로부터 어떤 권능을 받았다 할지라도, 별들이 자의意로 결정하는 것은 아니며 천계의 필연들이 작용하는 가운데 하느님의 명命이 완수된다고 말하는 사람들도 있다. 성좌들의 의지를 두고도 필연을 생각하는 일이 지극히 불경한 것이거늘, 하느님에 관해 어찌 감히 필연을 생각한단 말인가?[7] 또 여기서 말하는 별들이 어떤 일을 수행하는 것이 아니라 다른 무언가를 상징한다고, 즉 어떤 징조를 통해 장차 일어날 일들을 예언하는 역할을 할 뿐, 그런 일들을 수행하는 것까지는 아니라는 주장이 존재한다(학식이 적지 않은 인물들의 입장이 이런 것이었다). 하지만 점성가들은 예를 들어서 "화성火星이 저 위치에 있으므로 살인의 조짐이 있다"는 식으로 말하지 않고 곧장 "화성이 살인을 저지른다"

cat», sed: «homicidam facit»; uerumtamen ut concedamus non eos ut debent loqui et a philosophis accipere oportere sermonis regulam ad ea praenuntianda, quae in siderum positione reperire se putant: quid fit, quod nihil umquam dicere potuerunt, cur in uita geminorum, in actionibus, in euentis, in professionibus, artibus, honoribus. Ceterisque rebus ad humanam uitam pertinentibus atque in ipsa morte sit plerumque tanta diuersitas, ut similiores eis sint, quantum ad haec adtinet, multi extranei quam ipsi inter se gemini perexiguo temporis interuallo in nascendo separati, in conceptu autem per unum concubitum uno etiam momento seminati?

2. Cicero dicit Hippocratem, nobilissimum medicum, scriptum reliquisse, quosdam fratres, cum simul aegrotare coepissent et eorum morbus eodem tempore ingrauesceret, eodem leuaretur, geminos suspicatum; quos Posidonius Stoicus, multum astrologiae deditus, eadem constitutione astrorum natos eademque conceptos solebat asserere. Ita quod medicus pertinere credebat ad simillimam temperiem ualetudinis, hoc philosophus astrologus ad uim constitutionemque siderum, quae fuerat quo tempore concepti natique sunt. In hac causa multo est acceptabilior et de proximo credibilior coniectura medicinalis, quoniam parentes ut erant corpore adfecti, dum concumberent, ita primordia conceptorum adfici potuerunt, ut consecutis ex materno corpore prioribus incrementis paris ualetudinis nascerentur; deinde in una domo eisdem alimentis nutriti, ubi aerem et loci positionem et uim aquarum plurimum ualere ad corpus uel bene uel male accipiendum medicina testatur, eisdem etiam exercitationibus adsuefacti tam similia corpora gererent, ut etiam ad aegrotandum uno tempore eisdemque causis similiter mouerentur. Constitutionem uero caeli ac

---

[8] Cf. Plotinus, *Enneades* 2.3.6.1-3; 2.3.7.4-7.

[9] Cf. Cicero, *De fato* 3.5.

[10] "점성가 철학자" (philosophus astrologus) : Posidonius (BC 135~51)를 지칭한다. 그는 스토아 철학자로서 주저 *Historiae*에서 우주적 섭리에 근거한 역사철학을 개진하는데, 점술(ars divinatoria) 역시 인간을 우주의 궁극원리에 접근시킨다는 긍정적 관점을 보였기 때문에 교부가 경멸 섞인 호칭을 붙인 듯하다.

[11] Cf. Cicero, *De divinatione* 2.21.47.

는 식으로 말한다.[8] 물론 점성가들이 성좌의 위치를 통해 이러저런 징후들을 발견하여 믿는 바를 발언할 때는 논리에 맞게 발언해야 함을 인정하고 또 철학자들로부터 논리적 법칙을 배울 필요가 있는 사람들임을 인정한다. 그러나 쌍둥이들의 일생, 행동, 사건에서, 혹은 직업, 기술, 관직, 인생에 해당하는 그밖의 사정에서, 심지어 그 죽음에서까지 그처럼 엄청난 차이가 있는 것은 무엇 때문이며, 그들은 이에 대해 왜 아무런 설명도 하지 못하는가? 쌍둥이들은 그야말로 찰나의 간격을 두고 출생함으로써 서로 다른 존재들이 되었지만, 잉태될 때는 단일한 교접을 통해 단일한 순간에 생성되었으므로 이런 사정들이 둘에게는 정말 비슷해야 할 터인데 오히려 참으로 여러 가지 점에서 상이하다.

2. 쌍둥이의 건강이 비슷하거나 그렇지 않은 경우

키케로의 말에 의하면, 고명한 의사인 히포크라테스가 어떤 형제들에 관한 기록을 남겼는데, 그 형제는 동시에 병을 앓기 시작하여 동시에 병이 중해졌다가 동시에 나았으므로, 히포크라테스는 둘을 쌍둥이로 여겼다고 한다.[9] 그런가 하면 스토아 학파 포시도니우스는 점성술에 깊이 심취하던 인물이었는데, 동일한 성좌에서 태어났고 동일한 성좌에서 잉태된 사람들을 쌍둥이라고 주장했다. 결국 의사는 쌍둥이가 건강상의 유사한 체질에 해당한다고 믿었음에 비해, 점성가 철학자[10]는 사람들이 잉태되고 출생한 시점에 있었던 성좌의 위력에 해당한다고 믿었던 것이다.[11] 이 문제에 관해서는 의학적 추정이 훨씬 받아들일 만하고 근사하게 신빙성이 있다고 하겠으니, 그 이유는 양친이 교접할 순간에 갖는 육체적 상태가 태아들의 초기과정에 영향을 줄 수 있을 것이며, 그 결과로 모체에서 초기 발육을 한 다음에 동등한 건강 상태로 출생할 것이기 때문이다. 그다음에는 한집에서 같은 음식으로 보양되고, 공기와 장소상의 위치, 또한 특히 물의 힘이 신체에 좋거나 나쁜 영향을 크게 미친다는 것은 의학적으로 입증된다. 또한 똑같은 훈육 속에서 자라나므로 아주 비슷한 신체가 되어, 병이 드는데도 같은 때에 같은 원인으로 비슷하게 영향을 받을 정도가 된다. 그러나 두 사람이 잉태되거나 출생하는 순간에 있었을 천계와 성좌들의 배치를 가지고

siderum, quae fuit quando concepti siue nati sunt, uelle trahere ad istam aegrotandi parilitatem, cum tam multa diuersissimi generis diuersissimorum effectuum et euentorum eodem tempore in unius regionis terra eidem caelo subdita potuerint concipi et nasci, nescio cuius sit insolentiae. Nos autem nouimus geminos non solum actus et peregrinationes habere diuersas, uerum etiam dispares aegritudines perpeti. De qua re facillimam, quantum mihi uidetur, rationem redderet Hippocrates, diuersis alimentis et exercitationibus, quae non de corporis temperatione, sed de animi uoluntate ueniunt, dissimiles eis accidere potuisse ualetudines. Porro autem Posidonius uel quilibet fatalium siderum assertor mirum si potest hic inuenire quid dicat, si nolit imperitorum mentibus in eis quas nesciunt rebus inludere. Quod enim conantur efficere de interuallo exiguo temporis, quod inter se gemini dum nascerentur habuerunt, propter caeli particulam, ubi ponitur horae notatio, quem horoscopum uocant: aut non tantum ualet, quanta inuenitur in geminorum uoluntatibus actibus moribus casibusque diuersitas, aut plus etiam ualet, quam est geminorum uel humilitas generis eadem uel nobilitas, cuius maximam diuersitatem non nisi in hora, qua quisque nascitur, ponunt. Ac per hoc si tam celeriter alter post alterum nascitur, ut eadem pars horoscopi maneat, paria cuncta quaero, quae in nullis possunt geminis inueniri; si autem sequentis tarditas horoscopum mutat, parentes diuersos quaero, quos gemini habere non possunt.

3. Frustra itaque adfertur nobile illud commentum de figuli rota, quod respondisse ferunt Nigidium hac quaestione turbatum, unde et Figulus ap-

---

[12] horoscopium(시간의 관찰): 출생 시각의 방위(方位)와 십이궁(十二宮)에 입각해서 그 사람의 운세를 짚는 점술. Claudius Tuscus의 일력표가 유명했음.

[13] Cf. Manilius, *Astronomica* 2.826-835; 3.537-547.

질병에 똑같이 걸리는 현상까지 설명하려 하다니 과연 어떤 작자의 어리석은 발상인지 도대체 모르겠다. 같은 시각, 같은 하늘 밑에 있는 같은 지역에서도 종자가 지극히 상이하고, 일생의 사건이나 결과가 지극히 상이한 생명들이 잉태되고 출생할 수 있는데 말이다. 우리가 알기로 쌍둥이도 상이한 행동과 인생 여정을 갖게 될뿐더러 상이한 질병에 걸리기도 한다. 내가 보기에, 이에 관해서는 히포크라테스가 매우 합리적인 이유를 제시했는데, 음식을 달리하고, 신체적 기질이 아니라 정신적 의지에서 오는 훈련을 달리함으로써 쌍둥이에게 서로 다른 건강이 생겨날 수 있다는 것이다. 그러나 포시도니우스와 같이 성좌의 위치에 따른 운명을 주장하는 사람들은 자기들도 모르는 문제를 두고 순진한 사람들의 정신을 우롱하고 싶은 것이 아니라면 도대체 뭐라고 할 말이 있을지 이상하기만 하다. 저 사람들은 쌍둥이들이 태어날 때 두 사람 사이의 찰나의 시간 간격에 의거해서 일생의 차이를 맞추어내려고 애쓴다. 천계의 미세한 차이를 정하고서는, 거기에 천궁도天宮圖라고 해서 시간이 명기되는 것이다.[12] 이런 시차는 쌍둥이들의 의지와 행위, 행동거지와 그들에게 닥치는 우연한 사건들에서 발견되는 차이에 비하면 너무도 대수롭지 않거나, 쌍둥이들의 혈통의 귀천이 같다는 동일성에 비하면 너무도 차이가 크거나 둘 중의 하나다. 혈통의 귀천이라는 엄청난 차이는 그들도 각자가 태어나는 시각 아니면 딴 데에 맞추어 넣지 않는다.[13] 쌍둥이가 혈통의 귀천이 같다는 것은 하나가 다른 하나를 잽싸게 뒤따라 태어났기 때문에 천궁도상으로 동일한 지점에 남아있게 되었다고 설명한다면, 나는 둘 사이에는 과연 모든 점이 동일하냐고 물을 터인데, 그런 경우는 어느 쌍둥이에게서도 발견할 수 없다. 만일 쌍둥이 중 하나가 시간상 나중에 태어났기 때문에 천궁도가 달라졌다고 한다면, 나는 그런 쌍둥이의 부모가 다르냐고 할 터인데 쌍둥이가 딴 부모를 두는 것은 불가능하다.

3. 점성가 니기디우스가 쌍둥이의 성품을 옹기장이의 물레에서 도출한 이론

여기서 옹기장이의 물레에 관한 저 유명한 설명을 끄집어내는 것도 소용없다. 방금 제기한 의문 때문에 고민하던 니기디우스가 이런 예를 들어 답변했다는데

pellatus est. Dum enim rotam figuli ui quanta potuit intorsisset, currente illa bis numero de atramento tamquam uno eius loco summa celeritate percussit; deinde inuenta sunt signa, quae fixerat, desistente motu, non paruo interuallo in rotae illius extremitate distantia. «Sic, inquit, in tanta rapacitate caeli, etiamsi alter post alterum tanta celeritate nascatur, quanta rotam bis ipse percussi, in caeli spatio plurimum est: hinc sunt, inquit, quaecumque dissimillima perhibentur in moribus casibusque geminorum.» Hoc figmentum fragilius est quam uasa, quae illa rotatione finguntur. Nam si tam multum in caelo interest, quod constellationibus conprehendi non potest, ut alteri geminorum hereditas obueniat, alteri non obueniat: cur audent ceteris, qui gemini non sunt, cum inspexerint eorum constellationes, talia pronuntiare, quae ad illud secretum pertinent, quod nemo potest conprehendere et momentis adnotare nascentium? Si autem propterea talia dicunt in aliorum genituris, quia haec ad productiora spatia temporum pertinent; momenta uero illa partium minutarum, quae inter se gemini possunt habere nascentes, rebus minimis tribuuntur, de qualibus mathematici non solent consuli (quis enim consulat quando sedeat, quando deambulet, quando uel quid prandeat?): numquid ista dicimus, quando in moribus operibus casibusque geminorum plurima plurimumque diuersa monstramus?

4. Nati sunt duo gemini antiqua patrum memoria (ut de insignibus loquar) sic alter post alterum, ut posterior plantam prioris teneret. Tanta in eorum uita fuerunt moribusque diuersa, tanta in actibus disparilitas, tanta in parentum amore dissimilitudo, ut etiam inimicos eos inter se faceret ipsa distantia. Numquid hoc dicitur, quia uno ambulante alius sedebat, et

---

14 Publius Nigidius Figulus (BC 58년 무렵)는 신학과 문법 및 점성술에 관심있는 저서를 남겼으나 전수되지 않는다. Cf. Cicero, *Epistulae ad familiares* 4.13; Lucanus, *Pharsalia* 1.639; Aulus Gelius, *Noctes Atticae* 19.14.

15 Cf. *Grammaticorum Romanorum fragmenta* [H. Funaioli ed.] *Nigidius* fr.1.

16 Cf. Cicero, *De fato* 5.7.

17 쌍둥이의 미소한 시간차가 운세를 결정한다면, 쌍둥이 아닌 사람들은 이미 실현된 운세를 보고서 출생시를 알아맞혀야 옳지 않느냐, 그런데 왜 생시를 묻고서 운세를 점치느냐는 반문이다.

18 창세 25,24 이하의 야곱과 에사오 일화 참조. Cf. Augustinus, *De doctrina Christiana* 2.22.33.

그 일로 옹기장이라는 이름도 얻었다.[14] 옹기장이의 물레를 되도록 힘껏 돌리고는, 돌아가는 물레에 매우 민첩한 솜씨로 마치 한군데다 하듯이 먹으로 두 번 점을 찍었다. 그런 뒤에 멈추고 물레를 살펴보니, 자기가 찍은 표지가 적잖이 틈이 있는 거리로 그 가장자리에 나 있었다. 이것을 보고 그는 이렇게 말했다: "이와 마찬가지로, 천계의 엄청난 속도에 비추어본다면 내가 물레에다 두 번 점을 찍은 것처럼 하나가 다른 하나를 아무리 빨리 뒤따라 태어나더라도, 그 간격은 천계의 거리로 보면 아주 멀다. 쌍둥이의 행동거지와 우연지사들에서 나타나는 큰 차이는 이렇게 유래한다."[15] 이렇게 형용하는 논변은 저런 물레에서 빚어내는 옹기그릇보다 훨씬 깨지기 쉽다. 만약 천계에 성좌들만으로는 설명되지 않는 엄청난 거리가 있다고 하자. 그래서 쌍둥이 중 하나에게는 유산이 돌아가고 하나에게는 돌아가지 않는다고 하자. 그렇다면 점성가들은 어째서 쌍둥이 아닌 다른 사람들의 타고난 별자리를 점검한 다음 각자의 비밀에 해당하는 운수를 발설해 주는가? 그 운수는 출생 순간에는 아무도 파악하고 감지할 길이 없다. 그들이 말하는 대로는, 쌍둥이 아닌 다른 사람들에게 이런 말을 할 수 있다면 이런 것들이 그들의 출생에서는 상당히 긴 시차時差가 해당하는 까닭이라고 한다. 그런데도 쌍둥이 사이에 있을 수 있는 미세한 시간 간격은 사소한 일에나 해당한다며 점성가들은 이처럼 사소한 일에는 점을 쳐주지 않는 법이라고 한다(언제 앉고 언제 걸어다니고 언제 무엇을 점심으로 먹을지를 누가 점쳐달라고 하겠는가?).[16] 그런데 우리가 쌍둥이의 행실과 행업과 우연지사들에서 참으로 상이한 엄청난 사례들을 제시해 보일 때도 그것들이 사소하다고 말할 수 있을까?[17]

4. 에사오와 야곱은 쌍둥이로서 성품과 행동이 많이 달랐다

고명한 인물들을 언급하기로 한다면, 성조聖祖들의 오랜 기록에도 쌍둥이가 나타난다. 이들은 차례로 태어났는데, 뒤에 태어난 동생이 먼저 태어난 형의 발꿈치를 붙잡고 있었다. 그런데도 둘의 일생은 그 행적에서 너무나 차이가 났고, 행동거지도 너무나 달랐으며, 부모의 사랑도 너무나 달라서 그 차이가 결국 둘을 원수처럼 만들기까지 했다.[18] 이런 엄청난 차이를 하나는 앉았는데 하

alio dormiente alius uigilabat, et alio loquente tacebat alius; quae pertinent ad illas minutias, quae non possunt ab eis conprehendi, qui constitutionem siderum, qua quisque nascitur, scribunt, unde mathematici consulantur? Vnus duxit mercennariam seruitutem, alius non seruiuit; unus a matre diligebatur, alius non diligebatur; unus honorem, qui magnus apud eos habebatur, amisit, alter indeptus est. Quid de uxoribus, quid de filiis, quid de rebus, quanta diuersitas! Si ergo haec ad illas pertinent minutias temporum, quae inter se habent gemini, et constellationibus non adscribuntur: quare aliorum constellationibus inspectis ista dicuntur? Si autem ideo dicuntur, quia non ad minuta inconprehensibilia, sed ad temporum spatia pertinent, quae obseruari notarique possunt: quid hic agit rota illa figuli, nisi ut homines luteum cor habentes in gyrum mittantur, ne mathematicorum uaniloquia conuincantur?

5. Quid idem ipsi, quorum morbum, quod eodem tempore grauior leuiorque apparebat amborum, medicinaliter inspiciens Hippocrates geminos suspicatus est, nonne satis istos redarguunt, qui uolunt sideribus dare, quod de corporum simili temperatione ueniebat? Cur enim similiter eodemque tempore, non alter prior, alter posterior aegrotabant, sicut nati fuerant, quia utique simul nasci ambo non poterant? Aut si nihil momenti adtulit, ut diuersis temporibus aegrotarent, quod diuersis temporibus nati sunt: quare tempus in nascendo diuersum ad aliarum rerum diuersitates ualere contendunt? Cur potuerunt diuersis temporibus peregrinari, diuersis temporibus ducere uxores, diuersis temporibus filios procreare et mul-

---

[19] in gyrum mittere (it. prendere in giro)은 "놀리다, 우롱하다"는 뜻이 된다.

나는 걷고, 하나는 자는데 하나는 깨어 있고, 하나는 말하는데 하나는 입을 다물고 있는 그런 차이에 불과하다고 치부해 버릴 수 있는가? 이런 것들은 저 미세한 사항에 불과하다고, 각 사람이 태어나는 별자리를 기록하는 사람들은 포착할 수 없는 무엇이라고, 점성가들은 태어난 별자리를 기록한 그 기록을 갖고서 점을 치는 법이라고 대답할 수 있는가? 하나는 품삯을 받고 머슴노릇을 했고 하나는 종노릇을 한 적이 없었다. 하나는 모친에게 애정을 받았고 하나는 받지 못했다. 하나는 그 사람들로서는 대단한 맏아들의 영예를 잃었고 하나는 그것을 가로챘다. 둘에게 또 아내들은 어떠했고 자식들은 어떠했으며 재산은 어떠했던가! 얼마나 서로 달랐던가! 이런 차이들이 쌍둥이들 사이에 있는 미세한 시차에 해당하고 따라서 별자리와는 상관없다고 말한다면, 어째서 쌍둥이가 아닌 다른 사람들의 별자리는 점검해 준답시고 이러저런 얘기들을 하는가? 쌍둥이가 아닌 사람들의 경우는 포착할 수 없는 미세한 시차에 해당하지 않고 관찰이 가능하고 조사가 가능할 정도로 기다란 시간 간격이 있기 때문이라는 말이 나온다면, 여기서 저 옹기장이의 물레는 어떻게 되는가? 진흙 심장을 가진 인간들을 물레에 올려 빙빙 돌려서[19] 점성가들의 황당한 얘기가 황당하다는 것을 눈치 못 채게 만드는 짓 말고 대체 무엇인가?

5. 점성가들이 황당한 학술을 공언하고 있음을 어떻게 증명할 수 있는가

히포크라테스가 쌍둥이를 의학적으로 관찰하면서 두 사람의 질병이 동시에 중해지고 동시에 나아지는 현상을 보고서 쌍둥이라고 인식했다는 사실은, 신체의 흡사한 기질이 오는 것을 별자리에 돌리고 싶어하는 사람들을 반박하고 남지 않는가? 쌍둥이가 둘다 동시에 나올 수는 없을 텐데 왜 태어난 순서대로 하나가 먼저 앓고 하나가 뒤에 앓지 않고 동시에 똑같이 앓는 것일까? 다른 시각에 태어났다는 사실이 다른 시각에 질병을 앓는 것에는 하등 관련이 없다고 한다면, 어째서 태어나는 시각이 다른 것이 그밖의 일에서 나타나는 차이들에 영향을 끼친다고 우기는가? 쌍둥이가 다른 시기에 여행을 하고 다른 시기에 아내를 맞고 다른 시기에 자식을 낳고 다른 많은 짓을 할 수 있었다면, 비록 간발

ta alia, propterea quia diuersis temporibus nati sunt, et non potuerunt eadem causa diuersis etiam temporibus aegrotare? Si enim dispar nascendi mora mutauit horoscopum et disparilitatem intulit ceteris rebus: cur illud in aegritudinibus mansit, quod habebat in temporis aequalitate conceptus? Aut si fata ualetudinis in conceptu sunt, aliarum uero rerum in ortu esse dicuntur, non deberent inspectis natalium constellationibus de ualetudine aliquid dicere, quando eis inspicienda conceptionalis hora non datur. Si autem ideo praenuntiant aegritudines non inspecto conceptionis horoscopo, quia indicant eas momenta nascentium: quo modo dicerent cuilibet eorum geminorum ex natiuitatis hora, quando aegrotaturus esset, cum et alter, qui non habebat eandem horam natiuitatis, necesse haberet pariter aegrotare? Deinde quaero: si tanta distantia est temporis in natiuitate geminorum, ut per hanc oporteat eis constellationes fieri diuersas propter diuersum horoscopum et ob hoc diuersos omnes cardines, ubi tanta uis ponitur, ut hinc etiam diuersa sint fata: unde hoc accidere potuit, cum eorum conceptus diuersum tempus habere non possit? Aut si duorum uno momento temporis conceptorum potuerunt esse ad nascendum fata disparia, cur non et duorum uno momento temporis natorum possint esse ad uiuendum atque moriendum fata disparia? Nam si unum momentum, quo ambo concepti sunt, non impediuit, ut alter prior, alter posterior nasceretur: cur, uno momento si duo nascantur, impedit aliquid, ut alter prior, alter posterior moriatur? Si conceptio momenti unius diuersos casus in utero geminos habere permittit, cur natiuitas momenti unius non etiam quoslibet duos in terra diuersos casus habere permittat, ac sic omnis huius artis uel potius uanitatis commenta tollantur? Quid est hoc, cur uno tempore, momento uno, sub una eademque caeli positione concepti diuersa habent fata, quae illos perducant ad diuersarum horarum natiuitatem, et

---

[20] 천궁도(horoscopium)에 출생시의 방위(cardines), 곧 동서남북에 따른 책력(冊曆: Claudius Tuscus 의 작품)을 표해 놓고서 각종 운세의 성쇠를 점쳤다. Cf. Manilius, *Astronomica* 2.150-187, 808-887.

[21] 산술이 가능한 출생 시각과 산술이 불가능한 수태 시각 둘 중의 하나가 운명을 좌우하지 못한다면 다른 하나도 운명을 좌우하지 못하는 것 아니냐는 반문이다.

의 차이지만 다른 시각에 태어났기 때문에, 같은 원인이 있더라도 다른 시기에 질병을 앓는 일이 왜 불가능하다는 말인가? 출생하는 순간이 동등하지 않아서 천궁도를 바꾸었고 다른 사건들에서도 차이를 초래했다고 하자. 그러면 무슨 이유로 잉태의 순간이 동등하다는 점에서 유래한 천궁도만 질병에 그대로 잔존했을까? 건강의 운세는 잉태의 시점에 있지만 다른 사건들의 운세는 출생의 시점에 있다고 말한다면, 생일의 별자리를 점검하더라도 건강을 두고는 한 마디도 발설하지 말아야 했다. 별자리를 점검하더라도 수태의 시각은 나오지 않는 까닭이다. 질병은 출생의 순간이 가리킨다는 이유로, 만일 수태의 천궁도를 점검하지 않은 채로 질병을 예고한다면, 누구에게든 쌍둥이의 출생 시각으로부터 추정하여 언제 질병을 앓게 되리라는 말을 어떻게 한다는 것인가? 쌍둥이 중의 하나는 출생의 시각이 같지 않으면서도 필연적으로 똑같이 병을 앓는다는데. 또 다른 의문이 있다. 만일 쌍둥이의 출생에 시간 간격이 하도 커서 그 간격 때문에 천궁도가 달라 둘에게는 각기 다른 별자리가 배당되었고 그리하여 모든 방위方位들이 달라질 수밖에 없다고, 그리고 그 위력이 너무도 커서 그때문에 운명마저 달라진다는 주장을 한다고 하자.[20] 그렇다면 쌍둥이의 잉태가 다른 시각에 이루어지기는 불가능할 터인데 어떻게 이런 일이 생긴다는 말인가? 그렇지 않다면 한순간에 잉태된 두 사람이 상이한 운명으로 출생했다면, 왜 한순간에 출생한 쌍둥이가 아닌 두 사람이 상이한 운명으로 살다가 죽을 수 없다는 말인가? 둘이 수태된 순간이 같아도 하나가 먼저 낳고 다른 하나는 다음에 낳는 현상을 가로막지 않았다면, 무슨 이유로 같은 한순간에 두 사람이 출생하는데 하나가 먼저 죽고 다른 하나는 다음에 죽지 못하게 가로막는가? 같은 한순간의 수태가 쌍둥이들이 모태 속에서 상이한 운수를 타고나게 허용한다면, 어째서 같은 한순간의 출생은 지상에서 누구든 두 사람이 상이한 운수를 타고나게 허용하지 않는다는 말인가? 그렇지 않으면 점성술이라는 이 기술 혹은 차라리 사술邪術의 모든 수작이 무너지고 말 것이다.[21] 한시각에, 한순간에, 천계의 동일한 위상 아래서 수태된 인간들이 상이한 운명을 갖게 되어 그 사람들을 상이한 시각의 출생으로 이끌어간다고 말하면서도, 동일한 시각에 천계의 동일한

uno momento temporis sub una eademque caeli positione de duabus matribus duo pariter nati diuersa fata habere non possint, quae illos per-ducant ad diuersam uiuendi uel moriendi necessitatem? An concepti nondum habent fata, quae nisi nascantur habere non poterunt? Quid est ergo quod dicunt, si hora conceptionalis inueniatur, multa ab istis dici posse diuinius? Vnde etiam illud a nonnullis praedicatur, quod quidam sapiens horam elegit, qua cum uxore concumberet, unde filium mirabilem gigneret. Vnde postremo et hoc est, quod de illis pariter aegrotantibus geminis Posidonius magnus astrologus idemque philosophus respondebat, ideo fieri, quod eodem tempore fuissent nati eodemque concepti. Nam utique propter hoc addebat conceptionem, ne diceretur ei non ad liquidum eodem tempore potuisse nasci, quos constabat omnino eodem tempore fuisse conceptos; ut hoc, quod similiter simulque aegrotabant, non daret de proximo pari corporis temperamento, sed eandem quoque ualetudinis parilitatem sidereis nexibus alligaret. Si igitur in conceptu tanta uis est ad aequalitatem fatorum, non debuerunt nascendo eadem fata mutari. Aut si propterea mutantur fata geminorum quia temporibus diuersis nascuntur, cur non potius intellegamus iam fuisse mutata, ut diuersis temporibus nascerentur? Itane non mutat fata natiuitatis uoluntas uiuentium, cum mutet fata conceptionis ordo nascentium?

6. Quamquam et in ipsis geminorum conceptibus, ubi certe amborum eadem momenta sunt temporum, unde fit ut sub eadem constellatione fatali alter concipiatur masculus, altera femina? Nouimus geminos diuersi sexus, ambo adhuc uiuunt, ambo aetate adhuc uigent; quorum cum sint inter se similes corporum species, quantum in diuerso sexu potest, insti-

---

[22] 앞에서는 그를 "점성가 철학자"(philosophus astrologus)라고 했다가 여기서는 "위대한 점성가이자 위대한 철학자"(magnus astrologus idemque philosophus)로 치켜세우지만 어조는 여전하다.

[23] 성좌(1) → 기질(2) → 건강(3) → 질병(4) 순서로 해명되어야 하는데, 건강과 성좌는 결부시키면서(3 → 1) 질병과 기질은 왜 상호 결부시키지(4 → 2) 않는가?

[24] non mutat fata nativitatis voluntas viventium, cum mutet fata conceptionis ordo nascentium: -ta-와 -ti-의 혀짧은 음운으로 상대방의 말을 조롱하는 어조를 만들어냈다.

위상 아래서 두 모친에게서 똑같이 출생하는 이상, 두 사람이 상이한 숙명으로 살고 죽게 만드는 상이한 운명을 갖기란 불가능하다니 그것은 무슨 까닭인가? 수태된 자들은 아직 자기 운명을 갖고 있지 않다는 말인가? 출생하지 않으면 그 운명을 지닐 수 없다는 말인가? 그렇다면 수태의 시각이 계산된다면 점술로 참으로 많은 것을 말해줄 수 있으리라는 저 사람들의 말은 도대체 무엇인가? 그래서 어떤 현자는 걸출한 아들을 낳기 위해 아내와 동침할 시각을 택했다는 말을 적잖은 사람들이 떠벌리고 다닌다. 그리고 마지막으로, 포시도니우스는 위대한 점성가이자 위대한 철학자로서 똑같이 앓는 쌍둥이를 두고서 답변하기를 같은 시각에 출생했고 같은 시각에 잉태되었으므로 그런 일이 일어난다고 했다.[22] 쌍둥이가 전적으로 똑같은 시각에 잉태되었음이 분명하더라도, 그들이 같은 한시각에 출생할 수 있다는 것이 절대로 가능하지 않기 때문에 그는 잉태라는 것을 첨가했던 것이다. 그래야 동시에 똑같이 병을 앓는 그 점이 신체의 기질이 아주 근접하고 동등하다는 데 기인하지 않고, 건강이 동등한 현상을 별들의 조화에서 모든 점으로 결부시킬 수 있었던 것이다.[23] 만약 두 사람의 운명을 같아지게 만들 정도로 잉태가 위력이 있다면, 출생으로 인해 그 운명이 달라지게 만들어서는 안 된다. 또 상이한 시각에 출생한다는 이유로 쌍둥이의 운명이 달라진다고 하면, 왜 쌍둥이의 운명이 어머니의 배 속에서 이미 달라져 버려 다른 시각에 출생한 것이라고 이해하면 안 되는가? 출생하는 사람들의 순서가 잉태의 운명을 바꿔놓는다면 살아있는 사람들의 의지가 출생의 운명을 과연 바꾸지 못할 이유가 무엇일까?[24]

6. 성性이 다른 쌍둥이

그런데 쌍둥이가 잉태될 적에 양자의 잉태 순간이 동일함에도 동일한 운명의 성좌 밑에서 어떻게 하나는 남성으로 하나는 여성으로 잉태되는가? 우리는 성이 다른 쌍둥이를 알고 있는데 둘다 아직 살아있고 둘다 아직 천수를 누리고 있다. 둘은 신체상 외모가 닮기는 했지만 성이 다른 것처럼 삶의 테두리와 목표에서 너무도 다르다. 남성의 행동이 여성의 행동과 거리가 멀게 마련이니까(남자는

tuto tamen et proposito uitae ita sunt dispares, ut praeter actus, quos ne-
cesse est a uirilibus distare femineos (quod ille in officio comitis militat et
a sua domo paene semper peregrinatur, illa de solo patrio et de rure pro-
prio non recedit), insuper (quod est incredibilius, si astralia fata credantur;
non autem mirum, si uoluntates hominum et Dei munera cogitentur) ille
coniugatus, illa uirgo sacra est; ille numerosam prolem genuit, illa nec
nupsit. At enim plurimum uis horoscopi ualet. Hoc quam nihil sit, iam
satis disserui. Sed qualecumque sit, in ortu ualere dicunt; numquid et in
conceptu? Vbi et unum concubitum esse manifestum est, et tanta naturae
uis est, ut, cum conceperit femina, deinde alterum concipere omnino non
possit; unde necesse est eadem esse in geminis momenta conceptus. An
forte quia diuerso horoscopo nati sunt, aut ille in masculum, dum nasce-
rentur, aut illa in feminam commutata est? Cum igitur non usquequaque
absurde dici posset ad solas corporum differentias adflatus quosdam
ualere sidereos, sicut in solaribus accessibus et decessibus uidemus etiam
ipsius anni tempora uariari et lunaribus incrementis atque detrimentis
augeri et minui quaedam genera rerum, sicut echinos et conchas et mira-
biles aestus oceani; non autem et animi uoluntates positionibus siderum
subdi: nunc isti, cum etiam nostros actus inde religare conantur, admonent
ut quaeramus, unde ne in ipsis quidem corporibus eis possit ratio ista
constare. Quid enim tam ad corpus pertinens quam corporis sexus? Et
tamen sub eadem positione siderum diuersi sexus gemini concipi po-
tuerunt. Vnde quid insipientius dici aut credi potest, quam siderum posi-
tionem, quae ad horam conceptionis eadem ambobus fuit, facere non
potuisse, ut, cum quo habebat eandem constellationem, sexum diuersum a
fratre non haberet; et positionem siderum, quae fuit ad horam nascentium,
facere potuisse, ut ab eo tam multum uirginali sanctitate distaret?

[25] 달의 운행이 자연에 끼치는 영향은 Plinius에게서 채택하고 있다: *Historia naturalis* 97.212-
213(조수의 차); 2.41.109(고둥); 9.52.164(성게).

기병대장의 직책을 띠고 군복무에 종사하면서 거의 언제나 자기 집을 떠나 이동하는 데 비해 여자는 자기 고장과 마을에서 떠나본 적이 없다) 행동을 빼놓고도 남자는 결혼을 했고 여자는 거룩한 동정녀다. (이 점은 성좌의 운명을 믿는다면 도무지 믿어지지 않지만, 인간들의 의지와 하느님의 선물을 생각한다면 조금도 이상할 것이 없다.) 남자는 여러 자녀를 낳았는데 여자는 시집도 가지 않았다. 그럼에도 사람들은 천궁도의 위력이 대단할 것처럼 떠든다. 그 위력이 아무것도 아니라는 점은 내가 충분히 논박했다. 이 말에 저들은 어쨌든 천궁도가 출생에서는 힘을 발휘한다고 말한다. 그렇다면 천궁도가 잉태에서도 힘을 발휘할까? 교접은 한 번에 한 차례만 이루어짐이 분명하고, 자연의 위력은 하도 커서 여자가 일단 하나를 임신하고서 곧이어 다른 하나를 임신한다는 것은 절대로 불가능함도 분명하다. 그러므로 쌍둥이에게는 잉태의 순간이 동일할 필요가 있다. 아니면 각기 다른 천궁도를 타고 출생한 것으로 미루어, 출생하는 순간 하나는 사내애로, 하나는 계집애로 변했다는 말인가? 별자리의 기운이 자연 물체들의 차이에 영향을 미칠 수 있다는 말이 전적으로 잘못은 아닌데, 태양이 근접하고 멀어짐에 따라 한 해의 계절이 달라지며, 달이 차고 기움에 따라 자연 사물들이 커지거나 줄어드는데, 가령 바다의 성게나 고등, 대양의 놀라운 조수가 그런 예다.[25] 하지만 정신적 의지까지 별들의 위치에 종속되는 것은 아니다. 저들이 우리 행위까지 별자리에 결부시키려고 억지를 부리다 보니, 우리는 저 사람들이 내놓는 이론이 신체에마저 그대로 들어맞지 않는다는 사실을 발견하고 그 이유를 묻지 않을 수 없게 된다. 사실 신체의 성性만큼 신체에 철저히 귀속하는 것이 있을까? 그러니까 별들의 똑같은 위상 아래 쌍둥이가 이성으로 잉태될 수 있다. 그러므로 별들의 위상이 잉태의 시각에 양편에 동일했는데도 여자 쌍둥이가 오라비와 같은 성좌를 타고나면서 오라비와는 다른 성을 타고나는 일은 불가능했다는 말을 한다거나 그렇게 믿는다면 그보다 어리석은 짓이 어디 있겠는가? 또 출생의 시각에 있었던 별들의 위상이 누이로 하여금 동정童貞의 성덕을 갖추게 하여 오라비와는 무척이나 거리를 두게 만들었다고 말하거나 그렇게 믿는다면 이보다 어리석은 일이 무엇이겠는가?

7. Iam illud quis ferat, quod in eligendis diebus noua quaedam suis actibus fata moliuntur? Non erat uidelicet ille ita natus, ut haberet admirabilem filium, sed ita potius, ut contemptibilem gigneret, et ideo uir doctus elegit horam qua misceretur uxori. Fecit ergo fatum, quod non habebat, et ex ipsius facto coepit esse fatale, quod in eius natiuitate non fuerat. O stultitiam singularem! Eligitur dies ut ducatur uxor; credo propterea, quia potest in diem non bonum, nisi eligatur, incurri et infeliciter duci. Vbi est ergo quod nascenti iam sidera decreuerunt? An potest homo, quod ei iam constitutum est, diei electione mutare, et quod ipse in eligendo die constituerit, non poterit ab alia potestate mutari? Deinde si soli homines, non autem omnia quae sub caelo sunt, constellationibus subiacent, cur aliter eligunt dies accommodatos ponendis uitibus uel arboribus uel segetibus, alios dies pecoribus uel domandis uel admittendis maribus, quibus equarum uel boum fetentur armenta, et cetera huius modi? Si autem propterea ualent ad has res dies electi, quia terrenis omnibus corporibus siue animantibus secundum diuersitates temporalium momentorum siderum positio dominatur: considerent quam innumerabilia sub uno temporis puncto uel nascantur uel oriantur uel inchoentur, et tam diuersos exitus habeant, ut istas obseruationes cuiuis puero ridendas esse persuadeant. Quis enim est tam excors, ut audeat dicere omnes arbores, omnes herbas, omnes bestias serpentes aues pisces uermiculos momenta nascendi singillatim habere diuersa? Solent tamen homines ad temptandam peritiam mathematicorum adferre ad eos constellationes mutorum animalium, quorum ortus propter hanc explorationem domi suae diligenter obseruant, eosque mathematicos praeferunt ceteris, qui constellationibus inspectis dicunt non esse hominem natum, sed pecus. Audent etiam dicere quale

---

[26] fecit fatum (운명을 만들어냈다)이나 ex ipsius facto coepit esse fatale (본인의 행위에 의해 운명적인 것이 존재하기 시작했다)라는 명제는 점성술을 펴는 숙명론자들의 기본명제와 상치된다.

[27] Cf. Vergilius, *Georgica* 1.204-236, 276-286.

[28] 아우구스티누스는 당대의 농경사회에 통용되던 책력(冊曆)에 점성술과 기상학을 도입한 인사들 (Tarcon, Fonteius, Nigidius Figulus, Cornelius Labeo, Claudius Tuscus, Ioannes Lidus)의 이름을 알고 있었다.

7. 아내를 맞거나 나무를 심거나 씨앗을 뿌리는 날의 택일

그리고 어떤 행위를 함에 택일擇日로 새로운 운명을 설정하려는 짓을 누가 보고만 있겠는가? 앞의 일화에 나온 사람은 결국 출중한 아들이 아니라 천덕꾸러기를 낳도록 태어났다는 말이다. 그래서 유식한 남자답게 아내와 합방合房하는 시각을 택했다는 것이다. 그래서 타고나지 않은 운명을 스스로 만들었다는 것이다. 본인의 행위에 의해 운명적인 것이 존재하기 시작했고, 본인의 출생시에는 존재하지 않던 무엇이 존재하게 되었다는 말이다.[26] 오, 참으로 못 봐줄 어리석음이여! 아내를 맞는데도 날짜를 택한다. 내가 보기에는 아마도 택일을 하지 않으면 안 좋은 날을 만나고 불행한 결혼이 될 수 있기 때문인 듯하다. 그렇다면 출생하는 사람에게 별자리가 정해준 바는 어디 갔는가? 사람이 자기한테 벌써 예정되어 있는 바를 택일로 변경할 수 있다는 말인가? 또 그가 택일로 작정한 바는 다른 힘에 의해서도 변경될 수 없다는 말인가? 설령 사람만이 별자리에 종속되어 있을 뿐 하늘 아래 있는 모든 것이 그렇지는 않다고 하자. 그러면 무엇 때문에 포도를 심거나 나무를 심거나 종자를 뿌릴 적에 사람들은 적당한 날짜를 택일하며[27] 가축에게 길을 들인다거나 암말이나 암소가 새끼를 배도록 수컷에게 접붙일 적이나 이와 흡사한 다른 일에도 별도로 날짜를 택하는가? 시각의 차이에 따라 모든 지상 물체나 생명체를 별자리의 위상이 지배하기 때문에, 택일이 이런 일에 영향을 끼친다고 해 보자.[28] 그렇다면 같은 한시각에 얼마나 많은 사물이 태어나고 생겨나고 시작하는지 모르는데 그러면서도 그것들이 얼마나 상이한 결말을 가져오는지 생각해 본다면, 그런 착상이 우스운 짓임은 어린애들도 깨우치고 남을 것이다. 헤아릴 수 없이 많은 그 모든 나무, 그 모든 풀, 그 모든 짐승, 뱀, 새, 물고기, 벌레들이 제각각 다른 시각에 태어난다고 말할 만큼 얼빠진 사람이 과연 누구란 말인가? 사람들은 말 못하는 짐승들의 별자리를 가져와서 점성가들의 수완을 떠보는 것이 상례다. 짐승들의 출생은 자기 집에서 면밀하게 관찰할 수 있으며 점성가들은 그 출생 시각을 다른 것보다 앞세우는데, 점성가들은 성좌를 관찰하고서는 그 집에서 사람이 태어난 것이 아니라 짐승이 태어났다는 사실마저 알아맞히곤 한다. 그들은 심지어 어떤 가축인지도 알아맞히며, 그 가축이 털 깎는 것인

pecus, utrum aptum lanitio, an uectationi, an aratro, an custodiae domus. Nam et ad canina fata temptantur et cum magnis admirantium clamoribus ista respondent. Sic desipiunt homines, ut existiment, cum homo nascitur, ceteros rerum ortus ita inhiberi, ut cum illo sub eadem caeli plaga nec musca nascatur. Nam si hanc admiserint, procedit ratiocinatio, quae gradatim accessibus modicis eos a muscis ad camelos elephantosque perducat. Nec illud uolunt aduertere, quod electo ad seminandum agrum die tam multa grana in terram simul ueniunt, simul germinant, exorta segete simul herbescunt pubescunt flauescunt, et tamen inde spicas ceteris coaeuas atque, ut ita dixerim, congerminales alias robigo interimit, alias aues depopulantur, alias homines auellunt. Quo modo istis alias constellationes fuisse dicturi sunt, quas tam diuersos exitus habere conspiciunt? An eos paenitebit his rebus dies eligere easque ad caeleste negabunt pertinere decretum, et solos sideribus subdent homines, quibus solis in terra Deus dedit liberas uoluntates? His omnibus consideratis non inmerito creditur, cum astrologi mirabiliter multa uera respondent, occulto instinctu fieri spirituum non bonorum, quorum cura est has falsas et noxias opiniones de astralibus fatis inserere humanis mentibus atque firmare, non horoscopi notati et inspecti aliqua arte, quae nulla est.

8. Qui uero non astrorum constitutionem, sicuti est cum quidque concipitur uel nascitur uel inchoatur, sed omnium conexionem seriemque

---

[29] 교부의 다른 저서(*Tractatus in Ioannis Evangelium* 1.14)를 보면 귀찮은 파리는 하느님이 만들지 않았으리라는 신도의 말을 빙거로 하여 벌, 가재, 도마뱀, 새, 양, 소 심지어 인간도 하느님의 조물이 아니고 악마의 조물이라는 결론으로 유도하는 마니교도의 궤변을 소개한다.

[30] 아우구스티누스의 발언은 일년의 모든 날짜가 제관들에 의해 길일(diei fasti)과 흉일(diei nefasti) 로 지정되고 개인의 대소사는 물론 국가의 모든 공식행사마저 그 책력에 따라 이루어지던 로마 사회 를 배경으로 하고 있다.

[31] omnium *connexio seriesque* causarum: 스토아 사상의 표현이다. Cf. Cicero, *De fato* 7.14: Primumque quod est in conexo ... necessarium est.

지, 수레를 끄는 것인지, 밭가는 것인지, 집지키는 것인지도 말해준다. 개의 운세에 대해서도 문의를 받으면 척척 답변하여 이를 두고 놀라는 사람들의 요란한 탄성이 들리기도 한다. 그러다 보니 사람들이 얼이 빠져, 어느 인간이 태어나는 순간에는 자연*사물들의 출생은 전적으로 정지되어 천계의 동일한 지점에서 파리 한 마리도 태어나지 않는다고 여길 정도가 되었다. 만에 하나라도 인간과 더불어 파리가 태어난다고 인정하게 되면, 논법이 발전하여, 비록 단계적으로 인정하게 되더라도, 파리는 낙타로 그다음에는 코끼리로 나아가는 까닭이다.[29] 그들은 다음과 같은 사실을 염두에 두려 하지 않는다: 밭에 파종하는 날을 택일하고 나면 참으로 많은 밀알이 동시에 땅에 떨어지고 동시에 싹을 틔우고 움이 돋으면 동시에 잎이 피고 이삭이 패고 익어간다. 하지만 다른 것들에 비해 한꺼번에 팬 이삭들, 말하자면 쌍둥이라고 할 이삭들 가운데서도 어떤 이삭들은 깜부기로 망하고, 어떤 이삭들은 새들이 쪼아 없애고, 어떤 이삭들은 사람들이 훑어간다. 이삭들이 그토록 상이한 결말을 보게 된다는 사실을 저 이삭들이 제각기 별자리가 달라서였다고 어찌 말할 수 있겠는가? 그렇다면 저 사람들은 이런 일에까지 택일을 한 짓을 후회하고서는 이런 일은 천계의 뜻이 아니라고 취소할 텐가? 그러고는 인간들만이 성좌의 위치에 좌우된다고 말할 셈인가?[30] 하지만 바로 그 인간들에게만 하느님은 지상에서 자유의지를 주었다! 이 모든 점을 고찰하고 나면 만약 점성가들이 많은 사정을 두고 신통하게 바른 대답을 한다면 그것은 선하지 못한 영靈들의 숨겨진 충동질에 의해 이루어진다고 믿어도 까닭이 없지 않다. 그 영들의 관심은 성좌에서 오는 운명에 관한 이 그릇되고 해로운 사상을 인간 지성에 심어주고 고정시키는 데 있고, 무슨 기술을 써서 천궁도를 파악하고 관찰하여 시행하는 데 있지 않다. 그런 술수는 실상 전혀 존재하지 않는 까닭이다.

8. 어떤 사람들은 운명이라는 이름으로 성좌가 아니라 하느님의 의지에 달린 인과관계를 일컫는다

그런가 하면 무엇인가가 잉태되고 출생하고 시작하는 것과 관련하여, 별들의 위상이 아니라 모든 원인들의 조합과 연쇄[31]에 의해 모든 것이 이루어지며, 그

causarum, qua fit omne quod fit, fati nomine appellant: non multum cum eis de uerbi controuersia laborandum atque certandum est, quando quidem ipsum causarum ordinem et quandam conexionem Dei summi tribuunt uoluntati et potestati, qui optime et ueracissime creditur et cuncta scire antequam fiant et nihil inordinatum relinquere; a quo sunt omnes potestates, quamuis ab illo non sint omnium uoluntates. Ipsam itaque praecipue Dei summi uoluntatem, cuius potestas insuperabiliter per cuncta porrigitur, eos appellare fatum sic probatur. Annaei Senecae sunt, nisi fallor, hi uersus:

Duc, summe pater altique dominator poli,
Quocumque placuit, nulla parendi mora est.
Adsum impiger: fac nolle, comitabor gemens
Malusque patiar, facere quod licuit bono.
Ducunt uolentem fata, nolentem trahunt.

Nempe euidentissime hoc ultimo uersu ea fata appellauit, quam supra dixerat summi patris uoluntatem; cui paratum se oboedire dicit, ut uolens ducatur, ne nolens trahatur; quoniam scilicet

Ducunt uolentem fata, nolentem trahunt.

Illi quoque uersus Homerici huic sententiae suffragantur, quos Cicero in Latinum uertit:

Tales sunt hominum mentes, quali pater ipse
Iuppiter auctiferas lustrauit lumine terras.

Nec in hac quaestione auctoritatem haberet poetica sententia; sed quoniam Stoicos dicit uim fati asserentes istos ex Homero uersus solere usurpare, non de illius poetae, sed de istorum philosophorum opinione tracta-

---

[32] ab illo non sint omnium voluntates: 피조물의 의지의 선한 작용 혹은 선한 의지는 창조적 인과관계로 하느님에게 소급되지만 의지의 악용 또는 악한 의지는 당사자에게서 그친다는 것이 교부의 일관된 주장이다. Cf. De libero arbitrio 3.6.18-19; 3.16.45 - 18.50.

[33] Seneca, Epistula 107.11. Cleanthes의 글(fr.527)을 인용하고 있다.

[34] fata appellavit, quam ... summi patris voluntatem: 역사의 추동력으로서 하느님의 의지와 인간의 자유의지가 공존가능함을 논증함이 제5권의 주목적이므로, 외교인들이 말하는 운명(fata)이 곧 그리스도인들이 말하는 하느님의 뜻(summi patris voluntas)이라는 선결과제를 정리하고 있다.

[35] Homerus, Odysseia 18.136-137 (Cicero, De fato 4).

[36] Cf. Sextus Empiricus, Institutiones Pyrrhonianae (= Pyrrhonianae hypotyposes) 5.

것을 운명이라는 이름으로 일컫는 사람들이 있다. 그 사람들이 원인들의 질서 혹은 어떤 인과관계를 지존하신 하느님의 의지와 권능에 돌리는 경우에는, 용어상의 시비에 많은 수고를 들이면서 문헌을 갖다 댈 필요가 없을 것이다. 하느님은 만사가 이루어지기 전에 만사를 알며 무엇 하나도 무질서하게 내버려두지 않는다고 믿는 것은 참으로 옳고도 좋은 일이다. 또 그분에게서 모든 권능이 온다. 하지만 모든 존재들의 의지意志가 그분에게서 비롯되지는 않는다.[32] 그러면 지존하신 하느님의 의지 자체를 저들은 운명이라고 부른다는 것이 입증된다. 그 의지의 권능은 모든 것에 두루 미치며 무엇에도 굴하지 않는다. 내 말이 틀리지 않다면 다음 글귀는 안나이우스 세네카의 것이다:

> 지존하신 아버지, 드높은 허늘의 지배자여, 인도하소서
> 어디든 마음 드시는 대로! 촌각도 지체 않고 순종하리다.
> 주저 없이 대령하나이다. 싫어도 하라고 하시면 울며라도 따르리다.
> 선인으로 해야 마땅한 일이라면 악인으로나마 감당하리라.
> 무릇 운명은 자원하는 자 데려가고 싫다는 자 끌어가나이다.[33]

너무도 확실한 것은, 이 마지막 구절에서 그가 운명이라고 부른 바는 바로 앞에서 지존하신 아버지의 뜻이라고 말한 그것이다.[34] 그 뜻에 순종하기로 마음먹었노라고 한다. 자원하는 자로서 모셔져 가고 싶고 싫다는 자로서 끌려가지 않으려는 것이다. 그 까닭인즉

> 무릇 운명은 자원하는 자 데려가고 싫다는 자 끌어가나이다.

호메루스의 저 유명한 구절도 이 사상과 일치한다고 하겠는데 키케로는 라틴어로 이렇게 옮겼다:

> 인간의 지성은 그 광명으로 아버지 유피테르
> 몸소 땅을 비추어 비옥케 하는 그런 것이니라.[35]

단지 시구詩句는 우리의 토론에서 아무런 권위를 띠지 못했을 테지만, 스토아 학자들이 운명의 힘을 표방할 적에 호메루스에게서 이 글귀를 인용하는 것이 상례였다고 말한다. 그러니까 이 글귀는 저 유명한 시인의 사상으로서 통한 것이 아니라 이 철학자들의 사상으로서 통한 것이다.[36] 운명에 관한 토론에서 이

tur, cum per istos uersus, quos disputationi adhibent quam de fato habent, quid sentiant esse fatum apertissime declaratur, quoniam Iouem appellant, quem summum deum putant, a quo conexionem dicunt pendere fatorum.

9. Hos Cicero ita redarguere nititur, ut non existimet aliquid se aduersus eos ualere, nisi auferat diuinationem. Quam sic conatur auferre, ut neget esse scientiam futurorum, eamque omnibus uiribus nullam esse omnino contendat, uel in homine uel in deo, nullamque rerum praedictionem. Ita et Dei praescientiam negat et omnem prophetiam luce clariorem conatur euertere uanis argumentationibus et opponendo sibi quaedam oracula, quae facile possunt refelli; quae tamen nec ipsa conuincit. In his autem mathematicorum coniecturis refutandis eius regnat oratio, quia uere tales sunt, ut se ipsae destruant et refellant. Multo sunt autem tolerabiliores, qui uel siderea fata constituunt, quam iste qui tollit praescientiam futurorum. Nam et confiteri esse Deum et negare praescium futurorum apertissima insania est. Quod et ipse cum uideret, etiam illud temptauit quod scriptum est: *Dixit insipiens in corde suo: non est Deus*; sed non ex sua persona. Vidit enim quam esset inuidiosum et molestum, ideoque Cottam fecit disputantem de hac re aduersus Stoicos in libris de deorum natura et pro Lucilio Balbo, cui Stoicorum partes defendendas dedit, maluit ferre sententiam quam pro Cotta, qui nullam diuinam naturam esse contendit. In

---

[37] 5.9-10은 인간의 자유의지와 신의 예지를 양립시킬 수 있느냐는 논제를 다룬다.

[38] Cf. Cicero, *De divinatione* 2.48-50; *De fato* 6.11.

[39] 시편 13[14],1.

[40] Gaius Aurelius Cotta는 로마 웅변가요 대제관과 집정관(BC 75년)을 지낸 사람이며 아카데미아 학파로서 이 저작(제3권)에서 신적 섭리를 부정하는 에피쿠루스 학파와 긍정하는 스토아 학파의 중간 입장을 대변한다.

[41] Lucilius Balbus: 스토아 철학자. 4.30 참조.

글귀를 인용하는 사람들은 운명이 무엇이라고 생각하는지 이 글귀를 들어 아주 명백하게 보여주었던 것이다. 그들은 운명을 자기네가 최고신으로 여기던 유피테르라고 불렀고, 운명의 인과因果가 유피테르에게 달려 있다는 말도 한다.

9. 키케로의 정의와 상반된 입장에서 보는 하느님의 예지와 인간의 자유의지
9. 1. 키케로는 자유의지를 옹호하여 숙명에 맞섰다[37]

키케로는 숙명론을 내세우는 스토아 학파를 논박하려는 시도에서, 장래의 일을 예고해 주는 점술占術이라는 것을 배제하지 않는 한, 자기가 그들에 대항해서 아무 힘도 못 쓰리라고 여겼다.[38] 그래서 점술을 배제하기 위해 미래사未來事에 관한 지식을 부성했고, 그런 지식은 결코 없다는 것을 혼신을 다해 주장했고, 인간에게서도 하느님에게서도 미래에 대한 예언豫言이 결코 있을 수 없다고 주장하기에 이르렀다. 그리하여 하느님의 예지豫知마저 부인했고, 명약관화한 예언豫言마저 모조리 뒤집으려고 허황한 논리를 동원했으며, 쉽사리 공박할 수 있는 몇몇 신탁을 두고는 그 모순점을 밝혀냈다. 그렇지만 그런 신탁마저 철저하게 논박하지는 못했다. 별자리로 신수를 보는 사람들의 억측이 자가당착이어서 스스로 붕괴된다는 점을 지적하는 그의 연설은 참으로 압권이라고 할 수 있다. 하지만 미래사에 관한 예지를 일체 배척해 버리는 키케로를 용인하느니 차라리 별자리로 운세를 삼는다고 할지라도 저 점술가들을 관용하는 편이 훨씬 나을 것이다. 왜냐하면 하느님이 존재함을 고백하면서도 하느님이 미래사를 예지함을 부정하는 짓이야말로 명백한 몰상식이기 때문이다. 그 사람도 "어리석은 자 마음속으로 말하는도다. '하느님은 없다'"[39]라고 기록된 것과 비슷한 언표를 만났고, 이를 반박하려고 시도한 바 있었지만, 그것을 자기 이론으로 내세우지는 않았다. 그는 이런 무신론적 입장이 얼마나 불손하고도 난삽한 것인가를 간파했으므로, 「신들의 본성」이라는 책에서 코타[40]를 내세워 스토아 학파와 맞서서 이 사안을 토론하게 만들었으며, 그 책에서 스토아 학파의 편을 옹호하는 역할을 맡긴 루킬리우스 발부스[41]를 편들어서 자기 사상을 개진하려고 했지, 신적 본성 따위는 일체 존재하지 않는다고 설파하는 코타를 편들어 이론을 따로 개진하지는 않

libris uero de diuinatione ex se ipso apertissime oppugnat praescientiam futurorum. Hoc autem totum facere uidetur, ne fatum esse consentiat et perdat liberam uoluntatem. Putat enim concessa scientia futurorum ita esse consequens fatum, ut negari omnino non possit. Sed quoquo modo se habeant tortuosissimae concertationes et disputationes philosophorum, nos ut confitemur summum et uerum Deum, ita uoluntatem summamque potestatem ac praescientiam eius confitemur; nec timemus ne ideo non uoluntate faciamus, quod uoluntate facimus, quia id nos facturos ille praesciuit, cuius praescientia falli non potest; quod Cicero timuit, ut oppugnaret praescientiam, et Stoici, ut non omnia necessitate fieri dicerent, quamuis omnia fato fieri contenderent.

Quid est ergo, quod Cicero timuit in praescientia futurorum, ut eam labefactare disputatione detestabili niteretur? Videlicet quia, si praescita sunt omnia futura, hoc ordine uenient, quo uentura esse praescita sunt; et si hoc ordine uenient, certus est ordo rerum praescienti Deo; et si certus est ordo rerum, certus est ordo causarum; non enim fieri aliquid potest, quod non aliqua efficiens causa praecesserit; si autem certus est ordo causarum, quo fit omne quod fit, fato, inquit, fiunt omnia quae fiunt. Quod si ita est, nihil est in nostra potestate nullumque est arbitrium uoluntatis; quod si concedimus, inquit, omnis humana uita subuertitur, frustra leges dantur, frustra obiurgationes laudes, uituperationes exhortationes adhibentur, neque ulla iustitia bonis praemia et malis supplicia constituta sunt. Haec ergo ne consequantur indigna et absurda et perniciosa rebus humanis, non uult esse praescientiam futurorum; atque in has angustias coartat

---

[42] Cf. Cicero, *De natura deorum* 1.6.15; 2.67.168; 3.1.1.

[43] Cf. Cicero, *De divinatione* 2.48.100 - 51.106. 그러나 교부가 말하는 내용은 키케로의 *De fato* (운명론)의 주제다.

[44] 키케로는 신의 예지(필연)와 인간의 자유를 공존시키지 못하고, 스토아들은 운명과 필연을 구분했다.

[45] 스토아 철학 용어대로 ordo rerum (사물의 질서)은 ordo causarum (인과적 질서)에 기인하고, 반드시 선행하는 작용인(efficiens causa)에 의한 작용은 자유의지가 행사될 여지를 남기지 않는다.

[46] Cf. Cicero, *De divinatione* 2.49.101-102; *De fato* 17.40 - 18.41.

[47] Cf. Cicero, *De fato* 10.20-21.

았다.[42] 그런데 「점술론」에서는 분명히 자기 입으로 미래사에 관한 지식을 반박하고 있다. 여기서 운명이 존재함을 인정하지 않으며 자유의지를 잃지 않기 위해 그는 노력을 다하는 것으로 보인다. 만일 미래사에 대한 지식이 용납된다면 그 귀결로 운명이 존재함을 결코 부인할 수 없다고 여긴 것이다.[43] 철학자들의 얽히고설킨 토론과 논쟁이 어떻든 상관없이, 우리는 지존하고 참된 하느님을 고백하고, 하느님의 의지와 지고한 능력과 예지豫知를 고백하는 바이다. 또 우리가 행하리라는 것을 하느님이 미리 알았고 그의 예지가 그르칠 수 없다고 해서, 그런 이유로 정작 우리가 의지로 행하는 바가 의지로 행하지 않는 결과가 오지나 않을까 두려워하지도 않는다. 그런데 키케로는 바로 이 점을 두려워하여 일체의 예지를 거부했고, 스토아 학자들은 만사가 운명에 따라 이루어진다고 주장하면서도 만사가 필연으로 이루어지는 것은 아니라고 했던 것이다.[44]

9.2. 키케로는 하느님이 미래를 예지한다는 것을 부인했다

키케로는 미래사에 관한 예지에서 무엇이 두려웠기에 억지 논변을 구사하면서까지 그것을 무산시키려고 몸부림쳤을까? 그의 논지는 이렇다. 모든 미래사가 예지된다고 한다면, 이루어지리라고 예지되어 있는 그 순서대로 발생할 것이다. 만일 그런 순서대로 발생한다면, 이를 예지하는 하느님에게는 사물들의 발생 순서가 확실하다. 만약 사물들의 순서가 확실하다면, 원인들의 순서도 확실하다. 어떤 작용인이 선행하지 않는 무엇이 결코 발생하지 못한다.[45] 그리하여 원인들의 순서가 확실하여, 발생하는 모든 것이 그 순서대로 발생한다면, 결국 "발생하는 모든 것이 운명에 의해 발생한다". 일이 만일 그렇다면 우리 능력에 해당하는 것은 아무것도 없고, 따라서 자유의지도 전혀 존재하지 않는다. 키케로는 이렇게 말한다: 만일 우리가 이 점을 인정한다면, 인생 전부가 뒤집히고, 법률을 정함은 무용하며, 비난이나 칭찬, 질책이나 충고도 무익할뿐더러, 선인에게 상급을 주고 악인들에게 징벌을 내리는 것도 오로지 정의에 어긋날 따름이다.[46] 그러니까 인간사에 불의하고 모순되고 해로운 일이 닥치지 않게 하려고 키케로는 미래사에 대한 지식이 존재함을 바라지 않았던 것이다.[47] 그야말로 경건한 지성이 이토록 노심초사하는 지경에 얽매이다 보니까, 그는 우리 의지意志

animum religiosum, ut unum eligat a duobus, aut esse aliquid in nostra uoluntate, aut esse praescientiam futurorum, quoniam utrumque arbitratur esse non posse, sed si alterum confirmabitur, alterum tolli; si elegerimus praescientiam futurorum, tolli uoluntatis arbitrium; si elegerimus uoluntatis arbitrium, tolli praescientiam futurorum. Ipse itaque ut uir magnus et doctus et uitae humanae plurimum ac peritissime consulens ex his duobus elegit liberum uoluntatis arbitrium; quod ut confirmaretur, negauit praescientiam futurorum atque ita, dum uult facere liberos, fecit sacrilegos. Religiosus autem animus utrumque eligit, utrumque confitetur et fide pietatis utrumque confirmat. Quo modo? Inquit; nam si est praescientia futurorum, sequentur illa omnia, quae conexa sunt, donec eo perueniatur, ut nihil sit in nostra uoluntate. Porro si est aliquid in nostra uoluntate, eisdem recursis gradibus eo peruenitur, ut non sit praescientia futurorum. Nam per illa omnia sic recurritur: si est uoluntatis arbitrium, non omnia fato fiunt; si non omnia fato fiunt, non est omnium certus ordo causarum; si certus causarum ordo non est, nec rerum certus est ordo praescienti Deo, quae fieri non possunt, nisi praecedentibus et efficientibus causis; si rerum ordo praescienti Deo certus non est, non omnia sic ueniunt, ut ea uentura praesciuit; porro si non omnia sic ueniunt, ut ab illo uentura praescita sunt, non est, inquit, in Deo praescientia omnium futurorum.

Nos aduersus istos sacrilegos ausus atque impios et Deum dicimus omnia scire antequam fiant, et uoluntate nos facere, quidquid a nobis non nisi

---

[48] liberum voluntatis arbitrium: "자유의지"를 언표하는 전형적 용어다. Cf. De libero arbitrio 2.1.1.

[49] Cf. Cicero, De divinatione 2.51.105 - 53.109; De fato 10.20-21. "만사는 선행하는 작용인에 의해 일어난다"는 인과율을 전제로 하면 "운명에 의해서" → "(확실한 원인들의) 질서대로" = "(하느님이 예지한) 질서대로" → "하느님이 예지한 대로"라는 논리가 성립한다. 자유의지를 살리려고 "하느님이 예지한 대로 발생하는 것은 아니다"라고 한다면 "하느님에게 예지가 없다"로 귀결된다.

에 무엇인가를 살려내거나 미래사에 대한 지식이 존재하거나 둘 중의 하나를 선택하게 되었던 것이다. 왜냐하면 양자가 공존할 수 없다고 보았고, 만일 하나를 선택한다면 다른 하나는 배척해야 한다고 여겼던 까닭이다. 만약 우리가 미래사의 지식을 택한다면 의지의 자유를 제거해야 하고, 만약 우리가 의지의 자유를 택한다면 미래사에 대한 지식을 제거해야 한다는 것이다. 저처럼 위대하고 박식한 인물, 인간사에 관해 무수히 그리고 전문가다운 충고를 하던 인물이 이 둘 가운데서 의지의 자유로운 선택[48]을 골랐다. 그 점을 주장하기 위해 미래사에 대한 지식을 부정했고, 인간을 자유롭게 만들어 주려다가 하느님의 전지를 부정하는 설독자가 되고 말았던 것이다. 그런데 그리스도인들의 경건한 지성은 인간의 사유와 하느님의 예지 둘다 선택하고, 둘다 고백하며, 경건한 신앙심으로 둘다 천명한다. "어떻게 그럴 수가 있는가?"는 반문이 따른다. 미래사에 대한 예지가 존재한다면, 만사가 순서에 따라 진행되면서 연속하게 되어 결국 우리 자신의 자유의지에 달린 것은 아무것도 없게 된다. 그리하여 만일 우리 의지에 달린 무엇이 있다면, 위의 논리와는 역으로 거슬러올라가서 미래사에 대한 하느님의 예지가 있을 수 없다는 결론에 이를 것이다. 여기서는 저 모든 단계를 소급하게 된다: 만일 의지의 자유가 있다면 만사가 운명에 의해 발생하는 것은 아니다. 만사가 다 운명에 의해 발생하지 않는다면 모든 원인들의 순서가 확실한 것이 아니다. 만일 원인들의 순서가 확실하지 않으면, 예지하는 하느님에게마저 사물들의 발생 순서가 확실한 것은 아니다. 사물들은 선행하는 작용인들에 의하지 않고서는 이루어질 수 없는 까닭이다. 만일 예지하는 하느님에게마저 사물들의 순서가 확실하지 않다면, 만사가 그렇게 발생하리라고 예지된 대로 발생하는 것은 아니다. 그러므로 만일 만사가 그렇게 발생하리라고 하느님에 의해 예지된 대로 발생하는 것이 아니라면, 하느님에게 모든 미래사에 대한 예지가 있는 것이 아니라고 그는 말한다.[49]

9. 3. 신앙은 인간의 자유의지와 신의 예지를 공히 인정한다

우리는 하느님을 모독하는 불경스런 저 주장들에 맞서서, 하느님이 만사가 이루어지기 전에 만사를 알고 있다고 단언하는 바이며, 우리가 원하지 않으면 이

uolentibus fieri sentimus et nouimus. Omnia uero fato fieri non dicimus, immo nulla fieri fato dicimus; quoniam fati nomen ubi solet a loquentibus poni, id est in constitutione siderum cum quisque conceptus aut natus est, quoniam res ipsa inaniter asseritur, nihil ualere monstramus. Ordinem autem causarum, ubi uoluntas Dei plurimum potest, neque negamus, neque fati uocabulo nuncupamus, nisi forte ut fatum a fando dictum intellegamus, id est a loquendo; non enim abnuere possumus esse scriptum in litteris sanctis: *Semel locutus est Deus, duo haec audiui, quoniam potestas Dei est, et tibi, Domine, misericordia, qui reddis unicuique secundum opera eius.* Quod enim dictum est: *Semel locutus est,* intellegitur «inmobiliter», hoc est incommutabiliter, «est locutus», sicut nouit incommutabiliter omnia quae futura sunt et quae ipse facturus est. Hac itaque ratione possemus a fando fatum appellare, nisi hoc nomen iam in alia re soleret intellegi, quo corda hominum nolumus inclinari. Non est autem consequens, ut, si Deo certus est omnium ordo causarum, ideo nihil sit in nostrae uoluntatis arbitrio. Et ipsae quippe nostrae uoluntates in causarum ordine sunt, qui certus est Deo eiusque praescientia continetur, quoniam et humanae uoluntates humanorum operum causae sunt; atque ita, qui omnes rerum causas praesciuit, profecto in eis causis etiam nostras uoluntates ignorare non potuit, quas nostrorum operum causas esse praesciuit.

---

[50] fari (말하다: 또는 흔히 쓰는 loqui)에서 어원을 찾아 fatum은 "말한 것, 신들이 말하여 돌이킬 수 없는 것, 운명"으로 해석된다. Cf. Varro, *De lingua Latina* 6.7.52 (Parcae fando, dictum factum et res fatales); Vergilius, *Aeneis* 1.261 (fabor ... et fatorum arcana movebo: 나도 발설하리라. 운명의 비의를 나도 움직이리라).

[51] 시편 61[62],12-13.

[52] 철학자들이 개념한 신의 섭리 또는 예지 개념이 인간의 자유의지를 내포한다. 인간의 의지가 자유로이 행사됨을 신은 예지한다는 주장이다 (*De libero arbitrio* 3.2.4 - 4.11).

루어지지 않는 것으로 우리가 지각하고 인식하는 그 모든 일을 우리는 의지로 행하는 것이라고 단언하는 바이다. 또한 우리는 만사가 운명에 의해 이루어진다고 말하지 않을뿐더러 운명에 의해 이루어지는 것은 아무것도 없다고 주장하는 바이다. 여기서의 "운명"이라는 명사는 보통 사람들이 입에 올리는 대로, 사람이 잉태되거나 태어나는 순간의 성좌星座의 배열을 의미하는데, 그것은 아무런 근거도 없는 주장이며 일고의 가치도 없음을 우리는 입증할 수 있다. 우리는 원인들의 질서를 부인하지 않을뿐더러(거기서 하느님의 의지가 막강한 위력을 발휘한다) 그것을 "운명"이라는 이름으로 부르지도 않는다. 이 단어를 그냥 "말한 것"이라는 뜻으로, 즉 "자꾸 말하다"라는 단어, 그러니까 그저 "말하다"라는 단어에서 유래한 경우로 알아듣는 경우가 아니라면.[50] 우리가 이 단어를 가지고 논하는 까닭은 성서에 기록되어 있는 바를 묵살할 수 없는 까닭이다: "하느님께서 한 번 말씀하신 바, 내가 들은 것은 이 두 가지, 능력이 하느님께 있다는 것. 그리고 주님, 당신께는 자애가 있나이다. 당신께서는 각자에게 그 행실대로 갚아주시기 때문이옵니다."[51] 이 구절에서 말하려는 것은, "한 번 말씀하신 바"는 "확고하게", 다시 말해 불변하게 "말씀하신 것"이라는 뜻으로 알아듣는다는 점이다. 이루어질 모든 것, 당신이 이룰 모든 것을 하느님은 불변하게 안다. 바로 그런 의미로 우리는 "말하다"라는 단어에서 "말한 것"이라는 단어가 나온다고 얘기하며, 별자리에 의한 운세처럼 다른 일을 두고 사람들이 그렇게 알아듣는 경우를 가리키지는 않으니, 우리는 사람들의 마음이 그쪽으로 기울어지는 것을 바라지 않는 까닭이다. 그러므로 하느님에게 모든 원인들의 순서가 확실하다고 하더라도, 그것 때문에 우리 의지의 자유에 달린 것이 아무것도 없다는 결론은 따라나오지 않는다. 또 우리 의지들도 원인들의 순서(하느님에게는 확정이 되어 있으며 하느님의 예지에 내포되어 있는 그 순서) 속에 자리잡고 있으니, 인간 의지들 역시 인간 행위들의 원인이기 때문이다. 따라서 사물들의 모든 원인들을 예지한 분은, 응당 그 원인들 속에서 우리 의지들을 무시했을 리 없다. 그 의지들이 우리 행위의 원인이 되리라고 예지했을 것이기 때문이다.[52]

Nam et illud, quod idem Cicero concedit, nihil fieri si causa efficiens non praecedat, satis est ad eum in hac quaestione redarguendum. Quid enim eum adiuuat, quod dicit nihil quidem fieri sine causa, sed non omnem causam esse fatalem, quia est causa fortuita, est naturalis, est uoluntaria? Sufficit, quia omne, quod fit, non nisi causa praecedente fieri confitetur. Nos enim eas causas, quae dicuntur fortuitae, unde etiam fortuna nomen accepit, non esse dicimus nullas, sed latentes, easque tribuimus uel Dei ueri uel quorumlibet spirituum uoluntati, ipsasque naturales nequaquam ab illius uoluntate seiungimus, qui est auctor omnis conditorque naturae. Iam uero causae uoluntariae aut Dei sunt aut angelorum aut hominum aut quorumque animalium, si tamen uoluntates appellandae sunt animarum rationis expertium motus illi, quibus aliqua faciunt secundum naturam suam, cum quid uel adpetunt uel euitant. Angelorum autem uoluntates dico seu bonorum, quos angelos Dei dicimus, seu malorum, quos angelos diaboli uel etiam daemones appellamus: sic et hominum, et bonorum scilicet et malorum. Ac per hoc colligitur non esse causas efficientes omnium quae fiunt nisi uoluntarias, illius naturae scilicet, quae spiritus uitae est. Nam et aer iste seu uentus dicitur spiritus; sed quoniam corpus est, non est spiritus uitae. Spiritus ergo uitae, qui uiuificat omnia Creatorque est omnis corporis et omnis creati spiritus, ipse est Deus, spiritus utique non creatus. In eius uoluntate summa potestas est, quae creatorum spirituum bonas uoluntates adiuuat, malas iudicat, omnes ordinat et quibusdam tribuit potestates, quibusdam non tribuit. Sicut enim omnium naturarum Creator est, ita omnium potestatum dator, non uoluntatum.

---

[53] causa fortuita, naturalis, voluntaria 구분은 Cicero, *De divinatione* 1.55.125-126; *De fato* 11.23-26; 15.34 참조.

[54] causae fortuitae ← fors (우연: 우연히 forsan, forsit, forte) → fortuna (행운). 이런 어원 때문에 교부는 차라리 우리에게 "숨은 원인"(causae latentes)이라고 부르자고 한다.

[55] angelos diaboli vel etiam daemones *appellamus*: 그리스도교 용어로 옮기자면 daemones는 "마귀"(angeli diaboli: 악마의 천사들)라고 부르게 된다. 외교인들의 용어로는 그냥 "정령"이라고 한다.

[56] *non esse causas efficientes ... nisi voluntarias*: 원인들의 서열을 자연본성적(즉 필연적) 원인으로 소급시키는 사조에 대해 오히려 모든 원인들을 신이나 피조물들의 의지적 원인으로 귀결시키는 아우구스티누스의 논지다.

[57] 요한 6,63 참조: "생명을 주는 것은 영이요 육은 아무 소용이 없습니다."

[58] 자연본성(natura)이란 곧 생명의 기운 혹은 영(spiritus vitae)이요 이 기운은 예사로 말하는 공기, 바람, 기운(aër, ventus, spiritus)을 가리키지 않고 모든 것을 살리는 창조주 하느님을 가리키므로 자연본성적 원인은 곧 의지적 원인이기도 하다.

9. 4. 하느님은 인간의 자유를 살린 채로 예지한다

키케로도 작용인이 선행하지 않고는 아무것도 발생하지 않는다고 수긍했는데 이 한 명제도 당면문제를 두고 우리가 그에게 반론을 펴기에 족하다. 비록 아무것도 원인 없이는 발생하지 않지만, 우연적 원인이 있고 자연적 원인도 있고 의지적 원인도 있기 때문에, 모든 원인이 숙명적 원인은 아니라고 주장한들 그에게 무슨 도움이 되겠는가?[53] 우리는 그가 발생하는 모든 것은 반드시 그 원인이 선행한다고 공언한 말만으로 그를 공박하기에 충분하다. 그들이 우연적("행운"이라는 말이 여기서 나왔다)[54] 원인이라고 일컫는 그것을 우리는 아무 원인도 아니라고 말하지는 않고 숨은 원인이라고 부르며, 우리는 그런 원인들을 참넌 하느님의 의지나 어떤 영들의 의지에 돌리고, 심지어 자연적 원인들마저 온 자연의 창조주요 조성자인 분의 의지로부터 따로 떼어 생각하지 않는다. 그러니까 의지적 원인들로 말하자면 하느님의 의지나 천사들의 의지나 인간들의 의지나 심지어 어떤 동물들의 의지에서 기인한다. 이성 없는 동물들이 무엇을 욕구하거나 피할 적에 자기 본성에 따라 행동하는 것조차 "의지"라는 말로 부를 수 있다면. 천사들의 의지라고 내가 말하는 바는 소위 "하느님의 천사"라고 일컫는 선한 천사들의 의지를 말하기도 하고, 악마의 천사 혹은 마귀[55]라고 일컫는 악한 천사들의 의지를 말하기도 한다. 마찬가지로 인간들의 의지 역시 선인들의 의지도 악인들의 의지도 통틀어 말한다. 여기서 얻어지는 결론은 발생하는 모든 일들의 작용인들치고 의지적 원인들로 귀결되지 않는 것이 없다는 것이다.[56] 모든 작용인은 생명의 기운인 저 자연본성의 의지에서 유래하는 원인들이다. 그 이유는 저 공기도 바람도 기운이라고 하는 까닭이며, 그러면서도 이것들은 물체요 따라서 생명의 기운이 아니기 때문이다. 그 대신 생명의 기운은 모든 것을 살리는 것이요[57] 모든 물체의 창조주요 창조된 모든 영의 창조주다. 하느님이 바로 그요 따라서 창조되지 않은 영이다.[58] 하느님의 의지 안에 최고 권능이 있어 피조된 영들의 선한 의지들을 돕고, 악한 의지들을 심판하며, 모든 의지의 질서를 잡아주고, 어떤 의지들에게는 다른 사물을 움직일 능력을 주고 어떤 의지들에게는 주지 않는다. 그는 모든 자연본성의 창조주이듯

Malae quippe uoluntates ab illo non sunt, quoniam contra naturam sunt, quae ab illo est. Corpora igitur magis subiacent uoluntatibus, quaedam nostris, id est omnium animantium mortalium et magis hominum quam bestiarum; quaedam uero angelorum; sed omnia maxime Dei uoluntati subdita sunt, cui etiam uoluntates omnes subiciuntur, quia non habent potestatem nisi quam ille concedit. Causa itaque rerum, quae facit nec fit, Deus est; aliae uero causae et faciunt et fiunt, sicut sunt omnes creati spiritus, maxime rationales. Corporales autem causae, quae magis fiunt quam faciunt, non sunt inter causas efficientes adnumerandae, quoniam hoc possunt, quod ex ipsis faciunt spirituum uoluntates. Quo modo igitur ordo causarum, qui praescienti certus est Deo, id efficit, ut nihil sit in nostra uoluntate, cum in ipso causarum ordine magnum habeant locum nostrae uoluntates? Contendat ergo Cicero cum eis, qui hunc causarum ordinem dicunt esse fatalem uel potius ipsum fati nomine appellant, quod nos abhorremus praecipue propter uocabulum, quod non in re uera con-sueuit intellegi. Quod uero negat ordinem omnium causarum essc certissi-mum et Dei praescientiae notissimum, plus eum quam Stoici detestamur. Aut enim esse Deum negat, quod quidem inducta alterius persona in libris de deorum natura facere molitus est; aut si esse confitetur Deum, quem negat praescium futurorum, etiam sic nihil dicit aliud, quam quod ille *dixit insipiens in corde suo: Non est Deus.* Qui enim non est praescius omnium futurorum, non est utique Deus. Quapropter et uoluntates nostrae

---

[59] omnium naturarum creator est, ita omnium potestatum dator, non voluntatum: 모든 사물의 존재(na-tura)와 그 능력(potestas)은 선한 신의 선한 피조물이므로 선하며 자유의지 자체(voluntas)도 그 능력의 하나이므로 선하지만, 악하게 행사되는 의지(mala voluntas: 악한 원함)는 그렇게 의지를 행사하는 당사자의 것이므로 하느님이 "모든" 의지들의 수여자는 아니라는 해명이 필요하다.

[60] mala voluntas: 창조된 의지 자체보다는 의지의 악한 행사를 가리킨다(앞의 5.8 각주 32 참조). 악한 의지 혹은 선한 의지의 배향(背向)은 "적어도 하느님께는 속하지 않으며 … 자발적인 것인 이상 우리 능력에 달려 있다"(*De libero arbitrio* 2.20.54)는 결론 이상으로는 못 간다. 악한 의지는 허무에서 기인하고 "허무인 것은 알 수 없기 때문이다"(같은 곳).

[61] Dei voluntati ... etiam voluntates omnes subiciuntur: 앞의 문장(각주 58)과 결부시키면 "모든 의지의 (선하게) 작용하는 능력도 하느님의 의지에 종속된다"는 명제가 나온다.

[62] 작용인의 서열을 능동성에 준하여 신과 지성적 피조물 그리고 물체들에 따라서 세 등급으로 나누었다. 질료인(corporales causae: Aristoteles, *Physica* 194b)은 제외된다.

[63] 자유의지가 작용인의 서열에 들어 있는 "(자유로운) 원인"(libera causa)이라면 원인들의 질서(혹은 계열)에 의한 결정론(決定論)에서도 의지가 엄연히 살아남는다. 다른 철학자들이면 우유적 원인(causa contingens)이라고 부를지 모르겠다. Cf. Aristoteles, *Physica*, 197a; Plotinus, *Enneades* 3.2.1.

이 모든 능력의 수여자이기도 하다. 그렇지만 모든 의지의 수여자는 아니다.[59] 악한 의지들은 그에게서 유래하지 않는 까닭이다. 악한 의지[60]는 하느님에게서 유래하는 자연본성에 상반되는 까닭이다. 물체들은 의지들에 더욱 종속되는데 어떤 물체들은 우리 의지에도 종속된다. 그것들은 사멸하는 생명체들의 의지에 종속하지만 짐승들의 의지보다는 인간들의 의지에 더욱 종속된다. 어떤 물체들은 천사들의 의지에 종속된다. 그렇지만 만물이 하느님의 의지에 최고로 종속되며, 하느님의 의지에는 모든 의지도 종속된다.[61] 하느님이 허용하지 않는 한 피조물들의 의지는 아무런 능력도 소유하지 못하는 까닭이다. 그러므로 사물들의 원인, 능동인能動因만 되고 피동인被動因은 되지 않는 원인은 하느님이다. 이성적이면서도 창조된 영들과 같은 어떤 원인들은 능동인도 되고 피동인도 된다. 능동인이라기보다는 주로 피동인이라고 할 물체적 원인들은 굳이 작용인作用因들 속에 넣지 말아야 한다. 영들의 의지가 그것들을 수단으로 해서 무엇을 할 때만 능동인일 수 있기 때문이다.[62] 일반적으로 말하는 원인들의 질서에서도 우리 의지들이 중요한 역할을 하는데, 원인들의 질서가 하느님의 예지 속에서 확실하다고 해서 우리 의지에 달린 것이 아무것도 없다는 결론이 어찌 나온다는 말인가? 따라서 키케로는 원인들의 이 질서를 운명적이라고 주장하는 사람들하고만, 혹은 이 질서 자체를 운명이라고 일컫는 사람들하고만 시비를 벌이는 것이 좋겠다.[63] 우리는 주로 여기서 쓰이는 단어 때문에 소름이 끼치는데 그 이유는 이 단어가 원래 알아듣는 의미로 쓰이지 않는 까닭이다. 여하튼 원인들의 질서가 확실하다는 것과 하느님의 예지에 더할 나위 없이 잘 알려져 있음을 부정한다는 점 때문에, 스토아 학파가 키케로를 혐오하는 것보다 우리가 그를 더 혐오한다. 키케로는 「신들의 본성」이라는 책에서 다른 인물을 내세워 주장하듯이 하느님이 존재함을 부정하는가 하면, 하느님이 존재한다고 고백하면서도 하느님이 미래사를 예지하는 분임을 부정함으로써, "어리석은 자 마음속으로 말하는도다. '하느님은 없다'"라고 하는 구절에서 저 어리석은 자가 하는 말과 다를 바 없는 말을 하고 있다. 미래를 예지하지 못한다면 하느님도 아니기 때문이다. 그러므로 우리 의지들은 힘을 발휘하라고 하느님이 원

tantum ualent, quantum Deus eas ualere uoluit atque praesciuit; et ideo quidquid ualent, certissime ualent, et quod facturae sunt, ipsae omnino facturae sunt, quia ualituras atque facturas ille praesciuit, cuius praescientia falli non potest. Quapropter si mihi fati nomen alicui rei adhibendum placeret, magis dicerem fatum esse infirmioris potentioris uoluntatem, qui eum habet in potestate, quam illo causarum ordine, quem non usitato, sed suo more Stoici fatum appellant, arbitrium nostrae uoluntatis auferri.

10. Vnde nec illa necessitas formidanda est, quam formidando Stoici laborauerunt causas rerum ita distinguere, ut quasdam subtraherent necessitati, quasdam subderent, atque in his, quas esse sub necessitate noluerunt, posuerunt etiam nostras uoluntates, ne uidelicet non essent liberae, si subderentur necessitati. Si enim necessitas nostra illa dicenda est, quae non est in nostra potestate, sed etiamsi nolimus efficit quod potest, sicut est necessitas mortis: manifestum est uoluntates nostras, quibus recte uel perperam uiuitur, sub tali necessitate non esse. Multa enim facimus, quae si nollemus, non utique faceremus. Quo primitus pertinet ipsum uelle; nam si uolumus, est, si nolumus, non est; non enim uellemus, si nollemus. Si autem illa definitur esse necessitas, secundum quam dicimus necesse esse ut ita sit aliquid uel ita fiat, nescio cur eam

---

[64] voluntates nostrae tantum valent, *quantum Deus* eas valere voluit atque *praescivit*: 인간의 의지와 신의 예지가 양자택일 아닌 전자가 후자에 내포되는 것으로 드러난다. 그 근거는 신의 은총이 될 것이다. Cf. *De gratia et libero arbitrio.*

[65] certissime valent ... ipsae omnino facturae sunt, *quia* valituras atque facturas *ille praescivit*: 의지들의 예지된 능력(valiturae)과 작용(facturae)은 자체의 고유한 능력과 작용이면서도 신에게 예지된 범위 내에서(quia ille praescivit) 이루어진다.

[66] *fatum* esse infirmioris *potentioris voluntatem,* qui eum habet in potestate: 운명에 관한 주의론자(主意論者) 아우구스티누스의 특유한 정의라고 하겠다.

[67] 하느님의 예지와 자유의지의 상관관계는 다음을 참조: *De libero arbitrio* 3.2.4 - 4.11.

한 만큼, 예지한 만큼만 힘을 발휘한다.[64] 따라서 의지들이 어떻게든 힘을 발휘한다면 분명히 다름아닌 의지들이 힘을 발휘하는 것이며, 인과적 질서 속에서 능동적 작용을 행하게 된다면 다름아닌 의지들이 행하는 것이다. 이는 의지들이 힘을 발휘하고 능동적 작용을 행하도록 하느님이 예지했기 때문에 가능하다.[65] 하느님의 예지는 실패가 없기 때문이다. 나는 굳이 운명이라는 단어로 어떤 사물을 지칭하고자 한다면, 더 약한 존재자의 운명이란 다름아닌 더 강한 존재자, 즉 더 약한 자를 그 아래에 두고 있는 강자의 의지[66]라고 정의하겠다. 따라서 나는 원인들의 질서(이것을 스토아 학파는 일상 어법대로가 아니라 자기네 특유한 어법으로 운명이라고 부른다)에 의해 우리의 자유의지가 박탈당한디고는 말하지 않겠다.[67]

10. 어떤 필연이 인간들의 의지를 지배하는가
10. 1. 필연과 자유의지는 공존할 수 있다

아울러 필연必然에 관해서도 두려워할 것은 없다. 스토아 학파는 필연을 두려워하여 원인들을 여럿으로 세분하고자 무던히도 노력했는데, 그렇게 함으로써 어떤 원인들은 필연으로부터 구출하고 다른 원인들은 필연에 귀속시키려고 했다. 아울러 우리 의지는 그들이 필연에 귀속시키기 싫어한 원인 가운데다 설정했다. 우리 의지들이 필연에 귀속된다면 자유롭지 못할까 염려한 까닭이다. 우리가 만일 우리의 필연이라는 것을 우리 능력 밖의 일을 가리키는 것으로, 따라서 마치 죽음의 필연과도 같이 비록 우리가 싫어하더라도 어쩔 수 없는 것으로 여긴다면, 우리가 올바르게 살거나 그릇되게 살도록 하는 의지들은 이런 필연에 귀속되어 있지 않음이 분명하다. 우리는 스스로 원하지 않았더라면 행하지 않았을 많은 일을 실제로 행하고 있는 까닭이다. 원하지 않으면 발생하지 않을 그런 것에 맨 먼저 해당하는 것은 원하는 행위 그 자체이다. 원하는 행위는 우리가 원하면 존재하고 우리가 원하지 않으면 존재하지 않는다. 우리가 원하지 않는 한 원하는 행위 자체를 원할 리가 없기 때문이다. 그런데 만일 어떤 것이 "이렇게 존재하거나 저렇게 발생할 필요가 있다"거나 "반드시 그렇다"는 뜻에

timeamus, ne nobis libertatem auferat uoluntatis. Neque enim et uitam Dei et praescientiam Dei sub necessitate ponimus, si dicamus necesse esse Deum semper uiuere et cuncta praescire; sicut nec potestas eius minuitur, cum dicitur mori fallique non posse. Sic enim hoc non potest, ut potius, si posset, minoris esset utique potestatis. Recte quippe omnipotens dicitur, qui tamen mori et falli non potest. Dicitur enim omnipotens faciendo quod uult, non patiendo quod non uult; quod ei si accideret, nequaquam esset omnipotens. Vnde propterea quaedam non potest, quia omnipotens est. Sic etiam cum dicimus necesse esse, ut, cum uolumus, libero uelimus arbitrio: et uerum procul dubio dicimus, et non ideo ipsum liberum arbitrium necessitati subicimus, quae adimit libertatem. Sunt igitur nostrae uoluntates et ipsae faciunt, quidquid uolendo facimus, quod non fieret, si nollemus. Quidquid autem aliorum hominum uoluntate nolens quisque patitur, etiam sic uoluntas ualet, etsi non illius, tamen hominis uoluntas; sed potestas Dei. (Nam si uoluntas tantum esset nec posset quod uellet, potentiore uoluntate impediretur; nec sic tamen uoluntas nisi uoluntas esset, nec alterius, sed eius esset qui uellet, etsi non posset implere quod uellet.) Vnde quidquid praeter suam uoluntatem patitur homo, non debet tribuere humanis uel angelicis uel cuiusquam creati spiritus uoluntatibus, sed eius potius, qui dat potestatem uolentibus.

---

[68] 필연(necessitas)과 자유를 상관시킬 때는 라틴어에서 "… 할 수 없다"(non posse)가 하느님의 전능을 손상하지 않듯이 "… 할 필요가 있다"(necesse esse)라는 말이 자유의지를 손상하지 않는다.

[69] *necesse esse*, ut, cum volumus, *libero vellimus arbitrio*: 자발적 원함(ipsum velle → voluntas = liberum arbitrium)은 인간 본성이므로 "원한다"라는 말은 "자유의지로 원한다"라는 말을 필연적으로 유도하여 필연과 자유의 딜레마를 해소한다.

[70] 그것이 그것이고 달리 존재할 수 없다는 필연성(Aristoteles, *Metaphysica* 1015a)은 목적을 또한 내포한다. 목적(目的)이라는 것은 사물의 본성과 작용에 필연적으로 내포된다. 그런데 의지는 사물의 작용인으로 작용하여 목적을 달성하므로 필연성을 띤다.

[71] 능력으로서의 의지는 오직 하느님의 창조물이지만 작용으로서의 의지는 인간의 소관이다. 의지를 타고났다는 점에서 "필연"이고 의지가 자유롭다는 점에서도 "필연"이지만, 본인의 원의 역시 "필연적으로" 본인의 것이다. 즉, 자유롭다.

서 그것을 필연이라고 정의한다면, 그것 때문에 왜 우리에게서 자유의지마저 박탈되듯이 두려워해야 하는지 나는 알지 못하겠다. 우리가 하느님은 "필연적으로" 항상 살아있고 모든 것을 예지한다고 말한다 해서 하느님의 생명과 하느님의 예지를 어떤 필연에다 귀속시키는 것은 아니다. 하느님은 "죽을 수 없고" "그르칠 수 없다"고 해서 하느님의 능력이 감소되지 않는 것처럼. 이런 일은 아예 불가능하며 오히려 이런 일을 "할 수 있다"는 것이 능력을 감소시키는 결과를 빚는다. 그래서 비록 죽을 수 없고 그르칠 수도 없지만 그분을 두고 전능하다고 하는 말이 옳다. 원하는 것을 행함으로써 전능하다고 하는 것이지, 원치 않는 것을 당함으로써 전능하다고 하지 않는다. 원치 않는 것을 당하는 일이 만일 하느님에게 일어난다면 그런 하느님은 결코 전능한 분이 아닐 것이다. 그리하여 하느님은 바로 전능하기 때문에 어떤 일들은 행하지 못한다는 말이 된다.[68] 이와 비슷하게 우리가 원할 때에는 "필연적으로" 자유의지로 원하게 된다.[69] 필연적으로 자유의지에 의해 원한다는 말이 참말임은 의심의 여지가 없다. 그렇다고 해서 우리 자유의지를 필연에 귀속시켜서 우리가 자유를 상실해 버리는 것은 분명 아니다. 따라서 우리 의지들이 엄연히 존재하고, 우리가 무엇이든지 원해서 행할 때에는 의지들이 행동하는 것이며, 그것은 우리가 원하지 않았더라면 발생하지 않을 것이다.[70] 사람이 만일 타인들의 의지에 의해서, 본인은 원치 않으면서 무슨 일을 당한다면, 여기서도 힘을 발휘하는 것은 의지이다. 비록 당사자의 의지가 아니더라도 타인들의 의지라는 인간의 의지가 힘을 발휘한다. 그러나 그 능력은 하느님의 것이다. (실제로 만일 의지만 있고 원하는 바를 실행하지 못한다면, 그럴 경우에는 더 힘있는 의지에 의해 방해를 받기 때문인데, 그럴 경우에도 의지는 여전히 자유의지로 남는다. 그것도 타인의 의지가 되어버리는 것이 아니고 원하는 당사자의 의지로 남는다, 원하는 바를 비록 실행하지 못한다고 할지라도.) 여기서 나오는 결론은 사람이 자기 의지와는 달리 무엇을 당할 때에, 그것을 인간의 의지나 천사의 의지나 다른 피조된 영의 의지에 돌려서는 안 된다. 그보다는 의지를 갖춘 당사자들에게 그렇게 작용할 능력을 부여한 분의 의지에 돌려야 한다.[71]

Non ergo propterea nihil est in nostra uoluntate, quia Deus praesciuit quid futurum esset in nostra uoluntate. Non enim, qui hoc praesciuit, nihil praesciuit. Porro si ille, qui praesciuit quid futurum esset in nostra uoluntate, non utique nihil, sed aliquid praesciuit: profecto et illo praesciente est aliquid in nostra uoluntate. Quocirca nullo modo cogimur aut retenta praescientia Dei tollere uoluntatis arbitrium aut retento uoluntatis arbitrio Deum (quod nefas est) negare praescium futurorum; sed utrumque amplectimur, utrumque fideliter et ueraciter confitemur; illud, ut bene credamus; hoc, ut bene uiuamus. Male autem uiuitur, si de Deo non bene creditur. Vnde absit a nobis eius negare praescientiam, ut libere uelimus, quo adiuuante sumus liberi uel erimus. Proinde non frustra sunt leges obiurgationes exhortationes laudes et uituperationes, quia et ipsas futuras esse praesciuit, et ualent plurimum, quantum eas ualituras esse praesciuit, et preces ualent ad ea impetranda, quae se precantibus concessurum esse praesciuit, et iuste praemia bonis factis et peccatis supplicia constituta sunt. Neque enim ideo non peccat homo, quia Deus illum peccaturum esse praesciuit; immo ideo non dubitatur ipsum peccare, cum peccat, quia ille, cuius praescientia falli non potest, non fatum, non fortunam, non aliquid aliud, sed ipsum peccaturum esse praesciuit. Qui si nolit, utique non peccat; sed si peccare noluerit, etiam hoc ille praesciuit.

---

[72] quo adiuvante sumus liberi vel erimus: 예지 외에도 하느님의 은총이 인간의 자유와 공존하느냐는 아우구스티누스의 후기에 주요한 논쟁이었다. Cf. *De gratia et libero arbitrio.*

10.2. 인간의 자유와 하느님의 예지

그러므로 우리 의지 속에서 무엇이 이루어질지 하느님이 예지한다고 해서 우리 의지에 아무것도 없는 것은 아니다. 그것을 예지한 분이 아무것도 아닌 것을 예지한 것은 아니기 때문이다. 그러니까 우리 의지 안에서 무엇이 이루어질지 예지한 분은 아무것도 아닌 무엇이 아니라 어떤 무엇을 예지한 것이다. 그분이 예지한다고 하더라도 우리 의지에는 무엇인가가 있다. 따라서 하느님의 예지를 견지한다고 해서 하는 수 없이 의지의 자유를 제거해야 할 필요는 없고, 또 의지의 자유를 견지하자면 하는 수 없이 하느님에게 미래사에 대한 예지가 없는 것으로 봐야 한다고 말해서는 안 된다(불측한 일이다!). 오히려 우리는 둘다 용납하며, 성실하고 참된 마음으로 둘다 고백한다. 하느님의 예지를 고백함은 우리가 믿음을 잘 갖기 위함이고 의지의 자유를 고백함은 우리가 선하게 살기 위함이다. 하느님에 관해 잘못 믿게 되면 삶도 잘못되는 법이다. 그러므로 우리의 자유의지를 위해 하느님의 예지를 부정하는 일이 결코 있어서는 안 되니, 하느님의 도우심으로 우리는 자유롭고 또 자유로워질 것이다.[72] 그러니 법률을 제정하거나 비난이나 칭찬, 질책이나 충고를 하는 일이 불필요한 것은 아니다. 왜냐하면 그런 일이 일어나리라는 것을 하느님이 예지했고, 그것들이 힘을 발휘하리라고 하느님이 예지한 그만큼 그것들이 힘을 발휘할 것이기 때문이다. 소원하는 바를 얻으려는 기도가 힘을 발휘하는 것도, 기도하는 사람들에게 은총이 내리는 것도 신이 예지한 만큼 발휘한다. 선인에게 상급을 주고 악인들에게 징벌을 내리는 것도 정당하다. 하지만 하느님이 그가 범죄를 저지르리라고 예지했다는 이유로, 범죄 행위가 죄가 안 되는 것은 아니다. 따라서 죄를 지을 적에는 분명히 당사자가 죄를 짓는 것임을 의심하지 말라. 그리고 하느님의 예지는 그르칠 수 없다. 하느님이 예지한 바는 운명이니 우연이니 그밖에 비슷한 이름의 무엇이 범죄를 저지르게 하는 것이 아니라 바로 당사자가 범죄를 저지르리라는 것이었다. 원하지 않는 사람은 분명 죄를 짓지 않는다. 하지만 죄짓기를 원하지 않는다면 그것도 신은 예지했다.

11. Deus itaque summus et uerus cum Verbo suo et Spiritu sancto, quae tria unum sunt, Deus unus omnipotens, creator et factor omnis animae atque omnis corporis, cuius sunt participatione felices, quicumque sunt ueritate, non uanitate felices, qui fecit hominem rationale animal ex anima et corpore, qui eum peccantem nec inpunitum esse permisit nec sine misericordia dereliquit; qui bonis et malis essentiam etiam cum lapidibus, uitam seminalem etiam cum arboribus, uitam sensualem etiam cum pecoribus, uitam intellectualem cum solis angelis dedit; a quo est omnis modus omnis species omnis ordo; a quo est mensura numerus pondus; a quo est quidquid naturaliter est, cuiuscumque generis est, cuiuslibet aestimationis est; a quo sunt semina formarum formae seminum motus seminum atque formarum; qui dedit et carni originem pulchritudinem ualetudinem, propagationis fecunditatem membrorum dispositionem salutem concordiae; qui et animae inrationali dedit memoriam sensum adpetitum, rationali autem insuper mentem intellegentiam uoluntatem; qui non solum caelum et terram, nec solum angelum et hominem, sed nec exigui et contemptibilis animantis uiscera nec auis pinnulam, nec herbae flosculum nec arboris folium sine suarum partium conuenientia et quadam ueluti pace dereliquit: nullo modo est credendus regna hominum eorumque dominationes et seruitutes a suae prouidentiae legibus alienas esse uoluisse.

[73] 인간 개인의 인생은 물론 왕국들의 역사를 주관하는 섭리관을 간추리면서 이하에 만유와 인간에게 깃든 삼위일체의 흔적(trias)을 다양하게 지적한다. *De Trinitate*의 주제이기도 하다.

[74] 1요한 5,7 참조. 성서학계에 "요한의 추가구"(comma Ioanneum)라고 알려진 구절을 인용하고 있다.

[75] veritate non vanitate felices: 대구법의 역설을 이용한 비난이다.

11. 만유를 포괄하는 하느님의 보편적 섭리[73]

그러므로 지존하고 참된 하느님은 말씀과 성령과 더불어 셋이자 하나로서,[74] 유일한 하느님이며 모든 영혼과 모든 물체의 창조자요 조성자다. 허구로가 아니고 진리로 행복한 사람들[75]은 모두 하느님께 참여함으로써 행복하다. 하느님은 인간을 영혼과 육체로 이루어진 이성적 동물[76]로 만들었다. 그분은 인간이 죄를 지으면 처벌 없이 용서하지도 않지만, 자비 없이 버려 두지도 않는다. 선인들에게든 악인들에게든 돌과 마찬가지로 존재[77]를, 초목과 마찬가지로 종자 생명을, 가축과 마찬가지로 감각 생명을 주었으며, 천사들과 더불어 유일하게 오성 생명을 주었다.[78] 그분에게서 모든 양태와 모든 형상과 모든 질서가 존재한다. 그분에게서 척도와 수량과 중량이 존재한다. 본성에 따라 존재하는 모든 것, 종에 따라 존재하는 모든 것, 가치에 따라 존재하는 모든 것이 그분에게서 존재한다.[79] 형상形相들의 종자들, 종자들의 형상들, 종자들과 형상들의 운동이 그분에게서 존재한다. 그분이 육신에 시원, 미모, 기력, 자손을 펴는 생식력, 사지의 구성, 조화 있는 건강을 주었다. 그분이 비이성적 영혼에는 기억, 감각, 욕구를 주었고, 이성적 영혼에는 지성과 오성과 의지를 주었다.[80] 그분은 하늘과 땅만 아니고, 천사와 인간만 아니고 미미하고 대수롭지 않은 생물의 내장도, 새의 깃털도, 풀의 작은 꽃도, 나무의 잎새 그 어느 것에도 부분들의 비례와 일종의 평화 없이 남겨두지 않았다. 그러니 인간들의 왕국이며 그들의 지배와 예속이 당신의 섭리의 법칙과 상관없으리라는 것은 결코 믿을 수 없다.

---

[76] homo rationale animal ex anima et corpore: 당대에 전반적으로 통용되던 인간 정의였다. 9.13.3; 12.1.1에서는 animal rationale mortale로 정의된다.

[77] essentia: 아우구스티누스에게서는 "존재" 혹은 "존재자"를 의미한다.

[78] vita seminalis(자체를 재생산하는 생명), vita sensualis, vita intellectualis 셋을 다 갖춘 소우주로서의 인간 규정이다.

[79] modus, species, ordo / mensura, numerus, pondus: 교부가 고유하게 지칭하는, 존재자의 초월적 특성(transcendentalia)에 해당한다. Cf. *De libero arbitrio* 2.16.42.

[80] mens, intellegentia, voluntas: *De Trinitate*에만도 esse, nosse, velle / mens, notitia, amor 등 다채로운 용어들이 나온다. 교부는 인간을 우주의 모든 요소를 간직한 소우주로 관찰하고 있다. Cf. *De ordine* 1.8.25; 2.11.33; *De vera religione* 22.42; *Enarrationes in Psalmos* 144.13.

12. Proinde uideamus, quos Romanorum mores et quam ob causam Deus uerus ad augendum imperium adiuuare dignatus est, in cuius potestate sunt etiam regna terrena. Quod ut absolutius disserere possemus, ad hoc pertinentem et superiorem librum conscripsimus, quod in hac re potestas nulla sit eorum deorum, quos etiam rebus nugatoriis colendos putarunt, et praesentis uoluminis partes superiores, quas huc usque perduximus, de fati quaestione tollenda, ne quisquam, cui iam persuasum esset non illorum deorum cultu Romanum imperium propagatum atque seruatum, nescio cui fato potius id tribueret quam Dei summi potentissimae uoluntati. Veteres igitur primique Romani, quantum eorum docet et commendat historia, quamuis ut aliae gentes excepta una populi Hebraeorum deos falsos colerent et non Deo uictimas, sed daemoniis immolarent, tamen «laudis auidi, pecuniae liberales erant, gloriam ingentem, diuitias honestas uolebant»; hanc ardentissime dilexerunt, propter hanc uiuere uoluerunt, pro hac emori non dubitauerunt; ceteras cupiditates huius unius ingenti cupiditate presserunt. Ipsam denique patriam suam, quoniam seruire uidebatur inglorium, dominari uero atque imperare gloriosum, prius omni studio liberam, deinde dominam esse concupiuerunt. Hinc est quod regalem dominationem non ferentes «annua imperia binosque imperatores sibi fecerunt, qui consules appellati sunt a consulendo, non

---

[81] Sallustius, *De coniuratione Catilinae* 7.6.

[82] 5.12.2 참조: "로마인이여, 하지만 그대는 기억하라! 패권으로 백성들을 다스리고 (이것이 그대에게 기술이 되리니)" (Vergilius, *Aeneis* 6.851).

[83] Sallustius, *De coniuratione Catilinae* 6.7: annua imperia (로마 집정관의 임기는 1년이었다), bini imperatores (집정관은 두 사람이었다).

제2부 (12-26)
인간사가 운명으로 되는가, 질서대로 되는가

12. 고대 로마인들이 참 하느님을 숭배하지 않음에도 하느님이 그들의 제국을 확장시켜 주신 것은 무엇 때문인가

12. 1. 자유에 대한 로마인들의 사랑은 지대했다

그러면 로마인들의 습속이 어떠했는지, 그리고 지상 왕국들까지 자신의 지배하에 두는 참된 하느님이 무엇 때문에 로마인들의 제국이 확장되도록 보살폈는지 살펴보기로 하자. 이 문제를 더 독자적으로 토론할 수 있게 하려고 우리는 전권前卷도 바로 이 논제를 다루어 집필했는데, 저 사람들은 아주 하찮은 일에까지도 신들을 숭배해야 한다고 여겼겠지만 제국의 창건과 확장이라는 이 거창한 과업에 대해 저 신들에게 아무 권능도 없었음을 우리가 논증했다. 그리고 지금까지 개진해온 이 권의 전반부도 운명이라는 것을 배제해야 한다는 토론에 할당했는데, 그것은 저 신들을 숭배하여 로마제국이 확장되고 유지된 것이 아님을 깨닫고 난 이후에도 그 일을 지존한 하느님의 전능한 의지에 돌리지 않고 운명의 탓으로 돌리지 못하게 하려는 이유에서였다. 역사가 가르치고 전하는 바에 의하면, 상고의 초창기 로마인들은, 히브리 백성을 제외한 여타의 모든 민족들이 그렇게 했던 것처럼, 거짓 신들을 숭배해 왔고 하느님 아닌 신령들에게 희생제물을 바쳐왔다. 그렇지만 그들은 "명예를 탐하고 금전에 관대했으며, 위대한 영광과 정직한 부富를 바랐다".[81] 그들은 영광榮光이라는 것을 열렬히도 사랑했고 그것을 위해 살고 싶어 했고 그것을 위해서라면 죽음도 서슴지 않았다. 그들은 이 한 가지에 대한 지대한 욕망으로 여타의 욕망들을 억눌렀던 것이다. 이어서 자신들의 조국이 지배받는다는 것은 수치스럽게 여기고 자기들이 지배하고 통치하는 것은 영광스럽게 여겼기 때문에,[82] 먼저 자유 국가가 되는 데 모든 노력을 기울였고 그다음에는 지배하는 국가가 되기를 갈망했다. 바로 그래서 그들은 왕권의 지배를 견뎌내지 못해 "단년單年 통수권과 2인 통수권이라는 제도를 만들었고"[83] 그 "통수권자들은 '협의하다' 라는 말에서 비롯된 집정관으로 명명되었으며, '군림하다' 혹은 '지배하다'

reges aut domini a regnando atque dominando»; cum et reges utique a regendo dicti melius uideantur, ut regnum a regibus, reges autem, ut dictum est, a regendo; sed fastus regius non disciplina putata est regentis uel beniuolentia consulentis, sed superbia dominantis. Expulso itaque rege Tarquinio et consulibus institutis secutum est, quod idem auctor in Romanorum laudibus posuit, quod «ciuitas incredibile memoratu est adepta libertate quantum breui creuerit; tanta cupido gloriae incesserat.» Ista ergo laudis auiditas et cupido gloriae multa illa miranda fecit, laudabilia scilicet atque gloriosa secundum hominum existimationem.

Laudat idem Sallustius temporibus suis magnos et praeclaros uiros, Marcum Catonem et Gaium Caesarem, dicens quod diu illa res publica non habuit quemquam uirtute magnum, sed sua memoria fuisse illos duos ingenti uirtute, diuersis moribus. In laudibus autem Caesaris posuit, quod sibi magnum imperium, exercitum, bellum nouum exoptabat, ubi uirtus enitescere posset. Ita fiebat in uotis uirorum uirtute magnorum, ut excitaret in bellum miseras gentes et flagello agitaret Bellona sanguinco, ut esset ubi uirtus eorum enitesceret. Hoc illa profecto laudis auiditas et gloriae cupido faciebat. Amore itaque primitus libertatis, post etiam dominationis et cupiditate laudis et gloriae multa magna fecerunt. Reddit eis utriusque rei testimonium etiam poeta insignis illorum; inde quippe ait:

> Nec non Tarquinium eiectum Porsenna iubebat
> Accipere ingentique urbem obsidione premebat;
> Aeneadae in ferrum pro libertate ruebant.

Tunc itaque magnum illis fuit aut fortiter emori aut liberos uiuere. Sed

---

[84] 정체(政體)에 대한 어원 참조: consulere(협의하다) → consules(협의하는 자, 집정관); regnare(군림하다), regere(다스리다) → reges(국왕) → regnum(왕국, 왕권); dominare(지배하다) → domini(군주). Cf. Varro, *De lingua Latina* 5.14.80 (consul nominatus, qui consuleret populum et senatum); Cicero, *De republica* 1.26.42: regio imperio.. a praeeundo iudicando consulendo.

[85] Sallustius, *De coniuratione Catilinae* 7.3.

[86] Marcus Porcius Cato Uticensis (BC 94~46): 1.23-24; 19.4 참조.

[87] Gaius Iulius Caesar (BC 100~44): 1.5; 1.23-24; 3.3; 3.30; 9.5; 19.4 등 참조.

[88] Vergilius, *Aeneis* 8.646-648.

라는 말에서 오는 국왕이나 군주라고 불리지는 않았다". 다만 "국왕"은 "다스리다"라는 말에서 유래했다고 할 수 있는데, "왕국"은 "국왕"이라는 말에서 유래하고 "국왕"은 "다스리다"라는 말에서 왔다고 하는 까닭이다.[84] 여하튼 그들에게 군왕의 권력은 다스리는 자의 통제나 협의하는 자의 호의로 여겨지지 않고 지배자의 오만함으로 여겨졌다. 그래서 국왕이 추방당하고 집정관들이 세워진 다음, 같은 역사가 살루스티우스는 로마인들에 대한 칭송을 이렇게 늘어놓는다: "도성은 자유를 확보한 후에, 짧은 기간에 돌이켜보아도 믿어지지 않을 만큼 크게 성장했다. 그리고 영광을 도모하는 크나큰 욕망이 밀어닥쳤다".[85] 명예에 대한 탐욕과 영광에 대한 욕망이 참으로 놀라운 많은 업적을, 다시 말해 세인들의 평에 따라 낭예롭고 영광스럽다는 업적을 이루어내게 만들었다.

12.2. 카이사르의 지배욕

동일 인물 살루스티우스는 자기 시대를 두고 마르쿠스 카토[86]와 가이우스 카이사르[87]를 위대하고 훌륭한 인물로 칭송하고 있다. 그가 하는 말로, 저 공화국이 오랫동안 용맹을 떨치는 위인을 도무지 갖지 못했는데 자기가 기억하기로 이 두 사람은 행동거지는 상이하지만 위대한 용맹을 갖춘 인물들이었다고 한다. 카이사르에 대한 찬사로 그는 카이사르가 용맹을 한껏 펼치고자 큰 권력과 군대, 그리고 새로운 전쟁을 소망했다는 점을 든다. 그러니까 그는 전쟁의 여신 벨로나가 가련한 민족들을 전쟁으로 몰아붙이고 유혈의 채찍으로 휘갈기는 와중에 자기들의 용맹을 빼어나게 발휘하고 싶어하는 사람들, 소위 용맹을 갖춘 위인들의 소원을 이루어낸 셈이다. 살루스티우스가 말하는, 명예욕과 영광에 대한 욕망이 저지르는 일이란 기껏 이런 것이었다. 처음에는 자유에 대한 사랑으로, 다음에는 지배욕과 명예와 영광에 대한 욕망으로 그들은 많은 위업을 수행했다. 그들의 유명한 시인도 이 두 가지 동기를 증언한 바 있다. 그는 이런 말을 했다:

> 포르센나가 추방당한 타르퀴니우스를 복위시킬 것을
> 명령하고서 큰 군대로 도성을 포위하여 압박했다.
> 그래서 아이네아스 후예들은 자유를 위해 무기를 잡았다.[88]

그때부터 그들에게는 용감하게 죽는다는, 아니면 자유민으로 살아남는다는 일

cum esset adepta libertas, tanta cupido gloriae incesserat, ut parum esset sola libertas, nisi et dominatio quaereretur, dum pro magno habetur, quod uelut loquente Ioue idem poeta dicit:

> Quin aspera Iuno,
> Quae mare nunc terrasque metu caelumque fatigat,
> Consilia in melius referet mecumque fouebit
> Romanos rerum dominos gentemque togatam.
> Sic placitum. Veniet lustris labentibus aetas,
> Cum domus Assaraci Phthiam clarasque Mycenas
> Seruitio premet ac uictis dominabitur Argis.

Quae quidem Vergilius Iouem inducens tamquam futura praedicentem ipse iam facta recolebat cernebatque praesentia; uerum propterea commemorare illa uolui, ut ostenderem dominationem post libertatem sic habuisse Romanos, ut in eorum magnis laudibus poneretur. Hinc est et illud eiusdem poetae, quod, cum artibus aliarum gentium eas ipsas proprias Romanorum artes regnandi atque imperandi et subiugandi ac debellandi populos anteponeret, ait:

> Excudent alii spirantia mollius aera,
> Cedo equidem, uiuos ducent de marmore uultus,
> Orabunt causas melius caelique meatus
> Describent radio et surgentia sidera dicent:
> Tu regere imperio populos, Romane, memento
> (Hae tibi erunt artes) pacique inponere mores,
> Parcere subiectis et debellare superbos.

Has artes illi tanto peritius exercebant, quanto minus se uoluptatibus dabant et eneruationi animi et corporis in concupiscendis et augendis diuitiis

---

[89] Vergilius, *Aeneis* 1.279-285.

[90] Vergilius, *Aeneis* 6.847-853.

이 위대한 무엇으로 여겨졌다. 하지만 일단 자유가 달성되자 영광을 도모하는 크나큰 욕망이 밀어닥쳐, 자유 그 자체는 다른 사람에 대한 지배를 추구하는 명분 아니면 대수롭지 않은 것이 되고 말았다. 같은 시인이 유피테르의 발언을 통해 언명하듯이 그들은 지배욕을 그토록 크게 평가했던 것이다:

성미 나쁜 유노가
지금은 바다와 땅을 공포로 못살게 굴지만
더 좋은 편으로 생각을 돌리고 나와 함께 보우하리라,
역사의 지배자 로마인들과 토가를 입은 족속을!
이것이 내 뜻이로다. 세월이 흐르면 아싸라쿠스의
집안이 프티아와 명문 미케네를 노예로 부리고
아르고스인들을 무찔러 지배할 시대가 오리라.[89]

베르길리우스는 유피테르를 등장시켜 미래를 예언하는 것처럼 하지만, 사실은 이미 이루어진 바를 상기시키면서 현재처럼 바라보게 한다. 다만 내가 이런 일들을 상기시키고자 한 까닭은, 자유를 얻은 뒤에 로마인들이 지배라는 것을 위대한 명예 가운데 하나로 여겼음을 보여주기 위함이다. 같은 시인의 저 유명한 글귀, 로마인들의 고유한 기술은 백성들에게 군림하고 통치하고 예속시키고 전쟁하는 기술이라면서 이것을 다른 민족들의 기술에 우선시키는 구절이 바로 그렇다:

다른 사람들은 구리를 두드려 숨쉬듯 섬세하게 만들어낼 것이요
대리석에서 살아있는 얼굴들을 끄집어내리라는 것도 내 인정하노라.
사물의 원인을 설파하고 계측기로 천계의 운행을 더 훌륭하게
기술할 것이며, 성좌의 뜨고 짐을 예고하리라.
로마인이여, 하지만 그대는 기억하라! 패권으로 백성들을 다스리고
(이것이 그대에게 기술이 되리니) 평화로 풍속을 부과하며
굴복하는 자들은 용서하고 오만한 자들은 징벌한다.[90]

12.3. 비열한 인간들의 지배욕

로마인들이 이런 기술로 좋은 결과를 낳을 수 있었던 것은 스스로 쾌락에 덜 탐닉하고, 부富를 탐하고 늘리는 일에 정신과 육체를 덜 소진하고, 부 때문에

et per illas moribus corrumpendis, rapiendo miseris ciuibus, largiendo scaenicis turpibus. Vnde qui tales iam morum labe superabant atque abundabant, quando scribebat ista Sallustius canebatque Vergilius, non illis artibus ad honores et gloriam, sed dolis atque fallaciis ambiebant. Vnde idem dicit: «Sed primo magis ambitio quam auaritia animos hominum exercebat, quod tamen uitium propius uirtutem erat. Nam gloriam honorem imperium bonus et ignauus aeque sibi exoptant; sed ille, inquit, uera uia nititur, huic quia bonae artes desunt, dolis atque fallaciis contendit.» Hae sunt illae bonae artes, per uirtutem scilicet, non per fallacem ambitionem ad honorem et gloriam et imperium peruenire; quae tamen bonus et ignauus aeque sibi exoptant; sed ille, id est bonus, uera uia nititur. Via uirtus est, qua nititur tamquam ad possessionis finem, id est ad gloriam honorem imperium. Hoc insitum habuisse Romanos etiam deorum apud illos aedes indicant, quas coniunctissimas constituerunt, Virtutis et Honoris, pro diis habentes quae dantur a Deo. Vnde intellegi potest quem finem uolebant esse uirtutis et quo eam referebant qui boni erant, ad honorem scilicet; nam mali nec habebant eam, quamuis honorem habere cuperent, quem malis artibus conabantur adipisci, id est dolis atque fallaciis.

Melius laudatus est Cato. De illo quippe ait: «Quo minus petebat gloriam, eo illum magis sequebatur.» Quando quidem gloria est, cuius illi cupiditate flagrabant, iudicium hominum bene de hominibus opinantium; et ideo melior est uirtus, quae humano testimonio contenta non est nisi conscientiae suae. Vnde dicit apostolus: *Nam gloria nostra haec est: testimonium conscientiae nostrae*; et alio loco: *Opus autem suum probet unus-*

---

[91] Sallustius, *De coniuratione Catilinae* 11.1-2.

[92] Virtus et Honor: cf. Livius, *Ab Urbe condita* 27.25.7; 본서 4.21; 4.24; 7.3.1-2.

[93] Sallustius, *De coniuratione Catilinae* 54.5-6.

[94] iudicium hominum bene de hominibus opinantium: 영광이란 위대함의 발로요 대중의 호평이다. 그 수단은 덕성 혹은 용맹(virtus)과 그것으로 얻는 품위(dignitas) 또는 명예(honor)였다. Cf. Cicero, *De inventione* 2.55.166.

[95] 2고린 1,12. (200주년: "우리 양심이 증언하거니와, 우리의 자랑거리는 ···.") 뒤이어 나오는 구절 "세상에서 처신할 때, ··· 하느님이 주신 순박함과 순진함으로 세속 인간의 지혜가 아니라 하느님의 은총 안에서 처신했다는 것입니다"를 유념할 만하다.

도덕이 타락하는 일이 적고, 불쌍한 시민들을 착취하지 않고, 추잡한 연극배우들한테 특전을 베풀지 않고 할 적의 일이었다. 그런데 살루스티우스가 그런 일들을 기록하고 베르길리우스가 노래로 지어낼 즈음에는, 풍속의 타락이 만연하고 있었으며, 명예와 영광을 도모하되 앞서 말한 기술로가 아니라 음모와 사기로 도모하던 중이었다. 바로 살루스티우스도 다음과 같은 말을 한다: "처음에는 물욕보다도 야망이 사람들의 마음을 움직였다. 그러나 야망이라는 이 악덕은 차라리 덕성에 가까웠다. 왜냐하면 영광, 명예, 권력은 선인이든 비열한 인간이든 똑같이 탐하게 마련이기 때문이다. 그런데 선인은 정도正道로 노력을 하고 악인은 선한 기술이 없으므로 음모와 사기로 그것들을 도모한다".[91] 기만적 야망이 아니라 덕성으로 명예와 영광과 권력에 도달하려는 것이 바로 선한 기술이다. 그런데 이것은 선인이든 비열한 인간이든 똑같이 탐한다. 다만 전자, 곧 선인은 정도正道로 노력을 한다. 덕이야말로 소유하려는 목표 곧 명예와 영광과 권력을 추구하는 길이다. 로마인들이 이에 관해 타고난 감각을 지니고 있었다는 것은 스스로 세워둔 신들의 전당들이 말해준다. 즉, 하느님이 내려준 덕성과 명예 비르투스와 호노르를 신으로 여기고 둘의 전당을 아주 가까이 세웠던 것이다.[92] 그러니 로마인들이 덕의 목적으로 무엇을 바랐는지 알 만하고 선한 사람들이 그것을 어디다 연관시키고 있었는지 알 수 있으니 명예가 바로 그것이다. 그런데 악인들은 명예를 탐하기는 하지만 덕을 갖추지 못했으므로 악한 기술로, 다시 말해 음모와 사기로 명예를 얻으려고 애쓴다.

12.4. 카토의 지배욕

카토는 카이사르보다 더 많은 칭송을 받았다. 그에 관해 살루스티우스는 "그가 영광을 덜 바라면 바랄수록 영광은 그를 더 따랐다"고 했다.[93] 사람들이 그토록 추구하는 영광이라는 것은 어떤 사람에 관해 좋게 생각하는 사람들의 판단이라고 하자.[94] 그렇다면 본인의 양심이 증언해주지 않고 타인들의 인간적 증언으로는 만족하지 못하는 덕성이 훨씬 좋다. 그래서 사도는 이렇게 말한다: "사실 우리의 자랑거리는 우리 양심이 증언하는 바입니다".[95] 그리고 딴 데서는 "각자 자기 행실을 성찰하시오. 무엇인가 자랑거리가 있다면 그것은 자기 혼자의 것이지

quisque, et tunc in semet ipso tantum gloriam habebit et non in altero.
Gloriam ergo et honorem et imperium, quae sibi exoptabant et quo bonis artibus peruenire nitebantur boni, non debet sequi uirtus, sed ipsa uirtutem. Neque enim est uera uirtus, nisi quae ad eum finem tendit, ubi est bonum hominis, quo melius non est. Vnde et honores, quos petiuit Cato, petere non debuit, sed eos ciuitas ob eius uirtutem non petenti dare.

Sed cum illa memoria duo Romani essent uirtute magni, Caesar et Cato, longe uirtus Catonis ueritati uidetur propinquior fuisse quam Caesaris. Proinde qualis esset illo tempore ciuitas et antea qualis fuisset, uideamus in ipsa sententia Catonis: «Nolite, inquit, existimare maiores nostros armis rem publicam ex parua magnam fecisse. Si ita esset, multo pulcherrimam eam nos haberemus. Quippe sociorum atque ciuium, praeterea armorum et equorum maior copia nobis quam illis est. Sed alia fuere quae illos magnos fecerunt, quae nobis nulla sunt: domi industria, foris iustum imperium, animus in consulendo liber, neque delicto neque libidini obnoxius. Pro his nos habemus luxuriam atque auaritiam, publice egestatem, priuatim opulentiam; laudamus diuitias, sequimur inertiam; inter bonos et malos discrimen nullum; omnia uirtutis praemia ambitio possidet. Neque mirum: ubi uos separatim sibi quisque consilium capitis, ubi domi uoluptatibus, hic pecuniae aut gratiae seruitis, eo fit ut impetus fiat in uacuam rem publicam.»

Qui audit haec Catonis uerba siue Sallustii, putat, quales laudantur Romani ueteres, omnes eos tales tunc fuisse uel plures. Non ita est; alioquin uera non essent, quae ipse item scribit, ea quae commemoraui in secundo libro huius operis, ubi dicit, iniurias ualidiorum et ob eas discessionem

---

[96] 갈라 6,4. 로마인들이 도모하던 영광은 대중의 단합된 평판과 칭송이었으나(Cicero, *Tusculanae disputationes* 3.2.3) 교부는 참된 영광은 하느님께만 바쳐야 한다는 시각으로 유도한다.

[97] *vera virtus ...quae ad eum finem tendit, ubi est bonum hominis, quo melius non est*: 용-맹(勇猛: virtus "사내다움")으로서의 덕성을 교부가 한결 고양시킨 개념으로 최고선 곧 신을 지향하게 만든다.

[98] Cf. Plutarchus, *Vitae parallelae. Cato minor* 16.

[99] Sallustius, *De coniuratione Catilinae* 52.19-24.

[100] 2.18 참조.

남과 견줄 것이 아닙니다"라고 한다.[96] 따라서 선인들이 추구해 왔고 선한 기술로 달성하려고 노력해온 영광과 명예와 권력을 덕성이 따라가서는 안 되고 그것들이 덕성을 따라가야 한다. 또 인간의 선善이 있는 곳, 그보다 더 좋은 선이 없는 그 목적을 지향하는 것이 아니라면 참된 덕성이 아니다.[97] 그러므로 카토가 모색했던 명예도 본인이 모색할 것이 아니라 그의 덕성을 보고서 로마라는 도성이 부여해야 했고, 본인이 싫다고 하더라도 부여해야 했다.[98]

12.5. 카토에게서 영광을 지향하는 덕성

카이사르와 카토가 덕성에 있어서 위대한 두 로마인이라는 기록이 있지만, 카토의 덕이 카이사르의 것보다 진정한 덕성에 훨씬 가까웠던 것처럼 보인다. 그러니 그 당시 로마 도성이 어떠했고 또 그 이전에는 어떠했는지를 카토 본인의 말에서 살펴보기로 하자: "우리 조상들이 무기로 공화국을 작은 나라에서 큰 나라로 만들었다고 생각하지 말라. 만일 그랬더라면 지금 우리는 참으로 아름답기 그지없는 공화국을 두고 있을 것이다. 조상들보다도 우리에게는 우방과 시민들의 숫자가 더 많고 무기와 기마의 숫자도 더 많다. 그러나 그분들을 위대하게 만든 것은 다른 것이었는데 그것이 우리에게는 전혀 없다. 안에서는 근면함이 있었고, 밖에서는 정의로운 제권이 있었으며, 협의하고 결정하는 데는 자유로운 정신이 있었을 뿐, 범죄와 탐욕으로 손상된 그런 정신이 있지는 않았다. 이런 것 대신에 우리는 사치와 탐욕을 품고, 공적으로는 빈곤한데 사적으로는 호화롭다. 우리는 부富를 칭송하고 태만을 뒤따른다. 선인과 악인 사이에 구별이 전혀 없다. 덕성의 모든 보상을 술책이 가로챈다. 여러분 각자가 제각각 자기 이익만을 추구하고, 집에서는 쾌락에 사로잡혀 있으며, 여기 와서는 금전이나 특혜에만 사로잡혀 있다. 그처럼 속이 빈 공화국에 공격이 가해진다고 해도 이상할 것도 없다."[99]

12.6. 덕과 정직은 소수의 것이다

카토나 살루스티우스의 이 말을 듣는 사람은 누구나 모두 혹은 적어도 대다수의 고대 로마인이 저렇게 칭송받는 사람들이었으리라고 생각할지 모른다. 사실은 그렇지 않다. 만일 그랬다면, 살루스티우스 본인이 기록하고 내가 본서의 제2권에서 언급한 얘기가 사실이 아니었으리라.[100] 그때는 강자들의 불의가 횡행했고,

plebis a patribus aliasque dissensiones domi fuisse iam inde a principio, neque amplius aequo et modesto iure, actum quam expulsis regibus, quamdiu metus a Tarquinio fuit, donec bellum graue, quod propter ipsum cum Etruria susceptum fuerat, finiretur; postea uero seruili imperio patres exercuisse plebem, regio more uerberasse, agro pepulisse et ceteris expertibus solos egisse in imperio; quarum discordiarum, dum illi dominari uellent, illi seruire nollent, finem fuisse bello Punico secundo, quia rursus grauis metus coepit urguere atque ab illis perturbationibus alia maiore cura cohibere animos inquietos et ad concordiam reuocare ciuilem. Sed per quosdam paucos, qui pro suo modo boni erant, magna administrabantur atque illis toleratis ac temperatis malis paucorum bonorum prouidentia res illa crescebat; sicut idem historicus dicit multa sibi legenti et audienti, quae populus Romanus domi militiaeque, mari atque terra praeclara facinora fecerit, libuisse adtendere quae res maxime tanta negotia sustinuisset; quoniam sciebat saepe numero parua manu cum magnis legionibus hostium contendisse Romanos, cognouerat paruis copiis bella gesta cum opulentis regibus; sibique multa agitanti constare dixit, paucorum ciuium egregiam uirtutem cuncta patrauisse, eoque factum ut diuitias paupertas, multitudinem paucitas superaret. «Sed postquam luxu atque desidia, inquit, ciuitas corrupta est, rursus res publica magnitudine sui imperatorum atque magistratuum uitia sustentabat.» Paucorum igitur uirtus ad gloriam honorem imperium uera uia, id est ipsa uirtute, nitentium etiam a Catone laudata est. Hinc erat domi industria, quam commemorauit Cato, ut aerarium esset opulentum, tenues res priuatae. Vnde corruptis moribus uitium e contrario posuit, publice egestatem, priuatim opulentiam.

---

[101] Cf. Sallustius, *De coniuratione Catilinae* 53.2-4.

[102] per paucorum civium egregiam virtutem: 소수 위인들의 등장과 활약이 제국의 역사와 시대를 좌우한다는 플루타르쿠스 사관에 교부도 상당히 동조하고 있다(cf. Sallustius, *Historiae* 1. fr.11). 아담과 그리스도의 위격(persona communis)이 갖는 구세적 의미와 연관되리라.

[103] Sallustius, *De coniuratione Catilinae* 53.5.

[104] Cf. Sallustius, *De coniuratione Catilinae* 52.21.

그 불의로 인해 평민이 귀족들과 분열되었으며, 처음부터 국내에는 이미 다른 분열들이 있었고, 공평하고 온당한 법도가 통한 것은, 이를테면 국왕들이 추방되고 나서, 타르퀴니우스에게서 오는 공포가 만연하던 기간만, 즉 그 사람 때문에 에트루리아와 치르게 된 힘겨운 전쟁이 끝나기까지만이었고, 그밖에는 공평하고 온당한 법도에 따라 무엇이 시행된 일이 없었다는 말이 나온다. 곧이어 귀족들은 권력으로 노예를 다루듯이 평민을 혹사했고, 왕권을 휘두르듯이 평민을 채찍질했으며, 토지에서 추방했고, 다른 사람들은 배제한 채 자기들만 정권을 행사했다. 귀족은 지배하려 들고 평민은 예속하기 싫어하는 데서 온 저 불화는 이차 포에니 전쟁까지 가서야 결말이 났다. 다시 한번 포에니 전쟁이라는 막대한 공포가 저들을 사로잡기 시작하자, 더 큰 걱정이 그런 불화를 자중하도록 불안한 마음을 제어하고 시민의 화합을 복원시켰던 것이다. 그러나 국가의 대업이 성취된 것이라든가, 소수 선량들의 선견지명에 힘입어 저 모든 해악을 견뎌내고 자중함으로써 로마 공화국이 성장할 수 있었던 것은 나름대로 선량한 소수의 사람들 덕택이었다. 그렇지만 역사가 살루스티우스는 자기 글을 읽고 자기 말을 듣는 사람들에게, 로마 국민이 평화시와 전시에, 바다와 육지에서 엄청난 위업을 이루었다고 강조하면서, 과연 무엇이 저런 업적을 이루어내게 했는지 주목할 필요가 있다고 말한다.[101] 그는 로마인들이 여러 번 수적 열세에도 대규모의 적군과 겨루었음을 알고 있었다. 또한 로마인들이 빈약한 장비로 부강한 국왕들과 전쟁을 벌였다는 것도 인지하고 있었다. 그리고 스스로도 무척 주저하는 투로 이런 말을 했다: 소수 시민들의 탁월한 덕성이 모든 것을 성취했으며, 결국 가난이 부강을 이기고 소수가 다수를 이겼다![102] "하지만 그 후에는 사치와 태만으로 도시는 부패했다. 공화국은 또다시 그 거대한 몸체로 인해 사령관들과 관료들의 악덕을 떠받치는 결과가 되었다."[103] 정도를 걸어서, 즉 덕에 힘입어 영광과 명예와 제권帝權에 이르고자 노력하던 소수 인간들의 덕은 카토에게서까지 칭송을 받았다. 바로 그들 덕택에 카토가 언명한 대로, 국내의 근면이 존재했으며, 그것으로 공공재정은 풍족해지고 사유재산은 빈곤해졌다. 그런데 습속이 타락하자 악덕은 정반대로 공공재정은 빈곤한데 개인들은 호화롭게 만들었다.[104]

13. Quam ob rem cum diu fuissent regna Orientis inlustria, uoluit Deus et Occidentale fieri, quod tempore esset posterius, sed imperii latitudine et magnitudine inlustrius, idque talibus potissimum concessit hominibus ad domanda grauia mala multarum gentium, qui causa honoris laudis et gloriae consuluerunt patriae, in qua ipsam gloriam requirebant, salutemque eius saluti suae praeponere non dubitauerunt, pro isto uno uitio, id est amore laudis, pecuniae cupiditatem et multa alia uitia conprimentes. Nam sanius uidet, qui et amorem laudis uitium esse cognoscit, quod nec poetam fugit Horatium, qui ait:

> Laudis amore tumes: sunt certa piacula, quae te
> Ter pure lecto poterunt recreare libello.

Idemque in carmine lyrico ad reprimendam dominandi libidinem ita cecinit:

> Latius regnes auidum domando
> Spiritum. Quam si Libyam remotis
> Gadibus iungas et uterque Poenus
>   Seruiat uni.

Verum tamen qui libidines turpiores fide pietatis impetrato Spiritu sancto et amore intellegibilis pulchritudinis non refrenant, melius saltem cupiditate humanae laudis et gloriae non quidem iam sancti, sed minus turpes sunt. Etiam Tullius hinc dissimulare non potuit in eisdem libris quos de re publica scripsit, ubi loquitur de instituendo principe ciuitatis, quem dicit alendum esse gloria, et consequenter commemorat maiores suos multa mira atque praeclara gloriae cupiditate fecisse. Huic igitur uitio non solum

---

[105] ad dominanda mala gravia multarum gentium: 로마제국의 존재 의의를 교부 나름대로 해석한다.

[106] Horatius, *Epistula* 1.1.36-37.

[107] Horatius, *Carmina* 2.2.9-12. 리비아의 카르타고나 스페인의 가데스나 포에니 민족이 건설한 도시였다.

[108] Cf. Cicero, *De republica* 5.7.9.

13. 명예욕 자체는 악덕이지만 더 큰 악덕들을 억제한다는 점에서 덕성으로 여겨진다

동방의 유명한 왕국들이 오랫동안 존재한 다음에 하느님은 서방의 왕국도 하나 생겨나기 바랐다. 이 왕국은 시대로는 동방의 왕국들보다는 뒤지지만 패권의 범위나 크기로는 더 훌륭해질 참이었다. 하느님이 뛰어난 인물들에게 그 왕권을 허용한 것은 허다한 민족들의 중한 악들을 제압하기 위함이었다.[105] 그 인물들은 영예, 명성과 영광 때문에 조국에 이바지했고 조국에서 얻는 영광 그 자체를 탐했으니, 조국의 안녕을 일신의 안녕보다 앞세우는 데 주저하지 않았고, 이 한 가지 악덕, 곧 명예에 대한 사랑을 위해 돈에 대한 탐욕이나 다른 악덕들을 스스로 제어했던 것이다. 명예에 대한 사랑마저 악덕임을 인식하는 사람이라면 더욱 건실한 안목을 가진 셈이며, 시인 호라티우스도 이 점을 놓치지 않고서 이런 말을 했다:

> 명예에 대한 사랑에 부풀어 오르는가? 이를 추스르는 수가 있으니
> 조그마한 책자를 세 번만 정독하면 정한 마음으로 돌아오리라.[106]

같은 인물이 서정시抒情詩에서도 지배욕을 다스리라면서 이렇게 노래했다:

> 탐욕스런 정신을 스스로 제어할 제 그대는
> 리비아를 머나먼 가데스에 통합하고 양안兩岸의
> 포에니인들이 그대 한 사람을 섬기게 되리니 그대는
> 드넓게도 군림하리라.[107]

성령이 부어준 경건한 신앙으로, 또 가지적可知的 아름다움에 대한 사랑으로 추악한 욕정들을 제어하지 못하는 한, 인간적 명예와 영광에 대한 탐욕 덕분에라도, 인간들이 비록 아직 성스러워지지는 못하더라도 적어도 덜 추악해지는 편이 차라리 나을 것이다. 툴리우스 키케로도 「국가론」이라는 책에서 이 문제를 간과하지 않았다. 거기서 국가 지도자를 교육하는 문제를 논하는데 국가 지도자는 영광에 대한 사랑으로 양육되어야 한다고 말하는가 하면, 이어서 자기네 조상들은 영광을 탐하는 가운데 위대하고 탁월한 업적을 이루었다는 주장까지 한다.[108] 그러니까 그들은 영광에 대한 탐욕이라는 이 악덕에 항거하지 않았음

non resistebant, uerum etiam id excitandum et accendendum esse cense-
bant, putantes hoc utile esse rei publicae. Quamquam nec in ipsis philo-
sophiae libris Tullius ab hac peste dissimulet, ubi eam luce clarius con-
fitetur. Cum enim de studiis talibus loqueretur, quae utique sectanda sunt
fine ueri boni, non uentositate laudis humanae, hanc intulit uniuersalem
generalemque sententiam: «Honos alit artes, omnesque accenduntur ad
studia gloria iacentque ea semper, quae apud quosque improbantur.»

14. Huic igitur cupiditati melius resistitur sine dubitatione quam ceditur.
Tanto enim quisque est Deo similior, quanto et ab hac inmunditia mun-
dior. Quae in hac uita etsi non funditus eradicatur ex corde, quia etiam
bene proficientes animos temptare non cessat: saltem cupiditas gloriae
superetur dilectione iustitiae, ut, si alicubi iacent quae apud quosque im-
probantur, si bona, si recta sunt, etiam ipse amor humanae laudis erubes-
cat et cedat amori ueritatis. Tam enim est hoc uitium inimicum piae fidei,
si maior in corde sit cupiditas gloriae quam Dei timor uel amor, ut Domi-
nus diceret: *Quo modo potestis credere gloriam ab inuicem expectantes et
gloriam quae a solo Deo est non quaerentes?* Item de quibusdam, qui in
eum crediderant et uerebantur palam confiteri, ait euangelista: *Dilexerunt
gloriam hominum magis quam Dei.* Quod sancti apostoli non fecerunt; qui
cum in his locis praedicarent Christi nomen, ubi non solum improbabatur
(sicut ille ait: iacentque ea semper, quae apud quosque improbantur),

---

[109] Cicero, *Tusculanae disputationes* 1.2.4.

[110] 그리스도교 도덕에 입각하여 교부는 영광(榮光)에 대한 탐욕과 정의(正義)에 대한 사랑을 대비
시키고(cupiditas gloriae ↔ dilectio iustitiae), 인간 칭송에 대한 사랑과 진리에 대한 사랑을 대비시키
고 있다(amor humanae laudis ↔ amor veritatis).

[111] 요한 5,44.

[112] 요한 12,43.

은 물론이려니와 이것을 자극하고 고무할 만한 것으로 여겼고, 그것이 공화국에 유익하다고 생각했던 것이다. 철학의 서책들에서도 툴리우스는 이런 욕망에 관해 모르는 체하지 않았을뿐더러 이것을 더욱 명료하게 밝혀 공언하고 있다. 영광을 추구하는 저런 노력을 언급하면서 그는 참된 선이라는 목적에 입각하여 영광이 추구되어야지, 허황한 인간적 칭송을 바라서는 안 된다면서 다음과 같은 보편적이고 일반적인 금언을 내놓았다: "명예가 예술을 키워낸다. 그리고 모든 인간이 영광 때문에 무슨 노력을 하도록 고무되는 것이 사실이지만, 그러다 보니까 세인들이 인정해 주지 않는 것은 늘 뒷전에 버려지게 마련이다".[109]

14. 의인들의 영광은 모두 하느님 안에 있으므로 인간적 명예욕은 근절되어야 한다

그런데 이런 탐욕에는 순응하는 편보다 저항하는 편이 더 좋다는 것은 의심의 여지가 없다. 이런 부정不淨에서 벗어나 깨끗하면 깨끗할수록 사람은 하느님과 더 가까운 존재가 된다. 이 탐욕은 상당히 진보한 지성들에게도 여전히 유혹을 멈추지 않으므로 이승에서는 마음에서 철저하게 뿌리뽑히지는 않는다. 그렇지만 영광에 대한 탐욕은 정의에 대한 사랑으로 극복할 만하다. 그래서 만일 선하고 올바른데도 "세인들이 인정해 주지 않아서 뒷전에 버려져" 있다면, 인간 칭송에 대한 사랑 자체도 이 사실을 부끄럽게 여기고서 진리에 대한 사랑에 자리를 내주어야 마땅할 것이다.[110] 만약 하느님에 대한 두려움이나 사랑보다 영광에 대한 탐욕이 마음에 더 크게 자리잡고 있다면, 이 악덕은 경건한 신앙에도 적이 된다고 하겠다. 이것은 주님도 말씀한 바 있다: "어떻게 당신들이 믿을 수 있겠습니까? 서로 영광을 주고받으면서도 오직 한 분이신 하느님께로부터 오는 영광은 찾지 않으니 말입니다."[111] 그리고 그분을 믿으면서도 드러나게 고백하기를 꺼리는 사람들을 두고 복음사가는 이렇게 말한다: "그들은 하느님께로부터 오는 영광보다 사람들로부터 오는 영광을 더 사랑했다".[112] 거룩한 사도들은 그렇게 하지 않았다. 그들은 (키케로가 "세인들이 인정해 주지 않는 것은 늘 뒷전에 버려지게 마련이다"라고 한 말처럼) 인정을

uerum etiam summae detestationis habebatur, tenentes quod audierant a bono magistro eodemque medico mentium: *Si quis me negauerit coram hominibus, negabo eum coram patre meo, qui in caelis est,* uel *coram angelis Dei,* inter maledicta et opprobria, inter grauissimas persecutiones crudelesque poenas non sunt deterriti a praedicatione salutis humanae tanto fremitu offensionis humanae. Et quod eos diuina facientes atque dicentes diuineque uiuentes debellatis quodam modo cordibus duris atque introducta pace iustitiae ingens in ecclesia Christi gloria consecuta est: non in ea tamquam in suae uirtutis fine quieuerunt, sed eam quoque ipsam ad Dei gloriam referentes, cuius gratia tales erant, isto quoque fomite eos, quibus consulebant, ad amorem illius, a quo et ipsi tales fierent, accendebant. Namque ne propter humanam gloriam boni essent, docuerat eos magister illorum dicens: *Cauete facere iustitiam uestram coram hominibus, ut uideamini ab eis; alioquin mercedem non habebitis apud patrem uestrum, qui in caelis est.* Sed rursus ne hoc peruerse intellegentes hominibus placere metuerent minusque prodessent latendo, quod boni sunt, demonstrans quo fine innotescere deberent: *Luceant,* inquit, *opera uestra coram hominibus, ut uideant bona facta uestra et glorificent patrem uestrum, qui in caelis est.* Non ergo *ut uideamini ab eis,* id est hac intentione, ut eos ad uos conuerti uelitis, quia non per uos aliquid estis; sed *ut glorificent patrem uestrum, qui in caelis est,* ad quem conuersi fiant quod estis. Hos secuti sunt martyres, qui Scaeuolas et Curtios et Decios non

[113] 마태 10,33.

[114] 일신의 영광에 대한 로마인들의 사랑과 달리 하느님의 영광에 대한 사랑에 불타는 그리스도인 위인들의 덕성을 묘사하고 있다.

[115] 마태 6,1.

[116] 마태 5,16.

[117] 하느님은 인간의 생명이므로 각자는 타인에게 하느님께 이르는 길이 되어야 한다. 또 하느님을 발견 못하는 사람은 인간도 발견하지 못한다는 것이 교부의 신념이었다. Cf. *Confessiones* 3.6.10; 7.11.17.

받지 못할뿐더러 극도의 혐오를 받는 곳에서조차 그리스도의 이름을 설교했다. 선한 스승이요 지성을 고쳐주는 의사인 분에게서 들은 말씀, "누구든지 사람들 앞에서 나를 부인하면 나도 하늘에 계신 내 아버지 앞에서(혹은 하느님의 천사들 앞에서) 그를 부인할 것입니다"[113]라던 말씀을 간직하고 있었던 까닭에, 저주와 욕설 속에서도, 가혹한 박해와 잔학한 형벌 속에서도, 인간적 혐오의 아우성 속에서도 그들은 두려움 때문에 인류 구원을 전하는 설교를 중단하는 일이 없었다. 또 그들은 성스러운 행동을 하고 성스러운 것을 말하고 성스럽게 살아감으로써 완고한 마음들을 꺾어놓았고 정의의 평화를 도입하여 그리스도의 교회 안에 위대한 영광을 달성한 것이다. 그들은 그 영광을 자기네 덕성의 목표처럼 여기거나 거기 안주하지 않았고 그 영광을 하느님의 영광으로 돌렸으며, 자신들이 스스로 그런 인간이 된 것도 어디까지나 하느님의 은총이었지만, 자기들의 권유를 받아들이는 사람들에게도 같은 불씨를 건네주어 하느님에 대한 사랑으로 불타오르게 만들었다. 그들도 하느님 사랑으로 인해 자기네와 똑같이 되게 하려는 뜻에서였다.[114] 인간적 영광을 바라고 선한 사람이 되어서는 안 된다는 점은 그들의 스승이 그들에게 가르친 바였다: "사람들에게 보이려고 의로움을 행하지 않도록 조심하시오. 그러지 않으면 하늘에 계신 여러분의 아버지한테서 보상을 받지 못합니다".[115] 그렇다고 이 말씀을 잘못 이해하여 사람들 마음에 드는 일을 두려워해야 한다는 것은 아니며, 선한 인간임을 감추어야 이롭다는 말은 더더욱 아니다. 오히려 스승은 어떤 목적을 갖고 사람들에게 드러날 것인지를 가르친 바 있다: "이처럼 여러분의 빛이 사람들 앞에 비치어, 그들이 여러분의 좋은 행실을 보고 하늘에 계신 여러분의 아버지를 찬양하게 하시오".[116] 그러니까 "사람들에게 보이려고" 해서는 안 된다. 다시 말해 사람들로 하여금 자기한테로 돌아서게 만들려는 의도를 갖고 행동해서는 안 된다는 말이다. 그대들이 무엇이 되었다면 그대들을 위한 것이 아니라는 말이다. 오히려 "하늘에 계신 여러분의 아버지를 찬양하게" 하라고, 그대들이 무엇이 되었다면 사람들이 하느님께로 돌아서게 만들기 위함이라는 말이다.[117] 순교자들은 바로 이런 사도들을 뒤따랐다. 그들은 스카

sibi inferendo poenas, sed inlatas ferendo et uirtute uera, quoniam uera pietate, et innumerabili multitudine superarunt. Sed cum illi essent in ciuitate terrena, quibus propositus erat omnium pro illa officiorum finis incolumitas eius et regnum non in caelo, sed in terra; non in uita aeterna, sed in decessione morientium et successione moriturorum: quid aliud amarent quam gloriam, qua uolebant etiam post mortem tamquam uiuere in ore laudantium?

15. Quibus ergo non erat daturus Deus uitam aeternam cum sanctis angelis suis in sua ciuitate caelesti, ad cuius societatem pietas uera perducit, quae non exhibet seruitutem religionis, quam λατρείαν Graeci uocant, nisi uni uero Deo, si neque hanc eis terrenam gloriam excellentissimi imperii concederet: non redderetur merces bonis artibus eorum, id est uirtutibus, quibus ad tantam gloriam peruenire nitebantur. De talibus enim, qui propter hoc boni aliquid facere uidentur, ut glorificentur ab hominibus, etiam Dominus ait: *Amen dico uobis, perceperunt mercedem suam.* Sic et isti priuatas res suas pro re communi, hoc est re publica, et pro eius aerario contempserunt, auaritiae restiterunt, consuluerunt patriae consilio libero, neque delicto secundum suas leges neque libidini obnoxii; his omnibus artibus tamquam uera uia nisi sunt ad honores imperium gloriam; honorati sunt in omnibus fere gentibus, imperii sui leges inposuerunt multis gentibus, hodieque litteris et historia gloriosi sunt paene in

---

[118] Scaevolae, Curtii, Decii: 이 영웅적 가문들의 행적은 2.29.1; 4.27; 5.18.2 참조.

[119] in decessione morientium et succesione moriturorum: 지상국과 그 사멸성을 운각으로 처리했다.

[120] 11.28의 두 사랑(duo amores)이 하느님 나라와 지상국을 별도로 구성한다는 개념 참조.

[121] λατρεία: 10.1.2 참조. 그리스도인들은 하느님께만 바치는 "흠숭"(欽崇)과 천사(天使)나 성자(聖者)들에게 바치는 "공경"(恭敬)을 구분하고 있다.

[122] 마태 6,2.

[123] 로마인들의 국가(國家) 개념은 토지, 재산, 권력, 법제의 "개인 소유"(res privata), 곧 사유물에 대응하는, 국민의 "공공 소유"(res publica) 내지 "공동 소유"(res communis)였다. 2.21.2-4; 19.21.1 참조.

[124] his omnibus artis(이 모든 기술로): 앞의 5.12.2에 인용된 Vergilius (Aeneis 6.851-852)의 시구(詩句)대로 로마인들은 "패권으로 백성들을 다스리고 평화로 풍속을 부과하는"(tu regere imperio populos ... pacique imponere mores) 제국주의 통치를 자기네 고유한 예술 혹은 기술(haec tibi erunt artes)로 자부하고 있었다.

이볼라 집안이나 쿠르티우스 집안과 데키우스 집안을 능가하고도 남았다.[118] 그들은 저 로마인들처럼 서로가 서로에게 형극荊棘을 가함으로써가 아니라 자기에게 닥친 형극을 받아들였기 때문이고, 진정한 종교심에서 우러난 진정한 용기로도, 엄청나게 많은 숫자로도 저 로마인들을 능가했다. 그런데 로마인들은 지상국에 살고 있었고 그들이 일체의 직무들을 수행하던 목적은 지상국의 안위安危였으며 하늘이 아니라 땅에 있는 왕권이었다. 영원한 생명에서가 아니고 죽는 사람들은 사라지고 죽을 사람들이 뒤따라오는 도정에서였다.[119] 그러니 그들이 영광 말고 무엇을 사랑했겠는가? 영광에 힘입어 그들은 사후에도 칭송자들의 입에서나마 살아남고 싶었던 것이다.[120]

15. 로마인들의 선한 습속에 하느님이 갚아주신 현세적 상급

하느님이 어떤 사람들에게는 당신의 거룩한 천사들과 더불어 당신의 천상 도성에서 영원한 생명을 베풀지 않았을지 모른다. 또 참된 신심은 사람들을 이 천상 도성에 가담하게 이끌어 가는 것이고 그리스인들이 라트레이아[121]라고 부르는 경신례는 유일한 참 하느님께만 바치는 것이다. 그런데 저런 사람들에게 하느님이 훌륭한 패권이라는 이 지상 영광마저 허락하지 않았다고 가정해 보자. 그렇다면 저 사람들의 선한 기술, 다시 말해 그들이 저처럼 위대한 영광에 도달하고자 애쓰면서 발휘했던 덕성에 온당한 상급이 베풀어지지 않은 셈이다. 저런 사람들, 그러니까 사람들에게 영광을 받는 그것 때문에 선한 무엇을 행하는 것처럼 보이는 사람들에 관해서는 주님이 하는 말씀이 있다: "진실히 말하거니와, 그들은 보상을 다 받았습니다".[122] 그래서 그들은 공동 소유를 위해서, 즉 공화국을 위해서, 공화국의 국고國庫를 위해 개인 소유를 소홀히했고,[123] 물욕에 저항했으며, 자유로운 결단으로 조국에 헌신했고, 자신들의 법률을 준수하고 범죄를 저지르지 않았으며 정욕에 물들지 않았던 것이다. 이 모든 기술을 발휘하면서[124] 관직과 권력과 영광에 이르는 진정한 길로 알고서 매진했다. 그들은 거의 모든 민족들 가운데서 영예를 차지했고, 참으로 많은 민족들에게 자기 제국의 법률을 부과했으며, 오늘날까지도 문학과 역사로 말미암아 거의 모

omnibus gentibus: non est quod de summi et ueri Dei iustitia conqueran-
tur; *perceperunt mercedem suam.*

16. Merces autem sanctorum longe alia est etiam hic opprobria susti-
nentium pro ueritate Dei, quae mundi huius dilectoribus odiosa est. Illa
ciuitas sempiterna est; ibi nullus oritur, quia nullus moritur; ibi est uera et
plena felicitas, non dea, sed donum Dei; inde fidei pignus accepimus,
quamdiu peregrinantes eius pulchritudini suspiramus; ibi non oritur sol
super bonos et malos, sed sol iustitiae solos protegit bonos; ibi non erit
magna industria ditare publicum aerarium priuatis rebus angustis, ubi
thensaurus communis est ueritatis. Proinde non solum ut talis merces
talibus hominibus redderetur Romanum imperium ad humanam gloriam
dilatatum est; uerum etiam ut ciues aeternae illius ciuitatis, quamdiu hic
peregrinantur, diligenter et sobrie illa intueantur exempla et uideant
quanta dilectio debeatur supernae patriae propter uitam aeternam, si
tantum a suis ciuibus terrena dilecta est propter hominum gloriam.

17. Quantum enim pertinet ad hanc uitam mortalium, quae paucis die-
bus ducitur et finitur, quid interest sub cuius imperio uiuat homo mori-
turus, si illi qui imperant ad impia et iniqua non cogant? Aut uero aliquid

---

[125] 로마인 의식이 강했던 아우구스티누스는 제국의 영광이 그 영웅적 선구자들의 공적에 대한 하느
님의 역사적 보답(영원한 후세 상급은 아니더라도)이었다는 생각을 품었다.

[126] 진리가 만인의 공유(thesaurus communis est veritatis)라는 교부의 사상은 진리를 독점하는 자들
에게 엄한 경고("진리를 사유물로 차지해서는 안 된다. 그러다가는 진리를 영영 상실한다": *Con-
fessiones* 12.25.34)를 내린다.

든 민족들한테서 영광을 입었다. 그러니 그들은 지존하고 참된 하느님의 정의를 두고 불평할 것이 아니다. "그들은 자기들의 보수를 받았다."[125]

16. 영원한 도성 거룩한 시민들의 상급은 로마인들의 덕성에서 유익한 모범을 얻는다

성도聖徒들의 보수는 이와 아주 다르다. 그들은 하느님의 진리를 위해 이승에서 치욕마저 겪었다. 하느님의 진리는 이 세상을 사랑하는 사람들에게 미움을 받는다. 하느님의 저 나라는 영원하다. 하느님의 나라에서는 아무도 태어나지 않는데, 이는 아무도 죽지 않는 까닭이다. 그곳에는 참되고 충만한 행복이 있으며, 그런 행복은 여신 펠리키타스 덕택이 아니라 하느님의 선물이다. 그곳으로부터 우리는 신앙의 담보를 받았기에 이승을 순례하는 가운데서도 그곳의 아름다움을 희구하는 것이다. 거기서는 선인에게나 악인에게나 태양이 솟는 것이 아니고 정의의 태양이 선인들만을 지켜준다. 거기서는 공공의 국고를 채우기 위해 자기 사유재산을 옹색하게 하면서까지 커다란 수고를 해야 할 필요도 없을 것이니 그곳에서는 진리의 보화가 만인에게 공유되는 까닭이다.[126] 그러므로 저런 인물들에게 저런 보수가 주어지게 하려는 뜻에서 인간적 영광을 찾아 로마제국이 그토록 넓게 확장되었던 것만은 아니다. 또한 저 영원한 도성의 시민들이 이승에서 순례하는 동안에 부지런히 또 절도있게 로마인들의 저 모범을 지켜보게 하려는 것이었다. 그리고 지상 조국이 단지 인간들의 영광 때문에도 자기 시민들에게서 그토록 사랑을 받았다면, 영생을 주는 천상 조국에는 얼마나 큰 사랑을 품어야 마땅한가를 깨닫게 하려는 뜻도 있었다.

17. 로마인들은 전쟁으로 무엇을 얻고 피정복자들에게 어떤 유익을 주었는가

17. 1. 영광을 제외하고는 승자와 패자를 한데 묶는 법도가 있다

겨우 몇 날을 이어가다 끝나는 삶, 곧 사멸할 자들이 이승에서 겪는 삶에서, 통치자들이 불경스럽고 사악한 일을 강요하지만 않는다면, 사멸할 인간이 누구의 통치하에서 살아가는가가 무슨 상관이겠는가? 로마인들이 여러 민족들을 정

nocuerunt Romani gentibus, quibus subiugatis inposuerunt leges suas, nisi quia id factum est ingenti strage bellorum? Quod si concorditer fieret, id ipsum fieret meliore successu; sed nulla esset gloria triumphantium. Neque enim et Romani non uiuebant sub legibus suis, quas ceteris inponebant. Hoc si fieret sine Marte et Bellona, ut nec Victoria locum haberet, nemine uincente ubi nemo pugnauerat: nonne Romanis et ceteris gentibus una esset eademque condicio? Praesertim si mox fieret, quod postea gratissime atque humanissime factum est, ut omnes ad Romanum imperium pertinentes societatem acciperent ciuitatis et Romani ciues essent, ac sic esset omnium, quod erat ante paucorum; tantum quod plebs illa, quae suos agros non haberet, de publico uiueret; qui pastus eius per bonos administratores rei publicae gratius a concordibus praestaretur quam uictis extorqueretur.

Nam quid intersit ad incolumitatem bonosque mores, ipsas certe hominum dignitates, quod alii uicerunt, alii uicti sunt, omnino non uideo, praeter illum gloriae humanae inanissimum fastum, in quo perceperunt mercedem suam, qui eius ingenti cupidine arserunt et ardentia bella gesserunt. Numquid enim illorum agri tributa non soluunt? Numquid eis licet discere, quod aliis non licet? Numquid non multi senatores sunt in aliis terris, qui Romam ne facie quidem norunt? Tolle iactantiam, et omnes homines quid sunt nisi homines? Quod si peruersitas saeculi admitteret, ut honoratiores essent quique meliores: nec sic pro magno haberi debuit honor humanus, quia nullius est ponderis fumus. Sed utamur etiam in his rebus

---

[127] Mars(군대), Bellona(전쟁), Victoria(승리) 제신에 관해서는 4.11, 17, 24 참조.

[128] 212년의 Constitutio Antoniana로 제국의 모든 신민에게 로마 시민권(societas civitatis)이 주어졌다.

[129] 만일 전쟁과 약탈만 없다면야 동일한 법제하에 인류가 한 제국을 이루어 문화와 시민권과 생존권을 향유함이 이상적이 아니냐는 그의 암시는 제국주의 사상이라기보다는 폴리비우스나 포시도니우스 같은 사상가들과 헤브라이즘의 보편주의 사상의 흔적이다.

[130] hominum dignitas: 로마인들에게는 단지 신분상의 계급을 지칭하고, 이하에 나오는 "영예"(honor)는 전장의 무훈에 대한 포상을 가리켰으나 후대는 관직(cursus honorum)을 가리켰다. 교부는 이 단어를 도덕적 의미로 사용하기 시작한다.

[131] 클라우디우스 황제의 조처(48년) 이래로 갈리아인, 헤두이인(Haedui: Gallia Celtica 주민)을 비롯하여 여러 민족에게서 명예 원로원 칭호를 받은 귀족들이 나왔다.

복하고서 자신들의 법제를 부과했을 때, 그 민족들에게 해를 끼친 것은 전쟁의 막대한 살육을 거쳐서 자신들의 법제를 부과했다는 사실 아니겠는가? 만약 그것이 로마인들과 타민족 간의 합의를 통해 이루어졌다면 더 성공적인 결과라고 하겠지만, 그랬을 경우에는 정복자로서의 영광은 전혀 없었을 것이다. 또한 로마인들은 자기들도 다른 민족들에게 부과한 자기네 법률 밑에서 살아가고 있었다. 만일 이런 일이 마르스와 벨로나 없이 이루어졌더라도, 빅토리아는 차지할 자리가 없었을 것이니,[127] 아무도 싸움을 하지 않은 이상 아무도 승리를 거두지 못했을 것이기 때문이다. 만약 그랬더라면 로마인들에게나 타민족들에게나 처지는 하나요 똑같지 않았을까? 훗날에 가서 로마제국에 속하는 모든 속주의 국민들이 시민권을 얻어서 로마 시민이 되는 중대하고 매우 인도적인 처분이 이루어졌고 또 이전에는 소수의 차지였던 특권이 모든 이의 차지가 되었는데 이것이 좀 일찍 이루어졌더라면 더 그랬을 것이다.[128] 물론 자기 전답을 소유하지 못한 서민은 공금으로 살아갔다. 하지만 그들에게 돌아가는 식량이 패배자들에게서 노략질한 것이 아니고 공화국의 선량한 관리들을 통해 자발적으로 합의한 사람들에게서 원조되는 것이었더라면 더 고마웠을 것이다.[129]

17. 2. 로마인들의 덕성은 그리스도인들에게도 자극이 된다

어떤 사람들은 승리했고 어떤 사람들은 패망했다는 사실이 그들의 안녕, 그들의 선한 습속, 인간들의 품위[130]와 무슨 상관이 있는지 나는 알지 못하겠다. 단지 내가 아는 것은 인간적 영광에 대한 오만방자함뿐이고 그런 가운데 로마인들이 이미 자기네 보수를 받았다는 것과, 그런 영광을 추구하는 엄청난 욕망에 타올랐다는 것과, 그래서 저처럼 치열한 전쟁들을 치렀다는 사실뿐이다. 그런 사람들은 과연 전답의 조세를 면제받기나 했다는 말인가? 그렇지 않으면 그들은 뭔가를 배웠고 남들은 배우지 못했다는 말인가? 로마를 알지도 못하고 보지도 못한 다른 땅에도 수많은 원로원 의원들이 나오지 않던가?[131] 허세를 빼놓고 나면 모든 인간들이 결국 인간 외에 무엇이던가? 전도된 속세일망정 만약 더선한 인간들이 더 영예롭다는 것을 인정한다 치자. 비록 그럴 경우라도 인간적 명예가 대단한 무엇으로 중시되어서는 안 되는데, 인간적 명예란 연기와 같아

beneficio Domini Dei nostri; consideremus quanta contempserint, quae pertulerint, quas cupiditates subegerint pro humana gloria, qui eam tamquam mercedem talium uirtutum accipere meruerunt, et ualeat nobis etiam hoc ad opprimendam superbiam, ut, cum illa ciuitas, in qua nobis regnare promissum est, tantum ab hac distet, quantum distat caelum a terra, a temporali laetitia uita aeterna, ab inanibus laudibus solida gloria, a societate mortalium societas angelorum, a lumine solis et lunae lumen eius qui solem fecit et lunam, nihil sibi magnum fecisse uideantur tantae patriae ciues, si pro illa adipiscenda fecerint boni operis aliquid uel mala aliqua sustinuerint, cum illi pro hac terrena iam adepta tanta fecerint, tanta perpessi sint, praesertim quia remissio peccatorum, quae ciues ad aeternam colligit patriam, habet aliquid, cui per umbram quandam simile fuit asylum illud Romuleum, quo multitudinem, qua illa ciuitas conderetur, quorumlibet delictorum congregauit inpunitas.

18. Quid ergo magnum est pro illa aeterna caelestique patria cuncta saeculi huius quamlibet iucunda blandimenta contemnere, si pro hac temporali atque terrena filios Brutus potuit et occidere, quod illa facere neminem cogit? Sed certe difficilius est filios interimere, quam quod pro

---

[132] pro magno haberi ... nullius ponderis fumus: 같은 인간 위에 올라서는 것이 허세뿐이고, "명예에다 무게를 두는데"(pro magno haberi) 실은 "아무 무게도 없음"(nullius ponderis)을 수사학적 기교로 부각시킨다.

[133] 하느님의 도성에 들어감은 용서받고 구원받은 죄인으로서지 태생적 시민권자로서가 아니라는 언질이다. 로물루스의 망명처(asylum)는 1.34; 2.29; 4.5 참조.

[134] Cf. Livius, *Ab Urbe condita* 2.5. 본서 3.16 참조.

서 아무런 무게도 지니지 못하기 때문이다.[132] 하지만 이런 사안에서도 우리는 우리 주 하느님의 보살피심을 이용하기로 하자. 우리는 저 사람들이 비록 인간 적 영광을 얻기 위해서였지만 얼마나 많은 것을 경멸했고 얼마나 많은 곤경을 감수했으며 얼마나 많은 욕망들을 억눌렀던가를 헤아려 본다. 그들은 그처럼 훌륭한 덕성에 대한 보답으로서 인간적 영광을 얻는 데 성공했는데, 그것이 우 리한테는 적어도 오만을 억누르는 힘이 되어야 마땅하리라. 왜냐하면 우리가 군림하기로 언약된 저 도성은 이승의 도성으로부터 거리가 있기 때문이다. 하 늘이 땅으로부터 멀 듯이, 영원한 생명이 잠시의 기쁨과는 거리가 멀 듯이, 견 실한 영광이 헛된 칭송과는 거리가 있듯이, 천사들의 사회가 사멸할 인간들의 사회와는 거리가 있듯이, 해와 달을 지으신 분의 광명이 햇빛과 달빛으로부터 거리가 있듯이 하느님의 도성은 지상의 도성으로부터 까마득하게 멀다. 저처럼 위대한 조국의 시민들이라면 그런 나라를 얻기 위해 무슨 선업을 행했고 어떤 해악을 겪었다고 하더라도 자기가 무슨 대단한 일을 수행한 것으로 여기지 않 아야 할 것이다. 저 로마인들은 이미 건국된 이 지상 도성을 위해서도 참으로 많은 업적을 수행했고 참으로 많은 해악을 감수했기 때문이다. 특히 시민들이 영원한 조국에 들어올 수 있도록 죄를 용서해 주는 점은 로물루스의 망명처와 유사하다고 할 수 있는데, 그 망명처는 무슨 범죄든 면책권을 주어 많은 대중 을 모아들였고 그 무리로 그 도성이 건설되었던 까닭이다.[133]

18. 로마인들이 인간 영광과 지상 도성을 위해서도 엄청난 일을 했다면, 그리 스도인들이 영원한 조국에 대한 사랑에서 무슨 일을 했더라도 어떻게 자만할 수 있겠는가

18. 1. 현세적인 것에 대한 멸시에 비추어 두 도성을 비교한다

현세의 지상 조국을 위해서도 브루투스가 아들들을 죽일 수 있었다면,[134] 저 영 원한 천상 조국을 위해서라면 이 세상의 온갖 유쾌한 향락을 우리가 멸시한들 그것이 무슨 대수로운 일이겠는가? 물론 천상 조국은 아무에게도 자식을 죽이 는 그런 일을 하라고 강요하지 않을 테지만. 그러나 천상 조국을 위해 행해야

ista faciendum est, ea, quae filiis congreganda uidebantur atque seruanda, uel donare pauperibus uel, si existat temptatio, quae id pro fide atque iustitia fieri compellat, amittere. Felices enim uel nos uel filios nostros non diuitiae terrenae faciunt aut nobis uiuentibus amittendae aut nobis mortuis a quibus nescimus uel forte a quibus nolumus possidendae; sed Deus felices facit, qui est mentium uera opulentia. Bruto autem, quia filios occidit, infelicitatis perhibet testimonium etiam poeta laudator. Ait enim:

Natosque pater noua bella mouentes
Ad poenam pulchra pro libertate uocabit
Infelix, utcumque ferent ea facta minores.

Sed uersu sequenti consolatus est infelicem:

Vincit amor patriae laudumque inmensa cupido.

Haec sunt duo illa, libertas et cupiditas laudis humanae, quae ad facta compulit miranda Romanos. Si ergo pro libertate moriturorum et cupiditate laudum, quae a mortalibus expetuntur, occidi filii a patre potuerunt: quid magnum est, si pro uera libertate, quae nos ab iniquitatis et mortis et diaboli dominatu liberos facit, nec cupiditate humanarum laudum, sed caritate liberandorum hominum, non a Tarquinio rege, sed a daemonibus et daemonum principe, non filii occiduntur, sed Christi pauperes inter filios computantur?

Si alius etiam Romanus princeps, cognomine Torquatus, filium, non quia contra patriam, sed etiam pro patria, tamen quia contra imperium

---

[135] 마르 10,17-22 (부자 청년의 일화) 참조.

[136] Vergilius, *Aeneis* 6.820-823 (본서 3.16에도 인용).

[137] Titus Manlius Imperiosus Torquatus: BC 340년의 이탈리아 전쟁에서 군령을 어겼다고 아들을 참수하여 imperiosus (엄격한 자) 라는 별명이 붙었다 (1.23 각주 129 참조). 이하에 교부는 로마 위인들의 행적을 들면서 그리스도인들의 영웅적 덕행을 고무시킨다.

할 것들, 그러니까 아들들을 위해 모아서 간수해야 할 재산을 가난한 사람들에게 주어야 한다거나,[135] 만약 유혹이 있어 신앙이나 정의를 위해 그렇게 해야할 처지이면 그 재산을 포기해야 하는 경우보다 아들들을 자기 손으로 죽이는 편이 훨씬 어려운 일임은 분명하다. 우리 자신이나 우리 자식을 행복하게 만드는 것은 지상의 부富가 아니다. 그리고 지상의 부는 우리가 살아서 잃을지도 모르고, 우리가 죽고 나서 우리가 모르는 사람이나 우리가 원치 않는 사람이 차지할지도 모른다. 그러나 하느님은 우리를 행복하게 만든다. 그분이야말로 지성의 참다운 부富다. 그래서 시인은 비록 브루투스를 칭송하면서도 아들들을 죽였다는 사실로 다음과 같이 그의 불행을 증언하고 있다:

　　　　　아버로서 새삼 전쟁을 두무하는 아들들을
처형했으니 아리따운 자유를 위함이었어라.
　　　불행한지고, 후대인들이 그 일을 뭐라고 이야기하더라도 …
하지만 다음 구절에서 이 불행한 사람을 이렇게 위로한다:
　　　조국에 대한 사랑과 가없는 명예심이 이겨냈도다.[136]
이 두 가지, 곧 자유 그리고 인간적 칭송에 대한 욕망이 로마인들로 하여금 놀라운 행동을 하도록 자극했다. 말하자면 죽을 인간들의 자유와 칭송에 대한 욕망이라는, 사멸할 인간들이 희구하는 두 가지 때문에 아들들이 아버지 손에 죽임까지 당할 수 있었다. 그렇다면 우리가 좀 놀라운 일을 하더라도 그게 무슨 대단한 일이겠는가? 그것이 우리를 죄악과 죽음의 지배에서 또 악마의 지배에서 자유롭게 만드는 참 자유를 위한 것인데. 아들들이 죽음을 당하는 것이 아니라 우리가 그리스도의 가난한 아들들 가운데 끼는 일인데. 그리고 인간적 칭송에 대한 욕망 때문이 아니라 해방시켜야 할 인간들에 대한 사랑 때문에, 그것도 인간을 타르퀴니우스 왕한테서 해방시키는 것이 아니고 악마들과 악마들의 두목한테서 해방시키기 위함인데 말이다.

18.2. 고귀한 역사적 행적
또 다른 로마의 지도자로 토르콰투스라는 성姓을 가진 사람도 아들을 죽였다.[137] 그의 아들은 조국에 반역했던 것은 아니지만, 적군에게 도발을 당하자 사령관인

suum, id est contra quod imperauerat pater imperator, ab hoste prouocatus iuuenali ardore pugnauerat, licet uicisset, occidit, ne plus mali esset in exemplo imperii contempti quam boni in gloria hostis occisi: ut quid se iactent, qui pro inmortalis patriae legibus omnia, quae multo minus quam filii diliguntur, bona terrena contemnunt? Si Furius Camillus etiam ingratam patriam, a cuius ceruicibus acerrimorum hostium Veientium iugum depulerat damnatusque ab aemulis fuerat, a Gallis iterum liberauit, quia non habebat potiorem, ubi posset uiuere gloriosius: cur extollatur, uelut grande aliquid fecerit, qui forte in ecclesia ab inimicis carnalibus grauissimam exhonorationis passus iniuriam non se ad eius hostes haereticos transtulit aut aliquam contra illam ipse haeresem condidit, sed eam potius quantum ualuit ab haereticorum perniciosissima prauitate defendit, cum alia non sit, non ubi uiuatur in hominum gloria, sed ubi uita adquiratur aeterna? Si Mucius, ut cum Porsenna rege pax fieret, qui grauissimo bello Romanos premebat, quia Porsennam ipsum occidere non potuit et pro eo alterum deceptus occidit, in ardentem aram ante eius oculos dexteram extendit, dicens multos se tales, qualem illum uideret, in eius exitium coniurasse, cuius ille fortitudinem et coniurationem talium perhorrescens sine ulla dubitatione se ab illo bello facta pace compescuit: quis regno caelorum inputaturus est merita sua, si pro illo non unam manum neque hoc sibi ultro faciens, sed persequente aliquo patiens totum flammis corpus inpenderit? Si Curtius armatus equo concito in abruptum hiatum terrae se praecipitem dedit, deorum suorum oraculis seruiens, quoniam

---

[138] Furius Camillus: cf. Livius, *Ab Urbe condita* 5.7; 본서 2.17; 3.17.2; 4.7.

[139] 오리게네스처럼 함부로 교회로부터 파문당하거나 징계당하는 씁쓸한 사례들을 교부가 염두에 두고서 기록한 대목이라는 해석도 있다(Bardy).

[140] Mucius Scaevola: cf. Livius, *Ab Urbe condita* 2.12.15; 본서 2.29.1.

[141] 로마 침탈시 정조를 유린당한 동정녀들의 경우에서 시작하여 자살에 관한 긴 토론이 있었다 (1.17-27 참조).

[142] Marcus Curtius: cf. Livius, *Ab Urbe condita* 7.6.3-5; 본서 4.20.

부친의 명령을 어기고 젊은 혈기로 싸움을 벌였고, 비록 승리했지만, 토르콰투스는 자신의 통수권을 어겼다는 이유로 아들을 죽였던 것이다. 적군을 살육했다는 영광스런 행위가 주는 이익보다도 군기軍紀의 문란으로부터 오는 해악이 더클 것을 염려했던 것이다. 그렇다면 그리스도인이 불멸하는 조국의 법에 따라 지상 재화(사람이 아들들을 사랑하는 것보다 훨씬 덜 사랑하리라)를 모조리 멸시한다고 해서 자랑할 것이 무엇이겠는가? 푸리우스 카밀루스[138]는 자기에게 배은망덕한 조국임에도 불구하고, 말하자면 조국의 시민들을 아주 포학한 적군 베이이인들의 멍에에서 풀어주고서도 질시하는 사람들에게서 유죄판결을 받아 유배를 당했음에도 불구하고, 자기보다 나은 인물이 없자 결국 본인이 나서서 갈리이인들에게서 또다시 조국을 해방시켰다. 그리하여 전보다 더 영광스럽게 여생을 보낼 수 있었다. 그렇다면 교회 안에서 육신의 원수들한테서 막중한 불명예의 모욕을 당하고서도 교회의 적敵인 이단자들에게로 넘어가지 않았다고 해서, 혹은 교회에 대항해서 새로운 이단을 창설하지 않았다고 해서, 오히려 힘있는 데까지 이단자들의 극히 해로운 악의에서 교회를 수호했다고 해서, 왜 그것을 무슨 대단한 일이나 한 것처럼 뽐낸다는 말인가? 그렇게 한 것은 그가 인간들의 영광으로 살아갈 곳이 따로 없어서가 아니라 영원한 생명을 얻을 곳이 그곳 아니면 따로 없었기 때문이 아니었을까?[139] 무키우스[140]는 대대적 전쟁으로 로마인들을 압박해 오던 포르센나 왕과 평화조약을 맺으러 가서, 그를 암살하려고 하다가 딴 사람을 그 사람으로 오인하여 죽였지만 정작 포르센나는 죽이지 못했다. 그러자 포르센나 목전에서 불타는 제단에다 오른손을 뻗치면서 자기처럼 포르센나를 보기만 하면 죽여 없애겠노라고 맹약한 사람들이 무수하게 많다고 주장했다. 포르센나는 그의 용기와, 그토록 많은 사람들의 음모가 있다는 데 겁을 먹고서 평화조약을 맺고는 주저없이 전쟁을 철회했다. 그렇다면 하늘 나라를 위해 한 손이 아니라 온몸을 불꽃에 던졌다고 하더라도, 그것도 자기 스스로 행하는 것이 아니라 박해자에게 수난을 당했다고 하더라도, 그 공적으로 하늘 나라를 차지함은 당연하리라고 말할 사람이 누구겠는가?[141] 쿠르티우스[142]는 무장을 하고 말에 올라타서는, 자기네 신들의 신탁에 복종하여 땅의 갈라진 틈새로 무

iusserant, ut illic id quod Romani haberent optimum mitteretur, nec aliud intellegere potuerunt, quam uiris armisque se excellere, unde uidelicet oportebat, ut deorum iussis in illum interitum uir praecipitaretur armatus: quid se magnum pro aeterna patria fecisse dicturus est, qui aliquem fidei suae passus inimicum non se ultro in talem mortem mittens, sed ab illo missus obierit; quando quidem a Domino suo eodemque rege patriae suae certius oraculum accepit: *Nolite timere eos, qui corpus occidunt, animam autem non possunt occidere?* Si se occidendos certis uerbis quodam modo consecrantes Decii deuouerunt, ut illis cadentibus et iram deorum sanguine suo placantibus Romanus liberaretur exercitus: nullo modo superbient sancti martyres, tamquam dignum aliquid pro illius patriae participatione fecerint, ubi aeterna est et uera felicitas, si usque ad sui sanguinis effusionem non solum suos fratres, pro quibus fundebatur, uerum et ipsos inimicos, a quibus fundebatur, sicut eis praeceptum est, diligentes caritatis fide et fidei caritate certarunt? Si Marcus Puluillus dedicans aedem Iouis, Iunonis, Mineruae falso sibi ab inuidis morte filii nuntiata, ut illo nuntio perturbatus abscederet atque ita dedicationis gloriam collega eius consequeretur, ita contempsit, ut eum etiam proici insepultum iuberet (sic in eius corde orbitatis dolorem gloriae cupiditas uicerat): quid magnum se pro euangelii sancti praedicatione, qua ciues supernae patriae de diuersis liberantur et colliguntur erroribus, fecisse dicturus est, cui Dominus de sepultura patris sui sollicito ait: *Sequere me et sine mortuos sepelire mortuos suos?* Si M. Regulus, ne crudelissimos hostes iurando falleret, ad eos

---

[143] 마태 10,28.

[144] Publius Decius Mus 부자(父子)는 라틴족과의 전투(BC 340년)와 센티눔 전투(BC 295년)에서 일신을 희생제물로 바쳐 군대가 승리하게 했다고 전한다(Livius, *Ab Urbe condita* 8.9.10; 10.28). 손자도 BC 279년에 전사했다. 본서 4.20 참조.

[145] 마태 5,43-48 참조: "원수를 사랑하고, 박해하는 사람들을 위해 기도하시오."

[146] diligentes caritatis fide et fidei caritate certarunt: 순교자의 자세는 "믿음"과 "사랑"이었으므로 박해자들에 대한 증오의 여지가 없었다.

[147] Marcus Horatius Pulvillus: 509년 집정관(Livius, *Ab Urbe condita* 2.8.7-8). 본서 3.16 참조.

[148] 동료 집정관(507년) Valerius Publicola가 그의 카피톨리움 헌당 행사를 방해하려고 아들의 죽음을 거짓으로 알려 훼방한 일화를 말한다. Cf. Plutarchus, *Vitae parallelae. Publicola* 14.

[149] 마태 8,22.

[150] Marcus Atilius Regulus: cf. Livius, *Periochae* 18; Eutropius, *Breviarium Ab Urbe condita* 2.25; 본서 1.15; 2.23.1; 3.20 등 수차례.

작정 뛰어들었다. 왜냐하면 로마인들이 가진 최상의 것을 땅이 갈라진 그 틈새로 던져 넣으라는 신들의 명령이 있었기 때문이다. 로마인들에게는 장부丈夫와 병갑兵甲이 가장 뛰어나다고 생각하던 터였으므로 달리 알아들을 여지가 없었으며 따라서 무장한 장부가 신들의 명령 때문에 죽음으로 뛰어들어야 했던 것이다. 그러니 그리스도인 중 누군가가 설령 신앙의 적을 만나서 고난을 당했다고 하더라도, 죽음을 향해 자기를 내던진 것이 아니고 적에게 죽음으로 내몰린 것뿐인데 자기가 영원한 조국을 위해 무슨 대수로운 일을 했노라고 말할 수 있다는 말인가? 그는 자신의 주님이요, 자기 조국의 임금으로부터 "육신은 죽여도 영혼은 죽일 수 없는 자들을 겁내지 마시오"[143]라는 훨씬 더 확고한 신탁을 받지 않았는가? 데키우스 집인[144]은 일정한 주문을 외면서 일신을 죽여 어느 모로 본다면 자기를 봉헌한 셈이다. 자기들이 쓰러져서 자기 피로 신들의 분노를 누그러뜨림으로써 로마 군대가 위기에서 풀려나기 바랐던 것이다. 그러니 거룩한 순교자들은 저 조국에 참여하기 위해 합당한 무엇을 한 것처럼 조금도 뽐낼 것이 아니다. 거기서는 행복이 영원하고 참될 뿐 아니라, 만일 자기 피를 흘리더라도 그들을 위해 피를 흘리는 자기 형제들만 사랑한 것이 아니고, 그들에 의해 피 흘리는 원수들까지도 사랑한 셈이다. 자기들에게 내려진 계명대로[145] 그들은 사랑의 믿음으로, 또 믿음의 사랑으로 사랑하면서 싸웠던 것이다.[146] 그런가 하면 마르쿠스 풀빌루스[147]가 유피테르와 유노와 미네르바의 전당을 봉헌하는 도중에, 그를 시기하는 사람들이 거짓으로 아들의 죽음을 알려왔다. 그런 소식에 놀라 물러서면 그의 동료가 헌당식의 영예를 차지하게 하려는 계교였다. 하지만 그는 아랑곳하지 않았고 오히려 아들을 묻어주지 말고 내버리라는 명령까지 내렸던 것이다(그의 마음에서는 영광을 좇는 욕망이 자식을 잃은 고통을 이겨냈던 까닭이다).[148] 그렇다면 거룩한 복음을 설교하여 그 설교로 상계上界의 조국의 시민들이 갖가지 오류로부터 벗어나고 바로잡는 이상, 복음의 설교를 위해 무슨 대단한 노릇을 했노라고 말할 것인가? 자기 아버지를 매장하는 일에 마음쓰는 사람에게 주님이 한 말씀이 있다: "죽은 이 장사는 죽은 이들이 치르도록 내버려 두시오".[149] 마르쿠스 레굴루스[150]는 비록 잔학한 적군들에게 한 맹세였지만 그 맹

ab ipsa Roma reuersus est, quoniam, sicut Romanis eum tenere uolentibus respondisse fertur, postea quam Afris seruierat, dignitatem illic honesti ciuis habere non posset, eumque Carthaginienses, quoniam contra eos in Romano senatu egerat, grauissimis suppliciis necauerunt: qui cruciatus non sunt pro fide illius patriae contemnendi, ad cuius beatitudinem fides ipsa perducit? Aut quid retribuetur Domino pro omnibus quae retribuit, si pro fide quae illi debetur talia fuerit homo passus, qualia pro fide quam perniciosissimis inimicis debebat passus est Regulus? Quo modo se aude-bit extollere de uoluntaria paupertate Christianus, ut in huius uitae pere-grinatione expeditior ambulet uiam, quae perducit ad patriam, ubi uerae diuitiae Deus ipse est, cum audiat uel legat L. Valerium, qui in suo de-functus est consulatu, usque adeo fuisse pauperem, ut nummis a populo conlatis eius sepultura curaretur? Audiat uel legat Quintium Cincinnatum, cum quattuor iugera possideret et ea suis manibus coleret, ab aratro esse adductum, ut dictator fieret, maior utique honore quam consul, uictisque hostibus ingentem gloriam consecutum in eadem paupertate mansisse? Aut quid se magnum fecisse praedicabit, qui nullo praemio mundi huius fuerit ab aeternae illius patriae societate seductus, cum Fabricium didicerit tantis muneribus Pyrrhi, regis Epirotarum, promissa etiam quarta parte regni a Romana ciuitate non potuisse deuelli ibique in sua paupertate priuatum manere maluisse? Nam illud quod rem publicam, id est rem po-puli, rem patriae, rem communem, cum haberent opulentissimam atque ditissimam, sic ipsi in suis domibus pauperes erant, ut quidam eorum, qui iam bis consul fuisset, ex illo senatu hominum pauperum pelleretur nota-tione censoria, quod decem pondo argenti in uasis habere compertus est;

---

[151] 시편 115,3[116,12].

[152] Lucius Valerius: 그의 청빈 얘기로 미루어 Publius Valerius Publicola(503)임. Cf. Livius, *Ab Ur-be condita* 2.16.7; Eutropius, *Breviarium Ab Urbe condita* 1.11.4. 네 번째 집정관 재직중이 아니고 임기 후에 죽은 것으로 되어 있다(본서 3.17.2 참조).

[153] Lucius Quintius Cincinnatus: cf. Livius, *Ab Urbe condita* 3.26.9; 본서 3.17.2.

[154] Gaius Fabricius Luscinus: cf. Plutarchus, *Vitae parallelae. Pyrrhus* 20.

[155] 로마인들의 국가 개념은 2.21.2-4; 19.21.1 참조: res publica(공화국 = 공공 소유) = res popu-li(국민의 소유) = res patriae(국가의 소유) = res communis(공동 소유). 앞의 각주 123 참조.

[156] Publius Cornelius Rufinus의 일화다. Cf. Valerius Maximus, *Facta et dicta memorabilia* 2.9.

세를 저버리지 않기 위해 다름아닌 로마를 떠나 적군들에게 돌아갔다. 그를 만류하는 로마인들에게 자기는 아프리카인들에게 노예살이를 한 다음인지라 로마에서는 영예로운 시민의 품위를 간직할 수 없다고 대답했다는 말이 전해온다. 카르타고인들은 그가 로마 원로원에서 자기들에게 불리하게 행동했으므로 막중한 형벌을 가해 죽여버렸다. 그렇다면 저 천상 조국에 대한 신의를 위해서라면 무슨 형극이라도 가벼이 여기지 않을 것인가? 그 믿음 자체가 우리를 행복으로 인도하는데, "나 무엇으로 주님께 갚으리요? 내게 베푸신 그 모든 은혜를."[151] 레굴루스가 극히 악독한 적군들에게 약속을 하고서도 그 약속을 지키기 위해서도 저토록 수난을 당했다면, 주님에게 한 약속을 위해서라면 인간이 얼마나 많은 수난을 받았어야 미땅하겠는가? 루키우스 발레리우스[152]가 집정관 재직중에 죽었는데 그가 하도 가난하여 사람들한테서 동전을 모금하여 그의 매장을 치렀다는 말을 듣거나 읽는다면, 그리스도인이 자발적 청빈을 두고 감히 어떻게 자랑할 수 있겠는가? 그 가난 덕분에 현세의 순례중에는 훨씬 가벼운 몸으로 길을 걸을 테고, 그 길은 하느님이 몸소 진정한 재산이 되어 주시는 조국으로 인도할 텐데. 더구나 퀸티우스 킨킨나투스[153]는 네 마지기 땅을 소유하고 있어 손수 경작했으며, 쟁기를 잡고 있다가 끌려와 집정관보다 영예가 큰 독재자가 되었는데, 적군들을 물리쳐 크나큰 영광을 획득한 다음에도 똑같은 청빈 속에 머물렀다는 사실을 듣고 읽는다면 그리스도인들이 무슨 자랑을 하겠는가? 이 세상의 어떤 보상에도 속지 않고 저 영원한 조국의 결속에서 이탈하지 않았다고 해서 무슨 대단한 일을 했노라고 자랑할 수 있겠는가? 에피루스인들의 국왕 피루스의 엄청난 뇌물로도, 심지어 왕국의 4분의 1을 떼어주겠다는 약속에도 불구하고 파브리키우스를 로마 도성으로부터 떼어놓지 못했으며, 차라리 자기 빈곤중에 그냥 일개 필부匹夫로 남아있기를 더 좋아했는데.[154] 로마인들은 공화국, 곧 국민의 소유, 국가의 소유, 공동 소유는 지극히 풍요하고 지극히 부유하게 소유하고 있었지만 자기 집에서는 가난뱅이들이었다.[155] 그들 가운데 어느 인물은 두 번이나 집정관을 지낸 사람인데도 옹기에 10리브라 은전을 갖고 있다는 것이 발각되자 경고장을 붙인 채로 청빈한 사람들의 원로원에서 추방당했다.[156] 그들은 그

ita idem ipsi pauperes erant, quorum triumphis publicum ditabatur aerarium: nonne omnes Christiani, qui excellentiore proposito diuitias suas communes faciunt secundum id quod scriptum est in actibus apostolorum, ut distribuatur unicuique, sicut cuique opus est, et nemo dicat aliquid proprium, sed sint illis omnia communia, intellegunt se nulla ob hoc uentilari oportere iactantia, id faciendo pro obtinenda societate angelorum, cum paene tale aliquid illi fecerint pro conseruanda gloria Romanorum?

Haec et alia, si qua huius modi reperiuntur in litteris eorum, quando sic innotescerent, quando tanta fama praedicarentur, nisi Romanum imperium longe lateque porrectum magnificis successibus augeretur? Proinde per illud imperium tam latum tamque diuturnum uirorumque tantorum uirtutibus praeclarum atque gloriosum et illorum intentioni merces quam quaerebant est reddita, et nobis proposita necessariae commonitionis exempla, ut, si uirtutes, quarum istae utcumque sunt similes, quas isti pro ciuitatis terrenae gloria tenuerunt, pro Dei gloriosissima ciuitate non tenuerimus, pudore pungamur; si tenuerimus, superbia non extollamur; quoniam, sicut dicit apostolus, *indignae sunt passiones huius temporis ad futuram gloriam, quae reuelabitur in nobis.* Ad humanam uero gloriam praesentisque temporis satis digna uita aestimabatur illorum. Vnde etiam Iudaei, qui Christum occiderunt, reuelante testamento nouo quod in uetere uelatum fuit, ut non pro terrenis et temporalibus beneficiis, quae diuina prouidentia permixte bonis malisque concedit, sed pro aeterna uita muneribusque perpetuis et ipsius supernae ciuitatis societate colatur Deus unus et uerus, rectissime istorum gloriae donati sunt, ut hi, qui qualibuscumque uirtutibus terrenam gloriam quaesiuerunt et adquisiuerunt, uincerent eos, qui

---

[157] 사도 2,44; 4,32 참조.

[158] 그리스도인들의 덕목을 비인간적이라고 폄하하던 당대 지식인들의 공격(예: Celsus, *Sermo verax*; Porphyrius, *Contra Christianos*; Iulianus Apostata, *Epistolae* 84, 89)을 염두에 두고서 교부는 신앙인들의 덕성이 이교도들의 덕성을 넘어서야 한다고 독려한다.

[159] 로마 8,18〔200주년: "장차 우리에게 드러날 영광에 견주면 지금 이 시대의 고난은 아무것도 아니라고 생각합니다."〕

[160] rectissime istorum gloriae donati sunt: 70년의 예루살렘 함락을 두고, 유다인들이 메시아를 배척하고 죽인 데 대한 벌로 로마인들의 무용(武勇)을 발휘하는 희생물이 되고 말았다는 역사적 응보의 해석을 내리고 있다.

[161] 아우구스티누스의 다음 글귀에서 신구약의 관계를 어떻게 규정하고 있는지 간파된다: "구약에 신약이 감추어져 있고 신약에서 구약이 드러난다"(*Quaestiones in Heptateuchum* 2).

토록 청빈해서 심지어 승리하고 돌아와서 개선행진을 하더라도 부유해지는 것
은 국고뿐이었다. 모든 그리스도인은 사도행전에 씌어 있는 것처럼 더 숭고한
결심에서 자기 재산들을 공동소유로 만들었으며 각자에게 필요한 대로 나누어
주게 하지 않았던가? 그래서 아무도 무엇을 자기 것이라고 하지 않았고, 그들에
게는 모든 것이 공동소유였다.[157] 그러니 로마인들이 그들의 영광을 보존하기 위
해 그토록 훌륭한 일을 한 마당에, 천사들과 친교를 이루려는 생각에서 무슨 일
을 했다고 해서 조금도 뽐내거나 의기양양해서는 안 된다.[158]

18. 3. 그러나 그들은 각종 보상을 받은 셈이다

로마제국이 훌륭한 성공을 거두면서 참으로 멀리까지, 그리고 널리 확장되어 융
성하지 않았더라면 이런 일화외 그들이 문학서에서 발견되는 그밖의 일화들이
어떻게 그토록 유명해지고, 어떻게 이처럼 명성을 띠고서 널리 알려질 수 있었
겠는가? 그러니까 저토록 광대한 제국을 통해서, 저토록 유구한 제국을 통해서,
저 출중한 인물들의 용맹으로 유명해지고 영광스러워진 제국을 통해서, 그들이
그토록 바라고 추구하던 보상이 베풀어진 셈이다. 그것이 우리한테는 필연적으
로 충고를 담은 귀감으로 제시되었으니, 그들이 지상 도성의 영광을 위해서도
이런 덕성을 간직했다면, 적어도 참다운 덕성과 유사한 덕성들을 간직했다면,
우리가 하느님의 지극히 영화로운 도성을 위해 이 덕성들을 간직하지 못할 적에
는 부끄러움과 가책을 느껴야 마땅하리라는 점이다. 그리고 설령 간직했더라도
오만하게 뽐내지는 말자. 사도가 말한 대로, "현 시기의 고난은 우리에게 계시
되려는 영광에 비교할 가치가 없다".[159] 어쨌든 로마인들은 현세의 인간적 영광
이 그들의 인생을 전부 바칠 만큼 가치있는 것이라고 생각했다. 그리스도를 죽
인 유다인들도 지극히 온당하게 저 로마인들의 영광을 위해 희생물로 바쳐졌던
것이다.[160] 구약에서는 감춰져 있다가 신약이 비로소 명백하게 계시한 진리가 있
다.[161] 유일한 참 하느님을 숭배하는 이유는, 하느님의 섭리로 선인에게도 악인
에게도 함께 허락되는 지상적이고 현세적인 은덕을 입기 위함이 아니라, 영원한
생명을 위해서고 영원한 상급을 위해서며, 그리고 천상 도성의 일원이 되기 위
해서라는 것이다. 범속한 덕성으로 지상 영광을 추구했고 드디어 획득한 로마인

magnis uitiis datorem uerae gloriae et ciuitatis aeternae occiderunt atque respuerunt.

19. Interest sane inter cupiditatem humanae gloriae et cupiditatem dominationis. Nam licet procliue sit, ut, qui humana gloria nimium delectatur, etiam dominari ardenter affectet, tamen qui ueram licet humanarum laudum gloriam concupiscunt, dant operam bene iudicantibus non displicere. Sunt enim multa in moribus bona, de quibus multi bene iudicant, quamuis ea multi non habeant; per ea bona morum nituntur ad gloriam et imperium uel dominationem, de quibus ait Sallustius: «Sed ille uera uia nititur.» Quisquis autem sine cupiditate gloriae, qua ueretur homo bene iudicantibus displicere, dominari atque imperare desiderat, etiam per apertissima scelera quaerit plerumque obtinere quod diligit. Proinde qui gloriam concupiscit, aut uera uia nititur aut certe, «dolis atque fallaciis contendit», uolens bonus uideri esse, quod non est. Et ideo uirtutes habenti magna uirtus est contemnere gloriam, quia contemptus eius in conspectu Dei est, iudicio autem non aperitur humano. Quidquid enim fecerit ad oculos hominum, quo gloriae contemptor appareat, ad maiorem laudem, hoc est ad maiorem gloriam, facere si credatur, non est unde se suspicantium sensibus aliter esse, quam suspicantur, ostendat. Sed qui contemnit iudicia laudantium, contemnit etiam suspicantium temeritatem, quorum tamen, si uere bonus est, non contemnit salutem, quoniam tantae iustitiae est qui de spiritu Dei uirtutes habet, ut etiam ipsos diligat inimicos, et ita

---

[162] 신적 섭리는 인류 역사에도 우주의 운행에도 정의(正義)를 기반으로 한다는 것이 고대 사상가들의 기본 견해였다. Cf. Plotinus, *Enneades* 3.3.5; Crisppius in Aulus Gellius, *Noctes Atticae* 7.1; Augustinus, *De libero arbitrio* 3.4.11.

[163] vera via nititur: cf. Sallustius, *De coniuratione Catilinae* 11.2; 본서 5.12.3.

들이 참된 영광과 영원한 도성을 베풀어주는 분을 크나큰 악덕으로 죽이고 배척한 저 유다인들을 정복할 수 있었던 것도 그런 이유에서였다.[162]

19. 명예욕과 지배욕은 어떻게 다른가

인간적 영광에 대한 탐욕과 지배에 대한 탐욕 사이에는 상당한 차이가 있다. 무릇 인간적 영광을 지나치게 좋아하는 사람은 지배하는 데도 열렬히 애착하는 경향이 있기는 하지만, 진정한 인간적 칭송의 영광을 갈망하는 사람들은 올바른 판단력을 가진 사람들에게 불쾌감을 주지 않으려는 노력도 기울인다. 윤리도덕에는 선한 것이 많으며 많은 이가 비록 그것을 갖추고 있지는 못하더라도 많은 이가 그것에 관해 올바로 판단은 할 수 있다. 따라서 바로 이런 도덕적 선을 통해 진정한 인간적 칭송의 영광을 갈망하는 인간들이 영광과 제권帝權 혹은 지배권을 얻으려고 노력한다. 그런 사람들을 두고 살루스티우스는 "선인은 정도正道로 노력을 한다"라는 말을 했다.[163] 올바른 판단력을 가진 사람들을 불쾌하게 만들지 않을까 두려워하지도 않으면서, 영광을 탐하고 무작정 지배하고 통치하겠다는 욕심만 내는 사람은 아주 노골적인 범죄도 서슴지 않으면서까지 자기가 좋아하는 바를 얻으려고 모색한다. 따라서 영광을 탐하는 자는 정도正道로 노력을 하거나, 선한 사람이 아니면서도 선한 사람으로 보이기 바라면서 "음모와 사기로 도모하거나" 둘 중의 하나이다. 그리고 덕성들을 갖춘 사람으로서는 영광을 멸시한다는 것 자체가 대단한 덕성인데 그 이유는 영광을 멸시한다는 사실이 하느님 대전에서만 드러나지 인간적 판단에는 드러나지 않는 까닭이다. 영광을 멸시하는 사람으로 드러나기 위해 사람들의 목전에서 무엇을 하든 그는 더 큰 찬사를 얻기 위해, 즉 더 큰 영광을 얻기 위해 그렇게 행동한다고들 믿는다. 만일 그렇다면 의심하는 사람들의 심정에 의혹받는 바와는 달리 자기를 내보일 방도가 없으리라. 하지만 칭송하는 사람들의 판단을 경멸하는 사람이라면 의심하는 사람들의 무모함마저 경멸할 수 있으리라. 그런데 그가 정말 착한 사람이라면 자기를 두고 의심하는 사람들의 구원마저 무시하지는 않을 것이다. 하느님의 영으로부터 덕성을 받은 사람이라면 원수까지도 사랑하는 것이 정의에 해당하고,

diligat, ut suos osores uel detractores uelit correctos habere consortes non in terrena patria, sed superna; in laudatoribus autem suis, quamuis parui- pendat quod eum laudant, non tamen paruipendit, quod amant, nec eos uult fallere laudantes, ne decipiat diligentes; ideoque instat ardenter, ut potius ille laudetur, a quo habet homo quidquid in eo iure laudatur. Qui autem gloriae contemptor dominationis est auidus, bestias superat siue crudelitatis uitiis siue luxuriae. Tales quidam Romani fuerunt. Non enim cura existimationis amissa dominationis cupiditate caruerunt. Multos tales fuisse prodit historia; sed huius uitii summitatem et quasi arcem quandam Nero Caesar primus obtinuit, cuius fuit tanta luxuries, ut nihil ab eo puta- retur uirile metuendum; tanta crudelitas, ut nihil molle habere crederetur, si nesciretur. Etiam talibus tamen dominandi potestas non datur nisi sum- mi Dei prouidentia, quando res humanas iudicat talibus dominis dignas. Aperta de hac re uox diuina est loquente Dei sapientia: *Per me reges regnant et tyranni per me tenent terram.* Sed ne tyranni non pessimi atque improbi reges, sed uetere nomine fortes dicti existimentur (unde ait Ver- gilius:

       Pars mihi pacis erit dextram tetigisse tyranni):

apertissime alio loco de Deo dictum est: *Quia regnare facit hominem hypocritam propter peruersitatem populi.* Quam ob rem, quamuis ut potui satis exposuerim, qua causa Deus unus uerus et iustus Romanos secun- dum quandam formam terrenae ciuitatis bonos adiuuerit ad tanti imperii

---

[164] 정의의 고전적 개념(suum cuique tribuere)에 원수에 대한 사랑과 교정(敎正) 혹은 구원(救援) 의 무까지 첨가하는 성서적 정의관을 피력한다.

[165] 교회 지도자로서 칭송과 사랑을 받으면서 허영에 빠지지 않기 어려움을 교부도 토로한 적이 있 다: Confessiones 10.36.58 - 9.64. 아래 5.24의 이상적 황제상(皇帝像) 참조.

[166] 도무지 남자답지 못하다고 여겨질 만큼 엽색행각에 몰두했고, 동시에 무시무시할 정도로 남자답 게 여겨질 만큼 잔인무도했다는 뜻이다. 그의 인물상: Tacitus, Annales 15.37; Suetonius, Nero 34; Dio Cassius, Historia Romana 61.2.

[167] 잠언 8,15.

[168] Vergilius, Aeneis 7.266. Tyrannus에 대한 로마인들의 인식은 매우 부정적이었으나 Vergilius가 Aeneas에게도 이 어휘를 사용했다고 설명한다.

[169] 욥기 34,30. [새번역: "불경스런 인간이 다스리지 못하고 백성에게 올가미를 놓지 못합니다."]

자기를 증오하는 사람들과 헐뜯는 사람들마저 바로잡아서 이 지상국에서는 못 하더라도 천상국에서 운명을 함께하는 사람으로 만들 수 있도록 사랑해야 할 것이다.[164] 그리고 자기를 칭송하는 사람들을 상대하더라도, 비록 자신에 대한 칭송은 대수롭지 않게 평가하더라도 그들의 사랑까지 가볍게 평가하지는 말아야 할 것이다. 또 자기를 칭송하는 사람들을 기만하려고 해서는 안 되며 자기를 사랑하는 사람들을 현혹하지도 말아야 할 것이다. 그러므로 그가 참으로 열성을 다해 힘써야 할 바는, 인간이 온당하게 칭송받을 만한 것이 있다면 그것을 베풀어준 그분이 칭송을 받게 하는 일이다.[165] 영광은 멸시하지만 지배를 욕구하는 사람이라면 그 잔학함이나 방탕의 악덕에 있어서 야수를 능가한다. 로마인들 가운데 어떤 인물들이 그랬다. 개인적 명망에 대한 흥미를 설령 잃은 경우라도 지배에 대한 탐욕은 없어지지 않았다. 그런 인물들이 많았음은 역사가 확인하는 바이지만, 이 악덕의 최고봉 내지 절정은 네로 카이사르가 제일 먼저 차지한다. 그의 방탕은 하도 심해서 그 사람에게서 두려워할 만한 남자다운 면모란 일체 없다고들 생각할 정도였으며, 그의 잔학은 하도 심해서, 그를 모르는 사람이라면 그 사람에게서 유약한 면모란 일체 없다고 믿을 정도였다.[166] 그런 인물들인데도 그들에게 지배권이 주어졌던 것은 지존한 하느님의 섭리에 의해서였다. 인간사가 그런 주인들에게 지배당함이 온당하다고 판단한 것이다. 이 문제에 관한 하느님의 말씀이 분명한데, 하느님의 지혜는 이렇게 언명하고 있다: "나를 통해 국왕들은 다스리고 전제군주들도 나를 통해 땅을 차지한다".[167] 다만 여기서 옛 어법에 따라 "전제군주"라는 말은 극히 악독하고 의롭지 못한 국왕들을 가리키는 것이 아니라, 그냥 세도가들을 가리킨다고 보아야 한다(베르길리우스도 전제군주라는 말을 다음과 같이 사용하고 있다:

내가 전제군주의 오른손을 붙잡았던 것은 평화의 신호였느니라.)[168]
그리고 성서의 다른 대목에서 하느님에 관해 하는 말에서 이 문제가 더없이 분명해진다: "위선자가 통치하게 만드신 것은 백성의 사악함 때문이었다."[169] 그러므로 나는 하나이며 참되고 의로운 하느님이 무슨 이유로, 지상 도성의 기준으로 보자면 그래도 선량한 사람들이라고 할 로마인들에게 은총을 내렸고, 저토록

gloriam consequendam: potest tamen et alia causa esse latentior propter diuersa merita generis humani, Deo magis nota quam nobis, dum illud constet inter omnes ueraciter pios, neminem sine uera pietate, id est ueri Dei uero cultu, ueram posse habere uirtutem, nec eam ueram esse, quando gloriae seruit humanae; eos tamen, qui ciues non sint ciuitatis aeternae, quae in sacris litteris nostris dicitur ciuitas Dei, utiliores esse terrenae ciuitati, quando habent uirtutem uel ipsam, quam si nec ipsam. Illi autem, qui uera pietate praediti bene uiuunt, si habent scientiam regendi populos, nihil est felicius rebus humanis, quam si Deo miserante habeant potestatem. Tales autem homines uirtutes suas, quantascumque in hac uita possunt habere, non tribuunt nisi gratiae Dei, quod eas uolentibus credentibus petentibus dederit, simulque intellegunt, quantum sibi desit ad perfectionem iustitiae, qualis est in illorum sanctorum angelorum societate, cui se nituntur aptare. Quantumlibet autem laudetur atque praedicetur uirtus, quae sine uera pietate seruit hominum gloriae, nequaquam sanctorum exiguis initiis comparanda est, quorum spes posita est in gratia et misericordia ueri Dei.

20. Solent philosophi, qui finem boni humani in ipsa uirtute constituunt, ad ingerendum pudorem quibusdam philosophis, qui uirtutes quidem probant, sed eas uoluptatis corporalis fine metiuntur et illam per se ipsam putant adpetendam, istas propter ipsam, tabulam quandam uerbis pingere, ubi uoluptas in sella regali quasi delicata quaedam regina considat, eique uirtutes famulae subiciantur, obseruantes eius nutum, ut faciant quod illa

---

[170] "하느님의 도성"을 언급하는 시편 45[46],5 ("강이 있어 그 줄기들이 하느님의 도성을, 지존의 거룩한 거처를 즐겁게 하네"); 47[48],2 ("우리 하느님의 도성, 당신의 거룩한 산에서"); 47[48],9 ("우리가 보았도다, 만군의 주님의 도성에서, 우리 하느님의 도성에서") 참조.

[171] 덕목은 인간사회를 원만하게 구성하는 데 있다는 철학자들의 견해 (예: Plotinus, *Enneades* 1.2.1-2)대로 사회적 덕목(virtutes civiles)을 인정하지만 하느님이라는 최고 목적으로 인간을 정향시키는 것이 아니면 참다운 덕이 아니라는 교부의 주장(*Contra Iulianum haeresis Pelagianae* 3.16.33)은 본서 19.2, 25 참조.

[172] 에피쿠루스 학파가 보는 스토아 학파의 입장이다: Epicurus, *Epistulae ad Menneoceum* 129 - 130.

[173] Cf. Cleanthes in Cicero, *De finibus bonorum et malorum* 2.21.69: 스토아 학자들의 반응에 해당한다.

광대한 제국의 영광을 차지하게 했는지 할 수 있는 한 충분히 설명했다. 그렇지만 인류의 공덕은 매우 다양할 수 있고 그것이 우리에게보다 하느님께 더 드러나 있을 터이므로, 여기에는 더 은밀한 다른 이유도 있을 수 있다. 진정 경건한 사람들 사이에서는 그 누구도 진정한 경건심 없이는, 다시 말해 참 하느님께 대한 참다운 예배가 없이는, 참다운 덕성을 갖출 수 없다는 것, 또 비록 인간적 영광에 이바지하는 덕성일지라도 진정한 덕성이 되지 못한다는 것이 분명한 사실로 통한다. 그렇지만 우리 성서에서 하느님의 도성이라고 일컫는[170] 영원한 도성의 시민이 못 되는 시민들은 그런 덕성이나마 갖추고 있는 것이 아예 없는 것보다는 지상 도성에 더 유용할 것이다. 참다운 경건심을 갖추고서 착하게 사는 사람들이 백성들을 통치하는 지식을 구비했다면, 그리고 하느님이 자비로이 여겨 그들이 권력을 장악한다면, 인간 역사로서는 이보다 다행한 일이 없을 것이다. 이런 인물들은 현세에서 아무리 많은 덕성을 소유하더라도 그것을 하느님의 은총 아닌 다른 이유로 생각하지 않는다. 그 덕성들을 원하고 믿고 청하는 사람들에게 하느님이 주었으리라고 외에 달리 생각하지 않는다. 그와 동시에 완전한 정의, 자기 스스로 합일하려고 힘쓰는 저 거룩한 천사들의 사회에서 통하는 정의에 도달하려면 자기한테 아직 부족한 것이 얼마나 많은지도 그들은 깨닫는다. 진정한 경건심 없이 인간들의 영광에 이바지하는 덕이라면, 그 덕이 아무리 칭송을 받고 널리 퍼져 있다 할지라도 성도들의 아주 미미한 첫걸음에도 비길 수 없다. 성도들은 참 하느님의 은총과 자비에 희망을 두는 까닭이다.[171]

20. 덕성들을 정욕에 사용하든 인간적 영광에 사용하든 추악하기는 마찬가지다

철학자들은 인간적 선善의 목적을 덕 자체에 두는 것이 상례다.[172] 그런데 덕성을 인정하기는 하지만 육체적 쾌락을 목적으로 해서 덕성을 헤아리고 쾌락은 그 자체가 목적으로 해서 추구해야 한다고 생각하는 또 다른 철학자들이 있어서 그런 철학자들에게 수치심을 주려는 의도에서 덕성들이 쾌락과 갖는 관계를 무슨 그림처럼 그려낸다.[173] 그 그림에 의하면 쾌락은 우아한 여왕처럼 왕좌에 앉아있고 덕성들은 시녀들처럼 그 주위에 시립하고서는 여왕이 명령하는 바를

imperauerit, quae prudentiae iubeat, ut uigilanter inquirat, quo modo uoluptas regnet et salua sit; iustitiae iubeat, ut praestet beneficia quae potest ad comparandas amicitias corporalibus commodis necessarias, nulli faciat iniuriam, ne offensis legibus uoluptas uiuere secura non possit; fortitudini iubeat, ut, si dolor corpori acciderit, qui non compellat in mortem, teneat dominam suam, id est uoluptatem, fortiter in animi cogitatione, ut per pristinarum deliciarum suarum recordationem mitiget praesentis doloris aculeos; temperantiae iubeat, ut tantum capiat alimentorum et si qua delectant, ne per inmoderationem noxium aliquid ualetudinem turbet et uoluptas, quam etiam in corporis sanitate Epicurei maximam ponunt, grauiter offendatur. Ita uirtutes cum tota suae gloria dignitatis tamquam imperiosae cuidam et inhonestae mulierculae seruient uoluptati. Nihil hac pictura dicunt esse ignominiosius et deformius et quod minus ferre bonorum possit aspectus; et uerum dicunt. Sed non existimo satis debiti decoris esse picturam, si etiam talis fingatur, ubi uirtutes humanae gloriae seruiunt. Licet enim ipsa gloria delicata mulier non sit, inflata est et multum inanitatis habet. Vnde non ei digne seruit soliditas quaedam firmitasque uirtutum, ut nihil prouideat prouidentia, nihil distribuat iustitia, nihil toleret fortitudo, nihil temperantia moderetur, nisi unde placeatur hominibus et uentosae gloriae seruiatur. Nec illi se ab ista foeditate defenderint, qui, cum aliena spernant iudicia uelut gloriae contemptores, sibi sapientes uidentur et sibi placent. Nam eorum uirtus, si tamen ulla est, alio modo quodam humanae subditur laudi; neque enim ipse, qui sibi placet, homo

---

[174] Cf. Cicero, *De finibus bonorum et malorum* 1.13-16.

[175] tamquam imperiosae cuidam et inhonestae mulierculae: 첫머리에 나온 "우아한 여왕처럼 (quasi delicata quaedam regina) 왕좌에 앉아 있는" 쾌락과 대칭된다.

시행하려고 여왕의 눈짓만 쳐다보고 있다. 쾌락은 현덕에 명하여, 어떻게 하면 쾌락이 통치하고 안전할 수 있는지 깨어 있으면서 궁리하라고 시킨다. 정의에 명하여, 육체적 이익에 소용되는 우정을 마련할 만한 혜택을 베풀라고 시킨다. 아무에게도 불의를 행하지 말라고, 법을 어김으로써 쾌락이 편안히 살아갈 수 없게 만드는 일이 없도록 하라고 시킨다. 용기에 명하여, 육체에 고통이 닥치더라도, 그것이 죽음으로 내모는 것이 아닌 한, 자기 여주인, 즉 쾌락을 수호하라고, 강력한 정신력으로 지나간 기쁨들을 회상함으로써 현재의 고통이라는 가시를 다듬으라고 시킨다. 절제에 명하여, 음식이든 좋아하는 것이든, 무절제 때문에 건강에 해로운 것을 초래하지 않을 만큼만 취하라고, 에피쿠루스 학파는 신체의 건강에 크나큰 쾌락을 두고 있었으니까,[174] 그 일로 쾌락이 크게 손상되는 일이 없게 하라고 시킨다. 그렇게 해서 온갖 덕성들은 각각의 영광에서 오는 온갖 품위를 간직하고 있으면서도, 세도가 당당하고 정숙치 못한 여편네나 다름없는 쾌락에 시중드는 노예와 다를 바 없다.[175] 철학자들은 덕에 관한 이 그림보다 수치스럽고 왜곡된 무엇이 결코 없다고 말하며, 선인善人들이 이보다 더 견디기 힘든 수모를 당할 수는 없다고도 한다. 그리고 그 말은 사실이다. 나는 인간적 덕성들이 노예처럼 영광을 섬기는 모습으로 그려질 경우에 이런 그림이 덕성에 합당한 영예를 바치는 것으로 보고 싶지는 않다. 저 영광부터가 우아한 여자는 못 될뿐더러 잔뜩 부풀어 있고 대단한 허영심을 안고 있다. 그러니 견실하고 확고한 덕성들이 오로지 영광을 여왕처럼 섬기는 것은 합당치 못하다. 그럴 경우에 인간들을 흡족케 하고 영광을 섬기기 위함이 아니라면 현덕은 아무것도 궁리하지 않고 정의는 아무것도 분배하지 않고 용기는 아무것도 인종하지 않고 절제는 아무것도 삼가지 않을 것이기 때문이다. 더구나 스스로 영광을 멸시한다면서 타인들의 판단을 무시하는 저 사람들도 으레 자기를 현인으로 자처하고 스스로 흡족해하는 한, 그들마저 이런 낯부끄러운 비난을 면치 못할 것이다. 왜냐하면 그들의 덕성이 아무것도 아니라고는 못하더라도 어떤 면에서는 인간적 칭송에 얽매여 있는 까닭이다. 스스로 흡족해하는 당사자 역시 어디까지나 하느님 아닌 사람이다. 그런데 참된 경건심을 품고 하느

non est. Qui autem uera pietate in Deum, quem diligit, credit et sperat, plus intendit in ea, in quibus sibi displicet, quam in ea, si qua in illo sunt, quae non tam ipsi quam ueritati placent; neque id tribuit, unde iam potest placere, nisi eius misericordiae, cui metuit displicere; de his sanatis gratias agens, de illis sanandis preces fundens.

21. Quae cum ita sint, non tribuamus dandi regni atque imperii potestatem nisi Deo uero, qui dat felicitatem in regno caelorum solis piis; regnum uero terrenum et piis et impiis, sicut ei placet, cui nihil iniuste placet. Quamuis enim aliquid dixerimus, quod apertum nobis esse uoluit: tamen multum est ad nos et ualde superat uires nostras hominum occulta discutere et liquido examine merita diiudicare regnorum. Ille igitur unus uerus Deus, qui nec iudicio nec adiutorio deserit genus humanum, quando uoluit et quantum uoluit Romanis regnum dedit; qui dedit Assyriis, uel etiam Persis, a quibus solos duos deos coli, unum bonum, alterum malum, continent litterae istorum, ut taceam de populo Hebraeo, de quo iam dixi, quantum satis uisum est, qui praeter unum Deum non coluit et quando regnauit. Qui ergo Persis dedit segetes sine cultu deae Segetiae, qui alia dona terrarum sine cultu tot deorum, quos isti rebus singulis singulos, uel

---

[176] vera pietate in Deum, quem *diligit, credit et sperat*: 그리스도교의 초자연 덕목(virtutes theologicae)들이 한데 열거되어 자연적 덕목들을 올바로 자리매김한다.

[177] his *sanatis* gratias agens, de illis *sanandis* preces fundens: 치유로서의 구원을 앞뒤로 구분한다.

[178] 역사에는 합리적 설명이 가능한 영역이 있겠지만 전체로 보는 역사는 신의 신비로운 경륜에 돌려야 할 부분도 담고 있다는 소신이다.

[179] 조로아스터의 사상은 선신(Ormuzd 또는 Ahura Mazda)과 악신(Ahriman 혹은 Angra Mainyu)의 이원론적 세력이 역사를 주재하는 것으로 설명한다. Cf. Plutarchus, *Queastiones Romanae* 26; Plinius, *Historia naturalis* 30.3-11.

[180] 4.34; 5.18.3 참조.

님을 사랑하고 믿고 그분에게 희망을 거는 사람이라면,[176] 자기 마음에 드는 덕행보다도 자기 마음에 들지 않는 결점에 더욱 주의를 기울인다. 자기 안에 덕스러운 무엇이 있다면 그것은 진리를 흡족하게 만드는 것이어야지 자신을 흡족케 해서는 안 된다. 그리고 이미 자기 마음에 흡족할 대상이라면, 그것을 오직 한 분의 자비에 돌리며 자기는 오로지 그분의 마음에 들지 못할까 두려워한다. 그리고 자기가 치유받은 부분에 대해 감사를 드리고, 아직 치유받아야 할 부분에 대해서는 치유해 주십사 기도한다.[177]

21. 모든 권세가 하느님께로부터 유래하고 만유가 하느님의 섭리로 다스려지므로 로마 왕국은 참 하느님이 세운 깃이다

사정이 이렇다면 우리는 왕권과 제권을 부여하는 권능을 참 하느님께만 돌리기로 하자. 그분은 하늘 나라에서는 경건한 사람들에게만 행복을 베푼다. 그러나 지상 왕국에서는 당신의 마음에 드는 대로 경건한 사람들에게도 불경한 사람들에게도 행복을 베푼다. 물론 의롭지 못한 무엇이 하느님의 마음에 드는 일은 결코 없다. 하느님이 우리에게 분명히 드러나기 바란 내용에 관해 우리가 어느 정도 이야기했지만, 인간사의 비밀스런 일을 거론하거나 왕국들의 공과를 면밀히 검토하여 판단하는 것은 우리 힘에 넘친다.[178] 유일한 참 하느님은 인류에게 심판도 보우도 거절하지 않는 분으로서 당신이 원할 적에 원한 만큼 로마인들에게 왕권을 준 것이다. 그분은 아시리아인들에게도 페르시아인들에게도 왕권을 준 바 있다. 페르시아인들은 두 신만을 섬겼는데 그들의 기록에 의하면 하나는 선신이고 하나는 악신이었다.[179] 히브리 백성에 관해서는 입을 다물겠다. 이 백성에 관해서는 이미 충분할 만큼 이야기했지만[180] 그들은 왕국을 갖고 있을 적에도 한 분 하느님 외에 아무도 숭배하지 않았다. 하느님은 페르시아인들이 추수의 신 세게티아 여신을 숭배하지 않았는데도 페르시아인들에게 추수를 주었고, 갖가지 사물을 주재한다는 그 많은 신들을 숭배하지 않았는데도 땅의 선물을 주었다. 그런 것을 저 로마인들은 각 사물에 각 신을 따로 배정했고 심지어 한 가지 사물에도 다수의 신들을 배당했다. 그런 신들을 숭배하지 않아

etiam rebus singulis plures praeposuerunt: ipse etiam regnum dedit sine cultu eorum, per quorum cultum se isti regnasse crediderunt. Sic etiam hominibus: qui Mario, ipse Gaio Caesari; qui Augusto, ipse et Neroni; qui Vespasianis, uel patri uel filio, suauissimis imperatoribus, ipse et Domitiano crudelissimo; et ne per singulos ire necesse sit, qui Constantino Christiano, ipse apostatae Iuliano, cuius egregiam indolem decepit amore dominandi sacrilega et detestanda curiositas, cuius uanis deditus oraculis erat, quando fretus securitate uictoriae naues, quibus uictus necessarius portabatur, incendit; deinde feruide instans inmodicis ausibus et mox merito temeritatis occisus in locis hostilibus egenum reliquit exercitum, ut aliter inde non posset euadi, nisi contra illud auspicium dei Termini, de quo superiore libro diximus, Romani imperii termini mouerentur. Cessit enim Terminus deus necessitati, qui non cesserat Ioui. Haec plane Deus unus et uerus regit et gubernat, ut placet; et si occultis causis, numquid iniustis?

22. Sic etiam tempora ipsa bellorum, sicut in eius arbitrio est iustoque iudicio et misericordia uel adterere uel consolari genus humanum, ut alia citius, alia tardius finiantur. Bellum piratarum a Pompeio, bellum Punicum tertium ab Scipione incredibili celeritate et temporis breuitate confecta sunt. Bellum quoque fugitiuorum gladiatorum, quamuis multis Romanis ducibus et duobus consulibus uictis Italiaque horribiliter contrita atque uastata, tertio tamen anno post multa consumpta consumptum est. Picentes, Marsi et Peligni, gentes non exterae, sed Italicae, post diuturnam

---

[181] 교부는 선한 정치가들과 악한 정치가들이 공존한다는 사실에서 역사의 자율적 전개와 신비로운 신적 섭리를 한데 통찰하고자 한다.

[182] 4.29 참조. Cf. Eutropius, *Breviarium Ab Urbe condita* 10.16.2.

[183] 자의적으로 보이는 전쟁의 승패와 기간은 역사의 합리적 해명에 큰 장애였다.

[184] 전자(Bellum piratarum)는 BC 67년 폼페이우스가 코라케시움 해전으로 결판을 냈고(Cicero, *Oratio pro lege Manilia* 12.34), 후자(Bellum Punicum tertium)는 BC 146년 봄에 끝났다.

[185] BC 73~71년: 3.26 참조.

도 하느님은 저 페르시아인들에게 왕권을 주었는데, 이 로마인들은 자기들이 군림한 것은 그런 신들의 숭배에 힘입어서였다고 믿었다. 개개인에게도 마찬가지였다. 하느님이 마리우스에게 권력을 주었고, 가이우스 카이사르에게도 주었다. 아우구스투스에게 권력을 주었고, 네로에게도 주었다. 매우 온유한 황제였던 아버지 베스파시아누스와 아들 베스파시아누스에게 권력을 준 분이 악독하기 이를 데 없는 도미티아누스에게도 주었다.[181] 그리고 일일이 소급해 올라갈 필요는 없겠고 그리스도 신자 콘스탄티누스에게 권력을 준 분이 배교자 율리아누스에게도 주었다. 율리아누스는 특출한 재능을 지녔지만 지배욕 때문에 신성 모독적이고 혐오스런 호기심이 그 재능을 타락시키고 말았다. 그는 허황한 신탁에 몰두한 탓에 너무 성급하게 승리를 장담하고서 필요한 식량을 싣고 있던 선박들을 불살랐다. 그러고서는 지나친 만용으로 결연하게 맞서다 그 경솔의 대가로 머잖아 피살당했고, 보급이 떨어져 절박한 군대를 적지에 남겨놓는 결과가 되었다. 그 군대는 이미 언급한 테르미누스 신의 조짐과는 정반대로 로마 제국의 국경을 변화시키지 않았더라면 황제와 같은 운명을 피할 길이 없었다. 테르미누스 신은 유피테르에게도 자리를 물러서지 않는다는데 절박한 사정에는 물러선 셈이다.[182] 이것도 하나요 참된 하느님이 마음대로 다스리고 통치함에 틀림없다. 그 이유가 우리가 모르는 숨은 이유라고 해서 부당하다는 말인가?

22. 전쟁의 기간과 결말은 하느님의 판단에 달려 있다

그래서 전쟁들의 기간 역시 그분의 판단에 따라, 정의로운 심판으로 인류를 황폐케 할지 자비로 인류를 위로할지에 따라, 어떤 전쟁은 더 빨리 어떤 전쟁은 더 늦게 끝난다.[183] 해적 전쟁은 폼페이우스에 의해, 삼차 포에니 전쟁은 스키피오에 의해 믿어지지 않을 만큼 신속히 짧은 기간에 수행되었다.[184] 도망한 검투사들의 전쟁은, 수많은 로마인 장수들과 두 사람의 집정관이 패배했고 이탈리아가 가공할 정도로 파괴되고 황폐해졌지만 3년 만에, 그야말로 많은 것을 소진시킨 다음에 평정되었다.[185] 피켄테스인, 마르시인, 펠리그니인은 외국 민족이 아니고 이탈리아 민족임에도 로마의 지배 밑에서 오랫동안 충실하게 예속

et deuotissimam sub Romano iugo seruitutem in libertatem caput erigere temptauerunt, iam multis nationibus Romano imperio subiugatis deletaque Carthagine; in quo bello Italico Romanis saepissime uictis ubi et duo consules perierunt et alii nobilissimi senatores, non diuturno tamen tempore tractum est hoc malum; nam quintus ei annus finem dedit. Sed bellum Punicum secundum cum maximis detrimentis et calamitate rei publicae per annos decem et octo Romanas uires extenuauit et paene consumpsit; duobus proeliis ferme septuaginta Romanorum milia ceciderunt. Bellum Punicum primum per uiginti et tres annos peractum est; bellum Mithridaticum quadraginta. Ac ne quisquam arbitretur rudimenta Romanorum fuisse fortiora ad bella citius peragenda, superioribus temporibus multum in omni uirtute laudatis bellum Samniticum annis tractum est ferme quinquaginta; in quo bello ita Romani uicti sunt, ut sub iugum etiam mitterentur. Sed quia non diligebant gloriam propter iustitiam, sed iustitiam propter gloriam diligere uidebantur, pacem factam foedusque ruperunt. Haec ideo commemoro, quoniam multi praeteritarum rerum ignari, quidam etiam dissimulatores suae scientiae, si temporibus Christianis aliquod bellum paulo diutius trahi uident, ilico in nostram religionem proteruissime insiliunt, exclamantes, quod, si ipsa non esset et uetere ritu numina colerentur, iam Romana illa uirtute, quae adiuuante Marte et Bellona tanta celeriter bella confecit, id quoque celerrime finiretur. Recolant igitur qui legerunt, quam diuturna bella, quam uariis euentis, quam luctuosis cladibus a ueteribus sint gesta Romanis, sicut solet orbis terrarum uelut procellosissimum pelagus uaria talium malorum tempestate iactari, et quod nolunt aliquando fateantur, nec insanis aduersus Deum linguis se interimant et decipiant imperitos.

---

[186] Bellum Italicum seu Sociale: 실제로는 BC 90년부터 88년까지 3년간이다: Livius, *Periochae* 49.

[187] Bellum Punicum secundum: BC 219년 Saguntum의 포위부터 201년까지였다. Lacus Trasimenus (BC 217년) 전투와 Cannae(BC 216년: 본서 3.19 참조) 전투가 본서에서 언급되고 있다(Orosius, *Historiae adversus paganos* 4.20).

[188] Bellum Punicum primum: BC 264~241년.

[189] Bellum Mithridaticum: 3.22 참조. BC 88~61년 사이의 전쟁이므로 연한이 과장되었다(Florus, *Epitome de gestis Romanorum* 3.5).

[190] BC 343~290년에 세 번 전쟁이 발발했다. 여기서는 BC 321년의 패전과 치욕(sub iugum mitti)을 가리킨다. Cf. Livius, *Ab Urbe condita* 9.1-12. 카우디움 협곡의 패전은 본서 3.17.2 참조.

[191] sicut orbis terrarum velut procellosissimum pelagus ... iactari: 전쟁의 역사적 비합리성은 고대 사상가들에게도 큰 충격이었다. 예: Plato, *Leges* 629a - 630d; Aristoteles, *Politica* 1325a; 1333b - 1334a).

되어 있다가, 무수한 국가들이 로마제국에 굴복하고 카르타고가 멸망한 다음에 서야 자유를 찾아 독립하고자 했다. 이탈리아 전쟁에서는 로마인들이 아주 빈 번하게 패배하여 집정관 두 명이 전사했고 다른 고귀한 원로원들이 전사했지만 이 전쟁은 그렇게 오래가지 않았다. 발발한 지 5년 만에 끝을 보았다.[186] 그렇 지만 이차 포에니 전쟁은 로마 공화국에 끼친 막대한 피해와 재난으로 그야말 로 18년에 걸쳐 로마의 국력을 약화시키고 거의 소진시키다시피 했다. 두 번의 전투에서 로마인 근 칠만 명이 쓰러졌다.[187] 일차 포에니 전쟁은 무려 23년간 이어졌다.[188] 미트리다테스 전쟁은 40년을 끌었다.[189] 로마인들이 초기에는 더 용감했고 그래서 전쟁을 더 빠른 시간 내에 끝낼 수 있었다고 판단하지 말기 바란다. 온갖 용맹으로 칭송을 받는 상고시대에도 삼니움 전쟁은 무려 거의 50 년이나 끌었다. 그 전쟁에서는 로마인들이 패배하기도 하여 멍에 밑으로 지나 가기도 했던 것이다.[190] 그렇지만 로마인들은 정의에 입각해서 영광을 사랑한 것이 아니었고, 오히려 영광 때문에 정의를 사랑한다고 생각하던 차였으므로 그때 체결된 평화와 조약을 서슴없이 파기해 버렸다. 내가 이런 사건들을 상기 시키는 까닭은, 많은 이들이 과거사를 알지 못하고 어떤 사람들은 알면서도 모 르는 체하면서까지, 그리스도교 시대에 와서 어떤 전쟁이 좀 오래 지속된다 싶 으면, 당장 방약무인하게도 우리 종교에 시비를 걸고, 만약 우리 종교가 없었 고 옛 의식대로 신령들을 숭배했더라면, 로마의 저 위력으로, 또 마르스와 벨 로나의 보우를 입어 신속하게 전쟁을 완수하고 더없이 빨리 전쟁을 종식시켰으 리라고 소리지르고 있기 때문이다. 그러니 책을 읽은 사람들은 돌이켜보라, 옛 로마인들이 얼마나 지겨운 전쟁들을 치러야 했던가를! 얼마나 다채로운 사건을 겪고, 얼마나 통탄스런 재난을 겪으면서 전쟁을 치러 왔던가를! 온 세계가 마 치 바람이 몰아치는 대양처럼 온갖 해악의 폭풍으로 날뛰는 일이 마치 늘 일어 나는 일상사라도 되듯이, 과거에도 현재도 전쟁이 난무하고 있다.[191] 그러니 사 람들은 인정하기 싫더라도 때로는 인정해야 할 것이고, 하느님을 거슬러 허황 하게 혀를 놀리는 짓일랑 스스로 삼갈 것이요, 무식한 사람들을 기만하는 일일 랑 그만두었으면 좋겠다.

23. Quod tamen nostra memoria recentissimo tempore Deus mirabiliter et misericorditer fecit, non cum gratiarum actione commemorant, sed, quantum in ipsis est, omnium si fieri potest hominum obliuione sepelire conantur; quod a nobis si tacebitur, similiter erimus ingrati. Cum Radagaisus, rex Gothorum, agmine ingenti et inmani iam in Vrbis uicinia constitutus Romanis ceruicibus inmineret, uno die tanta celeritate sic uictus est, ut ne uno quidem non dicam extincto, sed uulnerato Romanorum multo amplius quam centum milium prosterneretur eius exercitus atque ipse mox captus poena debita necaretur. Nam si ille tam impius cum tantis et tam impiis copiis Romam fuisset ingressus, cui pepercisset? Quibus honorem locis martyrum detulisset? In qua persona Deum timeret? Cuius non sanguinem fusum, cuius pudicitiam uellet intactam? Quas autem isti pro diis suis uoces haberent, quanta insultatione iactarent, quod ille ideo uicisset, ideo tanta potuisset, quia cotidianis sacrificiis placabat atque inuitabat deos, quod Romanos facere Christiana religio non sinebat? Nam propinquante iam illo his locis, ubi nutu summae maiestatis oppressus est, cum eius fama ubique crebresceret, nobis apud Carthaginem dicebatur, hoc credere spargere iactare paganos, quod ille diis amicis protegentibus et opitulantibus, quibus immolare cotidie ferebatur, uinci omnino non posset ab eis, qui talia diis Romanis sacra non facerent nec fieri a quoquam permitterent. Et non agunt miseri gratias tantae misericordiae Dei, qui cum statuisset inruptione barbarica grauiora pati dignos

---

[192] 아우구스티누스 당대의 전쟁으로, 고트족의 Radagaisus가 405년 침공하여 북이탈리아를 약탈하고 진군하다 역병으로 군사를 대부분 잃고서 Stilico 장군에게 패배하고 생포되어 처형당한 사건을 말한다: Orosius, *Historiae adversus paganos* 7.37.13-14.

[193] 라다가이수스가 Stilico 장군의 출현에 놀라 플로렌스 가까운 Faesulae로 후퇴했는데 그곳에서 전염병으로 군대를 대부분 잃었다.

23. 신령들을 섬기는 고트족의 왕 라다가이수스가 하루 만에 거대한 군대와 더불어 패망한 전쟁

우리 기억에도 아주 최근에 기묘하고 자비롭게 하느님이 이루어준 바를 그들은 고마운 마음으로 기억하지도 않으려니와 자기 자신에게서는 물론, 할 수만 있다면, 모든 사람들의 기억에서 묻어 버리려고 애쓰고 있다. 우리마저 그 사건에 관해 입을 다문다면 그들처럼 배은망덕한 사람이 되고 말리라. 고트인들의 왕 라다가이수스가 로마 도성의 인근에다 거대한 진영陣營을 포진하고 로마의 목에다 칼을 들이대고 있을 때였다. 그러나 단 하루 만에 그의 군대는 그토록 신속하게 패배했고, 그의 군대에서는 십만 명이 넘게 쓰러졌는 데 비해 로마인들 가운데서는 단 한 명도 부상하거나 전사하지 않았다고 내 장담하겠다. 라다가이수스도 머잖아 사로잡혀 응분의 형벌을 받아 처형당했다.[192] 그처럼 불경스런 인물이 그토록 불경스럽고 수가 많은 군대를 거느리고 로마에 입성했더라면 과연 누구를 살려 주었겠는가? 그런 사람이 순교자들의 성소 어느 곳을 약탈하지 않고 남겨 두었겠는가? 어떤 사람을 두고 하느님을 두려워했겠는가? 누구의 피를 흘리지 않았겠으며 누구의 정조를 유린하지 않았겠는가? 만약 라다가이수스가 이겼더라면 날마다 희생제사를 바치면서 자기네 신들에게 봉헌하고 대접한 덕분으로 그가 승리했고 대단한 위업을 달성할 수 있었다고 떠들었겠지만, 또 한편 로마인들은 자기들도 그렇게 제사지내는 것을 그리스도교가 허용하지 않아서 패배했다면서, 자기네 신들을 편들어 얼마나 목청을 높였겠으며 얼마나 욕설을 하고 날뛰었겠는가? 그가 지존하신 분의 명령으로 멸망할 지역을 향해 진군하던 무렵,[193] 그의 소문이 사방에 퍼지자 카르타고에서는 이교도들이 다음과 같은 소문을 믿고 퍼뜨리면서 좋아했는데 그 말이 우리 귀에까지 들렸다. 말인즉, 라다가이수스는 날마다 신들에게 희생제사를 올리고 있으니 그를 보호하는 신들이 제상을 받으면서 보호해주고 있어서 로마 신들에게 그런 제사를 바치지도 않고 누가 바치는 것마저 허용하지 않는 사람들한테 패할 리가 없다는 것이었다! 그런 언행을 하고 나서도 저 가련한 사람들은 하느님의 그만한 자비에 감사를 표하지 않고 있다. 하느님은 사람들이 야만족의 침

mores hominum castigare, indignationem suam tanta mansuetudine temperauit, ut illum primo faceret mirabiliter uinci, ne ad infirmorum animos euertendos gloria daretur daemonibus, quibus eum supplicare constabat; deinde ab his barbaris Roma caperetur, qui contra omnem consuetudinem gestorum ante bellorum ad loca sancta confugientes Christianae religionis reuerentia tuerentur ipsisque daemonibus atque impiorum sacrificiorum ritibus, de quibus ille praesumpserat, sic aduersarentur nomine Christiano, ut longe atrocius bellum cum eis quam cum hominibus gerere uiderentur; ita uerus dominus gubernatorque rerum et Romanos cum misericordia flagellauit, et tam incredibiliter uictis supplicatoribus daemonum nec saluti rerum praesentium necessaria esse sacrificia illa monstrauit, ut ab his qui non peruicaciter contendunt, sed prudenter adtendunt, nec propter praesentes necessitates uera religio deseratur, et magis aeternae uitae fidelissima expectatione teneatur.

24. Neque enim nos Christianos quosdam imperatores ideo felices dicimus, quia uel diutius imperarunt uel imperantes filios morte placida reliquerunt, uel hostes rei publicae domuerunt uel inimicos ciues aduersus se insurgentes et cauere et opprimere potuerunt. Haec et alia uitae huius aerumnosae uel munera uel solacia quidam etiam cultores daemonum accipere meruerunt, qui non pertinent ad regnum Dei, quo pertinent isti; et hoc ipsius misericordia factum est, ne ab illo ista qui in eum crederent

---

[194] 같은 이민족들이지만 라다가이수스의 야만과 알라리쿠스의 관용을 대조하면서, 교부는 비록 이 단파이지만 알라리쿠스의 승리는 자비가 곁들인 하느님의 채찍질이고, 라다가이수스의 돌연한 패사는 다신숭배의 무익함을 보여준 섭리라는 (좀 무리한) 해석을 하고 있다.

[195] 술라나 코모두스 및 카라칼라 황제 등은 자기 이름 앞에 Felix (행복한)라는 공식 호칭을 붙여 제신의 가호를 과시한 적 있다.

[196] ad regnum Dei, quo pertinent isti: 문장 구조상 자칫 술라나 카라칼라 같은 폭군들이 하느님의 나라에 속하는 인물이었다는 해석이 가능한데, quo는 quod explicativum (설명 quod)의 탈격으로 보는 편이 좋겠다.

략으로 중한 재난을 당할 만하여 인간들의 습속을 벌하기로 정했지만, 또 대단한 자비심으로 당신의 분노를 누그러뜨린 것이다. 그래서 먼저는 놀라운 방식으로 그자를 패망케 했는데 이것은 나약한 사람들의 어리석은 마음 때문에 혹시나 그자가 기도를 드린다고 소문난 악령에게 영광이 돌아가지 않게 하려는 뜻이었다. 그런데 하느님이 그다음에는 로마가 야만인들 손에 점령당하게 놓아두었는데 그자들은 이전에 수행된 전쟁의 관습과는 정반대로, 성스러운 곳으로 피신한 사람들을 그리스도교에 대한 경의에서 우러나 보호해 주었다. 그 대신 라다가이수스가 받들고 뻐기던 저 정령들과 불경한 제사의 의례에 대해서는 그리스도의 이름으로 완강하게 반대했으므로 로마를 점령한 고트족은 마치 로마 도성의 인간늘을 상내로 하는 전쟁보다도 라다가이수스가 섬기던 저 정령들을 상대로 치열하게 전쟁을 치르는 것처럼 보일 지경이었다. 이리하여 참 주님이요 만물의 주재자는 로마인들을 채찍질하되 자비를 곁들여 했고, 그와 동시에 신령들을 숭배하는 사람들에게는 믿어지지 않을 패배를 통해 그들이 바치던 저 제사가 현세 사물의 안녕에도 소용없는 것임을 보여주었다.[194] 그래서 무턱대고 시비를 거는 사람들이 아니고 신중하게 관찰하는 사람들이라면 현세의 긴박한 사정 때문에 참 종교를 버리지 않을뿐더러, 더구나 영원한 생명을 바라는 지극히 성실한 기대 때문에도 참 종교를 고이 간직할 것이다.

24. 그리스도인 황제들의 행복은 어떤 것이며 무엇이 참된 행복인가

그렇다고 해서 우리 그리스도인들은 어떤 황제들이 더 오래 제위에 있었다고 해서, 혹은 평온한 죽음을 하면서 제위에 오른 아들들을 남겼다고 해서, 공화국의 적들을 제압했거나 자기에게 반대하여 봉기한 적대적 시민들을 사전에 대처하고 분쇄할 수 있었다고 해서 행복한 사람이었다고는 말하지 않는다.[195] 번거로운 이 인생의 보상이나 위안이라고 할 이런 행운들이나 여타의 것들은 정령들을 숭배하는 자들, 하느님의 나라에 속하지 않는 자들도 받을 만한 것들이었다. 행운을 입었다는 저런 황제들은 이 경우에 해당하는 인물들이었다.[196] 이런 일은 저분의 자비에 의해 이루어졌는데 그것도 어디까지나 당신을 믿는 사

uelut summa bona desiderarent. Sed felices eos dicimus, si iuste imperant, si inter linguas sublimiter honorantium et obsequia nimis humiliter salutantium non extolluntur, et se homines esse meminerunt; si suam potestatem ad Dei cultum maxime dilatandum maiestati eius famulam faciunt; si Deum timent diligunt colunt; si plus amant illud regnum, ubi non timent habere consortes; si tardius uindicant, facile ignoscunt; si eandem uindictam pro necessitate regendae tuendaeque rei publicae, non pro saturandis inimicitiarum odiis exerunt; si eandem ueniam non ad inpunitatem iniquitatis, sed ad spem correctionis indulgent; si, quod aspere coguntur plerumque decernere, misericordiae lenitate et beneficiorum largitate compensant; si luxuria tanto eis est castigatior, quanto posset esse liberior; si malunt cupiditatibus prauis quam quibuslibet gentibus imperare et si haec omnia faciunt non propter ardorem inanis gloriae, sed propter caritatem felicitatis aeternae; si pro suis peccatis humilitatis et miserationis et orationis sacrificium Deo suo uero immolare non neglegunt. Tales Christianos imperatores dicimus esse felices interim spe, postea re ipsa futuros, cum id quod expectamus aduenerit.

25. Nam bonus Deus, ne homines, qui eum crederent propter aeternam uitam colendum, has sublimitates et regna terrena existimarent posse neminem consequi, nisi daemonibus supplicet, quod hi spiritus in talibus multum ualerent, Constantinum imperatorem non supplicantem daemoni-

---

[197] 로마제국에서 성행했던 황제숭배를 암시하는 문장이다.

[198] 아우구스티누스가 묘사하는 이상적 군주상이라고 하겠다. 플라톤(예: *Politicus* 301d; *Leges* 965b-d) 이래의 사회적 덕성과 그리스도교적 덕론이 결합되어 있다.

람들이 이런 것들을 최고선인 양 희구하는 일이 없게 하려는 의도에서였을 것이다. 그런데 저 황제들이 정의롭게 통치하는 경우에는, 자기를 극도로 칭송하는 사람들의 변설과 자기에게 너무도 비굴하게 굽신거리는 사람들의 아첨에 묻혀 우쭐대지 않는 경우에는, 그리고 자신이 어디까지나 일개 인간임을 기억하는 경우에는[197] 우리도 그들을 행복하다고 한다. 만일 자기 권력을 사용하여 하느님께 대한 숭배가 최대한 확장되게 만들고 하느님의 지존하심을 받드는 수단으로 삼는다고 하자. 만일 하느님을 두려워하고 사랑하고 섬긴다고 하자. 동료들이 차지할까 겁내지 않아도 되는 저 천상 도성의 왕권을 더욱 사랑한다고 하자. 보복하는 데는 느리고 쉽사리 용서한다고 하자. 같은 처벌을 가하더라도 공화국을 다스리고 수호할 필요 때문에 하는 것이지 원수에 대한 증오심을 충족시키기 위해 행사하는 것이 아니라고 하자. 같은 용서를 베풀더라도 악행을 벌하지 않고 방관하려는 것이 아니고 교정矯正하려는 희망에서 관용한다고 하자. 가혹한 결정을 내리지 않을 수 없더라도 온유한 자비심과 관대한 은덕으로 이를 보완한다고 하자. 그들은 모든 면에서 자유로운만큼 오히려 향락을 더욱 철저하게 절제한다고 하자. 타민족들을 억누르는 일보다도 자기 정욕을 더 억누르고 싶어한다고 하자. 만일 이 모든 것을 실천하되 무상한 영광에 대한 열의 때문에 하지 않고 영원한 행복에 대한 사랑 때문에 행한다고 하자. 자기 죄를 두고서 겸손과 자비와 기도의 제사를 참 하느님께 바치기를 소홀히 하지 않는다고 하자. 그러면 우리는 그런 그리스도인 황제들이야말로 행복하다고 말하겠다. 지금은 전적으로 희망에 입각하여 행복하다고 하겠고, 우리가 기다리는 바가 도래할 적에는 실제로 행복하리라고 말하겠다.[198]

25. 그리스도인 황제 콘스탄티누스에게 하느님이 베푼 번영

무릇 지선한 하느님은, 영원한 생명 때문에 당신을 섬겨야 한다고 믿는 인간들이 혹시라도 정령들에게 애걸하지 않고는 아무도 이런 지존과 지상 왕권을 획득할 수 없다고 믿는 일이 없도록, 다시 말해 이 영들이 그런 사물에 대단한 위력을 지니고 있다고 여기는 일이 없도록, 콘스탄티누스 황제에게 그 누구도 감

bus, sed ipsum uerum Deum colentem tantis terrenis impleuit muneribus, quanta optare nullus auderet; cui etiam condere ciuitatem Romano imperio sociam, uelut ipsius Romae filiam, sed sine aliquo daemonum templo simulacroque concessit. Diu imperauit, uniuersum orbem Romanum unus Augustus tenuit et defendit; in administrandis et gerendis bellis uictoriosissimus fuit, in tyrannis opprimendis per omnia prosperatus est, grandaeuus aegritudine et senectute defunctus est, filios imperantes reliquit. Sed rursus ne imperator quisquam ideo Christianus esset, ut felicitatem Constantini mereretur, cum propter uitam aeternam quisque debeat esse Christianus: Iouianum multo citius quam Iulianum abstulit; Gratianum ferro tyrannico permisit interim, longe quidem mitius quam magnum Pompeium colentem uelut Romanos deos. Nam ille uindicari a Catone non potuit, quem ciuilis belli quodam modo heredem reliquerat; iste autem, quamuis piae animae solacia talia non requirant, a Theodosio uindicatus est, quem regni participem fecerat, cum paruulum haberet fratrem auidior fidae societatis quam nimiae potestatis.

26. Vnde et ille non solum uiuo seruauit quam debebat fidem, uerum etiam post eius mortem pulsum ab eius interfectore Maximo Valentinianum eius paruulum fratrem in sui partes imperii tamquam Christianus excepit pupillum, paterno custodiuit affectu, quem destitutum omnibus opibus nullo negotio posset auferre, si latius regnandi cupiditate magis quam benefaciendi caritate flagraret; unde potius eum seruata eius impe-

---

[199] 이 황제(306~337년 재위)의 어둔 면은 생략하고 그리스도교에 공헌한 밝은 면만 부각시키고 있다. Cf. Eusebius, *De vita Constantini*.

[200] Byzantium이 있던 곳에 건설한 Constantinopolis를 가리킨다(330년).

[201] 그의 정적이던 Maxentius, Licinius를 가리켜 tyranni(폭군, 찬탈자)라고 칭하고 있다.

[202] Flavius Gratianus(367~383년 재위): 암브로시우스와 친교를 갖고, 스스로 대제관(Pontifex Maximus: 이후 교황의 공식칭호가 됨) 호칭을 포기했으며 원로원에서 Victoria 여신상을 철거했다. Maximus (usurpator)와의 전투에서 군대에게 버림받고 암살당한다.

[203] 교부는 그리스도인 황제들의 운명을 예거하면서 그 피비린내나는 소요 속에서도 하느님의 섭리를 발견하려고 노력한다. 배교자 Iulianus(4.29; 5.21 참조)의 전사 후(363년) Iovianus(4.29 참조)가 선출되었으나 이듬해에 죽고, Gratianus(6.26.1 참조)는 자기 군대의 손에 살해당했다(383년). Cf. Eutropius, *Breviarium Ab Urbe condita* 10.5-8, 17-18; Orosius, *Historiae adversus paganos* 7.28, 31-35.

[204] Theodosius I: Gratianus에 의해 동로마 황제위에 오름(379년). 후자가 383년 기병대장(magister equitum) Andragathius에게 암살당하자 Maximus를 토벌하고 Gratianus의 아우 Valentinianus II를 복위시킴.

히 바라지 못할 만큼 많은 선물을 채워 주었다.[199] 그는 정령들에게 애걸하지 않고 참 하느님을 숭배하는 사람이었다. 하느님은 그에게 로마제국의 우방 도성을, 그러니까 바로 로마의 딸과 같은 도성을 건설하게 허락했다.[200] 그러나 정령들의 신전과 신상이 일체 없게 했다. 그는 장기간 통치했고 단독 아우구스투스로서 로마 천하를 장악해 끝까지 지켰다. 그는 전쟁을 관할하고 수행하는 데 승승장구했고, 찬탈자들을 제압하는 데 큰 성공을 거두었으며,[201] 아주 오래 살고서 노환으로 죽었고, 아들들에게 제위를 넘겼다. 그렇지만 다시 말하거니와 어떤 황제든 콘스탄티누스와 같은 행복을 얻을 생각에서 그리스도인이 되는 일이 없어야 하고, 누구든지 영원한 생명을 얻기 위해 그리스도인이 되어야 하리라. 하느님은 요미아누스를 율리아누스보다 훨씬 빨리 데려갔고, 그라티아누스[202]는 찬탈자의 칼에 시살당하게 허락했는데 그래도 그가 당한 것은 로마 신들을 숭배하던 대폼페이우스가 당한 것보다는 훨씬 덜했다. 폼페이우스는 어느 면에서 시민전쟁을 계승할 인물로 카토를 남겼지만 카토가 그에 대한 복수를 해주지 못했기 때문이다. 그런데 그라티아누스로 말하면 경건한 영혼이 그런 위안을 찾을 리야 없겠지만, 테오도시우스가 복수해 주었다. 그라티아누스는 어리지만 제권을 계승할 만한 아우가 있었음에도 아우 아닌 테오도시우스에게 제국을 분할했으며, 과분한 권력을 탐하기보다 동지의 신의를 더 중시했던 것이다.[203]

26. 테오도시우스 아우구스투스의 신앙과 신심

26. 1. 테오도시우스는 덕성과 신앙에 출중했다

바로 그래서 테오도시우스[204]는 그라티아누스의 생전에도 그에게 마땅한 신의를 지켰을 뿐 아니라, 그리스도인답게, 그의 사후에도 그를 살해한 막시무스에게 추방당한 그라티아누스의 어린 아우 발렌티니아누스에게 자기 제국을 나누어 주었고 어버이 같은 애정으로 어린아이를 지켜주었다. 만일 테오도시우스가 은덕을 베풀려는 사랑보다도 더 널리 군림하려는 욕망에 불타는 사람이었더라면, 이미 정적한테서 추방당한 사람에게서 아무 힘도 들이지 않고 모든 재산을 빼앗을 수 있었을 것이다. 그렇지만 그는 발렌티니아누스에게 황제의 지위를 보

ratoria dignitate susceptum ipsa humanitate et gratia consolatus est. Deinde cum Maximum terribilem faceret ille successus, hic in angustiis curarum suarum non est lapsus ad curiositates sacrilegas atque inlicitas, sed ad Iohannem in Aegypti heremo constitutum, quem Dei seruum prophetandi spiritu praeditum fama crebrescente didicerat, misit atque ab eo nuntium uictoriae certissimum accepit. Mox tyranni Maximi extinctor Valentinianum puerum imperii sui partibus, unde fugatus fuerat, cum misericordissima ueneratione restituit, eoque siue per insidias siue quo alio pacto uel casu proxime extincto alium tyrannum Eugenium, qui in illius imperatoris locum non legitime fuerat subrogatus, accepto rursus prophetico responso fide certus oppressit, contra cuius robustissimum exercitum magis orando quam feriendo pugnauit. Milites nobis qui aderant rettulerunt extorta sibi esse de manibus quaecumque iaculabantur, cum a Theodosii partibus in aduersarios uehemens uentus iret et non solum quaecumque in eos iaciebantur concitatissime raperet, uerum etiam ipsorum tela in eorum corpora retorqueret. Vnde et poeta Claudianus, quamuis a Christi nomine alienus, in eius tamen laudibus dixit:

O nimium dilecte deo, cui militat aether,
Et coniurati ueniunt ad classica uenti!

Victor autem, sicut crediderat et praedixerat, Iouis simulacra, quae aduersus eum fuerant nescio quibus ritibus uelut, consecrata et in Alpibus constituta, deposuit, eorumque fulmina, quod aurea fuissent, iocantibus (quod illa laetitia permittebat) cursoribus et se ab eis fulminari uelle dicentibus

---

[205] heremus Ioannes: 당대에 명망을 떨치던 은수자여서 많은 교부들이 언급하고 있다. Cf. Augustinus, *De cura pro mortuis gerenda* 17.21.

[206] Maximus는 388년 패사(敗死)했고, Valentinianus는 392년 아를르에서 비명에 죽는다. Eugenius 는 지성인으로서 이교신앙의 복원을 시도하다 394년에 테오도시우스에게 패하여 죽는다.

[207] Cf. Orosius, *Historiae adversus paganos* 7.35.21.

[208] Claudianus, *De tertio consulatu Onorii Augusti panegyris* 96 - 98. 사본에 따라서는 "그대를 편들어 아이올루스는 / 동굴에서 무장한 겨울바람을 뿜어보내며"(cui fundit ab antris / Aeolus armatas hiemes) 라는 원래의 문구가 첨가되어 있다.

전해 주고서 그를 받아들여 인정과 총애를 기울이면서 그를 위로해 주었다. 그렇게 발렌티니아누스에게 승계시킴으로써 막시무스를 두려워해야 할 처지가 되었어도 테오도시우스는 자기 근심걱정 속에서도 점을 쳐서 신성을 모독하는 부당한 호기심에 떨어지지 않았고 이집트의 은둔처에 자리잡고 있던 요한에게 가르침을 받으려고 사람을 보냈다. 하느님의 이 사람이 예언의 영을 갖추고 있다는 소문이 날로 커지는 중이었다. 그리고 승리를 확고하게 다짐하는 전갈을 그에게서 받았다.[205] 머잖아 찬탈자 막시무스를 제거하고 극진한 동정과 경의를 다해 어린 발렌티니아누스를 그가 추방당했던 제국의 영토에 다시 복위시켰다. 복위된 발렌티니아누스가 음모 때문인지 다른 사유 때문인지 아니면 우연인지 곧바로 세거되었는데 그때에도 비합법적으로 황제의 자리에 선출된 찬탈자 에우게니우스를 공격했다.[206] 다시 한번 예언적 응답을 받고서 신앙에서 우러난 확신을 품고서 그를 공격했으며, 그의 막강한 군대를 상대로 전투를 벌였는데 무기를 들고 싸웠다기보다는 기도하며 싸웠다고 해야 할 것이다. 전장에 있었던 병사들이 우리한테 전해주는 바에 의하면, 테오도시우스 편에서 적군 쪽으로 강풍이 불어닥쳐 적군들이 아군 쪽으로 던지려던 투창이 모조리 손에서 빠져나가 버렸다고 한다. 이 바람은 무엇이든지 적군들한테 던진 것은 아주 빠른 속도로 날아가게 만들었을 뿐 아니라 적군들의 투창마저 적군들의 몸을 향해 방향을 바꾸었다는 것이다.[207] 그래서 시인 클라우디아누스도, 비록 그리스도의 이름과 무관한 인물이지만, 테오도시우스를 칭송하여 이런 말을 했다:

> 오, 신에게 너무도 사랑받은 이여, 그대를 편들어 창공이 싸우고
> 바람들이 음모자들처럼 함대를 이루어 모여드는구나.[208]

승리를 거둔 다음 그는 자신이 믿고 예고한 대로, 무슨 예식을 거쳤는지는 모르지만 테오도시우스를 해코지하려는 뜻에서 축성되고 알프스에 안치되었던 유피테르의 신상을 철거시켰다. 또 황금으로 되어 있던 유피테르의 번개를 자기의 전령들이 갖고 놀면서 (이것은 승리의 기쁨에서 허용할 만한 짓이었다) 이런 번개라면 자기들도 맞아죽었으면 좋겠다고 떠들어대자 기꺼이 또 관대하게 그들에게 하사했다. 원수들이야 테오도시우스 본인의 명령이라기보다는 전쟁의

hilariter benigneque donauit. Inimicorum suorum filios, quos, non ipsius iussu, belli abstulerat impetus, etiam nondum Christianos ad ecclesiam confugientes, Christianos hac occasione fieri uoluit et Christiana caritate dilexit, nec priuauit rebus et auxit honoribus. In neminem post uictoriam priuatas inimicitias ualere permisit. Bella ciuilia non sicut Cinna et Marius et Sulla et alii tales nec finita finire uoluerunt, sed magis doluit exorta quam cuiquam nocere uoluit terminata. Inter haec omnia ex ipso initio imperii sui non quieuit iustissimis et misericordissimis legibus aduersus impios laboranti ecclesiae subuenire, quam Valens haereticus fauens Arrianis uehementer adflixerat; cuius ecclesiae se membrum esse magis quam in terris regnare gaudebat. Simulacra gentilium ubique euertenda praecepit, satis intellegens nec terrena munera in daemoniorum, sed in Dei ueri esse posita potestate. Quid autem fuit eius religiosa humilitate mirabilius, quando in Thessalonicensium grauissimum scelus, cui iam episcopis intercedentibus promiserat indulgentiam, tumultu quorundam, qui ei cohaerebant, uindicare compulsus est et ecclesiastica cohercitus disciplina sic egit paenitentiam, ut imperatoriam celsitudinem pro illo populus orans magis fleret uidendo prostratam, quam peccando timeret iratam? Haec ille secum et si qua similia, quae commemorare longum est, bona opera tulit ex isto temporali uapore cuiuslibet culminis et sublimitatis humanae; quorum operum merces est aeterna felicitas, cuius dator est Deus solis ueraciter piis. Cetera uero uitae huius uel fastigia uel subsidia, sicut ipsum mundum lucem auras, terras aquas fructus ipsiusque hominis animam corpus, sensus mentem uitam, bonis malisque largitur; in quibus est etiam quaelibet imperii magnitudo, quam pro temporum gubernatione dispensat.

---

[209] 3.28 참조. 전쟁에 뒤이은 대대적 학살을 암시한다.

[210] 황제의 송덕은 Orosius, *Historiae adversus paganos* 7.35에 실려 있다.

[211] 동로마 황제 Valens(364~378년 재위)는 니케아 공의회(325년)에서 단죄된 아리우스 파를 지원하고 아타나시우스의 입장에 동조하는 주교들과 수도자들을 유배시켰다. 378년 비시고트인들에게 패하여 전사했음(그의 가톨릭 박해는 18.52.2 참조).

[212] 아우구스티누스가 목격한 사건이었다. 데살로니카 주민들의 우상인 경주마차 기수(騎手)의 체포로 주민들이 폭동을 일으켜 경찰 사령관을 살해하자 황제군이 주민들을 수천명 학살했다. 암브로시우스 주교가 황제를 학살죄로 파문했고 황제는 신자로서의 속죄행위를 하여 파문이 철회된다. Cf. Ambrosius, *Epistulae* 40, 41, 45; Theodoretus, *Historia ecclesiastica* 5.17.

[213] 아우구스티누스의 테오도시우스 예찬은 「신국론」의 예상 못한 결함 가운데 하나로 지적되고 있다(Brown, Duval).

소용돌이가 없애버렸지만 자기 원수들의 아들들이 아직 그리스도인이 아니면서 교회로 피신하자 그는 차제에 그들이 그리스도인이 되기 바랐고 그리스도교의 사랑으로 그들을 사랑하여 재산을 몰수하지도 않고 오히려 관직을 올려 주었다. 또 승리를 거둔 다음에 아무에게도 원한관계를 사사로이 행사토록 허용하지 않았다. 시민전쟁이 끝난 다음에도 그 전쟁을 끝내기 싫어하던 킨나나 마리우스나 술라와는 달리,[209] 그는 내란이 발생하는 것 자체를 통탄했고, 일단 종식된 다음에는 그 누구도 해치려고 하지 않았다.[210] 이런 행적의 와중에서 제위 초기에도 그는 극히 정의롭고 어진 법률로 불경스런 사람들을 상대로 힘들여 고생하는 교회를 돕느라고 노심초사했다. 이단자였던 발렌스는 아리우스 파를 총애하여 교회를 몹시 괴롭혔던 것이다.[211] 테오도시우스는 지상에서 군림하는 그것보다도 자기가 교회의 성원이라는 것을 더 기뻐하고 있었다. 또 그는 어디서든지 이교도들의 신상을 무너뜨리라고 명했다. 지상의 선물도 신령들의 권능에 놓여 있는 것이 아니고 참 하느님의 권능에 놓여 있음을 철저하게 깨닫고 있었기 때문이었다. 데살로니카인들의 범행이 있었을 적에, 주교들이 중재를 나서면서 테오도시우스가 사면을 언약했는데도 자기에게 가까운 몇몇 사람들의 선동으로 인해 충동적으로 보복을 가한 일이 있었다. 그러고 나서 교회 규율에 따른 요구가 있자 그는 참회를 행했다. 황제를 위해 기도하던 백성은 죄를 짓고서도 지존한 황제랍시고 분노하는 모습을 두려워하지 않아도 되었다. 그들은 지존한 황제가 땅에 부복한 모습을 보고서 눈물을 흘렸다. 그의 이런 종교적 겸손보다 더 놀라운 것이 또 있었던가?[212] 그는 이런 행적이나 그밖에 이와 비슷한 선행을 했는데 그것을 열거하자면 긴 얘기가 될 것이다. 인간 세계의 정상과 지존임에도 물거품 같은 현세에서 그는 이런 선행을 지니고 있었던 것이다.[213] 이런 선행들에 대한 상급은 영원한 생명이며, 이 생명은 하느님만 베풀고 진실로 경건한 사람들에게만 베푼다. 그 대신 현세의 출세와 재산, 즉 세상 자체, 빛, 공기, 땅, 물, 열매, 인간의 영혼과 육체, 감관과 지성, 생명은 선인에게도 악인에게도 베풀어 준다. 제국의 크기도 그 가운데 들어가는데 역사의 주관을 위해 하느님이 배당한다.

Proinde iam etiam illis respondendum esse uideo, qui manifestissimis documentis, quibus ostenditur, quod ad ista temporalia, quae sola stulti habere concupiscunt, nihil deorum falsorum numerositas prosit, confutati atque conuicti conantur asserere non propter uitae praesentis utilitatem, sed propter eam, quae post mortem futura est, colendos deos. Nam istis, qui propter amicitias mundi huius uolunt uana colere et non se permitti puerilibus sensibus conqueruntur, his quinque libris satis arbitror esse responsum. Quorum tres priores cum edidissem et in multorum manibus esse coepissent, audiui quosdam nescio quam aduersus eos responsionem scribendo praeparare. Deinde ad me perlatum est, quod iam scripserint, sed tempus quaerant, quo sine periculo possint edere. Quos admoneo, non optent quod eis non expedit. Facile est enim cuiquam uideri respondisse, qui tacere noluerit. Aut quid est loquacius uanitate? Quae non ideo potest quod ueritas, quia, si uoluerit, etiam plus potest clamare quam ueritas. Sed considerent omnia diligenter, et si forte sine studio partium iudicantes talia esse perspexerint, quae potius exagitari quam conuelli possint garrulitate inpudentissima et quasi satyrica uel mimica leuitate, cohibeant suas nugas et potius a prudentibus emendari quam laudari ab inpudentibus eligant. Nam si non ad libertatem uera dicendi, sed ad licentiam maledicendi tempus expectant, absit ut eis eueniat quod ait Tullius de quodam, qui peccandi licentia felix appellabatur: O miserum, cui peccare licebat!

---

[214] 이 주제가 6 - 10권의 내용이 된다.

[215] quid est loquacius vanitate?: 논리적 반박을 못했으면서도 한두 마디 글을 쓴 사실만으로 아우구스티누스를 완전히 논박했다는 착각을 갖지 말라는 경고다.

[216] Cicero, *Tusculanae disputationes* 5.19.55.

26. 2. 논적들을 상대로 하고 싶은 말

앞에서 어리석은 자들이 오로지 갖고 싶어하는 현세적 선익에 대해 거짓 신들의 무리가 아무런 도움이 안 된다는 사실을 더없이 명확한 자료로 입증함으로써, 외교인을 반박했고 그들의 견해가 잘못이었다는 확증을 받았다. 그러자 그들은 현생의 유익을 위해서가 아니고 사후에 올 생명을 위해 신들의 무리를 숭배해야 한다는 주장을 펴려고 애쓰고 있다. 이제 나는 그런 주장을 하는 사람들에게 답변을 해야 할 것으로 본다.[214] 나는 이 세상에 대한 애착 때문에 헛된 것을 숭배하고 싶어하는 사람들, 그런 짓을 하도록 허용하지 않는다면서 유치한 생각에서 불평하는 사람들에게는 여태까지의 다섯 권으로 충분히 답변했다고 여긴다. 그 가운데 세 권을 내가 간행했고 그것이 많은 사람들의 손에 들어가기 시작하자, 누군지 모르지만 이러저런 인사들이 이 책에 대항해서 반론을 쓰는 준비에 들어갔다는 말을 나도 들었다. 그리고 심지어는 책을 벌써 다 썼는데 간행해도 위험이 없을 때를 찾고 있다는 말도 나에게 들려왔다. 그 사람들에게 자기 분수에 맞지 않은 일은 바라지 말라고 권고하는 바이다. 입을 다물고 있기 싫은 사람은 입을 다물지 않은 사실만으로도 나에게 할 반박을 다한 것처럼 생각하기 쉽기 때문이다. 허세보다 더 말많은 게 무엇이겠는가?[215] 때로는 허세가 진리보다 더 큰 목소리를 낼 수야 있겠지만 진리가 갖는 그런 위력을 갖지는 못한다. 여하튼 저 사람들은 내 저작의 모든 내용을 철저하게 살펴야 하리라. 그리고 만일 편파적이 아닌 판단을 내려서, 이 책이 극히 뻔뻔한 요설이나 경박한 독설이나 익살로 싸잡아 팽개칠 만한 작품이 아니고 그래도 진지하게 숙고해 볼 만한 그런 내용임을 깨닫는다면, 이 책을 논박하겠다는 어리석은 글일랑 자제해야 하리라. 그런 글로 천박한 사람들한테 칭송을 받느니보다 신중한 사람들한테 교정을 받는 편을 택하도록 하라. 그들이 적절한 때를 기다린다면서 진솔한 것을 발언할 자유를 기다리기보다는 악담을 해도 좋을 만한 때를 기다린다면, 그런 사람들은, 죄지을 자유가 있어서 행복하다는 어떤 작자를 두고 툴리우스 키케로가 내뱉은 말이 자기들한테 닥치지 않을까 조심하라: "오, 가련하여라, 죄지을 자유가 있다는 인간이여!"[216] 여하튼 악담할 자유

Vnde quisquis est, qui maledicendi licentia felicem se putat, multo erit felicior, si hoc illi omnino non liceat, cum possit deposita inanitate iactantiae etiam isto tempore tamquam studio consulendi quidquid uoluerit contradicere et, quantum possunt, ab eis quos consulit amica disputatione honeste grauiter libere quod oportet audire.

가 있어 자기는 행복하다는 사람은 누구든지 그런 자유가 아예 없는 편이 훨씬 행복할 것이다. 차라리 허망한 과시욕일랑 접어두고서, 설령 악담을 해도 좋을 그런 때를 맞더라도, 마음 내키는 대로 무엇이든지 반대를 해도 좋지만, 제발 남들의 의견을 묻고 들으려는 열성을 갖고서 했으면 훨씬 좋겠다. 그렇게만 한다면 자기가 의견을 묻는 사람들과 우정어린 토론을 가질 것이고 솔직하고 진중하고 자유로운 분위기에서 자기한테 필요한 이야기를 그들한테서 들을 수 있을 것이다.[217]

---

[217] 이런 논적들이 누군지는 언급되지 않고 있다. Rutilius Namatianus라는 갈리아 출신 로마인이 로마를 여행하고 돌아와(416년) 로마제국의 위대함을 칭송하고 그리스도교 수도자들의 고행과 은둔을 멸시하는 시문을 지은 바 있는데(*De reditu suo*), 그것이 아우구스티누스의 「신국론」 처음 세 권에 대한 비판이라기에는 너무도 미비하다.

AUGUSTINUS
DE CIVITATE DEI
LIBER VI
NIHIL DII POSSUNT AD VERAM FELICITATEM

아우구스티누스
신국론
제6권
참 행복에 아무 도움도 못 되는 신들

[**Praefatio**] Quinque superioribus libris satis mihi aduersus eos uideor disputasse, qui multos deos et falsos, quos esse inutilia simulacra uel inmundos spiritus et perniciosa daemonia uel certe creaturas, non creatorem ueritas Christiana conuincit, propter uitae huius mortalis rerumque terrenarum utilitatem eo ritu ac seruitute, quae Graece λατρεία dicitur et uni uero Deo debetur, uenerandos et colendos putant. Et nimiae quidem stultitiae uel pertinaciae nec istos quinque nec ullos alios quanticumque numeri libros satis esse posse quis nesciat? Quando ea putatur gloria uanitatis, nullis cedere uiribus ueritatis, in perniciem utique eius, cui uitium tam inmane dominatur. Nam et contra omnem curantis industriam non malo medici, sed aegroti insanabilis morbus inuictus est. Hi uero, qui ea quae legunt uel sine ulla uel non cum magna ac nimia ueteris erroris obstinatione intellecta et considerata perpendunt, facilius nos isto numero terminatorum quinque uoluminum plus, quam quaestionis ipsius necessitas postulabat, quam minus disseruisse iudicabunt, totamque inuidiam, quam Christianae religioni de huius uitae cladibus terrenarumque contritione ac mutatione rerum imperiti facere conantur, non solum dissimulantibus, sed contra suam conscientiam etiam fauentibus doctis, quos impietas uesana possedit, omnino esse inanem rectae cogitationis atque rationis plenamque leuissimae temeritatis et perniciosissimae animositatis dubitare non poterunt.

---

[1] 서언에서 교부는 전반부(1 - 5권)를 상기하면서 다신교 숭배와 그 신봉자들, 특히 그리스도교에 적대적인 지성인들에게 강경한 비난(invectio)을 퍼붓는다.

[2] multos deos et *falsos*, quos esse *inutilia* simulacra vel *immundos* spiritus et *perniciosa* daemonia: 이 6권에서 본격화할 다신교 신앙에 대한 공격의 첫머리부터, 각 집단에 "거짓", "무용한", "더러운", "해독을 끼치는" 등의 부정적 형용사들을 수식하고 있다.

[3] λατρεία: 라틴어로는 servitus(봉행)으로 번역되고 있었다. 관련 용어들은 10.1.2 참조.

[4] 교부는 1권에서 5권까지 다섯 권에 걸쳐 이 문제를 반박했다.

[5] nimiae stultitiae et pertinaciae ... gloria *vanitatis* ... nullis viribus *veritatis*: 다신숭배 자체의 비난에 이어 다신숭배자에 대한 일괄적 비난을 "허영", "진리의 힘에 물러서지 않는 악덕" 등으로 간추린다.

[6] imperiti ... faventibus doctis: 2.4 참조. 당시까지도 외교인 상류층은 그리스도교도들을 무식쟁이들(indocti)로 취급했다.

[7] 당시 그리스도교에 적대적이던 지성인 Aurelius Symmachus(cf. *Relationes* 3), Claudius Claudianus(cf. Paulus Orosius, *Historiae* 7.35.21; 본서 5.26.1), Rutilius Namatianus(cf. *De reditu suo* 1.44-448; 본서 5.26.2 각주 217) 등이 무식한 대중을 선동하는 것을 교부는 특히 못마땅하게 여겼다.

제1부 (서언-1)
지상 일도 천상 일도 돌보지 못하는 신들

〔서언〕[1]

나는 앞서 기록한 책권들에서 거짓 신들까지 포함해 많은 신들을 공경하고 숭배해야 한다고 생각하는 사람들에 대해 충분한 논의를 했다고 생각한다. 그리스도교 진리는 신들이 무용한 우상이거나 더러운 영이나 해독을 끼치는 신령이거나 분명히 일종의 피조물일 뿐, 창조주가 아니라고 단언한다.[2] 그럼에도 저들은 사멸하는 현세 생명과 지상 사물의 이익을 생각해서라도, 그리스인들이 라드레이아라고 일컫던, 한 분이신 참 하느님께만 바쳐야 할 그런 의식과 봉행으로 저런 신들을 공경하고 숭배해야 한다고 생각한다.[3] 그런데 그들의 지나친 어리석음이나 완고함으로 미루어볼 때 다섯 권은커녕 아무리 많은 책권이라도 넉넉하지 못하리라는 것을 누가 모르겠는가?[4] 더구나 내면에서부터 악덕이 지배하는 사람답게 진리의 어떤 위력에도 물러서지 않고 완고하게 버티는 허영심을 무슨 영광처럼 여기는 인간이라면 더 말할 필요가 없다.[5] 치료하는 사람의 온갖 수고를 물리친다면 병은 불치병이 되어 결코 퇴치되지 않는 법이니 의사의 잘못이 아니라 환자의 잘못 때문이다. 내가 이미 쓴 저 책권들을 읽으면서도 고집이 없거나 과거의 오류에 심하게 혹은 지나치게 집착하지 않고서 통독하고 이해하고 숙고하는 사람들이라면, 집필이 끝난 다섯 권만으로도, 우리의 논의가 미비했다고 판단하기보다는 필요 이상이었음을 쉽게 알아볼 것이다. 그럼에도 무식한 사람들은 이승의 삶에서 오는 재앙이며 지상 사물의 망실亡失과 변전을 두고 그리스도교를 상대로 온갖 반감을 쏟아내려 애쓰고, 유식한 사람들은 알만하면서도 모르는 척하거나 광기어린 불경심에 사로잡혀 자기 양심을 어기면서까지 이를 오히려 조장하고 있다.[6] 그러나 온건한 독자들이라면 저들의 입장에 올바른 사고나 이치가 전혀 없을뿐더러, 지극히 경박하고 지극히 위험한 만용에 가득 차 있음을 의심치 못하리라.[7]

1. Nunc ergo quoniam deinceps, ut promissus ordo expetit, etiam hi refellendi et docendi sunt, qui non propter istam uitam, sed propter illam, quae post mortem futura est, deos gentium, quos Christiana religio destruit, colendos esse contendunt: placet a ueridico oraculo sancti Psalmi sumere exordium disputationis meae: *Beatus, cuius est Dominus Deus spes ipsius et non respexit in uanitates et insanias mendaces.* Verum tamen in omnibus uanitatibus insaniisque mendacibus longe tolerabilius philosophi audiendi sunt, quibus displicuerunt istae opiniones erroresque populorum, qui populi constituerunt simulacra numinibus multaque de his, quos deos inmortales uocant, falsa atque indigna siue finxerunt siue ficta crediderunt et credita eorum cultui sacrorumque ritibus miscuerunt. Cum his hominibus, qui, etsi non libere praedicando, saltem utcumque in disputationibus mussitando, talia se inprobare testati sunt, non usque adeo inconuenienter quaestio ista tractatur: utrum non unum Deum, qui fecit omnem spiritalem corporalemque creaturam, propter uitam, quae post mortem futura est, coli oporteat, sed multos deos, quos ab illo uno factos et sublimiter conlocatos quidam eorundem philosophorum ceteris excellentiores nobilioresque senserunt.

Ceterum quis ferat dici atque contendi deos illos, quorum in quarto libro quosdam commemoraui, quibus rerum exiguarum singulis singula distribuuntur officia, uitam aeternam cuique praestare? An uero peritissimi illi et acutissimi uiri, qui se pro magno beneficio conscripta docuisse gloriantur, ut sciretur quare cuique deo supplicandum esset, quid a quoque esset petendum, ne absurditate turpissima, qualis ioculariter in mimo

---

[8] 시편 39,5. 〔새번역 40,5: "행복하여라, 주님께 신뢰를 두며, 오만한 자들과 거짓된 변절자들에게 돌아서지 않는 사람!"〕

[9] 예: Plato, *Timaeus* 40a-d.

[10] 4.7, 16, 21-22 참조.

[11] 교부는 철학자들(sapientes populorum)이 온건한 신관념(神觀念)에 도달하고서도 대중의 미신적이고 다신교적인 종교행사에 여전히 휩쓸리던 세태를 탄식했다(*De vera religione* 1.1).

[12] 피타고라스, 크세노파네스, 플라톤, 아리스토텔레스 같은 철학자들이나 핀다루스, 아이스킬루스, 소포클레스 같은 문인들이 대중적 신학(神學)을 교정하는 데 힘써온 사실을 교부는 알고 있었다.

[13] 4.7-8, 11, 16, 21-23 참조.

1. 현세 생명이 아니라 영원한 생명을 위해 신들을 섬긴다는 사람들

1.1. 참다운 행복에 관해서는 철학자들과 논해야 한다

그러면 지금부터는 우리가 약속한 순서에 따라, 현세 생명이 아니라 사후에 도래할 생명 때문에 그리스도교가 없애버린 여러 민족들의 제신을 숭배해야 한다고 주장하는 사람들을 상대로 반박하고 계도해야겠다. 이를 위해 거룩한 시편에 나오는 진실한 신탁을 내 토론의 실마리로 삼는 것이 좋으리라: "행복하여라, 주 하느님이 그의 희망이 되고 허황한 짓과 어리석은 거짓을 돌아보지 않는 사람!"[8] 그 모든 허황한 짓과 어리석은 거짓들을 생각할 때 오히려 철학자들의 말을 듣는 편이 훨씬 견딜 만하다. 철학자들은 백성들의 저런 의견이나 오류를 싫어했기 때문이다.[9] 백성들은 정령들에게 우상을 만들어 세웠을뿐더러, 자기네 입으로 불멸의 신이라고 부르는 존재들에 대해서마저 거짓되고 합당치 못한 일들을 많이 꾸며냈거나, 꾸며낸 것을 믿었거나, 그렇게 믿는 내용을 자신들의 경신례와 제사 의식에 도입했다.[10] 철학자들은 비록 자유롭게 그들의 의견을 표명하지는 못하고, 토론하는 마당에서나 겨우 입속으로 중얼거리는 정도에 그쳤다 하더라도[11] 백성들의 그런 행태에 동의하지 않음을 입증했다. 따라서 이런 인물들과 보조를 맞추어 다음과 같은 문제를 다루는 일도 부적절하지는 않다고 여겨진다. 과연 사후에 있을 생명을 위해 영적이고 물질적인 온갖 피조물을 만든 한 분 하느님을 섬기지 않고, 그 많은 신들을 숭배해야 하느냐는 문제다. 철학자들 가운데서도 다른 사람보다 출중하고 현명한 철학자들은 여타의 신들이 저 한 분에게서 창조되어 고귀한 위치에 놓였다고 생각했다.[12]

1.2. 영원한 생명은 신들에게 바랄 것이 아니다

내가 제4권에서 얘기한 것처럼, 각각의 신들에게 시시콜콜한 책임이 배당되어 있는 터에, 그런 신들이 사람들에게 영원한 생명을 베풀어준다는 말이나 주장을 누가 차마 곧이듣겠는가?[13] 그러다 보니 희극에서 종종 웃음을 자아내듯, 리베르에게 물을 달라거나 림파들에게 포도주를 달라는 것과 같은 사소한 착오를 정정해준다는 이유로 자신이 쓴 글이야말로 어느 신에게 무슨 일로 기도를 올릴지 알려주고, 어느 신한테 무엇을 청원할지 가르쳐 주는 식으로 대단한 유익을 주

fieri solet, peteretur a Libero aqua, a Lymphis uinum, auctores erunt cuipiam hominum diis inmortalibus supplicanti, ut, cum a Lymphis petierit uinum eique responderint: nos aquam habemus, hoc a Libero pete, possit recte dicere: si uinum non habetis, saltem date mihi uitam aeternam? Quid hac absurditate monstrosius? Nonne illae cachinnantes (solent enim esse ad risum faciles), si non adfectent fallere ut daemones, supplici respondebunt: o homo, putasne in potestate nos habere uitam, quas audis non habere uel uitem? Inpudentissimae igitur stultitiae est uitam aeternam a talibus diis petere uel sperare, qui uitae huius aerumnosissimae atque breuissimae et si qua ad eam pertinent adminiculandam atque fulciendam ita singulas particulas tueri asseruntur, ut, si id, quod sub alterius tutela ac potestate est, petatur ab altero, tam sit inconueniens et absurdum, ut mimicae scurrilitati uideatur esse simillimum. Quod cum fit ab scientibus mimis, digne ridentur in theatro; cum uero a nescientibus stultis, dignius inridentur in mundo. Cui ergo deo uel deae propter quid supplicaretur, quantum ad illos deos adtinet quos instituerunt ciuitates, a doctis sollerter inuentum memoriaeque mandatum est; quid a Libero, uerbi gratia, quid a Lymphis, quid a Vulcano ac sic a ceteris, quos partim commemoraui in quarto libro, partim praetereundos putaui. Porro si a Cerere uinum a Libero panem, a Vulcano aquam a Lymphis ignem petere erroris est: quanto maioris deliramenti esse intellegi debet, si cuiquam istorum pro uita supplicetur aeterna!

---

[14] 4.22 참조: Varro, *Antiquitates* fr.120; *De lingua Latina* 5.10.71.

[15] Cf. Vergilius, *Eclogae* 3.9: sed faciles Nymphae risere.

[16] "생명"(vita)과 "포도나무"(vitis)를 구사한 말장난이다.

[17] 4.11에서 언급했지만 케레스는 곡식, 리베르는 포도나무, 불카누스는 불, 림파는 물을 따로따로 주관한다.

는 것이 아니겠느냐고 뽐내는, 참으로 해박하고 참으로 명민하신 위인들까지 등장했다.[14] 어떤 사람이 불멸의 신들에게 무엇을 비는 경우, 예컨대 림파한테 물 대신 포도주를 달라는 경우, 이런 박식한 사람들이 나서서 작가답게 림파들로 하여금 "우리한텐 물이 있어요. 그건 리베르한테 청하세요"라고 대답하게 하리라. 그럴 경우 "포도주가 없다면 영원한 생명이라도 주시구려"라고 말한다면, 그런 어리석은 소리보다 더한 엉터리가 또 있겠는가? 그때 림파들은 (악령들처럼 아예 인간을 속이려고 마음먹지 않았다면) 까르르 웃으면서(원래 림파들은 잘 웃는다)[15] 탄원자에게 이렇게 대답하리라. "오, 인간이여, 우리 손에 생명을 쥐고 있다고 보시나요? 우린 포도나무 한 그루도 못 가졌다고 당신도 들은 터에 말예요?"[16] 그러니 그따위 신들에게 영원한 생명을 달라거나 바라는 일은 더없이 어리석은 짓이리라. 탈 많고 덧없는 이승의 한평생에서, 만약 그들이 현생에 속하는 무엇을 관장하거나 붙들어 준다면, 그건 아주 특정한 개별사안에 한해 보살펴 준다는 것이 저 해박하다는 사람들이 하려는 말이다. 그래서 어떤 신의 권한이나 소관사에 속하는 것을 엉뚱하게 다른 신에게 간청한다면 그것은 익살극에 나오는 희극적 장면하고나 비슷해서, 참으로 어색하고 어리석은 짓이 될 것이다. 이런 내막을 알고서 희극배우들이 연기한다면, 극장에서도 한바탕 웃음거리가 될 것이다. 그런데도 어리석은 사람들은 무지로 인해 이런 짓을 하고 있으니 온 세상이 웃을 노릇이다. 도시 국가들이 신들을 만들어 세우고는 무슨 일이 어느 신의 소관인지 규정하고, 어떤 남신, 어떤 여신에게 무엇을 두고 소청을 드릴 것까지도 일일이 규정해 두었는데, 그것도 따지고 보면 유식하다는 사람들이 재주껏 꾸며내서 역사적으로 전승한 것에 불과하다. 예를 들어, 리베르에게는 무엇을 청탁하고 림파들에게는 무엇을 청하며 불카누스한테는 무엇을 기도할 것인지, 그리고 나머지 신들에게는 또 각각 무엇을 애걸할 것인가를 모두 정해두었다. 그런 신들 가운데 일부는 내가 제4권에서 언급했지만, 나머지는 그냥 넘어가는 것이 좋겠다고 여겼다. 만일 케레스한테 포도주를, 리베르한테 빵을, 불카누스에게 물을, 림파들에게 불을 달라는 일이 잘못이라면, 그가운데 누구에게 영원한 생명을 달라는 일은 얼마나 우스꽝스런 짓인가?[17]

Quam ob rem si, cum de regno terreno quaereremus, quosnam illud deos uel deas hominibus credendum esset posse conferre, discussis omnibus longe alienum a ueritate monstratum est a quoquam istorum multorum numinum atque falsorum saltem regna terrena existimare constitui: nonne insanissimae impietatis est, si aeterna uita, quae terrenis omnibus regnis sine ulla dubitatione uel comparatione praeferenda est, ab istorum quoquam dari cuiquam posse credatur? Neque enim propterea dii tales uel terrenum regnum dare non posse uisi sunt, quia illi magni et excelsi sunt, hoc quiddam paruum et abiectum, quod non dignarentur in tanta sublimitate curare; sed quantumlibet consideratione fragilitatis humanae caducos apices terreni regni merito quisque contemnat, illi dii tales apparuerunt, ut indignissimi uiderentur, quibus danda atque seruanda deberent uel ista committi. Ac per hoc, si (ut superiora proximis duobus libris pertractata docuerunt) nullus deus ex illa turba uel quasi plebeiorum uel quasi procerum deorum idoneus est regna mortalia mortalibus dare, quanto minus potest inmortales ex mortalibus facere!

Huc accedit, quia, si iam cum illis agimus, qui non propter istam, sed propter uitam quae post mortem futura est existimant colendos deos, iam nec propter illa saltem, quae deorum talium potestati tamquam dispertita et propria non ratione ueritatis, sed uanitatis opinione tribuuntur, omnino colendi sunt, sicut credunt hi, qui cultum eorum uitae huius mortalis utilitatibus necessarium esse contendunt; contra quos iam quinque praecedentibus uoluminibus satis, quantum potui, disputaui. Quae cum ita sint, si

[18] 왕권(regnum: 왕국)이든 제권(imperium: 제국)이든 안배하는 분은 하느님이라고 앞에서(5.17) 논했다.

[19] 4.8 참조.

[20] quasi plebeiorum vel quasi procerum deorum: 신들 가운데 로마의 삼신(trias)이나 올림포스의 십이 신이나 바로가 말하는 선별된 신들(dei selecti: 7.2, 16, 22 참조) 외에는 경신례에서도 평민계급과 흡사한 대우를 받았다.

[21] 교부는 로마제국에서 공식화된 다신교가 구세적 기능을 아예 갖지도 못했고 이제 영영 소멸되어 가는 데 대한 방증을 찾고 있다. 다만 로마인들이 하느님을 유피테르로 알고 숭배했다면 그가 제국을 세우고 보전했다는 믿음은 인정할 만하다고 보았다(4.26 참조).

1.3. 지상 왕권도 신들이 베푸는 것은 아니다

그러므로 우리가 지상 왕권을 얻고자 도모할 때, 과연 어느 남신들이나 여신들이 그것을 베풀어준다고 믿어야 할까?[18] 지금까지 오랫동안 논의해온 문제의 모든 측면을 감안할 때, 방금 나온 질문을 두고 저 수많은 거짓 신령들 가운데 하나가 지상의 왕권을 결정한다는 생각 자체가 진리에서 동떨어진 것임이 입증된 셈이다.[19] 하물며 의심할 필요 없이 지상의 모든 왕국보다 우선할 뿐 아니라 비교조차 할 수 없는 영원한 생명이 그런 신들 가운데 하나에 의해 베풀어진다고 믿는다면, 그야말로 참으로 어리석고 불경스런 소행이 아니겠는가? 그렇다고 그 신들이 지상 왕권을 주지 못하는 까닭이 신들은 위대하고 고상한 데 비해 왕권 따위는 사소하고 하찮은 것이어서, 그런 정도의 일을 보살피는 일이 신들의 지고한 품위에 어울리지 않기 때문도 아니다. 인간의 취약함을 염두에 두고서 누가 설령 절정에 이른 지상 왕권을 무상한 것으로 본다고 하더라도 상관없다. 하여튼 저 신들은 이런 것들을 하사하고 보전해 줄 자격도 없으려니와, 더구나 이런 일로 사람들의 신임을 받기에도 너무도 무자격한 존재들로 드러난 것이다. 그러니까 (바로 앞의 두 권에서 이미 다룬 내용이 우리에게 가르쳐 주었지만) 평민 같은 신들이든 귀족 같은 신들이든[20] 저 패거리 중의 그 어느 신도 사멸할 존재들에게 소멸할 왕권을 나누어주기에도 적합하지 못하며, 하물며 사멸할 존재들을 불멸하는 존재로 만들어줄 능력은 더욱 없는 것이다.[21]

1.4. 신들에게 맡겨졌다는 사물 때문에 그들을 숭배할 필요는 없다

지금 현세 생명 때문이 아니라 사후에 장차 있을 생명 때문에 제신을 숭배해야 한다고 여기는 사람들과 토론하는 중인데 여기에 다음과 같은 사실을 덧붙여야겠다: 이러저런 사물들이 이러저런 신의 권능에 할당되어 마치 그 신에게 고유한 무엇처럼 여겨지고 있지만, 그것마저 진리의 이치에 따라서 할당되었다기보다는 허황한 생각에 따라서 아무렇게나 할당되었다는 점이다. 또 설령 그렇게 할당된 사물 때문이더라도 저 신들이 숭배를 받아야 할 이유는 전혀 없다. 현세 생명의 유익 때문에 저런 신들을 받드는 숭배가 꼭 필요하다고 우기는 사람들에게 설명한 것과 마찬가지 이치에서다. 이 후자에 반대해서는 나로서도 앞

eorum, qui colerent deam Iuuentatem, aetas ipsa floreret insignius, con-
temptores autem eius uel intra annos occumberent iuuentutis, uel in ea
tamquam senili torpore frigescerent; si malas cultorum suorum speciosius
et festiuius Fortuna barbata uestiret, a quibus autem sperneretur, glabros
aut male barbatos uideremus: etiam sic rectissime diceremus huc usque
istas deas singulas posse, suis officiis quodam modo limitatas, ac per hoc
nec a Iuuentate oportere peti uitam aeternam, quae non daret barbam, nec
a Fortuna barbata boni aliquid post hanc uitam esse sperandum, cuius in
hac uita potestas nulla esset, ut eandem saltem aetatem, quae barba in-
duitur, ipsa praestaret. Nunc uero cum earum cultus nec propter ista ipsa,
quae putant eis subdita, sit necessarius, quia et multi colentes Iuuentatem
deam minime in illa aetate uiguerunt, et multi non eam colentes gaudent
robore iuuentutis, itemque multi Fortunae barbatae supplices ad nullam
uel deformem barbam peruenire potuerunt, et si qui eam pro barba impe-
tranda uenerantur, a barbatis eius contemptoribus inridentur: itane desipit
cor humanum, ut, quorum deorum cultum propter ista ipsa temporalia et
cito praetereuntia munera, quibus singulis singuli praeesse perhibentur,
inanem ludibriosumque cognoscit, propter uitam aeternam credat esse
fructuosum? Hanc dare illos posse nec hi dicere ausi sunt, qui eis, ut ab
insipientibus populis colerentur, ista opera temporalia, quoniam nimis
multos putarunt, ne quisquam eorum sederet otiosus, minutatim diuisa
tribuerunt.

---

[22] Iuventas, Fortuna barbata: 4.11 참조.

[23] 외교인들의 믿음대로라면 유벤타스는 청춘을 관장하지만 수염 나는 일에는 무력하고, 수염 난 포
르투나는 수염을 돋게 하지만 수염 돋는 나이는 주관하지 못한다.

의 책권들에서 할 수 있는 데까지 충분하게 논의를 했다. 사정이 그런만큼, 간혹 유벤타스 여신을 숭배하는 사람들의 청춘이 유난히 번창한다고 하자, 그리고 이 여신을 무시하는 사람들은 젊은 나이에 요절夭折하거나 젊은 나이에 늙은이 같은 무력증으로 시들어 가는 일이 있다고 하자. 또 수염 난 포르투나가 자신을 숭배하는 자들의 뺨은 유난히 촘촘하고 멋진 수염이 돋게 하고 자신을 무시하는 사람들에게는 수염이 안 나서 맨들맨들하거나 수염이 보기 싫게 돋게 하는 것 같아 보인다고 가정하자.[22] 그렇더라도 우리는 의연하게 다음과 같이 말해야 한다: 비록 자기 직분에 대해 여신들이 제각기 자신의 일을 해내고 있는 것처럼 보이더라도, 턱수염조차 돋아나게 할 수 없는 유벤타스에게 영원한 생명을 갈구하는 것은 부질없는 짓이며, 또 현세에서 수염이 돋아나는 나이 하나조차 조절하지 못하는 여신 포르투나에게 현세 이후의 어떤 유익을 바라는 것 역시 부질없는 일이라고.[23] 그러니까 일정한 신들에게 속해 있다고 여겨지는 사물 때문에도 그 신들을 숭배할 필요가 없다고 하겠으니, 유벤타스 여신을 숭배하는 사람들 중에서도 다수가 그 연령에 조금도 피어나지 못했을뿐더러 여신을 숭배하지 않는 사람들 가운데서도 다수가 청춘의 기세를 만끽한 까닭이다. 그뿐 아니라 수염 난 포르투나에게 기도하는 사람들도 다수는 수염이 아예 안 났거나 수염이 보기 흉하게 돋는 수가 있었기 때문이다. 그런 사람들이 수염 나게 해 달라고 여신을 공경한다면, 여신을 멸시하고서도 수염이 난 사람들로부터 조롱을 당한다. 각각의 신들이 어떤 사물을 관장하도록 배정되어 있다면서, 그처럼 현세적이고 머잖아 사라져 버릴 보답 때문에 신들을 숭배하는 짓도 허황하고 웃기는 일임을 잘 알면서도, 영원한 생명 때문에 섬기면 그 숭배가 효험을 내리라고 믿다니 인간의 정신이 과연 이토록이나 어리석다는 말인가? 어리석은 군중이 그런 신들을 숭배하도록 신들의 현세적 업무를 규정했던 자들은 신이 너무 많아졌다고 생각될 정도로 그런 업무를 시시콜콜하게 구분했는데 이는 그 신들 중 하나라도 하릴없이 지내지 않도록 하기 위해서였으리라. 그러나 그런 짓을 저지른 자들마저 저 신들이 영원한 생명을 줄 수 있다는 얘기는 감히 하지 못했다.

2. Quis Marco Varrone curiosius ista quaesiuit? Quis inuenit doctius? Quis considerauit adtentius? Quis distinxit acutius? Quis diligentius pleniusque conscripsit? Qui tametsi minus est suauis eloquio, doctrina tamen atque sententiis ita refertus est, ut in omni eruditione, quam nos saecularem, illi autem liberalem uocant, studiosum rerum tantum iste doceat, quantum studiosum uerborum Cicero delectat. Denique et ipse Tullius huic tale testimonium perhibet, ut in libris Academicis dicat eam, quae ibi uersatur, disputationem se habuisse cum Marco Varrone, «homine, inquit, omnium facile acutissimo et sine ulla dubitatione doctissimo». Non ait «eloquentissimo» uel «facundissimo», quoniam re uera in hac facultate multum impar est; sed «omnium, inquit, facile acutissimo», et in eis libris, id est Academicis, ubi cuncta dubitanda esse contendit, addidit «sine ulla dubitatione doctissimo». Profecto de hac re sic erat certus, ut auferret dubitationem, quam solet in omnibus adhibere, tamquam de hoc uno etiam pro Academicorum dubitatione disputaturus se Academicum fuisset oblitus. In primo autem libro cum eiusdem Varronis litteraria opera praedicaret: «Nos, inquit, in nostra urbe peregrinantes errantesque tamquam hospites tui libri quasi domum reduxerunt, ut possemus aliquando qui et

---

²⁴ Marcus Varro에 관해서는 3.4 (각주 21) 참조. 그의 *Antiquitates rerum humanarum et divinarum* 이 본서에서 잡신들에 관한 언질에 수시로 인용된다.

²⁵ 인문학(artes liberales)을 당시 그리스도인들은 eruditio saecularis라고 낮추어 불렀지만 일반인은 eruditio lliberales라고 불러왔다. 외교인들에게 liberalis(자유민이 수행하는)는 servilis(노예들이 하는)에 반대말이었다. 외교인들에게 saecularis(한 세기에 한 번씩 거행하는)가 갖는 의미가 그리스도인들에게는 "현세적"[히브리어 olam(미래세계가 아닌 현세계)] 혹은 "세속적"이라는 의미를 띤다.

²⁶ 구상어를 쓰는 로마인들은 역사학과 어문학을 studium rerum, studium verborum으로 칭했다.

²⁷ 청년시절 아카데미아 학파에 경도되어 회의론에 빠졌던 경험(*Confessiones* 5.10.19)을 상기하면서 교부는 회심 후 첫 작품으로 「아카데미아 학파 논박」(*Contra Academicos*)을 썼다.

²⁸ Cicero, *Academia* 3. fr.22 [Plasberg ed.].

²⁹ 모든 것을 의심한다면서도, 마르쿠스 바로가 "가장 박식한 인물이라는 점에는 의심의 여지가 없다(sine ulla dubitatione)"라고 한다면 모순에 걸린다.

제2부 (2-9)
바로가 논한 신학과 신사

2. 바로는 민족들의 신들에 관해 어떻게 생각했는가: 그 종류와 예식을 철저히 밝혔는데, 차라리 입을 다무는 편이 그 신들을 더 공경하는 셈이었을 것이다

이 문제에 관해 마르쿠스 바로[24]보다도 더 호기심을 가지고 탐구했던 사람이 있었던가? 그보다 더 박식하게 연구했던 사람이 있었던가? 그보다 더 주도면밀하게 고찰했던 사람이 있었던가? 그보다 더 치밀하게 분류했던 사람이 있었던가? 그보다 더 열심하고 풍부하게 집필했던 사람이 있었던가? 문체는 덜 유려한 편이었지만 학설과 사상이 위낙 출중하여, 우리가 세속지식이라 부르고 저 사람들은 인문지식[25]이라고 일컫는 분야에서 바로는 키케로가 어문학도를 기쁘게 해 주는 것만큼이나 역사학도를 잘 가르치고 있다.[26] 그리고 툴리우스 키케로 역시 이 인물에 관한 증언을 남긴 바 있는데, 「아카데미아 학파」[27]에서 자기가 개진하는 논제를 마르쿠스 바로와 토론한 바 있다면서, 바로가 "모든 사람 가운데 가장 명민하고 박식한 인물이라는 점에는 의심의 여지가 없다"고 했다.[28] 그러나 키케로는 바로를 두고 "가장 언변 좋은 사람"이라거나 "가장 훌륭한 달변가"라고는 하지 않았는데 실제로 이런 분야에서 바로가 그리 뛰어난 인물은 아니었기 때문이다. 하지만 키케로는 바로에 대해 "가장 명민한 인물이라는 점에는 의심의 여지가 없다"고 했다. 「아카데미아 학파」라는 책에서 키케로는 모든 것을 의심해 보아야 한다는 주장을 펴면서도, 바로에 대해서는 "가장 박식한 인물이라는 점에는 의심의 여지가 없다"고 첨언한 바 있다. 그에게 있어서 이 일은 너무나 확실해서 모든 일을 다 의심해 보던 그의 습관을 제쳐두었던 것이다. 키케로는 아카데미아 학파에 동조하여 논의하려는 참이었으면서도, 이 점에 관해서는 자신이 아카데미아 학파임을 망각한 셈이다.[29] 그 책의 첫 권에 바로의 문학 저서를 이렇게 칭송하고 있다: "그대의 저서는 우리 도성에서 스스로 마치 이방인처럼 방황하며 떠돌던 우리를 본집으로 데려다 주었다. 우리가 누구인가를 깨우쳐주었고 우리가 어디 서 있는가를 알게 해주었다.

ubi essemus agnoscere. Tu aetatem patriae, tu descriptiones temporum, tu sacrorum iura, tu sacerdotum, tu domesticam, tu publicam disciplinam, tu sedem regionum locorum, tu omnium diuinarum humanarumque rerum nomina genera, officia causas aperuisti.» Iste igitur uir tam insignis excellentisque peritiae et, quod de illo etiam Terentianus elegantissimo uersiculo breuiter ait:

Vir doctissimus undecumque Varro,

qui tam multa legit, ut aliquid ei scribere uacuisse miremur; tam multa scripsit, quam multa uix quemquam legere potuisse credamus: iste, inquam, uir tantus ingenio tantusque doctrina, si rerum uelut diuinarum, de quibus scripsit, oppugnator esset atque destructor easque non ad religionem, sed ad superstitionem diceret pertinere, nescio utrum tam multa in eis ridenda contemnenda detestanda conscriberet. Cum uero deos eosdem ita coluerit colendosque censuerit, ut in eo ipso opere litterarum suarum dicat se timere ne pereant, non incursu hostili, sed ciuium neglegentia, de qua illos uelut ruina liberari a se dicit et in memoria bonorum per eius modi libros recondi atque seruari utiliore cura, quam Metellus de incendio sacra Vestalia et Aeneas de Troiano excidio penates liberasse praedicatur; et tamen ea legenda saeculis prodit, quae a sapientibus et insipientibus merito abicienda et ueritati religionis inimicissima iudicentur: quid existimare debemus nisi hominem acerrimum ac peritissimum, non tamen

[30] Cicero, *Academia* 1.3.9: 인용문에서 교부는 "전쟁의 법도"(bellica disciplina)를 "공공의 법도" (publica disciplina)로 대체했다.

[31] Terentianus Maurus, *De litteris, syllabis et metris Horatii* 2846. 그는 2세기 문법학자요 시인으로 아우구스티누스의 「음악론」(*De musica*)에 자주(3, 4권) 인용된다.

[32] 3.18.2 참조.

[33] Cf. Vergilius, *Aeneis* 2.692-804.

[34] Cf. Varro, *Antiquitates* fr.119.

그대는 조국의 연세年歲를, 그대는 시대의 역사를, 그대는 제사의 법제를, 그대
는 제관들의 법도를, 그대는 가문의 법도를, 그대는 공공의 법도를, 그대는 지
역과 장소의 위상을, 그대는 모든 인간사人間事와 신사神事에 대한 명칭과 종류와
직분과 인과관계를 밝혀주었다".[30] 그는 참으로 훌륭하고 특출한 전문지식을 갖
춘 인물이어서 테렌티아누스마저 그를 두고 다음과 같이 우아한 문구로 짤막하
게 언명하고 있다:

  만사에 해박하기 이를 데 없는 인물 바로.[31]

그는 참으로 많은 것을 읽었고, 과연 그가 기록을 빠뜨린 무엇이 있는지 의문
스러울 정도이며, 하도 많은 것을 기록했으므로 과연 누가 그 많은 책을 다 읽
었으리라고는 믿어지지 않는다. 내가 말하려는 바는 이것이다. 그는 재능에서
도 몹시 출중하고 학설에서도 탁월한 인물이었으므로 나는 그가 왜 그 많은 것
들을 기술했는지 의심스럽다. 그가 집필한 것은 고작 조롱거리가 되고 멸시를
받으며 불신을 받을 내용들인데도. 그러다 보니까 마치 자기가 기술한 신사를
반박하는 인물로서나 타파하려는 사람으로서 집필을 했고, 그리고 그 신사들이
참다운 종교가 아니라 미신에 속한다는 사실을 말하려고 집필한 것처럼 되고
만다. 하지만 본인은 저 신들을 신실하게 숭배했고 또 마땅히 숭배할 존재로
여겼다. 그래서 그의 문전文典에서는, 저 신들이 적병의 침략에 의해서가 아니
라 시민들의 소홀로 인해 사라져 버리나 않을까 두렵다고, 그래서 폐허에서
구해내듯이 시민들의 망각으로부터 자기가 신들을 구해내고 있노라는 말을 한
다. 나아가서는 자기의 저술 덕분에 신들이 선인들의 기억에서 살아남을 것이
라는 말까지 한다. 바로는 메텔루스가 화재火災에서 베스타의 성물을 구해내던
일보다 더 정성스럽게,[32] 아이네아스가 트로야의 불길에서 가신家神들을 구해내
던 것보다도 더 정성스럽게[33] 자기가 신들을 지켜주는 것이라고 호언한다.[34] 그
런데도 대대로 읽을거리라면서 정작 그가 출판한 것은 지혜로운 사람이든 어리
석은 사람이든 의당히 배격해야 마땅하다고 여길 만하고, 종교와는 그야말로
완벽하게 상반된다고 여길 만한 내용이었다. 우리는 이 점을 어떻게 생각해야
할까? 그러니까 바로처럼 가장 명민하고 가장 학식있다는 사람마저 성령에서

sancto Spiritu liberum, oppressum fuisse suae ciuitatis consuetudine ac legibus, et tamen ea quibus mouebatur sub specie commendandae religionis tacere noluisse.

3. Quadraginta et unum libros scripsit antiquitatum; hos in res humanas diuinasque diuisit, rebus humanis uiginti quinque, diuinis sedecim tribuit, istam secutus in ea partitione rationem, ut rerum humanarum libros senos quattuor partibus daret. Intendit enim qui agant, ubi agant, quando agant, quid agant. In sex itaque primis de hominibus scripsit, in secundis sex de locis, sex tertios de temporibus, sex quartos eosdemque postremos de rebus absoluit. Quater autem seni uiginti et quattuor fiunt. Sed unum singularem, qui communiter prius de omnibus loqueretur, in capite posuit. In diuinis identidem rebus eadem ab illo diuisionis forma seruata est, quantum adtinet ad ea, quae diis exhibenda sunt. Exhibentur enim ab hominibus in locis et temporibus sacra. Haec quattuor, quae dixi, libris complexus est ternis: nam tres priores de hominibus scripsit, sequentes de locis, tertios de temporibus, quartos de sacris, etiam hic, qui exhibeant, ubi exhibeant, quando exhibeant, quid exhibeant, subtilissima distinctione commendans. Sed quia oportebat dicere et maxime id expectabatur, quibus exhibeant, de ipsis quoque diis tres conscripsit extremos, ut quinquies terni quindecim fierent. Sunt autem omnes, ut diximus, sedecim, quia et istorum exordio unum singularem, qui prius de omnibus loqueretur, apposuit. Quo absoluto consequenter ex illa quinquepertita distributione tres praecedentes, qui ad homines pertinent, ita subdiuisit, ut primus sit de

---

[35] 로마의 가장 박식한 백과사전적 고고학자(Varro ille ... in vetustatis indagatione rimator: Arnobius, *Adversus nationes* 5.8)인지라 교부는 그의 종교사상에는 유보적 입장을 취하면서도 선의로 해석하고자 노력한다.

[36] *Antiquitates rerum humanarum et divinarum*(이하 *Antiquitates*로 표기함). 바로의 *De re rustica* 전부와 *De lingua Latina* 일부는 전수되어 오며 이 책은 그의 주저이면서도 일부 단편만 전해오는데 이하의 상세한 분석과 다수 인용문은 아우구스티누스에게서만 전수된다.

오는 자유로움을 얻지 못했고 자기 도성의 풍습과 법률에 짓눌린 것이라고 생각할 수 있겠다. 또 다른 한편으로는 혹시 자기를 곤혹스럽게 만들던 종교의 풍속을 묵과하지 못했으므로, 종교를 장려한다는 핑계를 내세워 실제로는 그런 허점을 지적한 것이라고 생각할 수도 있겠다.[35]

3. 고대 인간사와 신사에 관한 바로의 저서들은 어떻게 분류되는가

아무튼 그는 마흔한 권의 「고사」古事[36]를 집필했다. 그는 그 책들을 인간사人間事와 신사神事로 나누어 인간사에 스물다섯 권, 신사에 열여섯 권을 배당했다. 그 분류에서 인간사의 네 부분에 여섯 책씩 할당하는 식으로 비율을 정했다. 네 부분이란 누가, 어디서, 언제, 무엇을 하느냐는 의미였다. 그래서 처음 여섯 권에서는 인물들에 관해 기록했고, 다음의 여섯 권에서 장소에 관해 기록했으며, 시대에 관해 논하면서 여섯 권을 기록하고, 마지막 여섯 권은 역사에 관해 기록했다. 이렇게 넷 곱하기 여섯은 스물네 권이 되지만 이 부분의 전반적 내용을 다루는 한 권을 첫머리에 배치했다. 신사에서도 똑같은 분류 형식이 지켜졌는데 다만 제신에게 바쳐야 할 항목별로 되어 있다. 인간들은 일정한 장소에서 일정한 시기에 제사를 바친다. 방금 말한 인물, 장소, 시간, 제사라는 이 네 가지를 각각 세 권씩의 책에 담아놓고 있다. 처음 세 권은 인물들에 관해 기록했고, 그다음 세 권은 장소에 관해, 셋째 세 권은 시기에 관해, 넷째 세 권은 제사에 관해 기록했는데, 여기서도 제사를 누가 바치는지, 어디서 바치는지, 언제 바치는지, 무엇을 바치는지 아주 상세하게 구분해서 전해주고 있다. 그렇지만 누구에게 그 제사가 바쳐지는지가 언급되어야 하기 때문에, 그리고 특히 바로가 그것을 언급해 주리라고 기대되었기 때문에 바로는 마지막 세 권은 신들에 관해 기록했다. 이렇게 다섯 곱하기 셋은 열다섯이 된다. 그러나 이 책은 모두 열여섯 권인데 그 까닭은, 방금 말한 대로 여기서도 이 부분의 전반적 내용을 다루는 한 권을 서론으로 배치했기 때문이다. 신사를 다루는 후반부의 서론이 끝나고 나서 다섯 부분으로 나누는 대목에 이르러 인물들을 다루는 처음 세 권이 나오는데 이것도 다음과 같이 구분하여 첫 권은 제관들에 관한

pontificibus, secundus de auguribus, tertius de quindecimuiris sacrorum; secundos tres ad loca pertinentes ita, ut in uno eorum de sacellis, altero de sacris aedibus diceret, tertio de locis religiosis; tres porro, qui istos sequuntur et ad tempora pertinent, id est ad dies festos, ita, ut unum eorum faceret de feriis, alterum de ludis circensibus, de scaenicis tertium; quartorum trium ad sacra pertinentium uni dedit consecrationes, alteri sacra priuata, ultimo publica. Hanc uelut pompam obsequiorum in tribus, qui restant, dii ipsi sequuntur extremi, quibus iste uniuersus cultus inpensus est: in primo dii certi, in secundo incerti, in tertio cunctorum nouissimo dii praecipui atque selecti.

4. In hac tota serie pulcherrimae ac subtilissimae distributionis et distinctionis uitam aeternam frustra quaeri et sperari inpudentissime uel optari, ex his, quae iam diximus et quae deinceps dicenda sunt, cuiuis hominum, qui corde obstinato sibi non fuerit inimicus, facillime apparet. Vel hominum enim sunt ista instituta uel daemonum, non quales uocant illi daemones bonos, sed, ut loquar apertius, inmundorum spirituum et sine controuersia malignorum, qui noxias opiniones, quibus anima humana magis magisque uanescat et incommutabili aeternaeque ueritati coaptari atque inhaerere non possit, inuidentia mirabili et occulte inserunt cogitationibus impiorum et aperte aliquando ingerunt sensibus et qua

---

37 augures: 앞의 4.29에서 그 허구성을 지적했다.

38 quindecimviri sacri faciundis: 시빌라의 무서(*Libri Sibyllini*)를 해석하는 임무를 맡고 있었다(Tacitus, *Annales* 3.64; 6.12). Tarquinius superbus가 임명한 것은 본래 두 명(duumviri)이었다가 열다섯으로 증원되었다. 본서 3.17.3 참조.

39 바로는 신들을 dii certi, dii incerti, dii praecipui atque selecti로 삼분한 셈이다. 7권에 상론된다.

40 진리 앞에서 완고하게 묵살하고 저항함은 자신을 해치는 적대행위(sibi inimicus)라는 해석이다.

41 본서에서 교부는 이 용어를 첫 권들의 daemones에서 immundi spiritus로, maligni spiritus로 서서히 전환한다.

것이고, 둘째 권은 조점관鳥占官[37]들에 관한 것, 셋째 권은 제사를 주관하던 로마의 15인관十五人官[38]에 관한 내용이다. 장소에 관해 다루는 둘째 세 권도 다음과 같이 구분하여 제1권은 사당들에 대해 이야기하고, 제2권은 성스러운 전당들에 대해, 제3권은 그밖의 경신례 장소들에 대해 이야기한다. 그다음에 따라나오는 세 권은 시기 곧 축제일들을 다루는데 하나는 축일들에 관해, 다음은 경기공연들에 관해, 셋째는 연극들에 관해 논한다. 넷째 세 권 중 하나에는 봉헌을, 다른 하나에는 개인제사를, 마지막에는 공공제사를 할당했다. 종교의식의 이 화려한 행렬에 뒤이어 나머지 세 책에서 마지막으로 저 신들이 등장하는데 이 모든 숭배가 오로지 저들에게 바쳐지는 것이었다. 첫 권에서는 정체가 확실한 신들, 둘째 권에서는 정체가 불확실한 신들, 전체의 마지막 권에 해당하는 셋째에는 주장主將이요 선별된 신들이 다루어진다.[39]

4. 바로의 논의에서는 제신 숭배자들에게 인간사가 신사보다 더 오래된 것처럼 다루어진다

4.1. 영원한 생명을 바란다 해서 많은 신을 섬길 것이 아니다

더할 나위 없이 미려하고도 치밀한 분석과 배열이 담긴 이 작품 전체에서도 만일 누군가가 영원한 생명을 찾거나 기대하거나 희구하려 한다면 이는 어리석기 짝이 없는 짓임이 곧 드러난다. 이는 완고한 마음으로 자기 자신을 적대시하는 사람이 아니라면,[40] 내가 여태까지 논의한 바나 지금부터 논의할 내용에 비추어 볼 때, 이 점은 누구에게나 쉽게 이해될 것이다. 거기 나오는 제도는 인간들의 것이거나 정령들의 것인데, 그나마 저 사람들이 말하듯이 선한 정령들의 것은 아니다. 내가 좀더 노골적으로 말한다면 더러운 영들의 것이요 악령들의 것임에 논란의 여지가 없다.[41] 그것들은 인간 영혼이 갈수록 허황해지게 만들려는 의도로, 또 불변하고 영원한 진리를 파악하지 못하고 그 진리에 귀의하지 못하게 할 의도로, 해괴한 시기猜忌를 품고서 불경스런 인간들의 생각에다 해로운 사상을 은밀하게 집어넣는다. 때로는 노골적으로 사람들의 지각에 해로운 사상을 주입하고는 할 수만 있으면 거짓 증거마저 보여 이를 다짐까지 한다. 그런

possunt fallaci adtestatione confirmant. Iste ipse Varro propterea se prius de rebus humanis, de diuinis autem postea scripsisse testatur, quod prius extiterint ciuitates, deinde ab eis haec instituta sint. Vera autem religio non a terrena aliqua ciuitate instituta est, sed plane caelestem ipsa instituit ciuitatem. Eam uero inspirat et docet uerus Deus, dator uitae aeternae, ueris cultoribus suis.

Varronis igitur confitentis ideo se prius de rebus humanis scripsisse, postea de diuinis, quia diuinae istae ab hominibus institutae sunt, haec ratio est: «Sicut prior est, inquit, pictor quam tabula picta, prior faber quam aedificium: ita priores sunt ciuitates quam ea, quae a ciuitatibus instituta sunt.» Dicit autem prius se scripturum fuisse de diis, postea de hominibus, si de omni natura deorum scriberet, quasi hic de aliqua scribat et non de omni, aut uero etiam aliqua, licet non omnis, deorum natura non prior debeat esse quam hominum. Quid quod in illis tribus nouissimis libris deos certos et incertos et selectos diligenter explicans nullam deorum naturam praetermittere uidetur? Quid est ergo, quod ait: «Si de omni natura deorum et hominum scriberemus, prius diuina absoluissemus, quam humana adtigissemus»? Aut enim de omni natura deorum scribit, aut de aliqua, aut omnino de nulla. Si de omni, praeponenda est utique rebus humanis; si de aliqua, cur non etiam ipsa res praecedat humanas? An indigna est praeferri etiam uniuersae naturae hominum pars aliqua deorum? Quod si multum est, ut aliqua pars diuina praeponatur uniuersis rebus humanis, saltem digna est uel Romanis. Rerum quippe humanarum libros, non quantum ad orbem terrarum, sed quantum ad solam Romam pertinet, scripsit, quos tamen rerum diuinarum libris se dixit scribendi ordine merito praetulisse, sicut pictorem tabulae pictae, sicut fabrum aedificio, apertissime confitens, quod etiam istae res diuinae, sicut pictura, sicut structura, ab hominibus institutae sint. Restat ut de nulla deorum natura scripsisse intellegatur, ne-

---

[42] 종교라는 신사보다 문화 또는 역사라는 인간사를 앞자리에 논하는 관습(예: Plato, *Cratylus* 387c - 408d; Aristoteles, *Metaphysica* 983b; 1074b)은 종교가 인간의 창작물이고 문화와 역사의 산물이라는 증거라면서, 신중심 사고를 하는 교부는 이 현상을 가치전도로 본다.

[43] res humanae: "문화"(cultura)로 번역되는 경우도 있다(Gentili). 그리고 로마사(res Romanae)와 대당되는 개념이라면 "인간 역사"(res gestae humanae)로 이해해도 무방하다.

[44] Varro, *Antiquitates* fr.109.

[45] 바로는 사실 "로마라는 도성의 신들"(dei civitatis)을 논한다고 범위를 한정하고 있다.

[46] 앞의 각주 39 참조.

데 바로 본인이 인간사를 먼저 기술하고 그 뒤에 신사를 기술했다고 단언하고 있는데, 그 이유는 인간 도성들이 먼저 존재했고 그 결과 인간의 도성들에 의해 신사라는 이런 제도가 생겨났기 때문이라고 했다. 무릇 참된 종교라면 어떤 지상 도성에 의해 제정되는 것이 아니다. 오히려 참된 종교가 천상 도성을 건설하는 법이다. 그런 종교는 참 하느님이 영감을 주고 가르치며, 당신을 참되게 숭배하는 자들에게 영원한 생명을 베푸는 이도 참 하느님이다.[42]

4.2. 바로는 신들을 인간들이 발명했다고 공언한다

바로가 인간사[43]를 먼저 기술했고, 인간들에 의해 제정되었다는 이유로 신사를 그 뒤에 기술했다고 고백하는 것은 다음과 같은 이유 때문이다: "이것은 그림보다 화가가 먼저인 것과 흡사하고, 건물보다 건축가가 먼저인 것과 흡사하다. 마찬가지로 도성들에 의해 제정된 것들보다는 도성들이 먼저".[44] 그리고 자기가 신들의 모든 본성에 관해 논술할 수만 있어도 먼저 신들에 대해 집필했고 그다음에 인간들에 대해 집필했을 것이라고 한다. 이 말은 자기가 신들의 본성을 전부 논하지는 않았고 단지 몇 가지를 얘기했을 따름이라는 뜻이고,[45] 비록 몇 가지는 얘기했을망정 신들의 모든 본성이 아닌 한, 인간들의 본성에 관한 얘기보다 먼저여서는 안 된다는 뜻이다. 그렇다면 마지막 세 권에서 확실한 신들, 불확실한 신들, 선별된 신들을[46] 소상하게 다루면서 그가 신들의 그 어느 본성도 간과하지 않은 것처럼 보이는 까닭은 무엇인가? "우리가 만일 신들과 인간들의 본성을 모조리 논하기로 했다면 인간사를 다루기에 앞서 먼저 신사를 논했을 것이다"라는 말은 무슨 뜻일까? 이는 바로가 신들의 본성에 관해 모조리 기술하거나 몇 가지만 기술하거나 아무것도 기술하지 않기 때문이다. 만약 신의 모든 본성을 기술한다면 당연히 인간사보다 앞세워야 한다. 만약 몇 가지만 기술할 경우라도 왜 그것이 인간사보다 먼저 다루어질 수 없다는 말인가? 신들의 일부 본성이 인간들의 본성 전부보다 앞서 논의되는 것이 부당하다는 말인가? 일부의 신사가 인간사에 선행하는 편이 좀 지나치다면, 적어도 로마사보다 선행하는 것은 당연하리라. 실상 인간사를 다루는 서책들은 전세계를 다루지 않고 로마만을 다루어 기록했다. 이렇게 인간사를 로마사의 일부만 다루면서도 기록하는 순서

que hoc aperte dicere uoluisse, sed intellegentibus reliquisse. Vbi enim dicitur «non omnis», usitate quidem intellegitur aliqua; sed potest intellegi et «nulla», quoniam quae nulla est nec omnis nec aliqua est. Nam, ut ipse dicit, si omnis esset natura deorum, de qua scriberet, scribendi ordine rebus humanis praeponenda esset; ut autem et ipso tacente ueritas clamat, praeponenda esset certe rebus Romanis, etiamsi non omnis, sed saltem aliqua esset: recte autem postponitur; ergo nulla est. Non itaque rebus diuinis anteferre uoluit res humanas, sed rebus ueris noluit anteferre res falsas. In his enim, quae scripsit de rebus humanis, secutus est historiam rerum gestarum; quae autem de his, quas diuinas uocat, quid nisi opiniones rerum uanarum? Hoc est nimirum, quod uoluit subtili significatione monstrare, non solum scribens de his posterius quam de illis, sed etiam rationem reddens cur id fecerit. Quam si tacuisset, aliter hoc factum eius ab aliis fortasse defenderetur. In ea uero ipsa ratione, quam reddidit, nec aliis quicquam reliquit pro arbitrio suspicari et satis probauit homines se praeposuisse institutis hominum, non naturam hominum naturae deorum. Ita se libros rerum diuinarum non de ueritate quae pertinet ad naturam, sed de falsitate quae pertinet ad errorem scripsisse confessus est. Quod apertius alibi posuit, sicut in quarto libro commemoraui, ex naturae formula se scripturum fuisse, si nouam ipse conderet ciuitatem; quia uero iam ueterem inuenerat, non se potuisse nisi eius consuetudinem sequi.

---

[47] 문단 첫행대로 신들의 본성에 관한 논의에서 omnis(전칭긍정), aliqua(특칭긍정), nulla(전칭부정) 세 범주 중 바로는 aliqua(특칭긍정)를 선택했으므로 aliqua는 non omnis이기도 한데 non omnis는 라틴어 문법상 aliqua(특칭긍정)로도 전환되고 nulla(전칭부정)로도 전환된다. 역으로 nulla는 nec omnis(전칭에 대한 부정)이자 nec aliqua(특칭에 대한 부정)이기도 하다.

[48] 각주 42의 전제하에 각주 47의 외연론을 대입한다면 바로는 res divinae를 신사(神事)로 취급하지 않았다는 결론에 이른다. 즉, 존귀함으로 따지면 "신사 전체" 〉"인간사 전체" 〉"신사 일부" 〉"인간사 일부" 순서로 배치되어야 하는데 일부의 신사를 일부의 인간사 뒤에 배치했다면 그것에 신사로서의 품위를 부여하지 않은 셈이다.

[49] 바로의 배치에 따르면, res divinae ↔ res humanse라는 대당관계가 아니고 res falsae ↔ res verae라는 대당관계였다는 것이 교부가 의도하는 결론이므로, 바로가 전달해주고 싶었던 것은 "당대의 신사가 거짓이었다"는 명제가 된다.

[50] historia rerum gestarum(사실(史實)의 역사)과 opiniones rerum vanarum(허황한 사태에 관한 중론)은 바로의 논지에서 선명하게 대조된다.

[51] homines, instituta hominum, natura hominum, natura deum: 이런 용어들의 구사에서는 결국 "신들의 본성"이 "인간들이 정한 제도[= 창작물]"일 따름임을 지적하려는 의도가 있다.

[52] 4.31 참조.

[53] 바로가 신사를 기술하는 선후 배치에서, 진리를 절대시하거나 신적 사안을 우선시켜야 한다는 자연의 이치에 따르지 않고 로마의 관습에 따랐을 뿐이라는 해설이다.

상 그림보다 화가를 앞세우고 건축물보다 건축가를 앞세워야 하듯이, 인간사를 다루는 이 서책들을 신사를 다루는 서책들보다 당연히 앞세웠다고 했다. 이것은 자기가 거론하는 신사들마저, 그림이나 건축물처럼, 어디까지나 인간들에 의해 창작된 것임을 아주 노골적으로 천명한 말이다. "전부는 아니다"라는 말이 관례상 일부는 된다는 뜻으로 알아듣는데 "아무것도 아니다"라는 뜻으로 알아들을 수도 있다. 아무것도 아니면 전부도 아니고 일부도 아니기 때문이다.[47] 바로 본인의 말대로, 그가 집필하려는 바가 신들의 모든 본성이라면 기록하는 순서상 그것이 인간사보다 선행되어야 마땅하다. 본인은 묵과하고 넘어가지만 신들의 본성이 모두 나오지 않고 비록 일부만 나오더라도 그것이 분명 일부분에 해당하는 로마사보다는 선행되어야 한다는 것이 분명한 진리다. 그런데 뒤에 놓았다. 따라서 그 내용이 전혀 신사가 아닌 셈이다.[48] 그러니까 바로는 신사보다 인간사를 앞세우고 싶어한 게 아니고, 참된 사실보다 거짓 사실을 앞세우기 싫어한 것이다![49] 인간사에 관한 책들에서 그는 사실의 역사를 따라 서술했다. 그런데 왜 신사라고 부르는 일에 관해 책을 서술할 때에는 허황한 일들에 관해서, 그것도 의견만을 서술했다는 말인가?[50] 신사를 인간사보다 뒤에 기술함으로써만 아니라 자기가 왜 그렇게 하는지 그 이유를 또한 제시함으로써 그는 미묘한 의미를 담아 이 놀라운 사실을 암시하고 싶었던 것이다. 그가 이 점에 관해 입을 다물었더라면 그의 이 행동을 딴 사람들은 달리 변호했을지도 모른다. 그렇지만 그가 명료하게 제시한 이유 때문에 다른 사람들이 자의적으로 추측할 여지를 남겨두지 않았다. 그리고 자기는 신들의 본성보다 인간들의 본성을 앞세운 것이 아니고, 인간들의 제도보다는 인간들을 우선시했다고 증언한 것이다.[51] 따라서 바로는 신사에 관한 서책들을 집필하면서 자신이 자연본성에 해당하는 진리에 관해 진술한 것이 아니라 오류에 속하는 허위에 관해 진술했노라고 고백한 셈이다. 본서 제4권에서 나도 인용했지만,[52] 바로가 다른 데서 더욱 명시적으로 주장한 바에 의하면, 자기가 만약 도성을 새로 세운다면 이런 저작을 집필하면서 자연본성의 형식에 준해 집필을 했을 것인데 이미 낡은 도성을 만난 터였으므로 그 도성의 관습을 따를 수밖에 달리 어쩌지 못했다는 말을 한다.[53]

5. Deinde illud quale est, quod tria genera theologiae dicit esse, id est rationis quae de diis explicatur, eorumque unum mythicon appellari, alterum physicon, tertium ciuile? Latine si usus admitteret, genus, quod primum posuit, fabulare appellaremus; sed fabulosum dicamus; a fabulis enim mythicon dictum est, quoniam μῦθος Graece fabula dicitur. Secundum autem ut naturale dicatur, iam et consuetudo locutionis admittit. Tertium etiam ipse Latine enuntiauit, quod ciuile appellatur. Deinde ait: «Mythicon appellant, quo maxime utuntur poetae; physicon, quo philosophi, ciuile, quo populi. Primum, inquit, quod dixi, in eo sunt multa contra dignitatem et naturam inmortalium ficta. In hoc enim est, ut deus alius ex capite, alius ex femore sit, alius ex guttis sanguinis natus; in hoc, ut dii furati sint, ut adulterarint, ut seruierint homini; denique in hoc omnia diis adtribuuntur, quae non modo in hominem, sed etiam quae in contemptissimum hominem cadere possunt.» Hic certe ubi potuit, ubi ausus est, ubi inpunitum putauit, quanta mendacissimis fabulis naturae deorum fieret iniuria, sine caligine ullius ambiguitatis expressit. Loquebatur enim non de naturali theologia, non de ciuili, sed de fabulosa, quam libere a se putauit esse culpandam.

Videamus quid de altera dicat. «Secundum genus est, inquit, quod demonstraui, de quo multos libros philosophi reliquerunt; in quibus est,

---

[54] 4.27-28에 의하면 바로(BC 116~27년)의 이 삼분법은 대사제 Quintus Mucius Scaevola (BC 82년) 와도 연관되는 것 같다(cf. M. Scaevola, *Iura civilia* fr.71). 그러나 고대 사상가들의 글에도 그 흔적이 있다. Cf. Plato, *Leges* 713b - 718a; Aristoteles, *Metaphysica* 1074b.

[55] 바로는 주로 mythicon, physicon, politicon이라는 그리스어 중성 형용사를 쓰지만 아우구스티누스 는 이하에서 다채롭게 용어를 구사한다: theologia mythice, physice, politice / theologia fabulosa, naturalis, civilis / theologia poetarum, philosophorum, populorum / theologia theatri, philosophorum, urbis.

[56] fabula(이야기) → fabularis(이야기에나 나옴직한 황당한), fabulosa(이야기로 꾸며지는 재미있 는) 이 두 형용사 가운데 아우구스티누스는 후자를 애용한다. mythicon은 그리스어 mythos에서 유래 한다.

[57] Varro, *Antiquitates* fr.111.

[58] 선의로 본다면, 바로는 설화신학이 신들의 영예에 누를 끼치는 것이므로 지탄받아야 한다고 생각 했으므로, 설화신학에 묘사되는 어처구니없는 신들의 행태도 여과없이 기록했으리라는 설명이다.

5. 바로에 따른 신학의 세 종류: 설화신학, 자연신학, 민간신학

5. 1. 설화신학 혹은 시인들의 신학

바로는 신학, 즉 신들에 관해 설명하는 이론은 그 종류가 세 가지라고 언급한다.[54] 그 세 가지는 신화신학, 자연신학, 민간신학인데, 이렇게 분류하는 그의 의도는 무엇인가? 그가 첫째로 꼽은 종류는, 관습상 라틴어로 명명하는 것이 허용된다면, 우리는 그냥 설화신학이라고 불렀을 것이다. 그렇지만 일단 신화신학이라고 부르자.[55] "이야기"에서 "설화적"이라는 말이 생겼고 사실 뮈토스는 그리스 말로 "이야기"를 가리킨다.[56] 둘째는 자연신학이라고 부를 만한데 용례상 그렇게 써도 좋다고 보인다. 셋째 것도 그는 라틴어로 표기하여 민간신학이라고 불렀다. 이이서 그는 이런 말을 한다: "시인들이 가장 많이 사용하는 종류의 신학을 신화신학, 철학자들이 사용하는 것을 자연신학, 백성들이 사용하는 것을 민간신학이라고 명명한다. 내가 말한 첫째의 신학에는 불사불멸하는 존재들의 품위와 본성에 상치되는 것들이 많다. 그 속에서 어떤 신은 유피테르의 머리에서 태어나고, 어떤 신은 허벅다리에서 태어나며, 어떤 신은 핏방울에서 태어났다는 얘기가 나온다. 또 신들이 도둑질하고 간통을 저지르며 사람들을 학대하는 것으로 되어 있다. 신화신학에서는 심지어 인간도 차마 하지 못할 온갖 짓들을 신들이 자행할 뿐 아니라, 더없이 천박한 인간이 저지를 만한 짓들마저 모조리 신들에게 돌린다."[57] 바로라는 인물이 이런 말까지 할 수 있었고 실제로 감히 이런 말을 했으며 그러면서도 벌받을 짓이 아니라고 생각했던 것은 의도가 있어서였다. 어처구니없는 거짓 이야기들로 인해 신들의 본성에 얼마나 심대한 모욕이 가해지는가를 애매모호한 구석이 전혀 없이 뚜렷하게 표현하려는 의도가 그것이었다. 그는 자연신학이나 민간신학에 관해 말하는 것이 아니고 설화신학에 관해 말하는 중이며 이것은 자기한테 가차없이 지탄받아 마땅하다고 여겼던 것이다.[58]

5. 2. 자연신학 혹은 철학자들의 신학

그러면 다른 것은 어떻게 서술하는지 살펴보자: "내가 제시한 둘째 종류의 신학에 대해 철학자들이 많은 저서를 남겼다. 그런 저서를 보면 신들이란 어떤 존재

dii qui sint, ubi, quod genus, quale est: a quodam tempore an a sempiterno fuerint dii; ex igni sint, ut credit Heraclitus, an ex numeris, ut Pythagoras, an ex atomis, ut ait Epicurus. Sic alia, quae facilius intra parietes in schola quam extra in foro ferre possunt aures.» Nihil in hoc genere culpauit, quod physicon uocant et ad philosophos pertinet, tantum quod eorum inter se controuersias commemorauit, per quos facta est dissidentium multitudo sectarum. Remouit tamen hoc genus a foro, id est a populis; scholis uero et parietibus clausit. Illud autem primum mendacissimum atque turpissimum a ciuitatibus non remouit. O religiosas aures populares atque in his etiam Romanas! Quod de diis inmortalibus philosophi disputant, ferre non possunt; quod uero poetae canunt et histriones agunt, quae contra dignitatem ac naturam inmortalium ficta sunt, quia non modo in hominem, sed etiam in contemptissimum hominem cadere possunt, non solum ferunt, sed etiam libenter audiunt. Neque id tantum, sed diis quoque ipsis haec placere et per haec eos placandos esse decernunt.

Dixerit aliquis: Haec duo genera mythicon et physicon, id est fabulosum atque naturale, discernamus ab hoc ciuili, de quo nunc agitur, unde illa et ipse discreuit, iamque ipsum ciuile uideamus qualiter explicet. Video quidem, cur debeat discerni fabulosum: quia falsum, quia turpe, quia indignum est. Naturale autem a ciuili uelle discernere quid est aliud quam etiam ipsum ciuile fateri esse mendosum? Si enim illud naturale est,

---

[59] Varro, *Antiquitates* fr.7, 8 in Tertullianus, *Ad nationes* 2.2.1. intra parietes in scholam quam extra foro: 시쳇말로 "일반 대중에게보다는 학계의 테두리 내에서" 거론되는 견해였다는 뜻이다.

[60] 진리에 근사한 자연철학은 학자들이나 논하게 담벼락 안으로 가두고 추루한 설화신학은 시장에 내놓았으니 그게 진정한 종교심이냐는 힐난이다.

[61] genus mythicon et physicon, id est fabulosum atque naturale: 그리스어 용어를 사용했다가 라틴어로 번역하는 참이므로 naturale는 "자연학적"이라고 알아들을 만하다.

이고, 어디 있으며, 어떤 종류가 있는지, 그리고 어떤 특성을 갖고 있는지 논의한다. 또 신들이 얼마나 오랫동안 존재해 왔는가를 논의하는데, 이는 곧 신들이 어느 일정한 시점부터 존재하기 시작했는지 그렇지 않으면 영속적으로 존재해 왔는가를 논의하는 것이다. 예를 들어 헤라클리투스는 신들은 불로 되어 있다고 믿었고, 피타고라스는 수數로 되어 있다고 믿었으며, 또 에피쿠루스는 원자原子로 되어 있다고 믿었다. 그밖에도 사람들의 이목을 끌 만한 다른 얘기들이 나오지만 그것들은 바깥 광장보다는 학원의 담장 안쪽에서나 통할 얘기들이다."[59] 사람들이 자연신학이라고 부르고 철학자들과 관련된 이 종류의 신학에는 그도 아무 비판을 가하지 않는다. 단지 그들이 서로 주고받는 논쟁들을 열거하고, 철학자들 때문에 서로 대립하는 일단의 학파들이 생겨났다는 말을 할 따름이다. 그러나 그는 이 종류의 신학을 광장에서, 다시 말해 백성으로부터 추방하여 담벼락과 학교 안에다 가두어 버린다. 그런데도 저 첫째 종류의 신학, 곧 거짓되기 짝이 없고 추하기 이를 데 없는 신화신학은 그가 도성에서 추방하지 않았다. 사람들의 귀, 그 가운데서도 로마인들의 귀는 경건하기도 하다![60] 그들은 철학자들이 불사의 신에 대해 논의하는 것은 참고 들어줄 수조차 없다. 그러면서도 그들은 불사의 신들의 품위와 본성에 상반되게 꾸며낸 것, 인간은 차마 저지르지 못할 뿐 아니라 더없이 천박한 인간이나 저지를 만한 짓에 대해 시인들이 노래하고 배우들이 공연하는 것은 기꺼이 귀담아듣는다. 더구나 이런 짓들이 신들의 마음에 드는 것은 물론이요, 이런 짓들을 통해 신들의 비위를 맞출 수 있다고까지 생각하다니.

5.3. 민간신학 혹은 도회들의 신학

혹자는 다음과 같이 말할지도 모른다: 이 두 가지 신학 곧 신화와 자연, 다시 말해 설화적인 것과 자연적인 것은[61] 지금부터 논하려는 민간적인 것과는 엄연히 다르다. 바로까지도 이것을 따로 구분한만큼, 그 민간신학을 어떻게 설명하는지 보자는 것이다. 그런데 나 역시 설화신학을 따로 구분해야 하는 이유를 알고 있다. 이는 설화신학이 허구적이기 때문이고, 추잡하기 때문이며, 부당하기 때문이다. 그렇다면 자연신학을 굳이 민간신학과 구분하는 이유는 민간신학 역시 거짓말이라는 자백이 아니고 무엇이겠는가? 만일 민간신학이 자연스런 것이라면, 굳이 따

quid habet reprehensionis, ut excludatur? Si autem hoc quod ciuile dicitur naturale non est, quid habet meriti, ut admittatur? Haec nempe illa causa est, quare prius scripserit de rebus humanis, posterius de diuinis, quoniam in diuinis rebus non naturam, sed hominum instituta secutus est. Intuea- mur sane et ciuilem theologian. «Tertium genus est, inquit, quod in urbi- bus ciues, maxime sacerdotes, nosse atque administrare debent. In quo est, quos deos publice sacra ac sacrificia colere et facere quemque par sit.» Adhuc quod sequitur adtendamus. «Prima, inquit, theologia maxime accommodata est ad theatrum, secunda ad mundum, tertia ad urbem.» Quis non uideat, cui palmam dederit? Vtique secundae, quam supra dixit esse philosophorum. Hanc enim pertinere testatur ad mundum, quo isti nihil esse excellentius opinantur in rebus. Duas uero illas theologias, pri- mam et tertiam, theatri scilicet atque urbis, distinxit an iunxit? Videmus enim non continuo, quod est urbis, pertinere posse et ad mundum, qua- muis urbes esse uideamus in mundo; fieri enim potest, ut in urbe secun- dum falsas opiniones ea colantur et ea credantur, quorum in mundo uel extra mundum natura sit nusquam: theatrum uero ubi est nisi in urbe? Quis theatrum instituit nisi ciuitas? Propter quid instituit nisi propter ludos scaenicos? Vbi sunt ludi scaenici nisi in rebus diuinis, de quibus hi libri tanta sollertia conscribuntur?

6. O Marce Varro, cum sis homo omnium acutissimus et sine ulla dubi- tatione doctissimus, sed tamen homo, non Deus, nec spiritu Dei ad uiden-

---

[62] 4.27 ["첫째 (시인들의 신들)는 쓸모없는 부류라고 주장한다. … 둘째 (철학자들의 신들)는 도시 (국 가)와 서로 어울리지 않는다고 한다. … 어떤 것은 백성들이 알아서 손해가 될 뿐이기 때문이라는 것 이다. … 제관은 백성이 이런 내용을 아는 것을 바라지 않는다. 그러니까 국가가 종교 문제에 기만당 할 필요가 있다고 생각하는 셈이다"]; 7.5 [(바로는 철학자들이 말하는) 세계혼과 그 부분들이 진짜 신 들이라고 공언하고 있다. 그래서 그의 신학 전체, 다시 말해 그가 크게 중시한 바 있는 자연신학(自 然神學)이 이성혼(理性魂)의 자연본성에까지 확대될 수 있었던 것이다] 참조.

[63] "자연신학"(theologia physica)을 "자연스런"(naturalis) 신학, 곧 "자연에 따라 기술된" 신학으로 유도함으로써 민간신학(theologia civilis)이 제도적 인습의 산물에 불과하다는 결론을 끌어낸다.

[64] Varro, *Antiquitates* fr.9, 10.

[65] Cf. Varro, *De lingua Latina* 10.3.55. 앞의 각주 62에 인용된 본서 7.5 참조.

[66] 세계를 "존재계 전체"로 보고 거기에 신이 세계혼(世界魂)으로 깃들어 있다는 것이 스토아 사상 이다. Cf. Cicero, *De natura deorum* 2.7.18-22; 3.8.19 - 9.23.

[67] 세계(mundus = 자연 → theologia naturalis), 도시[국가](civitas → theologia civilis), 극장(thea- trum → theologia fabulosa)의 외연으로 미루어 도회신학 혹은 민간신학("정치신학"으로도 번역된다) 은 자연신학에 내포되어야 하는데 후자와 상반되고 있으니 신빙성이 없다.

로 구분해서 배척할 만큼 비난받아야 할 까닭이 있겠는가?[62] 또 만일 민간신학이 자연스런 것이 아니라면, 그것을 굳이 인정해야 할 공덕이 무엇인가? 이것이야말로 바로가 왜 인간사를 신사보다 먼저 기술했는가의 이유가 된다. 그는 신사를 다루면서 자연에 따라 기술한 것이 아니라, 인간들의 제도에 따라 기술했다는 것이 그 이유겠다.[63] 그러면 상대방의 말처럼 여유를 두고 민간신학도 살펴보자. 그의 말은 이렇다: "셋째 종류의 신학은 도회지의 시민들, 특히 제관들이 알아야 하고 주관해야 하는 종류이다. 그 속에는 어떠한 신들을 공식으로 숭배하고 각각의 신에게 어떤 종류의 제사와 희생을 드려야 하는가에 대한 지식이 포함되어 있다." 뒤따라 나오는 글귀에 더욱 주의를 기울일 필요가 있다: "첫째 신학은 극장에 제일 어울리고, 둘째는 세계에 어울리며, 셋째는 도회지에 어울린다."[64] 여기서 바로가 어느 신학을 가장 높게 평가하는지 누군들 모르겠는가? 앞서 그가 철학자들의 신학이라고 말한 둘째 신학임에 틀림없다.[65] 그는 이 신학이 세계에 상응한다고 증언했는데 사람들은 만물 가운데 세계보다 고귀한 것이 아무것도 없다고 생각하기 때문이다.[66] 그렇지만 첫째 신학과 셋째 신학 두 가지, 곧 극장의 신학과 도회의 신학을 그는 분리한 것인가, 아니면 통합한 것인가? 상식적으로는 도성들이 세계 속에 속한 것으로 생각되지만, 바로의 구분에서는 도회에 상응하는 신학이 세계에 상응하는 신학에 속하지 않는다. 따라서 그의 견해에 따르면, 도회지에서는 세계의 안과 밖 어디에서도 그 자연본성이 존재하지 않는 것들을 신이라고 믿고 숭배하는 일이 생길 수 있다. 그리고 극장은 도회지를 제외하고 어디 있다는 말인가? 극장에서의 공연 때문이 아니라면, 무엇 때문에 극장을 세웠는가? 또 신사를 거행하는 중이 아니면 언제 극장 공연이 개최되는가? 여하튼 저 극장 공연에 관한 한 바로의 책자들이 참으로 정성스럽게 묘사하고 있다.[67]

6. 바로와 맞선 신화신학: 설화신학과 민간신학

6.1. 로마인들의 신학을 바로가 반박한다

오, 마르쿠스 바로여, 그대가 가장 명민한 인물이요 가장 박식한 인물임은 의심 없지만 그대는 어디까지나 인간이지 신이 아니다. 하느님의 영에 의해 신적인 것

da et adnuntianda diuina in ueritatem libertatemque subuectus, cernis
quidem quam sint res diuinae ab humanis nugis atque mendaciis dirimen-
dae; sed uitiosissimas populorum opiniones et consuetudines in supersti-
tionibus publicis uereris offendere, quas ab deorum natura abhorrere uel
talium, quales in huius mundi elementis humani animi suspicatur infirmi-
tas, et sentis ipse, cum eas usquequaque consideras, et omnis uestra
litteratura circumsonat. Quid hic agit humanum quamuis excellentissi-
mum ingenium? Quid tibi humana licet multiplex ingensque doctrina in
his angustiis suffragatur? Naturales deos colere cupis, ciuiles cogeris.
Inuenisti alios fabulosos, in quos liberius quod sentis euomas, unde et
istos ciuiles uelis nolisue perfundas. Dicis quippe fabulosos accommoda-
tos esse ad theatrum, naturales ad mundum, ciuiles ad urbem, cum mun-
dus opus sit diuinum, urbes uero et theatra opera sint hominum, nec alii
dii rideantur in theatris, quam qui adorantur in templis, nec aliis ludos
exhibeatis, quam quibus uictimas immolatis. Quanto liberius subtiliusque
ista diuideres, dicens alios esse deos naturales, alios ab hominibus institu-
tos, sed de institutis aliud habere litteras poetarum, aliud sacerdotum,
utrasque tamen ita esse inter se amicas consortio falsitatis, ut gratae sint
utraeque daemonibus, quibus doctrina inimica est ueritatis!

Sequestrata igitur paululum theologia, quam naturalem uocant, de qua
postea disserendum est, placetne tandem uitam aeternam peti aut sperari

---

[68] consuetudines in superstitionibus publicis: 이교세계의 공식 종교행사에 대한 교부의 관점을 드러
내는 구절이다. "미신"(superstitiones)은 일찍부터 퇴락한 의미의 종교행사를 가리켰다.

[69] 원소(元素)들로부터 신 개념을 끌어내는 스토아 사상은 7.5-6, 23-24에서 논박하고 있다.

[70] naturales colere cupis, civiles cogeris: 인간사의 세세한 일거리를 주관하거나 민족집단의 수호자로
숭상받는 신들(dii civiles: 국가의 신)이 근거없는("자연적이 아닌") 존재임을 알면서도 노골적 비판을
못하는 유약한 지성을 힐난하고 있다.

[71] consortium falsitatis: 설화신학의 신들도, 민간신학의 신들도 인간이 거짓으로 조작한(ab homini-
bus institutos) 존재들에 불과하다.

[72] 민간신학의 신들 특히 선별된 신들(dei selecti)을 7권에서 논하고 8권의 철학사 개론에서 철학자
들의 자연신학을 따진다.

을 보고 전파하면서 진리와 자유로 이끌려 가는 은혜를 입지도 못했다. 다만 신사가 인간적 어리석음이나 거짓말과는 구분되어야 함은 그대도 각성하고 있다. 그런데도 그대는 대중들의 지극히 부패한 사상과 공공의 미신행위에서 드러나는 풍속[68]을 건드릴까 두려워하고 있다. 그런 사상과 풍속이 신들의 자연본성과 상반된다는 것, 그리고 그 신들이 심지어 인간의 나약한 지성으로 이 세상의 원소들을 갖고서 상상해낸 존재들이라 해도 그 자연본성과도 상반된다는 것을 그대는 알고 있다.[69] 그런 사상과 풍속을 잘 살펴본다면 그대는 몸소 깨닫고도 남을 것이다. 사실 그대의 모든 문학작품에 그것이 반영되어 있다. 그렇다면 인간 중에서도 가장 탁월하다는 그대의 지성은 도대체 무엇을 하고 있는가? 다채롭고 유능한 인간적 학식이 이런 지경에서 도대체 무슨 도움이 된다는 말인가? 그대 자신은 자연신들을 숭배하고 싶으면서도 정작 국가의 민속신들을 섬기도록 강요받고 있다. 그대는 신화적 존재인 신들을 찾아내어 그런 존재들을 상대로 해서는 그대가 느끼는 대로 자유스럽게 토로하고 있지만, 민속신들에게는 좋든 싫든 상관없이 그대도 말려들고 있다.[70] 그대는 신화의 신들은 극장에나 어울리며, 자연의 신들은 세계에 어울리고, 민속의 신들은 도회지에 어울린다고 말한다. 그러나 세계는 신의 작품이지만, 도회지들과 극장들은 인간들의 작품이다. 그리고 극장에서 조롱거리가 되는 신들은 그대들이 신전에서 예배하는 그 신들 말고 다른 신들이 아니며, 극장 공연에 올리는 신들은 그대들이 희생제물을 봉헌하는 그 신들 말고 다른 신들이 아니다! 그대가 아무리 성실하고 치밀하게 분류하여 어떤 신들은 자연적이고, 또 어떤 신들은 인간에 의해 만들어졌다고 말한다 해도, 그래서 인간들에 의해 만들어진 신들에 관해서도 시인들의 기록이 전하는 바와 제관들의 기록이 전하는 바가 다르다고 말할지라도 결국은 양자가 한통속으로 허위라는 공동운명[71]을 친구로 할 따름이다. 시인들의 기록과 제관들의 기록도 둘다 정령들의 마음에 맞겠지만 진리의 가르침은 그들에게 적이기 때문이다.

6.2. 설화신학과 민간신학은 둘다 추악하다

자연신학이라고 일컫는 신학은 잠시 제쳐두고 뒤에 논하기로 하자.[72] 우선 저 시인들의 신, 극장의 신, 경기장의 신, 연극의 신들에게 영원한 생명을 청하고

ab diis poeticis theatricis, ludicris scaenicis? Absit; immo auertat Deus uerus tam inmanem sacrilegamque dementiam. Quid? Ab eis diis, quibus haec placent et quos haec placant, cum eorum illic crimina frequententur, uita aeterna poscenda est? Nemo, ut arbitror, usque ad tantum praecipitium furiosissimae impietatis insanit. Nec fabulosa igitur nec ciuili theologia sempiternam quisquam adipiscitur uitam. Illa enim de diis turpia fingendo seminat, haec fauendo metit; illa mendacia spargit, haec colligit; illa res diuinas falsis criminibus insectatur, haec eorum criminum ludos in diuinis rebus amplectitur; illa de diis nefanda figmenta hominum carminibus personat, haec ea deorum ipsorum festiuitatibus consecrat; facinora et flagitia numinum illa cantat, haec amat; illa prodit aut fingit, haec autem aut adtestatur ueris aut oblectatur et falsis. Ambae turpes ambaeque damnabiles; sed illa, quae theatrica est, publicam turpitudinem profitetur; ista, quae urbana est, illius turpitudine ornatur. Hincine uita aeterna sperabitur, unde ista breuis temporalisque polluitur? An uero uitam polluit consortium nefariorum hominum, si se inserant affectionibus et assensionibus nostris, et uitam non polluit societas daemonum, qui coluntur criminibus suis? Si ueris, quam mali! Si falsis, quam male!

Haec cum dicimus, uideri fortasse cuipiam nimis harum rerum ignaro potest ea sola de diis talibus maiestati indigna diuinae et ridicula detestabilia celebrari, quae poeticis cantantur carminibus et ludis scaenicis acti-

[73] 부도덕한 정령들이나 잡신들에게 영원한 운명을 맡길 수 없다는 것을 1.31-32; 2.5-14; 2.22.1; 2.25.1; 2.27 등에서 교부가 누누이 반복하는데, 여기서는 정령숭배를 아예 "광기"(immanis sacrilegaque dementia, furiosissima impietas)로 단정한다.

[74] ista, quae *urbana* est, illius *turpitudine* ornatur: 도회신학의 urbana와 turpitudo는 불상용의 대극을 이루는 어휘들이다.

[75] *consortium* nefariorum hominum(악인들과의 유대)와 *societas* daemonum(정령들과의 유대)를 한 데 결부시킨다.

[76] si veris, *quam mali*, si falsis, *quam male*: 간결한 문장으로 잡신숭배의 허구를 날카롭게 풍자한다.

바라는 일이 과연 보람있는 일인가? 결코 그렇지 않다. 참된 하느님이 제발 저토록 무지막지하고 독성적瀆聖的인 광기에서 우리를 지켜주시기를 빈다. 자신들의 범행을 극장에서 공연하는 짓이 마음에 든다는 신들, 그따위 공연으로 비위를 맞출 수 있는 신들에게 어떻게 영원한 생명을 청한다는 말인가? 내가 보기에 사람이 미쳐도 저토록 불경스런 광기 속으로 추락할 만큼 미치지는 않았으리라.[73] 아무도 설화신학이나 민간신학을 통해서는 구원久遠의 생명을 얻을 수 없다. 설화신학이란 것은 신들에 관해 추잡한 짓들을 꾸며내서 퍼뜨리며, 민간신학은 그런 짓을 부추기면서 소기의 성과를 거둔다. 전자는 거짓말을 파종하며, 후자는 그것을 수확한다. 전자는 거짓 범죄를 신들과 연계시키며, 후자는 그런 범행을 상연하는 공연을 신사에다 포함시킨다. 전자는 신들과 관련된 가증스런 짓들을 꾸며내어 인간들의 시가로 읊어대고, 후자는 바로 그 신들의 축제를 열어 시가의 내용을 거룩한 의식으로 격상시킨다. 전자는 신들의 추행과 파렴치를 노래부르고 후자는 그런 짓을 애호한다. 전자는 그런 짓을 창작하고 묘사하는데 후자는 그런 짓이 진짜라고 보증해 주거나 거짓인 줄 알면서도 같이 즐긴다. 양쪽 모두 추잡하고, 양쪽 모두 단죄되어 마땅하다. 단지 전자는 극장신학으로서 추행을 공공연하게 선전하고 다니고 후자는 점잖은 도회신학으로서 전자의 공공연한 추행을 장식 삼아 치장하고 있다.[74] 그 짧고 유한한 생명마저 저런 짓으로 오염되는 터에 영원한 생명을 기대한다는 말인가? 사특한 인간들과 공동유대를 갖더라도 우리의 삶을 오염시키는데, 하물며 정령들이 교묘히 다가와서 우리의 호감과 애정을 얻어낸다면, 자신들의 범행을 공연하면서 숭배를 받는 신령들과 연대를 가진다면 우리의 삶을 오염시키지 않을 수 있겠는가?[75] 만약 축제에 공연되는 신들의 범행들이 사실이라면, 신들이란 얼마나 사악한 존재들이겠는가? 그리고 만약 그런 범행들이 거짓이라면 얼마나 사악하게 그들을 숭배하는 셈인가?[76]

6.3. 극장과 신전에서 거행되는 짓들 둘다 추악하다

우리가 이런 말을 할라치면 이런 사정에 아주 무식한 사람은 다음과 같은 생각을 품을지 모른다: "신들의 신성한 품위에 어긋나는 부당한 일들, 즉 시가로

tantur; sacra uero illa, quae non histriones, sed sacerdotes agunt, ab omni
esse dedecore purgata et aliena. Hoc si ita esset, numquam theatricas turpi-
tudines in eorum honorem quisquam celebrandas esse censeret, numquam
eas ipsi dii praeciperent sibimet exhiberi. Sed ideo nihil pudet ad obse-
quium deorum talia gerere in theatris, quia similia geruntur in templis.
Denique cum memoratus auctor ciuilem theologian a fabulosa et naturali
tertiam quandam sui generis distinguere conaretur, magis eam ex utraque
temperatam quam ab utraque separatam intellegi uoluit. Ait enim ea, quae
scribunt poetae, minus esse quam ut populi sequi debeant; quae autem
philosophi, plus quam ut ea uulgum scrutari expediat. «Quae sic abhorrent,
inquit, ut tamen ex utroque genere ad ciuiles rationes adsumpta sint non
pauca. Quare quae erunt communia cum propriis, una cum ciuilibus scribe-
mus; e quibus maior societas debet esse nobis cum philosophis quam cum
poetis.» Non ergo nulla cum poetis. Et tamen alio loco dicit de generationi-
bus deorum magis ad poetas quam ad physicos fuisse populos inclinatos.
Hic enim dixit quid fieri debeat, ibi quid fiat. Physicos dixit utilitatis causa
scripsisse, poetas delectationis. Ac per hoc ea, quae a poetis conscripta
populi sequi non debent, crimina sunt deorum, quae tamen delectant et
populos et deos. Delectationis enim causa, sicut dicit, scribunt poetae, non
utilitatis; ea tamen scribunt, quae dii expetant, populi exhibeant.

---

[77] talia gerere in theatris, quia similia geruntur in templis: 설화신학 못지않게 민간신학도 타락한 군상
을 보이기는 마찬가지라, 2.7; 2.16.1-2; 3.31에는 키벨레와 카이킬리아 여신의 신전에서 벌어지는 추태
를 예거한다.

[78] 6.5.3에서 설화신학과 자연신학을 한편에 놓고, 민간신학을 한편에 놓는 배열에 대해 교부의 답
변은 사실상 이것이 삼각구도라고, 민간신학은 설화신학을 추종해서는 안 된다니까 설화신학의 허구
성이 입증되고, 민간신학은 자연신학을 감히 못 따라가므로 민간신학(제사) 역시 일종의 지적 기만임
을 입증하는 것이라고 결론짓는다.

[79] 사본에 따라서는 첫 구절이 communia cum propriis 대신에 communia cum poetis라고 되어 있어
"그래서 (설화신학을 주도하는) 시인들과 공통된 내용이더라도 민간신학의 고유한 이론과 똑같이 함
께 기록하겠다"라고 번역할 수 있어 아래의 문맥과 더 잘 통한다.

[80] Varro, *Antiquitates* fr.118. maior societas cum philosophis quam cum poetis: 바로가 민간신학보다
자연신학에 지적 신빙성을 두었다는 증거로 여겨진다.

[81] Cf. Varro, *De lingua Latina* 10.3.55. magis ad poetas quam ad physicos: 고대로부터 철학자들은 자
연의 이치와 원소를 따졌으므로 통속적으로 "자연학자"(physici)라고 불렸다(Aristoteles, *Metaphysica*
989a-b). 앞의 각주(80)와 비교하면 philosophi = physici 등식이 성립한다.

[82] 자연학자, 곧 철학자는 인간의 유익을 위해(utilitatis causa) 자연(physis)을 연구하지 오락을 위해
(delectationis causa) 신화(mythos)를 연구하는 사람이 아니다. Cf. Aristoteles, *Metaphysica* 989a-b.

[83] 시인들의 집필 자세는 흥미위주(non utilitatis)인데, 그런 내용을 신들은 되레 기대하고 있고 사람
들은 연극으로 상연하면서 좋아한다.

읊어지는 내용이나 극장에서 연극으로 무대에 올려지는 공연이야 으레 우스꽝스럽고 혐오감을 준다. 그렇지만 제사는 배우들이 상연하는 것이 아니고 제관들이 거행하는만큼, 수치스런 면이 일체 정화되어 그런 면이 전혀 없다!" 사실이 그렇기만 하다면 극장의 외설물을 신들에게 바치는 영예로운 행사처럼 여기고 그것을 개최하자고 마음먹는 사람도 없을 테고, 신들 역시 자신들에게 그런 공연을 바치라고 요구하지도 않을 것이다. 그러나 신들을 위한다는 명분으로 극장에서 저런 것을 공연하면서도 조금도 부끄러워하지 않는 까닭은 신전에서도 흡사한 짓을 거행하고 있기 때문이다![77] 그래서 우리가 이야기하는 저술가 바로가 민간신학을 설화신학이나 자연신학과 분리하여 제3의 무엇처럼 나름대로 구분하려고 시도했을 때에는, 민간신학이 양자에서 분리된 것이라기보다는 양자에 의해 제재받는 것으로 이해되기를 바랐던 것이다. 바로의 언급에 따르자면, 시인들이 기술하는 내용은 백성들이 따라야 할 만한 것이 되지 못하며, 철학자들이 기술하는 내용은 백성들이 따르기에는 지나치다는 것이다.[78] "비록 어색하기는 하지만 양편에서 민간신학의 이론으로 채택된 것이 적지 않다. 그래서 양편에 고유한 내용이더라도 민간신학과 공통되는 점이 있다면 민간신학의 이론에 고유한 이론과 똑같이 함께 기록하겠다.[79] 그렇지만 우리는 시인들보다 철학자들과 유대를 맺는 편이 더 훌륭할 것이다."[80] 그러니 민간신학에는 시인들과 공통된 무엇이 전혀 없지는 않다는 말이다. 또 다른 대목에서 하는 말을 보면, 신들의 족보에 관한 한 백성들은 자연학자들보다는 시인들의 말에 기울어진다고 했다.[81] 그러니까 이 구절에서는 사정이 어떻게 풀려야 옳다는 말을 한 셈이고 앞 구절에서는 사정이 실제로는 어떻다는 말을 한 셈이다. 그가 한 말은, 자연학자들은 유용성 때문에 글을 썼고 시인들은 오락 때문에 글을 썼다는 뜻이다.[82] 그러므로 시인들이 글로 쓴 것을 백성들이 그대로 추종해서는 안된다. 그것은 신들의 범죄상이기 때문이다. 그렇더라도 그 내용이 백성도 신들도 즐겁게 해주는 것만은 틀림없다. 바로의 말처럼 시인들이 글을 쓰는 것은 오락 때문이지 유용성 때문은 아니다. 신들이 기대하는 것과 백성들이 연극으로 공연할 것들만 글로 쓴다는 말이겠다.[83]

7. Reuocatur igitur ad theologian ciuilem theologia fabulosa theatrica scaenica, indignitatis et turpitudinis plena, et haec tota, quae merito culpanda et respuenda iudicatur, pars huius est, quae colenda et obseruanda censetur; non sane pars incongrua, sicut ostendere institui, et quae ab uniuerso corpore aliena importune illi conexa atque suspensa sit, sed omnino consona et tamquam eiusdem corporis membrum conuenientissime copulata. Quid enim aliud ostendunt illa simulacra formae aetates sexus habitus deorum? Numquid barbatum Iouem, imberbem Mercurium poetae habent, pontifices non habent? Numquid Priapo mimi, non etiam sacerdotes enormia pudenda fecerunt? An aliter stat adorandus in locis sacris, quam procedit ridendus in theatris? Num Saturnus senex, Apollo ephebus ita personae sunt histrionum, ut non sint statuae delubrorum? Cur Forculus, qui foribus praeest, et Limentinus, qui limini, dii sunt masculi, atque inter hos Cardea femina est, quae cardinem seruat? Nonne ista in rerum diuinarum libris reperiuntur, quae graues poetae suis carminibus indigna duxerunt? Numquid Diana theatrica portat arma et urbana simpliciter uirgo est? Numquid scaenicus Apollo citharista est et ab hac arte Delphicus uacat? Sed haec honestiora sunt in comparatione turpiorum. Quid de ipso Ioue senserunt, qui eius nutricem in Capitolio posuerunt? Nonne adtestati sunt Euhemero, qui omnes tales deos non fabulosa gar-

---

[84] 아우구스티누스는 바로가 서술하는 민간신학의 내용이 바로 본인이 혐오한다는 설화신학과 다를 바 없음을 지적한다. 의인론(擬人論)의 성격을 띤 다신교 숭배와 의식은 참다운 종교심을 훼방한다는 비판은 고대로부터 있었다. Cf. Plato, *Respublica* 379a; Xenophanes, SVF fr.11-15; Minucius Felix, *Octavius* 22.5-6.

[85] foris, is f. "대문" → Forculus; limen, inis n. "문지방" → Limentinus; cardo, inis m. "문지도리" → Cardea: 라틴어 명사의 성(性: genus)과 달리 도대체 무엇을 기준으로 신들에게 성별(sexus)을 부여했느냐는 힐문이다.

[86] 방금 인용한 신들과 그 신물(神物)에 관해서는 2.15; 3.11; 4.11 등에서 다룬 내용이다.

[87] 유피테르를 젖먹여 키웠다는 염소 아말테아(Amalthea)가 죽자 유피테르는 그 가죽을 벗겨 자기 방패에 씌웠다는데 인간들은 그 염소의 상을 세워 공경했으니 대신(大神)이 인간만도 못하다는 말인가?(Arnobius, *Adversus nationes* 4.21). 오비디우스(*Fasti* 5.115-128)는 바다 요정 아말테아가 거느리는 염소 얘기로 바꾸어 놓는다.

7. 설화신학과 민간신학의 유사점과 일치점

7. 1. 우상과 설화들은 지탄받아 마땅하다

그렇다면 설화신학, 곧 극장과 연극의 신학, 천박함과 추잡함 투성이의 신학이 민간신학으로 되살아나는 셈이다. 설화신학이 통째로는 마땅히 지탄받고 배척당할 것으로 판단받으면서도 여전히 일부는 민간신학에서 함양되고 보존되어야 마땅한 것처럼 여겨지고 있다는 말이다. 나는 다름아닌 이 점을 규명하기로 작정했다. 민간신학이 설화신학으로부터 받아들인 부분이라고 하더라도 민간신학 전체와 전혀 어울리지 않는 그런 부분도 결코 아니고, 몸체에 이질적이거나 어색하게 연결되거나 매달려 있는 그런 부분도 아니고, 오히려 전적으로 조화롭고 단일한 몸체의 지체처럼 참으로 적절하게 결합되어 있는 그런 부분이다. 신들의 형태, 나이, 성별 그리고 외형을 재현하는 조상影像이 그 점을 뚜렷이 보여주지 않는가?[84] 시인들은 유피테르가 수염이 나고 메르쿠리우스는 수염이 안 난 것으로 그리는데 제관들이 모시는 유피테르와 메르쿠리우스는 그렇지 않다는 말인가? 프리아푸스한테 외설스런 물건을 거대하게 만들어 매다는 짓은 배우들만 하고 제관들은 안 하던가? 성소에서 움직이지 않은 채로 숭배받는 신상이나 극장에서 우스개가 되어 행렬하는 신상이나 무엇이 다르다는 말인가? 배우들의 가면을 보면 사투르누스는 노인으로, 아폴로는 미소년으로 나오는데 사당의 석상은 그렇지 않다는 말인가? 대문을 관장하는 포르쿨루스와 문지방을 관장하는 리멘티누스는 남신들인데 그가운데서도 돌쩌귀를 관장하는 카르데아만 왜 하필 여신인가?[85] 진지한 시인들마저 자기의 시가에서 다룰 것이 못 된다고 생각했던 일들이 바로가 신사에 관해 쓴 서책에는 상세하게 기록되어 있지 않은가? 극장의 디아나 여신은 무기를 들고 다니고 도회지의 디아나는 여염집 처녀로만 나오던가? 연극 속의 아폴로는 하프를 켜는 악사인데, 델피의 아폴로는 그 예술을 집어치웠던가?[86] 그래도 이것은 훨씬 추루한 다른 언행에 비해 그래도 점잖은 얘기들이다. 유피테르의 유모를 카피톨리움에 세워 놓은 작자들은 유피테르를 어떻게 생각한 것일까?[87] 에우헤메루스라는 사람은 저 모든 신들이 원래는 사멸하는 인간들이라고(그것도 장난 같은 옛이야기로가 아니라 역사적

rulitate, sed historica diligentia homines fuisse mortalesque conscripsit? Epulones etiam deos, parasitos Iouis, ad eius mensam qui constituerunt, quid aliud quam mimica sacra esse uoluerunt? Nam parasitos Iouis ad conuiuium eius adhibitos si mimus dixisset, utique risum quaesisse uideretur. Varro dixit! Non cum inrideret deos, sed cum commendaret hoc dixit; diuinarum, non humanarum rerum libri hoc eum scripsisse testantur, nec ubi ludos scaenicos exponebat, sed ubi Capitolina iura pandebat. Denique talibus uincitur et fatetur, sicut forma humana deos fecerunt, ita eos delectari humanis uoluptatibus credidisse.

Non enim et maligni spiritus suo negotio defuerunt, ut has noxias opiniones humanarum mentium ludificatione firmarent. Vnde etiam illud est, quod Herculis aedituus otiosus atque feriatus lusit tesseris secum utraque manu alternante, in una constituens Herculem, in altera se ipsum, sub ea condicione, ut, si ipse uicisset, de stipe templi sibi cenam pararet amicamque conduceret; si autem uictoria Herculis fieret, hoc idem de pecunia sua uoluptati Herculis exhiberet; deinde cum a se ipso tamquam ab Hercule uictus esset, debitam cenam et nobilissimam meretricem Larentinam deo Herculi dedit. At illa cum dormisset in templo, uidit in somnis Herculem sibi esse commixtum sibique dixisse, quod inde discedens, cui primum iuueni obuia fieret, apud illum esset inuentura mercedem, quam sibi credere deberet ab Hercule persolutam. Ac sic abeunti cum primus iuuenis ditissimus Tarutius occurrisset eamque dilectam secum diutius habuisset, illa herede defunctus est. Quae amplissimam adepta pecuniam ne diuinae mercedi uideretur ingrata, quod acceptissimum putauit esse numinibus,

---

[88] Euhemerus: 메시나 출신 고고학자(BC 340~260). 신이란 대부분 위대한 인간들이 사후에 신으로 추앙되었다는 이론(euhemerismus)이 7.27.1에도 인용된다.

[89] Epulones: 로마에서 신들에게 바치는 제사를 주관하는 제관들. 봉헌된 신의 제사(예컨대 epulum Iovis)에 어느 신들이 합석할 것인지도 그들이 호명하여 정했다. Cf. Livius, *Ab Urbe condita* 33.42.1; 40.42.7; Cicero, *De oratore* 3.19.73.

[90] Cf. Varro, *Antiquitates* fr.154. Epulum Iovis 행사는 카피톨리움 의례(Capitolina iura)를 다루는 대목에서 나왔다는 말이다.

탐구를 통해) 기록했는데 에우헤메루스의 말이 맞다고 모두 수긍하지 않았던 가?[88] 제사를 보살피는 신관들은 어느 신들이 유피테르의 식탁에 식객으로 동석할지 결정했는데, 그 신관들은 제사가 희극이 되지 않기를 간절히 바랐다는 말이 가당한가?[89] 유피테르의 잔칫상에 어느어느 식객들이 동석했다는 사실을 하필이면 희극배우가 공표하게 되어 있었는데 이것은 한사코 사람들을 웃기려는 조처로 보인다. 이런 말은 딴 사람 아닌 바로가 한 말이다! 그것도 신들을 비웃자고 한 말이 아니고 신들을 제대로 숭배하라고 훈계하면서 한 말이다. 인간사에 관한 서책들이 아니고 신사에 관한 서책들을 보면 그가 이런 말을 기록했음을 입증하고 있다. 그것도 공연축제를 소개하는 대목이 아니라 카피톨리움법제를 소개하는 대목에 나온다. 결국 바로는 그런 사실에 손을 들고 수긍하는 입장이 된다. 사람들이 인간 형상으로 신들을 만들어냈다고 고백하고 인간적 쾌락으로 신들을 즐겁게 해준다고 믿었음을 스스로 고백한 것이다.[90]

7.2. 헤르쿨레스와 라우렌티나의 전설이 말하려는 바가 무엇인가

악령들 역시 술수가 없지 않았으므로 인간 지성에서 오는 이처럼 유해한 사상들이 마치 옳은 것인 양 속임수를 써서 보장해주곤 했다. 이에 관해서는 다음과 같은 전설이 있다. 헤르쿨레스의 신전 관리인이 휴일에 한가한 틈을 타서 혼자 주사위 놀이를 했다. 양손에 주사위를 쥐고서 한 손은 헤르쿨레스 몫으로 정하고 다른 손은 자기 몫으로 정하고 내기를 한 것이다. 만일 자기가 이기면 신전의 경비로 자기한테 저녁을 차리고 여자를 사고, 헤르쿨레스가 이기면 자기 돈으로 헤르쿨레스에게 똑같은 재미를 마련해 주기로 했다. 그런데 헤르쿨레스한테 지게 되자 약속대로 저녁을 차리고 고급 창녀 라우렌티나를 헤르쿨레스 신에게 바쳤다. 이 여자가 신전에서 잠을 자는데 꿈에서 헤르쿨레스와 교접했다. 더구나 헤르쿨레스는 여자에게 신전에서 나가다 처음 만나는 젊은이한테서 몸값을 받으리라는 말까지 해주었다고 한다. 그렇게 해서 나가던 여자와 타루티우스라는 아주 부유한 젊은이가 처음으로 만났다. 젊은이는 그 여자에게 반하여 오랫동안 자기 곁에 두었고 그 여자를 상속인으로 남기고서 죽었다. 그러자 여자는 엄청난 돈을 손에 넣고서 신이 자기한테 지불한 과분한 보답에 대해 배은망덕한

populum Romanum etiam ipsa scripsit heredem, atque illa non comparente inuentum est testamentum; quibus meritis eam ferunt etiam honores meruisse diuinos.

Haec si poetae fingerent, si mimi agerent, ad fabulosam theologian dicerentur procul dubio pertinere et a ciuilis theologiae dignitate separanda iudicarentur. Cum uero haec dedecora non poetarum, sed populorum; non mimorum, sed sacrorum; non theatrorum, sed templorum; id est non fabulosae, sed ciuilis theologiae, a tanto doctore produntur: non frustra histriones ludicris artibus fingunt deorum quae tanta est turpitudinem, sed plane frustra sacerdotes uelut sacris ritibus conantur fingere deorum quae nulla est honestatem. Sacra sunt Iunonis, et haec in eius dilecta insula Samo celebrabantur, ubi nuptum data est Ioui; sacra sunt Cereris, ubi a Plutone rapta Proserpina quaeritur; sacra sunt Veneris, ubi amatus eius Adon aprino dente extinctus iuuenis formosissimus plangitur; sacra sunt Matris deum, ubi Attis pulcher adulescens ab ea dilectus et muliebri zelo abscisus etiam hominum abscisorum, quos Gallos uocant, infelicitate deploratur. Haec cum deformiora sint omni scaenica foeditate, quid est quod fabulosa de diis figmenta poetarum ad theatrum uidelicet pertinentia uelut secernere nituntur a ciuili theologia, quam pertinere ad urbem uolunt, quasi ab honestis et dignis indigna et turpia? Itaque potius est unde gratiae debeantur histrionibus, qui oculis hominum pepercerunt nec omnia spectaculis nudauerunt, quae sacrarum aedium parietibus occuluntur.

---

[91] 로물루스와 동시대의 창녀로 Acca Laurentia가 여신으로 숭배받던 축제(Laurentalia: Varro, *De lingua Latina* 6.3.23-25)와 결부되어 전해온다. 그 여자는 Ancus Martius의 애첩으로 알려지기도 하고 (Aulus Gellius. *Noctes Atticae* 7.7.5) 로물루스를 입양한 Faustulus의 아내라고도 한다(Macrobius, *Saturnalia* 1.10.12).

[92] 이런 의식들은 1.30; 2.7; 4.8-11 등에서 언급되었다. 광란적 제전을 거쳐 정화를 시도하는 의식도 있었고, 풍요와 영생을 희구하는 의식도 있었다.

사람으로 보이기가 싫어서, 또 신령들에게 지극히 흡족한 일이려니 생각하고서, 로마 국민을 자기 유산의 상속인으로 지명했다. 그 여자가 사라지고서 유언서가 발견되었다. 그런 공덕으로 그 여자도 신의 영예를 누리게 되었다고 전해온다.[91]

7.3. 비의와 제전들이 외설스럽다

이것이 만약 시인들이 지어낸 것이고 희극배우들이 공연하는 것이라면 의심없이 설화신학에 속한다고 말할 테고 따라서 점잖은 민간신학과는 구분되어야 하리라고 판단할 것이다. 하지만 이 망신스런 얘기를 공표한 사람은 다름아니라 저 훌륭한 학자 바로였다. 바로는 이 부끄러운 이야기를 시인들이 아니라 백성들에게, 배우들의 공연이 아니라 성스러운 의식에, 극장이 아니라 신전에 귀속시키고 있다. 다시 말해 설화신학에 해당하지 않고 민간신학에 해당하는 것으로 공표하고 있는 것이다. 연극배우들이 신들의 대단한 추행을 장난 같은 연기로 꾸며대는 짓은 오락을 낳으므로 쓸모가 아주 없지는 않다. 그렇지만 제관들이 있지도 않은 신들의 선행을 꾸며대서 거룩한 의식으로 거행하는 짓은 정말 쓸모가 없다. 유노에게 봉헌되는 제의가 있다. 이것은 여신이 총애하는 사모스 섬에서 거행되는데 여신이 그곳에서 유피테르에게 시집을 갔기 때문이다. 케레스에 대한 제의가 따로 있는데 그 의식에는 플루토가 납치한 프로세르피나를 찾아다니는 장면이 있다. 베누스에 대한 제의도 있어 여신의 애인이자 멧돼지의 어금니에 찔려 죽은, 용모가 매우 아름다운 청년 아돈을 애도한다. 신들의 모친에게도 제의가 올려지는데 그 의식에서는 미소년 아티스가 여신에게 총애받다가 여성 고유의 질투를 받아 거세당한 사실을 애도한다. 똑같은 처지로 거세당한 사람들, 갈리라고 불리는 자들의 불운도 그때 함께 애도한다.[92] 이 모두가 외설적 연극보다 훨씬 보기 흉한 짓들이거늘, 시인들이 신들에 관해 지어냈을 뿐 아니라 극장에나 어울리는 설화신학과 민간신학을 왜 굳이 구분해야 한단 말인가? 무엇을 구분한다면, 불측하고 추잡한 것으로부터 고상하고 품위 있는 것을 떼어놓는다는 시늉이 아니던가? 우리는 성스러운 전당의 담장 안에서 일어나는 짓들을 사람들의 눈에 다 보여주지도 않고 모조리 무대에 올려서 까발리지도 않는 배우들에게 오히려 감사를 표해야 마땅하리라. 백일하에 드러나

Quid de sacris eorum boni sentiendum est, quae tenebris operiuntur, cum tam sint detestabilia, quae proferuntur in lucem? Et certe quid in occulto agant per abscisos et molles, ipsi uiderint; eosdem tamen homines infeliciter ac turpiter eneruatos atque corruptos occultare minime potuerunt. Persuadeant cui possunt se aliquid sanctum per tales agere homines, quos inter sua sancta numerari atque uersari negare non possunt. Nescimus quid agant, sed scimus per quales agant. Nouimus autem quae agantur in scaena, quo numquam uel in choro meretricum abscisus aut mollis intrauit; et tamen etiam ipsa turpes et infames agunt; neque enim ab honestis agi debuerunt. Quae sunt ergo illa sacra, quibus agendis tales elegit sanctitas, quales nec thymelica in se admisit obscenitas?

8. At enim habent ista physiologicas quasdam, sicut aiunt, id est naturalium rationum interpretationes. Quasi uero nos in hac disputatione physiologian quaerimus et non theologian, id est rationem non naturae, sed Dei. Quamuis enim qui uerus Deus est non opinione, sed natura Deus sit: non tamen omnis natura deus est, quia et hominis et pecoris, et arboris et lapidis utique natura est, quorum nihil est deus. Si autem interpretationis huius, quando agitur de sacris Matris deum, caput est certe quod Mater deum terra est: quid ultra quaerimus, quid cetera perscrutamur? Quid

---

[93] molles: 동성애자(1고린 6,9 참조)나 성전환자를 가리켜 쓰여 왔다. Galli에 대해서는 이후 7.24.2; 7.28에도 나오며 호교론자들이 즐겨 다루던 소재였다(Lactantius, *Divinae institutiones* 1.21.16; Minucius Felix, *Octavius* 24.4; Iustinus, *Apologia* 1.27).

[94] chorus meretricum: 플로라 여신 축제(ludi Florales)에 창녀들이 동원되어 무대에 오르던 습속을 암시한다. Cf. Tertullianus, *De spectaculis* 27; Lactantius, *Divinae institutiones* 1.20; 본서 2.27.

[95] obscenitas thymelica: Thymele는 극장 관중석 가까이 설치되어 있던 디오니수스 제단으로 거기서 막간에 음란행위가 공연되었다.

[96] physiologicas ... id est naturalium rationum interpretationes: "자연 현상"(natural phenomena: Dyson) 혹은 "자연 원리"(principi naturali: Alici)를 설화적으로 풀어놓은 것이라는 이 변명은 7권에서 반박한다.

[97] 라틴어로 naturā Deus est("본성상 신이다")라고 하면 자칫 natura Deus est("대자연이 곧 신이다") 라는 스토아적 명제로 비약할 수 있으므로 이런 단서를 붙인다.

는 것만으로도 혐오스럽기 짝이 없는데, 어둠 속에 가려 드러나지 않고 있는 제전을 두고 도대체 무슨 좋은 생각을 품을 수 있겠는가? 거세당한 사람과 계집애 같은 남자들[93]을 시켜서 남몰래 무슨 짓들을 하는지는 당사자들이 알아서할 일이다. 문제는 우리의 논적들이 저처럼 불쌍하게 거세당하고 추잡스럽게 타락한 사람들의 존재를 전혀 숨기지 못하고 폭로하고 말았다는 사실이다. 저런 사람들을 통해서도 무슨 거룩한 일이 이루어질 수 있다면, 어디 한번 우리를 설득해 보라! 자신들의 제전에 그런 인간들이 끼어 있고 입회하고 있다는 사실만은 부인 못하리라. 그자들이 무엇을 하는지는 우리가 모르지만, 우리는 그런 인간들을 통해 어떠한 일들이 벌어지는지 알고 있다. 또 우리는 무대에서 어떤 것들이 공연되는지도 알고 있다. 그렇지만 심지어 창녀들의 합창단[94]에도 거세된 자나 계집애 같은 사내가 등장하는 일은 없다! 어떻든 그런 짓을 하는자들은 추잡스럽고 창피한 인간들임이 틀림없다. 적어도 점잖은 사람들이 해서는 안 될 짓이다. 그러니 저런 비의를 거행한다면서, 하필이면 티멜레 외설극[95]도 감히 용납하지 않는 저따위 인간들을 골라 뽑아서 하다니, 결국 저 성스러운 비의秘儀라는 것이 도대체 무슨 짓거리인가?

8. 이교도 학자들이 자기네 신들을 자연 이치로 해석한다

8.1. 신들의 모친과 사투르누스를 자연 이치로 설명한다

그런데 어떤 사람들 말로는 이런 의식들이 소위 자연학적 해석, 다시 말해 자연 이치들에 대한 해석[96]에 불과하다고 주장한다. 저 사람들은 마치 우리가 여기서 신학이 아니라 자연학을 토론하고 있는 양 대꾸하는 셈이다. 하지만 우리는 자연의 이치를 논하는 것이 아니고 신神의 이치를 논하는 중이다. 물론 참하느님은 사람들이 그렇다고 보는 여론에 따라 하느님이 아니라 본성상 하느님인 분이다. 그렇다고 모든 자연이 신은 아니다.[97] 왜냐하면 인간의 자연본성이 있고 가축의 자연본성이 있고 나무의 자연본성이 있고 돌의 자연본성이 있지만 그가운데 어느 것도 신이 아니다. 만약 이 해석에 입각해서, 신들의 모친에게 바치는 제의를 논한다면, 중요한 것은 신들의 모친이 땅이라는 점이다. 그 이

euidentius suffragatur eis, qui dicunt omnes istos deos homines fuisse? Sic enim sunt terrigenae, sic eis mater est terra. In uera autem theologia opus Dei est terra, non mater. Verum tamen quoquo modo sacra eius interpretentur et referant ad rerum naturam: uiros muliebria pati non est secundum naturam, sed contra naturam. Hic morbus, hoc crimen, hoc dedecus habet inter illa sacra professionem, quod in uitiosis hominum moribus uix habet inter tormenta confessionem. Deinde si ista sacra, quae scaenicis turpitudinibus conuincuntur esse foediora, hinc excusantur atque purgantur, quod habent interpretationes suas, quibus ostendantur rerum significare naturam: cur non etiam poetica similiter excusentur atque purgentur? Multi enim et ipsa ad eundem modum interpretati sunt, usque adeo ut, quod ab eis inmanissimum et infandissimum dicitur, Saturnum suos filios deuorasse, ita nonnulli interpretentur, quod longinquitas temporis, quae Saturni nomine significatur, quidquid gignit ipsa consumat, uel, sicut idem opinatur Varro, quod pertineat Saturnus ad semina, quae in terram, de qua oriuntur, iterum recidunt. Itemque alii alio modo et similiter cetera.

Et tamen theologia fabulosa dicitur et cum omnibus huiusce modi interpretationibus suis reprehenditur abicitur inprobatur, nec solum a naturali, quae philosophorum est, uerum etiam ab ista ciuili, de qua agimus, quae ad urbes populosque asseritur pertinere, eo quod de diis indigna confinxerit, merito repudianda discernitur, eo nimirum consilio, ut, quoniam acutissimi homines atque doctissimi, a quibus ista conscripta sunt, ambas

---

[98] Cf. Hesiodus, *Theogonia* 125-153; Lucretius, *De rerum natura* 2.599. 본서 7.23-24 참조.

[99] ad rerum naturam ..., non est secundum naturam, sed contra naturam: 여신을 대자연(rerum natura) 혹은 그 일부로 해석한다는 것은 그럴듯하지만 남성을 거세하여 여성처럼 행동함은 반자연(contra naturam)이라는 핀잔이다.

[100] L. Annaeus Cornutus (1세기) 같은 인물은 스토아 철학자이자 문법학자로서 「그리스 신화에 대한 전승 개요(Ἐπιδρομή)」라는 책자에서 신명(神名)과 신화(神話)의 어원과 알레고리를 철학적 의미로 설파한 것으로 알려져 있다.

[101] 2.15 참조. Cf. Hesiodus, *Theogonia* 452-462; Plato, *Cratylus* 402b. 시간(chronos)은 살아있는 모든 것을 삼킨다는 "자연주의적" 해석이 있었다. 그러던 것이 라티움의 태평성대기의 임금 Saturnus와 동화된다.

[102] Cf. Varro, *De lingua Latina* 5.10.64; Cicero, *De natura deorum* 2.25.64. 본서 7.13 참조.

상 우리가 무엇을 탐색하겠으며 그밖에 무엇을 따지겠는가? 저 모든 신들이 원래는 인간이었다고 주장하는 사람들에게 이보다 분명한 방증이 어디 있겠는가? 그들이 모조리 땅에서 난 자들인만큼 땅이 그들의 어머니일 수밖에 없지 않은가?[98] 그러나 본연의 신학에서는 땅은 어디까지나 하느님의 피조물일 뿐 하느님의 어머니가 될 수 없다. 신들의 모친에게 바치는 제의를 어떤 식으로 해석하고 어떻게 대자연에 결부시키든 사내들이 계집처럼 취급받는 짓은 자연에 따르는 일이 아니고 자연을 거스르는 일이다.[99] 바로 이런 병폐, 이런 죄악, 이런 가증스런 일이 거룩해야 할 제의중에 공공연히 출현하고 있다. 인간들의 타락한 습속에서도 그런 짓을 공공연히 표명하자면 어색하고 부끄러워할 만한 일인데도. 극장의 외설보다도 더 추하다고 여겨지는 저 제의가, 대자연을 상징하여 보여준다는 그 나름의 해석을 지니고 있다면서, 당당히 변호되고 심지어 정당화되기까지 한다. 그렇다면 거짓으로 가득 찬 시인들의 시가 역시 그런 식으로 변호되고 정당화되지 말라는 법이 어디 있겠는가? 실제로 많은 사람들이 시가를 이와 똑같은 방식으로 해석한 바 있다.[100] 예컨대 사투르누스가 자기 자식들을 잡아먹었다는 소름끼치고 역겨운 얘기를 풀이하여, 사투르누스의 이름으로 상징되는 오랜 시간은 시간이 낳는 모든 것을 삼킨다는 뜻으로 해석했고,[101] 바로마저 사투르누스는 씨앗에 해당한다는 견해를 내놓았는데 씨앗은 그것이 돋아난 땅으로 다시 돌아가기 때문이라는 것이다.[102] 이런 식으로 그밖의 다른 신화들도 사람마다 제각기 달리 풀이해 왔다.

8.2. 설화신학과 민간신학은 추악한 거짓이라는 점에서 동일하다

뭐라고 하든 거기에는 설화신학이라는 이름이 붙고, 이런 종류의 신학은, 그 속에서 아무리 그럴듯하게 이러저런 해석이 나와도, 여전히 지탄받고 배척당하고 비판받는다. 신들에 관해 온당치 못한 얘기를 지어냈다는 이유로, 철학자들의 신학이라는 자연신학으로부터만 배격을 당할 뿐 아니라, 지금 우리가 논하는 대로, 도회지와 백성들에게 어울린다고 일컫는 민간신학으로부터도 당연히 배척을 당하고 있다. 그것을 배척하는 데는 다음과 같은 기준이 있는 듯하다: 신학을 셋으로 규정한 지극히 명민하고 박식한 사람들은 두 가지 다, 그러니까

inprobandas intellegebant, et illam scilicet fabulosam et istam ciuilem, illam uero audebant inprobare, hanc non audebant; illam culpandam proposuerunt, hanc eius similem comparandam exposuerunt, — non ut haec prae illa tenenda eligeretur, sed ut cum illa respuenda intellegeretur, atque ita sine periculo eorum, qui ciuilem theologian reprehendere metuebant, utraque contempta ea, quam naturalem uocant, apud meliores animos inueniret locum. Nam et ciuilis et fabulosa ambae fabulosae sunt ambaeque ciuiles; ambas inueniet fabulosas, qui uanitates et obscenitates ambarum prudenter inspexerit; ambas ciuiles, qui scaenicos ludos pertinentes ad fabulosam in deorum ciuilium festiuitatibus et in urbium diuinis rebus aduerterit. Quo modo igitur uitae aeternae dandae potestas cuiquam deorum istorum tribuitur, quos sua simulacra et sacra conuincunt diis fabulosis apertissime reprobatis esse simillimos formis aetatibus, sexu habitu, coniugiis generationibus ritibus, in quibus omnibus aut homines fuisse intelleguntur et pro uniuscuiusque uita uel morte sacra eis et sollemnia constituta, hunc errorem insinuantibus firmantibusque daemonibus, aut certe ex qualibet occasione inmundissimi spiritus fallendis humanis mentibus inrepsisse?

9. Quid? Ipsa numinum officia tam uiliter minutatimque concisa, propter quod eis dicunt pro uniuscuiusque proprio munere supplicari oportere, unde non quidem omnia, sed multa iam diximus, nonne scurrilitati mimi-

---

[103] illam culpandam, istam similem comparandam: 박물학자들이 대중의 비판과 당국의 박해가 두려워 민간신학을 노골적으로 비판하지는 않고 설화신학과 다를 바 없다는 암시에 그쳤다는 설명이다.

[104] et civilis et fabulosa ambae fabulosae sunt ambaeque civiles: "신학"이라는 고상한 명칭과는 달리 수식어 fabulosa(꾸며낸 이야기), civilis(민속적인)는 학문적 신빙성이 없다.

[105] 플라톤 같은 인물은 이런 신화와 시인들의 신개념이 철학자들의 정화된 신개념을 크게 훼손시킨다고 우려했다. Cf. Menexenus 318e; Leges 842a.

저 설화신학이나 이 민간신학이나 똑같이 비판받아야 한다고 생각했던 것 같다. 다만 전자는 노골적으로 비판했지만, 후자는 감히 노골적으로 비판하지는 않았다. 전자는 배척해야 할 것으로 설명하고 후자는 전자와 비슷한 것으로 견주어 보라는 점만을 암시했다.[103] 물론 전자에 비추어 볼 때 후자는 보전될 만한 것으로 선정하라는 의도가 아니고 후자도 전자와 마찬가지로 배척할 것으로 이해시키려는 의도였다. 그리하여 민간신학을 비판하기를 두려워하는 사람들이 아무런 위험을 무릅쓰지 않은 채로, 양편 다 평가절하한 다음에, 더 훌륭한 지성을 갖춘 사람들을 위해 자연신학이라고 부르는 신학에 제자리를 찾아주려는 생각이었다. 그 이유는 민간신학이나 설화신학이나 둘다 꾸며낸 얘기고 둘다 민속적인 까닭이다.[104] 현명하게도 양편의 허황힘과 추루함을 주의깊게 살펴본 사람이라면 양편 다 꾸며낸 얘기에 불과함을 발견할 것이다. 또 설화신학에나 해당할 법한 공연축제를 국가의 신들의 축제나 도회지의 신사에서 거행하는 것을 지켜본 사람이라면 양편 다 민속적임을 발견할 것이다.[105] 그러니 영원한 생명을 부여하는 권한을 저따위 신들 가운데 누구에게 부여한다는 말인가? 바쳐지는 우상이나 제사로 미루어 민간신학의 신들도 노골적으로 지탄을 받는 설화신학의 신들과 너무나 닮았다. 양편의 신들이 형태, 연령, 성별, 위치, 배우자, 족보, 의식으로 보아서 너무도 서로 닮았다. 이 모든 점으로 보건대 그자들이 아예 본디부터 인간들이었다고, 따라서 각자의 생애나 죽음에 맞추어 제사와 축제가 제정되었다고, 그러다 악령들의 속임수나 뒷받침 때문에 이런 오류가 전파되었다고 생각해도 무리가 아니다. 그렇지 않으면 지극히 불결한 영들이 기회 있는 대로 인간 지성을 기만한 결과라고 생각할 만하다.

9. 개별 신들의 직책
9. 1. 리베르에 관해 지껄이는 말들은 자가당착이다
자, 신령들의 직책을 얼마나 꼼꼼하고 소상하게 세분해 두었는지 살펴보자. 사람들 말로는, 그래서 각 신의 고유한 직책에 맞추어서 청원을 올려야 한다는 것이다. 이 점에 관해서는 비록 다 말하지는 않았지만 우리도 상당히 많은 이야기

cae quam diuinae consonant dignitati? Si duas quisquam nutrices adhibe-
ret infanti, quarum una nihil nisi escam, altera nihil nisi potum daret, sicut
isti ad hoc duas adhibuerunt deas, Educam et Potinam: nempe desipere et
aliquid mimo simile in sua domo agere uideretur. Liberum a liberamento
appellatum uolunt, quod mares in coeundo per eius beneficium emissis
seminibus liberentur; hoc idem in feminis agere Liberam, quam etiam
Venerem putant, quod et ipsam perhibeant semina emittere; et ob haec
Libero eandem uirilem corporis partem in templo poni, femineam Libe-
rae. Ad haec addunt mulieres adtributas Libero et uinum propter libidi-
nem concitandam. Sic Bacchanalia summa celebrabantur insania; ubi
Varro ipse confitetur a Bacchantibus talia fieri non potuisse nisi mente
commota. Haec tamen postea displicuerunt senatui saniori, et ea iussit
auferri. Saltem hic tandem forsitan senserunt quid inmundi spiritus, dum
pro diis habentur, in hominum mentibus possint. Haec certe non fierent in
theatris; ludunt quippe ibi, non furiunt; quamuis deos habere, qui etiam
ludis talibus delectentur, simile sit furoris.

Quale autem illud est, quod cum religiosum a superstitioso ea distinc-
tione discernat, ut a superstitioso dicat timeri deos, a religioso autem
tantum uereri ut parentes, non ut hostes timeri, atque omnes ita bonos
dicat, ut facilius sit eos nocentibus parcere quam laedere quemquam
innocentem, tamen mulieri fetae post partum tres deos custodes comme-
morat adhiberi, ne Siluanus deus per noctem ingrediatur et uexet, eorum-

---

[106] 4.8, 11, 21-22; 6.1.2 참조.

[107] Educa ← edo ("먹다"), Potina ← poto ("마시다") 여신은 4.11, 34 참조.

[108] Liberum a liberamento: Liber는 사비나인들의 신 Loebasius 혹은 Libassius로서 "자유로운"(liber)
이라는 형용사와는 무관한데 이런 민간설화적 의미가 부여되었다. 키케로는 Ceres 여신의 "자녀"(li-
beri)로서 Dionysus (Liber), Persephone (Libera)를 가리킨다고 한다(De natura deorum 2.9.24). 본서
4.11; 7.2-3; 8.5 등 참조.

[109] Cf. Varro, De lingua Latina 7.4.87. Liber가 Dionysus 곧 Bacchus와 동화되었다(본서 4.11 참조).

[110] Cf. Livius, Ab Urbe condita 29.8. BC 186년의 바쿠스 축제(Bacchanalia) 금지를 말한다. 본서
3.17.2 참조.

[111] 키케로가 전하는 바로의 정의에 의하면 superstitiosus (미신가)는 제의(祭儀)나 비사(秘事)에 마
술적 힘을 기대하는 점에서 religiosus (종교인)와 다르다. Cf. Cicero,. De natura deorum 2.10.28; 본서
4.30.

[112] Cf. Varro, Antiquitates fr.133.

를 했는데,[106] 이런 세분은 신적 품위에 어울린다기보다는 희극적 소란에 가깝지 않은가? 누가 만일 아기에게 유모 두 사람을 쓴다고 하자. 그래서 하나는 아기에게 먹을 것 외에 아무것도 주지 않고 하나는 마실 것 외에 아무것도 주지 않는다고 하자. 그래서인지 저 로마인들은 이 일로 여신 두 명 곧 에두카와 포티나를 모시기에 이르렀다.[107] 사람들이 정신이 나갔다 보니 집에서도 마치 무슨 희극배우처럼 행동하는 성싶다. 리베르는 해방이라는 말에서 비롯된 명칭인데[108] 사내들은 이 신을 받드는 뜻에서 방사를 벌이고 정액을 방출함으로써 해방을 얻는다고 한다. 부녀자들한테서 같은 일을 하는 신은 리베라이며 때로는 베누스라고도 생각한다. 사람들은 여신도 정액을 방출한다고 여기는 듯하다. 그래서 신전에서도 리베르 앞에는 남근상을 놓고 리베라 앞에는 여근상을 놓는다는 것이다. 그뿐 아니라 리베르한테는 부속 여자들까지 배당하고 정력을 돋우라고 포도주까지 바친다. 그래서인지 바쿠스 축제는 최고조의 열광 속에 치르는데 바로마저 바쿠스 여신도들이 정신나간 광란상태가 아니면 그런 짓거리를 벌이지 못하리라는 말을 하고 있다.[109] 그러나 이 행사는 점잖은 원로원의 심기를 거슬렀고 그래서 그 축제를 폐지하라는 명령이 내렸다.[110] 적어도 이 지경에 와서 사람들은 더러운 영들이 신으로 간주될 적에 인간들의 마음에 무슨 짓까지 저지를 수 있는지를 감지했던 것 같다. 극장에서는 이런 짓들이 벌어지지 않는다. 거기서는 공연을 하기는 해도 광란을 벌이지는 않는다. 그런 놀이를 즐기는 자들을 신으로 섬기는 것 자체가 이미 미친 짓과 다름없기는 해도.

9.2. 실바누스를 막는 의식

그렇다면 바로가 신앙심있는 사람과 미신을 숭배하는 사람을 구분한 것은 왜였을까? 그는 미신을 숭배하는 사람은 신들을 두려워하지만 신앙심있는 사람은 신들을 부모처럼 경외하지 적병처럼 두려워하지 않는다고 했다.[111] 또 바로는 모든 신들이 하도 선하기 때문에 무죄한 사람을 하나라도 해치기보다는 유죄한 사람들을 관대히 용서하는 편이 신들에게 더 용이하리라는 말까지 했다.[112] 그러면서도 임산부가 출산한 후에 남신 실바누스가 밤에 몰래 들어와 산모를 괴롭히지 못하게 하려면 수호신이 세 명이나 필요하다는 말을 자기 입으로 하고

que custodum significandorum causa tres homines noctu circuire limina domus et primo limen securi ferire, postea pilo, tertio deuerrere scopis, ut his datis culturae signis deus Siluanus prohibeatur intrare, quod neque arbores caeduntur ac putantur sine ferro, neque far conficitur sine pilo, neque fruges coaceruantur sine scopis; ab his autem tribus rebus tres nuncupatos deos, Intercidonam a securis intercisione, Pilumnum a pilo, Deuerram ab scopis, quibus diis custodibus contra uim dei Siluani feta conseruaretur. Ita contra dei nocentis saeuitiam non ualeret custodia bonorum, nisi plures essent aduersus unum eique aspero horrendo inculto, utpote siluestri, signis culturae tamquam contrariis repugnarent. Itane ista est innocentia deorum, ista concordia? Haecine sunt numina salubria urbium, magis ridenda quam ludibria theatrorum?

Cum mas et femina coniunguntur, adhibetur deus Iugatinus; sit hoc ferendum. Sed domum est ducenda quae nubit; adhibetur et deus Domiducus; ut in domo sit, adhibetur deus Domitius; ut maneat cum uiro, additur dea Manturna. Quid ultra quaeritur? Parcatur humanae uerecundiae; peragat cetera concupiscentia carnis et sanguinis procurato secreto pudoris. Quid impletur cubiculum turba numinum, quando et paranymphi inde discedunt? Et ad hoc impletur, non ut eorum praesentia cogitata maior sit cura pudicitiae, sed ut feminae sexu infirmae, nouitate pauidae illis cooperantibus sine ulla difficultate uirginitas auferatur. Adest enim dea Virginensis et deus pater Subigus, et dea mater Prema et dea Pertunda, et

---

[113] Silvanus: 수목, 농사, 목축을 수호하는 이탈리아 토속신(cf. Vergilius, *Aeneis* 8.600; Horatius, *Carmina* 2.22). 그리스 목신 Pan과 동화되면서 소음과 소란을 일으킨다 하여 안정이 필요한 산모와 연관된 듯하다.

[114] Cf. Varro, *Antiquitates* fr.196: securis intercisio(도끼로 찍음) → Intercidona, pilum(공이) → Pilumnus, deverro(비질하다) → Deverra.

[115] iugum(멍에, 부부인연) → Iugatinus(4.11 참조), domi duco(집에 들다) → Domiducus, domus(집, domitius: 집에 머무는) → Domitius, maneo(머물다, mansurus) → Manturna.

[116] paranymphi: 로마 풍속으로는 총각 들러리 셋이 신부를 호위하여 신랑집까지 데려갔다.

[117] femina sexu infirma: "약한 성 곧 여자"라고 번역할 수도 있다.

있다.[113] 그 수호신들을 상징하는 남자 셋이 밤새 집 경계를 돌아야 하는데, 한 사람은 도끼로 문지방을 찍고, 둘째는 문지방을 절굿공이로 부숴야 하고, 셋째는 빗자루로 쓸어 담아야 한다고 말한다. 농사의 상징물 셋을 이용함으로써 실바누스 신이 집안에 들어서지 못하게 하기 위해서라고 말하는데, 쇠가 없으면 나무를 베거나 가지 치지 못하고 절굿공이가 없으면 밀가루를 빻지 못하며 빗자루가 없으면 알곡을 쓸어담지 못하기 때문이라는 것이다. 그런데 이 세 가지 물건으로부터 세 명의 신이 나타나게 된다. 도끼로 찍는다고 해서 여신 인테르키도나, 절굿공이에서 남신 필룸누스, 빗자루로 쓴다고 해서 데베르라 여신인데 그 셋이 지켜야 실바누스 신의 완력에 대항하여 갓난아기를 보호할 수 있다는 것이다.[114] 그러니까 해코지하는 신의 난폭함을 마는 데 선신의 수호만으로는 힘이 미치지 않아서, 하나에 대항해 여럿이 나서야 하는 셈이다. 거칠고 사납고 교양없고 숲에 사는 저 신한테는 농사를 상징하는 연장들을 써야 퇴치된다는 말이다. 도대체 이것이 신들의 무구함인가? 신들의 조화라는 것이 고작 이런 것인가? 극장의 연극보다 더 우스꽝스런 이것들이 도회지를 구원하는 신령들이란 말인가?

9. 3. 결혼 초야를 주관한다는 잡신들

사내와 계집이 혼인하면 유가티누스 신이 나선다. 그거야 봐줄 만하다. 그런데 시집가는 여자는 시댁으로 들어가야 한다. 그때는 도미두쿠스라는 남신이 상관한다. 집안에 머물자면 도미티우스 신이 상관한다. 남편과 머물자면 여신 만투르나가 나선다.[115] 무엇이 더 필요한가? 그래도 인간적인 수줍음은 살려주도록 하라! 적당히 덮어주는 수치심 속에서 나머지 일은 육체와 혈기의 정염이 알아서 하게 놓아두었으면 좋겠다! 그런데 그때쯤이면 들러리들[116]마저 물러서는 판에 무슨 놈의 신령들 패거리가 신방에 그리도 득시글거린다는 말인가? 저 사람들 말로는, 신령들이 우글거리는 것은, 그들의 고의적 등장으로 괜한 수치심을 키우려는 의도에서가 아니라, 그들의 협조를 받아서 성적으로 약한 여자,[117] 말하자면 낯선 처지에서 두려워 떠는 여자의 처녀성을 아무런 어려움 없이 거두기 위함이라는 것이다. 그래서 그 자리에는 여신 비르기넨시스, 대부代

Venus et Priapus. Quid est hoc? Si omnino laborantem in illo opere uirum ab diis adiuuari oportebat, non sufficeret aliquis unus aut aliqua una? Numquid Venus sola parum esset, quae ab hoc etiam dicitur nuncupata, quod sine ui femina uirgo esse non desinat? Si est ulla frons in hominibus, quae non est in numinibus, nonne, cum credunt coniugati tot deos utrius-que sexus esse praesentes et huic operi instantes, ita pudore adficiuntur, ut et ille minus moueatur et illa plus reluctetur? Et certe si adest Virginensis dea, ut uirgini zona soluatur; si adest deus Subigus, ut uiro subigatur; si adest dea Prema, ut subacta, ne se commoueat, conprimatur: dea Pertunda ibi quid facit? Erubescat, eat foras; agat aliquid et maritus. Valde inhones-tum est, ut, quod uocatur illa, impleat quisquam nisi ille. Sed forte ideo toleratur, quia dea dicitur esse, non deus. Nam si masculus crederetur et Pertundus uocaretur, maius contra eum pro uxoris pudicitia posceret mari-tus auxilium quam feta contra Siluanum. Sed quid hoc dicam, cum ibi sit et Priapus nimius masculus, super cuius inmanissimum et turpissimum fascinum sedere noua nupta iubebatur, more honestissimo et religiosissi-mo matronarum?

Eant adhuc et theologian ciuilem a theologia fabulosa, urbes a theatris, templa ab scaenis, sacra pontificum a carminibus poetarum, uelut res honestas a turpibus, ueraces a fallacibus, graues a leuibus, serias a ludi-cris, adpetendas a respuendis, qua possunt quasi conentur subtilitate

---

[118] 신들의 이름이 유래한 어휘들이 그 역할을 시사한다: virgo(숫처녀) → Virginensis, subago(밑에 깔리다) → Subigus, premo(껴 누르다) → Prema , pertundo(꿰뚫다: 성교를 가리키는 은어였다) → Pertunda. Cf. Tertullianus, *Ad nationes* 2.11.

[119] 아우구스티누스가 여기서 인용하는 바로의 글(*Antiquitates* fr.195)에 의하면, 베누스의 민간설화 적 어원은 "폭력 없이 파열되지 않는"(vi non sine → Venus) 처녀막에 있다.

[120] Priapus: 본서에서 누차 언급되는데(4.11; 6.7.1; 7.24.2 등) 풍요의 신으로 로마인들은 남근을 만 들어 갖추어 두거나 길거리에 세우던 습속이 그리스도교 호교론자들의 비난과 조롱을 받았다.

父 수비구스 남신, 대모代母 프레마 여신, 페르툰다 여신, 심지어 베누스와 프리아푸스까지 합세한다.[118] 이것이 다 무엇이라는 말인가? 남자가 그 일을 치르는 데 굳이 신들의 보우가 필요하다면 어느 남신 하나나 여신 하나로 족하지 않겠는가? 남자가 폭력을 가해야 여자의 처녀성을 거둘 수 있다는 이유로, 베누스가 이런 일을 주관하는데, 베누스 하나로는 부족하다는 말인가?[119] 신들한테야 염치라는 것이 전혀 없을지 모르지만 인간들한테서는 조금이나마 염치가 있으리라. 그래서 신랑신부는 별의별 남녀 신들이 그 자리에 와 있고 자기들이 첫날밤에 막 벌이려는 일을 지켜보고 있으리라고 믿는다면, 당장 수치심에 사로잡혀서 신랑은 마음이 동하지 않고 신부는 마음이 더욱 안 내키지 않을까? 여신 비르기넨시스는 와서 처녀의 허리띠를 풀어주고, 남신 수비구스가 와서 처녀를 사내 밑에 눕히며, 프레마 여신은 처녀가 누워서 요동을 않게 꼭 눌러놓는다고 한다. 그러면 페르툰다 여신은 거기서 무엇을 하겠다는 것인가? 제발 부끄러움을 느끼고 밖으로 나가주었으면 좋겠다! 남편에게도 무엇인가 할 일을 남겨두라! 여신의 이름이 어디서 왔든 남편 아닌 누가 그 짓을 한다면 남편으로서는 대단히 분개할 노릇이다. 물론 그게 남신이 아니고 여신이라니 그대로 넘길 수 있을지도 모르겠다. 만약 그것을 남신이라고 믿고 페르툰두스라고 부른다고 하자, 그러면 갓난아기가 실바누스를 꺼려서 신들의 보우를 청하는 것 못지않게 남편은 아내의 정조를 생각해서 또다른 신들의 보우를 청해야 할 것이다. 내가 굳이 이런 말까지 할 필요가 있을까? 그 자리에는 너무도 남성적인 프리아푸스까지 합세하여, 로마 귀부인들의 지극히 선량하고 지극히 경건한 습속에 따라, 새색시를 프리아푸스의 거대하고 징그러운 물건 위에 걸터앉으라고 시키기까지 하는데.[120]

9.4. 현자들은 극장신학도 민간신학도 멀리한다

우리가 지금 여기서 다루고 있는 작가들이 민간신학과 설화신학을, 도회지와 극장을, 신전과 무대를, 제관들의 제사와 시인들의 시가를, 선량한 일과 추잡한 일을, 진실과 거짓을, 진지함과 경박함을, 진지함과 우스꽝스러움을, 마땅히 추구해야 할 일과 배척해야 할 일을 그토록 세세하게 구분하는데 그냥 그렇

discernere. Intellegimus quid agant; illam theatricam et fabulosam theo-
logian ab ista ciuili pendere nouerunt et ei de carminibus poetarum tam-
quam de speculo resultare, et ideo ista exposita, quam damnare non au-
dent, illam eius imaginem liberius arguunt et reprehendunt, ut, qui agnos-
cunt quid uelint, et hanc ipsam faciem, cuius illa imago est, detestentur;
quam tamen dii ipsi tamquam in eodem speculo se intuentes ita diligunt,
ut qui qualesque sint in utraque melius uideantur. Vnde etiam cultores
suos terribilibus imperiis compulerunt, ut inmunditiam theologiae fabu-
losae sibi dicarent, in suis sollemnitatibus ponerent, in rebus diuinis
haberent, atque ita et se ipsos inmundissimos spiritus manifestius esse
docuerunt, et huius urbanae theologiae uelut electae et probatae illam
theatricam abiectam atque reprobatam membrum partemque fecerunt, ut,
cum sit uniuersa turpis et fallax atque in se contineat commenticios deos,
una pars eius sit in litteris sacerdotum, altera in carminibus poetarum.
Vtrum habeat et alias partes, alia quaestio est: nunc propter diuisionem
Varronis et urbanam et theatricam theologian ad unam ciuilem pertinere
satis, ut opinor, ostendi. Vnde, quia sunt ambae similis turpitudinis absur-
ditatis, indignitatis falsitatis, absit a ueris religiosis, ut siue ab hac siue ab
illa uita speretur aeterna.

Denique et ipse Varro commemorare et enumerare deos coepit a con-
ceptione hominis, quorum numerum est exorsus a Iano, eamque seriem

---

121 수사학적 기교로 인해 쉽게 파악되지 않는 문장이지만, 민간신학이 국교요 국민 일반의 신앙이
었으므로 바로마저 직접 공격을 삼갔지만, 신들의 잡다한 업무를 규정한 민간신학의 허점을 암시하고
민간신학에서 파생한 설화신학의 추루함을 열거하여 사실상 민간신학의 신빙성을 무너뜨리는 작업이
아니었겠느냐는 선의의 해석이다.

122 in litteris sacerdotum ... in carminibus poetarum: 교부는 이런 어법으로 결국 제신숭배에 관한 제
관문서도 시인문학도 한데 격하시키는 효과를 노린다.

게 하라고 버려두자! 우리로서는 이렇게 철저하게 구분하는 의도가 무엇인지 알 만하다. 그들은 극장신학과 설화신학이 민간신학에 의존하고 있음을 잘 알고 있다. 그리고 민간신학이 거울에 비치듯이 고스란히 시인들의 노래에 반영되고 있음도 그들은 알고 있다. 그래서 민간신학은 감히 비판할 엄두를 못 내면서도 민간신학의 허점을 모두 드러내어 민간신학의 모상이라고 할 저 설화신학을 마음놓고 논박하고 공격하려는 것이다. 그렇게 함으로써 자기들이 바라는 바가 무엇인지 알아듣는 사람들은 설화신학이 모상이 되어주는 원래의 민간신학을 대놓고 혐오하게 만들려는 것이다. 하지만 정작 부끄러워해야 할 신들은 바로 그 거울에서 자기들 모습을 들여다보면서 좋아서 어쩔 줄 모르는 품이 마치 자기들이 과연 어떤 존재들인지가 두 신학의 양편 어느 쪽에서나 아주 잘 드러난다고 믿는 것 같다.[121] 바로 그래서 무시무시한 명령을 내리면서까지 숭배자들을 부추겨서 자신들에게 파렴치한 설화신학을 만들어 바치게 만들었고, 자기들에게 바치는 장엄 축제에 그것을 공연하라고 시켰으며, 신사에도 그것을 보존하게 만든 것이다. 또한 자기들이 더럽기 짝이 없는 영들임을 아주 드러내 놓고 가르쳤다. 그런가 하면 이 극장신학, 배격당하고 비판받은 신학을 마치 선택되고 보증받은 것처럼 여겨지는 도회신학의 일부나 아류처럼 만들었다. 전체적으로는 추악하고 허위에 찬 신학이요, 공상으로 생겨난 허구적 신들을 포함하고 있는 신학임에도 불구하고, 일부분은 제관들의 문전文典에 자리잡고 일부분은 시인들의 시가에 자리잡게 만들려는 의도였다.[122] 그밖의 다른 부분들도 있는지는 또 다른 문제이다. 지금으로서는 바로의 분류에 의거해서 도회신학과 극장신학이 한결같이 단일한 민간신학에 해당한다는 점을 충분히 입증했다고 생각한다. 부도덕, 자가당착, 천박함, 허위에 있어 두 신학 모두 막상막하이므로 참다운 종교인들이라면 전자에서든 후자에서든 영원한 생명을 기대하는 일만은 제발 삼가야 할 것이다.

9. 5. 바로도 그렇게 처신했다

끝으로, 바로 자신이 인간의 관념을 토대로 신들을 열거하고 그 명단을 만들기 시작했다. 그 인간을 보살핀다는 신들의 명단은 우선 야누스에게서 비롯하여

perduxit usque ad decrepiti hominis mortem, et deos ad ipsum hominem pertinentes clausit ad Neniam deam, quae in funeribus senum cantatur; deinde coepit deos alios ostendere, qui pertinerent non ad ipsum hominem, sed ad ea, quae sunt hominis, sicuti est uictus atque uestitus et quaecumque alia huic uitae sunt necessaria, ostendens in omnibus, quod sit cuiusque munus et propter quid cuique debeat supplicari; in qua uniuersa diligentia nullos demonstrauit uel nominauit deos, a quibus uita aeterna poscenda sit, propter quam unam proprie nos Christiani sumus. Quis ergo usque adeo tardus sit, ut non intellegat istum hominem ciuilem theologian tam diligenter exponendo et aperiendo eamque illi fabulosae, indignae atque probrosae, similem demonstrando atque ipsam fabulosam partem esse huius satis euidenter docendo non nisi illi naturali, quam dicit ad philosophos pertinere, in animis hominum moliri locum, ea subtilitate, ut fabulosam reprehendat, ciuilem uero reprehendere quidem non audeat, sed prodendo reprehensibilem ostendat, atque ita utraque iudicio recte intellegentium reprobata sola naturalis remaneat eligenda? De qua suo loco in adiutorio Dei ueri diligentius disserendum est.

나이 든 인간의 죽음에 이르기까지 줄곧 이어지며, 노인들의 장례식에서 곡哭을 하는 여신인 네니아에게서 끝난다.[123] 이어서 다른 신들을 열거하기 시작하는데 이번에는 인간을 보살피는 것이 아니라 인간의 행사를, 곧 식사, 의상, 기타 현세 생명에 필요한 것이라면 모조리 보살펴 주는 자들이다.[124] 각자의 직책이 무엇이며 따라서 누구에게 기원을 드려야 할 것인지를 모두 알려준다. 그러나 전체적 논의 속에서 바로는 인간이 영원한 생명을 기원할 어떤 신도 보여주지 않았으며, 거명하지도 않았다. 바로 영원한 생명 하나 때문에 우리가 그리스도 인들이 되었는데. 그렇다면 바로가 철학자들에게 해당한다던 자연신학을 위한 여지만을 인간들의 머리에 남겨두고자 했으리라는 사실을 못 알아들을 만큼 어리석은 사람이 누구이겠는가? 그래서 그는 민간신학을 참으로 치밀하게 소개하고 공개하면서 민간신학이 불측하고 지탄받을 설화신학과 흡사함을 보여주었으며, 설화신학이 실상 이 민간신학의 일부임을 어지간히 또 뚜렷하게 가르쳤던 것이다. 본인은 설화신학만 노골적으로 비판하고 민간신학은 감히 비판하려고 나서지 않았지만, 하도 치밀하게 논변을 개진하다 보니까 내용이 전개되면 될수록 민간신학이 비판받아야 할 신학임을 보여주었다. 그러므로, 사물을 제대로 인식하는 인간들이 판단한다면, 양편 다 이미 배척당한 것으로 여겨지고, 남은 것이라고는 자연신학을 선택하는 길뿐이었다. 자연신학에 관해서는 참된 하느님의 보우하심이 있으면 더 자세하게 거론하겠다.[125]

---

[123] Ianus는 수태의 신(4.26 참조)이며, Nenia는 임종하는 사람들의 수호 여신으로(in tutela Neniae quibus extrema sunt tempora: Arnobius, *Adversus nationes* 4.7) 상가의 애곡도 그 이름으로 불렸다(est carmen quod in funere laudandi gratia cantatur ad tibiam: Festus, *Glossaria Latina* 279). 본서 3.9 참조.

[124] Cf. Varro, *Antiquitates* fr.190.

[125] 7.5-9 참조.

10. Libertas sane, quae huic defuit, ne istam urbanam theologian theatricae simillimam aperte sicut illam reprehendere auderet, Annaeo Senecae, quem nonnullis indiciis inuenimus apostolorum nostrorum claruisse temporibus, non quidem ex toto, uerum ex aliqua parte non defuit. Adfuit enim scribenti, uiuenti defuit. Nam in eo libro, quem contra superstitiones condidit, multo copiosius atque uehementius reprehendit ipse ciuilem istam et urbanam theologian quam Varro theatricam atque fabulosam. Cum enim de simulacris ageret: «Sacros, inquit, inmortales, inuiolabiles in materia uilissima atque inmobili dedicant, habitus illis hominum ferarumque et piscium, quidam uero mixto sexu, diuersis corporibus induunt; numina uocant, quae si spiritu accepto subito occurrerent, monstra haberentur.» Deinde aliquanto post, cum theologian naturalem praedicans quorundam philosophorum sententias digessisset, opposuit sibi quaestionem et ait: «Hoc loco dicit aliquis: credam ego caelum et terram deos esse et supra lunam alios, infra alios? Ego feram aut Platonem aut Peripateticum Stratonem, quorum alter fecit deum sine corpore, alter sine animo?» Et ad hoc respondens: «Quid ergo tandem, inquit, ueriora tibi uidentur Titi Tatii aut Romuli aut Tulli Hostilii somnia? Cluacinam Tatius dedica-

---

[126] Lucius Annaeus Seneca (BC 2 ~ AD 65): 로마 스토아 철학을 대표하는 인물로 그가 사도 바울로와 서간을 교환했다는 전설까지 유포되어 있었다. 유일신 사상을 옹호하고 미신을 공격하는 글들이 호교론자들(예: Lactantius, *Divinae institutiones* 6.24.14; Hieronymus, *Epistula ad Iovinianum*)의 호감을 샀다.

[127] adfuit enim *scribenti, viventi* defuit (libertas): 세네카가 스토아적 평정을 추구하고(*De vita beata*) 덕을 흠모하면서도(*De tranquilitate animi* 4.1-6) 현실 정치에서는 아첨과 자기보전에 급급했던 생활태도를 후대인들은 비난했다.

[128] Cf. Seneca, *Dialogus de superstitione*: Tertullianus (*Apologeticum* 12)도 언급하는 책 이름이지만 전수되어 오지 않는다.

[129] 이하의 모든 인용문들은 아우구스티누스에게서만 전수되는 세네카의 글이다: Seneca, *Dialogus de superstitione* fr.31-43.

[130] supra lunam, infra lunam: "하늘에, 땅 위에"를 뜻하는 시어(詩語).

[131] Strato philosophus (BC 288~268 무렵): 소요학파를 계승하여 Theophrastus를 뒤이어 알렉산드리아에 아리스토텔레스 사상을 유포했으며 감각에 비중을 두어 세계의 유물론적이고 기계적인 성격을 강조했다.

[132] Cf. Plato, *Phaedrus* 86a; Cicero, *De natura deorum* 1.13.35.

[133] Titus Tatius: 3.13; 4.23.1 참조.

[134] Tullus Hostilius: 3.14; 3.15; 4.23.1 참조.

제3부 (10-12)
세네카가 생각한 신들

10. 세네카의 자유로운 태도: 그는 바로가 설화신학을 공격한 것보다 더 격렬하게 민간신학을 비난했다

10. 1. 세네카는 거세를 못마땅하게 생각했다

바로에게 부족했던 자유로움이 안나이우스 세네카에게는 있었다. 바로는 도회신학이 극장신학과 유사함을 알면서도 공개적으로는 감히 비판하려 들지 않았다. 그러나 세네카는 우리 사도들의 시대에 출중했던 인물로서 그에게는 그런 자유가 전적으로는 아니라두 일부나마 살아있었다.[126] 단 그도 글을 쓰는 데는 그 자유가 있었지만 삶을 살아가는 데는 그런 자유가 없었다.[127] 미신을 규탄하여 작성한 책자에서[128] 그는 바로가 극장신학, 설화신학을 비판한 것보다도 훨씬 격렬하고 장황하게 민간신학, 도회신학을 비판했다. 세네카는 우상을 논하면서 이렇게 말했다: "사람들은 성스럽고 불멸하며 불가침한 존재들에게 지극히 천박하고 움직이지도 못하는 재료로 만들어진 것들을 바쳐 숭배하고 있다. 그 존재들에게 인간들과 맹수들, 심지어 물고기들의 형상을 부여하며, 어떤 존재들은 양성兩性을 갖추고 갖가지 육체를 입기까지 한다. 만일 숨결을 받아 당장 눈앞에 나타나기라도 한다면 괴물이라고 여겨질 것들을 신령이라고 부른다."[129] 조금 내려가 자연신학을 논하면서 세네카는 몇몇 철학자의 사상을 소개하는데 그 자리에서 다음과 같이 자문한다: "어떤 사람은 다음과 같은 의문을 품을 수도 있을 것이다. 하늘과 땅이 곧 신이라고 믿어야 하는가? 그래서 어떤 신들은 달 위에 있고 어떤 신들은 달 아래[130] 있는 것으로 믿어야 하는가? 나는 플라톤의 말을 믿든가 소요학파 스트라토[131]의 말을 믿어야 할 터인데, 그가운데 하나는 신이 육체가 없다고 했고, 다른 하나는 신이 영혼이 없다고 했다."[132] 이런 의문에 세네카는 다음과 같이 대답한다: "그대에게는 어느 것이 진리에 근사한 것으로 보이는가? 티투스 타티우스[133]나 로물루스나 툴루스 호스틸리우스[134]의 꿈인가? 타티우스는 클루아키나를 여신으로 신격화했고, 로물루스는 피

uit deam, Picum Tiberinumque Romulus, Hostilius Pauorem atque Pallo-
rem taeterrimos hominum affectus, quorum alter mentis territae motus est,
alter corporis ne morbus quidem, sed color. Haec numina potius credes et
caelo recipies?» De ipsis uero ritibus crudeliter turpibus quam libere
scripsit! «Ille, inquit, uiriles sibi partes amputat, ille lacertos secat. Vbi
iratos deos timent, qui sic propitios merentur? Dii autem nullo debent coli
genere, si hoc uolunt. Tantus est perturbatae mentis et sedibus suis pulsae
furor, ut sic dii placentur, quem ad modum ne quidem homines saeuiunt
taeterrimi et in fabulas traditae crudelitatis. Tyranni lacerauerunt aliquo-
rum membra, neminem sua lacerare iusserunt. In regiae libidinis uolupta-
tem castrati sunt quidam; sed nemo sibi, ne uir esset, iubente domino
manus adtulit. Se ipsi in templis contrucidant, uulneribus suis ac sanguine
supplicant. Si cui intueri uacet, quae faciunt quaeque patiuntur, inueniet
tam indecora honestis, tam indigna liberis, tam dissimilia sanis, ut nemo
fuerit dubitaturus furere eos, si cum paucioribus furerent; nunc sanitatis
patrocinium est insanientium turba.»

Iam illa, quae in ipso Capitolio fieri solere commemorat et intrepide
omnino coarguit, quis credat nisi ab inridentibus aut furentibus fieri? Nam
cum in sacris Aegyptiis Osirim lugeri perditum, mox autem inuentum
magno esse gaudio derisisset, cum perditio eius inuentioque fingatur,

---

[135] pavor(공포), pallor(창백함). 이 신령들의 정체는 본서 4.15, 23; *Contra Faustum Manichaeum*
20.9 참조.

[136] 대모신(grandis deum Mater) 키벨레 숭배 예식이며 본서에서 누차 언급한다(6.7.3; 7.24.2).

쿠스와 티베리누스를 신으로 봉안했으며, 호스틸리우스는 인간들의 가장 두려운 감정들을 파보르와 팔로르로 신격화했다. 후자 중의 하나는 공포에 질린 정신의 움직임이고 하나는 육체의 것으로 질병은 아니고 그냥 색깔이라고 한다.[135] 그대 같으면 이런 것들을 신령이라고 믿고 천계에 받아주겠는가?" 또 세네카는 잔혹하고 외설적인 의식에 관해서도 얼마나 거침없이 글을 썼던가! "어떤 자는 자기의 남성을 도려내며, 어떤 자는 두 팔을 베어낸다. 이런 식으로 신들의 비위를 맞출 수 있다고 생각하는 자들이 신들이 화를 낸다고 두려워할 까닭이 무엇인가? 이런 행위를 요구하는 신들이라면 어떤 식으로든 숭배를 드리지 말아야 한다. 인간들이 혼겁하여 제자리를 못 찾는 정신의 광기가 오죽이나 심했으면 이런 식으로 신들을 무미시키려는 것일까? 그런 광기는 가장 끔찍한 인간들도 발휘하지 못하고, 잔인하기 이를 데 없는 이야기 속에 등장하는 인물들도 저지르지 못하리라. 폭군들이 사람들의 신체 일부를 베어낸 일은 있어도 누구에게 자해하라는 명령을 내린 적은 없다. 국왕의 정욕을 채울 생각에서 거세당한 사람들은 있었다. 그렇지만 주인의 명을 받고 자신의 남성을 거세하기 위해 스스로 손을 쓴 사람은 없었다. 저들은 신전에서 자해를 하고서 자신의 상처와 선혈을 보이며 애원한다.[136] 누가 틈이 있어 저들이 행하는 짓과 당하는 짓을 목격한다면, 점잖은 인간들에게는 너무도 혐오스럽고 자유민에게는 너무도 모욕적이며 온건한 사람들에게는 너무도 괴상망측하여, 소수를 상대로 미친 짓을 하더라도 그들이 미쳤음을 누구도 의심치 않을 것이다. 그런데 미쳐 날뛰는 사람들의 수가 많다고 해서 그게 온전한 정신에서 온 것인 양 행세하고 있다!"

10.2. 미신의 작태

세네카는 다름아닌 카피톨리움에서 통상 거행되는 행사들을 기록하면서, 거기서 벌어지는 짓들을 볼 때 광대나 미치광이가 아니면 저지를 만한 일이 아니라고 아주 강하게 비판한다. 이집트 제의를 거행하는데 오시리스를 잃었다고 통곡을 하다가, 금세 되찾았다면서 좋아 어쩔 줄 모르며 웃어댄다는 것이다. 오시리스의 사망이든 소생이든 모두 꾸며낸 이야기인데도 아무와도 사별하지 않았고

dolor tamen ille atque laetitia ab eis, qui nihil perdiderunt nihilque inue-
nerunt, ueraciter exprimatur: «Huic tamen, inquit, furori certum tempus
est. Tolerabile est semel anno insanire. In Capitolium perueni, pudebit
publicatae dementiae, quod sibi uanus furor adtribuit officii. Alius nomina
deo subicit, alius horas Ioui nuntiat: alius lutor est, alius unctor, qui uano
motu bracchiorum imitatur unguentem. Sunt quae Iunoni ac Mineruae
capillos disponant (longe a templo, non tantum a simulacro stantes digitos
mouent ornantium modo), sunt quae speculum teneant; sunt qui ad uadi-
monia sua deos aduocent, sunt qui libellos offerant et illos causam suam
doceant. Doctus archimimus, senex iam decrepitus, cotidie in Capitolio
mimum agebat, quasi dii libenter spectarent, quem illi homines desierant.
Omne illic artificum genus operatum diis inmortalibus desidet.» Et paulo
post: «Hi tamen, inquit, etiamsi superuacuum usum, non turpem nec
infamem deo promittunt. Sedent quaedam in Capitolio, quae se a Ioue
amari putant: ne Iunonis quidem, si credere poetis uelis, iracundissimae
respectu terrentur.»

Hanc libertatem Varro non habuit; tantum modo poeticam theologian
reprehendere ausus est, ciuilem non ausus est, quam iste concidit. Sed si
uerum adtendamus, deteriora sunt templa ubi haec aguntur, quam theatra
ubi finguntur. Vnde in his sacris ciuilis theologiae has partes potius elegit
Seneca sapienti, ut eas in animi religione non habeat, sed in actibus fingat.

---

[137] Osiris 숭배와 신화는 8.26.3 참조.

[138] 바로가 암시하는 참 종교와 미신을 구분하는 기준(4.30; 6.9.2 참조) 하나는 지나치게 의인화(擬
人化)된 신개념과 그에 따른 우스꽝스런 종교의식이다.

따라서 되찾은 일도 없는 사람들이 그토록 심한 고통과 크나큰 환희를 진짜처럼 표현한다는 말이다.[137] "하지만 여기서는 발광하는 데 시간이 따로 정해져 있다. 일 년에 한 번쯤이라면 미쳐보는 것도 이해할 만하다. 그러나 카피톨리움으로 와 보라! 거기서는 광란이 공인되어 있어 정말 그대를 낯부끄럽게 만들 것이다. 거기서는 허황한 광기를 부리는 게 본분처럼 되어 있다. 어떤 자는 유피테르 신에게 숭배자들의 이름들을 나열하고, 어떤 사람은 유피테르에게 시간을 알려준다. 누구는 안마를 해주고 누구는 향유를 발라주는 시늉을 한다. 유노와 미네르바에게 머리를 빗겨주는 여자들도 있다. (신상으로부터는 말할 것도 없고 신전으로부터도 멀리 서서 미용사들이 하는 양으로 손가락을 움직이는 것이다.) 여신들 보라고 거울을 들고 선 여자들도 있다. 자기 소송사건에 신들을 증인으로 부르는 사람들이 있는가 하면, 문서를 펼쳐 보이면서 자기 사정을 설명하는 자들도 있다. 어느 유식한 극단장은 호호백발의 늙은이인데도 날마다 카피톨리움에서 연극을 해 보인다. 마치 인간들이야 자기 연극을 더는 보아주지 않지만 신들은 쾌히 관람한다는 식으로. 온갖 부류의 장인들이 불사의 신들을 위해 무슨 일이든 하겠다는 태도로 허리춤에 손을 끼고서 대기하고 있다." 조금 아래 이런 말이 나온다: "이 모든 인간이 참으로 황당한 봉사를 바치고 있기는 하지만 그래도 신에게 추잡하고 불손한 짓을 올리겠다고 언약하지는 않는다. 카피톨리움에는 유피테르한테 총애받고 있다고 착각하는 여자들도 앉아있다. 저 여자들은, 그대가 유노의 질투에 관한 시인들의 얘기를 믿는다면 하는 말이지만, 걸핏하면 노발대발하는 유노의 면전에서도 도통 무서워할 줄을 모른다."[138]

10. 3. 법률의 제재로 그런 추태가 중단되었다

바로는 세네카의 이런 자유로움을 갖추지 못했다. 시인신학詩人神學을 과감히 비판하면서도 민간신학은 세네카가 질타한 것처럼 과감하게 비판하지는 못했다. 그러나 사실을 지켜본다면, 극장에서 이런 짓이 연극으로 상연되기보다 신전에서 이런 짓이 실제로 거행되는 편이 더욱 나쁘다. 그래서 세네카는 민간신학의 제사 의식들 가운데 바로 이런 부분을 선정하여 지적하고는 현명한 사람더러 그런 행사를 거행하는 시늉만 하고 내심의 종교로는 받아들이지 말라는 충고를

Ait enim: «Quae omnia sapiens seruabit tamquam legibus iussa, non tamquam diis grata.» Et paulo post: «Quid quod et matrimonia, inquit, deorum iungimus, et ne pie quidem, fratrum ac sororum! Bellonam Marti conlocamus, Vulcano Venerem, Neptuno Salaciam. Quosdam tamen caelibes relinquimus, quasi condicio defecerit, praesertim cum quaedam uiduae sint, ut Populonia uel Fulgora et diua Rumina; quibus non miror petitorem defuisse. Omnem istam ignobilem deorum turbam, quam longo aeuo longa superstitio congessit, sic, inquit, adorabimus, ut meminerimus cultum eius magis ad morem quam ad rem pertinere.» Nec leges ergo illae nec mos in ciuili theologia id instituerunt, quod diis gratum esset uel ad rem pertineret. Sed iste, quem philosophi quasi liberum fecerunt, tamen, quia inlustris populi Romani senator erat, colebat quod reprehendebat, agebat quod arguebat, quod culpabat adorabat; quia uidelicet magnum aliquid eum philosophia docuerat, ne superstitiosus esset in mundo, sed propter leges ciuium moresque hominum non quidem ageret fingentem scaenicum in theatro, sed imitaretur in templo; eo damnabilius, quo illa, quae mendaciter agebat, sic ageret, ut eum populus ueraciter agere existimaret; scaenicus autem ludendo potius delectaret, quam fallendo deciperet.

11. Hic inter alias ciuilis theologiae superstitiones reprehendit etiam sacramenta Iudaeorum et maxime sabbata, inutiliter eos facere adfirmans,

---

[139] *in animi religione* non habeat, sed *in actibus* fingat: 지성인들이 종교의식과 개인신념 사이에 거리를 두는 이중처신을 교부는 늘 지탄한다.

[140] 신들의 배필관계는 4.10-11 참조. Populonia(유노가 폭풍에서 재산을 지켜주는 호칭이었으나 별도의 여신인지는 다른 전거로는 알 수 없다), Fulgora(벼락(fulgor)에서 수호해주는 여신), Rumina(유방과 수유를 돌보는 여신: 4.11, 21, 34; 7.11 참조)는 배우자가 안 나온다.

[141] magis ad morem quam ad rem pertinere: 교부가 세네카의 입에서 끄집어내는 결론이다.

[142] colebat quod reprehendebat, agebat quod arguebat, quod culpabat adorabat: 정치적·도덕적 행실은 물론 종교적 언행도 철학적 신념과 거리가 멀었던 세네카의 태도를 각운을 써서 비난하고 있다. Cf. Tacitus, *Annales* 13.3.1; 14.11.3.

[143] "세상에서"(in mundo), "극장에서"(in theatro), "신전에서"(in templo)라는 문구는 세네카가 자연신학, 설화신학, 민간신학을 결국 가닥잡지 못한 실적을 암시하고 있다.

했다.[139] 그리고 이런 말도 했다: "현자는 법률이 명령하는 대로 이 모두를 준수하겠지만 신들의 마음에 들리라는 생각에서 하지는 않을 것이다." 조금 뒤에는 이런 말도 나온다: "우리가 신들의 혼인을 맺어놓는 방식은 뭐라고 해야 할까? 적어도 오누이를 부부로 맺어주는 것은 경건한 짓이 못 된다! 벨로나를 마르스에게 묶어놓고 불카누스에게는 베누스를 맺어주고 넵투누스한테는 살라키아를 시집보낸다. 그런가 하면 어떤 신들은 마치 자격이 모자란다는 듯이 독신으로 남겨두고 어떤 여신들은 과부로 버려둔다. 포풀로니아, 풀고라, 루미나 여신이 그렇다.[140] 그런 신들에게 기도하는 사람들이 없다고 해도 나는 이상하게 생각지 않는다. 오랜 세월에 걸친 오랜 미신이 부풀 대로 부풀어 정체마저 애매한 온갖 신들의 무리를 숭배할 수밖에 없을 대지만, 한 가지, 우리가 바치는 예배는 사실에 해당한다기보다도 습속에 해당한다는 점만은 기억해 두자."[141] 그러니까 민간신학에서 정말 신들의 마음에 드는 것이 무엇이고 정말 사실과 부합하는 것이 무엇인지는 법률도 습속도 가르쳐주지 않은 셈이다. 또 철학자들이 그래도 자유스럽게 만들어준 저 인물, 곧 로마 국민의 고명한 원로원 의원을 지낸 사람마저 자신이 지탄하는 바를 숭배하고, 비판하는 바를 행동에 옮겼으며, 옳지 않다고 비판했던 것을 숭배했던 셈이다.[142] 철학적으로는 세상에서 미신을 믿어서는 안 된다고 가르쳤음에 틀림없다. 그렇지만 정작 본인은 시민들의 법률 때문에, 인간들의 습속 때문에 배우노릇을 한 셈이다. 극장에서 시늉하는 배우는 아니더라도 신전에서 속으로 안 믿는 것을 겉으로 행동해 보이는 배우 말이다.[143] 그 사람이야 거짓으로 그런 행동을 해 보였겠지만 그렇게 행동하는 이상 백성은 그가 진심으로 행동하고 있다고 믿었을 터이므로 그의 행동은 더 지탄받아 마땅하다. 그 사람에 비하면 배우는 속이면서 타락시킨다기보다는 장난하면서 즐겁게 해주는 사람 정도에 불과하다.

11. 세네카는 유다인들을 어떻게 생각했는가

그런데 이 인물은 민간신학의 여타 미신들만 규탄한 것이 아니고 유다인들의 비사秘事와 특히 안식일도 아울러 비난했다. 유다인들이 무익하게 그런 짓을 하

quod per illos singulos septenis interpositos dies septimam fere partem aetatis suae perdant uacando et multa in tempore urgentia non agendo laedantur. Christianos tamen iam tunc Iudaeis inimicissimos in neutram partem commemorare ausus est, ne uel laudaret contra suae patriae ueterem consuetudinem, uel reprehenderet contra propriam forsitan uoluntatem. De illis sane Iudaeis cum loqueretur, ait: «Cum interim usque eo sceleratissimae gentis consuetudo conualuit, ut per omnes iam terras recepta sit; uicti uictoribus leges dederunt.» Mirabatur haec dicens et quid diuinitus ageretur ignorans subiecit plane sententiam, qua significaret quid de illorum sacramentorum ratione sentiret. Ait enim: «Illi tamen causas ritus sui nouerunt; maior pars populi facit, quod cur faciat ignorat.» Sed de sacramentis Iudaeorum, uel cur uel quatenus instituta sint auctoritate diuina, ac post modum a populo Dei, cui uitae aeternae mysterium reuelatum est, tempore quo oportuit eadem auctoritate sublata sint, et alias diximus, maxime cum aduersus Manichaeos ageremus, et in hoc opere loco oportuniore dicendum est.

12. Nunc propter tres theologias, quas Graeci dicunt mythicen physicen politicen, Latine autem dici possunt fabulosa naturalis ciuilis, quod neque de fabulosa, quam et ipsi deorum multorum falsorumque cultores liberrime reprehenderunt, neque de ciuili, cuius illa pars esse conuincitur eiusque et ista simillima uel etiam deterior inuenitur, speranda est aeterna uita, si cui satis non sunt quae in hoc in uolumine dicta sunt, adiungat

---

[144] 세네카의 현존하는 저작에는 그리스도인들을 언급하는 구절이 일체 없다. 그는 유다교도들과 그리스도교도들을 구분하지 못했다.

[145] victi victoribus leges dederunt: 카토의 captantes capti sumus("우리 로마인들은 군사로 그리스인들을 정복하고서도 그들의 문화에 정복당했다")라는 명구와 더불어 세네카의 경구가 되었다. 이치대로라면 Q. Curtius Rufus (2세기)의 말대로 leges a victoribus dantur, accipiuntur a victis (*Historia Alexandri* 6.6.10)이다.

[146] 예: Augustinus, *Contra Faustum Manichaeum*.

[147] 17.3-20 참조.

는 것처럼 해석했고, 이레씩 이어지는 날들 가운데 하루씩 쉬다 보면 자기 인생의 칠분의 일을 놀면서 허송하는 것이라고, 흘러가는 시간 속에서 시급한 여러 일을 하지 않고 놓친다고 비난했다. 그 대신 유다인들이 벌써 지독히 적대시하던 그리스도인들에 관해서는 중립적 입장을 시도하여 본의 아니게 그들을 비난하는 일도 없었고 자기 나라의 오래 묵은 전통을 어기면서까지 그들을 칭찬하는 일도 없었다.[144] 유다인들을 두고 말하는 가운데 이런 언질이 있다: "그동안에 이 지극히 불운한 족속의 관습은 무척이나 세력을 얻어 벌써 온 세상에 받아들여졌다. 패자들이 승자들에게 법률을 부여한 셈이다."[145] 그는 이 말을 하면서도 내심 탄복하고 있었고, 저런 사태가 하느님 섭리로 이루어지고 있음은 알지 못했지만, 다음과 같은 한마디를 덧붙여 유다인들의 비사가 갖춘 명분이 무엇이라고 생각했는지 밝힌다: "저들은 자신들의 예식이 지닌 명분을 알고 있다. 하지만 우리 백성 대다수는 왜 하는지 모르는 짓을 마냥 하고 있다." 유다인들의 비사에 관해서는 다른 곳에서 특히 마니교도들을 대항해서 논쟁하던 때에 우리가 다룬 바 있다.[146] 그 비사들이 왜 그리고 어디까지 신적 권위에 의해 제정되었는지, 그리고 영원한 생명의 신비를 계시받은 하느님의 백성에게서 훗날 왜 박탈되었는지, 그것을 부여한 똑같은 신적 권위에 의해 적당한 때가 되자 그것이 박탈당한 이유가 무엇인지를 논한 바 있다. 본서에서는 더 적절한 대목에서 다시 언급키로 하겠다.[147]

12. 민족신들의 허황함이 드러난 이상, 그들이 현세 생명도 보우하지 못하기에 아무에게도 영원한 생명을 부여하지 못한다는 것은 의심할 여지가 없다

그러니까 결론적으로 이 세 가지 신학, 그리스인들이 신화신학, 자연신학, 정치신학이라고 부르고 라틴말로는 설화신학, 자연신학, 민간신학이라고 일컬을 수 있는 이 신학에 영원한 생명을 바라는 것은 불가능하다. 설화신학에서 영원한 생명을 바랄 수 없는 까닭은 다수의 거짓 신들을 섬기는 그 숭배자들 스스로도 이 신학을 주저없이 비판하고 있기 때문이다. 또 민간신학에서도 바랄 수 없는 이유는 실은 이 신학은 설화신학의 일부분일 뿐 아니라, 설화신학

etiam illa, quae in superioribus libris et maxime quarto de felicitatis datore Deo plurima disputata sunt. Nam cui nisi uni felicitati propter aeternam uitam consecrandi homines essent, si dea felicitas esset? Quia uero non dea, sed munus est dei: cui deo nisi datori felicitatis consecrandi sumus, qui aeternam uitam, ubi uera est et plena felicitas, pia caritate diligimus? Non autem esse datorem felicitatis quemquam istorum deorum, qui tanta turpitudine coluntur et, nisi ita colantur, multo turpius irascuntur atque ob hoc se spiritus inmundissimos confitentur, puto ex his, quae dicta sunt, neminem dubitare oportere. Porro qui non dat felicitatem, uitam quo modo dare posset aeternam? Eam quippe uitam aeternam dicimus, ubi est sine fine felicitas. Nam si anima in poenis uiuit aeternis, quibus et ipsi spiritus cruciabuntur inmundi, mors est illa potius aeterna quam uita. Nulla quippe maior et peior est mors, quam ubi non moritur mors. Sed quod animae natura, per id quod inmortalis creata est, sine qualicumque uita esse non potest, summa mors eius est alienatio a uita Dei in aeternitate supplicii. Vitam igitur aeternam, id est sine ullo fine felicem, solus ille dat, qui dat ueram felicitatem. Quam quoniam illi, quos colit theologia ista ciuilis, dare non posse conuicti sunt: non solum propter ista temporalia atque terrena, quod superioribus quinque libris ostendimus, sed multo magis propter uitam aeternam, quae post mortem futura est, quod isto uno etiam illis cooperantibus egimus, colendi non sunt. Sed quoniam ueternosae consuetudinis uis nimis in alto radices habet, si cui

---

[148] 4.24-26, 33-34 참조. 행복의 여신 Felicitas에 관해 상론했다.

[149] 7.26-27; 8.13에 다시 거론된다.

[150] *vitam aeternam ... ubi est sine fine felicitas*: 영생에 대한 교부의 특유한 정의다.

[151] 영혼의 불멸에 대한 이교도들의 양도논법이 없지 않았다. 인간이 본성상 불멸하게 창조되었다면 그는 창조받은 신임이 틀림없다. 본성상 사멸하게 창조되었다면 신이 죽음의 원인이다. 그러므로 인간은 양편 다 가능하게 만들어졌다. Cf. Theophilus Antiochiae, *Ad Autolycum* 2.27.

[152] 영혼이 본성상 불멸하지만, 영혼의 참 생명은 하느님이므로(13.2), 하느님으로부터 소외되면 그것은 죽음이나 마찬가지 처지다(13.11.2).

[153] *propter vitam aeternam ... non colendi sunt*: 이것이 제5권의 주제(5.1 참조)였다.

과 아주 흡사하고 심지어 더 못하다는 사실이 드러났기 때문이다. 이 책에서 말한 내용으로 흡족하지 못하다는 사람이 있다면 먼저 나온 책들, 특히 행복을 베푸는 분이 하느님이라는 사실을 두고 많은 논의를 펼친 제4권을 읽어야 할 것이다.[148] 만약 행복이 여신이라면 인간 누구나 영원한 생명을 얻자면 오로지 펠리키타스 하나 말고 누구한테 제사를 올려야 하겠는가? 그러나 그것이 여신이 아니고 하느님의 선물인 이상, 행복을 베푸는 분 하느님을 제외하고 과연 누구에게 제사를 올려야 마땅하겠는가? 참되고 충만한 행복은 영원한 생명에 있고 우리는 경건한 애덕을 품고서 그 영원한 생명을 사랑하는 까닭이다. 우리가 얘기해 온 저 신들 가운데 누구도 행복을 부여하는 존재가 못 된다. 저토록 치졸하게 숭배를 받는 신들이라면, 또 그런 식으로 숭배를 바치지 않으면 훨씬 더 치졸하게 분노를 터뜨리는 신들이라면 행복을 제공하지 못함은 물론 바로 그 일로 인해 자기들이 지극히 더러운 영임을 스스로 자백하는 셈이다. 여태까지 말한 것으로 미루어 이 점을 의심할 사람은 아무도 없으리라고 본다.[149] 또 행복을 베풀지 못하는 자가 어떻게 영원한 생명을 베풀 수 있겠는가? 행복이 끝없을 때에 그것을 우리는 영원한 생명이라고 부른다.[150] 만일 영혼이 영원한 벌을 받으면서 산다면, 더러운 영들이 시달리는 것과 같은 영원한 벌을 받으면서 산다면, 그건 영원한 삶이라기보다는 영원한 죽음이리라. 죽음이 소멸되지 않는 것보다 더 크고 더 나쁜 죽음은 없다. 영혼은 영원한 존재로 창조되었다[151]는 사실 때문에, 영혼의 본성은 어떤 생명이든 생명 없이는 존재하지 못한다. 그 영혼에게 최악의 죽음은 영원한 형벌 가운데 하느님의 생명으로부터 소외당하는 것이다. 그러므로 영원한 생명, 곧 끝없이 행복한 생명은 참 행복을 베푸는 분만이 베풀 수 있다.[152] 민간신학이 숭배하는 신들은 영원한 생명을 주지 못함을 모두가 확신하기에 이르렀다. 앞의 다섯 권에서 우리가 논증해 보인 대로, 현세적이고 지상적인 사물은 물론 사후에 닥칠 영원한 생명 때문에도 저런 신들은 숭배하지 말아야 한다.[153] 우리는 이 사실을 앞서 나온 다섯 권에 힘입어 이 한 권에서 다루었다. 그러나 낡은 습속의 힘이 너무도 깊숙하게 뿌리를 내리고 있다. 민간신학을 두고서 우리가 배척하고 기피할 것이 무엇인지 토론

de ista ciuili theologia respuenda atque uitanda parum uideor disputasse, in aliud uolumen, quod huic opitulante Deo coniungendum est, animum intendat.

하는 일이 대수롭지 않게 보인다면 새로 나올 다른 권을 유의하기 바란다. 본인이 하느님의 보우를 입어 이 권에다 덧붙일 다른 권에 주의를 기울여 주기 바란다.[154]

---

[154] 7권에서 철학자들의 자연신학(自然神學)마저 그 논리적 허점을 들어 반박한다.

AUGUSTINUS
DE CIVITATE DEI
LIBER VII

PHYSICORUM RATIONE DE DIIS SELECTIS NIHIL
QUOD AD VERAM FELICITATEM PERTINEAT
CONTINETUR

아우구스티누스
신 국 론
제 7 권
신들에 관한 자연주의 해석과 참 행복

[**Praefatio**] Diligentius me prauas et ueteres opiniones ueritati pietatis inimicas, quas tenebrosis animis altius et tenacius diuturnus humani generis error infixit, euellere atque exstirpare conantem et illius gratiae, qui hoc ut uerus Deus potest, pro meo modulo in eius adiutorio cooperantem ingenia celeriora atque meliora, quibus ad hanc rem superiores libri satis superque sufficiunt, patienter et aequanimiter ferre debebunt et propter alios non putare superfluum, quod iam sibi sentiunt non necessarium. Multum magna res agitur, cum uera et uere sancta diuinitas, quamuis ab ea nobis etiam huic, quam nunc gerimus, fragilitati necessaria subsidia praebeantur, non tamen propter mortalis uitae transitorium uaporem, sed propter uitam beatam, quae non nisi aeterna est, quaerenda et colenda praedicatur.

1. Hanc diuinitatem uel, ut sic dixerim, deitatem (nam et hoc uerbo uti iam nostros non piget, ut de Graeco expressius transferant quod illi θεότητα appellant) — hanc ergo diuinitatem siue deitatem non esse in ea theologia, quam ciuilem uocant, quae a Marco Varrone sedecim uoluminibus explicata est, id est non perueniri ad aeternae uitae felicitatem talium deorum cultu, quales a ciuitatibus qualiterque colendi instituti sunt,

---

[1] 본서 전반부(1 - 10권)에서는 1; 5; 6; 7권에 서언이 있어 앞의 내용을 간추린다. 그런데 서언이 없더라도 마지막 장과 첫 장에서 이미 다룬 내용을 간추리고 그 권에서 다룰 주제를 소개한다.

[2] cum agitur vera et vere sancta divinitas: 여태까지의 극장신학과 신전신학에서 보이는 거룩하지 못하고 추루한 신성(神性)을 극복하는 논의를 시작하겠다는 의도다.

[3] divinitas (θειότης) vel deitas (θεότης): divinitas(신성)는 humanitas(인간성)와 상반되는, 고전시대의 일반용어였다. deitas는 그리스도교에서 사용하기 시작한 새로운 용어로서(예: 골로 2,9; Arnobius, *Adversus nationes* 1.28; Augustinus, *De Trinitate* 4.20.29) 신적 실체를 지칭하게 된다. 자연스럽지는 못하지만 "신격"이라고 번역해 본다.

제1부(서언-4)
신들을 선별하는 기준

〔서언〕[1]

나는 인류의 고질적 잘못으로 인해 영혼의 어두운 부분에 깊고도 억세게 뿌리내린 오래되고도 사악한 사상들을 제거하고 발본색원하고자 열심히 노력하는 중인데, 이는 이런 사상들이 경건한 진리와 상반되기 때문이다. 이런 임무를 수행함에 있어서 나는 하느님의 은총을 내 척도로 삼아서 그분의 도우심에 협력하고 있다. 하느님은 참된 하느님으로서 이 일을 할 수 있다. 더 명민하고 훌륭한 인재들은 이 문제에 관해 잎시 기술한 내용으로 충분하다고 말할 수도 있겠지만, 내가 집필을 계속하더라도 인내심을 가지고 평온하게 참아주기를 바란다. 또 자신들에게는 필요하지 않다고 느끼는 이야기를 내가 하더라도 딴 사람들에게까지도 쓸데없는 것이라고 여기지는 말아주기 바란다. 우리가 논의하는 바는 참된 신성, 참으로 거룩한 신성을 탐구하고 숭배하는 문제를 다루고 있기 때문에 아주 중대한 사안이다.[2] 지금은 참된 신성을 찾고 숭배하기 위해서도 우리가 가진 나약함 때문에, 저 신성으로부터 가호를 입어야 하는 처지이다. 우리가 저 신성을 찾고 숭배하는 까닭은 죽을 인생의 물거품 같은 무상함 때문이 아니라, 행복한 삶 때문이다. 행복한 삶은 영원한 것이 아니면 안 된다.

1. 민간신학에서 신성이 발견될 수 없음이 명백하다면, 따로 선별된 신들에게서는 신성이 발견될 수 있다고 믿어야 할 것인가

신성 혹은 이렇게 말해도 된다면 신격神格(그리스 말을 표현에 맞게 번역하면서 우리는 그들이 테오테스라고 하는 바를 이렇게 번역하기 때문에 거리낄 것 없다),[3] 그러니까 우리가 지금 말하는 신성 혹은 신격은 마르쿠스 바로가 열여섯 권으로 저술한 민간신학에는 나오지 않는다. 다시 말해 도시 국가들이 숭배하라고 제정해둔 신들을 숭배해서는 영원한 생명의 행복에 도달하지 못한다. 내가 최근에 저술한 제6권을 읽고서도 이 점에 대해 여전히 납득할 수 없는 사

cui nondum persuasit sextus liber, quem proxime absoluimus, cum istum forsitan legerit, quid de hac quaestione expedienda ulterius desideret, non habebit. Fieri enim potest, ut saltem deos selectos atque praecipuos, quos Varro uolumine complexus est ultimo, de quibus parum diximus, quisquam colendos propter uitam beatam, quae non nisi aeterna est, opinetur. Qua in re non dico quod facetius ait Tertullianus fortasse quam uerius: si dii eliguntur ut bulbi, utique ceteri reprobi iudicantur. Non hoc dico: uideo enim etiam ex selectis seligi aliquos ad aliquid maius atque praestantius, sicut in militia, cum tirones electi fuerint, ex his quoque eliguntur ad opus aliquod maius armorum; et cum eliguntur in ecclesia, qui fiant praepositi, non utique ceteri reprobantur, cum omnes boni fideles electi merito nuncupentur. Eliguntur in aedificio lapides angulares, non reprobatis ceteris, qui structurae partibus aliis deputantur. Eliguntur uuae ad uescendum, nec reprobantur aliae, quas relinquimus ad bibendum. Non opus est multa percurrere, cum res in aperto sit. Quam ob rem non ex hoc, quod dii ex multis quidam selecti sunt, uel is qui scripsit uel eorum cultores uel dii ipsi uituperandi sunt, sed aduertendum potius quinam isti sint et ad quam rem selecti uideantur.

2. Hos certe deos selectos Varro unius libri contextione commendat: Ianum, Iouem, Saturnum, Genium, Mercurium, Apollinem, Martem, Vulcanum, Neptunum, Solem, Orcum, Liberum patrem, Tellurem, Cererem, Iunonem, Lunam, Dianam, Mineruam, Venerem, Vestam; in quibus

---

[4] Tertullianus, *Ad nationes* 2.9.5.

[5] dii selecti: 정확한 의미는 전해오지 않으나 "로마 국민의 공식 신들, 그러니까 사람들이 신당을 봉헌했고 각종 장식으로 두드러지게 영광을 돌렸던 신들"(Varro, *Antiquitates* fr.258: 본서 7.17 참조)로 추정된다.

[6] electi: 신약에서 그리스도인들을 지칭하는 어휘로 쓰인다. 예로서 묵시 17,14("그분과 함께 있는 이들은 부름받고 선택된 충실한 이들이다") 참조.

[7] 시편 117,22 참조. 〔새번역 118,22: "집짓는 이들이 내버린 그 돌, 모퉁이의 머릿돌이 되었네."〕

[8] 6.3에 나오는 *Antiquitates* 분류 참조. 그 분류에 위하면 신사(神事: res divinae)를 다룬 열여섯 권 중 마지막 권에 해당한다.

람도 만약 이 제7권을 읽는다면, 아마도 이 문제에 관한 한 더는 설명을 바라는 일이 없을 것이다. 그런데 적어도 바로가 마지막 권에 수록한 바 있는 선별된 신들과 주요한 신들만은 그래도 숭배를 받아야 한다는 의견은 누군가 낼 법하다. 이 신들에 관해서는 우리도 앞서 간단하게 언급한 바 있는데, 행복한 삶(또 영원한 것이 아니어서는 행복한 삶이 아니다)을 위해서는 그들을 숭배하지 않으면 안 된다는 것이다. 여기서 테르툴리아누스의 말까지 인용할 생각은 없는데, 이는 그 말이 진술하다기보다는 풍자적이기 때문이다: "신들이 마치 양파처럼 인간들이 선택할 수 있는 대상들이라면, 물론 그때 나머지는 당연히 쓸데없는 존재로 여겨질 것이다."[4] 내가 하려는 말은 이게 아니다. 내가 보기에 선별(選別)된 신들[5] 가운데서도 어떤 신들은 더 중요하고 출중한 임무에 선발된다. 군대에서도 신병들을 뽑은 후에, 다시 그가운데서 더 험한 전투에 나갈 만한 사람을 따로 뽑는다. 교회에서도 지도자가 될 사람들이 뽑히고 나면 나머지는 버림받는 것이 아니다. 선량한 모든 신도들이 "선택된 사람"이라고 불리는 까닭이다.[6] 건축물에서 모퉁잇돌을 가려내면 구조물의 다른 부분을 이루게 될 나머지가 모조리 버림받는 것은 아니다.[7] 또 식탁에서 먹을 포도를 골라낸다고 해서 다른 포도들은 모조리 내버리는 것이 아니고 포도주로 만들어 마시기로 작정하고 남겨둔다. 사실이 너무도 분명하므로 많은 예를 들 필요가 없다. 그러므로 많은 신들 가운데 일부가 선별된다고 해서 그런 얘기를 기록한 사람을 꾸짖을 것도 아니고, 선별된 신들만 숭배하는 자들을 질책할 것도 아니며, 심지어 그 신들을 탓할 것도 아니다. 오히려 선별된 자들이 어떤 신들인지 살펴보고 무슨 일로 선별되었는지 알아보아야 한다.

2. 선별된 신들은 누구이며, 그들은 하찮은 신들의 직책에서 면제되었던가

바로는 이렇게 선별된 신들을 단 한 권에다 간추려 놓는다.[8] 야누스, 유피테르, 사투르누스, 게니우스, 메르쿠리우스, 아폴로, 마르스, 불카누스, 넵투누스, 솔, 오르쿠스, 아버지 리베르, 텔루스, 케레스, 유노, 루나, 디아나, 미네르바, 베누스, 베스타 등이다. 그 스무 명 전부 중 열둘은 남신이고 여덟은 여

omnibus ferme uiginti duodecim mares, octo sunt feminae. Haec numina utrum propter maiores in mundo administrationes selecta dicuntur, an quod populis magis innotuerunt maiorque est eis cultus exhibitus? Si propterea, quia opera maiora ab his administrantur in mundo, non eos inuenire debuimus inter illam quasi plebeiam numinum multitudinem minutis opusculis deputatam. Nam ipse primum Ianus, cum puerperium concipitur, unde illa cuncta opera sumunt exordium minutatim minutis distributa numinibus, aditum aperit recipiendo semini. Ibi est et Saturnus propter ipsum semen; ibi Liber, qui marem effuso semine liberat; ibi Libera, quam et Venerem uolunt, quae hoc idem beneficium conferat feminae, ut etiam ipsa emisso semine liberetur. Omnes hi ex illis sunt, qui selecti appellantur. Sed ibi est et dea Mena, quae menstruis fluoribus praeest, quamuis Iouis filia, tamen ignobilis. Et hanc prouinciam fluorum menstruorum in libro selectorum deorum ipsi Iunoni idem auctor ad-signat, quae in diis selectis etiam regina est et hic tamquam Iuno Lucina cum eadem Mena priuigna sua eidem cruori praesidet. Ibi sunt et duo nescio qui obscurissimi, Vitumnus et Sentinus, quorum alter uitam, alter sensus puerperio largiuntur. Et nimirum multo plus praestant, cum sint ignobilissimi, quam illi tot proceres et selecti. Nam profecto sine uita et sensu, quid est illud totum, quod muliebri utero geritur, nisi nescio quid abiectissimum limo ac pulueri comparandum?

3. Quae igitur causa tot selectos deos ad haec opera minima compulit, ubi a Vitumno et Sentino, quos 'fama obscura recondit', in huius munifi-centiae partitione superentur? Confert enim selectus Ianus aditum et quasi

---

[9] Cf. Varro, *Antiquitates* fr.244. 그리스 신화의 열두 대신(大神)도 아닌, 역할이 협소한 신들이 첨가되어 있음을 빗대어 하는 말이다.

[10] Ianus: 3.9 참조.

[11] Saturnus: 4.10; 6.8 참조.

[12] Liber: 4.11 참조. "자유로운, 해방된"(liber, libera, liberum)이라는 말에서 온 것으로 본다.

[13] Libera: 3.3; 4.11; 6.9.1 참조(Varro, *Antiquitates* fr.258).

[14] Mena: menstrua(pl. "월경")에 결부시키고 있는데 4.11,21; 6.9 참조.

[15] Iuno Lucina: 4.11, 21 참조(Varro, *Antiquitates* fr.267-268).

[16] vita(생명) → Vitumnus, (sentio(감각하다) →) sensus(감관) → Sentinus. 아우구스티누스에게서만 언급되는 신명이다(Varro, *Antiquitates* fr.193; Tertullianus, *Ad nationes* 2.11.4).

[17] Vergilius, *Aeneis* 5.302.

신이다. 이 신들은 세간에서 주관하는 직책이 중요해서 선별된 것인가, 아니면 백성들에게 더 많이 알려지고 그래서 더 많은 숭배가 바쳐지기 때문에 선별된 것인가?[9] 만약 그들이 세간에서 맡는 직책이 더 중요해서 선별되었다면 우리는 평민적 신령들의 무리는 소소한 잡무를 맡는 것으로 여겨지는만큼 선별된 무리 속에서 찾아내려고 해서는 안 될 것이다. 태아의 잉태를 시작으로 자잘한 신령들에게 온갖 업무가 세세하게 분담되는데, 우선 정자가 받아들여지도록 입구를 열어주는 일을 하는 신이 바로 야누스다.[10] 그 자리에는 사투르누스도 와 있는데 정자를 관장하기 때문이다.[11] 거기에는 리베르도 있는데 정액을 방출하여 남자를 해방시키는 까닭이다.[12] 거기에는 베누스 역할도 해낸다는 리베라도 와 있는데 여자에게 은혜를 베푼다는 셋이다. 사정이 이루어지고 나면 여자도 남자에게서 풀려나기 때문이다.[13] 이 모두가 선별되었다는 신들 가운데 포함된다. 그런데 그 자리에는 월경을 보살피는 메나 여신도 자리하는데, 이 여신은 유피테르의 딸이지만 비천한 신분이다.[14] 그런데 선별된 신들에 대한 동일한 저자의 책에서도 여자의 월경이 유노에게도 귀속되고 있다. 유노는 선별된 신들 가운데 여왕 노릇을 하면서도 자기 의붓딸 메나와 더불어 월경을 관장하고, 그럴 경우 유노 루키나라는 별칭으로 불린다.[15] 거기에는 정체가 모호한 두 신령 비툼누스와 센티누스가 있는데 하나는 태아에 생명을 부여하고 나머지 하나는 감각을 베풀어 준다.[16] 이 신들로 말하면 지독히 비천하면서도, 고귀하고 선별된 신들보다 훨씬 막중한 역할을 하고 있다. 생명과 감각이 없다면 여자의 자궁 속에 깃들어 있는 것도 보잘것없는 진흙이나 먼지에 불과하지 않겠는가?

3. 여러 하급 신에게 더 고귀한 직무가 부여된다면, 몇몇 신을 선별하여 기릴 이유가 없다

3.1. 비툼누스와 센티누스와 멘스가 선별되지 못한 이유

비툼누스와 센티누스에 대해 "명망이 모호하여 그들도 가려지고 말았다"[17]고 해놓고서도 이들에게 부여된 직무가 선별되었다는 신들보다 더 뛰어나다면, 무슨 이유로 그 많은 소소한 직무들을 선별된 신들에게 부여했다는 말인가? 선별된

ianuam semini; confert selectus Saturnus semen ipsum; confert selectus Liber eiusdem seminis emissionem uiris; confert hoc idem Libera, quae Ceres seu Venus est, feminis; confert selecta Iuno, et hoc non sola, sed cum Mena, filia Iouis, fluores menstruos ad eius, quod conceptum est, incrementum: et confert Vitumnus obscurus et ignobilis uitam; confert Sentinus obscurus et ignobilis sensum; quae duo tanto illis rebus praestantiora sunt, quanto et ipsa intellectu ac ratione uincuntur. Sicut enim, quae ratiocinantur et intellegunt, profecto potiora sunt his, quae sine intellectu atque ratione ut pecora uiuunt et sentiunt: ita et illa, quae uita sensuque sunt praedita, his, quae nec uiuunt nec sentiunt, merito praeferuntur. Inter selectos itaque deos Vitumnus uiuificator et Sentinus sensificator magis haberi debuerunt quam Ianus seminis admissor et Saturnus seminis dator uel sator et Liber et Libera seminum commotores uel emissores; quae semina cogitare indignum est, nisi ad uitam sensumque peruenerint, quae munera selecta non dantur a diis selectis, sed a quibusdam incognitis et prae istorum dignitate neglectis. Quod si respondetur omnium initiorum potestatem habere Ianum et ideo illi etiam quod aperitur conceptui non inmerito adtribui, et omnium seminum Saturnum et ideo seminationem quoque hominis non posse ab eius operatione seiungi, omnium seminum emittendorum Liberum et Liberam et ideo his etiam praeesse, quae ad substituendos homines pertinent, omnium purgandorum et pariendorum Iunonem et ideo eam non deesse purgationibus feminarum et partubus hominum: quaerant quid respondeant de Vitumno et Sentino, utrum et ipsos uelint habere omnium quae uiuunt et sentiunt potestatem. Quod si concedunt, adtendant quam eos sublimius locaturi sint. Nam seminibus nasci in terra et ex terra est; uiuere autem atque sentire etiam deos sidere-

신 야누스는 정자에 출입구 혹은 대문을 열어주고, 역시 선별된 신인 리베르는 남자들이 정액을 방출하도록 하는 직무를 맡았으며, 케레스 혹은 베누스라고도 할 리베라는 여자들에게 같은 역할을 한다. 또 선별된 신 유노는 혼자서도 아니고 유피테르의 딸 메나와 함께 월경을 보살피고 수태된 태아의 성장을 맡는다. 정체가 모호하고 신분이 천박하다는 비툼누스는 생명을 맡고 비툼누스 못지않게 모호하고 비천한 센티누스는 감각을 맡는다. 이런 생명과 감각은 오성이나 이성보다는 뒤지지만 다른 것들보다는 뛰어난 기능이다. 오성과 이성을 가진 존재들은 오성과 이성이 없이 짐승처럼 살고 느끼는 자들보다 월등하다. 마찬가지로 생명과 감각을 갖춘 존재들은 생명도 없고 느끼지도 못하는 것들보다 당연히 낫다. 따라서 생명을 주는 비툼누스와 감각을 주는 센티누스는 선별된 신들, 곧 정자를 통과시키는 야누스, 정자를 만들거나 넣어주는 사투르누스, 정자를 발동시켜서 사정시키는 리베르와 리베라보다 훌륭하다고 인정해야 할 것이다. 생명과 감각이 없다면 정자라는 것은 생각지도 못할 것이기 때문이다. 그런데 사람들은 이처럼 선별된 직책을 선별된 신들이 아니라 알려지지도 않았을뿐더러 그들보다 품위가 훨씬 보잘것없는 신들에게 맡기고 있다. 혹자는 다음과 같이 대답할지도 모르겠다. 야누스는 모든 시작에 대한 권능을 갖고 있기에 임신할 수 있도록 문을 열어준다. 사투르누스는 모든 종자에 대한 권능을 갖고 있기에 인간 정자에 의한 파종 역시 그의 작업에서 제외할 수 없다. 모든 종자의 방출은 리베르와 리베라에게 맡겨진 권능이므로 인간들을 퍼뜨리는 일에 관한 한 그들이 보살핌은 당연하다. 부정을 씻고 출산하는 온갖 일에 대한 권능은 유노의 것이기 때문에 여자의 부정을 씻는 일이라든가 인간의 출생은 유노의 직무인 것이다. 그렇다면 비툼누스와 센티누스를 두고 그들도 살아있고 지각하는 모든 것들에 대한 권능을 쥐기 바라는지 대답해 보라! 만일 이 점을 일단 수긍한다면 그들을 얼마나 고상한 존재로 다루어야 할지 주의깊게 생각해 볼 일이다. 무릇 종자로부터 태어난다는 것은 땅에서 그리고 땅으로부터 태어난다는 말이다. 그런데 저들은 천계의 신들도 생명을 갖고 지각을 한다는 생각을 품고 있다. 육체로 살아가고 감관으로 지탱하는 직무만 비툼누스와 센티누

os opinantur. Si autem dicunt Vitumno atque Sentino haec sola adtributa, quae in carne uiuescunt et sensibus adminiculantur: cur non deus ille, qui facit omnia uiuere atque sentire, etiam carni uitam praebet et sensum, uniuersali opere hoc munus etiam partubus tribuens? Et quid opus est Vitumno atque Sentino? Quod si ab illo, qui uitae ac sensibus uniuersaliter praesidet, his quasi famulis ista carnalia uelut extrema et ima commissa sunt: itane sunt illi selecti destituti familia, ut non inuenirent quibus etiam ipsi ista committerent, sed cum tota sua nobilitate, qua uisi sunt seligendi, opus facere cum ignobilibus cogerentur? Iuno selecta et regina «Iouisque et soror et coniunx»; haec tamen Iterduca est pueris et opus facit cum deabus ignobilissimis Abeona et Adeona. Ibi posuerunt et Mentem deam, quae faciat pueris bonam mentem, et inter selectos ista non ponitur, quasi quicquam maius praestari homini potest; ponitur autem Iuno, quia Iterduca est et Domiduca, quasi quicquam prosit iter carpere et domum duci, si mens non est bona, cuius muneris deam selectores isti inter selecta numina minime posuerunt. Quae profecto et Mineruae fuerat praeferenda, cui per ista minuta opera puerorum memoriam tribuerunt. Quis enim dubitet multo esse melius habere bonam mentem quam memoriam quantumlibet ingentem? Nemo enim malus est, qui bonam habet mentem; quidam uero pessimi memoria sunt mirabili, tanto peiores quanto minus possunt quod male cogitant obliuisci. Et tamen Minerua est inter selectos deos; Mentem autem deam turba uilis operuit. Quid de Virtute dicam? Quid de Felicitate? De quibus in quarto libro plura iam diximus; quas cum deas haberent, nullum eis locum inter selectos deos

---

[18] deus ille, qui facit omnia vivere atque sentire: 4.11; 7.6, 11 등에 언급하는 스토아 철학의 "세계혼" (anima mundi)을 염두에 두고 있다(Cicero, *De natura deorum* 2.22).

[19] Vergilius, *Aeneis* 1.46-47; 7.6.22-23 참조.

[20] iter-duco(길을 인도하다) → Iterduca; ab-eo(길 떠나다) → Abeona; ad-eo(만나다) → Adeona. 4.21 참조.

[21] 4.21 참조. Mens(지성)는 오래된 신령으로 후에 Fides, Virtus, Concordia와 더불어 숭배받았다. Cf. Cicero, *De natura deorum* 2.31.79; Ovidius, *Fasti* 6.24.

[22] Iterduca(길잡이), domi-duco(집으로 데려가는) → Domiduca(집들이). Cf. Varro, *Antiquitates* fr.269-271.

[23] 4.21-23 참조.

[24] nemo malus, qui bonam mentem habet: mens가 라틴어에서는 "지성"만 아니고 "심성"도 의미하므로 이런 문장이 가능하다.

[25] Virtus, Felicitas에 관해서는 4.18-24 참조.

스에게 돌아간다고 말한다 치자. 그렇다면 모든 것을 살아있게 하고 감각하게 만드는 신[18]이 육체에도 직접 생명과 감각을 부여하고 출산하는 일에까지 그의 일반 작업을 확대하지 말라는 법이 어디 있는가? 그럴 경우 비툼누스와 센티누스는 무슨 소용이 있는가? 그러면 생명과 지각을 전반적으로 주관하는 신이 그런 육체적인 일을 극도로 하찮은 일이라고 생각하여 마치 부하들에게 맡기듯이 두 신들에게 맡겼다고 가정해 보자. 그렇다면 선별된 신들은 그런 일들을 맡길 만한 부하를 찾지 못해 몸소 저 일들을 한다는 말인가? 또 자신들이 선별된 그 온갖 고상한 품위에도 불구하고 저 비천한 신령들과 섞여서 저따위 일을 하지 않으면 안 된다는 말인가? 유노는 선별된 여신이요 여왕이며 "유피테르의 누이자 배필"[19]이다. 그런데 이런 여신이 이들한테는 이테르두카여서 아주 하찮은 여신들인 아베오나와 아데오나와 더불어 일을 해야 하는 셈이다.[20] 거기다 사람들은 여신 멘스를 세워 놓았는데 아이들에게 좋은 머리를 만들어 주라는 뜻이다.[21] 이 여신은 선별된 신들 가운데 속하지 않는데, 이것을 보면 좋은 머리보다도 더 좋은 무엇인가가 인간에게 주어질 수 있다는 말처럼 들린다. 그래서인지 유노를 세우는데 유노는 이테르두카이자 도미두카[22]이기 때문에 누구든지 비록 머리가 좋지 않더라도 여행을 하고 집으로 돌아갈 때 도움을 얻나 보다. 신들을 선별하는 자들은 좋은 머리를 주는 직책을 맡는 여신을 선별된 신령 가운데 넣는 일은 생각지도 않았다. 그들은 도리어 이 일을 미네르바가 주관해야 한다고 생각했고 그래서 여신에게 아이들의 암기력이라는 시시한 일을 맡겼다.[23] 기억력이 제아무리 천재적일지라도 그보다는 좋은 머리가 훨씬 중요하다는 사실을 누가 의심하겠는가? 좋은 머리를 지닌 사람은 결코 악한 인간이 될 수 없다.[24] 오히려 아주 사악한 인간들이 놀라운 기억력을 갖고 있는 수가 많으며, 더욱 나쁜 것은 못된 생각을 해내어 잊어버리지 않고 간직하고 있는 인간들이다. 어떻든 미네르바는 선별된 신들 가운데 포함된다. 그러나 멘스는 평범한 부류에 들어 있다. 비르투스에 관해서는 뭐라고 해야 할까? 펠리키타스에 관해서는? 이들에 대해서는 우리가 제4권에서 벌써 많은 얘기를 했다. 그들을 여신으로 여기면서도 선별된 신들 가운데 포함시키고 있지 않은 것이다.[25]

dare uoluerunt, ubi dederunt Marti et Orco, uni effectori mortium alteri receptori.

Cum igitur in his minutis operibus, quae minutatim diis pluribus distributa sunt, etiam ipsos selectos uideamus tamquam senatum cum plebe pariter operari, et inueniamus a quibusdam diis, qui nequaquam seligendi putati sunt, multo maiora atque meliora administrari quam ab illis, qui selecti uocantur: restat arbitrari non propter praestantiores in mundo administrationes, sed quia prouenit eis, ut magis populis innotescerent, selectos eos et praecipuos nuncupatos. Vnde dicit etiam ipse Varro, quod diis quibusdam patribus et deabus matribus, sicut hominibus, ignobilitas accidisset. Si ergo Felicitas ideo fortasse inter selectos deos esse non debuit, quod ad istam nobilitatem non merito, sed fortuito peruenerunt: saltem inter illos uel potius prae illis Fortuna poneretur, quam dicunt deam non rationabili dispositione, sed ut temere acciderit, sua cuique dona conferre. Haec in diis selectis tenere apicem debuit, in quibus maxime quid posset ostendit; quando eos uidemus non praecipua uirtute, non rationabili felicitate, sed temeraria, sicut eorum cultores de illa sentiunt, Fortunae potestate selectos. Nam et uir disertissimus Sallustius etiam ipsos deos fortassis adtendit, cum diceret: «Sed profecto fortuna in omni re dominatur; ea res cunctas ex libidine magis quam ex uero celebrat obscuratque.» Non enim possunt inuenire causam, cur celebrata sit Venus et obscurata sit Virtus, cum ambarum ab istis consecrata sint numina nec comparanda sint merita. Aut si hoc nobilitari meruit, quod plures adpetum, plures enim Venerem quam Virtutem: cur celebrata est

---

[26] Orcus: 명계(Avernum)의 신으로 플루토와 동화된다. 4.11; 7.16, 22 참조.

[27] Cf. Varro, *Antiquitates* fr.247.

[28] 그리스 어원을 염두에 두면 felicitas (ἐυτυχία)는 인간의 노력에 달려있고, fortuna (τυχή: 우연, 운수)는 합리적 섭리의 질서를 벗어나는 것이다. 선별된 신들이 "운수"로 선발되었다면 Fortuna 여신이야말로 최고신이어야 마땅하다.

[29] Sallustius, *De coniuratione Catilinae* 8.1.

마르스와 오르쿠스, 곧 죽음을 만들어내는 자와 죽음을 거두어들이는 자한테는 자리를 내주면서.[26]

3.2. 막강한 포르투나 여신도 선별된 신들 가운데 자리를 얻지 못했다

세세한 일거리를 무수한 신들에게 소상하게 분담시켰는데 선별된 신들 역시 마치 원로원이 평민과 하듯이 평등하게 일하는 모습을 보게 된다. 그리고 선별될 자격도 없다고 여겨진 어떤 신들이 선별된 신들이 하는 것보다 훨씬 막중하고 훌륭한 소임을 수행하는 모습을 볼 수 있다. 그러므로 세상에서 관장하는 일이 고귀해서가 아니라, 백성들에게 더 많이 알려져 있다는 이유에서 그 신들을 선별하고 중요한 지위를 부여했다고 볼 수 있다. 바로 본인도 하는 말이지만 어떤 신들은 마치 어떤 인간들이 그러하듯, 부신과 모신이 분명하지 않은 처지가 되어 버렸다.[27] 그러므로 만에 하나라도 펠리키타스가 선별된 신들 사이에 포함되어서는 안 된다면, 선별된 신들이 저 고귀한 자리에 이른 것은 공덕 때문이 아니고 순전히 운수 때문이라고 하겠다. 또 사정이 그러하다면 포르투나는 선별된 신들에 포함되어야 하거나 그들보다 단연 먼저 포함되었어야 한다. 왜냐하면 이 여신은 어떤 합리적 원칙이 아니라 마음 내키는 대로 사람들에게 자신의 은덕을 베풀어 주기 때문이다.[28] 포르투나는 선별된 신들 가운데서도 정상을 차지하고서 자신의 위력이 어디까지 미치는지 과시했어야 마땅하다. 우리가 알기로 신들이 선별된 것은 탁월한 덕성 때문도 아니고 사리에 맞는 행복 때문도 아니며 (여신을 숭배하는 자들이 여신에 대해 생각하기로는) 오로지 포르투나의 무턱대고 휘두르는 권세 덕분이기 때문이다. 언변이 지극히 훌륭한 인물 살루스티우스마저 저 신들을 염두에 두고서 이런 말을 했다: "포르투나가 만사를 다스린다. 포르투나는 진실이 아니라 자신의 변덕으로 모든 일을 제멋대로 추어올리거나 무시해 버린다."[29] 그래서 베누스가 치켜세워지고 비르투스가 무시당한 까닭은 도저히 알아낼 수는 없는 노릇이니 둘다 사람들한테 신으로 신성시되고 있기는 하지만 두 신의 공덕을 놓고 보자면 비교조차 되지 않는 까닭이다. 더 많은 사람들이 찾아온다고 해서, 즉 비르투스보다 베누스를 많이 찾아온다고 해서 베누스가 더 고상한 자리를 차지한다면, 왜

dea Minerua et obscurata est dea Pecunia? Cum in genere humano plures
alliciat auaritia quam peritia, et in eis ipsis, qui sunt artificiosi, raro inue-
nias hominem, qui non habeat artem suam pecuniaria mercede uenalem,
plurisque pendatur semper propter quod aliquid fit, quam id quod propter
aliud fit. Si ergo insipientis iudicio multitudinis facta est deorum ista
selectio, cur dea Pecunia Mineruae praelata non est, cum propter pecu-
niam sint artifices multi? Si autem paucorum sapientium est ista dis-
tinctio, cur non praelata est Veneri Virtus, cum eam longe praeferat ratio?
Saltem certe, ut dixi, ipsa Fortuna, quae, sicut putant qui ei plurimum
tribuunt, in omni re dominatur et res cunctas ex libidine magis quam ex
uero celebrat obscuratque, si tantum et in deos ualuit, ut temerario iudicio
suo quos uellet celebraret obscuraretque quos uellet, praecipuum locum
haberet in selectis, quae in ipsos quoque deos tam praecipuae est potes-
tatis. An ut illic esse non posset, nihil aliud etiam ipsa Fortuna nisi aduer-
sam putanda est habuisse fortunam? Sibi ergo aduersata est, quae alios
nobiles faciens nobilitata non est.

4. Gratularetur autem diis istis selectis quisquam nobilitatis et claritudi-
nis adpetitor et eos diceret fortunatos, si non eos magis ad iniurias quam
ad honores selectos uideret. Nam illam infimam turbam ipsa ignobilitas
texit, ne obrueretur opprobriis. Ridemus quidem, cum eos uidemus fig-
mentis humanarum opinionum partitis inter se operibus distributos, tam-

---

[30] Pecunia(돈) : 4.21; 7.12 참조.

[31] 교부는 지혜가 이득의 수단이 됨은 규탄하지만, 본인의 훈장생활에서 경험했듯이 응분의 보수는
당연하다고 여겼다. Cf. *Contra Academicos* 2.2.4; *Confessiones* 5.8.14; 9.2.4.

[32] 라틴어는 구상어였기 때문에 추상어를 매우 구체적으로 표현하여 "목적"(propter quod aliquid fit)
과 "수단"(id quod propter aliud fit)을 표기한다.

[33] Cf. Vergilius, *Aeneis* 8.334: Fortuna omnipotens et ineluctabile fatum("전능한 운수, 돌이킬 수 없
는 운명").

[34] 문장대로 하면 Fortuna adversam habuisse fortunam이 되어 역설이 되고 만다.

미네르바 여신은 숭상받는데 페쿠니아 여신은 무시당한다는 말인가?[30] 예술에 대한 지식보다는 탐욕이 더 많은 인간들을 유혹할 수 있으며, 예술을 닦는 사람들 가운데서도 자기 예술이 금전적 보상으로 팔려나가기를 바라지 않는 사람을 발견하기 어려운데도.[31] 무릇 어떤 것을 이루기 위한 수단보다는 그것을 행하는 최종적 목적에 더 높은 가치가 있는 법이다.[32] 어리석은 다수의 판단으로 신들에 대한 이런 선별이 이루어졌다면, 많은 예술가들이 돈 때문에 사는 터에, 왜 페쿠니아 여신이 미네르바보다 더 받들어지지 못했다는 말인가? 또 만약 저런 구분이 소수 현자들이 내린 것이라면, 사리를 따지면 비르투스가 훨씬 더 나은데도 왜 베누스보다 비르투스가 떠받들어지지 못하는 것인가? 내가 말한 비 있거니와, 포르투나로 말하자면, 그를 대단하게 치는 사람들이 생각하듯이,[33] 만사를 지배하면서도 진실이 아니라 자신의 변덕대로 모든 일을 치켜세우거나 무시해 버린다. 만약 여신이 신들에게도 그만한 위력을 떨쳐서 자신의 자의적 판단대로 그렇게 하고 싶은 신들은 치켜세우고 또 달리 하고 싶은 신들은 무시해 버린다면, 응당 선별된 신들 가운데서도 포르투나가 주장主張의 위치를 차지했어야 마땅하다. 신들한테도 그토록 대단한 권세를 행사하니까 말이다. 포르투나가 그 자리를 차지하지 못한다면 행운의 신인 포르투나 자신은 불운을 겪었다고 해야 할 것인가?[34] 왜냐하면 다른 신들은 귀하게 만들어 주었으면서도 자신은 귀해지지 못했으니.

4. 하급 신들은 추문에 의한 불명예를 입지 않았는데, 이는 수많은 추행이 공연되는 선별된 신들보다 오히려 우대받은 셈이다

존귀와 명성을 탐하는 인간이라면 선별된 신들에게 축하를 표할 수도 있고, 그 신들의 운이 좋다고 말할 수도 있다. 그 신들이 영예를 받기 위해서가 아니라 불명예를 받기 위해 선별되었다는 사실을 모른다면. 비천한 하급 신들은 비천함 그 자체로 인해 치욕으로 창피당하는 일이 없게 보호받은 셈이다. 그런데 저 선별된 신들이 인간이 생각 내키는 대로 꾸미고 갈라놓은 대로, 흡사 소소한 금액의 세금을 거둬들이는 세리들처럼, 자기들끼리 일을 분담하는 품을 본

quam minuscularios uectigalium conductores uel tamquam opifices in uico argentario, ubi unum uasculum, ut perfectum exeat, per multos artifices transit, cum ab uno perfecto perfici posset. Sed aliter non putatum est operantium multitudini consulendum, nisi ut singulas artis partes cito ac facile discerent singuli, ne omnes in arte una tarde ac difficile cogerentur esse perfecti. Verum tamen uix quisquam reperitur deorum non selectorum, qui aliquo crimine famam traxit infamem; uix autem selectorum quispiam, qui non in se notam contumeliae insignis acceperit. Illi ad istorum humilia opera descenderunt, isti in illorum sublimia crimina non uenerunt. De Iano quidem non mihi facile quicquam occurrit, quod ad probrum pertineat. Et fortasse talis fuerit, innocentius uixerit et a facinoribus flagitiisque remotius. Saturnum fugientem benignus excepit; cum hospite partitus est regnum, ut etiam ciuitates singulas conderent, iste Ianiculum, ille Saturniam. Sed isti in cultu deorum omnis dedecoris adpetitores, cuius uitam minus turpem inuenerunt, eum simulacri monstrosa deformitate turparunt, nunc eum bifrontem, nunc etiam quadrifrontem, tamquam geminum, facientes. An forte uoluerunt, ut, quoniam plurimi dii selecti erubescenda perpetrando amiserant frontem, quanto iste innocentior esset, tanto frontosior appareret?

---

[35] vicus argentarius: 카르타고에 있던 은세공 골목(cf. *Confessiones* 6.9.14; *Enarrationes in Psalmos* 38.12)으로 그 철저한 분업에 교부는 깊은 인상을 받았다.

[36] *vix quisquam non selectorum* qui ... *non famam traxit infamem* / *vix selectorum quispiam* qui ... : 반어법으로 구성된 대칭문장이다.

다면 웃음을 금할 수 없다. 그렇지 않으면 은銀세공을 하는 골목[35]에서처럼, 은 그릇 하나를 완성해내는데, 완벽한 장인이라면 혼자서도 충분히 해 낼 일을, 굳이 여러 장인들의 손을 거쳐서 나오게 하는 모습과 흡사하다. 하기야 굳이 다수의 일꾼들을 쓰지 않을 수 없는 것은 일꾼들이 기술의 각 분야를 빨리 그리고 쉽게 배우게 하려는 데 뜻이 있을 것이다. 일꾼 전부가 오래 걸리고 힘들여서 은세공 기술 전체를 다 익히는 수고를 없애려는 것 외에 딴생각을 한 것은 아니리라. 여하튼 선별되지 못한 신들 가운데서는 어떤 범행 때문에 명예롭지 못한 평가를 받은 자를 찾아보기 힘들지만, 선별된 신들 가운데서는 두드러진 모멸의 영예를 받지 않는 자를 찾아보기가 힘들다. 후자들은 전자들이 수행하는 비천한 직책에까지 내려간 셈이지만, 전자들은 후자들이 저지르는 고상한 범죄에까지 올라간 것은 아니다. [36] 야누스에 관해서는 파렴치한 죄에 해당한다고 할 무엇이 쉽사리 떠오르지 않는다. 아마도 그런 인물이었고 그래도 무죄하게 살았고 행악이나 해코지는 멀리하면서 살았던가 보다. 그는 도피중인 사투르누스를 관대하게 받아주었고 자기 왕국을 이 손님과 분할하여 각자가 따로 도성을 건설했으니 전자는 야니쿨룸을 세웠고 후자는 사투르니아를 세웠던 것이다. [37] 그럼에도 저 로마인들은 신들을 숭배하면서도 온갖 수치스런 일거리를 찾는 사람들인지라 야누스의 삶이 그다지 추악하지 않음을 알아내고는 그의 신상을 괴물처럼 훼손시켜 그에게 수치를 주었던 것이다. 그래서 쌍둥이 얼굴처럼 만들어 때로는 두 얼굴이 붙고, 때로는 네 얼굴이 붙은[38] 모습으로 만들었다. 만일 그런 뜻으로 한 것이 아니라면 선별된 신들 대다수가 하도 추잡한 짓을 많이 저질러서 얼굴을 들 수 없게 되자, 야누스의 경우에는 결백한 만큼 좀 더 많은 얼굴을 가진 형상이어야 한다고 생각한 것일까?[39]

---

[37] 사투르누스가 유피테르의 손을 피해 이탈리아 반도로 와서 사투르니아 곧 이탈리아를 세운 전설은 베르길리우스가 다룬 바 있다(Vergilius, *Aeneis* 8.318-319, 357-358). 전설에 의하면 야누스는 Iani-culum(지금의 쟈니콜로 언덕), 사투르누스는 Saturnia(후대의 카피톨리움)라는 도읍을 세웠다 .

[38] anus bifrons는 흔한 석상이었다. Ianus quadrifrons는 사방(四方) 혹은 사방에서 부는 네 가지 바람을 상징했다. 7.8 참조.

[39] amiserant *frontem* ... tanto *frontosior*: 야누스의 두 얼굴(bifrons) 모습으로 신들의 추행을 빗대어 꼬집은 어법이다. "면목 없다", "얼굴은 둘다 못 든다"는 뜻을 담고 있다.

5. Sed ipsorum potius interpretationes physicas audiamus, quibus turpitudinem miserrimi erroris uelut altioris doctrinae specie colorare conantur. Primum eas interpretationes sic Varro commendat, ut dicat antiquos simulacra deorum et insignia ornatusque finxisse, quae cum oculis animaduertissent hi, qui adissent doctrinae mysteria, possent animam mundi ac partes eius, id est deos ueros, animo uidere; quorum qui simulacra specie hominis fecerunt, hoc uideri secutos, quod mortalium animus, qui est in corpore humano, simillimus est inmortalis animi; tamquam si uasa ponerentur causa notandorum deorum et in Liberi aede oenophorum sisteretur, quod significaret uinum, per id quod continet id quod continetur; ita per simulacrum, quod formam haberet humanam, significari animam rationalem, quod eo uelut uase natura ista soleat contineri, cuius naturae deum uolunt esse uel deos. Haec sunt mysteria doctrinae, quae iste uir doctissimus penetrauerat, unde in lucem ista proferret. Sed, o homo acutissime, num in istis doctrinae mysteriis illam prudentiam perdidisti, qua tibi sobrie uisum est, quod hi, qui primi populis simulacra constituerunt, et metum dempserunt ciuibus suis et errorem addiderunt, castiusque deos sine simulacris ueteres obseruasse Romanos? Hi enim tibi fuerunt auctores, ut haec contra posteriores Romanos dicere auderes. Nam si et illi antiquissimi simulacra coluissent, fortassis totum istum sensum de si-

---

[40] interpretationes physicae: 다신교 신앙을 로마의 지성인들이 알레고리와 상징으로 해석하고 있음을 교부도 알고 있었다.

[41] mortalium animus ... simillimus est immortalis animi: 이것은 바로보다는 스토아 사상가들의 견해로서, "불멸하는 혼"은 세계혼을 가리킨다. Cf. Cicero, *Tusculanae disputationes* 5.13.38 (humanus animus, decerptus ex mente divina ... cum ipso Deo comparari potest).

[42] 바로는 이것이 스토아 창설자 키티움의 제논(BC 335~263)의 학설이라고 전한다: Varro, *De lingua Latina* 5.10.59; *Antiquitates* fr.115; Diogenes Laertius, *Vitae philosophorum* 7.157.

[43] 4.9.31 참조: Varro, *Antiquitates* fr.116.

5. 외교인들의 비교秘敎와 자연주의 해석

여기서 저들이 행하는 소위 자연적 해석[40]에 귀를 기울여 보자. 가련하기 이를 데 없는 오류와 거기서 오는 추태를 고상한 교리의 형태로 채색해 보려고 안간힘을 쓰는 것이다. 바로는 처음으로 저런 해석을 이렇게 풀이한다. 옛사람들이 우상과 문장紋章과 신표神標를 그려낸 까닭은 어떤 교설의 비의秘儀에 참석한 사람들이 육안으로 이것들을 보고 정신으로 세계혼世界魂이나 그 부분들 곧 참된 신들을 바라보게 만들려는 의도였다는 것이다. 신들의 우상을 인간 형상으로 만든 자들은, 사멸할 자들의 영혼, 인간 육체에 깃들어 있는 영혼이 불멸하는 영혼과 아주 흡사하다는 생각을 따랐던 것으로 보인다는 말도 했다.[41] 이 점은 신들이 와 있다는 것을 알려주려는 의도에서 그 자리에 그릇을 갖다 놓는다거나, 리베르의 신당에 술병을 나르는 광주리를 갖다 놓아 포도주를 상징하는 습속에서 엿볼 수 있다는 것이다. 말하자면 무엇을 담는 그릇이 곧 거기 담겨지는 내용물을 가리킨다. 그리하여 인간 형상을 한 우상을 통해 그들은 이성혼理性魂을 상징하고, 그 우상을 그릇으로 삼아 바로 그 자연본성이 거기 내포되게 마련이라고 생각하는 것이다. 그들은 신 혹은 신들도 그런 자연본성을 갖춘 존재라고 생각하는 까닭이다.[42] 이것이 그토록 박식하다는 인물이 포착하여 끄집어낸, 교리상의 비의라고 하겠다. 오, 참으로 명석한 인간이여, 하지만 당신은 저 비의에 함몰되다 보니 당신이 그토록 진솔하게 간직해 오던 현명함을 잃어버린 것이 아닌가? 당신은 진지하게 주장해 오지 않았던가, 백성들에게 처음으로 우상을 세운 사람들이 그 시민들에게서 경외심을 없애 버리고 오류를 더해 주었다며, 고대 로마인들은 우상 없이 더 순수하게 신들을 섬겼다고?[43] 당신은 선대의 로마인들을 빗대어 당신은 후대의 로마인들을 과감히 비난하여 그런 말을 하지 않았던가? 그러니 만일 상고시대의 조상들도 신상을 숭배했더라면, 신상을 세워서는 안 된다는 주장이 진실한 주장임에도

mulacris non constituendis, interim uerum, timoris silentio premeres et in huiusce modi perniciosis uanisque figmentis mysteria ista doctrinae loquacius et elatius praedicares. Anima tua tamen tam docta et ingeniosa (ubi te multum dolemus) per haec mysteria doctrinae ad Deum suum, id est a quo facta est, non cum quo facta est, nec cuius portio, sed cuius conditio est, nec qui est omnium anima, sed qui fecit omnem animam, quo solo inlustrante anima fit beata, si eius gratiae non sit ingrata, nullo modo potuit peruenire. Verum ista mysteria doctrinae qualia sint quantique pendenda, quae sequuntur ostendent. Fatetur interim uir iste doctissimus animam mundi ac partes eius esse ueros deos; unde intellegitur totam eius theologian, eam ipsam scilicet naturalem, cui plurimum tribuit, usque ad animae rationalis naturam se extendere potuisse. De naturali enim paucissima praeloquitur in hoc libro quem de diis selectis ultimum scripsit; in quo uidebimus utrum per interpretationes physiologicas ad hanc naturalem possit referre ciuilem. Quod si potuerit, tota naturalis erit: et quid opus erat ab ea ciuilem tanta cura distinctionis abiungere? Si autem recto discrimine separata est: quando nec ista uera est quae illi naturalis placet (peruenit enim usque ad animam, non usque ad uerum Deum qui fecit et animam), quanto est abiectior et falsior ista ciuilis, quae maxime circa corporum est occupata naturam, sicut ipsae interpretationes eius, ex quibus quaedam necessaria commemorare me oportet, tanta ab ipsis exquisitae et enucleatae diligentia demonstrabunt.

---

[44] 간결한 문장들이지만 스토아 철학에 물든 지성인들이 품고 있던 관념들을 바로잡는다. *a quo facta est, non cum quo* facta est: "영혼은 신의 피조물이요, 세계혼이 신과 더불어 영원한 무엇이 아니다." nec *cuius portio*, sed *cuius conditio*: "영혼은 신으로부터 분출된 일부분이 아니고 어디까지나 신의 피조물이다." nec qui est *omnium anima*, sed qui fecit *omnem animam*: "신은 세계혼이 아니고 모든 혼을 창조한 분이다."

[45] quo solo illustrante anima fit beata: 인식의 조명 (照明) 만 아니고 존재론적 조명까지 함의한다.

[46] theologia *naturalem* ... usque ad animae rationalis *naturam*: "자연"(natura) 을 다루는 신학(신화적 내용을 자연현상에 대한 철학적 해석이라고 해명하는 신학)이 세계혼 혹은 이성혼의 "본성"(natura)까지 다루기에 이르렀다는 말이다.

[47] 민간신학이 제시하는 "선별된 신들"에 대해 자연학적 해석에 성공한다면 민간신학은 곧 자연신학이 되어 버린다. 그렇다면 당초에 민간신학을 따로 제시할 필요도 없었다.

[48] 자연신학이 영혼의 본성에까지 이르지만 영혼의 창조주에게까지 이르지 못해 참다운 신학이 되지 못한다면, 민간신학은 기껏 육체들의 본성(육체적 존재로서의 정령들)만을 논하므로 더구나 참일 수 없다.

불구하고, 당신은 겁을 먹고 그 주장을 모조리 목구멍으로 삼키고 말았을 것이다. 오히려 해롭고도 허황하며 꾸며낸 이야기를 내세우면서 당신은 그것이 비의의 교리나 되는 양 더욱 웅변적으로, 더욱 거창하게 떠들어댔을 것임에 틀림없다. 당신의 영혼은 그토록 박식하고 다재다능하면서도 저 비의의 교리를 통해 그 비의가 가리키는 하느님께로 결코 도달하지 못했으며, 바로 그 점때문에 우리는 당신을 두고 안타까워하는 바이다. 우리가 말하는 하느님은 바로 당신의 영혼을 창조한 분이다. 또 영혼은 하느님과 더불어 창조된 것도 아니고, 하느님의 일부분도 아니요 어디까지나 하느님의 피조물이다. 그렇다고 하느님이 만물의 영혼도 아니고 오로지 그분이 모든 영혼을 만들었으며,[44] 하느님의 은총에 배은망덕하지 않는 한 영혼은 오로지 그분의 조명을 받음으로써만 행복해진다.[45] 바로를 두고 말하는 비의의 교리가 어떤 것이며 얼마나 평가해 줄 만한 것인지는 다음의 이야기에서 입증해 보이겠다. 우선, 박학다식하다는 그가 세계혼과 그 부분들이 진짜 신들이라고 공언하고 있다. 그래서 그의 신학 전체, 다시 말해 그가 크게 중시한 바 있는 자연신학이 이성혼의 자연본성에까지 확대될 수 있었던 것이다.[46] 선별된 신들에 관해 기록한 마지막 책에서 그는 자연신학에 관해서는 아주 조금밖에 미리 언급하지 않는다. 우리는 그가 자연학적 해석을 통해 과연 이 자연신학을 민간신학과 결부시킬 수 있었는가를 살펴볼 것이다. 만일 성공한다면 신학 전체가 자연신학이 될 것이다. 그렇다면 무엇 때문에 그토록 철저하게 구분을 하면서까지 민간신학을 별도로 갖다붙였던 것일까?[47] 그래도 일단 그런 구분이 옳았다고 해 보자. 그렇다면 그것이 영혼에까지만 도달하고 또한 영혼을 만든 참 하느님에게까지 도달하지 못한다는 점에서, 바로가 각별히 좋아하는 자연신학은 참다운 신학이 아닐 것이다. 따라서 더더구나 민간신학은 얼마나 거짓이겠으며 배척해 마땅한 신학이 되겠는가? 민간신학이야 기껏 육체들의 자연본성을 다루는 것이니까 말이다.[48] 이 점은 바로의 해석 자체가 입증해 줄 것이니 과연 그는 대단한 열성으로 이런 해석들을 탐구하고 간추렸다. 나는 그가운데 몇 가지를 언급할 필요를 느낀다.

6. Dicit ergo idem Varro adhuc de naturali theologia praeloquens deum se arbitrari esse animam mundi, quem Graeci uocant κόσμον, et hunc ipsum mundum esse deum; sed sicut hominem sapientem, cum sit ex corpore et animo, tamen ab animo dici sapientem, ita mundum deum dici ab animo, cum sit ex animo et corpore. Hic uidetur quoquo modo unum confiteri Deum; sed ut plures etiam introducat, adiungit mundum diuidi in duas partes, caelum et terram; et caelum bifariam, in aethera et aera; terram uero in aquam et humum; e quibus summum esse aethera, secundum aera, tertiam aquam, infimam terram; quas omnes partes quattuor animarum esse plenas, in aethere et aere inmortalium, in aqua et terra mortalium. Ab summo autem circuitu caeli ad circulum lunae aetherias animas esse astra ac stellas, eos caelestes deos non modo intellegi esse, sed etiam uideri; inter lunae uero gyrum et nimborum ac uentorum cacumina aerias esse animas, sed eas animo, non oculis uideri et uocari heroas et lares et genios. Haec est uidelicet breuiter in ista praelocutione proposita theologia naturalis, quae non huic tantum, sed multis philosophis placuit; de qua tunc diligentius disserendum est, cum de ciuili, quantum ad deos selectos adtinet, opitulante Deo uero quod restat impleuero.

7. Ianus igitur, a quo sumpsit exordium, quaero quisnam sit. Respondetur: mundus est. Breuis haec plane est atque aperta responsio. Cur ergo ad eum dicuntur rerum initia pertinere, fines uero ad alterum, quem Termi-

---

⁴⁹ deum animam mundi ... et hunc ipsum mundum esse deum: 현존하는 바로의 단편에는 안 나오는 표현이다. Cf. Seneca, *Quaestiones naturales* 1.praef.13; Eusebius, *Praeparatio evangelica* 15.15.1; Augustinus, *De Genesi ad litteram* 7.4.

⁵⁰ aether et aer: "영계" (靈界) 와 "공중" (空中) 으로 번역해도 된다.

⁵¹ Cf. Varro, *Antiquitates* fr.112; Stoici in Cicero, *De natura deorum* 1.14.36; 1.15.40; 2.15.25-26; Eusebius, *Praeparatio evangelica* 15.15. Lares familiares: 가정을 지키는 수호신 혹은 조상의 혼백 (본서 9.11에 상론). Genii: 각 사람의 혼백 혹은 수호신령 (7.13, 16; 10.21 참조).

⁵² 8 - 10권의 주제가 된다.

⁵³ Ianus est mundus: Macrobius (*Saturnalia* 1.9.11)의 설명에 의하면 Ianus는 eundo (ire: 가다)에서 어원이 오며 세계가 순환운동을 이루어 부단히 가고 있음을 표명한다. 그래서 순환하는 세계가 곧 Ianus다.

6. 신은 세계혼이지만 그 많은 부분 속에 신적 본성을 가진 혼들을 포함한다는 바로의 견해

바로는 자연신학을 논하면서 자기는 신이 세계(그리스인들은 코스모스라고 부른다)의 혼이라고 생각한다고 공언했다. 또 이 세계 자체가 곧 신이라고 생각한다는 말도 했다.[49] 다만 현인賢人이 육체와 정신 모두로 구성되어 있지만 어디까지나 정신 때문에 현인이라고 불리는 것과 마찬가지로, 세계 역시 정신과 물체로 구성되어 있지만 어디까지나 정신에 의거해서 신이라고 일컬어진다고 했다. 여기서 바로는 참 하느님은 한 분뿐이라고 고백하는 것이 아닌가 여겨지기도 한다. 그렇지만 여러 신들을 끌어들이려는 생각에서인지 세계는 두 부분, 곧 하늘과 땅으로 나누어진다는 말을 덧붙인다. 하늘도 둘로, 곧 영기靈氣와 공기空氣로 나눈다.[50] 땅은 물과 흙으로 나눈다. 그 가운데서 최상은 영기요 둘째는 공기요 셋째는 물이요 최하는 흙이라고 한다. 그 네 부분 모두가 영혼들로 가득 차 있으니 영기와 공기에는 불사의 영혼들이 깃들고 물과 땅에는 사멸하는 영혼들이 깃든다는 것이다. 천계의 최고 원환圓環으로부터 달의 원환 사이에 거주하는 영기의 혼령들이 곧 성좌와 별인데 그것들이 천상신이라고 생각될뿐더러 실제 눈에 보이는 신이기도 하다. 그 대신 달의 궤도와 구름 및 바람의 소용돌이 사이에 거주하는 것들은 공기의 혼령들인데 그것들은 눈에는 보이지 않고 정신에 보이며, 부르기로는 영웅이라고도 하고, 신주神主라고도 하고, 수호신이라고도 한다.[51] 이상의 내용이 그 책자의 서문에 간략하게 제시된 자연신학이다. 그런 내용은 바로 한 사람만 아니고 다수 철학자들도 좋아했다. 이 점에 관해서는, 하느님의 보우가 있으면, 선별된 신들에게 해당하는 민간신학에 대해 논의를 마친 다음에 더 철저하게 토론해야 할 것이다.[52]

7. 야누스와 테르미누스를 두 신으로 나눔이 이치에 맞는가

바로가 서두에서 언급하는 야누스란 과연 누구인지 묻고 싶다. 대답은 이렇다: "그가 곧 세상이다".[53] 이것은 확실히 짤막하고도 분명한 답변이다. 그렇다면, 만물의 첫머리가 그에게 속한다면서 만물의 끝머리는 왜 테르미누스라는 다

num uocant? Nam propter initia et fines duobus istis diis duos menses perhibent dedicatos praeter illos decem, quibus usque ad Decembrem caput est Martius, Ianuarium Iano, Februarium Termino. Ideo Terminalia eodem mense Februario celebrari dicunt, cum fit sacrum purgatorium, quod uocant Februm, unde mensis nomen accepit. Numquid ergo ad mundum, qui Ianus est, initia rerum pertinent et fines non pertinent, ut alter illis deus praeficeretur? Nonne omnia, quae in hoc mundo fieri dicunt, in hoc etiam mundo terminari fatentur? Quae est ista uanitas, in opere illi dare potestatem dimidiam, in simulacro faciem duplam? Nonne istum bifrontem multo elegantius interpretarentur, si eundem et Ianum et Terminum dicerent atque initiis unam faciem, finibus alteram darent? Quoniam qui operatur utrumque debet intendere; in omni enim motu actionis suae qui non respicit initium non prospicit finem. Vnde necesse est a memoria respiciente prospiciens conectatur intentio; nam cui exciderit quod coeperit, quo modo finiat non inueniet. Quod si uitam beatam in hoc mundo inchoari putarent, extra mundum perfici, et ideo Iano, id est mundo, solam initiorum tribuerent potestatem: profecto ei praeponerent Terminum eumque ab diis selectis non alienarent. Quamquam etiam nunc cum in istis duobus diis initia rerum temporalium finesque tractantur, Termino dari debuit plus honoris. Maior enim laetitia est, cum res quaeque perficitur; sollicitudinis autem plena sunt coepta, donec perducantur ad finem, quem qui aliquid incipit maxime adpetit intendit, expectat exoptat, nec de re inchoata, nisi terminetur, exultat.

---

[54] Cf. Varro, *Antiquitates* fr.248. Terminus는 본서 4.11, 29; 5.21에 거론되었다.

[55] 로마의 한 해는 "마르티우스의 달"(Martius mensis) 초하루부터 시작했으니까 지금의 12월은 열째 달(December)이었고 "야누스의 달"은 11월, 마지막 달(Februarius mensis)은 "끝의 신" 테르미누스에게 바쳐졌다. BC 2세기부터 행정상의 공무가 "야누스의 달"(Ianuarius mensis)에 개시되는 풍습에 따라서 "야누스의 달"이 정월이 된다. Cf. Ovidius, *Fasti* 2.48.

[56] 한 해를 마감하는 세밑 행사 곧 Terminalia는 2월 23일에 지냈다. 다음날은 세모(sextum ante diem VI (sextum) Calendarias Martias.), 혹은 4년마다 오는 윤일(閏日 : bisextum)이었다. Cf. Varro, *De lingua Latina* 1.6.13; Ovidius, *Fasti* 2.19-36.

[57] 고대 로마의 책력으로는 한 해의 마지막 달은 세모에 거행하던 전답(田畓)의 청정의식 "페브룸"(Februm 혹은 Februum ← februo "정결례를 행하다")에서 기인한 "페브룸의 달"(Februarius mensis)이었다: Ovidius, *Fasti* 2.19-20; 4.726; 5.423.

[58] *a memoria* respiciente prospiciens connectatur *intentio*: 아우구스티누스 인간론과 인식론에서 자주 구사되는 용어(memoria, quasi venter animi: *Confessiones* 10.14.21.)로서 인식대상과 인식행위를 연결(intentio animi: "지성의 지향")시킨다.

른 신에게 속하는가?[54] 그러니까 마르티우스 달을 정월正月로 해서 시월까지의 열 달 이외에, 시작과 끝이라는 이유로 사람들은 두 달을 이 두 신에게 별도로 바치고 있다. 야누아리우스 달은 야누스에게 페부르아리우스 달은 테르미누스에게 바친다.[55] 그래서 테르미날리아 축제를 같은 페브루아리우스 달에 지낸다고 한다.[56] 그때 거룩한 청정淸淨 의식을 지내며 이것을 페브룸이라고 일컫는데 거기서 달의 명칭이 유래했다.[57] 만물의 첫머리가 야누스라는 세상에 해당한다면, 끝말은 세상에 포함되지 않아서 다른 신이 그 끝장을 주관한다는 말인가? 세상에서 생겨난다고 하는 모든 일은 또한 이 세상에서 끝나는 것이 아니던가? 야누스에게 하는 일로는 절반의 능력만 부여하면서 신상에는 두 개의 얼굴을 부여하고 있으니 얼마나 황당한가! 같은 한 신을 야누스이자 테르미누스라고 부르고, 따라서 첫머리에 얼굴 하나, 끝부분에 얼굴 하나를 부여한다면, 저 두 얼굴을 가리켜 하는 해석이 훨씬 무난하지 않았을까? 그 신이 양편 다 관장하는 것임에 틀림없다고 알아들을 테니. 무릇 일체의 행동에서 첫머리를 돌이켜보지 않고서는 끝을 내다보지 못하는 법이다. 그래서 뒤를 되돌아보는 기억으로부터 앞을 내다보는 지향이 생겨나는 것이다.[58] 시작한 바를 망각해 버린다면 어떻게 끝맺음을 할 것인지 알 수 없을 것이다. 행복한 삶이 이 세상 안에서 시작되어 세상 밖에서 완결되는 것으로 생각하는 사람들이라면, 야누스 곧 세상에는 시작의 권한만을 돌려 마땅하리라. 그렇다면 단연 테르미누스를 앞세울 것임에 틀림없고 선별된 신들에서 그를 제외하지 않았을 것이다. 지금까지도 시간적 사물의 시작과 끝장을 저 두 신들에게 돌리고 있기는 하지만 당연히 테르미누스에게 더 큰 영예가 돌아가야 한다. 어느 사물이든 그것이 완성될 적에 기쁨이 더 큰 까닭이다. 개시한 일은 온갖 염려로 가득한 법이며, 무엇을 시작한 사람은 끝을 간절히 희구하고 지향하고 기대하고 염원하게 마련이므로, 끝을 향해 끌어가는 동안은, 곧 시작한 일이 끝마쳐지기 전에는 그 일을 두고 기뻐하지 못한다.[59]

---

[59] 로마 사회에서 야누스는 신들 중의 신(divinorum deus: Varro, *De lingua Latina* 7.3.27)으로, 생성의 시작으로(Ovidius, *Fasti* 1.95-120), 신들의 맏이로(Livius, *Ab Urbe condita* 8.9.6) 추앙받았으며, 아우구스티누스는 야누스 이름을 계기로 사물의 시간적 차원을 언급하고 넘어간다.

8. Sed iam bifrontis simulacri interpretatio proferatur. Duas eum facies ante et retro habere dicunt, quod hiatus noster, cum os aperimus, mundo similis uideatur; unde et palatum Graeci οὐρανὸν appellant, et nonnulli, inquit, poetae Latini caelum uocauerunt palatum, a quo hiatu oris et foras esse aditum ad dentes uersus et introrsus ad fauces. Ecce quo perductus est mundus propter palati nostri uocabulum uel Graecum uel poeticum. Quid autem hoc ad animam, quid ad uitam aeternam? Propter solas saliuas colatur hic deus, quibus partim gluttiendis partim spuendis sub caelo palati utraque panditur ianua. Quid est porro absurdius, quam in ipso mundo non inuenire duas ianuas ex aduerso sitas, per quas uel admittat ad se aliquid intro uel emittat a se foras, et de nostro ore et gutture, quorum similitudinem mundus non habet, uelle mundi simulacrum componere in Iano propter solum palatum, cuius similitudinem Ianus non habet? Cum uero eum faciunt quadrifrontem et Ianum geminum appellant, ad quattuor mundi partes hoc interpretantur, quasi aliquid spectet mundus foras sicut per omnes facies Ianus. Deinde si Ianus est mundus et mundus quattuor partibus constat, falsum est simulacrum Iani bifrontis; aut si propterea uerum est, quia etiam nomine Orientis et Occidentis totus solet mundus intellegi, numquid, cum duas partes alias nominamus septentrionis et Austri, sicut illi quadrifrontem dicunt geminum Ianum, ita quisquam geminum dicturus est mundum? Non habent omnino unde quattuor ianuas, quae intrantibus et exeuntibus pateant, interpretentur ad mundi similitudi-

---

[60] palatum caeli: 키케로(*De natura deorum* 2.18.49)가 인용하는 엔니우스의 글귀다. 아우구스티누스가 "입천장"(palatum)을 주제로 상세한 논의를 개진하는 전거는 알려져 있지 않다.

[61] 입속으로 세상을 표상하고 목구멍과 잇끝으로 사물의 시작과 끝을 나름대로 상징하겠지만 얼마나 궁색한 표상이냐는 조롱이다.

[62] 침을 뱉는 출구(foras)와 침을 삼키는 입구(introrsus)가 따로 있는 사물이 있느냐는 힐문이다. 세상도 야누스도 입천장을 닮지 않았으니 야누스 신상에 대한 해설은 근거가 없다.

[63] aliquid spectet mundus foras: 세상은 상상할 수 있는 공간 전부이므로 "세상이 밖을 내다보는" 일은 불가능하기 때문에 교부는 사람들의 모순된 표현을 지적한다.

8. 왜 야누스 숭배자들은 그 신상을 두 얼굴로 만들었으며 때로는 넷으로까지 보이고자 했던가

우선 두 얼굴을 가진 신상에 대한 해석을 검토해 보자. 야누스는 앞과 뒤로 얼굴을 지녔다고 한다. 그 까닭은 우리가 입을 벌리면 우리의 입모양새가 세상을 닮아 보인다는 것이다. 그래서 바로는 그리스인들이 입천장 곧 구개口蓋를 우라노스라고 불렀고 라틴 시인들 가운데서도 혹자는 하늘을 가리켜 천개天蓋라고 불렀다는 말도 한다.[60] 그 입 벌린 구강에서 이빨 쪽으로 출구가 이르고 목구멍 쪽으로 입구가 있다는 것이다. 그리스 말이든 우리말 시어詩語든 우리 입천장이라는 단어로 인해 세상世上이 어디까지 가버렸는지 알 만하다.[61] 세상이 입속에 있다는 식의 이런 얘기가 영혼에 무슨 소용이 있으며 영원한 생명에 무슨 보탬이 되는가? 그렇다면 야누스라는 이 신은 오로지 침 때문에 숭배를 받도록 하라! 천개天蓋 내지 구개口蓋 아래서 침을 삼키거나 침을 뱉는 사이에 양편 문이 열리는 꼴이다. 하여튼 실제 세상에는 반대편으로 제각기 문이 달려서 그 두 문으로 자기한테 무엇인가 받아들이거나 자기한테서 무엇인가 내보내는 그런 물건은 찾아볼 수 없다. 그런데도 우리 입과 목구멍(세상은 사실 이것과 닮지 않았다)을 보고서 세상과 닮은 신상을 야누스에게 만들어주고 싶어하다니(야누스는 이 입천장과 닮은 데가 전혀 없다) 이보다 어처구니없는 일이 또 있을 수 있는가?[62] 그런가 하면 야누스를 네 얼굴로 만들고서는 쌍둥이 야누스라고들 부른다. 세상의 사방을 가리킨다고 해석하는데 야누스가 네 얼굴로 밖을 보듯이 세상이 사방으로 밖을 내다보는 것처럼 얘기하는 것이다.[63] 만약 야누스가 곧 세상이고, 세상이 네 방위로 구성되어 있다면, 두 얼굴을 가진 야누스 신상은 가짜인 셈이다. 또 동방과 서방이라는 이름으로 세상 전부를 알아듣는 것이 예사라서 저 두 얼굴의 신상이 진짜라고 대꾸한다면 나는 이렇게 반문하겠다. 세상의 다른 두 방위를 북방과 남방이라고 이름붙이는데, 그렇다면 저 사람들은, 네 얼굴의 야누스를 쌍둥이 야누스라고 하듯, 사방을 두는 세상을 쌍둥이 세상이라고 부를 것인가? 그들은 적어도 두 얼굴의 야누스의 상징을 인간의 입에서 찾아볼 수 있다는 말을 했다지만, 네 얼굴의 야누스가 들어가는

nem, sicut de bifronti quod dicerent saltem in ore hominis inuenerunt, nisi Neptunus forte subueniat et porrigat piscem, cui praeter hiatum oris et gutturis etiam dextra et sinistra fauces patent. Et tamen hanc uanitatem per tot ianuas nulla effugit anima, nisi quae audit ueritatem dicentem: *Ego sum ianua*.

9. Iouem autem, qui etiam Iuppiter dicitur, quem uelint intellegi, exponant. «Deus est, inquiunt, habens potestatem causarum, quibus aliquid fit in mundo.» Hoc quam magnum sit, nobilissimus Vergilii uersus ille testatur:

Felix qui potuit rerum cognoscere causas.

Sed cur ei praeponitur Ianus? Hoc nobis uir ille acutissimus doctissimusque respondeat. «Quoniam penes Ianum, inquit, sunt prima, penes Iouem summa. Merito ergo rex omnium Iuppiter habetur. Prima enim uincuntur a summis, quia, licet prima praecedant tempore, summa superant dignitate.» Sed recte hoc diceretur, si factorum prima discernerentur et summa; sicut initium facti est proficisci, summum peruenire; initium facti inceptio discendi, summum perceptio doctrinae; ac sic in omnibus prima sunt initia summique sunt fines. Sed iam hoc negotium inter Ianum Terminumque discussum est. Causae autem, quae dantur Ioui, efficientia sunt, non effecta; neque ullo modo fieri potest, ut uel tempore praeueniantur? A factis initiisue factorum. Semper enim prior est res quae facit, quam illa quae fit. Quapropter si ad Ianum pertinent initia factorum, non ideo priora

---

64 네 얼굴의 야누스는 시간의 흐름 속에서 네 원소가 일으키는 조화 혹은 네 계절을 상징한다는 긍정적 해석도 있다. 야누스는 한 해를 가리키면서 시간을 상징한다는 논거에서다(Servius, *Commentarius in Vergilii Aeneidem* 7.617; Isidorus, *Etymologiae* 8.11).

65 Ego sum ianua: 요한 10,9. "내가 야누스다"라는 의미도 된다.

66 고대 로마에서는 최고신의 이름으로 Iovis("빛" ← Djovis: Ennius)와 Iuppiter("낮의 아버지" ← Diespiter)가 겸용되었다(라틴어 명사는 주격에서만 양자를 겸용하고 속격부터는 Iovis만 활용한다). 아우구스티누스는 본서에서 Iuppiter를 주로 사용하지만 네 번 Iovis로 호칭한다.

67 Cf. Heraclitus, SVF 21 fr.23; Cleanthes, *Hymnus ad Iovem* 1 - 4; Plato, *Cratylus* 396a-b.

68 Vergilius, *Georgica* 2.490.

69 Varro, *Antiquitates* fr.251 (아우구스티누스에게서만 인용된다).

70 앞의 7장 참조.

71 첫머리에도 habens potestatem causarum (원인들에 대한 권능을 가진 자)라고 정의되었다.

72 prior res *quae facit*, quam illa *quae fit*: 작용자(作用者)와 피동자(被動者)를 구상어로 표현한다.

사람들에게나 나가는 사람들에게나 활짝 열려 있는 네 문을 가진 세계라는 상징은 제시하지 못하고 있다. 아마도 넵투누스가 불쑥 도우러 나타나서 물고기를 들어 보인다면 모르겠다. 물고기에게는 입구멍과 목구멍 말고도 오른쪽 아가미와 왼쪽 아가미가 열려져 있으니까 네 문이 열려 있는 셈이다.[64] 하지만 "나는 문이다"[65]라고 선언하는 진리의 말씀을 경청하는 영혼이 아니라면, 그 많은 문으로 들어오는 허황한 애기들을 피할 길 없을 것이다.

9. 유피테르의 권세 및 야누스와의 유사성

9. 1. 자연주의자들은 유피테르를 세계의 원인으로 해석한다

그러면 유피테르라고도 일컫는 요비스[66]를 사람들은 누구로 알아듣는지 설명해 볼 일이다. 저들은 말하기를, "그는 신이요 원인들에 대한 권능을 가진 자이며 무엇이 세상에 생겨나든 그로부터 생겨난다"[67]고 한다. 이 말이 얼마나 중대한 말인가는 베르길리우스의 지극히 고상한 다음 시구가 보여주고도 남는다:

사물의 원인을 알아낼 수 있었던 사람은 행복하여라![68]

그러면 무엇 때문에 바로는 유피테르보다 야누스를 앞세운 것일까? 지극히 명민하고 박식한 바로의 대답을 들어 보자: "시작은 야누스의 권능이지만, 종결은 유피테르의 권능이기 때문이다. 따라서 유피테르가 만유의 임금으로 여겨진다. 시작은 종결에 미치지 못하는 까닭이다. 시작이 시간적으로 선행하지만 종결이 그 존귀함에 있어 우위에 있기 때문이다."[69] 만일 이런 구분이 사건의 시작과 그 성취를 두고 하는 말이라면 옳은 말일 것이다. 사건의 시작은 출발하는 일이요, 도달한다는 것은 그것을 성취하는 일이다. 배우기 시작함은 사건의 개시이지만, 앎을 얻었다는 것은 성취했다는 것이다. 만사에서 시작은 처음이지만 성취는 마지막이다. 그러나 이것은 야누스와 테르미누스 사이의 문제에서 이미 다루었던 것이다.[70] 그러나 유피테르에게 귀속되어 있는 것은 작용 원인이지 작용 결과가 아니다.[71] 사건이나 사건의 시작이 시간상으로라도 작용 원인에 선행하는 일은 결코 있을 수 없다. 작용하는 사물은 작용받는 사물보다 반드시 우선한다.[72] 그러므로 만일 사건의 시작이 야누스에게서 비롯된다면, 그것이 작

sunt efficientibus causis, quas Ioui tribuunt. Sicut enim nihil fit, ita nihil inchoatur ut fiat, quod non faciens causa praecesserit. Hunc sane deum, penes quem sunt omnes causae factarum omnium naturarum naturaliumque rerum, si Iouem populi appellant et tantis contumeliis tamque scelestis criminationibus colunt, taetriore sacrilegio sese obstringunt, quam si prorsus nullum putarent deum. Vnde satius esset eis alium aliquem Iouis nomine nuncupare, dignum turpibus et flagitiosis honoribus, supposito uano figmento quod potius blasphemarent (sicut Saturno dicitur suppositus lapis, quem pro filio deuoraret), quam istum deum dicere et tonantem et adulterantem, et totum mundum regentem et per tot stupra diffluentem, et naturarum omnium naturaliumque rerum causas summas habentem et suas causas bonas non habentem.

Deinde quaero, quem iam locum inter deos huic Ioui tribuant, si Ianus est mundus. Deos enim ueros animam mundi ac partes eius iste definiuit; ac per hoc, quidquid hoc non est, non est utique secundum istos uerus deus. Num igitur ita dicturi sunt Iouem animam mundi, ut Ianus sit corpus eius, id est iste uisibilis mundus? Hoc si dicunt, non erit quem ad modum Ianum deum dicant, quoniam mundi corpus non est deus uel secundum ipsos, sed anima mundi ac partes eius. Vnde apertissime idem dicit deum se arbitrari esse animam mundi et hunc ipsum mundum esse deum; sed sicut hominem sapientem, cum sit ex animo et corpore, tamen ex animo dici sapientem, ita mundum deum dici ab animo, cum sit ex animo et

---

[73] 세계의 원인 혹은 원리 혹은 이유는 철학자들의 주요한 관심사 가운데 하나이다(예: Plato, *Cratylus* 396a; Aristoteles, *Metaphysica* 1071b - 1072a; Diogenes Laertius, *Vitae philosophorum* 7.134, 150). 아우구스티누스는 일체의 다신론(多神論)이 은연중에 함의하고 있는 일신론(一神論)을 유도해내려는 의도를 갖고 있다.

[74] Cf. Hesiodus, *Theogonia* 474-478; Ovidius, *Fasti* 2.205.

[75] omnium naturaliumque rerum causas summas habentem et suas causas bonas non habentem: 대자연의 "최고 원인들을(causas)" 간직하고 있으면서도 자기는 선한 "명분들을"(causas) 전혀 갖추지 못했다면 세계의 주재자가 될 도덕적 자질이 없다.

용 원인보다 우선하지 않으며, 작용 원인은 당연히 유피테르에게 속한다. 작용하는 원인이 선행하지 않으면 아무것도 생성하지 않고 아무 생성도 시작하지 않는다.[73] 만약 생성된 모든 자연본성의 원인과 자연적 사물의 원인이 달려 있는 이 신을 사람들이 유피테르라고 부르면서도 온갖 모멸과 파렴치한 죄상을 붙여 그 신을 숭배한다면, 그를 아예 신이 아니라고 여기는 짓보다도 훨씬 대담한 신성 모독 행위를 저지르는 셈이다. 그러므로 그 사람들로서는 추잡하고 외설적인 영예를 바칠 만한 대상을 아무나 하나 정해서 그에게 유피테르의 이름을 붙이고, (사투르누스한테 돌기둥을 바쳐서 자기 자식 대신에 삼키게 했다는 얘기처럼)[74] 가능한 한 최대로 모독을 가할 만한 형상으로 그자의 모습을 대체하는 편이 훨씬 흡족할지도 모르겠다. 그렇게 하는 편이 유피테르를 신이라고 일컬으면서, 번개도 치고 간통도 저지르는 자, 온 세상도 통치하고 사방에다 염문도 퍼뜨리고 다니는 자, 모든 자연본성과 자연사물의 최고 원인을 간직하고 있으면서도 자기 나름으로는 선한 명분들을 전혀 갖추지 못한 자라고[75] 일컫는 것보다 훨씬 나을 것이기 때문이다.

9.2. 유피테르를 세계의 원인이라면서 곧 세계 자체라고도 한다

그러므로 야누스가 세계라고 하는 이상, 나는 사람들이 이 유피테르에게 신들 가운데에서 어떤 자리를 배정할 것인가 묻고 싶다. 참된 신들이 세계의 혼이면서 동시에 세계의 부분들이라고 정의한 인물은 다른 사람 아닌 바로였다. 따라서 그런 정의에 해당하지 않는다면 참된 신이 아님은 물론이다. 그렇다면 유피테르는 세계의 혼이고 야누스는 세계의 몸이라고, 다시 말해 눈에 보이는 세계라고 말할 참인가? 만약 그렇게 말하려 한다면 야누스를 신이라고는 절대로 부르지 못할 것이다. 왜냐하면 그 논리를 따른다 해도 세계의 몸은 신이 아니며 세계의 혼과 그 부분들이 신이기 때문이다. 바로는 신은 세계의 혼이고 이 세계 자체가 곧 신이라고 여긴다는 말을 명백하게 주장했으며, 또한 현명한 사람이 혼과 몸으로 이루어져 있기는 하지만 그가 현자인 것은 어디까지나 혼에 의거해서라는 말도 했다. 그러니까 세계가 혼과 몸으로 이루어져 있기는 하지만 어디까지나 혼에 의해 신이 된다는 말이다. 따라서 세계의 몸만으로는 신이 될

corpore. Solum itaque mundi corpus non est deus, sed aut sola anima eius aut simul corpus et animus, ita tamen ut non sit a corpore, sed ab animo deus. Si ergo Ianus est mundus et deus est Ianus, numquid Iouem, ut deus esse possit, aliquam partem Iani esse dicturi sunt? Magis enim Ioui uni-uersum solent tribuere; unde est:

> Iouis omnia plena.

Ergo et Iouem, ut deus sit et maxime rex deorum, non alium possunt exis-timare quam mundum, ut diis ceteris secundum istos suis partibus regnet. In hanc sententiam etiam quosdam uersus Valerii Sorani exponit idem Varro in eo libro, quem seorsum ab istis de cultu deorum scripsit; qui uersus hi sunt:

> Iuppiter omnipotens regum rerumque deumque
> Progenitor genetrixque deum, deus unus et omnes.

Exponuntur autem in eodem libro ita: cum marem existimarent qui semen emitteret, feminam quae acciperet, Iouemque esse mundum et eum omnia semina ex se emittere et in se recipere: «cum causa, inquit, scripsit Sora-nus ‹Iuppiter progenitor genetrixque›; nec minus cum causa unum et om-nia idem esse; mundus enim unus, et in eo uno omnia sunt.»

10. Cum ergo et Ianus mundus sit et Iuppiter mundus sit unusque sit mundus, quare duo dii sunt Ianus et Iuppiter? Quare seorsus habent tem-pla seorsus aras, diuersa sacra dissimilia simulacra? Si propterea, quod alia uis est primordiorum, alia causarum, et illa Iani, illa Iouis nomen accepit: numquid si unus homo in diuersis rebus duas habeat potestates aut duas artes, quia singularum diuersa uis est, ideo duo iudices aut duo dicuntur artifices? Sic ergo et unus Deus cum ipse habeat potestatem

---

[76] Vergilius, *Eclogae* 3.60.

[77] 다신교를 자연주의에 입각해서 해석하면서 그 잡다한 신들이 사실상 유일한 신 유피테르의 속성들이라는 변명은 스토아 학파 특히 제논의 작업이었다. Cf. Diogenes Laertius, *Vitae philosophorum* 7.137.151.

[78] Valerius Soranus: BC 82년 호민관으로 스키피오 문단(Sodalicium Scipionis)에 속하는 신시인(新詩人: neotericii) 가운데 한 사람으로 전해온다(Cicero, *De oratore* 3.11.43: litteratissimus togatorum omnium). 로마 종교의 비의(秘儀)를 폭로했다고 해서 사형당했다(Plinius, *Historia naturalis* 3.9.65; Plutarchus, *Quaestiones Romanae* 58.61). 이하에 인용된 문구의 원전은 전해오지 않는다.

[79] Valerius Soranus fr.4. Varro의 별도 저서는 *Curio* 혹은 *De cultu deorum*이라고 전해온다.

[80] unum et omnia idem esse: Varro, *Logistorici* [Semi ed.] fr.40

수 없으며, 단지 세계의 혼만으로, 또는 세계의 몸과 혼이 아울러 신이 된다. 마찬가지로 몸에 의거해 신이 되는 것이 아니라 혼에 의거해 신이 되는 것이다. 그래서 만약 야누스가 세계이고 신이 곧 야누스라면, 유피테르가 신이 되는 까닭은 야누스의 어느 한 부분이기 때문이라고 주장할 것인가? 그렇지만 우주를 유피테르에게 돌리는 것이 상례이며 그래서 이런 말도 있다:

만유가 유피테르로 충만하도다.[76]

그러므로 유피테르로서도 신이자 더구나 신들의 임금이려면, 세계 아닌 딴 무엇이어야 한다는 생각은 할 수 없다. 그래야 그밖의 다른 신들, 그러니까 저 사람들 생각대로 한다면 세계의 부분들을 통치할 수 있다.[77] 발레리우스 소라누스[78]의 몇 구절이 다름아닌 이 사상을 피력하고 있다. 바로가 신들에 대한 숭배에 관해 별도로 집필한 책에서 그 구절들을 인용하고 있다. 문장은 다음과 같다:

전능한 유피테르, 왕들과 만물과 신들의
아버지요 신들의 어머니, 유일한 신이자 또한 모든 신들이로다.[79]

바로의 같은 책에는 이런 설명이 나온다: 종자를 방출하는 자를 남자라 하고 받아들이는 자를 여자라고 여기는 법인데 유피테르는 모든 종자를 그 자신으로부터 방출하고 다시 자신 안에 받아들이는 세계다. "그래서 소라누스는 '유피테르, 신들의 아버지이자 어머니'라고 기록한 것이다. 그에 못지않은 이유에서 하나와 모두는 같다. 세계는 하나요 그 하나 안에 모든 것이 있는 연고다."[80]

10. 야누스와 유피테르를 구분한 것은 옳은가

야누스도 세계요 유피테르도 세계라면, 즉 둘다 세계라면 무엇 때문에 야누스와 유피테르 두 신이 있어야 하는가? 왜 제각기 따로 신전을 갖고 따로 제단을 두며 서로 다른 제의와 서로 다른 신상이 있어야 하는 것인가? 시원으로서의 세력과 원인으로서의 세력이 서로 다르기 때문에, 전자는 야누스라고 명명하고 후자는 유피테르라고 명명했다고 하자. 그렇다면, 한 인간이 여러 사안에서 두 가지 능력이나 두 가지 기술을 가졌을 경우 제각각 위력이 다르다고 해서 판관 두 사람 혹은 장인 두 사람이라고 할 텐가? 그와 마찬가지로 유일한

primordiorum, ipse causarum, num propterea illum duos deos esse necesse est putari, quia primordia causaeque res duae sunt? Quod si hoc iustum putant, etiam ipsum Iouem tot deos esse dicant, quotquot ei cognomina propter multas potestates dederunt, quoniam res omnes, ex quibus illa cognomina sunt adhibita, multae atque diuersae sunt, ex quibus pauca commemoro.

11. Dixerunt eum Victorem, Inuictum, Opitulum, Inpulsorem, Statorem, Centumpedam, Supinalem, Tigillum, Almum, Ruminum et alia quae persequi longum est. Haec autem cognomina inposuerunt uni deo propter causas potestatesque diuersas, non tamen propter tot res etiam tot deos eum esse coegerunt: quod omnia uinceret, quod a nemine uinceretur, quod opem indigentibus ferret, quod haberet inpellendi, statuendi, stabiliendi, resupinandi potestatem, quod tamquam tigillus mundum contineret ac sustineret, quod aleret omnia, quod ruma, id est mamma, aleret animalia. In his, ut aduertimus, quaedam magna sunt, quaedam exigua; et tamen unus utraque facere perhibetur. Puto inter se propinquiora esse causas rerum atque primordia, propter quas res unum mundum duos deos esse uoluerunt, Iouem atque Ianum, quam continere mundum et mammam dare animalibus; nec tamen propter haec opera duo tam longe inter se ui et dignitate diuersa duo dii esse compulsi sunt; sed unus Iuppiter propter illud Tigillus, propter illud Ruminus appellatus est. Nolo dicere, quod animalibus mammam praebere sugentibus magis Iunonem potuit decere quam Iouem, praesertim cum esset etiam diua Rumina, quae in hoc opus

---

[81] 제신 특히 유피테르에게 붙은 칭호(epithetum)가 극히 다양한데 그 숫자마다 신들이 많아지느냐는 반문이다.

[82] Victor, Invictus, Opitulus, Impulsor, Stator, Centumpeda, Supinalis, Tigillus, Almus, Ruminus: cf. Varro, *Antiquitates* fr.238; Minucius Felix, *Octavius* 22.6.

[83] 다신교 신앙을 자연주의에 입각하여 유일신 유피테르의 여러 속성이나 활동으로 보는 것은 스토아의 보편적 이론이었다(Diogenes Laertius, *Vitae philosophorum* 7.134.147).

[84] Tigillus: "보호자", Ruminus(← ruma "젖꼭지"): 젖먹여 키우는 "양육인". Rumina 여신은 4.11; 6.10에도 언명된다.

하느님이 시원의 능력도 지니고 원인의 능력도 지니고 있다고 해서, 시원과 원인이 두 가지 다른 것이라는 이유로 굳이 그를 두 신이라고 생각할 필요가 과연 있을까? 만일 이런 생각이 옳다면, 하고많은 능력 때문에 사람들이 유피테르에게 무수한 칭호를 바친 이상, 유피테르는 또한 저 모든 신들도 된다고 할 만하다. 저런 칭호들이 부여된 그 모든 사안들이 수도 많고 다르기도 하기 때문이다. 그가운데서 몇 가지만 언급하겠다.[81]

11. 유피테르는 여러 이름이 있지만, 그 이름들은 여러 신이 아니라 동일한 신만을 지칭한다

사람들은 유피테르를 두고 승리자, 불패자, 원조자, 독려자, 보호자, 백족百足, 주살자誅殺者, 수호자, 출산자, 양육자[82]라고 부르며 그밖에도 따라오는 칭호를 열거하자면 무척 길다. 사람들은 이 모든 칭호들을 여러 가지 이유와 능력 때문에 유피테르 한 신에게 부여했지만, 그 사안의 숫자만큼 여러 신이 되어 달라고 유피테르에게 주문한 것은 아니었다. 모든 것을 이긴다고, 누구한테도 패하지 않는다고, 곤경에 처한 사람들에게 도움을 베푼다고, 독려하고 버티면서 보호하고 주살하는 능력을 지녔다고, 들보처럼 세상을 받치고 버텨 준다고, 모든 동물을 젖으로 양육하듯이 만물을 양육해 준다고 한다.[83] 쉽게 알 수 있는 것처럼 그 능력들 가운데 어느 것은 중요하지만, 또 다른 것은 대수롭지 않다. 하지만 혼자서 막중한 일과 사소한 일 양편 다 해치우도록 맡겨져 있다. 사람들은 원인과 시원 때문에 하나의 세계가 유피테르와 야누스라는 두 신으로 나뉘길 바랐을지도 모른다. 하지만 나는 사물의 원인과 시원始原은 세상을 보살피는 일과 동물들에게 젖을 주는 일보다 훨씬 더 유관한 일이라고 생각한다. 실제로 세상을 보살피는 일과 동물들에게 젖을 주는 두 가지 일은 위세나 품위로 보아 거의 무관한 일이지만, 사람들은 신이 두 명 있어야 한다고 주장하지 않았다. 그러나 유피테르 하나가 앞의 일로는 티길루스라고 불리고 뒤의 일로는 루미누스라고 불리게 되었던 것이다.[84] 동물들에게 젖을 물리는 일이야 유피테르보다는 유노에게 더욱 합당했으리라는 얘기는 할 필요도 없겠다. 그 일에는

adiutorium illi famulatumue praeberet. Cogito enim posse responderi, et ipsam Iunonem nihil aliud esse quam Iouem, secundum illos Valerii Sorani uersus, ubi dictum est:

Iuppiter omnipotens regum rerumque deumque
Progenitor genetrixque deum.

Quare ergo dictus est et Ruminus, cum diligentius fortasse quaerentibus ipse inueniatur esse etiam illa diua Rumina? Si enim maiestate deorum recte uidebatur indignum, ut in una spica alter ad curam geniculi, altera ad folliculi pertineret: quanto est indignius unam rem infimam, id est ut mammis alantur animalia, duorum deorum potestate curari, quorum sit unus Iuppiter, rex ipse cunctorum, et hoc agat non saltem cum coniuge sua, sed cum ignobili nescio qua Rumina, nisi quia ipse est etiam ipsa Rumina; Ruminus fortasse pro sugentibus maribus, Rumina pro feminis. Dicerem quippe noluisse illos Ioui femininum nomen inponere, nisi et in illis uersibus «progenitor genetrixque» diceretur, et inter eius alia cognomina legerem, quod etiam Pecunia uocaretur, quam deam inter illos minusculares inuenimus et in quarto libro commemorauimus. Sed cum et mares et feminae habeant pecuniam, cur non et Pecunia et Pecunius appellatus sit, sicut Rumina et Ruminus, ipsi uiderint.

12. Quam uero eleganter rationem huius nominis reddiderunt! «Et Pecunia, inquit, uocatur, quod eius sunt omnia.» O magnam rationem diuini

---

[85] 앞의 7.9.2 각주 79 참조.

[86] 4.21 참조. 자칫하면 Geniculus, Folliculus라는 신이 따로 생겼을 것이 아니냐는 물음이다.

[87] 4.8-11 참조.

[88] Varro, *Antiquitates* fr.252.

루미나 여신이 있어서 유피테르에게 조수 노릇을 하고 심부름을 제공할 수 있었을 테니까. 더구나 발레리우스 소라누스의 글귀에 의하건대 유노 여신도 실상은 유피테르 외에 다른 무엇이 아니라는 답변도 나올 만하다는 생각이 든다:

> 전능한 유피테르, 왕들과 만물과 신들의
>
> 아버지요 신들의 어머니로다.[85]

조금만 예의 주시하여 궁구하는 사람들이라면 유피테르 자신이 루미나 여신도 된다는 사실을 깨달을 터인데 그렇다면 뭣 때문에 유피테르는 굳이 루미누스라는 칭호까지 얻었을까? 이삭 한 개에서도 어느 신은 줄기의 마디를 보살피고 다른 신은 잎사귀를 보살피는 일을 맡는다면[86] 신들의 체면에 어울리지 않는다고 할 것이다. 동물들을 젓먹여 키우는 것 같은 비천한 일을 두 신들의 권한에 따로따로 맡겼다는 것도 얼마나 어울리지 않는 일이었겠는가! 더구나 두 신 중의 하나 유피테르, 그야말로 만유의 임금인데 동물들을 젖먹여 키우는 그런 일을 최소한 자기 배우자와 함께 한다면 또 모르겠지만, 루미나와 같은 비천한 여신과 함께 나누어야 한다면 얼마나 부끄러운 일인가? 유피테르 자신이 곧 루미나 여신이기도 하다는 사실은 제쳐놓고서라도. 남자애들을 젖먹인다면 루미누스, 여자애들을 젖먹인다면 루미나였을지는 모르겠다. 저 글귀에서 "신들의 아버지요 어머니"라는 말이 나오지 않았더라면 로마인들은 유피테르에게 여성 명사를 부여하기 싫어했을지도 모른다. 내가 읽기로는 유피테르의 다른 칭호들 가운데서 유피테르를 페쿠니아라고도 부른다. 이 여신은 본서 제4권에서 우리가 다룬 바 있는 군소群小 신들 가운데 든다.[87] 하지만 남자들도 여자들도 돈을 지니기는 마찬가지니까 어째서 저 사람들은 루미나와 루미누스로 따로 부르듯이 페쿠니아와 페쿠니우스로 따로 부르지 않았는지 모를 일이다.

12. 유피테르가 페쿠니아로도 불린다는 사실

유피테르에게 돌아가는 페쿠니아라는 이름을 두고 얼마나 고상한 해설을 내놓았던가 보시라! 바로의 말대로 "돈이 모든 것을 차지하므로 유피테르는 페쿠니아로도 불린다".[88] 신의 이름에 관한 명분치고는 참으로 대단한 명분이다! 모

nominis! Immo uero ille, cuius sunt omnia, uilissime et contumeliosissi-
me Pecunia nuncupatur. Ad omnia enim, quae caelo et terra continentur,
quid est pecunia in omnibus omnino rebus, quae ab hominibus nomine
pecuniae possidentur? Sed nimirum hoc auaritia Ioui nomen inposuit, ut,
quisquis amat pecuniam, non quemlibet deum, sed ipsum regem omnium
sibi amare uideatur. Longe autem aliud esset, si diuitiae uocaretur. Aliud
namque sunt diuitiae, aliud pecunia. Nam dicimus diuites sapientes, ius-
tos, bonos, quibus pecunia uel nulla uel parua est; magis enim sunt uirtu-
tibus diuites, per quas eis etiam in ipsis corporalium rerum necessitatibus
sat est quod adest: pauperes uero auaros, semper inhiantes et egentes;
quamlibet enim magnas pecunias habere possunt, sed in earum quanta-
cumque abundantia non egere non possunt. Et Deum ipsum uerum recte
dicimus diuitem, non tamen pecunia, sed omnipotentia. Dicuntur itaque et
diuites pecuniosi; sed interius egeni, si cupidi: item dicuntur pauperes
pecunia carentes; sed interius diuites, si sapientes. Qualis ergo ista theo-
logia debet esse sapienti, ubi rex deorum eius rei nomen accepit, «quam
nemo sapiens concupiuit»? Quanto enim facilius, si aliquid hac doctrina
quod ad uitam pertineret aeternam salubriter disceretur, deus mundi rector
non ab eis Pecunia, sed Sapientia uocaretur, cuius amor purgat a sordibus
auaritiae, hoc est ab amore pecuniae!

13. Sed quid de hoc Ioue plura, ad quem fortasse ceteri referendi sunt,
ut inanis remaneat deorum opinio plurimorum, cum hic ipse sint omnes,

---

[89] 교부는 "가난뱅이란 적게 가진 자가 아니라 많이 탐하는 자이다(non qui parum habet, sed qui plus cupit pauper est: Seneca, *Epistula* 2.6)라는 명언을 알고 있었다.

[90] 견유학파나 스토아 학파의 제물경시는 그리스도인들에게도 경모의 대상이었다.

[91] Sallustius, *De coniuratione Catilinae* 11.3. Avaritia pecuniae studium habet, quam nemo sapiens concupivit("현자라면 아무도 탐하지 않는 돈")은 첫머리의 Pecunia Iuppiter (eius sunt omnia)과 상치된다.

든 것을 차지하는 저 신이 참으로 치사하고 모욕적이라 할 수 있는 페쿠니아라고 불리다니! 하늘과 땅에 포함된 모든 것에 비한다면 도대체 돈이란 것이 무엇인가? 인간이 돈의 이름으로 소유할 만한 그 모든 사물 중에서 도대체 돈이란 것이 무엇인가? 그런데도 이런 이름을 유피테르에게 부여한 것은 틀림없이 탐욕이었다. 마치 누구든지 돈을 좋아하는 사람은 아무 신이나 좋아하는 것이 아니고 그야말로 모든 신들의 임금을 좋아하는 셈이라고 여겨질 정도다. 차라리 유피테르를 부(富)라고 한다면 다른 문제이겠다. 부라고 불리는 것과 돈이라고 불리는 것은 다르기 때문이다. 지혜로운 사람, 의로운 사람, 선한 사람을 우리는 부유한 사람이라고 말하며 그런 사람들에게는 돈이라는 것이 아무것도 아니거나 대수롭지 않은 무엇이다. 그들은 덕성으로 부유하며 그들에게는 물질적 사물이 곤궁하여도 덕성 때문에 우선 있는 것으로 족하다. 욕심많은 사람들이야말로 참으로 가난하고 늘 허덕이고 늘 궁핍하다. 그들은 참 많은 돈을 소유할 수도 있지만 돈이 아무리 풍족하더라도 여전히 궁핍할 수밖에 없다.[89] 그리고 우리는 참 하느님도 부유하다는 말을 하는데 하느님은 돈 때문이 아니라, 전능함 때문에 부유한 것이다. 돈많은 사람들을 부자라고 하지만 여전히 돈을 탐하고 있는 이상 내심으로는 가난하다. 돈이 없는 사람을 가난하다고 하지만 지혜롭기만 하다면 내면으로는 부유한 셈이다.[90] 그러니 신들의 임금이라는 자가 "현자라면 아무도 탐하지 않는"[91] 사물, 곧 돈에서 자기 이름을 땄다고 설명할라치면, 현자에게는 저런 신학이 어떻게 보이겠는가? 저런 교설에서 도대체 영원한 생명에 유익한 무엇을 배운다면, 사람들은 세계를 통치하는 신을 돈이라고 부르지 않고 지혜라고 부르는 편이 한결 무난할 것이다. 그리고 지혜에 대한 사랑이 사람을 탐욕의 수렁에서, 다시 말해 돈에 대한 사랑에서 정화해 줄 것이다.

13. 사투르누스가 무엇이고 게니우스가 무엇인지 설명하자면 결국 그 둘과 유피테르가 하나임을 알아야 한다

이런 유피테르를 두고 더 무슨 말을 하겠는가? 그밖의 모든 신들이 유피테르에게로 귀결될 테고 그러면 다수의 신들이 있다는 견해가 황당해지고 만다. 그

siue quando partes eius uel potestates existimantur, siue cum uis animae, quam putant per cuncta diffusam, ex partibus molis huius, in quas uisibilis mundus iste consurgit, et multiplici administratione naturae quasi plurium deorum nomina accepit? Quid est enim et Saturnus? «Unus, inquit, de principibus deus, penes quem sationum omnium dominatus est.» Nonne expositio uersuum illorum Valerii Sorani sic se habet, Iouem esse mundum et eum omnia semina ex se emittere et in se recipere? Ipse est igitur penes quem sationum omnium dominatus est. Quid est Genius? «Deus, inquit, qui praepositus est ac uim habet omnium rerum gignendarum.» Quem alium hanc uim habere credunt quam mundum, cui dictum est: «Iuppiter progenitor genetrixque»? Et cum alio loco genium dicit esse uniuscuiusque animum rationalem et ideo esse singulos singulorum, talem autem mundi animum Deum esse: ad hoc idem utique reuocat, ut tamquam uniuersalis genius ipse mundi animus esse credatur. Hic est igitur quem appellant Iouem. Nam si omnis genius deus et omnis uiri animus genius, sequitur ut sit omnis uiri animus deus; quod si et ipsos abhorrere absurditas ipsa compellit, restat ut eum singulariter et excellenter dicant deum Genium, quem dicunt mundi animum ac per hoc Iouem.

14. Mercurium uero et Martem quo modo referrent ad aliquas partes mundi et opera Dei, quae sunt in elementis, non inuenerunt, et ideo eos saltem operibus hominum praeposuerunt, sermocinandi et belligerandi

---

⁹² 세계혼이 만물 속에 편재해 있고(vis animae, quam per cuncta diffusam), 이 세계는 그 거대한 덩어리의 부분들을 이루면서 부상한다는(in partes molis huius consurgit) 것이 스토아들의 해석이었다.

⁹³ Varro, *De lingua Latina* 5.10.64: 어원상 "씨뿌리다"(sero, sevi, satum, ere)에서 유래하여 "종자를 관리하는 신"으로 여겨졌다. 본서 2.15; 4.10; 6.8.1 참조.

⁹⁴ Genius: "인간에게 깃들어 있는 (최상급의) 영혼"(hanc partem animae(= animus, intellegentia) mundi dicit Deum, in nobis autem genium vocari: 7.23.1)으로 개인의 출생부터 끝까지 보살피는 개별 수호신(deus cuius in tutela ut quisque natus est: Censorinus, *De die natali* 3.1)이며 개인의 사후에는 Lares가 되어 존속한다(Horatius, *Epistula* 2.2.187). 도시와 국가, 장소와 사물도 제각각 게니우스가 하나씩 있었다(Livius, *Ab Urbe condita* 21.62.9). 본서 7.2; 7.13 참조.

⁹⁵ universalis genius ipse mundi animus: cf. Varro, *Antiquitates* fr.237.

⁹⁶ 이런 종교적 배경에서 탄신 축가(genethliacon: Genius에게 바치는 송가)라는 것이 고대문학에 흥했다. 예: *Hymnus Homericus*, Mercurius 19; Hesiodus, *Opera et dies* 771; Plautus, *Pseudolus* 165 - 171; Martialis, *Epigrammata* 9.52.

⁹⁷ 유피테르가 세계혼이자 곧 세계 자체라면 두 신도 세계의 일부분이 되었어야 하고 최고신의 조물임을 깨달았어야 옳다.

것은 이 유피테르가 사실상 모든 신들이기도 하고, 모든 신들이 유피테르의 부분들이거나 그의 능력들로 여겨지기 때문이다. 또 만유를 통해 편재한다고 믿는 세계혼의 힘으로 여겨지기 때문이다. 그 힘이 수많은 신들의 이름을 갖는 것이라고, 가시적 세계가 그 거대한 덩어리의 부분들을 이루어내면서 부상(浮上)한다고, 또 그 힘이 대자연을 다양하게 통솔하는 데서 수많은 신들의 이름이 생겨난다고 설명하는 까닭이다.[92] 그러면 사투르누스는 뭔가? 바로가 하는 말로는 "주요한 신들 가운데 한 신이며, 모든 종자들을 지배하는 일이 그의 소관이다".[93] 발레리우스 소라누스의 시구가 시사하는 바에 의하면, 유피테르는 모든 종자를 그 자신으로부터 방출하고 다시 자신 안에 받아들이는 세계라고 하지 않았던가? 그렇다면 모든 종자들을 지배하는 신은 다름아닌 유피테르여야 한다. 게니우스는 또 무엇인가? 바로의 말로는 "모든 사물을 출생시키는 일을 주관하고 그럴 능력을 가진 신이다".[94] "유피테르, 신들의 아버지요 어머니"라고 했으면서도 사람들은 세계 아닌 어떤 제삼자가 이런 힘을 갖는 것으로 믿는다. 또 다른 글에서는 게니우스는 곧 각자의 이성혼이라고도 하고, 각자에게 제각각 게니우스가 있다고도 하며, 그런 뜻에서는 하느님이 세계의 혼이 된다고도 한다. 그래서 세계혼 자체가 일종의 우주적 게니우스라고 믿는다는 말도 환기시킨다.[95] 사람들이 유피테르라고 부르는 존재가 다름아닌 이 존재이다. 모든 게니우스가 신이고, 각 사람의 혼이 게니우스라면 각 사람의 혼이 곧 신이라는 결론이 따른다. 그것을 믿는 사람들마저 이런 자가당착 때문에 어색해한다면, 남는 것은 세계혼이라고 부르는 존재, 그래서 유피테르라고 부르는 존재 하나만 게니우스라는 신이며, 탁월한 의미에서 게니우스라고 불러야 하리라.[96]

14. 메르쿠리우스와 마르스의 직무

그럼에도 사람들은 메르쿠리우스와 마르스를 어떻게 세계의 한 부분으로 결부시킬지 몰랐고, 어떻게 해서 원소들로 이루어진 하느님의 조물로 만들지 생각해내지 못했다.[97] 그래서 사람들은 그 둘에게 인간들의 활동을 다스리게 했는데 언술과 전쟁에 관한 일을 각기 관장하게 했다. 그가운데 메르쿠리우스가

administros. Quorum Mercurius si sermonis etiam deorum potestatem ge-
rit, ipsi quoque regi deorum dominatur, si secundum eius arbitrium Iup-
piter loquitur aut loquendi ab illo accepit facultatem; quod utique absur-
dum est. Si autem illi humani tantum sermonis potestas tributa perhibetur,
non est credibile ad lactandos mamma non solum pueros, sed etiam peco-
ra, unde Ruminus cognominatus est, Iouem descendere uoluisse, et curam
nostri sermonis, quo pecoribus antecellimus, ad se pertinere noluisse; ac
per hoc idem ipse est Iouis atque Mercurius. Quod si sermo ipse dicitur
esse Mercurius, sicut ea, quae de illo interpretantur, ostendunt (nam ideo
Mercurius quasi medius currens dicitur appellatus, quod sermo currat
inter homines medius; ideo Ἑρμῆς Graece, quod sermo, uel interpretatio,
quae ad sermonem utique pertinet, ἑρμηνεία dicitur; ideo et mercibus
praeesse, quia inter uendentes et ementes sermo fit medius; alas eius in
capite et pedibus significare uolucrem ferri per aera sermonem; nuntium
dictum, quoniam per sermonem omnia cogitata enuntiantur) — si ergo
Mercurius ipse sermo est, etiam ipsis confitentibus deus non est. Sed cum
sibi deos faciunt eos, qui nec daemones sunt, inmundis supplicando spiri-
tibus possidentur ab eis, qui non dii, sed daemones sunt. Item quia nec
Marti aliquod elementum uel partem mundi inuenire potuerunt, ubi ageret
opera qualiacumque naturae, deum belli esse dixerunt, quod opus est
hominum et optabilius non est. Si ergo pacem perpetuam Felicitas daret,
Mars quid ageret non haberet. Si autem ipsum bellum est Mars, sicut
sermo Mercurius: utinam quam manifestum est, quod non sit deus, tam
non sit et bellum, quod uel falso uocetur deus.

---

[98] Mercurius의 어원을 medius currens라고 전하는 Arnobius (*Adversus nationes* 3.32)를 따른다.

[99] Mercurius 의미를 그리스 신 Hermes와 결부시켜 설명하면서도 라틴어 어원상으로 merx ("상품")
에서 유래한, 장사를 주관하는 신임을 유념한다(Mercurius a mercibus est dictus: Pompeius Festus, *De
verborum significatione* [Lindsay ed.] p.111). 로마에서는 "장날"이 dies Mercurii였다.

[100] Cf. Varro, *Antiquitates* fr.239.

[101] Cf. Plautus, *Amphitryo*. argumentum: 유피테르와 메르쿠리우스 둘다 변장을 하고서 암피트리오의
아내 알크메네를 범하는 난봉꾼으로 소개된다.

[102] Cf. Varro, *Antiquitates* fr.256; Arnobius, *Adversus nationes* 3.26.

[103] 마르스는 그리스 신 아레스(Ares)에 대당되지만 에트루스키인들에게서 기원하는 토속신이다
(Ovidius, *Fasti* 3.75-95). 원래는 전쟁과 무관하게 용기, 전공(戰功), 조국애, 향토애를 관장하는 신이
었다(Cato, *Agricultura* 141.2).

[104] 전쟁에 대한 아우구스티누스의 혐오와 비난은 본서에서도 수차 강조된다: 3.13,30; 4.6,15;
19.7,13,15,29. Cf. *Epistulae* 138.2.14-15; 189.6; 229.2.

신들의 언어에 관해서도 권능을 행사한다면 신들의 임금도 수하에 통치하는 셈이다. 왜냐하면 유피테르 역시 메르쿠리우스의 의사대로 발언하거나 언어의 능력을 메르쿠리우스에게서 받았을 테니까. 그러나 이것은 터무니없는 말이다. 그리고 만약 메르쿠리우스가 인류의 언어만 관장하는 능력을 받은 것으로 여겨진다면, 유피테르가 루미누스라는 칭호를 받아가면서 어린아이뿐 아니라 짐승 새끼한테까지 젖을 물리며 쾌히 자기를 낮추었으면서도 인간의 언어(그 언어에 의해 우리가 짐승보다 앞선다)를 돌보는 일만은 자기 소관으로 삼기를 싫어하여 메르쿠리우스에게 맡겼으리라는 사실도 믿어지지 않는다. 그러니까 동일한 존재가 요비스이기도 메르쿠리우스이기도 하다. 사람들이 그를 두고 내리는 해석을 볼 때 언이 지체가 메르쿠리우스라는 뜻이기도 하다. 왜냐하면 메르쿠리우스는 중간 심부름꾼[98]으로 불리는 연고. 언어가 사람들 사이를 중간 매체로 오가듯이. 그리스 말로는 헤르메스라는데 언어를 가리키고, 혹은 똑같이 언어에 해당하면서 해석을 가리켜 헤르메네이아라 한다. 그래서인지 메르쿠리우스는 상품도 주관하는데 파는 사람들과 사는 사람들 사이에는 언어가 중개 역할을 하는 까닭이다.[99] 그의 머리와 발에 난 날개는 입에서 입으로 전하는 말이 마치 새처럼 공중으로 날아다닌다는 사실을 의미한다. 끝으로 메르쿠리우스는 소식을 전하는 자로도 불리는데, 언어를 통해 온갖 생각이 전달되는 까닭이다.[100] 그리고 메르쿠리우스가 곧 언어 능력 자체라면, 저 사람들이 자인하는 말에 비추어 보더라도,[101] 신은 분명 아니다. 정령도 못 되는 그런 존재들을 자기네 신으로 삼는 자들은 부정한 영들에게 기도하다가 결국 부정한 영들의 손에 사로잡힌다. 그런 영들은 신들이 아니며, 어디까지나 정령에 불과하다. 사람들은 마르스에 해당시킬 어떤 원소나, 자연의 어떤 작용에 상응하는 세계의 일부를 찾아내지 못한 까닭에 그냥 전쟁의 신이라 했다.[102] 전쟁은 어디까지나 사람들이 하는 짓이고 바람직한 것이 못 된다. 펠리키타스가 영원한 평화를 준다면 마르스는 할 것이 없어지리라. 언어 자체가 메르쿠리우스이듯이 만약 전쟁 자체가 마르스라고 하자.[103] 그렇다면 제발 전쟁이 없어야 하듯이 저따위 신도 없었으면 좋겠다. 있어 보았자 거짓으로 신 행세를 하는 셈이다.[104]

15. Nisi forte illae stellae sunt hi dii, quas eorum appellauere nomini-
bus. Nam stellam quandam uocant Mercurium, quandam itidem Martem.
Sed ibi est et illa quam uocant Iouem, et tamen eis mundus est Iouis; ibi
quam uocant Saturnum, et tamen ei praeterea dant non paruam substan-
tiam, omnium uidelicet seminum; ibi est et illa omnium clarissima, quae
ab eis appellatur Venus, et tamen eandem Venerem esse etiam Lunam
uolunt; quamuis de illo fulgentissimo sidere apud eos tamquam de malo
aureo Iuno Venusque contendant. Luciferum enim quidam Veneris,
quidam dicunt esse Iunonis; sed, ut solet, Venus uincit. Nam multo plures
eam stellam Veneri tribuunt, ita ut uix eorum quisquam reperiatur, qui
aliud opinetur. Quis autem non rideat, cum regem omnium Iouem dicant,
quod stella eius ab stella Veneris tanta uincitur claritate? Tanto enim esse
debuit ceteris illa fulgentior, quanto est ipse potentior. Respondent ideo
sic uideri, quia illa, quae putatur obscurior, superior est atque a terris
longe remotior. Si ergo superiorem locum maior dignitas meruit, quare
Saturnus ibi est Ioue superior? An uanitas fabulae, quae regem Iouem
facit, non potuit usque ad sidera peruenire, et quod non ualuit Saturnus in
regno suo neque in Capitolio, saltem obtinere est permissus in caelo?
Quare autem Ianus non accepit aliquam stellam? Si propterea, quia
mundus est et omnes in illo sunt: et Iouis mundus est et habet tamen. An
iste causam suam composuit ut potuit et pro una stella, quam non habet
inter sidera, tot facies accepit in terra? Deinde si propter solas stellas
Mercurium et Martem partes mundi putant, ut eos deos habere possint,

---

[105] 달의 여신 Luna는 Diana나 Minerva로 동화되기는 하지만(Ovidius, *Fasti* 4.374; Cicero, *De natu-*
ra deorum 2.9.27) Venus와 동일하다는 언급은 드물다(Firmius Maternus, *Mathesis* 17.2).

[106] 3.25; 18.10 참조.

[107] 한자 번역어 참조: Mercurius = 수성(水星), Mars = 화성(火星), Iuppiter = 목성(木星), Sa-
turnus = 토성(土星), Venus = 금성(金星) = Lucifer("샛별").

[108] 로마의 전설에 의하면 사투르누스는 자기 아들 유피테르에게 권력을 찬탈당했으며 카피톨리움
언덕에 피신하여 야누스에게 망명처를 얻었지만 유피테르가 그곳에 당도하자 거기서마저 추방당했다
고 한다. Cf. Minucius Felix, *Octavius* 21.6; Tertullianus, *Apologeticum* 10.8.

15. 외교인들이 신의 이름을 붙인 별들

혹시 이런 신들은 그 신들의 이름을 붙여서 불렀던 별들이 아닌지 모르겠다. 사람들이 어떤 별은 메르쿠리우스라 부르고 어떤 별은 마르스라 부르기 때문이다. 하지만 유피테르라는 별도 있는데 그런 말을 하는 사람들에게도 세계는 곧 유피테르다. 저기에는 사투르누스라는 별도 있는데 그에게는 작지 않은 소임, 즉 모든 종자들의 주관을 맡겼다. 별 가운데 가장 밝은 별은 베누스라고 부르는데, 사람들은 베누스가 동시에 달이었으면 하고 바라는 것 같다.[105] 그렇지만 저들의 말로는, 저토록 밝기 이를 데 없는 별을 차지하려고, 과거에 황금 사과를 두고 다투었듯이,[106] 유노와 베누스가 다투고 있다고 한다. 샛별을 놓고도 혹자는 베누스의 별이리 하고[107] 다른 사람들은 유노의 별이라고도 하는데, 으레 그렇듯이 여기서도 베누스가 이긴다. 절대다수가 그 별을 베누스에게 돌리기 때문에 다른 생각을 품은 사람은 거의 찾아보기 힘들 정도다. 모든 신들의 임금을 유피테르라고 하면서 그의 별이 베누스의 별보다 훨씬 더 어둡다면, 누가 웃지 않겠는가? 유피테르 신이 셀수록 그의 별도 다른 별들보다 그만큼 찬란해야 하리라. 그럴 때에 저 사람들이 하는 대답은 유피테르가 더 희미하게 보이지만 실은 더 위에 있고 지구에서 훨씬 멀리 떨어져 있다는 것이다. 그래 품위가 더 존귀해서 윗자리를 차지하게 만들었다면 무엇 때문에 저기서는 사투르누스가 유피테르보다 윗자리를 차지하고 있을까? 황당한 신화가 유피테르를 왕으로 만들어내기는 했지만, 별자리까지는 그 신화가 미치지 못하기 때문일까? 그게 아니면 사투르누스는 자기 왕국에서도 카피톨리움에서도 윗자리를 차지하지 못했으므로 하늘에서나마 차지하도록 허용된 것일까?[108] 그리고 어째서 야누스는 아무 별도 배당받지 못한 것일까? 야누스가 곧 세계인 까닭에 모든 별이 그 속에 있다고 한다면, 유피테르는 세계이면서도 따로 별자리를 갖고 있지 않은가! 그렇지 않고 야누스도 하는 데까지 법정 시비를 한 결과, 비록 별자리에서는 별을 배당받지 못했으나 그 대신 땅에서는 그 숱한 얼굴을 갖게 되었다는 말인가? 끝으로 오직 별이라는 이유만으로 메르쿠리우스와 마르스를 세계의 일부분이라고 여기고, 그래서 이것들을 신으로 여길 수 있다고 하자. 그런데 언어와 전쟁이라

quia utique sermo et bellum non sunt partes mundi, sed actus hominum: cur Arieti et Tauro et Cancro et Scorpioni ceterisque huius modi, quae caelestia signa numerant et stellis non singulis, sed singula pluribus constant superiusque istis in summo caelo perhibent conlocata, ubi constantior motus inerrabilem meatum sideribus praebet, nullas aras, nulla sacra, nulla templa fecerunt, nec deos, non dico inter hos selectos, sed ne inter illos quidem quasi plebeios habuerunt?

16. Apollinem quamuis diuinatorem et medicum uelint, tamen ut in aliqua parte mundi statuerent, ipsum etiam solem esse dixerunt, Dianamque germanam eius similiter lunam et uiarum praesidem (unde et uirginem uolunt, quod uia nihil pariat), et ideo ambos sagittas habere, quod ipsa duo sidera de caelo radios terras usque pertendant. Vulcanum uolunt ignem mundi, Neptunum aquas mundi, Ditem patrem, hoc est Orcum, terrenam et infimam partem mundi. Liberum et Cererem praeponunt seminibus, uel illum masculinis, illam femininis; uel illum liquori, illam uero ariditati seminum. Et hoc utique totum refertur ad mundum, id est ad Iouem, qui propterea dictus est «progenitor genetrixque», quod omnia semina ex se emitteret et in se reciperet. Quando quidem etiam Matrem Magnam eandem Cererem uolunt, quam nihil aliud dicunt esse quam terram, eamque perhibent et Iunonem, et ideo ei secundas causas rerum tribuunt, cum tamen Ioui sit dictum «progenitor genetrixque deum», quia secundum eos totus ipse mundus est Iouis. Mineruam etiam, quia eam

---

[109] in summo caelo: 천동설에 의하면 태양이 하늘의 극점을 통과하여 돌아가고 그 태양이 계절마다 깃드는 12 천궁(天宮)들은 하늘의 극점에 해당한다. Cf. Manilius, *Astronomica* 2.150-569.

[110] deos plebeios: 4.11; 7.3 참조. 아우구스티누스는 성좌를 신성시하는 외교인 습속보다도 그것을 자연주의로 해석해서 민간신학을 정당화하는 시도를 봉쇄하고자 한다.

[111] 길에는 풀이 나지 않는다.

[112] Cf. Varro, *Antiquitates* fr.255, 274; Cicero, *De natura deorum* 2.27.68-69.

[113] Dis (Ditis) Pater, Orcus: 땅의 신이므로 지하세계도 주관한다. Cf. Varro, *De lingua Latina* 5.10.66, 72; Cicero, *De natura deorum* 2.9.26.

[114] Cf. Varro, *Antiquitates* fr.260. 그리스의 Demeter, Dionysus, Core에 맞추어 이들도 Liber, Cheres, Libera가 농사신의 삼위(三位)를 이룬다.

[115] Cf. Varro, *De lingua Latina* 5.10.64-65. Mater magna, Terra magna, Mater deum으로 불리는 케레스는 본서 4.10; 6.7-8; 7.23-24 참조.

[116] 이하(7.30)에 유피테르는 일차적 원인(causae principales)을 주관하고 유노(혹은 케레스)는 이차적 원인(causae subsequentes)을 주관한다는 이론이 나온다. 유노(Hera ← aer)는 하늘과 땅 사이의 공중을 관장한다는 이유에서다. Cf. Ennius in Varro, *De lingua Latina* 5.10.64-65; Cicero, *De natura deorum* 2.9.26.

는 것은 세계의 일부분들이 아니라 어디까지나 인간들의 행위에 불과하다. 그리고 산양좌나 게좌나 전갈좌나 그밖의 것들은 하늘의 궁도宮圖를 이룰뿐더러 별을 차지하더라도 하나씩 차지하는 것이 아니라 제각기 여러 별들로 이루어진 성좌를 이루고, 앞서 열거한 별들보다 윗자리를, 아니 아예 하늘의 극점에 자리를 잡고 있다.[109] 그 극점에는 어떤 항속적 운동이 성좌들에 틀림없는 궤도를 부여하고 있다. 그러면 어째서 이런 별자리들에는 제단도, 제의도, 신전도 일체 만들어 바치지 않았다는 말인가? 어째서 그것들을 신으로 여기지도 않았을까? 내가 하는 말은 그것들이 이 선별된 신들 가운데 포함되지 못했을 뿐 아니라, 왜 하다못해 하급 신으로라도 여기지 않았느냐는 것이다.[110]

16. 세계의 부분들로 삼고자 한 아폴로와 디아나와 그밖의 선별된 신들

사람들은 아폴로를 신탁자 겸 의사로 삼고 싶어했는데 그러면서도 세계의 어느 한 부분에다 자리를 잡아 주려고 그가 곧 태양이라고 했다. 또 그의 쌍둥이 누이 디아나를 달이라고 부르고 길을 주관하게 했다. (그리고 사람들은 디아나를 처녀로 삼았는데 길은 아무것도 낳지 않는다는 것이 그 이유였다.)[111] 또 둘 다에게 화살을 쥐어 주었는데 두 성체星體 다 하늘에서 땅까지 빛살을 쏘아보낸다는 이유였다.[112] 불카누스는 세계의 불로 삼고, 넵투누스는 세계의 물로 삼으며, 아버지 디스 곧 오르쿠스는 세계의 지상과 지하라는 두 부분으로 삼는다.[113] 리베르와 케레스는 종자를 관장하는데, 전자는 수컷의 종자를 주관하고 후자는 암컷의 종자를 주관한다. 달리 말하자면 전자는 종자의 습성濕性을 간직해주고 후자는 종자의 건성乾性을 간직해준다.[114] 그러나 이것들 역시 세계에 귀속된다. 즉, 유피테르에게로 귀속된다. 그래서 유피테르를 "아버지요 어머니"라 했고 모든 종자를 자기에게서 방출하고 자기 안에 받아들인다고 했던 것이다. 사람들은 대모신大母神이 곧 케레스라고도 하며, 다름아닌 대지라고도 한다.[115] 그렇다면 케레스는 곧 유노이기도 한 셈이다. 그렇다면 케레스에게 이차적 원인을 돌리는 셈인데,[116] 그러나 "신들의 아버지요 어머니"는 유피테르다. 왜냐하면 그들이 보기에는 세계 그 자체가 유피테르이기 때문이다. 미네르바 역시 인간 예술을 주

humanis artibus praeposuerunt nec inuenerunt uel stellam, ubi eam pone-
rent, eandem uel summum aethera uel etiam lunam esse dixerunt. Vestam
quoque ipsam propterea dearum maximam putauerunt, quod ipsa sit terra,
quamuis ignem mundi leuiorem, qui pertinet ad usus hominum faciles,
non uiolentiorem, qualis Vulcani est, ei deputandum esse crediderunt. Ac
per hoc omnes istos selectos deos hunc esse mundum uolunt, in quibus-
dam uniuersum, in quibusdam partes eius; uniuersum sicut Iouem, partes
eius, ut Genium, ut Matrem Magnam, ut Solem et Lunam, uel potius
Apollinem et Dianam. Et aliquando unum deum res plures, aliquando
unam rem deos plures faciunt. Nam unus deus res plures sunt, sicut ipse
Iuppiter; et mundus enim totus Iuppiter, et solum caelum Iuppiter, et sola
stella Iuppiter habetur et dicitur; itemque Iuno secundarum causarum
domina et Iuno aer et Iuno terra et, si Venerem uinceret, Iuno stella. Simi-
liter Minerua summus aether et Minerua itidem luna, quam esse in aethe-
ris infimo limite existimant. Vnam uero rem deos plures ita faciunt: et Ia-
nus est mundus et Iuppiter; sic et Iuno est terra et Mater Magna et Ceres.

17. Et sicut haec, quae exempli gratia commemoraui, ita cetera non
explicant, sed potius inplicant; sicut impetus errabundae opinionis inpu-
lerit, ita huc atque illuc, hinc atque illinc insiliunt et resiliunt, ut ipse
Varro de omnibus dubitare quam aliquid adfirmare maluerit. Nam trium
extremorum primum de diis certis cum absoluisset librum, in altero de
diis incertis dicere ingressus ait: «Cum in hoc libello dubias de diis

---

[117] Minerva, summus aether: cf. Varro, *Antiquitates* fr.275; Arnobius, *Adversus nationes* 3.31 (Aristote-
les ... Minervam esse lunam probabilibus argumentis explicat).

[118] Vestam ... quod ipsa sit terra: cf. Arnobius, *Adversus nationes* 3.32 (Terram quidam ... Matrem esse
magnam ... alii Cererem esse ... nonnulli autem Vestam).

[119] Cf. Varro, *Antiquitates* fr.229; Cicero, *De natura deorum* 2.27.67; Ovidius, *Fasti* 6.367, 399-400.

[120] 자연의 어떤 요소나 기능을 어떤 신에게 결부시키는 것은 종교적 노파심에서 오는 공리주의(功
利主義)라고 하겠다. 무릇 종교는 현세적 생존과 더불어 영원한 구원도 갈구하므로 이런 공리주의는
일방성을 띤다는 것이 아우구스티누스의 지적이다. Cf. Cicero, *De natura deorum* 1.42.118.

[121] 본서 6.3에서 바로의 책을 분류한 바 있지만, 바로(*Antiquitates* XIV)가 "확실한 신"(dii certi)과
"불확실한 신"(dii incerti)을 구분하는 기준은 뚜렷하게 신의 이름이나 주관하는 분야를 기준으로 하기
보다 신전과 신상, 역할을 기준으로 하고 있다. 로마 신들은 "토속신"(dii indigetes)과 "외래신"(dii
novensides)으로 나누어진다(본서 4.8 참조).

관하게 만들었는데 다만 이 여신을 자리매길 별은 찾아내지 못했다. 그러면서도 미네르바가 영기靈氣의 극점이라고도 했고 달이라고도 했다.[117] 베스타로 말할 것 같으면 여신들 가운데 가장 위대하다고 여겨지는데, 그 이유는 베스타가 곧 대지大地이기 때문이다.[118] 동시에 사람들은 세계의 경미한 불 역시 그녀의 소관이라고 믿었다. 인간들의 용이한 사용에 적합한 불은 베스타가 주관하고, 더 격렬한 불은 불카누스가 관장한다고도 한다.[119] 그러다 보니 그들은 선별된 신들 모두가 바로 이 세계라고 생각하면서 어떤 신들한테는 세상 전체가, 어떤 신들한테는 세상의 일부가 들어 있다고 여겼다. 말하자면 유피테르는 온 세상이고 그 일부가 되는 것은 게니우스, 대모신, 태양, 달, 더욱이 아폴로와 디아나 등이다. 그런가 하면 때로는 한 신이 여러 사물이 되는 것으로 생각하고 때로는 한 사물이 여러 신이 되는 것으로 생각하기도 한다.[120] 한 신이 여러 사물이 되는 경우는 유피테르에 해당한다. 유피테르는 온 세상이 되는가 하면, 하늘만 되거나 별만 될 수 있다고도 말한다. 그리고 유노는 이차적 원인들의 주관자이면서 동시에 공기, 땅이 되고, 베누스를 이겨내는 경우에는 별이 되기도 한다. 이와 비슷하게 미네르바는 영기의 극점이고 미네르바는 또한 달이기도 하다. 사람들이 달은 영계에서도 최하위 경계선에 자리잡고 있다고 여겼다. 한 사물을 여러 신으로 만드는 경우는 이런 식이다. 세계가 야누스도 되고 유피테르도 되는가 하면, 유노도 대지요 대모신도 대지요 케레스도 대지라고 하는 것이다.

17. 바로마저 신들에 관한 의견을 모호하게 설명했다

내가 예로 들기 위해 인용했던 저 사람들의 모든 설명이나 그밖의 설명들은 의혹을 풀어주는 것이 아니고 오히려 헛갈리게 만든다. 잘못된 생각이 충동질하는 대로 이리저리 휘둘리고 좌충우돌하는 식이어서, 바로마저 이 모든 사안에 대해 무엇을 해명하려 했다기보다는 의혹을 제기하는 편을 더 좋아한 것 같다. 그의 저서 마지막 세 권 중 첫째 권에서 신원이 확실한 신들에 관해 논한 뒤, 둘째 권에서 신원이 불확실한 신들에 관해 다음과 같이 시작하기 때문이다:[121] "이 책에서는 신들에 관해 의심스런 견해들을 제시할 작정인데 그것 때

opiniones posuero, reprehendi non debeo. Qui enim putabit iudicari oportere et posse, cum audierit, faciet ipse. Ego citius perduci possum, ut in primo libro quae dixi in dubitationem reuocem, quam in hoc quae perscribam omnia ut ad aliquam dirigam summam.» Ita non solum istum de diis incertis, sed etiam illum de certis fecit incertum. In tertio porro isto de diis selectis, postea quam praelocutus est quod ex naturali theologia praeloquendum putauit, ingressurus huius ciuilis theologiae uanitates et insanias mendaces, ubi eum non solum non ducebat rerum ueritas, sed etiam maiorum premebat auctoritas: «De diis, inquit, populi Romani publicis, quibus aedes dedicauerunt eosque pluribus signis ornatos nota-uerunt, in hoc libro scribam, sed ut Xenophanes Colophonios scribit, quid putem, non quid contendam, ponam. Hominis est enim haec opinari, dei scire.» Rerum igitur non conprehensarum nec firmissime creditarum, sed opinatarum et dubitandarum sermonem trepidus pollicetur dicturus ea, quae ab hominibus instituta sunt. Neque enim, sicut sciebat esse mundum, esse caelum et terram, caelum sideribus fulgidum, terram seminibus fertilem, atque huius modi cetera, sicut hanc totam molem atque naturam ui quadam inuisibili ac praepotenti regi atque administrari certa animi stabilitate credebat: ita poterat adfirmare de Iano, quod mundus ipse esset, aut de Saturno inuenire, quo modo et Iouis pater esset et Ioui regnanti subditus factus esset et cetera talia.

18. De quibus credibilior redditur ratio, cum perhibentur homines fuisse et unicuique eorum ab his, qui eos adulando deos esse uoluerunt, ex eius

---

[122] Varro, *Antiquitates* fr.226. in *dubitationem revocem*, quam ad aliquam summam: 교부는 바로의 이 문장이 그의 회의적 입장을 표명한 것으로 본다.

[123] Xenophanes Colophonius (BC 580~485년경): 그리스 철학자이자 시인. 엘레아 학파의 선구자로 알려져 있고 신에 관한 의인화(擬人化)를 경고한 글귀가 유명하다: "만일 소와 말 혹은 사자들이 손을 가지고 있다면 … 신들의 모습을 자기들의 것과 똑같은 모양으로 만들어낼 것이다" (SVF fr.15).

[124] Varro, *Antiquitates* fr.243.

문에 내가 비판의 대상이 되어서는 안 된다. 확실한 판단을 내려야 한다거나 내릴 수 있다는 생각이 드는 사람은 책을 다 읽고 나서 스스로 해 보라. 나는 이 책에서도 기술하는 모든 것을 어떤 종합으로 이끌어가기보다는 첫 권에서 논한 것마저 주저없이 의심하는 방식으로 내용을 개진할 작정이다."[122] 따라서 바로는 불확실한 신들에 관한 견해뿐 아니라 확실한 신들에 관한 견해마저 불확실한 것으로 만들고 있다. 셋째 권에서 선별된 신들에 관해서도 자연신학의 서론으로나 끄집어냄직한 서론을 제시한 다음에 이 황당하고 어리석은 민간신학을 논하려는 즈음에(그런 논의 자체도 사안의 진실에 이끌려 했다기보다는 조상들의 권위에 눌려서 했다고 하겠다) 그는 다음과 같은 말을 한다: "로마 국민의 공시 신들, 그러니까 사람들이 신당을 봉헌했고 각종 장식으로 두드러지게 영광을 돌렸던 신들에 관해 이 책에서 기록할 작정이다. 콜로폰의 크세노파네스가 쓰는 글처럼[123] 무엇을 시비하려는 것보다는, 그냥 내가 바라보는 관점을 피력하겠다. 인간의 몫은 그저 이러저런 의견을 품는 것이고 내용을 확실하게 아는 것은 신의 몫이기 때문이다."[124] 그러니까 인간들에 의해 제정된 바를 논함에 있어 자신이 학적으로 인식한 바도 아니고 굳게 신앙하는 바도 아니며 단지 의견으로 떠올린 것이나 의심할 만한 것들을 두고 발언을 하겠으며 그것도 미온적으로 발언을 하겠다는 자세다. 세계가 존재하고 하늘과 땅이 존재하며 하늘이 성좌로 빛나고 땅이 종자로 비옥해지는 등등은 바로도 확실하게 인식하고 있었다. 또 저 거대한 덩어리 혹은 대자연이 눈에 보이지 않는 어떤 힘이나 강한 임금에게 통솔받고 있음도 확연한 정신으로 믿고 있었다. 그렇지만 야누스가 곧 세계 자체라느니, 사투르누스가 유피테르의 아버지이기도 한데 어찌어찌해서 유피테르가 왕권을 잡게 되고 사투르누스는 그 밑에 들어가 굴종하게 되었다느니 하는 얘기는 그만한 소신을 갖고 주장할 수 없었던 것이다.

18. 이교의 오류가 퍼져 나가는 그럴듯한 명분은 무엇인가

이런 사정에서 신들은 원래 인간이었다고 한다면 훨씬 신빙성있는 명분이 되겠다. 당사자의 재능과 행실과 업적과 운명을 보고 그런 인물들에게 아첨하여

ingenio moribus, actibus casibus sacra et sollemnia constituta atque haec
paulatim per animas hominum daemonibus similes et ludicrarum rerum
auidas inrependo longe lateque uulgata, ornantibus ea mendaciis poeta-
rum et ad ea fallacibus spiritibus seducentibus. Facilius enim fieri potuit,
ut iuuenis impius uel ab impio patre interfici metuens et auidus regni
patrem pelleret regno, quam id, quod iste interpretatur, ideo Saturnum
patrem a Ioue filio superatum, quod ante est causa quae pertinet ad Io-
uem, quam semen quod pertinet ad Saturnum. Si enim hoc ita esset, num-
quam Saturnus prior fuisset nec pater Iouis esset. Semper enim semen
causa praecedit nec umquam generatur ex semine. Sed cum conantur
uanissimas fabulas siue hominum res gestas uelut naturalibus interpreta-
tionibus honorare, etiam homines acutissimi tantas patiuntur angustias, ut
eorum quoque uanitatem dolere cogamur.

19. «Saturnum, inquit, dixerunt, quae nata ex eo essent, solitum deuo-
rare, quod eo semina, unde nascerentur, redirent. Et quod illi pro Ioue
gleba obiecta est deuoranda, significat, inquit, manibus humanis obrui
coeptas serendo fruges, antequam utilitas arandi esset inuenta.» Saturnus
ergo dici debuit ipsa terra, non semina; ipsa enim quodam modo deuorat
quae genuerit, cum ex ea nata semina in eam rursus recipienda redierint.
Et quod pro Ioue accepisse dicitur glebam, quid hoc ad id ualet, quod
manibus hominum semen gleba coopertum est? Numquid ideo non est, ut
cetera, deuoratum, quod gleba coopertum est? Ita enim hoc dictum est,

---

[125] Euhemerus (6.7.1; 7.27.1 참조)는 다신론 신학을 자연주의적으로 해석하는 데 반대하고 오히려 위인(偉人)들이 신격화(神格化)된 사회적 관습으로 본다.

[126] 신화를 자연주의 입장에서 해석하면서도 스토아는 로고스 철학의 관점에서 "이념" (λόγος, ratio, causa)과 "종자적 이념" (λόγοι σπερματικοι, rationes seminales)을 구분했으며 따라서 "종자"(semina) 는 의당히 "원인"(causa)보다 후차적이 된다. Cf. Varro, *Antiquitates* fr.254; Diogenes Laertius, *Vitae philosophorum* 7.137.

[127] 4권과 7권에서 다신교와 그 자연주의적 해석을 위한 사투르누스 신화의 줄거리는 대략 다음과 같다: 사투르누스의 거신(巨神) 형제들은 부친 우라노스(하늘)를 제압하고 모친 테르라(땅)를 욕보이려는 의도에서 우라노스를 거세해 버린다. 생성을 초래하는 크로노스(시간)는 천계의 무한한 에너지를 유실시키는 현상으로 해석된다. 사투르누스는 유피테르 외의 모든 자식을 다 삼켰는데 그래도 그 때가 황금시대(黃金時代)였다고 한다. 유피테르가 그를 제압한 것은 시간과 공간 속에 우주를 정리한 코스모스(질서)를 상징한다. 사투르누스는 이탈리아(Saturnia tellus)로 피신하여 야누스의 영접을 받고 나라를 세운다.

[128] Varro, *Antiquitates* fr.254.

신으로 삼으려 했던 사람들에 의해 한 사람 한 사람에게 제의와 축제가 제정되었다면 훨씬 신빙성있는 명분이 될 것이다.[125] 그런 생각이 정령과 유사한 인간 영혼, 오락을 탐하는 영혼들 속에 돌이킬 수 없을 만큼 멀리 또 넓게 침투하여 확산한 것이다. 더구나 시인들의 거짓말이 그것을 더욱 그럴듯하게 꾸미고 거짓 영들이 인간을 기만함으로써 더욱 가속화했다. 유피테르의 소관인 원인이 사투르누스의 소관인 종자보다 우위에 있기 때문에 부친인 사투르누스가 아들인 유피테르에게 제압당했다고 바로는 해석했다. 그러나 그런 해석보다는 어느 불효한 젊은이가 무도한 아버지 손에 살해당할까 두려워하고 또한 왕권을 몹시 탐하여 아버지를 왕국에서 추방했으리라는 얘기가 훨씬 설득력이 있다.[126] 만약 바로의 해석대로라면 사투르누스는 유피테르보다 먼저 존재할 수 없으며, 유피테르의 부친이 될 수 없다. 왜냐하면 원인은 종자보다 우선하며, 원인이 종자로부터 비롯할 수 없기 때문이다. 그런데도 사람들은 어처구니없는 얘기나 인간들의 행적에 자연적 해석이라는 것을 가하면서 높이 치켜세우려고 애쓰고, 극히 명민하다는 사람들마저 그런 한심한 지경에 떨어지고 있다. 그러니 우리는 그런 인사들의 허황한 짓을 한탄하지 않을 수 없는 것이다.

19. 사투르누스를 숭배하는 명분을 구축하는 갖가지 해석[127]

바로의 말은 다음과 같다: "사투르누스는 자기한테서 태어나는 소생들을 잡아삼키는 버릇이 있었다고 전한다. 그렇게 해서 그에게서 나온 종자가 태어난 곳으로 돌아가는 이치였다. 그런데 유피테르 대신 흙덩이가 던져져 사투르누스가 그것을 삼켰다는 이야기는, 쟁기를 사용하는 방법이 발견되기 전에는 씨뿌릴 적에 사람 손으로 알곡을 심었음을 상징한다."[128] 그렇다면 씨앗이 아니라 땅 자체가 사투르누스라 불렸음에 틀림없다. 땅에서 생겨난 씨앗이 다시 땅속에 받아들여지므로 땅은 어느 면에서 자기 소출을 다시 삼키는 셈이다. 그렇다면 유피테르 대신 흙덩이를 사투르누스가 삼켰다는 말이 종자가 사람 손에 의해 흙덩이로 덮인다는 것과 무슨 상관이 있는가? 흙덩이로 덮인 종자는 다른 종자들처럼 땅에 삼켜지지 않는다는 말인가? 이런 설명은 아마도 마치 흙덩이를 내민다는

quasi qui glebam opposuit semen abstulerit, sicut Saturno perhibent ob-
lata gleba ablatum Iouem, ac non potius gleba semen operiendo fecerit
illud diligentius deuorari. Deinde isto modo semen est Iuppiter, non
seminis causa, quod paulo ante dicebatur. Sed quid faciant homines, qui,
cum res stultas interpretantur, non inueniunt quid sapienter dicatur?
«Falcem habet, inquit, propter agriculturam.» Certe illo regnante nondum
erat agricultura, et ideo priora eius tempora perhibentur, sicut idem ipse
fabellas interpretatur, quia primi homines ex his uiuebant seminibus, quae
terra sponte gignebat. An falcem sceptro perdito accepit, ut, qui primis
temporibus rex fuerat otiosus, filio regnante fieret operarius laboriosus?
Deinde ideo dicit a quibusdam pueros ei solitos immolari, sicut a Poenis,
et a quibusdam etiam maiores, sicut a Gallis, quia omnium seminum
optimum est genus humanum. De hac crudelissima uanitate quid opus est
plura dicere? Hoc potius aduertamus atque teneamus, has interpretationes
non referri ad Deum uerum, uiuam, incorpoream incommutabilemque
naturam, a quo uita in aeternum beata poscenda est; sed earum esse fines
in rebus corporalibus, temporalibus, mutabilibus atque mortalibus. «Quod
Caelum, inquit, patrem Saturnus castrasse in fabulis dicitur, hoc significat
penes Saturnum, non penes Caelum semen esse diuinum.» Hoc propterea,
quantum intellegi datur, quia nihil in caelo de seminibus nascitur. Sed
ecce, Saturnus si Caeli est filius, Iouis est filius. Caelum enim esse Iouem
innumerabiliter et diligenter adfirmant. Ita ista, quae a ueritate non
ueniunt, plerumque et nullo inpellente se ipsa subuertunt. Chronon

---

[129] 우리는 바로의 원문을 모르므로, 현학에 찬 교부의 논지를 따라가기가 쉽지 않다. 일단 논전을
시작한 입장이라 신화에 그려지는 대로, 종자를 삼키는 땅(흙), 종자와 원인의 상관관계를 들어 유피
테르와 사투르누스의 선후 관계를 엉뚱하게 설명하는 사람들의 논리적 모순을 꼬집고 있다.

[130] 그러나 당시 사람들은 사투르누스의 낫이 모든 생명을 베어내는 "시간"을 상징한다고 이해했다.

[131] Cf. Eusebius, *Praeparatio evangelica* 4.16; Minucius Felix, *Octavius* 30.3-4.

[132] Cf. Caesar, *De bello Gallico* 6.16; Minucius Felix, *Octavius* 30.3. 아래 7.26 참조.

[133] Cf. Plinius, *Historia naturalis* 36.5.39; Orosius, *Historiae adversus paganos* 4.6.

[134] *Deum* verum, vivam, incorpoream, incommutabilemque naturam: 하느님 곧 자연(Deus natura)이
라는 표현은 아우구스티누스가 삼가는 도식인데 "사물, 실체"라는 의미에서 이런 표현이 돌출했다.

[135] Varro in Cicero, *De natura deorum* 2.9.24. "하늘"(Caelum)은 크로노스(Saturnus)의 부친 "우라노
스"(Ouranos)다.

것은 종자를 가져가 버린다는 뜻인가 보다. 마치 사투르누스에게 흙덩이를 내밀어 주고서 유피테르를 사투르누스의 입에서 빼앗는 것처럼, 흙덩이는 종자를 덮음으로써 종자가 땅에 더 잘 삼켜지게 하는 것이 아니라는 듯이. 그렇다면 유피테르는 종자이지, 조금 전에 말한, 종자의 원인은 못 된다.[129] 하지만 사람들은 바보 같은 일도 그럴듯하게 풀이하다 보면 어떻게 하는 말이 현명한지 구분해내지 못하게 된다. 도대체 무슨 짓들을 하는지 모르겠다. 바로에 의하면 사투르누스는 "농사일 때문에 낫을 손에 들고 있다". 물론 그가 왕이던 때는 아직 농사가 없었다. 같은 인물 바로가 해석하는 말대로 하면 사투르누스의 시대는 훨씬 오랜 옛날이었다. 왜 그런가 하면 최초의 인간들은 땅이 저절로 내는 종자를 먹고 살았기 때문이다. 그런 왕홀을 빼앗긴 다음에 낫을 들었을까? 태초에는 임금이라서 하릴없이 빈둥거리다 아들이 군림하면서부터 부지런한 일꾼이 되었다는 말인가?[130] 덧붙여 바로는 이런 말도 한다: 어떤 사람들, 예를 들면 포에니 사람들은 사투르누스에게 아이들을 제물로 바치는 풍습이 있었으며,[131] 어떤 사람들, 예를 들어 갈리아 사람들은 어른까지도 제물로 바치는 풍습이 있었다.[132] 그 이유는 모든 종자 가운데 최상은 인류이기 때문이라는 것이다.[133] 이처럼 잔인하고 허황한 얘기를 두고 더 무슨 말을 하겠는가? 다만 우리는 이런 해석들이 참 하느님에게는 해당하지 않는다는 사실을 유념하고 또 견지하기로 하자. 하느님은 살아있고 비물체적이고 불변하는 자연본성이며,[134] 영원에 이르는 영원한 생명은 그분에게 청해야 한다. 앞에 나온 해석들이 미치는 범위는 물체적이고 시간적이며 가변적이고 사멸하는 사물들에 있다. "신화에 의하면 사투르누스는 자기 아버지 하늘을 거세했다고 한다. 이것은 신적 종자가 하늘의 손에 있는 것이 아니고 사투르누스의 손에 있다는 의미이다."[135] 이 말을 굳이 이해하자면 결국 하늘에서는 그 무엇도 종자에서 생겨나는 것이 아니라는 뜻이겠다. 그러나 보라! 저 사람들 말대로라면 사투르누스는 하늘의 아들이자 또한 유피테르의 아들이 되고 만다. 저들은 빈번하게 그리고 열렬히 주장하기로는 유피테르가 곧 하늘이기 때문이다. 이따위 얘기는 본디 진리에서 유래한 것이 아니어서 굳이 누가 논박하지 않더라도 스스로 모순을 드러내는 것이다. 사투르누스를 크로노스라고도

appellatum dicit, quod Graeco uocabulo significat temporis spatium, sine quo semen, inquit, non potest esse fecundum. Haec et alia de Saturno multa dicuntur, et ad semen omnia referuntur. Sed saltem Saturnus seminibus cum tanta ista potestate sufficeret; quid ad haec dii alii requiruntur, maxime Liber et Libera, id est Ceres? De quibus rursus, quod ad semen adtinet, tanta dicit, quasi de Saturno nihil dixerit.

20. In Cereris autem sacris praedicantur illa Eleusinia, quae apud Athenienses nobilissima fuerunt. De quibus iste nihil interpretatur, nisi quod adtinet ad frumentum, quod Ceres inuenit, et ad Proserpinam, quam rapiente Orco perdidit; et hanc ipsam dicit significare fecunditatem seminum; quae cum defuisset quodam tempore eademque sterilitate terra maereret, exortam esse opinionem, quod filiam Cereris, id est ipsam fecunditatem, quae a proserpendo Proserpina dicta esset, Orcus abstulerat et apud inferos detinuerat; quae res cum fuisset luctu publico celebrata, quia rursus eadem fecunditas rediit, Proserpina reddita exortam esse laetitiam et ex hoc sollemnia constituta. Dicit deinde multa in mysteriis eius tradi, quae nisi ad frugum inuentionem non pertineant.

21. Iam uero Liberi sacra, quem liquidis seminibus ac per hoc non solum liquoribus fructuum, quorum quodam modo primatum uinum tenet, uerum etiam seminibus animalium praefecerunt, ad quantam turpitudinem peruenerint, piget quidem dicere propter sermonis longitudinem; sed propter istorum superbam hebetudinem non piget. Inter cetera, quae praetermittere, quoniam multa sunt, cogor, in Italiae compitis quaedam

---

[136] Cf. Cicero, *De natura deorum* 2.9.25: Saturnus ...Chronos, id est spatium temporis.

[137] Eleusinia: 미케네 지방에서 연원한, 데메트라 여신을 섬기는 밀교 예식. 「호메루스의 찬가」(*Hymnus Homericus*)에 여신의 방랑을 줄거리로 하면서 이승의 풍요와 저승의 행복을 주제로 삼는다.

[138] proserpo("움트다, 기어나오다")라는 동사에서 어원을 찾기도 하고(Varro, *De lingua Latina* 5.10.68) 그리스 여신 Persephone를 그렇게 발음한 것이라는 해석도 있다.

[139] Cf. Varro, *Antiquitates* fr.241, 164. 케레스와 프로세르피나는 본서 4.8-11; 6권; 18.13 등 참조.

하는데 그리스 말로 시간의 간격을 의미하며, 이것은 시간의 간격이 없으면 종자가 결실을 내지 않기 때문이라는 것이다.[136] 사투르누스에 관해 이런 얘기나 그밖의 얘기들이 많은데 한결같이 종자와 연관된다. 그처럼 대단한 권능을 갖고서도 사투르누스는 종자만으로 만족했던 것 같다. 그렇다면 뭣 때문에 다른 신들이 소용되며 특히 리베르와 리베라 곧 케레스는 왜 필요하단 말인가? 이런 신들을 두고도 바로는 마치 사투르누스에 관해서는 아무 얘기도 하지 않았다는 듯이 새삼스럽게 종자에 관한 이야기를 무척이나 많이 하고 있다.

20. 엘레우시스의 케레스 제사

케레스의 제의에서는 저 유명한 엘레우시스 의식이 거행되는데 그것이 아테네인들에게는 더없이 고귀한 예식이었다.[137] 바로는 이 예식에 관해서, 케레스가 발견했다는 곡식에 관한 얘기와, 오르쿠스가 납치해서 실종된 프로세르피나와 케레스가 연관된다는 사실을 빼놓고는, 아무런 해설을 내놓고 있지 않다. 그의 말에 의하면 프로세르피나도 종자의 다산多産 자체를 상징한다. 땅이 상당 기간 다산을 결하고 결실없는 상태로 허덕이는 것을 보고서, 케레스의 딸(싹이 움튼다는 말에서 프로세르피나라고 불렸다), 곧 다산 자체를 오르쿠스가 납치해서 지하에 붙잡아 두었다는 착상이 나온 것이다.[138] 그 사실을 두고 공식 애도를 행하면 다산이 다시 돌아오니까, 프로세르피나가 돌아오면 기쁨이 용솟음쳤던 것이다. 그렇게 해서 연중 축전이 제정되었다. 바로는 케레스의 비의에서 전수되는 많은 것은 곡식의 유래에 관한 것이 아니면 내용이 없다고 했다.[139]

21. 리베르에게 바치는 제사의 외설스러움

리베르는 액체로 된 종자를 주관했으며, 그래서 과일의 즙액(포도주가 단연 그 가운데 첫 자리를 차지한다)뿐 아니라 동물의 정액까지도 주관했다. 그의 제의를 거론하자면 좀 창피스런 얘기도 나오게 되는데 말이 길어질 것 같아서 쑥스럽기는 하지만 저 사람들의 오만한 우둔함 때문에 하는 수 없이 얘기를 하겠다. 이러저런 얘기가 많지만 그냥 넘어가기로 하고, 바로의 말에 의하면 이탈리

dicit sacra Liberi celebrata cum tanta licentia turpitudinis, ut in eius honorem pudenda uirilia colerentur, non saltem aliquantum uerecundiore secreto, sed in propatulo exultante nequitia. Nam hoc turpe membrum per Liberi dies festos cum honore magno plostellis inpositum prius rure in compitis et usque in urbem postea uectabatur. In oppido autem Lauinio unus Libero totus mensis tribuebatur, cuius diebus omnes uerbis flagitiosissimis uterentur, donec illud membrum per forum transuectum esset atque in loco suo quiesceret. Cui membro inhonesto matrem familias honestissimam palam coronam necesse erat inponere. Sic uidelicet Liber deus placandus fuerat pro euentibus seminum, sic ab agris fascinatio repellenda, ut matrona facere cogeretur in publico, quod nec meretrix, si matronae spectarent, permitti debuit in theatro. Propter haec Saturnus solus creditus non est sufficere posse seminibus, ut occasiones multiplicandorum deorum inmunda anima reperiret, et ab uno uero Deo merito inmunditiae destituta ac per multos falsos auiditate maioris inmunditiae prostituta ista sacrilegia sacra nominaret seseque spurcorum daemonum turbis conuiolandam polluendamque praeberet.

22. Iam utique habebat Salaciam Neptunus uxorem, quam inferiorem aquam maris esse dixerunt: ut quid illi adiuncta est et Venilia, nisi ut sine ulla causa necessariorum sacrorum sola libidine animae prostitutae multiplicaretur inuitatio daemoniorum? Sed proferatur interpretatio praeclarae theologiae, quae nos ab ista reprehensione reddita ratione compescat. «Venilia, inquit, unda est, quae ad litus uenit; Salacia, quae in salum

---

[140] 그리스의 바쿠스나 트라키아의 디오니시우스와 동격인 이탈리아 토속신 Liber의 축제(Liberalia: cf. Vergilius, *Georgica* 2.380-395)를 도덕적 관점에서 비난한다. 4.11; 6.9; 7.11; 18.12-13 참조.

[141] anima <u>ab uno vero Deo</u> *destituta* ac <u>per multos falsos</u> *prostituta*: 음운에 따른 멋진 대구법 문장.

[142] ista *sacrilegia sacra*(신성을 모독하는 신성한 의식) nominaret / conviolanda(윤간하다), polluenda(유린하다) 등은 다신교 신앙에 의한 인간 존엄성의 손상을 우려하는 강경한 어휘들이다.

[143] Varro, *Antiquitates* fr.242; *De lingua Latina* 5.10.72: 바로는 여신의 역할에 대해 민간설화적 어원을 동원하고 있다: *Venilia ... ad litus venit. Salacia in salum redit.* 본서 4.10-11 참조.

아의 네거리마다 리베르의 제의가 거행되는데 지극히 외설스런 방종 속에서 치러졌다는 것이다. 리베르를 받든다면서 남성의 흉물스런 물건을 숭배했으며, 그것도 남부끄러워 비밀리에 한 것이 아니라 저열함을 감추지 않고 공공연히 행해졌다는 것이다. 리베르의 축제 나날에 이 추접스런 물건이 대단한 영예를 받으며 전시되는데 처음에는 달구지에 모셔 시골의 네거리에 두었다가 다음에는 도회지까지 실어 갔다고 한다. 라비니움 성읍에서는 무려 한 달을 리베르에게 바쳤는데, 그 기간에는 그 물건이 광장을 지나 행진하여 제자리에 안치될 때까지 사람들 모두가 온갖 추잡한 상소리를 썼다고 한다. 그 상스럽기 이를 데 없는 물건에 가장 신분이 높은 유부녀가 공공연히 나서서 화관을 걸어야 했다.[140] 종자의 방출이 잘 이루어지도록 이런 식으로 리베르 신을 무마해야 했다. 그렇게 해야 전답에서 요사妖邪가 물러난다고 해서, 극장에서 유부녀들이 관중 속에 끼어 있다면 창녀도 감히 못할 짓을 여염집 여인더러 공공연히 하도록 강요했던 것이다. 이렇게 볼 때에 사투르누스 혼자서는 종자들을 주관하기에 넉넉하지 못하다고 믿었다는 말이 된다. 그래서 인간의 부정한 영혼이 신들의 숫자를 늘리는 기회로 삼았고, 그 영혼은 불순한 행실 탓에 유일한 참 하느님으로부터 버림받고서는 더욱 불순한 탐욕에 빠져 무수한 거짓 신들에게 몸을 팔았다.[141] 그리고 영혼은 신성을 모독하는 짓들을 신성한 제의라고 이름짓고, 자기를 윤간하고 유린하라고 더러운 악령들의 무리에게 자기를 내준다는 해설인 셈이다.[142]

22. 넵투누스와 살라키아와 베닐리아

넵투누스는 이미 살라키아를 아내로 두었는데 사람들 말로는 그 여신은 바다의 깊은 물이라 한다. 그런데 무엇 때문에 그에게 베닐리아를 따로 붙여 주었을까? 제의상의 필요에서 오는 이유는 결코 아니고 욕정으로 몸을 파는 영혼에게 손님으로 불러 줄 악령들의 수를 늘리기 위함이었으리라. 그럼 바로의 다음과 같은 해석을 검토해 보자. 자기 나름으로 이토록 훌륭한 민간신학에서 만족할 만한 논리를 뽑아내어 저런 비난을 잠재우겠다는 의도에서 그가 하는 말이다: "베닐리아는 해안에 도달하는 물결이다. 살라키아는 바다로 돌아가는 물결이다."[143] 그럼

redit.» Cur ergo deae fiunt duae, cum sit una unda quae uenit et redit? Nempe ipsa est exaestuans in multa numina libido uesana. Quamuis enim aqua non geminetur quae it et redit, huius tamen occasione uanitatis duobus daemoniis inuitatis amplius commaculatur anima, quae it et non redit. Quaeso te, Varro, uel uos, qui tam doctorum hominum talia scripta legistis et aliquid magnum uos didicisse iactatis, interpretamini hoc, nolo dicere secundum illam aeternam incommutabilemque naturam, qui solus est Deus, sed saltem secundum animam mundi et partes eius, quos deos esse ueros existimatis. Partem animae mundi, quae mare permeat, deum uobis fecisse Neptunum utcumque tolerabilioris erroris est. Itane unda ad litus ueniens et in salum rediens duae sunt partes mundi aut duae partes animae mundi? Quis uestrum ita desipiat, ut hoc sapiat? Cur ergo uobis duas deas fecerunt, nisi quia prouisum est a sapientibus maioribus uestris, non ut dii plures uos regerent, sed ut ea, quae istis uanitatibus et falsitatibus gaudent, plura uos daemonia possiderent? Cur autem illa Salacia per hanc interpretationem inferiorem maris partem, qua uiro erat subdita, perdidit? Namque illam modo, cum refluentem fluctum esse perhibetis, in superficie posuistis. An quia Veniliam pelicem accepit, irata suum maritum de supernis maris exclusit?

23. Nempe una est terra, quam plenam quidem uidemus animalibus suis, uerum tamen ipsam magnum corpus in elementis mundique infimam

---

[144] quis vestrum ita *desipiat*, ut hoc *sapiat*?: 두운을 이용한 수식이다.

[145] 두 여신의 이름에 관한 바로의 해명(앞의 각주 143)을 실마리로 다신숭배를 조롱하는 말이다.

물결 하나가 왔다가 되돌아가는데 여신은 왜 둘이 되었는가? 이 여신마저 실상 무수한 신령들에게 미쳐서 들끓는 욕정이 아닐까? 물이야 가든지 오든지 다를 바 없지만 이처럼 허황한 계기로 영혼은 두 악령을 불러들여서 몸을 섞다가는 한번 가면 영영 돌아오지 못하리라. 바로여, 당신에게 부탁하노라! 또 그토록 박식한 사람들의 박식한 서적을 읽고서 무슨 대단한 것이라도 배운 양 뽐내는 당신들에게도 부탁하노라. 제발 이것을 일관성있게 해석해 달라. 나는 영원하고 불변하는 자연본성, 곧 오로지 하느님을 두고 이 말을 하려는 것이 아니라, 당신들이 세계의 혼과 그 부분들을 가리켜 참된 신이라고 여기는 것을 두고 말을 하려는 참이다. 세계혼의 일부분이 바다 속에 침잠해 있을 때 그것을 넵투누스 신으로 삼아 나는 짐은 그래도 침아줄 만한 오류라고 하겠다. 그러나 해안에 도달하는 물결과 창해로 돌아가는 물결이 세계의 두 부분이라는 말인가? 그렇지 않으면 세계혼의 두 부분이라는 말인가? 자기는 이것을 안다고 뻐길 만큼 어리석은 사람이 당신들 가운데 있는가?[144] 무엇 때문에 당신들에게 여신을 둘로 만들어 주었을까? 당신네 현명한 조상들이 이것을 마련해 주었을 텐데 그 이유는 되도록 많은 신들이 당신들을 다스리게 하려는 뜻보다는 이따위 미신과 허위를 즐기는 악령들이 되도록 수가 많아져서 당신들을 손아귀에 쥐게 하려는 뜻에서 그렇게 하지 않았을까? 무슨 까닭에 저 살라키아는, 당신들의 해석대로 하는 말이지만, 바닷물의 아랫부분, 그러니까 남자 밑에 눕는 자리를 베닐리아한테 빼앗겼을까? 당신들은 그 여신이 심해로 돌아가는 파도라고 이름지음으로써 물위로 자리잡게 한 셈이다. 그렇지 않으면 베닐리아를 첩으로 들이는 바람에 살라키아가 화가 나서 자신의 남편을 바다의 윗물에서 쫓아내고 그 자리에 들어앉았다는 말인가?[145]

23. 바로가 여신임을 확인한 대지. 그가 신이라고 여긴 세계혼이 자기 몸의 가장 아랫부분인 대지에도 삼투해 있어 신성한 힘을 분유해 준다는 주장

23. 1. 대지가 여신인가

의심없이 대지는 오직 하나이고, 그 대지가 온갖 생물로 가득함은 우리도 안다. 또 대지는 원소들 가운데 그 큰 몸체에도 불구하고 세계의 가장 낮은 부분을 이

partem. Cur eam uolunt deam? An quia fecunda est? Cur ergo non magis homines dii sunt, qui eam fecundiorem faciunt excolendo; sed cum arant, non cum adorant? Sed pars animae mundi, inquiunt, quae per illam per- meat, deam facit. Quasi non euidentior sit in hominibus anima, quae ut- rum sit nulla fit quaestio; et tamen homines dii non habentur et, quod est grauiter dolendum, his, qui dii non sunt et quibus ipsi meliores sunt, co- lendis et adorandis mirabili et miserabili errore subduntur. Et certe idem Varro in eodem de diis selectis libro tres esse adfirmat animae gradus in omni uniuersaque natura: unum, quod omnes partes corporis, quae uiuunt, transit et non habet sensum, sed tantum ad uiuendum ualetudinem; hanc uim in nostro corpore permanare dicit in ossa, ungues, capillos; sicut in mundo arbores sine sensu aluntur et crescunt et modo quodam suo uiuunt: secundum gradum animae, in quo sensus est; hanc uim peruenire in ocu- los, aures, nares, os, tactum: tertium gradum esse animae summum, quod uocatur animus, in quo intelligentia praeminet; hoc praeter hominem om- nes carere mortales. Hanc partem animae mundi dicit Deum, in nobis au- tem genium uocari. Esse autem in mundo lapides ac terram, quam uide- mus, quo non permanat sensus, ut ossa, ut ungues Dei; solem uero, lunam, stellas, quae sentimus quibusque ipse sentit, sensus esse eius; aethera porro animum eius; cuius uim, quae peruenit in astra, ea quoque facere deos, et per ea quod in terram permanat, deam Tellurem; quod autem inde permanat in mare atque oceanum, deum esse Neptunum.

Redeat ergo ab hac, quam theologian naturalem putat, quo uelut re- quiescendi causa ab his ambagibus atque anfractibus fatigatus egressus

---

146 terra: "흙", "땅", "대지" 등으로 번역되므로 원소(불, 공기, 물, 흙의 순서로 원소의 위치와 무게가 정해진다) 이야기와 결부시켜 논할 수 있다.

147 sed cum *arant*, non cum *adorant*: 두운법에 의한 간결한 기교다.

148 Cf. Ennius in Varro, *De lingua Latina* 5.10.64 (terra mater terris gentis omnis peperit: "어머니 대지가 지상에 모든 백성을 낳았으니").

149 Cf. Varro, *Antiquitates* fr.227. 아우구스티누스는 영혼을 생명의 원리(anima)와 감각의 원리(sensus)와 인식의 원리(animus)로 등급을 부여하고 마지막 것에서도 "지성"(intellegentia) 또는 "정신의 정국"(apex mentis)을 꼽지만, 인간의 경우 어디까지나 단일한 영혼의 기능들이다.

150 이교철학에 의하면 세계에 깃들어 있는 정신이 "신"(deus)이고 인간에게 깃들어 있는 정신이 "혼령"(genius)이다. 7.13 참조.

151 sphaera aetherea("영계"(靈界)): 천계를 나누어 aeria("공기"(空氣))와 대조되는 구성요소를 가리킬 적에는 "영기"(靈氣)라고 옮겨본다. 4.10-11 참조.

152 Cf. Varro, *Antiquitates* fr.276.

룬다.[146] 그렇다면 사람들은 왜 대지를 여신으로 삼는 것일까? 풍요하기 때문인가? 그러나 대지를 경작하여 풍요하게 만드는 것은 사람이며, 그것도 대지를 숭배해서가 아니라 대지를 쟁기질해서 풍요하게 만든다면,[147] 왜 차라리 사람들이 신이 아닌가? 저 사람들 말로는 세계혼이 대지에 깃들어 대지를 여신으로 만든다고 한다.[148] 그러나 혼이 대지보다 사람들에게서 더 확연하지 않은가? 사람에게 영혼이 있느냐를 두고는 아무 시비가 없지 않은가? 그러면서도 사람은 신으로 여겨지지 못하는데 더욱 통탄할 노릇은, 자기는 신도 못 되고 자기가 숭배하고 예배하는 것들보다 더 훌륭하면서도, 괴이하고도 가련한 오류에 빠져 스스로 그런 것들 밑에 예속된다는 사실이다. 물론 바로는 선별된 신들을 다루는 그 책에서, 자연계 전체에서 영혼의 등급이 셋으로 나뉜다고 한다. 첫 등급은 살아있는 몸체의 모든 부분에 유전流轉하는 것으로서 감관은 지니지 못하고 단지 생명을 유지하게 한다. 바로는 이 힘이 우리 신체에서는 뼈와 손발톱 그리고 머리털에 깃들어 있다고 한다. 세상에서 초목이 감관 없이 생육하고 성장하고 어느 면에서 살아있는 것과 흡사하다. 영혼의 둘째 등급에는 감관이 있다. 이 힘은 눈, 귀, 코, 입, 촉각에 깃든다. 셋째는 영혼의 최상 등급으로서 이것을 가리켜 정신이라고 일컫는데 거기서는 지성이 두드러진다.[149] 인간을 제외하면 사멸하는 모든 사물은 정신을 결하고 있다는 것이 바로의 주장이다. 다름아닌 세계의 이 부분을 그는 신이라고 부르고 우리에게서는 혼령이라고 부른다.[150] 세계에는 돌과 흙이 있는데 보다시피 감관이 깃들어 있지 않으므로 그것은 신의 뼈요 신의 손발톱이라는 식으로 설명한다. 그 대신 해와 달과 별들은 세계가 이것들을 이용하여 감각한다고 생각하며 그래서 신의 감관이라고 말한다. 그리고 영기는 신의 정신이라고 부른다.[151] 그 기운이 성좌에까지 미친다는데 사람들은 성좌들마저 신으로 만들었다. 또 성좌를 경유하여 지상에 깃드는 것을 가리켜 텔루스 여신으로 삼았다. 그리고 바다와 대양에 깃드는 것은 넵투누스 신으로 삼았다.[152]

23.2. 대지는 텔루스 여신이자 텔루모 남신

바로는 도대체 모호하기 이를 데 없고 지루하기 이를 데 없는 이런 논리에 지칠 대로 지쳐서 좀 쉬자고 자연신학으로 빠져나간 것 같은데, 바로 스스로 자

est; redeat, inquam, redeat ad ciuilem; hic eum adhuc teneo, tantisper de hac ago. Nondum dico, si terra et lapides nostris sunt ossibus et unguibus similes, similiter eos intellegentiam non habere, sicut sensu carent; aut si idcirco habere dicuntur ossa et ungues nostri intellegentiam, quia in homine sunt qui habet intellegentiam, tam stultum esse qui hos in mundo deos dicit, quam stultus est qui in nobis ossa et ungues homines dicit. Sed haec cum philosophis fortassis agenda sunt; nunc autem istum adhuc politicum uolo. Fieri enim potest, ut, licet in illam naturalis theologiae ueluti libertatem caput erigere paululum uoluisse uideatur, adhuc tamen hunc librum uersans et se in illo uersari cogitans, eum etiam inde respexerit et hoc propterea dixerit, ne maiores eius siue aliae ciuitates Tellurem atque Neptunum inaniter coluisse credantur. Sed hoc dico: pars animi mundani, quae per terram permeat, sicut una est terra, cur non etiam unam fecit deam, quam dicit esse Tellurem? Quod si ita fecit, ubi erit Orcus, frater Iouis atque Neptuni, quem Ditem patrem uocant? Vbi eius coniux Proserpina, quae secundum aliam in eisdem libris positam opinionem non terrae fecunditas, sed pars inferior perhibetur? Quod si dicunt animi mundani partem, cum permeat terrae partem superiorem, Ditem patrem facere deum; cum uero inferiorem, Proserpinam deam: Tellus illa quid erit? Ita enim totum, quod ipsa erat, in duas istas partes deosque diuisum

---

[153] 바로의 자연신학은 결국 설화신학이나 민간신학과 다를 바 없이 허황하고 비논리적이어서 그리로 귀결되고 만다는 편잔이다.

[154] 민간신학(politicon)을 논하고 있으니 정치가(politicus)라는 손가락질이다.

[155] Cf. Varro, *De lingua Latina* 5.10.62, 67. 본서 4.10; 7.24.1; 7.28 참조.

[156] 7.16(각주 113) 참조.

연신학이라고 보는 이 신학으로부터 민간신학으로 돌아가야 하리라! 내 다시 말하거니와 그리로 돌아가시라![153] 하지만 나는 그 인물을 아직껏 이 자리에 붙잡아 놓고서 한참 따질 것이 있다. 흙과 돌이 우리 뼈와 손발톱과 흡사하다면 흙과 돌에는 감관이 없을 테니까 지성도 없어야 마땅한데 이 말은 아직 안 하겠다. 또 지성을 가진 인간 안에 뼈와 손발톱이 있으니까 우리 뼈와 손발톱도 지성이 있다고 말할라치면 그것은 형편없이 어리석은 짓이라는 말도 않겠다. 따라서 흙과 돌이 이 세상 안에 있으니까 흙과 돌이 곧 신이라고 말하는 자는 한참 어리석다는 말도 아직은 않겠다. 뼈와 손발톱이 우리 안에 있으니까 뼈와 손발톱이 곧 사람이라고 말하는 자가 어리석은 것 못지않게 어리석다는 말은 않겠다. 이런 얘기들은 아무래도 철학자들과 논해야 할 것이다. 당분간은 아직 바로를 정치학자로 생각하고 얘기를 나누고 싶다.[154] 그가 유치한 신화적 내용을 자유롭게 해설하는 자연신학을 내세워서 철학자답게 고개를 쳐들고 싶었을 수도 있다. 그러면서도 그 책을 집필하면서, 자신이 쓰고 있는 책이 과연 어떤 책인지 다시 한번 돌이켜보았음에 틀림없다. 또 자기 조상들과 다른 도성들이 텔루스 여신과 넵투누스를 숭배해온 것이 쓸모없는 말이 되지는 않게 하려고 내용을 조정했을 수도 있다. 하지만 내가 정말 주장하려는 바는 다음과 같은 것이다. 세계혼의 부분, 땅에 깃들어 있는 이 부분이 바로가 텔루스라고 부르는 그 여신 하나만 만들어내지 않은 까닭은 무엇인가? 땅이 하나라면 여신도 하나만 만드는 것이 당연하지 않는가?[155] 하지만 만약 그렇게 했더라면 지하의 신 오르쿠스는 어디에 자리를 잡아야 할까? 유피테르와 넵투누스와 형제간인데다 사람들이 아버지 디스라고 부르는 오르쿠스 말이다.[156] 또 그 신의 아내 프로세르피나는 어디에 자리를 잡아야 할 것인가? 바로의 책에 나오는 다른 해석에 따르면 이 여신은 땅의 풍요보다는 땅의 아랫부분, 곧 지하를 나타낸다. 사람들이 하는 말대로 세계혼의 일부분으로서 땅의 윗부분, 곧 지상에 깃드는 것을 아버지 디스 신으로 삼고, 땅의 아랫부분, 곧 지하를 프로세르피나 여신으로 삼는다면, 저 텔루스 여신은 대체 무엇이란 말인가? 그러니까 하나의 전체, 텔루스, 곧 대지라는 하나의 전체가 두 부분으로 또는 두 신으로 분할되고 말

est, ut ipsa tertia quae sit aut ubi sit inuenire non possit; nisi quis dicat simul istos deos Orcum atque Proserpinam unam deam esse Tellurem et non esse iam tres, sed aut unam aut duos; et tamen tres dicuntur, tres habentur, tres coluntur aris suis, delubris suis, sacris, simulacris, sacerdotibus suis, et per haec etiam fallacibus prostitutam animam constuprantibus daemonibus suis. Adhuc respondeatur, quam partem terrae permeet pars mundani animi, ut deum faciat Tellumonem? Non, inquit, sed una eademque terra habet geminam uim, et masculinam, quod semina producat, et femininam, quod recipiat atque nutriat; inde a ui feminae dictam esse Tellurem, a masculi Tellumonem. Cur ergo pontifices, ut ipse indicat, additis quoque aliis duobus quattuor diis faciunt rem diuinam, Telluri, Tellumoni, Altori, Rusori? De Tellure et Tellumone iam dictum est. Altori quare? Quod ex terra, inquit, aluntur omnia quae nata sunt. Rusori quare? Quod rursus, inquit, cuncta eodem reuoluuntur.

24. Debuit ergo una terra propter istam quatergeminam uim quattuor habere cognomina, non quattuor facere deos; sicut tot cognominibus unus Iuppiter et tot cognominibus una Iuno, in quibus omnibus uis multiplex esse dicitur ad unum deum uel unam deam pertinens, non multitudo cognominum deorum etiam multitudinem faciens. Sed profecto sicut aliquando etiam ipsas uilissimas feminas earum, quas libidine quaesie-

---

[157] *anima prostituta* constuprantibus daemonibus: 우상숭배를 하느님 숭배에 어긋난 간통이나 매춘으로 보는 그리스도교 사고방식은 구약성서에 근거한다(앞의 각주 141 참조) : 호세 2,4-15 참조.

[158] 본서의 앞부분(4.10)에서 교부는 다신교를 변명하는 논리를 반박하여 Terra, Tellus, Tellumo라는 신명(神名)을 거론했는데, 여기서는 대모신 숭배를 변명하는 자연신학적 해명을 논박하여 네 가지 신명을 열거한다.

[159] 참조: alo, alui, altum(기르다) → Altor("기르는 자"); rursus(다시) → Rusor("돌아가게 하는 자").

앗으며 따라서 정작 텔루스 여신이라는 제삼자는 과연 존재하는지, 존재한다면 어디 존재하는지 알 길이 없다. 이치에 닿는 설명을 하자면 저 오르쿠스와 프로세르피나 두 신이 동시에 텔루스라는 한 여신을 이룬다고 해야 한다. 그럼에도 사람들은 그들이 세 신이라고 하고 셋으로 여기며 각자의 제단과 각자의 신당과 제의와 신상, 각자의 제관을 두어 숭배하고 있다. 그럼으로써 그것들을 숭배하는 영혼은 창녀가 되어 자기들을 윤간하고 속이는 정령들에게 몸을 실컷 파는 셈이다.[157] 또 다른 질문에도 답변해 보라! 세계혼이 남신 텔루모를 만들어내는 경우 세계혼의 그 부분은 대지의 어느 부분에라도 깃드는가? 바로는 그렇지 않다고 대답한다. 하나의 단일한 땅덩어리가 이중의 능력 곧 종자를 생산하는 웅성雄性과 종자를 받고 양육하는 자성雌性을 갖추고 있다고 대답한다. 그래서 자성의 힘 때문에 대지를 텔루스라고 부르고 웅성의 힘 때문에 대지를 텔루모라고 부른다는 것이다. 그렇다면, 바로가 지적한 대로, 제관들이 다른 둘을 더 보태서 네 명의 신, 즉 텔루스, 텔루모, 알토르, 루소르에게 제사를 바치는 이유는 무엇인가? 텔루스와 텔루모에 관해서는 벌써 말을 했다.[158] 알토르에게는 왜 제사를 바치는가? 바로의 말에 의하면 출생하는 모든 것이 땅에서 길러지기 때문이다. 그러면 루소르에게는 왜 제사를 바치는가? 바로의 말에 의하면 모든 것이 땅으로 다시 돌아가기 때문이다.[159]

24. 텔루스의 별칭들과 그 의미들이 많은 사물을 지시한다 해도, 그것이 다신교 사상을 확증하는 논거는 안 된다

24. 1. 대지는 대모신이고 또 키벨레 여신이기도 한가

그렇다면 대지는 하나인데 사중四重의 능력 때문에 네 개의 별칭을 지녔다고 해야지 네 명의 신을 만들어내서는 안 되는 것이다. 한 명의 유피테르가 무수한 별칭을 갖고 있고, 한 명의 유노가 무수한 별칭을 갖고 있으며, 그 모든 별칭 속에 한 명의 남신 혹은 여신이 가진 다양한 능력이 있다는 것이다. 신의 별칭이 다수라고 해서 신이 다수가 되는 것은 아니다. 행실이 더러운 여자들마저 단지 욕정만으로 자신을 찾는 무리한테는 때때로 혐오와 굴욕을 느끼는 법이다.

runt, taedet paenitetque turbarum: sic animam uilem factam et inmundis
spiritibus prostitutam deos sibi multiplicare, quibus contaminanda pro-
sterneretur, sicut plurimum libuit, sic aliquando et piguit. Nam et ipse
Varro quasi de ipsa turba uerecundatus unam deam uult esse Tellurem.
«Eandem, inquit, dicunt Matrem Magnam; quod tympanum habeat,
significari esse orbem terrae; quod turres in capite, oppida; quod sedens
fingatur, circa eam cum omnia moueantur, ipsam non moueri. Quod
Gallos huic deae ut seruirent fecerunt, significat, qui semine indigeant,
terram sequi oportere; in ea quippe omnia reperiri. Quod se apud eam
iactant, praecipitur, inquit, qui terram colunt, ne sedeant; semper enim
esse quod agant. Cymbalorum sonitus ferramentorum iactandorum ac
manuum et eius rei crepitum in colendo agro qui fit significant; ideo aere,
quod eam antiqui colebant aere, antequam ferrum esset inuentum. Leo-
nem, inquit, adiungunt solutum ac mansuetum, ut ostendant nullum genus
esse terrae tam remotum ac uehementer ferum, quod non subigi colique
conueniat.» Deinde adiungit et dicit, Tellurem matrem et nominibus
pluribus et cognominibus quod nominarunt, deos existimatos esse com-
plures. «Tellurem, inquit, putant esse Opem, quod opere fiat melior;
Matrem, quod plurima pariat; Magnam, quod cibum pariat; Proserpinam,
quod ex ea proserpant fruges; Vestam, quod uestiatur herbis. Sic alias
deas, inquit, non absurde ad hanc reuocant.» Si ergo una dea est, quae
quidem consulta ueritate nec ipsa est, interim quid itur in multas? Vnius

---

[160] "신의 별칭이 다수(multitudo) … 신이 다수(multitudo) … 자신을 찾는 무리(multitudo)한테는
… 신들의 숫자를 늘려(multiplicare)"에서 의도적 반복으로 "다수"의 신에게 염증을 갖게(piguit) 유도
하는 문장이다.

[161] Varro, *Antiquitates* fr.263.

[162] opus, operis → Ops Consciva (4.11; 4.23.1 참조) : 풍성한 추수(opima frugum copia)를 주관하며
땅의 신 Consus (4.11)의 아내.

[163] 참조: proserpo (기어나오다, 움트다: 각주 138 참조) → Proserpina; vestio (옷입다) → Vesta.

[164] Varro, *Antiquitates* fr.241. 본서 4.11, 21 참조.

그처럼, 비루해진 영혼, 불결한 영들에게 몸을 파는 영혼, 그리고 자신을 위해 신들의 숫자를 늘려 그들과 뒹굴어 몸을 더럽히던 영혼도 때로는 그 무리에 염증을 낼 수 있다.[160] 바로마저 저 많은 패거리에 부끄러움을 느꼈던지 네 명의 신들을 텔루스 여신 한 명으로 만들고 싶어했던 것 같다. 그래서 이런 말을 했다: "사람들은 여신을 대모신大母神이라고 부른다. 동그란 북을 들고 있는 것은 여신이 곧 온 땅이라는 의미이다. 머리 위에 얹고 있는 탑들은 도성들을 가리킨다. 여신이 좌정하고 있는 것은 만물이 여신 주변에서 움직이고 있으나 여신은 움직이지 않음을 상징한다. 로마인들이 갈루스를 만들어 그것들로 하여금 이 여신을 섬기게 한 것은 종자가 없는 자들은 대지를 뒤쫓아다니는 수고로움을 바쳐야 함을 의미한다. 모든 종자는 땅에서 발견되기 때문이다. 갈루스들이 그 앞에서 소란을 피우는 것은 땅을 경작하는 사람들이 게으르게 앉아있지 말라고 가르친다. 왜냐하면 할 일이 무언가는 있는 법이기 때문이다. 꽹과리 소리는 논밭을 갈면서 바삐 돌아가는 쇠연장과 손놀림 그리고 농사의 시끄러운 잡음을 상징한다. 꽹과리는 구리로 만드는데 옛사람들은 쇠가 발견되기 전에 구리로 땅을 갈았기 때문이다." 바로는 이런 말도 한다: "사람들은 여신 곁에 유순하게 늘어진 사자를 놓아두는데, 이것은 아무리 오지의 척박한 땅이라도 사람 손에 개척되고 경작될 수 없는 땅은 존재하지 않는다는 사실을 보여주기 위함이다."[161] 그다음에 바로는 텔루스 모신에게 사람들은 여러 이름을 붙이고 여신을 지칭하는 여러 별칭을 붙이고서는 그것이 여러 신들이라고 여기기에 이르렀다는 말을 덧붙인다: "사람들은 텔루스가 옵스라고 생각한다. 일을 통해 땅이 더 좋아지라는 뜻이다.[162] 모신이라고도 여기는데 많은 것을 낳아달라는 생각에서다. 그런가 하면 대모大母라고도 하는데 먹을 것을 낳아달라는 것이다. 프로세르피나라고 하는 까닭은 땅에서 알곡이 솟아나라는 말이다. 베스타라고 하는 까닭은 땅이 초목으로 덮이라는 말이다.[163] 이런 식으로 같은 여신을 여러 다른 여신들로 호칭하지만 조리에 어긋나는 일은 아니다."[164] 그러니까 바로의 말처럼 텔루스가 한 여신이라면(사실대로 말하자면 아예 여신도 아니다) 무엇 때문에 그렇게 여럿으로 많아졌을까? 저 많은 수가 한 신의 신령들이라면 이름이 많은 만큼 신들이 많은

sint ista multa numina, non tam deae multae quam nomina. Sed errantium maiorum auctoritas deprimit et eundem Varronem post hanc sententiam trepidare compellit. Adiungit enim et dicit: «Cum quibus opinio maiorum de his deabus, quod plures eas putarunt esse, non pugnat.» Quo modo non pugnat, cum ualde aliud sit unam deam nomina habere multa, aliud esse deas multas? «Sed potest, inquit, fieri ut eadem res et una sit, et in ea quaedam res sint plures.» Concedo in uno homine esse res plures, numquid ideo et homines plures? Sic in una dea esse res plures, numquid ideo et deas plures? Verum sicut uolunt, diuidant conflent, multiplicent replicent inplicent.

Haec sunt Telluris et Matris Magnae praeclara mysteria, unde omnia referuntur ad mortalia semina et exercendam agriculturam. Itane ad haec relata et hunc finem habentia tympanum, turres, Galli, iactatio insana membrorum, crepitus cymbalorum, confictio leonum uitam cuiquam pollicentur aeternam? Itane propterea Galli abscisi huic Magnae deae seruiunt, ut significent, qui semine indigeant, terram sequi oportere; quasi non eos ipsa potius seruitus semine faciat indigere? Vtrum enim sequendo hanc deam, cum indigeant, semen adquirunt, an potius sequendo hanc deam, cum habeant, semen amittunt? Hoc interpretari est an detestari? Nec adtenditur, quantum maligni daemones praeualuerint, qui nec aliqua magna his sacris polliceri ausi sunt, et tam crudelia exigere potuerunt. Si dea terra non esset, manus ei homines operando inferrent, ut semina

---

[165] Varro, *Antiquitates* fr.241.

[166] 키벨레, 대모신, 대지신에 대한 자연주의적 해석이 유치하고 음란한 제사의식을 해명하지 못한다는 교부의 견해다. 7.28-29 참조.

[167] Hoc *interpretari* est an *detestari*?: 7.33 참조.

것은 아니다. 그럼에도 아예 잘못 인도된 조상들의 잘못된 권위에 압력을 느껴서인지 바로 같은 인물마저 방금 했던 말을 하고서는 지레 겁을 먹었던 것 같다. 그래서 곧장 다음 말을 덧붙인 것으로 보인다: "이 여신들에 관한 선조들의 사상, 곧 다수의 여신들이 존재한다고 생각한 그 사상이 모순은 아니다." 한 여신이 다수의 이름을 갖고 있다는 것과 다수의 여신들이 존재한다는 것은 명백히 다른데 어떻게 모순이 아니라는 말인가? 그의 대답은 이렇다: "똑같은 사물이 하나의 사물로 존재하면서도 그 사물 안에 여러 사물이 존재하는 것도 가능하다."[165] 한 인간 안에 여러 사물이 존재한다는 것은 나도 수긍한다. 그렇다고 해서 다수의 사람이 존재한다는 것인가? 그래서 여신 하나 안에 여러 사물들이 존재하니까 따라서 다수의 여신이 존재한다는 말인가? 그렇다면 마음 내키는 대로 쪼개고, 붙이고, 더하고, 곱하고, 다시 합치도록 내버려 두라![166]

24.2. 더구나 여신을 섬기는 제관들은 거세를 하고 있다

텔루스 여신이자 대모신의 저 유명한 비의라는 것이 이런 정도이며, 그 속에서 모든 것은 죽어 없어질 종자와 농사를 짓는 일과 관련된다. 그렇다면 이와 관련되고 이런 목적에 쓰이는 북, 탑신塔身, 갈루스들, 사지를 미친 듯이 흔들어 대는 춤, 꽹과리 소리, 사자들의 조상彫像 등이 누구 한 사람에게라도 영원한 생명을 제공했던가? 바로 그래서 갈루스들이 몸을 자해하고서는 이 대모신을 섬기며, 그 까닭인즉 종자가 없는 자들은 대지를 뒤쫓아다녀야 한다는 사실을 상징한다는 말인가? 그자들이 수행하는 봉직 자체가 그자들을 종자 없는 인간으로 만들어 버리는 터에. 그래서 종자가 없을 때에 이 여신을 뒤쫓아다니면 종자를 얻기나 한다는 것인가? 이 여신을 따라다니면 지니고 있던 종자마저 잃는 것이 아니던가? 그러니 도대체 여신숭배를 옹호하자는 해석인가, 아니면 욕하자는 저주인가?[167] 악령들이 얼마나 대단한 세도를 가지고 있길래, 그런 제의를 바친 대가로 대단한 보상을 언약해 주지도 못하면서 제관들더러 자기 몸을 거세하는 잔인한 짓을 행하라고 요구할 수 있었는가는 저 사람들마저 예상을 못했을 것이다. 땅이 여신이 아니었다면 사람들이 손으로 일해서 땅에서 종자를 얻어내기라도 했을 것이다. 적어도 여신 때문에 자기 몸에 자해를 가하여

consequerentur per illam, non et sibi saeuiendo, ut semina perderent propter illam; si dea non esset, ita fecunda fieret manibus alienis, ut non cogeret hominem sterilem fieri manibus suis. Iam quod in Liberi sacris honesta matrona pudenda uirilia coronabat spectante multitudine, ubi rubens et sudans, si est ulla frons in hominibus, adstabat forsitan et maritus; et quod in celebratione nuptiarum super Priapi scapum noua nupta sedere iubebatur: longe contemptibiliora atque leuiora sunt prae ista turpitudine crudelissima uel crudelitate turpissima, ubi daemonicis ritibus sic uterque sexus inluditur, ut neuter suo uulnere perimatur. Ibi fascinatio timetur agrorum, hic membrorum amputatio non timetur. Ibi sic dehonestatur nouae nuptae uerecundia, ut non solum fecunditas, sed nec uirginitas adimatur; hic ita amputatur uirilitas, ut nec conuertatur in feminam nec uir relinquatur.

25. Et Attis ille non est commemoratus nec eius ab isto interpretatio requisita est, in cuius dilectionis memoriam Gallus absciditur. Sed docti Graeci atque sapientes nequaquam rationem tam sanctam praeclaramque tacuerunt. Propter uernalem quippe faciem terrae, quae ceteris est temporibus pulchrior, Porphyrius, philosophus nobilis, Attin flores significare perhibuit, et ideo abscisum, quia flos decidit ante fructum. Non ergo ipsum hominem uel quasi hominem, qui est uocatus Attis, sed uirilia eius flori comparauerunt. Ipsa quippe illo uiuente deciderunt; immo uero non

---

[168] *fecunda* fieret *manibus alienis*, ut non ... *sterilem* fieri *manibus suis*: 대구법을 이용하여 갈루스들을 조롱한다.

[169] 6.9.3 참조.

[170] 프리기아의 남녀 양성의 신(Adgistis)이 남성(Attis)과 여성(Cybele)으로 나뉘어 양편 제관들이 거세를 하는 습속이 전수되었다고 한다(Arnobius, *Adversus nationes* 5.5). 아티스가 로마에서는 아돈과 혼동되고 키벨레의 젊은 배필로도 전해오며 그의 죽음과 부활을 기념하여 춘분에 축제가 열렸다 (Ovidius, *Fasti* 4.221-244; Lucretius, *De rerum natura* 2.610-617). 본서 6.7.3 참조.

[171] Porphyrius philosophus nobilis: Porphyrius in Eusebius, *Praeparatio evangelica* 3.11.12. 본서 19.22 (doctissimus philosophorum); 22.3 (nobilissimo philosopho paganorum)에도 극진한 호칭이 등장한다.

자기 몸에 있는 종자마저 잃어버리는 짓은 없었을 것이다. 땅이 여신이 아니었다 해도 다른 사람들의 손으로라도 비옥해졌을 테고, 또 사람이 자기 손으로 불임이 되는 일은 결코 없었을 것이다.[168] 리베르의 제전에서는 양갓집 유부녀가 흉물스런 남성에 화관을 씌운다. 대중이 지켜보는 앞이라서, 또 혹시라도 남편마저 와 있을 경우, 그녀에게 최소한의 체면이라도 있다면 얼굴이 빨개지고 진땀을 흘리면서 그 짓을 치를 것이다. 또 혼인식을 거행하면서 신부더러 프리아푸스의 귀두에 앉으라고도 시킨다.[169] 그렇지만 이런 짓은 갈루스들이 스스로 거세하는 저 잔학하기 이를 데 없는 추행, 또는 저 추잡하기 이를 데 없는 잔학에 비한다면 그냥 무시하고 넘어갈 만한 가벼운 장난이라고 하겠다. 이런 의식에서는 악마적 의식에 의해 남성과 여성이 희롱당하는 것이지만, 그렇다고 그 두 사람이 자기 몸에 상처를 내면서 거세를 하는 정도는 아니기 때문이다. 앞의 경우에는 전답에서 미혹이 올까 두려워하지만 뒤의 경우에는 지체를 도려내는 짓도 서슴지 않는다. 전자의 경우는 새색시의 수줍음을 희롱하지만 그렇다고 회임하는 능력이 상실되는 것도 아니고 처녀성이 손상되는 것도 아니다. 그런데 후자의 경우는 남성이 거세되지만 그렇다고 여성으로 변하는 것도 아니고 남성으로 남아있는 것도 아니다.

25. 아티스 신의 거세를 두고 그리스 현자들의 이론이 끄집어낸 해석

아티스 신에 관해서는 바로도 언급하지 않았고, 따라서 그 신에 관한 자연신학적 해석도 시도되지 않았다. 그런데 아티스에 대한 사랑을 기념하여 갈루스가 스스로 거세를 행한다.[170] 그렇지만 그리스 식자들과 현자들은 저 밀교에 관해 그야말로 성스럽고도 훌륭하다는 해설을 빠뜨리지 않았다. 고명한 철학자 포르피리우스[171]는, 다른 어느 계절보다도 아름다운 대지의 봄의 모습 때문에 아티스는 꽃을 상징한다고 설명했고, 거세는 결실하기 전에 꽃이 떨어짐을 상징한다고 했다. 그러므로 사람들은 아티스라고 부르는 인간 혹은 인간 비슷한 존재를 꽃에 비긴 것이 아니라 그의 남성을 꽃에 비겼던 셈이다. 본인이 살아 있는데도 그의 물건이 떨어지고 말았으니까. 실상 그것은 떨어진 것도 아니고

deciderunt neque decerpta, sed plane discerpta sunt; nec illo flore amisso quisquam postea fructus, sed potius sterilitas consecuta est. Quid ergo ipse reliquus, et quidquid remansit absciso? Quid eo significari dicitur? Qua refertur? Quae interpretatio inde profertur? An haec frustra moliendo nihilque inueniendo persuadent illud potius esse credendum, quod de homine castrato fama iactauit litterisque mandatum est? Merito hinc auersatus est Varro noster, neque hoc dicere uoluit; non enim hominem doctissimum latuit.

26. Itemque de mollibus eidem Matri Magnae contra omnem uirorum mulierumque uerecundiam consecratis, qui usque in hesternum diem madidis capillis facie dealbata, fluentibus membris incessu femineo per plateas uicosque Carthaginis etiam a propolis unde turpiter uiuerent exigebant, nihil Varro dicere uoluit nec uspiam me legisse commemini. Defecit interpretatio, erubuit ratio, conticuit oratio. Vicit Matris Magnae omnes deos filios non numinis magnitudo, sed criminis. Huic monstro nec Iani monstrositas comparatur. Ille in simulacris habebat solam deformitatem, ista in sacris deformem crudelitatem; ille membra in lapidibus addita, haec in hominibus perdita. Hoc dedecus tot Iouis ipsius et tanta stupra non uincunt. Ille inter femineas corruptelas uno Ganymede caelum

---

[172] deciderunt, decerpta, discerpta: 예식의 엽기적 성격을 혐오하여 조롱하는 (d, c, r) 두운법의 수식이다.

[173] Varro가 당대 널리 숭배받던 Attis를 언급하지 않은 사실을 은근히 질책한다. 바로는 로마 전래의 습속(antiquitas Romana)을 다루었다.

[174] Ganymedes: 트로야의 임금 트로스의 아들. 미소년이어서 유피테르가 올림포스로 납치하여 동성애 상대로서 술시중을 들게 했다(Homerus, *Ilias*, 5.265-266.; 20.232-235). 본서 4.25; 18.13 참조.

흩날린 것도 아니며 아예 잘라낸 것이다.[172] 그 꽃이 떨어지고 나서 어떤 열매가 맺힌 것이 아니라 오히려 불임이 되었을 뿐이다. 그렇다면 거세한 본인에게는 무엇이 남은 셈인가? 물건이 잘려나가고서 과연 남은 것이 있는가? 그것으로 무엇을 상징한다는 것인가? 그 짓을 무엇에다 결부시킨다는 말인가? 도대체 무슨 해석을 끌어다 댈 것인가? 저 사람들은 그럴듯한 설명을 찾아내려다 헛고생만 하고서 아무것도 찾아내지 못했으며, 그러다 보니 무작정 믿어야 한다고만 우겨댄다. 그런데도, 거세된 사람에 관해 소문이 파다하게 퍼졌고 그게 문학으로 전수되었다는 말인가? 그래서 바로는 지극히 박식한 사람으로서 이 일화를 몰랐을 리 없으면서도, 그것을 외면했을 것이고, 그런 행사에 분개하고서 아예 언급조차 하기 싫어했던가 보다.[173]

26. 대모신에게 바치는 제사의 외설스러움

남자와 여자의 온갖 수치심을 외면한 채로 대모신에게 헌신하는 자들, 엊그제까지만 해도 머리칼에는 기름을 바르고 얼굴은 하얗게 화장을 하고 사지를 흐느적거리면서 여자 같은 걸음걸이로 카르타고의 광장과 골목을 돌아다니던 사람들, 그러면서 그 추접스런 삶을 영위하는 데 소용되는 것을 달라고 행상行商들에게 구걸하고 다니던 사람들에 관해서도 바로는 아예 언급조차 하기 싫어했고 나도 어디서든 그의 말을 읽은 기억이 없다. 대모신이야말로 자식 같은 신들을 모조리 이겨내고 남는데, 그것도 대단한 신적 권능 때문이 아니라 대단한 죄상罪狀 때문이다. 그 괴이함에는 야누스의 괴이함도 비교가 안 된다. 야누스는 그 신상이 흉측한 모양을 하고 있을 뿐이지만, 대모신은 성스러운 제전에서 흉측하고 잔혹한 추태를 보인다. 야누스는 돌에다 신체의 일부를 덧붙인 것에 불과하지만, 대모신은 살아있는 남자들의 지체를 빼앗아 간다. 이 여신의 파렴치에는 위대한 유피테르와 그의 무수한 추행마저 당해내지 못한다. 유피테르로 말할 것 같으면 온갖 여자들을 타락시키기는 했지만, 하늘에 불명예를 끼친 것이라곤 유일하게 가니메데스를 데려다 놓은 일 하나뿐이었다.[174] 이 여신은 그 많은 남자들이 여자처럼 흐늘흐늘해진 채로 노골적이고 뻔뻔하고 버젓이

infamauit; ista tot mollibus professis et publicis et inquinauit terram et caelo fecit iniuriam. Saturnum fortasse possemus huic in isto genere turpissimae crudelitatis siue conferre siue praeferre, qui patrem castrasse perhibetur; sed in Saturni sacris homines alienis manibus potius occidi quam suis abscidi potuerunt. Deuorauit ille filios, ut poetae ferunt, et physici ex hoc interpretantur quod uolunt; ut autem historia prodit, neca- uit; sed quod ei Poeni suos filios sacrificati sunt, non recepere Romani. At uero ista Magna deorum Mater etiam Romanis templis castratos intulit atque istam saeuitiam moremque seruauit, credita uires adiuuare Romano- rum exsecando uirilia uirorum. Quid sunt ad hoc malum furta Mercurii, Veneris lasciuia, stupra ac turpitudines ceterorum, quae proferremus de libris, nisi cotidie cantarentur et saltarentur in theatris? Sed haec quid sunt ad tantum malum, cuius magnitudo Magnae Matri tantummodo compete- bat? Praesertim quod illa dicuntur a poetis esse conficta, quasi poetae id etiam finxerint, quod ea sint diis grata et accepta. Vt ergo canerentur uel scriberentur, sit audacia uel petulantia poetarum; ut uero diuinis rebus et honoribus eisdem imperantibus et extorquentibus numinibus adderentur, quid est nisi crimen deorum, immo uero confessio daemoniorum et decep- tio miserorum? Verum illud, quod de abscisorum consecratione Mater deum coli meruit, non poetae confinxerunt, sed horrere magis quam ca- nere maluerunt. Hisne diis selectis quisquam consecrandus est, ut post

---

[175] 아우구스티누스가 청년시절 카르타고에서 목격한 virgo Caelestis의 제관들의 추태였다. 2.4, 26 참조. 유피테르는 자연에 어긋난(contra naturam) 행실(동성애)로는 가니메데스 사건뿐이었는데 키벨 레는 무수한 남성들을 거세시킨다는 비난이다.

[176] 앞의 7.19 참조. 그러나 "봄철의 만물(ver sacrum)을 바치겠다는 서약"은 인신희생의 흔적으로 여겨진다: Livius, *Ab Urbe condita* 22.9.10.

[177] 로마의 시인들은 조개껍질로 수술하는 거세수술의 후유증을 언급하기도 하고 행사 자체의 부도 덕을 질타하기도 했다. 예: Seneca, *Dialogus de superstitione* fr.34; Iuvenalis, *Satirae* 6.512-515; Mar- tialis, *Epigrammata* 3.81; 11.74; Plinius, *Historia naturalis* 11.49.109.

돌아다니게 내버려두어 땅을 더럽히고 하늘을 욕되게 했다.[175] 이 정도의 잔학 행위에 맞먹거나 앞서기로는 사투르누스 정도뿐일 것이다. 그는 자기 아버지를 거세해 버렸다니까. 하지만 사투르누스의 제전에서는 사람들이 다른 사람들의 손으로 죽임을 당하는 일은 있었다지만 자기 손으로 거세를 하는 일은 없었다. 사투르누스는 제 자식들을 삼켰다고 하며 이것을 시인들이 전해주고 자연학자들은 제멋대로 그럴듯하게 해석을 내린다. 그렇지만 역사로 미루어본다면 아마도 제 자식들을 죽였을지 모른다. 그런데 포에니인들이 그 신에게 자기 자식들을 희생으로 바치던 습속은 로마인들이 받아들이지 않았다.[176] 그런데도 신들 가운데 대모신은 로마의 신전에까지 거세한 환관들을 끌어들였고 저처럼 잔혹한 습속을 온존시켰다. 남자들의 성기를 도려냄으로써 로마인들의 정력을 북돋아준다고 믿게 만들었던 것이다. 이런 악에 비할 적에 메르쿠리우스의 도둑질, 베누스의 분탕질, 그밖의 다른 신들의 간음과 추행은 뭐라고 할 것인가? 이런 추행들을 극화해서 매일같이 극장에서 노래로 부르고 춤으로 추어대지 않는다면 그런 사례를 끄집어내기 위해 우리는 아마 책을 뒤져야 할지도 모른다. 그런데 이런 짓들도 대모신의 그것에 비한다면 얼마나 대수롭겠으며, 그 어처구니없음을 두고 누가 대모신과 감히 겨루겠는가? 물론 그런 것들은 시인들이 꾸며낸 얘기라고들 하지만, 시인들이 꾸며냈다는 것은 어디까지나 신들에게 좋게 보이고 신들에게 용납되기 위해서였을 것이다. 그런 일이 노래로 불리고 글로 쓰인 것은 시인들의 객기와 경박함이라고 하자. 그런데 그것이 신사에 첨가되고 신들에게 바치는 영예에 첨가되었다면, 더구나 신령들이 명령하고 억지로 강요해서 그렇게 되었다면, 그것은 신들의 범죄가 아니고 무엇인가? 아니 오히려 악령들이 자기 정체를 자백하는 짓이요 가련한 인생들에 대한 사기가 아니고 무엇인가? 신들의 모친이 거세된 환관들의 봉헌으로 숭배받을 만했던 공적이 과연 무엇이었는지는 시인들이 꾸며낸 얘기가 아니었다. 또 시인들이 그런 글을 쓴 것은 사람들이 그 일을 예찬하기보다는 두려워하게 만들려는 의도에서였다.[177] 그렇다면 왜 이따위 선별된 신들에게 자기 자신을 희생해야 하는가? 죽기 전에도 도덕적으로 살아갈 수 없을 뿐 아니라, 저처럼 외설적인 미신에

mortem uiuat beate, quibus consecratus ante mortem honeste non potest uiuere, tam foedis superstitionibus subditus et inmundis daemonibus obligatus? Sed haec omnia, inquit, referuntur ad mundum. Videat ne potius ad inmundum. Quid autem non potest referri ad mundum, quod esse demonstratur in mundo? Nos autem animum quaerimus, qui uera religione confisus non tamquam deum suum adoret mundum, sed tamquam opus Dei propter Deum laudet mundum, et mundanis sordibus expiatus mundus perueniat ad Deum, qui condidit mundum.

굴종하고, 더러운 악령들에게 매인 채로 휘둘리면서도, 저 신들을 숭배하면 사후에 행복하게 살 수 있다고 생각하는 것은 무엇 때문인가? 그런데 바로는 이런 행사는 어디까지나 이 세상에 해당하는 일이라고 말한다. 바로 같은 학자라면 그런 것이 세상에 해당하기보다는 부정不淨에 해당하지나 않는지 조심해서 살펴보아야 하리라.[178] 물론 이 세상에서 일어날 만하다고 입증되는 일치고 이 세상에 해당시키지 못할 것이 무엇이겠는가? 하지만 우리가 찾는 지성은 참다운 종교에 귀의함으로써 세상을 자기 신처럼 섬기지 않고 하느님의 작품으로 여기는 지성, 하느님 때문에 세상을 예찬하는 지성, 속세의 풍진에서 속량되어 정결한 지성으로 세상을 창조한 하느님께 도달하는 그런 지성이다.[179]

---

[178] referuntur *ad mundum* ... potius *ad immundum*: 아우구스티누스는 "세상"(mundus)이라는 명사의 동음이어 형용사 "정결한"(mundus, a, um)과 "부정한"(immundus, a, um)이라는 단어로 언어유희를 하고 있다.

[179] 참된 종교와 경신례를 시사한다. 문장의 수사학적 두운법 참조: et *mundanis ... mundus* perveniat ad Deum, qui condidit *mundum*.

27. Istos uero deos selectos uidemus quidem clarius innotuisse quam ceteros, non tamen ut eorum inlustrarentur merita, sed ne occultarentur opprobria; unde magis eos homines fuisse credibile est, sicut non solum poeticae litterae, uerum etiam historicae tradiderunt. Nam quod Vergilius ait:

> Primus ab aetherio uenit Saturnus Olympo,
> Arma Iouis fugiens et regnis exul ademptis,

et quae ad hanc rem pertinentia consequuntur, totam de hoc Euhemerus pandit historiam, quam Ennius in Latinum uertit eloquium; unde quia plurima posuerunt, qui contra huius modi errores ante nos uel Graeco sermone uel Latino scripserunt, non in eo mihi placuit inmorari.

Ipsas physiologias cum considero, quibus docti et acuti homines has res humanas conantur uertere in res diuinas, nihil uideo nisi ad temporalia terrenaque opera naturamque corpoream uel etiamsi inuisibilem, tamen mutabilem potuisse reuocari; quod nullo modo est uerus Deus. Hoc autem si saltem religiositati congruis significationibus ageretur, esset quidem dolendum non his uerum Deum adnuntiari atque praedicari, tamen aliquo

---

[180] 사본에 따라서 장의 분류가 달라지기도 한다. Textus Maurinus에서는 여기서부터 27장이 시작하여 1, 2절로 나뉘고, CCSL에서는 27.2에서 27장이 시작하여 한 절로 끝난다.

[181] Vergilius, *Aeneis* 8.319-320.

[182] Euhemerus Messenae: 인간들이 인류에게 봉사한 공적으로 인해 신격화되었다는 요지의 *Scripta sacra* (Ἱερὰ ἀναγραφή)라는 저서를 엔니우스가 라틴어로 옮겼으며 종교 문제에 관한 합리적 해석의 교본처럼 여겨졌다.

[183] 6.7.1 (각주 88) 참조.

[184] 예: Lactantius, *Divinae institutiones* 1.11-13.

[185] 7.6 참조. 바로나 스토아는 세계혼 역시 물질적이고 가변적인 무엇으로 개념했으므로 교부가 믿는 하느님과 동일할 수 없다.

제3부 (27-35)
참 행복에 비추어 견준 그리스도교와 로마인 종교

27. 참된 신성을 숭배하지도 않고 참된 신성을 숭배하는 예배도 바치지 않는 자연주의자들의 허구

27. 1. [180] 에우헤메루스의 해설

그러니 우리의 생각에는 선별된 신들이 그밖의 다른 신들보다도 부각되어 영예를 얻은 것은 그들의 공덕이 빛나서가 아니고 그들의 추행이 숨겨지지 않아서가 아닌가 한다. 그렇게 보더라도 그들이 한때는 인간이었으리라는 추측이 더 신빙성있다. 시문詩文이 전해주는 바는 물론이려니와 역사적 문전이 전해주는 것도 그렇다. 베르길리우스가 하는 말대로,

> 영계의 올림포스에서 처음으로 지상에 온 것은 사투르누스였으니
>
> 유피테르의 위협을 피해, 왕권을 빼앗긴 유배자로 왔느니라. [181]

에우헤메루스는 이 모든 역사와 이 사건에 관련되어 발생한 것을 모조리 서술하고 있으며 엔니우스가 그의 저서를 라틴어로 옮겼다. [182] 내가 앞에서[183] 그에 관해 많은 논의를 하지 않은 까닭은 그리스어든 라틴어든 우리보다 먼저 글을 쓴 사람이 이런 오류를 반박해서 많은 의견을 개진했기 때문이었다. [184]

27. 2. 세속 종교의 세 가지 오류

자연학에 입각한 해설, 소위 박학하고 영민한 인물들이 이런 인간사를 신사로 전환시키려고 노력하는 시도를 고찰하면서 내가 느끼는 바는, 그런 작품들이 어디까지나 현세적이고 지상적인 작품으로 전환될 무엇에 불과하다는 사실이다. 모두가 물체적 자연본성으로, 비록 육안으로 보이지 않는다고 하더라도 어디까지나 가변적인 자연본성으로 전환될 무엇에 불과하다는 사실이다. [185] 그런 자연본성은 결코 참 하느님이 아니다. 이런 해설이 적합한 상징적 의미를 띠고서 바른 종교심과 결부되었다고 한다면, 그런 것을 통해 참 하느님이 알려지고 선포되지 않았다는 사실이 오히려 통탄할 노릇이다. 그렇더라도 저처럼 추잡스럽고 지겨운 짓이 벌어지지 않고 더구나 신령들이 그런 짓을 거행하

modo ferendum tam foeda et turpia non fieri nec iuberi; at nunc cum pro
Deo uero, quo solo anima se inhabitante fit felix, nefas sit colere aut cor-
pus aut animam, quanto magis nefarium est ista sic colere, ut nec salutem
nec decus humanum corpus aut anima colentis obtineat! Quam ob rem si
templo sacerdote sacrificio, quod uero Deo debetur, colatur aliquod ele-
mentum mundi uel creatus aliquis spiritus, etiamsi non inmundus et ma-
lus: non ideo malum est, quia illa mala sunt, quibus colitur, sed quia illa
talia sunt, quibus solus ille colendus sit, cui talis cultus seruitusque debe-
tur. Si autem stoliditate uel monstrositate simulacrorum, sacrificiis homi-
cidiorum, coronatione uirilium pudendorum, mercede stuprorum, sectione
membrorum, abscisione genitalium, consecratione mollium, festis inpu-
rorum obscenorumque ludorum unum uerum Deum, id est omnis animae
corporisque creatorem, colere se quisque contendat: non ideo peccat, quia
non est colendus quem colit, sed quia colendum non ut colendus est colit.
Qui uero et rebus talibus, id est turpibus et scelestis, et non Deum uerum,
id est animae corporisque factorem, sed creaturam quamuis non uitiosam
colit, siue illa sit anima siue corpus siue anima simul et corpus, bis peccat
in Deum, quod et pro ipso colit, quod non est ipse, et talibus rebus colit,
qualibus nec ipse colendus est nec non ipse. Sed hi quonam modo, id est
quam turpiter nefarieque, coluerint, in promptu est; quid autem uel quos
coluerint, esset obscurum, nisi eorum testaretur historia ea ipsa, quae

---

[186] *Deo* solo *inhabitante* anima fit felix: 아우구스티누스 행복론의 골간이다.

[187] non ... quia non est colendus quem colit, sed quia colendum, non ut colendus est, colit: 단순한 문장
이지만 경신례의 핵심을 지적하는 문장이다.

[188] et pro ipso colit, quod non est ipse, et talibus rebus colit, qualibus nec ipse colendus nec non ipse:
수사학적 수식과 음운을 한껏 발휘하여 이교 세계의 파렴치하고 문란한 경신례에 도덕성을 제시하고,
참 하느님을 참다운 신심 (pietas: 5.19 참조) 으로 숭배해야 함을 지적한다.

라고 명령하지만 않았어도 어느 정도는 그냥 참고 넘어갈 만했다. 하지만 참 하느님(그분이 영혼에 내재함으로써만 영혼은 행복해진다)[186] 대신에 어느 물체나 영혼을 숭배함도 불가할 터인데, 그런 존재를 숭배하고서도 숭배자의 육체나 영혼이 구원되는 것은 고사하고 자신의 체면도 세우지 못한다면 이 얼마나 불측한 일인가! 그러므로 참 하느님께 돌아가야 할 신전, 제관, 희생제사를 바쳐 세계의 어떤 원소를 숭배하거나 어떤 만들어진 신령을 숭배한다면, 그 신령이 비록 더럽고 사악한 신령이 아니라 해도 그 숭배는 죄가 된다. 숭배를 바치는 그 행사 자체가 악한 것이 아니라 하느님 홀로 숭배받아야 하고 그런 예배와 봉사가 저 하느님께만 돌아가야 하는 까닭이다. 그런데 만일 누가 어리석기 짝이 없고 흉측한 시상, 인간 생명을 바치는 살인의 희생제사, 남성의 물건에 화관을 씌우는 행사, 매음을 상품으로 내놓는 행사, 지체의 절단, 성기의 단절, 여장 남자의 자기 봉헌, 추잡하고 외설스런 연극의 축제를 거행하는데, 그런 짓으로나마 유일한 참 하느님, 즉 모든 영혼과 육체의 창조주를 숭배하려고 노력하는 중이라고 하자. 이럴 경우에 당사자가 죄를 짓는다면, 그가 숭배하는 대상이 숭배받아야 할 분이 아니어서 죄를 짓는 것이 아니고, 숭배할 분을 숭배할 분답지 않은 모양으로 숭배하기 때문에 죄를 짓는 것이다.[187] 이와는 달리, 그런 짓을 통해서, 다시 말해 추악하고 죄스러운 행위를 통해 영혼과 육체의 창조자인 참된 하느님을 숭배하는 것이 아니라, 어떤 피조물을 숭배한다고 하자. 비록 타락한 피조물이 아닐지라도 어떤 피조물(그것이 혼령이든 물체이든 양자를 겸한 것이든 상관없다)을 숭배한다고 하자. 그럴 경우에 그는 하느님께 이중으로 죄를 짓는 셈이 된다. 하느님 아닌 것을 하느님 대신 숭배하는 죄가 그 하나이며, 하느님이든 하느님이 아니든 어떤 대상에게든 해서는 안 되는 그런 행실로 숭배를 하는 죄가 다른 하나다.[188] 여하튼 이 사람들이 어떤 방식으로 숭배를 하는지, 다시 말해 얼마나 추악하고 불경스럽게 숭배를 하는지는 즉각 드러난다. 그들이 하는 일이 무슨 짓인지, 과연 누구를 숭배했는지는 모호한 채로 남았을지 모른다. 그 온갖 짓거리를 본인들은 추잡하고 더럽다고 인정하면서도 신령들이 겁을 주면서 강요하는지

foeda et turpia confitentur, numinibus terribiliter exigentibus reddita; unde remotis constat ambagibus nefarios daemones atque inmundissimos spiritus hac omni ciuili theologia inuisendis stolidis imaginibus et per eas possidendis etiam stultis cordibus inuitatos.

28. Quid igitur ualet, quod uir doctissimus et acutissimus Varro uelut subtili disputatione hos omnes deos in caelum et terram redigere ac referre conatur? Non potest; fluunt de manibus, resiliunt, labuntur et decidunt. Dicturus enim de feminis, hoc est deabus: «Quoniam, inquit, ut primo libro dixi de locis, duo sunt principia deorum animaduersa de caelo et terra, a quo dii partim dicuntur caelestes, partim terrestres: ut in superioribus initium fecimus a caelo, cum diximus de Iano, quem alii caelum, alii dixerunt esse mundum, sic de feminis scribendi facimus initium a Tellure.» Sentio quantam molestiam tale ac tantum patiatur ingenium. Ducitur enim quadam ratione uerisimili, caelum esse quod faciat, terram quae patiatur, et ideo illi masculinam uim tribuit, huic femininam, et non adtendit eum potius esse qui haec facit, qui utrumque fecit. Hinc etiam Samothracum nobilia mysteria in superiore libro sic interpretatur eaque se, quae nec suis nota sunt, scribendo expositurum eisque missurum quasi religiosissime pollicetur. Dicit enim se ibi multis indiciis collegisse in simulacris aliud significare caelum, aliud terram, aliud exempla rerum,

---

[189] 8.23-24에서는 정령들이 신상과 화상으로 어떻게 인간을 기만하는지 설명한다(*Epistula* 102.20).

[190] Varro, *Antiquitates* fr.261. 본서 6.3에 이 저서(*Antiquitates rerum divinarum*)의 분류가 나온다.

[191] mysterium Samothracum: 전수된 자료가 드물지만 에게 해에서 연원한 비교로서 의식중에 피를 흘리는 광란적 열락이 있었던 것으로 전해진다(Varro, *De lingua Latina* 5.10.58; 7.3.34; Cicero, *De natura deorum* 1.16.42; Plinius, *Historia naturalis* 36.5.25).

[192] suis: "신봉자들"로 번역할 수도, "바로의 동향인들 곧 로마인들"로 번역할 수도 있다.

라 하는 수 없이 바쳐 왔다는 사실을 그들의 역사가 증언해주지 않았더라면. 이런 모호한 점을 털어버리고 나면 한 가지가 확실해진다. 이 온갖 민간신학이라는 것이 사악한 정령들과 아주 더러운 영들을 불러들였다는 것과, 그것들이 갖가지 험오스런 형상을 하고서 눈앞에 나타났고, 그런 형상을 이용해서 어리석은 마음들을 사로잡았다는 것이다. [189]

28. 신학에 관한 바로의 사상은 어느 모로 보아도 일관성이 없다

지극히 박식하고 명민한 인물 바로가 치밀한 논증을 구사하여 이 모든 신들을 하늘과 땅에다 배치하고 어떻게든 천지와 관련시켜 보려고 노력했는데 그게 과연 무슨 보람이 있을까? 보람이 있을 수 없다. 그의 모든 노력은 손에서 흘러나가고 미끄러져나가고 빠져나가고 땅에 쏟아져버린다. 여성들에 관해서, 다시 말해 여신들에 관해 말하겠다면서 그는 이런 말을 한다: "첫 권에서 나는 영역에 관해 논했다. 신들의 기원은 둘이며 서로 상반되는데 하늘과 땅에서 기원한다. 그래서 일부는 천상신天上神이라고 일컬어지고 일부는 지상신地上神이라고 일컬어진다. 앞 권에서 우리는 천계로부터 시작하여 야누스에 관해서부터 이야기했는데 혹자들은 그를 하늘이라 하고 혹자들은 그를 세계라고 했다. 그와 마찬가지로 여성들에 관해 기록할 차례인데 우선 텔루스부터 시작하겠다." [190] 나는 저처럼 훌륭하고 위대한 지성이 얼마나 쓸데없는 일에 정신을 쏟고 있는지 모르겠다는 느낌을 받는다. 그는 나름대로 근거있는 추론으로 하늘은 능동적이고 땅은 수동적이라고 본다. 그래서 하늘에는 남성적 능력을 부여하고 땅에는 여성적 능력을 부여했다. 그러면서도 하늘과 땅 양편을 만든 분이 이런 일을 하는 분일 수도 있으리라는 기대를 하지는 않았다. 그리고 앞 책에서 사모트라키아인들의 유명한 비교秘敎를 두고 다음과 같이 해석한다. [191] 또 그 비교가 그 신봉자들에게도[192] 잘 알려져 있지 않은만큼 자기는 집필을 해가면서 명확히 밝혀내겠다고 약속한다. 또 집필한 내용을 그 신봉자들에게 보내주겠노라고 거의 종교적인 자세로 언약한다. 또 자기는 이에 관해 여러 증거를 수집했는데 그 신상들 가운데 어떤 것은 하늘을, 어떤 것은 땅을, 또

quas Plato appellat ideas; caelum Iouem, terram Iunonem, ideas Mineruam uult intellegi; caelum a quo fiat aliquid, terram de qua fiat, exemplum secundum quod fiat. Qua in re omitto dicere, quod Plato illas ideas tantam uim habere dicit, ut secundum eas non caelum aliquid fecerit, sed etiam caelum factum sit. Hoc dico, istum in hoc libro selectorum deorum rationem illam trium deorum, quibus quasi cuncta complexus est, perdidisse. Caelo enim tribuit masculos deos, feminas terrae; inter quas posuit Mineruam, quam supra ipsum caelum ante posuerat. Deinde masculus deus Neptunus in mari est, quod ad terram potius quam ad caelum pertinet. Dis pater postremo, qui Graece Πλούτων dicitur, etiam ipse masculus frater amborum terrenus deus esse perhibetur, superiorem terram tenens, in inferiore habens Proserpinam coniugem. Quo modo ergo deos ad caelum, deas ad terram referre conantur? Quid solidum quid constans, quid sobrium quid definitum habet haec disputatio? Illa est autem Tellus initium dearum, Mater scilicet Magna, apud quam mollium et abscisorum seseque secantium atque iactantium insana perstrepit turpitudo. Quid est ergo quod dicitur caput deorum Ianus, caput dearum Tellus? Nec ibi facit unum caput error, nec hic sanum furor. Cur haec frustra referre nituntur ad mundum? Quod etsi possent, pro Deo uero mundum nemo pius colit; et tamen eos nec hoc posse ueritas aperta conuincit. Referant haec potius ad homines mortuos et ad daemones pessimos, et nulla quaestio remanebit.

---

[193] 철학 용어를 사용하자면 유피테르는 작용인(作用因: a quo fiat aliquid), 유노는 질료인(質料因: de qua fiat), 미네르바는 모형인(模型因: secundum quod fiat)으로 해석되었다고 할 만하다.

[194] Cf. Plato, *Timaeus* 29a: "이 세계가 아름답고 (그것을 만든) 장인(匠人)이 선하다면 그는 영원한 범형에로 시선을 고정하고 있음이 분명하다." Cf. *Respublica* 506c - 511e; *Parmenides* 132d - 135c.

[195] 바로가 자기 저서 15권에서는 유피테르, 유노, 미네르바 삼신(三神)이 만유를 표상한다고 해놓고서는 16권에서는 새삼스럽게 남신과 여신들을 천지에 재배치한 논리적 허점을 지적한다.

[196] Dis Pater: 앞의 7.16, 23 참조.

[197] Nec ibi facit *unum* caput *error*, nec hic *sanum* furor: 아우구스티누스는 야누스 신상에 머리가 둘 달린 점과, 텔루스 숭배에 광란이 뒤섞인 점("머리가 돌았다")을 비아냥거린다.

다른 것은 플라톤이 이념이라고 부른 사물의 원형을 상징한다는 말을 한다. 그리고 하늘은 유피테르를, 땅은 유노를, 이념은 미네르바를 의미하는 것으로 알아들으려고 했다. 하늘은 그것에 의해 모든 것이 만들어지며, 땅은 그것으로부터 모든 것이 구성되고, 원형은 그것에 따라 무엇이 생성되는 원리라는 것이다.[193] 플라톤이 이념을 그토록 엄청난 힘이 있는 것이라고 말했는지, 이념에 준해 하늘이 무엇을 만든 것이 아니고 하늘마저 그 이념에 준해 만들어졌다고 했는지에 관해서는 나도 언급을 유보하겠다.[194] 내가 단언할 수 있는 것은 바로가 이 책에 와서는 선별된 세 신들에 의해 만유가 포용된다는 이론을 망각하고 있다는 사실이다. 이 책에 와서는 하늘에 남성 신들을 배당하고 여성신들은 땅에 배당한다. 그 사이에다 미네르바를 배치하고서는 ㄱ 여신을 하늘보다 앞자리에 놓았다.[195] 그다음 남성신 넵투누스가 바다에 자리잡는데 바다는 하늘보다는 땅에 해당한다. 아버지 디스[196]는 그리스 말로 플루토스라고 부르는데 그도 유피테르와 넵투누스 두 신과 형제간으로서 지상신地上神으로 여겨지며 지상을 지배하고 지하에서는 프로세르피나를 배필로 거느린다. 그런데 무슨 이유로 사람들은 남신들은 하늘과 관련시키고, 여신들은 땅과 관련시키려고 애쓸까? 이런 논의 자체가 과연 얼마나 건실하고 얼마나 일관성있고 얼마나 진중하고 얼마나 명료한 것일까? 저 텔루스는 여신들의 시원, 말하자면 대모신이라는데 바로 그 여신 앞에서 여장 남자들이며 자기를 거세한 자들이며 광란하며 날뛰는 자들로 이루어진 무리가 소란을 피우고 있다. 그렇다면 남신들의 머리가 야누스요 여신들의 머리가 텔루스라는 말은 무슨 뜻인가? 야누스의 경우는 착오로 인해 머리를 하나로 두지 못한 듯하고 텔루스의 경우는 광기로 인해 온전한 머리를 갖지 못한 듯하다.[197] 어째서 이런 것들을 굳이 세상에 결부시키려고 애쓰는가? 설령 결부가 가능해도, 경건한 사람이라면 아무도 참된 하느님 대신 세계를 숭배하지 않는다. 또한 그것이 결코 가능하지 않다는 점은 진리가 명명백백하게 보여준다. 이런 것들은 죽은 인간들에게나 결부시키고 아주 사악한 정령들에게나 결부시키도록 하라! 그러면 아무 문제도 생겨나지 않을 것이다.

29. Namque omnia, quae ab eis ex istorum deorum theologia uelut phy-
sicis rationibus referuntur ad mundum, quam sine ullo scrupulo sacrilegae
opinionis Deo potius uero, qui fecit mundum, omnis animae et omnis
corporis conditori, tribuantur, aduertamus hoc modo: Nos Deum colimus,
non caelum et terram, quibus duabus partibus mundus hic constat; nec
animam uel animas per uiuentia quaecumque diffusas, sed Deum, qui
fecit caelum et terram et omnia, quae in eis sunt; qui fecit omnem ani-
mam, siue quocumque modo uiuentem et sensus ac rationis expertem,
siue etiam sentientem, siue etiam intellegentem.

30. Et ut iam incipiam illa unius et ueri Dei opera percurrere, propter
quae isti sibi, dum quasi honeste conantur sacramenta turpissima et
scelestissima interpretari, deos multos falsosque fecerunt: illum Deum
colimus, qui naturis a se creatis et subsistendi et mouendi initia finesque
constituit; qui rerum causas habet, nouit atque disponit; qui uim seminum
condidit; qui rationalem animam, quod dicitur animus, quibus uoluit ui-
uentibus indidit; qui sermonis facultatem usumque donauit; qui munus
futura dicendi quibus placuit spiritibus inpertiuit et per quos placet ipse
futura praedicit et per quos placet malas ualetudines pellit; qui bellorum
quoque ipsorum, cum sic emendandum et castigandum est genus huma-
num, exordiis progressibus finibusque moderatur; qui mundi huius ignem
uehementissimum et uiolentissimum pro inmensae naturae temperamento
et creauit et regit; qui uniuersarum aquarum creator et gubernator est; qui

---

[198] 시편 88[89],12 참조: "하늘도 당신의 것, 땅도 당신의 것, 누리와 그 안에 가득 찬 것도 당신께
서 지으셨나이다."

[199] 바로의 자연신학에 대응하는 그리스도교 신신앙(神信仰)이라고 하겠다.

[200] 아우구스티누스는 외교인들의 다신교 신앙이 보여주는 이론적 · 실천적 맹점을 길게 열거한 다음
에(2.29; 4.33; 5.11 참조) 그리스도교의 참 신앙을 간추려 전반부를 매듭짓는다.

[201] 7.9-10에서 외교인들이 유피테르를 세계의 "원인" (causa)으로 논한 바 있다.

[202] 7.5-6, 22-23에서 세계혼 혹은 이성혼을 거론한 바 있다.

[203] 7.14에서 언어는 Mercurius, 전쟁은 Mars에게 돌리는 자연학적 해설이 나왔다.

29. 자연주의자들이 세계와 그 부분들에 귀속시킨 모든 것은 실상 한 분 참 하느님께 귀속시켜야 마땅하다

이 신들에 관한 신학에서 자연적 설명을 통해 사람들이 세계와 결부시키는 모든 내용은 참 하느님께 돌려야 한다. 그분은 세상을 만들었으며 모든 영혼과 모든 육체의 창조자다. 그럴 때만 무슨 이론을 펴다면서 신성을 모독할 걱정도 전혀 없어질 것이다. 우리는 이 점을 다음과 같이 피력한다: "우리는 하느님을 숭배한다. 우리는 하늘과 땅을 숭배하지 않으며, 이 세상은 그 두 부분으로 이루어져 있다. 우리는 단일한 세계혼을 숭배하지도 않고, 살아있는 모든 것에 충만해 있는 영혼들을 숭배하지도 않으며, 오직 하늘과 땅과 그 안에 있는 모든 것을 만든 하느님을 숭배한다.[198] 그분은 감관과 이성이 없으면서 살아있기만 하는 혼, 감각하는 혼, 인식하는 혼 등 모든 혼을 만들었다."[199]

30. 극진한 신심으로 창조주와 피조물을 구분해야 하며, 한 분 조물주의 피조물의 수효만큼 많은 신을 한 분 하느님 대신 숭배해서는 안 된다

이제부터 나는 한 분 참 하느님의 업적을 열거해 볼까 한다. 사람들이 추악하기 이를 데 없고 죄스럽기 이를 데 없는 비사를 점잖게 해석하겠다고 억지를 부리면서 실제로는 수많은 거짓 신들을 만들어내고 있기 때문이다.[200] 우리가 섬기는 하느님은 당신이 창조한 자연사물들에게 존속하고 움직이는 시원과 목적을 정해주었다. 하느님은 만유의 원인을 장악하고 인식하고 안배한다.[201] 하느님은 종자들의 능력을 부여했다. 하느님은 당신이 원하는 생명체들에게 지성이라고 일컫는 이성혼을 부여했다.[202] 하느님은 언어 능력과 사용을 인간들에게 선사했다. 당신의 마음에 드는 지성들에게는 미래를 말하는 선물도 수여했으며, 그들을 통해 당신이 미래사를 예언하는 일도 기뻐했고, 또 당신의 마음에 드는 이들을 통해 병마를 쫓아내기도 한다. 또 하느님은 전쟁을 통해 인류가 벌을 받고 교정되어야 할 경우에는 전쟁의 발발과 진행 및 결말을 주관한다.[203] 하느님은 거대한 대자연의 조화를 위해 이 세상의 지극히 드세고 격렬한 불을 창조했고 통치하고 있다. 하느님은 모든 물의 창조주요 통치자다. 하느님은 태

solem fecit corporalium clarissimum luminum eique uim congruam et motum dedit; qui ipsis etiam inferis dominationem suam potestatemque non subtrahit; qui semina et alimenta mortalium, siue arida siue liquida, naturis competentibus adtributa substituit; qui terram fundat atque fecundat; qui fructus eius animalibus hominibusque largitur; qui causas non solum principales, sed etiam subsequentes nouit atque ordinat; qui lunae statuit modum suum; qui uias caelestes atque terrestres locorum mutationibus praebet; qui humanis ingeniis, quae creauit, etiam scientias artium uariarum ad adiuuandam uitam naturamque concessit; qui coniunctionem maris et feminae ad adiutorium propagandae prolis instituit; qui hominum coetibus, quem focis et luminibus adhiberent, ad facillimos usus munus terreni ignis indulsit. Ista sunt certe, quae diis selectis per nescio quas physicas interpretationes uir acutissimus atque doctissimus Varro, siue quae aliunde accepit, siue quae ipse coniecit, distribuere laborauit. Haec autem facit atque agit unus uerus Deus, sed sicut Deus, id est ubique totus, nullis inclusus locis, nullis uinculis alligatus, in nullas partes sectilis, ex nulla parte mutabilis, implens caelum et terram praesente potentia, non indigente natura. Sic itaque administrat omnia, quae creauit, ut etiam ipsa proprios exserere et agere motus sinat. Quamuis enim nihil esse possint sine ipso, non sunt quod ipse. Agit autem multa etiam per angelos; sed non nisi ex se ipso beatificat angelos. Ita quamuis propter aliquas causas hominibus angelos mittat, non tamen ex angelis homines, sed ex se ipso, sicut angelos, beatificat. Ab hoc uno et uero Deo uitam speramus aeternam.

---

[204] dominationem suam: suus, eorum 차이로 "지하에 있는 자들에게도 고유한 지배와 권한을 박탈하지 않았다"라고 번역이 달라질 수 있다.

[205] 7.14, 19 (Saturnus와 종자)와 7.23-24 (대지로서의 Tellus 여신) 참조.

[206] 7.9.1 (최고 원인으로서의 유피테르)과 7.16 (이차적 원인으로서의 유노나 케레스) 참조.

[207] 불을 우주의 원소 가운데 하나로 보던 사상이나, 불을 인간들에게 훔쳐다 주고서 벌을 받는 프로메테우스 신화에 대비하여, 불을 인생에 대한 신적 섭리의 선물로 단언한다.

[208] ubique totus, nullis inclusus locis ... implens praesente potentia ... non indigente natura: 세계에 대한 하느님의 현존을 간결하게 정리한 명제다.

[209] administrat omnia ... etiam ipsa proprios exercere et agere motus sinat: 제1 원인이 일체의 작용을 도맡지 않고 사물이 고유한 작용(이차적 원인)을 하게 한다.

[210] nihil esse possint sine ipso, non sunt quod ipse: 다신교의 범신론적 사고를 차단한다.

[211] 창조주의 초월성과 현존, 만유를 창조하고 안배하는 신의 섭리, 피조물의 궁극적 행복 등을 간추린 교리로서 교부들의 공통된 문장들이라고 하겠다. 예: Clemens Alexandriae, *Stromata* 5.12.81-82; Origenes, *De principiis* 1 praef.; Irenaeus, *Adversus haereses* 2.26.3.

양을 물질적 광체들 가운데서도 가장 빛나는 물체로 만들었으며 태양에 적합한 위력과 운동을 부여했다. 그분은 지하에 있는 존재들에 대해서도 당신의 지배와 권한을 빼놓지 않았다.[204] 그분은 사멸하는 사물들에게 고체든 액체든 종자와 양식을 제공했고 상응하는 자연본성에 따라 배급되도록 제공했다. 하느님은 땅을 단단히 다지고 또한 비옥하게 만든다. 그분은 땅의 소출을 동물들과 인간들에게 베풀어 준다.[205] 그분은 일차적 원인들만 아니고 후속적 원인들도 알고 또한 배정한다.[206] 그분은 달에 자기 궤도를 정해주었다. 공간의 운동에 대해 천상의 도정과 지상의 도정을 부여하는 것도 그분이다. 당신이 창조한 인간 재능에는 갖가지 기술에 대한 지식을 허락했고 그렇게 해서 생명과 자연을 돕게 했다. 그분은 사촌의 빈식을 돕는 뜻에서 남자와 여자의 결합을 제도화했다. 그분은 인간들이 무리를 이루어 살면 화덕과 등잔을 사용할 테니까 아주 쉽게 이용하라고 지상의 불을 선물로 허락했다.[207] 지극히 명민하고 박식한 인물 바로가 앞에서 언급한 자연적 해석이라는 것이 그가 다른 데서 전수받았는지 아니면 스스로 고안했는지 나는 알 길이 없다. 그렇더라도 내가 방금 말한 내용이야말로 바로가 선별된 신들에게 부여하려고 애썼던 내용임에 틀림없다. 그 모든 것을 한 분 참 하느님이 만들고 행하는데, 어디까지나 하느님으로서 그렇게 한다. 그러니까 어디에나 전체로 존재하고, 그렇다고 어느 공간에도 내포되는 일이 없으며, 어느 인연에도 매이지 않으며, 어느 부분으로도 분할되지 않으며, 어느 부분에도 변함이 없고, 하늘과 땅을 가득 채우는데 어디까지나 능력으로 현전하며, 아무 부족함이 없는 본성으로 채운다.[208] 그리하여 당신이 창조한 만물을 다스리되, 각각의 사물이 고유한 운동을 발휘하고 행하도록 허락하는 방식으로 다스린다.[209] 그분 없이는 아무것도 존재할 수 없으나 사물이 곧 그분은 아니다.[210] 하느님은 많은 것을 또한 천사들을 통해 행한다. 하지만 오직 당신을 통해서가 아니면 천사들이 행복해지지 못한다. 하느님은 여러 가지 사유로 인간들에게 천사들을 보내지만 사람들이 천사들을 통해 행복해지는 것이 아니고, 천사들이 그렇듯이, 하느님 자신을 통해 행복해진다. 이 한 분 참 하느님에게서 우리는 영원한 생명을 기대하는 것이다.[211]

31. Habemus enim ab illo praeter huiusce modi beneficia, quae ex hac, de qua nonnulla diximus, administratione naturae bonis malisque largitur, magnum et bonorum proprium magnae dilectionis indicium. Quamquam enim, quod sumus, quod uiuimus, quod caelum terramque conspicimus, quod habemus mentem atque rationem, qua eum ipsum, qui haec omnia condidit, inquiramus, nequaquam ualeamus actioni sufficere gratiarum: tamen quod nos oneratos obrutosque peccatis et a contemplatione suae lucis auersos ac tenebrarum, id est iniquitatis, dilectione caecatos non omnino deseruit misitque nobis Verbum suum, qui est eius unicus filius, quo pro nobis adsumpta carne nato atque passo, quanti Deus hominem penderet, nosceremus atque illo sacrificio singulari a peccatis omnibus mundaremur eiusque spiritu in cordibus nostris dilectione diffusa omni- bus difficultatibus superatis in aeternam requiem et contemplationis eius ineffabilem dulcedinem ueniremus, quae corda, quot linguae ad agendas ei gratias satis esse contenderint?

32. Hoc mysterium uitae aeternae iam inde ab exordio generis humani per quaedam signa et sacramenta temporibus congrua, quibus oportuit, per angelos praedicatum est. Deinde populus Hebraeus in unam quandam rem publicam, quae hoc sacramentum ageret, congregatus est, ubi per quosdam scientes, per quosdam nescientes id, quod ex aduentu Christi usque nunc et deinceps agitur, praenuntiaretur esse uenturum; sparsa etiam postea eadem gente per gentes propter testimonium scripturarum, quibus aeterna salus in Christo futura praedicta est. Omnes enim non

---

[212] 이교 신앙과 그리스도교의 근본 차이를 영원한 구원에 대한 동경에서 보며, 정령이나 잡신들이 아니라 예수 그리스도가 구원의 중재자라는 신학은 9권과 10권에 집약된다.

[213] 신구약 성서에 근거하는 아우구스티누스의 천사론은 인간들에게 구원의 메시지를 전달하는 사신 (使臣) 역할에 집중된다(9권 참조).

[214] 후반부(특히 15 - 18권)를 예고하는 글이다. Cf. *Contra Faustum Manihaeum* 4.2; 22.24.

31. 진리를 따르는 사람들은 하느님으로부터 어떤 호의를 입고 하느님의 어떤 공평한 은총을 입는가

방금 우리가 몇 가지로 예시한 이런 혜택들을 하느님에게서 받지만 이것들은 자연의 섭리에 의거해서 선인에게나 악인에게나 똑같이 베풀어진다. 그런데 선인들에게 고유한 커다란 징표, 커다란 사랑의 징표가 별도로 있다. 우리가 존재하는 것, 살아있는 것, 하늘과 땅을 바라보는 것, 지성과 이성을 갖고 있는 것, 그리고 이 모든 것을 창조한 분을 지성으로 추구하는 것, 이 모두를 두고 우리는 제대로 감사를 표할 능력이 없다. 그럼에도 죄로 무거워지고 짓눌린 우리, 당신의 빛을 바라보지 않고 어둠 곧 악을 사랑하여 눈이 먼 우리를 하느님은 저버리시 않고 당신의 말씀을 우리에게 보냈다. 하느님의 외아들 되는 분이 우리를 위해 육신을 취하고 수난함으로써 하느님이 인간을 얼마나 중시하는지 우리가 깨닫게 만들었고, 저 유일무이한 희생제사로 모든 죄에서 깨끗해지게 했으며, 그분의 영으로 말미암아 우리 마음에 사랑이 충만하여 온갖 어려움을 이겨내고 영원한 안식에 이르고 하느님의 형언할 수 없는 감미로움을 바라보는 경지에 도달하게 했다. 그러니 그 어느 마음, 그 어느 혀를 가지고 이 모두를 두고 하느님께 충분할 만큼의 감사를 드릴 수 있겠는가?[212]

32. 그리스도의 구속救贖 신비는 지난 어느 시대에도 없던 적이 없으며, 제각기 다른 표징을 통해 언제나 선포되어 왔다

영원한 생명에 관한 이 신비는 인류의 시원부터, 시대에 적합한 이러저런 표징과 비사를 통해서, 그것을 알고자 하는 사람들에게 천사를 시켜 선포되었다.[213] 그다음에는 히브리 백성이 마치 하나의 국가처럼 결집하여 이 일을 전하는 역할을 맡게 되었다. 그리고 그곳에서는 본인들이 의식하든 못하든 어떤 인간들을 통해 그리스도의 내림부터 지금까지, 아니 그 뒤로도 닥쳐올 바가 예고되었다. 후일에 이 민족이 모든 민족 사이에 흩어졌는데, 그것은 성서에 관한 증언을 행하기 위함이었고, 성서는 영원한 구원이 그리스도 안에서 오리라고 예언했다.[214] 저 모든 일, 그러니까 말로 되어 있는 예언만 아니고, 또 생활에

solum prophetiae, quae in uerbis sunt, nec tantum praecepta uitae, quae mores pietatemque conformant atque illis litteris continentur, uerum etiam sacra, sacerdotia, tabernaculum siue templum, altaria, sacrificia, ceremoniae, dies festi et quidquid aliud ad eam seruitutem pertinet, quae Deo debetur et Graece proprie λατρεία dicitur — ea significata et praenuntiata sunt, quae propter aeternam uitam fidelium in Christo et impleta credimus et impleri cernimus et implenda confidimus.

33. Per hanc ergo religionem unam et ueram potuit aperiri deos gentium esse inmundissimos daemones, sub defunctarum occasionibus animarum uel creaturarum specie mundanarum deos se putari cupientes et quasi diuinis honoribus eisdemque scelestis ac turpibus rebus superba inpuritate laetantes atque ad uerum Deum conuersionem humanis animis inuidentes. Ex quorum inmanissimo et impiissimo dominatu homo liberatur, cum credit in eum, qui praebuit ad exsurgendum tantae humilitatis exemplum, quanta illi superbia ceciderunt. Hinc sunt non solum illi, de quibus multa iam diximus, et alii atque alii similes ceterarum gentium atque terrarum, sed etiam hi, de quibus nunc agimus, tamquam in senatum deorum selecti; sed plane selecti nobilitate criminum, non dignitate uirtutum. Quorum sacra Varro dum quasi ad naturales rationes referre conatur, quaerens honestare res turpes, quo modo his quadret et consonet non potest inuenire, quoniam non sunt ipsae illorum sacrorum causae, quas putat uel potius

---

[215] *impleta* credimus et *impleri* cernimus et *implenda* confidimus: 구원사업의 과거, 현재, 미래가 한 문장으로 간추려져 있다. 아우구스티누스 호교론의 개괄적 방법론을 보여주는 이 논지는 10권(32), 16권과 17권에 더 집중적으로 개진되어 있다.

[216] 7.35; 8.23-24; 10.10 참조.

[217] 그리스도의 자기 비움(필립 2,6-8 참조)이 지상국과 신국의 생활양식(modus vivendi)에 해당하는 "오만"과 "겸손"의 범형이 된다.

[218] ipsorum sacrorum causae: 교부는 신들에게 바치는 거룩한 제의가 성립하는 합리적 "이유", "원인", "근거", 혹은 "유래"가 자기의 논박에 의해 조목조목 붕괴되었다고 본다.

관한 계명, 즉 행습과 신심을 훈육하고 문자로 간직되어 있는 성서의 계명만 아니고, 심지어 제의, 제관직, 장막 또는 성전, 제단, 제사, 의식, 축일과 그런 봉직에 관련되는 모든 것(이 모든 것이 하느님께 마땅히 드려야 할 것, 그리스 어로 라트레이아라고 부르는 모든 것)이 결국은 영원한 구원이 그리스도 안에 서 오리라는 사실을 상징하고 예고한 것이었다. 우리는 그 전부가 모든 신앙인 의 영원한 생명을 위해 그리스도 안에 이미 성취되었다고 믿으며, 성취되고 있 다고 여기며, 당연히 성취되어야 한다고 신뢰하는 바이다.[215]

33. 인간들의 허물을 즐기는 악령들의 허위는 그리스도교에 의해서만 폭로될 수 있었디

이 유일하고 참된 종교를 통해 이민족의 신들이 극히 더러운 정령들임이 폭 로될 수 있었다. 그 정령들은 죽은 혼령들의 경우를 이용하거나 세상 피조물의 형상을 빌려 신으로 섬겨지기를 원했다. 그것들은 불순하고 오만하게도 신적 영예를 누리고, 죄스럽고 추잡한 짓들을 즐기면서, 인간 지성이 참 하느님께 돌아감을 시샘하고 있는 것이다.[216] 정령들이 타락한 것은 크나큰 오만 때문이 었으므로 그에 상응하는 크나큰 겸손의 모범을 보여 인간이 일어설 수 있게 해 준 분을 믿어야 한다.[217] 그분을 믿게 될 때 인간은 그런 정령들의 극히 야만스 럽고 불경스런 지배에서 해방될 수 있다. 여기서 말하는 정령들은 우리가 이미 상당히 많은 얘기를 한 신들뿐 아니라, 다른 민족들과 다른 땅에서 섬김받는 여타의 비슷비슷한 신들도 포함하며, 우리가 지금 논하고 있는, 마치 신들의 원로원으로 선발된 신들까지도 다 포함된다. 하지만 신들의 원로원에 선발된 신들은 그들이 가진 덕성의 품위 때문이 아니라, 죄상의 품격 때문에 선별되었 음에 틀림없다. 바로는 그런 신들에게 바치는 제전을 자연주의에 가까운 명분 과 결부시키려고 노력하면서 심지어 거기서 저질러지는 추악한 행태마저 나름 대로 정당화하려고 시도한다. 그렇지만, 저런 제전을 그가 하는 설명에 부합하 고 합치하게 만들 만한 설득력있는 방법을 찾아내는 데 성공하지 못한다. 이는 그런 제전의 이유가 존재하지 않기 때문이다.[218] 그냥 그럴 만한 이유가 있다고

uult putari. Nam si non solum ipsae, uerum etiam quaelibet aliae huius generis essent, quamuis nihil ad Deum uerum uitamque aeternam, quae in religione quaerenda est, pertinerent, tamen qualicumque de rerum natura reddita ratione aliquantulum mitigarent offensionem, quam non intellecta in sacris aliqua uelut turpitudo aut absurditas fecerat; sicut in quibusdam theatrorum fabulis uel delubrorum mysteriis facere conatus est, ubi non theatra delubrorum similitudine absoluit, sed theatrorum potius similitudine delubra damnauit; tamen utcumque conatus est, ut sensum horribilibus rebus offensum uelut naturalium causarum reddita ratio deleniret.

34. Sed contra inuenimus, sicut ipse uir doctissimus prodidit, de Numae Pompilii libris redditas sacrorum causas nullo modo potuisse tolerari nec dignas habitas, quae non solum lectae innotescerent religiosis, sed saltem scriptae reconderentur in tenebris. Iam enim dicam, quod in tertio huius operis libro me suo loco dicturum esse promiseram. Nam, sicut apud eundem Varronem legitur in libro de cultu deorum, «Terentius quidam cum haberet ad Ianiculum fundum et bubulcus eius iuxta sepulcrum Numae Pompilii traiciens aratrum eruisset ex terra libros eius, ubi sacrorum institutorum scriptae erant causae, in Vrbem pertulit ad praetorem. At ille cum inspexisset principia, rem tantam detulit ad senatum. Vbi cum pri-

---

[219] 아우구스티누스는 바로가 종교 제의를 본떠서 외설적 연극이 상연되고 있다는 사실보다도, 종교 제의가 극장의 외설을 모방하고 있다는 사실을 규탄하는 것으로 보아 바로의 자연주의 신학에는 합리적인 면이 없지 않다고 수긍한다.

[220] 3.9 참조.

보거나 그렇게 보이기를 바랄 따름이다. 그런 이유들이 무엇이든, 이유의 종류가 어떤 것이든 존재하기만 한다면야, 대자연에서 유래하는 명분을 내세울 수 있을 것이고, 따라서 저런 제전에서 비롯되는 혐오감, 도저히 합리적으로는 이해되지 않는 점, 다시 말해 추행이랄까 부조리가 만들어내는 혐오감을 어느 정도 완화시킬 수도 있었으리라. 저런 제전들이 비록 종교에서 마땅히 추구해야 할 참 하느님이나 영원한 생명과는 아무 연관이 없다고 할지라도. 극장에서 공연되는 어떤 신화나 사당에서 거행되는 어떤 제의를 두고 바로는 다름아닌 이것을 시도했다. 사실 바로의 글에서는 사당에서 거행되는 것과 유사하다고 해서 극장의 연극을 너그럽게 봐주었다기보다는, 오히려 극장에서 상연되는 것과 다를 바 없다고 해서 사당의 제의를 지탄했다. 그가 한 것이 어떤 시도였든 바로는 제의에서 거행되는 가공할 짓을 보면서 생겨나는 혐오감을, 어떻게든 자연적 이유에서 명분을 찾아 완화해 보려고 했다.[219]

34. 누마 폼필리우스의 책은 제사의 기원에 관한 그 내용이 알려지지 않도록 원로원이 소각을 명령했다

그렇지만 저 박식한 인물이 우리에게 알려준 것처럼, 누마 폼필리우스의 책에서 밝혀진 제전祭典의 명분들을 로마인들도 결코 받아들일 수가 없었다는 사실을 우리는 알고 있다. 단지 그것이 밖으로 알려져 종교인들에게 읽히는 것은 물론이려니와 기록된 문전으로 어둠 속에 비밀리에 간직되는 일마저 온당하지 못하다고 여겨졌다는 사실도 우리는 알고 있다. 나는 적절한 대목에서 이 문제를 논하겠다고 본서 제3권에서 약속한 바 있는데,[220] 이제 그 이야기를 해야겠다. 바로의 「제신 예배」라는 책에 이런 대목이 나온다: "테렌티우스라는 자가 있었는데 야니쿨룸 언덕에 농지를 갖고 있었다. 그 사람의 소작인이 쟁기질을 하다가 누마 폼필리우스의 무덤 가까이서 누마의 책자를 땅에서 파냈다. 그 책에는 거룩한 종교 제도의 명분들이 기록되어 있었다. 테렌티우스는 그 책을 로마 도성으로 가져가 법무관에게 바쳤다. 그러나 법무관은 책의 첫 대목을 살펴보고서는 사건이 하도 엄청나서 원로원에 보고했다. 그곳에서 수석 원로원 의

mores quasdam causas legissent, cur quidque in sacris fuerit institutum, Numae mortuo senatus adsensus est, eosque libros tamquam religiosi patres conscripti, praetor ut combureret, censuerunt.» Credat quisque quod putat; immo uero dicat, quod dicendum suggesserit uesana contentio, quilibet tantae impietatis defensor egregius. Me admonere sufficiat sacrorum causas a rege Pompilio Romanorum sacrorum institutore conscriptas nec populo nec senatui nec saltem ipsis sacerdotibus innotescere debuisse ipsumque Numam Pompilium curiositate inlicita ad ea daemonum peruenisse secreta, quae ipse quidem scriberet, ut haberet unde legendo commoneretur; sed ea tamen, cum rex esset, qui minime quemquam metueret, nec docere aliquem nec delendo uel quoquo modo consumendo perdere auderet. Ita quod scire neminem uoluit, ne homines nefaria doceret, uiolare autem timuit, ne daemones iratos haberet, obruit, ubi tutum putauit, sepulcro suo propinquare aratrum posse non credens. Senatus autem cum religiones formidaret damnare maiorum et ideo Numae adsentiri cogeretur, illos tamen libros tam perniciosos esse iudicauit, ut nec obrui rursus iuberet, ne humana curiositas multo uehementius rem iam proditam quaereret, sed flammis aboleri nefanda monumenta, ut, quia iam necesse esse existimabant sacra illa facere, tolerabilius erraretur causis eorum ignoratis, quam cognitis ciuitas turbaretur.

---

221 Varro, *De cultu deorum* [Semi ed.] fr.42. Cf. Livius, *Ab Urbe condita* 40.29: Plutarchus, *Vitae Parallelae. Numa* 22; Plinius, *Historia naturalis* 13.13.84-87.

222 호민관 Valerius Soranus (7.9.2 각주 78) 는 로마 종교의 비의(秘義) 를 누설했다는 죄목으로 사형 당한 것은 바로 이 책 때문으로 전해온다. Cf. Cicero, *De legibus* 2.8.19-20.

223 tolerabilius *erraretur* causis eorum ignoratis, quam cognitis civitas *turbaretur*: 누마 폼필리우스의 문서를 불사르게 한 원로원의 조처는 거룩한 비의를 누설하지 않으려는 종교전통에 따른 것이었으리 라고 추측되지만, 아우구스티누스는 호교론적 입장에서, 그 문서가 어처구니없고 추루한 내용이라서 공개 못하고 불태워 없앤 것이 아니냐는 시비를 걸고 있다.

원들은 어째서 이러저런 것이 제의로 제정되었는가를 해설하는 일차적 명분들을 읽어보고 나서, 이미 세상을 떠난 인물이지만 책을 묻어버린 누마의 생각에 동조했으며, 그 안건을 다루려고 소집된 원로원 의원들은 법무관더러 그 문서를 소각하라는 결정을 내렸다."[221] 믿고 안 믿는 일은 각자가 마음 내키는 대로 할 일이다. 더 나아가, 터무니없는 시비를 걸고 싶거나 마음에 짚이는 데가 있어서 할 말이 있거든 말해 보라. 그래서 누구든 출중한 변호인을 자부하거든 저런 문서를 소각한 그토록 불경스런 짓을 변호하고 싶거든 해 보라. 다만 나는 다음과 같은 점을 독자들에게 상기시키는 것으로 만족하겠다. 우선 로마의 제의를 제정한 인물 폼필리우스 왕에 의해 규정된 제의의 명분이라는 것이 국민이든 원로원이든 심지어 최소한 제관들한테마저 알려져서는 안 되었다는 사실이다. 또 저 문서는 누마 폼필리우스 본인이 온당치 못한 호기심에 이끌리다보니 정령들의 저 비의에 접하게 되었으며, 본인이 직접 기록하여 보관하면서 읽고 기억을 가다듬는 문서였다는 사실이다. 그는 왕이라서 아무도 두려워하지 않는 처지였지만 그 기록이 누구를 가르치거나 어떤 식으로든 사람을 기만하여 망치고 싶지는 않았다는 사실이다. 그는 그 내용이 누구에게라도 알려져 사람들에게 불측한 것을 가르치는 결과가 되지 않기를 바랐고, 또 그 내용이 짓밟혀 정령들이 노발대발하는 일도 없기를 바랐다. 그래서 안전하다고 여기는 곳에 문서를 파묻었는데, 이는 쟁기가 자기 무덤에까지 이르리라고는 생각지 않았던 까닭이다. 그리고 원로원은 선조들의 종교심에 대해 단죄를 내리기를 꺼려했고, 그래서 누마의 생각에 동조하지 않을 수 없는 처지였을 것이다. 그러면서도 그 서책이 너무도 해롭다고 판단을 내렸으므로, 다시 매장하라는 명령마저 내리지도 않았다. 일단 드러난 이상 인간 호기심이 또다시 찾아내는 일이 없게, 이 불경스런 문서를 아예 불태워 없애라고 명령한 것이다.[222] 저런 내력에서 제정된 제의일망정 그대로 거행될 필요는 있다고 생각했다. 그렇지만, 로마 도성이 그런 제의를 거행하게 된 이유는 알지 못한 채로 헤매는 편이 그 이유를 알고 나서 도성이 혼란에 빠지는 것보다 견딜 만하다고 판단했던 것이다.[223]

35. Nam et ipse Numa, ad quem nullus Dei propheta, nullus sanctus angelus mittebatur, hydromantian facere compulsus est, ut in aqua uideret imagines deorum uel potius ludificationes daemonum, a quibus audiret, quid in sacris constituere atque obseruare deberet. Quod genus diuinationis idem Varro a Persis dicit allatum, quo et ipsum Numam et postea Pythagoram philosophum usum fuisse commemorat; ubi adhibito sanguine etiam inferos perhibet sciscitari et νεκυομαντείαν Graece dicit uocari, quae siue hydromantia siue necromantia dicatur, id ipsum est, ubi uidentur mortui diuinare. Quibus haec artibus fiant, ipsi uiderint. Nolo enim dicere has artes etiam ante nostri Saluatoris aduentum in ipsis ciuitatibus gentium legibus solere prohiberi et poena seuerissima uindicari. Nolo, inquam, hoc dicere; fortassis enim talia tunc licebant. His tamen artibus didicit sacra illa Pompilius, quorum sacrorum facta prodidit, causas obruit (ita timuit et ipse quod didicit), quarum causarum proditos libros senatus incendit. Quid mihi ergo Varro illorum sacrorum alias nescio quas causas uelut physicas interpretatur? Quales si libri illi habuissent, non utique arsissent, aut et istos Varronis ad Caesarem pontificem scriptos atque editos patres conscripti similiter incendissent. Quod ergo aquam egesserit, id est exportauerit, Numa Pompilius, unde hydromantian faceret, ideo nympham Egeriam coniugem dicitur habuisse, quem ad modum in supradicto libro Varronis exponitur. Ita enim solent res gestae aspersione men-

---

²²⁴ hydromantia: 그리스인들과 로마인들은 거룩한 샘에 물건을 띄우고 그 움직임으로 신의 뜻을 알아내려고 했다. Cf. Isidorus, *Etymologiae* 8.9.12: "수점이라는 것은 물을 바라보면서 정령의 그림자를 부르고 그들의 영상을 보려고 하며 심지어는 그들에게서 무슨 소린가 들으려는 짓이다."

²²⁵ Varro, *De cultu deorum* fr.43. necromantia로 읽는 경우, 죽은 사람의 혼령을 불러내는 점술로 고대세계(예: Homerus, *Odysseia* 10.490-494; Vergilius, *Aeneis* 6)만 아니고 성서(1열왕[1사무] 28,5-19: 사울이 사무엘을 부른다)에도 알려져 있다(Isidorus, *Etymologiae* 8.9.10).

²²⁶ 로마에서도 관례상으로 마술은 늘 금지되어 있었고 황제들의 칙령으로 엄단되기도 했다. 예: Dio Cassius, *Historia Romana* 52.34.3.

²²⁷ Cf. Lactantius, *Divinae institutiones* 1.6.

²²⁸ "나르다"(egero, gessi, gestum, ere)라는 동사에서 "에게리아"(Egeria)라는 요정의 이름이 나왔다는 설명이다: Varro, *De cultu deorum* fr.43. Cf. Livius, *Ab Urbe condita* 1.21; Ovidius, *Fasti* 3.275.

35. 물에 비친 몇몇 정령의 모습을 보고 누마가 속아서 만든 수점水占

그리고 누마 본인에게 하느님의 어느 예언자나 어느 거룩한 천사도 찾아온 일이 없어서인지 몰라도, 누마는 수점을 치지 않을 수 없었다. 수점에서는 수면에서 신들의 형상, 혹은 신령들의 허상을 보고, 제전으로는 무엇무엇을 제정해야 하고 무엇무엇을 준수해야 할 것인지 그 형상들한테서 듣는다는 것이다.[224] 바로도 이런 점占은 페르시아인들에게서 도입한 것이라는 말을 하며, 누마 본인은 물론 후대에 철학자 피타고라스도 이 점술을 이용했다는 말까지 보탠다. 그런 자리에서는 피를 써서 망령들을 불러내기도 했는데 이것을 그리스말로는 네퀴오만테이아라고 부른다는 얘기도 전한다.[225] 그것을 수점이니 강신술이니 히지만 실은 똑같은 것이니 둘다 망자亡者들이 영감을 끼치는 것으로 보이는 까닭이다. 무슨 술수로 그런 일이 벌어지는지는 저 사람들이 알아서 대답하리라고 본다. 우리 구세주의 내림 이전에도 이민족들의 도성에서는 이런 술수들이 법률로 금지되어 있었고 엄한 벌로 다스리는 것이 상례였다는 것은 굳이 말하고 싶지 않다.[226] 내가 이런 말을 하고 싶지 않은 이유는 그 당시에는 이런 짓이 허용되어 있었을지도 모르는 까닭이다. 여하튼 누마 폼필리우스는 이런 술수를 구사해서 거룩한 제의를 익혔고, 그렇게 익힌 제의들을 공공연히 발표했으면서도, 다만 그 명분들만은 파묻어 버렸고(자기가 익힌 바를 그 자신마저 두려워했다는 뜻이다), 그 명분들이 담긴 책들이 발견되자 원로원은 책을 불살라버렸던 것이다. 그러니 나로서 궁금한 점은 이것이다: 바로가 저런 제의들에 관해 다른 명분을 어떻게 제시할 것이며, 어떤 식으로 해서 그것을 자연적 이유라고 해석해낼 것인가? 누마의 책이 혹시 제전의 명분에 관한 자연적 해석을 담고 있었더라면 사람들이 불사르지 않았을까? 자연적 해석을 담고 있었음에도 불살랐다면 바로의 책이라고 할지라도, 더구나 그 책이 대제관 카이사르에게 헌정된 책이라고 해도, 똑같이 불살라 버렸을 것임에 틀림없다.[227] 누마 폼필리우스가 물을 도성 밖으로 날라가서 수점을 친 일, 그래서 그는 님프 에게리아를 배우자로 맞아들였다는 이야기가 앞서 언급한 바로의 책에 제시되어 있다.[228] 이렇게 해서 역사적 사실이 거짓말을 퍼뜨리는 설화로 변모되는 일

daciorum in fabulas uerti. In illa igitur hydromantia curiosissimus rex ille
Romanus et sacra didicit, quae in libris suis pontifices haberent, et eorum
causas, quas praeter se neminem scire uoluit. Itaque eas seorsum scriptas
secum quodam modo mori fecit, quando ita subtrahendas hominum
notitiae sepeliendasque curauit. Aut ergo daemonum illic tam sordidae et
noxiae cupiditates erant conscriptae, ut ex his tota illa theologia ciuilis
etiam apud tales homines execrabilis appareret, qui tam multa in ipsis
sacris erubescenda susceperant; aut illi omnes nihil aliud quam homines
mortui prodebantur, quos tam prolixa temporis uetustate fere omnes po-
puli gentium deos inmortales esse crediderant, cum et talibus sacris idem
illi daemones oblectarentur, qui se colendos pro ipsis mortuis, quos deos
putari fecerant, quibusdam fallacium miraculorum adtestationibus suppo-
nebant. Sed occulta Dei ueri prouidentia factum est, ut et Pompilio amico
suo illis conciliati artibus, quibus hydromantia fieri potuit, cuncta illa
confiteri permitterentur, et tamen, ut moriturus incenderet ea potius quam
obrueret, admonere non permitterentur; qui ne innotescerent nec aratro,
quo sunt eruta, obsistere potuerunt, nec stilo Varronis, quo ea, quae de
hac re gesta sunt, in nostram memoriam peruenerunt. Non enim possunt,
quod non sinuntur efficere; sinuntur autem alto Dei summi iustoque
iudicio pro meritis eorum, quos ab eis uel adfligi tantum, uel etiam subici
ac decipi iustum est. Quam uero perniciosae uel a cultu uerae diuinitatis
alienae illae litterae iudicatae sint, hinc intellegi potest, quod eas maluit

---

[229] 정령숭배와 그 구차한 의식이 이유도 근거도 없는 짓임이 후대에 폭로되게 배려한 섭리였다는
말이다.

[230] sinuntur alto Dei summi iustoque iudicio: 악령까지 포함하여 (인간을 해코지하는) 모든 잡신들의
활동은 최고신의 주재하에서만 가능하다는 결론은 정령에 대한 공포에 사로잡힌 사람들에게 주는 신
학적 해답이다.

은 흔하다. 그리고 바로 그 수점에서 저 호기심 많은 로마 국왕은 제관들이 지금 자기네 서책에 간직하고 있는 제의들을 배웠으며, 그 제의들의 이유를 배웠는데 그것만은 자기 외에 아무도 알지 못하도록 했다. 그래서인지 그런 이유들은 어떻게든 자기와 더불어 죽어 없어지게 만들었으며, 인간들의 지식에 닿지 않도록 땅에 묻히게 손을 썼던 것이다. 그렇게 한 까닭은 거기에 정령들의 저속하고 해로운 탐욕들이 적혀 있었거나(이것 때문에, 제의에 온갖 창피스런 것들을 무척 많이 받아들인 사람들이 보기에도, 민간신학 전체가 혐오스런 것으로 비쳤다), 그 모든 정령들이 죽은 인간일 뿐이라는 사실이 드러나 있거나 둘 중의 하나였을 것이다. 오랜 시간 간격으로 인해 이민족의 모든 백성들은 죽은 인간들을 불사의 신이라고 믿기에 이르렀을 것이다. 정령들도 인간들이 바치는 그런 제의를 즐겼을 테고 망자들 대신 결국 자기들을 섬기게 하려고, 이러저런 가짜 이적을 증거로 뒷받침해 주면서, 망자들이 신처럼 여겨지게 만들었을 것이다. 그렇지만 폼필리우스가 수점을 칠 만한 그런 술수를 가르쳐 주고서 폼필리우스를 자기네 친우로 사귄 저 정령들이 그에게 저 모든 비밀을 털어놓게 된 것도 참된 하느님의 은밀한 섭리에 따라서 이루어진 일이었다.[229] 또 그가 죽으면서 그런 문서를 땅에 묻느니보다는 불로 태워버리라고 충고하지 못하게 된 것도 하느님의 섭리로 이루어진 일이었다. 그 정령들은 그 문서가 쟁기에 걸려서 파묻힌 곳으로부터 드러나지 못하게 훼방할 힘마저 없었고, 이 사건이 터진 일이 바로의 붓에 의해 우리 기억에까지 도달하지 못하게 막을 힘도 없었던 것이다. 정령들은 그렇게 이루도록 허용된 일 말고는 무엇을 행할 능력이 없는 법이다. 저런 일이나마 그들에게 허용된 것도 지존하신 하느님의 심원하고 정의로운 판단에 따른 것이다.[230] 당사자들의 행적에 따라서 어떤 사람들은 저런 신령들에게 단지 시달림을 받기만 하고, 어떤 사람들은 아예 종속당하고 기만당하는데 그게 온당한 까닭이다. 다만 다음과 같은 사실에서 우리는 그 문서가 얼마나 해로운 것이었고 참다운 신성에 바치는 예배와 얼마나 동떨어진 것으로 여겨졌던가를 깨달을 수 있다. 폼필리우스가 감추어 두었던 것을 원로원은 차라리 불태워 버리기를 바랐던 것이다! 폼필리우스가 두려워해서 감히 불태우지

senatus incendere, quas Pompilius occultauit, quam timere quod timuit, qui hoc audere non potuit. Qui ergo uitam nec modo habere uult piam, talibus sacris quaerat aeternam; qui autem cum malignis daemonibus non uult habere societatem, non superstitionem, qua coluntur, noxiam pertimescat, sed ueram religionem, qua produntur et uincuntur, agnoscat.

못하던 그 대상을 숨겨놓고서 두려워하기보다는 차라리 불태워 없애버렸다는 말이다. 그러니까 지금도 경건한 삶을 영위하려는 의사가 없는 자라면 그런 제사나 드리면서 영원한 삶을 찾도록 내버려 두라! 다만 악령들과 친교를 맺기 싫어하는 사람이라면, 악령들을 숭배하는 해로운 미신을 두고 전전긍긍할 것이 아니라, 참다운 종교를 알도록 하라! 악령들의 정체를 폭로하고 물리치는 참다운 종교를 알도록 하라![231]

---

[231] 악령들이나 그 세력에 대한 그리스도인의 태도는 공포가 아니고(ne pertimescat) 참다운 종교심으로 그것들을 이겨내는 것이다.

AUGUSTINUS

DE CIVITATE DEI
LIBER VIII

CHRISTI ET ROMANORUM RELIGIO AD
PHILOSOPHORUM SAPIENTIAM CONFERUNTUR

아우구스티누스

신국론
제 8 권

철학자들의 지혜에 비추어 견준
그리스도교와 로마인 종교

1. Nunc intentiore nobis opus est animo multo quam erat in superiorum solutione quaestionum et explicatione librorum. De theologia quippe, quam naturalem uocant, non cum quibuslibet hominibus (non enim fabulosa est uel ciuilis, hoc est uel theatrica uel urbana; quarum altera iactitat deorum crimina, altera indicat deorum desideria criminosiora ac per hoc malignorum potius daemonum quam deorum), sed cum philosophis est habenda conlatio; quorum ipsum nomen si Latine interpretemur, amorem sapientiae profitetur. Porro si sapientia Deus est, per quem facta sunt omnia, sicut diuina auctoritas ueritasque monstrauit, uerus philosophus est amator Dei. Sed quia res ipsa, cuius hoc nomen est, non est in omnibus, qui hoc nomine gloriantur (neque enim continuo uerae sapientiae sunt amatores, quicumque appellantur philosophi): profecto ex omnibus, quorum sententias litteris nosse potuimus, eligendi sunt cum quibus non indigne quaestio ista tractetur. Neque enim hoc opere omnes omnium philosophorum uanas opiniones refutare suscepi, sed eas tantum, quae ad theologian pertinent, quo uerbo Graeco significari intellegimus de diuinitate rationem siue sermonem; nec eas omnium, sed eorum tantum, qui cum et esse diuinitatem et humana curare consentiant, non tamen sufficere unius incommutabilis Dei cultum ad uitam adipiscendam etiam post mortem beatam, sed multos ab illo sane uno conditos atque institutos ob eam causam colendos putant. Hi iam etiam Varronis opinionem ueritatis propin-

---

[1] Cf. Cicero, *De officiis* 2.2: philosophia ... studium sapientiae.

[2] per quem facta sunt omnia: 요한 1,3 ("만물이 그분으로 말미암아 생겨났고 그분 없이 생겨난 것은 하나도 없다") 참조.

[3] verus philosophus est amator Dei (8.11 참조) 논변: 철학하는 목적은 행복이고 (nulla causa philosophandi nisi ut beatus sit: 19.1.3). 행복이란 진리를 누리는 기쁨 (gaudium de veritate: *Confessiones* 10.23.33)인데 하느님만 영원한 행복을 주는 영원한 진리다. 따라서 철학하는 사람은 하느님을 사랑하고 있다 (8.8 각주 75 참조).

[4] theologia, de divinitate ratio sive sermo: 아우구스티누스가 본서에서 내리는 신학의 정의다.

1. 자연신학 문제는 뛰어난 지식을 갖춘 철학자들과 논해야 한다

앞에서 제기된 문제를 해결하기 위해서는 각권을 개진할 때보다 훨씬 진지한 지성이 필요하다. 왜냐하면 사람들이 자연신학이라고 일컫는 신학에 관해서는 아무하고나 논할 것이 아니라 철학자들과 논해야 하기 때문이다. (이것은 설화 신학도 아니고 민간신학도 아니다. 다시 말해 극장신학도 아니고 도회신학도 아니다. 설화신학은 신들의 행악을 보여주고 민간신학은 신들이 여전히 가지고 있는 부도덕한 욕망을 보여주는 것이다. 그런 점에서 이 욕망들은 신들의 것이라기보다는 악령들의 것이라고 하겠다.) 철학자라는 명사 자체를 라틴어로 푼다면 지혜에 대한 사랑이라는 뜻을 담고 있다.[1] 그런데 만일 지혜가 곧 하느님이라면, 신적 권위와 진리가 입증하는 바와 같이 그분을 통해 만유가 창조된 바로 그 하느님이라면,[2] 진정한 철학자는 하느님을 사랑하는 사람이다.[3] 그렇지만 철학자라는 이름을 내세우는 모든 사람들에게 이 이름에 담긴 그 지혜가 깃들어 있는 것은 아니다. (철학자로 불린다고 해서 누구나 참 지혜를 사랑하는 사람들은 아니기 때문이다.) 따라서 우리가 전해오는 글을 통해 그 사상을 알수 있는 사람들 전부 가운데서도 이 문제를 함께 논하는 데 부적격하지 않은 사람들을 따로 골라야 한다. 더구나 나는 이 저술로 모든 철학자의 허황한 학설을 모조리 거론해서 모조리 반박하려는 것이 아니라, 단지 신학, 다시 말해 그리스어로 신성에 관한 사유 내지 강화라고 이해되는 학문에 해당하는 학설들만 다루려는 것이다.[4] 그렇다고 신에 관한 모든 사람의 학설을 다 다루려는 것이 아니다. 신성이 존재하고 인간사를 보살핀다고 생각하면서도, 사후에도 행복한 생명을 얻으려면 유일하고 불변하는 하느님을 숭배하는 것으로는 충분하지 못하다고 여기고, 따라서 유일한 그 하느님이 만든 신들, 중간역할을 담당하는 다수의 신들을 섬겨야 한다고 여기는 사람들의 학설들만 다루고자 한다. 진리의 근사치로 말한다면 이 철학자들은 바로의 학설을 훨씬 능가한다. 바로

quitate transcendunt; si quidem ille totam theologian naturalem usque ad mundum istum uel animam eius extendere potuit, isti uero supra omnem animae naturam confitentur Deum, qui non solum mundum istum uisibilem, qui saepe caeli et terrae nomine nuncupatur, sed etiam omnem omnino animam fecerit, et qui rationalem et intellectualem, cuius generis anima humana est, participatione sui luminis incommutabilis et incorporei beatam facit. Hos philosophos Platonicos appellatos a Platone doctore uocabulo deriuato nullus, qui haec uel tenuiter audiuit, ignorat. De hoc igitur Platone, quae necessaria praesenti quaestioni existimo, breuiter adtingam, prius illos commemorans, qui eum in eodem genere litterarum tempore praecesserunt.

2. Quantum enim adtinet ad litteras Graecas, quae lingua inter ceteras gentium clarior habetur, duo philosophorum genera traduntur: unum Italicum ex ea parte Italiae, quae quondam magna Graecia nuncupata est; alterum Ionicum in eis terris, ubi et nunc Graecia nominatur. Italicum genus auctorem habuit Pythagoram Samium, a quo etiam ferunt ipsum philosophiae nomen exortum. Nam cum antea sapientes appellarentur, qui modo quodam laudabilis uitae aliis praestare uidebantur, iste interrogatus, quid profiteretur, philosophum se esse respondit, id est studiosum uel amatorem sapientiae; quoniam sapientem profiteri arrogantissimum uidebatur. Ionici uero generis princeps fuit Thales, Milesius, unus illorum septem, qui sunt appellati sapientes. Sed illi sex uitae genere distinguebantur et quibusdam praeceptis ad bene uiuendum accommodatis; iste autem Thales, ut successores etiam propagaret, rerum naturam scrutatus

---

[5] 이하에 교부가 간추리는 철학사는 Celsinus Cappadociae라는 그리스 사람의 작품(cf. Augustinus, *Contra Academicos* 2.2.5)에서 간추린 것으로 추정된다. Cf. Cicero, *Tusculanae disputationes* 5.7; *De oratore* 3.24.93-95; *De natura deorum* 1.4.8.

[6] 교부는 그리스어를 자유로이 해독하지는 못했지만 이 언어를 높이 샀다: 8.10; 18.37 참조.

[7] Pythagoras (BC 571~497년경): 사모스의 철인, 수학자 및 신비가. 만유가 수의 법칙으로 되어 있다는 주장을 교부가 8권 외에도 6.5.2; 18.25, 37에서 언급한다.

[8] Cf. Plato, *Protagoras* 343a.

[9] se esse ... studiosum vel amatorem sapientiae: cf. Cicero, *Tusculanae disputationes* 5.3.8-9.

[10] Thales: BC 7세기의 자연학자로서 585년의 일식을 예고했고 피라미드의 높이를 측정했다고 한다. 만물의 궁극 원리(arche)를 궁구했다(cf. Cicero, *De natura deorum* 1.10.25). 본서 18.23-25, 37에 언명된다.

[11] 그리스의 칠현: Thales, Pittacos, Bias, Myson, Chilon, Solon, Cleobule. Cf. Plato, *Protagoras* 343a.

가 자연신학 전체를 저 세계와 세계혼에까지 확대할 수 있었다면, 이 사람들은 하느님이 영혼의 모든 자연본성 위에 있음을 고백하며, 흔히 천지라고 일컫는 저 가시적 세계만 아니라 온갖 생명을 하느님이 만들었다고 고백한다. 또 이 사람들은 하느님은 이성적이고 오성적인 영혼이(인간 영혼도 그 종류에 속한다) 불변하며 무형인 당신의 빛에 참여함으로써 행복해지게 만든다고 고백한다. 이 철학자들을 플라톤 학파라고 하는데, 피상적으로라도 이야기를 들어본 사람이라면 스승 플라톤에게서 이 이름이 유래했다는 것은 누구나 알 것이다. 이 플라톤이라는 인물에 관해서는 우리 현안 문제에 있어 필요하다고 생각하는 범위 내에서 간략하게 언급하기로 한다. 하지만 그보다 먼저, 이 학문 영역에서 시대적으로 앞섰던 인물들을 다루기로 한다.[5]

2. 철학의 두 학파, 즉 이탈리아 학파와 이오니아 학파 그리고 그 창시자들

그리스어는 민족들의 여타 언어 가운데 더 유명한 언어인데 그 그리스 문학과 관련해서 철학자들의 학파 둘이 전해온다.[6] 하나는 이탈리아 학파로서 한때는 대$_{\text{大}}$그리스라 불린 이탈리아의 일부 지방에서 유래한 것이다. 다른 하나는 이오니아 학파로서 지금도 그리스라고 불리는 저곳에서 유래한 것이다. 이탈리아 학파의 창시자는 사모스의 피타고라스[7]였는데, "철학"이라는 이름 자체가 피타고라스에게서 유래했다고 한다. 피타고라스 이전 시대에는 칭송받을 삶을 살아서 다른 사람들보다 뛰어나 보이는 사람들을 "현자"라고 했는데,[8] 피타고라스는, 자기를 누구라고 부르느냐는 질문을 받고서 "철학자"라고, 다시 말해 "지혜를 궁구하는 사람" 혹은 "지혜를 사랑하는 사람"이라고 답변했다. 스스로를 현자로 자처하기는 극히 불손하다고 여겼던 것이다.[9] 이오니아 학파의 시조는 밀레투스의 탈레스[10]였다. 그는 일곱 현자라고 불리는 사람들 가운데 하나였다. 다른 여섯은 삶의 방식으로, 그리고 잘사는 법을 가르치는 계율로 출중했다.[11] 저 탈레스는 대자연을 궁구하고 후학들을 위해 자기 학설을 문자로 전수한 점에서도 훌륭했다. 특히 그는 천문학의 숫자를 계산하여 일식과 월식을 예고할 수 있는 능력을 가진, 매우 뛰어난 인물이었다. 그러나 그는 물이 만물의 원리

suasque disputationes litteris mandans eminuit maximeque admirabilis extitit, quod astrologiae numeris conprehensis defectus solis et lunae etiam praedicere potuit. Aquam tamen putauit rerum esse principium et hinc omnia elementa mundi ipsumque mundum et quae in eo gignuntur existere. Nihil autem huic operi, quod mundo considerato tam mirabile aspicimus, ex diuina mente praeposuit. Huic successit Anaximander, eius auditor, mutauitque de rerum natura opinionem. Non enim ex una re, sicut Thales ex umore, sed ex suis propriis principiis quasque res nasci putauit. Quae rerum principia singularum esse credidit infinita, et innumerabiles mundos gignere et quaecumque in eis oriuntur; eosque mundos modo dissolui, modo iterum gigni existimauit, quanta quisque aetate sua manere potuerit; nec ipse aliquid diuinae menti in his rerum operibus tribuens. Iste Anaximenen discipulum et successorem reliquit, qui omnes rerum causas aeri infinito dedit, nec deos negauit aut tacuit; non tamen ab ipsis aerem factum, sed ipsos ex aere ortos credidit. Anaxagoras uero eius auditor harum rerum omnium, quas uidemus, effectorem diuinum animum sensit et dixit ex infinita materia, quae constaret similibus inter se particulis rerum omnium; quibus suis et propriis singula fieri, sed animo faciente diuino. Diogenes quoque Anaximenis alter auditor, aerem quidem dixit rerum esse materiam, de qua omnia fierent; sed eum esse compotem diuinae rationis, sine qua nihil ex eo fieri posset. Anaxagorae successit auditor eius Archelaus. Etiam ipse de particulis inter se similibus, quibus singula quaeque fierent, ita putauit constare omnia, ut inesse etiam mentem diceret, quae corpora aeterna, id est illas particulas, con-

---

[12] Anaximander (BC 610~540년경): 만유가 "규정되지 않는 무엇"(apeiron)으로 구성되어 있으리라고 주장했다(cf. Cicero, *De natura deorum* 1.10.25). 본서 18.25, 37에도 언급.

[13] Anaximenes (BC 546년 무렵): 만유의 원리인 공기의 희석과 농축으로 만물이 발생한다고 보았다(Cicero, *De natura deorum* 1.10.25). 본서 8.5.2 외에 18.25, 37에도 언명된다.

[14] Anaxagoras (BC 500~428년경): 아테네에서 최초로 철학을 가르친 인물로서 유신론 관점(divinus animus ... ex infinita materia)이 알려져 있다(Cicero, *De natura deorum* 1.12.29). 18.37, 41.2 참조.

[15] Diogenes Apolloniae (BC 5세기): 그의 누스(nous) 사상이 교부의 관심을 끌었다(aerem ... compotem divinae rationis). Cf. Cicero, *De natura deorum* 1.13.29.

[16] Archelaus (BC 5세기): 소크라테스의 스승으로서 도덕에서 본성을 강조했다고 한다(Cicero, *Tusculanae disputationes* 5.4.10).

라고 생각했고 이 원리로부터 모든 원소들이 존재하고 세계 자체와 세계 안에서 발생하는 현상들이 이 원소로부터 비롯하여 존재한다고 생각했다. 하지만 그는 세계를 고찰할 때 우리가 참으로 경탄스럽게 여기는 제반 작용을 보고서도, 신적 지성에 의해 그것이 안배되었으리라는 생각은 전혀 하지 않았다. 그의 문하생이었던 아낙시만데르[12]가 그를 계승했는데 아낙시만데르는 대자연에 관해 스승이 가지고 있던 견해를 바꾸었다. 그는 탈레스가 습기濕氣라고 부른 한 가지 원리에서 만물이 유래한다고는 믿지 않았다. 오히려 그는 모든 사물은 제각기 고유한 원리로부터 발생한다고 생각했다. 그는 개개 사물들의 저 원리들이 수적으로 무한하다고 믿었으며 따라서 무수한 세계들이 생겨나고 세계 안에서 생겨나는 것들도 무수하다고 믿었다. 그는 이 세계들도 때로는 소멸하고 때로는 재생하면서 각각의 세계가 존속할 만큼 존속한다고 여겼다. 아낙시만데르 역시 만물의 이 작용 가운데 어떤 것도 신적 지성 때문이라고 생각지는 않았다. 그는 제자 아낙시메네스[13]를 후계자로 남겼다. 아낙시메네스는 만물의 원인을 무한정한 공기에 귀속시켰으며, 신들을 부정하지도 않았고 그렇다고 신들에 관해 묵과하지도 않았다. 다만 그는 신들에 의해 공기가 만들어졌다고 여기지는 않고 신들이 공기에서 발생했다고 믿었다. 그러나 그의 문하생 아낙사고라스[14]는 우리가 바라보는 이 모든 사물의 제작자로 신적 지성을 상정했으며, 신적 지성이 무한정한 질료로부터 사물을 만들어내며, 그 무한정한 질료는 만물의 서로 유사한 분자들로 구성된다고 했다. 그의 견해에 따르자면 사물들의 고유한 분자들에서 개체들이 생겨나는데 신적 정신이 작용하여 그렇게 된다는 것이다. 디오게네스[15]도 아낙시메네스의 다른 문하생으로서 공기가 사물들의 질료이며 또 그 질료에서 모든 것이 생성된다고 했다. 그는 또한 공기도 신적 이성을 가지고 있으며 신적 이성 없이는 공기에서 아무것도 생성되지 않는다고 주장했다. 아낙사고라스를 계승한 것은 그의 문하생 아르켈라우스[16]였다. 그 사람 역시 서로 유사한 분자들로부터 만물이 구성되고 모든 개체들은 이 분자들로부터 생겨난다고 생각했다. 다만 그것들 안에 지성이 내재하고 이 지성이 분자라는 영원한 물체들을 결합시키고 분리시킴으로써 만유를 지배한다고 덧붙였

iungendo et dissipando ageret omnia. Socrates huius discipulus fuisse perhibetur, magister Platonis, propter quem breuiter cuncta ista recolui.

3. Socrates ergo, primus uniuersam philosophiam ad corrigendos componendosque mores flexisse memoratur, cum ante illum omnes magis physicis, id est naturalibus, rebus perscrutandis operam maximam inpenderent. Non mihi autem uidetur posse ad liquidum colligi, utrum Socrates, ut hoc faceret, taedio rerum obscurarum et incertarum ad aliquid apertum et certum reperiendum animum intenderit, quod esset beatae uitae necessarium, propter quam unam omnium philosophorum inuigilasse ac laborasse uidetur industria, an uero, sicut de illo quidam beneuolentius suspicantur, nolebat inmundos terrenis cupiditatibus animos se extendere in diuina conari. Quando quidem ab eis causas rerum uidebat inquiri, quas primas atque summas non nisi in unius ac summi Dei uoluntate esse credebat; unde non eas putabat nisi mundata mente posse conprehendi; et ideo purgandae bonis moribus uitae censebat instandum, ut deprimentibus libidinibus exoneratus animus naturali uigore in aeterna se adtolleret naturamque incorporei et incommutabilis luminis, ubi causae omnium factarum naturarum stabiliter uiuunt, intellegentiae puritate conspiceret. Constat eum tamen inperitorum stultitiam scire se aliquid opinantium etiam in ipsis moralibus quaestionibus, quo totum animum intendisse uidebatur, uel confessa ignorantia sua uel dissimulata scientia lepore mirabili disserendi et acutissima urbanitate agitasse atque uersasse. Vnde

---

[17] 언급된 철학자들에 관해서는 키케로도 다루고 있다(Cicero, *De natura deorum* 1.10.25-29). 아우구스티누스는 철학자들이 "신적 지성"(divina mens), "신적 정신"(divinus animus), "신적 이성"(divina ratio)을 착안해 가면서 하느님 개념에 접근하는 과정에 초점을 두고 있다.

[18] Cf. Augustinus, *De vera religione* 3.3; Plato, *Phaedo* 65a-e; 82d - 84b; *Phaedrus* 246e - 254b; *Symposium* 210a - 211c.

[19] imperitorum stultitiam ... agitasse atque versasse: 그의 대화편들에 나타나는 산파술(産婆術)을 지적한다. Cf. Plato, *Phaedo* 65e - 66a.

다. 플라톤의 스승인 소크라테스는 바로 이 사람의 제자로 여겨지고 있으며, 다름아닌 플라톤 때문에 나는 이상의 모든 이야기를 간추려 기술했다.[17]

3. 소크라테스의 학설

소크라테스는 모든 철학을, 도덕행실을 바로잡고 규정하는 일로 전환시킨 최초의 인물로 기억되고 있다. 반면에 소크라테스 이전에는 모두가 물리적 사물 다시 말해 자연사물을 궁구하는 데 극진한 노력을 기울였다. 소크라테스가 이렇게 한 이유를 확연하게 단정해서 말할 수 있는 것 같지는 않다. 아마 소크라테스는 모호하고 불확실한 사물에 권태를 느끼고 어떤 명료하고 확실한 것(이것은 행복한 삶에는 필수적이다)을 발견하는 데 정신을 집중했기 때문일 수도 있다. 그것 하나 때문에 모든 철학자들이 그토록 마음을 쓰고 수고하면서 노력을 기울이고 있다. 그렇지 않으면 그 인물에 관해 더 호의를 가진 사람들이 추측하듯, 지상 욕망으로 더럽혀진 정신들이 함부로 신적 문제까지 호기심을 연장하려는 시도가 소크라테스에게는 못마땅했다는 것이 맞는 말일지도 모른다. 저런 사람들이 사물의 원인을 탐구하는 것을 보면서, 그는 제일 원인 내지 최고 원인은 유일하고 최고인 하느님의 의지 안에 있을 수밖에 없다고 믿었다. 또 제일 원인 내지 최고 원인은 무구한 정신에 의해서가 아니라면 파악될 수 없다고 여겼다. 따라서 그는 인간이 그 자신의 삶을 선한 도덕으로 정화하기 위해 노력해야 한다는 점을 강조해야겠다고 생각했다. 왜냐하면 인간을 짓누르고 있는 정욕을 벗어버려야 비로소 정신은 타고난 활력으로 인해 영원한 사물을 향해 스스로를 고양시킬 것이며, 정화된 오성을 통해 무정형이며 불변하는 광명의 본질을 관조할 수 있는 까닭이다. 그 빛 속에는 창조된 모든 자연사물들의 원인들이 항존한다.[18] 그는 정통하지 못한 사람들이 무엇을 안다고 자처하는 어리석음, 특히 윤리 문제(소크라테스 본인은 그 문제에 혼신을 다해 몰두한 것으로 보인다)에 대해서도 함부로 주장을 펴는 사람들의 어리석음을 뒤흔들고 뒤집어 놓았다.[19] 자신의 무지를 자백하거나 자기 지식을 숨기면서, 놀랍게 세련된 토론법과 지극히 날카로운 풍자를 구사하여 그들의 어리석음을 뒤흔들고 뒤집어 놓았다. 결국 그

et concitatis inimicitiis calumniosa criminatione damnatus morte multatus est. Sed eum postea illa ipsa, quae publice damnauerat, Atheniensium ciuitas publice luxit, in duos accusatores eius usque adeo populi indignatione conuersa, ut unus eorum oppressus ui multitudinis interiret, exilio autem uoluntario atque perpetuo poenam similem alter euaderet. Tam praeclara igitur uitae mortisque fama Socrates reliquit plurimos suae philosophiae sectatores, quorum certatim studium fuit in quaestionum moralium disceptatione uersari, ubi agitur de summo bono, quo fieri homo beatus potest. Quod in Socratis disputationibus, dum omnia mouet asserit destruit, quoniam non euidenter apparuit: quod cuique placuit inde sumpserunt et ubi cuique uisum est constituerunt finem boni. Finis autem boni appellatur, quo quisque cum peruenerit beatus est. Sic autem diuersas inter se Socratici de isto fine sententias habuerunt, ut (quod uix credibile est unius magistri potuisse facere sectatores) quidam summum bonum esse dicerent uoluptatem, sicut Aristippus; quidam uirtutem, sicut Antisthenes. Sic alii atque alii aliud atque aliud opinati sunt, quos commemorare longum est.

4. Sed inter discipulos Socratis, non quidem inmerito, excellentissima gloria claruit, qua omnino ceteros obscuraret, Plato. Qui cum esset Atheniensis honesto apud suos loco natus et ingenio mirabili longe suos condiscipulos anteiret, parum tamen putans perficiendae philosophiae sufficere se ipsum ac Socraticam disciplinam, quam longe ac late potuit peregrinatus est, quaquauersum eum alicuius nobilitatae scientiae percipiendae fama rapiebat. Itaque et in Aegypto didicit quaecumque magna

---

[20] Cf. Plato, *Apologia Socratis* 5.4.11; Diogenes Laertius, *Vitae philosophorum* 2.5. Melitus는 사형에 처해지고 Anytus는 스스로 유배 갔다.

[21] finis boni ... quo quisque cum pervenerit beatus est: 선의 목적(종점)에 대한 정의에 해당한다.

[22] Antisthenes (BC 446~368년경)는 견유학파의 색채를 띠고 실천생활의 이상을 탐구했고(Diogenes Laertius, *Vitae philosophorum* 6.10-13. 본서 18.41.2 참조) Aristippus (BC 435~366년경)는 스승에게서 실용주의적 관점을 취했다는 것(Diogenes Laertius, *Vitae philosophorum* 2.86-88. 본서 9.4.2; 18.41.2 참조)이 키케로의 평(*De finibus bonorum et malorum* 2.6.18-19)이었다.

는 그것 때문에 원한을 사서 모함을 받고 유죄판결로 처형당했다. 그렇지만 그를 공식적으로 단죄했던 아테네 도시국가는 후일에 이 일을 공식으로 후회했다. 실제로, 그를 고발한 두 고발자들에게 국민이 분노하여 한 명은 붙잡혀서 군중에게 폭행당해 죽었고 다른 한 명은 종신유배를 자청하여 비슷한 징계만은 피할 수 있었다.[20] 삶과 죽음에서 보인 이처럼 탁월한 명성 덕분에 소크라테스는 자기 철학을 추종하는 사람들을 무척 많이 남겼고 그들은 앞다투어 윤리 문제에 관해 토론하는 데 연구를 집중했다. 그들에게는 인간을 행복하게 만드는 최고선에 관한 논의가 주제였다. 소크라테스의 논의에서는 최고선이 무엇인지 선명하게 나타나지 않았는데, 그 이유는 그가 모든 것을 토론에 부쳐 흔들어 놓고 모든 것을 긍정하는가 하면 모든 것을 부정하기 때문이었다. 그러다 보니 모든 사람들은 각자의 마음에 든 것을 최고선으로 단정했고, 자기에게 존재한다고 생각되는 것을 선의 목적으로 설정하다시피 했다. 그것에 도달했을 때 행복해지는 것을 사람들은 "선의 목적"이라고 일컫는다.[21] 이 목적에 관해 소크라테스 학파는 제각기 다른 견해를 가졌으므로 (한 스승의 추종자들이 그렇게 서로 다른 생각을 취할 수 있었다는 것은 믿기지 않는 일이다) 아리스티푸스처럼 어떤 사람들은 최고선이 쾌락이라고 말하는가 하면, 안티스테네스처럼 어떤 사람들은 최고선이 덕이라고 말하는 것이었다. 이렇게 사람들마다 최고선에 관해 다른 견해를 펼쳤으며 그들 모두를 열거하자면 긴 얘기가 되겠다.[22]

4. 소크라테스의 수제자 플라톤: 그는 철학 전체를 삼부로 구분했다

하지만 소크라테스의 제자들 가운데 플라톤은 영광이 너무나 탁월하여 그밖의 모든 사람을 무색하게 만들 정도였으며 그럴 만한 공적도 없지 않았다. 그는 아테네 사람으로서 동향인들이 보기에도 고귀한 가문에 태어났으며 놀라운 재능으로 학우들을 월등하게 앞섰다. 그럼에도 자신은 물론 소크라테스의 학문도 철학을 완결하기에는 충분하지 않다고 여겨 힘닿는 데까지 멀리 또 널리 여행을 했다. 아무튼 훌륭한 학문이 있다는 소문만 나면 그것을 습득하겠다고 어디든지 찾아갔다. 그래서 이집트에도 가서 거기서 대단하다고 추앙되고 교수되는 것을

illic habebantur atque docebantur, et inde in eas Italiae partes ueniens, ubi
Pythagoreorum fama celebrabatur, quidquid Italicae philosophiae tunc
florebat, auditis eminentioribus in ea doctoribus facillime conprehendit.
Et quia magistrum Socratem singulariter diligebat, eum loquentem faciens
fere in omnibus sermonibus suis etiam illa, quae uel ab aliis didicerat, uel
ipse quanta potuerat intellegentia uiderat, cum illius lepore et moralibus
disputationibus temperauit. Itaque cum studium sapientiae in actione et
contemplatione uersetur, unde una pars eius actiua, altera contemplatiua
dici potest (quarum actiua ad agendam uitam, id est ad mores instituendos
pertinet, contemplatiua autem ad conspiciendas naturae causas et since-
rissimam ueritatem): Socrates in actiua excelluisse memoratur; Pythago-
ras uero magis contemplatiuae, quibus potuit intellegentiae uiribus, insti-
tisse. Proinde Plato utrumque iungendo philosophiam perfecisse laudatur,
quam in tres partes distribuit: unam moralem, quae maxime in actione
uersatur; alteram naturalem, quae contemplationi deputata est; tertiam
rationalem, qua uerum disterminatur a falso. Quae licet utrique, id est
actioni et contemplationi, sit necessaria, maxime tamen contemplatio
perspectionem sibi uindicat ueritatis. Ideo haec tripertitio non est contra-
ria illi distinctioni, qua intellegitur omne studium sapientiae in actione et
contemplatione consistere. Quid autem in his uel de his singulis partibus
Plato senserit, id est, ubi finem omnium actionum, ubi causam omnium
naturarum, ubi lumen omnium rationum esse cognouerit uel crediderit,
disserendo explicare et longum esse arbitror et temere adfirmandum esse
non arbitror. Cum enim magistri sui Socratis, quem facit in suis uolumini-
bus disputantem, notissimum morem dissimulandae scientiae uel opinio-
nis suae seruare adfectat, quia et illi ipse mos placuit, factum est ut etiam
ipsius Platonis de rebus magnis sententiae non facile perspici possint. Ex

---

[23] Cf. Diogenes Laertius, *Vitae philosophorum* 3권 전체(학문 배경은 3.1-9).

[24] Cf. Cicero, *Tusculanae disputationes* 5.4.10.

[25] 철학의 삼분법(philosophia moralis, naturalis, rationalis)은 아카데미아 학파의 Xenocrates(396-314: 본서 8.12 참조) 이래로 스토아 학파, 에피쿠루스 학파, 소요학파에 그대로 전수되었다(11.25 참조).

[26] finis omnium actionum, causa omnium naturarum, lumen omnium rationum에 대한 철학자들의 물음은 조금 뒤에 "신 안에서 존재의 원인, 인식의 명분과 삶의 질서"(in Deo causa subsistendi, ratio intellegendi, ordo vivendi)를 발견할 수 있다는 아우구스티누스의 답변으로 귀결된다.

모조리 배웠으며, 피타고라스 학파의 명성이 자자한 이탈리아 지방에 와서는 당시 이탈리아 철학이라고 흥성하던 것을, 그 방면에 탁월한 교사들에게 청강하면서 아주 쉽사리 터득했다. 그러면서도 스승 소크라테스만을 유일하게 경애했으므로 자기가 지은 거의 모든 대화편에서 소크라테스를 화자로 삼고 있으며, 자기가 다른 사람들에게서 배웠거나 자신의 출중한 지력으로 파악한 것까지도 소크라테스의 저 능란한 변증과 도덕적 토론을 빌려 다듬어 놓았다.[23] 지혜의 탐구는 실천과 사변 두 가지로 구성되게 마련이므로 하나는 실천적이요 하나는 사변적이라고 부를 수 있다. (그가운데 실천적 분야는 행동하는 삶을 위한 것, 다시 말해 윤리도덕을 정립하는 일에 해당하고, 사변적 분야는 자연의 원인을 궁구하고 지극히 순수한 진리를 관조하는 일에 해당한다.) 소크라테스는 실천에 탁월했던 것으로 전해오고, 피타고라스는 지력을 다하여 사변하는 학문을 고수한 것으로 전해온다.[24] 그런데 플라톤은 양자를 종합하여 철학을 완성한 것으로 칭송을 받는데, 그는 그렇게 완성한 철학을 세 부분으로 분류했다. 하나는 윤리철학으로서 주로 행동에 치중하고, 다른 하나는 자연철학으로서 사변을 논하며, 셋째는 이성철학으로서 이것을 이용하여 진리를 허위와 구분한다.[25] 이 마지막 것은 앞의 두 가지 곧 실천과 사변에 필수적이다. 그럼에도 진리를 관조하는 것이 그 본분임을 주장하는 것은 사변이다. 지혜에 대한 모든 탐구가 실천과 사변으로 구성된다는 말은 이해가 되지만, 이 삼분법이 그 구분과 상충되지는 않는다. 이 셋, 혹은 세 부분에 관해 플라톤이 무슨 생각을 했는지 토론하고 설명하는 것은 장구한 시간이 필요하며, 함부로 이렇다 저렇다 단언할 계제가 아니라고 생각한다. 즉, 모든 실천 행위의 목적이 무엇인지, 모든 자연사물의 원인이 무엇인지, 모든 사유의 빛이 무엇인지를 그가 어떻게 인식했고 어떻게 생각했는지는 간단하게 설명할 수 없다.[26] 그는 자기 스승 소크라테스(플라톤은 여러 책자에서 그를 화자로 등장시킨다)의 저 유명한 방법, 자기 지식이나 자기 견해를 드러내지 않는 방법을 견지하고 있었다. 또 이 방법이 플라톤에게도 마음에 들었으므로 중대한 문제에 대해서도 플라톤 자신의 견해를 간파하기란 쉽지 않다. 그러나 그가 몸소 말했거나, 다른 사람이 말한 것으로 자기 마음에 들어 인용하

his tamen, quae apud eum leguntur, siue quae dixit, siue quae ab aliis dicta esse narrauit atque conscripsit, quae sibi placita uiderentur, quaedam commemorari et operi huic inseri oportet a nobis, uel ubi suffragatur religioni uerae, quam fides nostra suscepit ac defendit, uel ubi ei uidetur esse contrarius, quantum ad istam de uno Deo et pluribus pertinet quaestionem, propter uitam, quae post mortem futura est, ueraciter beatam. Fortassis enim qui Platonem ceteris philosophis gentium longe recteque praelatum acutius atque ueracius intellexisse ac secuti esse fama celebriore laudantur, aliquid tale de Deo sentiunt, ut in illo inueniatur et causa subsistendi et ratio intellegendi et ordo uiuendi; quorum trium unum ad naturalem, alterum ad rationalem, tertium ad moralem partem intellegitur pertinere. Si enim homo ita creatus est, ut per id, quod in eo praecellit, adtingat illud, quod cuncta praecellit, id est unum uerum optimum Deum, sine quo nulla natura subsistit, nulla doctrina instruit, nullus usus expedit: ipse quaeratur, ubi nobis serta sunt omnia; ipse cernatur, ubi nobis certa sunt omnia; ipse diligatur, ubi nobis recta sunt omnia.

5. Si ergo Plato Dei huius imitatorem cognitorem amatorem dixit esse sapientem, cuius participatione sit beatus, quid opus est excutere ceteros? Nulli nobis quam isti propius accesserunt. Cedat eis igitur non solum theologia illa fabulosa deorum criminibus oblectans animos impiorum, nec solum etiam illa ciuilis, ubi inpuri daemones terrestribus gaudiis deditos populos deorum nomine seducentes humanos errores tamquam

---

[27] 플라톤에 관한 아우구스티누스의 지식은 라틴어 번역물 외에는 거의 키케로의 저작(예: *De natura deorum*; *Tusculanae disputationes*; *Academia posterior*)에서 길어낸 것으로 평가된다.

[28] 앞의 각주 26 참조.

[29] sine quo nulla natura subsistit, nulla doctrina instruit, nullus usus expedit: 각주 28의 문장(in Deo causa subsistendi, ratio intellegendi, ordo vivendi)을 부정형으로 환치한 것이다.

[30] ubi nobis serta sunt omnia ("하느님을 원리로 하여 만유가 그 존재를 근거짓는다"): 사본에 따라서 diserta ("그분으로 인해 만유가 해명되고"), sita ("그분으로 인해 만유가 기원하고")로 달리 나와 다양한 번역의 여지가 있다.

[31] ubi serta sunt omnia, certa sunt omnia, recta sunt omnia: 아우구스티누스 철학함과 신학함의 요체가 되는 아름다운 문단으로, 이런 삼분법은 Plotinus에게서 유래한 것으로 보인다(Plotinus, *Enneades* 6.9.8-9; Porphyrius, *Epitula ad Marcellam* 10-12; Plutarchus, *Quaestiones Platonicae* 2.1000-1001).

[32] nulli nobis quam isti accesserunt: cf. Augustinus, *De vera religione* 4.7.

고 서술한 바를 그의 글에서 읽으면서, 우리는 그가 가진 몇 가지 견해는 끌어낼 수 있겠고 또 이 저서에 수록할 만하다고 생각한다. 특히 우리 신앙이 용납하고 옹호하는 참된 종교에 관해 다루거나, 그와는 반대되는 것처럼 보이는 문제, 하나의 신이 있는가 혹은 다수의 신이 있는가를 묻는 문제를 다루고 사후에 도래할 진정 행복한 삶을 고찰하는 견해가 그런 것들이다.[27] 플라톤을 이방인들의 여타 모든 철학자보다 월등히 출중한 인물이라고 생각하는 사람들의 생각은 옳다. 플라톤을 가까이서 추종하는 것을 기뻐했던 사람들, 즉 그 나라의 다른 철학자들보다도 플라톤을 좋아하고 진리를 매우 철저하고 정확하게 이해하기에 큰 존경을 받았던 그 사람들은 신 안에서 존재의 원인, 인식의 명분과 삶의 질서를 발견할 수 있다고 이해하고 있었다.[28] 이 세 요소 중 하나는 자연철학 부분에, 하나는 이성철학 부분에, 셋째는 윤리철학 부분에 해당하는 것으로 이해된다. 무릇 인간은 자기에게서 발견되는 탁월한 무엇을 통해, 모든 것을 초월하는 것에 도달하도록 만들어졌다. 다시 말해 하나이고 참되고 지선한 하느님께 도달하도록 만들어져 있다. 그분 없이는 어떤 자연사물도 존립하지 못하고 어떤 이론도 교화하지 못하며 어떤 관습도 이익이 되지 못한다.[29] 그분을 탐구할 것이니 그분으로 인해 우리에게 모든 것이 근거를 갖기 때문이요,[30] 그분을 인지할 것이니 그분으로 인해 우리에게 모든 것이 확실해지는 까닭이요, 그분을 사랑할 것이니 그분으로 인해 우리에게 모든 것이 바르게 되기 때문이다.[31]

5. 신학에 관해서는 플라톤 학파와 토론할 것인데, 그들의 견해가 다른 모든 철학자의 견해보다 우월하기 때문이다

플라톤은 바로 이 하느님을 모방하고 인식하고 사랑하는 사람을 현자라고 했고, 이 하느님에게 참여함으로써 행복해진다고 했는데, 그렇다면 다른 사람들의 사상을 우리가 굳이 연구할 필요가 무엇이 있겠는가? 그 어느 철학자들도 플라톤 학파보다 우리에게 가까이 근접하지 못했다.[32] 그렇다면 신들의 행악이나 내세워 불손한 사람들의 마음을 즐겁게 해주는 설화신학은 물러나야 한다. 부정한 정령들이 제신의 이름으로 지상의 쾌락에 탐닉하는 백성들을 기만하며, 인간들

suos diuinos honores habere uoluerunt, ad spectandos suorum criminum
ludos cultores suos tamquam ad suum cultum studiis inmundissimis
excitantes et sibi delectabiliores ludos de ipsis spectatoribus exhibentes
(ubi si qua uelut honesta geruntur in templis, coniuncta sibi theatrorum
obscenitate turpantur, et quaecumque turpia geruntur in theatris, compa-
rata sibi templorum foeditate laudantur), et ea, quae Varro ex his sacris
quasi ad caelum et terram rerumque mortalium semina et actus interpre-
tatus est (quia nec ipsa illis ritibus significantur, quae ipse insinuare
conatur, et ideo ueritas conantem non sequitur; et si ipsa essent, tamen
animae rationali ea, quae infra illam naturae ordine constituta sunt, pro
deo suo colenda non essent, nec sibi debuit praeferre tamquam deos eas
res, quibus ipsam praetulit uerus Deus), et ea, quae Numa Pompilius re
uera ad sacra eius modi pertinentia secum sepeliendo curauit abscondi et
aratro eruta senatus iussit incendi. (In eo genere sunt etiam illa, ut aliquid
de Numa mitius suspicemur, quae Alexander Macedo scribit ad matrem
sibi a magno antistite sacrorum Aegyptiorum quodam Leone patefacta,
ubi non Picus et Faunus et Aeneas et Romulus uel etiam Hercules et
Aesculapius et Liber Semela natus et Tyndaridae fratres et si quos alios
ex mortalibus pro diis habent, sed ipsi etiam maiorum gentium dii, quos
Cicero in Tusculanis tacitis nominibus uidetur adtingere, Iuppiter, Iuno,

---

³³ 3; 4권에서 이 문제는 소상하게 다루었다.

³⁴ Cf. Varro, *Antiquitates* fr.16; 본서 7.34-35.

³⁵ 7.32-33에서 교부는 바로가 자연신학을 도입하여 시민종교의 제전들을 합리화할 이유(rationes: 명분)를 제시하는 데 실패했다고 본다.

³⁶ Cf. Varro, *Logistorici* fr.42-43; 본서 7.34-35.

³⁷ 8.27.2 참조. 키프리아누스(*Quod idola dii non sint* 4)에게서 인용한 듯하다.

³⁸ Tyndaridae fratres: Tyndarus 아들 Castor과 Pollux를 가리킨다. 4.27 참조. 적어도 Picus, Faunus, Aeneas, Romulus, Hercules, Aesculapius 등은 영웅들이 신격화되었음이 문전상 밝혀져 있다는 말이다.

의 실수를 정령들에게 바치는 신성하고 영예로운 무엇처럼 여기게 수작을 부리는 민간신학도 물러나야 한다. 이런 신학들은 백성들이 파렴치한 장면들로 엮어진 정령들의 유희를 구경하면서 예배까지 올림으로써, 정령들의 짓을 본받아 더럽기 짝이 없는 행태를 벌이는가 하면, 그런 짓을 마치 정령들에게 바치는 예배처럼 여기도록 충동했다. 그렇게 해서 정령들의 유희를 구경하는 관객들이 갈수록 정령들에게 쾌락을 더해주는 오락경기를 만들어내게 했다. (신전에서 그래도 고상하게 거행되는 행사마저 극장에서 공연되는 외설과 야합하면서 매우 추잡해졌다. 그러다 보니 극장에서 공연되는 추잡한 짓들마저 신전에서 거행되는 추태에 비하면 오히려 상찬을 받을 지경이 되었다.)[33] 바로는 이런 제의祭儀를 하늘과 땅, 그리고 사멸할 존재들의 종자種子와 그 생성 작용이라는 관점에서 해석했는데[34] 그런 이론도 물러나야 한다. (왜냐하면 그는 이런 저속한 행사가 고상한 다른 무엇을 상징하는 것처럼 꾸미려고 애쓰는데, 실제 이런 행사가 그런 것을 상징하지도 못할뿐더러, 그의 노력을 뒷받침해 줄 만한 사실이 전혀 없기 때문이다.[35] 또 설령 그런 것을 상징한다 하더라도, 적어도 이성혼이 대자연의 질서 속에서 자기보다 하위에 자리잡은 사물들을 자기 신처럼 숭배하는 일만은 없어야 한다. 또 참 하느님이 그런 사물들보다 이성혼을 앞세운 이상, 이성혼을 지닌 인간들이 그런 사물들을 마치 신들처럼 자기보다 앞세우는 일은 없어야 할 것이기 때문이다.) 그리고 누마 폼필리우스의 문전도 대강 이와 유사한 비교秘敎에 해당하므로 누마 폼필리우스의 문전도 플라톤 학파의 사상 앞에서는 물러서야 한다. 그 문전은 누마가 자기 시체와 함께 매장하여 숨기려고 했다가 쟁기 끝에 걸려서 발굴되고 말았고, 그래서 원로원이 소각하라고 명령한 책자다.[36] (그러나 마케도니아 사람 알렉산데르가 자기 모친에게 써 보낸 편지도 대개 이런 유에 속한다는 것을 상기하면 우리는 누마를 좀 덜 경멸하게 된다. 마케도니아 사람 알렉산데르는 이집트 밀교의 제관 레온이 알려준 것을 그 글에 적었다.[37] 이 문전에서 분명해지는 것 하나는 피쿠스와 파우누스, 아이네아스와 로물루스, 심지어는 헤르쿨레스와 아이스쿨라피우스, 그리고 세멜라에게서 태어난 리베르, 틴다루스의 쌍둥이 아들들,[38] 그밖에 사멸할 존재들인데도 신으로 여겨

Saturnus, Vulcanus, Vesta et alii plurimi, quos Varro conatur ad mundi partes siue elementa transferre, homines fuisse produntur. Timens enim et ille quasi reuelata mysteria petens admonet Alexandrum, ut, cum ea matri conscripta insinuauerit, flammis iubeat concremari.) Non solum ergo ista, quae duae theologiae, fabulosa continet et ciuilis, Platonicis philosophis cedant, qui uerum Deum et rerum auctorem et ueritatis inlustratorem et beatitudinis largitorem esse dixerunt; sed alii quoque philosophi, qui corporalia naturae principia corpori deditis mentibus opinati sunt, cedant his tantis et tanti Dei cognitoribus uiris, ut Thales in umore, Anaximenes in aere, Stoici in igne, Epicurus in atomis, hoc est minutissimis corpusculis, quae nec diuidi nec sentiri queunt, et quicumque alii, quorum enumeratione inmorari non est necesse, siue simplicia siue coniuncta corpora, siue uita carentia siue uiuentia, sed tamen corpora, causam principiumque rerum esse dixerunt. Nam quidam eorum a rebus non uiuis res uiuas fieri posse crediderunt, sicut Epicurei; quidam uero a uiuente quidem et uiuentia et non uiuentia, sed tamen a corpore corpora. Nam Stoici ignem, id est corpus unum ex his quattuor elementis, quibus uisibilis mundus hic constat, et uiuentem et sapientem et ipsius mundi fabricatorem atque omnium, quae in eo sunt, eumque omnino ignem deum esse putauerunt. Hi et ceteri similes eorum id solum cogitare potuerunt, quod cum eis corda eorum obstricta carnis sensibus fabulata sunt. In se quippe habebant quod non uidebant, et apud se imaginabantur quod foris uiderant, etiam quando

[39] maiorum gentium dii: Cicero, *Tusculanae disputationes* 1.13.29. 로물루스가 선출한 100인 원로원 의원들은 maiorum gentium으로 존칭되었다. 그것이 로마의 12 대신(大神: dii consentes)을 가리키는 용어가 되었으므로 "로마의 대신들"이라고 번역할 만하다.

[40] Cf. Cicero, *Tusculanae disputationes* 1.13.29: "고사(古事)와 그리스 작가들이 전하는 바를 연구하면 대부족들의 신들이 실은 지상에서 하늘로 오른 것이 밝혀진다(habentur hinc profecti in caelum)."

[41] 8.27.2 참조. 박해시대의 그리스도교를 비롯해서 어느 종교집단도 그 교의(敎義: dogma)를 외부인에게 누설하지 않게 단속하는 관례가 있었다.

[42] rerum auctor, veritatis illustrator, beatitudinis largitor: cf. Plotinus, *Enneades* 6.9.8-9; 앞의 각주 31.

[43] corpori deditis mentibus: 마니교의 유물론이 영적 실체에 관한 관념을 갖지 못하게 방해하다가 신플라톤주의 학설에 의해 눈이 열린 체험을 교부는 갖고 있었다(*Confessiones* 7.10.16).

[44] 앞의 8.2 참조.

[45] 원자들 궤도의 방향이탈(clinamen: Lucretius, *De rerum natura* 2.216)에서 다양한 사물이 탄생하고, 물질의 기계적 운동이 생명운동을 발생시킨다는 이론은 에피쿠루스 사상으로 여겨졌다. 8.7; 14.2 참조.

[46] ignem deum esse: cf. Cicero, *De natura deorum* 2.9.22 ("In aturam eam ignem esse ... ad gignendum progredientem via."); 본서 9.4; 14.2, 8-9; 19.4.

[47] 피타고라스 학파의 견해로 여겨졌다. Cf. Diogenes Laertius, *Vitae philosophorum* 7.42, 46, 54.

지던 자들 모두가 실제로는 인간이었다는 사실이다. 더욱이나 대부족들의 신들, 곧 키케로가 「투스쿨룸 대화편」에서 이름을 밝히지 않고 언급하는 대부족들의 신들,[39] 말하자면 유피테르, 유노, 사투르누스, 불카누스, 베스타 그밖의 무수한 신들[바로는 그들을 세계의 부분 혹은 원소들과 동일시하려고 시도한다]도 사람이었음이 드러난다.[40] 알렉산데르가 그런 사실을 어머니에게 적어 보냈음을 알려주자 저 이집트 제관도 비사가 공개됨 을 두려워하여 알렉산데르를 찾아가 편지를 태워버리게 조처하라고 충고했다.[41] 참 하느님이 만물의 조성자요 진리의 조명자이며 행복의 수여자[42]라고 말한 플라톤 학파 철학자들에게 자리를 내주어야 할 것은 저 두 신학, 곧 설화신학과 민간신학만이 아니다. 물체에 치중하는 유물론적 지성을 갖고서 내자연에 물체적 원리만 있다고 주장한 다른 철학자들도 물러서야 한다.[43] 이런 지성인들은 저 위인들에게, 즉 위대한 하느님을 인식한 인물들에게 자리를 비켜 주어야 한다. 예를 들어 탈레스는 물에다 원리를 돌리고, 아낙시메네스는 공기에다 돌리며 스토아 학파는 불에다 돌리고 에피쿠루스는 원자, 곧 더는 분할도 되지 않고 더는 감지도 되지 않는 극소의 입체들에다 돌렸다. 그밖에 우리가 일일이 열거할 필요가 없는 다른 많은 철학자들이 혹은 단순체라고 하고 혹은 복합체라고 하고, 혹은 생명이 없는 물체라고도 하고, 혹은 생명이 있는 물체라고 하면서 한결같이 물체를 만물의 원인 내지 원리라고 했던 것이다.[44] 그들 가운데 어떤 사람들은 무생물체에서 생물체가 만들어질 수 있다고 믿었으니 에피쿠루스 학파가 그렇다.[45] 또 어떤 이들은 생물에서 생물이든 무생물이든 다 나오는데 어디까지나 물체에서 물체가 나오는 것 뿐이라고 했다. 스토아 학파는 불, 곧 가시적 세계를 구성하는 네 원소 가운데 한 물체인 불이 살아있기도 하며 지혜도 있고 세계와 세계 안에 있는 만물의 조성자라고 생각했고, 심지어 불이 곧 신이라고까지 생각했다.[46] 이 사람들이나 이들과 유사한 다른 인물들은 마음이 육체의 감관에 묶여 각각이 연상시켜 준 것만을 사유의 대상으로 삼을 수 있었던 것이다.[47] 그들도 실은 감관으로 보지 못하는 것을 자기 내면에 가지고 있었고, 외부에서 감관으로 본 것을 자기의 내면에 표상을 거쳐 상상하고 있었을 것이며, 직접 보지 못하고 지성으로 사유만 하는 경우에

non uidebant, sed tantummodo cogitabant. Hoc autem in conspectu talis cogitationis iam non est corpus, sed similitudo corporis; illud autem, unde uidetur in animo haec similitudo corporis, nec corpus est nec similitudo corporis; et unde uidetur atque utrum pulchra an deformis sit iudicatur, profecto est melius quam ipsa quae iudicatur. Haec mens hominis et rationalis animae natura est, quae utique corpus non est, si iam illa corporis similitudo, cum in animo cogitantis aspicitur atque iudicatur, nec ipsa corpus est. Non est ergo nec terra nec aqua, nec aer nec ignis, quibus quattuor corporibus, quae dicuntur quattuor elementa, mundum corporeum uidemus esse compactum. Porro si noster animus corpus non est, quo modo Deus creator animi corpus est? Cedant ergo et isti, ut dictum est, Platonicis; cedant et illi, quos quidem puduit dicere Deum corpus esse, uerum tamen eiusdem naturae, cuius ille est, animos nostros esse putauerunt; ita non eos mouit tanta mutabilitas animae, quam Dei naturae tribuere nefas est. Sed dicunt: Corpore mutatur animae natura, nam per se ipsa incommutabilis est. Poterant isti dicere: Corpore aliquo uulneratur caro, nam per se ipsa inuulnerabilis est. Prorsus quod mutari non potest, nulla re potest, ac per hoc quod corpore mutari potest, aliqua re potest et ideo incommutabile recte dici non potest.

6. Viderunt ergo isti philosophi, quos ceteris non inmerito fama atque gloria praelatos uidemus, nullum corpus esse Deum, et ideo cuncta corpora transcenderunt quaerentes Deum. Viderunt, quidquid mutabile est, non esse summum Deum, et ideo animam omnem mutabilesque omnes spiritus transcenderunt quaerentes summum Deum. Deinde uiderunt

---

[48] unde iudicatur melius quam ipsa quae iudicatur: 영혼의 본성과 작용, 판단의 성격은 아우구스티누스가 영혼의 불멸과 신의 존재를 증명하는 논거로 즐겨 구사하는 주제다. 예: *De immortalitate animae* 1권.

[49] 교부는 이렇게 인식론을 구사하여 원자론 혹은 유물론자들의 이론을 반박하고서 플라톤 철학에 합류한다.

[50] corpore vulneratur caro: corpus는 "육체"와 "물체"를 한데 의미하므로 이런 표현이 가능하다.

[51] 아우구스티누스는 플라톤을 높이 신성시하던 로마 사회의 일원이었다. 예: Cicero, *De natura deorum* 2.12.32: Platonem, quendam deum philosophorum; *Epistulae ad Atticum* 4.16.3: deus ille noster Plato.

도 표상을 거쳐 상상하고 있었을 것이다. 그런데 이런 사유의 시선에 들어와 있는 것은 물체가 아니고 어디까지나 물체의 표상이다. 따라서 정신 안에서 물체의 이 표상을 보는 기능을 하는 것은 물체도 아니고 물체의 표상도 아닐 것이다. 또 보이는 것이 아름다운가 추한가를 판단하는 기능은 그렇게 판단받는 사물보다 당연히 훌륭한 것이다.[48] 이 지성이 인간의 지성 또는 이성혼의 자연본성인데, 이 지성 역시 물체가 아니며 저 물체의 표상 역시 사유하는 주체의 정신 안에서 관조되고 판단되는 순간에는 이미 물체가 아니다. 그렇다면 정신은 흙도 아니고 물도 아니며, 공기도 아니고 불도 아니며, 물질 세계를 구성하는 네 가지 원소라고 불리는 그 물체들도 아니다.[49] 만일 우리 정신이 물체가 아니라면 정신의 창조주 하느님이 어떻게 물체가 되겠는가? 그러므로 저런 주장을 하는 자들은 플라톤 학파에게 자리를 내주어야 한다. 아울러 하느님이 물체라고는 차마 부끄러워 말도 못하면서도 하느님이 우리 정신의 본성과 같은 자연본성이라고 생각한 사람들도 물러서야 한다. 그렇게 생각한 사람들은 하느님의 본성으로 결코 귀속시켜서는 안 되는 성질, 영혼의 저 대단한 가변성을 보고서도 깨달은 바 없었던 것이다. 그들이 하는 말은 이렇다: "영혼의 본성은 육체 때문에 가변적이 된다. 영혼 그 자체로는 불변하는 것인데도." 그들은 오히려 이렇게 말했어야 옳다: "육신이 물체로 말미암아 변화의 손상을 입는다.[50] 원래 그 자체는 손상받을 수 없는데도." 무릇 변할 수 없는 것은 다른 무엇의 영향으로도 변할 수 없는 법이다. 육체로 인해 변할 수 있는 것이라면 다른 무엇에 의해서도 변할 수 있다는 말이고 따라서 원래 불변한다고는 할 수 없다.

6. 자연철학이라고 일컫는 철학 분야에 대한 플라톤 학파의 생각

그러므로 저 철학자들, 우리가 명성으로나 명예로 다른 사람들보다 출중하다고 여기고 과연 그럴 만한 공적이 없지 않은 플라톤 학파의 철학자들은 하느님이 결코 물체가 아님을 깨달았고, 따라서 하느님을 찾아서 모든 물체들을 초월해 간 사람들이었다.[51] 그들은 또한 가변적인 것이라면 그 무엇도 하느님이 아님을 깨달았으며, 따라서 최고신을 찾아서 모든 영혼과 가변적인 모든 영들을 초

omnem speciem in re quacumque mutabili, qua est, quidquid illud est, quoquo modo et qualiscumque natura est, non esse posse nisi ab illo, qui uere est, quia incommutabiliter est, ac per hoc siue uniuersi mundi corpus figuras qualitates ordinatumque motum et elementa disposita a caelo usque ad terram et quaecumque corpora in eis sunt, siue omnem uitam, uel quae nutrit et continet, qualis est in arboribus, uel quae et hoc habet et sentit, qualis est in pecoribus, uel quae et haec habet et intellegit, qualis est in hominibus, uel quae nutritorio subsidio non indiget, sed tantum continet sentit intellegit, qualis est in angelis, nisi ab illo esse non posse, qui simpliciter est; quia non aliud illi est esse, aliud uiuere, quasi possit esse non uiuens; nec aliud illi est uiuere, aliud intellegere, quasi possit uiuere non intellegens; nec aliud illi est intellegere, aliud beatum esse, quasi possit intellegere non beatus; sed quod est illi uiuere, intellegere, beatum esse, hoc est illi esse. Propter hanc incommutabilitatem et simpli-citatem intellexerunt eum et omnia ista fecisse, et ipsum a nullo fieri potuisse. Considerauerunt enim, quidquid est, uel corpus esse uel uitam, meliusque aliquid uitam esse quam corpus, speciemque corporis esse sensibilem, intellegibilem uitae. Proinde intellegibilem speciem sensibili praetulerunt. Sensibilia dicimus, quae uisu tactuque corporis sentiri queunt; intellegibilia, quae conspectu mentis intellegi. Nulla est enim pulchritudo corporalis siue in statu corporis, sicut est figura, siue in motu, sicut est cantilena, de qua non animus iudicet. Quod profecto non posset, nisi melior in illo esset haec species, sine tumore molis, sine strepitu

---

[52] species, qua est, quidquid illud est: species는 선의 이데아(ratio, forma)와 동치시켜 신을 지칭하고 있다.

[53] qui *vere est*, quia *incommutabiliter est*: 불변성에서 참 존재를 보는 교부의 전형적 신개념이다. 출애 3,14 참조.

[54] qui simpliciter *est*: 하느님의 순일성을 언표하는 전형적 문구다. Cf. *De vera religione* 32.60; 34.63.

[55] illi vivere, intellegere, beatum esse, hoc est illi esse: 신의 순일성에 비추어 신에게는 존재와 작용이 별개가 아니며 단일한 본질이다. 예: *De Trinitate* 5.2.3; 6.10.11 (idem est esse et vivere); 7.5.10; 15.5.7. 본서 11.10.1 참조.

월해 간 사람들이었다. 그리하여 그들은 가변적 사물에 있는 모든 형상은 어떤 사물이든지, 어떤 방식으로 존재하든지, 어떤 본성이 그 안에 내재하든지 모든 것들은 바로 최고신이라는 이 형상[52]에 의해 존재하는 법이요 바로 그분, 불변하게 존재하므로 참으로 존재하는[53] 그분에 의해서가 아니면 존재하지 못함을 깨달았던 것이다. 바로 그래서 우주의 물체, 형태, 성질, 질서있는 운동, 하늘부터 땅까지 배치된 원소들, 그리고 그 안에 있는 모든 물체들, 또는 모든 생명, 그러니까 나무에 있는 것처럼 생육하고 존속하는 생명이나, 짐승에 있는 것처럼 한걸음 더 나아가 감각하는 생명이나, 사람에게 있는 것처럼 이 모든 것 외에도 인식하는 생명이나, 천사들에게 있는 것처럼 생육은 필요없어도 존속하고 지각하고 인식하는 생명이나, 모든 것이 그분에 의해서가 아니면, 단순히 존재하기만 하는 그분[54]에 의해서가 아니면 존재할 수 없다는 것을 깨달았던 것이다. 그분은 마치 살아있지 않으면서도 존재할 수 있듯이 해서, 존재하는 것과 살아있는 것을 별개로 하는 분이 아니다. 또 마치 인식하지 않으면서도 살아있을 수 있듯이, 살아있는 것과 인식하는 것을 별개로 하는 분이 아니다. 그분은 마치 행복하지 않으면서도 인식할 수 있는 듯이 해서, 인식하는 것과 행복한 것을 별개로 하는 분이 아니다. 그분에게는 살아있음과 인식함과 행복함이 곧 존재하는 것이다.[55] 바로 이 불변성과 단순성으로 인해 저 플라톤 학파는 하느님이 저 모든 만물을 만들었다는 것, 그리고 동시에 그분은 그 무엇에 의해서도 창조될 수 있는 분이 아님을 깨달았던 것이다. 존재하는 모든 것이 물체거나 생명임을 고찰하는 가운데, 그들은 생명이 물체보다 더 좋음을 파악했고, 물체의 형상은 감각적이고 생명의 형상은 가지적이라는 것을 파악했다. 따라서 그들은 가지적 형상을 감각적 형상보다 우월하게 여겼다. 신체의 시각과 촉각으로 감지할 수 있는 것을 감각적이라고 일컫는다. 반면 지성의 관조로 인식할 수 있는 것을 가지적이라고 일컫는다. 물체의 아름다움의 경우, 형체처럼 물체의 상태로 있든, 가락처럼 운동의 상태로 있든, 그것에 관해 정신이 판단을 내리지 않는 한 어떤 아름다움도 있을 수 없다. 그리고 이 형상이 더 완전한 형태로 정신에 내재하지 않는 한, 정신이 판단을 내릴 수 없다. 물론 정신 안에 있는 형상은 질량의 부

uocis, sine spatio uel loci uel temporis. Sed ibi quoque nisi mutabilis esset, non alius alio melius de specie sensibili iudicaret; melius ingeniosior quam tardior, melius peritior quam inperitior, melius exercitatior quam minus exercitatus, et idem ipse unus, cum proficit, melius utique postea quam prius. Quod autem recipit magis et minus, sine dubitatione mutabile est. Vnde ingeniosi et docti et in his exercitati homines facile collegerunt non esse in eis rebus primam speciem, ubi mutabilis esse conuincitur. Cum igitur in eorum conspectu et corpus et animus magis minusque speciosa essent, si autem omni specie carere possent, omnino nulla essent: uiderunt esse aliquid ubi prima esset incommutabilis et ideo nec comparabilis; atque ibi esse rerum principium rectissime crediderunt, quod factum non esset et ex quo facta cuncta essent. Ita quod notum est Dei, manifestauit eis ipse, cum ab eis inuisibilia eius per ea, quae facta sunt, intellecta conspecta sunt; sempiterna quoque uirtus eius et diuinitas; a quo etiam uisibilia et temporalia cuncta creata sunt. Haec de illa parte, quam physicam, id est naturalem, nuncupant, dicta sint.

7. Quod autem adtinet ad doctrinam, ubi uersatur pars altera, quae ab eis logica, id est rationalis, uocatur: absit ut his comparandi uideantur, qui posuerunt iudicium ueritatis in sensibus corporis eorumque infidis et fallacibus regulis omnia, quae discuntur, metienda esse censuerunt, ut Epicurei et quicumque alii tales, ut etiam ipsi Stoici, qui cum uehementer

---

⁵⁶ prima species: 플라톤의 선의 이데아를 연상시키는, 신플라톤주의의 신개념(神概念)이다. 물체에 대한 정신의 우위, (아름다움에 대한) 판단자의 판단대상에 대한 우위, 판단기준(prima species)의 판단자에 대한 우위로부터 신개념과 신존재 증명에 이른다. Cf. *De libero arbitrio*, 2.12.33 - 15.40.

⁵⁷ "형상"(形像: species)이라는, 존재자의 초월적 특성(transcendentale)에서 "형상을 띤다"(speciosa) 혹은 "아름답다"라는 형용사가 기인한다. 따라서 형상이 전무하면 아예 존재를 못 가진다(앞의 각주 48과 52 참조).

⁵⁸ factum non esset et ex quo facta cuncta essent: 7.9; 11 참조. Cf. *Confessiones* 12.7.7; *De Genesi ad litteram* 7.2.3.

⁵⁹ 로마 1,19-20 참조.

⁶⁰ Cf. Epicurus in Diogenes Laertius, *Vitae philosophorum* 10.31-32. 그들의 경험론(經驗論)에 대한 비판적 언급이다.

피를 갖지 않고 음성의 소리를 갖지 않고 시공간의 위치를 갖지 않는다. 다만 정신 안에서도 그 가지적 형상이 가변적이 아니라면, 감각적 형상을 두고 어떤 사람이 다른 사람보다 더 나은 판단을 내리지 못할 것이다. 더 영리한 사람이 우둔한 사람보다 더 낫게 판단하거나 더 유능한 사람이 무능한 사람보다 더 낫게 판단하거나 더 숙련된 사람이 덜 숙련된 사람보다 더 낫게 판단하거나 같은 한 사람에 대해서도 진보를 한 다음에는 먼저보다 나중에 더 낫게 판단하거나 하지 못할 것이다. 나을 수도 못할 수도 있는 것은 당연히 가변적인 것이다. 따라서 영리하고 유능하고 이런 철학 문제에 숙련된 사람들은 저런 사물들 안에 존재하는 형상이 원초적 형상[56]이 아님을 용이하게 간파했다. 저런 형상이 가변적이라고 확신했기 때문이다. 그들의 관점에서도 물체든 정신이든 더 아름답거나 덜 아름답거나 하게 마련인데 만약 형상을 일체 결한다면 아예 아무 존재자도 아닐 것이다.[57] 그리하여 그들은 지당하게도, 원초적 형상이 불변하게 자리잡는 곳이 따로 있다고, 그곳에서는 이 형상이 무엇과 비교할 수 없는 절대적인 것이라고, 따라서 바로 그곳에 만물의 원리가 존재한다고 믿었다. 또 그 원리는 창조되지 않았고 모든 것이 그것에 의해 창조되었다고 믿었다.[58] 이렇게 하느님에 관해 그들에게 알려진 것은 하느님 친히 그들에게 드러낸 것이다. 그분에 관한 것, 눈에 보이지 않는 것들이 창조된 것을 통해 그들에게 인식되고 관조된 것이다.[59] 그분의 영원한 능력과 신성도 이렇게 해서 인식되고 관조되었다. 가시적이고 시간적인 것들은 모두 그분에 의해 창조된 것이다. 이것이 자연학 다시 말해 자연철학이라고 일컫는 부분에 관해 하는 말이다.

7. 논리학, 즉 이성철학에서 플라톤 학파는 다른 사람들보다 얼마나 탁월한가

철학의 둘째 부분, 곧 플라톤 학파가 논리학 혹은 이성철학이라고 부르는 분야에 관한 이론에서도, 진리 판단을 육체의 감관에다 설정하거나 신빙성없고 오류에 찬 기준을 내세우고는, 우리가 배우는 모든 내용이 그 기준에 준해 검증되어야 한다고 주장한 사람들이 있는데, 그들은 이 플라톤 학파에게 비할 바가 아닌 것처럼 보인다. 에피쿠로스 학파나 이와 유사한 사람들이 그런 부류다.[60] 스

amauerint sollertiam disputandi, quam dialecticam nominant, a corporis sensibus eam ducendam putarunt, hinc asseuerantes animum concipere notiones, quas appellant ἐννοίας, earum rerum scilicet quas definiendo explicant; hinc propagari atque conecti totam discendi docendique rationem. Vbi ego multum mirari soleo, cum pulchros dicant non esse nisi sapientes, quibus sensibus corporis istam pulchritudinem uiderint, qualibus oculis carnis formam sapientiae decusque conspexerint. Hi uero, quos merito ceteris anteponimus, discreuerunt ea, quae mente conspiciuntur, ab his, quae sensibus adtinguntur, nec sensibus adimentes quod possunt, nec eis dantes ultra quam possunt. Lumen autem mentium esse dixerunt ad discenda omnia eundem ipsum Deum, a quo facta sunt omnia.

8. Reliqua est pars moralis, quam Graeco uocabulo dicunt ethicam, ubi quaeritur de summo bono, quo referentes omnia quae agimus, et quod non propter aliud, sed propter se ipsum adpetentes idque adipiscentes nihil, quo beati simus, ulterius requiramus. Ideo quippe et finis est dictus, quia propter hunc cetera uolumus, ipsum autem non nisi propter ipsum. Hoc ergo beatificum bonum alii a corpore, alii ab animo, alii ab utroque homini esse dixerunt. Videbant quippe ipsum hominem constare ex animo et corpore et ideo ab alterutro istorum duorum aut ab utroque bene sibi esse

---

[61] Cf. Diogenes Laertius, *Vitae philosophorum* 7.42.51, 54. 선(善)과 정의(正義)라는 본유 개념(notiones communes)도 감관으로 좋다고 직관하는 것들을 이성이 비교하여 작성한다고 보았다(Cicero, *De finibus bonorum et malorum* 3.10.33).

[62] 교부는 *De dialectica* (Principia dialecticae)라는 소책자에서 스토아 논리학을 간추린 바 있다.

[63] 미의 관조는 시각에 호소하지 않고 정신으로만 통찰하라는 플라톤 철학을 교부는 따른다. Cf. Plato, *Phaedo* 65d - 66a.

[64] Cf. Augustinus, *Retractationes* 1.1.2: "감각하는 것도 일종의 인식이다."

[65] 감각은 아름다운 사물을 지각하지만 그것이 아름답다고 판단하지는 못한다.

[66] 플라톤주의가 에피쿠루스 학파와 스토아 학파의 감각주의에 맞서 내세운 지성주의이다(Plato, *Respublica* 509d - 511e; Aristoteles, *De anima* 429a - 430a; Plotinus, *Enneades* 5.8.12).

[67] 최고선(summum bonum)에 대한 정의라고 하겠다.

[68] 최고선이 육체에 있다(Aristippus in Diogenes Laertius, *Vitae philosophorum* 2.88; Epicurus, *Epistula ad Menoeceum* 127-132), 정신에 있다(Plato, *Symposium* 207a; Aristoteles, *Ethica Nicomachea* 1097a - 1098a; Plotinus, *Enneades* 1.4.2), 양편에 있다(Stoici in Diogenes Laertius, *Vitae philosophorum* 7.85-89; in Cicero, *Tusculanae disputationes* 4.17.37-38).

[69] 교부는 Cicero가 하듯이(cf. Cicero, *De finibus bonorum et malorum* 4.10.25; 5.12.34 - 13.38) 여기서 summum bonum(최고선)과 더불어 bonum finale(최종선)를 별도로 말하면서 tertium genus bonorum(제삼의 선)까지 언급하고 있다. 다만 최종선 역시 최고선처럼 quo beati essent, quo cuncta ... referunt, id quo referendum esset non ultra라고 정의되었다.

토아 학파는 변증법이라고 명명한, 토론하는 재치를 무척 애호했는데, 그들은 그 변증을 육체의 감각에서 이끌어내야 한다고 주장했다. 그들은 정신이 감각으로부터 인식, 자기들이 엔노이아라고 이름붙인 그 인식을 개념화한다고 여겼다.[61] 그들은 이렇게 만든 개념 혹은 정의를 통해 사물들에 대한 설명을 확대해 나갔으며, 그들이 학습하고 가르치는 모든 증명을 바로 이 논리학에서부터 전개하고 논리학과 결부시켰다.[62] 그런데 그들도 말로는 현자들이 아니면 아름다울 수 없다고 하는데, 과연 육체의 어떤 감관으로 저 아름다움을 관조한다는 것인지, 어떤 육안으로 지혜의 형상形相과 미美를 관조한다는 것인지 나로서는 상당히 의아한 부분이다.[63] 그 대신 우리가 다른 철학자들보다 앞세우는 이 플라톤 학파는 지성으로 관조하는 바를 감관으로 포착하는 것과 구분했고, 감관이 할 수 있는 바를 못하도록 막지 않으면서도[64] 감관이 할 수 있는 것 이상의 것을 감관에 부여하지도 않았다.[65] 모든 사물을 인식하는 데 필요한 지성의 빛이 다름아닌 하느님이라고, 바로 그분에 의해 만물이 생겨난 하느님이라고 그들은 말했다.[66]

8. 윤리철학에서도 플라톤 학파는 수위를 차지해야 한다

나머지 부분은 윤리철학, 그리스어로 에티케라고 부르는 것이다. 여기서는 최고선에 관해 탐구한다. 우리가 행하는 모든 것이 이 최고선에 결부되며, 이 최고선은 다른 것 때문이 아니라 최고선 자체 때문에 추구된다.[67] 일단 최고선에 도달하면, 우리는 행복해지기에 그 이상의 무엇을 요구할 필요가 없다. 그러므로 최고선은 또한 목적이라고 하는데, 우리는 그밖의 것을 목적 때문에 원하지만 최고선 자체는 오로지 그 자체를 위해 원하는 까닭이다. 인간을 행복하게 만드는 이 최고선이 혹자는 육체에, 혹자는 정신에, 혹자는 양편에 달려 있다고 했다.[68] 그들은 인간 자체가 정신과 육체로 구성되어 있기에 이 둘 중의 하나에서 혹은 둘다에서 인간의 행복을 구할 수 있다고 믿었으며, 인간이 진정으로 행복해지는 최종선最終善, 인간이 행하는 모든 것이 수렴되는 최종선, 그 이상으로 수렴되어서는 안 될 최종선을 따로 추구하지 않았다.[69] 그런가 하면 어떤 이들은 제삼의 선이라는 것을 첨가했는데, 명예, 영광, 돈 같은, 이른바 외적 선이다.

posse credebant, finali quodam bono, quo beati essent, quo cuncta quae agebant referrent atque id quo referendum esset non ultra quaererent. Vnde illi, qui dicuntur addidisse tertium genus bonorum, quod appellatur extrinsecus, sicuti est honor gloria pecunia et si quid huius modi, non sic addiderunt, ut finale esset, id est propter se ipsum adpetendum, sed propter aliud; bonumque esse hoc genus bonis, malum autem malis. Ita bonum hominis qui uel ab animo uel a corpore uel ab utroque expetiuerunt, nihil aliud quam ab homine expetendum esse putauerunt; sed qui id adpetiuerunt a corpore, a parte hominis deteriore; qui uero ab animo, a parte meliore; qui autem ab utroque, a toto homine. Siue ergo a parte qualibet siue a toto, non nisi ab homine. Nec istae differentiae, quoniam tres sunt, ideo tres, sed multas dissensiones philosophorum sectasque fecerunt, quia et de bono corporis et de bono animi et de bono utriusque diuersi diuersa opinati sunt. Cedant igitur omnes illis philosophis, qui non dixerunt beatum esse hominem fruentem corpore uel fruentem animo, sed fruentem Deo; non sicut corpore uel se ipso animus aut sicut amico amicus, sed sicut luce oculus, si aliquid ab his ad illa similitudinis adferendum est, quod quale sit, si Deus ipse adiuuerit, alio loco, quantum per nos fieri poterit, apparebit. Nunc satis sit commemorare Platonem determinasse finem boni esse secundum uirtutem uiuere et ei soli euenire posse, qui notitiam Dei habeat et imitationem nec esse aliam ob causam beatum; ideoque non dubitat hoc esse philosophari, amare Deum, cuius natura sit incorporalis. Vnde utique colligitur tunc fore beatum studiosum sapientiae (id enim est philosophus), cum frui Deo coeperit. Quamuis enim non continuo beatus sit, qui eo fruitur quod amat (multi enim amando ea, quae amanda non sunt, miseri sunt et miseriores cum fruuntur): nemo tamen beatus est, qui

---

[70] tertium genus bonorum: 그 자체 절대선이 아니고 이용하는 사람에 따라서 선이거나 선이 아니라 는 뜻에서 하는 말이다. Cf. Plato, *Respublica* 580d - 583c; Stoici in Diogenes Laertius, *Vitae philosophorum* 7.105-106; Cicero, *De officiis* 1.8.25-26; 2.9.31-32.

[71] 바로가 말했다는 288가지 행복관(19.1-2) 참조.

[72] "하느님에 대한 향유"(frui Deo)는 아우구스티누스에게 철학함(조금 아래 philosophari, amare Deum이라는 문장 참조)과 인생 자체의 최종목적에 해당한다. 교부에게 신 외의 모든 것은 궁극적 "향유"의 대상이 아니고 "사용"(usus)의 대상일 따름이다.

[73] 11.27.2; 12.3 참조.

[74] finem boni esse secundum virtutem vivere: cf. Plato, *Gorgias* 470d; 508b.

[75] hoc esse philosophari, amare Deum: 앞의 8.1 각주 3 참조.

다만 그것들은 최종선, 그 자체로 추구할 무엇이 아니라 다른 것을 위해 추구되어야 할 무엇으로 여겨졌다. 제삼의 선이라고 하는 까닭은 이것이 선한 사람들에게는 선이 되고 악한 사람들에게는 악이 되기 때문이라고 한다.[70] 그래서 인간의 선을 정신에서, 육체에서, 혹은 그 모두에서 추구한 사람들은 선이 어디까지나 인간에게서만 추구되어야 할 것으로 생각했다. 혹자는 육체에서, 그러니까 인간의 못한 부분에서 선을 추구하고, 혹자는 정신에서, 그러니까 나은 부분에서 추구하고, 혹자는 전체에서, 그러니까 다름아닌 인간에게서 추구한다. 어느 한 부분에서 추구하든 전체에서 추구하든 인간에게서 추구하는 점은 같다. 그 수에서는 셋이지만 이들 차이는 세 가지 의견을 달리하는 철학 학파를 만들기에 그치지 않고 더 많은 철학 분파들을 만들어냈다. 육체의 선에 관해서도, 정신의 선에 관해서도, 또 양편 모두의 선에 관해서도 사람마다 다른 의견을 내놓았기 때문이다.[71] 따라서 인간이 행복해지는 것은 육체를 향유해서도 아니고 정신을 향유해서도 아니고 오로지 하느님을 향유해서라고 말한 저 플라톤 철학자들에게 모두 자리를 내주어야 한다. 다만 하느님을 향유한다는 말은 정신이 육체를 향유하는 그런 것이 아니고, 정신이 정신 자체를 향유한다는 것도 아니며, 친구가 친구를 향유하는 것도 아니다. 만약 이런 사물들과 하느님 사이의 유비類比를 끌어온다면 눈이 빛을 향유하는 그런 것이다.[72] 이 유비의 성격이 어떤 것인지에 관해서는, 만일 하느님 친히 도우신다면 다른 데서 힘닿는 데까지 다시 논할 수 있으리라고 본다.[73] 여기서는 플라톤이 선의 목적을 덕성에 따라 사는 것으로 정의했다는 사실과,[74] 이런 일은 하느님에 대한 관념을 갖고 하느님을 모방하는 사람에게만 가능하다고 지적한 사실, 그리고 다른 명분으로는 인간이 결코 행복해질 수 없다고 지적한 사실을 상기시킴으로 족할 듯하다. 그래서 플라톤은 철학함이란 하느님을 사랑함을 의심하지 않았으며[75] 하느님의 본성은 비물체적이다. 그렇다면 지혜를 탐구하는 사람(다시 말해 철학자)은 하느님을 향유하기 시작할 때만 비로소 행복해질 수 있다는 결론이 나온다. 이 말은 사랑하는 무엇을 향유할 때 당장 행복해진다는 뜻이 아니다. (많은 사람들은 사랑할 것이 아닌 것을 사랑함으로써 불행해지고 그것을 향유함으로써 도리어 더 불행해진다.) 단

eo quod amat non fruitur. Nam et ipsi, qui res non amandas amant, non se beatos putant amando, sed fruendo. Quisquis ergo fruitur eo, quod amat, uerumque et summum bonum amat, quis eum beatum nisi miserrimus negat? Ipsum autem uerum ac summum bonum Plato dicit Deum, unde uult esse philosophum amatorem Dei, ut, quoniam philosophia ad beatam uitam tendit, fruens Deo sit beatus qui Deum amauerit.

9. Quicumque igitur philosophi de Deo summo et uero ista senserunt, quod et rerum creatarum sit effector et lumen cognoscendarum et bonum agendarum, quod ab illo nobis sit et principium naturae et ueritas doctrinae et felicitas uitae, siue Platonici accommodatius nuncupentur, siue quodlibet aliud sectae suae nomen inponant; siue tantummodo Ionici generis, qui in eis praecipui fuerunt, ista senserint, sicut idem Plato et qui eum bene intellexerunt; siue etiam Italici, propter Pythagoram et Pythago-reos et si qui forte alii eiusdem sententiae indidem fuerunt; siue aliarum quoque gentium qui sapientes uel philosophi habiti sunt, Atlantici Libyes, Aegyptii, Indi, Persae, Chaldaei, Scythae, Galli, Hispani, aliqui reperiun-tur, qui hoc uiderint ac docuerint: eos omnes ceteris anteponimus eosque nobis propinquiores fatemur.

10. Quamuis enim homo Christianus litteris tantum ecclesiasticis erudi-tus Platonicorum forte nomen ignoret, nec utrum duo genera philosopho-

---

[76] fruens Deo sit beatus qui Deum amaverit: 이것은 플라톤주의 철학의 골간이요(cf. Plato, *Phaedo* 247c - 248c; 253b-c; *Theaetetus* 176b-e; *Respublica* 611e; Plotinus, *Enneades* 1.2.1.3-4; 4.8.1.3-8; Por-phyrius, *Epistula ad Marcellam* 16-17) 아우구스티누스의 기조 사상이기도 하다(*Confessiones* 1.1).

[77] rerum creatarum effector → principium naturae, lumen cognoscendarum → veritas doctrinae, bonum agendarum → felicitas vitae. 이런 도식은 신중심의 사고를 하는 그리스도교를 모든 철학 특히 플라톤 철학의 완성(完成)으로 제시하려는 의도를 담고 있다.

[78] 굳이 플라톤 철학자들이 아니더라도 이 인류 공통의 사고(κοιναι εννοιαι: Diogenes Laertius, *Vi-tae philosophorum* 4.11)를 지닌 민족과 현자들이라면 최우선의 대화 상대로 삼겠다는 문화철학적 발언이다. Cf. Origenes, *De principiis* 1.3.1; Minucius Felix, *Octavius* 19.3-4.

[79] 앞의 8.2-9와 이하의 8.12를 학자들은 "그리스도교 철학의 종합"(G. Bardy)으로 평한다. 만민이 "공통관념"에 준해 신에게 궁극목적과 행복을 근거시키는 보편적 동의를 품고 있음을 전제한다.

지 사랑하는 바를 향유하지 못하면 아무도 행복해질 수 없다는 말이다. 그 까닭은 사랑할 것이 아닌 것을 사랑하는 사람들마저 그 대상을 사랑함으로써가 아니라 향유함으로써 행복진다고 여기기 때문이다. 사랑하는 바를 향유할 적에 행복하다면, 참된 최고선을 사랑하는 사람이 그 최고선을 향유할 적에 행복하다는 것을 부정하는 자는 참으로 가련한 인간이 아니겠는가? 그런데 플라톤은 참된 최고선은 하느님이라고 하며, 그럼으로써 철학자란 하느님을 사랑하는 자라고 말하려는 것이다. 그 이유는 철학은 행복한 삶을 지향하는데, 하느님을 사랑하는 사람이라면 하느님을 향유함으로써 행복해지기 때문이다.[76]

9. 그리스도교 신앙의 진리에 가장 가까이 접근한 철학

최고의 참 하느님이 피조물들의 조성자요 사물들이 인식되는 빛이며 일체의 행위가 이루어지는 선이라고, 우리는 그분에게서 자연본성의 원리와 배움의 진리와 삶의 행복을 얻는다고 주장한 철학자들이 있다.[77] 그들은 정확하게 플라톤 학파라고 불릴 수도 있고 그밖의 다른 이름이 이 학파에 붙을 수도 있다. 혹은 이런 생각을 한 것은 이오니아 학파의 지도자, 예를 들어 플라톤 본인이나 그를 제대로 이해한 사람들일 수도 있고 아니면 이탈리아 학파가 피타고라스나 피타고라스 학파 덕분에 그런 사유를 했을 수도 있고, 그밖에 다른 이들도 같은 견해를 가졌을지 모른다. 그밖에 다른 민족 출신으로 현자나 철학자로 알려진 사람들, 곧 아틀란타의 리비아인, 이집트인, 인도인, 페르시아인, 칼대아인, 스키타이인, 갈리아인, 히스파니아인, 또 다른 사람들도 그렇게 생각하고 그렇게 가르쳤을지도 모른다. 우리는 이런 사람들 모두를[78] 그밖의 사람들보다 우위에 두며 이들이 우리 그리스도인들에게 더 가까이 근접했다고 공언하는 바이다.[79]

10. 철학적 학문에서도 그리스도 종교인의 역할이 얼마나 탁월한가

10. 1. 바울로는 이 문제를 어떻게 보았는가

어느 그리스도 신자가 비록 교회 문전만을 익혀 플라톤 학파의 이름도 모르고, 그리스어권에 이오니아 학파와 이탈리아 학파라는 두 철학 사조가 있었는지조

rum extiterint in Graeca lingua, Ionicorum et Italicorum, sciat: non tamen ita surdus est in rebus humanis, ut nesciat philosophos uel studium sapientiae uel ipsam sapientiam profiteri. Cauet eos tamen, qui secundum elementa huius mundi philosophantur, non secundum Deum, a quo ipse factus est mundus. Admonetur enim praecepto apostolico fideliterque audit quod dictum est: *Cauete ne quis uos decipiat per philosophiam et inanem seductionem secundum elementa mundi.* Deinde ne omnes tales esse arbitretur, audit ab eodem apostolo dici de quibusdam: *Quia quod notum est dei, manifestum est in illis; Deus enim illis manifestauit. Inuisibilia enim eius a constitutione mundi per ea, quae facta sunt, intellecta conspiciuntur, sempiterna quoque uirtus eius et diuinitas,* et ubi Atheniensibus loquens, cum rem magnam de Deo dixisset et quae a paucis possit intellegi, quod *in illo uiuimus et mouemur et sumus,* adiecit et ait: *Sicut et uestri quidam dixerunt.* Nouit sane etiam ipsos, in quibus errant, cauere; ubi enim dictum est, quod per ea, quae facta sunt, Deus illis manifestauit intellectu conspicienda inuisibilia sua: ibi etiam dictum est non illos ipsum Deum recte coluisse, quia et aliis rebus, quibus non oportebat, diuinos honores illi uni tantum debitos detulerunt: *Quoniam cognoscentes Deum non sicut Deum glorificauerunt aut gratias egerunt, sed euanuerunt in cogitationibus suis et obscuratum est insipiens cor eorum. Dicentes enim se esse sapientes stulti facti sunt et inmutauerunt gloriam incorruptibilis Dei in similitudinem imaginis corruptibilis hominis et uolucrum et quadrupedum et serpentium*; ubi et Romanos et Graecos et Aegyptios, qui de sapientiae nomine gloriati sunt, fecit intellegi. Sed de hoc cum istis post modum disputabimus. In quo autem nobis consentiunt de uno Deo huius uniuersitatis auctore, qui non solum super omnia corpora est incorporeus, uerum etiam super omnes animas incor-

---

[80] 골로 2,8.

[81] 로마 1,19-20.

[82] 사도 17,28 (Cleanthes, *Hymnus ad Iovem* 5의 글귀).

[83] 바울로는 "여러분의 시인 가운데 어떤 이가 '우리는 그분의 족속'이라고 말했듯이"라고 하면서 Aratus의 시구(*Phaenomena* 5)를 인용한다. 본서 16.23 (각주 157) 참조.

[84] 로마 1,21-23.

[85] 8.23 이하 참조.

차 모른다고 하자. 그럴지라도 그는 철학자들이 지혜에 대한 탐구 내지 지혜 자체를 전문으로 삼는다는 사실마저 모를 만큼 인간사에 귀머거리는 아닐 것이다. 그러나 그는 세상의 원소들에 입각하여 철학하는 사람들, 세상을 만든 하느님에 입각하여 철학하지 않는 사람들을 본능적으로 조심한다. 그는 사도의 교훈에서 훈계를 받고 다음과 같은 말씀을 충실하게 경청한다: "누가 '철학'이나 헛된 속임수로 여러분을 현혹할까 조심하시오. 그런 것들은 세상의 원소들을 따르는 것일 뿐입니다."[80] 그러나 모든 철학자를 그런 사람으로 보지 않도록, 사도는 모모한 인물들에 관해서는 이렇게 말한다: "하느님에 관해 알 만한 것은 그들 가운데 이미 드러나 있습니다. 하느님 당신이 드러내셨기 때문입니다. 하느님의 보이지 않는 것들을, 곧 영원한 권능과 신성은 창세 이래 이미 피조물을 통해 인간 이성의 눈에 보이게 되었습니다."[81] 또 사도는 아테네인들에게 연설하는 도중에 소수만이 이해할 수 있는 하느님에 관한 위대한 일을 "우리는 그분 안에서 살고 움직이며 존재합니다"[82]고 한다. 또 사도는 "여러분의 시인 가운데 어떤 이가 말했듯이"라고 덧붙인다.[83] 그리스도 신자는 과연 어느 면에서 그르치지 않을까 조심해야 하는지도 잘 알고 있다. 사도가 하느님의 보이지 않는 속성을 그 지으신 것들을 통해 드러냈으며 그것들을 이성의 눈으로 보게 했다고 말했을 때 거기에는 동시에 그 지으신 것들을 하느님으로 공경하는 것은 옳지 못하다는 말도 포함되어 있다. 그런 짓은 하느님 한 분에게만 돌려야 할 신적 영예를 온당치 못한 다른 것들에게 돌리기 때문이다: "하느님을 알고도 찬미와 감사를 드리지 않고 생각이 허망하게 되어 어리석은 마음이 어두워졌기 때문입니다. 그들은 지혜롭다고 자처하지만 바보가 되었으며 불멸하는 하느님의 영광을 썩어 없어질 사람과 날짐승과 네발짐승과 길짐승 모양의 형상으로 바꾸어 버렸습니다."[84] 여기서 사도는 지혜라는 이름을 내세워 뽐내던 로마인들과 그리스인들과 이집트인들을 꼽고 있다는 점을 우리에게 주지시키려는 의도를 품고 있는지도 모른다. 그러나 이 문제를 두고 그들과 토론하는 일은 잠시 뒤로 미룬다.[85] 여하튼 우리는 플라톤 학파가 유일한 하느님, 이 우주의 조성자에 관해 우리와 견해를 함께한다는 점에서, 그리고 그분이 모든 물체들 위에 존재하는 비물체적인 분이요,

ruptibilis, principium nostrum, lumen nostrum, bonum nostrum, in hoc eos ceteris anteponimus.

Nec, si litteras eorum Christianus ignorans uerbis, quae non didicit, in disputatione non utitur, ut uel naturalem Latine uel physicam Graece appellet eam partem, in qua de naturae inquisitione tractatur, et rationalem siue logicam, in qua quaeritur quonam modo ueritas percipi possit, et moralem uel ethicam, in qua de moribus agitur bonorumque finibus adpetendis malorumque uitandis, ideo nescit ab uno uero Deo atque optimo et naturam nobis esse, qua facti ad eius imaginem sumus, et doctrinam, qua eum nosque nouerimus, et gratiam, qua illi cohaerendo beati simus. Haec itaque causa est cur istos ceteris praeferamus, quia, cum alii philosophi ingenia sua studiaque contriuerint in requirendis rerum causis, et quinam esset modus discendi atque uiuendi, isti Deo cognito reppererunt ubi esset et causa constitutae uniuersitatis et lux percipiendae ueritatis et fons bibendae felicitatis. Siue ergo isti Platonici siue quicumque alii quarumlibet gentium philosophi de Deo ista sentiunt, nobiscum sentiunt. Sed ideo cum Platonicis magis agere placuit hanc causam, quia eorum sunt litterae notiores. Nam et Graeci, quorum lingua in gentibus praeeminet, eas magna praedicatione celebrarunt, et Latini permoti earum uel excellentia uel gloria, ipsas libentius didicerunt atque in nostrum eloquium transferendo nobiliores clarioresque fecerunt.

---

[86] principium nostrum, lumen nostrum, bonum nostrum: 제8권의 철학의 삼분법에 따른 궁극(窮極: arche)을 교부는 그리스도인들의 "하느님"으로 귀결짓고 있다.

[87] doctrina qua eum nosque noverimus: 5.14 참조(cf. *Soliloquia* 2.1.1).

[88] 앞의 각주에서 철학적으로 궁구하여 규명한 사변적 원리들(principium nostrum, lumen nostrum, bonum nostrum)을 그리스도교 신앙의 차원에서 하느님의 모상(natura (nostra) ad eius imaginem), 하느님의 계시(eius doctrina), 하느님의 은총(eius gratia)으로 보완한다.

[89] "인간 영혼은 그리스도교적 영혼으로 태어난다"(anima (hominis) naturaliter Christiana)라는 테르툴리아누스의 명제(*Apologeticum* 17.6)가 있다.

[90] 아우구스티누스가 플라톤 학파를 우선하는 객관적 명분이다.

[91] 교부는 *Timaeus*(Cicero, Chalcidius 역), *Phaedo*(Apuleius 역), 특히 Marius Victorinus 번역의 *Enneades; De regressu animae; Categoriae; Asclepius* 등을 읽고 인용하므로 번역(transferre)을 중시했다.

모든 영혼들 위에 존재하는 부패하지 않는 분이요, 우리 원리이고 우리 빛이고 우리 선이라고 본다는 점에서[86] 그들을 그밖의 사람들보다 낫다고 여긴다.

10. 2. 플라톤 학파는 우리와 견해가 같다

그리스도 신자가 설령 그들의 문전에 무지하여 공부하지 않거나, 토론을 하면서도 그들의 문전을 이용하지 않는다고 하자. 혹은 라틴어로는 나투랄리스라고 불리며 그리스식으로는 피시카라고 불리는, 대자연을 탐구하는 철학 분야가 있다는 것도 모르고, 혹은 라쇼날리스 또는 로지카라는, 진리를 포착할 수 있는 방법을 논하는 철학 분야가 있다는 것도 모르고, 혹은 모랄리스 또는 에티카라는, 행동 거지에 관해 다루고 선한 목적은 추구해야 하며 악한 목적은 피해야 한다는 점을 다루는 철학 분야가 있다는 것도 모른다고 하자. 그럼에도 그는 유일하고 참되고 지고한 하느님에 의해 우리에게 자연본성이 존재하고, 그 자연본성에 의해 우리가 그분의 모상대로 만들어졌다는 사실을 모르지는 않는다. 그는 그분의 가르침이 있어 우리가 그것으로 인해 그분과 우리 자신을 인식한다는 것도 모르지 않는다.[87] 또 그는 그분에 의해 은총이 내려 우리가 그분과 일치하고 행복해진다는 것도 모르지 않는다.[88] 바로 이것이 우리가 플라톤 학파를 그밖의 다른 사람들보다 낫다고 여기는 이유다. 다른 철학자들은 사물의 원인을 궁구하는 데, 학문을 배우는 방법이 무엇이고 삶을 살아가는 방법이 무엇인지 궁구하는 데 자신의 재능과 연구를 허비했음에 비해서, 이 사람들은 일단 하느님을 인식하고 나자 우주가 존재하는 원인이 무엇이고 진리를 인식하는 빛이 무엇이며 행복을 향유하는 원천이 무엇인가를 찾아냈던 것이다. 그러므로 플라톤 학파든지 그밖에 다른 민족의 어느 누구든지 하느님에 관해 이렇게 생각하는 사람들이 있다면 그들은 우리와 견해가 같은 것이다.[89] 그렇더라도 우리로서는 이 사안을 두고 다른 사람들보다도 플라톤 학파와 토론하는 편이 더 좋았으니 그들의 문헌이 비교적 잘 알려져 있는 까닭이다.[90] 그 이유는 그리스인들이 민족들 가운데서도 뛰어난 언어를 가진 사람들로서 이런 문전들을 크게 치하하며 전파해 왔고, 라틴인들 역시 이 문전들의 출중함과 명성에 감복하여 기꺼이 배우고 익혔으며 우리말로 옮기면서[91] 그 내용을 더욱 고상하고 유명하게 만들었기 때문이다.

11. Mirantur autem quidam nobis in Christi gratia sociati, cum audiunt uel legunt Platonem de Deo ista sensisse, quae multum congruere ueritati nostrae religionis agnoscunt. Vnde nonnulli putauerunt eum, quando perrexit in Aegyptum, Hieremiam audisse prophetam uel scripturas propheticas in eadem peregrinatione legisse; quorum quidem opinionem in quibusdam libris meis posui. Sed diligenter supputata temporum ratio, quae chronica historia continetur, Platonem indicat a tempore, quo prophetauit Hieremias, centum ferme annos postea natum fuisse; qui cum octoginta et unum uixisset, ab anno mortis eius usque ad id tempus, quo Ptolomaeus rex Aegypti scripturas propheticas gentis Hebraeorum de Iudaea poposcit et per septuaginta uiros Hebraeos, qui etiam Graecam linguam nouerant, interpretandas habendasque curauit, anni reperiuntur ferme sexaginta. Quapropter in illa peregrinatione sua Plato nec Hieremiam uidere potuit tanto ante defunctum, nec easdem scripturas legere, quae nondum fuerant in Graecam linguam translatae, qua ille pollebat; nisi forte, quia fuit acerrimi studii, sicut Aegyptias, ita et istas per interpretem didicit, non ut scribendo transferret (quod Ptolomaeus pro ingenti beneficio, qui a regia potestate etiam timeri poterat, meruisse perhibetur), sed ut conloquendo quid continerent, quantum capere posset, addisceret. Hoc ut existimetur, illa suadere uidentur indicia, quod liber Geneseos sic incipit: *In principio fecit Deus caelum et terram. Terra autem erat inuisibilis et incomposita, et tenebrae erant super abyssum, et spiritus Dei superferebatur super aquam*; in Timaeo autem Plato, quem librum de mundi constitutione conscripsit, Deum dicit in illo opere terram primo ignemque iunxisse. Manifestum est autem, quod igni tribuat caeli locum: habet ergo haec sententia

---

[92] 예: Aristobulus in Eusebius, *Praeparatio evangelica* 7.14; Iustinus, *Apologia* 59.1-2; Lactantius, *Divinae institutiones* 4.2.

[93] 교부는 *De doctrina Christiana* 2.48.43에서 그런 입장을 취했다가 뒤에 나오는 이유로 취소한 바 있다(*Retractationes* 2.4.2; 2.30.4).

[94] 교부는 Eusebius (*Chronica*)를 따랐겠지만 정확한 계산으로 예레미야가 활동한 연대(BC 627~586)와 플라톤의 생애(BC 427/8~347) 사이에는 200년의 상거가 있다.

[95] Ptolomaeus II Philadelphus (BC 285~246) 치세에 칠십인역본(*Septuaginta* = LXX)이 이루어졌다는 전설이 있듯이(Aristeas, *Epistula ad Philocratem*), 구약성서가 BC 3세기부터 1세기 사이에 이집트 히브리인 정착촌에서 그리스어로 번역되었음은 사실이다. 본서의 특히 15권과 20권 참조.

[96] 창세 1,1-2(아우구스티누스 인용본).

11. 플라톤이 그리스도교 지식에 근사한 저 인식을 획득한 곳

그리스도의 은총으로 우리와 맺어진 사람들이라면, 플라톤이 하느님에 관해 이렇게 생각했다는 사실을 듣고 읽으면서 감탄하고, 그것이 우리네 종교의 진리에 매우 부합한다는 점을 수긍한다. 그래서 플라톤이 이집트에 갔다가 예레미야 예언자의 가르침을 들었다느니, 그렇지 않으면 바로 그 여행중에 예언성서들을 읽었다느니 하는 주장을 펼치는 사람들이 없지 않다.[92] 나도 몇몇 저서에서 그런 사람들의 견해를 취한 바 있다.[93] 그러나 역사적 연대의 시간을 면밀히 계산하면 플라톤은 예레미야가 예언활동을 하던 시대부터 무려 백 년이나 늦게 태어났다.[94] 또 그가 여든한 살까지 살았다고 하니 그가 죽은 해부터 이집트 왕 프톨로마이우스기 유디에서 히브리인들의 예언성서를 가져오게 하여 그리스어를 아는 히브리인 70명을 시켜 번역하고 보존하도록 조처한 시기까지는 무려 60년이 차이가 난다.[95] 그런 이유로 예레미야가 훨씬 먼저 죽었기에 플라톤은 여행중에 그를 만나볼 수도 없었고, 성서는 아직 플라톤이 사용하는 그리스어로 번역이 안 된 터였으므로 그것을 읽을 수도 없었을 것이다. 그러나 플라톤은 워낙 학구열에 불타는 사람이었으므로 이집트 경전들을 익히듯 통역을 통해 성서를 배웠을 수는 있다. 물론 자기가 번역할 생각은 없었을 것이다(심지어 프톨로마이우스마저 자신의 왕권으로 사람들을 무서워 떨게 만들 수 있는 사람이었지만 대단한 은전을 베풀고서야 겨우 번역을 달성했다). 플라톤은 대담을 통해 그 내용을 자기 능력껏 배웠을 것이다. 다음과 같은 흔적이 이런 추정을 뒷받침해 준다. 예컨대 창세기는 그 서두가 이렇다: "한 처음에 하느님께서 하늘과 땅을 지어 내셨다. 땅은 아직 비가시적인 것이었고 정돈되지 않았다. 그리고 어둠이 심연 위에 뒤덮여 있었고 하느님의 기운이 물 위에 휘돌고 있었다."[96] 그런데 플라톤이 세계의 조성에 관해 집필한 책 「티마이우스」에서 하느님이 창조 사업에서 땅을 불과 결합시켰다는 말을 한다. 여기서 분명한 것은 불에다 하늘의 위치를 부여했으리라는 것이다. 그래서 이 구절은 "한 처음에 하느님께서 하늘과 땅을 지어 내셨다"는 저 말씀과 유사한 점이 있다. 이어서 플라톤은 이 두 양극 사이에 있으면서 둘을 결합시키는 중간자 둘을 설정하여 물과 공기라고 했다. 여기서 그

quandam illius similitudinem, qua dictum est: *In principio fecit Deus caelum et terram*. Deinde ille duo media, quibus interpositis sibimet haec extrema copularentur, aquam dicit et aerem; unde putatur sic intellexisse quod scriptum est: *spiritus Dei superferebatur super aquam*. Parum quippe adtendens quo more soleat illa scriptura appellare spiritum Dei, quoniam et aer spiritus dicitur, quattuor opinatus elementa loco illo commemorata uideri potest. Deinde quod Plato dicit amatorem Dei esse philosophum, nihil sic illis sacris litteris flagrat; et maxime illud (quod et me plurimum adducit, ut paene assentiar Platonem illorum librorum expertem non fuisse), quod, cum ad sanctum Moysen ita uerba Dei per angelum perferantur, ut quaerenti quod sit nomen eius, qui eum pergere praecipiebat ad populum Hebraeum ex Aegypto liberandum, respondeatur: *Ego sum qui sum, et dices filiis Israel: Qui est, misit me ad uos*, tamquam in eius comparatione, qui uere est quia incommutabilis est, ea quae mutabilia facta sunt non sint, uehementer hoc Plato tenuit et diligentissime commendauit. Et nescio utrum hoc uspiam reperiatur in libris eorum, qui ante Platonem fuerunt, nisi ubi dictum est: *Ego sum qui sum, et dices eis: Qui est, misit me ad uos*.

12. Sed undecumque ille ista didicerit, siue praecedentibus eum ueterum libris siue potius, quo modo dicit apostolus, *quia quod notum est Dei manifestum est in illis; Deus enim illis manifestauit; inuisibilia enim eius a constitutione mundi per ea, quae facta sunt, intellecta conspiciuntur, sempiterna quoque uirtus eius et diuinitas*: nunc non inmerito me Platonicos philosophos elegisse cum quibus agam, quod in ista quaestione, quam modo suscepimus, agitur de naturali theologia, utrum propter felicitatem, quae post mortem futura est, uni Deo an pluribus sacra facere oporteat, satis, ut existimo, exposui. Ideo quippe hos potissimum elegi, quoniam de

---

[97] Cf. Plato, *Timaeus* 31b-c.

[98] Cf. Plato, *Symposium* 210e - 211c; *Timaeus* 90b-c; 92c; 앞의 각주 3과 75.

[99] 출애 3,14(아우구스티누스의 의도에 따른 번역). Ego sum qui sum 문장은 그리스도교 철학계에 소위 "출애굽기 형이상학"(E. Gilson)을 초래한 구절이다.

[100] vere est quia incommutabilis ... ea quae mutabilia ... non sint: 불변성과 가변성이 참 존재의 척도가 된다. Cf. Plato, *Phaedrus* 25a-b; *Parmenides* 132d; *Timaeus* 52a-b.

[101] 로마 1,19-20. 앞의 10.1 참조.

[102] 그리스 지성들의 위대한 형이상학적 혜안이 성서에서 영감을 얻었으리라는 억측은 초대 교부들이 공통으로 품고 있었다. 예: Clemens Alexandriae, *Stromata* 1.22; Iustinus, *Apologia* 1.59; Tertullianus, *Apologeticum* 47.2.

가 "하느님의 기운이 물 위에 휘돌고 있었다"는 구절을 염두에 두고 있었다고 생각한다.[97] 저 성서가 항용 무엇을 하느님의 기운이라고 부르는지 주의깊게 살피지 못한 그로서는, 또 공기도 기운이라고 말하던 터이므로, 네 원소가 이 대목에서 언급된 것이라고 여겼던 것 같다. 그리고 플라톤은 철학자란 하느님을 사랑하는 사람이라고 말했는데 실상 성서에도 이보다 더 치열한 표현은 없다.[98] (특히 플라톤이 저 책들을 모르지 않았으리라고 내가 거의 확신하게 만드는 점이 바로 이것이다.) 성자 모세에게 하느님의 말씀이 천사를 통해 하달된다. 가서 히브리 백성을 이집트에서 해방하라는 명을 받고 당신 이름이 무엇이냐고 묻는 모세에게 다음과 같이 대답하라는 명이 있었다: "나는 존재하는 자이다. 이스라엘 백성에게 일러라. 존재하시는 분이 나를 너희에게 보내셨다."[99] 불변하므로 참으로 존재하는 분에 비하면 가변적이요 창조받은 것은 존재하지 않는 것과 마찬가지다. 플라톤은 바로 이 사상을 열렬히 견지했고 또 열심히 가르쳤다.[100] "나는 존재하는 자이다. 그들에게 일러라. 존재하시는 분이 나를 너희에게 보내셨다"라는 구절만 말하자면, 플라톤보다 먼저 살았던 사람들의 저서에 과연 이런 구절이 발견되는지 나는 알지 못한다.

12. 플라톤 학파는 유일하고 선한 하느님에 관해 잘 알면서도 많은 신들에게 희생을 바치도록 묵인했다

그들이 어디서 그것을 배웠는지, 플라톤 이전에 기록된 책들에서 배웠는지, 그렇지 않으면 그것은 "하느님에 관해 알 만한 것은 그들 가운데 이미 드러나 있습니다. 하느님 당신이 드러내셨기 때문입니다. 하느님의 보이지 않는 것들, 곧 영원한 권능과 신성은 창세 이래 이미 피조물을 통해 인간 이성의 눈에 보이게 되었습니다"[101]라는 사도의 말대로인지는 중요하지 않다.[102] 다만 자연신학이라고 일컫는 문제 하나를 두고 토론을 하면서 내가 플라톤 학파 철학자들을 선택한 데는 이유가 있으며 그 점에 대해서는 충분히 서술했다. 그리고 우리가 자연신학에서 다루고 있는 현안 문제란 사후에 올 행복을 생각해서 한 분 하느님에게만 제사를 바쳐야 하느냐, 아니면 여러 신들에게 제사를 바쳐야 하느냐 하

uno Deo qui fecit caelum et terram, quanto melius senserunt, tanto ceteris gloriosiores et inlustriores habentur, in tantum aliis praelati iudicio posterorum, ut, cum Aristoteles Platonis discipulus, uir excellentis ingenii et eloquio Platoni quidem impar, sed multos facile superans, cum sectam Peripateticam condidisset, quod deambulans disputare consueuerat, plurimosque discipulos praeclara fama excellens uiuo adhuc praeceptore in suam haeresim congregasset, post mortem uero Platonis Speusippus, sororis eius filius, et Xenocrates, dilectus eius discipulus, in scholam eius, quae Academia uocabatur, eidem successissent atque ob hoc et ipsi et eorum successores Academici appellarentur, recentiores tamen philosophi nobilissimi, quibus Plato sectandus placuit, noluerint se dici Peripateticos aut Academicos, sed Platonicos. Ex quibus sunt ualde nobilitati Graeci Plotinus, Iamblichus, Porphyrius; in utraque autem lingua, id est et Graeca et Latina, Apuleius Afer extitit Platonicus nobilis. Sed hi omnes et ceteri eius modi et ipse Plato diis plurimis esse sacra facienda putauerunt.

---

[103] 6 - 10권의 주제이기도 하다.

[104] 초세기 그리스도교 학자들이 아리스토텔레스에게 내리던 가혹한 평가와 대조적이다. 교부는 젊었을 적에 아리스토텔레스의 「범주론」(Categoriae)을 읽을 정도였으므로(Confessiones 4.16.28) 그를 모르지는 않았으나 신론(神論)에 치중하는 사고로 인해 그를 깊이 탐구하지는 않았다.

[105] Speusippus (BC 407~339년경): 플라톤의 조카로 아카데미아를 승계(BC 347~338)했다. 저서들은 유실되었고 논리학적 · 수학적 사변으로 기울었다.

[106] Xenocrates (BC 338~314) : 플라톤의 아카데미아를 계승 지도했다.

[107] Speusippus와 Xenocrates에 관해서는 Diogenes Laertius (Vitae philosophorum 4.1.1 - 2.6) 참조. 그 뒤 Archesilaus (BC 316~242)의 회의론(Medio-Academia), Carneades (BC 214~129년경)의 개연론 (Neo-Acedemia)을 거치며 이 학파는 쇠퇴한다.

[108] Plotinus (205~270년경): 본서에서 아우구스티누스가 정립하는 형이상학은 로마에서 활약한 신플라톤 사상가 플로티누스의 저서(Enneades)를 읽고 발전시킨 바 크다. 10권에서 빈번히 인용된다.

는 것이다.[103] 내가 특히 이 철학자들을 선택한 이유는 이들이 하늘과 땅을 만든 유일한 하느님에 관해 그래도 훌륭하게 생각했을 뿐 아니라 그들이 다른 사람들보다 영예롭고 유명한 인물들이라고 여겼기 때문이다. 후대 학자들로 판단해 볼 때에도 이들은 다른 사람들보다 월등한 인물들이다. 예를 들어 플라톤의 제자 아리스토텔레스는 뛰어난 재능을 타고났으며 언변에 있어서는 비록 플라톤과 나란히 서지 못하지만 수많은 인사들을 수월하게 앞지르고 소요학파逍遙學派를 세 웠는데 이 명칭은 그가 거닐면서 토론을 하는 습관에서 유래했다. 그는 스승이 아직 살아있을 당시에도 명성이 자자하여 무수한 제자들을 자기 사상에 끌어들 였다.[104] 플라톤의 사후에 플라톤의 누이의 아들 스페우시푸스[105]와 플라톤의 애 제자 크세노크라테스[106]가 아카데미아라고 칭하던 플라톤의 학원을 계승했으며, 그 일로 그 사람들과 그 후계자들을 아카데미아 학파라고 부르게 되었다.[107] 그 런데 최근에 플라톤을 따르는 아주 유명한 철학자들은 자기네가 소요학파라거 나 아카데미아 학파라고 불리기를 좋아하지 않고 그냥 플라톤 학파라고만 불리 고 싶어한다. 그 사람들 중에 그리스인으로는 플로티누스[108]와 얌블리쿠스[109]와 포르피리우스[110]가 아주 유명하다.[111] 또 그리스어와 라틴어권 모두에서는 아풀레 이우스 아페르[112]가 플라톤 학파로 명성을 얻었다. 그런데 이 모든 철학자들과 그 학파에 속하는 그밖의 인물들은 물론 플라톤마저 다수 신들에게 제사를 바쳐 야 한다고 생각했던 것이다![113]

---

[109] Iamblichus (250~325년경): Porphyrius의 제자로 Iulianus Apostata (4.29; 5.21 참조)가 이교의 복 원을 꾀하면서 그를 총애했다.

[110] Porphyrius (232~304년경): 플로티누스의 제자로서 그리스도교에 적대적이었다(Contra Christia- nos). 본서 10권에서는 그의 De regressu animae가 직접 인용된다.

[111] Plotinus는 중기 플라톤 학파와 신플라톤 학파를 대표하며 아우구스티누스가 플라톤을 이해하는 교량 역할을 한다. Porphyrius는 플로티누스의 Enneades를 간행했다. Iamblichus는 신플라톤 학파의 종합적 소개자로 볼 만하다.

[112] Apuleius Aufer (125~175): 아프리카 출신 학자로 De mundo (Pseudo-Aristoteles); Asclepius 등의 번역서와 플라톤 선집을 낸다, 저서 De dogmate Platonis; De deo Socratis가 본서(8; 9; 10권)에서 인 용된다.

[113] 자연신학의 해석을 거친 훌륭한 신관이지만(Plato, Timaeus 40c - 42e; Leges 888e - 891b; Phae- drus 246b - 247a; Plotinus, Enneades 2.9.9.26 이하; 6.9.9.11-24) 교부는 그들이 사변적 유일신 사상과 반대로 실천적으로는 다신교를 숭상했음을 늘 안타까워했다.

13. Quamquam ergo a nobis et in aliis multis rebus magnisque dissentiant, in hoc tamen, quod modo posui, quia neque parua res est et inde nunc quaestio est, primum ab eis quaero, quibus diis istum cultum exhibendum arbitrentur, utrum bonis an malis an et bonis et malis. Sed habemus sententiam Platonis dicentis omnes deos bonos esse nec esse omnino ullum deorum malum. Consequens est igitur, ut bonis haec exhibenda intellegantur; tunc enim diis exhibentur, quoniam nec dii erunt, si boni non erunt. Hoc si ita est, (nam de diis quid aliud decet credere?) illa profecto uacuatur opinio, qua nonnulli putant deos malos sacris placandos esse, ne laedant, bonos autem, ut adiuuent, inuocandos. Mali enim nulli sunt dii; bonis porro debitus, ut dicunt, honor sacrorum est deferendus. Qui sunt ergo illi, qui ludos scaenicos amant eosque diuinis rebus adiungi et suis honoribus flagitant exhiberi? Quorum uis non eos indicat nullos, sed iste affectus nimirum indicat malos. Quid enim de ludis scaenicis Plato senserit, notum est, cum poetas ipsos, quod tam indigna deorum maiestate atque bonitate carmina composuerint, censet ciuitate pellendos. Qui sunt igitur isti dii, qui de scaenicis ludis cum ipso Platone contendunt? Ille quippe non patitur deos falsis criminibus infamari; isti eisdem criminibus suos honores celebrari iubent. Denique isti cum eosdem ludos

---

[114] Cf. Plato, *Symposium* 202c; *Timaeus* 40d - 41d.

[115] Cf. Plotinus, *Enneades* 2.9.16; Plutarchus, *De genio Socratis* 21 - 22.

[116] 로마인들이 섬겨온 신들이 위력이 없지는 않으나 요구하는 제사의 성격으로 보아 악령들이라고 단정한다.

[117] Cf. Plato, *Respublica* 392c - 395a; *Leges* 669b-d; 본서 2.14.

제2부 (13-22)
아풀레이우스의 정령관

13. 선하고 덕성을 가진 존재를 신이라고 정의한 플라톤의 견해

다른 여러 중대한 사안에 대해서도 그 사람들이 우리와 의견을 달리할 수 있겠지만, 방금 내가 제기한 문제는 작은 문제가 아니고 최근의 현안 문제이므로 먼저 그들에게 나는 다음과 같은 물음을 제기하는 바이다. 저 신들에게 숭배를 드려야 한다고 볼 때에 선한 신들에게 드려야 한다고 여기는가? 악한 신들에게 드려야 한다고 여기는가? 그렇지 않으면 선한 신과 악한 신 모두에게 드려야 한다고 여기는가? 모든 신들은 선하고 신들 가운데 악한 자는 아무도 없다는 플라톤의 명제를 우리는 물론 알고 있다.[114] 그렇다면 결론적으로 선한 신들에게 이 숭배를 드려야 한다는 말로 이해된다. 말하자면 선하지 않으면 신이 될 수도 없다는 전제하에 사람들은 신들에게 숭배를 드리고 있는 셈이다. (신들에 관해 어떻게 달리 믿을 수 있겠는가?) 만일 그렇다면 선한 신들에게는 응당 제사를 드려 우리를 보우해 주도록 기원해야 하지만, 악한 신들에게도 제사를 드려서 달래야 우리를 해코지하지 않는다는 주장은 공허해진다.[115] 악한 신들이란 도대체 존재하지 않기 때문이다. 그 대신 사람들 말대로라면, 선한 신들에게는 제사의 영예를 바칠 명분이 있다. 그렇다면 스스로 극장 연극을 좋아하면서 그 연극에다 신사神事를 첨가하라고 우기고, 자기에게 영예를 바쳐야 한다고 우기는 신들은 도대체 어떤 자들인가? 그들의 위력으로 보아서는 그자들이 아무것도 아니라고는 못하겠지만 그자들의 마음씨를 보면 그자들이 악한 신들임을 알 수 있다.[116] 플라톤이 연극 축제에 관해 어떻게 생각했는지는 잘 알려져 있다. 그는 시인들이 신들의 위엄이나 선성에 너무도 부당한 노래들을 지어왔기 때문에 도시국가에서 그들을 추방해야 한다고 여길 정도였다.[117] 연극 축제를 두고 플라톤에게서 시비를 당할 만한 신들이라면 도대체 어떤 신들이겠는가? 플라톤은 신들이 거짓 죄목을 뒤집어써서 체면이 손상되는 것을 용납하지 않았다. 그러나 그들은 그런 죄상을 오히려 떳떳이 내세우고는 자신들에게 바치는 영광으

instaurari praeciperent, poscentes turpia etiam maligna gesserunt, Tito Latinio auferentes filium et inmittentes morbum, quod eorum abnuisset imperium, eumque morbum retrahentes, cum iussa complesset; iste autem illos nec tam malos timendos putat, sed suae sententiae robur constantissime retinens omnes poetarum sacrilegas nugas, quibus illi inmunditiae societate oblectantur, a populo bene instituto remouere non dubitat. Hunc autem Platonem, quod iam in secundo libro commemoraui, inter semideos Labeo ponit. Qui Labeo numina mala uictimis cruentis atque huius modi supplicationibus placari existimat, bona uero ludis et talibus quasi ad laetitiam pertinentibus rebus. Quid est ergo quod semideus Plato non semideis, sed deis, et hoc bonis, illa oblectamenta, quia iudicat turpia, tam constanter audet auferre? Qui sane dii refellunt sententiam Labeonis; nam, se in Latinio non lasciuos tantum atque ludibundos, sed etiam saeuos terribilesque monstrarunt. Exponant ergo nobis ista Platonici, qui omnes deos secundum auctoris sui sententiam bonos et honestos et uirtutibus sapientium socios esse arbitrantur aliterque de ullo deorum sentiri nefas habent. Exponimus, inquiunt. Adtente igitur audiamus.

14. Omnium, inquiunt, animalium, in quibus est anima rationalis, tripertita diuisio est, in deos, homines, daemones. Dii excelsissimum locum te-

---

[118] 4.26 참조.

[119] 2.14 참조. 반신(semideus)은 인간이나 영웅이었다가 신격화된 존재다. Labeo(AD 3세기)는 2.11; 3.25; 9.19 등에 거듭 인용된다.

[120] 2.11 참조.

[121] 플라톤 학파와의 근본 합치점을 확인하고서, 이하에서는 절대존재는 부동하고 불변한다는 이유로 중간존재들(제신 혹은 정령들)의 존재와 개입을 수긍하는 신플라톤 학파의 관점을 반박한다. Cf. Minucius Felix, *Octavius* 20 - 23; Iustinus, *Apologia* 21 - 26; Tertullianus, *Apologeticum* 17.2-5.

[122] 이하에 개진되는 아우구스티누스의 정령론은 다음 2절에 나오는 Apuleius, *De deo Socratis*에 근거하고 있다. Cf. Hesiodus, *Opera et dies* 121-126.

로 삼으라고 명령했다. 따라서 이들은 저런 축제를 개최하라는 명을 내림으로써 추잡한 짓을 요구할뿐더러 스스로 못된 짓을 저지른 셈이다. 이자들은 축제를 개최하라는 명에 순종하지 않았다고 해서 티투스 라티니우스에게서 아들을 앗아갔고 티투스 본인에게는 질병을 보냈다가 그가 명령을 수행하자 그제서야 병을 거두어 갔다.[118] 그 대신 플라톤은 이 악한 신들을 두려워할 존재로 여기지 않았다. 자기 주장을 꿋꿋하게 고집했으며, 잘 계도된 백성에게서는 신성을 모독하는 시인들의 온갖 파렴치한 짓거리(그런데 저 신들은 이따위 부정한 친교를 오히려 즐기고 있다!)가 제거되어야 한다는 것을 추호도 의심하지 않았다. 이미 본서 제2권에서 언급한 것처럼, 라베오는 이처럼 강단있는 인물 플라톤을 반신半神의 대열에까지 올려놓았다.[119] 그런 라베오마저도, 악한 신령들은 피흐르는 제물이나 이와 유사한 종교의식으로 달래야 하고 선한 신령들은 축제나 이와 비슷한 오락 행사로 달래야 한다고 생각했다.[120] 그럼 반신 플라톤은 어떻게 해서 위험을 무릅쓰고 반신들도 아니고 진짜 신들에게, 더구나 선한 신들에게도 오락과 여흥을 제공해서는 안 된다고 그렇게 줄기차게 주장할 수 있었겠는가? 정말 신들이라면 플라톤을 반신의 대열에 올리려는 라베오의 생각을 여지없이 기각하고 말 것이다. 그들이 라베오에게 보인 모습은 오락을 즐기고 흐트러진 모습뿐 아니라 준엄하고 가혹한 모습이기도 했기 때문이다. 플라톤 학파는 이것을 두고 우리한테 뭔가 해명을 해야 할 것이다. 그들은 창시자의 주장대로, 모든 신들이 선하고 고결하고 현인들이 지니는 똑같은 덕성을 지닌다고 여기고, 신들 가운데 그 누구에 대해서도 달리 생각하는 것은 불손하다고 여길 테니까. "그래, 우리가 해명하겠다." 그들은 이렇게 나선다. 그럼 그들의 말에 귀를 기울여 보자.[121]

14. 천상 신, 공중 정령, 지상 인간이라는 이성혼 세 종류를 말한 사람들의 견해
14.1. 정령에 관한 플라톤 학파의 견해
그들의 말은 이렇다: 이성혼을 지닌 모든 생명들은 세 종류로 구분된다. 신과 인간과 정령이다.[122] 신들은 제일 높은 위치를 차지하고 인간들은 제일 낮은 위

nent, homines infimum, daemones medium. Nam deorum sedes in caelo est, hominum in terra, in aere daemonum. Sicut eis diuersa dignitas est locorum, ita etiam naturarum. Proinde dii sunt hominibus daemonibusque potiores; homines uero infra deos et daemones constituti sunt, ut elementorum ordine, sic differentia meritorum. Daemones igitur medii, quem ad modum diis, quibus inferius habitant, postponendi, ita hominibus, quibus superius, praeferendi sunt. Habent enim cum diis communem inmortalitatem corporum, animorum autem cum hominibus passiones. Quapropter non est mirum, inquiunt, si etiam ludorum obscenitatibus et poetarum figmentis delectantur, quando quidem humanis capiuntur affectibus, a quibus dii longe absunt et modis omnibus alieni sunt. Ex quo colligitur, Platonem poetica detestando et prohibendo figmenta non deos, qui omnes boni et excelsi sunt, priuasse ludorum scaenicorum uoluptate, sed daemones.

Haec si ita sunt (quae licet apud alios quoque reperiantur, Apuleius tamen Platonicus Madaurensis de hac re sola unum scripsit librum, cuius esse titulum uoluit «de deo Socratis», ubi disserit et exponit, ex quo genere numinum Socrates habebat adiunctum et amicitia quadam conciliatum, a quo perhibetur solitus admoneri, ut desisteret ab agendo, quando id quod agere uolebat, non prospere fuerat euenturum; dicit enim apertissime et copiosissime asserit non illum deum fuisse, sed daemonem, diligenti disputatione pertractans istam Platonis de deorum sublimitate et hominum humilitate et daemonum medietate sententiam) — haec ergo si ita sunt, quonam modo ausus est Plato, etiamsi non diis, quos ab omni humana contagione semouit, certe ipsis daemonibus poetas urbe pellendo auferre theatricas uoluptates, nisi quia hoc pacto admonuit animum huma-

---

123 elementorum ordo: 4원소들의 서열은 불, 공기, 물, 흙(땅) 순이다.

124 Cf. Plato, *Epinomis* 984; Plotinus, *Enneades* 3.4.2.

125 Apuleius Madaurae: 앞의 8.12 각주 112 참조.

126 numen: "정령"(daemon)과 구분하여 "신령"으로 번역하겠다.

127 daemon Socratis는 여러 제자들이 언명하는 용어요(예: Xenophon, *Memorabilia* 1.1.4; Plato, *Apologia Socratis* 31d; Plutarchus, *De genio Socratis*) 로마에서도 Genius와 결부되어 *daemon*은 긍정적으로 받아들여졌다.

128 Cf. Apuleius, *De deo Socratis* [Alois-Buckley eds.] 1.8.

치를, 정령들은 중간 위치를 차지한다. 왜냐하면 신들의 처소는 하늘에 있고 사람들의 처소는 땅에 있고 정령들의 처소는 공중空中에 있기 때문이다. 그들에게 위치의 품계가 다르듯이 그들의 본성의 품계도 다르다. 따라서 신들은 인간과 정령보다 높다. 인간들은 구성 원소의 서열[123]과 공적의 차이 모두에 있어 신과 정령 밑에 놓여 있다. 정령들은 중간이어서 신보다 낮은 자리에 살기 때문에 신보다 못하게 여겨야 하고, 인간보다 높은 자리에 살기 때문에 인간보다 낮게 여겨야 한다. 정령들은 육체의 불멸은 신들과 공유하고 마음의 욕망은 인간들과 공유한다.[124] 따라서 저 사람들 말대로, 정령들이 일단 인간적 감정(신들이야 이것을 멀리하고 전혀 이것과 어울리지도 않는다)에 사로잡히면 외설스런 축제와 시인들의 허구마저 즐긴다고 해서 놀랄 일은 아니다. 바로 그래서 플라톤은 시문학을 혐오하고 연극의 허구를 창작하는 일을 금했고, 그러다 보니 전적으로 선하고 훌륭한 신들에게뿐 아니라 정령들에게마저 극장 연극의 즐거움을 허용하지 않았다.

14. 2. 아풀레이우스는 소크라테스의 정령에 관해 무엇이라고 했는가

만일 이것이 사실이라면 (다른 사람들의 저서에도 많이 나타나지만 누구보다도 플라톤 학파인 마다우라의 아풀레이우스[125]는 오로지 이 주제 하나에 대해 책을 썼고 그 제목을 「소크라테스의 신」이라고 했다. 이 책에서 그는 소크라테스가 어떤 종류의 신령[126]과 결속되었으며 그 신령과 얼마나 깊은 우호관계를 맺었던가를 언급하고 설명한다. 소크라테스는 막상 무엇을 하려고 하다가도 상서롭지 못한 일이 닥칠 것 같으니 그만두라는 충고를 그 신령에게서 받곤 했다는 것이다.[127] 그리고 신들의 고귀한 위치와 인간들의 비천한 위치 그리고 정령들의 중간 위치에 관한 플라톤의 저 이론을 면밀하게 검토하면서 아풀레이우스는 소크라테스에게 감응感應을 준 저 존재가 신이 아니라 정령이라고 노골적으로 말하고 긴 지면을 할애하여 그 주장을 개진하고 있다.)[128] — 만일 이것이 사실이라면, 플라톤은 도대체 무슨 배짱으로 저 정령들에게, 그러니까 일체 인간 감정으로부터 오염되지 않은 신들에게가 아니라 정령들에게 연극의 오락을 박탈해 버리라는 말을 감히 했을까? 플라톤은 인간 지성이 비록 여전히 죽어갈 운명에

num, quamuis adhuc in his moribundis membris positum, pro splendore honestatis impura daemonum iussa contemnere eorumque inmunditiam detestari? Nam si Plato haec honestissime arguit et prohibuit, profecto daemones turpissime poposcerunt atque iusserunt. Aut ergo fallitur Apuleius et non ex isto genere numinum habuit amicum Socrates aut contraria inter se sentit Plato modo daemones honorando, modo eorum delicias a ciuitate bene morata remouendo, aut non est Socrati amicitia daemonis gratulanda, de qua usque adeo et ipse Apuleius erubuit, ut de deo Socratis praenotaret librum, quem secundum suam disputationem, qua deos a daemonibus tam diligenter copioseque discernit, non appellare de deo, sed de daemone Socratis debuit. Maluit autem hoc in ipsa disputatione quam in titulo libri ponere. Ita enim per sanam doctrinam, quae humanis rebus inluxit, omnes uel paene omnes daemonum nomen exhorrent, ut, quisquis ante disputationem Apulei, qua daemonum dignitas commendatur, titulum libri de daemone Socratis legeret, nequaquam illum hominem sanum fuisse sentiret. Quid autem etiam ipse Apuleius quod in daemonibus laudaret inuenit praeter subtilitatem et firmitatem corporum et habitationis altiorem locum? Nam de moribus eorum, cum de omnibus generaliter loqueretur, non solum nihil boni dixit, sed etiam plurimum mali. Denique lecto illo libro prorsus nemo miratur eos etiam scaenicam turpitudinem in rebus diuinis habere uoluisse, et cum deos se putari uelint, deorum criminibus oblectari potuisse, et quidquid in eorum sacris obscena sollemnitate seu turpi crudelitate uel ridetur uel horretur, eorum affectibus conuenire.

---

[129] 라틴어 역본은 *De deo Socratis*이지만 그리스어 원본은 Περι του Σοκρατους δαιμονιου이므로 "정령론"이다.

[130] 8권과 9권에 아우구스티누스가 그리스도교 관점에서 비판하는 정령론 참조.

[131] "그"가 소크라테스인지, 그 책을 쓴 아풀레이우스인지 문맥상으로는 확실하지 않다.

[132] 9.19에는 그리스도교에서는 "마귀"에 해당하는 용어임을 밝힌다. 천사는 선한 천사와 악한 천사 (마귀)가 있지만 정령은 "선한 정령"이라는 표현이 없다는 이유다.

[133] Herodotus (*Historiae* 2.52-53)에 의하면 정령 (daemones)은 이집트에서 유입된 존재 (αθανατοι 불사의 존재)들이며 그들을 신들과 같은 대열에 올린 것은 Hesiodus, Homerus였다고 한다.

갇혀 있지만 훌륭한 미풍양속을 위해서는 정령들이 내리는 부정不淨한 명령을 무시해 버리라고, 그자들의 외설을 혐오하라고 훈계하려던 것이 아닐까? 이처럼 플라톤이 매우 노골적으로 이런 짓을 규탄하고 금지했다면, 필시 정령들이 이런 짓을 요구하고 명령해 온 것 자체가 추잡한 일이었음이 틀림없다. 그렇다면 아풀레이우스의 말이 틀려서 소크라테스가 정령 가운데 누구도 가까이한 적이 없었거나, 플라톤이 속으로 모순된 생각을 하여 한편으로는 정령들을 받들면서 한편으로는 건전한 도시국가에서 정령들이 즐기는 향락을 추방했거나, 그것도 아니면 정령들과 맺은 소크라테스의 친교가 반길 만한 것이 못 되었거나 셋 중의 하나이리라. 아풀레이우스마저 소크라테스가 정령들과 맺은 친교를 수치스런 것으로 여겼다. 또 매우 주의깊게 상당한 지면을 할애하여 신과 정령을 구분한 아풀레이우스 이론에 따르자면, 그 책의 제목은 「소크라테스의 신」이 아니라 「소크라테스의 정령」이라고 붙였어야 옳았으리라.[129] 그러나 아풀레이우스는 책의 제목보다는 책의 논지에서 그 일을 해내려고 했다. 사실 인간 역사를 계도한 건전한 교설을 통해 모두가, 적어도 거의 모두가 정령이라는 이름을 꺼리게 되었으므로,[130] 정령들의 위엄을 옹호하는 아풀레이우스의 논변을 읽기에 앞서 「소크라테스의 정령」이라는 책 제목부터 먼저 읽었더라면 그[131]가 정신이 온전한 인물이었다고 믿을 사람이 아무도 없을 것이다. 아풀레이우스가 정령들에게서 예찬할 만하다고 찾아낸 점이라고는 기껏 그 신체의 정교함과 강건함, 그들의 처소가 높은 데 있다는 것 말고 무엇이던가? 그리고 정작 그자들의 행실을 논할 적에는 온갖 행실을 전반적으로 다 말하면서도 좋은 짓은 아무것도 얘기하지 않았을 뿐 아니라 나쁜 짓은 무척이나 많이 얘기했다.[132] 따라서 저 책을 읽고 나면 정령들이 종교행사에다 추루한 연극까지 곁들여 공대받고 싶어했다는 것이 조금도 이상하지 않다. 또 정령들은 신처럼 여겨지기 바라면서도 신들의 행악行惡을 보고서 좋아했을 것이라는 점도 이상하지 않다. 그리고 정령들의 제사에서 외설스런 축제행사와 추잡한 잔학행위를 곁들여 스스로 비웃음을 사고 혐오감을 자아내는 그 짓들이 한결같이 정령들의 기분에 맞았으리라는 점도 이상하게 여길 사람이 아무도 없다.[133]

15. Quam ob rem absit ut ista considerans animus ueraciter religiosus et uero Deo subditus ideo arbitretur daemones se ipso esse meliores, quod habeant corpora meliora. Alioquin multas sibi et bestias praelaturus est, quae nos et acrimonia sensuum et motu facillimo atque celerrimo et ualentia uirium et annosissima firmitate corporum uincunt. Quis hominum uidendo aequabitur aquilis et uulturibus? Quis odorando canibus? Quis uelocitate leporibus, ceruis, omnibus auibus? Quis multum ualendo leonibus et elephantis? Quis diu uiuendo serpentibus, qui etiam deposita tunica senectutem deponere atque in iuuentam redire perhibentur? Sed sicut his omnibus ratiocinando et intellegendo meliores sumus, ita etiam daemonibus bene atque honeste uiuendo meliores esse debemus. Ob hoc enim et prouidentia diuina eis, quibus nos constat esse potiores, data sunt quaedam potiora corporum munera, ut illud, quo eis praeponimur, etiam isto modo nobis commendaretur multo maiore cura excolendum esse quam corpus, ipsamque excellentiam corporalem, quam daemones habere nossemus, prae bonitate uitae, qua illis anteponimur, contemnere disceremus, habituri et nos inmortalitatem corporum, non quam suppliciorum aeternitas torqueat, sed quam puritas praecedat animorum.

Iam uero de loci altitudine, quod daemones in aere, nos autem habitamus in terra, ita permoueri, ut hinc eos nobis esse praeponendos existimemus, omnino ridiculum est. Hoc enim pacto nobis et omnia uolatilia praeponimus. At enim uolatilia cum uolando fatigantur uel reficiendum alimentis corpus habent, terram repetunt uel ad requiem uel ad pastum, quod daemones, inquiunt, non faciunt. Numquid ergo placet eis, ut uolatilia nobis, daemones autem etiam uolatilibus antecellant? Quod si dementissimum est opinari, nihil est quod de habitatione superioris elementi dignos esse daemones existimemus, quibus nos religionis affectu subdere debea-

---

[134] 정령을 두고 신체상의 우위를 부여하면 우리보다 여러 모로 나은 짐승들에게도 같은 우위를 부여해야 한다.

[135] Cf. Plinius, *Historia naturalis* 8.41.97-99.

15. 기체요 상계에 거주하기 때문에 정령들이 인간보다 우월한 것은 아니다

15. 1. 신체로 말하자면 우리 인간들은 어떤 동물보다 열등하다

그러므로 참으로 경건한 정신, 참된 하느님에게 복속하는 정신을 가지고 있다면 정령들이 더 나은 신체를 지녔다고 해서 자기보다 우월하다는 생각은 말아야 한다. 그렇지 않으면 그는 많은 짐승들이 자기보다 월등하다고 여기는 셈이니, 예민한 감각, 기민하고 재빠른 동작, 우람한 체력과 신체의 줄기찬 수명으로 많은 짐승이 우리를 능가하는 까닭이다.[134] 시력에 있어서 어느 인간이 독수리와 맹금에 맞먹겠는가? 후각에 있어서 누가 개와 견주겠는가? 빠르기에 있어서 누가 토끼나 사슴이나 날짐승과 같겠는가? 제아무리 힘세다 하더라도 누가 사자나 코끼리와 견주겠는가? 아무리 오래 산다 하더라도 누가 늙음을 허물벗고 나서 젊음으로 돌아가는 뱀과 맞먹겠는가?[135] 하지만 우리는 추리하고 인식함으로써 이것들보다 월등하듯이, 착하고 정직하게 삶으로써 정령들보다 월등해지지 않으면 안 된다. 하느님의 섭리로 짐승들에게 우리보다 우월한 신체 기능이 주어졌지만, 우리가 그것들보다 월등함이 분명하다. 이와 비슷하게, 우리가 짐승들보다 월등한 바로 그 정신을 신체보다 더 치밀하게 갈고 닦음으로써, 우리의 선한 생활을 통해 우리는 정령들이 갖추고 있다는 신체적 탁월성을 무시하는 분별심을 배워야겠다. 이 점에서 우리가 정령들보다 우월하다. 또 우리도 장차 신체의 불멸을 지닐 것인데 그것도 형벌로 영원히 고문받기 위한 것이 아니라 우리 정신의 순결이 미리 맛보는 불멸이다.

15. 2. 정신으로는 정령들보다 우리가 월등하다

처소의 높이에 관해, 곧 정령들은 공중에 살고 우리는 지상에 산다는 사실에 연연하여 정령들을 우리보다 월등하다고 여긴다면 참 우스운 노릇이다. 이런 이유에서라면 모든 날짐승을 우리보다 훌륭하다고 보는 셈이다. 그러면, 날짐승들은 힘들여 날고, 먹이로 몸을 보양해야 하며, 쉴 때든 먹이를 먹기 위해서든 땅으로 내려오지만, 정령들은 이런 일을 하지 않는다고 반론할 수도 있다. 그렇다면 이 사람들은 날짐승을 우리보다 우위에 두고 정령들을 날짐승보다 우위에 두자는 속셈인가? 이런 얘기가 정말 정신나간 짓으로 생각된다면, 더 높은 처소 때

mus. Sicut enim fieri potuit, ut aeriae uolucres terrestribus nobis non so-
lum non praeferantur, uerum etiam subiciantur propter rationalis animae,
quae in nobis est, dignitatem: ita fieri potuit, ut daemones, quamuis magis
aerii sint, terrestribus nobis non ideo meliores sint, quia est aer quam terra
superior; sed ideo eis homines praeferendi sint, quoniam spei piorum
hominum nequaquam illorum desperatio comparanda est. Nam et illa
ratio Platonis, qua elementa quattuor proportione contexit atque ordinat,
ita duobus extremis, igni mobilissimo et terrae inmobili, media duo,
aerem et aquam, interserens, ut, quanto est aer aquis et aere ignis, tanto et
aquae superiores sint terris, satis nos admonet animalium merita non pro
elementorum gradibus aestimare. Et ipse quippe Apuleius cum ceteris
terrestre animal hominem dicit, qui tamen longe praeponitur animalibus
aquatilibus, cum ipsas aquas terris praeponat Plato: ut intellegamus non
eundem ordinem tenendum, cum agitur de meritis animarum, qui uidetur
esse ordo in gradibus corporum; sed fieri posse, ut inferius corpus anima
melior inhabitet deteriorque superius.

16. De moribus ergo daemonum cum idem Platonicus loqueretur, dixit
eos eisdem quibus homines animi perturbationibus agitari, inritari iniuriis,
obsequiis donisque placari, gaudere honoribus, diuersis sacrorum ritibus
oblectari et in eis si quid neglectum fuerit commoueri. Inter cetera etiam
dicit ad eos pertinere diuinationes augurum, aruspicum, uatum atque
somniorum; ab his quoque esse miracula magorum. Breuiter autem eos
definiens ait daemones esse genere animalia, animo passiua, mente ratio-
nalia, corpore aeria, tempore aeterna; horum uero quinque tria priora illis
esse quae nobis, quartum proprium, quintum eos cum diis habere com-

---

[136] spei piorum hominum nequaquam illorum desperatio comparanda est: 희망은 아래(땅)에서 위(공
중)를 향하는 것이고 절망은 위에서 아래로 떨어지는 것임을 비교하여, 정령숭배가 무분별함을 지적
한다.

[137] Cf. Plato, *Timaeus* 32b.

[138] Cf. Apuleius, *De deo Socratis* 3.

[139] Cf. Apuleius, *De deo Socratis* 12.14. 신적 존재들에게 정신의 동요(animi perturbationes) 곧 "감
정"이 있다는 것은 호교론자들의 정령론 반박에 호재가 된다.

[140] Cf. Apuleius, *De deo Socratis* 6.

[141] daemones ... genere animalia, animo passiva, mente rationalia, corpore aeria, tempore aeterna: 다섯
가지 규정에 교부는 경멸을 담아 고의로 중성 형용사를 구사하고 있다.

문에 정령들을 고귀하다고 여긴다거나 따라서 종교심을 갖고서 그자들에게 승복할 이유는 아무것도 없다. 마찬가지로 새들도 지상에 사는 우리보다 우월하지 않을 뿐 아니라 우리에게는 이성혼의 품위가 있기 때문에 새들이 우리 밑에 위치해야 한다는 말도 가능하다. 이 점은 정령들도 마찬가지다. 그들이 공중에 자리하고 공중이 지상보다 높다 하더라도 그런 이유로 지상에 사는 우리보다 그들이 훌륭하다고 할 수는 없다. 그자들보다 사람이 우월하게 여겨져야 하느니 그자들의 절망은 경건한 사람들의 희망에 견줄 바 아니기 때문이다.[136] 플라톤의 이론은 네 원소를 비례대로 배치하면서 가장 유동적인 불과 부동하는 땅이라는 두 극 사이에 두 중간자 곧 공기와 물을 삽입해 놓고 있다.[137] 플라톤 이론에 따르자면 물은 흙보다 위에 있고 공기는 물보다 위에 있으며 불은 공기보다 위에 있다. 이런 이치를 보면 원소의 등급에 따라 생물들의 가치를 평가하지 못하게 된다. 왜냐하면 아풀레이우스 본인도 인간을 다른 동물들과 더불어 지상 동물이라고 하는데[138] 플라톤이 물을 흙보다 위에 놓으면서도 인간을 수중 동물보다 훨씬 우월하다고 여겼기 때문이다. 그러므로 영혼들의 가치를 논할 때는 물체들의 서열을 그대로 따라서는 안 된다는 사실을 쉽사리 이해할 수 있다. 하등의 신체에 더 나은 영혼이 깃들 수 있고 상등의 신체에 열등한 영혼이 깃들 수도 있다.

16. 아풀레이우스는 플라톤 학파로서 정령들의 행실에 관해 어떻게 생각했는가

다름아닌 이 플라톤 학파 철학자는 정령들의 행실에 대해 말하면서 그자들이 인간이 겪는 것과 똑같은 정신의 동요를 겪는다고 했다. 즉, 모욕을 당하면 화를 내고 아침과 선물을 받으면 마음을 가라앉히고 찬양을 즐거워하고 갖가지 제사 의식을 즐기며 자기한테 돌아올 것이 빠지면 몹시 서운해한다는 것이다.[139] 그밖에는 조점관鳥占官과 장복술관臟卜術官과 예언자와 꿈의 신통神通이 정령들의 권한에 속하며 주술사들의 기적도 이들에게서 비롯된다고 했다.[140] 아풀레이우스는 간단히 정의하여, 정령이 종류로는 생명체요 심정으로는 욕정에 동요하는 존재이고 지성으로는 이성적 존재요 신체로는 공중 존재요 시간으로는 영원하다고 했다.[141] 이 다섯 가지 중에서 앞의 셋은 우리와 다를 바 없고 넷째는 정령들에게 고유하

mune. Sed uideo trium superiorum, quae nobiscum habent, duo etiam cum diis habere. Animalia quippe esse dicit et deos, suaque cuique elementa distribuens in terrestribus animalibus nos posuit cum ceteris, quae in terra uiuunt et sentiunt, in aquatilibus pisces et alia natatilia, in aeriis daemones, in aetheriis deos. Ac per hoc quod daemones genere sunt animalia, non solum eis cum hominibus, uerum etiam cum diis pecoribusque commune est; quod mente rationalia, cum diis et hominibus; quod tempore aeterna, cum diis solis; quod animo passiua, cum hominibus solis; quod corpore aeria, ipsi sunt soli. Proinde quod genere sunt animalia, non est magnum, quia hoc sunt et pecora; quod mente rationalia, non est supra nos, quia sumus et nos; quod tempore aeterna, quid boni est, si non beata? Melior est enim temporalis felicitas quam misera aeternitas. Quod animo passiua, quo modo supra nos est, quando et nos hoc sumus, nec ita esset, nisi miseri essemus? Quod corpore aeria, quanti aestimandum est, cum omni corpori praeferatur animae qualiscumque natura, et ideo religionis cultus, qui debetur ex animo, nequaquam debeatur ei rei, quae inferior est animo? Porro si inter illa, quae daemonum esse dicit, adnumeraret uirtutem, sapientiam, felicitatem et haec eos diceret habere cum diis aeterna atque communia, profecto aliquid diceret exoptandum magnique pendendum; nec sic eos tamen propter haec tamquam Deum colere deberemus, sed potius ipsum, a quo haec illos accepisse nossemus. Quanto minus nunc honore diuino aeria digna sunt animalia, ad hoc rationalia ut misera esse possint, ad hoc passiua ut misera sint, ad hoc aeterna ut miseriam finire non possint!

---

[142] Cf. Apuleius, *De deo Socratis* 7 - 8.

[143] corpus aereum: 정령의 신체성에 관해서는 다른 교부들도 논한 바 있다. Cf. Origenes, *De principiis* 2.8; Tertullianus, *De carne Christi* 15.

[144] melior est temporalis felicitas quam misera aeternitas: 인간의 "한시적" 행복과 정령의 "불행한" 영원이라는 교차적 어휘 배치는 논쟁적 전략을 담고 있다.

[145] 정신에서 우러나는 숭배행위가 (공중신체라고 하더라도) 엄연히 신체적인 존재에게 바쳐져서는 안 된다는 설득력있는 논지다.

[146] ut misera possint ... ut misera sint ... ut miseriam finire non possint: 점층법(漸層法)으로 정령숭배의 불가함을 매듭짓고 있다.

며 다섯째는 신들과 공통된다. 하기야 세 가지는 우리와 공통되고 두 가지는 신들과 공통된다고도 할 만하다. 그는 신들도 생명체라고 했으며 각각의 존재들에 고유한 원소를 배치할 때 우리 인간을 (지상에 있는 모든 것들이 생명과 감각을 가지고 있다는 데 따라) 지상 생명체 가운데 위치시켰고 물고기와 다른 혜엄치는 것들을 수중 동물들 사이에 위치시켰고 정령을 공중 생명체들 사이에 위치시켰고 신들을 영계 생명체들 사이에 위치시켰다.[142] 바로 그래서 정령들이 종류로는 생명체가 되며 그 점에서는 인간들뿐 아니라 신들, 짐승들과도 공통적이다. 지성으로는 이성적 존재이며 신들과 인간들과 공통되고, 시간으로는 영원하여 신들과만 공통되고, 마음으로 동요하므로 인간들과만 공통되고, 신체로는 공중 존재라는 점에서 그들에게 고유하다.[143] 그러므로 종류로 생명체임은 대단한 것이 아니니 가축들도 생명체이기 때문이다. 지성으로 이성적 존재임도 우리 위에 서 있다는 말은 아니니 우리도 그런 존재이기 때문이다. 시간으로 영원함도, 만일 행복하지 못하다면, 무엇이 좋겠는가? 불행한 영원보다는 한시적 행복이 더 낫기 때문이다.[144] 마음으로 동요한다는 점에서 어찌 우리 위에 서겠는가? 우리도 그런 존재이고 마음의 동요는 우리에게 불행만 가져다주는데. 어떤 종류의 정신이건 그것이 어떤 종류의 신체보다도 우월하다. 그렇다면 신체로 공중에 있다고 해서 무엇이 가치있을까? 무릇 종교 숭배는 정신으로부터 우러나는 것이어야 하므로 결코 정신보다 열등한 사물에게 바쳐져서는 안 된다.[145] 아풀레이우스가 정령들의 성품으로 든 것 가운데 만약 덕, 지혜, 행복 같은 것을 꼽았더라면, 또 그자들이 신과 더불어 이런 것을 영원하고도 공통된 무엇으로 간직하고 있다는 말을 했더라면, 그는 참으로 우리가 바랄 만하고 높이 평가할 무엇을 얘기한 셈이다. 하지만 설령 그렇다고 하더라도, 이것 때문에 우리가 그자들을 하느님처럼 섬길 의무는 없다. 그자들이 이런 것들을 만일 갖추고 있다면 어디까지나 하느님께 받아서 갖추고 있음을 아는 이상, 우리는 바로 그 하느님을 섬겨야 한다. 공중 생명체라고 해서 신적 영광을 받을 자격은 결코 없으니 이성적 존재라는 점에서는 불행해질 수 있기 때문이고 피동적 존재라는 점에서는 실제로 불행하기 때문이며 영원한 존재라는 점에서는 영원히 불행할 수밖에 없기 때문이다.[146]

17. Quapropter, ut omittam cetera et hoc solum pertractem, quod nobis-
cum daemones dixit habere commune, id est animi passiones, si omnia
quattuor elementa suis animalibus plena sunt, inmortalibus ignis et aer,
mortalibus aqua et terra, quaero cur animi daemonum passionum turbelis
et tempestatibus agitentur. Perturbatio est enim, quae Graece πάθος dici-
tur; unde illa uoluit uocare animo passiua, quia uerbum de uerbo πάθος
passio diceretur motus animi contra rationem. Cur ergo sunt ista in animis
daemonum, quae in pecoribus non sunt? Quoniam si quid in pecore simile
apparet, non est perturbatio, quia non est contra rationem, qua pecora
carent. In hominibus autem ut sint istae perturbationes, facit hoc stultitia
uel miseria; nondum enim sumus in illa perfectione sapientiae beati, quae
nobis ab hac mortalitate liberatis in fine promittitur. Deos uero ideo
dicunt istas perturbationes non perpeti, quia non solum aeterni, uerum
etiam beati sunt. Easdem quippe animas rationales etiam ipsos habere
perhibent, sed ab omni labe ac peste purissimas. Quam ob rem si propte-
rea dii non perturbantur, quod animalia sunt beata, non misera, et propte-
rea pecora non perturbantur, quod animalia sunt, quae nec beata possunt
esse nec misera: restat ut daemones sicut homines ideo perturbentur, quod
animalia sunt non beata, sed misera.

Qua igitur insipientia uel potius amentia per aliquam religionem
daemonibus subdimur, cum per ueram religionem ab ea uitiositate, in qua
illis sumus similes, liberemur? Cum enim daemones, quod et iste Apule-
ius, quamuis eis plurimum parcat et diuinis honoribus dignos censeat,

---

[147] animi passiones: animus는 "마음"(심정)으로도 이해되고 "정신"으로도 이해된다. passio 역시 외
부의 자극에 동요(perturbationes)하는 "피동성"과 "욕망"을 둘다 의미한다(다음 각주 참조).

[148] passio, motus animi contra rationem: 전형적 플라톤(*Protagoras* 352e - 353c) 개념이다. Cf. Cice-
ro, *Tusculanae disputationes* 4.9.22.

[149] Cf. Plotinus, *Enneades* 3.5.6.

[150] 동요(perturbatio)라는 관점에서 배제법을 써서 신(행복한 생명체)과 동물(행-불행이 논의되지 않
는 생명체)을 제외하면, 정령들은 "불행한 생명체"라는 결론이 나온다. 인간은 행복해질 수 있고 불
행해질 수 있는 생명체이기 때문이다.

17. 정령들의 악덕에서 벗어나야 할 인간들이 오히려 그들을 숭배함이 합당한가

17. 1. 정령들은 정염情炎에 시달린다

그러므로 나는 그밖의 것은 제쳐두고 이 한 가지만 다루기로 하겠다. 아풀레이우스가 정령이 우리와 공통으로 갖고 있다고 한 것, 곧 정신의 욕망에 대해서만 논하겠다.[147] 그 생명체들에 네 원소가 충만하다면, 즉 불멸하는 것들에게는 불과 공기가 충만하고, 사멸하는 것들에게는 물과 흙이 충만하다면 나는 정령들의 정신이 어째서 정욕의 소란과 폭풍에 흔들리느냐고 묻게 된다. 정신의 동요를 그리스어로는 파토스라고 한다. 그래서 아풀레이우스는 파토스라는 단어에서 유래한 라틴어 파시오가 이성을 거스르는 정신의 움직임[148]임을 지시하기 때문에 정신이 동요한다는 표현을 쓴다. 그럼 짐승들에게는 없는데 정령들의 정신에는 저것이 왜 있을까? 만일 짐승에게서 비슷한 것이 나타난다면 이성을 거스르는 것이 아니므로 동요가 아니다. 짐승들은 이성이 없는 까닭이다. 인간들에게서는 그것이 동요가 되는데 어리석음 혹은 불행이 이것을 만들어내기 때문이다. 우리는 저 완전한 지혜를 갖추어 행복해진 처지는 아직 아닌데 그 경지는 마지막에 우리가 이 사멸성에서 해방될 때 주어지기로 언약된 까닭이다. 신들은 이런 동요를 겪지 않는다고들 하는데 그들은 영원할 뿐 아니라 또한 행복하기 때문이다. 플라톤 학파는 신들도 우리와 같은 이성혼을 갖고 있는데 단지 일체의 오점과 해악으로부터 완전히 벗어나 순수하다고 한다.[149] 그러므로 신들이 동요하지 않는 이유는 생명체로서 행복하기만 하고 불행하지 않기 때문이고, 짐승들이 동요하지 않는 이유는 생명체로서 행복해질 수도 없고 불행해질 수도 없기 때문이다. 남은 것은 정령들도 인간들처럼 동요한다는 것인데 그들은 생명체이면서도 행복하지 않고 불행하기 때문이다.[150]

17. 2. 그리스도인들은 정염에서 벗어나려고 노력한다

그렇다면 우리는 참된 종교에 힘입어 우리가 가진 악덕에서 벗어나야 할 처지인데(우리가 정령들과 비슷해지는 것은 악덕 때문이다) 도리어 이러저런 종교 행위를 통해 정령들에게 예속되다니 이 얼마나 어리석고 정신나간 일인가? 아풀레이우스는 정령들에게 상당히 관대한 입장을 취하고 그것들에게 신적 찬미

tamen cogitur confiteri, ira instigentur, nobis uera religio praecipit, ne ira instigemur, sed ei potius resistamus. Cum daemones donis inuitentur, nobis uera religio praecipit, ne cuiquam donorum acceptione faueamus. Cum daemones honoribus mulceantur, nobis uera religio praecipit, ut talibus nullo modo moueamur. Cum daemones quorundam hominum osores, quorundam amatores sint, non prudenti tranquilloque iudicio, sed animo ut appellat ipse passiuo, nobis uera religio praecipit, ut nostros etiam diligamus inimicos. Postremo omnem motum cordis et salum mentis omnesque turbelas et tempestates animi, quibus daemones aestuare atque fluctuare asserit, nos uera religio deponere iubet. Quae igitur causa est nisi stultitia errorque miserabilis, ut ei te facias uenerando humilem cui te cupias uiuendo dissimilem; et religione colas, quem imitari nolis, cum religionis summa sit imitari quem colis?

18. Frustra igitur eis Apuleius, et quicumque ita sentiunt, hunc detulit honorem, sic eos in aere medios inter aetherium caelum terramque constituens, ut, quoniam nullus deus miscetur homini, quod Platonem dixisse perhibent, isti ad deos perferant preces hominum et inde ad homines inpetrata quae poscunt. Indignum enim putauerunt qui ista crediderunt misceri homines diis et deos hominibus; dignum autem misceri daemones et diis et hominibus, hinc petita qui allegent, inde concessa qui apportent; ut uidelicet homo castus et ab artium magicarum sceleribus alienus eos

---

[151] Cf. Apuleius, *De deo Socratis* 13.

[152] 야고 1,19-20 참조: "분노하는 데도 더디어야 합니다. 사람의 분노가 하느님의 의로움을 이룰 수는 없습니다."

[153] 야고 2,1.4 참조: "여러분은 사람을 차별하지 마시오. ⋯ 사람을 차별하며 악한 생각으로 심판하는 사람이 되지 않겠습니까?"

[154] Cf. Apuleius, *De deo Socratis* 12.

[155] 마태 5,44 참조: "원수를 사랑하고, 박해하는 사람들을 위해 기도하시오."

[156] et religione colas, quem imitari nolis?: 제2권부터 정령숭배의 도덕적 타락에서 정령숭배의 부당성을 논증해 온 교부의 논법이다.

[157] nullus deus miscetur homini: 정령들의 중개 역할을 변호하는 기조 명제가 된다. Cf. Plato, *Symposium* 203a; Apuleius, *De deo Socratis* 4.

를 바칠 만하다고까지 여기면서도, 정령들이 분노에 날뛴다는 사실만은 인정하지 않을 수 없었다.[151] 그러나 참된 종교는 우리에게 분노로 행동하지 말며 그 것에 저항하라고 가르친다.[152] 정령들은 선물로 위안받는다. 그러나 참된 종교는 우리에게 선물을 받고서 누구에게 차별하여 혜택을 베푸는 짓은 하지 말라고 가르친다.[153] 정령들은 찬양으로 달래진다. 그러나 참된 종교는 우리에게 그런 것에 흔들리지 말라고 가르친다. 정령들은 어떤 사람들은 미워하고 어떤 사람들은 사랑하는데 그것은 신중하고 냉정한 판단으로 그렇게 하는 것이 아니라, 아풀레이우스가 말한 것처럼, 정신이 동요하다 보니 그렇게 하는 것이다.[154] 이에 비해 참된 종교는 우리에게 우리 원수마저 사랑하라고 가르친다.[155] 끝으로 마음의 동요, 지성의 변덕, 정신의 온갖 혼란과 폭풍에 정령들이 휩쓸리고 날뛴다는 것이 아풀레이우스의 주장임에 비해 참된 종교는 우리에게 그런 것들을 내버리라고 명한다. 그대가 그자들과는 달리 살고 싶다면서도 그자들을 떠받들어 그대 스스로 비굴해진다면, 그 이유는 어리석음과 가련한 실수 아니면 무엇이겠는가? 종교의 절정은 섬기는 상대를 본받는 데 있거늘 그대는 상대를 본받고 싶지도 않으면서 그 상대에게 신앙심을 바친단 말인가?[156]

18. 선한 신들의 보우를 받으려면 정령들을 수호자로 이용해야 한다고 가르치는 종교는 도대체 어떤 종교인가

그러므로 플라톤이 "그 어느 신도 인간과 상대하지 않는다"[157]라는 말을 했다고 믿고서는, 그때문에 정령들이 사람의 기도를 신들에게 전달하고 인간이 청한 기도에 대한 답을 인간에게 전달하도록 그자들을 영계의 천상과 지상 사이의 공중에 있는 중간자들로 위치시키고서 그자들에게 이런 찬사를 바치지만 그런 짓은 아풀레이우스에게도, 그와 똑같이 생각한 다른 사람들에게도 모두 허망한 일이었다. 이렇게 믿는 사람들은, 인간과 상대하는 것은 신들에게 합당하지 않으며 신과 상대하는 것도 인간의 분수에 맞지 않다고 여겼다. 그 사람들 생각으로는 정령은 신과도 사귈 만하고 인간과도 사귈 만하니까 청원을 이곳에서부터 위로 전달하고 저곳에서 허락된 은전을 날라다 주는 것이 온당할지 모

patronos adhibeat, per quos illum dii exaudiant, qui haec amant, quae ille non amando fit dignior, quem facilius et libentius exaudire debeant. Amant quippe illi scaenicas turpitudines, quas non amat pudicitia; amant in maleficiis magorum mille nocendi artes, quas non amat innocentia. Ergo et pudicitia et innocentia si quid ab diis inpetrare uoluerit, non poterit suis meritis nisi suis interuenientibus inimicis. Non est quod iste poetica figmenta et theatrica ludibria iustificare conetur. Habemus contra ista magistrum eorum et tantae apud eos auctoritatis Platonem, si pudor humanus ita de se male meretur, ut non solum diligat turpia, uerum etiam diuinitati existimet grata.

19. Porro aduersus magicas artes, de quibus quosdam nimis infelices et nimis impios etiam gloriari libet, nonne ipsam publicam lucem testem citabo? Cur enim tam grauiter ista plectuntur seueritate legum, si opera sunt numinum colendorum? An forte istas leges Christiani instituerunt, quibus artes magicae puniuntur? Secundum quem alium sensum, nisi quod haec maleficia generi humano perniciosa esse non dubium est, ait poeta clarissimus:

> Testor, cara, deos et te, germana, tuumque
> Dulce caput, magicas inuitam accingier artes?

Illud etiam, quod alio loco de his artibus dicit:

> Atque satas alio uidi traducere messes,

eo quod hac pestifera scelerataque doctrina fructus alieni in alias terras

---

[158] 플라톤의 이원론(cf. Plato, *Symposium* 202e; Plutarchus, *De defectu oraculorum* 10.415a; Celsus in Origenes, *Contra Celsum* 8.63)이 신들의 천계와 인간들의 지상을 철저히 이분함으로써 중간존재 혹은 중개자로서의 정령을 숭배할 필요를 유도한다는 비평이다.

[159] 유한자와 무한자 사이의 심연을 메우는 일이 정령들의 역할이라는 대중적 믿음을 철학자들마저 나서서 이론적으로 뒷받침하는 데 문제가 있다.

[160] mille nocendi artes: Vergilius, *Aeneis* 7.338. 본서 2.10 참조.

[161] 7.35 참조. 마술의 허점은 인간이 구사할 수 있는 사물을 써서 인간이 손에 넣을 수 없는 바를 장악하려는 시도(sympatheia, synergeia)에 있다(Plato, *Leges* 933a-b; Iamblichus, *De mysteriis* 1.16-19).

[162] Vergilius, *Aeneis* 4.492-493.

[163] Vergilius, *Eclogae* 8.98.

른다. 말하자면 정직한 사람, 마술의 범죄와 무관한 사람마저 정령들을 보호자로 모셔야 하고, 신들은 정령을 통해 그의 기도를 들어야 한다는 것이다.[158] 정작 당사자인 인간은 좋아하지도 않으면서 신들이 좋아하니까 정령을 숭배하는 그런 짓을 하며, 그렇게 하면 신들에게 더 어여쁜 존재가 되고 신들이 그의 기도를 더 무난히 더 기꺼이 허락한다는 것이다.[159] 더구나 인간이 수치심으로 전혀 좋아하지 않는 추잡한 연극을 정령들은 좋아한다. 또 정령들은 마법사들이 악의로 인간을 기만하고 해치는 천 가지 술수[160]를 좋아하는데, 인간의 무구함은 이것을 좋아하지 않는다. 그렇다면 인간의 수치심이나 무구함은 막상 신들에게서 무엇을 얻어내고자 할 때 아무 가치도 발휘하지 못하고, 원수 같은 정령들이 중재에 나서지 않는 한, 소용없다는 말이 된다. 저 아풀레이우스가 이런 얘기를 해서 시적 허구와 외설스런 연극을 정당화하려고 한 것은 아니었다. 설령 인간적 수치심이 제대로 발휘되지 못해 추잡한 짓을 좋아할뿐더러 신들도 그것을 즐길 것이라고 여긴다면, 그때 우리는 그런 행태에 맞서는, 그들이 매우 존중하는 스승 플라톤의 권위를 내세울 수 있다.

19. 악령들의 보우에 의존하는 마술의 사악함

극히 불운하고 극히 불경스런 일부 인간들이 마술을 두고 자랑한다지만 내가 굳이 일반 여론을 들어 마술에 대한 반증을 삼아야 할까? 마술이 우리가 숭배할 신령들의 업적이라면 도대체 왜 그토록 엄한 법률로 무섭게 제재당할까? 마술을 벌하는 저 법률을 그리스도인들이 제정하기라도 했다는 말인가?[161] 마술이 인류 전체에 해롭다는 데는 의심의 여지가 없기 때문이며 이 점에 대해서라면 저 고명한 시인도 얘기하지 않았던가:

> 사랑하는 아우야, 신들과 너와 너의 사랑스러운 머리를 두고
> 맹세하노니, 나는 어쩔 수 없어 마술에 매달렸느니라.[162]

이 술수를 두고 다른 대목에서는 이렇게 말하고 있다:

> 씨뿌린 소출을 마술을 써서 딴데로 옮겨 놓음을 내 보았노라.[163]

이 사악하고 죄스러운 술수를 써서 남의 소출을 다른 땅으로 옮겨다 놓는다는

transferri perhibentur, nonne in duodecim tabulis, id est Romanorum anti-
quissimis legibus, Cicero commemorat esse conscriptum et ei, qui hoc
fecerit, supplicium constitutum? Postremo Apuleius ipse numquid apud
Christianos iudices de magicis artibus accusatus est? Quas utique sibi
obiectas si diuinas et pias esse nouerat et diuinarum potestatum operibus
congruas, non solum eas confiteri debuit, sed etiam profiteri, leges cul-
pans potius, quibus haec prohiberentur et damnanda putarentur, quae
haberi miranda et ueneranda oporteret. Ita enim uel sententiam suam
persuaderet iudicibus, uel, si illi secundum iniquas leges saperent eumque
talia praedicantem atque laudantem morte multarent, digna animae illius
daemones dona rependerent, pro quorum diuinis operibus praedicandis
humanam uitam sibi adimi non timeret; sicut martyres nostri, cum eis pro
crimine obiceretur Christiana religio, qua nouerant se fieri saluos et glo-
riosissimos in aeternum, non eam negando temporales poenas euadere
delegerunt, sed potius confitendo profitendo praedicando et pro hac om-
nia fideliter fortiterque tolerando et cum pia securitate moriendo leges,
quibus prohibebatur, erubescere compulerunt mutarique fecerunt. Huius
autem philosophi Platonici copiosissima et disertissima extat oratio, qua
crimen artium magicarum a se alienum esse defendit seque aliter non uult
innocentem uideri nisi ea negando, quae non possunt ab innocente com-
mitti. At omnia miracula magorum, quos recte sentit esse damnandos,
doctrinis fiunt et operibus daemonum, quos uiderit cur censeat honoran-
dos, eos necessarios asserens perferendis ad deos precibus nostris, quo-
rum debemus opera deuitare, si ad Deum uerum preces nostras uolumus
peruenire. Deinde quaero, quales preces hominum diis bonis per daemo-

---

[164] Cf. Cicero, *De legibus* 2.7.18 - 9.22; Seneca, *Quaestiones naturales* 4.7.2.

[165] 아풀레이우스는 155~160년 사이에 북아프리카에서 마술과 주술로 어느 과부를 유혹하려 했다고 고소당한 일이 있었으며 당시 변론으로 *De magia*라는 논설을 남겼다.

믿음이 항간에 퍼져 있는 까닭이다. 키케로가 전하는 바에 의하면, 로마인들의 가장 오래된 법률인 「십이동판법」에서도 이런 짓을 행하는 사람에게는 중형을 가하지 않았던가?[164] 끝으로 말하거니와, 아풀레이우스 본인이 마술 때문에 고발당한 일이 그리스도교 판관들 앞이기라도 했다는 말인가?[165] 만약 아풀레이우스가 마술이 신성하고 경건하며 신성한 위력을 행사하는 데도 적합한 행사라고 생각했다면, 마술을 언급만 할 것이 아니라, 오히려 마술을 금지하고 범죄시하는 법률을 규탄하고, 마술은 경탄스럽고 존중할 행사라고 공언했어야 마땅하리라. 그는 재판관들이 자신의 견해를 받아들이도록 설득했어야 한다. 그렇지 않고 재판관들이 불공정한 법률에 따라 그를 심문하거나 마술을 선전하고 찬양했다고 해서 그를 사형에 처한다면, 저어도 정령들이 그의 영혼에 응분의 보답을 했어야 마땅하리라. 정령들은 그에게 선물로 보답했어야 하는데, 그가 정령들의 신성한 행적을 선전하다 정령들에게 인간의 목숨마저 바치기를 두려워하지 않았기 때문이다. 그리스도교가 범죄행위로 여겨져 금지당할 적에 우리 순교자들도 그렇게 했으니, 순교자들은 그리스도교를 통해 구원을 받고 영원히 영광을 받으리라고 알았던 까닭이다. 순교자들은 그리스도교를 부인함으로써 현세 형벌을 피하는 길을 택하지 않았고, 도리어 그리스도교를 고백하고 선전하고 설교함으로써, 그리스도교를 위해 모든 것을 충실하고 용감하게 감내함으로써, 그리고 경건한 신념을 품고 죽어감으로써 그리스도교를 금하는 법률들을 무색하게 만들고 결국 바꾸게 했던 것이다. 이 플라톤 학파 철학자의 논설은 내용도 극히 풍부하고 아주 박식한데 그 논설에서 자기는 마술의 범죄와 무관하다고 변명했으며, 마술이라는 것은 무구한 사람이 저지를 짓이 아니므로, 스스로 무구하다고 여겨지기 바라는 사람은 마술을 거부할 수밖에 없으리라는 말까지 했다. 비록 그가 마술사들을 단죄한 것은 옳았지만, 실상 마술사들의 모든 이적은 정령들의 교사敎唆와 조작으로 이루어진다. 우리 기도가 참 하느님께 도달하기 바란다면 정령들의 행사를 피해야 당연할 터인데, 아풀레이우스는 왜 정령들을 칭송해야 한다고 생각했는지, 왜 우리의 기도를 신들에게 전달하려면 정령들이 필요하다고 주장했는지 해명해야 하리라. 그래서 그에게 묻거니와, 인간들의 어떤 기도가 정

nes allegari putat, magicas an licitas? Si magicas, nolunt tales; si licitas, nolunt per tales. Si autem peccator paenitens preces fundit, maxime si aliquid magicum admisit: itane tandem illis intercedentibus accipit ueniam, quibus inpellentibus aut fauentibus se cecidisse plangit in culpam? An et ipsi daemones, ut possint paenitentibus mereri indulgentiam, priores agunt, quod eos deceperint, paenitentiam? Hoc nemo umquam de daemonibus dixit, quia, si ita esset, nequaquam sibi auderent diuinos honores expetere, qui paenitendo desiderarent ad gratiam ueniae pertinere. Ibi enim est detestanda superbia, hic humilitas miseranda.

20. At enim urgens causa et artissima cogit daemones medios inter deos et homines agere, ut ab hominibus adferant desiderata, et a diis referant inpetrata. Quaenam tandem ista causa est et quanta necessitas? Quia nullus, inquiunt, Deus miscetur homini. Praeclara igitur sanctitas Dei, qui non miscetur homini supplicanti, et miscetur daemoni arroganti; non miscetur homini paenitenti, et miscetur daemoni decipienti; non miscetur homini confugienti ad diuinitatem, et miscetur daemoni fingenti diuinitatem; non miscetur homini petenti indulgentiam, et miscetur daemoni suadenti nequitiam; non miscetur homini per philosophicos libros poetas de bene instituta ciuitate pellenti, et miscetur daemoni a principibus et pontificibus ciuitatis per scaenicos ludos poetarum ludibria requirenti; non miscetur homini deorum crimina fingere prohibenti, et miscetur

---

[166] preces ... magicas an licitas: 실정법이 수시로 전자를 단죄해 왔으므로 후자만 기도로 인정받는다.

[167] detestanda superbia, humilitas miseranda: 1권 서언에서부터 "오만"과 "겸손"은 두 도성에서의 실존 자세를 나타내는 기조어로 통용되고 있다(5.14, 24; 10.28; 14.13.1; 19.15 참조).

[168] Cf. Apuleius, *De deo Socratis* 7; Plato, *Symposium* 202d-e; *Epinomis* 985b.

령들을 통해 선신善神들에게 전달된다고 생각했는가? 주술 기도인가, 적법 기도인가?[166] 주술 기도라면 신들이 받기 싫어하리라. 적법 기도라면 굳이 저런 자들을 통해 받기 싫어하리라. 만일 어느 죄인이, 특히 어떤 마술을 행했음을 두고 참회하면서 기도를 올린다고 하자. 그렇다면 정령들이 자기를 충동질하거나 정령들이 자기에게 가호를 베푼 탓에 죄를 지었노라고 탄식할 경우, 과연 정령들이 스스로 중재에 나서서 그 인간이 용서받게 손을 쓸 수 있다는 것인가? 아니면 정령들이 그 참회자들이 용서받게 하려고, 자기들이 그 사람들을 기만했노라고 먼저 참회한다는 말일까? 정령들을 두고서 이런 말을 하는 사람은 아무도 없었다. 만에 하나라도 정령들이 그런 존재들이라면, 즉 참회하면서 용서의 은혜를 애원할 치지리면, 신들에게 바치는 숭배를 자기들에게 바치라고 감히 요구하지도 않았을 것이다. 자기들에게 숭배를 바치라고 요구함은 멸시받을 오만이요 참회하여 용서를 애원함은 그래도 불쌍히 보아줄 겸손이기 때문이다.[167]

20. 선한 신들이 사람들보다는 정령들과 통교한다고 믿어야 하는가

그러나 플라톤 학파가 하는 말대로는 정령들이 인간들로부터 소원을 올려가고 신들의 응답을 갖고 다시 내려오는, 신과 인간 사이의 중간자로 행세하지 않을 수 없게 된 데는 화급하고 아주 난처한 사연이 있을지 모른다.[168] 그렇다면 그런 사연이 과연 어떤 것이며 절박한 사정은 과연 어느 정도일까? 그 어느 신도 인간과 상대하지 않는다고들 한다. 그렇다면 애원하는 당사자와는 상대하지 않고 방자한 정령과는 상대하는 하느님, 참회하는 인간과는 상대하지 않고 기만하는 정령과는 상대하는 하느님, 신성에 의탁하는 인간과는 상대하지 않고 신성을 자처하는 정령과는 상대하는 하느님, 은사를 청하는 인간과는 상대하지 않고 악을 충동질하는 정령과는 상대하는 하느님, 철학서들을 통해 잘 정비된 도시국가로부터 시인들을 추방하는 사람과는 상대하지 않고 도시국가의 군주들이나 제관들에게 시인들의 연극 축제를 통해 추잡한 짓을 공연하라고 요구하는 정령과는 상대하는 하느님, 신들의 죄상을 연극으로 꾸며내는 짓을 금하는 인간과는 상대하지 않고 신들의 거짓된 죄상을 놓고 스스로 즐기는 정령과는 상

daemoni se falsis deorum criminibus oblectanti; non miscetur homini magorum scelera iustis legibus punienti, et miscetur daemoni magicas artes docenti et implenti; non miscetur homini imitationem daemonis fugienti, et miscetur daemoni deceptionem hominis aucupanti.

21. Sed nimirum tantae huius absurditatis et indignitatis est magna necessitas, quod scilicet deos aetherios humana curantes quid terrestres homines agerent utique lateret, nisi daemones aerii nuntiarent; quoniam aether longe a terra est alteque suspensus, aer uero aetheri terraeque contiguus. O mirabilem sapientiam! Quid aliud de diis isti sentiunt, quos omnes optimos uolunt, nisi eos et humana curare, ne cultu uideantur indigni, et propter elementorum distantiam humana nescire, ut credantur daemones necessarii et ob hoc etiam ipsi putentur colendi, per quos dii possint et quid in rebus humanis agatur addiscere et ubi oportet hominibus subuenire? Hoc si ita est, diis istis bonis magis notus est daemon per corpus uicinum quam homo per animum bonum. O multum dolenda necessitas, an potius inridenda uel detestanda uanitas, ne sit uana diuinitas! Si enim animo ab obstaculo corporis libero animum nostrum uidere dii possunt, non ad hoc indigent daemonibus nuntiis; si autem animorum

---

[169] 신플라톤 학파가 참 하느님이 있더라도 인간과의 사이에 중간존재가 있어야 한다는 이론을 펴는 데 대해 교부는 여러 편의 대구(對句)로 반박하고는 praeclara sanctitas Dei!라는 반어법으로 종결한다.

[170] 그리스 철학자 대부분이 유물론자들을 제외하면 νοῦς (Xenophanes, Anaxagoras, Plotinus), λóγος (Heraclitus, Stoa, Philo), δημιουργός (Plato), δαίμων (Plato, Plotinus, Apuleius) 등의 중간존재 혹은 중개자 개념을 갖추고 있었다. 앞의 각주 158, 159 참조.

대하는 하느님, 마술사들의 행악을 법률로 벌하는 사람과는 상대하지 않고 마술을 가르치고 충동질하는 정령과는 상대하는 하느님, 정령을 본뜨기를 기피하는 사람과는 상대하지 않고 인간을 기만하려고 흉계를 꾸미는 정령과는 상대하는 하느님이라니, 그런 하느님의 거룩함이라니 훌륭도 하겠다![169]

21. 신들이 과연 정령들을 사신이나 해석자로 이용하며 알든 모르든 스스로 정령들에게 기만당하는가

21. 1. 정령들은 인간을 진리와 지혜로 이끌지 못한다

그러나 신들에게 막중한 필요성, 참으로 어처구니없고 당치 않은 필요성이 있디고 하니 기이한 노릇이다. 말하자면 영계의 신들이 인간사를 돌본다면서 공중의 정령들이 알려주지 않으면 지상의 인간들이 무슨 짓을 하는지 알지 못하리라는 것이다. 그 이유는 영계는 지상에서 멀고 높이 매달려 있는데 공중은 영계와도 지상과도 맞닿아 있기 때문이란다. 아, 놀라운 지혜여! 저 지혜롭다는 사람들이 신에 관해 생각해내는 바가 고작 이것이란 말인가?[170] 이따위 얘기는 결국 모두가 지선한 존재라고 쳐다보는 그 신들이 인간사 또한 돌보기는 하는데 인간들한테서 숭배를 받기 때문에 어쩔 수 없이 돌본다는 말이 아니고 무엇인가? 그렇지 않으면 인간들과 거리가 떨어져 있어 인간사를 알지 못해 정령들이 필요하다고 믿는다는 말이 아니고 무엇인가? 그렇지 않으면 정령들을 통해야 인간사에서 무슨 일이 일어나고 있는지 신들이 배워 알 수 있고 어떻게 인간들을 보우해야 하는지도 알 수 있다고 믿고, 바로 그래서 정령들도 섬겨야 한다는 말이 아니고 무엇인가? 만일 그렇다면 저 선량한 신들은 정령을 더 잘 알고 있는 셈인데, 이것은 신들이 선한 정신을 가진 사람을 아는 것보다도 신체상으로 가깝다는 이유만으로 정령들을 더 잘 알고 있다는 말이나 다름없다. 아, 필요성치고는 참으로 옹색하고 참으로 통탄해 마지않을 무엇이다! 그렇지 않으면 우습기 짝이 없고 역겨울 정도로 황당무계한 얘기다! 아니면 신성 자체가 황당한 무엇이다! 만일 신들이 육체라는 장애물에서 벗어난 자유로운 정신으로 우리 정신을 바라볼 수 있다면, 굳이 사신 노릇을 하는 정령도 필요하지

indicia corporalia, qualia sunt locutio uultus motus, per corpus suum aetherii dii sentiunt et inde colligunt quid etiam daemones nuntient, possunt et mendaciis daemonum decipi. Porro si deorum diuinitas a daemonibus non potest falli, eadem diuinitate quod agimus non potest ignorari.

Vellem autem mihi isti dicerent, utrum diis daemones nuntiauerint de criminibus deorum poetica Platoni displicere figmenta et sibi ea placere celauerint, an utrumque occultauerint deosque esse maluerint totius rei huius ignaros, an utrumque indicauerint, et religiosam erga deos Platonis prudentiam et in deos iniuriosam libidinem suam, an sententiam quidem Platonis, qua noluit deos per impiam licentiam poetarum falsis criminibus infamari, ignotam diis esse uoluerint, suam uero nequitiam, qua ludos scaenicos amant, quibus illa deorum dedecora celebrantur, prodere non erubuerint uel timuerint. Horum quattuor, quae interrogando proposui, quodlibet eligant et in quolibet eorum quantum mali de diis bonis opinentur adtendant. Si enim primum elegerint, confessuri sunt non licuisse diis bonis habitare cum bono Platone, quando eorum iniurias prohibebat, et habitasse cum daemonibus malis, quando eorum iniuriis exultabant, cum dii boni hominem bonum longe a se positum non nisi per malos daemones nossent, quos uicinos nosse non possent. Si autem secundum elegerint et utrumque occultatum a daemonibus dixerint, ut dii omnino nescirent et Platonis religiosissimam legem et daemonum sacrilegam delectationem:

---

[171] 교부는 다음 절에서 네 가지 논법으로 이런 중간존재의 논리적 모순을 지적한다.

[172] 사지선다의 어느 답변도 귀류법 (argumentum ad absurdum) 으로 논박할 수 있게 질문을 폈다.

않으리라. 그렇지 않고 만일 영계의 신들이 정신의 신체적 표지인 말, 표정, 동작 같은 것을 자기네 신체를 통해 감지한다면, 신들도 정령들이 전해주는 바를 역시 신체를 통해 파악할 것이고, 그러다 보면 정령들의 거짓말에 속을 수도 있으리라. 반면에 신들의 신성이 정령들에게 기만당하는 일이 불가능하다면, 똑같은 그 신성이 우리가 무엇을 하고 있는지 모를 리도 없다.[171]

21. 2. 정령들은 인간을 신성으로 이끌지 못한다

여기서 나는 저 플라톤 학파가 다음 네 가지에 관해 내게 해명해 주었으면 한다. 정령들이, 신들의 행악에 관해 묘사한 시문詩文이 플라톤의 마음에 들지 않는다는 사실은 신들에게 보고하면서 자신들은 그 시문에 묘사된 짓거리에 재미를 느낀다는 사실은 신들에게 감추는가? 정령들은 두 가지 다 은폐해 버리고 이런 일에 관해서는 차라리 신들이 아예 모르기를 더 바라는가? 그렇지 않으면 두 가지 다 보고하여 신들에 대해 갖고 있는 플라톤의 종교적 현명함도 보고하고, 신들의 명성에는 해가 될 수 있는 연극 축제를 즐기는 자신들의 욕망도 모두 보고하는가? 그것도 아니라면 플라톤이 시인들의 방종한 불경으로 인해 신들이 조작된 거짓 행악으로 명예를 손상당하는 것을 좌시하지 않았다는 사상은 신들에게 숨기고 신들의 불명예스런 짓을 상연하는 연극 유희를 좋아하는 정령들 자신의 부정을 부끄러워하지도 않고 두려워하지도 않으면서 뻔뻔하게 알리는가? 이네 가지를 설명해 주었으면 한다. 내가 제기한 넷 가운데서 플라톤 학파가 어느 것을 고르더라도 결국 그들이 선한 신에 대해 잘못된 생각을 품고 있다는 사실을 알려줄 따름이다.[172] 그들이 만일 첫째 가능성을 택한다면, 플라톤이 신들이 저질렀다는 불의한 짓을 말리는데도 선한 신들로서는 선한 플라톤과 상대하는 일이 불가하고, 정령들은 신들이 저질렀다는 불의한 짓을 두고 즐기는데도 선한 신들로서 사악한 정령들과 상대하는 일이 온당했다고 고백하는 셈이다. 선한 신들이 자기들한테서 멀리 떨어진 인간에 관해서는 사악한 정령들을 통해서나마 알 길이 있지만 가까운 정령들에 관해서는 도통 알 수가 없다는 얘기가 되기 때문이다. 만일 그들이 둘째 가능성을 선택하여 정령들이 두 가지 사실 다 감추어 버리므로 신들은 플라톤의 지극히 종교적이라고 할 법도法度도 모르고 신성을 모

quid in rebus humanis per internuntios daemones dii nosse utiliter pos-
sunt, quando illa nesciunt, quae in honorem bonorum deorum religione
bonorum hominum contra libidinem malorum daemonum decernuntur? Si
uero tertium elegerint et non solum sententiam Platonis deorum iniurias
prohibentem, sed etiam daemonum nequitiam deorum iniuriis exultantem
per eosdem daemones nuntios diis innotuisse responderint: hoc nuntiare
est an insultare? Et dii utrumque sic audiunt, sic utrumque cognoscunt, ut
non solum malignos daemones deorum dignitati et Platonis religioni
contraria cupientes atque facientes a suo accessu non arceant, uerum
etiam per illos malos propinquos Platoni bono longinquo dona trans-
mittant? Sic enim eos elementorum quasi catenata series conligauit, ut
illis, a quibus criminantur, coniungi possint, huic, a quo defenduntur, non
possint, utrumque scientes, sed aeris et terrae transmutare pondera non
ualentes. Iam, quod reliquum est, si quartum elegerint, peius est ceteris.
Quis enim ferat, si poetarum de diis inmortalibus criminosa figmenta et
theatrorum indigna ludibria suamque in his omnibus ardentissimam
cupiditatem et suauissimam uoluptatem diis daemones nuntiauerunt, et
quod Plato philosophica grauitate de optima re publica haec omnia
censuit remouenda tacuerunt; ut iam dii boni per tales nuntios nosse
cogantur mala pessimorum, nec aliena, sed eorundem nuntiorum, atque
his contraria non sinantur nosse bona philosophorum, cum illa sint in
iniuriam, ista in honorem ipsorum deorum?

22. Quia igitur nihil istorum quattuor eligendum est, ne in quolibet
eorum de diis tam male sentiatur, restat, ut nullo modo credendum sit,

독하는 정령들의 열락 행위도 전혀 모르는 상태라고 하자. 정령들의 욕정에 맞서 선한 신들의 영광을 보호하기 위해 선한 인간들이 어떤 조치를 행했는지도 모른다면 정령이라는 중간 사신들을 통해 신들이 인간사에 관해 제대로 알 수 있는 것이 도대체 무엇이겠는가? 만약 셋째 가능성을 택하여 신들의 거짓 행악이 연극으로 상연됨을 금지한 플라톤의 사상도, 신들의 행악을 두고 좋아서 어쩔 줄 모르는 정령들의 악의도 동일한 정령들을 사신으로 하여 신들에게 알려진다는 대답이 나온다고 하자. 그렇다면 이게 신들에게 행하는 보고인가? 아니면 조롱인가? 그래서 신들이 양편 다 들어서 양편 다 알고 있음에도 불구하고, 신들의 품위와 플라톤의 종교심 모두에 상반되는 것을 탐하고 행동한 악령들이 자기들에게 접근하는 것을 막지 않을뿐더러, 그 못된 측근들을 통해 멀리 떨어진 선량한 플라톤에게 선물을 전달하다니 말이 되는가? 원소들의 연쇄 사슬이 신들을 꼼짝못하게 묶어 놓아서, 신들이 양편을 다 알면서도 공기의 비중과 땅의 비중을 뒤바꿀 수 없기 때문에, 그들을 모욕하는 정령들과만 상종할 수 있고 자기들을 변호하려는 인간과는 상종할 수 없다는 말밖에 안 된다. 나머지 넷째 가능성을 택한다면 앞의 셋보다 플라톤 학파의 입장은 더욱 난처해진다. 시인들이 불사의 신들에 대해 허구로 꾸며낸 범행과 부당한 오락 연극, 이런 모든 짓에 대한 정령들 스스로의 치열한 욕망과 주체 못할 쾌감을 신들에게 정령들이 솔직히 보고한다고 하자. 그리고 플라톤이 철학적 신중함 때문에 훌륭한 공화국에서는 이런 것들이 일체 추방되어야 한다고 생각했다는 사실은 신들에게 함구한다고 하자. 이 가능성을 따르자면 선한 신들은 그 사신들로부터 다른 사람이 아니라 바로 그 사신들의 사악함에 대해 어쩔 수 없이 알게 되지만 그에 상반되는, 철학자들의 선한 행실은 알지 못하게 된다는 말인가? 전자는 신들에게 불의를 끼치는 일이요 후자는 신들의 영예를 선양하는 일이 아니던가?

22. 아풀레이우스에 반대하여 정령숭배를 배척하는 일
따라서 이 네 가지 가능성들은 모두 신들을 험담하는 결과로 귀결되기에 그 가운데 어떤 것도 선택할 가치가 없다. 그렇다면 남는 얘기는 아풀레이우스가

quod Apuleius persuadere nititur et quicumque alii sunt eiusdem senten-
tiae philosophi, ita esse medios daemones inter deos et homines tamquam
internuntios et interpretes, qui hinc ferant petitiones nostras, inde referant
deorum suppetias; sed esse spiritus nocendi cupidissimos, a iustitia peni-
tus alienos, superbia tumidos, inuidentia, liuidos, fallacia callidos, qui in
hoc quidem aere habitant, quia de caeli superioris sublimitate deiecti
merito inregressibilis transgressionis in hoc sibi congruo uelut carcere
praedamnati sunt; nec tamen, quia supra terras et aquas aeri locus est,
ideo et ipsi sunt meritis superiores hominibus, qui eos non terreno cor-
pore, sed electo in auxilium Deo uero pia mente facillime superant. Sed
multis plane participatione uerae religionis indignis tamquam captis
subditisque dominantur, quorum maximae parti mirabilibus et fallacibus
signis siue factorum siue praedictorum deos se esse persuaserunt. Quibus-
dam uero uitia eorum aliquanto adtentius et diligentius intuentibus non
potuerunt persuadere quod dii sint, atque inter deos et homines internun-
tios ac beneficiorum inpetratores se esse finxerunt; si tamen non istum
saltem honorem homines eis deferendum putarunt, qui illos nec deos esse
credebant, quia malos uidebant, deos autem omnes bonos uolebant, nec
audebant tamen omnino indignos dicere honore diuino, maxime ne offen-
derent populos, a quibus eis cernebant inueterata superstitione per tot
sacra et templa seruiri.

우리를 설득하고, 그와 생각이 같은 다른 철학자들이 우리를 믿도록 설득한 것, 즉 정령들은 우리의 청원을 신들에게 전달하고 신들의 보우를 우리에게 가져오는 인간과 신 사이의 중간사절이나 통역 같은 존재라고 한 말을 결코 믿어서는 안 된다는 것이다. 오히려 정령들이란 해코지하려는 욕심이 가득 찬 영들이요 의덕과는 도무지 거리가 멀고 오만으로 으스대고 시기에 찌들고 거짓에 능통하다고 믿어야 하리라. 그자들이 공중에 처소가 있음은 사실이지만 그것은 돌이킬 수 없는 죄과로 인해 지고한 상천上天으로부터 추방당하여 그들에게는 감옥이나 다를 바 없는 그곳에 살도록 단죄받았기 때문이다. 또 땅과 물보다 위인 공중에 처소가 있다고 해서 그것만으로 인간보다 가치상으로 우월한 것은 아니다.[173] 그러나 인간들은 아주 가단하게 그들을 능가하는데, 지상 육체라는 측면에서 능가함이 아니라 경건한 지성으로 참 하느님을 선택함으로써 그 도우심에 힘입어 능가하는 것이다. 그러나 정령들은 많은 인간을, 참된 종교에 참여하기에 합당하지 못한 사람들을 마치 포로나 속민처럼 지배한다. 정령들은 대부분 기적이나 거짓 표지로 행적이나 예언을 꾸며내면서 저런 사람들이 자기들을 신처럼 믿도록 한다. 그러나 그자들의 악덕을 주의깊고 면밀하게 관찰하는 사람들에게는 스스로 신이라고 행세할 수 없을 터이므로 그런 사람들에게는 신과 인간 사이의 중재자요 혜택을 가져다주는 자처럼 가장한다. 그래서 플라톤 학파는 그자들이 신이라고 믿지 않기 때문에 적어도 신들에게 바치는 찬미는 그들에게 바칠 필요가 없다고 한다. 그들은 신은 선한 존재라는 기대를 가지고 있었던 반면 정령들은 사악하다는 것을 목도했기에 정령들을 신이라고 믿지는 않았다. 그러나 그들은 신이라고 믿지 않으면서도, 그자들이 일체의 신적 찬양을 받기에 부당하다는 말은 감히 입밖에 내지 못했는데, 인습적 미신을 가지고 정령들에게 온갖 제사를 지내고 신전을 지어 바치는 사람들을 염두에 두고 그들의 마음을 상하게 하지 않으려 했기 때문이다.

---

[173] 교부가 아풀레이우스의 말대로 정령들의 처소를 공중으로 인정한 것은 성서의 언급(에페 2,2: "공중을 다스리는 지배자")도 있기 때문이었다.

23. Nam diuersa de illis Hermes Aegyptius, quem Trismegiston uocant, sensit et scripsit. Apuleius enim deos quidem illos negat; sed cum dicit ita inter deos et homines quadam medietate uersari, ut hominibus apud ipsos deos necessarii uideantur, cultum eorum a supernorum deorum religione non separat. Ille autem Aegyptius alios deos esse dicit a summo Deo factos, alios ab hominibus. Hoc qui audit, sicut a me positum est, putat dici de simulacris, quia opera sunt manuum hominum; at ille uisibilia et contrectabilia simulacra uelut corpora deorum esse asserit; inesse autem his quosdam spiritus inuitatos, qui ualeant aliquid siue ad nocendum siue ad desideria nonnulla complenda eorum, a quibus eis diuini honores et cultus obsequia deferuntur. Hos ergo spiritus inuisibiles per artem quandam uisibilibus rebus corporalis materiae copulare, ut sint quasi animata corpora illis spiritibus dicata et subdita simulacra, hoc esse dicit deos facere eamque magnam et mirabilem deos faciendi accepisse homines potestatem. Huius Aegyptii uerba, sicut in nostram linguam interpretata sunt, ponam. «Et quoniam de cognatione, inquit, et consortio hominum deorumque nobis indicitur sermo, potestatem hominis, o Asclepi, uimque cognosce. Dominus, inquit, et pater uel quod est summum Deus ut effector est deorum caelestium, ita homo fictor est deorum, qui in templis sunt humana proximitate contenti.» Et paulo post: «Ita humanitas, inquit, sem-

---

[174] 그리스의 헤르메스 신과 이집트 토트 신(Thot Trismegistus: "삼중으로 위대하신 토트")의 이름을 딴 이집트인 Hermes Trismegistus가 남겼다는 「헤르메스 문집」(*Corpus Hermeticum* [Alois-Buckley eds.])은 근대까지 영향을 미쳤다. 제2부가 라틴어로 번역되면서(아풀레이우스의 작업으로 와전된 듯) *Asclepius*라는 제목이 붙어 아우구스티누스가 인용하고 있다.

[175] alios deos esse a summo Deo factos, alios factos ab hominibus: 정령론의 난제인 정령들의 신원이 "피조물"로 규정된다.

[176] effector(조성자)와 fictor(조형자) 사이에는 어감상의 차이가 크다.

제3부 (23-27)
헤르메스의 신관과 그리스도교의 비교

23. 헤르메스 트리스메기스투스는 우상숭배를 어떻게 생각했으며, 이집트 미신을 폐지해야 한다는 것을 어디서 알았는가

23. 1. 인간들이 신들을 꾸며냈음을 헤르메스가 증언했다

이런 문제들에 관해 트리스메기스투스라고 하는 이집트인 헤르메스는 달리 생각하고 다른 글을 썼다.[174] 아풀레이우스는 정령이 신이라는 것을 부인했다. 그렇지만 그자들이 신과 인간 사이에서 일종의 중간 역할을 한다고 이야기함으로써 정령들이 신들 틈에 끼는 것처럼 인간에게 보이게 만들었고, 정령들에게 바치는 숭배를 상계上界의 신들에게 바치는 종교로부터 구분하지 못했다. 그런데 저 이집트인은 일부 신들은 최고신에게서 만들어졌고 일부 신들은 인간들에 의해 만들어졌다는 말을 했다.[175] 이 말을 듣는 사람은, 특히 나 같은 입장에서는, 우상이 사람들의 손으로 만든 작품이니까, 그것은 우상에 관해 하는 말이라고 생각한다. 하지만 그는 눈에 보이고 손으로 만져지는 우상을 신들의 몸체라고 주장하고 있다. 이 우상들 속에는 초혼招魂받은 영들이 깃들어 있으며, 따라서 우상에게는 해를 끼치는 힘도 있고, 신성한 찬양과 숭배 의식을 바치는 사람들의 소원을 들어주는 힘도 있다는 것이다. 살아 움직일 수 있는 몸체를 만들기 위해 어떤 술수를 써서 보이지 않는 신령들을 볼 수 있는 물건에다 접신接神시킴으로써 그 물건들이 그 신령들에게 바쳐지고 그 신령에게 귀속한다는 것이다. 그가 하는 말로는, 바로 이것이 신을 만드는 것이며 이렇게 해서 인간이 신을 만들어내는 기묘하고도 위대한 능력을 장악했다는 것이다. 이 이집트 사람의 말을 우리말로 번역하여 인용해 보겠다: "인간들과 신들 사이의 이 친분과 인연에 관한 이야기가 우리에게 있는만큼, 아스클레피우스여, 인간의 권능과 위력이 얼마나 위대한지 알지라! 주님이요 아버지, 혹은 최고 존재로서 신이 천상신들의 조성자造成者이듯이 인간 역시 신들의 조형자造形者이니 그 신들이 인간과 흡사한 모습을 하고서 신전에 안치되어 있느니라."[176] 조금 아래에 이런

per memor naturae et originis suae in illa diuinitatis imitatione perseuerat, ut, sicuti Pater ac Dominus, ut sui similes essent, deos fecit aeternos, ita humanitas deos suos ex sui uultus similitudine figuraret.» Hic cum Asclepius, ad quem maxime loquebatur, ei respondisset atque dixisset: «Statuas dicis, o Trismegiste?» tum ille: «Statuas, inquit, o Asclepi, uides quatenus tu ipse diffidas; statuas animatas sensu et spiritu plenas tantaque facientes et talia, statuas futurorum praescias eaque sorte uate somniis multisque aliis rebus praedicentes, inbecillitates hominibus facientes easque curantes, tristitiam laetitiamque pro meritis. An ignoras, o Asclepi, quod Aegyptus imago sit caeli, aut, quod est uerius, translatio aut descensio omnium quae gubernantur atque exercentur in caelo. Ac si dicendum est uerius, terra nostra mundi totius est templum. Et tamen quoniam praescire cuncta prudentem decet, istud uos ignorare fas non est: Futurum tempus est, cum appareat Aegyptios incassum pia mente diuinitatem sedula religione seruasse.»

Deinde multis uerbis Hermes hunc locum exequitur, in quo uidetur hoc tempus praedicere, quo Christiana religio, quanto est ueracior atque sanctior, tanto uehementius et liberius cuncta fallacia figmenta subuertit, ut gratia uerissimi Saluatoris liberet hominem ab eis diis, quos facit homo, et ei Deo subdat, a quo factus est homo. Sed Hermes cum ista praedicit, uelut amicus eisdem ludificationibus daemonum loquitur, nec Christianum nomen euidenter exprimit, sed tamquam ea tollerentur atque delerentur, quorum obseruatione caelestis similitudo custodiretur in Aegypto, ita haec futura deplorans luctuosa quodam modo praedicatione testatur. Erat

---

[177] *Corpus Hermeticum, Asclepius* 9.23.

[178] 본서에서는 Trismegistus(treis-megistus: "세 곱으로 위대한")로도 Trismegistes로도 나온다.

[179] *Corpus Hermeticum, Asclepius* 9.24. 본서 25장에 다시 언급되지만 멸망과 재생의 우주적 순환주기에 관한 언급인 듯하다.

[180] caelestis similitudo in Aegypto: 종교와 지혜를 전수받았다는 이집트인들의 특전적 의식은 사가들도 언급한다: Herodotus, *Historiae* 2.36-85.

말이 나온다: "그리하여 인간성은 자기 본성과 기원을 늘 기억하고서 저 신성의 모상 속에 보존되느니라. 아버지요 주님이 당신과 비슷해지도록 영원한 신들을 만들었음과 같이 인간성은 자기 얼굴과 비슷하게 자기 신들을 빚어내느니라."[177] 여기서 헤르메스의 말상대가 되는 아스클레피우스가 이 말을 듣고 그에게 이렇게 묻는다: "트리스메기스투스[178]여, 이것은 신상들을 두고 하는 말인가?" 그가 대답한다: "아스클레피우스여, 그대가 바라보는 신상들을 그대도 믿지 않는구려! 감각과 혼령을 가득 담은 신상, 무수한 행적, 위대한 행적을 이룬 신상인데도. 미래의 일을 미리 알고, 꿈이며 그밖의 여러 가지를 통해 점술사에게 그것을 예언해 주는 신상인데도. 인간들에게 병약함을 가져다주고 그것을 낫게도 하며 공적에 따라서 슬픔이나 기쁨을 가져다주는 신상인데도. 오, 아스클레피우스여, 이집트가 하늘의 모형임을 모르는가? 또 더 정확하게는 하늘에서 통치되고 행사되는 모든 것이 이집트에 이관되어 있다는 것을 모르는가? 또 정말 진실을 말하자면, 우리 땅이 온 세상의 신전임을 알지 못하는가? 그리고 현자는 매사를 예지함이 마땅하니 그대가 다음 사실을 모른다는 것은 당치도 않다. 즉, 경건한 정신과 부지런한 종교심에도 불구하고 이집트인들이 신성에 바친 공경이 어처구니없게 허사로 돌아갔다는 사실이 드러날 때가 장차 올 것이다."[179]

23. 2. 헤르메스는 이집트 우상들의 종말을 예고했다

그러고서도 헤르메스는 이 문제에 관해 많은 말을 하는데, 그 얘기는 우리가 살고 있는 이 시대를 예고한 듯하다. 그리스도교가 더 참되고 더 성스러운 종교로 등장하여 미신들의 온갖 그릇된 허구를 가차없고 여지없이 뒤집어엎는 시대, 그래서 더없이 참된 구세주가 인간이 만들어내는 신들로부터 인간을 해방시키고 인간을 창조한 저 하느님께로 그를 복속시키는 시대 말이다. 하지만 정작 헤르메스가 이런 것들을 예고하기는 했지만 그때는 정령들의 저 우스운 짓거리에 되레 호감을 갖고서 말한 것이었고 또 그리스도교 이름을 정식으로 거론하지도 않았다. 반대로 이집트에 보존된 하늘의 모형[180]을 보존한다는 예식들을 통해 미래에 그런 의식들이 무너지고 파괴되리라는 것을 예고할 때, 그는 다소 슬프고 한

enim de his, de quibus dicit apostolus, quod *cognoscentes Deum non sicut Deum glorificauerunt aut gratias egerunt, sed euanuerunt in cogitationibus suis, et obscuratum est insipiens cor eorum; dicentes enim se esse sapientes stulti facti sunt et inmutauerunt gloriam incorrupti Dei in similitudinem imaginis corruptibilis hominis* et cetera, quae commemorare longum est. Multa quippe talia dicit de uno uero Deo fabricatore mundi, qualia ueritas habet; et nescio quo modo illa obscuratione cordis ad ista delabitur, ut diis, quos confitetur ab hominibus fieri, semper uelit homines subdi et haec futuro tempore plangat auferri quasi quicquam sit infelicius homine, cui sua figmenta dominantur; cum sit facilius, ut tamquam deos colendo, quos fecit, nec ipse sit homo, quam ut per eius cultum dii possint esse, quos fecit homo. Citius enim fit, ut homo in honore positus pecoribus non intellegens comparetur, quam ut operi Dei ad eius imaginem facto, id est ipsi homini, opus hominis praeferatur. Quapropter merito homo deficit ab illo qui eum fecit, cum sibi praeficit ipse quod fecit.

Haec uana deceptoria, perniciosa sacrilega Hermes Aegyptius, quia tempus, quo auferrentur, uenturum sciebat, dolebat; sed tam inpudenter dolebat, quam inprudenter sciebat. Non enim haec ei reuelauerat sanctus Spiritus, sicut prophetis sanctis, qui haec praeuidentes cum exultatione dicebant: *Si faciet homo deos, et ecce ipsi non sunt dii*; et alio loco: *Erit in illo die, dicit Dominus, exterminabo nomina simulacrorum a terra, et non*

---

[181] 로마 1,21-23. 앞의 10.1에도 인용됨.

[182] 사실 *Corpus Hermeticum* 전체가 영지주의에서 나온 혼합 사상으로 만유에 삼투하는 신의 현존을 강조하는가 하면 정반대로 신의 초월성을 부각시켜 세상을 부정하는 이중성을 띤다.

[183] tamquam deos colendo, quod fecit, nec ipse sit homo: 우상숭배에 관한 교부의 단정이다.

[184] homo *deficit* ab illo qui eum fecit, cum sibi *praeficit* ipse quod fecit: 절묘한 각운을 써서 인간의 피조성을 부각시키고 있다.

[185] 예레 16,20. [공동번역: "사람이 어찌 신을 만들 수 있겠습니까? 사람이 만든 것이 어찌 신이 되겠습니까?"]

탄스런 어조를 쓴다. 이것은 사도가 말한 얘기 중 하나에 해당한다고 하겠다: "하느님을 알고도 찬미와 감사를 드리지 않고 생각이 허망하게 되어 어리석은 마음이 어두워졌기 때문입니다. 그들은 지혜롭다고 자처하지만 바보가 되었으며 불멸하는 하느님의 영광을 썩어 없어질 사람 모양의 형상으로 바꾸어 버렸습니다."[181] 그밖의 성서 구절을 모두 인용하자면 얘기가 아주 길어진다. 헤르메스는 유일한 참 하느님, 세계의 조성자에 관해 그밖에도 많은 말을 했고 그것들은 어느 정도 진리를 갖춘 말들이었다. 그런데도 성서 말씀대로 마음이 어두워져 얼마나 퇴락했길래, 저런 신들이 인간에 의해 만들어졌다고 자기 입으로 고백하면서도 헤르메스는 그따위 신들에게 사람들이 항상 복속하기를 바라고, 장차 그런 신들에 바치는 숭배가 폐지되리라는 사실을 두고 오히려 탄식하며, 인간이 빚어낸 허구적인 것이 인간을 지배하는 마당에 그것이 폐지되는 것이 인간 자신이 노예 신세가 되는 것보다 더 불행한 일이나 되듯이 말하는지 알다가도 모를 일이다.[182] 인간이 만든 것들이 인간이 그것에 숭배를 바치는 순간 신이 된다기보다는, 그보다 앞서, 자기가 만든 것들을 신으로 숭배하는 순간, 인간은 인간도 못된다.[183] 그래서 영광 속에 있던 인간은 머잖아 짐승의 처지로 강등되리니, 오성을 사용하지 않고 행동했기 때문이며, 인간이 하느님의 작품으로서 하느님의 모상대로 만들어졌으면서도, 인간의 작품을 하느님의 작품보다 앞세운 까닭이다. 그리하여 자기가 만든 것을 자신보다 앞세움으로써 인간은 자기를 만든 분으로부터 소외당하게 된다.[184]

23. 3. 그러나 그 사실을 한탄했지 진리의 길로 회심하지는 않았다

그러니까 이집트인 헤르메스는 이 허황하고 기만적이고 불길하고 독성적인 짓거리들이 폐지될 때가 오리라는 것을 미리 알고서 그때문에 탄식한 셈이다. 그것을 미리 알아낸 것까지는 어리석지 않지만 그 일을 탄식한 행동은 어리석다. 성령이 거룩한 예언자들에게 계시하듯이 그에게 이런 것을 계시하지 않았기 때문이리라. 예언자들은 이런 일을 예견하고서는 이렇게 당당히 말했던 것이다: "만일 사람이 신들을 만든다면, 그것들은 정녕 신들이 아닙니다."[185] 다른 데서는 이런 말도 나온다: "그날이 오면, 주님의 말씀이다, 나는 온 세상에서 우상

iam erit eorum memoria; proprie uero de Aegypto, quod ad hanc rem ad-
tinet, ita sanctus Esaias prophetat: *Et mouebuntur manufacta Aegypti a*
facie eius, et cor eorum uincetur in eis, et cetera huius modi. Ex quo ge-
nere et illi erant, qui uenturum quod sciebant uenisse gaudebant; qualis
Symeon, qualis Anna, qui mox natum Iesum; qualis Elisabeth, quae etiam
conceptum in Spiritu agnouit; qualis Petrus reuelante Patre dicens: *Tu es*
Christus, filius Dei uiui. Huic autem Aegyptio illi spiritus indicauerant
futura tempora perditionis suae, qui etiam praesenti in carne Domino tre-
mentes dixerunt: *Quid uenisti ante tempus perdere nos?* siue quia subitum
illis fuit, quod futurum quidem, sed tardius opinabantur, siue quia perdi-
tionem suam hanc ipsam dicebant, qua fiebat, ut cogniti spernerentur, et
hoc erat *ante tempus*, id est ante tempus iudicii, quo aeterna damnatione
puniendi sunt cum omnibus etiam hominibus, qui eorum societate deti-
nentur, sicut religio loquitur, quae nec fallit nec fallitur, non sicut iste
quasi omni uento doctrinae hinc atque inde perflatus et falsis uera per-
miscens dolet quasi perituram religionem, quem postea confitetur erro-
rem.

24. Post multa enim ad hoc ipsum redit, ut iterum dicat de diis, quos
homines fecerunt, ita loquens: «Sed iam de talibus sint satis dicta talia.
Iterum, inquit, ad hominem rationemque redeamus, ex quo diuino dono
homo animal dictum est rationale. Minus enim miranda etsi miranda sunt,

---

[186] 즈가 13,2.

[187] 이사 19,1.

[188] 마태 16,16. 시므온과 안나 그리고 엘리사벳의 일화는 루가 2,25-38; 1,41-45 참조.

[189] 마태 8,29. 본서 11.21 참조.

[190] religio, quae nec fallit nec fallitur: 본서에서 정령 (daemones) 이나 악령 (spiritus maligni) 들을 가리
켜 빈번하게 falsi fallacesque라고 수식하는 점을 염두에 두면 참 종교의 역할이 드러난다.

[191] 에페 4,14 참조: "우리는 … 사람들이 못된 의도로 속이는 온갖 가르침의 풍랑에 까불리거나 이
리저리 밀려다닐 것이 아니라 …."

들의 이름을 없애버릴 것이며, 그런 것들의 기억조차 없어지게 하리라."[186] 바로 이런 얘기를 꺼낸 이집트에 대해 성자 이사야는 다음과 같이 예언한다: "이 집트의 손으로 만든 것들이 그분의 얼굴 앞에서 멀찌감치 치워지지만 저들의 마음은 그 우상들 속에 묶이리라."[187] 이 사람들은 장차 올 것으로 알고 있다가 온 것을 보고서 기뻐하는 무리라고 할 수 있다. 시므온이 그러하며 갓 태어난 예수를 알아보고 기뻐한 안나가 그러하다. 또 성령으로 잉태된 분을 미리 알아본 엘리사벳이 그러하며 성부께서 계시해 줌에 따라 "살아계신 하느님의 아드님 그리스도이십니다"라고 말씀드린 베드로가 그러하다.[188] 이 이집트 사람 헤르메스에게 저 신령들은 자기네가 패망할 때가 오리라고 일러 주었고, 그리고서노 육체를 입고 현진하는 주님 앞에서는 무서워 떨며 "때도 되기 전에 괴롭히려고 오셨습니까?"[189]라고 말씀드렸다. 정령들이 "때가 되기 전"이라고 불평한 것은 오리라는 것은 알고 있었지만 더 늦게 오리라고 생각하고 있다가 급작스럽게 닥쳤기 때문이거나, 자기네 정체가 발각되어 수치를 당할 터이므로 그분의 출현 자체가 자기네 파멸임을 알았기 때문이리라. 또 "때가 되기 전"이라는 말은 심판의 때 곧 자신들과 결탁해 살던 모든 인간들과 함께 영원히 단죄받는 때가 되기 전이라는 말이리라. 무릇 종교라는 것은 속이지도 않고 속지도 않으며,[190] 종교가 하는 말은 헤르메스처럼 온갖 교설의 바람에 이리저리 흔들리거나[191] 참을 거짓에다 뒤섞거나 하지도 않는다. 그는 훗날 스스로 오류였다고 자백할 것이면서도 그 종교가 폐지될까 통탄하고 있다.

24. 헤르메스는 조상들의 잘못으로 파멸이 도래할 것을 한탄하면서도 어떻게 그들의 잘못을 고백했는가

24. 1. 헤르메스는 조상들의 신 관념이 틀렸다고 공언했다

그는 많은 이야기를 한 연후에야 첫머리로 돌아와서 인간들이 만들어내는 신들에 관해 다시 언급한다. 그의 말은 이렇다: "그런 신들에 관해서는 이러저런 말로 충분할 것이다. 그러면 인간과 이성理性에 관한 이야기로 돌아가기로 하자. 바로 이 신적 선물 덕분에 인간은 이성적 동물이라고 한다. 인간을 두고 하는

quae de homine dicta sunt. Omnium enim mirabilium uicit admirationem, quod homo diuinam potuit inuenire naturam eamque efficere. Quoniam ergo proaui nostri multum errabant circa deorum rationem increduli et non animaduertentes ad cultum religionemque diuinam, inuenerunt artem, qua efficerent deos. Cui inuentae adiunxerunt uirtutem de mundi natura conuenientem, eamque miscentes, quoniam animas facere non poterant, euocantes animas daemonum uel angelorum eas indiderunt imaginibus sanctis diuinisque mysteriis, per quas idola et bene faciendi et male uires habere potuissent.» Nescio utrum sic confiterentur ipsi daemones adiurati, quo modo iste confessus est. «Quoniam, inquit, proaui nostri multum errabant circa deorum rationem increduli et non animaduertentes ad cultum religionemque diuinam, inuenerunt artem qua efficerent deos.» Numquidnam saltem mediocriter eos dixit errasse, ut hanc artem inuenirent faciendi deos, aut contentus fuit dicere: Errabant, nisi adderet et diceret: Multum errabant? Iste ergo multus error et incredulitas non animaduertentium ad cultum religionemque diuinam inuenit artem, qua efficeret deos. Et tamen quod multus error et incredulitas et a cultu ac religione diuina auersio animi inuenit, ut homo arte faceret deos, hoc dolet uir sapiens tamquam religionem diuinam uenturo certo tempore auferri. Vide si non et ui diuina maiorum suorum errorem praeteritum prodere, et ui diabolica poenam daemonum futuram dolere compellitur. Si enim proaui eorum multum errando circa deorum rationem incredulitate et auersione animi a cultu ac religione diuina inuenerunt artem, qua efficerent deos: quid mirum, si, haec ars detestanda quidquid fecit auersa a religione diuina,

---

[192] *Corpus Hermeticum, Asclepius* 13.37. anima aetheria(천사 혹은 신들), anima aeria(정령), anima terrestris(인간영혼)의 구분(본서 8.16) 참조.

다른 이야기들은 물론 감탄할 만하지만 이것에는 못 미친다. 즉, 인간이 자연을 발견해낼 수 있었고 그 자연본성을 만들어낼 수 있었다는 것이야말로 감탄할 만한 여타의 모든 것을 능가한다. 우리 조상들은 믿음이 없었고, 예배와 신성한 종교에 미처 마음을 돌리지 못해 신들에 대한 개념에 있어 대단한 실수를 범했다. 그러다 보니 갖가지 재료로 신들을 만들어내는 술수를 발명했다. 그렇게 발명된 술수에다 세계의 본성에 준하는 어떤 위력을 첨가하고 뒤섞었으며, 인간이 살아있는 영혼을 만들어낼 수는 없었으므로 정령들이나 천사들의 혼들을 불러들였고, 성스러운 조상影像과 신적 비의秘儀에다 그 혼들을 불어넣었으며, 그 결과 그 혼들을 통해 우상은 선을 베풀거나 악을 끼치는 힘을 지닐 수 있었다."[192] 만약 요정을 받으신 정령들도 헤르메스가 고백한 것과 똑같은 방식으로 맹세를 곁들여 이런 자백을 할지는 나도 모르겠다. 여하튼 헤르메스는 "우리 조상들은 믿음이 없었고, 숭배와 신성한 종교에 미처 마음을 돌리지 못해 신들에 대한 개념에 있어 대단한 실수를 범했다. 그러다 보니까 갖가지 재료로 신들을 만들어내는 술수를 발명했다"고 한다. 그는 조상들이 약간 실수를 범했다고 점잖게 말했는가? "대단한"이라는 말을 덧붙이지 않고 실수를 범했다는 말로만 만족했는가? 아니다. 그것은 그들은 "대단한 실수를 범했"는데 불신앙 때문에, 그리고 예배와 신성한 종교에 미처 마음을 돌리지 않았기 때문에 인간이 신을 만들어내는 술수를 발명했던 것이다. 그리고 저 현명한 사람 헤르메스가 마치 신성한 종교가 폐지되기나 할 것처럼 한탄했는데, 미래에 그 술수, 즉 대단한 실수와 불신앙으로, 예배와 신성한 종교에 등을 돌린 탓으로 생겨난 그 술수가 어쩔 수 없이 사라질 것이라는 점 때문이었다. 그렇다면 헤르메스가 자기 조상들의 과거 오류를 밝혀낸 것은 신적 능력에 힘입어서고, 정령들이 장차 받을 벌을 통탄하지 않을 수 없었다는 것은 악마적 능력에 힘입어서라는 말이 옳을지 모르겠다. 만약 자기네 조상이 신들에 대한 개념에 있어서 대단한 실수를 범함으로써 불신앙 탓에, 또 예배와 신성한 종교로부터 등을 돌린 탓에 신들을 만들어내는 술수를 발명했다고 치자. 사람들이 신성한 종교로부터 등을 돌리고 있는 동안 이 가증스런 술수가 무슨 짓을 해왔든, 진리가 오류를 교정하고 신앙이 불신앙을 바

aufertur religione diuina, cum ueritas emendat errorem, fides redarguit incredulitatem, conuersio corrigit auersionem?

Si enim tacitis causis dixisset proauos suos inuenisse artem, qua facerent deos: nostrum fuit utique, si quid rectum piumque saperemus, adtendere et uidere nequaquam illos ad hanc artem peruenturos fuisse, qua homo deos facit, si a ueritate non aberrarent, si ea, quae Deo digna sunt, crederent, si animum aduerterent ad cultum religionemque diuinam; et tamen si causas artis huius nos diceremus multum errorem hominum et incredulitatem et animi errantis atque infidelis a diuina religione auersionem, utcumque ferenda esset inpudentia resistentium ueritati. Cum uero idem ipse, qui potestatem huius artis super omnia cetera miratur in homine, qua illi deos facere concessum est, et dolet uenturum esse tempus, quo haec omnia deorum figmenta ab hominibus instituta etiam legibus iubeantur auferri, confitetur tamen atque exprimit causas, quare ad ista peruentum sit, dicens proauos suos multo errore et incredulitate et animum non aduertendo ad cultum religionemque diuinam inuenisse hanc artem, qua facerent deos: nos quid oportet dicere, uel potius quid agere nisi quantas possumus gratias Domino Deo nostro, qui haec contrariis causis, quam instituta sunt, abstulit? Nam quod instituit multitudo erroris, abstulit uia ueritatis; quod instituit incredulitas, abstulit fides; quod instituit a cultu diuinae religionis auersio, abstulit ad unum uerum Deum sanctumque conuersio; nec in sola Aegypto, quam solam in isto plangit daemonum spiritus, sed in omni terra, quae cantat Domino canticum nouum, sicut

---

[193] conversio corrigit aversionem: 아우구스티누스가 신 앞에서 인간이 취하는 태도를 표명하는 데 즐겨 사용하는 어휘다. 최고선에게 등을 돌림(aversio)이 타락과 범죄라면 원래대로 최고선으로 돌아섬(conversio)은 구원이 된다.

[194] 헤르메스는 조상들이 신성한 종교에 마음을 돌리지 못한 것과 신들을 만들어낸 술수를 열거할 따름인데 교부는 그 둘을 인과적으로 연결하면서 그 논리적 무리함을 의식하고 있다.

[195] 우상숭배의 발원에 대한 언급이 그리스도인들의 입에서 나왔다면 외교인들의 반박을 감수해야겠지만, 헤르메스의 입에서 나온 말이어서 변론의 부담이 적다는 설명이다.

[196] a cultu religionis aversio ... ad verum Deum conversio: 앞의 각주 193 참조.

로잡고 전향轉向이 배향背向을 교정할 때가 와서[193] 신성한 종교에 밀려 저 술수가 폐지되는 것이 뭐가 이상한가?

24. 2. 과연 누가 오류에서 진리로 전향했는가

헤르메스가 그 원인은 함구한 채로, 자기 조상들이 신들을 만들어내는 술수를 발명했다는 말만 했다고 하자.[194] 그때는 올바르고 경건한 것에 관해 우리가 뭔가 알고 있다면, 그들이 진리에서 등 돌리지 않았더라면, 곧 하느님께 합당한 것을 믿었더라면, 예배와 신성한 종교에 마음을 돌렸더라면, 신들을 만들어내는 그런 술수에 도달하지 않았으리라는 단언을 우리가 내렸을지도 모른다. 만약 이 술수의 원인이 대단한 실수와 인간의 불신앙과 잘못 인도되고 불충한 정신으로 신성한 종교를 외면한 배향에 있다는 말이 우리 입에서 나왔다면 하사코 진리에 저항하는 사람들의 뻔뻔스런 반박도 우리가 어느 정도 감당했어야 할지 모른다.[195] 그런데 헤르메스 본인은 인간에게 신들을 만들어내는 능력이 주어졌으며 이 술수의 위력이야말로 인간에게 있는 그밖의 모든 능력 가운데 가장 뛰어나다고 감탄까지 하고 있다. 한 걸음 나아가 그는 인간에 의해 만들어진, 신들에 관한 모든 허구가 법률의 폐지 명령으로 모두 없어질 날이 오리라는 사실을 두고 애석해하기까지 한다. 그러면서도 어쩌다 인간들이 그런 지경에 도달했는가 하는 원인들을 고백하고, 대단한 실수를 범함으로써, 불신앙 탓에, 또 예배와 신성한 종교로부터 등을 돌린 배향 탓에 그의 조상들이 신들을 만들어내는 술수를 발명하기에 이르렀다고 명기한다. 그러니 인간들이 조장해낸 원인들과는 상반된 원인들을 우리가 제공하여 이 모든 것을 제거해 버린 우리 주 하느님께 한껏 감사드리는 일 말고 무슨 말을 더 하고 무슨 행동을 더 하겠는가? 많은 오류가 조장해 온 것을 진리의 길이 제거해 버렸다. 불신앙이 조장한 바를 신앙이 제거해버렸다. 숭배와 신성한 종교를 등진 배향이 조장한 바를 한 분이고 참되고 거룩하신 하느님을 향하는 전향이 제거해 버렸다.[196] 그것도 이집트에만 이루어진 것이 아니라(비록 헤르메스의 글에 의하면 정령들의 신령이 자기들한테 오는 제사가 폐지됨을 서러워한 것은 이집트뿐이었지만) 온 천하에서 이루어졌다. 참으로 거룩하고 참으로 예언서다운 서책에서 예고한 대로 온 땅이 주님께 새로운 노래를

uere sacrae et uere propheticae litterae praenuntiarunt, ubi scriptum est: *Cantate Domino canticum nouum, cantate Domino omnis terra.* Titulus quippe Psalmi huius est: *Quando domus aedificabatur post captiuitatem.* Aedificatur enim domus Domino ciuitas Dei, quae est sancta ecclesia, in omni terra post eam captiuitatem, qua illos homines, de quibus credentibus in Deum tamquam lapidibus uiuis domus aedificatur, captos daemonia possidebant. Neque enim, quia deos homo faciebat, ideo non ab eis possidebatur ipse qui fecerat, quando in eorum societatem colendo traducebatur; societatem dico, non idolorum stolidorum, sed uersutorum daemoniorum. Nam quid sunt idola, nisi quod eadem scriptura dicit: *Oculos habent, et non uidebunt,* et quidquid tale de materiis licet affabre effigiatis, tamen uita sensuque carentibus dicendum fuit? Sed inmundi spiritus eisdem simulacris arte illa nefaria conligati cultorum suorum animas in suam societatem redigendo miserabiliter captiuauerant. Vnde dicit apostolus: *Scimus quia nihil est idolum; sed quae immolant gentes, daemoniis immolant, et non Deo; nolo uos socios fieri daemoniorum.* Post hanc ergo captiuitatem, qua homines a malignis daemonibus tenebantur, Dei domus aedificatur in omni terra; unde titulum ille Psalmus accepit, ubi dicitur: *Cantate Domino canticum nouum, cantate Domino omnis terra. Cantate Domino, benedicite nomen eius, bene nuntiate diem ex die salutare eius. Adnuntiate in gentibus gloriam eius, in omnibus populis mirabilia eius; quoniam magnus Dominus et laudabilis nimis, terribilis est super omnes deos. Quia omnes dii gentium daemonia, dominus autem caelos fecit.*

Qui ergo doluit uenturum fuisse tempus, quo auferretur cultus idolorum et in eos, qui colerent, dominatio daemoniorum, malo spiritu instigatus semper uolebat istam captiuitatem manere, qua transacta Psalmus canit

[197] 시편 95[96],1.

[198] 1베드 2,5 참조: "여러분 자신도 살아있는 돌로서 … 영적인 집으로 세워지도록 하시오." 교부는 그리스도교가 오기 전에 인류가 정령숭배에 빠져 있던 시기를 이스라엘 백성의 바빌론 유배에 비견하고 있다.

[199] societas non idolorum stolidorum, sed versutorum daemoniorum: 우상숭배의 본질은 정령 혹은 악마숭배라는 정의다.

[200] 시편 113.13[115,5].

[201] 1고린 10,20(교부의 인용본).

[202] 시편 95[96],1-5.

부르고 있다. 성서에는 "주님께 노래하라, 새로운 노래를. 주님께 노래하라. 온 세상아"[197]라고 기록되어 있다. 이 시편에는 다음과 같은 제목이 붙어 있다: "유배 이후 집을 세울 때에". 주님께 집이 세워지고, 하느님의 도성이 세워지고 있으니 다름아닌 거룩한 교회이며, 저 유배 기간에 정령들이 사람들을 포로처럼 장악하고 있었으나 유배 이후는 하느님을 믿는 사람들을 살아있는 돌로 삼아 온 세상에 주님의 집이 세워지고 있다.[198] 사람이 신들을 만들었으면서도 자기가 만든 것을 신으로 숭배하여 그들과 결탁함으로써 신들을 만든 사람이 신들에게 사로잡히는 처지가 되었다. 내가 말하는 결속이란 우둔한 우상들과의 결속이 아니고 간교한 정령들과의 결탁이다.[199] 기실 우상이란 성서가 말하는 그대로 "눈이 있어도 보지 못하는"[200] 것들이 아니고 무엇인가? 제아무리 능숙한 장인이 빚어냈다고 하더라도 그 재료로 만들어진 것이야 생명도 없고 감각도 없는 것이 아니겠는가? 하지만 더러운 영들이 저 끔찍한 술수를 통해 저 우상들과 야합하고부터는 자기들한테 숭배를 올리는 영혼들을 자기들에게 결탁시켜서는 포로로 만들고 말았던 것이다. 그래서 사도의 말씀이 있다: "알다시피 우상은 아무것도 아닙니다. 이방인들이 바치는 희생제사는 정령들에게 바치는 것이지 하느님께 바치는 것이 아닙니다. 그런데 나는 여러분이 정령들과 친교를 맺는 것을 바라지 않습니다."[201] 이 유배기간, 곧 사람들이 사악한 정령들에게 붙잡혀 있던 유배기간이 지난 다음에 하느님의 집이 온 땅에 세워진다. 그래서 다음과 같은 내용이 담긴 시편이 있다: "주님께 노래하라, 새로운 노래를. 주님께 노래하라, 온 세상아. 주님께 노래하라, 그 이름을 찬미하라. 나날이 선포하라, 그분의 구원을. 전하여라, 겨레들 사이에 그분의 영광을. 민족들 사이에 그분의 기적들을. 주님께서는 위대하시고 드높이 찬양받으실 분, 모든 신들 위에 경외로우신 분이시니. 민족들의 신(정령)들은 헛것이어도 주님께서는 하늘을 만드셨도다."[202]

24. 3. 우상들은 인간과 신 사이의 중간존재가 아니다

그러니까 우상들의 숭배가 폐지되고 그것들을 섬기는 사람들에 대한 정령들의 지배가 끝나는 때가 오리라는 사실을 두고 헤르메스는 오히려 통탄했다. 시편에서 말한 것처럼, 저 유배가 끝나고 온 땅에 주님의 집이 세워지는 것으로 종

aedificari domum in omni terra. Praenuntiabat illa Hermes dolendo; prae-
nuntiabat haec propheta gaudendo. Et quia Spiritus uictor est, qui haec per
sanctos prophetas canebat, etiam Hermes ipse ea, quae nolebat et dolebat
auferri, non a prudentibus et fidelibus et religiosis, sed ab errantibus et
incredulis et a cultu diuinae religionis auersis esse instituta miris modis
coactus est confiteri. Qui quamuis eos appellet deos, tamen cum dicit a
talibus hominibus factos, quales esse utique non debemus, uelit nolit,
ostendit colendos non esse ab eis, qui tales non sunt, quales fuerunt a
quibus facti sunt, hoc est a prudentibus, fidelibus, religiosis; simul etiam
demonstrans ipsos homines, qui eos fecerunt, sibimet inportasse, ut eos
haberent deos, qui non erant dii. Verum est quippe illud propheticum: *Si
faciet homo deos, et ecce ipsi non sunt dii.* Deos ergo tales, talium deos,
arte factos a talibus, cum appellasset Hermes, id est idolis daemones per
artem nescio quam cupiditatum suarum uinculis inligatos cum appellaret
factos ab hominibus deos, non tamen eis dedit, quod Platonicus Apuleius
(unde iam satis diximus et quam sit inconueniens absurdumque monstra-
uimus), ut ipsi essent interpretes et intercessores inter deos, quos fecit
Deus, et homines, quos idem fecit Deus; hinc adferentes uota, inde mu-
nera referentes. Nimis enim stultum est credere deos, quos fecerunt
homines, plus ualere apud deos, quos fecit Deus, quam ualent ipsi homi-
nes, quos idem ipse fecit Deus. Daemon quippe simulacro arte impia

---

203 *Asclepius*는 영지주의에 경도되고 그리스도교의 확산에 반감을 품은 2~3세기 인물의 저작이었지
만 교부는 고대 이집트의 예언을 담은 서책으로 여기고 있다.

204 예레 16,20. 앞의 각주 185 참조.

205 신상과 그림에 해당 신령이나 정령이 접신(接神)한다는 것은 고대 우상숭배의 근간이었으며 일
단 접신하면 신령은 그 우상에 묶이게 된다고 믿었다.

206 앞의 8.14-22에 나온 아풀레이우스의 정령론 참조.

207 intercessor: 신과 인간이 직접 상통하지 못한다는 이론에서 중간에 인간의 청원을 신들에게 전하
는 역할이 가정되었다.

208 apud deos, quos fecit Deus: 11권에서 논할 천사들이다. 중개자의 역할이 외교인들의 정령에서
하느님의 피조물인 천사로 대체된다.

결되는 유배기간이 오히려 영속되길 그가 바란 것은 악령에게 선동당했기 때문이리라. 헤르메스는 이것을 예고하면서 통탄했지만 예언자는 예고하며 기뻐했다. 거룩한 예언자들을 통해 이것을 노래한 성령은 그래서 승리자로 등장한다. 헤르메스 본인은 정령숭배가 폐지되는 것을 싫어하고 통탄하면서도, 이상하게도 그 정령숭배가 현명하고 신실하고 종교적인 인물들에 의해 제정된 것이 아니라 오류에 빠지고 믿음 없고 신성한 종교 예배를 등진 사람들에 의해 제정된 것이라고 어쩔 수 없이 고백했다.[203] 그것들을 신이라고 부르면서도 이러저런 사람들(물론 우리는 그런 사람들이 아니다)의 손으로 만들어졌다는 말을 하고 말았던 것이다. 그럼으로써, 헤르메스 본인이야 좋든 싫든, 그것을 만든 사람들과는 다른 인간들 곧 현명하고 신실하고 종교적인 사람들이라면 굳이 그것을 숭배할 의무는 없음을 아울러 입증한 셈이다. 동시에 그는 그 신들을 만들어낸 사람들이 신도 아닌 것들을 신으로 모셔야 하는 부담을 자초했음도 증명한 셈이다. 그래서 저 예언이 참말이 되고 말았다: "만일 사람이 신들을 만든다면, 그것들은 정녕 신들이 아닙니다."[204] 그러니까 헤르메스가 부르는 대로 하자면, 정령이란 그렇고 그런 사람들의 그렇고 그런 신들이요, 그렇고 그런 사람들의 술수로 만들어진 그렇고 그런 신들이며, 다시 말해 어떤 술수를 써서인지는 나도 모르겠으나 그 술수로 인해 자기네 욕망의 사슬로 우상에 묶이고 만 존재들이다.[205] 헤르메스는 그것들을 인간에 의해 만들어진 신들이라고 불렀지만 플라톤 학파 아풀레이우스가 그것들에 부여한 역할(이 문제는 우리가 벌써 말할 만큼 말했고 얼마나 부적절하고 모순에 찬 이야기인지도 입증한 바 있다)[206]은 부여하지 않았다. 아풀레이우스는 그것들이 하느님이 만든 신들과 또한 하느님이 만든 인간들 사이에서 해석자 내지 전구자轉求者[207]라고, 서원誓願을 신들에게 전달하고 그들의 선물을 가지고 돌아오는 존재라고 말한 적 있다. 인간이 만든 신들이 발휘하는 위력이 하느님이 친히 만든 신들 앞에서[208] 힘을 발휘하리라고 믿는다면 어리석다. 또 저런 신들이 하느님이 친히 만든 인간들이 발휘하는 위력보다 더 세다고 믿는 짓은 너무도 어리석다. 그러므로 사악한 술수로 만들어진 우상에 묶여 있는 정령은 인간에 의해 만들어진 신이지

conligatus ab homine factus est deus, sed tali homini, non omni homini. Qualis est ergo iste deus, quem non faceret homo nisi errans et incredulus et auersus a uero Deo? Porro si daemones, qui coluntur in templis, per artem nescio quam imaginibus inditi, hoc est uisibilibus simulacris, ab eis hominibus, qui hac arte fecerunt deos, cum aberrarent auersique essent a cultu et religione diuina, non sunt internuntii nec interpretes inter homines et deos, et propter suos pessimos ac turpissimos mores, et quod homines, quamuis errantes et increduli et auersi a cultu ac religione diuina, tamen eis sine dubio meliores sunt, quos deos ipsi arte fecerunt: restat, ut, quod possunt, tamquam daemones possint, uel quasi beneficia praestando magis nocentes, quia magis decipientes, uel aperte malefaciendo (nec tamen quodlibet horum, nisi quando permittuntur alta et secreta Dei pro- uidentia), non autem tamquam medii inter homines et deos per amicitiam deorum multum apud homines ualeant. Hi enim diis bonis, quos sanctos angelos nos uocamus rationalesque creaturas sanctae caelestis habitationis siue sedes siue dominationes siue principatus siue potestates, amici esse omnino non possunt, a quibus tam longe absunt animi affectione, quam longe absunt a uirtutibus uitia et a bonitate malitia.

25. Nullo modo igitur per daemonum quasi medietatem ambiendum est ad beneuolentiam seu beneficentiam deorum uel potius angelorum bono- rum, sed per bonae uoluntatis similitudinem, qua cum illis sumus et cum

---

[209] nisi permittuntur ... Dei providentia: 정령들이 실재하더라도 그 능력은 신의 허락 범위 내에서만 발휘된다.

[210] diis bonis, quos sanctos angelos nos vocamus: 9.23과 11권 전체의 천사론 참조.

[211] Sedes, Dominationes, Principatus, Potestates: 그리스도교는 우주의 추상적 능력들을 그리스도에게 복속시키면서 고유명사를 붙여 좌품천사, 주품천사, 권품천사, 능품천사로 호칭해 왔다(골로 1,16 참조: "권좌나 주권이나 권력이나 권세나 만물이 그분으로 말미암아, 그분을 위해 창조되었도다").

[212] ad benevolentiam deorum: 다신교 세계를 상대로 논의하면서 교부는 신적 존재들(deorum potius angelorum bonorum)이 있음은 전제하고 그들이 유일신의 피조물임을 논증하여 다신숭배를 해결한다.

만, 모든 인간에게 신이 아니라 그런 것을 만들어낸 인간에게만 신이다. 더구나 만일 인간이 대단한 실수를 저지르고, 믿지 않고, 참된 하느님으로부터 등을 돌리지 않았다면 만들어내지도 않았을 신이라면 도대체 어떤 신이겠는가? 그러니까 신전에서 숭배받는 정령들은 어떤 술수인지 나도 모르겠으나 여하튼 술수로 사람들에 의해 어떤 모상에 새겨넣어진 존재들이다. 다시 말해 눈에 보이는 우상에 새겨넣어진 존재들로서 이 정령들은 실제로는 신과 인간 사이의 해석자 내지 전구자가 되지 못한다. 인간이 술수로 그것들을 신으로 만들었고, 더욱이 인간이 방황하며 예배와 신성한 종교로부터 등을 돌린 시점에서 그것들을 만들었기 때문이다. 더구나 그것들이 저지르는 지극히 사악하고 지극히 추잡한 행실을 보더라도, 차라리 술수를 발휘하여 그것들을 신으로 만든 인간이 정령들보다는 더 훌륭하다는 데 의심의 여지가 없다. 인간이 비록 방황하며 예배와 신성한 종교에서 등을 돌리고 있을지라도. 남은 결론은 그것들이 할 수 있는 일은 정령으로서 할 수 있는 일뿐이라는 점이다. 해악을 끼치는 것뿐이다. 은덕을 베푸는 척하면서 더 크게 기만하여 더 크게 해악을 끼치거나(그렇지 않으면 아예 노골적으로 해악을 끼치거나 둘 중의 하나다. 물론 하느님의 깊고 비밀스런 섭리가 허락하지 않으면 그것들은 어떤 짓도 하지 못한다).[209] 그러나 인간과 신 사이의 중간존재로서 그것들이 신들의 호의를 빌려 인간들 앞에 끼치는 것은 대수롭지 않은 것이다. 그것들이 우리가 천사 혹은 거룩한 천상 거처의 이성적 피조물이라고 부르는 선신들[210]과 친해지는 일은 불가능하다. 우리는 이 선신들을 권좌, 주권, 권력, 권세[211]라고도 부른다. 악덕이 덕성과는 거리가 멀고 악이 선과는 거리가 먼 것처럼, 그것들의 정신 상태가 천사들과는 너무나 거리가 멀기 때문이다.

25. 거룩한 천사들과 선한 사람들이 공유할 수 있는 것들

그러므로 제신의 호의,[212] 더구나 선한 천사들의 호의나 은덕을 간청하는 데 정령들의 중개를 거쳐서는 결코 안 된다. 오히려 우리는 선한 의지를 발휘하여 천사들을 닮아감으로써 호의나 은덕을 간청해야 한다. 비록 육안으로 천사들을

illis uiuimus et cum illis Deum quem colunt colimus, etsi eos carnalibus oculis uidere non possumus; in quantum autem dissimilitudine uoluntatis et fragilitate infirmitatis miseri sumus, in tantum ab eis longe sumus uitae merito, non corporis loco. Non enim quia in terra condicione carnis habitamus, sed si inmunditia cordis terrena sapimus, non eis iungimur. Cum uero sanamur, ut quales ipsi sunt simus: fide illis interim propinquamus, si ab illo nos fieri beatos, a quo et ipsi facti sunt, etiam ipsis fauentibus credimus.

26. Sane aduertendum est, quo modo iste Aegyptius, cum doleret tempus esse uenturum, quo illa auferrentur ex Aegypto, quae fatetur a multum errantibus et incredulis et a cultu diuinae religionis auersis esse instituta, ait inter cetera: «Tunc terra ista, sanctissima sedes delubrorum atque templorum, sepulcrorum erit mortuorumque plenissima»; quasi uero, si illa non auferrentur, non essent homines morituri, aut alibi essent mortui ponendi quam in terra; et utique, quanto plus uolueretur temporis et dierum, tanto maior esset numerus sepulcrorum propter maiorem numerum mortuorum. Sed hoc uidetur dolere, quod memoriae martyrum nostrorum templis eorum delubrisque succederent, ut uidelicet, qui haec legunt animo a nobis auerso atque peruerso, putent a paganis cultos fuisse deos in templis, a nobis autem coli mortuos in sepulcris. Tanta enim homines impii caecitate in montes quodam modo offendunt resque oculos suos ferientes nolunt uidere, ut non adtendant in omnibus litteris pagano-

---

[213] 필립 3,19 참조: "그들은 지상의 일에만 마음을 씁니다."

[214] *Corpus Hermeticum, Asclepius* 9.24 (앞의 8.23.1 참조).

[215] 이집트의 알렉산드리아가 그리스도교의 중심지 가운데 하나(4세기에만도 80여 개의 주교좌가 있었다)로 부상하던 상황을 언급하는 듯하다.

[216] 어느 순교록(*Martyrium Polycarpi*, 17)에 의하면 그리스도인들에게 순교자의 시신을 내주면 그리스도인들이 십자가에 달린 예수 대신에 그 순교자를 신으로 숭배할 것이니 내주지 말라던 유다인들의 개입이 기록되어 있었다.

보는 일이 불가능하더라도, 선한 의지로 우리가 그들과 함께 존재하고, 그들과 함께 우리가 살고, 그들이 섬기는 하느님을 그들과 함께 우리가 섬길 수 있기 때문이다. 우리 의지가 천사들을 닮지 못하고 마음이 연약하여 비참해지면 비참해질수록, 우리는 그들과 그만큼 멀어지는 육체상의 공간보다는 삶의 공덕이라는 점에서 더 멀어지는 것이다. 그들과 하나가 되지 못하는 것은 우리가 육체의 조건을 안고 지상에서 산다는 사실 때문이라기보다는 마음이 깨끗하지 못해 지상 것에 맛을 들이는 탓이다.[213] 하지만 거기서 치유된다면 우리도 천사들과 같아질 것이다. 그들의 보우를 입어, 그들을 지어낸 그분으로 말미암아 우리도 행복해짐을 믿는다면, 우리는 신앙으로 그들에게 다가가는 셈이다.

26. 이교도들의 모든 종교는 죽은 사람들과 연관된다

26. 1. 헤르메스는 이집트가 순교자들의 묘소가 되리라고 탄식한다

우리가 또 주목해야 하는 것은 저 이집트 사람이 정령숭배가 이집트에서 폐지되는 때가 오리라고 탄식할 적에, 그것도 크게 방황하고 믿지 않고 예배와 신성한 종교를 등진 사람들에 의해 제정된 것이라면서도 그 폐지를 탄식할 적에 따로 했던 말이다: "그때는 저 땅, 사당과 신전이라는 지극히 성스러운 처소가 무덤들과 사자死者들로 가득 찬 곳이 되리라."[214] 저 말은 마치 정령숭배가 폐지되지 않았더라면 사람들은 죽지 않았을 것이고 죽은 이들은 땅이 아닌 딴 곳에 안장되었으리라는 얘기처럼 들린다. 실상 때가 흐르고 날이 가면 갈수록 죽은 사람들의 숫자가 많아지고 따라서 무덤들의 숫자도 그만큼 많아지는 법이다. 그런데 그는 우리 순교자들의 기념물들이 그들의 신전과 사당 터를 차지하고 있다는 사실을 탄식한 것처럼 보인다.[215] 우리에게 적대적이거나 정신이 비뚤어진 사람들이 이 글을 읽는다면, 외교인들이 신전에서 신들을 모시고 있던 반면에 우리는 무덤 속에 있는 망자亡者들을 떠받들고 있는 것이 아니냐는 느낌을 받을지도 모른다.[216] 엄청난 맹목에 떨어져 불경스러워진 사람들은 산山만한 돌이 눈앞에 있는데도 못 보고 부딪치는가 하면, 자기 눈을 파고드는 사물마저 바라보려고 하지 않는다. 이교도들의 모든 문학서에서도, 원래부터 인간이었던

rum aut non inueniri aut uix inueniri deos, qui non homines fuerint mortuisque diuini honores delati sint. Omitto, quod Varro dicit omnes ab eis mortuos existimari manes deos et probat per ea sacra, quae omnibus fere mortuis exhibentur, ubi et ludos commemorat funebres, tamquam hoc sit maximum diuinitatis indicium, quod non soleant ludi nisi numinibus celebrari.

Hermes ipse, de quo nunc agitur, in eodem ipso libro, ubi quasi futura praenuntiando deplorans ait: «Tunc terra ista, sanctissima sedes delubrorum atque templorum, sepulcrorum erit mortuorumque plenissima», deos Aegypti homines mortuos esse testatur. Cum enim dixisset proauos suos multum errantes circa deorum rationem, incredulos et non animaduertentes ad cultum religionemque diuinam, inuenisse artem, qua efficerent deos: «Cui inuentae, inquit, adiunxerunt uirtutem de mundi natura conuenientem eamque miscentes, quoniam animas facere non poterant, euocantes animas daemonum uel angelorum eas indiderunt imaginibus sanctis diuinisque mysteriis, per quas idola et bene faciendi et male uires habere potuissent.» Deinde sequitur tamquam hoc exemplis probaturus et dicit: «Auus enim tuus, o Asclepi, medicinae primus inuentor, cui templum consecratum est in monte Libyae circa litus crocodilorum, in quo eius iacet mundanus homo, id est corpus; reliquus enim, uel potius totus, si est homo totus in sensu uitae, melior remeauit in caelum, omnia etiam nunc hominibus adiumenta praestans infirmis numine nunc suo, quae solebat medicinae arte praebere.» Ecce dixit mortuum coli pro deo in eo loco, ubi habebat sepulcrum, falsus ac fallens, quod remeauit in caelum. Adiungens deinde aliud: «Hermes, inquit, cuius auitum mihi nomen est, nonne in sibi

---

[217] dii manes: 죽은 이들의 신령이며 신처럼 숭배를 받았다. 9.11 참조.

[218] Cf. Varro, *De lingua Latina* 5.32.144.

[219] ludi funebres: 어떤 위인이나 신화의 인물의 죽음을 기려 공식 축전이 거행된다는 것은 그를 신격화한 증거로 여겨졌다.

[220] 이 26장의 모든 인용문(*Corpus Hermeticum, Asclepius* 13.37)은 앞의 8.24.1 참조.

[221] 3.12; 4.21, 27(Aesculapius로 표기됨) 참조. Asclepius는 고명한 의원(醫員)으로(cf. *Ilias* 2.731) 신격화되어 키레나이에 신전이 있었다고 한다. Cf. Pausanias, *Descriptiones Graeciae* 2.26.9.

[222] mundanus homo, id est corpus ... homo totus: Seneca의 글(*Epistula ad Marciam* 24.5): "아들의 무덤으로 달려가지 마시오. 거기는 아들의 가장 못한 것이 누워 있을 따름이오. 온전한 인간은 아무것도 지상에 남겨두지 않고 떠났소. 전체 인간은 물러갔소(totus excessit)"에 비추어, 문인들이 육체를 떤 인간을 "세인"(世人), 그 경지를 지난 상태를 "전인"(全人)이라고 불렀던 것 같다.

이가 죽어 신적 영예를 받은 경우가 아니면 거의 찾아보기 힘들거나 아예 없다는 사실에 주목하지 않는다. 나는 여기서 자기네 죽은 이들을 모두 신주[217]로 삼는다고 한 바로의 말을 간단히 살펴보겠다.[218] 그는 거의 모든 망자들에게 바치는 제사를 그 증거로 삼았다. 같은 맥락에서 그는 장의 축전[219]을 두고 어느 인물에게 이런 축전이 거행된다는 것은 그의 신성을 보여주는 가장 큰 징표처럼 언급했는데 축제란 신령들을 위해서만 거행되는 것이었기 때문이다.

26.2. 헤르메스는 사자 숭배를 이야기한다

지금 우리가 거론하는 헤르메스는 같은 서책에서 자못 비장한 어조로 장차 도래할 일에 대해 "그때는 저 땅, 사당과 신전이라는 지극히 성스러운 처소가 무덤들과 사자들로 가득 친 곳이 되리라"고 했다. 이 말은 이집트의 신들이 실상은 죽은 인간들이었음을 증언하는 셈이다. 자기 조상들이 신들의 개념에 관해 대단한 실수를 저지르고 신앙이 없었고 예배와 신성한 종교에 참여하지 못했으므로 잘못해서 신들을 만들어내는 술수를 발명했노라면서 이렇게 덧붙였다: "그렇게 발명된 술수에다 세계의 본성에 준하는 어떤 위력을 첨가하고 뒤섞었으며, 인간이 살아있는 영혼을 만들어낼 수는 없었으므로 정령들이나 천사들의 영혼들을 불러들였고, 성스러운 조상形像과 신적 비의秘儀에다 그 영혼들을 붙어 넣었으며, 그 결과 그 영혼들을 통해 우상은 선을 베풀거나 악을 끼치는 힘을 지닐 수 있었다".[220] 그리고는 예를 들어서 이 말을 입증하겠다는 듯이 이렇게 말한다: "오, 아스클레피우스여, 그대의 조상은 의술을 처음 발명한 분으로,[221] 그분을 기려 리비아의 악어 해안 근방에 있는 산에 신전이 봉헌되어 있느니라. 거기에는 세인世人, 즉 그분의 몸이 누워 있느니라. 나머지 인간 혹은, 만약 인간이 생명을 의식하는 한에서 그것이 전인全人이라면, 그분의 전인全人은 더 나은 인간으로 하늘로 돌아갔으니,[222] 그이는 일찍이 의술에 종사하던 것처럼 지금도 자신의 신성한 힘으로 병약한 사람들에게 온갖 도움을 베풀어 주고 계시느니라." 보시라! 그는 죽은 사람이, 자기 무덤이 있는 그 장소에서 신으로 숭배받고 있다고 분명히 말했다. 그러나 실은 그 인물이 하늘로 돌아갔기 때문에 헤르메스는 스스로 속고 또 남을 속이는 것이다. 이어서 헤르메스는 다음과 같

cognomine patria consistens omnes mortales undique uenientes adiuuat atque conseruat?» Hic enim Hermes maior, id est Mercurius, quem dicit auum suum fuisse, in Hermopoli, hoc est in sui nominis ciuitate, esse perhibetur. Ecce duos deos dicit homines fuisse, Aesculapium et Mercurium. Sed de Aesculapio et Graeci et Latini hoc idem sentiunt; Mercurium autem multi non putant fuisse mortalem, quem tamen iste auum suum fuisse testatur. At enim alius est ille, alius iste, quamuis eodem nomine nuncupentur. Non multum pugno, alius ille sit, alius iste; uerum et iste, sicut Aesculapius, ex homine deus secundum testimonium tanti apud suos uiri, huius Trismegisti, nepotis sui.

Adhuc addit et dicit: «Isin uero Osiris quam multa bona praestare propitiam, quantis obesse scimus iratam!» Deinde ut ostenderet ex hoc genere esse deos, quos illa arte homines faciunt (unde dat intellegi daemones se opinari ex hominum mortuorum animis extitisse, quos per artem, quam inuenerunt homines multum errantes, increduli et inreligiosi, ait inditos simulacris, quia hi, qui tales deos faciebant, animas facere non utique poterant), cum de Iside dixisset, quod commemoraui, «quantis obesse scimus iratam», secutus adiunxit: «Terrenis etenim diis atque mundanis facile est irasci, utpote qui sint ab hominibus ex utraque natura facti atque compositi.» «Ex utraque natura» dicit ex anima et corpore, ut pro anima sit daemon, pro corpore simulacrum. «Vnde contigit, inquit, ab Aegyptiis

---

[223] 그 당시 이집트 나일 강변과 내륙에 Hermopolis라는 도시 두 곳이 세워져 있었다.

[224] Cicero (*De natura deorum* 3.9.22)에 의하면 Mercurius가 5명, Aesculapius가 3명이 등장하여 구분이 힘들다고 한다.

[225] Asclepius도 Hermes Trismegistus도 Mercurius와 동화되는데 문자를 발명한 이집트 토속신 Thot가 그 정체라고 한다. Cf. Pausanias, *Descriptiones Graeciae* 2.26.6.

[226] 당대에 유포된 설화로는 정령들 가운데 일부가 인간에서 정령으로 신격화되었다는 얘기였다(9.8-11 참조).

[227] dei terreni et mundani["토속신" (ctonici)의 번역어 같다]: Isis(천계의 여신), Osiris(죽은 파라오의 신격)를 토속신이라고 일컫는다는 말은 결국 땅에서 나온 인간이 신격화한 존재에 불과하지 않느냐는 교부의 지적이다.

은 말을 덧붙인다: "내가 이름을 물려받은 나의 조상 헤르메스도 그분의 이름을 따서 만들어진 곳에 살면서 도처에서 모여든 사람들을 돕고 지켜주지 않는가?" 헤르메스가 자기 조상이라고 부르는 이 인물은 대*헤르메스, 곧 메르쿠리우스인데 그는 그의 이름을 딴 도시, 즉 헤르모폴리스에 거처하고 있다는 말이다.[223] 그러니까 헤르메스는 두 신 곧 아이스쿨라피우스와 메르쿠리우스가 원래는 인간이었다고 단언하고 있는 것이다. 아이스쿨라피우스에 관해서는 그리스인들도 라틴인들도 생각을 같이하지만, 메르쿠리우스가 사멸할 인간이었다고 여기지 않는 사람들이 많은데도 헤르메스는 그가 다름아닌 자기 할아버지라고 주장하고 있다. 그러나 메르쿠리우스 신이라는 헤르메스와, 철학자 헤르메스의 신조라는 헤르메스는 비록 같은 이름으로 불리지만 서로 다른 인물이다. 나는 두 사람이 동명이인인가의 여부를 길게 논하지 않겠다.[224] 단지 추종자들 사이에서 많은 존경을 받고 있었던 후손 트리스메기스투스의 증언에 따르자면 아이스쿨라피우스처럼 헤르메스도 인간에서 신이 되었다는 것이다.[225]

26.3. 이시스와 오시리스의 신화

헤르메스는 계속해서 이렇게 말한다: "오시리스의 아내 이시스는 호의적일 때에는 대단히 많은 은덕을 베풀며 분노할 때에는 대단히 많은 해를 끼친다는 것을 우리는 알고 있다." 그가 이런 말을 한 것은 인간이 술수로 만들어낸 신들도 이들과 동류라는 것을 보여주기 위해서였다. (그러므로 그의 의견으로는 정령들은 죽은 이들의 혼백에서 생겨났으며, 대단한 실수를 저지르고 믿지 않으며 종교적이지 못한 인간들이 고안한 술수를 써서 그 정령들을 우상에 가두어 넣었다는 말까지 한다. 그런 신들을 만드는 사람들도 어쨌든 영혼을 만들 수는 없었기 때문이다.[226]) 그는 이시스에 관해 "분노할 때에는 대단히 많은 해를 끼친다"라는 평을 하고 곧이어 이렇게 덧붙인다: "지상 신들과 세상 신들로 말하자면 쉽게 화를 낸다.[227] 인간들에 의해 양편의 본성을 모두 갖추어 만들어졌고 합성되었기 때문이리라." "양편의 본성을 모두 갖추어"라는 말은 영과 육으로 만들어졌다는 것, 다만 영혼 대신에 정령이 들어서고 육신 대신에 우상이 들어선다는 뜻이다. 그는 이렇게 말한다: "이집트인들한테서는 이런 동물들이 신성

haec sancta animalia nuncupari colique per singulas ciuitates eorum animas, quorum sunt consecratae uiuentes, ita ut eorum legibus incolantur et eorum nominibus nuncupentur.» Vbi est illa uelut querela luctuosa, quod terra Aegypti, sanctissima sedes delubrorum atque templorum, sepulcrorum futura esset mortuorumque plenissima? Nempe spiritus fallax, cuius instinctu Hermes ista dicebat, per eum ipsum coactus est confiteri iam tunc illam terram sepulcrorum et mortuorum, quos pro diis colebant, fuisse plenissimam. Sed dolor daemonum per eum loquebatur, qui suas futuras poenas apud sanctorum martyrum memorias inminere maerebant. In multis enim talibus locis torquentur et confitentur et de possessis hominum corporibus eiciuntur.

27. Nec tamen nos eisdem martyribus templa, sacerdotia, sacra et sacrificia constituimus, quoniam non ipsi, sed Deus eorum nobis est Deus. Honoramus sane memorias eorum tamquam sanctorum hominum Dei, qui usque ad mortem corporum suorum pro ueritate certarunt, ut innotesceret uera religio falsis fictisque conuictis; quod etiam si qui antea sentiebant, timendo reprimebant. Quis autem audiuit aliquando fidelium stantem sacerdotem ad altare, etiam super sanctum corpus martyris ad Dei honorem cultumque constructum, dicere in precibus: Offero tibi sacrificium Petre uel Paule uel Cypriane, cum apud eorum memorias offeratur Deo, qui eos et homines et martyres fecit et sanctis suis angelis caelesti honore sociauit, ut ea celebritate et Deo uero de illorum uictoriis gratias agamus

---

[228] 동물숭배의 맥락 외에도 "이집트인들한테서는 이것들(= 정령들)이 '성스러운 생명체'라고 불리고, 살아서 (거룩한 존재로) 성별된 혼백은 각각의 도시에서 그들의 혼백이 숭배를 받으며"라고 번역할 만하다.

[229] *Corpus Hermeticum, Asclepius* 13.37.

[230] 신약성서 여러 군데에 마귀가 인간의 신체와 특정한 장소로부터 쫓겨나는 일화들이 교부들 주변의 구체적 구마(驅魔) 사건들로 확대된다(*Confessiones* 9.6.14; *Epistula* 88.3).

[231] non sacra sed memoriae: 하느님께 바치는 흠숭(latria, cultus)과 성자들에게 바치는 공경(기념: memoriae)은 구분된다.

하다고 불리고, 각각의 도시마다 그것들이 산 채로 성별聖別되어 숭배를 받고, 죽어서는 그것들의 혼백이 따로 숭배를 받는데,[228] 도시마다 그것들이 내리는 율법에 따라서 살고 그것들의 이름을 따서 도시의 명칭을 정한다."[229] 그렇다면 사당과 신전들의 땅, 지극히 성스러운 처소라는 이집트 땅이 죽은 이들과 무덤들로 가득 차리라는 저 비탄에 찬 탄식은 무엇 때문인가? 거짓 영이 충동질하여 헤르메스가 그런 말을 했다지만, 거짓 영 스스로도 헤르메스의 입을 빌려 고백하지 않을 수 없었던 것이, 그 당시에도 이집트는 이미 무덤들과 죽은 이들(그들을 신으로 섬기고 있었다)로 가득 찬 땅이었다는 사실이다. 그러나 실상 그의 입을 통해 피력된 것은 정령들의 괴로운 심경이었다. 정령들은 거룩한 순교자들의 기념비 앞에서 자기들을 몰락시킬 형벌이 임박했음을 두고 탄식했던 것이다. 저런 장소 여러 군데서 그들은 내몰리고 자신들의 정체를 자백하고 자신들이 사로잡고 있던 인간 육체들로부터 쫓겨나는 중이다.[230]

27. 그리스도인들이 순교자들에게 바치는 공경 방식

27. 1. 우리는 순교자들의 제전을 만들지 않는다

하지만 우리는 순교자들에게 신전이나 전속 제관직이나 제전祭典이나 희생제사를 제정하지 않는다. 왜냐하면 우리에게는 그들이 신이 아니라 그들의 하느님이 참 하느님이기 때문이다. 다만 하느님의 거룩한 사람들로서 그들에 대한 기념제는 거행하는데, 그들이 자기 육체의 죽음을 무릅쓰면서 진리를 위해 투쟁함으로써 거짓되고 허위에 찬 종교가 몰락하고 참 종교가 널리 알려지게 한 공적이 그들에게 있기 때문이다.[231] 혹자들은 전에도 이것을 감지했으면서도 두려워서 입을 다물고 있었다. 그리스도교 신도치고 사제가 순교자의 거룩한 시신이 안치된 제단 앞에 서서, 즉 하느님께 찬양과 숭배를 드리려고 세워진 그 제단 앞에 서서, "베드로여, 바울로여, 키프리아누스여, 당신에게 희생제사를 바치나이다"라고 기도하는 것을 들어본 사람이 누가 있겠는가? 순교자들의 기념제에서 제사는 그들을 인간으로 또 순교자로 만들었고 천상 영예로 그들을 당신의 거룩한 천사들과 함께하게 만든 하느님께 바쳐진다. 우리는 그들의 승리

et nos ad imitationem talium coronarum atque palmarum eodem inuocato in auxilium ex illorum memoriae renouatione adhortemur? Quaecumque igitur adhibentur religiosorum obsequia in martyrum locis, ornamenta sunt memoriarum, non sacra uel sacrificia mortuorum tamquam deorum. Quicumque etiam epulas suas eo deferunt (quod quidem a Christianis melioribus non fit, et in plerisque terrarum nulla talis est consuetudo) — tamen quicumque id faciunt, quas cum apposuerint, orant et auferunt, ut uescantur uel ex eis etiam indigentibus largiantur, sanctificari sibi eas uolunt per merita martyrum in nomine domini martyrum. Non autem esse ista sacrificia martyrum nouit, qui nouit unum, quod etiam illic offertur, sacrificium Christianorum.

Nos itaque martyres nostros nec diuinis honoribus nec humanis crimini-bus colimus, sicut colunt illi deos suos, nec sacrificia illis offerimus, nec eorum probra in eorum sacra conuertimus. Nam de Iside, uxore Osiris, Aegyptia dea, et de parentibus eorum, qui omnes reges fuisse scribuntur (quibus parentibus suis illa cum sacrificaret, inuenit hordei segetem atque inde spicas marito regi et eius consiliario Mercurio demonstrauit, unde eandem et Cererem uolunt), quae et quanta mala non a poetis, sed mysti-cis eorum litteris memoriae mandata sint, sicut Leone sacerdote prodente ad Olympiadem matrem scribit Alexander, legant qui uolunt uel possunt, et recolant qui legerunt, et uideant quibus hominibus mortuis uel de qui-

---

[232] 초대 그리스도인들도 로마 풍속에 따라서(cf. Ovidius, *Fasti* 2.532 이하) 기일(dies parentales)에 무덤으로 음식을 날라와 진설하고 음복하던 습속이 있었다. Cf. *Confessiones* 6.2.2.

[233] Isis: 본서에서 여신의 인간적 기원을 여러 번(특히 18.5, 37 참조) 언급한다.

[234] 알렉산데르의 편지(*Epistulae Alexandri*)는 종교 제의를 합리적으로 해석하려고 시도한 문헌이다 (8.5; 12.11 참조). 그 비의란 이집트의 신들이 실상은 죽은 파라오들이 신격화한 것이라는 사실이며, 호교론자들이 가끔 이 문서를 전거로 다신교 신앙의 허구를 비판했다(Tertullianus, *De corona* 7; Minucius Felix, *Octavius* 21.3 - 22.1).

를 두고 참 하느님께 감사드리며, 그들을 본받아 승리의 월계관과 종려가지를 얻자고 스스로 다짐하는 것이다. 그리고 우리가 그들에 대한 기념을 새롭게 하는 가운데 하느님을 부르며 도우심을 구한다. 순교자들의 묘소에서 이루어지는 모든 종교 행사는 기념물에 대한 장식이지 죽은 이들을 신처럼 생각하여 바치는 제의나 제사가 아니다. 그곳으로 음식을 가져오는 사람들도 있다.[232] (훌륭한 그리스도인들은 그런 짓을 하지 않으며 대부분의 지역에서 그것은 관습이 아니다.) 하지만 그런 관습을 행하는 사람들도 음식을 차려 놓고 기도를 올린 다음 음식을 되가져가서 먹으며 그가운데 가난한 사람들에게 나누어주기도 한다. 그들이 그렇게 하는 것은 순교자들의 공적으로 인해, 순교자들의 주님 이름으로 그 음식이 거룩해지기를 바라기 때문이다. 그리스도인들의 희생제사가 하나밖에 없음을 아는 사람은, 순교자들의 묘소에서 그리스도인들의 제사가 바쳐지더라도 그것이 순교자들에게 바치는 제사가 아님을 알고 있다.

27.2. 순교자들의 덕성을 기리는 기념제는 거행한다

그러므로 우리가 우리 순교자들을 공경하더라도, 이교도들이 자기네 신들을 숭배하는 식으로 신적 예배를 드리거나 인간적 범죄를 연극으로 상연하여 거행하지는 않는다. 또한 우리는 순교자들에게 제사를 바치지도 않는다. 그들이 저질렀을지도 모를 음탕한 짓을 그들에게 바치는 종교 행사로 둔갑시키는 일도 없다. 그러면 이집트의 여신이면서 오시리스의 아내인 이시스,[233] 그리고 그들의 조상들이 모두 왕 노릇을 했다는 두 신의 조상들 이야기로 돌아가 보자. 여신은 자기 조상들에게 희생제사를 올리다가 밀밭을 발견했으며, 밀이삭을 자기 남편 국왕과 국왕의 고문관인 메르쿠리우스에게 보여주었다고 한다. 그래서 사람들은 이 여신이 우리네 곡물의 여신 케레스와 동일한 존재인 것처럼 생각하려고 한다. 그런데 이 여신이 얼마나 못된 여신이었고 얼마나 많은 행악을 저질렀는지는 시인들에 의해서가 아니라 이집트인들의 비전秘典에 전수될 정도이니 대왕 알렉산데르가 제관 레온이 알려준 비의를 적어 모친 올림피아스에게 보낸 서간에서 우리도 읽어볼 수 있다.[234] 각자 원하거나 그럴 능력이 있다면 이런 비전을 구해 읽어볼 것이며, 이미 읽어본 사람은 기억을 더듬어 볼 것이

bus eorum factis tamquam diis sacra fuerint instituta. Absit ut eos, quamuis deos habeant, sanctis martyribus nostris, quos tamen deos non habemus, ulla ex parte audeant comparare. Sic enim non constituimus sacerdotes nec offerimus sacrificia martyribus nostris, quia incongruum indebitum inlicitum est atque uni Deo tantummodo debitum, ut nec criminibus suis nec ludis eos turpissimis oblectemus, ubi uel flagitia isti celebrant deorum suorum, si, cum homines essent, talia commiserunt, uel conficta delectamenta daemonum noxiorum, si homines non fuerunt. Ex isto genere daemonum Socrates non haberet deum, si haberet deum; sed fortasse homini ab illa arte faciendi deos alieno et innocenti illi inportauerint talem deum, qui eadem arte excellere uoluerunt. Quid ergo plura? Non esse spiritus istos colendos propter uitam beatam, quae post mortem futura est, nullus uel mediocriter prudens ambigit. Sed fortasse dicturi sunt deos quidem esse omnes bonos, daemones autem alios malos, alios bonos, et eos, per quos ad uitam in aeternum beatam perueniamus, colendos esse censebunt, quos bonos opinantur. Quod quale sit iam in uolumine sequenti uidendum est.

니, 어떻게 해서 죽은 인간들에게 혹은 죽은 인간에서 신으로 변한 자들에게 제사를 제정했는지 알 것이다. 이집트인들은 그들을 신으로 여기고 우리는 순교자들을 신으로 여기지 않는다고 할지라도, 그들을 어떤 식으로든 우리 거룩한 순교자들과 감히 비교하려는 것은 당치도 않다. 그러므로 우리는 우리 순교자들에게 전속 제관을 세우지도 않고 제사를 바치지도 않는다. 그것이 부적절하고 부당하며 불법이기 때문이요, 제관을 세우고 제사를 올리는 것은 유일한 하느님께만 합당하기 때문이다. 또 우리는 순교자들이 저질렀음직한 행악이나 추잡한 연극으로 우리 순교자들을 즐겁게 하는 일도 없다. 이교도들은 자기네 신들이 인간이었을 적에 저지른 파렴치한 행동을 축제로 거행하고, 인간이 아니었을 경우에는 해코지하는 정령들을 위해 만들어낸 거짓 행사를 축제로 거행한다. 소크라테스가 만일 하느님을 모셨더라면 그 신은 이런 정령들의 무리에서 신을 모시지는 않았을 것이다. 저런 술수에 능통해지고 싶어 안달하던 자들이 그런 신을 만들어내서는 신을 만들어내는 술수와는 아무 상관없고 무죄하던 소크라테스에게 억지로 떠넘겼으리라.[235] 그러니 더 무슨 얘기를 하겠는가? 조금만 신중한 사람이라면 우리에게 사후의 행복한 삶을 생각해서 저 신령들을 신으로 숭배해야 한다고 생각할 사람이 아무도 없을 것이다. 그러나 다음과 같은 말은 있을 수도 있다. 모든 신들은 선하지만 정령들 가운데는 어느 정령들은 악하고 어느 정령들은 선하다는 것은 인정한다. 따라서 우리가 영원히 행복한 삶에 도달하는 데 은덕을 입으려면 적어도 선하다고 여겨지는 정령들만은 섬겨야 하지 않겠느냐는 말이다. 이 문제는 아무래도 다음 권에서 논해야 할 듯하다.[236]

---

[235] Apuleius, *De deo Socratis* 같은 책자가 유포된 마당에서 교부는 소크라테스의 정령(daemon Socratis)이라는 것이 자칫하면 그리스도교의 악마로 해석될 여지를 지적하고 있다.

[236] 모든 정령을 악마로 보는 세태를 빙거로 "선한 정령"은 없다고 결론 맺는다(9.19 참조).

AUGUSTINUS

DE CIVITATE DEI
LIBER IX

IN CHRISTI ET PHILOSOPHORUM DOCTRINA OPUS
MEDIATORIS DISSERITUR

아우구스티누스

신 국 론
제 9 권

그리스도와 철학자들의 가르침에 나타난
중개자의 역할

1. Et bonos et malos deos esse quidam opinati sunt; quidam uero de diis meliora sentientes tantum eis honoris laudisque tribuerunt, ut nullum deorum malum credere auderent. Sed illi, qui deos quosdam bonos, quosdam malos esse dixerunt, daemones quoque appellauerunt nomine deorum, quamquam et deos, sed rarius, nomine daemonum, ita ut ipsum Iouem, quem uolunt esse regem ac principem ceterorum, ab Homero fateantur daemonem nuncupatum. Hi autem, qui omnes deos non nisi bonos esse adserunt et longe praestantiores eis hominibus, qui perhibentur boni, merito mouentur daemonum factis, quae negare non possunt, eaque nullo modo a diis, quos omnes bonos uolunt, committi posse existimantes differentiam inter deos et daemones adhibere coguntur, ut, quidquid eis merito displicet in operibus uel affectibus prauis, quibus uim suam manifestant occulti spiritus, id credant esse daemonum, non deorum. Sed quia eosdem daemones inter homines et deos ita medios constitutos putant, tamquam nullus deus homini misceatur, ut hinc perferant desiderata, inde referant impetrata, atque hoc Platonici, praecipui philosophorum ac nobilissimi, sentiunt, cum quibus uelut cum excellentioribus placuit istam examinare quaestionem, utrum cultus plurimorum deorum prosit ad consequendam uitam beatam quae post mortem futura est: libro superiore quaesiuimus, quo pacto daemones, qui talibus gaudent, qualia boni et prudentes homines auersantur et damnant, id est sacrilega flagitiosa facinerosa non de quolibet homine, sed de ipsis diis figmenta poetarum et magi-

---

[1] 그리스 문화에서는 정령(daimon)과 신(theos)은 동의어였고(예: Hesiodus, *Opera et dies* 122), 철학자들은 정령을 이원론적 세계의 중간 매개존재로 보았다(예: Plato, *Symposium* 202c - 203a; *Timaeus* 48a; Plutarchus, *De defectu oraculorum* 10.416c; Plotinus, *Enneades* 3.4). 그들이 말하는 정령을 성서의 악마(daemon, diabolus)로 보는 호전적 호교론(예: Lactantius, *Divinae institutiones* 2.14.6; 2.15.6; 4.27.14)이 그리스도교에 생겨났다.

[2] Cf. Homerus, *Ilias* 1.222; Plutarchus, *De defectu oraculorum* 10. Daemon은 신령 혹은 신적 능력을 지칭한다.

[3] 2; 3; 4권이나 6; 7권이 다신숭배 혹은 정령숭배가 필요하다는 이론을 논박한 내용이었다. 정령에 대한 로마인들의 애착은 대단했다. 예: Horatius, *Epistula* 2.2.187-199; Livius, *Ab Urbe condita* 21.62.9; Seneca, *Epistula* 12.1.

[4] 8권(13-27)에서 Apuleius (*De deo Socratis*)를 상대로 논전을 폈으나 정령은 여러 학자가 언명한 바였다. 예: Plato, *Symposium* 203; Plutarchus, *De defectu oraculorum* 10; Plotinus, *Enneades* 3.2.11.

서론(1-2)
기왕에 토론한 내용과 앞으로 토론할 과제

1. 지금까지 논한 내용과 앞으로 논해야 할 문제

혹자들은 선신들이 따로 있고 악신들이 따로 있다는 의견을 개진했다. 신들에 관해 좀더 나은 지식을 갖춘 사람들은 악신이 존재한다는 것을 감히 믿지 않았으며, 그렇게 함으로써 신들에게 올바른 영예와 찬미를 바쳤다. 그렇지만 선신들이 따로 있고 악신들이 따로 있다고 말한 사람들은, 정령들마저 신이라는 이름으로 불렀으며, 드문 일이기는 하지만 신들마저 정령이라는 이름으로 부르기까지 했다.[1] 심지어 호메루스는 사람들이 신들의 임금이요 군주로 삼고 싶어하는 유피테르마저 정령이라고 명명한 바 있다.[2] 무릇 모든 신들은 선한 신이라고 주장하고, 선량하다는 인간들보다 훨씬 탁월한 존재라고 주장하는 사람들은 사실 정령들의 소행에 충격을 받지 않을 수 없을 것이다. 그런 소행이 있음을 부정할 수도 없고 그렇다고 오로지 선하다고 믿는 신들이 그런 소행을 저질렀다고 여길 수도 없다. 그래서 그들은 신과 정령 사이에 차이를 부여하지 않을 수가 없는 것이다. 그리하여 숨은 영들의 타락한 행동과 그들의 권력을 과시하고자 하는 욕망을 보고 듣다 불쾌해지면 그런 짓은 신들의 소행이 아니고 정령들의 소행이라고 믿기에 이른다. 그다음에는 어느 신도 인간과 교류할 수 없기 때문에 정령이 인간과 신 사이에 중개자로 지명되어 인간들의 소원을 가져가고 신들의 응답을 가져온다고 여기는 것이다.[3] 그런 데다가 철학자들 가운데 주류를 이루고 그래도 가장 고상한 플라톤 학파가 바로 이런 생각을 하고 있다. 나는 그들 가운데서도 출중한 인물들과 더불어, 사후에 도래할 행복한 생명을 얻으려면 다수의 신들을 숭배함이 유익한가 하는 문제에 관해 연구했다. 바로 앞 권에서 우리가 토론한 바 있거니와,[4] 정령들은 선량하고 신중한 인간들이 혐오하고 단죄하는 소행들, 다시 말해 모욕적이고 파렴치하고 죄스러운 짓을 스스로 즐기며, 한 걸음 더 나아가 시인들이 신들을 두고 꾸며낸 허구를 즐기고, 흉악하고 처벌받아 마땅한, 마술의 폭력을 즐기는 자들이다. 이런 이

carum artium sceleratam puniendamque uiolentiam, possint quasi propin-
quiores et amiciores diis bonis conciliare homines bonos, et hoc nulla
ratione posse compertum est.

2. Proinde hic liber, sicut in illius fine promisimus, disputationem con-
tinere debebit de differentia (si quam uolunt esse) non deorum inter se,
quos omnes bonos dicunt, nec de differentia deorum et daemonum, quo-
rum illos ab hominibus longe alteque seiungunt, istos inter deos et homi-
nes conlocant; sed de differentia ipsorum daemonum, quod ad praesentem
pertinet quaestionem. Apud plerosque enim usitatum est dici, alios bonos
alios malos daemones; quae siue sit etiam Platonicorum, siue quorumlibet
sententia, nequaquam eius est neglegenda discussio, ne quisquam uelut
daemones bonos sequendos sibi esse arbitretur, per quos tamquam medios
diis, quos omnes bonos credit, dum conciliari adfectat et studet, ut quasi
cum eis possit esse post mortem, inretitus malignorum spirituum decep-
tusque fallacia longe aberret a uero Deo, cum quo solo et in quo solo et de
quo solo anima humana, id est rationalis et intellectualis, beata est.

유로 우리는 앞 권에서 그런 정령들이 어떻게 선한 인간과 선한 신을 조화롭게 하는 가까운 이웃이자 친구가 될 수 있겠는가를 질문했다. 그리고 이런 일은 어떤 명분으로도 이루어질 수 없음이 앞 권에서 드러났다.

2. 신들보다 하위인 정령들 가운데 과연 인간 영혼이 지복에 이르도록 도울 수 있는 선한 정령들이 있는가

그러므로 앞 권의 말미에서 약속한 바와 같이,[5] 이 권에서 논하려는 것은 신들 사이의 차이(만일 그런 것이 있다고 한다면)가 아니다. 저 사람들도 모든 신이 선하다고 말하는 까닭이다. 그렇다고 신과 정령의 차이에 관해서도 아니다. 사람들은 신들이 인간들로부터 멀리, 높이 떨어져 있다고 믿으며 그래서 정령이 신과 인간 사이에 자리잡고 있다고 믿는 까닭이다.[6] 그보다는 정령들 사이의 차이에 관한 토론이 현안 문제가 된다. 상당수 인간들은 어떤 정령들은 선하며 어떤 정령들은 악하다는 말을 예사롭게 한다. 이것은 플라톤 학파의 생각이기도 하고 그 외 다른 철학자들의 생각이기도 한데 어느 것이든 토론을 피할 수는 없다. 시비를 않고 방치하면 사람들은 자기한테 선하게 대하는 정령들에게 순종해야 한다고 여기고 그들을 중개자로 삼아서 선하다고 믿는 신들과 조화하려고 애쓰고 노력하며 그렇게 함으로써 사후에 신들과 함께 있고 싶어할 것이다. 그러나 그럴수록 악령들의 속임수에 사로잡히고 기만당하여 참된 하느님으로부터 멀리 헤맬 따름이다. 인간 영혼 곧 이성적이고 오성적인 영혼은 참된 하느님과만, 그 하느님 안에서만, 그 하느님에 의해서만 행복해진다.[7]

---

[5] 8.27.2 참조.

[6] 다신론과 범신론의 입장에 따라서 정령에게는 가변성과 피동성이 부여되는 것이 차이라면 차이다 Cf. Plato, *Timaeus* 40d - 43b; Aristoteles, *Metaphysica* 1074b; Plotinus, *Enneades* 2.9.9. 아우구스티누스는 정령론에 관한 철학적이고 자연주의적 이해보다는 호교론적 논쟁의 입장을 견지하고 있다.

[7] cum quo solo et in quo solo et de quo solo anima humana ... beata est: 본서 전반부에서는 인간의 궁극 목적인 행복(beatitudo: 至福)은 다신이나 정령들에게서, 혹은 그들의 중개로 얻을 수 없다는 데 논쟁의 초점이 있다.

3. Quae igitur est differentia daemonum bonorum et malorum? Quando quidem Platonicus Apuleius de his uniuersaliter disserens et tam multa loquens de aeriis eorum corporibus de uirtutibus tacuit animorum, quibus essent praediti, si essent boni. Tacuit ergo beatitudinis causam, indicium uero miseriae tacere non potuit, confitens eorum mentem, qua rationales esse perhibuit, non saltem inbutam munitamque uirtute passionibus animi inrationabilibus nequaquam cedere, sed ipsam quoque, sicut stultarum mentium mos est, procellosis quodam modo perturbationibus agitari. Verba namque eius de hac re ista sunt: «Ex hoc ferme daemonum numero, inquit, poetae solent haudquaquam procul a ueritate osores et amatores quorundam hominum deos fingere; hos prosperare et euehere, illos contra aduersari et adfligere; igitur et misereri et indignari, et angi et laetari omnemque humani animi faciem pati, simili motu cordis et salo mentis per omnes cogitationum aestus fluctuare. Quae omnes turbelae tempestatesque procul a deorum caelestium tranquillitate exulant.» Num est in his uerbis ulla dubitatio, quod non animorum aliquas inferiores partes, sed ipsas daemonum mentes, quibus rationalia sunt animalia, uelut procellosum salum dixit passionum tempestate turbari? Vt ne hominibus quidem sapientibus comparandi sint, qui huius modi perturbationibus animorum, a quibus humana non est inmunis infirmitas, etiam cum eas huius uitae condicione patiuntur, mente inperturbata resistunt, non eis cedentes ad

---

[8] corpora aerea (공기 신체): 성서 세계에서도 대기권(sphaera aerea)에 신적 능력 내지 정령의 몸체라는 성격을 부여하고 있었다. 에페 2,2 ("한때 여러분은 이 세상 풍조대로, 공중을 다스리는 지배자를 따라, 곧 불복종의 아들들 사이에서 지금도 작용하고 있는 악령을 따라, 죄에 묻혀 살았습니다"); 지혜 13,2 ("바람이나 빠른 공기 … 하늘에서 빛나는 것들을 세상을 지배하는 신들로 여겼다") 참조.

[9] virtus imbuta munitaque: 아우구스티누스의 덕론에서 대신덕(對神德)은 하느님으로부터 주입되고 (imbuta) 윤리덕(倫理德)은 본인의 노력으로 닦아서 갖추는(munita) 것으로 해석된다.

[10] Apuleius, *De deo Socratis* 12.

[11] quibus rationalia sunt animalia: 인간을 이성적 동물(animal rationale)로 규정하는 사조에 따라 정령들을 인간처럼 "이성적 동물" ("공기 신체"라는 몸과 영혼이 있으니까)로 알아듣게 여운을 남긴다.

정령은 정염에 시달린다

3. 아풀레이우스가 정령들에게 부여한 성품: 그가 정령에게 이성이 없다고 하지는 않지만 어떤 덕성도 부여하지 않았다

그럼 선한 정령과 악한 정령의 차이는 무엇인가? 플라톤 학파 아풀레이우스는 이 존재들에 관해 전반적 연구를 했고 그들의 공기 신체空氣身體[8]에 관해 참으로 많은 이야기를 했음에도, 그들이 선한 존재라면 갖추었음직한 정신적 덕성에 관해서는 입을 다물었다. 아풀레이우스는 그래서 그들을 행복하게 만들 연유에 관해서는 침묵을 지켰는데 불행하게 만들 징후에 관해서는 입을 다물지 못했다. 정령들의 지성이 이성적 존재임을 인정했지만 덕성德性이 주입되거나 갖추어져 있지 않아서[9] 정신의 비합리적 정염들에 굴복한다는 것과, 어리석은 지성들이 으레 당하듯이 어느 모로든 격정의 폭풍에 시달린다는 말을 솔직히 들려주고 있다. 이 문제에 관한 아풀레이우스 자신이 한 말을 인용해 보면 다음과 같다: "그리하여 시인들은 정령들의 무리 가운데 어떤 신들이 특정 인간을 미워하거나 사랑하는 것처럼 꾸며내는데 이것이 진리와 완전히 동떨어진 말은 아니다. 정령들은 어떤 사람들은 출세시켜 주고 번영하게 해주지만 반대로 또 어떤 사람들에게는 해코지하고 손損을 끼치는 것으로 묘사한다. 그러므로 정령들은 자비, 분노, 슬픔, 기쁨과 인간 감정의 측면을 다 경험한다. 그들의 마음 역시 우리와 비슷하게 동요하며 그들의 지성은 갖가지 사념으로 흔들린다. 이런 격동과 질풍노도는 천상 신들의 정온靜穩과는 너무도 동떨어진 것이다".[10] 이 말로 미루어볼 때 정령들이 격동과 정염으로 폭풍치는 바다같이 동요한다고 하는 것은 정신의 일부 하위 부분 때문이 아니라 정령들의 지성 자체, 그 생명체들을 이성적 존재로 만드는 정신 자체[11] 때문이라는 것에 어떤 의심의 여지가 있을까? 그러니 정령은 현명한 인간과 비교할 바가 아니다. 인간적 나약함은 이런 유의 정신적 혼란을 면할 수 없고 현세 생명의 조건으로 인해 이런 혼란을 겪기는 하지만 현명한 인간이라면 평정된 지성으로 그에 저항하게 마련이

aliquid adprobandum uel perpetrandum, quod exorbitet ab itinere sapientiae et lege iustitiae; sed stultis mortalibus et iniustis non corporibus, sed moribus similes (ut non dicam deteriores, eo quo uetustiores et debita poena insanabiles) ipsius quoque mentis, ut iste appellauit, salo fluctuant, nec in ueritate atque uirtute, qua turbulentis et prauis affectionibus repugnatur, ex ulla animi parte consistunt.

4. Duae sunt sententiae philosophorum de his animi motibus, quae Graeci παθή, nostri autem quidam, sicut Cicero, perturbationes, quidam affectiones uel affectus, quidam uero, sicut iste, de Graeco expressius passiones uocant. Has ergo perturbationes siue affectiones siue passiones quidam philosophi dicunt etiam in sapientem cadere, sed moderatas rationique subiectas, ut eis leges quodam modo, quibus ad necessarium redigantur modum, dominatio mentis inponat. Hoc qui sentiunt, Platonici sunt siue Aristotelici, cum Aristoteles discipulus Platonis fuerit, qui sectam Peripateticam condidit. Aliis autem, sicut Stoicis, cadere ullas omnino huiusce modi passiones in sapientem non placet. Hos autem, id est Stoicos, Cicero in libris de finibus bonorum et malorum uerbis magis quam rebus aduersus Platonicos seu Peripateticos certare conuincit; quando quidem Stoici nolunt bona appellare, sed commoda corporis et externa, eo quod nullum bonum uolunt esse hominis praeter uirtutem, tamquam artem bene uiuendi, quae non nisi in animo est. Haec autem isti simpliciter et ex

---

¹² Cf. Plato, *Phaedrus* 251d - 252b; Aristoteles, *De anima* 403a - 403b; Stoici in Diogenes Laertius, *Vitae philosophorum* 7.110.

¹³ πατή가 라틴어로는 "격정"(perturbationes animi: Cicero, *Tusculanae disputationes* 3.4.7), "기분"(affectiones: Quintilianus, *Institutiones oratoriae* 6.2.20) 또는 "감정"(affectus), "정염"(passiones: Apuleius, *De deo Socratis* 12) 등으로 번역되었다.

¹⁴ 지혜와 정염의 관계는 회의론, 스토아, 에피쿠루스 학파를 거치면서 중요한 철학논제가 되었다. 아리스토텔레스는 παθή를 열 개의 범주 가운데 하나로 채택하여[이 경우에는 "감염"(感染) 혹은 "수동"(受動)으로 번역된다] 오로지 부정적인 것으로만 보지는 않는다(*Categoriae* 2a). 현자는 정염에 대해 자기 지배(ἀυταρχία)를 유지하는 것으로 족하다(*Ethica Nicomachea* 1177a).

¹⁵ 로마 스토아 학파는 현자가 고통과 시련 앞에서 취하는 초연함(impassibilitas)을 강조했다. 예: Epicurus in Diogenes Laertius, *Vitae philosophorum* 31.4; 34.7; A. Gellius, *Noctes Atticae* 17.19.6; Cicero, *Tusculanae disputationes* 4.9.22.

¹⁶ Bonum(선자체)과 bona(특정한 선들)라는 용어 문제였다. Cf. Cicero, *De finibus bonorum et malorum* 3.15.48 - 17.58; 4.12.30; 4.28.79; 5.8.22.

¹⁷ non bona ... sed commoda: 선(bonum)과 편익(commodum)은 덕론에서 철저히 구분된다.

다. 현명한 사람은 이런 혼란에 굴하지 않을 것이고, 지혜의 여정과 정의의 율법으로부터 궤도를 이탈하는 그런 짓에 공감하거나 그런 짓을 저지르지는 않을 것이기 때문이다. 하지만 정령들이 정작 어리석고 사멸하는 인간과 비슷하다고 생각되는 것은 그 신체적 측면 때문이 아니라 그 행실 때문이다. (그 이상 못된 짓은 나도 언급을 않겠다. 그런 짓들은 너무도 고질적이어서 치유가 불가능하다는 것 자체가 응분의 벌이라고 하겠다.) 정령들은 아풀레이우스가 일컫듯이 지성은 갖가지 사념으로 흔들리고 있으며, 그들의 정신 어느 부분에도 혼란스럽고 사악한 정염에 항거할 진실과 덕성이 없다.

4. 정신을 엄습하는 동요에 대한 소요학파와 스토아 학파의 견해

4.1. 격정에 관한 철학자들의 견해

정신의 이런 동요를 그리스인들이 파테라 부르고[12] 우리 철학자들 그러니까 키케로 같은 인물은 격정이라고 부르며 또 다른 사람들은 그냥 감정 또는 기분이라고 부르고 아풀레이우스 같은 사람은 그리스어에 더 가까운 표현을 써서 정염情炎이라고 부른다.[13] 정신의 동요에 관해 철학자들의 의견은 두 가지로 나누어진다. 어떤 철학자들은 이런 격정 혹은 감정 혹은 정염은 현자들도 경험하는 것이라고 말한다. 다만 현자들에게서는 그것이 정도가 있고 이성에 복종하며 지성의 지배력이 그것들에 일종의 규범을 부과함으로써, 그것이 필요한 정도로 국한된다고 설명한다. 이렇게 생각하는 사람들은 플라톤 학파와 아리스토텔레스 학파다. 아리스토텔레스는 플라톤의 제자였고 소요학파를 창시했기 때문이다.[14] 그러나 스토아 학파 같은 다른 철학자들에게는 현자도 이런 정염을 경험한다는 사실이 마음에 들지 않았다.[15] 키케로는 「선악의 목적」에서 스토아 학파의 학자들이 플라톤 학파와 소요학파와 논쟁을 벌이게 만들었는데 그것은 실질적 내용보다는 언어를 두고 하는 논쟁이다.[16] 스토아 학파는 덕을 빼놓고는 그 무엇도 인간의 선이 될 수 없다고 단정한다는 점에서 정염을 "선"이라고 부르기를 싫어했으므로 그것을 단지 육체적이고 외형적인 "편익"으로 볼 따름이다.[17] 그들에게 덕은 잘사는 기술이며 또한 덕은 정신이 아닌 다른 곳에 깃들지 않는다. 그 대

communi loquendi consuetudine appellant bona; sed in comparatione uir-
tutis, qua recte uiuitur, parua et exigua. Ex quo fit, ut ab utrisque quodli-
bet uocentur, seu bona seu commoda, pari tamen aestimatione pensentur,
nec in hac quaestione Stoici delectentur nisi nouitate uerborum. Videtur
ergo mihi etiam in hoc, ubi quaeritur utrum accidant sapienti passiones
animi, an ab eis sit prorsus alienus, de uerbis eos potius quam de rebus
facere controuersiam. Nam et ipsos nihil hinc aliud quam Platonicos et
Peripateticos sentire existimo, quantum ad uim rerum adtinet, non ad
uocabulorum sonum.

Vt enim alia omittam, quibus id ostendam, ne longum faciam, aliquid
unum quod sit euidentissimum dicam. In libris, quibus titulus est noctium
Atticarum, scribit A. Gellius, uir elegantissimi eloquii et multae unde-
cumque scientiae, se nauigasse aliquando cum quodam philosopho nobili
Stoico. Is philosophus, sicut latius et uberius, quod ego breuiter adtingam,
narrat A. Gellius, cum illud nauigium horribili caelo et mari periculosissi-
me iactaretur, ui timoris expalluit. Id animaduersum est ab eis, qui ade-
rant, quamuis in mortis uicinia curiosissime adtentis, utrum necne philo-
sophus animo turbaretur. Deinde tempestate transacta mox ut securitas
praebuit conloquendi uel etiam garriendi locum, quidam ex his, quos
nauis illa portabat, diues luxuriosus Asiaticus philosophum compellat
inludens, quod extimuisset atque palluisset, cum ipse mansisset intrepidus
in eo quod inpendebat exitio. At ille Aristippi Socratici responsum rettu-
lit, qui cum in re simili eadem uerba ab homine simili audisset, respondit
illum pro anima nequissimi nebulonis merito non fuisse sollicitum, se
autem pro Aristippi anima timere debuisse. Hac illo diuite responsione

[18] Aulus Gellius (130~180년경)는 그리스와 로마 세계를 여행하면서 수집한 백과사전적 기문야담
(奇聞野談)을 수록했는데 유실된 학자들의 원전을 다수 인용하고 있다는 점에서 이 저서(*Noctes Atti-
cae*)가 학문적 가치를 평가받고 있다.

[19] Gellius, *Noctes Atticae*19.1.

[20] Aristippus (BC 435~366년경): 8.3 (각주 22와 68) 참조.

신 저 플라톤 학파는 단순하게, 또 일반 어법대로 정염도 선이라고 일컫는다. 물론 이것은 올바르게 살아가는 덕에 비한다면 사소하고 하찮은 선이다. 그러므로 양편 학자들이 무엇이라고 부르든 상관없이, 즉 선이라고 하든, 편익이라고 하든, 그들은 그 둘에 대해 동등한 평가를 하고 있으며 스토아 학파도 이 문제에 대해서는 새로운 용어를 사용했다는 데 만족했을 것이다. 그러므로 내가 보기에 정염이 현인에게 영향을 미치는가, 아니면 현인에게 정염은 전혀 생소한 것이냐는 문제를 두고서 저 사람들은 사실보다는 언어를 놓고 논쟁을 벌이고 있었던 것이다. 용어가 아니라 사안의 핵심으로 본다면 스토아 학파가 주장하는 것은 플라톤 학파, 소요학파와 다른 점이 없다고 나는 생각한다.

4.2 위험에 대처하는 스토아 학파의 자세

논의가 너무 길어지지 않도록 이를 입증할 다른 말은 생략하겠으나, 가장 명백하다고 할 사례 하나만 언급하겠다. 「아티카의 밤」이라는 제목의 책에서 언변이 탁월하고 온갖 지식이 박학한 인물 아울루스 겔리우스[18]는 자기가 한때 유명한 스토아 철학자 한 사람과 항해한 이야기를 기록하고 있다.[19] 아울루스 겔리우스가 장황하고 풍부하게 술회하는 바를 간결하게 요약하겠다: 그 철학자는 무시무시한 하늘과 바다의 경관에다 그 배가 위험하기 짝이 없이 나부끼자 겁에 질려 얼굴이 창백해졌다. 비록 죽음이 지척에 임박해 있었지만, 그 자리에서 이것을 눈치 챈 사람들은 과연 철학자라는 사람이 정신적으로 동요하는가 그렇지 않은가를 대단한 호기심을 갖고 지켜보고 있었다. 폭풍이 지나가고 평온해져 얘기를 나눌 여유 내지는 농담을 주고받을 여유가 생기자 같이 있던 사람 가운데 한 돈많은 아시아인 호사가가 철학자를 조롱하면서 시비를 걸었다. 마지막 상황까지 가긴 했지만 자기도 당당하게 버티는데 철학자라는 사람이 어찌 그토록 겁을 먹고 얼굴이 핼쑥해졌느냐고. 그러자 철학자는 소크라테스의 제자 아리스티푸스[20]가 비슷한 처지에서 비슷한 상대에게 비슷한 말을 듣고서 한 대꾸를 그 자리에서 인용했다. 아주 못된 허풍선이의 영혼에 대해서는 근심할 가치가 없지만 아리스티푸스의 영혼을 두고는 근심하지 않을 수 없었다는 대답이었다. 이 대꾸를 듣고서 그 부자가 물러가자 아울루스 겔리우스가 철학

depulso postea quaesiuit A. Gellius a philosopho non exagitandi animo, sed discendi, quaenam illa ratio esset pauoris sui. Qui ut doceret hominem sciendi studio nauiter accensum, protulit statim de sarcinula sua Stoici Epicteti librum, in quo ea scripta essent, quae congruerent decretis Zenonis et Chrysippi, quos fuisse Stoicorum principes nouimus. In eo libro se legisse dicit A. Gellius hoc Stoicis placuisse, quod animi uisa, quas appellant phantasias nec in potestate est utrum et quando incidant animo, cum ueniunt ex terribilibus et formidabilibus rebus, necesse est etiam sapientis animum moueant, ita ut paulisper uel pauescat metu, uel tristitia contrahatur, tamquam his passionibus praeuenientibus mentis et rationis officium; nec ideo tamen in mente fieri opinionem mali, nec adprobari ista eisque consentiri. Hoc enim esse uolunt in potestate idque interesse censent inter animum sapientis et stulti, quod stulti animus eisdem passionibus cedit atque adcommodat mentis adsensum; sapientis autem, quamuis eas necessitate patiatur, retinet tamen de his, quae adpetere uel fugere rationabiliter debet, ueram et stabilem inconcussa mente sententiam. Haec ut potui non quidem commodius A. Gellio, sed certe breuius et, ut puto, planius exposui, quae ille se in Epicteti libro legisse commemorat eum ex decretis Stoicorum dixisse atque sensisse.

Quae si ita sunt, aut nihil aut paene nihil distat inter Stoicorum aliorumque philosophorum opinionem de passionibus et perturbationibus animorum; utrique enim mentem rationemque sapientis ab earum dominatione defendunt. Et ideo fortasse dicunt eas in sapientem non cadere Stoici, quia

[21] Zeno (BC 340~265)는 스토아의 창설자이며 Chrysippus (BC 280~207)는 Cleanthes를 뒤이어 학파를 지도한다. Cf. Diogenes Laertius, *Vitae philosophorum* 7.84-120.

[22] Animi visa quas appellant phantasias (φαντασία καταλεπτικα): 제노와 크리시푸스의 인식론에서, 인간이 사물을 파악하는 순간 대상으로부터 유래하는 인식적 표상을 가리키며, 감각적 인식의 진실성을 가름하는 척도가 된다.

[23] nec approbari ista eisque consentiri: 스토아에서는 모든 감각과 인식이 대상에 대한 지성의 인정 혹은 동의(καταλεπσις)에서 발생하고, 따라서 선악의 윤리적 가치도 이 동의 여부에 두었다.

[24] 정염과 표상에 관한 스토아의 사상은 키케로가 잘 간추려 소개하며(*Academia prior* 1.2.40; *De finibus bonorum et malorum* 3.21.69) 아우구스티누스도 그의 논지를 따르고 있다(*Contra Academicos* 2.5.11; *De vera religione* 10.18; *De Trinitate* 9.11.16).

자에게 물음을 던졌다. 시비를 걸려는 마음보다 배우려는 마음으로 질문을 하노라면서 그가 근심한 이유가 과연 무엇이었느냐고 물었다. 철학자는 배움을 추구하는 데 너무나 열심인 그 사람을 가르치겠다는 뜻에서 자기 배낭에서 스토아 학파 에픽테투스의 책을 끄집어냈다. 그 책에는 스토아 학파 제노와 크리시푸스의 가르침에 상응한 내용이 기록되어 있었다. 우리가 알기로도 이 사람들은 스토아 학파의 비조鼻祖였다. [21] 아울루스 겔리우스가 읽기로는 스토아 학파가 표상이라고 일컫는 정신의 현상[22]이 과연 발생하는가의 여부와 발생하는 때를 결정하는 것은 우리의 능력에 달려 있지 않다고 스토아 학파는 믿고 있었다는 것이다. 그 현상들이 가공할 만하고 두려운 사물로부터 발생할 때는 현자라도 정신이 동요하는 것은 필연적이다. 따라서 그런 정염들이 일시적이나마 지성과 이성의 기능을 방해하는 한, 약간은 겁에 질리고 슬픔에 사로잡히게 마련이다. 그렇다고 지성에 악의 개념이 생겼다거나 지성이 그런 정염들을 인정했다거나 동의했다는 말은 아니다. [23] 이런 동의는 인간의 능력에 달려 있고 그래서 현자의 정신과 어리석은 자의 정신이 이 점에서 차이가 난다는 것이 스토아 학파의 의견이다. 어리석은 자의 정신은 그런 정염에 굴종하고 정염에 익숙해진다. 반면 현자의 정신은 저런 정염들에 침범당하는 것이 불가피할지라도, 합리적으로 추구해야 할 것과 기피해야 할 것에 관해 흔들리지 않는 지성을 갖고서 진실하고 확고한 사상을 견지한다. [24] 이상이 아울루스 겔리우스가 에픽테투스의 책에서 읽었고 스토아 학파의 가르침에서 유래했다고 말했고 또 그렇다고 느꼈노라고 전해주는 내용이다. 나는 겔리우스가 한 만큼 유창하게 설명하지는 못했지만 내 힘닿는 대로 간추렸으며, 겔리우스가 한 것보다 더 명료하게 설명했다고 생각한다.

4.3. 철학자들은 지혜에서 오는 평정에 공감한다

사실이 그렇다면 정신의 정염 내지 격정에 관한 한, 스토아 학파의 의견과 다른 철학자들의 의견이 차이가 전혀 없거나 거의 없는 셈이다. 양편 다 현자의 지성과 이성이 정염의 지배를 받지는 않는다고 주장하기 때문이다. 아마도 스토아 학파가 정염이 현자에게 영향을 미치지 못한다고 말한 이유는 분명히 현자가 가

nequaquam eius sapientiam, qua utique sapiens est, ullo errore obnubilant aut labe subuertunt. Accidunt autem animo sapientis salua serenitate sapientiae propter illa, quae commoda uel incommoda appellant, quamuis ea nolint dicere bona uel mala. Nam profecto si nihili penderet eas res ille philosophus, quas amissurum se naufragio sentiebat, sicuti est uita ista salusque corporis: non ita illud periculum perhorresceret, ut palloris etiam testimonio proderetur. Verum tamen et illam poterat permotionem pati, et fixam tenere mente sententiam, uitam illam salutemque corporis, quorum amissionem minabatur tempestatis inmanitas, non esse bona, quae illos quibus inessent facerent bonos, sicut facit iustitia. Quod autem aiunt ea nec bona appellanda esse, sed commoda: uerborum certamini, non rerum examini deputandum est. Quid enim interest, utrum aptius bona uocentur an commoda, dum tamen ne his priuetur non minus Stoicus quam Peripateticus pauescat et palleat, ea non aequaliter appellando, sed aequaliter aestimando? Ambo sane, si bonorum istorum seu commodorum periculis ad flagitium uel facinus urgeantur, ut aliter ea retinere non possint, malle se dicunt haec amittere, quibus natura corporis salua et incolumis habetur, quam illa committere, quibus iustitia uiolatur. Ita mens, ubi fixa est ista sententia, nullas perturbationes, etiamsi accidunt inferioribus animi partibus, in se contra rationem praeualere permittit; quin immo eis ipsa dominatur eisque non consentiendo et potius resistendo regnum uirtutis exercet. Talem describit etiam Vergilius Aenean, ubi ait:

Mens inmota manet, lacrimae uoluuntur inanes.

---

[25] 지상 사물을 "좋은 것"과 "나쁜 것"(bonum-malum)으로 구분하는 대신에, 정염이 미치는 영역을 "편한 것" 또는 "불편한 것"(commodum-incommodum)이라고 대칭하는 스토아의 어법은 키케로가 소개하고 있다. Cf. *De finibus bonorum et malorum* 3.21.69.

[26] 아우구스티누스는 카씨치아쿰 대화편(*Contra Academicos*; *De beata vita*; *Soliloquia*)에서는 인생과 행복 및 지혜에 관한 스토아 철학의 입장에 경도된 태도를 보이지만 그 이후로는 거의 침묵을 지키며 이 철학이 자기에게 남긴 것이라고는 "차가운 재"뿐이라고 말한 적이 있다(*Epistula* 118.2.12).

[27] Vergilius, *Aeneis* 4.449.

진 지혜가 실수로 조금이라도 흐려지는 일이 없으며 불운으로 제압당하는 일이 없다고 여기기 때문일 것이다. 그런데 비록 지혜의 평정이 보전되더라도 정염이 현자의 정신을 덮치기도 한다는 것만은 사실이다. 단지 스토아 파들은 정염이 뒤흔드는 사물들을 선 혹은 악이라고 부르기 싫어하여 그냥 편익 또는 불편이라고 부른 것뿐이다.[25] 만약 아울루스 겔리우스가 이야기하는 저 철학자가 난파되면 잃을 거라고 생각하던 것들, 즉 생명과 육신의 안녕 같은 것에 전혀 가치를 두지 않았더라면 그가 그 위험에 그토록 겁이 나서 창백한 얼굴이 될 만큼 자신의 두려움을 드러내지는 않았을 것이다. 그렇지만 그런 동요를 겪으면서도 그는 자신의 사상을 굳건한 정신으로 견지했을 것이다. 즉, 폭풍이 몰아쳐 상실의 위협을 받던 생명이며 육신의 안녕이 선한 것은 아니라는 것, 마치 정의가 정의를 갖춘 당사자를 정의로운 인간으로 만들듯이, 그런 것들이 그것을 갖춘 당사자를 곧 선하게 만드는 그런 선은 아니라는 사상을 견지했을 것이다. 그러나 그 대상을 가리켜 선이라고 부를 것이 아니라 단지 편익이라고 불러야 한다는 말은 용어상 대립이지 내용상 쟁점은 아니라고 생각한다. 생명과 육신의 안녕 같은 것을 잃는다고 했을 적에 스토아 학파도 소요학파 못지않게 당황하고 창백해질 것인데, 그것을 과연 선이라고 부르는 편이 더 적절한가, 편익이라고 부르는 편이 더 적절한가 대체 무슨 상관인가? 양편이 그것을 똑같이 부르지는 않더라도 똑같이 평가하고 있음은 분명하다. 양편 다 저런 선이나 편익이 위험에 처해 악행이나 범죄를 저지르지 않으면 안 되며, 달리는 그것을 보전할 수 없다고 하자. 철학자들도 말로는 그럴 경우에 자기들로서는 정의라는 덕을 유린하는 짓을 저지르느니, 육신의 본성을 살리고 무사히 보전해 주는 사물을 차라리 잃는 편이 낫다고 한다. 그렇다면 이런 사상이 확고한 이상, 정신의 하부에 비록 격정이 닥치더라도, 지성은 어느 격정이 이성에 대항하여 맹위를 떨치게 그냥 두지 않을 것이다. 오히려 지성은 격정을 제어할 것이고, 격정에 동의하지 않고 오히려 저항함으로써 덕성의 왕권을 행사하기에 이를 것이다.[26] 베르길리우스는 다음 구절에서 아이네아스를 바로 그런 인물로 묘사하고 있다:

지성은 꿋꿋이 버티어 디도의 눈물은 속절없이만 흐르더라.[27]

5. Non est nunc necesse copiose ac diligenter ostendere, quid de istis passionibus doceat scriptura diuina, qua Christiana eruditio continetur. Deo quippe illa ipsam mentem subicit regendam et iuuandam mentique passiones ita moderandas atque frenandas, ut in usum iustitiae conuertantur. Denique in disciplina nostra non tam quaeritur utrum pius animus irascatur, sed quare irascatur; nec utrum sit tristis, sed unde sit tristis; nec utrum timeat, sed quid timeat. Irasci enim peccanti ut corrigatur, contristari pro adflicto ut liberetur, timere periclitanti ne pereat nescio utrum quisquam sana consideratione reprehendat. Nam et misericordiam Stoicorum est solere culpare; sed quanto honestius ille Stoicus misericordia perturbaretur hominis liberandi quam timore naufragii. Longe melius et humanius et piorum sensibus accommodatius Cicero in Caesaris laude locutus est, ubi ait: «Nulla de uirtutibus tuis nec admirabilior nec gratior misericordia est.» Quid est autem misericordia nisi alienae miseriae quaedam in nostro corde compassio, qua utique si possumus subuenire compellimur? Seruit autem motus iste rationi, quando ita praebetur misericordia, ut iustitia conseruetur, siue cum indigenti tribuitur, siue cum ignoscitur paenitenti. Hanc Cicero locutor egregius non dubitauit appellare uirtutem, quam Stoicos inter uitia numerare non pudet, qui tamen, ut docuit liber Epicteti, nobilissimi Stoici, ex decretis Zenonis et Chrysippi, qui huius sectae primas habuerunt, huiusce modi passiones in animum sapientis admittunt, quem uitiis omnibus liberum uolunt. Vnde fit

---

[28] Christiana eruditio(그리스도교 지식)는 계시를 근거로 한다는 점에서 일반 철학과 차원을 달리한다는 것이 아우구스티누스의 긍지다. 그는 변증적이고 수사적인 논리를 구사하면서도 그리스도교 지식을 척도로 당대 문화와 사상들을 평가한다.

[29] 정의를 덕목의 여왕으로 보는 플라톤의 윤리학을 연상시킨다. Cf. Plato, *Respublica* 433a - 435a.

[30] 14.8.1-3 참조.

[31] 겔리우스의 글(*Noctes Atticae* 19.1.15-20)에 에픽테투스의 책(*Dissertationes ab Arriano digestae*)에서 보았다면서 전해주는 예화가 있다.

[32] Cicero, *Oratio pro Ligario* 12.37.

[33] 동정심(συμπαθεια) 혹은 자비심(misericordia)을 마음의 동요로 여기면서도(Diodorus Siculus, *Bibliotheca* 13.57.2), 고대세계에서 이 감정은 우애와 연대감 및 정의감의 중요한 요소로 여겨져 왔다. 예: Aristoteles, *Ethica Nicomachea* 1155a; Cicero, *De finibus bonorum et malorum* 3.20.65-67.

[34] Cf. Epictetus, *Manuale* 16; *Dissertationes* 27.

[35] 앞의 각주 21 참조.

5. 정염이 그리스도인들의 정신을 사로잡을 경우에도 그들은 악덕에 물들기보다 덕성을 단련한다

그리스도교 교양이 담긴 성서가 이런 정염에 관해 무엇이라고 가르치는지를 지금 장황하고 상세하게 논할 필요는 없다.[28] 성서는 지성 자체가 하느님께 복속하여 통솔받고 보조받는 것으로 파악하며, 정염들은 인간 지성에 통제받고 제어당함으로써 정의로 소급되는 무엇으로 파악한다.[29] 우리 그리스도교 교양에서는 경건한 정신이 화를 내는가 여부를 따지지 않고 왜 화를 내는가를 묻는다. 슬퍼하는가의 여부를 따지지 않고 왜 슬퍼하는가를 묻는다. 두려워하는가의 여부를 따지지 않고 무엇을 두려워하는가를 묻는다. 죄를 짓는 사람을 바로잡아 주려고 화내는 일, 고통받는 사람을 위로해 주려고 슬퍼하는 일, 위험에 처한 사람이 죽을까봐 두려워하는 일, 생각이 온전한 사람이라면 이런 일을 질책하지는 않을 것이라고 생각한다. 스토아 학파는 자비심마저 꾸짖는 것이 예사다.[30] 하지만 난파에 대한 두려움으로 동요하는 스토아 학자보다는 인간을 해방하려는 동정심으로 동요하는 스토아 학자가 더 영예롭지 않은가![31] 자비심이야말로 경건하다는 사람들의 감성보다도 훨씬 훌륭하고 훨씬 인간다운 것이다. 그러기에 키케로도 카이사르를 칭송하면서 "당신의 덕성 가운데서 무엇보다도 탄복스럽고 무엇보다도 고마운 것이 있으니 곧 자비심이다"[32]라고 했다. 그리고 자비심이란 다른 사람의 곤궁을 보고 우리 마음에 일어나는 감정, 할 수 있는 대로 가서 돕지 않을 수 없는 감정이 아니고 무엇인가? 곤궁한 사람에게 베풀어 주고 후회하는 사람을 용서할 때처럼 자비심이 베풀어짐으로써 정의가 보전된다면 이런 동요는 올바른 이성에 봉사하고 있는 것이다.[33] 스토아 학파가 이 감정을 악덕 가운데 열거하면서도 부끄러워하지 않았던 반면 위대한 웅변가 키케로는 이 감정을 덕성이라고 부르기를 주저하지 않았다. 고명한 스토아 학파 에픽테투스의 책에 나오듯이,[34] 스토아 학파는, 이 학파의 첫째가는 위치를 차지하는 제노와 크리시푸스의 가르침에 따라서,[35] 이런 유의 정염이 현자들에게도 일어날 수 있다는 것을 인정하고 있다. 그들은 현자들이 일체의 악덕에서 자유로운 인간이 되기를 바라면서도 이런 감정이 현자에게도 일어날 수 있다고

consequens, ut haec ipsa non putent uitia, quando sapienti sic accidunt, ut contra uirtutem mentis rationemque nihil possint, et una sit eademque sententia Peripateticorum uel etiam Platonicorum et ipsorum Stoicorum, sed, ut ait Tullius, uerbi controuersia iam diu torqueat homines Graeculos contentionis cupidiores quam ueritatis. Sed adhuc merito quaeri potest, utrum ad uitae praesentis pertineat infirmitatem etiam in quibusque bonis officiis huiusce modi perpeti affectus, sancti uero angeli et sine ira puniant, quos accipiunt aeterna Dei lege puniendos, et miseris sine miseriae compassione subueniant, et periclitantibus eis, quos diligunt, sine timore opitulentur; et tamen istarum nomina passionum consuetudine locutionis humanae etiam in eos usurpentur propter quandam operum similitudinem, non propter affectionum infirmitatem, sicut ipse Deus secundum scripturas irascitur, nec tamen ulla passione turbatur. Hoc enim uerbum uindictae usurpauit effectus, non illius turbulentus affectus.

6. Qua interim de sanctis angelis quaestione dilata uideamus quem ad modum dicant Platonici medios daemones inter deos et homines constitutos istis passionum aestibus fluctuare. Si enim mente ab his libera eisque dominante motus huiusce modi paterentur, non eos diceret Apuleius simili motu cordis et salo mentis per omnes cogitationum aestus fluctuare.

---

[36] homines Graeculi ("그리스 풍의 인간들"): cf. Cicero, *De oratore* 1.11.47.

[37] nomina passionum consuetudine locutionis humanae: 교부는 그런 언표들을 신적 정의와 섭리의 표명으로 해설한다. Cf. *Enarrationes in Psalmos* 곳곳.

[38] 하느님의 분노는 성서의 주요한 언표 가운데 하나로서(예: 2열왕[2사무] 24,16; 4[2]열왕 19,35; 다니 13,55; 로마 1,18; 골로 3,6) 교부들도 신학적 해명에 고심했다. 예: Lactantius, *De ira Dei*; Origenes, *De principiis* 2.4.4.

[39] Apuleius, *De deo Socratis* 12. 앞의 9.3 참조.

인정한 것이다. 그러므로 결과적으로 스토아 학파는 정염들이 현자들을 엄습할 때도 이런 정염을 악덕으로 여기지 않았다는 말인데, 왜냐하면 이 정염 탓으로 현자들이 이성과 미덕에 반해 행동하지는 않기 때문이다. 이 점에서는 소요학 파나 플라톤 학파나 심지어 스토아 학파의 생각이 같다. 그러나 툴리우스 키케로가 말한 것처럼, 언어상의 논쟁이 오랫동안 그리스 풍의 인간들을 괴롭혀 왔다고 하겠다. 그들을 이런 식으로 일컫는 이유는 그들이 진리보다는 시비를 더 즐겼기 때문이다.[36] 그러나 선량한 직무를 수행하는 중에도 우리는 이런 감정들을 겪게 되는데, 이 감정들이 과연 현세 삶의 약점인가 아닌가 하는 질문이 제기될 수 있겠다. 왜냐하면 거룩한 천사들은 하느님의 영원한 법에 따라 벌받을 사람으로 사로잡은 자들에게 벌을 주면서도 분노하지 않고, 가련한 사람들을 도우면서도 곤궁에 대한 공감을 느끼지 않으며, 위험에 처한 사람들을 사랑하여 보살필 적에도 두려움을 느끼지 않기 때문이다. 그런데도 인간 언어는 관례적으로 천사들에게도 이런 정염을 가리키는 명사들을 부연해서 기술한다. 천사들이 감정의 취약성을 가졌다는 이유에서보다는 그들의 행동이 감정에서 우러나는 인간 행동과 비슷하다는 이유에서다.[37] 그래서 성서에 의하면 하느님도 노여워한다고 하는데 어떤 정염도 그분을 어지럽게 할 수는 없다. 따라서 이런 단어는 하느님이 내린 징벌의 효과를 나타내는 말이지 그분의 감정의 동요를 나타내는 말이 아니다.[38]

6. 아풀레이우스에 따르면 그가 단언한 바, 인간이 신의 보우를 받도록 매개한다는 정령도 정염에 시달린다

거룩한 천사들에 관한 문제는 잠시 미루고서 플라톤 학파가 신과 인간 중간에 위치시킨 정령들이 어떻게 해서 정염의 동요에 시달린다는지 살펴보자. 만약 그들이 지성으로 해서 정염으로부터 자유롭고 정염들을 제압하는 가운데 이런 동요를 겪는다고 한다면, 아풀레이우스가 군이 정령들의 지성은 갖가지 사념으로 흔들린다는 말을 하지 않았을 것이다.[39] 만약 그들이 지성을 가지고 있다면, 그 소유자들을 이성적 존재로 만드는 그 지성을 가지고 있다면 정신의

Ipsa igitur mens eorum, id est pars animi superior, qua rationales sunt, in qua uirtus et sapientia, si ulla eis esset, passionibus turbulentis inferiorum animi partium regendis moderandisque dominaretur, — ipsa, inquam, mens eorum, sicut iste Platonicus confitetur, salo perturbationum fluctuat. Subiecta est ergo mens daemonum passionibus libidinum formidinum irarum atque huiusmodi ceteris. Quae igitur pars in eis libera est composque sapientiae, qua placeant diis et ad bonorum morum similitudinem hominibus consulant, cum eorum mens passionum uitiis subiugata et oppressa, quidquid rationis naturaliter habet, ad fallendum et decipiendum tanto acrius intendat, quanto eam magis possidet nocendi cupiditas?

7. Quod si quisquam dicit, non ex omnium, sed ex malorum daemonum numero esse, quos poetae quorundam hominum osores et amatores deos non procul a ueritate confingunt (hos enim dixit Apuleius salo mentis per omnes cogitationum aestus fluctuare): quo modo istud intellegere poterimus, quando, cum hoc diceret, non quorundam, id est malorum, sed omnium daemonum medietatem propter aeria corpora inter deos et homines describebat? Hoc enim ait fingere poetas, quod ex istorum daemonum numero deos faciunt et eis deorum nomina inponunt et quibus uoluerint hominibus ex his amicos inimicosque distribuunt ficti carminis inpunita licentia, cum deos ab his daemonum moribus et caelesti loco et beatitudinis opulentia remotos esse perhibeat. Haec est ergo fictio poetarum deos dicere, qui dii non sunt, eosque sub deorum nominibus inter se decertare

---

[40] 아우구스티누스는 이교 신앙세계의 "정령"(daemon)을 서서히, 또 의도적으로 그리스도인들이 개념하는 "악마" 혹은 "악령"으로 윤색해 간다.

우월한 부분인 그들의 지성이 정신의 하위 부분인 격한 정염 위에서 작동하면서 그것들을 지배하고 절제시킬 것이다. 내가 하려는 말은, 저 플라톤 학파 아풀레이우스가 공언한 것처럼, 정령들의 지성은 갖가지 사념으로 흔들리고 있다는 것이다. 다시 말해 정령들의 지성은 욕정과 공포와 분노와 그밖의 정염에 예속되어 있다! 그렇다면 정령들의 어느 부분이 정염으로부터 자유로우며, 신들을 기쁘게 하고 인간들이 좀더 선한 몸가짐을 갖추도록 고무하는 지혜를 갖추고 있다는 말인가? 정령들의 지성은 정염의 악덕에 예속되고 짓눌려 있다. 설령 그들이 천성적으로 이성적인 무엇을 갖추었다고 하더라도 사람을 해코지하려는 심술이 그 지성을 사로잡고 있는 이상, 우리를 기만하고 속이는 데만 치밀하게 마음을 쓰는 터에 어떻게 그런 이성적 행동을 할 수 있겠는가?[40]

7. 플라톤 학파는 신들이 상반된 이익을 도모하여 다투는 것처럼 시인들이 그려냄으로써 신들의 명예를 실추시켰다고 주장하며 이런 다툼에 휘말리고 있는 것은 신들이 아니라 정령들이라고 변명한다

　시인들은 어떤 신들이 어떤 인간을 미워하거나 사랑하는 것처럼 묘사하는데 이것이 진실에서 완전히 동떨어진 얘기는 아니다. 그런데 혹자는 모든 정령의 무리가 그런 것이 아니고 일부 악한 정령의 무리가 그렇게 한다고 변명할지 모르겠다. (여하튼 아풀레이우스는 그들의 지성이 갖가지 사념으로 흔들린다고 했다.) 그러면 아풀레이우스가 악령들뿐 아니라 모든 정령이 그 공기 신체空氣身體로 인해 신들과 인간들 사이를 매개하는 것처럼 묘사한 것을 우리는 어떻게 이해해야 하는가? 아풀레이우스는 단지 이런 정령들의 무리를 신으로 만들고, 정령들에게 신의 이름을 붙이며, 그가운데 일부가 어떤 사람들에게는 호의적이고 어떤 사람들에게는 적대적인 것처럼 역할을 분담시킨 것은 시인들이 꾸며낸 짓이라고 했다. 무슨 얘기를 해도 아무 지탄을 받지 않고 무엇을 창작하는 일종의 시적詩的 방종에 해당한다는 말이다. 그러나 신들은 천상에 거처한다는 점과 충분히 행복하다는 점에서 정령들의 행태와는 거리가 멀다는 말도 할지 모르겠다. 그러니까 신이 아닌 것들을 신이라고 하거나, 그것들이 신의 이름을 빙자하여 인간을 두고 자기

propter homines, quos pro studio partium diligunt uel oderunt. Non procul autem a ueritate dicit hanc esse fictionem, quoniam deorum appellati uocabulis, qui dii non sunt, tales tamen describuntur daemones, quales sunt. Denique hinc esse dicit Homericam illam Mineruam, «quae mediis coetibus Graium cohibendo Achilli interuenit.» Quod ergo Minerua illa fuerit, poeticum uult esse figmentum, eo quod Mineruam deam putat eamque inter deos, quos omnes bonos beatosque credit, in alta aetheria sede conlocat, procul a conuersatione mortalium; quod autem, aliquis daemon fuerit Graecis fauens Troianisque contrarius, sicut alius aduersus Graecos Troianorum opitulator, quem Veneris seu Martis nomine idem poeta commemorat, quos deos iste talia non agentes in habitationibus caelestibus ponit, et hi daemones pro eis, quos amabant, contra eos, quos oderant, inter se decertauerint: hoc non procul a ueritate poetas dixisse confessus est. De his quippe ista dixerunt, quos hominibus simili motu cordis et salo mentis per omnes cogitationum aestus fluctuare testatur, ut possint amores et odia non pro iustitia, sed sicut populus similis eorum in uenatoribus et aurigis secundum suarum studia partium pro aliis aduersus alios exercere. Id enim uidetur philosophus curasse Platonicus, ne, cum haec a poetis canerentur, non a daemonibus mediis, sed ab ipsis diis, quorum nomina poetae fingendo ponunt, fieri crederentur.

---

[41] Apuleius, *De deo Socratis* 11; Homerus, *Illias* 1.192-198 참조.

[42] 8.14.1 참조. Cf. *Enarrationes in Psalmos* 39.8-9.

[43] Cf. Apuleius, *De deo Socratis* 12: "신은 여하한 미움이든 사랑이든 시간적 감정을 느끼지 않는다. ⋯ 신은 영혼의 모든 정염으로부터 자유로워 번민하지도, 기뻐하지도 않고, 한 뜻이 다른 뜻에 상반되는 갈등도 겪지 않는다."

[44] 시인들의 시가에 나타난 신들과 정령들의 역할은 선악이나 상벌의 관점에서 분배된 것도 아니고 우주를 지배하는 정의를 원리로 삼고 있지도 않기 때문에 철학자들의 비판을 받는다. 예: Plato, *Respublica* 396d.

네끼리 다투거나, 당파에 따라 인간들을 사랑하거나 증오하는 이 모든 것은 사실이 아니고 시인들이 지어낸 허구라는 말이다. 여하튼 아풀레이우스가 이것이 허구라고 한 말만은 진실과 그다지 동떨어진 얘기가 아니다. 신이 아니면서도 신이라는 명칭으로 불린다는 말, 그런 존재들을 정령이라고 부르며 실제로 그들이 정령이라고 하는 말은 그다지 동떨어진 얘기가 아니다. 그러면서 아풀레이우스는 호메루스의 시가에 나오는 저 유명한 미네르바도 실은 그 정령들의 무리에 속한다는 말까지 한다. 미네르바는 "그리스인들의 무리 한가운데로 들어가서 아가멤논을 죽이지 못하게 아킬레스를 제지시킨" 바 있다.[41] 아풀레이우스는 여기 등장하는 미네르바를 시적 허구라고 여긴다. 진짜 미네르바는 여신이어서 선하고 신성하다고 생각되는 신들 가운데 자리잡고 있고 영기(靈氣)에 그 처수를 두고 있으므로 사멸하는 자들과 교제하지 않는다고 여기는 까닭이다. 그러므로 그리스인들에게는 호의적인데 트로야인들에게는 적대적 정령이 있고 그리스인들에게는 적대자이지만 트로야인들에게는 후원자가 되는 다른 정령도 있으며, 시인 호메루스가 이 정령들에게 베누스니 마르스니 하는 이름을 붙여 기억에 남겼다는 말이다. 그들이 신다운 행동을 하지 않는데도 천상 처소에다 자리잡게 한 것도 시인이라는 말이다. 또 이 정령들은 자기들이 좋아하는 사람들을 편들고 자기들이 미워하는 사람들을 적대시하여 자기네끼리 서로 다투었다는 말도 했다. 아풀레이우스가 시인들이 이 모든 것을 꾸며냈다고 자백했을 때, 그 사실은 진실에서 그다지 동떨어진 얘기가 아니었다. 시인들이 이 정령들에 관해 그런 말을 한 것도 사실이고, 정령들이 인간들과 흡사하게 마음의 동요와 지성의 풍랑을 맞아 온갖 생각과 번뇌로 소용돌이치는 존재라는 증언도 아풀레이우스가 하고 있다. 그래서 그들은 사랑과 증오를 쏟아내지만, 정의에 입각한 것이 아니라 마치 군중이 자기 편에 따라서 경기장의 맹수 사냥꾼이나 마차 경주자들을 상대로 누구는 편들고 누구는 욕하는 것과 흡사한 짓이다.[42] 저 플라톤주의 철학자는 이렇게 함으로써, 시인들이 이런 이야기를 지어 노래부를 때 그 이야기들이 신에 관한 것이라고 믿는 일이 없도록(시인들은 그들의 시에서 정령의 이름에 신의 이름을 사용한다),[43] 중간 위치를 차지하고 있는 정령들에 관한 것이라고 믿도록 마음을 쓴 것 같다.[44]

8. Quid? Illa ipsa definitio daemonum parumne intuenda est (ubi certe omnes determinando complexus est), quod ait daemones esse genere animalia, animo passiua, mente rationalia, corpore aeria, tempore aeterna? In quibus quinque commemoratis nihil dixit omnino, quo daemones cum bonis saltem hominibus id uiderentur habere commune, quod non esset in malis. Nam ipsos homines cum aliquanto latius describendo complecteretur, suo loco de illis dicens tamquam de infimis atque terrenis, cum prius dixisset de caelestibus diis, ut commendatis duabus partibus ex summo et infimo ultimis tertio loco de mediis daemonibus loqueretur: «Igitur homines, inquit, ratione gaudentes, oratione pollentes, inmortalibus animis, moribundis membris, leuibus et anxiis mentibus, brutis et obnoxiis corporibus, dissimilibus moribus, similibus erroribus, peruicaci audacia, pertinaci spe, casso labore, fortuna caduca, singillatim mortales, cuncti tamen uniuerso genere perpetui, uicissim sufficienda prole mutabiles, uolucri tempore, tarda sapientia, cita morte, querula uita terras incolunt.» Cum hic tam multa diceret, quae ad plurimos homines pertinent, numquid etiam illud tacuit, quod nouerat esse paucorum, ubi ait «tarda sapientia»? Quod si praetermisisset, nullo modo recte genus humanum descriptionis huius tam intenta diligentia terminasset. Cum uero deorum excellentiam commendaret, ipsam beatitudinem, quo uolunt homines per sapientiam peruenire, in eis adfirmauit excellere. Proinde si aliquos daemones bonos uellet intellegi, aliquid etiam in ipsorum descriptione poneret, unde uel cum diis aliquam beatitudinis partem, uel cum hominibus qualemcumque

---

[45] Cf. Apuleius, *De deo Socratis* 13; 본서 8.16.

[46] nihil ... cum bonis hominibus commune, quod non esset in malis: 정령들에 대한 교부의 혹독한 평가를 드러내는 문장이다.

[47] singillatim mortales, cuncti tamen universo genere perpetui: 스토아의 대표적 인간관으로 사해동포 사상도 이 개념에서 비롯한다.

[48] Apuleius, *De deo Socratis* 4.

8. 천상 신과 공중 정령과 지상 인간에 관한 플라톤 학파 아풀레이우스의 정의

과연 그런가? 그렇다면 정령들에 관한 정의를 살펴보는 것도 대수롭지 않은 일일까(그는 정령의 모든 특성을 다음과 같이 함축시켜 놓았다)? 아풀레이우스의 말에 의하면 정령은 종류로는 생명체요 정신으로는 피동적이며 지성에 있어서는 이성적이고 육신에 있어서는 공중 존재이며 시간적으로는 영원하다.[45] 여기 언급된 다섯 가지 사항들 가운데에는 선한 인간들과 공통점이 될 만한 것은 아무것도 없으며 악한 인간들에게서 발견되지 않는 것도 아무것도 없다.[46] 다른 대목에서 아풀레이우스는 인간에 대해 더 길게 논하는데 그는 인간을 최하위 존재요 지상적 존재로 다루고 있다. 제일 먼저는 천상 신들에 대해 논했다. 그는 이렇게 두 극단을 설명하고 나서 셋째로 그들 사이에 있는 중간존재인 정령들에 대해 이야기한다: "인간으로 말할 것 같으면 이성을 향유하고 언어를 갖추었으며 그 영혼은 불멸하지만 그 지체는 사멸하는 존재이다. 인간은 경박하고 불안정한 지성, 굼뜨고 상하기 쉬운 신체, 서로 다른 행동거지, 서로 비슷한 과오를 특징으로 한다. 인간들은 잘못, 무모한 대담성, 집요한 희망, 무익한 수고, 무상한 운명에 있어서 서로 비슷하다. 개개인은 사멸하지만 보편 종으로는 모두가 영속하며,[47] 짧은 간격으로 자손을 보충하면서 유전流轉한다. 그들은 덧없는 세월, 아둔한 지혜, 신속한 죽음, 한많은 인생으로 지상에 머물다 가버린다."[48] 여기서 대다수 인간에게 해당하는 참으로 많은 특징을 언급했음에 틀림없는데, "아둔한 지혜"라는 글귀를 쓴 것으로 보아, 소수 인간들에게만 해당한다는 사실을 알았으면서도, 인간의 가장 중요한 점을 빠뜨리지 않았다고 여겨지지 않는가? 그가 만약 지혜라는 특성을 간과했더라면, 아무리 진지하고 부지런하게 인간의 특성을 열거했다고 하더라도 인류를 제대로 묘사하지 못했다고 할 것이다. 반면에 그가 신들의 탁월함을 언급할 적에 신들이 무엇보다도 저 지복至福, 인간들이 지혜를 통해 도달하고자 희구하는 저 지복에 있어서 탁월하다고 주장했다. 그러므로 일부 정령들이라도 선한 존재로 보이기를 바랐더라면, 아풀레이우스는 정령들을 묘사함에 있어서 부분적 지복으로라도 신들과 공유하는 점이 있다고 여길 만하거나, 모종의 지혜로나마 인간들과 공

sapientiam putarentur habere communem. Nunc uero nullum bonum eorum commemorauit, quo boni discernuntur a malis. Quamuis et eorum malitiae liberius exprimendae pepercerit, non tam ne ipsos, quam ne cultores eorum, apud quos loquebatur, offenderet: significauit tamen prudentibus, quid de illis sentire deberent, quando quidem deos, quos omnes bonos beatosque credi uoluit, ab eorum passionibus atque, ut ait ipse, turbelis omni modo separauit, sola illos corporum aeternitate coniungens, animo autem non diis, sed hominibus similes daemones apertissime inculcans; et hoc non sapientiae bono, cuius et homines possunt esse participes, sed perturbatione passionum, quae stultis malisque dominatur, a sapientibus uero et bonis ita regitur, ut malint eam non habere quam uincere. Nam si non corporum, sed animorum aeternitatem cum diis habere daemones uellet intellegi, non utique homines ab huius rei consortio separaret, quia et hominibus aeternos esse animos procul dubio sicut Platonicus sentit. Ideo cum hoc genus animantum describeret, inmortalibus animis, moribundis membris dixit esse homines. Ac per hoc si propterea communem cum diis aeternitatem non habent homines, quia corpore sunt mortales: propterea ergo daemones habent, quia corpore sunt inmortales.

9. Quales igitur mediatores sunt inter homines et deos, per quos ad deorum amicitias homines ambiant, qui hoc cum hominibus habent deterius,

[49] 플라톤 철학에서 인간의 사멸성과 정염에 의한 감수성은 정령의 불멸성과 감수성에 자주 비견되었다. 다만 인간의 사후에 인간 안에 깃들어 있던 정령(daemon)이 저 감수성을 벗어나 신성에 참여하기에 이른다는 설명이 덧붙여졌다: Plato, *Phaedo* 71d - 72e; *Gorgias* 522e - 525a; Plotinus, *Enneades* 6.7.6.

유하는 점이 있다고 여길 만한 면을 제시해야 했다. 그런데도 선한 정령을 악한 정령으로부터 구별할 만한, 정령들의 선성善性에 대해서는 전혀 언급하지 않았다. 그는 정령들의 악의를 거침없이 표명하기를 삼갔다. 그것은 정령들의 비위를 건드리지 않기 위해서만 아니라 아풀레이우스의 말상대가 되던, 정령 숭배자들의 비위를 건드리지 않기 위해서였다. 그런 그도 현명한 사람들에게는, 정령들에 관해 어떻게 생각해야 할 것인지를 넌지시 가르쳐 주었다. 신들에 대해 이야기할 때 그는 우리가 신이란 모두 선하며 행복한 존재라고 믿기를 바랐기에 정령들이 겪는 정염과 소란에서 신들을 완전히 격리시켰다. 그는 단지 신체의 영원성이라는 점에서만 정령들을 신들과 결부시켰고, 정신에 있어서는 정령들이 신늘보다는 인간들과 흡사하다는 점을 아주 노곰적으로 강조한 바 있다. 그러므로 정령이 인간과 흡사한 것은 그들이 지혜의 선을 소유하고 있어서가 아니라 정염의 소란에 너무 쉽게 휘말리기 때문이다. 그 정염의 소요가 어리석고 사악한 인간들을 지배하지만 현명한 사람과 선한 사람에 의해서는 극복되는 것이다. 사실 현자들과 선인들이라면 정염의 소란을 전혀 경험하지 않게 되기를 바라고, 가능하다면 그것을 극복하기를 바랄 따름이다. 만일 정령들이 신들과 공유하고 있는 것이 신체의 영원성이 아니고 영혼의 영원성으로 인식되기를 바랐더라면 아풀레이우스는 인간 역시 이런 공동 운명에서 제외하지 않았을 것 같다. 그는 플라톤 학파로서 인간에게도 영원한 영혼이 있음에 의심의 여지가 없다고 생각했기 때문이다.[49] 이런 이유로 그는 인간을 정의하면서 종류로는 생명체요 영혼은 불멸하고 지체는 사멸한다고 말했던 것이다. 그래서 인간은 신들과 더불어 영원성을 공유하지 못하는데 신체적으로 사멸하기 때문이고, 같은 이유로 정령들은 신들과 더불어 영원성을 공유하는데 신체적으로 불멸하기 때문이다.

9. 정령들의 조정으로 해서 천상 신들의 우애가 인간을 보살필 수 있는가

그렇다면 인간과 신 사이의 중개자라는 이들, 그들을 통해 인간이 신들의 우호友好를 얻자고 염원하게 되는 이들은 과연 어떤 존재인가? 인간과 공유하는 부

quod est in animante melius, id est animum; hoc autem habent cum diis melius, quod est in animante deterius, id est corpus? Cum enim animans, id est animal, ex anima constet et corpore, quorum duorum anima est utique corpore melior, etsi uitiosa et infirma, melior certe corpore etiam sanissimo atque firmissimo, quoniam natura eius excellentior nec labe uitiorum postponitur corpori, sicut aurum etiam sordidum argento seu plumbo, licet purissimo, carius aestimatur: isti mediatores deorum et hominum, per quos interpositos diuinis humana iunguntur, cum diis habent corpus aeternum, uitiosum autem cum hominibus animum; quasi religio, qua uolunt diis homines per daemones iungi, in corpore sit, non in animo constituta. Quaenam tandem istos mediatores falsos atque fallaces quasi capite deorsum nequitia uel poena suspendit, ut inferiorem animalis partem, id est corpus, cum superioribus, superiorem uero, id est animum, cum inferioribus habeant, et cum diis caelestibus in parte seruiente con- iuncti, cum hominibus autem terrestribus in parte dominante sint miseri? Corpus quippe seruum est, sicut etiam Sallustius ait: «Animi imperio, corporis seruitio magis utimur.» Adiunxit autem ille: «Alterum nobis cum diis, alterum cum beluis commune est», quoniam de hominibus loqueba- tur, quibus sicut beluis mortale corpus est. Isti autem, quos inter nos et deos mediatores nobis philosophi prouiderunt, possunt quidem dicere de animo et corpore: Alterum nobis cum diis, alterum cum hominibus com- mune est; sed, sicut dixi, tamquam in peruersum ligati atque suspensi,

---

[50] *animans*, id est *animal*, ex *anima* constet et corpore: 모든 단어가 anima에서 기인하므로 두음법으로 수사학적 강세법을 썼다.

[51] in parte seruiente ... in parte dominante: 노예의 봉사(신체)와 주인의 통치(영혼) 영역에 제각기 중개하는 부분들과 갖는 공통점(양자와 공통점이 있어야 중개 역할이 이루어진다)으로 인해 정령들은 박쥐 모양 거꾸로 서 있는(quasi capite deorsum) 우스꽝스런 모습으로 희화화된다.

[52] Sallustius, *De coniuratione Catilinae* 1.2.

분을 놓고 볼 때, 정령들은 인간과 신 사이의 중개자라면서 모든 생명체의 고상한 부분인 영혼이라는 측면에서는 인간보다 더 결함이 많다. 반면에 신들과 공유하는 부분을 놓고 볼 때 생명체의 좀 하위 부분인 신체라는 측면에서만 인간을 능가한다. 무릇 생명체 곧 동물은 영혼과 신체로 구성되어 있고,[50] 이 두 가지 요소들 가운데에서는 영혼이 신체보다 고상하다. 비록 악덕에 차 있고 취약하다고 하더라도 영혼은 심지어 더할 나위 없이 건강하고 힘센 신체보다도 고상하다. 그 이유는 영혼의 본성의 탁월함은 아무리 악덕이 감염된다고 하더라도 신체보다 떨어지지는 않기 때문이다. 이것은 금이 비록 심하게 때가 묻었다고 하더라도 은이나 납, 더없이 순도높은 은이나 납보다 훨씬 가치가 있는 것과 마찬가지이나. 그러나 신과 인간 사이의 이 중개자들, 그 중개로 해서 인간적인 것이 신적인 것과 결합한다고 하는 그 중개자들이 신들과 공유하는 것은 영원한 신체인 반면에, 인간과 공유하는 것은 흠이 많은 영혼이라고 한다. 그렇다면 정령들을 사이에 넣어 인간과 신들을 결합하는 종교라는 것은 영혼이 아니라 신체에 바탕을 두고 있다는 말이 아닌가! 거짓된 데다가 인간을 기만하는 저 중개자들이 머리를 아래로 하고 거꾸로 매달려 있는 꼴이라니 얼마나 한심한 불행이요 형벌인가? 생명체의 아랫부분인 신체는 불멸한다는 점에서 상위 존재들과 공유하고, 생명체의 윗부분인 영혼은 정염에 시달린다는 점에서 하위 존재들과 공유하고 있다니 하는 말이다. 정령들은 영육 합성체로서 봉사하는 부분으로는 천상 신들과 결합되어 있으나 정작 통치하는 부분으로는 지상의 인간들과 비참하게 결합되어 있다.[51] 살루스티우스도 말하지만 신체는 봉사하는 것이다: "우리는 영혼은 통치하는 데에, 신체는 봉사하는 데에 주로 사용한다." 그리고 한마디 덧붙인다: "영혼은 우리가 신들과 함께하는 것이고 신체는 우리가 짐승들과 공유하는 것이다."[52] 그가 인간에 관해 말하려던 것은 짐승처럼 사멸하는 신체를 지녔다는 점이었다. 철학자들이 우리에게 신과 인간 사이의 중개자로 마련해 준 저 존재들도 영혼과 신체를 두고 같은 말을 하겠다: "신체는 우리가 신들과 함께하는 것이고 영혼은 우리가 인간들과 공유하는 것이다!" 하지만 그 모습은 내가 방금 한 말처럼, 거꾸로 매달려 묶여 있는 꼴이다. 노예라 할 신체는 복된

seruum corpus cum diis beatis, dominum animum cum hominibus mise-
ris, parte inferiore exaltati, superiore deiecti. Vnde etiamsi quisquam
propter hoc eos putauerit aeternitatem habere cum diis, quia nulla morte,
sicut animalium terrestrium, animi eorum soluuntur a corpore: nec sic
existimandum est eorum corpus tamquam honoratorum aeternum uehicu-
lum, sed aeternum uinculum damnatorum.

10. Plotinus certe nostrae memoriae uicinis temporibus Platonem ceteris
excellentius intellexisse laudatur. Is cum de humanis animis ageret: «Pa-
ter, inquit, misericors mortalia illis uincla faciebat.» Ita hoc ipsum, quod
mortales sunt homines corpore, ad misericordiam Dei patris pertinere
arbitratus est, ne semper huius uitae miseria tenerentur. Hac misericordia
indigna iudicata est iniquitas daemonum, quae in animi passiui miseria
non mortale sicut homines, sed aeternum corpus accepit. Essent quippe
feliciores hominibus, si mortale cum eis haberent corpus et cum diis ani-
mum beatum. Essent autem pares hominibus, si cum animo misero corpus
saltem mortale cum eis habere meruissent; si tamen adquirerent aliquid
pietatis, ut ab aerumnis uel in morte requiescerent. Nunc uero non solum
feliciores hominibus non sunt animo misero, sed etiam miseriores sunt
perpetuo corporis uinculo. Non enim aliqua pietatis et sapientiae disci-
plina proficientes intellegi uoluit ex daemonibus fieri deos, cum apertissi-
me dixerit daemones aeternos.

---

[53] parte inferiore exaltati, superiore deiecti: 역설적 반어법으로 정령의 중간위치를 조롱한다.

[54] eorum corpus tamquam honoratorum *aeternum vehiculum*, sed *aeternum vinculum* damnatorum: 영
원한 지복에 이르지 못하면 영생은 쇠사슬일 따름이다.

[55] 고대 서구세계의 정령을 그리스도교 호교론에서 반역하는 천사요 인간을 유혹하는 악마요 영원
히 단죄받은 신령으로 변모시키고 있다(마태 4,5; 25,41; 1요한 3,8 참조). Cf. Irenaeus, *Adversus hae-
reses* 5.24.3; Tertullianus, *Apologeticum* 22.4-5.

[56] Cf. Porphyrius, *Vita Plotini* 15. 플로티누스(205~270)와 아우구스티누스(354~430) 사이에는 한
세기 반의 상거가 있을 따름이다.

[57] Plotinus, *Enneades* 4.3.12(본서 10.30 참조).

신들과 함께하고 주인되는 영혼은 가련한 인간들과 공통되기 때문이다. 다시 말해 정령들은 하위 부분에 있어서는 현양되고 상위 부분에 있어서는 실추되어 있는 것이다.[53] 지상 생물체들과 달리 죽어서 영혼과 신체가 분리되는 일이 없기 때문에 그들도 신들처럼 영원성을 지니고 있다고 여길 수는 있다. 그런데도 우리는 그들의 신체를 영화로운 존재들을 싣고 가는 영원한 수레로 여기기보다는 단죄받은 존재들을 잡아묶는 영원한 쇠사슬로[54] 여겨야 한다.

10. 플로티누스에 의하면, 사멸하는 신체를 가진 인간들이 불사의 신체를 가진 정령들보다 덜 가련하다[55]

플로티누스는 우리 기억에 가까운 시대의 인물로서 다른 누구보다도 플라톤을 완벽하게 이해한 것으로 칭송받고 있다.[56] 그는 인간 정신을 논하면서 "자비로운 아버지가 인간들에게 만들어 준 신체라는 사슬은 소멸하는 사슬이었다"[57]는 말을 한 바 있다. 그러니까 그는 인간의 신체가 사멸한다는 사실 자체가 아버지 하느님의 자비에 해당한다고, 사람이 가련한 이 인생에 영영 붙들려 있지 않게 하려는 배려라고 여겼던 것이다. 그렇다면 정령들의 사악함은 이런 자비를 입기에 합당하지 못하다고 판정받은 셈이다. 그 사악함은 정염에 종속되는 영혼의 비참함에 더해(사람들처럼 사멸하는 신체가 아니라) 영원한 신체를 배당받고 만 것이다. 차라리 정령들도 인간들과 더불어 사멸하는 신체를 지녔고 신들과 더불어 복된 영혼을 지녔더라면 인간들보다 행복했을지 모른다. 가련한 영혼에다 인간들과 더불어 사멸하는 신체를 지닐 자격만 있었더라도 적어도 인간들과 동등한 입장은 되었을 것이다. 최소한 그런 자비라도 입었더라면 죽음으로나마 불행에서 벗어나 안식을 얻을 수 있었으리라. 그러니 사실상 정령들은 가련한 정신으로 인해 인간들보다 더 행복하지는 못할 뿐 아니라 신체의 영원한 사슬로 인해 인간들보다 더 비참한 처지다. 아풀레이우스는 정령들은 영원히 정령이라고 아주 분명하게 단언했다. 그렇게 말함으로써, 그는 우리가 정령들이 어떤 신앙심이나 지혜를 훈련시켜 성장함으로써 신이 되는 것이 아닌가 오해하는 일이 없기를 바랐던 것이다.

11. Dicit quidem et animas hominum daemones esse et ex hominibus fieri lares, si boni meriti sunt; lemures, si mali, seu laruas; manes autem deos dici, si incertum est bonorum eos seu malorum esse meritorum. In qua opinione quantam uoraginem aperiant sectandis perditis moribus, quis non uideat, si uel paululum adtendat? Quando quidem quamlibet nequam homines fuerint, uel laruas se fieri dum opinantur, uel dum manes deos, tanto peiores fiunt, quanto sunt nocendi cupidiores, ut etiam quibusdam sacrificiis tamquam diuinis honoribus post mortem se inuitari opinentur, ut noceant. Laruas quippe dicit esse noxios daemones ex hominibus factos. Sed hinc alia quaestio est. Inde autem perhibet appellari Graece beatos εὐδαίμονας, quod boni sint animi, hoc est boni daemones, animos quoque hominum daemones esse confirmans.

11. 인간 영혼이 신체를 벗어나면 정령이 된다는 플라톤 학파의 견해

어떤 사람은 인간들의 영혼도 정령이라고 말하는가 하면 그럴 만한 공적이 있으면 신주가 되고 악하면 귀신이나 유령이 되고 선한 공적이 있는지 악한 업보만 있는지 확실하지 않을 경우에는 수호신이 된다고 말한다.[58] 조금만 살펴본다면 이런 이론에는 엄청난 도덕적 파멸을 초래하는 소용돌이가 아가리를 벌리고 있다는 것을 깨닫지 못할 사람이 누가 있겠는가? 누군가가 이미 사악한 인간이 있다고 하자. 그럼에도 그가 만약 유령이나 수호신이 될 수 있다는 생각을 품는다면 남을 해칠 욕심이 크면 클수록 그는 더욱 사악해질 것이다. 그래야 사후에 자기들에게 제사와 신적 영예를 바치도록 으름장을 놓을 수 있고, 바치지 않으면 인간들을 해치기로 마음먹을 것이다. 아풀레이우스는 유령이란 인간이 변해서 된 정령, 해치는 정령이라고 말한다. 하지만 여기에 또 다른 문제가 생긴다. 그는 지복에 이른 사람을 그리스어로는 에우다이몬이라고 일컫는다는 말도 하고 있다.[59] 이 단어는 선한 영혼, 다시 말해 선한 정령이라는 뜻이다. 그럼으로써 그는 인간들의 영혼도 정령이라는 것을 수긍하는 셈이다.[60]

---

[58] *lares*(신주), *lemures*(귀신), *larva*(유령), *di manes*(수호신)의 구분: Lares는 원래 메르쿠리우스와 라라 사이에서 태어난 자손인데, 정령이나 영웅에 추서되어 어느 가문이나 도시를 수호하는 신주로서 숭앙받는다(Ovidius, *Fasti* 2.599). Lemures는 망자의 혼령인데 로마인들이 극진히 숭배하던 대상이다. Manes는 그중 선한 혼령이고(Di Manes) 악한 혼령은 유령(larvae)이 되어 구천을 떠돈다고 믿었으며 각 혼령을 상대로 여러 가지 축제가 있었다.

[59] Cf. Apuleius, *De deo Socratis* 15: quorum daemon bonus, id est animus virtute perfectus est. Eum ... poteris Genium vocare("지복에 이른 사람들의 선한 정령, 곧 덕성으로 완벽한 정신을 게니우스라 부르고 싶다").

[60] "정령은 (원래) 인간들의 영혼임을 수긍한 셈이다"라고 번역할 수도 있다. 인간 망령이 곧 정령이 된다는 믿음은 아주 오래 전으로 거슬러올라간다. Cf. Varro, *De lingua Latina* 5.10.74; Hesiodus, *Opera et dies* 121-126; Plato, *Cratylus* 397e - 398c.

12. Sed nunc de his agimus, quos in natura propria descripsit inter deos et homines genere animalia, mente rationalia, animo passiua, corpore aeria, tempore aeterna. Nempe cum prius deos in sublimi caelo, homines autem in terra infima disiunctos locis et naturae dignitate secerneret, ita conclusit: «Habetis, inquit, interim bina animalia: deos ab hominibus plurimum differentes loci sublimitate, uitae perpetuitate, naturae perfectione, nullo inter se propinquo communicatu, cum et habitacula summa ab infimis tanta intercapedo fastigii dispescat, et uiuacitas illic aeterna et indefecta sit, hic caduca et subsiciua, et ingenia illa ad beatitudinem sublimata, haec ad miserias infimata.» Hic terna uideo commemorata contraria de duabus naturae partibus ultimis, id est summis atque infimis. Nam tria quae proposuit de diis laudabilia, eadem repetiuit, aliis quidem uerbis, ut eis aduersa alia tria ex hominibus redderet. Tria deorum haec sunt: loci sublimitas, uitae perpetuitas, perfectio naturae. Haec aliis uerbis ita repetiuit, ut eis tria contraria humanae condicionis opponeret. «Cum et habitacula, inquit, summa ab infimis tanta intercapedo fastigii dispescat», quia dixerat loci sublimitatem; «et uiuacitas, inquit, illic aeterna et indefecta sit, hic caduca et subsiciua», quia dixerat uitae perpetuitatem; «et

---

[61] 9.8 참조: Apuleius, *De deo Socratis* 13.

[62] Apuleius, *De deo Socratis* 4.

제2부 (12-23)
정령은 중개자 직분을 갖지 못한다

12. 플라톤 학파가 정령과 인간의 본성을 구별하는 세 가지 대립점

그러면 지금부터는 아풀레이우스가 신들과 인간들 사이의 중간존재라면서 그 본성을 묘사하여 종류로는 생명체요 지성에 있어서는 이성적이고 정신으로는 피동적이며 육신에 있어서는 공중 존재이며 시간적으로는 영원하다고 한 정령들에 관해 논하기로 한다.[61] 그는 위치와 본성의 품위에 따라 신과 인간을 먼저 구분하면서 신은 가장 높은 천상에, 인간들은 가장 낮은 지상에 위치시키고 다음과 같은 결론을 내린다: "그러므로 신과 인간이라는 두 종류의 생명체가 있다. 신들로 말하자면 위치의 숭고함으로나 생명의 영속성으로나 본성의 완전성으로나 사람들과 뚜렷하게 구별된다. 신과 인간들은 가까이 근접하는 상통점이 전혀 없다. 그 이유는 신들의 가장 높은 처소가 인간의 가장 낮은 처소와 무한한 간격으로 떨어져 있고, 저기에는 영원하고 부족함이 없는 생명력이 있는데 여기에는 무상하고 부족한 생명이 있고, 저기서는 지성이 지복至福으로 고양高揚되어 있는데 여기서는 비참悲慘으로 전락轉落되어 있기 때문이다."[62] 내가 보기에 이 글에서 아풀레이우스는 존재계의 양극단 곧 가장 높은 부분과 가장 낮은 부분에 위치하고 있는 두 본성들을 놓고서 세 가지 상반된 요소들을 대립시킨다. 아풀레이우스는 신들에 관한 세 가지 칭송할 만한 자질들을 진술한 뒤에 그 자질들을 인간이 가진 반대되는 자질들과 대비시키기 위해 똑같은 세 가지 자질들을 말만 바꾸어 되풀이한다. 신들의 세 가지 특성은 이것이다: 위치의 숭고함, 생명의 영속성, 본성의 완전성이다. 이것을 말을 달리 해서, 그러니까 인간 조건의 상반된 특성을 이와 대치시켜서 다음과 같이 반복하여 제시했다: "신들의 가장 높은 처소가 인간의 가장 낮은 처소와 무한한 간격으로 떨어져 있다"고 했는데 이것은 위치의 숭고함을 이야기한 것이다. 그리고 "저기에는 영원하고 부족함이 없는 생명력이 있는데 여기에는 무상하고 부족한 생명이 있다"라는 말은 생명의 영속성을 얘기했다. 또 "저기서는 지성이 지복으로 고양

ingenia illa, inquit, ad beatitudinem sublimata, haec ad miserias infima-
ta», quia dixerat naturae perfectionem. Tria igitur ab eo posita sunt deo-
rum, id est locus sublimis, aeternitas, beatitudo; et his contraria tria homi-
num, id est locus infimus, mortalitas, miseria.

13. Inter haec terna deorum et hominum quoniam daemones medios
posuit, de loco nulla est controuersia; inter sublimem quippe et infimum
medius locus aptissime habetur et dicitur. Cetera bina restant, quibus cura
adtentior adhibenda est, quem ad modum uel aliena esse a daemonibus
ostendantur, uel sic eis distribuantur, ut medietas uidetur exposcere. Sed
ab eis aliena esse non possunt. Non enim sicut dicimus locum medium
nec summum esse nec infimum, ita daemones, cum sint animalia rationa-
lia, nec beatos esse nec miseros, sicuti sunt arbusta uel pecora, quae sunt
sensus uel rationis expertia, recte possumus dicere. Quorum ergo ratio
mentibus inest, aut miseros esse aut beatos necesse est. Item non possu-
mus recte dicere nec mortales esse daemones nec aeternos. Omnia nam-
que uiuentia aut in aeternum uiuunt, aut finiunt morte quod uiuunt. Iam
uero iste tempore aeternos daemones dixit. Quid igitur restat, nisi ut hi
medii de duobus summis unum habeant et de duobus infimis alterum?
Nam si utraque de imis habebunt aut utraque de summis, medii non erunt,
sed in alterutram partem uel resiliunt uel recumbunt. Quia ergo his binis,

---

[63] 창조와 섭리를 개념화하지 못한 종교계에서는 신의 절대적 초월성과 인간의 절대적 유한성 사이
에 공간적 혹은 형이상학적 매개자들을 설정하게 마련이며, 그것이 정령론이나 다신론 내지 스토아의
범신론이라는 철학사상으로 발전했다.

[64] 스토아는 선과 악 사이에, 행복과 불행, 지혜와 우둔 사이에 중간단계가 있음을 수긍하지 않았으
며 (omnia peccata paria: "동등한 중간 것은 모두 죄스러운 것이다!") 그 둘에 존재와 무에 상응하는
존재론적 차별성을 두었다. Cf. Cicero, *Oratio pro Murena* 29.61; Augustinus, *De beata vita* 2.11.

[65] 상승해 버리거나 하강해 버리면 중간위치의 매개자가 되지 못한다.

되어 있는데 여기서는 비참으로 전락되어 있다"는 말은 본성의 완전성을 이야기한 것이다. 따라서 그가 제시한 세 가지는 신들의 특성으로 숭고한 위치, 영원 및 지복이다. 그리고 이와 상반된 세 가지는 인간들의 특성으로 비천한 위치, 사멸 및 비참이다.

13. 정령들이 신들처럼 행복하지도 인간들처럼 비참하지도 않다면 어떻게 양편의 중개자가 될 수 있겠는가

13. 1. 정령은 영원과 사멸의 중간에 위치한다

아풀레이우스가 정령을 중간존재로 설정한 이상, 신과 인간의 특성으로 제시되는 세 쌍의 개념들 가운데 위치에 관해서는 전혀 시비가 없다. 그들의 위치는 지고한 위치와 최하의 위치의 중간위치로 여겨지며 또 그렇게 불린다.[63] 그러면 두 쌍의 개념이 남는데 여기에 관해서는 더 진지한 관심을 기울여야 한다. 이 둘이 정령들에게는 이질적인 것이라고 입증하거나, 그렇지 않으면 정령들의 중간위치에 상응하도록 그 두 가지를 부여해야 할 것이다. 그렇지만 우리는 그 두 가지가 그들에게 이질적인 것이라고 말할 수는 없다. 위치에 대해 이야기할 때 중개하는 그 위치는 가장 높지도 가장 낮지도 않다고 말할 수 있지만 정령들이 이성과 감각이 없는 초목이나 짐승처럼 행복하지도 않고 비참하지도 않다고 함부로 말할 수는 없는데 정령들이 이성적 존재이기 때문이다. 이성이 지성에 깃들어 있는 이상 정령들은 반드시 행복하거나 비참하거나 해야 한다.[64] 마찬가지로 정령들은 사멸하지도 않고 영원하지도 않다고 함부로 말할 수는 없다. 무릇 모든 생물은 영원히 살거나 죽음으로 삶을 마치거나 둘 중의 하나이기 때문이다. 더구나 아풀레이우스는 정령들이 시간상으로 영원하다고 이미 말한 적이 있다. 그러므로 정령들은 중간존재로서, 남아있는 두 가지 특성 가운데 한 가지는 최고의 것을 취하고 다른 한 가지는 최하의 것을 취하는 길밖에 다른 방도가 없지 않은가? 만약 두 가지 다 최하에서 취하거나 두 가지 다 최상에서 취한다면 중간존재가 아닐 것이요, 그들은 그중 하나를 향해 상승하거나 하강할 것이다.[65] 이미 논증된 바와 같이, 정령들은 이 두 쌍의 특성을 모두

sicut demonstratum est, carere utrisque non possunt, acceptis ex utraque parte singulis mediabuntur. Ac per hoc quia de infimis habere non possunt aeternitatem, quae ibi non est, unum hoc de summis habent; et ideo non est alterum ad complendam medietatem suam, quod de infimis habeant, nisi miseriam.

Est itaque secundum Platonicos sublimium deorum uel beata aeternitas uel aeterna beatitudo; hominum uero infimorum uel miseria mortalis uel mortalitas misera; daemonum autem mediorum uel misera aeternitas uel aeterna miseria. Nam et quinque illis, quae in definitione daemonum posuit, non eos medios, sicut promittebat, ostendit; quoniam tria dixit eos habere nobiscum, quod genere animalia, quod mente rationalia, quod animo passiua sunt; cum diis autem unum, quod tempore aeterna; et unum proprium, quod corpore aeria. Quo modo ergo medii, quando unum habent cum summis, tria cum infimis? Quis non uideat relicta medietate quantum inclinentur et deprimantur ad infima? Sed plane etiam ibi medii possunt ita inueniri, ut unum habeant proprium, quod est corpus aerium, sicut et illi de summis atque infimis singula propria, dii corpus aetherium hominesque terrenum; duo uero communia sint omnibus, quod genere sunt animalia et mente rationalia. Nam et ipse cum de diis et hominibus loqueretur: «Habetis, inquit, bina animalia», et non solent isti deos nisi rationales mente perhibere. Duo sunt residua, quod sunt animo passiua et

---

[66] 공간상의 중간위치만으로 정령론을 개진하는 철학자들의 논리를 뒤집으려는 의도로, 영원과 사멸, 지복과 비참에서 중간적 택일(영원과 비참, 곧 영원한 비참)을 유도하는 치밀한 논법이다.

[67] corpus aetherium, aerium, terrenum: 스토아의 유물사상은 아무리 고귀한 존재라도 물질성을 지녀야 실체(實體)가 된다고 전제한다.

결할 수는 없기 때문에 양편으로부터 하나씩 받아들여서 중간영역을 차지하게 될 것이다. 그래서 정령들이 최하 존재들로부터 영원을 받지는 못할 것이니 그곳에는 영원이 없는 까닭이고, 따라서 이 특성 하나는 최고 존재들로부터 받는다. 그리고 중간위치라는 조건을 충족시키는 뜻에서 다른 하나는 최하 존재자들로부터 받을 수밖에 없으니 그것은 다름아닌 비참이다.[66]

13. 2. 정령은 정염을 따른다

저 플라톤 학파의 말에 의하면, 지존한 신들의 것은 지복의 영원 혹은 영원한 지복이다. 반면에 비천한 인간들의 것은 사멸하는 비참 혹은 비참한 사멸이다. 그러나 중간존재인 정령들의 것은 비참한 영원 혹은 영원한 비참이리라. 사실 아풀레이우스가 정령의 정의로 제시한 다섯 가지 특징을 보면 그가 당초 약속한 것과 같은 중간존재로 소개하고 있지는 않다. 그의 말에 따르면 정령들의 세 가지 특징은 우리 인간과 공유하는 것이니, 종류로는 생명체요 지성에 있어서는 이성적이고 정신으로는 피동적이라는 점이 그렇다. 정령들이 신들과 공유하는 특징이 하나인데 시간적으로는 영원하다는 점이 그렇다. 정령에게 고유한 것이라고는 하나뿐인데 신체적으로 공중 존재라는 사실이다. 최상 존재들과 한 가지 항목이 공통적이고 최하 존재들과 세 가지 항목이 공통적이라면 어떻게 중간존재라고 할 수 있는가? 결국 정령들은 중간위치를 저버리고 최하 존재들에로 기울어지고 끌리리라는 것을 누가 모르겠는가? 물론 한 가지 고유한 특성을 가졌다는 점에서 중간존재로 드러날 수도 있겠으니, 공기 신체空氣身體가 바로 그것이다. 최상의 존재들에게도 최하의 존재들에게도 제각기 고유한 것이 있어서 신들은 영기 신체靈氣身體를 지니고 인간들은 지상 신체地上身體를 지닌다.[67] 그리고 종류로는 생명체요 지성에 있어서는 이성적이라는 점에서는 두 가지 다 모두에게 공통된다. 그리고 아풀레이우스 본인도 신들과 사람들에 대해 말하면서 "두 종류의 생명체가 있다"고 했고, 플라톤 학파는 신들을 언급하면서 언제나 지성에 있어서 이성적이라고 말하는 것이 상례였다. 그렇다면 두 가지 특성이 남는다. 정신으로는 피동적이라는 점과 시간으로는 영원하다는 점이 그것이다. 그중 하나는 최하 존재들과 공통되고 다른 하나는 최상 존재들과 공통된

tempore aeterna; quorum habent unum cum infimis, cum summis alterum, ut proportionali ratione librata medietas neque sustollatur in summa, neque in infima deprimatur. Ipsa est autem illa daemonum misera aeternitas uel aeterna miseria. Qui enim ait «animo passiua», etiam «misera» dixisset, nisi eorum cultoribus erubuisset. Porro quia prouidentia summi Dei, sicut etiam ipsi fatentur, non fortuita temeritate regitur mundus, numquam esset istorum aeterna miseria, nisi esset magna malitia.

Si igitur beati recte dicuntur eudaemones, non sunt eudaemones daemones, quos inter homines et deos isti in medio locauerunt. Quis ergo est locus bonorum daemonum, qui supra homines, infra deos istis praebeant adiutorium, illis ministerium? Si enim boni aeternique sunt, profecto et beati sunt. Aeterna autem beatitudo medios eos esse non sinit, quia multum cum diis comparat multumque ab hominibus separat. Vnde frustra isti conabuntur ostendere, quo modo daemones boni, si et inmortales sunt et beati, recte medii constituantur inter deos inmortales ac beatos et homines mortales ac miseros. Cum enim utrumque habeant cum diis, et beatitudinem scilicet et inmortalitatem, nihil autem horum cum hominibus et miseris et mortalibus: quo modo non potius remoti sunt ab hominibus diisque coniuncti, quam inter utrosque medii constituti? Tunc enim medii essent, si haberent et ipsi duo quaedam sua, non cum binis alterutrorum, sed cum singulis utrorumque communia; sicut homo medium quiddam est, sed inter pecora et angelos, ut, quia pecus est animal inrationale atque mor-

[68] non sunt eu*daemones daemones* ("정령들은 행복하지 못하다"): 주어와 보어를 같은 단어로 구사한 말장난이다. "지복에 이른 사람" (eudaemones)에 비한다면 정령들 (daemones)은 eu-daemones가 아닌 셈이다.

[69] 중개자로서의 애매한 위치라든가, 정령도 변화에 종속된다는 점을 들어서 혹자는 아예 정령들이 인간처럼 사멸한다는 이론을 펴기도 한다. Cf. Plutarchus, *De defectu oraculorum* 11.12.

다. 그래서 그들은 최상의 존재로 올라가지도 않고 최하의 존재로 내려가지도 않으면서 정확한 균형에 의해 중간위치를 유지하고 있는 것이다. 이런 이유로 이 중간위치인 정령들의 처지는 비참한 영원 혹은 영원한 비참이다! 정령들을 두고 "정신에 있어서 피동적이다"고 한 인물은, 정령 숭배자들의 감정을 상하게 할 것을 두려워하지 않았다면, 아마 거기에 "비참하다"는 말을 덧붙였을 것이다. 하지만 저 사람들도 고백하듯이, 이 세계는 우연한 자의恣意에 의해 통치되는 것이 아니라 지존한 하느님의 섭리에 의해 통치되기 때문에 정령들이 크나큰 악을 행하지만 않는다면 그들의 비참도 영원하지는 않을 것이다.

13. 3. 정령은 신과 인간의 중개자가 아니다

정말 지복에 이른 자들을 에우다이모네스라고 부른다면 사람들이 신들과 인간들의 중간에 자리를 잡아놓은 정령들은 진정 에우다이모네스가 아니다.[68] 그러면 저 선한 정령들의 위치, 인간들 위에, 신들 아래에 놓여서 인간들에게는 도움을 베풀고 신들에게는 봉사를 바친다는 정령들의 위치는 도대체 어디인가? 만일 선하고 또 영원하다면 물론 지복에 이른 자들이다. 그런데 영원한 지복은 그들을 중간존재로 남아있게 놓아두지 않는다. 영원한 지복을 갖추었다면 그들은 신들과 더 가까워질 것이고 인간들과 더 거리가 생길 것이기 때문이다. 만약 정령들이 불멸하면서도 지복에 이르렀다면 저 플라톤 학파의 노력, 곧 정령들이 어떻게 선한 정령들인지 보여주려는 시도나 정령들이 어떻게 불멸하며 지복에 이른 신들과, 사멸하며 비참한 인간 사이에 위치하게 되었는가를 보여주려는 시도는 결국은 헛된 노력이다. 정령들과 신들이 모두 지복과 불멸성을 갖추고 있다면, 인간들 곧 비참하고 사멸하는 인간들과는 아무 공통점이 없는 셈이다. 그럴 경우에, 정령들은 신과 인간의 중간쯤에 위치하기보다는 인간들과는 멀어지고 신들과 가까워지는 것이 아닌가?[69] 두 가지 특성을 갖추고 있되, 한편에서 두 가지 특성을 취한 것이 아니라 각각의 편에서 하나씩의 특성을 취해 공통적으로 가지고 있다면 정말 중간존재라고 할 만하다. 예를 들면 인간도 일종의 중간존재인데 짐승들과 천사들 사이에 있는 중간존재라고 할 수 있다. 짐승은 비이성적이고 사멸하는 생명체이고 천사는 이성적이고 불멸하는 생명체

tale, angelus autem rationale et inmortale, medius homo est, sed inferior angelis, superior pecoribus, habens cum pecoribus mortalitatem, rationem cum angelis, animal rationale mortale. Ita ergo cum quaerimus medium inter beatos inmortales miserosque mortales, hoc inuenire debemus, quod aut mortale sit beatum, aut inmortale sit miserum.

14. Vtrum et beatus et mortalis homo esse possit, magna est inter homines quaestio. Quidam enim condicionem suam humilius inspexerunt negaueruntque hominem capacem esse posse beatitudinis, quamdiu mortaliter uiuit. Quidam uero extulerunt se et ausi sunt dicere sapientiae compotes beatos esse posse mortales. Quod si ita est, cur non ipsi potius medii constituuntur inter mortales miseros et inmortales beatos, beatitudinem habentes cum inmortalibus beatis, mortalitatem cum mortalibus miseris? Profecto enim, si beati sunt, inuident nemini (nam quid miserius inuidentia?) et ideo mortalibus miseris, quantum possunt, ad consequendam beatitudinem consulunt, ut etiam inmortales ualeant esse post mortem et angelis inmortalibus beatisque coniungi.

15. Si autem, quod multo credibilius et probabilius disputatur, omnes homines, quamdiu mortales sunt, etiam miseri sint necesse est, quaerendus est medius, qui non solum homo, uerum etiam deus sit, ut homines ex mortali miseria ad beatam inmortalitatem huius medii beata mortalitas

---

[70] animal rationale mortale: 그리스 사상계의 "동물", "이성" 두 요인으로 정의하는(4.13 참조) 대신에 달리 인간을 정의하여 "동물", "이성", "사멸성" 세 요인을 지적하는 것은 로마 사상계의 공통된 입장이다. Cf. Cicero, *Academia* 2.7.21; Quintilianus, *Institutiones oratoriae* 7.3.15; Augustinus, *De ordine* 2.11.3; 본서 12.1.1.

[71] 플로티누스는 타락과 회복의 구원론(救援論)을 제기했으나(*Enneades* 1.6.7; 5.5.4), 죄와 죽음으로부터의 구속론(救贖論)에는 이르지 못했으므로 아우구스티누스는 이교도들을 이런 양자택일로 몰아세워 정령론을 봉쇄하려고 시도한다.

[72] 유심론(唯心論)의 경향이었다. Cf. Plato, *Phaedo* 64a - 67a; Aristoteles, *Ethica Nicomachaea* 1178b; Plotinus, *Enneades* 1.4.4.

[73] 유물론 노선에 선 철학자들의 견해였다(Democritus in Diogenes Laertius, *Vitae philosophorum* 9.44; Epicurus, *Epistula ad Menoeceum* 122, 132; Stoici in Diogenes Laertius, *Vitae philosophorum* 7.89).

[74] 아우구스티누스는 인생의 목적은 행복이며 진리를 소유함으로써 행복에 도달한다는 고전사상을 이어받아(*De beata vita*) 진리인 하느님의 향유(frui Deo)에 지복이 있다는 입장으로 정리한다. 다만 그 지복이 진리의 소유에 있느냐(예: Plato, *Phaedo* 64a - 67a), 진리의 추구 자체에도 있느냐(예: Seneca, *Epistula* 59) 하는 문제에 대해서는 계속 토론한다(*Contra Academicos* 3.19.42).

[75] 행복은 영원한 것이어야 참된 행복, 곧 지복(至福)이리라는 것이 아우구스티누스의 견해다 (11.11; 12.20; 14.25). 현세 행복에 궁극 목적을 두거나 영원회귀를 주장하는 이교도 윤리에 대항해서 그리스도교적 종말론을 견지하기 위함이다(19.4-9).

다. 인간은 천사보다 하위에 있고 짐승보다 상위에 있는 중간존재다. 짐승들과 함께 사멸성을 가지고 있고 천사들과 함께 이성을 가지고 있기에 인간은 사멸하는 이성적 동물이 된다.[70] 그러므로 우리가 지복에 이른 불사의 존재들과 비참하고 사멸하는 존재들 사이의 중간을 찾는다면 그런 존재는 사멸하면서 지복에 이르렀거나 불멸하면서 비참하거나 둘 중의 하나여야 한다.[71]

14. 인간은 사멸하는 존재이면서도 참된 지복을 갖추어 행복해질 수 있는가

인간이 사멸하는 존재이면서도 행복할 수 있는가의 여부는 인간들 사이에 커다란 문제이다. 혹자들은 인간 조건을 더 비하시켜 통찰했으며, 인간이 사멸하는 존재로 살아있는 동인은 지복을 얻을 수 있음을 부인했다.[72] 그런가 하면 혹자는 인간을 고양하여 사멸하는 존재들도 지혜를 구비하는 한 행복할 수 있다고 과감하게 주장했다.[73] 사실이 그렇다면 어째서 정령 대신 지혜있는 인간이 사멸하는 비참한 존재들과 불멸하는 지복의 존재들 사이에 중간존재로 나서지 않는다는 말인가? 그런 인물들이야말로 불멸하는 지복의 존재들과 함께 지복을 공유하고 사멸하는 비참한 존재들과 함께 사멸성을 공유하고 갖추고 있다고 할 수 있다.[74] 그들이 진정 지복을 갖추었다면 누구도 질투하지 않을 터이므로(질투보다 비참한 것이 무엇일까?) 사멸하는 가련한 존재들에게 지복을 추구하라고 힘닿는 데까지 권유할 것이다. 그렇게 함으로써 그들도 사후에는 불멸하는 존재가 될 수 있을 것이고 불멸하고 지복에 이른 천사들과 결합할 수 있을 것이기 때문이다.

15. 하느님과 인간의 중개자 인간 예수 그리스도
15. 1. 인간이자 하느님이므로 중개자가 된다
모든 인간들이 사멸하는 존재인 한, 필연적으로 비참할 수밖에 없다면,[75] 인간일 뿐 아니라 신이기도 한 그런 중간존재를 찾아내야 한다는 것이 훨씬 신빙성 있고 훨씬 개연성있는 명제가 되겠다. 그 존재는 중간존재가 갖추고 있을 지복의 사멸성이 개입시켜서 인간을 사멸하는 비참으로부터 지복의 불멸성으로 인

interueniendo perducat; quem neque non fieri mortalem oportebat, neque permanere mortalem. Mortalis quippe factus est non infirmata Verbi diuinitate, sed carnis infirmitate suscepta; non autem permansit in ipsa carne mortalis, quam resuscitauit a mortuis; quoniam ipse est fructus mediationis eius, ut nec ipsi, propter quos liberandos mediator effectus est, in perpetua uel carnis morte remanerent. Proinde mediatorem inter nos et Deum et mortalitatem habere oportuit transeuntem et beatitudinem permanentem, ut per id, quod transit, congrueret morituris, et ad id, quod permanet, transferret ex mortuis. Boni igitur angeli inter miseros mortales et beatos inmortales medii esse non possunt, quia ipsi quoque et beati et inmortales sunt; possunt autem medii esse angeli mali, quia inmortales sunt cum illis, miseri cum istis. His contrarius est mediator bonus, qui aduersus eorum inmortalitatem et miseriam et mortalis esse ad tempus uoluit, et beatus in aeternitate persistere potuit; ac sic eos et inmortales superbos et miseros noxios, ne inmortalitatis iactantia seducerent ad miseriam, et suae mortis humilitate et suae beatitudinis benignitate destruxit in eis, quorum corda per suam fidem mundans ab illorum inmundissima dominatione liberauit.

Homo itaque mortalis et miser longe seiunctus ab inmortalibus et beatis quid eligat medium, per quod inmortalitati et beatitudini copuletur? Quod possit delectare in daemonum inmortalitate, miserum est; quod posset offendere in Christi mortalitate, iam non est. Ibi ergo cauenda est miseria

---

[76] 제8권과 9권의 장황한 정령론은 신플라톤 학파의 중개자 이론을 매개로 하여 토론 상대들을 그리스도론으로 끌어오는 전략이었다. 정령들의 불멸성과 비참과는 대조되는 그리스도의 사멸성과 지복이 중개자의 위치를 부여한다는 것이다.

[77] quem neque *non fieri mortalem* oportebat, *neque permanere mortalem*: 사멸성으로 인간과 공통되고, 사멸로 그치지 않음으로(불멸성이 아닌 부활이 암시된다) 신과 공통되어 중간존재의 위치를 확보한다.

[78] *per id quod transit*, congrueret morituris, *et ad id, quod permanet*, transferret ex mortuis: 각운을 맞춘 아름다운 수사학적 문장이다.

[79] 9.19-23에 천사들의 역할을 상론한다.

[80] et mortalis esse *ad tempus voluit*, et beatus in *aeternitate* persistere *potuit*: 한 문구에 시간과 영원, 사멸과 행복, 원의와 성취를 대조시켜 놓았다.

도할 것이다.[76] 그는 사멸하는 존재가 되지 않아도 안 되겠지만 사멸하는 존재로 끝나버려도 안 된다.[77] 그는 사멸하는 존재가 되었지만 말씀의 신성을 약화시킨 것이 아니고 육체의 연약함을 취했을 따름이다. 그러나 그는 그 육체에조차도 사멸하는 자로 영속하지 않고 죽은 자들 속에서 육체를 부활시켰다. 이것이 바로 당신 중개의 결실이다. 즉, 그는 인간들도 육체의 죽음 속에 영구히 머물지 않게 하기 위하여, 그들을 해방시키기 위해 중개자가 되었던 것이다. 그러므로 우리와 하느님 사이의 중개자는 일시적 사멸성을 지녀야 했고 또한 영속적 지복을 지녀야 했다. 그래야 그 잠시 지나가는 인간 조건으로는 죽을 운명인 사람들과 어울리고, 영속하는 인간 조건을 향해 그들을 죽은 자들 가운데서 옮겨놓을 수 있기 때문이다.[78] 선한 천사들이라고 하더라도 비참하고 사멸하는 자들과 지복을 갖춘 불멸하는 자들 사이의 중간존재가 될 수 없으니, 천사들은 지복을 갖추고 불멸하는 존재들이기 때문이다.[79] 차라리 악한 천사들이라면 중간존재가 될 수 있을지 모르겠다. 그들은 지복을 갖추고 불멸하는 자들과 마찬가지로 불멸하며 비참하고 사멸하는 자들과 마찬가지로 비참하기 때문이다. 이런 악한 천사들과 완전히 다른 것이 선한 중개자다. 그는 악한 천사들이 지닌 불멸성과 비참과는 대조적으로 한시적으로 사멸하는 자가 되기를 바랐고, 그러면서도 영원성 안에서 지복한 존재로 지속할 수 있는 힘을 가지고 있었다.[80] 불멸하면서도 오만하고 비참하면서도 해로운 자들이, 자기들의 불멸성을 허세로 내세우면서 인간들을 비참한 지경으로 타락시키지 못하게 하려고, 그는 겸손한 당신의 죽음과 존엄한 당신의 지복으로 인간들 사이에 도사리고 있던 자들을 파멸시켰다. 당신의 신앙으로 인간들의 마음을 정화함으로써, 저들의 지극히 더러운 지배로부터 인간들을 해방했다.

15. 2. 인간들을 지복의 불멸성으로 인도하므로 중개자가 된다

인간은 사멸하고 비참하기 때문에 불멸하고 지복한 존재들과는 멀리 떨어져 있다. 그러니 불멸성과 지복에 합치하기 위해서는 무엇을 매개로 택해야겠는가? 정령들의 불멸성에서 인간이 향락할 수 있는 것은 비참한 것이다. 그 대신 그리스도의 사멸성에서 조우할 수 있는 것은 비참한 것이 아니다. 전자에게서 두

sempiterna; hic mors timenda non est, quae non esse potuit sempiterna, et beatitudo amanda est sempiterna. Ad hoc se quippe interponit medius inmortalis et miser, ut ad inmortalitatem beatam transire non sinat, quoniam persistit quod inpedit, id est ipsa miseria; ad hoc se autem interposuit mortalis et beatus, ut mortalitate transacta et ex mortuis faceret inmortales, quod in se resurgendo monstrauit, et ex miseris beatos, unde numquam ipse discessit. Alius est ergo medius malus, qui separat amicos; alius bonus, qui reconciliat inimicos. Et ideo multi sunt medii separatores, quia multitudo, quae beata est, unius Dei participatione fit beata; cuius participationis priuatione misera multitudo malorum angelorum, quae se opponit potius ad inpedimentum, quam interponit ad beatitudinis adiutorium, etiam ipsa multitudine obstrepit quodam modo, ne possit ad illud unum beatificum bonum perueniri, ad quod ut perduceremur, non multis, sed uno mediatore opus erat, et hoc eo ipso, cuius participatione simus beati, hoc est Verbo Dei non facto, per quod facta sunt omnia. Nec tamen ob hoc mediator est, quia Verbum; maxime quippe inmortale et maxime beatum uerbum longe est a mortalibus miseris; sed mediator, per quod homo, eo ipso utique ostendens ad illud non solum beatum, uerum etiam beatificum bonum non oportere quaeri alios mediatores, per quos arbitremur nobis peruentionis gradus esse moliendos, quia beatus et beatificus

[81] 악하게 사는 데는 방도도 많고 매개자도 많으나 선하게 사는 데는 한 가지 길밖에 없다.

[82] quae se *opponit ad* impedimentum, quam *interponit ad* beatitudinis adiutorium: 중개자는 도움을 주려고 사이에 들어서는(interponit) 것이지 방해하려고 맞서는(opponit) 존재가 아니다.

[83] multitudo(다수, 무리): multi medii separatores(다수의 분열시키는 중간존재들)를 unus mediator(유일한 중개자)에 대응시킨다. 하느님 홀로 행복이고 천사들도 하느님으로만 행복해지며 인간들도 그러하다. 그 대신 비참은 유일한 하느님께 참여하지 않아 다수로 불행하고 악령들도 스스로 "다수"라고 자처하는만큼, 인간의 행복 혹은 구원은 다수의 무리를 통해서 아니고 유일한 중개자를 통해서 온다는 논리다.

려워해야 할 것은 영속하는 비참이다. 그리고 후자에게서는 죽음도 두려울 것이 없으니, 그것은 영속할 수 없기 때문이며, 지복을 사랑할 것이니 그것은 영원하기 때문이다. 전자에서는 불멸하고 비참한 자가 중간존재로 자리잡는데 그것은 인간이 지복의 불멸성으로 나아가는 것을 막기 위해서다. 우리의 가는 길을 중간에서 방해하는 것이 엄연히 항속하고 있는데 그것은 다름아닌 비참이다. 그러나 후자에서는 사멸하면서도 지복을 갖춘 자가 중간존재로 자리잡는데 그것은 죽은 자들을 불멸하는 인간으로 만드는 데 목적이 있고, 비참한 인간들을 지복의 인간들로 만들어내는 데 목적이 있다. 죽은 자들을 불멸하는 인간으로 만든다는 것은 자기가 부활함으로써 증명해 보였고, 비참한 인간들을 지복의 인간들로 만들어낸다는 것은 그가 한 번도 자기의 지복에서 멀어진 일이 없으므로 가능하다. 그러므로 중간존재가 둘 있는데 하나는 악한 중간존재로서 친근한 사람들을 분열시키고 다른 하나는 선한 중간존재로서 상극인 자들을 화해시킨다. 그러나 분열시키는 중간존재는 수가 다수다. 지복에 이른 다수는 유일한 하느님에게 참여함으로써 지복에 이르는 데 비해, 악한 천사들로 이루어진 비참한 다수는 하느님에게 참여하지 않아 비참해진다.[81] 그들은 인간들에게 지복의 도움을 주려고 중간에 들어서는 것이 아니라 인간들이 지복을 이루는 것을 방해하려고 맞서기 때문이다.[82] 때때로 그들은 그 다수를 내세워서 소란을 피우기도 하는데 인간들이 행복을 주는 저 유일한 선에 도달하지 못하게 하기 위함이다. 행복을 주는 저 유일한 선으로 인도되기 위해서는 많은 중개자들이 필요한 것이 아니라 유일한 중개자 한 분이 필요한 것이다. 그 한 분의 중개자에게 참여함으로써 우리는 지복에 이를 것이다. 그분은 하느님의 말씀이요, 창조되지 않고 오히려 그분을 통해 모든 것이 창조되었다.[83] 그렇지만 그분이 중개자인 것은 그분이 말씀이기 때문이 아니다. 말씀은 극도로 불멸하며 극도로 지복하기 때문에 사멸하고 비참한 존재들과는 매우 거리가 있다. 오히려 그분이 중개자인 것은 그분이 인간이기 때문이다. 그 점은 우리가 저 선善, 스스로 행복할 뿐 아니라 행복하게 만드는 저 선에 이르기 위해 다른 중개자들을 찾을 필요가 없다는 사실을 보여주고, 그 선에 이를 층계가 될 다른 중개자들도 필

Deus factus particeps humanitatis nostrae compendium praebuit partici-
pandae diuinitatis suae. Neque enim nos a mortalitate et miseria liberans
ad angelos inmortales beatosque ita perducit, ut eorum participatione
etiam nos inmortales et beati simus; sed ad illam trinitatem, cuius et
angeli participatione beati sunt. Ideo quando in forma serui, ut mediator
esset, infra angelos esse uoluit, in forma Dei supra angelos mansit; idem
in inferioribus uia uitae, qui in superioribus uita.

16. Non enim uerum est, quod idem Platonicus ait Platonem dixisse:
«Nullus Deus miscetur homini»; et hoc praecipuum eorum sublimitatis ait
esse specimen, quod nulla adtrectatione hominum contaminantur. Ergo
daemones contaminari fatetur, et ideo eos, a quibus contaminantur, mun-
dare non possunt omnesque inmundi pariter fiunt, et daemones contrecta-
tione hominum et homines cultu daemonum. Aut si et contrectari misceri-
que hominibus, nec tamen contaminari daemones possunt, diis profecto
meliores sunt, quia illi, si miscerentur, contaminarentur. Nam hoc deorum
dicitur esse praecipuum, ut eos sublimiter separatos humana contrectatio
contaminare non possit. Deum quidem summum omnium creatorem,
quem nos uerum Deum dicimus, sic a Platone praedicari asseuerat, quod

[84] 신들의 숭고한 세계는 비천한 인간 세계와 상통할 수 없기에 정령의 배타적 중재가 필요하다는
이교철학에 맞서서, 구원의 중재는 신의 세계와 인간 세계의 존재론적 결합과 참여에 있고 그리스도
의 육화를 통해 그것이 성취되었다는 아우구스티누스의 구원론이다.

[85] idem in inferioribus *via vitae*, qui in superioribus *vita*: 요한 14,6("나는 길이요 진리요 생명입니
다") 참조.

[86] Cf. Plato, *Symposium* 203a: "신들은 인간들과 교류하지 않는다. 오직 에로스를 통해서만 신들은
깨어 있든 잠들었든 인간들과 소통하고 대화할 수 있다"; *Epinomis* 984b - 985b; *Timaeus* 40d - 41a.

[87] Cf. Apuleius, *De deo Socratis* 4. 본서 8.18 참조.

요없다는 사실을 보여준다. 스스로 행복할 뿐 아니라 행복하게 만드는 하느님이 우리 인간성을 공유하시는 분이 되었기 때문이고, 그리고 그렇게 함으로써 우리에게 당신의 신성을 공유하는 데 필요한 담보를 제공했기 때문이다. 사멸성과 비참에서 우리를 해방한다면서 그분은 불멸하며 지복에 이른 천사들에게로 우리를 인도하지 않는다. 천사들에게 참여케 함으로써 우리도 불멸하고 지복에 이르게 만드는 그런 방식을 취하지 않는다. 우리의 중개자가 되기 위해 천사보다 못한 종의 형상을 취했을 때도, 그분은 하느님의 형상으로는 여전히 천사들 위에 머물러 있었다.[84] 동일한 한 분이 하늘의 존재들에게 생명 자체가 되고 땅 위의 존재들에게도 생명의 길이 되었던 것이다.[85]

16. 천상 신들이 지상 존재들과의 접촉을 피하고 인간과 교류하기를 거부하며 따라서 인간들이 신들의 호의를 얻기 위해서는 정령들의 도움을 받아야 한다고 플라톤 학파가 단언한 것은 합리적인가

16. 1. 신들이 인간과 상종하면 부정탄다고 한다

플라톤이 했다고 저 플라톤 학파가 전하는 말, 즉 "그 어느 신도 인간과 상대하지 않는다"[86]라는 것과, 이에 덧붙여 신들의 숭고함을 나타내는 가장 주요한 특색은 인간들과의 접촉에 의해 부정타지 않는 데 있다고 한 말은 옳지 않다.[87] 그의 말대로라면 정령들도 인간들과 접촉함으로써 부정탄다고 인정하고 있는 셈이다. 정령들이 인간들에 의해 부정타는 마당에 자기네가 인간을 정화활 능력이 있을리 없고, 인간들과 똑같이 그들도 더럽혀진다. 즉, 정령들은 인간들에 의해 더럽혀지며 인간들은 정령들을 숭배함으로써 더럽혀지는 것이다. 만약 정령들이 인간과 접촉하고 소통하는데도 부정타지 않는다면, 그야말로 정령들이 신들보다 훌륭한 셈이다. 신들이 인간과 상종하게 된다면 그들이 부정탄다니까. 신들의 가장 주요한 특색이, 인간적 접촉이 그들을 부정타게 만들지 못하게 인간들로부터 고상하게 격리되어 있다는 데 있다니까. 그런데 아풀레이우스의 주장은 플라톤이 최고신, 만유의 창조주, 그러니까 우리가 참 하느님이라고 일컫는 존재에 대해 설교했다는 것이며, 그분은 유일한 존재이고, 인간의 언어가 부족

ipse sit solus qui non possit penuria sermonis humani quauis oratione uel modice conprehendi; uix autem sapientibus uiris, cum se uigore animi quantum licuit a corpore remouerunt, intellectum huius Dei, id quoque interdum uelut in altissimis tenebris rapidissimo coruscamine lumen candidum intermicare. Si ergo supra omnia uere summus Deus intellegibili et ineffabili quadam praesentia, etsi interdum, etsi tamquam rapidissimo coruscamine lumen candidum intermicans, adest tamen sapientium mentibus, cum se quantum licuit a corpore remouerunt, nec ab eis contaminari potest: quid est quod isti dii propterea constituuntur longe in sublimi loco, ne contrectatione contaminentur humana? Quasi uero aliud corpora illa aetheria quam uidere sufficiat, quorum luce terra, quantum sufficit, inlustratur. Porro si non contaminantur sidera, cum uidentur, quos deos omnes uisibiles dicit: nec daemones hominum contaminantur aspectu, quamuis de proximo uideantur. An forte uocibus humanis contaminarentur, qui acie non contaminantur oculorum, et ideo daemones medios habent, per quos eis uoces hominum nuntientur, a quibus longe absunt, ut incontaminatissimi perseuerent? Quid iam de ceteris sensibus dicam? Non enim olfaciendo contaminari uel dii possent, si adessent, uel cum adsunt daemones possunt uiuorum corporum uaporibus humanorum, si tantis sacrificiorum cadauerinis non contaminantur nidoribus. In gustandi autem sensu nulla necessitate reficiendae mortalitatis urgentur, ut fame adacti cibos ab hominibus quaerant. Tactus uero in potestate est. Nam licet ab eo potissimum sensu contrectatio dicta uideatur, hactenus tamen, si uellent, miscerentur hominibus, ut uiderent et uiderentur, audirent et audirentur.

---

[88] Cf. Apuleius, *De deo Socratis* 3.

[89] 플라톤 철학은 이념에 대한 실제의 참여, 가지계에 대한 감각계의 참여를 주장하면서도 불사불멸하고 지복에 이른 신들에게 사멸하면서 지상에 묶인 인간들의 참여는 원천 봉쇄했으므로 그리스도의 육화나 육의 부활을 조롱했다: Celsus in Origenes, *Contra Celsum* 5.14.22; Porphyrius, *Contra Christianos*; Marcion in Tertullianus, *De resurrectione* 20.1-2.

[90] 앞의 13.2 각주 67 참조.

[91] Cf. Apuleius, *De deo Socratis* 2.

[92] 신들이나 정령들이 인간들이 쳐다봐서 부정을 탄다면 밤새 반짝이는 성체(星體)들은 어찌 되느냐는 반문이다.

[93] 10.11.2 참조.

[94] tactus("촉각")로부터 신들과의 con-trectatio(접촉, 접신)가 왔다는 설명이다.

하기 때문에 어떤 말로도 일부나마 파악할 수 없는 분이라고 했다는 것이다. 현명한 인물들이 정신력을 최대한 발휘하여 자신을 신체와 멀리 떼어놓을 경우에 바로 이 하느님에 관한 인식이 투명한 빛으로 반짝할 수 있다고 한다.[88] 마치 한없이 깊은 어둠 속에 비쳐오는 찰나의 섬광처럼! 그런데 만일 만유 위에 있는 지존한 하느님이 가지적이면서도 형언할 수 없는 현존으로 잠시나마, 그야말로 찰나의 섬광처럼 투명한 빛으로 반짝 한다면, 또 비록 현인들의 지성에만 임재하고 그것도 그들이 함께 자신을 신체와 멀리 떼어놓는 순간에 한해 임재한다고 할지라도, 하느님이 그 지성들에 의해 부정탈 수 없음은 분명하다. 그렇다면 저 신들이 인간적 접촉에 의해 부정탈까봐 지고한 위치에 멀리 떨어져 자리잡는 까닭은 도대체 무엇인가?[89] 땅이 저 영기 신체[90]로부터 충분한 빛을 받는 데서 그치지 않고, 저 영기 신체들 역시 지상에서 인간들의 눈에 잘만 보인다. 아풀레이우스는 저 성체星體들이 모두 눈에 보이는 신들이라고 하는데[91] 그 성체들이 인간들의 눈에 보여서 부정타지 않는다면 정령들 역시 인간들이 쳐다본다고 해서, 그것도 아주 가까이서 쳐다본다고 해서 그것 때문에 부정타지는 않을 것이다.[92] 만약 신들이 자기들을 쳐다보는 인간들의 시선에 의해 부정타지 않는다면 혹시 인간 음성으로 부정타는 것은 아닐까? 그렇기 때문에 정령들을 가운데 세워서 그들을 통해 인간들의 음성이 신들에게 전달되는 것이고, 그렇기 때문에 신들은 전혀 부정타지 않은 상태로 머물 수 있도록 인간들로부터 아주 멀리 떨어져 있는지도 모르겠다. 인간의 다른 감관들에 관해서는 뭐라고 말할 수 있을까? 신들도 제사에 참석한다면 부디 후각으로 부정타지 않았으면 좋겠다. 정령들이 그 자리에 참석하고도 희생제물들의 그 많은 시체들에서 나는 음식냄새로 부정타지 않는다면야, 신들도 자기를 숭배하는 살아있는 인간 신체의 숨결에도 부정타지 않아야 한다.[93] 맛을 보는 미각에 대해서도 그들은 사멸하는 신체를 갱생시킬 필요로 해서 쫓기지 않을 테고 굶주림에 허덕이며 인간들에게 음식을 요구하는 일도 없을 것이다. 촉각은 그들의 통제하에 있다. "접촉"이라는 단어가 촉각에서부터 유래하기는 하지만,[94] 신들은 원한다면 보거나 보이는 방법으로, 듣거나 들리는 범위에서만도 마음 내키는 대로 인간과 소통하더라도 그게 접촉은 아닌

Tangendi autem quae necessitas? Nam neque homines id concupiscere auderent, cum deorum uel daemonum bonorum conspectu uel conloquio fruerentur; et si in tantum curiositas progrederetur, ut uellent: quonam pacto quispiam posset inuitum tangere deum uel daemonem, qui nisi captum non potest passerem?

Videndo igitur uisibusque se praebendo et loquendo et audiendo dii corporaliter misceri hominibus possent. Hoc autem modo daemones si miscentur, ut dixi, et non contaminantur, dii autem contaminarentur, si miscerentur: incontaminabiles dicunt daemones et contaminabiles deos. Si autem contaminantur et daemones, quid conferunt hominibus ad uitam post mortem beatam, quos contaminati mundare non possunt, ut eos mundos diis incontaminatis possint adiungere, inter quos et illos medii constituti sunt? Aut si hoc eis beneficii non conferunt, quid prodest hominibus daemonum amica mediatio? An ut post mortem non ad deos homines per daemones transeant, sed simul uiuant utrique contaminati ac per hoc neutri beati? Nisi forte quis dicat more spongiarum uel huiusce modi rerum mundare daemones amicos suos, ut tanto ipsi sordidiores fiant, quanto fiunt homines eis uelut tergentibus mundiores. Quod si ita est, contaminatioribus dii miscentur daemonibus, qui, ne contaminarentur, hominum propinquitatem contrectationemque uitarunt. An forte dii possunt ab hominibus contaminatos mundare daemones, nec ab eis contaminari, et eo modo non possent et homines? Quis talia sentiat, nisi quem

---

[95] 거룩한 것(sacrum tremendum ac fascinosum) 앞에서 두려우면서도 어떻게든 그것과 접하고 싶은 매력을 전제하면서도 교부는 신들을 새장에 간혀서도 요리조리 인간의 손을 피해 달아나는 참새에 비유하며, 신들이 인간들과의 접촉을 싫어한다는 플라톤 학파의 주장을 비웃고 있다.

[96] 상종할 가능성이 있으니까, 인간에 의해 부정타지 않으려고 정령이라는 매개자를 두지 않았겠느냐는 반문이다.

성싶다. 또 접촉할 필요가 왜 있겠는가? 인간들이 신들이나 선한 정령들을 볼 수 있고 대화를 즐길 수 있다면 감히 신들과 접촉하기를 바라지는 않으리라. 새를 만지려고 해도 먼저 새를 붙잡아야 하는 터에, 비록 대단한 호기심이 앞서 신들과의 접촉을 바란다 하더라도 그들이 싫다는데 누가 감히 무슨 수로 신이나 정령을 억지로 만지려 하겠는가?[95]

16.2. 그런데 정령들은 인간들과 상종해도 부정타지 않는다

그렇다면 신들이 어떻게든 인간들을 보거나 인간들 눈에 보임으로써, 말을 걸거나 들음으로써 신체적으로 인간들과 상종할 수도 있다는 말이 된다.[96] 그런데 정령들은 내가 말한 방식으로 인간들과 상종하는 경우 부정타지 않는 데 비해 신들은 상종하면 부정탄다는 것이다. 정령들은 부정이 불가능한데 신들은 부정이 가능하다는 말이다. 반면에 정령들마저 인간들과 상종하여 부정탄다면 사후의 복된 삶에 관련하여 그들이 인간들에게 무슨 보탬이 되겠는가? 정령들이 인간들과 상종하다 스스로 부정탄다면, 신과 인간 사이에 세워진 중개자답게 인간들을 정화하여 정화된 인간들이 부정타지 않는 신들에게 접하도록 만들 능력이 있을 리 없기 때문이다. 또 이런 식으로 인간들에게 혜택을 주지 못한다면, 정령들의 우호적 중재라는 것이 무슨 소용인가? 그 중재의 결과라는 것은 인간이 정령의 중재로 사후에 신들에게 나아가는 것이 아니라 정령과 인간 모두가 부정탄 채로 함께 살고, 그렇기 때문에 둘다 지복에서 배제된다는 말이 아니고 무엇인가? 혹자는 해면체海綿體나 그와 비슷한 물건처럼, 정령들이 자기가 사랑하는 자들을 정화할 것이며, 그들 자신은 인간들을 정화하는 과정에서 인간이 깨끗해지는 것과 비례해서 더 더럽혀진다는 말을 할지도 모르겠다. 사실이 그렇다면 신들은 부정타지 않으려고 인간들과의 접촉과 근접을 피했던 것인데 결국 인간들과 상종하다 인간들보다 부정이 더 심한 정령들과 상종하는 셈이 된다. 그것이 아니라면 인간들한테 부정탄 정령들을 신들이 정화해준다는 말인가? 그러면서도 신들이 정령들에게 부정타지 않는다는 말인가? 그렇다면 인간들도 신들이 나서서 똑같은 방식으로 정화해주면 왜 안 되는가? 사술이 대단한 정령들에게 속아 넘어간 인간들이 아니고서야 누가 저따위 생각을 하겠는가?

fallacissimi daemones deceperunt? Quid quod, si uideri et uidere contaminat, uidentur ab hominibus dii, quos uisibiles dicit, «clarissima mundi lumina» et cetera sidera, tutioresque sunt daemones ab ista hominum contaminatione, qui non possunt uideri, nisi uelint? Aut si non uideri, sed uidere contaminat, negent ab istis clarissimis mundi luminibus. Quos deos opinantur, uideri homines, cum radios suos terras usque pertendant. Qui tamen eorum radii per quaeque inmunda diffusi non contaminantur, et dii contaminarentur, si hominibus miscerentur, etiamsi esset necessarius in subueniendo contactus? Nam radiis solis et lunae terra contingitur, nec istam contaminat lucem.

17. Miror autem plurimum tam doctos homines, qui cuncta corporalia et sensibilia prae incorporalibus et intellegibilibus postponenda iudicauerunt, cum agitur de beata uita, corporalium contrectationum facere mentionem. Vbi est illud Plotini, ubi ait: «Fugiendum est igitur ad carissimam patriam, et ibi pater, et ibi omnia. Quae igitur, inquit, classis aut fuga? Similem Deo fieri.» Si ergo deo quanto similior, tanto fit quisque propinquior: nulla est ab illo alia longinquitas quam eius dissimilitudo. Incorporali uero illi aeterno et incommutabili tanto est anima hominis dissimilior, quanto rerum temporalium mutabiliumque cupidior. Hoc ut sanetur, quoniam inmortali puritati, quae in summo est, ea quae in imo sunt mortalia

---

[97] Cf. *De deo Socratis* 2.

[98] Vergilius, *Georgica* 1.5.

[99] 빛으로 사람의 모습이 보인다면, 별들(그들에게는 신들이다)이 사람들을 바라본 것이요, 따라서 사람들에게서 부정을 탄 셈이다.

[100] Plotinus, *Enneades* 1.6.8. "하느님과 비슷해지는 것"(similem Deo fieri)이라는 문구는 하느님의 모상을 논하면서 아우구스티누스가 즐겨 인용하는(예: *Confessiones* 7.10.16; *De Trinitate* 14.3.18) 구절로서 사실 *Enneades* 2.3에 나온다. Cf. Plato, *Theaetetus* 176a-b; *Respublica* 613a.

[101] 하느님과 "비슷해짐"(similitudo, ὁμοιότης)은 플라톤 학파의 기조 사상으로서 잠재적 · 가변적 사물로부터의 이탈을 통해 성취하는 것이다. Cf. Plato, *Phaedrus* 253a-c; Plotinus, *Enneades* 1.2.1.3-4; Porphyrius, *Epistula ad Marcellam* 16-17.

보거나 보이는 것이 부정의 원인이 된다는데도 아풀레이우스는 신들을 가시적 존재라고 했고[97] 그들이 다른 성좌들과 마찬가지로 "세상의 더없이 밝은 광체"[98]라고 했다. 그러고서도 신들은 성체여서 인간의 눈에 보이지만 정령들은 스스로 원하지 않는 한 인간의 눈에 보이지 않는다고 하니 이것은 무슨 소리인가? 정령들은 원하지 않는다면 인간에게 보이지 않을 수 있다니 인간에게서 부정타는 데서 정령들이 신들보다도 좀더 안전하다는 말인가? 그렇지 않고 부정타게 만드는 원인이 보이는 데 있는 것이 아니라 보는 데 있다고 하자. 그럼 우리의 반대자들은 그들이 신이라고 믿는 "세상의 더없이 밝은 광체"와 같은 것들이 땅으로 그 빛을 내비출 때 그 빛에 비치어 인간들의 모습이 보인다는 사실을 부정해야 한다.[99] 그러나 우리가 알다시피 저 광체들의 빛은 온갖 더러운 사물들에 두루 미치면서도 부정을 타지 않는다. 그렇다면 만약 신들이 인간과 소통한다고 해서 신들이 부정을 타겠는가? 더구나 인간들을 보우하려면 인간들과의 접촉이 필수적일 수밖에 없을 텐데, 그것 때문에 신들이 부정을 타겠는가? 태양빛과 달빛이 땅에 닿지만 땅은 그 빛들을 부정타게 만들지 않는 까닭이다.

17. 최고선에 참여하는 행복한 삶을 얻기 위해 인간에게 필요한 중개자는 정령이 아니라 유일한 그리스도다

그토록 박식한 사람들, 다시 말해 물체적이고 감각적인 모든 것이 비물체적이고 가지적인 것보다 열등하다고 판단을 내린 사람들이 정작 행복한 삶에 관해 논할 적에는 육체적 접촉을 언급하는 것을 보고서 나는 놀라지 않을 수 없다. 플로티누스의 다음과 같은 유명한 말은 어디로 갔는가? "사랑하는 조국으로 피해 가야 한다. 그곳에 아버지가 계시며 그곳에 모든 것이 있다. 그러면 무슨 배를 타는가? 무슨 도피를 말하는가? 하느님과 비슷해지는 것이 그것이다."[100] 하느님과 비슷해질수록 하느님과 가까워진다. 하느님과 닮지 않고 판이하다는 것만큼 하느님에게서 멀어지는 길이 없다. 그런데 인간의 영혼이 일시적이고 가변적인 사물들을 탐하면 탐할수록 비물체적이고 영원하고 불변하는 그분을 닮지 못하고 판이해진다.[101] 가장 낮은 곳에 처하는 사멸하며 부정한 존

et inmunda conuenire non possunt, opus est quidem mediatore; non tamen tali, qui corpus quidem habeat inmortale propinquum summis, animum autem morbidum similem infimis (quo morbo nobis inuideat potius ne sanemur, quam adiuuet ut sanemur); sed tali, qui nobis infimis ex corporis mortalitate coaptatus inmortali spiritus iustitia, per quam non locorum distantia, sed similitudinis excellentia mansit in summis, mundandis liberandisque nobis uere diuinum praebeat adiutorium. Qui profecto incontaminabilis Deus absit ut contaminationem timeret ex homine quo indutus est, aut ex hominibus inter quos in homine conuersatus est. Non enim parua sunt haec interim duo, quae salubriter sua incarnatione monstrauit, nec carne posse contaminari ueram diuinitatem, nec ideo putandos daemones nobis esse meliores, quia non habent carnem. Hic est, sicut eum sancta scriptura praedicat, *mediator Dei et hominum, homo Christus Iesus*, de cuius et diuinitate, qua patri est semper aequalis, et humanitate, qua nobis factus est similis, non hic locus est ut competenter pro nostra facultate dicamus.

18. Falsi autem illi fallacesque mediatores daemones, qui, cum per spiritus inmunditiam miseri ac maligni multis effectibus clareant, per corporalium tamen locorum interualla et per aeriorum corporum leuitatem a prouectu animorum nos auocare atque auertere moliuntur, non uiam prae-

---

[102] 불멸하고 지복한 신들의 세계와 사멸하고 비참한 인간들의 세계는 소통이 불가하다는 이론으로 그리스도의 육화와 육신 부활을 조롱하는 지성인들(Celsus, Porphyrius, Marcio)을 호교론자들이 반박해야 했다: Origenes, *Contra Celsum* 5.14.22; Tertullianus, *De resurrectione carnis* 20.1-2; Augustinus, *De quantitate animae* 33.76.

[103] 정령들은 신체(corpus: 물체), 혹은 공기 신체(corpus aereum)를 지녔지만 살과 피로 된 육신(caro)은 지니지 않았다.

[104] 1디모 2,5.

[105] 아우구스티누스는 이교도 철학자들을 상대로 중개자 그리스도의 역할과 위치를 언급하는 데서 그치며 그리스도인들을 상대로 삼위일체 속에 차지하는 그리스도의 위격(位格)을 논할 계제가 아니었다. Cf. *De Trinitate* 1.7.14; *Sermo* 130.30, *Enchiridion* 10.35.

재들은 가장 높은 곳에 처하는 불멸하는 순수함에 접근할 수 없다. 그러므로 이처럼 분리된 이 상황을 구제하기 위해서는 중개자가 필요하다. 그렇지만 그 중개자는 가장 높은 존재들과 근사한 불멸하는 신체를 갖고 가장 낮은 존재들과 유사한 병약한 영혼을 갖춘 그런 중개자여서는 안 된다. (그런 존재라면 그 병약함 때문에 우리가 치유받도록 돕기보다는 오히려 우리가 치유될까봐 시기할 것이기 때문이다.) 우리에게 필요한 중개자는, 신체의 사멸성이라는 측면에서는 가장 천한 우리 상황과 합치되지만 그 영에 불멸하는 정의가 있기 때문에 지극히 높은 곳에 머물면서, 정화되고 치유받아야 할 우리에게 참으로 신성한 도움을 베풀어줄 만한 중개자여야 한다. 그가 그런 위치에 있는 것은 공간적 위치라는 관점에서가 아니라 하느님과의 탁월한 유사성 때문이다. 그런 분이라면 그 무엇에 의해서도 부정타는 일이 없는 하느님이고, 당신이 인성을 입은 이상, 인간에 의해 부정탈까 두려워할 리도 없으며, 인간이 되어 인간들과 함께 살고 있는 이상, 인간들에게서 부정탈까 두려워하는 일도 없을 것이다.[102] 구원을 위해 당신의 육화肉化로 우리에게 보여준 것, 즉 육신에 의해 참된 신성이 부정탈 수 없다는 것과, 육신을 갖고 있지 않다는 이유로 정령들이 우리보다 나은 존재[103]라고 여길 필요가 없다는 것 이 두 가지는 결코 대수로운 것이 아니다. 성서가 그분을 두고 말하듯이 "하느님과 인간 사이의 중개자도 한 분뿐이니 곧 인간 그리스도 예수"[104]다. 항상 성부와 동등한 그분의 신성에 관해서나 우리와 비슷하게 된 그분의 인성人性에 관해서는 우리 역량으로 미루어 여기에서는 본격적으로 논할 자리가 아니다.[105]

18. 기만적인 정령들은 자신들의 조정으로 인간을 하느님께 인도하겠다고 약속하고서는 인간을 진리의 길에서 등지게 한다

저 정령들은 거짓되고 기만적인 중개자로서 부정한 영이 초래한 갖가지 결과로 보아 비참하고 사악한 존재라는 사실이 드러났다. 그런데도 정령들은 물리적 공간의 간격을 내세워서 또 공기 신체의 가벼움을 이용해서 우리가 영혼의 성장을 외면하게 하며 그것을 뒤집어엎으려고 애쓴다. 그들은 하느님께 이르는

bent ad Deum, sed, ne uia teneatur, inpediunt. Quando quidem et in ipsa uia corporali (quae falsissima est et plenissima erroris, qua non iter agit iustitia; quoniam non per corporalem altitudinem, sed per spiritalem, hoc est incorporalem, similitudinem ad Deum debemus ascendere) — in ipsa tamen uia corporali, quam daemonum amici per elementorum gradus ordinant inter aetherios deos et terrenos homines aeriis daemonibus mediis constitutis, hoc deos opinantur habere praecipuum, ut propter hoc interuallum locorum contrectatione non contaminentur humana. Ita daemones contaminari potius ab hominibus, quam homines mundari a daemonibus credunt, et deos ipsos contaminari potuisse, nisi loci altitudine munirentur. Quis tam infelix est, ut ista uia mundari se existimet, ubi homines contaminantes, daemones contaminati, dii contaminabiles praedicantur; et non potius eligat uiam, ubi contaminantes magis daemones euitentur et ab incontaminabili Deo ad ineundam societatem incontaminatorum angelorum homines a contaminatione mundentur?

19. Sed ne de uerbis etiam nos certare uideamur, quoniam nonnulli istorum, ut ita dixerim, daemonicolarum, in quibus et Labeo est, eosdem perhibent ab aliis angelos dici, quos ipsi daemones nuncupant, iam mihi de bonis angelis aliquid uideo disserendum, quos isti esse non negant, sed eos bonos daemones uocare quam angelos malunt. Nos autem, sicut scriptura loquitur, secundum quam Christiani sumus, angelos quidem partim bonos,

---

[106] Cf. Apuleius, *De deo Socratis* 6.

[107] homines *contaminantes*, daemones *contaminati*, dii *contaminabiles*: 신에 의한 인간의 정화를 희구하는 마당에 도리어 인간에 의한 신의 부정 (不淨)을 따지면 정령이라는 중개자는 무의미해진다.

[108] "부정탈 수 있는 신들"(dii contaminabiles)에 결코 "부정탈 수 없는 하느님"(incontaminabilis Deus), "부정탄 정령들"(daemones contaminati)에 "부정타지 않은 천사들"(incontaminati angeli)을 대체하면 인간의 정화가 가능해 보인다.

[109] daemonicola: 교부의 신조어 (新造語)이며 경멸의 어조를 담고 있다.

[110] Labeo: 2.11 참조.

길을 보여주는 것이 아니라 도리어 인간들이 그 길을 붙잡을세라 훼방한다. 정령들과 친한 인간들은 그 길이 물체적인 길이라고 믿으며, 그 물체적 길이 공중의 정령들을 중간존재로 해서, 그 원소들을 층계처럼 디디고 차례로 밟고 가면 영계의 신들과 지상의 인간들 사이를 맺어준다고 여긴다. (그런 길 자체가 전적으로 거짓되고 더없이 오류에 가득 차 있으며 그 길은 정의가 걸어가는 길이 아니다. 우리가 하느님과 유사해지며 하느님께 상승하는 것은 물체적 높이를 통해서가 아니고 영적 높이 다시 말해 비물체적 높이를 통해서다.) 심지어 저 사람들은 신들과 인간 사이에는 공간상의 간격이 있기 때문에 인간들과 접촉을 하더라도 그 거리 때문에 신들이 부정을 타지 않는다는 생각을 품고 있다. 이 점에서 신들이 특별한 이점을 가지고 있는 것처럼 생각된다. 그렇다면 저 사람들은 인간이 정령들에 의해 정화된다기보다는 정령이 인간들에 의해 부정탄다고 믿는 셈이다. 또 그들은 공간상의 높이에 의한 방비책이 없다면 신들마저 인간에 의해 부정탈 수 있다고 믿는 셈이다.[106] 저 길을 거쳐서 인간이 정화되리라고 믿는 터에, 그 길에서 인간들은 부정을 끼치고, 정령들은 부정을 타며, 신들은 부정탈 수 있다면서도 그 길을 거쳐 인간이 정화될 수 있다고 생각하는 사람이 있다면 이보다 가련한 인간이 누구이겠는가?[107] 그러니 차라리 인간을 부정하게 만드는 정령들을 피하는 길, 결코 부정탈 수 없는 하느님에 의해 부정不淨으로부터 정화되는 길을 택하는 편이 낫지 않을까? 그렇게 해서 부정타지 않은 천사들과의 친목을 도모하는 편이 낫지 않을까?[108]

19. 정령숭배자들 사이에서도 이제 "정령"이란 선한 어떤 것을 뜻하지 않는다

우리까지도 말을 갖고 싸우는 것처럼 보이지 않았으면 좋겠다. 저 사람들, 내가 정령숭배자[109]라고 이름붙인 사람들 가운데 몇몇은 딴 사람들이 천사天使라고 부르는 존재를 자기들은 정령이라고 부른다고 주장하는 까닭이다(라베오도 그런 사람들 중 하나다).[110] 이제 선한 천사들에 관해 몇 가지 언급하고 넘어가야겠다. 플라톤 학파는 선한 천사들이 존재함을 부인하지는 않지만 천사라고 부르기보다는 선한 정령이라고 부르기를 더 좋아한다. 우리는 성서(우리가 그

partim malos, numquam uero bonos daemones legimus; sed ubicumque illarum litterarum hoc nomen positum reperitur, siue daemones, siue daemonia dicantur, non nisi maligni significantur spiritus. Et hanc loquendi consuetudinem in tantum populi usquequaque secuti sunt, ut eorum etiam, qui pagani appellantur et deos multos ac daemones colendos esse contendunt, nullus fere sit tam litteratus et doctus, qui audeat in laude uel seruo suo dicere: «Daemonem habes»; sed cuilibet hoc dicere uoluerit, non se aliter accipi, quam maledicere uoluisse, dubitare non possit. Quae igitur nos causa compellit, ut post offensionem aurium tam multarum, ut iam paene sint omnium, quae hoc uerbum non nisi in malam partem audire consuerunt, quod diximus cogamur exponere, cum possimus angelorum nomine adhibito eandem offensionem, quae nomine daemonum fieri poterat, euitare?

20. Quamquam etiam ipsa origo huius nominis, si diuinos intueamur libros, aliquid adfert cognitione dignissimum. Daemones enim dicuntur (quoniam uocabulum Graecum est) ab scientia nominati. Apostolus autem spiritu sancto locutus ait: *Scientia inflat, caritas uero aedificat*; quod recte aliter non intellegitur, nisi scientiam tunc prodesse, cum caritas inest; sine hac autem inflare, id est in superbiam inanissimae quasi uentositatis extollere. Est ergo in daemonibus scientia sine caritate, et ideo tam inflati, hoc est tam superbi sunt, ut honores diuinos et religionis seruitutem, quam uero Deo deberi sciunt, sibi satis egerint exhiberi, et quantum possunt et apud quos possunt adhuc agant. Contra superbiam porro daemonum, qua

---

[111] secundum quam Christiani sumus: 앞의 9.5 (qua Christiana eruditio continetur) 참조.

[112] daemones, daemonia: 이 용어들이 그리스도교에 통하던 어법("악마": maligni spiritus)을 따르면 "선한 정령"(boni daemones)은 결국 "선한 악마"라는 모순된 단어가 된다.

[113] pagani: 그리스도교에서 비신자를 일컫는 용어로 정착되었다. Cf. *Epistula* 184.3.5: "저 비신자들 (infideles)을 이방인(gentiles)이라고도 하고 시쳇말로 외교인(pagani)이라고도 부르는 것이 우리에게 관습이 되었습니다".

[114] Daemonem habes: "마귀 들렸다"는 종교적 용어가 된다 (Tertullianus, *De testimonio animae* 3).

[115] Cf. Plato, *Cratylus* 398b; Macrobius, *Saturnalia* 1.23; Lactantius, *Divinae institutiones* 2.14.6. 호메루스의 용법(daemon: *Ilias* 8.166; *Odysseia* 5.396) 이래로 어원으로는 δαω(알다), δειμαινω(겁주다, 놀라다), 혹은 δαιω(분배하다) 등을 꼽고 있다.

[116] 1고린 8,1. 이 구절의 문맥을 보면 이 문단의 의미가 분명해진다: "우리는 모두 지식을 갖고 있다는 것을 알고 있습니다. 그런데 지식은 교만하게 하지만 사랑은 건설합니다. 누가 무엇을 알았다고 생각한다면, 그는 아직 마땅히 알아야 하는 대로 알고 있는 것이 아닙니다."

[117] scientiam tunc prodesse, cum caritas inest: caritas novit veritatem을 연상시킨다.

[118] scientia sine caritate: 정령은 설혹 인간사나 미래사에 대한 지식이 있더라도 인간을 위하는 사랑이 없으므로 인간에게 이로울 리 없다.

리스도인임은 이 성서에 준해서다)[111]에서 얘기하는 대로, 천사들을 두고 일부는 선하고 일부는 악하다고 일컫는다. 그렇지만 선한 정령에 대해서는 읽어본 적이 없다. 반면에 저 거룩한 문전에 다이모네스 혹은 다이모니아라고 나오는 말은 악령만을 의미한다.[112] 어디서든지 이런 어법을 사람들이 따라왔기 때문에, 외교인外教人이라면서[113] 많은 신들과 정령들을 숭배해야 한다고 우기는 사람들마저, 배운 것 있고 박식한 사람이라면 비록 칭찬하는 어투에서도, 심지어 자기의 노예한테도 "정령이 들렸구려!"라는 말은 감히 하지 않는다.[114] 누구한테든 이런 말을 하고 싶다면 자기가 상대방을 저주하고 싶은 마음 외에 딴 뜻이 없음을 의심하지 못할 것이다. 그 많은 사람들, 아니 거의 모든 사람들은 이 말만 들으면 기분이 나빠지는데 그 말을 사용함으로써 사람들의 기분을 해칠 까닭이 무엇이 있겠는가? "정령"이라는 단어를 사용해서 야기시키는 기분나쁜 의미를 "천사"라는 단어를 사용해서 피할 수 있는 터에.

20. 정령들을 오만하게 하는 지식

우리가 성서를 숙지한다면, 이 단어의 어원이 지식에 매우 귀중한 참조사항을 제공해 줄 것 같다. 정령들은 다이모네스라고 하는데(이것은 그리스어 단어다) "지식"이라는 명사에서 유래한다.[115] 사도는 성령으로 감도感導받아 발언하면서 "지식은 교만하게 하지만 사랑은 건설합니다"라고 했다.[116] 이 말을 잘못 알아듣지 않는다면, 사랑이 깃들어 있을 때만 지식은 유익하다는 뜻이다.[117] 이 사랑이 없으면 지식은 교만하다. 즉, 그것은 우리를, 공허한 자만에 차서 거드름피우게 하는 것이다. 그래서 정령들에게 있는 것은 사랑이 없는 지식이다.[118] 따라서 그들은 교만해져서, 즉 오만에 차서 신적 영예와 종교의 봉사가 참된 하느님께 돌아가야 한다는 것을 알면서도, 그것들이 마치 자기들한테 바쳐지기나 한 것처럼 으스대고, 자기들의 위력이 미치는 사람들한테는 그렇게 하라고 시킨다. 그리하여 인류는 제물에 정령들의 오만에 사로잡힌 처지가 되었는데, 정령들의 오만에 대항해서 힘을 발휘하기로는 그리스도에게서 드러난 하느님의 겸손밖에 없다. 그런데도 사람들의 영혼은, 스스로 뽐내는 허영심에 더럽혀져

pro meritis possidebatur genus humanum, Dei humilitas, quae in Christo apparuit, quantam uirtutem habeat, animae hominum nesciunt inmunditia elationis inflatae, daemonibus similes superbia, non scientia.

21. Ipsi autem daemones etiam hoc ita sciunt, ut eidem Domino infirmitate carnis induto dixerint: *Quid nobis et tibi, Iesu Nazarene? Venisti perdere nos?* Clarum est in his uerbis, quod in eis et tanta scientia erat, et caritas non erat. Poenam suam quippe formidabant ab illo, non in illo iustitiam diligebant. Tantum uero eis innotuit, quantum uoluit; tantum autem uoluit, quantum oportuit. Sed innotuit non sicut angelis sanctis, qui eius, secundum id quod Dei Verbum est, participata aeternitate perfruuntur, sed sicut eis terrendis innotescendum fuit, ex quorum tyrannica quodam modo potestate fuerat liberaturus praedestinatos in suum regnum et gloriam semper ueracem et ueraciter sempiternam. Innotuit ergo daemonibus non per id, quod est uita aeterna et lumen incommutabile, quod inluminat pios, cui uidendo per fidem, quae in illo est, corda mundantur, sed per quaedam temporalia suae uirtutis effecta et occultissimae signa praesentiae, quae angelicis sensibus etiam malignorum spirituum potius quam infirmitati hominum possent esse conspicua. Denique quando ea paululum supprimenda iudicauit et aliquanto altius latuit, dubitauit de illo daemonum princeps eumque temptauit, an Christus esset explorans, quantum

---

[119] daemonibus similes superbia, non scientia: 앞의 각주처럼 정령이 지닌 것은 "사랑이 없는 지식"이고 인간들이 그것들과 닮았을 때는 "지식 아닌 오만으로" 닮아간다.

[120] 마르 1,24.

[121] gloriam semper veracem, veraciter sempiternam ... : 아우구스티누스가 즐겨 사용하는 반복대구법이다.

있어서, 그 겸손이 얼마나 위력이 있는지 못 깨닫는다. 지식이 아니라 오만으로 정령들과 유사한 존재가 되었기 때문에 그것을 깨닫지 못한다.[119]

21. 주님은 정령들이 어느 정도까지 알도록 허락했는가

정령들 자신은 이 사실을 잘 알고 있어서 주님이 취약한 신체를 입었을 적에 그분을 향해 이런 말을 한 바 있었다: "나자렛 사람 예수님, 당신이 우리와 무슨 상관입니까? 우리를 없애러 오셨습니까?"[120] 이 말로 미루어보면 그들에게는 상당한 지식은 있었는데 사랑은 없었다는 것을 분명히 알 수 있다. 또 그들은 자신들이 그분에게서 받을 벌을 두려워했지만 그분 안에 깃들어 있는 정의는 사랑하지 않았다. 실상 그분은 당신이 원하는 만큼만 그들이 당신을 알아보게 했고, 또 그들에게 합당한 정도로만 알아보게 했다. 그분은 그들이 당신을 알아보게 했지만, 거룩한 천사들에게 자신을 알린 것처럼 알리지는 않았다. 그분이 하느님의 말씀이라는 점에 입각해서 천사들은 그분의 영원에 참여하면서 그 영원을 향유하고 있다. 그러나 정령들에게는 당신이 두려워 떨어야 할 대상으로 알게 했으니, 예정된 인간들을 그들의 포악한 권세로부터 해방시켜 당신의 왕국과 영광으로 데려올 참이었던 것이다. 그 영광은 영구히 진실한 영광이요 진실히 영속하는 영광이다.[121] 그러므로 그분이 정령들에게 당신을 알아보게 한 것은 영원한 생명과 불변하는 광명으로서의 당신 모습이 아니다. 저 광명은 경건한 존재들을 비추어주는 광명이며, 그분 안에 있는 신앙으로 만사를 보게 하고 마음을 정화하는 그런 광명이다. 그분이 정령들에게 당신을 알아보게 한 것은 당신 권능의 잠시적 효과를 통해서, 은밀하기 이를 데 없는 당신 현존의 표지를 통해서였다. 정령들은 비록 악한 영들이기는 하지만 천사다운 지각을 지녔으며, 그분의 권능과 현존 같은 것들은 인간들의 취약한 지각보다도 그들의 지각이 더 잘 간파하게 마련이었다. 한때 그분이 그런 표지들을 점차적으로 없애 버려야겠다고 판단했고 어느 시점에서 당신의 정체를 더욱 깊이 감추어 버리자, 정령들의 두목은 그분에 관해 의심을 품었고, 그분이 정말로 그리스도인지를 조사하면서 그분을 유혹했다. 물론 그 유혹은 그분이 자신을 시험하도록

se temptari ipse permisit, ut hominem, quem gerebat, ad nostrae imitationis temperaret exemplum. Post illam uero temptationem, cum angeli, sicut scriptum est, ministrarent ei, boni utique et sancti ac per hoc spiritibus inmundis metuendi et tremendi, magis magisque innotescebat daemonibus quantus esset, ut ei iubenti, quamuis in illo contemptibilis uideretur carnis infirmitas, resistere nullus auderet.

22. His igitur angelis bonis omnis corporalium temporaliumque rerum scientia, qua inflantur daemones, uilis est; non quod earum ignari sint, sed quod illis Dei, qua sanctificantur, caritas cara est, prae cuius non tantum incorporali, uerum etiam incommutabili et ineffabili pulchritudine, cuius sancto amore inardescunt, omnia, quae infra sunt et, quod illud est, non sunt seque ipsos inter illa contemnunt, ut ex toto, quod boni sunt, eo bono. Ex quo boni sunt, perfruantur. Et ideo certius etiam temporalia et mutabilia ista nouerunt, quia eorum principales causas in Verbo Dei conspiciunt, per quod factus est mundus; quibus causis quaedam probantur, quaedam reprobantur, cuncta ordinantur. Daemones autem non aeternas temporum causas et quodam modo cardinales in Dei sapientia contemplantur, sed quorundam signorum nobis occultorum maiore experientia multo plura quam homines futura prospiciunt; dispositiones quoque suas aliquando praenuntiant. Denique saepe isti, numquam illi omnino falluntur. Aliud

---

[122] 천사들의 존재에는 하느님께 대한 사랑(Dei, qua sanctificantur, caritas cara ..., cuius pulchritudine sancto amore)이 본질을 이룬다.

[123] omnia, quae infra sunt et, quod illud est, non sunt seque ipsos inter ista: 선한 천사들은 "그 아름다움 자체가 아닌 모든 것", 심지어 자기 자신까지도(정령들의 태도와 사뭇 다르다) 대수롭지 않게 여긴다.

[124] et ex toto, *quod boni sunt*, eo bono, *ex quo boni sunt*, perfruantur..: 대구법의 수식이다. 천사들이 선하다면 선 자체인 하느님에게 참여함으로써이며, 그렇게 선한 자기네 존재를 전적으로 기울여 하느님을 향유하고자 한다.

[125] 육체의 감관이 없는 천사들의 인식은 직관(直觀)이며(conspiciunt), 창조주의 지성 안에 있는, 사물들의 이념들을(principales causas) 직관함으로써 물체적 사물들을 인식한다(11.29 참조).

[126] quaedam probantur, quaedam reprobantur, cuncta ordinantur: causae는 사물이 창조되는 범형인(範型因)들인 "이념"을 가리키며, 천사들은 이것에 준거하여 긍정하고(probantur) 부정하는(reprobantur) 판단 행위를 한다는 인식론적 의미로 해석할 수도 있다.

[127] aeternas temporum causas et quodam modo cardinales: 여기서 aeternitas cardo temporum ("영원은 시간의 중추": 영원이 시간의 기준이지 시간을 무한히 연장한 것이 영원이 아니다)이라는 문구가 성립하고 "시간적 사물들의 영원한 이념들"이라는 번역도 가능하다.

[128] in Dei sapientia (NBA본에는 Sapientia): 앞 구절의 in Verbo Dei 참조.

[129] futura prospiciunt ... praenuntiant: 점술가들의 예고나 예언이 (악한) 정령들에게 의지하는 술수임을 암시한다.

허용한 범위 내에서였으며, 그분이 취하고 있던 인간성을 우리가 본받을 만한 모범으로 제공한 범위 내에서였다. 그 유혹이 있고 나서 성서에 기록된 대로, 천사들이 그분에게 시중들자, 더구나 선하고 거룩한 천사들, 따라서 더러운 영들에게는 두렵고도 무서운 천사들이 시중을 들자 정령들은 그분이 얼마나 위대한 분인가를 알아보기에 이르렀다. 그래서 비록 그분 육신이야 취약하여 가벼이 여길 만했지만, 그분이 명령을 내리면 정령들 가운데 아무도 감히 그분에게 항거하려 들지 않았던 것이다.

22. 거룩한 천사들의 지식과 정령들의 지식의 차이

이 선한 천사들에게는 정령들이 뽐내는 지식, 곧 물체적이고 시간적인 사물들에 관한 그 모든 지식이 보잘것없는 것으로 보인다. 그들이 그런 사물들을 모르는 것이 아니라 그들을 성화하는 하느님의 사랑이 그들에게 고귀하기 때문이다. 그들은 하느님의 아름다움, 비물체적일 뿐 아니라 불변하며 형언하기 어려운 아름다움 앞에서 불타고, 또 그 아름다움에 대한 거룩한 사랑으로 불타고 있다.[122] 그러므로, 그 아래 있는 모든 것, 그것 아닌 모든 것, 심지어 자기 자신까지도 그런 것들에 포함시켜서[123] 경시하는 것이다. 이것은 스스로 선한 그 선을 온전히 기울여서, 자기들을 선한 존재로 만드는 그 선을 전적으로 향유하기 위함이다.[124] 물론 그들도 시간적이고 가변적인 저 사물들을 정령들보다 더 확실하게 알고 있다. 그것은 천사들이 그 사물들의 근본 원인들을 하느님의 말씀 안에서 관조하고 있기 때문이고[125] 그 말씀을 통해 세계가 창조되었기 때문이다. 그 원인들로 해서 어떤 사물은 인정받고 어떤 사물은 배척당하지만 모두가 질서정연해지는 것이다.[126] 반면에 정령들은 시간의 영원한 원인들, 어느 면에서 시간적 사물들의 중추中樞가 되는 원인들을[127] 하느님의 지혜[128] 안에서 관조하지는 못한다. 그렇더라도 우리에게는 숨겨진 표지들에 관해 더 많은 조예가 있으므로 인간들보다는 미래사를 더 많이 내다본다. 때로는 자기들의 의도를 예고하기도 한다.[129] 그러나 정령들은 종종 틀리는 데 비해 천사들은 틀리는 일이 절대 없다. 시간적인 것을 갖고서 시간적인 것을 추정하고 가변적인 것을

est enim temporalibus temporalia et mutabilibus mutabilia coniectare eisque temporalem et mutabilem modum suae uoluntatis et facultatis inserere, quod daemonibus certa ratione permissum est; aliud autem in aeternis atque incommutabilibus Dei legibus, quae in eius sapientia uiuunt, mutationes temporum praeuidere Deique uoluntatem, quae tam certissima quam potentissima est omnium, spiritus eius participatione cognoscere; quod sanctis angelis recta discretione donatum est. Itaque non solum aeterni, uerum etiam beati sunt. Bonum autem, quo beati sunt, Deus illis est, a quo creati sunt. Illius quippe indeclinabiliter participatione et contemplatione perfruuntur.

23. Hos si Platonici malunt deos quam daemones dicere eisque adnumerare, quos a summo Deo conditos deos scribit eorum auctor et magister Plato: dicant quod uolunt; non enim cum eis de uerborum controuersia laborandum est. Si enim sic inmortales, ut tamen a summo Deo factos, et si non per se ipsos, sed ei, a quo facti sunt, adhaerendo beatos esse dicunt: hoc dicunt quod dicimus, quolibet eos nomine appellent. Hanc autem Platonicorum esse sententiam, siue omnium siue meliorum, in eorum litteris inueniri potest. Nam et de ipso nomine, quod huius modi inmorta-

---

[130] 교부는 여기서 정령(daemones)을 "타락한 천사"로 제시하지 않고 외교인들의 믿음대로 "공기 신체"를 가진 존재로 전제하여 그들의 인식 방법을 추정한다(temporalibus temporalia coniectare).

[131] 아우구스티누스의 천사론은 교회 전승에 의거한 것이다. Cf. Hermas, *Pastor*, Visio 3.4.1; Iustinus, *Dialogus cum Tryphone*; Irenaeus, *Adversus haereses* 4.37; Origenes, *De principiis* 1.praef.10.

[132] 예: Plato, *Timaeus* 40a.

갖고서 가변적인 것을 추정하는 일이라든가, 그런 일에다 자기네 의지와 능력이 가진 시간적이고 가변적인 영향력을 행사하는 일은 정령들에게도 허용되어 있다(그것이 허용된 이유는 우리가 알지 못한다).[130] 그 대신 하느님의 지혜 안에서 움직이는 하느님의 영원하고 불변하는 법칙 속에서 시간의 변화를 예견하는 일이나, 하느님의 영에 참여함으로써 하느님의 의지, 모든 의지들 가운데 가장 확고하고 가장 능력있는 그분의 의지를 알아보는 재능은 엄정한 분별력을 가진 거룩한 천사들에게만 선사되어 있다. 이렇게 정령들에게 허용된 저것과 천사들에게 선사된 이것은 전혀 별개다. 그래서 천사들은 단지 영원하기만 한 것이 아니라 지복을 누리기도 한다. 더욱이 하느님은 그들을 지복하게 만드는 선(善) 지체이며, 그들을 창조한 분이다. 천사들은 변함없이 하느님에 대한 참여와 하느님에 대한 관조를 향유하고 있다.[131]

23. 거룩한 천사들과 의로운 인간들에게 성서의 권위에 의거하여 신들의 이름이 부여되는 현상은 공통된 일이라 하더라도 이민족들의 신들에게 신이라는 이름이 부여된 것은 잘못된 일이다

23. 1. 성서에 나오는 신이라는 명사

플라톤 학파가 이런 천사들을 정령이라고 부르기보다는 신이라고 부르고 싶어 한다고 하자. 그러면서도 그 철학자들의 창시자요 스승인 플라톤이 지존한 하느님에게 창조받았다고 기록한 존재들 가운데 이런 존재들을 포함시키고 싶어 한다고 하자.[132] 물론 하고 싶은 대로 해도 좋다. 그 사람들과는 언어상의 문제로 토론하며 고생할 필요가 없다. 천사들이 불멸할지라도 지존한 하느님에 의해 창조되었다고 말한다면, 그리고 스스로 지복을 누리는 것이 아니라 자기를 창조한 분에게 의탁함으로써 지복을 누린다고 말한다면, 우리와 똑같은 주장을 하는 셈이므로 천사들을 무슨 이름으로 불러도 상관없다. 그리고 이것이 플라톤 학파의 사상이라는 사실은 그들의 저술에서 발견된다. 그것이 플라톤 학파 모두의 사상인가의 여부, 적어도 가장 훌륭한 플라톤 학파의 사상인가의 여부는 별로 상관할 바가 아니다. 이렇게 불멸하고 지복을 누리는 피조물을 신이라

lem beatamque creaturam deos appellant, ideo inter nos et ipsos paene nulla dissensio est, quia et in nostris sacris litteris legitur: *Deus deorum dominus locutus est*, et alibi: *Confitemini deo deorum*, et alibi: *Rex magnus super omnes deos.* Illud autem ubi scriptum est: *Terribilis est super omnes deos*, cur dictum sit, deinceps ostenditur. Sequitur enim: *Quoniam omnes dii gentium daemonia, Dominus autem caelos fecit. Super omnes* ergo *deos* dixit, sed *gentium*, id est quos gentes pro diis habent, quae sunt *daemonia*; ideo *terribilis*, sub quo terrore Domino dicebant: *Venisti perdere nos?* Illud uero, ubi dicitur: *Deus deorum,* non potest intellegi deus daemoniorum; et *rex magnus super omnes deos* absit ut dicatur rex magnus super omnia daemonia. Sed homines quoque in populo Dei eadem scriptura deos appellat. *Ego*, inquit, *dixi, dii estis et filii Excelsi omnes.* Potest itaque intellegi horum deorum deus, qui dictus est *deus deorum*, et super hos deos rex magnus, qui dictus est *rex magnus super omnes deos.*

Verum tamen cum a nobis quaeritur: Si homines dicti sunt dii, quod in populo Dei sunt, quem per angelos uel per homines alloquitur Deus, quanto magis inmortales eo nomine digni sunt, qui ea fruuntur beatitudine, ad quam Deum colendo cupiunt homines peruenire: quid respondebimus nisi non frustra in scripturis sanctis expressius homines nuncupatos deos, quam illos inmortales et beatos, quibus nos aequales futuros in resurrectione promittitur, ne scilicet propter illorum excellentiam aliquem

---

[133] 시편 49,1. 〔새번역 50,1: "하느님, 주 하느님께서 말씀하시며"〕 이 새번역의 각주: "히브리말로는 '엘 엘로힘 야훼'이다. '신들의 하느님이신 주님'으로 옮기기도 한다."

[134] 시편 135,2. 〔새번역 136,2: "신들의 하느님을 찬송하라, 그분의 자애는 영원하시니."〕

[135] 시편 94,3. 〔새번역 95,3: "주님께서는 위대하신 하느님, 모든 신들 위에 위대하신 임금님."〕

[136] 시편 95,4-5. 〔새번역 96,4-5: "주님께서는 위대하시고 드높이 찬양받으실 분, 모든 신들 위에 경외로우신 분이시니. 민족들의 신들은 헛것이어도, 주님께서는 하늘을 만드셨도다."〕

[137] 마르 1,24.

[138] 시편 81[82],6.

고 부르는 한, 명칭에 대해 우리와 그들 사이에는 의견차이가 거의 없다고 할 수 있다. 왜냐하면 우리 성서에 "신들의 하느님 주께서 말씀하셨다"[133]는 구절이 나오는 까닭이다. 다른 곳에서는 "모든 신들의 하느님께 감사노래 불러라"[134]고 되어 있다. 또 다른 곳에는 "모든 신들을 거느리시는 높으신 임금님"[135]이라고 한다. 그리고 "하느님은 모든 신들보다 두려운 분이다"라는 말에는 그런 말을 한 이유가 설명된다. 왜냐하면 "이방인들의 모든 신들은 정령들이지만 주님은 하늘을 만드셨기" 때문이다.[136] 앞에서 "모든 신들보다" 두려운 분이라고 했지만 그들을 "이방인들의" 신들이라고 했다. 다시 말해 이방인들은 그 존재들을 신으로 여기는데 그들은 실제로는 "정령"이라는 말이다. 그래서 하느님은 "두려운" 분이고 그 두려움에 사로잡혀서 정령들은 주님께 "우리를 없애러 오셨습니까?"라고 했던 것이다.[137] 따라서 "신들의 하느님"이라는 구절도 정령들의 신을 말하는 것이라고 이해되지는 않는다. 또 "모든 신들을 거느리시는 높으신 임금님"도 모든 정령들을 거느리는 임금님을 말하는 것이 결코 아니다. 그런데 성서는 하느님의 백성에 드는 인간들도 신이라고 부르고 있다: "내가 이르노니, 너희는 신들이며 모두가 지존의 아들들이로다."[138] 그렇다면 "신들의 하느님"이라고 하는 하느님은 바로 이런 신들의 하느님이고, "모든 신들을 거느리시는 높으신 임금님"이라고 하는 분도 바로 이런 신들을 거느리는 높은 임금님이라고 이해될 수 있겠다.

23. 2. 신이라는 명칭은 천사보다도 인간에게 어울린다

그러면 우리는 다음과 같은 질문을 받을 것이다: 하느님의 백성(하느님은 천사들을 통해서나 인간들을 통해 이 백성에게 말씀하신다)에 든다고 해서 인간들이 신이라고 불렸다면, 선한 천사들처럼 불멸하는 존재들이야말로 이 이름에 더욱 적격이 아닌가? 더구나 하느님을 섬김으로써 인간들이 도달하고자 열망하는 지복을 그 존재들은 이미 향유하고 있지 않은가? 우리는 이 물음에 뭐라고 답할까? 불멸하고 지복을 누리는 존재들보다 인간들이 더 명백하게 신이라고 불린 데는 까닭이 없지 않다고 한 거룩한 서책의 말이 그 대답이 될 것이다. 부활을 통해 우리는 그들과 동등해지리라는 약속을 받았는데, 그것은 그들의 탁월함을

eorum nobis constituere deum infidelis auderet infirmitas? Quod in homine facile est euitare. Et euidentius dici debuerunt homines dii in populo Dei, ut certi ac fidentes fierent eum esse Deum suum, qui dictus est *deus deorum*; quia etsi appellentur dii inmortales illi et beati, qui in caelis sunt, non tamen dicti sunt dii deorum, id est dii hominum in populo Dei constitutorum, quibus dictum est: *Ego dixi, dii estis et filii Excelsi omnes*. Hinc est quod ait apostolus: *Etsi sunt qui dicuntur dii, siue in caelo siue in terra, sicuti sunt dii multi et domini multi: nobis tamen unus Deus Pater, ex quo omnia et nos in ipso, et unus Dominus Iesus Christus, per quem omnia et nos per ipsum.*

Non multum ergo de nomine disceptandum est, cum res ipsa ita clareat, ut ab scrupulo dubitationis aliena sit. Illud uero, quod nos ex eorum inmortalium beatorum numero missos esse angelos dicimus, qui Dei uoluntatem hominibus adnuntiarent, illis autem non placet, quia hoc ministerium non per illos, quos deos appellant, id est inmortales et beatos, sed per daemones fieri credunt, quos inmortales tantum, non etiam beatos audent dicere, aut certe ita inmortales et beatos, ut tamen daemones bonos, non deos sublimiter conlocatos et ab humana contrectatione semotos, quamuis nominis controuersia uideatur, tamen ita detestabile est nomen

---

[139] 교부는 천사들이 신령한 존재이므로 신들이라고 불릴 만하지만 하느님으로 숭배받을 존재가 아님을 강조한다.

[140] 1고린 8,5-6.

[141] 천계의 영적 존재들이 모조리 천사(angelus: 소식을 전하는 자)는 아니고 하느님의 뜻을 지상에 전달하도록 파견된 자들만 천사라고 불린다. Cf. Gregorius magnus, *In Evangelium homiliae* 34.8: sancti illi spiritus ... semper uocari angeli nequaquam possunt, quia tunc solum sunt angeli cum per eos aliqua nuntiantur.

보고서 인간들의 나약한 믿음에서 혹시 그들 가운데 누군가를 신으로 세우는 일이 없도록 하기 위함이었다. 반면 인간을 신으로 공경하는 일을 피하는 것은 오히려 쉽다. 하느님의 백성에 들어 있는 인간들은 신이라는 말을 들어야 한다. 그래야 "신들의 하느님"이라고 일컫는 분이 자기네 하느님이라는 사실에 대해 인간들이 더 확신을 갖고 신뢰를 품을 것이기 때문이다. 하늘에 있으면서 불멸하고 또 지복을 누리고 있다는 존재들이 비록 신이라고 불리기는 하지만, 그들을 두고 "신들의 신들"이라고 말하지는 않는다. 다시 말해 그들을 가리켜, 하느님의 백성에 들어 있는 인간들의 신들이라는 말을 하지는 않는 것이다. 대신 그 인간들에게는 "나는 말했다. 너희는 신들이요 모두가 지존하신 이의 아들들이다"는 말씀이 있었디.[139] 사도의 말도 바로 이것에 대한 것이었다: "하늘에든 땅에든 이른바 신이라는 것들이 있다 치면, 과연 신도 여럿이요 주님도 여럿이라고 하겠습니다. 그러나 우리에게는 오직 한 분 하느님이 계실 뿐이니, 곧 아버지이십니다. 모든 것이 그분에게서 나오며 우리도 그분을 향하고 있습니다. 그리고 오직 한 분 주님이 계실 뿐이니, 곧 예수 그리스도이십니다. 모든 것이 그분으로 말미암아 있고 우리도 그분으로 말미암아 있습니다."[140]

23. 3. 어느 경우든 제사를 바쳐 예배할 대상은 아니다

그러므로 명칭에 대해 많은 지면을 할애하면서 토론할 필요는 없는데 그 내용이 너무나 분명하여 세심한 사람에게서도 의심의 여지가 없기 때문이다. 우리는 저 불멸하고 지복에 이른 존재들 가운데서 사람들에게 하느님의 뜻을 알리기 위해 파견된 자들을 곧 천사라고 한다.[141] 그렇지만 저 플라톤 학파에게는 이런 표현이 마음에 들지 않는다. 이런 직무는 자기네가 신이라고 부르는 존재들, 즉 불멸하고 지복에 이른 자들을 통해 수행되는 것이 아니고 정령들을 통해 이루어진다고 믿는 까닭이다. 그들은 정령들이 불멸할 따름이라고 할 뿐 또한 지복에 이르렀다고는 감히 말하지 못한다. 간혹 그들을 불멸하며 지복에도 이르렀다고 하기도 하는데 그것은 그들을 선한 정령이라고 여겨 그런 것이지 높은 곳에 거처하며 인간과 접촉하는 신들이라고 여겨 그런 것은 아니다. 그러므로 비록 이런 논쟁이 언어상의 문제인 것처럼 보이기는 하지만 정령이라는

daemonum, ut hoc modis omnibus a sanctis angelis nos remouere debea-
mus. Nunc ergo ita liber iste claudatur, ut sciamus inmortales et beatos,
quodlibet uocentur, qui tamen facti et creati sunt, medios non esse ad
inmortalem beatitudinem perducendis mortalibus miseris, a quibus utra-
que differentia separantur. Qui autem medii sunt communem habendo
inmortalitatem cum superioribus, miseriam cum inferioribus, quoniam
merito malitiae miseri sunt, beatitudinem, quam non habent, inuidere
nobis possunt potius quam praebere. Vnde nihil habent amici daemonum
quod nobis dignum adferant, cur eos tamquam adiutores colere debeamus,
quos potius ut deceptores uitare debemus. Quos autem bonos et ideo non
solum inmortales, uerum etiam beatos deorum nomine sacris et sacrificiis
propter uitam beatam post mortem adipiscendam colendos putant,
qualescumque illi sint et quolibet uocabulo digni sint, non eos uelle per
tale religionis obsequium nisi unum Deum coli, a quo creati et cuius
participatione beati sunt, adiuuante ipso in sequenti libro diligentius
disseremus.

이름은 너무나 혐오스러우며 우리는 그 명칭을 어떤 의미에서라도 거룩한 천사들에게 사용하는 것만은 피해야 한다.[142] 이제 이 권을 마무리하면서 우리가 깨달은 바는, 불멸하고 지복에 이른 존재들이 뭐라고 불리든 그들은 만들어졌고 창조된 존재들이며, 사멸하고 비참한 인간들을 불멸하는 지복으로 인도해 주는 중간존재는 아니라는 사실이다. 천사들은 저들이 말하는 중간존재들과 이중의 차이로 인해 구분이 된다. 정령이라는 중간존재는 상위의 존재들과는 불멸성을 공통으로 지니고 하위의 존재들과는 비참을 공통으로 지니고 있다. 그들은 악의에 대한 대가를 치르며 불행한데다가 지복이라는 것은 지니지도 못했으므로 우리에게 지복을 제공하기는커녕 오히려 우리가 그것을 얻을까봐 시기할 수도 있다. 그리므로 정령들과 친하다는 자들도, 우리가 정령들을 속이는 자들이라고 여겨 피하는 대신 우리를 돕는 존재로 숭배할 만한 이유를 제대로 제시할 수 없었던 것이다. 저 사람들은 선한 정령은 불멸할 뿐 아니라 지복에도 이르렀으므로 우리가 사후에 지복의 생명을 얻으려면 그들에게 신이라는 이름을 붙이고 예식과 제사를 바쳐서 숭배해야 한다고 주장한다. 그러나 선한 정령들은 어떤 존재들이든, 무슨 명칭으로 불려야 적당하든, 그들이 선한 정령이라면 종교의 의식을 바쳐 숭배할 대상은 반드시 하느님 한 분뿐이기를 바란다. 자기들도 하느님에게 창조받았고 그분에게 참여함으로써 지복에 이르렀기 때문이다. 이 문제는 하느님의 보우하심을 입어 다음 권에서 자세히 논하기로 한다.

---

[142] 포르피리우스(in Iamblicus, *De mysteriis* 2.3.10) 같은 철학자들이 중간존재를 "신·정령·천사·대천사·아르콘·망령" 등으로 부르고 있지만, 아우구스티누스는 그리스도교의 어법상으로 "정령"은 곧 "악령"이나 "악마"로 파악되므로 이 용어의 사용을 기피한다.

AUGUSTINUS

DE CIVITATE DEI
LIBER X

QUAE AETERNAE VITAE SIT RELIGIO

아우구스티누스

신국론
제10권

영원한 생명의 종교

1. Omnium certa sententia est, qui ratione quoquo modo uti possunt, beatos esse omnes homines uelle. Qui autem sint uel unde fiant dum mortalium quaerit infirmitas, multae magnaeque controuersiae concitatae sunt, in quibus philosophi sua studia et otia contriuerunt, quas in medium adducere atque discutere et longum est et non necessarium. Si enim recolit qui haec legit, quid in libro egerimus octauo in eligendis philosophis, cum quibus haec de beata uita, quae post mortem futura est, quaestio tractaretur, utrum ad eam uni Deo uero, qui etiam effector est deorum, an plurimis diis religione sacrisque seruiendo peruenire possimus: non etiam hic eadem repeti expectat, praesertim cum possit relegendo, si forte oblitus est, adminiculare memoriam. Elegimus enim Platonicos omnium philosophorum merito nobilissimos, propterea quia sapere potuerunt licet inmortalem ac rationalem uel intellectualem hominis animam nisi participato lumine illius Dei, a quo et ipsa et mundus factus est, beatam esse non posse; ita illud, quod omnes homines appetunt, id est uitam beatam, quemquam isti assecuturum negant, qui non illi uni optimo, quod est incommutabilis Deus, puritate casti amoris adhaeserit. Sed quia

---

[1] beatos esse omnes homines velle: 아우구스티누스 사상의 핵심이며 초기작 *De beata vita* 이래의 그의 일관된 주장이다(4.23.1 참조). Cf. Plato, *Euthydemus* 278e; Aristoteles, *Ethica Nicomachea* 1153b; Cicero, *Tusculanae disputationes* 5.10.28; Seneca, *De vita beata* 1.1.

[2] 플라톤(*Philebus*)과 아리스토텔레스(*Ethica Nicomachea* 1095a)가 다양한 견해를 소개하는 것 외에도 로마인 바로(*De philosophia*: 유실작)는 무려 288가지 견해를 열거했다고 전한다(19.1 참조).

[3] 8.5 참조.

[4] nisi participato lumine illius Dei: 지성에 대한 신적 조명은 11권(10.2; 11; 27.2)에서 재론된다.

제1부(1-11)
참된 종교의 관념

1. 천사나 인간에게 참된 행복을 줄 수 있는 것은 유일한 하느님이라고 플라톤 학파는 주장했지만, 그들이 그런 행복을 위해 숭배해야 한다고 믿은 정령 자신들은 과연 한 분 하느님께만 제사 바치기를 요구했는가, 아니면 자기들에게도 제사 바치기를 요구했는가 물어보아야 한다

1. 1. 천사들은 유일한 하느님께만 예배가 바쳐지기를 바란다

모든 인간이 행복해지기를 원한다는 것은 어느 모로든 이성을 구사할 수 있는 사람들 모두의 확고한 의견이다.[1] 그런데 누가 행복한 사람이며 무엇으로 행복해지느냐 하는 문제를 두고는 참으로 중요하고도 많은 논란이 야기되었다.[2] 아마도 사멸하는 인간들의 나약한 힘으로 문제를 탐구하는 까닭이리라. 철학자들은 그런 토론을 하면서 자기네 정열과 여가를 소모했는데 그것들을 이 자리에 가져와 재론한다는 것은 시간도 오래 걸릴 뿐 아니라 그다지 필요하지도 않다. 사후에 도래할 행복한 삶에 관한 문제를 토론할 상대 철학자들을 선정하면서 본서 제8권에서 우리가 논한 것을 독자는 읽었고 또 기억하고 있을 것이다.[3] 우리는 거기서 유일한 하느님, 신들까지도 창조한 하느님을 섬김으로써 행복한 삶에 도달할 수 있느냐, 아니면 종교와 제사를 바쳐 다수의 신들을 섬겨야 행복한 삶에 도달할 수 있느냐 하는 문제를 다루었다. 그러니 독자들은 여기서 그것을 되풀이해 주기를 기대하지는 않을 것이고, 만약 잊었다면 그 대목을 다시 읽어봄으로써 기억을 되살릴 수 있을 것이다. 우리는 의당히 모든 철학자들 가운데 가장 고상한 인물로 플라톤 학파를 토론 상대로 선정했다. 왜냐하면 그들은, 인간의 영혼이 비록 불멸하고 이성적이며 또한 오성적이지만, 저 하느님의 빛, 즉 영혼 자체와 세계를 창조한 하느님의 빛에 참여함으로써 행복해지는 것이 아니라면 아무도 행복해질 수 없다는 사실을 인지하고 있었기 때문이다.[4] 그들은 모든 인간이 추구하는 행복한 삶을 아무나 얻을 수 있다고는 생각하지 않았다. 그들은 정결한 사랑의 순수함을 갖고서 저

ipsi quoque siue cedentes uanitati errorique populorum siue, ut ait apostolus, *euanescentes in cogitationibus suis* multos deos colendos ita putauerunt uel putari uoluerunt, ut quidam eorum etiam daemonibus diuinos honores sacrorum et sacrificiorum deferendos esse censerent, quibus iam non parua ex parte respondimus: nunc uidendum ac disserendum est, quantum Deus donat, inmortales ac beati in caelestibus sedibus dominationibus, principatibus potestatibus constituti, quos isti deos et ex quibus quosdam uel bonos daemones uel nobiscum angelos nominant, quo modo credendi sint uelle a nobis religionem pietatemque seruari; hoc est, ut apertius dicam, utrum etiam sibi an tantum Deo suo, qui etiam noster est, placeat eis ut sacra faciamus et sacrificemus, uel aliqua nostra seu nos ipsos religionis ritibus consecremus.

Hic est enim diuinitati uel, si expressius dicendum est, deitati debitus cultus, propter quem uno uerbo significandum, quoniam mihi satis idoneum non occurrit Latinum, Graeco ubi necesse est insinuo quid uelim dicere. *Λατρείαν* quippe nostri, ubicumque sanctarum srcipturarum positum est, interpretati sunt seruitutem. Sed ea seruitus, quae debetur hominibus, secundum quam praecipit apostolus seruos dominis suis subditos esse debere, alio nomine Graece nuncupari solet; *λατρεία* uero secundum consuetudinem, qua locuti sunt qui nobis diuina eloquia condiderunt, aut semper aut tam frequenter ut paene semper ea dicitur seruitus,

---

[5] Cf. Plotinus, *Enneades* 1.5.2; 6.4.7; Porphyrius, *Epistula ad Marcellam* 11-12.

[6] 로마 1,21.

[7] beatus: 본서의 여타 부분에서 사용하는 felix("행복한")와는 달리 아우구스티누스는 궁극적 행복의 상태를 beatus로 표현하므로 간간이 "지복(至福)에 이른"이라고 번역했다.

[8] Sedes, Dominationes, Principatus, Potestates: 그리스도교 전통은 이런 추상적 능력들을 천사들의 명칭으로 사용해 왔다: 8.24.3(각주 211); 골로 1,16 참조.

[9] Cf. Plotinus, *Enneades* 3.5.6; Plutarchus, *De defectu oraculorum* 10-13.414f-417c.

[10] divinitas는 "신성"(神性)으로, 그리스도교 고유 용어 deitas는 "신격"(神格)으로 번역해 보지만 아우구스티누스가 늘 용어상의 구분을 확연히 하는 것은 아니다(7.1 참조).

[11] servitus(섬김): 라틴어의 본뜻은 "봉사", "예속", "예배"(불가타본 참조: 출애 6,5; 신명 6,13; 마태 4,10; 로마 1,25; 히브 9,12). 그리스도교에서는 하느님에게만 바치는 배타적 예배를 "흠숭"(欽崇)이라는 용어로 표기한다.

[12] δουλεία라는 어휘가 쓰인다: "섬김", "봉사"로 번역된다. 에페 6,5; 골로 3,22 참조. Cf. *Quaestiones in Heptateuchum* 2.94: *douleia* debetur Deo tamquam domino, *latreia* vero nonnisi Deo tamquam Deo.

유일하고 지선한 분, 즉 불변하는 하느님께 합일하지 않는 한 그것을 얻지 못한다고 주장했다.[5] 그럼에도 그들은 백성들의 허황한 생각이나 오류에 떠밀려서인지, 사도의 말대로 "생각이 허망하게 되어"[6]서인지는 모르겠으나 다수의 신들을 숭배해야 한다고 생각했거나, 다른 이들이 그렇게 생각하기를 바랐다. 심지어 그들 가운데 어떤 사람들은 정령들에게까지 제의와 제사라는 신적 영예를 바쳐야 한다고 여겼다. 그런 사람들에게 우리는 이미 상당 부분 답변을 했다. 지금은 하느님이 허락하시는 범위 내에서 다음과 같은 문제를 토론할 차례다. 불멸하고 지복에 이른 자들[7]을 우리가 어떤 식으로 믿어야 할지, 우리가 그들을 상대로 어디까지 종교심과 신심을 간직하기를 그들이 요구하는지 알아볼 차례다. 천상 권죄들이나 주권들이나 권력들이나 권세들의 자리를 차지하고 있는[8] 그들을 저 철학자들은 신神이라고 부르기도 하고, 그 가운데 일부는 선한 정령이라고 부르기도 하며, 우리가 하듯이 그냥 천사라고 부르기도 한다.[9] 즉, 좀더 노골적으로 이야기하자면, 우리는 일단 제사를 바치고 희생을 올리고 우리가 가진 모든 것, 심지어 우리 자신마저 종교 예식으로 봉헌하고 있는데, 과연 저 신령들이 그것을 자기네 하느님이요 또한 우리 하느님인 한 분에게만 바치기를 바라는지, 그렇지 않으면 자기들에게도 바치기를 바라는지 토론해 볼 차례다.

1.2. 하느님에 대한 예배는 흠숭이라 한다

지금 우리가 얘기하는 것은 신성, 더 정확하게 표현한다면 신격[10]에 바쳐야 마땅한 숭배다. 그런 숭배를 하나의 단어로 의미하기 위해 필요한 곳에 그리스어를 사용할 것인데, 라틴어 단어는 내가 보기에 충분히 적합하지 않기 때문이다. 실제로 성서에서 라트레이아라는 단어가 나올 적마다 우리 번역자들은 그것을 세르비투스[11]라고 번역했다. 그렇지만 저 섬김이, 노예들은 자신의 주인들에게 복종해야 한다고 사도가 명하는 경우처럼, 인간들에게 바쳐져야 마땅할 경우에는 그리스어로도 다른 명사로 부르는 것이 상례다.[12] 그러나 신성한 말씀을 우리에게 전달해 준 사람들이 사용하는 어법에 따르면, 라트레이아는 항상 또는 적어도 거의 항시라 할 만큼 빈번히, 하느님을 숭배하는 일에

quae pertinet ad colendum Deum. Proinde si tantummodo cultus ipse dicatur, non soli Deo deberi uidetur. Dicimur enim colere etiam homines, quos honorifica uel recordatione uel praesentia frequentamus. Nec solum ea, quibus nos religiosa humilitate subicimus, sed quaedam etiam, quae subiecta sunt nobis, perhibentur coli. Nam ex hoc uerbo et agricolae et coloni et incolae uocantur, et ipsos deos non ob aliud appellant caelicolas, nisi quod caelum colant, non utique uenerando, sed inhabitando, tamquam caeli quosdam colonos; non sicut appellantur coloni, qui condicionem debent genitali solo, propter agriculturam sub dominio possessorum, sed, sicut ait quidam Latini eloquii magnus auctor:

Vrbs antiqua fuit, Tyrii tenuere coloni.

Ab incolendo enim colonos uocauit, non ab agricultura. Hinc et ciuitates a maioribus ciuitatibus uelut populorum examinibus conditae coloniae nuncupantur. Ac per hoc cultum quidem non deberi nisi Deo propria quadam notione uerbi huius omnino uerissimum est; sed quia et aliarum rerum dicitur cultus, ideo Latine uno uerbo significari cultus Deo debitus non potest.

Nam et ipsa religio quamuis distinctius non quemlibet, sed Dei cultum significare uideatur (unde isto nomine interpretati sunt nostri eam, quae Graece θρησκεία dicitur): tamen quia Latina loquendi consuetudine, non inperitorum, uerum etiam doctissimorum, et cognationibus humanis atque adfinitatibus et quibusque necessitudinibus dicitur exhibenda religio, non eo uocabulo uitatur ambiguum, cum de cultu deitatis uertitur quaestio, ut fidenter dicere ualeamus religionem non esse nisi cultum Dei, quoniam

---

[13] Servius (*Commentarius in Vergilii Aeneidem* 1.16)에 의하면 "아랫사람을 위함"(colere ... cum maior minorem diligeret)이나 "윗사람을 받듦"(superior colitur, non colit inferiorem: 3.61)에도 활용되었다.

[14] cultus: "돌아다니다"(IE. Kwel-)에 어원을 둔 라틴어 동사 colo, -ere는 "갈다, 경작하다"와 "살다, 거주하다"라는 두 가지 의미를 가지며 여기에서 agri-cola("농민"), colonus("소작인, 이민"), incola("주민")라는 명사들이 파생했다.

[15] caeli-colae: 신들의 호칭으로 시문학에서 널리 활용되는(예: Vergilius, *Aeneis* 6.554) 이 단어는 어원상 "하늘을 공경하는 자들"도 되고 "하늘의 주민들"도 된다.

[16] Tyrii coloni: Vergilius, *Aeneis* 1.12: 라틴어 colonus는 원래 부재 지주의 전답을 경작하는 "소작인"을 가리켰고 식민지에 거주하는 "이민"도 의미했다.

[17] ab incolendo ... non ab agricultura: 앞의 각주 14 참조.

[18] 성서 용어 참조: 야고 1,27(religio(경건함) ... apud Deum), 골로 2,18(religionem(숭배) angelorum).

[19] cognatio(친척), affinitas(인척), necessitas(혈연)는 로마의 법률적 개념이기도 하다. Cf. Cicero, *Oratio pro Roscio Amerino* 24.64.

해당하는 그런 섬김을 지칭한다. 그러나 숭배, 즉 쿨투스만을 두고 말하면 하느님께만 바쳐야 하는 그런 것은 아니다. 우리는 인간들을 숭배한다는 말도 쓰고, 우리가 모여 어떤 인간들을 기념하거나 그들의 현전現前에서 명예를 바치는 까닭이다. 이 단어는 우리가 종교적 겸허함으로 자신을 종속시키는 그런 행위를 지시할 뿐 아니라 우리 밑에 있어 우리를 받드는 것들에 대해서도 같은 말로 형용한다.[13] "농민", "이민", "주민"이라는 단어들이 바로 이 동사에서 유래했다.[14] 신들을 "천상 주민"이라고 호칭하는 것도 그들이 하늘에 거주하는 것 외에 다른 이유가 있어서가 아니다. 그들이 하늘을 공경해서가 아니고 마치 하늘의 주민처럼 하늘에 거주하기 때문이다.[15] 여기 나오는 콜로니란 토지 소유주 밑에서 농사를 짓기 때문에 태어나면서부터 토지에 매인 처지인 소작인을 가리키는 의미로 사용되는 것이 아니다. 그것은 라틴어 문학의 위대한 대표자가 한 말:

옛 도읍이 있었으니 티루스인들이 이민와서 자리잡고 있었다[16]

에 나오는 것과 같은 의미로 사용된 것이다. 그가 그들을 콜로니라고 한 것은 "농사"에서가 아니라 "거주한다"는 사실에서 그렇게 불렀다.[17] 그래서 더 큰 도시에서 온 사람들에 의해 건설된 도시들이 콜로니아, 곧 식민지라고 불린다. 그러므로 단어의 고유한 의미대로 한다면 쿨투스는 하느님께만 바쳐지는 것을 의미하는 특정한 의미로 사용되어야 한다는 말이 전적으로 맞다. 그러나 쿨투스는 또한 다른 사물들과 관련되어서도 사용된다. 그래서 라틴어에서는 쿨투스 하나만으로는 하느님께 바쳐야 할 숭배가 표현되지 않는다.

1.3. 신심은 종교적 본분에 그치는가

또 종교, 즉 렐리기오도 전문적 의미로는 아무 숭배나 가리키는 것이 아니고 하느님 숭배를 가리키는 것으로 보인다. (그리스어로 트레스케이아를 우리 학자들은 이 단어로 번역했다.)[18] 그렇지만 라틴어 어법에서는 무식한 사람들뿐 아니라 가장 박식한 사람들도, 이 단어는 인간의 친척이나 인척이나 여타의 혈연에서도 "종교"가 유지되어야 한다는 말을 한다.[19] 그러므로 이 용어도 신성에 대한 숭배를 논할 때는 애매함을 면하지 못한다. 종교란 하느님에 대한 숭배를

uidetur hoc uerbum a significanda obseruantia propinquitatis humanae insolenter auferri. Pietas quoque proprie Dei cultus intellegi solet, quam Graeci εὐσέβειαν uocant. Haec tamen et erga parentes officiose haberi dicitur. More autem uulgi hoc nomen etiam in operibus misericordiae frequentatur; quod ideo arbitror euenisse, quia haec fieri praecipue mandat Deus eaque sibi uel pro sacrificiis uel prae sacrificiis placere testatur. Ex qua loquendi consuetudine factum est, ut et Deus ipse dicatur pius; quem sane Graeci nullo suo sermonis usu εὐσεβῆν uocant, quamuis εὐσέβειαν pro misericordia illorum etiam uulgus usurpet. Vnde in quibusdam scripturarum locis, ut distinctio certior appareret, non εὐσέβειαν, quod ex bono cultu, sed θεοσέβειαν, quod ex Dei cultu compositum resonat, dicere maluerunt. Vtrumlibet autem horum nos uno uerbo enuntiare non possumus. Quae itaque λατρεία Graece nuncupatur et Latine interpretatur seruitus, sed ea qua colimus Deum; uel quae θρησκεία Graece, Latine autem religio dicitur, sed ea quae nobis est erga Deum; uel quam illi θεοσέβειαν, nos uero non uno uerbo exprimere, sed Dei cultum possumus appellare: hanc ei tantum Deo deberi dicimus, qui uerus est Deus facitque suos cultores deos. Quicumque igitur sunt in caelestibus habitationibus inmortales et beati, si nos non amant nec beatos esse nos uolunt, colendi utique non sunt. Si autem amant et beatos uolunt, profecto inde uolunt, unde et ipsi sunt; an aliunde ipsi beati, aliunde nos?

---

[20] pietas: 일차적으로 부모에 대한 자식의 도리 곧 효성(孝誠)을 가리킨다. 이차적으로 인간간의 신의(信義)와 종교적 신심(信心)을 의미한다.

[21] 호세 6,6 참조: "내가 반기는 것은 제물이 아니라 사랑이다"(마태 9,13; 12,7 참조).

[22] pius가 그리스어 εὐσεβής 외에 라틴어 misericors와 동의어로 쓰인다. 2역대 30,9(pius ... est Deus); 집회 2,13; 유딧 7,20 참조.

[23] 불가타본에는 misericordia로 옮겨진다: 호세 6,6; 마태 9,13 참조.

[24] 시편 81[82],6(요한 10,34) 참조: "내가 이르노니 너희는 신들이며, 모두 지존의 아들들이로다."

의미하는 것 외에 아무것도 아니라고 자신있게 단언할 수는 없다. 그 단어가 인간의 친척관계에서 혈연의 도리를 준수하는 데 사용되는 의미를 전적으로 배제해야 한다는 주장은 아무래도 무리이기 때문이다. "신심", 곧 피에타스도 고유 의미로는, 그리스인들이 에우세베이아라고 부르는 것, 즉 하느님 숭배로 이해하는 것이 일반적이다. 그러나 이 단어도 공식적으로는 우리가 부모에게 해야 하는 도리를 지시하는 것으로 사용된다.[20] 그리고 대중 어법에서 이 명사는 자비를 가리키는 행업에서 자주 나타난다. 내가 생각하기로는 이 단어가 그런 의미를 가지게 된 것은 하느님이 그런 행업을 수행할 것을 명했고, 당신은 이 것을 당신께 바치는 제사처럼 혹은 제사보다도 더 좋게 여긴다고 선포했기 때문인 것 같다.[21] 이런 어법에서 하느님 몸소 "신실한" 분으로 불리는 어법이 생겨났다.[22] 그리스인들의 담화에는 에우세베이아를 자비를 가리키는 데 쓰는 예는 있었지만 하느님을 에우세베스라고 부르는 예는 결코 없다. 그래서 성서의 어떤 대목을 보면 "좋은 숭배"에서 온 합성어 에우세베이아 대신 "하느님 숭배"에서 온 합성어 테오세베이아라고 부르기를 더 좋아했다.[23] 우리는 이 둘을 한 단어로 표현하기가 불가능하다. 여하튼 그리스어로 라트레이아라는 것을 라틴어로는 세르비투스라고 하되 다만 하느님을 섬기는 숭배를 가리키고, 그리스어로 트레스케이아라는 것을 라틴어로는 렐리기오라고 하되 다만 우리에게서 하느님을 향하는 자세를 가리킨다. 그렇지만 저들이 테오세베이아라고 부르는 것을 우리는 한 단어로 표현하지 못하지만 데이 쿨투스(하느님 숭배)라고 부를 수 있다. 우리는 이 단어를 참된 하느님이요 당신을 숭배하는 자들을 신으로 만들어 준[24] 저 하느님께만 돌려 마땅하다고 말한다. 따라서 비록 천상 거처에 있고 불멸하며 지복에 이르렀을지라도 만약 우리를 사랑하지 않고 우리가 지복에 이르기를 원하지 않는다면 그런 존재는 숭배받아서는 안 된다. 만약 그들이 우리를 사랑하고 우리가 지복에 이르길 원한다고 하자. 그렇다면 그들은 자신들이 지복을 누리는 원천과 같은 원천에서 우리가 지복을 얻기를 원할 것이 틀림없다. 그렇지 않으면 그들의 지복은 여기서 나오고 우리의 지복은 다른 데서 나온다는 말이 되지 않는가?

2. Sed non est nobis ullus cum his excellentioribus philosophis in hac quaestione conflictus. Viderunt enim suisque litteris multis modis copiosissime mandauerunt hinc illos, unde et nos, fieri beatos, obiecto quodam lumine intellegibili, quod Deus est illis et aliud est quam illi, a quo inlustrantur, ut clareant atque eius participatione perfecti beatique subsistant. Saepe multumque Plotinus asserit sensum Platonis explanans, ne illam quidem, quam credunt esse uniuersitatis animam, aliunde beatam esse quam nostram, idque esse lumen quod ipsa non est, sed a quo creata est et quo intellegibiliter inluminante intellegibiliter lucet. Dat etiam similitudinem ad illa incorporea de his caelestibus conspicuis amplisque corporibus, tamquam ille sit sol et ipsa sit luna. Lunam quippe solis obiectu inluminari putant. Dicit ergo ille magnus Platonicus animam rationalem, siue potius intellectualis dicenda sit, ex quo genere etiam inmortalium beatorumque animas esse intellegit, quos in caelestibus sedibus habitare non dubitat, non habere supra se naturam nisi Dei, qui fabricatus est mundum, a quo et ipsa facta est; nec aliunde illis supernis praeberi uitam beatam et lumen intellegentiae ueritatis, quam unde praebetur et nobis, consonans euangelio, ubi legitur: *Fuit homo missus a Deo, cui nomen erat Iohannes; hic uenit in testimonium, ut testimonium perhiberet de lumine, ut omnes crederent per eum. Non erat ille lumen, sed ut testimonium perhiberet de lumine. Erat lumen uerum, quod inluminat omnem hominem uenientem in hunc mundum.* In qua differentia satis ostenditur animam rationalem uel intellectualem, qualis erat in Iohanne, sibi lumen esse non posse, sed alterius ueri luminis participatione lucere.

---

[25] his excellentioribus philosophis ("출중한 철학자들")이란 플라톤 학파를 말하며 이하에서 "직접인용"은 않지만 플로티누스를 전거로 대고 있다: 하느님께의 참여와 조명에 의한 지복(*Enneades* 1.4.4-5; 1.8.2; 3.2.4; 6.7.36), 세계혼(3.8.3-5) 혹은 이성혼의 행복(1.4.4; 4.3.1).

[26] Cf. Plato, *Epinomis* 984d - 986d; Plotinus, *Enneades* 5.6.4.

[27] Cf. Plotinus, *Enneades* 5.1.2-3; 5.1.10. 세계혼(universitatis anima)을 신의 피조물로 규정하는 일이 교부에게는 중요한 진일보로 보였다.

[28] Cf. Plotinus, *Enneades* 5.6.4.

[29] Cf. Manilius, *Astronomica* 2.90-98.

[30] 플로티누스는 이성혼(anima rationalis)을 지성혼(anima intellectualis)과 영성혼(anima spiritualis)으로 구분하기도 한다. 세계혼과 인간 영혼 사이에도 신령이나 천사 혹은 정령 같은 불멸의 존재들이 있다고 가정한다.

[31] 요한 1,6-9.

2. 플라톤 학파 플로티누스는 상계로부터의 조명에 관해 어떻게 생각했는가

그러나 이 문제에 관한 한 우리는 저 출중한 철학자들과 조금도 이견이 없다.[25] 그들은 우리들이 지복에 이르는 것과 똑같은 원천에서 자기들도 지복에 이른다는 사실을 직관했고 그런 내용을 자기네 글로, 아주 다양하고 또 풍부하게 전수한 바 있다. 그들이 말하는 지복은 자기들에게 투사되는 어떤 가지적 빛이다. 그들에게 이 빛은 곧 하느님이요, 그러나 자기들과는 다른 존재이며, 그 빛에 조명을 받아 자신들이 빛나며 그 빛에 참여함으로써 완전하고 행복한 상태로 존재하게 된다.[26] 플로티누스는 플라톤의 사상을 해설하여 많은 주장을 내놓았는데, 자기네가 세계혼世界魂이라고 믿는 그 영혼도 우리와 다른 원천에서 지복을 얻는 것이니다. 즉, 그 세계혼은 자신과는 다르며, 자신을 창조하고, 가지적으로 조명해 줌으로써 세계혼도 가지적으로 빛나게 하는 그 빛에서 지복을 얻는 것이다.[27] 플로티누스는 저 비물체적 실재들을 설명하기 위해 눈에 잘 보이고 거대한 천계의 물체들에서부터 하나의 유비類比를 끌어온다. 저 빛은 태양과 같고 세계혼은 달과 같다는 말이 그것이다.[28] 그들도 달이 태양의 투사에 의해 빛난다고 여기기 때문이다.[29] 그래서 이 위대한 플라톤 학파 철학자는 이성혼 혹은 더 정확하게는 지성혼[30]은 자기 위에 하느님의 본성보다 더 나은 본성을 위치시키지 않는다고 말한다. 그 하느님은 세계를 조성했고 이 혼도 창조한 분이다. 플로티누스는 불멸하고 지복에 이른 존재들의 혼도 같은 종류의 것이라고 이해하고 있으며, 그 존재들이 천상 거처에 거주한다는 것을 의심하지 않는다. 저 상위 존재들에게, 지복의 생명과 진리를 인식하는 빛의 원천은 우리가 그것을 받는 원천과 다르지 않다. 이 사실은 복음서와도 부합하는데, 복음서에는 이렇게 나와 있다: "하느님이 보내신 사람이 있으니 이름은 요한이었다. 그는 증언하러 왔으니, 빛에 관해 증언하여 그를 통해 모두가 믿기 위함이었다. 그는 빛이 아니었으며 다만 빛에 관해 증언하러 왔다. 말씀이 참된 빛이셨으니 그 빛이 세상에 오시어 모든 사람을 비추고 있다."[31] 이런 구분은 세례자 요한에게 깃들어 있던 이성혼 혹은 지성혼이 그 자체로 빛이 되는 것이 아니라 다른 빛, 참된 빛에 참여함으로써 빛날 수 있다는 것을 충분히 보여주

Hoc et ipse Iohannes fatetur, ubi ei perhibens testimonium dicit: *Nos omnes de plenitudine eius accepimus.*

3. Quae cum ita sint, si Platonici uel quicumque alii ista senserunt cognoscentes Deum sicut Deum glorificarent et gratias agerent nec euanescerent in cogitationibus suis nec populorum erroribus partim auctores fierent, partim resistere non auderent: profecto confiterentur et illis inmortalibus ac beatis et nobis mortalibus ac miseris, ut inmortales ac beati esse possimus, unum Deum deorum colendum, qui et noster est et illorum.

Huic nos seruitutem, quae λατρεία Graece dicitur, siue in quibusque sacramentis siue in nobis ipsis debemus. Huius enim templum simul omnes et singuli templa sumus, quia et omnium concordiam et singulos inhabitare dignatur; non in omnibus quam in singulis maior, quoniam nec mole distenditur nec partitione minuitur. Cum ad illum sursum est, eius est altare cor nostrum; eius Vnigenito eum sacerdote placamus; ei cruentas uictimas caedimus, quando usque ad sanguinem pro eius ueritate certamus; eum suauissimo adolemus incenso, cum in eius conspectu pio sanctoque amore flagramus; ei dona eius in nobis nosque ipsos uouemus et reddimus; ei beneficiorum eius sollemnitatibus festis et diebus statutis dicamus sacramusque memoriam, ne uolumine temporum ingrata subrepat obliuio; ei sacrificamus hostiam humilitatis et laudis in ara cordis

---

[32] 요한 1,16.

[33] unus Deus deorum: 다신교 사회에서 교부가 신론을 제시하는 근본 취지를 나타낸다.

[34] 라틴어에서 sacramentum은 신적인 것이 지상적인 것에 현존하는 비의(祕義) 혹은 의식(儀式)을 가리키므로 "성사"(聖事)로 번역할 만하고, sacrificium은 지상적이고 인간적인 것이 신적인 차원으로 성화된다는 의미를 담고 있지만 "희생제사" 혹은 그냥 "제사"라고 번역하겠다. Sacrata 역시 "제사"로 번역한다.

[35] 이하에서 교부는 이교도의 소란스럽고 외향적인 제사의식과 대비되는 그리스도교의 영성적 경신례를 소개한다.

[36] 1고린 3,16-17 참조: "여러분은 하느님의 성전이요 하느님의 영이 여러분 안에 계시다는 것을 모릅니까?"

는 것이다. 요한이 그분에 관해 증언하면서 "그분의 충만함에서 우리 모두 은총에 은총을 받았다"[32]라고 말할 때에도 이 사실을 고백한 것이다.

3. 플라톤 학파는 하느님을 우주의 창조주로 인식하면서도 선하든 악하든 천사들에게 신적 영예를 바쳐 숭배함으로써 참된 하느님 예배에서 벗어났다

3. 1. 하느님과 신들에 관한 플라톤 학파의 사상

사실이 그래서 플라톤 학파나 같은 의견을 가진 다른 사람들이 이런 내용을 감지했고 하느님을 인식한 이상, 하느님께 영광을 올리고 감사를 드렸더라면, 또 자기 생각에 함몰되지 않았더라면, 백성들이 오류를 저지르게 만드는 장본인이 되거나 그 오류에 감히 저항하지 못하는 그런 행실을 보이지는 않았을 것이다. 그리고 저 불멸하고 지복에 이른 존재들은 물론이려니와, 우리같이 사멸하고 비참한 존재들도 불멸하고 지복에 이르는 존재가 되려면, 제신諸神의 유일한 하느님,[33] 우리 하느님이자 저 불멸하는 존재들의 하느님을 숭배해야 한다고 당당히 고백했을 것이다.

3. 2. 하느님을 인식하고 사랑하는 것이 참 종교다

그리스어로 라트레이아라고 하는 섬김은, 성사[34]를 통해 표현되건 아니면 우리 내부에서 수행되건, 하느님께 돌려져야 한다.[35] 우리 모두가 다함께 그분의 성전이면서도 우리 각자가 그분의 성전들이다. 그분은 만인의 화합 속에, 그리고 개개인 속에 거처하기로 작정한 까닭이다.[36] 그러나 하느님이 개개인에게보다 모든 사람들에게 있다고 해서 더 큰 분이 되는 것도 아니니 그분은 부피로 연장되거나 분할로 축소되는 존재가 아니기 때문이다. 하느님을 향해 오를 때 우리 마음이 곧 그분의 제단이다. 그분의 외아들을 제관으로 세워 우리는 하느님과 화해한다. 또 하느님의 진리를 위해 우리가 피까지 흘려가며 투쟁할 때 우리 자신을 피흐르는 제물로 바치는 셈이다. 하느님 대전에서 우리가 신실하고 성스러운 사랑으로 불탈 때, 우리가 우리 자신과 우리에게 있는 그분의 선물을 그분에게 바치고 돌릴 때 참으로 향긋한 향불을 그분에게 살라서 바치는 셈이다. 우리는 그분의 은혜를 기리는 장엄한 축제와 정해진 축일로 그분께 봉헌을

igne feruidam caritatis. Ad hunc uidendum, sicut uideri poterit, eique cohaerendum ab omni peccatorum et cupiditatum malarum labe mundamur et eius nomine consecramur. Ipse enim fons nostrae beatitudinis, ipse omnis appetitionis est finis. Hunc eligentes uel potius religentes (amiseramus enim neglegentes) — hunc ergo religentes, unde et religio dicta perhibetur, ad eum dilectione tendimus, ut perueniendo quiescamus, ideo beati, quia illo fine perfecti. Bonum enim nostrum, de cuius fine inter philosophos magna contentio est, nullum est aliud quam illi cohaerere, cuius unius anima intellectualis incorporeo, si dici potest, amplexu ueris impletur fecundaturque uirtutibus. Hoc bonum diligere in toto corde, in tota anima et in tota uirtute praecipimur; ad hoc bonum debemus et a quibus diligimur duci, et quos diligimus ducere. Sic complentur duo illa praecepta in quibus tota lex pendet et prophetae: *Diliges Dominum Deum tuum in toto corde tuo et in tota anima tua et in tota mente tua*, et: *Diliges proximum tuum tamquam te ipsum.* Vt enim homo se diligere nosset, constitutus est ei finis, quo referret omnia quae ageret, ut beatus esset; non enim qui se diligit aliud uult esse quam beatus. Hic autem finis est adhaerere Deo. Iam igitur scienti diligere se ipsum, cum mandatur de proximo diligendo sicut se ipsum, quid aliud mandatur, nisi ut ei, quantum potest, commendet diligendum Deum? Hic est Dei cultus, haec uera religio, haec recta pietas, haec tantum Deo debita seruitus. Quaecumque

---

[37] sollemnitatibus festis et diebus statutis dicamus sacramusque memoriam, sacrificamus hostiam ... : 당대의 제의(祭儀)와 축제(祝祭)를 열거하지만 내용은 영성적으로 승화되어 있다.

[38] religentes: 교부의 말에 의하면, religio(종교)라는 라틴어 명사는 re-eligere(다시 선택하다), re-legere(다시 모으다), re-ligare(다시 묶다)라는 의미를 다 가지고 있다(Cicero, *De natura deorum* 2.28.72; Lactantius, *Divinae institutiones* 4.28).

[39] 시편 72[73],28 참조. 절대적인 것에 대한 인간 지성의 갈구를 채워줄 궁극선이 무엇인가는 철학자의 인간관에 따라 다양했다: Epicurus, *Epistula ad Menoeceum* 129-132; Diogenes Laertius, *Vitae philosophorum* 7.87-89; Plato, *Republica* 508d - 509b; Aristoteles, *Ethica Nicomachea* 1097a - 1098b; Pythagoras in Iamblicus, *Vita Pythagorae* 70.86. 키케로는 이것을 아예 책 제목으로 삼았다: *De finibus bonorum* (*et malorum*).

[40] cuius unius anima intellectualis incorporeo ... amplexu: frui Deo("하느님을 향유함")라는 교부의 도덕 목표에서 유래하는 표현이다.

[41] ad hoc bonum ... et a quibus *diligimur duci*, et quos *diligimus ducere*: 선의 목적(종점)과 사랑의 대상을 한데 종합하는 문장이다.

[42] 마태 22,37.39(신명 6,5). 플라톤 학파도 이 두 계명에 경탄을 보내고 다신교를 논박하는 전거로 활용한 바 있다. Cf. Porphyrius, *Epistula ad Marcellam* 14.

[43] 여태까지 논하던 경신례의 용어(cultus, religio, pietas, servitus)가 하느님께로 집약된다.

하며, 기념제를 성별聖別함으로써, 오랜 시간을 배은망덕한 망각 속에 보내는 일이 없도록 한다. 우리는 마음의 제단에서 애덕愛德의 뜨거운 불꽃을 살라서 그분께 겸손과 찬미의 제물을 성별한다.[37] 그분을 뵐 수 있는 데까지 뵙고자, 또 그분에게 결합하고자 우리는 죄악의 모든 허물과 악한 욕망의 온갖 허물로부터 정화淨化되고 그분의 이름으로 축성祝聖된다. 그분이 우리 지복의 원천이요 그분이 우리 소망의 종국이다. 그분을 선택하거나(소홀히 하는 사이에 잃었으므로) 재선택함으로써(그분을 다시 선택한다는 말에서 "종교"라는 말이 유래했다)[38] 우리는 사랑을 품고서 그분을 향한다. 이것은 그분에게 도달함으로써 안식을 얻기 위함이고, 그래서 그분을 종점으로 삼아 도달함으로써 완전한 자가되어 지복에 이르기 위함이다. 우리 선이 종점이 무엇이냐를 두고 철학자들 사이에서는 대대적 논쟁이 있는데 우리의 선이란 그분과 합일하는 것 외에 아무것도 아니다.[39] 인간의 지성혼은 그분의 이런 말이 가능하다면 신체 없는 포옹을 받음으로써 진실한 덕성으로 채워지고 풍요해진다.[40] 마음을 다하고 영혼을 다하고 힘을 다해 그분을 사랑하라는 계명을 우리는 받고 있다. 우리를 사랑하는 이들에 의해 우리는 바로 이 선으로 인도받고, 우리가 사랑하는 이들을 우리는 이 선으로 인도해야 한다.[41] 그리하여 모든 율법과 예언이 달려있는 저 두 계명이 달성된다: "온 마음으로, 온 영혼으로, 온 정신으로 네 하느님이신 주님을 사랑하라." 그리고 "네 이웃을 너 자신처럼 사랑하라."[42] 인간이 자신을 사랑할 줄 안다면 그에게 설정된 목적이 그가 행하는 모든 것을 행복해지는 데다 결부시킬 것이다. 자신을 사랑하는 사람은 행복해지는 것 외에는 원하는 것이 없기 때문이다. 그리고 이 목적은 곧 하느님께 합일하는 것이다. 자신을 사랑할 줄 아는 사람에게 이웃을 자신처럼 사랑하라는 계명이 내린다면, 이것은 힘닿는 데까지 노력하여 이웃으로 하여금 하느님을 사랑하게 만들라는 계명이 아니라면 달리 무엇이겠는가? 그리고 바로 이것이 하느님 숭배요 바로 이것이 참된 종교요 바로 이것이 올바른 신심이요 바로 이것이 하느님께만 돌려 마땅한 섬김이다.[43] 따라서 어느 불멸하는 세력도, 그것이 제아무리 대단한 권능을 지니고 있다 할지라도, 우리를 자신처럼 사랑하여 우리가 행복해지길 바란다

igitur inmortalis potestas quantalibet uirtute praedita si nos diligit sicut se ipsam, ei uult esse subditos, ut beati simus, cui et ipsa subdita beata est. Si ergo non colit Deum, misera est, quia priuatur Deo; si autem colit Deum, non uult se coli pro Deo. Illi enim potius diuinae sententiae suffragatur et dilectionis uiribus fauet, qua scriptum est: *Sacrificans diis eradicabitur, nisi Domino soli.*

4. Nam, ut alia nunc taceam, quae pertinent ad religionis obsequium, quo colitur Deus, sacrificium certe nullus hominum est qui audeat dicere deberi nisi deo. Multa denique de cultu diuino usurpata sunt, quae honoribus deferrentur humanis, siue humilitate nimia siue adulatione pestifera; ita tamen, ut, quibus ea deferrentur, homines haberentur, qui dicuntur colendi et uenerandi, si autem multum eis additur, et adorandi: quis uero sacrificandum censuit nisi ei, quem deum aut sciuit aut putauit aut finxit? Quam porro antiquus sit in sacrificando Dei cultus, duo illi fratres Cain et Abel satis indicant, quorum maioris Deus reprobauit sacrificium, minoris aspexit.

5. Quis autem ita desipiat, ut existimet aliquibus usibus Dei esse necessaria, quae in sacrificiis offeruntur? Quod cum multis locis diuina scriptura testetur, ne longum faciamus, breue illud de Psalmo commemorare suffecerit: *Dixi Domino, Dominus meus es tu, quoniam bonorum meorum non eges.* Non solum igitur pecore uel qualibet alia re corruptibili atque terrena, sed ne ipsa quidem iustitia hominis Deus egere credendus

---

[44] (Deo) *subditos ut beati* simus, ... *misera* est, quia *privatur* Deo: 인생의 목표인 행복 여부가 하느님의 향유에 있기 때문이다. Cf. *De doctrina Christiana* 1.29.30.

[45] 출애 22,19.

[46] 그리스도교는 종교적 성격을 띠는 제의 가운데 "흠숭"(adoratio)은 하느님께만 바칠 예배로 보고 "숭배"(cultus)와 "공경"(veneratio)에 대해서는 여유를 둔다.

[47] 창세 4,3-5 참조. 15.7.1-2에서 상론함(10.5-6 참조).

[48] 시편 15,2. 〔새번역 16,2: "주님께 아뢰나이다. '당신께서는 저의 주님, 저의 행복 당신밖에 없나이다.'"〕

[49] 마태 23,23 참조: "박하와 시라와 소회향은 십분의 일을 바치면서 정의와 자비와 신의 같은, 율법의 가장 중요한 요소들은 저버리는구려."

면, 자신이 복속하여 지복을 얻은 바로 그분에게 우리도 복속하기를 바랄 것임에 틀림없다. 그 세력이 하느님을 숭배하지 않는다면 하느님이 없기 때문에 비참할 수밖에 없다.[44] 만일 하느님을 숭배한다면 자기가 하느님 대신 숭배받기를 바랄 리가 없다. 그는 "다른 신들에게 제사를 드리는 자는 뿌리뽑히리라. 제사는 주님께만 드려야 한다"[45]고 기록된 신성한 말씀을 받아들이고 힘껏 사랑하여 엄수할 것이다.

4. 제사는 유일한 참 하느님께만 바쳐야 한다

하느님을 숭배하는 종교 예식의 다른 사항들은 여기에서는 일단 묵과하겠지만, 제사가 하느님 아니면 누구에게 돌려서도 안 된다는 것을 감히 부정하는 사람은 아무도 없을 것임은 분명하다. 그럼에도 신적 숭배에 속하는 많은 용어들이 과도한 비하에서건 아첨하는 해로운 관습에서건 전용되어서 인간을 칭송하는 데 사용되었다. 그것이 바쳐지는 대상들은 어디까지나 인간으로 여겨지고 있으면서도 그들을 숭배해야 하고 공경해야 하고 더 심하게는 흠숭해야 한다는 말까지 한다.[46] 하느님이라고 알거나 하느님으로 여기거나 상상한 대상이 아니면 제사를 올려서는 안 된다는 생각을 누가 않겠는가? 더욱이 제사를 통한 하느님 숭배가 얼마나 오래되었는가? 인류 최초의 형제인 카인과 아벨도 제사를 올렸는데 형의 제사는 하느님이 배척했고 아우의 것은 하느님이 봐주었다.[47]

5. 하느님은 제사를 요구하지 않지만 당신 요구들의 상징으로 제사가 봉헌되기를 바란다

제사에서 봉헌되는 것들이 하느님의 필요에 소용된다고 생각할 만큼 얼빠진 사람이 누가 있을까? 이 점에 관해서는 성서가 여러 곳에서 증언하는데 우리 논의를 너무 길게 만들지 않기 위해, 시편에서 짤막한 구절을 인용하는 것만으로 충분하겠다: "나는 주님께 아뢰었다. 당신은 나의 주님이십니다. 당신은 나의 제물이 필요치 않으십니다."[48] 제물로 바치는 짐승이나 지상의 부패할 다른 사물은 물론, 심지어 인간의 정의도 하느님께는 필요치 않다고 믿어야 한다.[49] 하느

est, totumque quod recte colitur Deus homini prodesse, non Deo. Neque enim fonti se quisquam dixerit consuluisse, si biberit; aut luci, si uiderit. Nec quod ab antiquis patribus alia sacrificia facta sunt in uictimis pecorum, quae nunc Dei populus legit, non facit, aliud intellegendum est, nisi rebus illis eas res fuisse significatas, quae aguntur in nobis, ad hoc ut inhaereamus Deo et ad eundem finem proximo consulamus. Sacrificium ergo uisibile inuisibilis sacrificii sacramentum, id est sacrum signum est. Vnde ille paenitens apud prophetam uel ipse propheta quaerens Deum peccatis suis habere propitium: *Si uoluisses*, inquit, *sacrificium, dedissem utique; holocaustis non delectaberis. Sacrificium Deo spiritus contritus; cor contritum et humiliatum Deus non spernet.* Intueamur quem ad modum, ubi Deum dixit nolle sacrificium, ibi Deum ostendit uelle sacrificium. Non uult ergo sacrificium trucidati pecoris, et uult sacrificium contriti cordis. Illo igitur quod eum nolle dixit, hoc significatur, quod eum uelle subiecit. Sic itaque illa Deum nolle dixit, quo modo ab stultis ea uelle creditur, uelut suae gratia uoluptatis. Nam si ea sacrificia quae uult (quorum hoc unum est: cor contritum et humiliatum dolore paenitendi) nollet eis sacrificiis significari, quae uelut sibi delectabilia desiderare putatus est: non utique de his offerendis in lege uetere praecepisset. Et ideo mutanda erant oportuno certoque iam tempore, ne ipsi Deo desiderabilia uel certe in nobis acceptabilia, ac non potius quae his significata sunt crederentur. Hinc et alio loco Psalmi alterius: *Si esuriero*, inquit, *non dicam tibi; meus est enim orbis terrae et plenitudo eius. Numquid mandu-*

---

[50] 이교 철학자들도(예: Plato, *Timaeus* 37d - 38b; Aristoteles, *Metaphysica* 1072a-b) 절대자에게 의존하는 유한유들은 전인적 헌신과 찬미 외에 드릴 게 없다는 의식을 갖고 있었다.

[51] 예루살렘 함락 이후의 유다인들도, 지금의 그리스도인들도 짐승을 희생하는 제사는 바치지 않고 있다.

[52] sacramentum, id est sacrum signum est: 아우구스티누스의 이 정의는 그리스도교에 의해 공식으로 채택된다.

[53] 시편 50[51].18-19. 구약에서는 역사서에 해당하는 "율법서" 외에는 "예언서"라고 통칭했다.

[54] 구약의 민수기와 신명기는 하느님께 올리는 제사의 규정으로 차 있다.

님을 올바로 섬길 때 행해지는 모든 것은 인간에게 이익이지 하느님께 이로운 것이 아니다. 누구도 샘물을 마시면서 샘물에 보탬이 되기 위해 물을 마셨다고 말할 수 없을 것이며, 빛에 보탬이 되기 위해 빛을 보았다고 말할 수 없을 것이기 때문이다.[50] 고대 성조聖祖들이 짐승을 희생하여 제사를 지냈다는 사실에 대해 하느님의 백성은 지금 읽어서 알고 있지만, 지금은 그것을 시행하지는 않는다.[51] 이런 일들은 하느님과 합일하고 우리 이웃이 같은 목적을 이루도록 도와주기 위해 지금 우리가 거행하는 사물들의 상징으로 달리 이해해야 한다. 그러므로 눈에 보이는 제사는 보이지 않는 제사의 성사, 다시 말해 거룩한 표징이다.[52] 그래서 예언서에 참회자, 아니 예언자가 몸소 자기 죄를 관서해 주십사 하느님께 비는 구절이 나온다: "당신께서는 제사를 즐기지 않으시기에 제가 번제를 드려도 당신 마음에 들지 않으시리이다. 하느님께 맞갖은 제사는 부서진 영. 부서지고 꺾인 마음을, 하느님, 당신께서는 업신여기지 않으시나이다."[53] 이제 우리는 하느님이 제사를 원하지 않는다고 하는 말에서 그러면 하느님이 과연 어떤 제사를 원하는지 통찰해 보자. 하느님은 도살된 짐승의 제사는 원하지 않으나 뉘우치는 마음의 제사는 원한다. 그분이 무엇을 원하지 않는다고 말한 데는 그분이 참으로 원하는 바를 바탕에 깔고서 그것이 무엇인지를 상징한다. 예언자가 하느님이 원하지 않는다고 말한 것은, 어리석은 자들이 하느님이 원하리라고 믿는 방식, 하느님의 기분에 맞으리라고 생각하는 그런 방식으로는 원하지 않는다는 뜻이다. 하느님은 당신이 원하는 제사(그가운데 하나가 고통으로 뉘우치는 사람의 "부서지고 꺾인 마음"이다)가 어리석은 자들이 하느님이 즐거워하면서 원한다고 여기는 그런 제사들에 의해 상징되기를 바랐던 것이다. 만일 하느님이 그것마저 원하지 않았다면, 옛 율법서에 저런 제사를 당신에게 바치라고 명령했을 리도 없다.[54] 그러므로 구약의 제사는 적절하고 일정한 시간이 되면 바뀌게 되어 있었다. 그것은 우리가 제사로 상징되는 것들보다 제사 자체가 하느님께 더 바람직하다거나 우리에게도 용인될 수 있는 것이려니 믿지 않도록 하기 위해서이다. 그래서 또다른 인물의 시편 한 구절에 이런 말이 나온다: "내 비록 배고프다 하여도 네게 말하지 않으리니, 누리와 그를 채운 것들이 나의 것이기 때문이니라.

cabo carnes taurorum aut sanguinem hircorum potabo? tamquam diceret: Vtique si mihi essent necessaria, non a te peterem, quae habeo in potestate. Deinde subiungens quid illa significent: *Immola*, inquit, *Deo sacrificium laudis et redde Altissimo uota tua et inuoca me in die tribulationis, et eximam te et glorificabis me.* Item apud alium prophetam: *In quo*, inquit, *adprehendam Dominum, assumam Deum meum excelsum? Si adprehendam illum in holocaustis, in uitulis anniculis? Si acceptauerit Dominus in milibus arietum aut in denis milibus hircorum pinguium? Si dedero primogenita mea inpietatis, fructum uentris mei pro peccato animae meae? Si adnuntiatum est tibi, homo, bonum? Aut quid Dominus exquirat a te nisi facere iudicium et diligere misericordiam et paratum esse ire cum Domino Deo tuo?* Et in huius prophetae uerbis utrumque distinctum est satisque declaratum illa sacrificia per se ipsa non requirere Deum, quibus significantur haec sacrificia, quae requirit Deus. In epistula, quae inscribitur ad Hebraeos: *Bene facere*, inquit, *et communicatores esse nolite obliuisci; talibus enim sacrificiis placetur Deo.* Ac per hoc ubi scriptum est: *Misericordiam uolo quam sacrificium* nihil aliud quam sacrificium sacrificio praelatum oportet intellegi; quoniam illud, quod ab omnibus appellatur sacrificium, signum est ueri sacrificii. Porro autem misericordia uerum sacrificium est; unde dictum est, quod paulo ante commemoraui: *Talibus enim sacrificiis placetur Deo.* Quaecumque igitur in ministerio tabernaculi siue templi multis modis de sacrificiis leguntur diuinitus esse praecepta, ad dilectionem Dei et proximi significando referuntur. *In his* enim *duobus praeceptis*, ut scriptum est, *tota lex pendet et prophetae.*

6. Proinde uerum sacrificium est omne opus, quo agitur, ut sancta societate inhaereamus Deo, relatum scilicet ad illum finem boni, quo ueraciter

---

⁵⁵ 시편 49[50],12-13. "다른 인물"이라고 함은 이 시편이 "아삽의 노래"라고 되어 있기 때문이다.

⁵⁶ 시편 49[50],14-15.

⁵⁷ 미가 6,6-8.

⁵⁸ 히브 13,16.

⁵⁹ 마태 22,40.

⁶⁰ 아우구스티누스는 이 장에서 로마 종교의 제사에 대비시켜 그리스도교가 전수받은 제사 개념을 정리한다. 하느님께만 바치고, 희생물을 바치는 가견적 제사는 하느님께 귀의하는 정신적 제사의 상징이다. 또 제관과 제물이 동일한 그리스도의 제사가 있다. 교회에서 그 제사의 성사를 반복하며, 하느님의 도성 전체가 곧 보편적 제사가 된다.

내가 황소의 고기를 먹고 숫염소의 피를 마시기라도 한단 말이냐?"[55] 이 말은, "설령 내가 필요한 것이 있다고 하더라도 너희에게 달라고는 하지 않겠다, 내 수중에 다 가지고 있다"고 하는 것처럼 들린다. 곧이어 그 구절이 무엇을 뜻하는지 나온다: "하느님께 찬미로 제사를 드리고 지존께 네 서원을 채워 드려라. 그리고 불행의 날에 나를 불러라. 나 너를 구하여 주고 너는 나를 공경하리라".[56] 또 다른 예언자의 말이 있다: "나는 무엇을 갖고 주님께 다다르며 지존하신 내 하느님께 이르리까? 번제를 가지고, 송아지들을 가지고 그분께 나가면 됩니까? 숫양 천 마리, 염소 이천 마리 기름이면 주께서 나를 받아주십니까? 내 영혼의 죄를 벗으려면 불충한 몸에서 난 맏자식, 내 배에서 난 소생이라도 바쳐야 합니까? 사람아, 너에게 어떤 좋은 소식이 왔더냐? 정의로운 판단을 행하고 자비를 사랑하고 너의 주 하느님과 함께 걷는 일 외에 주께서 너에게 무엇을 요구하실 성싶으냐?"[57] 이 예언자의 말로 두 가지 사실이 구분되고 분명히 선언되었다. 즉, 하느님이 이런 제사 자체를 요구하지 않는다는 사실과, 이런 제사는 하느님이 요구하는 바로 그 제사를 상징한다는 사실이다. 히브리인들에게 보낸 편지에 "선행과 서로 나누는 일을 잊지 마시오. 하느님은 이런 제사를 기뻐하십니다"[58]라는 말도 기록되어 있는데 어떤 제사보다 다른 제사가 선호된다는 것을 의미한다. 모든 사람이 제사라고 부르는 것은 실은 참다운 제사의 표지일 뿐이기 때문이다. 그러므로 자비야말로 참다운 제사다. 내가 바로 앞에 인용한 "하느님은 이런 제사를 기뻐하십니다"라는 말씀이 그래서 나왔다. 성서를 보면 장막의 예식에 관해서든 성전의 예식에 관해서든 여러 양상으로 제사에 대해 내려진 신적 계명들을 읽을 수 있는데 그 계명들은 하느님 사랑과 이웃 사랑을 언급한 것으로 상징적으로 해석된다. "모든 율법과 예언자들의 정신이 이 두 계명에 달려 있습니다"라는 말씀에 기록되어 있는 것처럼.[59]

6. 참되고 완전한 제사[60]

그러므로 거룩한 친교로 하느님께 합일하게 만드는 모든 행사가 다 참다운 제사다. 우리를 참으로 행복하게 만들 수 있는, 저 선(善)의 목적과 관련되는 모

beati esse possimus. Vnde et ipsa misericordia, qua homini subuenitur, si non propter Deum fit, non est sacrificium. Etsi enim ab homine fit uel offertur, tamen sacrificium res diuina est, ita ut hoc quoque uocabulo id Latini ueteres appellauerint. Vnde ipse homo Dei nomine consecratus et Deo uotus, in quantum mundo moritur ut Deo uiuat, sacrificium est. Nam et hoc ad misericordiam pertinet, quam quisque in se ipsum facit. Propterea scriptum est: *Miserere animae tuae placens Deo*. Corpus etiam nostrum cum temperantia castigamus, si hoc, quem ad modum debemus, propter Deum facimus, ut non exhibeamus membra nostra arma iniquitatis peccato, sed arma iustitiae Deo, sacrificium est. Ad quod exhortans apostolus ait: *Obsecro itaque uos, fratres, per miserationem Dei, ut exhibeatis corpora uestra hostiam uiuam, sanctam, Deo placentem, rationabile obsequium uestrum*. Si ergo corpus, quo inferiore tamquam famulo uel tamquam instrumento utitur anima, cum eius bonus et rectus usus ad Deum refertur, sacrificium est: quanto magis anima ipsa cum se refert ad Deum, ut igne amoris eius accensa formam concupiscentiae saecularis amittat eique tamquam incommutabili formae subdita reformetur, hinc ei placens, quod ex eius pulchritudine acceperit, fit sacrificium! Quod idem apostolus consequenter adiungens: *Et nolite*, inquit, *conformari huic saeculo; sed reformamini in nouitate mentis uestrae ad probandum uos quae sit uoluntas Dei, quod bonum et bene placitum et perfectum*. Cum igitur uera sacrificia opera sint misericordiae siue in nos ipsos siue in proximos, quae referuntur ad Deum; opera uero misericordiae non ob aliud fiant, nisi ut a miseria liberemur ac per hoc ut beati simus (quod non fit nisi bono illo, de quo dictum est: *Mihi autem adhaerere Deo bonum est*): profecto efficitur, ut tota ipsa redempta ciuitas, hoc est congregatio societas-

---

61 res divinae: 바로(Varro) 이래로 공식 용어가 되어 "인간사"(res humanae)와 대비된다. Cf. Isidorus, *Etymologiae* 6.19.38.

62 집회 30,24(불가타본).

63 "악의 무기"(arma iniquitatis)와 "정의의 무기"(arma iustitiae)가 대칭되는 까닭은 "악"이라는 라틴어 단어가 원래 "불공평", "불의"(iniquitas ← in-aequitas ← in-aequum)를 의미하기 때문이다.

64 로마 12,1.

65 육체와 달리 영혼의 추구 대상은 형상(forma)이기 때문에 "욕망의 형상" 대신 "불변하는 형상"에게 복속하라고 충고한다.

66 로마 12,2.

67 시편 72,28. 〔새번역 73,28: "하느님께 가까이 있음이 저에게는 좋으니이다."〕

든 행사가 참다운 제사다. 따라서 사람에게 베풀어지는 자비도, 하느님 때문에 행해지는 것이 아니라면 제사가 아니다. 비록 인간에 의해 행해지고 바쳐질지라도 제사는 어디까지나 신사神事이며, 사실 고대 라틴인들도 그것을 그렇게 불렀던 것이다.[61] 그래서 인간이 하느님으로 말미암아 살기 위해 세상에서 죽는 한, 하느님의 이름으로 축성祝聖되고 하느님께 서원誓願되는 그 사람은 인간 자체가 곧 제사다. 그 이유는 이것도 자선에 해당하기 때문인데 인간이 자신에게 행하는 자선이라고 하겠다. 그리하여 "하느님의 마음에 들어 너의 영혼에 자비를 베풀라"는 말씀도 있다.[62] 우리가 마땅히 해야 하는 것처럼, 하느님을 위해 절제하여 우리 신체를 다스릴 때, 그것은 우리 신체가 죄에 쓰이는 악의 무기가 되지 않고 하느님께 쓰이는 정의의 무기가 되게 하기 위함인데,[63] 그때 우리의 신체도 제사가 된다. 바로 이런 면에서 우리를 훈유하기 위해 사도는 다음과 같이 말했다: "형제 여러분, 하느님의 자비에 힘입어 권고합니다. 여러분의 몸을 하느님께 맞갖은 거룩한 산 제물로 바치시오. 이것이 곧 여러분에게 합당한 예배입니다."[64] 만약 열등하기 때문에 영혼이 종이나 도구처럼 부리는 그 신체가 선하고 바르게, 그리고 하느님께 연관되어 사용된다면 몸 자체가 곧 제사가 된다. 또 영혼이 하느님의 아름다움을 받아들이고 하느님을 기쁘게 하여 하느님께 철저하게 결부되면서 하느님 사랑의 불꽃으로 타올라 속된 욕망의 형상을 내버리고, 불변하는 형상인 하느님께 복속되어 쇄신된다면, 영혼 자체가 곧 제사가 된다![65] 사도는 바로 이 점에 대해 앞 구절에 이렇게 덧붙였던 것이다: "이 세상을 본받지 말고 정신을 새롭게 하여 모습을 바꾸시오. 그리하여 무엇이 하느님 뜻인지, 무엇이 선하며 그분께 맞갖고 완전한 것인지를 분별하도록 하시오".[66] 참다운 제사가 곧 자비의 행업이라면, 우리 자신을 향한 것이든 이웃 사람들을 향한 것이든 자비의 행업은 하느님께로 귀결된다. 자비의 행업은 우리를 비참에서 해방시키고 그래서 지복에 이르게 하는 것 외에는 다른 목적이 없기 때문이다. (그리고 "하느님께 귀의함이 내게는 선이다"[67]고 말하는 바로 그 선에 의거하지 않는다면 우리는 지복에 이르지 못하기 때문이다.) 그리하여 구속救贖된 저 도성 전체가, 다시 말해 성도들의 단체와 사회 자체가 보편

que sanctorum, uniuersale sacrificium offeratur Deo per sacerdotem magnum, qui etiam se ipsum obtulit in passione pro nobis, ut tanti capitis corpus essemus, secundum formam serui. Hanc enim obtulit, in hac oblatus est, quia secundum hanc mediator est, in hac sacerdos, in hac sacrificium est. Cum itaque nos hortatus esset apostolus, ut exhibeamus corpora nostra hostiam uiuam, sanctam, Deo placentem, rationabile obsequium nostrum, et non conformemur huic saeculo, sed reformemur in nouitate mentis nostrae: ad probandum quae sit uoluntas Dei, quod bonum et bene placitum et perfectum, quod totum sacrificium nos ipsi sumus: *Dico enim*, inquit, *per gratiam Dei, quae data est mihi, omnibus, qui sunt in uobis, non plus sapere, quam oportet sapere, sed sapere ad temperantiam; sicut unicuique Deus partitus est mensuram fidei. Sicut enim in uno corpore multa membra habemus, omnia autem membra non eosdem actus habent: ita multi unum corpus sumus in Christo; singuli autem alter alterius membra, habentes dona diuersa secundum gratiam, quae data est nobis.* Hoc est sacrificium Christianorum: *multi unum corpus in Christo.* Quod etiam sacramento altaris fidelibus noto frequentat ecclesia, ubi ei demonstratur, quod in ea re, quam offert, ipsa offeratur.

7. Merito illi in caelestibus sedibus constituti inmortales et beati, qui creatoris sui participatione congaudent, cuius aeternitate firmi, cuius ueritate certi, cuius munere sancti sunt, quoniam nos mortales et miseros, ut inmortales beatique simus, misericorditer diligunt, nolunt nos sibi sacrificari, sed ei, cuius et ipsi nobiscum sacrificium se esse nouerunt.

---

[68] redempta civitas, hoc est congregatio societasque sanctorum(구속(救贖)된 저 도성, 성도(聖徒)들의 단체와 사회): 본서에 최초로 나온 "하느님 나라"에 관한 구체적 서술이다.

[69] forma servi: 필립 2,6-7 참조: "그분은 하느님의 모습을 지니셨지만 … 도리어 자신을 비우시어 종의 모습을 취하셨으니 사람들과 비슷하게 되시어 여느 사람처럼 드러나셨도다."

[70] 로마 12,3-6.

[71] multi unum corpus in Christo: 4장에서는 하느님께만 제사가 바쳐져야 함을 강조했고, 5장에서는 신령한 사랑의 제사를 제시했으며, 20장에서는 제물과 제사가 동일한 경우임을 지적한다.

[72] 천사와 인간(지상의 순례자와 천상의 지복자)을 망라하는, 하느님 나라의 보편성을 언급하고서 천상과 지상 사이의 친교(societas sanctorum)를 암시한다.

적 제사처럼 하느님께 바쳐지기에 이르는 것이다.[68] 이 제사는 수난중에 우리를 위해 자신마저 종으로 바친 대사제를 통해 행해진 것이며 그 수난은 우리들을 종의 모습을 취한 머리의 지체답게 만들기 위한 것이었다. 그분은 바로 이 종의 모습을 제물로 바쳤으며, 이 모습 속에서 제물로 바쳐졌고, 이 모습 때문에 중개자가 되었으며, 이 모습으로 인해 사제가 되었고, 이 모습대로 제사 그 자체가 되었다.[69] 그리하여 사도는 우리 몸을 거룩하고 산 제물, 하느님께 맞갖은 제물, 정신적 예배로 바치라고 훈계했던 것이다. 나아가 이 세상에 동화하지 말고 우리 정신을 새롭게 하여 쇄신되라고, 그리하여 무엇이 하느님의 뜻인지, 무엇이 선하고 맞갖고 완전한 것인지를 분간하라고, 우리 자신이 온전한 제사가 되라고 훈계했디: "나에게 주어진 은총에 힘입어 여러분 모두에게 말합니다. 마땅히 생각해야 할 것을 벗어나 분수에 넘치는 생각을 하지 말고, 하느님이 각자에게 나누어 주신 믿음의 몫에 따라 건전한 생각을 품으시오. 우리가 한 몸 안에 여러 지체를 지니고 있지만 그 지체들이 모두 똑같은 구실을 하는 것은 아니듯이, 우리도 여럿이 그리스도 안에 한 몸을 이루면서 저마다가 서로 지체들입니다. 우리는 주어진 은총에 따라 여러 가지 다른 은사를 받았습니다."[70] "여럿이 그리스도 안에 한 몸"이 되는 바로 이것이 그리스도인들의 제사다. 교회는 이 제사를 제단에서 바쳐지는 성사를 통해 신도들에게 반복하며, 교회가 봉헌하는 그 사물 속에서 교회 자체가 봉헌된다는 사실도 거기서 입증된다.[71]

7. 거룩한 천사들은 우리를 극진히 사랑하므로 우리가 자기들을 숭배하기보다 참 하느님을 숭배하기를 바란다[72]

천상 거처에서 불멸하고 지복에 이른 존재로 자리잡은 이들은 자기네 창조주에게 참여함으로써 열락을 누리고 있다. 그들은 창조주의 영원으로 굳건하고 창조주의 진리로 확고하며 창조주의 은사로 거룩하다. 우리 사멸하고 비참한 인간들이 불멸하고 지복에 이른 존재가 되게 하려고 그들은 자비를 기울여 우리를 사랑한다. 우리가 자기들에게 제사드리기를 원하지 않는다. 자기들도 우

Cum ipsis enim sumus una ciuitas Dei, cui dicitur in Psalmo: *Gloriosissi-ma dicta sunt de te, ciuitas Dei*; cuius pars in nobis peregrinatur, pars in illis opitulatur. De illa quippe superna ciuitate, ubi Dei uoluntas intellegi-bilis atque incommutabilis lex est, de illa superna quodam modo curia (geritur namque ibi cura de nobis) ad nos ministrata per angelos sancta illa scriptura descendit, ubi legitur: *Sacrificans diis eradicabitur, nisi Domino soli.* Huic scripturae, huic legi, praeceptis talibus tanta sunt ad-testata miracula, ut satis appareat, cui nos sacrificari uelint inmortales ac beati, qui hoc nobis uolunt esse quod sibi.

8. Nam nimis uetera si commemorem, longius quam sat est reuoluere uidebor, quae miracula facta sint adtestantia promissis Dei, quibus ante annorum milia praedixit Abrahae, quod in semine eius omnes gentes benedictionem fuerant habiturae. Quis enim non miretur eidem Abrahae filium peperisse coniugem sterilem eo tempore senectutis, quo parere nec fecunda iam posset, atque in eiusdem Abrahae sacrificio flammam caeli-tus factam inter diuisas uictimas cucurrisse, eidemque Abrahae praedic-tum ab angelis caeleste incendium Sodomorum, quos angelos hominibus similes hospitio susceperat et per eos de prole uentura Dei promissa tenuerat, ipsoque inminente iam incendio miram de Sodomis per eosdem

---

[73] 시편 86[87],3.

[74] de illa superna curia ... ibi cura de nobis: 교부는 curia("행정구" : Livius, *Ab Urbe condita* 1.13.5-6)를 cura("염려, 보살핌")에서 유래한 것처럼 풀이한다(Varro, *De lingua Latina* 6.46).

[75] 출애 22,19. 앞의 10.3.2에도 인용됨.

[76] 창세 18,18 참조: "아브라함은 강대한 민족이 되고 세상 민족들은 아브라함의 이름을 부르며 서로 복을 빌 것이 아닌가?" 뒤의 16.29에도 인용된다.

[77] 후일 아우구스티누스는 성서의 이 일화가 기적보다는 환시(幻視)를 기록한 것(in visione monstra-tum)이었으리라고 수정한다(*Retractationes* 2.43.3).

리와 더불어 하느님께 바쳐지는 제사가 된다는 사실을 알고 있으므로, 우리가 오로지 그분에게만 제사를 올리기 바란다. 우리는 그들과 더불어 단일한 하느님의 도성을 이룬다. 이 도성에 관해서는 시편에도 나온다: "하느님의 도성아, 너를 두고 영광스러운 일들이 일컬어지는도다".[73] 하느님 도성의 일부는 우리 안에서 순례의 길을 가는 중이고, 일부는 저 존재들 속에 자리하여 우리를 보살피고 있다. 하느님의 뜻이 곧 가지적이고 불변의 법이 되는 저 천상 도성으로부터, 그러니까 일종의 천상 궁전에서부터(거기서 우리에 대한 보살핌[74]이 이루어진다) 우리에게 봉사하기 위해 천사들을 통해 저 성서가 내려왔다. 그 성서에는 "다른 신들에게 제사를 드리는 자는 뿌리뽑히리라. 제사는 주님께만 드려야 한다"[75]고 기록되어 있다. 이 성서, 이 율법은 저 계명에 관련된 여러 기적으로 입증되었으며, 그로써 불멸하고 지복에 이른 이들이 우리가 누구에게 제사를 드리기를 바라는지 분명해진다. 그들은 자신들의 처지가 우리에게도 도래하기를 원하는 까닭이다.

8. 하느님은 당신 언약을 확인하고자 천사들을 통해 기적을 마련했으며, 이는 독실한 이들의 믿음을 강화하기 위해서였다

하느님의 언약을 확인하는 어떤 기적들이 이루어졌는지 아주 옛날의 사건들을 모조리 상기하고 열거한다면 매우 지루한 얘기가 될 것 같다. 하느님의 언약이란 수천 년 전에 아브라함에게 건네준 것으로 그의 자손에게서 모든 족속이 축복을 받게 되리라는 것이었다.[76] 다산多產했던 여자라도 노경에 이르러서는 아이를 낳지 못하는 법이거늘, 그 나이에 임신하지 못하던 배필이 아브라함에게 아들을 낳아준 일을 두고 누가 감탄하지 않겠는가? 또 아브라함이 제사를 바치는데 하늘에서 불꽃이 내려와 절반으로 쪼개놓은 제물들 사이를 달려나간 일을 두고 누가 탄복하지 않겠는가?[77] 그런가 하면 천사들을 통해 천상으로부터 소돔인들에게 닥쳐올 화재가 아브라함에게 예고되었고, 또 아브라함은 사람의 모습을 한 천사들을 손님으로 환대했으며 그들을 통해 자신에게 후손이 생기리라는 하느님의 언약을 전달받았고, 화재가 임박했을 적에는 그 천사들을 통해

angelos liberationem Loth filii fratris eius, cuius uxor in uia retro respiciens atque in salem repente conuersa magno admonuit sacramento neminem in uia liberationis suae praeterita desiderare debere? Illa uero quae et quanta sunt, quae iam per Moysen pro populo Dei de iugo seruitutis eruendo in Aegypto mirabiliter gesta sunt, ubi magi Pharaonis, hoc est regis Aegypti, qui populum illum dominatione deprimebat, ad hoc facere quaedam mira permissi sunt, ut mirabilius uincerentur! Illi enim faciebant ueneficiis et incantationibus magicis, quibus sunt mali angeli, hoc est daemones, dediti; Moyses autem tanto potentius, quanto iustius, nomine Dei, qui fecit caelum et terram, seruientibus angelis eos facile superauit. Denique in tertia plaga deficientibus magis decem plagae per Moysen magna mysteriorum dispositione completae sunt, quibus ad Dei populum dimittendum Pharaonis et Aegyptiorum dura corda cesserunt. Moxque paenituit, et cum abscedentes Hebraeos consequi conarentur, illis diuiso mari per siccum transeuntibus unda hinc atque hinc in sese redeunte cooperti et oppressi sunt. Quid de illis miraculis dicam, quae, cum in deserto idem populus ductaretur, stupenda diuinitate crebuerunt: aquas, quae bibi non poterant misso in eas, sicut Deus praeceperat, ligno amaritudine caruisse sitientesque satiasse; manna esurientibus uenisse de caelo et, cum esset colligentibus constituta mensura, quidquid amplius quisque collegerat, exortis uermibus putruisse, ante diem uero sabbati duplum collectum, quia sabbato colligere non licebat, nulla putredine uiolatum; desiderantibus carne uesci, quae tanto populo nulla sufficere posse uidebatur, uolatilibus castra completa et cupiditatis ardorem fastidio satietatis extinctum; obuios hostes transitumque prohibentes atque proeliantes orante Moyse manibusque eius in figuram crucis extentis nullo Hebraeo-

[78] 창세기에 나오는, 아브라함 생애의 일화들이다(창세 21,1-2; 15,17; 18,14-21; 19,15-26 참조).

[79] 출애 6 - 7장 참조.

[80] 출애 7,14 - 12,34; 15,12-31 참조.

자기 조카 롯을 소돔인들 틈에서 기적적으로 구출했고, 롯의 아내는 도중에 뒤를 돌아보다가 돌연히 소금으로 변함으로써 해방의 길에서는 아무도 지나간 과거의 것을 탐해서는 안 된다는 사실을 크나큰 비사로 훈계했으니, 이런 일들을 두고 누가 놀라지 않겠는가?[78] 또 이집트에서 노예살이의 멍에를 안고 고생하던 하느님의 백성에게 모세를 통해 베풀어진 기적들은 과연 얼마나 대단했던가! 그때 파라오 곧 저 백성을 통치하고 압박하던 이집트 국왕의 마술사들도 몇 가지 기사奇事를 행했지만 결국 더욱 위대한 기적들로 인해 패배하고 말았다. 그자들은 주술과 요술적 마법으로 그 짓을 했는데 그 짓은 악한 천사들, 다시 말해 정령들이 몰두하는 짓이다. 반면에 모세는 그만큼 정의롭고 그만큼 강건하게, 하늘과 땅을 만든 하느님의 이름으로, 천사들의 시중을 받아가면서, 그들을 간단히 물리쳤다.[79] 셋째 재앙에서는 결국 마술사들이 물러서고 말았다. 반면 위대한 신비의 안배로 모세를 통해 열 가지 재앙이 닥쳐왔다. 하느님의 백성을 해방시켜 보내려 하지 않던 파라오와 이집트인들의 완고한 마음이 그 앞에서 손을 들고 말았다. 이집트인들은 머잖아 이것마저 억울하여 떠나간 히브리인들을 뒤쫓으려고 했는데 히브리인들은 바다가 갈라져 마른 땅을 밟으며 건너갔지만, 이집트인들은 사방에서 되돌아오는 물결에 뒤덮여 전멸하고 말았다.[80] 저 백성이 사막을 가는 동안 신성에 관해 놀랄 일이 너무도 많이 나타났으니 그런 기적들을 앞에 두고 내가 무슨 말을 할 수 있겠는가? 물을 보고서도 마실 수 없던 차에 하느님이 명한 대로 물 속에 나무를 던져 넣자 쓴맛이 없어지고 목마른 사람들이 갈증을 채웠다. 그런가 하면 굶주린 사람들에게는 하늘에서 만나가 내렸고, 그것을 거두는 사람들에게 양을 정해 주었는데 누구든지 만약 정해진 양보다 많이 거두면 벌레가 나와 상했다. 그러나 안식일에는 그것을 거둘 수 없었기 때문에 안식일 전날에 두 배로 거두어들였는데도 그때만큼은 상해 버리는 일이 없었다. 사람들이 고기를 먹고 싶어할 때 그 많은 백성을 만족시키는 것은 불가능해 보였는데 날짐승들이 진영으로 날아들어 그 식욕을 실컷 채워 진정시켰다. 적군을 만나 그 지역의 통과를 금하고 싸움을 걸어올 때는 모세가 기도하면서 팔을 들고 십자형으로 펴고 있으려니 히브리인들 가운

rum cadente prostratos; seditiosos in populo Dei ac sese ab ordinata diuinitus societate diuidentes ad exemplum uisibile inuisibilis poenae uiuos terra dehiscente submersos; uirga percussam petram tantae multitudini abundantia fluenta fudisse; serpentum morsus mortiferos, poenam iustissimam peccatorum, in ligno exaltato atque prospecto aeneo serpente sanatos, ut et populo subueniretur adflicto, et mors morte destructa uelut crucifixae mortis similitudine signaretur? Quem sane serpentem propter facti memoriam reseruatum cum postea populus errans tamquam idolum colere coepisset, Ezechias rex religiosa potestate Deo seruiens cum magna pietatis laude contriuit.

9. Haec et alia multa huiusce modi, quae omnia commemorare nimis longum est, fiebant ad commendandum unius Dei ueri cultum et multorum falsorumque prohibendum. Fiebant autem simplici fide atque fiducia pietatis, non incantationibus et carminibus nefariae curiositatis arte compositis, quam uel magian uel detestabiliore nomine goetian uel honorabiliore theurgian uocant, qui quasi conantur ista discernere et inlicitis artibus deditos alios damnabiles, quos et maleficos uulgus appellat (hos enim ad goetian pertinere dicunt), alios autem laudabiles uideri uolunt, quibus theurgian deputant; cum sint utrique ritibus fallacibus daemonum obstricti sub nominibus angelorum.

---

[81] 모두 출애굽의 기적사화들이다: 출애 15,22-26; 16,4-36; 17,8-16; 민수 16,23-34; 출애 17,1-7; 민수 21,6-9 참조.

[82] religiosa potestate Deo serviens: 국왕의 신정 (神政) 정치를 표현하는 문구다. 4[2]열왕 18,4 참조.

[83] incantationibus et carminibus compositis: 십이동판법[fr.8.1 (Riccobono et alii eds.): qui malum carmen incantassit]에도 금령이 나올 만큼 로마인들은 남을 해코지하는 주문이나 명예를 훼손하는 창가를 몹시 꺼렸다(2.9 참조).

[84] 이 술수를 구분하는 것은 신플라톤 학파 포르피리우스였다. "주술"(呪術: magia) : 세계에 편재하는 위력을 장악하거나, 점(占)이나 별난 효험을 위해 마력(魔力)을 손에 넣는 것; "마술"(魔術: goetia) : 흉악한 효험을 얻어내기 위해 악령을 동원하는 주술; "신술"(神術: theurgia) : 종교적 목적으로 신의 임재와 보우를 얻어내는 술수.

[85] maleficus: 일반적 주술(maleficium)과 관련된 용어로 원래는 도덕적 색채는 띠지 않았다. 주술사는 magus라고 불렸다.

[86] Cf. Plotinus, *Enneades* 4.4.42-44; Iamblicus, *De mysteriis* 1.11-12; 3.25-28.

데 아무도 전장에서 쓰러지지 않았고 적군이 패해 달아나기도 했다. 하느님의 백성 가운데 소요를 일으킨 사람들이 신성으로 규정된 사회에서 이탈하자, 보이지 않는 죄에 대한 보이는 징벌인 듯이 땅이 갈라지고 그들은 그 속에 산 채로 가라앉고 말았다. 바위를 지팡이로 때리자 그 많은 사람들이 마실 수 있는 넉넉한 물이 솟아나왔다. 백성이 죄를 짓자 지은 죄에 대한 극히 정당한 징벌이 내렸고 그래서 뱀에 물려 목숨을 앗기우는데 모든 사람이 보도록 구리뱀을 나무 끝에 매달아 쳐다보게 함으로써 사람들이 나았다. 이것은 환난을 당하는 백성을 구제하기 위한 것일 뿐 아니라, 십자가에 못박힌 죽음과 유사하게 죽음이 죽음에 의해 타파되는 것을 상징하는 것이었다.[81] 이 사건을 기념하려고 간직해 오던 뱀을 후내에 가시는 백성이 잘못해서 우상처럼 숭배하기 시작했다. 그러나 히즈키야 왕이 경건심에 가까운 권력으로 하느님을 섬기던 사람으로서 결국 그 뱀을 파괴했으며 그의 신심은 대단한 칭송을 받았다.[82]

9. 플라톤 학파 포르피리우스는 정령숭배에 사용되는 불법적 주술 가운데 일부는 인정하고 일부는 규탄했다

9. 1. 주술, 마술, 신술

이런 일이나 그밖의 다른 일들을 모조리 열거한다면 너무도 지루한 노릇이다. 이 모든 일이 유일한 참 하느님께 대한 숭배를 권장하고 거짓된 다수의 신들에 대한 숭배를 금하는 뜻에서 이루어졌다. 이런 일들은 소박한 믿음과 신심 깊은 신뢰 가운데 이루어졌으며, 불측한 호기심을 술수로 하여 작성된 가요라든가 주문을 써서 이루어진 것이 결코 아니다.[83] 사람들은 이것을 주술이라 부르고 더 고약한 이름으로는 마술이라 부르며 그래도 명예로운 이름으로는 신술神術이라 부른다.[84] 이교도마저 이 술수들을 구분하려고 시도하면서 불법적 술수를 사용하는 사람 가운데 어떤 이들은 나쁜 사람으로 여기고 해코지하는 사람[85](이런 사람들은 마술에 종사한다고 말한다)이라 하며 또 어떤 이들은 신술을 갖고 있다는 이유로 칭송할 만하다고 여긴다. 그러나 양편 정령들을 천사라는 이름으로 숭배하는 그릇된 예식에 사로잡혀 있다는 점에서 마찬가지다.[86]

Nam et Porphyrius quandam quasi purgationem animae per theurgian, cunctanter tamen et pudibunda quodam modo disputatione promittit; reuersionem uero ad Deum hanc artem praestare cuiquam negat; ut uideas eum inter uitium sacrilegae curiositatis et philosophiae professionem sententiis alternantibus fluctuare. Nunc enim hanc artem tamquam fallacem et in ipsa actione periculosam et legibus prohibitam cauendam monet; nunc autem uelut eius laudatoribus cedens utilem dicit esse mundandae parti animae, non quidem intellectuali, qua rerum intellegibilium percipitur ueritas, nullas habentium similitudines corporum; sed spiritali, qua corporalium rerum capiuntur imagines. Hanc enim dicit per quasdam consecrationes theurgicas, quas teletas uocant, idoneam fieri atque aptam susceptioni spirituum et angelorum et ad uidendos deos. Ex quibus tamen theurgicis teletis fatetur intellectuali animae nihil purgationis accedere, quod eam faciat idoneam ad uidendum Deum suum et perspicienda ea, quae uere sunt. Ex quo intellegi potest, qualium deorum uel qualem uisionem fieri dicat theurgicis consecrationibus, in qua non ea uidentur, quae uere sunt. Denique animam rationalem siue, quod magis amat dicere, intellectualem, in sua posse dicit euadere, etiamsi quod eius spiritale est nulla theurgica fuerit arte purgatum; porro autem a theurgo spiritalem purgari hactenus, ut non ex hoc ad inmortalitatem aeternitatemque perueniat. Quamquam itaque discernat a daemonibus angelos, aeria loca esse daemonum, aetheria uel empyria disserens angelorum, et admoneat utendum alicuius daemonis amicitia, quo subuectante uel paululum a terra possit eleuari quisque post mortem, aliam uero uiam esse perhibeat ad

---

[87] 10.26 참조(cf. Porphyrius, *De regressu animae* [Bidez ed.]). 아우구스티누스가 인용하는 구절만 잔존한다(각주 294, 308 참조).

[88] 7.35; 10.28 참조.

[89] 인간의 구성을 육체(corpus)와 영(spiritus)과 오성(intellectus: 지성)으로 삼분하고, 지식도 감각적 인식, 감각적 사물에 대한 영성적 인식, 가지적 사물에 대한 오성적 인식으로 상정하는 것이 포르피리우스(*De regressu animae*)의 입장이다. Cf. *De Genesi ad litteram* 12.24.50-51.

[90] consecrationes theurgicae "신술의 봉축"(teletae): 칼대아 종교에서 발전한 의식으로서 조그마한 신상(神像)에 구멍을 내고 여러 특이한 사물로 채워 봉축하면 그만큼 주술력이 깃든다고 보았다. 그리하여 "신술을 펴는 사람"(theurgus)이 "신상을 제조하는 사람"으로 통했다. 예: Origenes, *Contra Celsum* 5.38.

[91] loca aetheria vel empyria: 영계(靈界)는 네 원소로는 불에 해당하는 영역이다.

9.2. 포르피리우스는 신술에 관해 모호한 진술을 했다

포르피리우스마저 신술을 통해 마치 영혼에 모종의 정화淨化를 약속하는 듯한 말을 한 바 있다.[87] 그러나 그의 주장은 상당히 망설여지고 쑥스럽다는 어투로 전개된다. 왜냐하면 그는 이 술수가 하느님께로 복귀하는 수단을 제공할 수 있다는 점은 부인하기 때문이다. 당신은 그가 독신瀆神에 가까운, 죄스러운 호기심과 철학이라는 전문직 사이에서 의견이 오락가락 흔들리고 있다는 생각이 들지 모른다. 한편으로 그는 이런 술수가 인간을 기만하고 그 행위 자체가 해로우며 법으로도 금지되었기에 조심해야 한다고 말하는가 하면,[88] 다른 한편으로 이런 술수를 칭송하는 사람들에게 떠밀려서 그런지 몰라도, 영혼의 부정한 부분을 정화하는 데는 이것이 유익하다고 주장한다. 그가 말한 영혼의 부분이란 지성적 부분, 즉 물체의 유사상類似象을 전혀 가지고 있지 않은 가지적 사물의 진리를 포착하는 부분이 아니다. 그가 말하는 것은 사물의 물질적 표상을 포착하는 영성적 부분이다.[89] 그가 주장하는 바에 따르면, 이 신술의 봉축奉祝(그는 이것을 텔레테라고 부른다)[90]을 통해 영혼의 이 부분이 신령들과 천사들을 모셔들이기에 합당하고 적절해지며 신들을 뵈옵기에 적합해진다는 것이다. 그러나 그는 이 신술의 봉축으로 지성혼知性魂이 자기 하느님을 뵙고 참으로 존재하는 사물들을 관조하기에 적합해질 만큼 무슨 정화를 입는 것은 결코 아님을 인정한다. 이 신술의 봉축으로 해서 참으로 존재하는 것들이 눈에 보이지 않는다면 이것을 통해 과연 무슨 신들을 보고 무슨 관상觀想이 이루어진다는 것인가! 더욱이 그는 인간 영혼의 영성적 부분이 신술의 수법에 의해 조금도 정화되지 못했더라도 이성혼理性魂, 혹은 그가 더 즐겨 부른 용어로는 지성혼 자체는 자기 영역을 향해 벗어날 수 있다고 한다. 또한 영성혼靈性魂이 주술사에 의해 어느 정도 정화된다고 하더라도 이 술수가 영혼이 불멸성과 영원성의 영역까지 도달할 수 있는 것은 아니라고 말한다. 포르피리우스는 천사를 정령과 구분하고 공중은 정령들의 것이고 영계靈界 혹은 화계火界는 천사들의 것이라고 주장한다.[91] 또 정령들과의 우호관계를 어느 정도 활용하라고 권하며, 그것으로 해서 사후에 지상으로부터 들려지거나 약간이나마 올라가는 것이 가능하리라고 말한다.

angelorum superna consortia: cauendam tamen daemonum societatem expressa quodam modo confessione testatur, ubi dicit animam post mortem luendo poenas cultum daemonum a quibus circumueniebatur horrescere; ipsamque theurgian, quam uelut conciliatricem angelorum deorumque commendat, apud tales agere potestates negare non potuit, quae uel ipsae inuideant purgationi animae, uel artibus seruiant inuidorum, querelam de hac re Chaldaei nescio cuius expromens: «Conqueritur, inquit, uir in Chaldaea bonus, purgandae animae magno in molimine frustratos sibi esse successus, cum uir ad eadem potens tactus inuidia adiuratas sacris precibus potentias alligasset, ne postulata concederent. Ergo et ligauit ille, inquit, et iste non soluit.» Quo indicio dixit apparere theurgian esse tam boni conficiendi quam mali et apud deos et apud homines disciplinam; pati etiam deos et ad illas perturbationes passionesque deduci, quas communiter daemonibus et hominibus Apuleius adtribuit; deos tamen ab eis aetheriae sedis altitudine separans et Platonis asserens in illa discretione sententiam.

10. Ecce nunc alius Platonicus, quem doctiorem ferunt, Porphyrius, per nescio quam theurgicam disciplinam etiam ipsos deos obstrictos passionibus et perturbationibus dicit, quoniam sacris precibus adiurari tenerique

---

[92] angelorum superna *consortia*: consortium은 곧이어 나오는 daemonum societas와 대조되는 어휘다.

[93] Cf. Arnobius, *Adversus nationes* 2.62.

[94] 포르피리우스의 유실된 저서 *De regressu animae*에서 인용한 듯한데 이곳 외에는 전거가 없다.

[95] 8.12-19; 9.3,8,12,16에 아풀레이우스의 정령론(*De deo Socratis*)이 길게 논의되었다.

그렇지만 그는 상계에서 천사들과의 운명공동체에[92] 도달하는 일은 딴 길을 통해서라고 한다. 더욱이 그는 정령들과의 친교를 노골적으로 입 밖에 내는 일은 조심해야 하리라고 말했다. 영혼이 사후에 벌을 받을 적에 자기가 보살핌을 받았던 정령들에 대한 숭배를 혐오하게 될지 모르기 때문이란다. 따라서 천사들이나 신들과 화합시켜 준다고 해서 신술을 권장하면서도 그는 그 신술이 정령들 앞에서 어떤 힘을 미친다는 사실을 부인하지 못했다.[93] 그러니까 이 신술이 영혼이 정화되는 것을 탐탁지 않게 여기거나, 영혼의 정화를 시기하는 정령들의 술수를 조장할 수도 있는 까닭이다. 포르피리우스도 이 문제에 관해서는 성명 미상의 칼대아인이 내뱉었다는 탄식을 인용해서 말하고 있다: "칼대아에서 어느 선량한 사람이 영혼을 정화하려고 크나큰 노력을 기울이고서도 성공하지 못해 허사였다고 한탄하고 있었다. 술수에 능한 데다 시기에 사로잡힌 사람 하나가 엄숙한 저주로 저 세력들을 불러내어 자기한테 붙잡아 두고서 그 사람의 소원을 들어주지 못하게 막고 있었기 때문이다." 이 말에 포르피리우스는 다음과 같이 덧붙인다: "그리하여 후자는 묶었고 전자는 풀지 못한 셈이다."[94] 이런 문맥으로 보건대 그는 신술이라는 것이 선과 더불어 악도 발휘하며 신들에게나 인간들에게나 똑같이 힘을 쓰는 기술로 통한다고 결론짓는다. 그는 아풀레이우스가 정령들과 인간들에게 해당된다고 한 격정과 정염, 그러나 신들에게는 면제되어 있다고 한 그 격정과 정염으로 해서 신들마저 고통받고 동요되고 교란당한다고 말한 셈이다. 그러면서도 포르피리우스는 신들을 정령들로부터 분리시켜 지고한 영계에 위치시켰고, 방금 말한 구분을 할 때는 플라톤의 사상과 의견을 같이한다.[95]

10. 정령을 불러내어 영혼을 정화시켜 준다고 거짓으로 약속하는 초혼招魂

그러니까 포르피리우스는 또다른 플라톤 학파이고 더 박식하다는 인물인데, 그런 사람이 어떤 신술神術을 부리면 그렇게 되는지는 나도 모르겠지만, 여하튼 무슨 술수를 부리면 신들마저 정염과 격정에 속박된다는 말을 하고 있다. 위의 예문을 보자면 엄숙한 저주를 써서 신들마저 불러내면 그 신들이 다른 영혼에

potuerunt, ne praestarent animae purgationem, et ita terreri ab eo, qui imperabat malum, ut ab alio, qui poscebat bonum, per eandem artem theurgicam solui illo timore non possent et ad dandum beneficium liberari. Quis non uideat haec omnia fallacium daemonum esse commenta, nisi eorum miserrimus seruus et a gratia ueri liberatoris alienus? Nam si haec apud deos agerentur bonos, plus ibi utique ualeret beneficus purgator animae quam maleuolus inpeditor. Aut si diis iustis homo, pro quo agebatur, purgatione uidebatur indignus, non utique ab inuido territi nec, sicut ipse dicit, per metum ualentioris numinis inpediti, sed iudicio libero id negare debuerunt. Mirum est autem, quod benignus ille Chaldaeus, qui theurgicis sacris animam purgare cupiebat, non inuenit aliquem superiorem deum, qui uel plus terreret atque ad bene faciendum cogeret territos deos, uel ab eis terrentem compesceret, ut libere bene facerent; si tamen theurgo bono sacra defuerunt, quibus ipsos deos, quos inuocabat animae purgatores, prius ab illa timoris peste purgaret. Quid enim causae est, cur deus potentior adhiberi possit a quo terreantur, nec possit a quo purgentur? An inuenitur deus qui exaudiat inuidum et timorem diis incutiat ne bene faciant; nec inuenitur deus qui exaudiat beneuolum et timorem diis auferat ut bene faciant? O theurgia praeclara, o animae praedicanda purgatio, ubi plus imperat inmunda inuidentia, quam inpetrat pura beneficientia! Immo uero malignorum spirituum cauenda et detestanda fallacia, et salutaris audienda doctrina. Quod enim qui has sordidas purgationes

---

[96] 교부는 Eusebius (*Praeparatio evangelica* 3.4; 5.8-10)에 근거하여 신들마저 주술에 구애받고 동요한다는 견해 (Porphyrius, *Epistula ad Anebontem* [Bidez ed.] fr.26-31)를 비판하고 있는데 신령들도 우주의 숙명적 법칙에 구속받는다는 것이 포르피리우스의 본의였다.

[97] sacra defuerunt: 강신술사가 신들의 보우를 받기 전에 먼저 신들을 두려움에서 정화했어야 하지 않느냐는 반어법이다.

[98] inuenitur deus qui *exaudiat invidum ...* non inuenitur dues qui *exaudit benevolum*: 포르피리우스의 글이 참이라면 신이 주술에 걸려 악인의 기도는 듣고 선인의 기도는 못 들어준다는 귀결이 되고 만다.

게 정화를 베풀지 못하게 얽어매 둘 수 있었다는 말이다. 포르피리우스가 말한 대로라면 신들은 자기들더러 못된 짓을 하라고 시키는 인간한테 잔뜩 겁을 먹어서 선을 베풀어 달라고 청원하는 딴 사람에게 감히 은혜를 베풀어 줄 만큼도 자유롭지 못하다. 이것은 소위 신들이라면서도 신술에 대한 저 두려움에서 벗어나지 못한 탓이리라. 정령들의 지극히 가련한 노예가 되어 참된 해방자의 은총으로부터 아주 소외되어 버린 인간이 아니고서야, 이런 짓이 모조리 기만하는 정령들의 계책이라는 것을 누가 모르겠는가? 신술의 봉축이라는 것이 만약 선한 신들을 상대로 한다면, 거기서는 의당히 선을 베풀고 영혼을 정화하는 자가 악의를 갖고 방해하는 자보다 위세를 더 떨칠 것임에 틀림없다. 만약 신들이 정당하며 어떤 인간이 그의 소원대로 정화되기에는 합당하지 않다고 생각한다면 신들은 그 사람을 시기하는 자한테서 겁을 먹어서도 안 되고 포르피리우스의 말처럼 자기들보다 더 세도있는 신령을 두려워하여 방해받아서도 안 되며 신들의 자유로운 판단으로 그의 기도를 거절했어야 한다.[96] 저 선량한 칼대아인이 엄숙한 주술로 영혼을 정화하기를 바랐으면서도 호소를 들어줄 만한 상위의 신을 찾아내지 못했다는 것이 이상하다. 겁먹은 신들에게 더 겁을 주어서 선을 이루어내도록 강요하거나 신들을 겁주는 자를 제압하여 신들이 자유롭게 선을 행하게 할 수 있는 그런 상위의 신들 말이다. 아마도 저 선량한 강신술사에게 정작 부족했던 것은, 영혼을 정화해 주십사 불러낸 신들이 감염되어 있는 공포의 역병으로부터 정화시킬 의식이었던 것 같다.[97] 하지만 더 세력있는 신을 부려서 다른 신들이 겁먹게 만들 수 있다면야, 그 세력있는 신한테서 바로 정화를 입을 수 없다는 것은 무슨 이유인가? 시기심 많은 인간의 소원을 듣고서 다른 신들에게 두려움을 주어 선을 행하지 못하게 위협하는 신은 있는데, 선의의 인간의 소원을 듣고서 다른 신들의 두려움을 제거하여 선을 행하게 만드는 신은 없다는 뜻인가?[98] 아, 이 얼마나 훌륭한 신술이며 영혼의 정화치고는 이 얼마나 칭송해 마지않을 것인가? 순수한 호의가 지배하기보다는 더러운 질투가 신들을 지배하고 있다니 말이다! 그러니 우리는 악령들의 속임수를 조심하고 혐오하고, 우리를 구원하는 교설에 귀를 기울여야 한다. 포르피리우스의 말에

sacrilegis ritibus operantur quasdam mirabiliter pulchras, sicut iste commemorat, uel angelorum imagines uel deorum tamquam purgato spiritu uident (si tamen uel tale aliquid uident), illud est, quod apostolus dicit: *Quoniam satanas transfigurat se uelut angelum lucis.* Eius enim sunt illa phantasmata, qui miseras animas multorum falsorumque deorum fallacibus sacris cupiens inretire et a uero ueri Dei cultu, quo solo mundantur et sanantur, auertere, sicut de Proteo dictum est,

> formas se uertit in omnes,

hostiliter insequens, fallaciter subueniens, utrobique nocens.

11. Melius sapuit iste Porphyrius, cum ad Anebontem scripsit Aegyptium, ubi consulenti similis et quaerenti et prodit artes sacrilegas et euertit. Et ibi quidem omnes daemones reprobat, quos dicit ob inprudentiam trahere humidum uaporem et ideo non in aethere, sed in aere esse sub luna atque in ipso lunae globo; uerum tamen non audet omnes fallacias et malitias et ineptias, quibus merito mouetur, omnibus daemonibus dare. Quosdam namque benignos daemones more appellat aliorum, cum omnes generaliter inprudentes esse fateatur. Miratur autem quod non solum dii alliciantur uictimis, sed etiam compellantur atque cogantur facere quod homines uolunt; et si corpore et incorporalitate dii a daemonibus distin-

---

[99] *sordidas* purgationes *sacrilegis* ritibus: 명사와 상반되는 형용사를 써서 밀교의 정화의식을 폄하하고 있다.

[100] 2고린 11,14.

[101] *falsorum* deorum *fallacibus* sacris: 앞서 말한 대로 교부는 잡신이나 정령들을 falsus ("거짓")와 fallax ("기만하는") 두 형용사로 수식하여 허위의 적극적 측면과 피동적 측면을 둘다 부각시킨다.

[102] Arnobius (*Adversus nationes* 2.52) 외에 아우구스티누스는 포르피리우스의 저서(*De regressu animae*)와 그 저서에 실린, 신에게 오르는 영혼의 향상(regressus, ἐπάνοδος = 귀환) 이론을 소개한 유일한 인물이다.

[103] Proteus: 바다의 신 Neptunus를 섬기는 하급신으로 변신이 능란했다.

[104] Vergilius, *Georgica* 4.411.

[105] 앞장과 이 장의 내용은 포르피리우스의 유실작 *Epistula ad Anebontem* [Bidez ed.]을 간추린다. 얌블리쿠스(*De mysteriis*)와 에우세비우스(*Praeparatio evangelica* 3.4; 5.8)에 언급되는 문헌이며 아네보는 이집트의 제관이라는 것만 알려지고 있다.

[106] quos trahere humidum vaporem: 라틴어 부정법문의 성격상 "정령들은 우둔함으로 인해 습진 증기들에 끌리기 때문에"라고 번역할 수도 있다.

의하면 신성을 모독하는 예식으로 이처럼 추잡한 정화[99]를 주관하는 사람들이 기이하게도 아름다운 영상을, 천사들의 영상이나 신들의 영상을 본다고 한다. 그것도 마치 정화된 영으로 보듯이 본다는 것이다. (그자들이 만에 하나라도 그런 것을 본다면) 그것은 사도가 말한 것처럼 "사탄조차 광명의 천사로 위장하는 수가 있다"[100]는 말 그대로다. 이런 영상은 다수의 거짓 신들에게 바치는 기만적 의식을 통해[101] 가련한 영혼들을 충동하고, 참된 하느님(인간은 하느님에 의해서만 정화되고 치유된다)께 바치는 참다운 예배를 등지게 만들려는 허상이다.[102] 베르길리우스가 프로테우스에 대해 한 말이 바로 그것이다:[103]

> 그는 온갖 형상으로 둔갑하느니라.[104]

사탄은 직의를 갖고서 인간을 뒤쫓거나 거짓으로 돕는 척하지만 두 가지 경우 다 인간에게는 해롭다.

11. 포르피리우스가 여러 정령의 차이에 관해 가르쳐 달라고 요청하면서 이집트인 아네보에게 보낸 서간

11. 1. 아네보에게 주술의 어두운 측면을 비난하다

저 포르피리우스가 이집트인 아네보에게 보낸 편지를 보면 그는 이 점을 더할 나위 없이 잘 알고 있었다.[105] 그 편지에서 그는 조언을 청하고 질문을 하는 입장에서 모독적인 이 술수들을 폭로하고 뒤집어엎고 있다. 그 글에서 그는 모든 정령들을 배척하면서, 정령들은 우둔함으로 인해 습진 증기들을 끌어모으기 때문에[106] 영계에까지 올라가지 못하고 공중空中에 머물러 있으며 그것도 달 아래, 즉 달의 궤도 안에 자리잡고 있다고 말한다. 그런데도 그는 자기가 분개하는 저 사기와 악의 그리고 우둔함을 모든 정령들이 가진 속성이라고 단언하지는 못한다. 일반적으로 모든 정령들이 우둔하다고 말하면서도, 다른 사람들의 말투에 따라, 어떤 정령들은 길吉한 정령이라는 말까지 한다. 포르피리우스는 신들이 제물에 끌릴 뿐 아니라 인간들이 마음먹은 대로 행동하도록 충동받고 강제당하기까지 한다는 사실이 이상스럽다고 생각한다. 더욱이 정령은 신체를 갖고 있는 반면 신은 비물체적이라는 점에서 정령과 신이 구별된다면, 어떻게 해

guuntur, quo modo deos esse existimandum sit solem et lunam et uisibilia
cetera in caelo, quae corpora esse non dubitat; et si dii sunt, quo modo alii
benefici, alii malefici esse dicantur; et quo modo incorporalibus, cum sint
corporei, coniungantur. Quaerit etiam ueluti dubitans, utrum in diuinanti-
bus et quaedam mira facientibus animae sint passiones an aliqui spiritus
extrinsecus ueniant, per quos haec ualeant; et potius uenire extrinsecus
conicit, eo quod lapidibus et herbis adhibitis et alligent quosdam, et
aperiant clausa ostia, uel aliquid eius modi mirabiliter operentur. Vnde
dicit alios opinari esse quoddam genus, cui exaudire sit proprium, natura
fallax, omniforme, multimodum, simulans deos et daemones et animas
defunctorum, et hoc esse quod efficiat haec omnia quae uidentur bona
esse uel praua; ceterum circa ea, quae uere bona sunt, nihil opitulari,
immo uero ista nec nosse, sed et male conciliare et insimulare atque
inpedire nonnumquam uirtutis sedulos sectatores, et plenum esse temeri-
tatis et fastus, gaudere nidoribus, adulationibus capi, et cetera, quae de
hoc genere fallacium malignorumque spirituum, qui extrinsecus in ani-
mam ueniunt humanosque sensus sopitos uigilantesue deludunt, non
tamquam sibi persuasa confirmat, sed tam tenuiter suspicatur aut dubitat,
ut haec alios asserat opinari. Difficile quippe fuit tanto philosopho cunc-
tam diabolicam societatem uel nosse uel fidenter arguere, quam quaelibet
anicula Christiana nec cunctatur esse, et liberrime detestatur. Nisi forte

---

[107] Cf. Porphyrius, *Epistula ad Anebontem* fr.3, 8-9, 12-14, 17-22, 24.

[108] cunctam diabolicam societatem: 정령들에 관한 언급에서 최초로 그리스도교 용어 (diabolica) 를
써서 성격을 규정한다.

서 신이 태양이요, 달이요, 그 외에 하늘에 있는 다른 가시적 천체라고 할 수 있는가? 왜냐하면 의심없이 이것들은 모두 물체적인 것이기 때문이다. 또 만약에 신들이라면 어째서 어떤 신들은 복을 주고 어떤 신들은 해코지를 하는가? 자신들이 물체적 존재이면서 무슨 수로 비물체적 존재들과 결합한다는 말인가? 포르피리우스는 사뭇 의심스럽다는 투로 다음과 같은 질문을 던진다: 점을 치는 사람들에게나 어떤 기사奇事를 행하는 사람들에게는 영혼의 독특한 정염이 있어서 그것을 하는가? 그렇지 않으면 바깥에서 어떤 영들이 와서 그들을 통해 그런 힘을 발휘하는가? 그는 바깥에서 오는 영으로 인해 이루어지는 것 같다고 추측한다. 그 존재들이 돌이나 풀을 써서 어떤 사람들을 결박하는가 하면 잠긴 문을 열기도 하고 또 이와 유사한 신기한 일들을 벌이기 때문이다. 또 그의 말에 따르자면 이런 일로 해서 어떤 사람들은 인간들의 소망을 들어주는 임무를 수행하는 모종의 집단이 따로 있다고 믿는다. 이들은 본성이 기만적이며, 온갖 형태와 갖가지 모양을 띠고서 신들과 정령들과 죽은 망령들을 흉내내는 존재이다. 선량해 보이는 짓이든 사악해 보이는 짓이든 무슨 일이건 다 저지르는 그런 존재라는 것이다. 더욱이 그들은 정말로 선한 일에 관해서는 인간에게 아무런 도움도 주지 않고 실제로 무엇이 좋은 일인지도 알지 못한다고 한다. 그들은 못된 방도를 써서 사람들의 환심을 사고, 때로는 부지런히 덕을 추종하는 사람들마저 기만하고 훼방하며, 만용과 오만 방자함으로 똘똘 뭉쳐 있고, 음식 냄새를 즐기고, 아첨에 혹한다. 외부에서 영혼에 다가오는 존재들은 이처럼 기만적이고 사악한 종류의 영들이며, 인간 감각을 마비시키고, 맑은 정신으로 경계하는 사람들을 우롱한다는 말까지 들려준다. 포르피리우스는 이런 내용을 스스로 확신한다는 투로 주장하는 것이 아니라 약간 의심하고 회의하는 투로 이야기하며 자기 의견이 아니고 다른 사람들의 의견인 것처럼 제시한다.[107] 그리스도인이라면 아무리 하찮은 노파라고 하더라도 정령들이 존재한다는 사실을 인정하는 데 망설이지 않으며 아주 솔직하게 그들을 혐오할 텐데 포르피리우스는 그처럼 뛰어난 철학자이면서도 전부가 악마적 집단이라는 것을 이해하는 대로,[108] 자신있게 논박하는 데도 그토록 힘들었던 것이다! 여하튼 포르피리우스

iste et ipsum, ad quem scribit, Anebontem tamquam talium sacrorum praeclarissimum antistitem et alios talium operum tamquam diuinorum et ad deos colendos pertinentium admiratores uerecundatur offendere.

Sequitur tamen et ea uelut inquirendo commemorat, quae sobrie considerata tribui non possunt nisi malignis et fallacibus potestatibus. Quaerit enim cur tamquam melioribus inuocatis quasi peioribus imperetur, ut iniusta praecepta hominis exsequantur; cur adtrectatum re Veneria non exaudiant inprecantem, cum ipsi ad incestos quosque concubitus quoslibet ducere non morentur; cur animantibus suos antistites oportere abstinere denuntient, ne uaporibus profecto corporeis polluantur, ipsi uero et aliis uaporibus inliciantur et nidoribus hostiarum, cumque a cadaueris contactu prohibeatur inspector, plerumque illa cadaueribus celebrentur; quid sit, quod non daemoni uel alicui animae defuncti, sed ipsi soli et lunae aut cuicumque caelestium homo uitio cuilibet obnoxius intendit minas eosque territat falso, ut eis extorqueat ueritatem. Nam et caelum se conlidere comminatur et cetera similia homini inpossibilia, ut illi dii tamquam insipientissimi pueri falsis et ridiculis comminationibus territi quod imperatur efficiant. Dicit etiam scripsisse Chaeremonem quendam, talium sacrorum uel potius sacrilegiorum peritum, ea, quae apud Aegyptios sunt celebrata rumoribus uel de Iside uel de Osiri marito eius, maximam uim habere cogendi deos, ut faciant imperata, quando ille, qui carminibus cogit, ea se prodere uel euertere comminatur, ubi se etiam Osiridis membra dissipaturum terribiliter dicit, si facere iussa neglexerint. Haec atque

---

[109] res Veneria: "치정 사건" (voluptates Veneriae). 예: Cicero, *De senectute* 14.47; *De divinatione* 2.69.143.

[110] Chaeremon: 1세기의 사학자로서 알렉산드리아 도서관장을 지냈다. 이집트 역사에 관한 책을 쓴 것으로 전해오지만 인용되는 단편들만 남아있다.

는 자기가 편지를 써 보낸 아네보(그는 정령들에게 바치는 제의에 관해 잘 아는 아주 고명한 대제관이었다)의 감정을 상하게 할 일은 꺼렸던 것이다. 혹은 그런 의식을 신성한 활동이요, 신들을 숭배하는 일에 해당한다고 여기고 추종하던 자들의 감정을 상하게 할 일은 꺼렸는지도 모른다.

11.2. 신술의 부조리를 지적하다

그렇지만 건전하게 생각해서 사악하고 기만하는 세력의 짓이 아니면 도저히 납득되지 않는 내용일 경우, 포르피리우스는 질문을 던지는 식으로 언질을 하고 있다. 우월하다고 해서 불러낸 신들이 왜 마치 못된 자들처럼 누구에겐가 지배당하여, 인간의 불의한 명령을 수행하는가? 원하는 사람은 아무나 끌어들여 근친상간이나 간통을 지지르게 하는 데는 주저하지 않으면서 왜 베누스 사건[109]에 얽혀 저주하는 사람의 기도는 들어주지 않는가? 자기 대제관들한테는 육고기를 삼감으로써, 살에서 뿜어나오는 기운에 오염되는 일이 없도록 하라고 규정하고 있으면서 왜 자기들은 제물에서 나오는 온갖 기운과 냄새에 곧잘 쏠리는가? 어째서 초심자에게는 시체와 접하지 말라고 금하면서 그 제사들은 거의 다 가축의 시체를 갖고 거행하는데도 그냥 두는가? 어떤 악덕이나 다른 것에 젖은 사람이 그저 정령이나 어떤 망령에게 위협을 하는 게 아니라 태양이나 달이나 다른 천체에까지 위협을 가하고 거짓말로 겁을 주어서 진실을 왜곡시키려고 하는데 무슨 수작인가? 그런 사람은 하늘을 들이받겠다고 위협하는가 하면 그밖에 인간은 불가능한 짓들을 내세워 위협하는데, 신들은 마치 어리석기 짝이 없는 어린애들처럼 어처구니없는 거짓말 협박에 겁을 잔뜩 먹고는 인간이 시키는 대로 다 해준다는 식이다. 포르피리우스의 말대로라면 카이레몬[110]이라는 자가 책을 썼는데 그는 이집트인들이 소란스럽게 거행하던 의식, 다시 말해 이시스와 그 여신의 남편 오시리스에 관한 제의 내지 모독적 의식에 아주 정통한 사람이었다. 그는 신들을 억지로 움직여서 자기가 명령한 대로 하게 만드는 막강한 위력을 갖고 있었다고 한다. 자기가 그 제사를 없애버리거나 뒤집어엎겠노라고 위협하는 주문을 갖고서 신들을 움직인다는 것이다. 심지어 자기 명령을 소홀하게 수행하는 날에는 오시리스의 사지를 갈가리 찢어놓겠다는 무시무시한 협

huius modi uana et insana hominem diis minari, nec quibuslibet, sed ipsis caelestibus et siderea luce fulgentibus, nec sine effectu, sed uiolenta potestate cogentem atque his terroribus ad facienda quae uoluerit perducentem, merito Porphyrius admiratur; immo uero sub specie mirantis et causas rerum talium requirentis dat intellegi illos haec agere spiritus, quorum genus superius sub aliorum opinatione descripsit, non, ut ipse posuit, natura, sed uitio fallaces, qui simulant deos et animas defunctorum, daemones autem non, ut ait ipse, simulant, sed plane sunt. Et quod ei uidetur herbis et lapidibus et animantibus et sonis certis quibusdam ac uocibus et figurationibus atque figmentis, quibusdam etiam obseruatis in caeli conuersione motibus siderum fabricari in terra ab hominibus potestates idoneas uariis effectibus exsequendis, totum hoc ad eosdem ipsos daemones pertinet ludificatores animarum sibimet subditarum et uoluptaria sibi ludibria de hominum erroribus exhibentes. Aut ergo re uera dubitans et inquirens ista Porphyrius ea tamen commemorat, quibus conuincantur et redarguantur, nec ad eas potestates, quae nobis ad beatam uitam capessendam fauent, sed ad deceptores daemones pertinere monstrentur; aut, ut meliora de philosopho suspicemur, eo modo uoluit hominem Aegyptium talibus erroribus deditum et aliqua magna se scire opinantem non superba

---

[111] Cf. Porphyrius, *Epistula ad Anebontem* fr.27. 오시리스는 본서 8.26.3 참조.

[112] *ludificatores* animarum ... voluptaria sibi *ludibria*: 교부는 정령(daemones: 이미 그리스도교의 악마와 동일시되고 있다)들의 중개역할이란 인간에 대한 기만과 우롱일 뿐이라고 단정한다.

박도 발설한다는 것이다.[111] 물론 포르피리우스는 이런 식의 황당하고 미친 짓을 놓고 인간이 신들을 협박한다는 사실, 그것도 아무 신이나 협박하는 것이 아니라 천상 신들을, 성좌의 광채를 발하는 신들을 협박한다는 사실이 이상하다고 말한다. 또 그런 협박이 성과가 없는 것도 아니어서 광포한 위력을 휘둘러 신들에게 강박하는 인간, 저처럼 무시무시한 협박으로 자신이 원하는 대로 하도록 신들을 움직이는 인간이 이상하다고 말한다. 그러면서도 그는 이 사실을 두고 오히려 감탄하는 시늉을 하고, 그런 사실이 일어나는 원인을 연구하는 사람의 입장을 취하면서 사태를 다음과 같이 이해해 보려고 한다. 사람이 시키는 대로 그런 일을 하는 것은 저 영들이라는 것이다. 마치 다른 사람들의 견해를 인용한 것처럼 내세우면서 포르피리우스가 앞에서 서술한 바 있는 그런 종류의 영들이라는 것이다. 이 영들은 포르피리우스 본인이 주장하듯이, 자기들의 본성이 그래서가 아니라 악덕 때문에 사람을 속이며, 신들을 흉내내고 죽은 망령 행세를 한다는 것이다. 그러나 그가 말한 것처럼 그들이 거짓으로 정령들을 흉내내는 것은 아닌데, 사실 자기들이 정령이기 때문이다. 포르피리우스가 보기에는 인간들은 무슨 염력念力을 만들어 풀과 돌과 생물, 어떤 일정한 소리나 음성, 형상이나 가상假像을 가지고, 심지어 하늘의 운행에서 관찰되는 성좌들의 어떤 운동들을 이용해서 지상에 갖가지 효과를 야기한다. 그런데 그가 보기에는 그 전부가 다름아닌 정령들의 짓이다. 정령들은 자기들한테 예속된 영혼들을 가지고 놀면서 좋아하고, 인간들이 범하는 오류를 보고서 유쾌한 오락으로 삼는다.[112] 포르피리우스의 저런 의구심과 질문들은 진짜였을지도 모른다. 그런 의문을 제기하는 가운데 포르피리우스는 이런 얘기들을 일일이 언급하고 있는데 아마도 사람들을 설득하고 반박하기 위한 목적에서였을 것이다. 이런 것들이 우리가 지복의 생명을 얻는 데 도움이 되는 그런 세력에 속하지 않고, 인간들을 기만하는 정령들에게 속하는 짓임을 입증하려는 의도에서였다. 이 철학자에 관해 우리가 좀더 좋은 방향으로 추측을 한다면, 그런 오류에 전적으로 빠져 있으면서도 제딴에는 대단한 무엇을 아노라고 자부하는 저 이집트인의 감정을 상하게 하는 것을 피하기 위해 포르피리우스는 학자의 권위를 거만하게

quasi auctoritate doctoris offendere, nec aperte aduersantis altercatione turbare, sed quasi quaerentis et discere cupientis humilitate ad ea cogitanda conuertere et quam sint contemnenda uel etiam deuitanda monstrare. Denique prope ad epistulae finem petit se ab eo doceri, quae sit ad beatitudinem uia ex Aegyptia sapientia. Ceterum illos, quibus conuersatio cum diis ad hoc esset, ut ob inueniendum fugitiuum uel praedium comparandum, aut propter nuptias uel mercaturam uel quid huius modi mentem diuinam inquietarent, frustra eos uideri dicit coluisse sapientiam; illa etiam ipsa numina, cum quibus conuersarentur, etsi de ceteris rebus uera praedicerent, tamen quoniam de beatitudine nihil cautum nec satis idoneum monerent, nec deos illos esse nec benignos daemones, sed aut illum, qui dicitur fallax, aut humanum omne commentum.

내세우지도 않았고, 또 자기가 반대자의 입장에서 논박하여 그를 노골적으로 곤란하게 만들 생각도 없었던 것 같다. 오히려 이쪽에서 질의하는 사람, 배우려고 노력하는 사람의 겸허함을 보임으로써 상대방에게 그런 일들을 재고해 볼 만한 것임을 상기시키고 그런 일이 얼마나 멸시받고 기피할 일인지를 보여주려고 했던 것이다.[113] 마지막으로 편지 말미에서 포르피리우스는 이집트의 지혜에 입각하여 행복에 이르는 길이 무엇인지 그에게서 가르침을 받고 싶다고 청한다. 그리고 도망간 노예들을 찾아내기 위해 혹은 토지를 장만하기 위해, 혹은 결혼을 준비하기 위해 혹은 판매를 하거나 이와 비슷한 다른 일들을 하기 위해 신들과 소통하고 신들의 정신을 번거롭게 하는 사람들에 대해서, 그들이 지혜를 길고 닦은 일은 허사 같다는 말도 덧붙인다.[114] 또 그는 저 사람들이 의사소통한다는 신령들이 다른 일에 관해서는 진실을 말해 왔는지 모르지만, 지복至福 문제에 대해서는 아무 관심도 없고 넉넉하고 적절한 훈계도 내리지 않았다고 덧붙인다. 그런 점으로 미루어 그들은 신도 아니고 길吉한 정령도 아니며, 기만하는 존재라고 일컬을 그런 것이 아니면, 전적으로 인간적 발명품일 것이라고 말한다.[115]

---

[113] 교부는 신령들을 협박하는 주술사에게 포르피리우스가 우회적 질의방식을 택한 것은 철학자로서 미심쩍은 태도라기보다는 상대방을 존중하여 깨우쳐 주려는 선의였다고 해석한다.

[114] Cf. Porphyrius, *Epistula ad Anebontem* fr.29-32, 36-37, 45-49.

[115] *nec* deos ... *nec* benignos daemones, sed *aut fallax, aut humanum* omne *commentum*: 본서 전반부의 정령론에 대한 교부의 결론에 해당한다.

12. Verum quia tanta et talia geruntur his artibus, ut uniuersum modum humanae facultatis excedant: quid restat, nisi ut ea, quae mirifice tamquam diuinitus praedici uel fieri uidentur nec tamen ad unius Dei cultum referuntur, cui simpliciter inhaerere fatentibus quoque Platonicis et per multa testantibus solum beatificum bonum est, malignorum daemonum ludibria et seductoria inpedimenta, quae uera pietate cauenda sunt, prudenter intellegantur? Porro autem quaecumque miracula siue per angelos siue quocumque modo ita diuinitus fiunt, ut Dei unius, in quo solo beata uita est, cultum religionemque commendent, ea uere ab eis uel per eos, qui nos secundum ueritatem pietatemque diligunt, fieri ipso Deo in illis operante credendum est. Neque enim audiendi sunt, qui Deum inuisibilem uisibilia miracula operari negant, cum ipse etiam secundum ipsos fecerit mundum, quem certe uisibilem negare non possunt. Quidquid igitur mirabile fit in hoc mundo, profecto minus est quam totus hic mundus, id est caelum et terra et omnia quae in eis sunt, quae certe Deus fecit. Sicut autem ipse qui fecit, ita modus quo fecit occultus est et inconprehensibilis homini. Quamuis itaque miracula uisibilium naturarum uidendi assiduitate uiluerint, tamen, cum ea sapienter intuemur, inusitatissimis rarissimis-

---

[116] 오르페우스, 피타고라스 계열은 신의 본성에 참여하고 신과 비슷해져 함께 있음이 궁극 행복이라고 설파했다(9.17 참조). Cf. Plato, *Respublica* 613a-b; Plotinus, *Enneades* 4.8.1; *Corpus Hermeticum, Asclepius*.

[117] *ab eis* vel *per eos* ... fieri *ipso Deo* in illis operante: 정령신앙에 익숙한 사람들에게 설령 천사들이 이룬 기적도 주체는 하느님임을 주지시킨다.

[118] 세계의 창조에 중간존재인 천사들이 관여했느냐는 플라톤 학파의 주요 논제였으므로 아우구스티누스도 이것을 전적으로 부인하지는 않는다.

[119] 아우구스티누스는 본서(특히 21권과 22권)에서 호교론적 입장에서 많은 기적을 예거한다. 이 장에서는 그런 기적의 인간학적 의미를 간추리고 있다.

제2부 (12-32)
참된 종교의 변호

12. 참 하느님이 거룩한 천사들의 시중을 받아 이루는 기적

그러나 이런 술수를 부려서도 일반적 인간 능력의 한계를 넘어설 정도로 엄청나고 대단한 일들이 이루어지기는 한다. 너무나 신기하기 때문에 마치 신적 힘으로 예언되거나 이루어지는 것처럼 보이는 사건들이 있는데, 유일한 하느님 숭배로 연결되지 않는 경우, 그것은 악한 정령들의 장난이요 인간을 유인하는 장해물(우리는 참다운 신심을 갖고서 이런 것들을 조심해야 한다)이라는 사실을 현명하게 깨닫는 것 외에 무슨 좋은 수가 있겠는가? 플라톤 학파가 말한 것처럼, 또 무수한 증언을 통해 드러났듯이, 유일한 하느님께 전적으로 귀의함만이 인간을 행복하게 만드는 선이다.[116] 반면에 천사들을 통해 혹은 어느 면에서 보더라도 신적 힘으로 일어난 어떤 기적들이 있는데, 만약 그런 기적들이 유일한 하느님(그분 안에만 복된 삶이 있다)에 대한 숭배와 종교로 우리를 유도한다고 하자. 우리는 그런 기적이야말로 진리와 신심에 입각해서 우리를 사랑하는 존재들에 의해 이루어진다고 믿거나 그들을 통해 이루어진다고 믿어야 하며 그들 안에 하느님이 역사하고 있다고 믿어야 한다.[117] 하느님은 불가견한 분이라서 가시적 기적을 행할 수 없다고 부정하는 사람들의 말은 귀담아듣지 말아야 한다. 심지어는 그런 주장을 하는 그들도 하느님이 세상을 만들었다고는 믿기 때문이다.[118] 확실히 그들은 세계가 가시적이라는 것을 부인할 수는 없다. 이 세계에서 어떤 기이한 일이 일어나든 그 일은 분명 이 세계 전체, 즉 하늘과 땅, 그리고 그 안에 있는 모든 것들만은 못하다. 그리고 이 모든 것들은 분명 하느님이 만든 것이다. 그러나 세계를 창조한 그분이 인간들에게 드러나지 않는 것처럼, 세계를 만든 방식도 인간에게는 드러나지 않고 불가해하다.[119] 가시적 대자연의 질서들은 항상 우리 눈앞에 있었기에 별 관심을 얻지 못했지만 지혜롭게 이것을 관찰한다면 우리는 그 질서들이 익숙하지 않고 드물게 일어나는 기적들보다 위대하다는 것을 알게 된다. 모든 기적은 인간을 위해 일어나는

que maiora sunt. Nam et omni miraculo, quod fit per hominem, maius miraculum est homo. Quapropter Deus, qui fecit uisibilia caelum et terram, non dedignatur facere uisibilia miracula in caelo uel terra, quibus ad se inuisibilem colendum excitet animam adhuc uisibilibus deditam; ubi uero et quando faciat, incommutabile consilium penes ipsum est, in cuius dispositione iam tempora facta sunt quaecumque futura sunt. Nam temporalia mouens temporaliter non mouetur, nec aliter nouit facienda quam facta, nec aliter inuocantes exaudit quam inuocaturos uidet. Nam et cum exaudiunt angeli eius, ipse in eis exaudit, tamquam in uero nec manu facto templo suo, sicut in hominibus sanctis suis, eiusque temporaliter fiunt iussa aeterna eius lege conspecta.

13. Nec mouere debet, quod, cum sit inuisibilis, saepe uisibiliter patribus apparuisse memoratur. Sicut enim sonus, quo auditur sententia in silentio intellegentiae constituta, non est hoc quod ipsa: ita et species, qua uisus est Deus in natura inuisibili constitutus, non erat quod ipse. Verum tamen ipse in eadem specie corporali uidebatur, sicut illa sententia ipsa in sono uocis auditur; nec illi ignorabant inuisibilem Deum in specie corporali, quod ipse non erat, se uidere. Nam et loquebatur cum loquente Moyses et ei tamen dicebat: *Si inueni gratiam ante te, ostende mihi temet ipsum, scienter ut uideam te.* Cum igitur oporteret Dei legem in edictis

---

[120] maius miraculum est homo: cf. *Sermones* 247.2; 126.3-4; 130.1; *Epistulae* 137.3.10; 102.1.5.

[121] 21권과 22권은 기적에 관해 많은 논의를 담고 있으나 교부는 인간의 호기심을 끌어 신앙을 다지는 기적과 대자연의 운행에 수반되는 엄청난 기적을 구분하고 있다.

[122] iam tempora facta sunt quaecumque futura sunt: 영원한 하느님께는 시간의 선후가 없다. 뒷 문장 (temporalia movens temporaliter non movetur)이 이를 확인한다.

[123] "시간 속에서 당신의 명령이 이루어지지만 당신의 영원법에 의해 관조되어 있다"라고 번역해도 된다. Cf. *Contra Faustum Manichaeum* 22.27.

[124] 교부는 개념된 내적 언어(sententia)와 발설된 외적 언어(sonus vocis)를 자주 구분하여 하느님의 본체와 계시되는 모습의 차이를 설명한다.

[125] 출애 33,13.

데 그 어느 기적보다 위대한 것은 인간이다.[120] 그래서 하늘과 땅을 가시적 사물로 만든 하느님은 하늘이나 땅에서 가시적 기적을 행하는 것도 마다하지 않는다.[121] 그분이 기적을 행하는 것은, 그때까지 가시적 사물에 몰두해 있던 영혼을 자극하여 불가견한 당신을 숭배하도록 하기 위해서다. 어디서 그리고 언제 기적을 행하는가 하는 변치 않는 결정을 내리는 일은 어디까지나 하느님만의 몫이다. 그분의 경륜經綸으로 본다면 장차 이루어질 모든 시간이 이미 이루어진 시간이다.[122] 하느님은 시간적 사물을 움직이면서도 시간적으로 움직여지는 분이 아니고, 이미 이루어진 일과 장차 이루어질 일을 달리 인지하는 분도 아니며, 당신에게 애원하는 사람들의 말을 들어주는 일과 다른 사람들이 당신에게 애원하리라는 것을 예견하는 일이 다르지 않다. 그분의 천사들이 인간들의 기도를 들어줄 때조차도 그분이 천사들 안에서 인간들의 기도를 들어주는 것이다. 하느님은 참다운 성전, 사람의 손으로 짓지 않은 성전에 있듯이 당신의 거룩한 인간들 안에도 있다. 그리고 당신의 명령은 시간에 따라 이루어지지만 당신의 영원한 법에 입각하여 하느님의 눈앞에 놓여 있다.[123]

13. 불가견의 하느님이 때로 가견적으로 현신할 때, 있는 그대로 당신을 드러내지 않고 당신을 보는 인간들이 견뎌낼 수 있는 방식으로 드러낸다

그러므로 하느님이 불가견한 분임에도 성조聖祖들에게 종종 가시적으로 발현했다는 기록이 나오더라도 당황할 것 없다. 음성이라는 것이 오성의 침묵 속에서 형성되는 생각을 들려주지만, 생각 그 자체는 아니다.[124] 이와 마찬가지로, 형상이라는 것이, 불가견한 본성 속에 있는 하느님이 가시적으로 보이게 만들지만 하느님 자체는 아니었다. 다만 하느님이 바로 그 형상에서 보인 것은 저 생각이 바로 그 음성에서 들리는 것과 마찬가지다. 그렇더라도 저 성조들은 자기들이 신체적 형상(이 형상이 곧 하느님은 아니었다)에서 불가견한 하느님을 뵙고 있다는 사실을 모르지 않았다. 모세도 하느님과 말씀을 나누면서 그분에게 이렇게 말씀드렸다: "제가 정녕 당신의 눈에 드셨다면 당신 모습을 제게 보여주십시오. 알고서 당신을 뵙게 해주십시오."[125] 하느님의 율법이 무시무시한 천사들의 포고

angelorum terribiliter dari, non uni homini paucisue sapientibus, sed
uniuersae genti et populo ingenti: coram eodem populo magna facta sunt
in monte, ubi lex per unum dabatur, conspiciente multitudine metuenda et
tremenda quae fiebant. Non enim populus Israel sic Moysi credidit, quem
ad modum suo Lycurgo Lacedaemonii, quod a Ioue seu Apolline leges,
quas condidit, accepisset. Cum enim lex dabatur populo, qua coli unus
iubebatur Deus, in conspectu ipsius populi, quantum sufficere diuina
prouidentia iudicabat, mirabilibus rerum signis et motibus apparebat ad
eandem legem dandam creatori seruire creaturam.

14. Sicut autem unius hominis, ita humani generis, quod ad Dei popu-
lum pertinet, recta eruditio per quosdam articulos temporum tamquam
aetatum profecit accessibus, ut a temporalibus ad aeterna capienda et a
uisibilibus ad inuisibilia surgeretur; ita sane ut etiam illo tempore, quo
uisibilia promittebantur diuinitus praemia, unus tamen colendus commen-
daretur Deus, ne mens humana uel pro ipsis terrenis uitae transitoriae
beneficiis cuiquam nisi uero animae creatori et domino subderetur. Omnia
quippe, quae praestare hominibus uel angeli uel homines possunt, in unius
esse Omnipotentis potestate quisquis diffitetur, insanit. De prouidentia
certe Plotinus Platonicus disputat eamque a summo Deo, cuius est intelle-
gibilis atque ineffabilis pulchritudo, usque ad haec terrena et ima pertin-
gere flosculorum atque foliorum pulchritudine conprobat; quae omnia

---

[126] 사도 7,53 참조: "당신들 모두 천사들이 반포한 율법을 받고도 지키지 않았습니다."

[127] 출애 19,1-25 참조.

[128] Cf. Plutarchus, *Vitae parallelae. Lycurgus* 6. 리쿠르구스는 스파르타의 국왕(BC 9세기)으로서 자기가 제정한 법은 아폴로 신에게서 받았노라고 주장했다(본서 2.16 참조).

[129] 교부는 인류의 정신적 성장을 한 개인의 성장에 자주 비긴다. 예: *De diversis quaestionibus 83,* 58.2; 64.2; *De Genesi contra Manichaeos* 1.39. 이것은 고대 사상가들의 일관된 견해였다. 예: Plato, *Protagoras* 322a-d; Lucretius, *De rerum natura* 5.925 이하.

[130] a temporalibus ad aeterna ... a visibilibus ad invisibilia: 플라톤에 경도한 아우구스티누스에게서는 드문 발언이지만, 곧이어 나오듯이, 한시적 · 가견적 사물의 우유성(偶有性)에 시선을 돌리는 점에서는 일관성있는 착안이다.

[131] Cf. Plotinus, *Enneades* 3.2 (*De providentia*). 포르피리우스는 세계의 존재를 우연으로 보는 에피쿠루스 학파와 데미우르구스가 악한 세상을 별도로 창조했다는 영지주의를 반박한다.

로 내려질 필요가 있는 경우에도[126] 그것은 한 사람이나 소수의 현자들에게 내려지는 것이 아니라 전 민족과 많은 백성에게 내려지는 것이었다. 그래서 시내 산에서는 온 백성들 앞에서 저 위대한 일이 행해졌던 것이다. 그곳에서는 한 사람을 통해 율법이 주어졌고 그동안 백성의 무리가 무서워 떨면서 그곳에서 벌어지는 사건을 지켜보고 있었다.[127] 이스라엘 백성은 모세를 믿지 않았다. 리쿠르구스가 제정한 법률을 유피테르 혹은 아폴로한테서 받았노라고 했을 적에 스파르타인들이 리쿠르구스를 믿었던 것과는 사뭇 달랐다.[128] 유일한 하느님을 숭배하라고 명하는 율법이 이스라엘 백성들에게 전달되었을 적에, 그 백성의 눈앞에는 충분히 신적인 섭리라고 판단되는 많은 기이한 징후와 조짐이 나타남으로써 마치 창조주가 그 율법을 펴는 데 창조계가 시중을 드는다는 것이 드러났다.

14. 만사가 그분 섭리의 권하에 있으므로 영원한 복뿐 아니라 현세의 복을 위해서도 유일한 하느님을 숭배해야 한다

한 사람을 올바로 가르칠 때도 그렇지만 하느님의 백성에 속하는 인류를 올바로 가르치는 교육도 마치 연령의 발달처럼, 일종의 시대 간격을 거치면서 진전되어야 한다.[129] 그리하여 시간적인 것으로부터 영원한 것을 파악하고 가시적인 것으로부터 불가견한 것을 파악하게 만들어야 한다.[130] 그래서 심지어는 가시적인 신성한 보상을 하느님께 약속받은 시대에도 유일한 하느님을 숭배하라는 훈계가 있었다. 그 까닭은 일시적 삶을 사는 인간이 지상의 혜택 때문에 영혼의 참된 창조주요 주님 아닌 누구에게도 귀속되는 일이 없도록 하려는 것이었다. 천사가 인간에게 베풀 수 있는 것이건 혹은 인간이 인간에게 베풀 수 있는 것이건 그 모두가 유일한 전능자의 권하에 있다는 사실을 부인하는 사람은 어리석은 사람일 것이다. 섭리에 관해서는 플라톤 학파 플로티누스가 논하고 있으며[131] 가지적이고도 불가형언한 아름다움을 가진 최고신에게서부터 지상의 존재들에게로 그 섭리가 미치고 있다는 것을 잔꽃송이들과 잎새들의 아름다움에서부터 추론한다. 또 그는 지상의 모든 것이 마치 폐기되고 신속하게 소멸하는 사물 같아서, 가지적이고 불변하는 형상이 만유를 내포한 채로 항존하는 그곳으로부터 형상을 받지 않는 한,

quasi abiecta et uelocissime pereuntia decentissimos formarum suarum numeros habere non posse confirmat, nisi inde formentur, ubi forma intellegibilis et incommutabilis simul habens omnia perseuerat. Hoc Dominus Iesus ibi ostendit, ubi ait: *Considerate lilia agri, non laborant neque neunt. Dico autem uobis, quia nec Salomon in tota gloria sua sic amictus est, sicut unum ex eis. Quod si faenum agri, quod hodie est et cras in clibanum mittitur, Deus sic uestit: quanto magis uos, modicae fidei?* Optime igitur anima humana adhuc terrenis desideriis infirma ea ipsa, quae temporaliter exoptat bona infima atque terrena uitae huic transitoriae necessaria et prae illius uitae sempiternis beneficiis contemnenda, non tamen nisi ab uno Deo expectare consuescit, ut ab illius cultu etiam in istorum desiderio non recedat, ad quem contemptu eorum et ab eis auersione perueniat.

15. Sic itaque diuinae prouidentiae placuit ordinare temporum cursum, ut, quem ad modum dixi et in actibus apostolorum legitur, lex in edictis angelorum daretur de unius ueri Dei cultu, in quibus et persona ipsius Dei, non quidem per suam substantiam, quae semper corruptibilibus oculis inuisibilis permanet, sed certis indiciis per subiectam creatori creaturam uisibiliter appareret et syllabatim per transitorias temporum morulas humanae linguae uocibus loqueretur, qui in sua natura non corporaliter, sed spiritaliter, non sensibiliter, sed intellegibiliter, non temporaliter, sed, ut ita dicam, aeternaliter nec incipit loqui nec desinit; quod apud illum sincerius audiunt, non corporis aure, sed mentis, ministri eius et nuntii, qui eius ueritate incommutabili perfruuntur inmortaliter beati; et quod faciendum modis ineffabilibus audiunt et usque in ista uisibilia

[132] formarum suarum numeros: 만유가 일정한 형이상학적 수(數)를 갖추고 있어서 존재계의 일정한 위상, 곧 특정한 종(種)과 유(類)에 속한다는 파티고라스 철학을 반영한다.

[133] 마태 6,28-30.

[134] 사도 7,53 (앞의 각주 126) 참조.

[135] 하느님이 영원과 시간 속에서 인류에게 말씀을 건네는 방식은 교부의 진지한 탐구대상이었다. Cf. *Confessiones* 11.6-7; *Enarrationes in Psalmos* 44.5.

자기 형상形相의 고귀한 수數를 간직할 수 없음을 확인한다.[132] 이것을 주 예수는 다음과 같이 피력했다: "들의 백합꽃을 관찰해 보시오. 그것들은 수고하지도 않고 물레질하지도 않습니다. 그러나 여러분에게 말하거니와, 그 온갖 영화를 누린 솔로몬도 그것들 가운데 하나만큼 차려입지 못했습니다. 오늘 있다가 내일이면 아궁이에 던져질 들풀도 하느님께서 이처럼 입히시거든 여러분이야 더욱더 잘 입히시지 않겠습니까? 믿음이 약한 사람들아!"[133] 그러니 인간 영혼이 그 나약함으로 해서 여전히 지상의 것들을 욕망하고 있을 때도 이 일시적 삶에 필요한 비천하고 세속적 선을 오로지 유일한 하느님으로부터 구하는 데 익숙해진다면 그것은 좋은 일이다. 비록 그런 선이 저 후세 생명의 영구한 은혜에 비하면 하찮게 여겨지는 것이라 하더라도, 이것은 그런 선에 대한 욕망에 있어서도 하느님께 의지함으로써 하느님을 숭배하는 데서 멀어지지 않기 위함이고, 그런 선을 경멸하거나 그것들을 등짐으로써 하느님께 당도하기 위함이다.

15. 하느님의 섭리에 이바지하는, 거룩한 천사들의 봉사

내가 말한 것처럼, 신적 섭리는 시간의 흐름을 조정하여 유일한 참 하느님께 바치는 숭배에 관한 율법이 천사들의 포고를 통해 내려지게 했고 이것은 사도행전에도 나온다.[134] 그 포고에서는 하느님의 위격位格도 가시적으로 나타났다. 하느님의 실체는 인간들의 부패하기 쉬운 눈에 항상 불가견한 채이므로 실체 그대로 나타난 것이 아니라 창조주에게 순종하는 피조물에 의해, 모모한 징후를 통해 나타난 것이다. 또 하느님은 한 음절 한 음절, 흐르는 시간의 짧은 순간 속에서 인간 언어의 말로 말씀을 건넸다. 물론 그 본성에 있어서 하느님은 신체적이 아니라 영적으로, 감각적이 아니라 가지적으로, 일시적이 아니라 이른바 영원하게 말씀하며, 말씀을 시작하는 일도 없고 그만두는 일도 없다.[135] 그러나 하느님의 봉사자들과 사신들, 즉 하느님의 불변하는 진리를 향유하며 불멸하게 지복을 누리는 이들은 하느님이 말씀하신 모든 것을 육신의 귀보다 지성의 귀로 듣는다. 그리고 그렇게 해서 더 잘 듣는다. 그들은 자기들이 무엇을 행해야 하는지를 불가형언한 방식으로 듣고, 가시적이며 감각적인 사물에 대해서까지 수

atque sensibilia perducendum, incunctanter atque indifficulter efficiunt. Haec autem lex distributione temporum data est, quae prius haberet, ut dictum est, promissa terrena, quibus tamen significarentur aeterna, quae uisibilibus sacramentis celebrarent multi, intellegerent pauci. Vnius tamen Dei cultus apertissima illic et uocum et rerum omnium contestatione praecipitur, non unius de turba, sed qui fecit caelum et terram et omnem animam et omnem spiritum, qui non est quod ipse. Ille enim fecit, haec facta sunt, atque ut sint et bene se habeant, eius indigent, a quo facta sunt.

16. Quibus igitur angelis de beata et sempiterna uita credendum esse censemus? Vtrum eis, qui se religionis ritibus coli uolunt sibi sacra et sacrificia flagitantes a mortalibus exhiberi, an eis, qui hunc omnem cultum uni Deo creatori omnium deberi dicunt eique reddendum uera pietate praecipiunt, cuius et ipsi contemplatione beati sunt et nos futuros esse promittunt? Illa namque uisio Dei tantae pulchritudinis uisio est et tanto amore dignissima, ut sine hac quibuslibet aliis bonis praeditum atque abundantem non dubitet Plotinus infelicissimum dicere. Cum ergo ad hunc unum quidam angeli, quidam uero ad se ipsos latria colendos signis mirabilibus excitent, et hoc ita, ut illi istos coli prohibeant, isti autem

---

[136] ille enim fecit ... eius indiget: 천사나 영적 존재들을 거명하면 교부는 반드시 그들 역시 하느님의 피조물임을 부연한다.

[137] visio Dei tantae pulchritudinis visio est: cf. Plotinus, *Enneades* 4.2. 이 사상이 그리스도교의 지복 직관(至福直觀: visio beatifica)으로 확립된다.

행할 바를 주저없이 또 어려움없이 수행해낸다. 이 율법은 시간의 안배에 따라 차례차례 하달되었다. 앞서 말한 것처럼, 지상의 보상에 대한 약속이 처음에 있었고 그것들은 영원한 보상을 상징했다. 많은 사람들이 가견적 성사聖事를 통해 영원한 축복을 공유하면서도 그것을 이해하는 사람은 실제로 소수였다. 그러면서도 그 율법은 유일한 하느님, 즉 여러 무리 가운데 하나가 아니라 하늘과 땅을 만든 분, 모든 영혼과 하느님 아닌 모든 신령을 창조한 분에 대한 숭배만은 아주 분명하게 명했으며, 말로나 실제로나 아주 극명한 증언을 곁들였다. 왜냐하면 그분이 만들었기에 그들이 생겨났으며, 그들이 존재하려면, 또 행복하게 온존하려면 자신들을 창조한 그분을 필요로 하기 때문이다.[136]

16. 행복한 삶을 얻으려면 자신들에게 신적 영예를 바치라고 요구하는 천사들을 믿어야 할 것인가, 아니면 자신들이 아니라 하느님께 거룩한 종교심을 바치라고 가르치는 천사들을 믿어야 할 것인가

16. 1. 천사들은 인간의 구원을 위해 봉사하고 기적도 일으킨다

행복하고 영원한 삶을 두고 우리는 어떤 천사들을 믿을 만하다고 생각해야 하는가? 종교 의식으로 자기들이 숭배받기를 바라고 사멸할 인간들에게 제의와 제사를 조르는 천사들인가? 그렇지 않으면 이 모든 숭배를 오직 만물의 창조주, 한 분 하느님께 바쳐야 마땅하다고 말하며, 참다운 신심으로 그분에게 모든 숭배를 바쳐야 한다고 명령하고, 자기들도 하느님을 관조하면서 지복을 맛보고 있으며, 우리도 그렇게 되리라고 약속해 주는 천사들인가? 왜 그런가 하면 바로 저 하느님에 대한 직관이야말로 위대한 아름다움을 보는 직관이요, 위대한 사랑을 받을 만하기 때문이다. 플로티누스는 이 직관이 없다면 다른 선들을 제아무리 많이 제아무리 풍부하게 갖추고 있는 인간이라 할지라도 더없이 불행한 인간이라고 말하기를 주저하지 않는다.[137] 어떤 천사들은 신기한 표징을 보이면서 이 유일한 하느님께만 흠숭을 바쳐 숭배하라고 가르치는가 하면 어떤 천사들은 똑같이 신기한 표징을 보이면서 자기들한테 흠숭을 바쳐 숭배하라고 충동질한다. 특징이 있다면 전자는 우리가 후자를 숭배하는 것을 금지하는 반면, 후자는 우리가 하느님을 숭

illum prohibere non audeant: quibus potius sit credendum, respondeant Platonici, respondeant quicumque philosophi, respondeant theurgi uel potius periurgi; hoc enim sunt omnes illae artes uocabulo digniores; postremo respondeant homines, si ullus naturae suae sensus, quod rationales creati sunt, ex aliqua parte uiuit in eis; respondeant, inquam, eisne sacrificandum sit diis uel angelis, qui sibi sacrificari iubent, an illi uni, cui iubent hi qui et sibi et istis prohibent? Si nec isti nec illi ulla miracula facerent, sed tantum praeciperent, alii quidem ut sibi sacrificaretur, alii uero id uetarent, sed uni tantum iuberent Deo: satis deberet pietas ipsa discernere, quid horum de fastu superbiae, quid de uera religione descenderet. Plus etiam dicam: si tantum hi mirabilibus factis humanas animas permouerent, qui sacrificia sibi expetunt, illi autem, qui hoc prohibent et uni tantum Deo sacrificari iubent, nequaquam ista uisibilia miracula facere dignarentur: profecto non sensu corporis, sed ratione mentis praeponenda eorum esset auctoritas. Cum uero Deus id egerit ad commendanda eloquia ueritatis suae, ut per istos inmortales nuntios non sui fastum, sed maiestatem illius praedicantes faceret maiora, certiora, clariora, miracula ne infirmis piis illi, qui sacrificia sibi expetunt, falsam religionem facilius persuaderent, eo quod sensibus eorum quaedam stupenda monstrarent: quem tandem ita desipere libeat, ut non uera eligat quae sectetur, ubi et ampliora inuenit quae miretur?

Illa quippe miracula deorum gentilium, quae commendat historia (non ea dico, quae interuallis temporum occultis ipsius mundi causis, uerum

---

[138] periurgi: per-iurgium ("말다툼")에서 유래한 단어로 추정하여 "참견꾼"으로 번역해 본다. 고의로 περιεργοι ("쓸데없이 참견하는 사람들") 또는 τὰ περιεργα πραξαντον ("마술을 부리는 사람들": 사도 19,19 참조)이라는 단어를 연상시킨 듯하다. 그러나 "주술사들이라기보다 참견꾼들" (theurgi ↔ periurgi)이라는 문구는 각운을 이용한 말장난이다.

[139] 맹목적이고 자의적인 운명 혹은 숙명으로 역사를 해석하던 시대에 교부는 기적을 포함한 역사적 사건들의 합리성을 부여하고자 한다.

[140] ut non vera eligat *quae sectetur*, ubi et ampliora invenit *quae miretur*: 이 문장에는 합리적 신앙은 기적에 대한 탄복보다 진리에 대한 추종을 우선한다는 주장도 깔려 있다.

배하는 것을 감히 금지하지는 못한다는 것이다. 그러니 내 감히 말하거니와, 대답해 보라! 우리가 어떤 천사들을 믿어야겠는가? 플라톤 학파여, 대답해 보라! 철학자들이여, 대답해 보라! 주술사들(차라리 "참견꾼들"이라고 부르는 게 낫겠다)이여, 대답해 보라.[138] 그 술수에 빠진 이들에게는 이보다 더 좋은 명칭은 없겠다. 그리고 자신이 이성적 존재로 창조되었다는 본능적 지각이 살아있는 사람이면 누구든지 대답해 보라! 내가 다시 말하거니와, 자기들에게 제사를 바치라고 명령하는 신들이나 천사들한테 과연 제사를 바쳐야 하는가? 그렇지 않다면 자신들한테도 저런 천사들한테도 제사를 바치지 말라고 금지하는 천사들이 유일하게 그분에게만 제사를 바치라고 명령하는 분에게 제사를 바쳐야 하는가? 만일 전자와 후자가 모두 아무런 기적도 행하지 못하고 명령만 내릴 수 있어서 어떤 천사들은 자기한테 제사를 올리라고 명령하고 다른 천사들은 그것을 금하고 유일한 하느님께만 제사를 올리라고 명령한다고 하자. 그렇다면 신심 하나만으로도 어느 것이 오만의 허세에서 나온 것이며 어느 것이 참된 종교심에서 나온 것인지를 구분할 수 있을 것이다. 한마디 더 하겠다. 만약 후자들이 자기들한테 제사를 지내라고 조르면서 신기한 사건으로 인간 영혼을 현혹한다고 하자. 그리고 전자들은 그런 짓을 금지할 뿐 아니라 유일한 하느님께만 제사를 바치라고 명령하면서 스스로는 가시적 기적을 행하기를 꺼린다고 하자. 이럴 경우 육신의 감관이 아니라 지성의 이치에 따라 전자들의 권위가 더 선호될 것이다. 당신 진리의 웅변적 힘을 보여주기 위해, 하느님은 자기들의 허세를 펴는 것이 아니라 하느님의 주권을 펴는 사신들을 통해 더 위대하고 더 확실하고 더 분명한 기적을 행할 것이다.[139] 그래야 자기한테 제사를 바치라고 부탁하는 자들이 심약하면서도 신심있는 신도들의 감관에 그냥 어떤 놀라운 짓을 보임으로써 그들에게 손쉽게 거짓 종교심을 주입시키는 일이 없을 것이다. 놀람을 주는 더욱 훌륭한 일을 보고서도 참된 것을 택하고 따르지 않을 정도로 어리석은 사람이 누가 있겠는가?[140]

16. 2. 민족들의 종교에서는 볼 수 없던 광경이다

역사는 이방인의 신들이 행했다고 하는 기적들도 전해온다. (내가 기적이라고 말하는 것은, 세계의 원인들이 은폐되어 있으면서 간헐적인 시간에 따라서 일

tamen sub diuina prouidentia constitutis et ordinatis monstrosa contingunt; quales sunt inusitati partus animalium et caelo terraque rerum insolita facies, siue tantum terrens siue etiam nocens, quae procurari atque mitigari daemonicis ritibus fallacissima eorum astutia perhibentur; sed ea dico, quae ui ac potestate eorum fieri satis euidenter apparet, ut est quod effigies deorum Penatium, quas de Troia Aeneas fugiens aduexit, de loco in locum migrasse referuntur; quod cotem Tarquinius nouacula secuit; quod Epidaurius serpens Aesculapio nauiganti Romam comes adhaesit; quod nauem, qua simulacrum matris Phrygiae uehebatur, tantis hominum boumque conatibus inmobilem redditam una muliercula zona alligatam ad suae pudicitiae testimonium mouit et traxit; quod uirgo Vestalis, de cuius corruptione quaestio uertebatur, aqua inpleto cribro de Tiberi neque perfluente abstulit controuersiam) — haec ergo atque huius modi nequaquam illis, quae in populo Dei facta legimus, uirtute ac magnitudine conferenda sunt; quanto minus ea, quae illorum quoque populorum, qui tales deos coluerunt, legibus iudicata sunt prohibenda atque plectenda, magica scilicet uel theurgica! Quorum pleraque specie tenus mortalium sensus imaginaria ludificatione decipiunt, quale est lunam deponere, «donec suppositas, ut ait Lucanus, propior despumet in herbas»; quaedam uero etsi nonnullis piorum factis uideantur opere coaequari, finis ipse, quo discernuntur, incomparabiliter haec nostra ostendit excellere. Illis enim multi tanto minus sacrificiis colendi sunt, quanto magis haec expetunt; his uero unus

---

[141] Valerius Maximus, *Facta et dicta memorabilia* (18.7; 1.4.2; 1.8.11; 8.1.5)에 실린 설화들이다. 교부는 이런 기사(奇事)들(ostenta, portenta) 자체를 부인하지는 않고 단지 구원하는 하느님의 초자연적 개입으로 볼 만한 것은 아님을 지적하는 데서 그친다.

[142] Lucanus, *Pharsalia* 6.506. 파르살리아 전투를 앞두고 일어나는 불길한 징조 가운데 하나로 달이 갑자기 기우는 현상이 보였다는 얘기다.

어나기는 하지만 어디까지나 신성한 섭리에 의해 정해지고 규정되어 가끔씩 발생하는 기사奇事들이 아니다. 예를 들자면 단지 겁만 주는 것이건 실제로 해로운 것이건, 동물의 기형적 출생, 하늘과 땅에서 일어나는 기이한 사물의 현상 같은 것이 그런 것들이다. 이런 현상들은 정령들의 속임수가 담긴 술수에 의해서, 그리고 정령 의식에 의해 발생하거나 또 완화될 수 있다고 잘못 믿어졌다. 내가 여기에서 정작 말하려는 것은, 정령들의 힘이나 능력에 의해 일어난다는 점이 매우 분명하게 드러나는 그런 사건들이다. 예컨대 아이네아스가 트로야로부터 도망치면서 싣고 나온 가신家神들의 형상이 스스로 이곳저곳으로 옮겨다녔다고 한다. 타르퀴니우스가 면도칼로 돌멩이를 쪼갰다고도 한다. 아이스쿨라피우스가 로마로 힝헤히는 길에 에피다우루스의 뱀 한 마리가 같이 갔다고 한다. 프리기아 모신母神의 신상을 오스티아에서 로마로 실어갈 때 수많은 사람들과 황소들이 힘을 써도 배가 꼼짝도 하지 않았는데 소녀 하나가 자기 순결의 상징인 허리띠로 배를 묶고서 움직이자 끌려왔다고 한다. 베스타 여신의 처녀가 자기의 실절失節에 관해 시비가 생겼을 적에 체로 티베르 강의 물을 채워 올리면서도 물이 새어 나가지 않게 해서 그 시비를 종식시켰다고 한다.[141] 이런 사실이나 이와 유사한 사실들은 그 위력이나 비중에 있어서 우리가 하느님의 백성에게 일어났다고 알고 있는 그런 사건들과는 비교도 되지 않는다. 주술과 신술로 이뤄진 일들을 어떻게 하느님 백성의 기적들과 비교할 수 있겠는가! 그러니 이런 일들은 신들을 숭배하는 백성들조차도 법률로 금지시키고 처벌해야 한다고 여긴다! 그런 대부분은 상상력을 자극함으로 사멸할 인간들의 감관을 기만하는 헛된 환영일 뿐이다. 루카누스가 말하듯이 "달을 기울게 하여 점점 가까워져서 풀섶으로 가라앉게 만드는"[142] 요술이 그런 예다. 일어나는 행위로만 본다면 경건한 인물들에 의해 행해지는 것과 다를 바 없다고 보일 경우도, 그 짓을 하는 목적에 입각해서 본다면 우리네 일화들이 비교가 안 될 정도로 탁월함이 입증된다. 저 사람들의 기적은 다수의 신들에게 제사를 바쳐 숭배해서는 안 된다는 생각을 우리한테 더욱 일깨우는데 그 이유는 그 신들이 우리에게 제사를 너무나 많이 요구하기 때문이다. 반면 우리의 기적은 유일한 하느님을 숭배

commendatur Deus, qui se nullis talibus indigere et scripturarum suarum testificatione et eorundem postea sacrificiorum remotione demonstrat. Si ergo angeli sibi expetunt sacrificium, praeponendi eis sunt, qui non sibi, sed Deo creatori omnium, cui seruiunt. Hinc enim ostendunt quam sincero amore nos diligant, quando per sacrificium non sibi, sed ei nos subdere uolunt, cuius et ipsi contemplatione beati sunt, et ad eum nos peruenire, a quo ipsi non recesserunt. Si autem angeli, qui non uni sed plurimis sacrificia fieri uolunt, non sibi, sed eis diis uolunt, quorum deorum angeli sunt: etiam sic eis praeponendi sunt illi, qui unius Dei deorum angeli sunt, cui sacrificari sic iubent, ut alicui alteri uetent, cum eorum nullus huic uetet, cui uni isti sacrificari iubent. Porro si, quod magis indicat eorum superba fallacia, nec boni nec bonorum deorum angeli sunt, sed daemones mali, qui non unum solum ac summum Deum, sed se ipsos sacrificiis coli uolunt: quod maius quam unius Dei contra eos eligendum est praesidium, cui seruiunt angeli boni, qui non sibi, sed illi iubent ut sacrificio seruiamus, cuius nos ipsi sacrificium esse debemus?

17. Proinde lex Dei, quae in edictis data est angelorum, in qua unus Deus deorum religione sacrorum iussus est coli, alii uero quilibet prohibiti, in arca erat posita, quae arca testimonii nuncupata est. Quo nomine

---

하라고 타이른다. 당신 성서에서의 증언을 통해, 그러고 나서 후일에는 그런 제사들을 폐지함으로써, 당신이 그런 제사들을 필요로 하지 않는다는 것을 보여준 그 하느님을 숭배하라고 충고한다. 그러므로 만약 자기한테 제사를 바치라고 요구하는 천사가 있다면, 우리는 자신들을 위해서가 아니라 자신들이 섬기는 만인의 창조주 하느님을 위해 제사를 올리라고 요구하는 천사들을 선택해야 할 것이다. 이렇게 가르친다면 그 천사들은 얼마나 순수하게 우리를 사랑하는지 보여주는 셈이다. 그들은 제사를 통해 우리가 자기들한테 귀속될 것이 아니라 자기들이 그분을 관조하는 가운데 지복에 이르는 바로 그분에게 우리가 귀속되기를 바라는 까닭이요, 자신들도 한 번도 등지고 떠난 적 없는 그분에게 우리가 도달하기를 바라는 까닭이다. 또 자신들이 아니라 자신들이 섬기는 신들에게 제사가 바쳐지기를 바라기는 하지만 유일신이 아니라 다수의 신들에게 바쳐지기를 바라는 천사들이 있다고 하자. 그럴 경우에도 우리는 저런 천사들보다 신들의 하느님의 천사들을 선택해야 한다.[143] 천사들은 하느님께만 제사를 바치라고 명하고 그밖의 다른 신들에게는 제사를 일체 바치지 못하게 금지한다. 그런 반면 저런 천사들은 하느님께 제사를 바치는 것까지 금하지는 않는다. 더욱이 오만함과 거짓이 더없이 잘 나타내듯이, 만약 그런 다른 천사들이 선한 천사도 아니고 선한 신들의 천사도 아니며 유일하고 지존한 하느님에게가 아니라 자신들에게 제사가 바쳐지는 것을 보기를 원하는 악한 정령(악령)이라면 우리가 선한 천사들이 모시는 유일한 하느님을 선택하기보다 저들을 배척할 수 있는 더 좋은 방법이 무엇이겠는가? 선한 천사들은 스스로 하느님을 섬길뿐더러, 우리에게 자신들을 섬기지 말고 하느님을 섬기라고 명하는 까닭이다. 그리고 그분에게는 우리 자신이 바로 제사가 되어야 한다.[144]

17. 율법과 언약의 권위를 신적으로 보증하는 기적적 표징과 계약의 궤

그리하여 천사들의 선포로 내려진 하느님의 율법은 유일한 하느님, 신들의 신을 종교적 제의로 숭배하라고 명하고 다른 신들을 숭배하는 것은 금하는데, 이 율법은 계약의 궤櫃라고 불리는 상자 속에 보관되어 있었다.[145] 비록 그 궤가 모

satis significatur non Deum, qui per illa omnia colebatur, circumcludi solere uel contineri loco, cum responsa eius et quaedam humanis sensibus darentur signa ex illius arcae loco, sed uoluntatis eius hinc testimonia perhiberi; quod etiam ipsa lex erat in tabulis conscripta lapideis et in arca, ut dixi, posita, quam tempore peregrinationis in heremo cum tabernaculo, quod similiter appellatum est tabernaculum testimonii, cum debita sacerdotes ueneratione portabant; signumque erat, quod per diem nubes apparebat, quae sicut ignis nocte fulgebat; quae nubes cum moueretur, castra mouebantur, et ubi staret, castra ponebantur. Reddita sunt autem illi legi magni miraculi testimonia praeter ista, quae dixi, et praeter uoces, quae ex illius arcae loco edebantur. Nam cum terram promissionis intrantibus eadem arca transiret, Iordanes fluuius ex parte superiore subsistens et ex inferiore decurrens et ipsi et populo siccum praebuit transeundi locum. Deinde ciuitatis, quae prima hostilis occurrit more gentium deos plurimos colens, septiens eadem arca circumacta muri repente ceciderunt, nulla manu oppugnati, nullo ariete percussi. Post haec etiam cum iam in terra promissionis essent et eadem arca propter eorum peccata fuisset ab hostibus capta, hi, qui ceperant, in templo eam dei sui, quem prae ceteris colebant, honorifice conlocarunt abeuntesque clauserunt, apertoque postridie simulacrum, cui supplicabant, inuenerunt conlapsum deformiterque confractum. Deinde ipsi prodigiis acti deformiusque puniti arcam diuini testimonii populo, unde ceperant, reddiderunt. Ipsa autem redditio qualis fuit! Inposuerunt eam plaustro eique iuuencas, a quibus uitulos sugentes abstraxerant, subiunxerunt et eas quo uellent ire siuerunt, etiam hic uim diuinam explorare cupientes. At illae sine duce homine atque rectore ad

---

[146] 출애 26,1-6; 40,34-38 참조.

[147] 여호 3,16-17 참조.

[148] aries: 로마인들이 성문을 공격하던 파성추(破城鎚)는 산양(aries)의 머리를 본뜬 쇠뭉치였다.

[149] 언급된 사건은 여호 3,14-17; 6,1-21 참조.

셔진 곳에서 그분의 응답이 인간의 감관으로 지각할 수 있는 몇 가지 표징과 함께 제시되긴 했지만, 이 명칭은 하느님, 저 모든 의식을 통해 숭배되는 하느님이 그런 공간에 갇혀 있거나 제한되어 있다는 것을 보여주는 것이 아니라 오직 그분의 뜻을 알리는 증거가 거기에서 나왔다는 것을 보여주기에 충분하다. 그 궤가 모셔진 장소에서 그분의 대답과 몇몇 표징이 인간의 감관에 제시되었던 것이다. 율법 자체는 석판에 새겨져 있었고, 내가 말한 것처럼 궤 속에 안치되어 있었다. 광야에서 유랑하던 시대에는 제관들이 합당한 공경을 갖추어 마찬가지로 계약의 장막이라고 불리는 그 장막과 함께 그 궤를 메고 다녔다. 또 계약의 궤가 있다는 표징이 있었으니 낮에는 구름이 나타나고 밤에는 불이 빛났다. 구름이 움직이면 진영도 따라서 옮겼고 구름이 멈춰서는 곳에 진영을 쳤다.[146] 내가 언급한 증거 외에도, 또 그 궤가 모셔진 장소에서 울려오던 음성 외에도 저 율법에 대해서는 크나큰 기적이 증거로 제시되었다. 사람들이 약속의 땅에 들어갈 적에 저 궤가 건너가자 요르단 강이 위쪽에서는 흐름을 멈추고 아래쪽에서는 다 흘러가 버려 궤도 백성도 마른 땅을 건너가게 마련해 주었다.[147] 또 히브리 백성을 적대시하는 첫 도성을 만났을 때, 그 도성 사람들은 이민족들의 습속대로 무수한 신들을 숭배하고 있었는데, 그 궤가 성벽 주위를 일곱 번 돌자 성벽이 홀연히 무너져 버렸다. 아무도 손으로 공략하지 않았고 양두羊頭[148]로 공격하지 않았는데도 성벽이 무너진 것이다.[149] 그 사건 후 그들이 이미 약속의 땅에서 살고 있을 때 그들의 죄악으로 인해 계약의 궤를 적군들에게 빼앗긴 적이 있었다. 궤를 빼앗아 간 자들은 다른 어느 신보다 크게 숭배하던 자기네 신의 신전에 예를 갖추어 궤를 안치하고서 문을 닫고 물러갔다. 그들은 이튿날 문을 열어보고 자신들이 기원을 드리던 신상이 무너져서 보기 흉하게 부서져 있는 모습을 발견했다. 그들은 기사奇事에 놀라고 더욱 무거운 벌을 받고서는 신성한 계약의 궤를 원래 빼앗아 온 백성에게 돌려보냈다. 그 반환 예식은 또 어떠했던가! 그들은 수레에 궤를 싣고서, 젖먹던 송아지들을 떼어낸 채로 암소들을 수레에 매어 놓고서는 마음대로 가게 내버려 두었다. 그 가는 모양에서도 신적 권력을 관찰하고 싶었던 것이다. 그런데 암소들은 사람이 끌거나 몰지 않는데도 꾸준히 히브

Hebraeos uiam pertinaciter gradientes nec reuocatae mugitibus esurientium filiorum magnum sacramentum suis cultoribus reportarunt. Haec atque huius modi Deo parua sunt, sed magna terrendis salubriter erudiendisque mortalibus. Si enim philosophi praecipueque Platonici rectius ceteris sapuisse laudantur, sicut paulo ante commemoraui, quod diuinam prouidentiam haec quoque rerum infima atque terrena administrare docuerunt numerosarum testimonio pulchritudinum, quae non solum in corporibus animalium, uerum in herbis etiam faenoque gignuntur: quanto euidentius haec adtestantur diuinitati, quae ad horam praedicationis eius fiunt, ubi ea religio commendatur, quae omnibus caelestibus, terrestribus, infernis sacrificari uetat, uni Deo tantum iubens, qui solus diligens et dilectus beatos facit eorumque sacrificiorum tempora imperata praefiniens eaque per meliorem sacerdotem in melius mutanda praedicens non ista se appetere, sed per haec alia potiora significare testatur, non ut ipse his honoribus sublimetur, sed ut nos ad eum colendum eique cohaerendum igne amoris eius accensi, quod nobis, non illi, bonum est, excitemur.

18. An dicet aliquis ista falsa esse miracula nec fuisse facta, sed mendaciter scripta? Quisquis hoc dicit, si de his rebus negat omnino ullis litteris esse credendum, potest etiam dicere nec deos ullos curare mortalia. Non

---

150 1열왕[1사무] 4,11 - 6,16 참조.

151 erudiendisque mortalibus: 기적의 교육적 기능은 교부들이 즐겨 다루던 소재였다. 예: Iustinus, *Apologia* 30; Origenes, *Contra Celsum* 1.68.250; Arnobius, *Adversus nationes* 1.54.

152 10.14 참조.

153 testimonio pulchritudinis ... quanto evidentius attestantur (miracula) divinitati: 대자연의 경이도 특이한 기적도 유일신 하느님을 증거하는 기능이 있다.

154 qui *solus diligens et dilectus* beatos facit: 하느님 홀로 흠숭받을 분일뿐더러 하느님 홀로 인간들을 정말로 사랑하는 분이다.

155 구약 전체를 신약의 성사(聖事) 혹은 전표(前表)로 해석하는 방법이다.

156 nobis non illi bonum est: 제사와 찬미와 흠숭은 숭배받는 분이 아니라 숭배하는 인간들에게 유익을 끼친다.

리인들한테로 길을 잡았고, 배고픈 새끼들의 울음소리에도 아랑곳하지 않고서 원래 궤를 숭배하던 자들에게 그 귀중한 성사聖事를 되돌려주었다.[150] 이 사건들이나 이런 종류의 일은 하느님께는 대수롭지 않다. 그러나 사멸할 인간들은 두려움을 품고 또 배움을 받아야 하므로 그들에게는 그 일들이 중대하다.[151] 철학자들 특히 플라톤 학파는 사정을 더 올바로 깨달았다고 해서 다른 사람들보다 더 추앙을 받는다. 왜냐하면 내가 조금 전에 언급한 것처럼[152] 그들은 신적 섭리가 가장 비천한 지상의 사물들까지 주관한다고 가르쳤기 때문이다. 그 철학자들은 동물의 신체만 아니라 초목과 들풀에서도 생겨나는 무수한 아름다움을 증거로 해서 이 사실을 추론했다. 대자연이 그렇다면야 지금 이야기하는 기적들, 더구나 예고한 시점에 이루어지는 그런 기적들이야말로, 신성에 관해 얼마나 귀담아들을 만한 증언을 하겠는가![153] 그리고 그런 기적을 통해 우리를 깨우치는 종교는 우리에게 천상에 있든, 지상에 있든, 지하에 있든 어떤 다른 존재에게 제사드리는 것을 금하며 유일한 하느님께만 제사드리라고 명령한다. 하느님 홀로 사랑하고 사랑받으면서 인간들은 지복에 이를 수 있다.[154] 하느님은 저런 희생제사들이 바쳐질 시기에 미리 제한을 두었고, 그 제사가 더 훌륭한 제관을 통해 더 훌륭한 제사로 변모하리라고 예언했으며, 그렇게 함으로써 당신이 제사를 탐하는 것이 아니라 실은 그 제사들이 더 좋은 것을 상징한다는 것도 입증했다.[155] 이런 영예로 해서 하느님이 스스로 높아지기 위함이 아니라 우리가 자극을 받아 그분을 숭배하고 그분에 대한 사랑의 불에 타올라 그분에게 귀의하도록 하기 위해서인데, 이 모든 것들은 그분이 아니라 우리에게 선익이 되는 것이다.[156]

18. 교회의 서책이 하느님의 백성을 계도하는 기적을 증언한다고 믿는 일을 반대하는 사람들에게 던지는 반론

누가 이런 기적들이 거짓이라거나 아예 일어나지도 않았다거나 허위로 기록에 남긴 것이라고 단언할 것인가? 만약 이런 일에 관한 어떤 글도 믿을 만하지 못하다고 단언한다면 이런 말을 하는 사람은 그가 누구든 어느 신도 사멸할 존재들을 보살피는 일이 없다고 말하는 셈이다. 왜냐하면 그들이 섬긴다는 신들

enim se aliter colendos esse persuaserunt nisi mirabilium operum effectibus, quorum et historia gentium testis est, quarum dii se ostentare mirabiles potius quam utiles ostendere potuerunt. Vnde hoc opere nostro, cuius hunc iam decimum librum habemus in manibus, non eos suscepimus refellendos, qui uel ullam esse uim diuinam negant uel humana non curare contendunt, sed eos, qui nostro Deo conditori sanctae et gloriosissimae ciuitatis deos suos praeferunt, nescientes eum ipsum esse etiam mundi huius uisibilis et mutabilis inuisibilem et incommutabilem conditorem et uitae beatae non de his, quae condidit, sed de se ipso uerissimum largitorem. Eius enim propheta ueracissimus ait: *Mihi autem adhaerere Deo bonum est*. De fine boni namque inter philosophos quaeritur, ad quod adipiscendum omnia officia referenda sunt. Nec dixit iste: Mihi autem diuitiis abundare bonum est, aut insigniri purpura et sceptro uel diademate excellere, aut, quod nonnulli etiam philosophorum dicere non erubuerunt: Mihi uoluptas corporis bonum est; aut quod melius uelut meliores dicere uisi sunt: Mihi uirtus animi mei bonum est; sed: *Mihi*, inquit, *adhaerere Deo bonum est*. Hoc eum docuerat, cui uni tantummodo sacrificandum sancti quoque angeli eius miraculorum etiam contestatione monuerunt. Vnde et ipse sacrificium eius factus erat, cuius igne intellegibili correptus ardebat, et in eius ineffabilem incorporeumque complexum sancto desiderio ferebatur. Porro autem si multorum deorum cultores (qualescumque deos suos esse arbitrentur) ab eis facta esse miracula uel ciuilium rerum

---

[157] vel ullam esse vim negant vel humana non curare: 원자론자 같은 무신론적 입장 외에도, 신의 초월성을 핑계로 신이 인간사에 무관심하다는 에피쿠루스 학파의 이신론(理神論)도 있었다.

[158] 아우구스티누스는 무신론자가 아니라 민간종교를 자연주의적으로 해석하면서 사실상 다신교를 옹호하는 사람들을 반박하고(4.8-11; 7.27.2 참조), 에우헤메루스의 이론(6.7.1; 7.27.1 참조)을 논거로 삼는다.

[159] 시편 72,28. 〔새번역 73.28: "하느님께 가까이 있음이 저에게는 좋으니이다."〕 앞의 10.3.2 참조.

[160] 아우구스티누스가 키케로(*De finibus bonorum et malorum* 2.1.2)에게서 전해들은 에피쿠루스 철학이다. Cf. *Contra Academicos* 1.3.9.

[161] igne intelligibili ... in eius ineffabilem incorporeumque complexum: 신비신학의 개념들이다. 3.2 각주 40: incorporeus amplexus 참조.

도 자기들을 섬기라고 인간을 설득할 적에도 자기들이 보이는 기이한 행적을 업적으로 내세워서 설득하기 때문이다. 이런 사건들에 관해서는 이민족들의 역사도 증인이 되고 있다. 이런 사건들을 통해 신들은 자기를 유익한 존재로 보여주지는 못했더라도 적어도 신기한 존재로 과시할 수는 있었다. 본서를 집필하면서 벌써 제10권까지 손을 대고 있는 이 시점에서 우리는, 신적 능력이 존재한다는 사실을 전적으로 부인하는 사람들이나, 신들이 인간사를 전혀 보살피지 않는다고 우기는 사람들을 논쟁 상대로 삼지는 않을 것이다.[157] 오히려 우리는 우리 하느님, 거룩하고 지극히 영화로운 도성의 창건자이며 이 가시적이고 가변적인 세계의 불가견적이고 불변하는 창조주이며 당신이 창건한 세계 안에 존재하는 것이 아니라 당신 자신 안에 존재하는 지복의 삶을 베풀어 준 하느님을 택하지 않고 자기네 신들을 택하겠다는 사람들을 논쟁의 상대로 삼을 것이다.[158] 참으로 신실한 하느님의 예언자가 이런 말을 했다: "하느님께 귀의함이 내게는 선이다."[159] 철학자들 사이에서 선의 목적을 두고 토론이 있었으며, 사실 이 문제는 푸는 데 모든 노력을 기울일 만한 것이었다. 저 예언자는 "재산이 풍족함이 내게는 선이다"라거나 "곤룡포를 입고 왕홀王笏을 쥐고 왕관을 쓰고서 우러러보이는 것이 내게는 선이다"라고 말하지 않았다. "육신의 쾌락이 내게는 선이다"라고 말하면서도 부끄러워할 줄 모르는 몇몇 철학자들처럼 그런 뜻에서 한 말도 아니다.[160] "내 영혼의 덕성이 내게는 선이다"라고 말한 좀더 나은 사람들처럼 그런 뜻에서 한 말도 아니다. 오히려 그는 오직 "하느님께 귀의함이 내게는 선이다"라고 했을 따름이다. 그는 이것을 하느님으로부터 배웠다. 즉, 거룩한 천사들이 우리에게 기적의 증거를 보여주면서 그 한 분께만 제사가 바쳐져야 한다고 훈계했던 하느님으로부터 배웠다. 그래서 예언자 스스로 하느님께 올리는 희생제사가 되었으며, 그는 하느님의 가지적 화염에 불타올랐고, 성스러운 열망을 품고서 하느님의 이루 형언할 수 없는 포옹, 비물체적 포옹을 향해 앞으로 나아갔던 것이다.[161] 여하튼 다수의 신들을 숭배하는 자들도 (그 신들이 어떤 성격의 신이라고 여기는지 몰라도) 자기네 신들이 기적을 행했다고들 믿는다. 국가의 역사로나 주술의 서書 혹은(더 점잖게 생각하자면) 신술의

historiae uel libris magicis siue, quod honestius putant, theurgicis credunt: quid causae est, cur illis litteris nolint credere ista facta esse, quibus tanto maior debetur fides, quanto super omnes est magnus, cui uni soli sacrificandum esse praecipiunt?

19. Qui autem putant haec uisibilia sacrificia diis aliis congruere, illi uero tamquam inuisibili inuisibilia et maiora maiori melio[rique meliora, qualia sunt purae mentis et bonae uoluntatis officia: profecto nesciunt haec ita signa esse illorum, sicut uerba sonantia signa sunt rerum. Quocirca sicut orantes atque laudantes ad eum dirigimus significantes uoces, cui res ipsas in corde quas significamus offerimus: ita sacrificantes non alteri uisibile sacrificium offerendum esse nouerimus quam illi, cuius in cordibus nostris inuisibile sacrificium nos ipsi esse debemus. Tunc nobis fauent nobisque congaudent atque ad hoc ipsum nos pro suis uiribus adiuuant angeli quique uirtutesque superiores et ipsa bonitate ac pietate potentiores. Si autem illis haec exhibere uoluerimus, non libenter accipiunt, et cum ad homines ita mittuntur, ut eorum praesentia sentiatur, apertissime uetant. Sunt exempla in litteris sanctis. Putauerunt quidam deferendum angelis honorem uel adorando uel sacrificando, qui debetur Deo, et eorum sunt admonitione prohibiti iussique hoc ei deferre, cui uni fas esse noue-

---

[162] 자기네 경전에 기록된 기적은 믿으면서 왜 성서에 기록된 기적들만 조작으로 보느냐는 반문이다.

[163] purae mentis et bonae voluntatis officia: 요한 4,23 ("진실한 예배자들이 영과 진리 안에서 아버지께 예배를 드릴 때가 오고 있습니다. 바로 지금이 그때입니다") 참조.

[164] Cf. Plato, *Timaeus* 39e - 41a; Plotinus, *Enneades* 5.8.3. 이런 신령한 제사만을 고수하는 철학적 견해에 대해 교부는 육체적 인간에게는 경신례라는 가시적 표징이 요긴함을 들어 "눈에 보이는 제사"를 옹호한다.

[165] 교부는 한걸음 더 나아가 구약의 제사 역시 신약의 제사, 곧 신인(神人) 그리스도의 제사를 상징하는 성사(sacramentum)라는 주장을 편다.

[166] 그리스도교 교부들의 사상은 구원의 역사에서 천사들의 긍정적 역할을 믿고 인정하는 편이다. 예: Clemens, *Epistula ad Corinthios* 1.34.5; Hermas, *Pastor*, Visio 3.4.1; Origenes, *De principiis* 1, praef.10. 본서 11권의 천사론 참조.

[167] 판관 13,1-25; 묵시 19,10 ("이러지 말아라. 나도 너와 같은 종이며 … 네 형제들과 같은 종이다") 참조.

서에 근거해서 그 사실들을 믿는 것이다. 그렇다면 유독 성서에 기록된 기적을 믿는 것만을 거부하는 것은 무슨 이유에서인가?[162] 하느님이 모든 신들보다 위대한 분이고, 유일하게 제사가 봉헌되어야 한다고 성서가 가르치는 분인 만큼 성서에 더욱 큰 신뢰를 가져야 한다.

19. 참된 종교가 가르치는 것처럼, 유일하고 참되며 불가견의 하느님께 가시적 제사를 봉헌하는 이유는 무엇인가

어떤 사람들은 하느님이 아닌 다른 신들에게나 가시적 제사를 바치는 것이 어울린다고 생각하면서 불가견한 하느님에게는 불가견한 제사가 어울리고, 다른 신들보다 위대한 하느님에게만은 좀더 훌륭한 제사가 어울리고, 다른 신들보다 선한 하느님에게는 좀더 선한 제사가 바쳐져야 한다고 믿는다.[163] 그야말로 순결한 정신과 선한 의지의 도리가 그런 제사라고 한다.[164] 그러나 그런 사람들은 소리나는 언어가 사물의 표지이듯이, 이 가시적 제사가 저 불가견한 제사의 표지라는 것을 알지 못한다.[165] 그래서 기도하고 찬미하면서 상징적 음성을 하느님께 향할 때에 마음속으로는 우리가 음성으로 상징하는 사물 자체를 하느님께 봉헌하는 것이다. 마찬가지로 우리는 제사를 바치는 도중에도, 하느님 아닌 다른 존재에게 가시적 제사를 바쳐서는 안 되며, 우리 마음으로는 우리 자신이 그분에게 바쳐지는 불가견한 제사가 되어야 한다는 사실을 알고 있다. 선성善性에 있어서나 신심信心에 있어서나 우리보다 강한 천사들과 상계의 권력자들이 우리에게 찬의贊意를 표하고 우리와 더불어 기뻐하며 힘닿는 한 우리를 도우려 하는 것이 바로 우리가 이런 제사를 바칠 때이다.[166] 만일 우리가 그 천사들에게 이런 제사를 바치려고 한다면 그들은 그것을 쾌히 받지 않을 뿐 아니라, 사람들에게 파견되어 자신들의 현존이 사람들에게 감지될 경우에는, 매우 명백하게 이런 제사를 금한다. 성서에 그런 예가 나와 있다. 사람들이 하느님께 바칠 흠숭을 올리거나 제사를 바쳐서 천사들을 받들어야겠다는 생각을 한 적이 있는데 그때마다 천사들은 경고를 내리면서 그런 짓을 금했으며 자기들한테서 그런 짓을 삼가라고 명령했다.[167] 제사는 유일한 한 분에게만 바쳐야 한다는 점을 알고 있었던

runt. Imitati sunt angelos sanctos etiam sancti homines Dei. Nam Paulus et Barnabas in Lycaonia facto quodam miraculo sanitatis putati sunt dii, eisque Lycaonii uictimas immolare uoluerunt; quod a se humili pietate remouentes eis in quem crederent adnuntiauerunt Deum. Nec ob aliud fallaces illi superbe sibi hoc exigunt, nisi quia uero Deo deberi sciunt. Non enim re uera, ut ait Porphyrius et nonnulli putant, cadauerinis nidoribus, sed diuinis honoribus gaudent. Copiam uero nidorum magnam habent undique, et si amplius uellent, ipsi sibi poterant exhibere. Qui ergo diuinitatem sibi arrogant spiritus, non cuiuslibet corporis fumo, sed supplicantis animo delectantur, cui decepto subiectoque dominentur, intercludentes iter ad Deum uerum, ne sit homo illius sacrificium, dum sacrificatur cuipiam praeter illum.

20. Vnde uerus ille mediator, in quantum formam serui accipiens mediator effectus est Dei et hominum, homo Christus Iesus, cum in forma Dei sacrificium cum Patre sumat, cum quo et unus Deus est, tamen in forma serui sacrificium maluit esse quam sumere, ne uel hac occasione quisquam existimaret cuilibet sacrificandum esse creaturae. Per hoc et sacerdos est, ipse offerens, ipse et oblatio. Cuius rei sacramentum cotidianum esse uoluit ecclesiae sacrificium, quae cum ipsius capitis corpus sit, se ipsam per ipsum discit offerre. Huius ueri sacrificii multiplicia uariaque signa erant sacrificia prisca sanctorum, cum hoc unum per multa figuraretur, tamquam

---

[168] 사도 14,8-18 참조.

[169] Cf. Porphyrius, *Epistula ad Anebontem* fr.45-49; Plotinus, *Enneades* 3.4.6; 3.5.6. 앞의 10.11 참조.

[170] 1디모 2,5 참조: "하느님은 한 분뿐이시고 하느님과 인간 사이의 중개자도 한 분뿐이시니 곧 인간 그리스도 예수이십니다."

[171] 필립 2,7 참조: "자신을 비우시어 종의 모습을 취하셨으니 사람들과 비슷하게 되시어."

[172] sacramentum quotidianum ... Ecclesiae sacrificium: 이후 가톨릭 성찬의 위상을 확립한 문장이다.

[173] 에페 4,15 참조: "사랑으로 참되이 살며 머리이신 그리스도를 향해 온전히 자라나야 합니다". 골로 1,18 참조: "그분은 몸의 머리, 교회의 머리시로다."

것이다. 하느님의 거룩한 사람들도 거룩한 천사들에게서 이 점을 본받았다. 바울로와 바르나바가 리가오니아에서 어떤 치유의 기적을 행하자 리가오니아 사람들은 그들을 신으로 여기고서 그들에게 희생물을 바치려고 했다. 그들은 겸손한 신심으로 이를 물리치면서 그곳 사람들에게 어떤 하느님을 믿어야 할지 가르쳐 주었다.[168] 그런데 인간을 기만하는 저 신령들은 오만하게도 자기들한테 제사를 요구하는데 그 이유는 이것이 참 하느님께만 마땅히 돌아가야 한다는 것을 알고 있기 때문이다. 포르피리우스나 다른 몇몇이 생각한 것처럼, 그런 신령들조차도 즐긴 것은 송장 냄새가 아니라 사실은 신적 영예였다는 것이 참말이다.[169] 제물의 냄새야말로 어디서든지 양껏 누리며, 더 원한다면 스스로 마련할 수 있을 것이다. 스스로 신성을 자치히는 그 영들은 아무 시체나 그 냄새를 즐기는 것이 아니라 자기들한테 애원하는 사람들의 영혼을 두고서 즐긴다. 그런 사람들을 기만하고 자기들한테 굴종시킴으로써 그 영들은 그들이 참된 하느님께 이르는 길을 차단하고, 인간들이 하느님 외에 아무한테나 제사를 바치게 함으로써 인간 자신이 하느님께 바치는 제사가 되지 못하게 하는 것이다.

20. 하느님과 인간들의 중개자가 거행한 최고의 참 제사

저 참다운 중개자는 그래서 종의 모습을 취함으로써 하느님과 인간들의 중개자가 되었다.[170] 인간 그리스도 예수는 하느님의 모습으로는 아버지와 더불어 제사를 받으나(아버지와 더불어 유일한 하느님이기 때문이다) 종의 모습으로는 제사를 받기보다는 제사가 되기를 더 좋아했다.[171] 그분의 경우로 해서 사람들이 아무 피조물에게나 제사를 올려야 한다는 생각을 갖지 못하게 하기 위함이었다. 그때문에 그분은 사제가 되어 자신이 봉헌을 하고 자신이 곧 봉헌물이 된다. 그리스도 예수는 교회의 제사가 바로 그 사물을 나타내는 일상日常의 성사聖事가 되기를 바랐다.[172] 교회는 그분을 머리로 해서 한 몸을 이루므로 머리인 그분을 통해 교회가 자신을 봉헌하는 법을 배우는 것이다.[173] 성도들이 바친 옛 제사들은 바로 이 참된 제사를 가리키는 다채롭고도 다양한 성사들이다. 한 가지 사물이 여러 어휘로 표명되는 것처럼 이 한 제사가 다른 많은 제사를 통

uerbis multis res una diceretur, ut sine fastidio multum commendaretur. Huic summo ueroque sacrificio cuncta sacrificia falsa cesserunt.

21. Moderatis autem praefinitisque temporibus etiam potestas permissa daemonibus, ut hominibus quos possident excitatis inimicitias aduersus Dei ciuitatem tyrannice exerceant sibique sacrificia non solum ab offerentibus sumant et a uolentibus expetant, uerum etiam ab inuitis persequendo uiolenter extorqueant, non solum perniciosa non est, sed etiam utilis inuenitur ecclesiae, ut martyrum numerus impleatur; quos ciuitas Dei tanto clariores et honoratiores ciues habet, quanto fortius aduersus impietatis peccatum et usque ad sanguinem certant. Hos multo elegantius, si ecclesiastica loquendi consuetudo pateretur, nostros heroas uocaremus. Hoc enim nomen a Iunone dicitur tractum, quod Graece Iuno Ἥρα appellatur, et ideo nescio quis filius eius secundum Graecorum fabulas Heros fuerit nuncupatus, hoc uidelicet ueluti mysticum significante fabula, quod aer Iunoni deputetur, ubi uolunt cum daemonibus heroas habitare, quo nomine appellant alicuius meriti animas defunctorum. Sed a contrario martyres nostri heroes nuncuparentur, si, ut dixi, usus ecclesiastici sermonis admitteret, non quo eis esset cum daemonibus in aere societas, sed quod eosdem daemones, id est aerias uincerent potestates et in eis ipsam,

[174] Cf. *Contra adversarium Legis et Prophetarum* 1.38.

[175] 신인(神人) 그리스도만이 신적 가치와 지상의 인간 가치를 합치시키는 중개자요 지상의 것을 신적 세계로 봉헌하는 사제의 자격을 갖추었다는 것이 아우구스티누스의 지론이다.

[176] inimicitias adversus Dei civitatem tyrannice: 교부들은 제국의 혹독한 박해를 악마적 세력의 준동으로 해석해 왔다.

[177] ab offerentibus, et a volentibus, etiam ab invitis: 정령(마귀)들이 우상숭배의 제사를 받아내는 대상들을 셋으로 나누어 본다.

[178] 묵시 6,11 참조: "장차 죽임을 당할 동료 종들과 형제들의 수가 차기까지". Cf. Tertullianus, *Apologeticum* 50.

[179] 히브 12,4 참조: "여러분은 아직 피를 흘리면서까지 죄와 맞싸우지는 않았습니다."

[180] 교부는 "영웅"(heros)과 "유노"(Hera), 그리고 "공중"(aer)을 어원상으로 결부시키는 민간설화를 따르고 있다(4.10 참조). Cf. Plato, *Cratylus* 404c; Cicero, *De natura deorum* 2.11.26.

해 상징되어 왔는데 물리지 않고 많은 것을 전달하려는 데 뜻이 있다.[174] 이 최고의 참 제사 앞에서 그밖의 모든 거짓 제사는 물러서고 말았다.[175]

21. 성도들이 고난을 인내하여 영광을 얻게 하려는 뜻에서 정령들에게 권한이 위임되기는 했지만 그 권한에는 한계가 있으니, 성인들이 승리를 거둔 것은 공중 신령들을 달래서가 아니라 하느님 안에 끝까지 머물렀기 때문이다

제한된 시간, 미리 정해진 시점까지이긴 하지만 정령들에게도 일종의 권한이 허용되어 있다. 그것은 정령들이 자기 손아귀에 넣은 인간들을 충동질하여 하느님의 도성에 대항해서 폭군같이 적대감을 터뜨리도록 놓아두기 위해서였다.[176] 그런 포악한 정령들은 실제로 제사를 바치는 사람들에게서는 흔쾌히 제사를 받고, 자기들한테 제사를 바치기를 원하는 사람들에게서는 그 제사를 기대할 뿐 아니라, 싫어하는 사람들에게서는 난폭하게 해코지를 하면서 억지로 강탈한다.[177] 그러나 그런 권한은 교회에 해가 되지 않음은 물론이려니와 이롭기까지 한데 그렇게 해서 순교자들의 숫자가 채워지는 까닭이다.[178] 순교자들이 불경不敬의 죄악에 대항해서 굳건하게 싸우면 싸울수록, 피를 흘리기까지 하면서 싸울수록,[179] 하느님의 도성은 그들을 더욱 훌륭하고 더욱 영예로운 시민으로 모시는 것이다. 만약 교회의 관습적 언어가 이런 단어를 용납해 준다면, 우리는 이런 사람들을 더 고귀한 의미에서 우리의 영웅이라고 부를 만하다. 영웅이라는 단어는 유노(그리스어로는 헤라라고 불린다)에게서 유래했다고 하는데 그리스인들의 신화에 따르면, 그 여신의 아들 가운데 하나가 헤로스라고 불렀다. 이 신화는 공중空中이 유노의 영역이라고 여기는 어떤 비사秘事를 간직하고 있다. 그 공중에서 정령들과 더불어 영웅들이 거주한다고들 하니 여기에서 영웅은 뭔가 공적이 있는 사자死者의 영혼을 의미하는 듯하다.[180] 우리네 순교자들을 이것과는 매우 다른 의미에서, 내가 말한 것처럼 교회의 언어가 이런 용어 사용을 용납해 준다면, 영웅이라고 부를 만하다. 그것은 순교자들이 공중에서 정령들과 친교를 도모했기 때문이 아니라 바로 그 정령들 곧 공중 세력, 유노(그 여신이 무엇이라고 여겨지는지는 상관없다)를 포함하는 바로 그 세력들을 이겼기 때문이다.

quidquid putatur significare, Iunonem, quae non usquequaque inconuenienter a poetis inducitur inimica uirtutibus et caelum petentibus uiris fortibus inuida. Sed rursus ei succumbit infeliciter ceditque Vergilius, ut, cum apud eum illa dicat:

Vincor ab Aenea,

ipsum Aenean admoneat Helenus quasi consilio religioso et dicat:

Iunoni cane uota libens, dominamque potentem
Supplicibus supera donis.

Ex qua opinione Porphyrius, quamuis non ex sua sententia, sed ex aliorum, dicit bonum deum uel genium non uenire in hominem, nisi malus fuerit ante placatus; tamquam fortiora sint apud eos numina mala quam bona, quando quidem mala inpediunt adiutoria bonorum, nisi eis placata dent locum, malisque nolentibus bona prodesse non possunt; nocere autem mala possunt, non sibi ualentibus resistere bonis. Non est ista uerae ueraciterque sanctae religionis uia; non sic Iunonem, hoc est aerias potestates piorum uirtutibus inuidentes, nostri martyres uincunt. Non omnino, si dici usitate posset, heroes nostri supplicibus donis, sed uirtutibus diuinis Heran superant. Commodius quippe Scipio Africanus est cognominatus, quod uirtute Africam uicerit, quam si hostes donis placasset, ut parcerent.

22. Vera pietate homines Dei aeriam potestatem inimicam contrariamque pietati exorcizando eiciunt, non placando, omnesque temptationes aduersitatis eius uincunt orando non ipsam, sed Deum suum aduersus

---

[181] Vergilius, *Aeneis* 7.310.

[182] Vergilius, *Aeneis* 3.438-439.

[183] Cf. Porphyrius, *De abstinentia animalium* 2.39. "수호신"(genium)에 관해서는 본서 7.13 참조.

[184] 라틴어 virtus는 스키피오의 "용맹"과 순교자들의 "덕성"을 한꺼번에 의미한다.

[185] 에페 2,2 참조: "한때 여러분은 이 세상 풍조대로, 공중을 다스리는 지배자를 따라, 곧 불복종의 아들들 사이에서 지금도 작용하고 있는 악령을 따라, 죄에 묻혀 살았습니다."

지금까지도 시인들은 유노를 덕성과는 원수지간이며 하늘에 이르려고 애쓰는 용맹한 사나이들에게 시샘을 부리는 여신으로 묘사하는데 터무니없는 얘기는 아닌 듯하다. 그런데도 베르길리우스마저 안타깝게도 여신에게 머리를 숙였고 한걸음 뒤로 물러섰다. 비록 그가 어떤 부분에서는 그 여신이

> 나는 아이네아스에게 지고 마는구나[181]

라고 실토하는 것으로 묘사하긴 했지만 헬레누스가 종교적 훈계에 가깝게 아이네아스에게 충고할 때 이런 말을 하게 만들었기 때문이다:

> 기꺼운 마음으로 유노에게 서원을 드리게나. 막강한 주모主母니까
>
> 애원에 찬 예물로 마음을 사로잡게나.[182]

이런 견해에 따라 포르피리우스는, 비록 자신의 견해가 아니라 다른 사람의 견해를 표명하지만, 선신이나 수호신이 사람을 찾아오려면 먼저 악신을 진정시켜야 한다고 말한다.[183] 이것은 악한 신령들이 선한 신령들보다 힘이 세다는 말 같다. 그 말은 악한 신령들이 진정되어 여지를 줄 때까지 선한 신령들은 우리를 보우하지 못하며, 악한 신령들이 원하지 않는 한 선한 신령들은 유익을 끼치지 못한다는 뜻이다. 반면에 악한 신령들은 우리에게 얼마든지 해를 끼칠 수 있지만 그럼에도 선한 신령들은 저항하지 못한다는 것이다. 이것은 참다운 종교, 진정 거룩한 종교의 길이 아니다. 이런 방식으로 우리 순교자들이 유노를, 다시 말해 경건한 사람들의 덕성을 시샘하는 공중 세력을 이기는 것은 아니다. 관습상으로 이런 말이 가능하다면, 우리 영웅들은 애원을 담은 예물로 헤라를 압도한 것이 아니라 신성한 덕성으로 압도한 것이다. 분명히 스키피오에게 아프리카누스라는 별명이 어울리는 것도 그가 용덕으로 아프리카를 정복했기 때문이지 예물로 적병들을 달래서 자비를 얻었기 때문이 아니었다.[184]

22. 성인들의 정령 대항 능력과 참다운 마음의 정화는 어디서 나오는가

하느님의 백성들은 신심의 적이고 적대자인 공중 세력을[185] 참된 신심으로 축출하는 것이지 그 세력을 달래서 물리치는 것이 아니다. 그 세력의 온갖 반대 책동들을 기도로 이겨내지만 그 세력한테 기도하는 것이 아니라 그 세력에 대

ipsam. Non enim aliquem uincit aut subiugat nisi societate peccati. In eius ergo nomine uincitur, qui hominem adsumpsit egitque sine peccato, ut in ipso sacerdote ac sacrificio fieret remissio peccatorum, id est per mediatorem Dei et hominum, hominem Christum Iesum, per quem facta peccatorum purgatione reconciliamur Deo. Non enim nisi peccatis homines separantur a Deo, quorum in hac uita non fit nostra uirtute, sed diuina miseratione purgatio, per indulgentiam illius, non per nostram potentiam; quia et ipsa quantulacumque uirtus, quae dicitur nostra, illius est nobis bonitate concessa. Multum autem nobis in hac carne tribueremus, nisi usque ad eius depositionem sub uenia uiueremus. Propterea ergo nobis per Mediatorem praestita est gratia, ut polluti carne peccati carnis peccati similitudine mundaremur. Hac Dei gratia, qua in nos ostendit magnam misericordiam suam, et in hac uita per fidem regimur, et post hanc uitam per ipsam speciem incommutabilis ueritatis ad perfectionem plenissimam perducemur.

23. Dicit etiam Porphyrius diuinis oraculis fuisse responsum nos non purgari lunae teletis atque solis, ut hinc ostenderetur nullorum deorum teletis hominem posse purgari. Cuius enim teletae purgant, si lunae solisque non purgant, quos inter caelestes deos praecipuos habent? Denique eodem dicit oraculo expressum principia posse purgare, ne forte, cum dictum esset non purgare teletas solis et lunae, alicuius alterius dei de turba ualere ad purgandum teletae crederentur. Quae autem dicat esse

---

[186] *exorcizando* eiciunt, *non placando* ..., orando non ipsam, sed Deum: 정령론을 매듭지으면서 교부는 그것들을 "악령"으로 규정해 간다.

[187] 디도 3,5 참조: "그분이 우리를 구원하셨으니, 곧 우리가 행한 의로운 일들로가 아니라 당신 자비로 말미암아 ⋯ 구원하셨습니다."

[188] ut *polluti* carne *peccati* carnis *peccati* similitudine *mundaremur*. 수사학상으로 carnis를 중앙에 배치한 황금 대칭의 문장이다.

[189] 로마 8,3 참조: "육으로 말미암아 약해진 율법으로는 불가능했던 것을 ⋯ 죄를 속량하기 위해 죄에 속한 육의 모습으로 당신 친아드님을 보내어 그 육 안에서 죄를 처단하셨습니다."

[190] 중개자 이론을 교부가 플라톤 학파의 정령(9.15.1; 10.20 참조)에서 성서상의 그리스도로 대체하고 있다.

[191] *De oraculis caldaicis*라는 문전으로 구체적 내용을 Porphyrius (*De regressu animae*)가 장황하게 인용한다. Lunae teletae atque solis: 태양이나 달의 봉축식(奉祝式)은 앞의 10.9.2 참조.

항하여 자신의 하느님께 기도한다.[186] 공중 세력은 죄와 결탁한 사람들을 제외하고는 누구라도 이기거나 예속시킬 수 없다. 그러므로 그 세력은 그분의 이름에는, 그러니까 인간의 형상을 취했고 죄없이 산 분의 이름에는 패배한다. 사제이자 제물인 그분에게서 죄의 용서가 이루어졌다. 즉, 하느님과 인간들의 중개자인 그리스도 예수를 통해 이루어졌다. 그분을 통해 죄의 정화가 이루어짐으로써 우리는 하느님과 화해한다. 인간들이 하느님으로부터 분리되는 것은 오로지 죄 때문이고, 현세 생명에서 그 죄의 정화는 자신의 덕성으로 인해서가 아니라 오직 신성한 자비로 인해, 자신의 능력을 통해서가 아니라 그분의 관용을 통해 이루어진다.[187] 우리 것이라고 하는 덕성부터가 모두 그분의 것이요, 아무리 삭너라도 그분의 선의로 우리에게 허락된 것일 따름이다. 우리는 육신을 벗기까지 오로지 그분의 용서에 힘입어 살아가게 되어 있다. 그렇지 않다면 우리는 이 육신 안에 머물러 있는 동안 너무도 많은 것을 우리 공덕으로 돌릴지도 모른다. 그래서 죄의 육신으로 더럽혀져 있는 우리가 죄의 육신과 비슷한 모습을 갖춘 분에 의해 정화되도록[188] 중개자를 통해 우리에게 은총이 하사된 것이다.[189] 하느님이 우리에게 당신의 크나큰 자비를 보여주었던 이 은총에 의해 우리는 현세의 삶에서도 신앙으로 다스려지고 이 삶이 끝난 후에는 불변하는 진리의 형상 자체에 힘입어 충만한 완성으로 인도될 것이다.[190]

23. 플라톤 학파가 영혼의 정화가 이루어진다고 한 원리들

포르피리우스가 신성한 신탁으로 받은 답변이라고 하면서 말한 바에 의하면 인간은 달이나 태양의 봉축식에 힘입어 정화되지 못한다고 한다.[191] 이것은 그 어느 신의 봉축식에 의해서도 인간이 정화될 수 없다는 것을 보여준다. 천상 신들 가운데서도 으뜸으로 여겨지는 달의 봉축식과 태양의 봉축식이 인간을 정화하지 못한다면 누구의 봉축식이 인간을 정화하겠는가? 다음으로 포르피리우스는 그 신탁에서 원리들이 인간을 정화할 수 있는 것으로 표현했더라고 말한다. 태양의 봉축식도 달의 봉축식도 정화할 능력이 없다는 말을 한 이상, 하층 신에 속하는 어떤 다른 신의 봉축식이 인간을 정화할 능력이 있으리라고 믿지 않았던

principia tamquam Platonicus, nouimus. Dicit enim Deum Patrem et Deum Filium, quem Graece appellat paternum intellectum uel paternam mentem; de Spiritu autem sancto aut nihil aut non aperte aliquid dicit; quamuis quem alium dicat horum medium, non intellego. Si enim tertiam, sicut Plotinus, ubi de tribus principalibus substantiis disputat, animae naturam etiam iste uellet intellegi, non utique diceret horum medium, id est Patris et Filii medium. Postponit quippe Plotinus animae naturam paterno intellectui; iste autem cum dicit medium, non postponit, sed interponit. Et nimirum hoc dixit, ut potuit siue ut uoluit, quod nos sanctum Spiritum, nec Patris tantum nec Filii tantum, sed utriusque Spiritum dicimus. Liberis enim uerbis loquuntur philosophi, nec in rebus ad intellegendum difficillimis offensionem religiosarum aurium pertimescunt. Nobis autem ad certam regulam loqui fas est, ne uerborum licentia etiam de rebus, quae his significantur, impiam gignat opinionem.

24. Nos itaque ita non dicimus duo uel tria principia, cum de Deo loquimur, sicut nec duos deos uel tres nobis licitum est dicere, quamuis de unoquoque loquentes, uel de Patre uel de Filio uel de Spiritu sancto, etiam singulum quemque Deum esse fateamur, nec dicamus tamen quod haeretici Sabelliani, eundem esse Patrem, qui est et Filius, et eundem Spiritum sanctum, qui est et Pater et Filius, sed Patrem esse Filii Patrem, et Filium Patris Filium, et Patris et Filii Spiritum sanctum nec Patrem esse nec

---

192 교부는 Porphyrius [*De regressu animae* [Bidez ed.] fr.8의 πατερνικος νοῦς를 paternus intellectus 혹은 paterna mens로 표기하여 성자(Deus Filius)를 지칭하는 것으로 해석한다. 그리고 플라톤 학파가 말하는 세계의 "원리들"(principia)이란 그리스도교가 말하는 Deus Pater, Deus Filius 외에 다른 것이 아니라고 주장한다.

193 Cf. Plotinus, *Enneades* 5.1. 제목이 "원리적인 세 실체에 관하여"라고 되어 있다. 일자(一者), 누스(영), 세계혼이다.

194 「삼위일체론」(*De Trinitate*)에서 상론되지만(5 - 7권), 아우구스티누스는 철학과 신학의 용어와 그 언어철학적 측면을 중시하므로 포르피리우스의 "중간자"와 플로티누스의 "세계혼"이 같지 않음을 지적한다.

195 Sabelliani: 3세기 초엽 삼위일체를 유일신의 세 양상(樣相)으로 설명하려던 로마의 이단. 하느님은 단일하고 불가견한 위격(位格)으로서, 창조시에는 "말씀"으로, 구약의 계시에서는 "아버지"로, 육화시에는 "아들"로, 인류를 성화할 때는 "성령"이라는 한시적 양상으로 나타난다고 설명한다(11.10.1 참조).

것이다. 그가 플라톤 학파로서 무엇을 원리들이라고 하는지는 우리가 알고 있다. 그는 하느님 아버지와 하느님 아들을 이야기하는데 그리스에서는 아버지의 오성 또는 아버지의 지성이라고 일컫는 것이다.[192] 그러나 그는 성령에 관해서는 아무 말도 하지 않았거나 적어도 명시적으로는 아무 말도 하지 않았다. 이들 사이에서 중간위치를 차지하는 어떤 존재에 대해 그가 말한 것을 나는 이해하지 못하겠기 때문이다. 플로티누스의 경우처럼[193] 원리적인 세 실체들에 대해 논할 때 만약 그가 이 제삼의 실체가 세계혼의 본성이라고 우리에게 이해시키려고 했다면 그 사이의 중간자, 즉 아버지와 아들 사이의 중간에 그것을 위치시키지는 않았을 것이다. 왜냐하면 플로티누스는 세계혼을 아버지의 오성보다 뒤에 위치시켰기 때문이다. 반면에 포르피리우스는 중간자라고 말하면서 그것을 뒤에 위치시킨 것이 아니라 사이에 위치시킨다. 그가 별다른 생각 없이 되는 대로, 또는 마음 내키는 대로 말했으리라는 점에서는 의심의 여지가 없지만, 놀랍게도 우리가 성령은 아버지의 영만도 아니고 아들의 영만도 아니며 두 분 모두의 영이라고 말하는 바로 그 점을 언급한 듯하다. 철학자들은 자유로운 언사를 써서 무엇이건 말로 표현하며, 가장 어려운 문제에 대해서도 종교심 있는 사람들의 귀에 거슬리는 말을 피하려고 들지 않는다. 그러나 우리는 모종의 규율에 입각해서 발언할 필요가 있는데, 말을 함부로 해서 우리 언사가 의미하는 사물에 관해 불경스런 견해가 촉발되지 않도록 하기 위해서다.[194]

24. 인간 본성을 정화하고 쇄신하는 유일하고 진정한 원리

우리가 하느님에 관해 논할 때는 두 원리 혹은 세 원리가 있다고 하지 않는다. 우리에게 신이 둘 또는 셋 있다는 말이 당치 않기 때문이다. 각자에 대해서, 즉 아버지에 관해서, 아들에 관해서, 성령에 관해서 말을 하고 각각을 하느님이라고 부르지만 사벨리누스 파처럼[195] 같은 아버지가 아들이기도 하고, 같은 성령이 아버지이기도 하고 아들이기도 하다고 말하지는 않는다. 오히려 우리는 아버지는 아들의 아버지요, 아들은 아버지의 아들이라고 하며, 성령은 아버지와 아들의 성령이지 성령이 아버지만이거나 아들만의 것은 아니라고 말한

Filium. Verum itaque dictum est non purgari hominem nisi principio, quamuis pluraliter apud eos sint dicta principia.

Sed subditus Porphyrius inuidis potestatibus, de quibus et erubescebat, et eas libere redarguere formidabat, noluit intellegere Dominum Christum esse principium, cuius incarnatione purgamur. Eum quippe in ipsa carne contempsit, quam propter sacrificium nostrae purgationis adsumpsit, magnum scilicet sacramentum ea superbia non intellegens, quam sua ille humilitate deiecit uerus benignusque Mediator, in ea se ostendens morta-litate mortalibus, quam maligni fallacesque mediatores non habendo se superbius extulerunt miserisque hominibus adiutorium deceptorium uelut inmortales mortalibus promiserunt. Bonus itaque uerusque Mediator ostendit peccatum esse malum, non carnis substantiam uel naturam, quae cum anima hominis et suscipi sine peccato potuit et haberi, et morte de-poni et in melius resurrectione mutari; nec ipsam mortem, quamuis esset poena peccati, quam tamen pro nobis sine peccato ipse persoluit, peccan-do esse uitandam, sed potius, si facultas datur, pro iustitia perferendam. Ideo enim soluere potuit moriendo peccata, quia et mortuus est, et non pro peccato. Hunc ille Platonicus non cognouit esse principium; nam cogno-sceret purgatorium. Neque enim caro principium est aut anima humana, sed Verbum per quod facta sunt omnia. Non ergo caro per se ipsa mundat, sed per Verbum a quo suscepta est, cum *Verbum caro factum est et habi-tauit in nobis.* Nam de carne sua manducanda mystice loquens, cum hi qui

---

[196] "아타나시우스 신경"(Symbolum Athanasianum)의 흔적으로 여겨진다.

[197] 포르피리우스의 principium (ἀρχή)을 실체(substantia)로 이해할 경우 그것이 복수화되면 삼위일 체론에는 이 용어를 도입하지 못한다.

[198] 사본이나 학자에 따라서는 이 부분부터 10권의 24장으로 본다.

[199] Cf. Porphyrius, *Contra Christianos* [Harnack ed.] fr.94. 플라톤 철학의 물질관에 의하면 신의 육화 는 수긍되지 않는다.

[200] 아우구스티누스는 신플라톤주의를 위시한 이교도 철학(cf. Plotinus, *Enneades* 4.3.11)과 그리스도 교 철학 사이의 근본차이를, 창조사상에 입각한, 육신과 지상생활에 대한 긍정적 시각 여부에 두고 있다.

[201] 요한 10,18 참조: "내가 스스로 목숨을 내놓습니다. 나는 목숨을 내놓을 권한도 있고 다시 얻을 권한도 있습니다."

[202] 요한 1,3.

[203] 요한 1,14.

다.[196] 사람들은 복수의 "원리"에 대해 말하지만, 인간은 단 하나의 "원리"에 의해서만 정화될 수 있다는 것이 진실이다.[197]

그러나[198] 포르피리우스는 인류를 질시하는 세력에 붙잡혀 있었으며 한편으로는 그 세력들을 부끄러워하면서도 다른 편으로는 그들을 너무나 두려워하여 감히 그들에게 대항하여 기탄없는 발언을 할 수 없었다. 그러므로 그는 주 그리스도가 곧 그 원리임을, 그분의 육화肉化로 우리가 정화되고 있음을 인정하려고 들지 않았다. 그리스도는 우리 정화를 위한 희생제사를 바치려고 육신을 취했던 반면, 포르피리우스는 그리스도가 육신을 지녔다는 사실 자체를 경멸했다.[199] 그는 저 오만으로 인해 그리스도의 육화라는 이 크나큰 성사를 이해하지 못했던 반면, 참되고 자애로운 중개자는 당신의 겸손으로 그런 오만을 물리쳤다. 저 중개자는 사멸할 인간들에게 자신을 사멸할 모습으로 보여주었던 반면, 사악하고 허위에 찬 중개자들은 자기에게 사멸성이 없다는 것을 더욱 오만하게 자랑했으며 불멸하는 자들이 사멸하는 자들을 대하는 듯한 말투를 써 가면서 비참한 인간들에게 거짓 보우를 약속했다. 선하고 참된 중개자는 죄가 악이지 육신의 실체나 본성이 악이 아님을 보여주었다. 그분은 죄가 없이도 인간의 육신과 영혼이 존속될 수 있다는 것, 죽음으로 벗어버릴 수 있다는 것, 부활로 더 나은 존재로 변모될 수 있다는 것을 보여주었다.[200] 죽음이 비록 죄의 벌이기는 하지만 그분은 죄가 없으면서도 우리를 위해 당신이 죽음을 고스란히 겪었으며,[201] 그렇게 함으로써 죄를 지어 가면서까지 죽음을 피할 것이 아니라, 그럴 기회가 주어진다면, 정의를 위해 죽음을 감수해야 한다고 가르쳤다. 그분은 죽었지만 당신의 죄 때문에 죽은 것이 아니었기 때문에 죽음으로써 우리의 죄를 해소시킬 수 있었다. 그러나 저 플라톤 학파는 그분을 원리라고 알아보지 못했다. 따라서 그분을 알아보았더라면 인간을 정화하는 분임을 깨달았을 것이다. 원리는 육신도 아니고 인간 영혼도 아니며 오직 "만물이 그분으로 말미암아 생겨난"[202] 그 말씀이다. 따라서 우리를 정화하는 것은 육신 그 자체가 아니다. 우리를 정화하는 것은 "정녕 말씀이 육신이 되시어 우리 가운데 거처하셨다"[203]라고 할 때처럼, 육신을 취한 그 말씀이다. 당신의 살을 먹어야 한다는 신

non intellexerunt offensi recederent dicentes: *Durus est hic sermo, quis eum potest audire?* respondit manentibus ceteris: *Spiritus est qui uiuificat, caro autem non prodest quicquam.* Principium ergo suscepta anima et carne et animam credentium mundat et carnem. Ideo quaerentibus Iudaeis quis esset respondit se esse principium. Quod utique carnales, infirmi, peccatis obnoxii et ignorantiae tenebris obuoluti nequaquam percipere possemus, nisi ab eo mundaremur atque sanaremur per hoc quod eramus et non eramus. Eramus enim homines, sed iusti non eramus; in illius autem incarnatione natura humana erat, sed iusta, non peccatrix erat. Haec est mediatio, qua manus lapsis iacentibusque porrecta est; hoc est semen dispositum per angelos, in quorum edictis et lex dabatur, qua et unus Deus coli iubebatur et hic Mediator uenturus promittebatur.

25. Huius sacramenti fide etiam iusti antiqui mundari pie uiuendo potuerunt, non solum antequam lex populo Hebraeo daretur (neque enim eis praedicator Deus uel angeli defuerunt), sed ipsius quoque legis temporibus, quamuis in figuris rerum spiritalium habere uideretur promissa carnalia, propter quod uetus dicitur testamentum. Nam et prophetae tunc erant, per quos, sicut per angelos, eadem promissio praedicata est, et ex illorum numero erat, cuius tam magnam diuinamque sententiam de boni

---

²⁰⁴ 요한 6,60.63.

²⁰⁵ 불가타본(요한 8,25)에는 principium이라는 말이 나온다(Tu quis es? Principium, qui et loquor vobis: "나는 원리다. 그리고 원리로서 당신들에게 말하고 있다"). Cf. *In Ioannis Evangelium tractatus* 38.

²⁰⁶ 원문은 per hoc quod eramus et non eramus라는 수사적 문장이다. 의미는 곧이어 나온다("과거에 우리는 인간이었지만 의로운 인간은 아니었다").

²⁰⁷ "천사들을 통해 마련된 후손": 갈라 3,19 "율법은 … 약속된 후손이 오실 때까지 … 천사들을 통해 한 중개자의 손을 거쳐 제정된"(200주년)을 아우구스티누스는 잘못 번역된 성서역본에 따라 주석하고 있다.「재론고」(*Retractationes* 2.24.2)에서는 부정확한 번역이었다고 수정한다.

²⁰⁸ 신의 육화를 비웃는 그리스 지성계를 상대로 교부들은 육화만이 중개자의 신분을 보장하고 인간을 구원하고 신과 동화시키는 첩경임을 강조했다(Iustinus, *Dialogus cum Tryphone* 95; Origenes, *Commentarii in Ioannem* 28.18.159-160; Irenaeus, *Adversus haereses* 4.20).

²⁰⁹ huius sacramenti fide mundari: 아우구스티누스는 구약시대 의인들이 입었던 정화(의화) 역시 중개자 그리스도의 신비(성사)를 믿는 믿음에서 유래한다고 풀이한다.

²¹⁰ in figuris rerum spiritalium promissa carnalia: 많은 후손과 약속의 땅 및 번영은 현세적(육적) 언약으로서 천상의 신국과 영원한 생명의 예형에 불과했다.

비스런 이야기를 하자 그분을 이해하지 못한 사람들이 마음이 상해서 그분 곁을 떠나가면서 "이 말씀이 모질구나. 누가 차마 들을 수 있겠는가?"라고 했을 때, 곁에 남은 다른 사람들에게 그분은 "생명을 주는 것은 영이요 육은 아무 소용이 없습니다"라는 말씀을 한다.[204] 그러므로 원리가 되는 분이 육신과 영혼을 취함으로써 그분을 믿는 사람들의 영혼도 정화하고 육신도 정화하는 것이다. 바로 그렇기 때문에 당신이 누구냐고 묻는 유다인들에게 당신이 원리라고 대답한 것이다.[205] 육적이고 연약하고 죄에 사로잡히고 무지의 어둠에 둘러싸인 우리는 그분에 의해 정화되고 치유되지 않는다면, 우리의 과거 존재를 통해, 그리고 우리가 과거에 지니지 못했던 존재를 통해[206] 치유되고 정화되지 못한다면, 당신을 원리라고 하신 말씀을 적적으로 이해할 수 없을 것이다. 과거에 우리는 인간이었지만 의로운 인간은 아니었다. 그런데 그분의 육화에는 인간 본성이 있었지만 의로운 것이었지 죄짓는 본성이 아니었다. 바로 그래서 그분의 역할이 중개라는 것이요, 넘어져서 누워 있는 사람들에게 손을 뻗쳐줄 수 있다. 타락하고 의지할 데 없는 사람들에게 손을 내밀 수 있는 중개가 바로 이런 것이다. 이분이 천사들을 통해 마련된 후손이며,[207] 천사들의 반포를 통해 율법이 주어지고 그 율법으로 유일한 하느님을 숭배하라고 명하면서, 장차 오리라고 약속된 중개자가 바로 이분이다.[208]

25. 율법의 시대나 그 이전 세기의 성인들은 그리스도의 성사와 신앙에 의거해서 의화義化를 입었다

옛 의인들은 히브리 백성에게 율법이 주어지기 전뿐 아니라(그들에게도 가르침을 내리는 하느님이나 천사들이 없지 않았다) 그 율법의 시대에도, 경건하게 삶으로써 이 성사에 대한 신앙에 힘입어 정화될 수 있었다.[209] 그들은 율법의 시대에 육적 언약들을 간직하고 있었던 것으로 보이는데(그래서 구약이라 한다)[210] 그것들은 영적 사물들의 예형豫型이었다. 그때는 예언자들도 있었다. 천사들을 통하듯이 예언자들을 통해서도 같은 언약이 선포되었고, 그 예언자들 가운데는 조금 전에 내가 인용한 것처럼, 인간적 선의 목적에 대해 "하느님께 귀의함이

humani fine paulo ante commemoraui: *Mihi autem adhaerere Deo bonum est.* In quo plane Psalmo duorum testamentorum, quae dicuntur uetus et nouum, satis est declarata distinctio. Propter carnales enim terrenasque promissiones, cum eas impiis abundare perspiceret, dicit pedes suos paene fuisse commotos et effusos in lapsum propemodum gressus suos, tamquam frustra Deo ipse seruisset, cum ea felicitate, quam de illo expectabat, contemptores eius florere perspiceret; seque in rei huius inquisitione laborasse, uolentem cur ita esset adprehendere, donec intraret in sanctuarium Dei et intellegeret in nouissima eorum, qui felices uidebantur erranti. Tunc eos intellexit in eo, quod se extulerunt, sicut dicit, fuisse deiectos et defecisse ac perisse propter iniquitates suas; totumque illud culmen temporalis felicitatis ita eis factum tamquam somnium euigilantis, qui se repente inuenit suis quae somniabat fallacibus gaudiis destitutum. Et quoniam in hac terra uel in ciuitate terrena magni sibi uidebantur: *Domine,* inquit, *in ciuitate tua imaginem eorum ad nihilum rediges.* Quid huic tamen utile fuerit etiam ipsa terrena non nisi ab uno uero Deo quaerere, in cuius potestate sunt omnia, satis ostendit ubi ait: *Velut pecus factus sum apud te, et ego semper tecum. Velut pecus* dixit utique «non intellegens.» «Ea quippe a te desiderare debui, quae mihi cum impiis non possunt esse communia, quibus eos cum abundare cernerem, putaui me incassum tibi seruisse, quando et illi haec haberent, qui tibi seruire noluissent. Tamen *ego semper tecum*, quia etiam in talium rerum desiderio deos alios non quaesiui.» Ac per hoc sequitur: *Tenuisti manum dexterae meae, in uolun-*

---

²¹¹ 시편 72,28. 앞의 10.18 참조. 각주 113도 참조.

²¹² 이 장은 돌연 시편 72[73]편에 대한 강해(講解)의 문체를 띤다. 본문은 교부가 인용하는 별도의 번역본에 따르고 있다.

²¹³ 시편 72[73],2 참조. 하느님 섭리가 공정하지 않은 것같이 보여 신앙이 동요하는 심경을 성서에서는 "걸려넘어지다"라고 표현한다.

²¹⁴ "적어도 하느님의 …"라는 구절부터 시편 72[73],17-20 본문이 거의 그대로 인용되고 있다.

²¹⁵ 시편 72,20. 〔새번역 73,20: "주님께서 일어나실 때, 당신께서는 그들의 모습을 업신여기시나이다."〕

²¹⁶ 시편 72[73],22-23.

내게는 선이다"[211]라고 단언한 위대하고 성스러운 발언의 주인공도 있었다. 이 구절이 나온 시편을 보면[212] 구약과 신약이라는 두 계약이 상당히 뚜렷이 구분되고 있다. 육적이고 지상적인 약속 때문에 시편을 쓴 예언자는 불경스런 자들이 육적이고 지상적인 약속을 풍성하게 누리고 있음을 볼 때 자기 발이 걸려 휘청할 뻔했노라고, 자기 걸음을 거의 헛디딜 뻔했노라고 고백한다.[213] 자기가 하느님께 바라던 행복을, 하느님을 멸시하는 자들이 도리어 풍성하게 누림을 보고서는 하느님을 섬긴 일이 헛것이었다고 생각할 뻔했다는 것이다. 자기는 그 이유를 따지며 고심했고 왜 그런지 납득해 보려고 애썼노라고 고백한다. 적어도 하느님의 성소에 들어서기까지는, 그들의 최후를 지켜보기까지는 그랬다는 것이다. 그들이 행복한 것처럼 보였던 것은 자기가 잘못 보았기 때문이었다. 그제서야 저 사람들이 으스대던 그 사물이 오히려 그들을 저버렸고 그들을 추락시켰으며, 본인들의 악행으로 망했음을 그는 깨달았던 것이다. 그들에게는 자기들이 누리던 현세적 행복의 절정이 모두 마치 잠에서 깨어난 사람의 허황한 꿈 같았을 것이며, 자기가 꿈꾸고 있던 거짓 기쁨 전부가 삽시간에 없어져 버렸다는 사실을 깨달은 사람의 처지였으리라.[214] 지상 혹은 지상의 도성에서 그들은 스스로 대단한 사람처럼 보였을 것이다. 그래서 시편작가는 "주님, 당신의 도성에서 주님은 그들의 몰골을 멸시하십니다"[215]라고 말한다. 그리고 그는 지상 사물마저 유일하고 참된 하느님께 청하는 것, 만유에 대한 권능을 그 손에 쥐고 있는 하느님께 청하는 것이 얼마나 유익한지 깨달았음을 다음 구절에서 보여준다: "저는 당신 앞에 한 마리 짐승이었나이다. 그러나 저는 늘 당신과 함께 있었나이다."[216] 깨닫지 못했으므로 "한 마리 짐승이었나이다"라고 자백했다. 이 말로 그는 다음과 같은 의미를 담고 있다: 불경스런 자들과 다름없이 누릴 생각이 아닐 바에야 당신에게 청해야 마땅했습니다. 저 사람들이 저런 것을 풍족하게 누린다는 생각이 들자 나는 헛것으로 당신을 섬겼다고 여겼습니다. 당신을 섬기기 싫어한 자들마저 저런 것을 손안에 쥐고 있음을 보고서 말입니다. "그러나 저는 늘 당신과 함께 있었나이다." 그들이 누리는 저 사물을 탐하면서도 나는 다른 신들을 찾지는 않았던 것입니다. 시편은 다음과 같이 이어진다: "당신께서 제

tate tua deduxisti me, et cum gloria adsumpsisti me; tamquam ad sinistram cuncta illa pertineant, quae abundare apud impios cum uidisset paene conlapsus est. *Quid enim mihi est*, inquit, *in caelo, et a te quid uolui super terram?* Reprehendit se ipsum iusteque sibi displicuit, quia, cum tam magnum bonum haberet in caelo (quod post intellexit), rem transitoriam, fragilem et quodam modo luteam felicitatem a suo Deo quaesiuit in terra. *Defecit*, inquit, *cor meum et caro mea, Deus cordis mei*, defectu utique bono ab inferioribus ad superna; unde in alio Psalmo dicitur: *Desiderat et deficit anima mea in atria Domini*: item in alio: *Defecit in salutare tuum anima mea.* Tamen cum de utroque dixisset, id est de corde et carne deficiente, non subiecit: Deus cordis et carnis meae, sed *Deus cordis mei.* Per cor quippe caro mundatur. Vnde dicit Dominus: *Mundate, quae intus sunt, et quae foris sunt munda erunt.* Partem deinde suam dicit ipsum Deum, non aliquid ab eo, sed ipsum. *Deus*, inquit, *cordis mei, et pars mea Deus in saecula*; quod inter multa, quae ab hominibus eliguntur, ipse illi placuerit eligendus. *Quia ecce*, inquit, *qui longe se faciunt a te, peribunt; perdidisti omnem, qui fornicatur abs te*, hoc est, qui multorum deorum uult esse prostibulum. Vnde sequitur illud, propter quod et cetera de eodem Psalmo dicenda uisa sunt: *Mihi autem adhaerere Deo bonum est*, non longe ire, non per plurima fornicari. Adhaerere autem Deo tunc perfectum erit, cum totum, quod liberandum est, fuerit liberatum. Nunc

---

[217] 시편 72[73],23-24.

[218] ad sinistram pertineant: 오른손은 길함을, 왼손은 흉함을 상징하므로 지상 사물이 왼손에 속한다.

[219] 시편 72,25. 〔새번역 73,25: "저를 위하여 누가 하늘에 계시나이까! 당신과 함께라면, 이 세상에서 제가 바랄 것이 없나이다."〕

[220] 시편 72,26. 〔새번역 73,26: "제 몸과 제 마음이 스러질지라도 제 마음의 반석, 제 몫은 영원히 하느님이시옵니다."〕

[221] defectu utique bono ab inferioribus ad superna: "하계의 사물로부터 상계의 사물로 사그라지는 것은 좋다"는 뜻이다.

[222] 시편 83,3. 〔공동번역 84,2: "주님의 성전 뜰안을 그리워하여 내 영혼이 애타다가 지치옵니다." 새번역 84,3: "주님의 앞뜰을 그리워하며 이 몸은 여위어 가나이다."〕

[223] 시편 118,81. 〔새번역 119,81: "제 영혼이 당신 구원을 기다리다 지치나이다."〕

[224] 마태 23,26.

[225] 시편 72[73],26. 〔새번역: 앞의 각주 220 참조.〕

[226] 시편 72,27. 〔새번역 73,27: "당신에게서 멀어진 자들은 멸망하나이다. 당신을 배신한 자를 당신께서는 없애버리시나이다."〕

[227] 시편 72,28. 〔새번역 73,28: "… 저는 주 하느님을 제 피신처로 삼아 …"〕

오른손을 붙들어 주셨나이다. 당신의 뜻에 따라 저를 이끄시다가 훗날 저를 영광으로 받아들이시리이다."[217] 불경스런 자들이 그런 것들을 풍족하게 소유하고 있는 것을 보았지만 그것이 결국 파멸되고 만 이 마당에 저런 사물들은 모조리 왼손에 속하는 것 같았다.[218] 그래서 아뢴다: "하늘에서 내게 무엇이 더 있으리이까? 땅 위에서도 당신에게 무엇을 더 바라리이까?"[219] 시편작가는 자신을 책망하고 자기를 채찍질하는데 온당한 일이다. (뒤에 깨달은 바이지만) 하늘에 그토록 위대한 선을 두고 있으면서도 지상에서 일시적이고 부서지기 쉬운 행복, 이른바 진흙으로 만들어진 행복을 달라고 하느님께 졸랐기 때문이다: "내 마음의 하느님, 내 마음이 사그라졌고 내 몸이 사그라졌나이다."[220] 하계의 사물로부터 상계의 사물로 옮겨가는 좋은 사그라짐으로 사그라졌다.[221] 그래서 다른 시편을 보면 "내 영혼이 주님의 성전 뜰안을 그리워하며 사그라지나이다"[222]라고 했고 또 다른 시편에서는 "내 영혼이 당신의 구원을 향하여 사그라지나이다"[223]라고 했다. 마음도 사그라지고 몸도 사그라진다고 했으면서도 "내 마음과 몸의 하느님!"이라고 덧붙이지 않고 "내 마음의 하느님!"이라고 덧붙였는데 이것은 마음을 통해 몸이 정화된다는 뜻이다. 그래서 주님도 "먼저 잔 속을 깨끗이 닦으시오. 그러면 그 겉도 깨끗해질 것이오"[224]라고 했다. 또 시편작가는 하느님이 곧 자기 몫이라고 한다. 하느님에게서 유래한 무엇이 아니라 하느님 몸소 시편작가의 몫이라는 말이다: "내 마음의 하느님, 나의 몫은 세세에 하느님이십니다."[225] 인간들이 선택할 만한 그 많은 것 가운데 그의 마음에 드는 선택의 상대는 하느님이었다. 왜냐하면 "당신을 떠난 자 망하리니 당신을 버리고 사통私通하는 자를 당신이 멸하실"[226] 것이기 때문이다. 이것은 여러 신들에게 몸을 팔려는 자를 가리키는 말이다. 곧이어 이 시편의 나머지 부분이 모두 이 한 구절을 위해 마련된 것이라고 할 만한 구절, "하느님께 귀의함이 내게는 선이다"라는 구절이 나온다. 하느님을 떠나 멀리 가거나 여러 신들과 사통하는 일이 선이 아니라는 것이다. 참으로 해방되어야 할 것이 모두 해방되었을 때 하느님께 귀의함이 완결될 것이다. 그러고 나서 비로소 다음 구절이 뒤따른다: "하느님께 내 희망을 두나이다."[227] 그런데 사도가 하는 말대로, "눈에 보이는 희망은 희망이 아닙니다.

uero fit illud, quod sequitur: *Ponere in Deo spem meam. Spes* enim *quae uidetur, non est spes; quod enim uidet quis, quid et sperat?* ait apostolus. *Si autem quod non uidemus speramus, per patientiam expectamus.* In hac autem spe nunc constituti agamus quod sequitur, et simus nos quoque pro modulo nostro angeli Dei, id est nuntii eius, adnuntiantes eius uoluntatem et gloriam gratiamque laudantes. Vnde cum dixisset: *Ponere in Deo spem meam, ut adnuntiem, inquit, omnes laudes tuas in portis filiae Sion.* Haec est gloriosissima ciuitas Dei; haec unum Deum nouit et colit; hanc angeli sancti adnuntiauerunt, qui nos ad eius societatem inuitauerunt ciuesque suos in illa esse uoluerunt; quibus non placet ut eos colamus tamquam nostros deos, sed cum eis et illorum et nostrum Deum; nec eis sacrifice-mus, sed cum ipsis sacrificium simus Deo. Nullo itaque dubitante, qui haec deposita maligna obstinatione considerat, omnes inmortales beati, qui nobis non inuident (neque enim si inuiderent, essent beati), sed potius nos diligunt, ut et nos cum ipsis beati simus, plus nobis fauent, plus adiu-uant, quando unum Deum cum illis colimus, Patrem et Filium et Spiritum sanctum, quam si eos ipsos per sacrificia coleremus.

26. Nescio quo modo, quantum mihi uidetur, amicis suis theurgis eru-bescebat Porphyrius. Nam ista utcumque sapiebat, sed contra multorum deorum cultum non libere defendebat. Et angelos quippe alios esse dixit, qui deorsum descendentes hominibus theurgicis diuina pronuntient; alios

---

[228] 로마 8,24-25.

[229] 시편 72,28. 〔새번역 73,28: "당신의 모든 업적을 알리리이다."〕

[230] haec est gloriosissima civitas Dei: 제1권 서언 첫 줄에 나온 문장이다.

[231] 천사들도 하느님의 피조물로 설정하고 섭리를 믿는 유신론은 일관성을 유지하지만, 최고신이 초연하여 지상 사정에 거리를 둔다는 이신론(cf. Plato, *Timaeus* 42e; Aristoteles, *Metaphysica* 1071b; Plotinus, *Enneades* 5.5.6)은 결국 중간존재들의 비중(정령론)을 높여 다신론으로 귀결된다는 것이 교부의 주장이다.

[232] Cf. Porphyrius, *De abstinentia* 2.60.

눈에 보이는 것을 누가 희망합니까? 눈에 보이지 않는 것을 희망한다면 참을성 있게 기다립시다".[228] 이런 희망에 근거해서 우리는 뒤에 나오는 시편 말씀을 실행에 옮겨야 할 것이며, 우리도 우리 나름대로 하느님의 천사, 곧 하느님의 사절이 되어 하느님의 뜻을 전달하고 영광과 감사를 곁들여 찬미를 드려야 할 것이다. 그래서 "하느님께 내 희망을 두나이다"라고 한다. 그리고 그는 계속한다: "시온의 딸의 성문에서 당신의 모든 찬미를 내가 전하리이다."[229] 이것이 바로 하느님의 영화로운 도성이다.[230] 이 도성은 유일한 하느님을 알고 숭배하는 곳이다. 거룩한 천사들이 예고한 것도 이 도성이다. 그러니까 천사들은 우리를 초대하여 이 도성에 몸을 담도록 재촉하고 자기들과 함께 우리가 그 시민이 되기를 바랐다. 천사들은 우리가 자기들을 우리 신처럼 숭배하는 것을 싫어하며, 자기들과 함께 우리가 자기들의 하느님이요 우리의 하느님인 분을 숭배하기를 바란다. 우리가 그들에게 희생제사를 바칠 것이 아니라 자신들과 함께 우리 자신이 하느님께 희생제사가 되기를 바라는 것이다. 악의적 고집을 버리고 이런 사정을 고찰하는 사람이라면 다음 사실, 즉 불멸하고 지복에 이른 모든 존재들은 우리를 질시하는 것이 아니라(누구를 질시한다면 그들은 아직 지복에 이르지 못한 셈이다) 오히려 우리도 자신들과 함께 지복에 이르게 하려고 우리를 사랑하리라는 사실을 의심치 않을 것이다. 우리가 그들과 함께 유일한 하느님, 곧 아버지와 아들과 성령을 섬길 때 천사들은 우리가 제사를 바쳐 자기들을 숭배할 때보다 더 우리를 감싸 주고 보우해 줄 것이다.[231]

26. 참 하느님에 대한 고백과 정령숭배 사이에서 망설이던 포르피리우스의 일관성없는 태도

얼마나 그랬는지는 잘 모르겠지만 포르피리우스는 자기와 친분있는 주술사들 때문에 부끄럽게 생각했던 것 같다. 그는 내가 한 유일신숭배에 관한 모든 이야기를 이미 알고 있었지만 다신숭배에 대항하여 자유롭게 이것을 주장하지는 못했다.[232] 포르피리우스가 한 말에 의하면, 주술을 펴는 사람들에게 위에서부터 하강하여 신사神事를 전달해 주는 천사들이 따로 있고, 지상에 있으면서 하

autem, qui in terris ea, quae Patris sunt, et altitudinem eius profunditatem-
que declarent. Num igitur hos angelos, quorum ministerium est declarare
uoluntatem Patris, credendum est uelle nos subdi nisi ei, cuius nobis ad-
nuntiant uoluntatem? Vnde optime admonet etiam ipse Platonicus imitan-
dos eos potius quam inuocandos. Non itaque debemus metuere, ne inmor-
tales et beatos uni Deo subditos non eis sacrificando offendamus. Quod
enim non nisi uni uero Deo deberi sciunt, cui et ipsi adhaerendo beati
sunt, procul dubio neque per ullam significantem figuram, neque per
ipsam rem, quae sacramentis significatur, sibi exhiberi uolunt. Daemo-
num est haec arrogantia superborum atque miserorum, a quibus longe
diuersa est pietas subditorum Deo nec aliunde quam illi cohaerendo bea-
torum. Ad quod bonum percipiendum etiam nobis sincera benignitate
oportet ut faueant, neque sibi arrogent quo eis subiciamur, sed eum ad-
nuntient sub quo eis in pace sociemur. Quid adhuc trepidas, o philosophe,
aduersus potestates et ueris uirtutibus et ueri Dei muneribus inuidas
habere liberam uocem? Iam distinxisti angelos, qui Patris adnuntiant
uoluntatem, ab eis angelis, qui ad theurgos homines nescio qua deducti
arte descendunt. Quid adhuc eos honoras, ut dicas pronuntiare diuina?
Quae tandem diuina pronuntiant, qui non uoluntatem Patris adnuntiant?
Nempe illi sunt, quos sacris precibus inuidus alligauit, ne praestarent
animae purgationem, nec a bono, ut dicis, purgare cupiente ab illis uincu-
lis solui et suae potestati reddi potuerunt. Adhuc dubitas haec maligna

---

[233] 앞의 10.9와 아래 10.27 참조. 영계의 천사들과 공중의 정령을 구분하는 듯하다.

[234] Cf. Porphyrius, *De abstinentia* 2.34; *Epistula ad Marcellam* 16.

[235] per ullam significantem figuram, neque per ipsam rem, quae sacramentis significantur: 실제로 바치
는 제사든 상징적 숭배 행위든 천사들에게 바쳐지는 것은 금지된다.

[236] sub quo eis in pace sociemur: 천사들이 인간을 보우하거나 인간이 천사를 공경하는 목적을 규정
하는 글귀다.

[237] 바로(Varro)에 대한 비판처럼(7.28 참조), 포르피리우스가 정령론을 펴다 철학적으로 도달한 유
일신관에 일관성있는 태도를 유지하지 못함을 안타까워하고 있다. 포르피리우스는 오히려「그리스도
인들에 대한 반박」(*Contra Christianos*)을 썼는데 유실되었다.

느님 아버지, 그분의 지고함과 심오함에 속하는 일을 선포하는 천사들이 따로 있다는 것이다.[233] 그러나 천사들이 아버지의 의지를 천명하는 소임을 갖고 있으면서도, 천사들이 그분의 뜻을 알리려고 하는 그 하느님 외에 다른 분에게 우리가 종속하기를 바란다는 게 믿어지는가? 그렇다면 저 플라톤 학파가 천사들은 우리가 기도할 대상이 아니라 본받을 대상이라고 한 말은 참으로 훌륭한 교훈이라고 하겠다.[234] 그러므로 우리는 유일한 하느님의 불멸하면서도 지복에 이른 천사들에게 제사를 바치지 않아 그들의 감정을 상하게 하는 것이 아닌가 두려워할 필요가 없다. 그들은 유일하고 참된 하느님 말고는 아무에게도 제사를 바쳐서는 안 된다는 사실을 알고 있으며, 하느님께 귀의하여 지복을 누리고 있으므로, 상징하는 사물들의 표상을 통해서든 성사로 상징되는 사물 자체를 통해서든 그런 것이 자기들한테 바쳐지는 것을 절대로 바라지 않는다.[235] 그런 것을 받으려는 짓은 오만하고 비참한 정령들이 보이는 만용이며, 하느님께 복속하는 자들의 신심, 하느님께 귀의하여 지복에 이른 자들의 신심과는 전혀 다른 것이다. 선한 천사들이라면 우리가 바로 그 선을 얻도록 진심에서 나오는 호의를 우리에게 베풀어야 한다. 거드름을 피우며 우리를 자기들한테 종속시키려 한 것이 아니고, 하느님을 우리에게 선포해야 하고, 우리가 자기들과 더불어 그분 밑에서 평화로이 결속할 수 있어야 한다.[236] 아, 철학자 포르피리우스여, 무엇이 두렵길래 당신은 인간의 참다운 덕성을 못마땅해하고 인간에게 내리는 참된 하느님의 은혜도 질시하는 세력에 맞서서 거침없는 목소리로 발언하기를 아직도 망설이는가?[237] 당신은 천사들을 구분하여, 아버지의 뜻을 알리는 천사들과, 무슨 술수에 휘말려서인지는 모르겠지만 주술사들을 방문하러 오는 천사들을 구분한 바 있다. 그렇다면 무엇 때문에 이런 천사들을 공대하고, 심지어 이들이 신사를 발설한다는 말까지 하는가? 아버지의 뜻을 선포하지 않는 자들이 무슨 신사를 발설한다는 말인가? 이런 정령들은 시기심 많은 인간의 엄숙한 주문에 너무 구속되어 있는 결과, 당신이 말한 것처럼, 다른 인간의 영혼에 정화를 베풀지 못했고, 그렇다고 정화되기를 바라는 선한 사람의 도움을 입어 그런 구속에서 자유로이 풀려날 수도 없었으며 천사로서의 본래의 권능을

esse daemonia, uel te fingis fortasse nescire, dum non uis theurgos offendere, a quibus curiositate deceptus ista perniciosa et insana pro magno beneficio didicisti? Audes istam inuidam non potentiam, sed pestilentiam, et non dicam dominam, sed, quod tu fateris, ancillam potius inuidorum isto aere transcenso leuare in caelum et inter deos uestros etiam sidereos conlocare, uel ipsa quoque sidera his opprobriis infamare?

27. Quanto humanius et tolerabilius consectaneus tuus Platonicus Apuleius errauit, qui tantummodo daemones a luna et infra ordinatos agitari morbis passionum mentisque turbelis honorans eos quidem, sed uolens nolensque confessus est; deos tamen caeli superiores ad aetheria spatia pertinentes, siue uisibiles, quos conspicuos lucere cernebat, solem ac lunam et cetera ibidem lumina, siue inuisibiles, quos putabat, ab omni labe istarum perturbationum quanta potuit disputatione secreuit! Tu autem hoc didicisti non a Platone, sed a Chaldaeis magistris, ut in aetherias uel empyrias mundi sublimitates et firmamenta caelestia extolleres uitia humana, ut possent dii uestri theurgis pronuntiare diuina; quibus diuinis te tamen per intellectualem uitam facis altiorem, ut tibi uidelicet tamquam philosopho theurgicae artis purgationes nequaquam necessariae uideantur; sed aliis eas tamen inportas, ut hanc ueluti mercedem reddas magistris

---

²³⁸ 앞의 10.9 참조.

²³⁹ 전하는 바(Eusebius, *Praeparatio evangelica* 9.19)에 의하면 철학자 포르피리우스(*De abstinentia*)는 신들에게 흡족한 제사는 깨끗한 영이요 정염 없는 혼이라는 말까지 했다고 한다.

²⁴⁰ 포르피리우스 추종자들에게 하느님의 절대 초월을 강조하고, 정령숭배는 인간을 비하시킨다고 역설한다.

²⁴¹ Cf. Apuleius, *De deo Socratis* 12; 본서 9.8 이하.

되찾지도 못했다![238] 이런 정령들이면 악한 정령인데 당신은 아직도 그 사실을 의심하는가? 그렇지 않으면 주술을 부리는 사람들의 비위를 건드리기 싫어 그냥 모르는 척하는 것인가? 호기심 때문에 저들에게 미혹되어 그런 해롭고 불건전한 짓거리가 대단한 축복이라도 되듯이 배웠다는 말인가? 당신은 이런 시기심 많은 정령들, 무슨 세력이라기보다는 차라리 해독이라는 말이 더 어울리는 이 정령들을, 감히 공중 영역을 넘어 천상에까지 치켜올리는가?[239] 당신이 고백했듯이, 그들은 시기심 많은 인간의 노예라고, 인간의 주인도 아니고 노예라고 할 만하다. 그러므로 당신은 그런 자들을 공중 영역을 넘어서 하늘까지 들어높이고, 성좌에 거처하는 신들 사이에다 자리잡아 줄 만큼 염치가 없는가? 이런 파렴치한 행위로 저 성좌 자체를 모욕하는 것이 부끄럽지도 않은가?[240]

27. 아풀레이우스의 오류를 능가하는 포르피리우스의 불경

당신에 비하면 당신의 동료 플라톤 학파 아풀레이우스가 저지른 오류는 훨씬 인간적이고 훨씬 참을 만하다고 하겠다.[241] 그는 자기가 원하든 원치 않든, 정령들을 받들려는 의도에서 정령들이 달과 그 아래 영역에 거주하는 것으로 말했고, 정령들이 정염의 격정과 지성의 동요로 시달리고 있다는 것을 자인했다. 그러나 신들은 더 높이 영기의 공간에 거주하는 존재로서, 그 신들이 해나 달이나 그밖의 천체처럼 찬란하게 빛나서 자신들을 눈에 띄게 하는 가시적 존재이건 아니면 그가 믿는 대로 불가견한 존재이건, 모두들 어떠한 정염에도 동요되지 않는다는 것을 주장하는 데 가능한 논거들을 다 들었다. 그렇다면 포르피리우스 당신이 인간의 악덕을 영계(靈界)와 화계(火界)에까지 끌어올리고 천궁(天穹)에까지 들어올린 것은 플라톤에게서 배운 것이 아니라 칼대아 선생들에게서 배운 것이다. 그래야 당신네들의 신들이 주술을 부리는 인간들에게 신사를 발설할 수 있을 것이기 때문이다. 물론 당신은 지적 생활을 하기 때문에 자신이 저런 신사보다 고귀하다고 생각했고 따라서 철학자인 당신은 주술에 의해 정화될 필요가 없는 것처럼 보였을지 모른다. 그러면서도 당신은 칼대아 선생들에게 보답하기를 원했기 때문에 철학자가 아닌 다른 사람들에게는 주술이 필요한 것처럼 권장했다.

tuis, quod eos, qui philosophari non possunt, ad ista seducis, quae tibi tamquam superiorum capaci esse inutilia confiteris; ut uidelicet quicumque a philosophiae uirtute remoti sunt, quae ardua nimis atque paucorum est, te auctore theurgos homines, a quibus non quidem in anima intellectuali, uerum saltem in anima spiritali purgentur, inquirant, et quoniam istorum, quos philosophari piget, incomparabiliter maior est multitudo, plures ad secretos et inlicitos magistros tuos, quam ad scholas Platonicas uenire cogantur. Hoc enim tibi inmundissimi daemones, deos aetherios se esse fingentes, quorum praedicator et angelus factus es, promiserunt, quod in anima spiritali theurgica arte purgati ad Patrem quidem non redeunt, sed super aerias plagas inter deos aetherios habitabunt. Non audit ista hominum multitudo, propter quos a daemonum dominatu liberandos Christus aduenit. In illo enim habent misericordissimam purgationem et mentis et spiritus et corporis sui. Propterea quippe totum hominem sine peccato ille suscepit, ut totum, quo constat homo, a peccatorum peste sanaret. Quem tu quoque utinam cognouisses eique te potius quam uel tuae uirtuti, quae humana, fragilis et infirma est, uel perniciosissimae curiositati sanandum tutius commisisses. Non enim te decepisset, quem uestra, ut tu ipse scribis, oracula sanctum inmortalemque confessa sunt; de quo etiam poeta nobilissimus poetice quidem, quia in alterius adumbrata persona, ueraciter tamen, si ad ipsum referas, dixit:

> Te duce, si qua manent sceleris uestigia nostri,
> Inrita perpetua soluent formidine terras.

---

242 이하에서 "지성혼, 다시 말해 우리의 지성 ⋯ 영성혼, 즉 우리 영혼에서 지성보다 낮은 부분"이라고 정의된다.

243 유일신 사상에 도달했으면서도 대중의 정령숭배를 계도하지 못한 것은 포르피리우스의 엘리트주의라는 비판이다.

244 Cf. Eusebius, *Praeparatio evangelica* 4.4.

245 19.23.1에서는 Ἐκ λογίων φιλοσοφίας(*Philosophia oraculorum*: 「신탁의 철학」으로 번역된다)라고 전거를 밝히고서 본문을 인용한다.

246 Vergilius, *Eclogae* 4.13-14.

그러니까 당신은 철학할 줄 모르는 사람들을 저런 술수에 끌어들여 속인 셈이고, 자신은 더 고상한 사물들을 파악할 능력이 있으니까 당신에게는 그 술수들이 무용하다고 단정한 것이다. 그래서 철학, 몇 사람을 제외하고는 모두에게 너무나 어려운 그 철학이 주는 덕목과는 거리가 멀었던 이 사람들은 당신에게 고무받아 신술을 펴는 사람들 덕분에, 지성혼은 정화되지 못하더라도, 적어도 영성혼이라도 정화되기를 바랄지도 모른다.[242] 이제 철학하기 싫은 사람들이 비교가 안 될 만큼 다수를 차지하고 있기 때문에 결과적으로는 그 다수 인간들이 플라톤 학파에게 모이기보다는 비밀스럽고 부적격한 당신의 칼대아 선생들에게 의지하도록 당신한테 강요받은 셈이다.[243] 이것은 부정하기 이를 데 없는 정령들이 영계의 신인 척하면서 그대에게 뭔가 언약을 했기 때문이다. 결국 당신은 지극히 부정한 이 정령들의 설교가요 사자가 된 셈인데, 그 정령들이 약속한 것은 신술로 인해 영성혼이 정화된 인간들은 아버지에게 돌아가는 것이 아니라 공중 영역을 넘어서 영계의 신들 사이에 거주하게 되리라는 것이었다.[244] 하지만 대다수의 사람들은 당신이 설교하는 이런 교설에 귀를 기울이지 않았고 사실 그들을 정령들의 지배에서 해방시키기 위해 그리스도가 왔다. 그분 안에서 사람들은 자비가 넘치는 정화를 얻으며 자기 지성과 영과 몸의 정화를 얻는다. 바로 그때문에 그분은 죄만 빼놓고는 인간 본성의 모든 측면을 취했는데 이것은 인간 전체를 죄의 역병에서 치료하기 위함이었다. 포르피리우스 당신도 그분을 알았더라면 좋았을 것이다. 당신이 당신의 덕성(인간적이기 때문에 부서지기 쉽고 나약하기 그지없을 그 덕성)이나 해롭기 짝이 없는 호기심에 의지하기보다는 그분에게 의탁하여 치유받았더라면 좋았을 것이다. 그분은 당신을 기만하지 않았을 것인데 당신이 몸소 기록으로 남겼듯이, 당신네 신탁도 그분이 거룩하고 불멸하는 분이라고 고백한 바 있었기 때문이다.[245] 또 매우 고매한 시인도 그분에 관해 시적으로, 그러니까 다른 사람의 초상을 그리는 것처럼 언급했는데, 이 구절을 그분에게 연관시켜 생각하면 모두 들어맞는다:

> 그대의 영도하에, 아직 우리 죄악의 자취가 남아있다면
> 새 시대는 번거롭고도 영구한 공포로부터 이 땅을 풀어주리라.[246]

Ea quippe dixit, quae etiam multum proficientium in uirtute iustitiae possunt propter huius uitae infirmitatem, etsi non scelera, scelerum tamen manere uestigia, quae non nisi ab illo saluatore sanantur, de quo iste uersus expressus est. Nam utique non hoc a se ipso se dixisse Vergilius in eclogae ipsius quarto ferme uersu indicat, ubi ait:

Vltima Cumaei uenit iam carminis aetas;

unde hoc a Cumaea Sibylla dictum esse incunctanter apparet. Theurgi uero illi uel potius daemones deorum speciem figurasque fingentes inquinant potius quam purgant humanum spiritum falsitate phantasmatum et deceptoria uanarum ludificatione formarum. Quo modo enim purgent hominis spiritum, qui inmundum habent proprium? Alioquin nullo modo carminibus inuidi hominis ligarentur ipsumque inane beneficium, quod praestaturi uidebantur, aut metu premerent aut simili inuidentia denegarent. Sufficit quod purgatione theurgica neque intellectualem animam, hoc est mentem nostram, dicis posse purgari, et ipsam spiritalem, id est nostrae animae partem mente inferiorem, quam tali arte purgari posse asseris, inmortalem tamen aeternamque non posse hac arte fieri confiteris. Christus autem uitam promittit aeternam; unde ad eum mundus uobis quidem stomachantibus, mirantibus tamen stupentibusque concurrit. Quid prodest quia negare non potuisti errare homines theurgica disciplina et quam plurimos fallere per caecam insipientemque sententiam atque esse certissimum errorem agendo et supplicando ad principes angelosque decurrere, et rursum, quasi ne operam perdidisse uidearis ista discendo,

---

[247] 시인 Vergilius는 로마 내전(內戰)의 깊은 상처와 그 치유를 희구하고 있었다.

[248] Vergilius, *Eclogae* 4.4.

[249] Sybillae (Cumae): 세기의 구원자의 도래를 예고하는 듯한 베르길리우스의 이 시가 때문에 그리스도교 전통은 이 무녀들에게 뜻밖의 호감을 보여 왔다(위령미사 *Dies irae dies illa*에 Teste David cum Sybilla라는 구절이 남아있었다).

[250] ad eum mundus concurrit: 신플라톤 학파를 상대로 유일신론과 다신론 차이만을 논해 오던 아우구스티누스는 여기서부터 그리스도의 구속론(救贖論)을 언급하기 시작한다. 자연신학이나 다신숭배가 구원의 길이 되지 못함은 이하에 다룬다(10.29.1; 10.32 참조).

[251] Cf. Porphyrius, *De regressu animae* fr.3-4.

이 시가는 현세 생명이 가진 나약함 때문에, 정의를 갖추어 위대한 진보를 이루고 있는 사람들 내부에도, 죄악이 아니더라도 죄악의 흔적이 아마도 남아있으리라는 사실을 보여준다. 그리고 이 시가는 그 구절들이 정확하게 가리켜 보이는 그 구세주에 의해서가 아니면 죄악의 흔적이 치유되지 않는다는 사실을 보여준다.[247] 왜냐하면 베르길리우스마저 같은「목가」넷째 절에서 이 구절이 자신이 창안한 것이 아님을 다음과 같은 말로 나타내 보이고 있기 때문이다:

쿠마이 시가에서 예고한 마지막 시대가 이미 도래했느니라.[248]

이것으로 보건대 이 구절은 쿠마이 시빌라가 한 말임이 여실히 드러난다. 반면에 저 주술사들이나 정령들이 하는 짓이라고는 신들의 형태와 모양으로 꾸미고서 인간 정신을 정화하기보다는 거짓 표상이나 황당한 형상을 이용한 기만적 우롱으로 인간 정신을 오염시키는 것이다.[249] 자기 정신부터 부정한 존재들이 어떻게 인간의 정신을 정화한다는 말인가? 그렇지 않다면야 정령들이 시기심 많은 인간의 주문呪文에 구속될 리도 없고, 그 인간에 대한 두려움 때문에 베풀어 줄 만하다고 생각하는 혜택도 베풀지 못하고 억누르거나 인간과 비슷한 시기심에 빠져 혜택 베풀기를 거절하는 일도 없을 것이다. 포르피리우스 당신이 주술로는 지성혼, 다시 말해 우리의 지성이 정화될 수 없다고 인정했는데 그 말로도 충분하다. 그런데 영성혼, 즉 우리 영혼에 있어서 지성보다 낮은 부분도 그런 술수로 정화될 수 있다고 당신은 주장한다. 그렇지만 그런 술수로 영성혼도 불멸하고 영원해질 수 없다는 것은 당신도 자인하고 있다. 그러나 그리스도는 영원한 생명을 약속한다. 그래서 당신들에게는 기분이 나쁠지 모르지만 세계는 그리스도에게로 몰려가고 있는 것이다.[250] 당신들은 이것에 일면 놀라고 일면 당황하고 있다.[251] 인간들이 신술의 지식으로 그르친다는 것은 당신도 부인하지 못했다. 맹목적이고 황당한 사상으로 많은 인간들이 잘못을 저지른다는 것도 당신은 부인하지 못했다. 인간들이 기도하고 행사를 치르면서 천상 군주群主들과 천사들에게로 휩쓸리는 짓이 더없이 분명한 오류라는 것도 당신은 부인 못한다. 그럼에도 마치 당신이 그런 것들을 배우면서 시간을 허비했다는 생각을 피하거나 하려는 듯, 지성혼에 따라서 살지 못하는 사람들이 주술사들을 통

mittis homines ad theurgos, ut per eos anima spiritalis purgetur illorum, qui non secundum intellectualem animam uiuunt?

28. Mittis ergo homines in errorem certissimum, neque hoc tantum malum te pudet, cum uirtutis et sapientiae profitearis amatorem; quam si uere ac fideliter amasses, *Christum Dei uirtutem et Dei sapientiam* cognouisses nec ab eius saluberrima humilitate tumore inflatus uanae scientiae resiluisses. Confiteris tamen etiam spiritalem animam sine theurgicis artibus et sine teletis, quibus frustra discendis elaborasti, posse continentiae uirtute purgari. Aliquando etiam dicis, quod teletae non post mortem eleuant animam, ut iam nec eidem ipsi, quam spiritalem uocas, aliquid post huius uitae finem prodesse uideantur; et tamen uersas haec multis modis et repetis, ad nihil aliud, quantum existimo, nisi ut talium quoque rerum quasi peritus appareas et placeas inlicitarum artium curiosis, uel ad eas facias ipse curiosos. Sed bene, quod metuendam dicis hanc artem uel legum periculis uel ipsius actionis. Atque utinam hoc saltem abs te miseri audiant et inde, ne illic absorbeantur, abscedant aut eo penitus non accedant. Ignorantiam certe et propter eam multa uitia per nullas teletas purgari dicis, sed per solum πατρικὸν νοῦν, id est paternam mentem siue intellectum, qui paternae est conscius uoluntatis. Hunc autem Christum esse non credis; contemnis enim eum propter corpus ex femina acceptum et propter crucis opprobrium, excelsam uidelicet sapientiam spretis atque

---

²⁵² 포르피리우스 본인도(*Epistula ad Anebontem; Epistula da Marcellam*) 세계의 신비와 인간사의 역경 앞에서 인간이 주술을 절대화하면 인간을 승화시키거나 정화시키는 데 지장이 됨을 알고 있었다.

²⁵³ 1고린 1,24.

²⁵⁴ resiluisses: "그리스도를 등지다"라는 표현은 당시 포르피리우스를 배교한 그리스도 신자라고 추측하던 소문을 암시하는 듯하다(Socrates Scholasticus, *Historia ecclesiastica* 3.23).

²⁵⁵ 이하의 간접인용은 포르피리우스의 *De regressu animae*의 내용이다.

²⁵⁶ 10.23 참조.

해 영성혼이나마 정화되어야 한다면서 다시 인간들을 주술사들에게 보내는 것은 또 무슨 짓인가?[252]

28. 무엇에 눈이 멀었기에 포르피리우스는 그리스도라는 참다운 지혜를 알아보지 못했을까

당신은 아주 분명한 오류에 인간들을 몰아넣고 있다. 덕성과 지혜를 애호하는 사람이라고 자처하면서도 그렇게 많은 해악을 끼친 사실을 부끄러워하지 않는다. 당신이 진실로 성실하게 지혜를 사랑했더라면, "하느님의 능력이며 하느님의 지혜인 그리스도"[253]를 알았더라면, 허망한 지식으로 우쭐대면서 구원에 유익한, 그리스도의 겸손을 등지는 일이 없었으리라.[254] 그러나 당신은 자신이 배우느라고 부질없이 고생했던 그 주술 없이도, 봉축의식 없이도 영성혼이 절제의 덕으로 정화될 수 있다는 사실을 공언하고 있다.[255] 때때로 당신은 봉축식이 사후에 영혼을 승화시키는 것이 아니라고 말하기도 하고, 그 봉축식이 이승의 삶이 끝난 후 당신이 영성혼이라고 부르는 것에 어떤 이익도 되지 못한다고 말하기도 한다. 그럼에도 당신은 여러 가지 모양으로, 그리고 반복해서 이런 의식에 정신을 쏟고 그리로 되돌아간다. 내가 보기에는 당신의 의도는 이런 사안에 관해 당신이 전문가로 보이고 싶거나, 불법적인 이 술수에 호기심을 갖고 있는 자들의 마음에 들고 싶거나, 사람들이 이런 술수에 호기심을 갖게 만들려는 것 외에는 다른 뜻이 없다. 그러나 당신이 법률상의 위험으로 보나 실천상의 위험으로 보나 이런 술수는 두려워해야 마땅하다고 말한 것은 잘한 것이다. 부디 가련한 사람들이 당신의 이런 말을 듣고서 이 술수에 빠져들지 않고 거기서 떠나가거나 아예 여기에 접근하지 않게 되면 좋겠다. 당신은 무지나 무지 때문에 생기는 그 많은 악덕들은 봉축의식을 통해 정화되는 것이 아니라 파트리코스 누스, 곧 아버지의 지성 혹은 오성을 통해서만 정화된다고도 했다.[256] 그는 아버지의 의지가 무엇인지 알고 있는 존재다. 우리는 이 존재가 바로 그리스도라고 믿는다. 당신은 그가 여자로부터 취한 육신 때문에, 십자가의 치욕 때문에 그를 경멸하고 있다. 당신은 아주 비천한 것들을 멸시하고 배척한 덕분

abiectis infimis idoneus de superioribus carpere. At ille implet, quod prophetae sancti de illo ueraciter praedixerunt: *Perdam sapientiam sapientium et prudentiam prudentium reprobabo.* Non enim suam in eis perdit et reprobat, quam ipse donauit, sed quam sibi arrogant, qui non habent ipsius. Vnde commemorato isto prophetico testimonio sequitur et dicit apostolus: *Vbi sapiens? Vbi scriba? Vbi conquisitor huius saeculi? Nonne stultam fecit Deus sapientiam huius mundi? Nam quoniam in Dei sapientia non cognouit mundus per sapientiam Deum, placuit Deo per stultitiam praedicationis saluos facere credentes. Quoniam quidem Iudaei signa petunt et Graeci sapientiam quaerunt; nos autem,* inquit, *praedicamus Christum crucifixum, Iudaeis quidem scandalum, gentibus autem stultitiam, ipsis uero uocatis Iudaeis et Graecis Christum Dei uirtutem et Dei sapientiam; quoniam stultum Dei sapientius est hominibus, et infirmum Dei fortius est hominibus.* Hoc quasi stultum et infirmum tamquam sua uirtute sapientes fortesque contemnunt. Sed haec est gratia, quae sanat infirmos, non superbe iactantes falsam beatitudinem suam, sed humiliter potius ueram miseriam confitentes.

29. Praedicas Patrem et eius Filium, quem uocas paternum intellectum seu mentem, et horum medium, quem putamus te dicere Spiritum sanc-

---

[257] 1고린 1,19(이사 29,14).

[258] 1고린 1,19-25.

[259] superbe *iactantes* falsam beatitudinem ... humiliter veram miseriam *confitentes*: 방금 인용한 고린 토서의 "십자가의 신비"에 의거한 구원관을 대칭문장으로 절묘하게 표현했다.

[260] 19.23 참조.

에 자기가 상위의 존재들로부터 고귀한 지혜를 받기에 합당한 인간이 되었다고 믿는 듯하다. 하지만 그분은 거룩한 예언자들이 진정 그분에 관해 다음과 같이 예고한 바를 실현하고 있다: "지혜로운 자들의 지혜를 없애 버리고 현명한 자들의 현명함을 물리치리라."[257] 이것은 하느님이 선사한 지혜를 지혜로운 사람들에게서 없애고 물리친다는 의미가 아니라 하느님의 지혜를 갖추지 못한 자들이 스스로 뽐내는 그 지혜를 없애고 물리친다는 의미다. 그래서 이 예언서의 증언을 인용한 후 사도는 다음과 같이 말을 잇는다: "현자가 어디 있고 율사가 어디 있으며 이 세상의 논객이 어디 있습니까? 하느님이 세상의 지혜를 어리석게 만드시지 않았습니까? 하느님의 지혜가 드러났는데도 세상이 그 지혜로 하느님을 알아보지 못했기 때문에 하느님은 복음 선포의 어리석음을 통해 믿는 이들을 구원하기로 작정하셨습니다. 유다인은 표징을 구하고 그리스인은 지혜를 찾습니다. 그러나 우리는 십자가에 처형되신 그리스도를 선포합니다. 이 그리스도께서 유다인에게는 걸림돌이요 이방인에게는 어리석음이지만 부름받은 이에게는 유다인이나 그리스인을 막론하고 하느님의 능력이며 하느님의 지혜이십니다. 하느님의 어리석음이 사람들보다 지혜로우며 하느님의 약함이 사람들보다 강하기 때문입니다."[258] 제 재주로 지혜롭고 강하다고 자처하는 인간들이 멸시하는 바가 바로 이 어리석음이고 이 약함이다. 그러나 바로 이것이 은총이며 약한 자들을 치유해 준다. 은총이 치유해 주는 것은 자신의 거짓 행복을 오만하게 뽐내는 인간들이 아니라 진짜 불행을 겸허하게 자백하는 인간들이다.[259]

29. 플라톤 학파의 불경스런 마음은 우리 주 예수 그리스도의 육화를 고백하기를 꺼렸다

29. 1. 플라톤 학파는 은총을 멸시한다

포르피리우스 당신은 아버지와 아들이 존재한다고 선포한다. 당신은 아들을 가리켜 아버지의 오성 혹은 아버지의 지성이라 일컫고 아버지와 아들의 중간존재를 설정하는데 우리는 당신이 성령을 말하는 것으로 이해하고 있다.[260] 그리고

tum, et more uestro appellas tres deos. Vbi, etsi uerbis indisciplinatis uti-
mini, uidetis tamen qualitercumque et quasi per quaedam tenuis imagina-
tionis umbracula, quo nitendum sit; sed incarnationem incommutabilis
Filii Dei, qua saluamur, ut ad illa, quae credimus uel ex quantulacumque
parte intellegimus, uenire possimus, non uultis agnoscere. Itaque uidetis
utcumque, etsi de longinquo, etsi acie caligante, patriam in qua manen-
dum est, sed uiam qua eundum est non tenetis. Confiteris tamen gratiam,
quando quidem ad Deum per uirtutem intellegentiae peruenire paucis
dicis esse concessum. Non enim dicis: Paucis placuit, uel: Pauci uolue-
runt; sed cum dicis esse concessum, procul dubio Dei gratiam, non homi-
nis sufficientiam confiteris. Vteris etiam hoc uerbo apertius, ubi Platonis
sententiam sequens nec ipse dubitas in hac uita hominem nullo modo ad
perfectionem sapientiae peruenire, secundum intellectum tamen uiuenti-
bus omne quod deest prouidentia Dei et gratia post hanc uitam posse
compleri. O si cognouisses Dei gratiam per Iesum Christum dominum
nostrum ipsamque eius incarnationem. Qua hominis animam corpusque
suscepit, summum esse exemplum gratiae uidere potuisses. Sed quid
faciam? Scio me frustra loqui mortuo, sed quantum ad te adtinet; quantum
autem ad eos, qui te magnipendunt et te uel qualicumque amore sapien-
tiae uel curiositate artium, quas non debuisti discere, diligunt, quos potius
in tua compellatione alloquor, fortasse non frustra. Gratia Dei non potuit
gratius commendari, quam ut ipse unicus Dei Filius in se incommuta-
biliter manens indueretur hominem et spiritum dilectionis suae daret
hominibus homine medio, qua ad illum ab hominibus ueniretur, qui tam

---

[261] Cf. Porphyrius, *De regressu animae* fr.9.

[262] 육화의 신비(*incarnatio incommutabilis* Filii Dei)가 이해하기 어려움은 교부도 체험한 바였다 (*Confessiones* 7.9.14).

[263] Eusebius (*Praeparatio evangelica* 6.4)가 인용하는 Ἐκ λογίων φιλοσοφίας (*Philosophia oraculorum*: 앞의 각주 245 참조)의 구절이다.

[264] Dei gratiam, non hominis sufficientiam: 그리스도교 구원관의 요체가 되는 문구다.

[265] Cf. Porphyrius, *De regressu animae* fr.10; Plato, *Phaedo* 66b - 68b; *Timaeus* 30c-d.

[266] summum esse exemplum gratiae: 플라톤 학파가 물체(육체)에 대한 선입견 때문에 수긍하지 못하는 하느님의 육화가 교부에게는 "은총의 최상의 본보기"에 해당한다.

당신의 표현 방식대로 당신은 이들을 세 분의 신이라고 부른다.[261] 당신들은 이 단어를 부적절하게 사용하긴 하지만 우리가 어느 쪽으로 시선을 돌려야 하는가를 어느 정도로는 알고 있다. 그러니까 희미한 표상의 그림자를 통해서나마 알고 있는 셈이다. 그러면서도 당신들은 하느님의 불변하는 아들의 육화를 인정하지 않으려고 한다. 실은 육화로 말미암아 우리는 구원을 받고 있으며, 우리가 믿고 있고 일부나마 이해하고 있는 그곳에 도달할 수 있으려면 이 육화에 힘입어야 한다.[262] 그러나 깨달음의 능력을 가진 소수나마 하느님께 당도하는 일이 허용되어 있다고 말하는 것을 보면 당신은 은총이라는 것을 인정은 하고 있다. 당신이 하느님께 당도하는 일이 "소수의 마음에 든다"라고 하지 않고 "소수가 바란다"고도 하지 않고 "소수에게 허용되어 있다"[263]고 한 것은 인간의 자족이 아니라 하느님의 은총을 공언한 것이다.[264] 그리고 당신이 플라톤의 사상을 따라, 이승에서 인간은 결코 완전한 지혜에 이르지 못함을 의심치 않는 것을 보면, 또 오성에 따라서 사는 사람들에게는 부족한 모든 것을 하느님의 섭리와 은총이 사후에 보충해 줄 수 있음을 의심치 않는 것을 보면 당신은 이 말을 더욱 명시적 의미로 사용하고 있는 것이다.[265] 아, 만약 당신이 우리 주 예수 그리스도를 통해 내리는 하느님의 은총을 알았더라면, 그분이 인간의 영혼과 육신을 취한 육화가 은총의 최상의 본보기임을 알아볼 수 있었으리라.[266] 하지만 어찌할 것인가? 내가 죽은 사람을 두고 괜한 소리를 하고 있음을 안다. 그렇지만 괜한 소리라는 말은 어디까지나 당신에게만 해당되는 이야기다. 다른 사람들의 경우에는, 다시 말해 당신 사상에 크게 의존하는 사람들, 지혜에 대한 모종의 애정이라든가 당신이 배우지 말았어야 할 저 술수에 대한 모종의 호기심 때문에 당신을 사랑하는 사람들에게는 이 말이 해당되지 않는다. 당신을 몰아세우면서 내가 사실상 상대하는 것은 바로 이 사람들이며 그들에게는 내 말이 괜한 소리가 아닐 것이다. 하느님의 외아들이 자신 안에 불변하게 머물러 있으면서도 인간을 입었고, 당신 사랑의 영을 인간들에게 주었으니 하느님의 은총이 이보다 더 은혜롭게 베풀어질 수가 없었다! 이를 통해 인간들이 하느님께 다가가는 것이 가능해졌다. 하느님은 불멸하는 존재로서 사멸하는 자들과는

longe erat inmortalis a mortalibus incommutabilis a commutabilibus, ius-
tus ab impiis beatus a miseris. Et quia naturaliter indidit nobis, ut beati
inmortalesque esse cupiamus, manens beatus suscipiensque mortalem, ut
nobis tribueret quod amamus, perpetiendo docuit contemnere quod time-
mus.

Sed huic ueritati ut possetis adquiescere, humilitate opus erat, quae cer-
uici uestrae difficillime persuaderi potest. Quid enim incredibile dicitur,
praesertim uobis qui talia sapitis, quibus ad hoc credendum uos ipsos ad-
monere debeatis; quid, inquam, uobis incredibile dicitur, cum dicitur
Deus adsumpsisse humanam animam et corpus? Vos certe tantum tribuitis
animae intellectuali, quae anima utique humana est, ut eam consubstantia-
lem paternae illi menti, quem Dei Filium confitemini, fieri posse dicatis.
Quid ergo incredibile est, si aliqua una intellectualis anima modo quodam
ineffabili et singulari pro multorum salute suscepta est? Corpus uero ani-
mae cohaerere, ut homo totus et plenus sit, natura ipsa nostra teste cogno-
scimus. Quod nisi usitatissimum esset, hoc profecto esset incredibilius;
facilius quippe in fidem recipiendum est, etsi humanum diuino, etsi muta-
bile incommutabili, tamen spiritum spiritui, aut ut uerbis utar, quae in usu
habetis, incorporeum incorporeo, quam corpus incorporeo cohaerere. An
forte uos offendit inusitatus corporis partus ex uirgine? Neque hoc debet

---

267 플라톤에게 은총은 번개처럼 지혜의 관조와 실천에로 인간을 몰아가는 무엇이며(*Epistula* 7.341c-
d) 포르피리우스에게 은총은 현자로 하여금 신의 현존을 감지하게 만드는 마음자세였다(*Epistula ad
Marcellam* 11-12). 그리스도교에서는 신의 생명에 참여하는 것이 곧 은총이다.

268 contemnere quod timemus: 정령숭배를 비롯한 우상숭배에 대한 그리스도인의 기본자세를 가르친다.

269 consubstantialis: 니케아 공의회 이후 그리스도교 삼위일체론의 요체가 되는 용어인데 교부는 신
플라톤 학파가 일자(τὸ ἕν) 및 오성(νοῦς)을 가리켜 사용한 ὁμοουσιος와 결부시켜 인간과 신의 결합
가능성을 암시하고 있다.

270 corpus animae cohaerere, ut homo totus et plenus: 영육이 충만한 전인(全人)의 요건임을 명기한다.

271 이 구절은 *Symbolum pseudo-Athanasianum,* 혹은 *Athanasium*으로 알려진(DS 76) 신앙고백문(Si-
cut anima rationalis et caro unus est homo, ita Deus et homo unus est Christus)을 교부가 알고 있었다는
증거로 보인다.

272 인성(人性)과 신성(神性)의 결합은, 플라톤 철학의 용어를 쓴다면, 영(인간 영혼)이 영(말씀)에,
따라서 비물체적인 것이 비물체적인 것에 합일함이 된다.

273 아우구스티누스는 그리스도의 육화는 이성에 상합할 뿐 아니라 인간의 지성혼이 아버지의 지성
(즉 하느님의 말씀)과 합일을 추구한다는 신플라톤 학파의 사상과도 합치함을 강조한다. Cf. Aulus
Gellius, *Noctes Atticae* 5.15.1; Caludianus Mamertus, *De statu animae* [Engelbrecht ed.] 3.

멀리 떨어져 있고 불변하는 존재로서 가변적 존재들과는 멀리 떨어져 있고 의로운 분으로서 불경스런 자들과는 멀리 떨어져 있고 행복한 분으로서 비참한 존재들과는 멀리 떨어져 있는 분이다. 그분은 지복에 이르고 불멸하는 존재가 되고 싶은 욕망을 우리 본성에 새겨넣었다. 그때문에 사멸성을 띨 때조차 지복에 머물러 있으면서 우리가 원하는 바를 우리에게 베풀어 주려는 뜻에서 당신이 사멸할 인간 존재를 취했다.[267] 그리고 몸소 수난을 당함으로써 그리스도는 우리가 두려워하는 바를 두려워 말고 오히려 멸시하라고 가르쳤다.[268]

29. 2. 그리스도의 육화와 부활을 멸시하는 까닭이다

그러나 당신들이 이런 진리에 묵종할 수 있으려면 겸손이 필요하다. 그리고 당신들의 뻣뻣한 목이 겸손을 받아들이게 하는 것은 좀처럼 힘든 일이다. 그렇다면, 특히 당신 같은 사람들에게, 그러니까 철학적 성찰에 입각해서 오히려 이런 것을 믿어야 한다고 직접 나서서 사람들을 권유하지 않으면 안 될 사람들에게 도대체 무엇이 믿기지 않는다는 말인가? 하느님이 인간 영혼과 육신을 취했다는 진술이 도대체 무엇이 믿기지 않는다는 말인가? 당신들은 지성혼(그것도 응당 인간 영혼이다)에 상당한 비중을 두고서, 그것이 아버지의 저 지성과 실체를 함께하는[269] 존재가 될 수 있다고까지 주장하고 있다. 당신들은 저 지성이 하느님의 아들이라고 고백하고 있다. 그렇다면 많은 인간들의 구원을 위해 아버지의 지성이 어떤 지성혼 하나를 취했다는, 형언할 수 없고 매우 특유한 방식으로 취했다는 것이 왜 믿기지 않는가? 육신이 영혼에 합일함으로써 전인적이고 충만한 인간이 된다[270]는 사실은 우리 자연본성이 입증하고 우리가 아는 바이다.[271] 그런데 이런 사실도 우리가 항상 겪는 것이 아니라면 참으로 믿을 수 없는 일이다. 그렇다면 그리스도의 육화는 비록 인간적인 것이 신적인 것에, 가변적인 것이 불변하는 것에 합일하는 것이기는 하지만, 물체적인 것이 비물체적인 것에 합일한다기보다는 영이 영에 합일하고, 당신들이 늘 사용하는 용어를 쓰자면, 비물체적인 것이 비물체적인 것에 합일하는 셈이므로,[272] 신앙으로 받아들이기에 훨씬 쉬울 것이다.[273] 아니면 육신이 동정녀에게서 탄생했다는 별난 사실이 당신들의 비위를 건드리는가? 이 사실도 당신들의 비위를 건드

offendere, immo potius ad pietatem suscipiendam debet adducere, quod mirabilis mirabiliter natus est. An uero quod ipsum corpus morte depositum et in melius resurrectione mutatum iam incorruptibile neque mortale in superna subuexit, hoc fortasse credere recusatis intuentes Porphyrium in his ipsis libris, ex quibus multa posui, quos de regressu animae scripsit, tam crebro praecipere omne corpus esse fugiendum, ut anima possit beata permanere cum Deo? Sed ipse potius ista sentiens corrigendus fuit, praesertim cum de anima mundi huius uisibilis et tam ingentis corporeae molis cum illo tam incredibilia sapiatis. Platone quippe auctore animal esse dicitis mundum et animal beatissimum, quod uultis esse etiam sempiternum. Quo modo ergo nec umquam soluetur a corpore, nec umquam carebit beatitudine, si, ut beata sit anima, corpus est omne fugiendum? Solem quoque istum et cetera sidera non solum in libris uestris corpora esse fatemini, quod uobiscum omnes homines et conspicere non cunctantur et dicere; uerum etiam altiore, ut putatis, peritia haec esse animalia beatissima perhibetis et cum his corporibus sempiterna. Quid ergo est, quod, cum uobis fides Christiana suadetur, tunc obliuiscimini, aut ignorare uos fingitis, quid disputare aut docere soleatis? Quid causae est, cur propter opiniones uestras, quas uos ipsi oppugnatis, Christiani esse nolitis, nisi quia Christus humiliter uenit et uos superbi estis? Qualia sanctorum corpora in

---

[274] corpus: "물체", "육체", "육신"을 겸용하는 단어여서 이런 혼동을 야기했으리라.

[275] de anima mundi huius visibilis et tam ingentis corporeae molis: 세계를 "거대한 물체 덩어리"로 보는 것은 마니교만이 아니었다.

[276] Cf. Plato, *Timaeus* 30b; 32c - 34b; 92c. 교부는 키케로의 번역본으로 이 저서를 읽었다고 술회한다(*Retractationes* 1.11.4).

[277] 천체와 신령이 물체(혹은 육체)를 지닌 채로 지복에 이르렀다는 말을 하면서도 왜 그리스도의 육화와 부활만을 거부하느냐는 반문이다.

리는 일이 되어서는 안 된다. 오히려 신비한 분이 신비스럽게 태어났다는 사실을 경건한 마음으로 받아들이도록 당신들을 이끌어 주는 것이 되어야 한다. 그렇지 않으면 죽음으로 벗어버린 육신이 부활하여 더 나은 육신으로 변화했다는 사실, 이제는 그 육신이 부패하지 않고 사멸하지 않는 사실, 그렇더라도 그 육신을 상계上界에까지 끌고가야 한다는 사실을 당신들이 믿기를 거부하는가? 당신들이 그러는 것은 포르피리우스가 「영혼의 회귀」라는 책(나는 본서에서 이 책을 매우 자주 인용했다)에서 그토록 빈번하게 내린 가르침, 즉 영혼이 하느님과 더불어 지복의 상태에서 항존할 수 있기 위해서는 육체라는 육체는 모두 다 놓고 떠나가야 한다고 가르친 사실을 당신들이 절감하고 있기 때문이리라.[274] 그러나 오히려 저런 생각을 하는 포르피리우스가 여기서는 생각을 바로 잡았어야 옳다. 이 가견적 세계의 혼이자 거대한 물체 덩어리의 혼[275]에 관해 당신들이나 그 사람은 신빙성없는 믿음을 가지고 있었기 때문이다. 당신들은 플라톤을 선두로 하여 세계가 생물이라고,[276] 지복至福에 이른 생물이라고 말하는가 하면 또한 이 세계가 영속하기를 바란다고도 말한다. 영혼이 지복에 이르려면 모든 육체 곧 물체를 놓고 떠나야 한다면서 어떻게 해서 세계가 곧 생물이므로 물체로부터 결코 자유로울 수 없다는 말이 가능하며, 생명을 가진 물체이면서도 결코 지복이 없는 일은 없다는 말이 또 어떻게 가능한가? 저 태양이며 다른 성좌들이 물체라는 것은 당신들의 책에서도 공언하고 있고 당신들뿐 아니라 모든 사람들이 그것을 보고 그렇게 말하면서 주저없이 당신들과 의견을 공유한다. 더 고상한 전문지식을 가졌다는 당신들마저 이 천체들이 자체의 물체를 지닌 채로 지복에 이른 생물이라고 주장하고, 물체를 지닌 채로 영구하다고 주장한다. 그러다가도 막상 그리스도교 신앙이 비슷한 교리로 당신들을 설득할라치면 당신들은 늘 토론하고 가르치던 내용을 돌연 잊어버린 척, 못 알아듣는 척하는 것은 도대체 무슨 까닭인가?[277] 당신들의 견해를 당신들 스스로 부인하는 모순을 저지르면서까지 그리스도인이 되기를 싫어하는 이유는 무엇인가? 그리스도는 겸손한 모습으로 왔는데 당신들은 오만하기 때문이 아닌가? 성서에 대해 가장 박식하다는 사람들도 때로는 성인들이 미래에 부활할 때 어떤

resurrectione futura sint, potest aliquanto scrupulosius inter Christianarum scripturarum doctissimos disputari; futura tamen sempiterna minime dubitamus, et talia futura, quale sua resurrectione Christus demonstrauit exemplum. Sed qualiacumque sint, cum incorruptibilia prorsus et inmortalia nihiloque animae contemplationem, qua in Deo figitur, inpedientia praedicentur uosque etiam dicatis esse in caelestibus inmortalia corpora inmortaliter beatorum: quid est quod, ut beati simus, omne corpus fugiendum esse opinamini, ut fidem Christianam quasi rationabiliter fugere uideamini, nisi quia illud est, quod iterum dico: Christus est humilis, uos superbi? An forte corrigi pudet? Et hoc uitium non nisi superborum est. Pudet uidelicet doctos homines ex discipulis Platonis fieri discipulos Christi, qui piscatorem suo spiritu docuit sapere ac dicere: *In principio erat Verbum, et Verbum erat apud Deum, et Deus erat Verbum. Hoc erat in principio apud Deum. Omnia per ipsum facta sunt, et sine ipso factum est nihil, quod factum est. In ipso uita erat, et uita erat lux hominum, et lux in tenebris lucet, et tenebrae eam non conprehenderunt.* Quod initium sancti euangelii, cui nomen est secundum Iohannem, quidam Platonicus, sicut a sancto sene Simpliciano, qui postea Mediolanensi ecclesiae praesedit episcopus, solebamus audire, aureis litteris conscribendum et per omnes ecclesias in locis eminentissimis proponendum esse dicebat. Sed ideo uiluit superbis Deus ille magister, quia *Verbum caro factum est et habitauit in nobis*; ut parum sit miseris quod aegrotant, nisi se etiam in ipsa aegritudine extollant et de medicina, qua sanari poterant, erubescant.

---

[278] 플라톤 학파만 아니고(Celsus in Origenes, *Contra Celsum* 5.14.22; Porphyrius, *Contra Christianos* fr.94), 그리스도인들 가운데서도 부활을 상징적 · 영적 의미로 해석하려는 풍조가 있었다(Valentinus in Hippolytus, *Philosophumena* 6.32; Marcion in Tertullianus, *De resurrectione carnis* 20.1-2; Origenes, *De principiis* 3.6.6).

[279] 22.5, 12-22에 정식으로 논증된다.

[280] doctos homines ... piscatorem: 그리스도교 진리가 미천하지만 겸손한 사람들에게 깨우쳐진다는 주장은 성서의 특유한 견지이기도 하다(루가 1,48; 1베드 5,5 참조).

[281] 요한 1,1-5.

[282] 아우구스티누스로 하여금 플라톤 학파의 저작들을 읽게 해 준 플라톤 학파 철학자요 플로티누스의 저작 등을 라틴어로 번역한 빅토리누스(Marius Victorinus)를 가리킨다.

[283] *Confessiones* 8.2.3-4 참조.

[284] 요한 1,14. Cf. *Confessiones* 7.9.13 이하.

육신을 가지게 될 것인가에 대해 논의하기를 좋아한다.[278] 그렇지만 우리가 털 끝만큼도 의심하지 않는 바는, 그 육신이 영속하리라는 것, 그리스도가 자기의 부활로 본보기를 보여준 그런 육신이 되리라는 것이다. 다만 과연 어떤 육신이 될 것이냐고 묻는다면 부패하지 않고 불멸하는 육신이 되리라고 단언할 것이 며, 그러면서도 하느님께 정착하는 방법인 영혼의 관조觀照를 조금도 방해하지 않는 육신이 되리라고 단언하기에 이를 것이다.[279] 천계에 불멸하는 물체들, 불 멸하게 지복을 누리는 물체들이 있다는 사실은 당신들도 이야기하는 내용이다. 그러면서도 인간이 지복을 누리려면 일체의 물체, 즉 육신을 기피해야 한다는 견해를 당신들이 고수하는 까닭은 무엇인가? 다시 말하건대, 그리스도는 겸손 한데 당신들은 오만하다는 이유 때문이 아니라면 왜 그리스도교의 신앙을 기피 하기 위한 그럴듯한 이유를 찾고 있는 것인가? 아마도 스스로 바로잡기가 부끄 러운가? 그런데 이것이야말로 오만한 자들 특유의 악덕이다. 박식한 인간들이 플라톤 학파를 떠나 그리스도의 제자가 되는 것을 부끄러워한다. 그런데 그 그 리스도는 자기의 영으로 어부 한 사람을 가르쳐 다음과 같은 사실을 깨닫고 발 언하게 만들었다.[280] "맨 처음 말씀이 계셨다. 말씀이 하느님과 함께 계셨으니 그 말씀은 하느님이셨다. 그분은 맨 처음 하느님과 함께 계셨다. 만물이 그분 으로 말미암아 생겨났고 그분 없이 생겨난 것은 하나도 없다. 그분 안에 생명 이 있었으니 그 생명은 사람들의 빛이었다. 빛이 어둠 속에 비치고 있건만 어 둠은 빛을 받아들이지 않았다."[281] 「요한에 따른 복음」이라고 일컫는 이 복음서 의 서두를 두고 어느 플라톤 학파[282]는 요한 복음의 서두는 금글자로 새겨두어 야 한다고, 그래서 모든 교회에서 가장 눈에 띄는 장소에 전시해야 한다고 늘 말하곤 했다(이 말은 후일 주교가 되어 밀라노 교회를 다스린 바 있는 경건한 노인 심플리키아누스한테서 우리가 여러 번 전해 들은 것이다).[283] 그런데도 오 만한 자들의 눈에는 위대한 스승인 하느님이 대수롭지 않게 보였다. "정녕 말 씀이 육신이 되시어 우리 가운데 거처하셨다"[284]는 말이 그 핑계였다. 이것은 마치 가련한 병자들이 질병을 앓고 있다는 것만으로 넉넉하다는 듯, 질병 자체 를 갖고서 뽐내면서 오히려 치료해 줄 의약은 부끄럽게 여기는 짓과 흡사하다.

Non enim hoc faciunt ut erigantur, sed ut cadendo grauius affligantur.

30. Si post Platonem aliquid emendare existimatur indignum, cur ipse Porphyrius nonnulla et non parua emendauit? Nam Platonem animas hominum post mortem reuolui usque ad corpora bestiarum scripsisse certissimum est. Hanc sententiam Porphyrii doctor tenuit et Plotinus; Porphyrio tamen iure displicuit. In hominum sane non sua quae dimiserant, sed alia noua corpora redire humanas animas arbitratus est. Puduit scilicet illud credere, ne mater fortasse filium in mulam reuoluta uectaret; et non puduit hoc credere, ubi reuoluta mater in puellam filio forsitan nuberet. Quanto creditur honestius, quod sancti et ueraces angeli docuerunt, quod prophetae Dei spiritu acti locuti sunt, quod ipse quem uenturum Saluatorem praemissi nuntii praedixerunt, quod missi apostoli qui orbem terrarum euangelio repleuerunt, — quanto, inquam, honestius creditur reuerti animas semel ad corpora propria quam reuerti totiens ad diuersa! Verum tamen, ut dixi, ex magna parte correctus est in hac opinione Porphyrius, ut saltem in solos homines humanas animas praecipitari posse sentiret, beluinos autem carceres euertere minime dubitaret. Dicit etiam ad hoc Deum animam mundo dedisse, ut materiae cognoscens mala ad Patrem recurreret nec aliquando iam talium polluta contagione tenere-

---

[285] 누구보다 유신론에 깊이 정진했으면서도 플라톤의 이념론에 젖어 육신과 지상적 존재를 수긍하지 못하던 포르피리우스의 태도를 비난하는 언사다.

[286] Cf. Plato, *Phaedrus* 249; *Phaedo* 81e; *Timaeus* 42c. "글을 썼다는 것은 아주 분명하다"고 해서 교부가 그 원본을 읽었다는 증거는 아니다.

[287] Cf. Plotinus, *Enneades* 3.4.2; 4.3.12.

[288] Cf. Porphyrius, *De regressu animae* fr.11. 교부는 다른 데서도 윤회 문제를 다룬다(*Sermones* 240; 241).

[289] 영혼이 인간의 육신으로 회귀한다고 믿는다면 그리스도의 부활은 왜 믿지 못하느냐는 반문이다.

[290] *Deum animam mundo dedisse*: 우리에게 전수되는 포르피리우스의 문전(*De regressu animae* fr.11.1)에는 "하느님이 (인간의) 영혼을 세계에 보낸 것은"이라는 의미로 실려 있다.

이것은 질병을 딛고 일어서겠다는 것이 아니라 병고에 빠져 더 심하게 앓아 보겠다는 심보다.[285]

30. 포르피리우스가 얼마나 많은 플라톤주의 교설을 반박했으며 견해를 달리하여 수정했던가

만약 이런 자세가 플라톤의 사상을 수정하는 것이 부당하다고 여긴 데서 취해진 것이라면, 어째서 포르피리우스는 플라톤의 사상 가운데 몇 가지를, 더구나 사소한 문제가 아닌 것들을 수정했을까? 플라톤이 사람의 영혼이 사후에 짐승의 영혼으로까지 되돌아간다는 글을 썼다는 것은 아주 분명한 사실이다.[286] 포르피리우스의 스승 플로티누스도 이 견해를 가지고 있었는데[287] 포르피리우스는 그 견해를 거부하는 편이 적절하다고 생각했다. 대신에 그는 인간의 영혼은 인간의 육신으로, 그러니까 인간의 영혼이 이미 내버린 자기 육신이 아닌 다른 육신으로 돌아온다고 믿었다. 그는 자신의 스승의 견해에서 말하듯, 어머니가 노새로 환생해서 아들을 태우고 다닐 수도 있다는 생각에는 분명 부끄러워했다. 그러나 그는 어머니가 소녀로 환생해서 아들과 혼인할 수도 있다는 생각에는 부끄러움을 몰랐다.[288] 그런 생각을 하느니 차라리 거룩하고 진술한 천사들이 가르친 것, 하느님의 영으로 움직이는 예언자들이 말한 것, 하느님의 사신들이 장차 구세주로 오리라고 약속하면서 예언한 그분, 사도들이 파견되어 온 세상을 복음으로 가득 채운 그 가르침을 믿는 편이 얼마나 정직한가! 영혼이 그때마다 제각기 다른 육신으로 돌아간다고 믿느니 차라리 단 한 번 자기 육신으로 돌아간다고 믿는 편이 얼마나 정직한가! 그러나 내가 말한 것처럼, 포르피리우스는 플라톤의 견해를 상당 부분 수정했으니, 인간 영혼은 어디까지나 인간들에게만 다시 들어갈 수 있다고 주장했고, 적어도 짐승의 육신이라는 감옥에는 들어가지 않으리라는 점을 의심치 않았다는 점에서 그러하다.[289] 그래서 그는 하느님이 세계에 영혼을 준 것은[290] 그 영혼이 물질의 악을 깨달음으로써 아버지에게로 돌아서서 달려나가기 위함이고, 저런 악에 접촉하고 오염되어서 결국 물질의 세계에 사로잡히는 일이 없게 하기 위함이라고 말한다. (영혼이

tur. Vbi etsi aliquid inconuenienter sapit (magis enim data est corpori, ut bona faceret; non enim mala disceret, si non faceret), in eo tamen aliorum Platonicorum opinionem et non in re parua emendauit, quod mundatam ab omnibus malis animam et cum Patre constitutam numquam iam mala mundi huius passuram esse confessus est. Qua sententia profecto abstulit, quod esse Platonicum maxime perhibetur, ut mortuos ex uiuis, ita uiuos ex mortuis semper fieri; falsumque esse ostendit, quod Platonice uidetur dixisse Vergilius, in campos Elysios purgatas animas missas (quo nomine tamquam per fabulam uidentur significari gaudia beatorum) ad fluuium Letheum euocari, hoc est ad obliuionem praeteritorum:

> Scilicet inmemores supera ut conuexa reuisant
> Rursus et incipiant in corpora uelle reuerti.

Merito displicuit hoc Porphyrio quoniam re uera credere stultum est ex illa uita, quae beatissima esse non poterit nisi de sua fuerit aeternitate certissima, desiderare animas corruptibilium corporum labem et inde ad ista remeare, tamquam hoc agat summa purgatio, ut inquinatio requiratur. Si enim quod perfecte mundantur hoc efficit, ut omnium obliuiscantur malorum, malorum autem obliuio facit corporum desiderium, ubi rursus implicentur malis: profecto erit infelicitatis causa summa felicitas et stultitiae causa perfectio sapientiae et inmunditiae causa summa munda-tio. Nec ueritate ibi beata erit anima, quamdiucumque erit, ubi oportet fallatur, ut beata sit. Non enim beata erit nisi secura; ut autem secura sit,

---

[291] Cf. Plato, *Phaedo* 70c; Tertullianus, *De anima* 28.

[292] Vergilius, *Aeneis* 6.750-751. 여기서는 "레테의 강"(fluvium Letheum)으로 불려가는 것은 과거사를 모두 망각한 채 다시 태어나기 위함으로 묘사되고 있다. "엘리시움"(campi Elysii) 역시 환생을 위한 대기 장소로 여겨진다.

육신에 주어진 것은 선을 하라는 것이지 악을 행하거나 악을 행하지 않더라도 악에 관해 배우라는 뜻은 아니었으니까 그가 뭔가 제대로 파악하지 못한 것은 사실이지만) 영혼이 모든 악에서 정화되고 아버지와 합일한 이상 이 세상의 해악을 겪지 않으리라고 공언한 점에서 본다면, 그는 다른 플라톤 학파의 사상을 상당히 중요한 부분까지 수정한 것이다. 이런 명제를 내세움으로써 그는 플라톤주의의 주요한 사상으로 꼽히던 주장, 즉 죽은 자들이 항상 산 자들에서 생겨나고 산 자들은 항상 죽은 자들에서 생겨난다는 생각을 불식시켰다.[291] 또 그는 베르길리우스가 플라톤에게서 취한 것처럼 보이는 글귀는 잘못된 것임을 보여주었다. 즉, 정화되어 엘리시움(비록 신화에서 제공된 것처럼 보이지만 그 명칭은 지복에 이른 자들의 기쁨을 의미하는 듯하다)이라는 들판으로 보내진 정화된 영혼들이 언젠가 레테의 강, 과거사를 망각하는 강으로 다시 불려간다는 그 글귀 말이다:

> 과거를 망각한 채 창공을 다시 쳐다보고서
> 몸으로 되돌아가고 싶은 마음이 다시 생기기 시작하리라.[292]

당연히 이런 생각은 포르피리우스의 마음에 들지 않았다. 자신의 영원성이 전적으로 보장되지 않는 한 결코 행복한 삶에 이를 수 없는데도, 마치 완벽한 정화가 또다시 물체에 의한 오염을 탐하는 결과를 초래하기나 하듯, 영혼이 참으로 행복하다는 엘리시움의 삶을 떠나 현세의 삶으로 되돌아가길 원하거나 부패할 육신의 오욕을 뒤집어쓰길 탐하리라고 믿는 것은 정말 어리석기 때문이다. 영혼들이 완전히 정화되는 것 자체가 모든 악에 대한 망각을 초래한다고 하자. 그리고 악에 대한 망각이 육신으로 돌아가기를 염원하게 만든다고 하자. 그리하여 영혼들이 다시 한번 악으로 타락하게 된다고 하자. 그렇다면 최고의 행복이 그야말로 불행의 원인이 되고, 지혜의 완성이 어리석음의 원인이 되고, 최고의 정화가 부정의 원인이 되는 셈이다. 그리고 아무리 오래 행복이 지속된다 하더라도 행복해지기 위해 결국 한 번쯤 속아야 한다면, 진정으로 행복해질 수는 없는 법이다. 언제까지나 행복하리라는 안도감이 없다면 영혼은 행복할 수 없다. 그런 안도감을 가지려고 하더라도, 환생으로 해서 영혼은 언젠가 또다시

falso putabit semper se beatam fore, quoniam aliquando erit et misera. Cui ergo gaudendi causa falsitas erit, quo modo de ueritate gaudebit? Vidit hoc Porphyrius purgatamque animam ob hoc reuerti dixit ad Patrem, ne aliquando iam malorum polluta contagione teneatur. Falso igitur a quibusdam est Platonicis creditus quasi necessarius orbis ille ab eisdem abeundi et ad eadem reuertendi. Quod etiamsi uerum esset, quid hoc scire prodesset, nisi forte inde se nobis auderent praeferre Platonici, quia id nos in hac uita iam nesciremus, quod ipsi in alia meliore uita purgatissimi et sapientissimi fuerant nescituri et falsum credendo beati futuri? Quod si absurdissimum et stultissimum est dicere, Porphyrii profecto est praeferenda sententia his, qui animarum circulos alternante semper beatitate et miseria suspicati sunt. Quod si ita est, ecce Platonicus in melius a Platone dissentit; ecce uidit, quod ille non uidit, nec post talem ac tantum magistrum refugit correctionem, sed homini praeposuit ueritatem.

31. Cur ergo non potius diuinitati credimus de his rebus, quas humano ingenio peruestigare non possumus, quae animam quoque ipsam non Deo coaeternam, sed creatam dicit esse, quae non erat? Vt enim hoc Platonici nollent credere, hanc utique causam idoneam sibi uidebantur adferre, quia, nisi quod semper ante fuisset, sempiternum deinceps esse non posset; quamquam et de mundo et de his, quos in mundo deos a Deo factos scribit Plato, apertissime dicat eos esse coepisse et habere initium, finem tamen non habituros, sed per conditoris potentissimam uoluntatem

---

[293] gaudendi causa falsitas ... quo modo de veritate gaudebit?: 사변적 일관성이 없으면 진리에 입각한 영원한 행복(frui veritati)은 불가능하다는 신념이다.

[294] Cf. Porphyrius, *De regressu animae* [Bidez ed.] App.40.

[295] 여기서 아우구스티누스는 포르피리우스가 종교사상에 공헌한 세 가지 관점을 차례로 열거하고 있다. 첫째는, 윤회설을 극복하고서 사후의 인간에게 돌이킬 수 없는 운명이 결정된다는 이론이다.

[296] 교부는 "플라톤이야 친구지만 진리는 더 가까운 친구다"(Amicus Plato magis amica veritas)라는 금언을 인용하고 있다(*Epistula* 155.1.1).

[297] Cf. Plato, *Timaeus* 41a-b, 43b. 간접인용으로 보인다.

비참해질 것이기에, 자기가 언제까지나 행복하리라고 믿는 것은 거짓된 것이다. 만약 기쁨의 원인이 허위에 있다면 어떻게 영혼이 진리를 두고 기뻐할 수 있겠는가?[293] 포르피리우스는 바로 이 점을 간파했다. 그래서 그는 정화된 영혼은 아버지께로 돌아가며 다시는 악의 더러운 오염에 사로잡히는 일은 없다고 말한다.[294] 그러므로 어떤 플라톤 학파는 한 존재로부터 떠나서 동일한 존재로 회귀하는 순환이 인간 영혼에게 필연적이라고 믿었는데 이는 잘못된 것이다. 그것이 설령 사실이라고 하더라도 그것을 안다고 해서 무슨 보탬이 되겠는가? 이런 반론에도 불구하고 플라톤 학파가 대담하게도 우리 생각보다는 자기 생각을 앞세운다고 하자. 사후에 환생이 닥칠지 여부를 우리는 이승에서부터 아예 알지 못한다. 그런데 그들은 더 나은 후세의 삶에서, 더없이 정화되고 더없이 지혜로운 존재가 되어서도 그것을 알지 못하는 처지일 테고, 기껏해야 그렇게 되지는 않으리라는 거짓을 믿고 행복해질 것이다. 그런 얘기를 하는 것 자체가 지극히 모순되고 어리석기 짝이 없다면, 우리는 행복과 비참을 번갈아 오가는 영혼의 회귀가 있으리라고 추정한 사람들의 생각보다는 차라리 포르피리우스의 생각을 택해야 할 것이다. 사정이 그렇다면 보다시피 이 플라톤 학파가 플라톤과 견해를 달리했다는 사실은 훌륭한 일이다. 그는 플라톤이 보지 못한 것을 보았던 것이다.[295] 저처럼 위대하고 훌륭한 스승의 사상을 수정하는 일도 마다하지 않았으며, 그는 인간보다는 진리를 우선했던 것이다.[296]

31. 인간 영혼이 하느님과 더불어 영원하다는 플라톤 학파의 논리에 대한 반박

인간 재능으로 도저히 탐구하지 못하는 이런 사안들을 두고서 하느님의 말씀을 믿으면 왜 안 되는가? 그 가르침에 의하면 영혼은 하느님과 더불어 영원했던 것이 아니라 존재하지 않다가 창조된 것이다. 플라톤 학파는 이것을 믿지 않으려는 그럴듯한 이유를 가지고 있었던 듯하다. 왜냐하면 그들은 영혼이 항상 선재先在하지 않았더라면 영구히 존재하는 것이 불가능하다고 언급했기 때문이다. 플라톤은 세계에 관해 그리고 세계 안에서 하느님께 창조받은 신들에 관해 글을 쓰면서[297] 세계와 신들은 존재하기 시작했다고, 시작은 있으나 끝은 없

in aeternum mansuros esse perhibeat. Verum id quo modo intellegant inuenerunt, non esse hoc uidelicet temporis, sed substitutionis initium. «Sicut enim, inquiunt, si pes ex aeternitate semper fuisset in puluere, semper ei subesset uestigium, quod tamen uestigium a calcante factum nemo dubitaret, nec alterum altero prius esset, quamuis alterum ab altero factum esset: sic, inquiunt, et mundus atque in illo dii creati et semper fuerunt semper existente qui fecit, et tamen facti sunt.» Numquid ergo, si anima semper fuit, etiam miseria eius semper fuisse dicenda est? Porro si aliquid in illa, quod ex aeterno non fuit, esse coepit ex tempore, cur non fieri potuerit, ut ipsa esset ex tempore quae antea non fuisset? Deinde beatitudo quoque eius post experimentum malorum firmior et sine fine mansura, sicut iste confitetur, procul dubio coepit ex tempore, et tamen semper erit, cum ante non fuerit. Illa igitur omnis argumentatio dissoluta est, qua putatur nihil esse posse sine fine temporis, nisi quod initium non habet temporis. Inuenta est enim animae beatitudo, quae cum initium temporis habuerit, finem temporis non habebit. Quapropter diuinae auctoritati humana cedat infirmitas, eisque beatis et inmortalibus de uera religione credamus, qui sibi honorem non expetunt, quem Deo suo, qui etiam noster est, deberi sciunt, nec iubent, ut sacrificium faciamus, nisi ei tantum, cuius et nos cum illis, ut saepe dixi et saepe dicendum est, sacri-

---

[298] non temporis sed substitutionis initium: 세계창조를 시간적 창조 아닌 원인적 창조로 보면 세계가 하느님과 더불어 영원하다(mundus coaeternus Deo)는 결론을 낳는다.

[299] 세계는 원인상으로 신에게 의존하지만 시간상으로는 의존하지 않는다는 이 구절은 다음 문전들을 간추린 것으로 보인다: Plato, *Timaeus* 29a; 40d - 41b; Plotinus, *Enneades* 3.5.6; Plutarchus, *De defectu oraculorum* 19-21.392e-394a. 그러나 하느님과 더불어 영원한 창조라는 것은 무한히 긴 시간이라는 관념을 전제하고 시간의 부정이라 할 영원을 전제하지 않으므로 모순이라는 것이 아우구스티누스의 논박이다(본서 11.4-5 참조).

[300] 영혼이 불사불멸하려면, 곧 영원하려면 시간상의 시작이 없어야 한다는 주장을 "지복"(beatitudo)의 성격에 비추어 반박했다.

[301] 아우구스티누스가 지적하는 포르피리우스의 종교사상적 둘째 공헌은 영혼이 시간상의 시원을 가진다는 주장이다. 인간 영혼이 불멸의 행복을 얻는 소명을 받았다는 암시다.

[302] sacrificium esse: "제물이 되어야 한다"라는 의미이지만 교부는 인간의 삶 전부가 제사를 바치는 행위가 되어야 한다는 의미를 담아 본서에서 누차 사용한다.

으리라고, 그리고 그것들이 영원히 존속하는 것은 조물주의 전능한 의지에 따라서라고 단언한다. 플라톤 학파는 이것을 어떻게 이해할 것인가를 두고 방도를 하나 찾아냈으니, 그것은 시작을 시간의 시작이 아니라 종속의 시작으로 보는 것이었다.[298] 그들의 설명은 이렇다: "발 하나가 영원으로부터 먼지 속을 딛고 서 있다고 하자. 그러면 발자국이 항상 그 밑에 종속되어 존재할 것이다. 그 발자국이 먼지를 밟고 서 있는 사람에 의해 만들어졌다는 사실을 의심할 사람은 아무도 없다. 그런데 비록 발자국이 발에 의해 생겨났지만, 발이 발자국보다 먼저 존재한다는 것은 아니다. 이와 마찬가지로 세계와 그 안에서 창조된 신들은 그것들을 만든 분이 항상 존재하듯이 항상 존재했지만 다만 창조된 것이다."[299] 그럼 만약 영혼이 항상 존재했다면 영혼의 비참도 항상 존재했다고 수긍해야 하는가? 영혼 속의 어떤 것이 영원히 존재했던 것이 아니면, 시간상으로 존재하기 시작한 것인데, 그렇다면 왜 영혼 자체가 전에는 존재하지 않았다가 시간상으로 존재하는 일이 왜 생길 수는 없다는 말인가? 포르피리우스가 인정하듯이, 영혼의 지복 역시 악을 경험한 후에는 더 강렬해지고 끝없이 지속한다. 그렇다면 이 영혼의 지복도 전에는 존재하지 않다가 시간상 시작을 가지고 있으며 앞으로는 항상 존속하리라는 데는 의심의 여지가 없다. 이리하여 시간상 시작이 없는 것이 아니라면 시간의 끝이 없는 사물 또한 절대로 있을 수 없다는 것을 보여주려는 모든 논리가 붕괴되었다.[300] 우리는 여기서 시간상 시작이 있는 영혼의 지복은 비록 시간의 시작을 갖고 있음에도 시간의 끝을 갖지 않는다는 것을 알게 된다.[301] 그러므로 나약한 인간 논리는 신적 권위 앞에서 물러서야 할 것이고, 무엇이 참된 종교냐는 문제에 대해 우리는 철학자들의 말보다는 저 행복하고 불멸하는 천사들의 말을 믿어야 할 것이다. 그들은 자기들한테 신적 영예를 요구하지도 않을 뿐 아니라, 그런 영예는 우리의 하느님이며 자신들의 하느님인 분께만 돌아가야 함도 알고 있다. 그들은 그분에게 바치는 제사가 아니면 우리에게 제사를 바치라고 명하지도 않는다. 내가 여러 번 말했고 누누이 말할 것처럼, 그 존재들과 더불어 우리 자신이 그분에게 바치는 제사가 되어야 한다.[302] 그리고 그 제사는 그분, 즉 스스로 인간을 취하여, 우리의

ficium esse debemus, per eum sacerdotem offerendi, qui in homine, quem suscepit, secundum quem et sacerdos esse uoluit, etiam usque ad mortem sacrificium pro nobis dignatus est fieri.

32. Haec est religio, quae uniuersalem continet uiam animae liberandae, quoniam nulla nisi hac liberari potest. Haec est enim quodam modo regalis uia, quae una ducit ad regnum, non temporali fastigio nutabundum, sed aeternitatis firmitate securum. Cum autem dicit Porphyrius in primo iuxta finem de regressu animae libro nondum receptum in unam quandam sectam, quod uniuersalem contineat uiam animae liberandae, uel a philosophia uerissima aliqua uel ab Indorum moribus ac disciplina, aut inductione Chaldaeorum aut alia qualibet uia, nondumque in suam notitiam eandem uiam historiali cognitione perlatam: procul dubio confitetur esse aliquam, sed nondum in suam uenisse notitiam. Ita ei non sufficiebat quidquid de anima liberanda studiosissime didicerat sibique uel potius aliis nosse ac tenere uidebatur. Sentiebat enim adhuc sibi deesse aliquam praestantissimam auctoritatem, quam de re tanta sequi oporteret. Cum autem dicit uel a philosophia uerissima aliqua nondum in suam notitiam peruenisse sectam, quae uniuersalem contineat uiam animae liberandae: satis, quantum arbitror, ostendit uel eam philosophiam, in qua ipse philosophatus est, non esse uerissimam, uel ea non contineri talem uiam. Et quo modo iam potest esse uerissima, qua non continetur haec uia? Nam quae alia uia est uniuersalis animae liberandae, nisi qua uniuersae animae

---

[303] via regalis: 포르피리우스가 종교를 영혼 해방의 "길"로 본다면 교부는 그리스도교야말로 왕도라고 답한다.

[304] non temporali fastigio *nutabundum*: "현세적 지위로 거들먹거리는 왕국"으로 번역하는 것이 상례지만, nuto, are 동사는 "머리를 끄덕이다"와 "흔들리다"라는 양의성을 띤다. regnum 역시 "왕국"과 "왕권"을 다 의미한다.

[305] *Inductio* (ἀναγογή): 영혼이 초심자에서 완성자로 첫걸음을 내딛는 밀교들의 의식을 가리킨다.

[306] philosophiam, in qua ipse philosophatus est: 교부는 학계에서 쓰던 동사 philosophari를 일부러 원용하여 철학의 한계를 암시한다.

사제가 되기를 선택하고, 다름아닌 그 인간성에 의거하는 사제가 되고 싶어했으며 그 인간성 안에서 우리를 위해 죽음까지 겪으면서 제사가 되기를 바랐던 그 사제를 통해 바쳐져야 한다.

32. 영혼을 해방하는 보편적인 길은 포르피리우스가 정당하게 구하지 못했기 때문에 찾지 못했으며 그리스도교의 은총만이 열어보일 수 있다

32. 1. 영혼을 해방하는 길

바로 이런 종교가 영혼을 해방하는 보편적인 길을 간직한 종교다. 이 종교가 아니면 어떤 영혼도 해방될 수 없다. 이 종교는 어느 면에서 본다면 왕도王道라고 하겠다.[303] 이 길 하나만이 왕권으로, 그것도 임시적 직책이면서 부침이 많은 왕권이 아니라[304] 확고한 영원성을 갖춘 안정된 왕권으로 영혼을 인도하는 까닭이다. 포르피리우스는 「영혼의 회귀」 제1권의 말미에서 영혼을 해방하는 보편적인 길을 간직하고 있는 사상 체계가 어느 종파에도 수용된 바 없다고 말한다. 자신의 역사적 지식을 동원하여 섭렵한 결과, 아무리 진실한 철학도, 인도인들의 습속과 학문도, 칼대아인들의 입문예식[305]도, 그밖의 어느 길도 자기에게 그런 길을 알려주지 못했다는 것이다. 영혼의 해방에 관해 그토록 고생해서 배운 모든 것, 자신이나 다른 사람들이 제법 아는 듯했고, 안다고 주장하는 것처럼 보이던 모든 것이 그에게는 도대체 만족스럽지 않았다. 왜냐하면 그는 그토록 중대한 사안에는 꼭 어떤 탁월한 권위가 있어야 하는데, 그것이 빠져 있다고 느꼈던 것이다. 영혼을 해방하는 보편적인 길을 간직하고 있는 종파가 과연 있는지는 모르겠지만 자신의 지식으로는, 아무리 진실한 철학이라도 그런 종파에 도달한 적이 없다는 말을 한다. 포르피리우스의 이 말은, 내가 생각하기에, 자기가 철학해 온 그 철학이[306] 진실한 것이 아니거나, 아니면, 그 철학이 적어도 그런 길을 간직하고 있지 못하다는 것을 보여주고도 남는다. 그렇다면 그런 길을 간직하지 못하는 철학이 어떻게 해서 더없이 진실한 철학일 수 있겠는가? 그리고 모든 영혼들이 해방되는 길, 따라서 그 길이 아니면 아무 영혼도 해방되지 못하는 길 말고 도대체 어떤 길이 영혼을 해방시키는 보편적인 길이

liberantur ac per hoc sine illa nulla anima liberatur? Cum autem addit et dicit: «Vel ab Indorum moribus ac disciplina, uel ab inductione Chaldaeorum uel alia qualibet uia,» manifestissima uoce testatur neque illis quae ab Indis neque illis quae a Chaldaeis didicerat hanc uniuersalem uiam liberandae animae contineri; et utique se a Chaldaeis oracula diuina sumpsisse, quorum adsiduam commemorationem facit, tacere non potuit. Quam uult ergo intellegi animae liberandae uniuersalem uiam nondum receptam uel ex aliqua uerissima philosophia uel ex earum gentium doctrinis, quae magnae uelut in diuinis rebus habebantur, quia plus apud eas curiositas ualuit quorumque angelorum cognoscendorum et colendorum, nondumque in suam notitiam historiali cognitione perlatam? Quaenam ista est uniuersalis uia, nisi quae non suae cuique genti propria, sed uniuersis gentibus quae communis esset diuinitus inpertita est? Quam certe iste homo non mediocri ingenio praeditus esse non dubitat. Prouidentiam quippe diuinam sine ista uniuersali uia liberandae animae genus humanum relinquere potuisse non credit. Neque enim ait non esse, sed hoc tantum bonum tantumque adiutorium nondum receptum, nondum in suam notitiam esse perlatum; nec mirum. Tunc enim Porphyrius erat in rebus humanis, quando ista liberandae animae uniuersalis uia, quae non est alia quam religio Christiana, oppugnari permittebatur ab idolorum daemonumque cultoribus regibusque terrenis, propter asserendum et consecrandum martyrum numerum, hoc est testium ueritatis, per quos ostenderetur omnia corporalia mala pro fide pietatis et commendatione ueritatis esse toleranda. Videbat ergo ista Porphyrius et per huius modi persecutiones cito istam uiam perituram et propterea non esse ipsam

---

[307] via universalis animae *liberandae* ... qua universae animae *liberantur* ... : 각운 배치로 보편적 구원을 부각시킨 문장이다.

[308] Porphyrius, *De regressu animae* [Bidez ed.] fr.12.

[309] Cf. Porphyrius, *De regressu animae* fr.1.

[310] 포르피리우스의 셋째 종교사상적 공헌은 영혼의 구원의 길을 추구하는 진지한 자세였다.

[311] 포르피리우스의 생애(232년 이후)는 데키우스의 박해(249~251), 발레리우스의 박해(257~258) 시대를 알고 있다. *De regressu animae*는 270년경의 작품으로 추정된다.

겠는가?[307] 그래서 그가 앞에서 인용한 것처럼, "인도인들의 습속과 학문도, 칼대아인들의 입문예식도, 그밖의 어느 길도"[308] 자기에게 그런 길을 알려주지 못했다고 덧붙일 때는 자기가 인도인들에게서 배운 것도, 칼대아인들에게서 배운 것도 영혼을 해방하는 이 길을 간직하고 있지 못함을 아주 확실한 어조로 말하는 것이다. 그러나 그는 자신이 칼대아인들에게서 신탁을 전수받았다는 사실은 숨기지 못했으며[309] 정성껏 그 신탁들을 열거하고 있다. 그렇다면 그가 말하는 영혼을 해방하는 보편적인 길이란 무슨 뜻인가? 그 길은 아무리 진실한 철학에 의해서도, 저 민족들(이들은 어떤 천사들을 알아야 하고 숭배해야 하는가에 대해 대단한 호기심을 가지고 있고 신사에 관한 한 대단한 지식을 가진 민족으로 여겨지고 있었나)의 가르침에 의해서도, 그리고 역사적 지식을 동원하여 섭렵하고도 미처 알아내지 못했다는 이 길은 도대체 어떤 길인가? 만약 그 보편적인 길이 각각의 민족에게 고유한 길이 아니라 모든 민족에게 공통되는 길로 하느님이 베풀어 준 길이 아니라면 대체 어떤 길인가? 저 인물은 평범하지 않은 재능을 타고난 사람이었으므로 이런 길이 존재함은 의심치 않았다. 또 신적 섭리가 인류에게 영혼을 해방하는 보편적인 길을 마련하지 않으리라고는 믿지 않았다.[310] 그런 길이 존재하지 않는다고 말한 것이 아니라, 이토록 큰 선, 이토록 큰 보우가 아직 포착되지 않았다고, 자기가 아는 지식으로는 섭렵되지 않았다고 말했을 뿐이다. 그러니 이상한 일은 아니다. 왜냐하면 그런 영혼을 해방하는 보편적인 길(그 길은 그리스도교 외에 다른 것이 아니다!)이 인간 역사 속에 살고 있었기 때문이다. 하느님의 섭리가 우상과 정령의 숭배자들과 지상의 통치자들에 의해 공격받게 허용하던 그 역사 말이다. 저 박해는 순교자들의 수, 다시 말해 진리의 증인들의 수를 확인하고 봉헌하기 위해 일어났으며, 신심을 위해 혹은 진리의 선포를 위해서는 온갖 신체적 고난을 견뎌내야 한다는 사실을 박해받는 사람들을 통해 우리에게 보여주기 위해 일어났다.[311] 포르피리우스는 이것을 목격했지만 이런 박해를 당하면 영혼의 해방을 주창하는 이 길이 머잖아 소멸한다고 여겼으며 따라서 이것은 영혼을 해방시키는 보편적인 길이 아니라고 생각했던 것이다. 그는 그런 박해들이 자기 양심에 거북한 동요를

liberandae animae uniuersalem putabat, non intellegens hoc, quod eum mouebat et quod in eius electione perpeti metuebat, ad eius confirmationem robustioremque commendationem potius pertinere.

Haec est igitur animae liberandae uniuersalis uia, id est uniuersis gentibus diuina miseratione concessa, cuius profecto notitia ad quoscumque iam uenit et ad quoscumque uentura est, nec debuit nec debebit ei dici: Quare modo? Et: Quare sero? Quoniam mittentis consilium non est humano ingenio penetrabile. Quod sensit etiam iste, cum dixit, nondum receptum hoc donum Dei et nondum in suam notitiam fuisse perlatum. Neque enim propterea uerum non esse iudicauit, quia nondum in fidem suam receptum fuerat uel in notitiam nondum peruenerat. Haec est, inquam, liberandorum credentium uniuersalis uia, de qua fidelis Abraham diuinum accepit oraculum: *In semine tuo benedicentur omnes gentes.* Qui fuit quidem gente Chaldaeus, sed ut talia promissa perciperet et ex illo propagaretur semen dispositum per angelos in manu Mediatoris, in quo esset ista liberandae animae uniuersalis uia, hoc est omnibus gentibus data, iussus est discedere de terra sua et de cognatione sua et de domo patris sui. Tunc ipse primitus a Chaldaeorum superstitionibus liberatus unum uerum Deum sequendo coluit, cui haec promittenti fideliter credidit. Haec est uniuersalis uia, de qua in sancta prophetia dictum est: *Deus misereatur nostri et benedicat nos; inluminet uultum suum super nos, ut cognoscamus in terra uiam tuam, in omnibus gentibus salutare tuum.* Vnde tanto

---

312 창세 22,18.

313 앞의 10.25 각주 207 참조.

314 시편 66,2-3.

일으킨다는 사실을 깨닫지 못했고, 자기가 이 길을 택하여 혹시 수난을 당하지 않을까 겁내고 있다는 사실도 깨닫지 못했다. 박해야말로 그리스도교가 바로 그 길임을 확인하고 더욱 강고하게 그 길을 가도록 하는 데 공헌한다는 사실을 깨닫지 못했다.

32. 2. 그리스도교는 예언과 기적에 의해 거듭 확인된다

바로 이것이 영혼을 해방하는 보편적인 길, 즉 신적 자비로 모든 백성들에게 허용된 길이다. 이 길이 존재한다는 소식이 어떤 사람들에게는 이미 당도했고, 어떤 사람들에게는 장차 당도할 것이지만, "왜 지금 오는가? 왜 이렇게 늦게 오는가?" 하는 말을 해서는 안 되었고 앞으로도 해서는 안 될 것이다. 그 소식을 보내는 분의 생각은 인간 재능으로 꿰뚫어볼 수 있는 것이 아니기 때문이다. 하느님의 이 선물을 아직 파악하지 못했노라고, 자기가 아는 지식으로는 섭렵되지 않았노라고 말한 점으로 미루어, 그 사람도 이 점을 감지하고 있었다. 즉, 그는 그리스도교를 아직 자기의 신앙으로 받아들이지 않았다고 해서, 혹은 자기가 아는 지식으로는 섭렵되지 않았다고 해서 그 길이 진리가 아니라고 판단하지는 않았던 것이다. 내가 하려는 말은, 바로 이것이 신앙인들을 해방하는 보편적인 길이요, 충직한 아브라함이 "모든 민족들이 네 후손 안에서 축복을 받으리라"[312]는 신탁을 받은 바로 그 길이라는 것이다. 아브라함은 민족으로는 칼대아인이었으나 이 약속을 받기 위해 자기 땅과 자기 친척과 자기 아버지의 집을 떠나라는 명령을 받았다. 그에게서 천사들을 통해 중개자의 손을 거쳐 후손이 나오게 되어 있었기 때문이며,[313] 그 중개자에게 영혼을 해방하는 보편적인 길, 다시 말해 모든 민족들에게 주어진 길이 있기 때문이다. 그리하여 아브라함은 칼대아 미신으로부터 해방된 첫 사람이 되어 유일한 참 하느님을 숭배하고 따라갔으며 자기에게 약속을 주신 분을 충실하게 믿었다. 바로 이것이 보편적인 길이요 이 길에 관해서는 거룩한 예언서에 다음과 같이 기록되어 있다: "하느님께서 우리를 불쌍히 여기시고 강복하실지어다. 당신 얼굴을 우리에게 비추실지어다. 그리하여 세상에 당신의 길이, 만민에게 당신의 구원이 알려지게 하소서."[314] 그리고 먼 훗날 아브라함의 후손 가운데서 육신을 취

post ex Abrahae semine carne suscepta de se ipso ait ipse Saluator: *Ego sum uia, ueritas et uita.* Haec est uniuersalis uia, de qua tanto ante prophetatum est: *Erit in nouissimis diebus manifestus mons Domini, paratus in cacumine montium et extolletur super colles, et uenient ad eum uniuersae gentes et ingredientur nationes multae et dicent: Venite, ascendamus in montem Domini et in domum Dei Iacob; et adnuntiabit nobis uiam suam, et ingrediemur in ea. Ex Sion enim prodiet lex et uerbum Domini ab Hierusalem.* Via ergo ista non est unius gentis, sed uniuersarum gentium; et lex uerbumque Domini non in Sion et Hierusalem remansit, sed inde processit, ut se per uniuersa diffunderet. Vnde ipse Mediator post resurrectionem suam discipulis trepidantibus ait: *Oportebat impleri quae scripta sunt in lege et prophetis et Psalmis de me. Tunc aperuit illis sensum, ut intellegerent scripturas, et dixit eis, quia oportebat Christum pati et resurgere a mortuis tertio die et praedicari in nomine eius paenitentiam et remissionem peccatorum per omnes gentes incipientibus ab Hierusalem.* Haec est igitur uniuersalis animae liberandae uia, quam sancti angeli sanctique prophetae prius in paucis hominibus ubi potuerunt Dei gratiam reperientibus et maxime in Hebraea gente, cuius erat ipsa quodam modo sacrata res publica in prophetationem et praenuntiationem ciuitatis Dei ex omnibus gentibus congregandae, et tabernaculo et templo et sacerdotio et sacrificiis significauerunt et eloquiis quibusdam manifestis, plerisque mysticis praedixerunt; praesens autem in carne ipse Mediator et beati eius apostoli iam testamenti noui gratiam reuelantes apertius indicarunt, quae aliquanto occultius superioribus sunt significata temporibus, pro aetatum generis humani distributione, sicut eam Deo sapienti placuit ordinare, mirabilium operum diuinorum, quorum superius pauca iam posui, contestantibus signis. Non enim apparuerunt tantummodo uisiones angelicae et caelestium ministrorum sola uerba sonuerunt, uerum etiam

---

[315] 요한 14,6.

[316] 이사 2,2-3.

[317] 루가 24,44-47.

[318] sacrata res publica in prophetationem et praenuntiationem: 누구나 수긍할 "공공 사물" 하느님 도성에 대해 이스라엘의 역사가 갖는 구세사적 비중을 간추리고 있다.

[319] sacrata ... significaverunt ... praedixerunt: 구약이 신약에 갖는 이른바 예형론(豫型論)이다.

한 구세주는 당신 자신에 관해 "나는 길이요 진리요 생명입니다"[315]라고 한다. 바로 이것이 보편적인 길, 아주 옛적에 예언된 그 길이다: "장차 어느 날엔가 주님의 집이 서 있는 산이 모든 멧부리 위에 우뚝 서고 모든 언덕 위에 드높이 솟아 만국이 그리로 물밀듯이 밀려들리라. 그때 수많은 민족이 모여와서 말하리라. '자, 올라가자, 주님의 산으로, 야곱의 하느님께서 계신 전으로! 사는 길을 그에게 배우고 그 길을 따라가자! 법은 시온에서 나오고, 주님의 말씀은 예루살렘에서 나오느니'."[316] 그러니까 저 길은 한 민족의 길이 아니라 모든 민족의 길이다. 주님의 법과 말씀은 시온과 예루살렘에만 머물러 있지 않고 그곳으로부터 흘러나와서 온 세상에 퍼지게 되어 있다. 그래서 저 중개자는 당신의 부활 후, 집을 먹고 있던 제자들에게 이렇게 말했다: "'나에 관해 모세의 율법과 예언자들의 책과 시편에 씌어 있는 모든 것이 이루어져야만 합니다.' 이때 예수께서 그들을 깨우쳐 주며 성서를 알아듣게 하셨다. '이렇게 씌어 있습니다. 곧, 그리스도는 고난을 겪고 사흗날에 죽은 이 가운데서 부활하며, 예루살렘에서 시작하여 모든 민족에게 그의 이름으로 죄의 용서를 위한 회개가 선포된다는 것입니다.'"[317] 그러므로 바로 이것이 영혼을 해방하는 보편적인 길이다. 거룩한 천사들과 거룩한 예언자들이 처음에는 하느님의 은총을 능력껏 찾아낸 소수 인간들에게 이 길을 알렸고, 그다음에는 히브리 민족에게 알려주던 것이다. 이 민족은 어느 모로 모든 민족들이 모여 이루어질 하느님 나라에 관해 예언하고 예고하는 일에 헌신하는 공화국이었다.[318] 천사들과 예언자들은 장막과 성전과 제관직과 희생제사로 그 나라를 상징적으로 보여주었고, 명백한 언어와 무수한 비사秘事로 그 나라를 예고했다.[319] 그리고 저 중개자가 육신으로 현존하면서, 또 그분의 복된 사도들이 신약의 은총을 계시해 주면서 이 길을 더 분명하게 보여주었다. 이전 시대에는 지혜로운 하느님의 뜻에 맞추어 정해진 대로, 시대의 배정에 따라서 인류에게 은밀하게 상징되어 올 따름이었고, 다만 놀라운 신적 역사役事라는 호소력있는 표징을 통해 간간이 드러날 따름이었다. 그런 기적의 일부를 앞에서 언급한 바 있다. 그러나 그 기적에서 천사의 현시만 나타났고 천상 사신들의 소리만 울려온 것이 아니다. 하느님의 사

hominibus Dei uerbo simplicis pietatis agentibus spiritus inmundi de hominum corporibus ac sensibus pulsi sunt, uitia corporis languoresque sanati, fera animalia terrarum et aquarum, uolatilia caeli, ligna, elementa, sidera diuina iussa fecerunt, inferna cesserunt, mortui reuixerunt; exceptis ipsius Saluatoris propriis singularibusque miraculis, maxime natiuitatis et resurrectionis, quorum in uno maternae uirginitatis tantummodo sacramentum, in altero autem etiam eorum, qui in fine resurrecturi sunt, demonstrauit exemplum. Haec uia totum hominem mundat et inmortalitati mortalem ex omnibus quibus constat partibus praeparat. Vt enim non alia purgatio ei parti quaereretur, quam uocat intellectualem Porphyrius, alia ei, quam uocat spiritalem, aliaque ipsi corpori: propterea totum suscepit ueracissimus potentissimusque mundator atque saluator. Praeter hanc uiam, quae, partim cum haec futura praenuntiantur, partim cum facta nuntiantur, numquam generi humano defuit, nemo liberatus est, nemo liberatur, nemo liberabitur.

Quod autem Porphyrius uniuersalem uiam animae liberandae nondum in suam notitiam historiali cognitione dicit esse perlatam: quid hac historia uel inlustrius inueniri potest, quae uniuersum orbem tanto apice auctoritatis obtinuit, uel fidelius, in qua ita narrantur praeterita, ut futura etiam praedicantur, quorum multa uidemus impleta, ex quibus ea quae restant sine dubio speremus implenda? Non enim potest Porphyrius uel quicumque Platonici etiam in hac uia quasi terrenarum rerum et ad uitam istam mortalem pertinentium diuinationem praedictionemque contemnere, quod merito in aliis uaticinantibus et quorumlibet modorum uel artium diuinationibus faciunt. Negant enim haec uel magnorum hominum uel

---

320 앞의 totum hominem mundat("인간 전체를 강조한다")에 나오는 인간 구원의 전인성에 상응한 육화(totum (hominem) suscepit)가 있어야 중개자가 단지 정화시키는 데서 그치지 않고 구원하는 자 (mundator atque salvator)로 정립된다.

람들이 행하는 소박한 신심의 언어로 더러운 영들이 인간들의 몸과 감관에서 쫓겨났고, 육신의 불구와 병고가 치유되었으며, 땅 위와 물 속의 사나운 짐승들과 하늘의 날짐승들과 초목들과 원소들과 성좌들이 신적 명령을 이행했고, 지옥의 세력이 물러갔는가 하면 죽은 이들이 되살아나기도 했다. 여기서 구세주가 직접 행한 고유하고도 특유한 기적들, 특히 그분의 탄생 기적과 부활 기적들은 빼놓고 하는 말이다. 이가운데 하나는 모친의 동정이라는 유일무이한 비사를 보여주었고, 다른 하나는 종말에 부활할 사람들의 귀감을 보여주었다. 이 길은 인간 전체를 정화하고, 인간을 구성하는 모든 부분에서 사멸하는 인간을 불사불멸로 예비한다. 포르피리우스가 지성혼이라고 일컫는 어떤 부분에는 이런 정화가 있고, 영성혼이라고 일컫는 부분에는 저런 정화가 있고, 육체에는 또다른 정화가 있는 것이 아니다. 그래서 참으로 진실하고 참으로 능력있는 정화자 내지 구세주는 전인全人을 취했던 것이다.[320] 이 길이 도래하리라고 예고되던 시대가 따로 있었고, 이미 성취된 것으로 선포되는 시대가 따로 있긴 하지만 인류에게 이 길이 전무하던 적은 결코 없다. 따라서 이 길을 벗어나서는 아무도 해방되지 못했고 지금도 해방되지 못하며 앞으로도 해방되지 못할 것이다.

32.3. 구원의 예언과 신술의 예측은 사뭇 다르다

포르피리우스는 자신의 역사적 지식을 동원하여 섭렵해 본 결과, 영혼을 해방하는 보편적인 길이 아직 자기에게 알려지지 않았다고 말한다. 그러나 역사로 말할 것 같으면, 최고의 권위를 갖고서 전세계를 장악한 역사보다 훌륭한 것이 또 어디 있는가? 그 역사는 역사 속에서 과거를 술회하면서도 장차 올 미래를 또한 예언하는 역사, 그가운데 많은 일이 이미 실현되었음을 우리가 목도하는 중이고 아직 남아있는 것 가운데서는 반드시 실현되리라는 희망을 우리가 품고 있는 역사이다. 포르피리우스도 다른 플라톤 학파도 이 지상 사물 혹은 현세의 사멸할 삶에 관련되는 점占이나 예언이 나온다면 이것들을 전적으로 무시하지는 못할 것이다. 그들은 아마도 다른 점술가들이나 여하한 방식으로든 점술을 써서 점을 보는 사람들에게 멸시를 보낼 것이다. 그들은 바로 이런 것들이 위

magni esse pendenda, et recte. Nam uel inferiorum fiunt praesensione causarum, sicut arte medicinae quibusdam antecedentibus signis plurima euentura ualetudini praeuidentur; uel inmundi daemones sua disposita facta praenuntiant, quorum ius et in mentibus atque cupiditatibus iniquorum ad quaeque congruentia facta ducendis quodam modo sibi uindicant, et in materia infima fragilitatis humanae. Non talia sancti homines in ista uniuersali animarum liberandarum uia gradientes tamquam magna prophetare curarunt, quamuis et ista eos non fugerint et ab eis saepe praedicta sint ad eorum fidem faciendam, quae mortalium sensibus non poterant intimari nec ad experimentum celeri facilitate perduci. Sed alia erant uere magna atque diuina, quae quantum dabatur cognita Dei uoluntate futura nuntiabant. Christus quippe in carne uenturus et quae in illo tam clara perfecta sunt atque in eius nomine impleta, paenitentia hominum et ad Deum conuersio uoluntatum, remissio peccatorum, gratia iustitiae, fides piorum et per uniuersum orbem in ueram diuinitatem multitudo credentium, culturae simulacrorum daemonumque subuersio et a temptationibus exercitatio, proficientium purgatio et liberatio ab omni malo, iudicii dies, resurrectio mortuorum, societatis impiorum aeterna damnatio regnumque aeternum gloriosissimae ciuitatis Dei conspectu eius inmortaliter perfruentis in huius uiae scripturis praedicta atque promissa sunt; quorum tam multa impleta conspicimus, ut recta pietate futura esse cetera confidamus. Huius uiae rectitudinem usque ad Deum uidendum eique in aeternum cohaerendum in sanctarum scripturarum qua praedicatur atque adse-

---

[321] 정령들의 예언술에 관해서는 9.22 참조.

[322] 포르피리우스처럼 영혼 구원의 길을 열망하던 인물이라면 그리스도교 성서의 "예언"에 관심을 두었더라면 이 "보편적 길"을 발견했으리라는 아쉬움이다. 예언은 호교론자들의 주요한 논거였다. 예: Iustinus, *Apologia* 12; Origenes, *Contra Celsum* 6.10; Lactantius, *Divinae institutiones* 1.4.1-6.

대한 인간들이 할 일이라거나 대단한 가치를 둘 일이라는 사실을 부정할 텐데 그때는 옳은 생각을 하는 것이다. 그가운데는 하급 원인들에 관한 예감에 의해 이루어지는 것들이 있기 때문이다. 그런 방식으로 의술은 몇 가지 사전 징조에 의해 건강에 관한 다수의 예후를 예측한다. 또는 더러운 정령들이 어떤 것은 자기네 처분에 맡겨졌다고 해서 어떤 사건들을 예고하는 것인데, 그렇게 함으로써 악인들의 생각이나 정욕에 대해서도, 인간의 나약함이 쏠리는 가장 저급한 사물에 대해서도 일종의 권리가 자기들에게 있는 양 주장하여 그 예고에 상응한 적절한 사건으로 귀착되게 만들기도 한다.[321] 그러나 성스러운 인간들은 영혼들을 해방하는 저 보편적인 길에 매진하면서 저런 일들을 예언하는 것이 무슨 대단한 일인 양 신경을 쓰지 않는다. 하지만 그들에게도 저런 일이 생기기는 했고 그래서 그들이 종종 예언을 하기도 했다. 그러나 그것은 사멸할 인간들의 감관에 친숙해질 수 없거나 빠르고 쉽게 체험해 볼 수 없는 그런 사물들에 관해 믿음을 주기 위함이었다. 하지만 그들이 예언한 어떤 일들은 그 내용이 참으로 위대하고 신성했으며, 그들은 그저 각자에게 주어진 대로, 하느님의 뜻으로 자기들에게 알려진 바가 장차 이루어지리라고 선언했던 것이다. 그리스도가 육신으로 오리라는 것과 그분 안에서 분명하게 성취되었고 그분의 이름으로 실현된 내용들이 이에 해당한다. 예컨대 인간들의 회개, 인간 의지가 하느님께 전향하는 일, 죄의 용서, 의화의 은총, 믿는 이들의 신앙, 참된 신성을 믿는 무리가 전세계적으로 많아지는 일, 우상숭배와 정령숭배의 몰락, 유혹에 의한 단련, 정진하는 자들의 정화와 모든 악으로부터의 해방, 심판의 날, 죽은 자들의 부활, 불경한 무리에 대한 영원한 단죄, 하느님 대전에서 영원히 하느님을 향유하는 지극히 영화로운 도성의 영원한 왕권 등이 바로 그런 것들에 해당한다. 이 보편적인 길에 관한 모든 내용이 성서에 예언되었고 언약되었다. 그가운데 참으로 많은 것이 실현되었음을 우리는 목격하고 있으므로, 올바른 신심을 가지고 있다면, 나머지도 장차 이루어지리라고 믿을 것이다.[322] 이 길이 하느님을 뵙게 하고 하느님께 영원히 합일하게 만드는 길이요, 성서의 진리 속에서 이 길이 선포되고 천명되어 있다. 믿지 않는 사람, 따라서 이 길을

ritur ueritate quicumque non credunt et ob hoc nec intellegunt, oppugnare possunt, sed expugnare non possunt.

Quapropter in decem istis libris, etsi minus quam nonnullorum de nobis expectabat intentio, tamen quorundam studio, quantum uerus Deus et Dominus adiuuare dignatus est, satisfecimus refutando contradictiones impiorum, qui conditori sanctae ciuitatis, de qua disputare instituimus, deos suos praeferunt. Quorum decem librorum quinque superiores aduersus eos conscripti sunt, qui propter bona uitae huius deos colendos putant; quinque autem posteriores aduersus eos, qui cultum deorum propter uitam, quae post mortem futura est, seruandum existimant. Deinceps itaque, ut in primo libro polliciti sumus, de duarum ciuitatum, quas in hoc saeculo perplexas diximus inuicemque permixtas, exortu et procursu et debitis finibus quod dicendum arbitror, quantum diuinitus adiuuabor expediam.

깨닫지 못하는 사람들이라면 이 길의 올바름을 두고 시비를 걸 수는 있겠지만 이겨내지는 못한다.[323]

32. 4. 지금까지 논한 바와 앞으로 논할 내용을 간추림

몇 가지 점에서는 기대에 미치지 못했지만 지금까지 열 권에서 우리가 주제로 설정한 거룩한 도성의 창건자보다는 자기네 신들을 앞세우는 불경스런 인간들의 모순된 주장을 충분히 논박했다. 나로서도 그만한 노력을 기울였고 참된 하느님과 주님이 도움을 베풀어 준 바가 있었던 덕택이다. 이 열 권 가운데 전반 다섯 권은 현세 생명의 선익 때문에 제신을 숭배해야 한다고 여기는 사람들을 반박하여 집필되었다. 후반 다섯 권은 사후에 올 생명 때문에 제신의 숭배가 보존되어야 한다고 생각하는 사람들을 반박하여 집필되었다. 그러므로 지금부터는 제1권에서 우리가 약속한 대로[324] 두 도성에 관해 본격적으로 논하겠다. 현세에서는 두 도성이 서로 복잡하게 혼재되어 있다고 말한 바 있다. 이제 신적 도우심에 힘입어, 이 두 도성의 기원과 전개와 응분의 종말에 관해 말해야 한다고 생각한다.[325]

---

[323] *oppugnare* possunt, sed *expugnare* non possunt: 그리스도교가 구원의 바른 길(huius viae rectitudo)이라는 자신감은 교부에게도 컸다. Cf. *Epistula* 137 ad Volusianum.

[324] 1.서언 참조.

[325] 11 - 14권은 두 도성의 기원, 15 - 18권은 그 전개, 19 - 22권은 두 도성에 상응한 종말을 다룬다.